Stefan Riechert

Die Berufshaftpflichtversicherung der Rechtsanwälte

De Gruyter Kommentar

Riechert

Die Berufshaftplicht-versicherung der Rechtsanwälte

AVB-RSW

DE GRUYTER

Dr. Stefan Riechert, Rechtsanwalt und Syndikusanwalt in München

Zitiervorschlag: *Riechert* Berufshaftpflicht, § 8 Rn. 12

ISBN 978-3-11-040489-0
e-ISBN (PDF) 978-3-11-040728-0
e-ISBN (EPUB) 978-3-11-040730-3

Library of Congress Control Number: 2018953841

Bibliografische Information der Deutschen Nationalbibliothek
Die Deutsche Nationalbibliothek verzeichnet diese Publikation in der Deutschen Nationalbibliografie; detaillierte bibliografische Daten sind im Internet über http://dnb.d-nb.de abrufbar.

Datenkonvertierung und Satz: jürgen ullrich typosatz, Nördlingen
Druck und Bindung: CPI books GmbH, Leck

www.degruyter.com

Vorwort

Dieser Kommentar soll ein praktisches Hilfsmittel sein, um sich über die Berufshaftpflichtversicherung für Rechtsanwälte und die anwaltlichen Organisationsformen informieren zu können.

Rechtsanwälte, die ihren Beruf zusammen mit anderen Berufsträgern ausüben wollen, konnten dies lange Zeit nur in Form einer BGB-Gesellschaft tun. Als Angehörige eines freien Berufes standen ihnen andere Gesellschaftsformen nicht zur Verfügung. Diese Situation hat sich seit Mitte der 1990er Jahre gravierend geändert. Die BGB-Gesellschaft ist aber nach wie vor die beliebteste Rechtsform der Rechtsanwälte. Die Rechtslage, die die Rechtsprechung in den letzten Jahren zur BGB-Gesellschaft entwickelt hat, hat sich jedoch weit vom Gesetzeswortlaut entfernt, was die Arbeit auf diesem Gebiet erheblich erschwert. Das Gleiche gilt für die Arbeit mit dem anwaltlichen Berufsrecht, in dem die Berufshaftpflichtversicherung für Rechtsanwälte geregelt ist, da es auch an die gesellschaftsrechtlichen Veränderungen nicht angepasst wurde. Rechtsanwender, die auf diesem Gebiet tätig sind, stehen deshalb oft vor schwierigen Aufgaben. Dazu kommt, dass für das Berufsrecht der Rechtsanwälte und der anderen Berufe, mit denen sich Rechtsanwälte zusammenschließen dürfen, wie Steuerberater und Wirtschaftsprüfer, politisch verschiedene Ministerien zuständig sind. Die jeweiligen berufsrechtlichen Vorgaben sind aber insgesamt zu beachten, wenn die Anwälte, Steuerberater und Wirtschaftsprüfer gemeinschaftlich nach außen in einer interprofessionellen Gesellschaft ihrem Beruf nachgehen. Die Öffnung für weitere Berufsgruppen, die mit den wirtschaftsberatenden Berufen gemeinschaftlich tätig sein dürfen, verstärkt dies noch.

Die hier kommentierten AVB-RSW der Allianz folgen daher im Grundsatz dem komplexen Neben- und Miteinander von Gesellschaftsrecht, Berufsrecht, Versicherungsrecht und den Vorgaben der Rspr. und des Gesetzgebers. Die Versicherer müssen dabei die auftretenden möglichen Fallkonstellationen einerseits erkennen, Rechtssicherheit schaffen und die Probleme lösen, wenn es keine Richtlinien gibt, und andererseits ein für den Kunden einfaches und verständliches Versicherungsprodukt schaffen. Wo dies aufgrund der Komplexität und der Unterschiede nicht mehr möglich ist, erstellen die Versicherer eigene Bedingungswerke, die zusätzlich zu den AVB-RSW gelten. Diese Besonderen Bedingungen und Risikobeschreibungen sind an geeigneter Stelle aufgeführt und gesondert kommentiert. Aufgrund der vielfältigen und komplizierten und mitunter kaum mehr nachvollziehbaren Sach- und Rechtslage sind die AVB-RSW und die zusätzlichen Bedingungswerke nicht immer einfach zu verstehen und benötigen gerade eine Auslegung. Weil die Schwierigkeiten bestehen, legen die Versicherer ihre Bedingungen auch unterschiedlich aus, selbst wenn der Wortlaut der Bedingung gleich ist. Darauf wird an der jeweiligen Stelle gesondert hingewiesen.

Die Einleitung ergänzt den Kommentarteil. Erläutert werden die Rechtsgrundlagen, die Auslegung von Versicherungsbedingungen und auch die Begrifflichkeiten und Techniken des Versicherers, den Kunden nach seinem individuellen Bedarf abzusichern. Dabei ist auch die Mitversicherung von mehreren Versicherern an einem Risiko unter verschiedenen Aspekten nach Praxis und gesetzlichen Vorgaben besprochen und ebenfalls das in der Praxis bedeutsame Verhältnis des Versicherers zum Makler.

Die Rspr. und Literatur konnten bis Juni 2018 eingearbeitet werden. Für Hinweise zu Fehlern, Unklarheiten oder nicht kommentierten Fällen bin ich dankbar.

München, Juni 2018 Dr. Stefan Riechert

https://doi.org/10.1515/9783110407280-202

Inhaltsübersicht

Anmerkung: Randnummern in der Inhaltsübersicht und im Inhaltsverzeichnis entsprechen den Seitenzahlen. Randnummern in den systematischen Kapitelübersichten entsprechen den Randnummern im Text.

Inhaltsverzeichnis

Abkürzungsverzeichnis

A

A.	Auflage
aA	Am Anfang
a.a.O.	am angegebenen Ort
ABl.	Amtsblatt
Abs.	Absatz
Abschn.	Abschnitt
aE	am Ende
aF	alte Fassung
AG	Aktiengesellschaft; Amtsgericht; Die Aktiengesellschaft
AGB	Allgemeine Geschäftsbedingungen
AHB	Allgemeine Versicherungsbedingungen für die Haftpflichtversicherung
AktG	Aktiengesetz
Alt.	Alternative
a.M.	anderer Meinung
ÄndG	Änderungsgesetz
Anh.	Anhang
Anl.	Anlage
Anm.	Anmerkung
AnwBl	Anwaltsblatt
AnwGH	Anwaltsgerichtshof
AO	Abgabenordnung
AR	Aufsichtsrat
ARB	Allgemeine Bedingungen für die Rechtsschutzversicherung
ArbGG	Arbeitsgerichtsgesetz
arg.	argumentum
Aufl.	Auflage
AVB	Allgemeine Versicherungsbedingungen
AVB-P	Versicherungsbedingungen zur Vermögensschaden-Haftpflichtversicherung für freie Berufe und Gewerbetreibende mit gesetzlicher Versicherungspflicht (Bedingungswerk der R+V-Versicherung)
AVB-RSW	Allgemeine Versicherungsbedingungen sowie Risikobeschreibungen zur Vermögensschaden-Haftpflichtversicherung für Rechtsanwälte und Patentanwälte, Steuerberater sowie Wirtschaftsprüfer und vereidigte Buchprüfer

B

BaFin	Bundesanstalt für Finanzdienstleistungsaufsicht
BAG	Gesetz über die Errichtung eines Bundesaufsichtsamtes für das Versicherungswesen
BAnz.	Bundesanzeiger
BB	Betriebs-Berater
BBR	Besondere Bedingungen und Risikobeschreibungen
BBR-RA	Besondere Bedingungen und Risikobeschreibung für Rechtsanwälte und Patentanwälte
Bd.	Band
BDSG	Bundesdatenschutzgesetz
BeckRS	Beck-Rechtsprechung (Beck-Online)
betr.	betreffend
BetrAV	Betriebliche Altersversorgung
BetrAVG	Betriebsrentengesetz
BGB	Bürgerliches Gesetzbuch
BGBl.	Bundesgesetzblatt
BGH	Bundesgerichtshof
BGHZ	Entscheidungen des Bundesgerichtshofs in Zivilsachen
BMF	Bundesminister der Finanzen/Bundesministerium der Finanzen

https://doi.org/10.1515/9783110407280-205

BMJ	Bundesminister der Justiz/Bundesministerium der Justiz
BMWi	Bundesminister für Wirtschaft/Bundesministerium für Wirtschaft
BNotO	Bundesnotarordnung
BOStB	Bundesordnung der Bundessteuerberaterkammer
BRAK	Bundesrechtsanwaltskammer
BRAK-Mitt.	Mitteilungen der Bundesrechtsanwaltskammer
BRAGO	Bundesrechtsanwaltsgebührenordnung
BRAO	Bundesrechtsanwaltsordnung
BR-Drucks.	Bundesrats-Drucksache
BT-Drucks.	Bundestags-Drucksache
Buchst.	Buchstabe
BVerfG	Bundesverfassungsgericht
BVerwG	Bundesverwaltungsgericht
BVerwGE	Entscheidungen des Bundesverwaltungsgerichts

C

CCBE	Berufsregeln der Rechtsanwälte der Europäischen Union
CCZ	Corporate Compliance Zeitschrift

D

DAV	Deutscher Anwaltsverein
DB	Der Betrieb
d.h.	das heißt
Diss.	Dissertation
DL-InfoV	Dienstleistungs-Informationspflichtenverordnung
DNotZ	Deutsche Notarzeitung
DNotO	Dienstordnung für Notare
DStR	Deutsches Steuerrecht

E

EG	Europäische Gemeinschaft
EGBGB	Einführungsgesetz zum Bürgerlichen Gesetzbuch
EG-Kommission	Kommission der Europäischen Gemeinschaft
EGV	Vertrag zur Gründung der Europäischen Gemeinschaft
EGVVG	Einführungsgesetz zum Gesetz über den Versicherungsvertrag
Einl.	Einleitung
entgg.	entgegen
Erl.	Erläuterung
EStG	Einkommensteuergesetz
EU	Europäische Union
EUR	Euro
evtl.	eventuell
EWiR	Entscheidungen zum Wirtschaftsrecht
EWIV	Europäische Wirtschaftliche Interessenvereinigung

F

f, ff	folgende
Fn.	Fußnote

G

G	Gesetz
GbR	Gesellschaft bürgerlichen Rechts
GenG	Genossenschaftsgesetz
GewO	Gewerbeordnung
GG	Grundgesetz für die Bundesrepublik Deutschland

ggf.	gegebenenfalls
ggü.	gegenüber
GI	Gerling Information für wirtschaftsprüfende, rechts- und steuerberatende Berufe
GmbH	Gesellschaft mit beschränkter Haftung
GmbHG	GmbH-Gesetz
grds.	grundsätzlich
GWB	Gesetz gegen Wettbewerbsbeschränkungen

H

HGB	Handelsgesetzbuch
h.M.	herrschende Meinung
HReg.	Handelsregister
Hrsg.	Herausgeber
Hs	Halbsatz

I

i.d.R.	in der Regel
IHK	Industrie- und Handelskammer
i.H.v.	in Höhe von
InsO	Insolvenzordnung
InsVV	Insolvenzrechtliche Vergütungsverordnung
i.S.	im Sinne
i.V.m.	in Verbindung mit

J

JRPV	Juristische Rundschau für die Privatversicherung
JW	Juristische Wochenschrift

K

KG	Kammergericht, Kommanditgesellschaft
KWG	Kreditwesengesetz

L

LAG	Landesarbeitsgericht
lfd.	laufend
LG	Landgericht
Lit.	Literatur
LLP	Limited Liability Partnership
LS	Leitsatz

M

MDR	Monatsschrift für Deutsches Recht
mind.	mindestens
Mio.	Millionen
m.w.N.	mit weiteren Nachweisen

N

n.F.	neue Fassung
NJW	Neue Juristische Wochenschrift
NJWE-VHR	NJW-Entscheidungsdienst Versicherungs- und Haftungsrecht
NJW-RR	NJW-Rechtsprechungs-Report Zivilrecht
Nr.	Nummer(n)
n. rkr.	nicht rechtskräftig
n.v.	nicht veröffentlicht

NVersZ	Neue Zeitschrift für Versicherung und Recht
NZI	Neue Zeitschrift für Insolvenz- und Sanierungsrecht
NZG	Neue Zeitschrift für Gesellschaftsrecht
O	
ODL	Outside Directorship Liability (Versicherung)
o.g.	oben genannte
OGH	Oberster Gerichtshof (Österreich)
oHG	offene Handelsgesellschaft
OLG	Oberlandesgericht
OLGR	Rechtsprechung der Oberlandesgerichte
OWiG	Gesetz über Ordnungswidrigkeiten
P	
PartG	Partnerschaftsgesellschaft
PartGG	Partnerschaftsgesellschaftsgesetz
PartG mbB	Partnerschaftsgesellschaft mit beschränkter Berufshaftung
PKH	Prozesskostenhilfe
R	
RG	Reichsgericht
RGZ	Entscheidungen des Reichsgerichts in Zivilsachen
RL	Richtlinie
Rn.	Randnummer
Rom I-VO	Verordnung (EG) Nr. 593/2008 des Europäischen Parlaments und des Rates vom 17. Juni 2008 über das auf vertragliche Schuldverhältnisse anzuwendende Recht (Rom I)
r + s	Recht und Schaden
Rspr.	Rechtsprechung
RVG	Rechtsanwaltsvergütungsgesetz
S	
s.	siehe
S.	Seite/Satz
Slg.	Sammlung der Entscheidungen des EuGH
s.o.	siehe oben
sog.	sogenannt
StB	Steuerberater
StBDV	Verordnung zur Durchführung der Vorschriften über Steuerberater, Steuerbevollmächtigte und Steuerberatungsgesellschaften
StBerG	Steuerberatungsgesetz
StGB	Strafgesetzbuch
StPO	Strafprozessordnung
s.u.	siehe unten
U	
USD	US-Dollar
u.U.	unter Umständen
UWG	Gesetz gegen den unlauteren Wettbewerb
V	
VA	Veröffentlichungen des Reichsaufsichtsamtes für Privatversicherung
VAG	Versicherungsaufsichtsgesetz
VerBAV	Veröffentlichungen des Bundesaufsichtsamtes für das Versicherungswesen
VersR	Versicherungsrecht
vgl.	vergleiche

VN	Versicherungsnehmer
VO	Verordnung/Rechtsverordnung
Voraufl.	Vorauflage
VR	Versicherer
VU	Versicherungsunternehmen
VVaG	Versicherungsverein auf Gegenseitigkeit
VW	Versicherungswirtschaft
VwGO	Verwaltungsgerichtsordnung

W

WM	Wertpapier-Mitteilungen
WPK-Mitteilungen	Mitteilungen der Wirtschaftsprüferkammer
WPO	Wirtschaftsprüferordnung

Z

z.B.	zum Beispiel
ZfS	Zeitschrift für Schadensrecht
ZfV	Zeitschrift für Versicherungswesen
ZHR	Zeitschrift für das gesamte Handels- und Wirtschaftsrecht
Ziff.	Ziffer
ZInsO	Zeitschrift für Insolvenzrecht
ZIP	Zeitschrift für Wirtschaftsrecht
ZPO	Zivilprozessordnung
zutr.	zutreffend
ZVersWiss	Zeitschrift für die gesamte Versicherungswissenschaft

Literaturverzeichnis

Kursiv der jeweilige Bearbeiter bei Großkommentaren. Aufsätze und sonstige Einzelartikel sind in den Fußnoten genannt.

Assmann/Schütz/*Bearbeiter*	Assmann/Schütz, Handbuch des Kapitalanlagerechts, 4. Auflage 2015
Baumbach/Hopt/*Bearbeiter*	Baumbach/Hopt, Handelsgesetzbuch, 37. Auflage 2016
Beck/Depré/*Bearbeiter*	Beck/Depré, Praxis der Insolvenz, 3. Auflage 2017
Beckmann/Matusche-Beckmann/*Bearbeiter*	Beckmann/Matusche-Beckmann, Versicherungsrechts-Handbuch, 3. Auflage 2015
BeckOK BGB/*Bearbeiter*	Bamberger/Roth/Hau/Poseck, Beck'scher Online-Kommentar BGB, 45. Edition
BeckOK BORA/*Bearbeiter*	Römermann/Günther, Beck'scher Online-Kommentar BORA, 19. Edition
BeckOK GmbHG/*Bearbeiter*	Ziemons/Jaeger, Beck'scher Online-Kommentar GmbHG, 34. Edition
BeckOK DatenschutzR/*Bearbeiter*	Wolff/Brink, Beck'scher Online-Kommentar Datenschutzrecht, 23. Edition
BeckOK ZPO/*Bearbeiter*	Vorwerk/Wolf, Beck'scher Online-Kommentar ZPO, 28. Edition
Bengel/Reimann/*Bearbeiter* HBdTV	Bengel/Reimann, Handbuch der Testamentsvollstreckung, 6. Auflage 2017
Borgmann/Jungk/Schwaiger	Borgmann/Jungk/Schwaiger, Anwaltshaftung, 5. Auflage 2014
Braun/*Bearbeiter*	Braun, Insolvenzordnung, 7. Auflage 2017
Diller	Diller, Berufshaftpflichtversicherung der Rechtsanwälte, 2. Auflage 2017
Dreher/Hoffmann/Kling	Dreher/Hoffmann/Kling, Kartell- und Wettbewerbsrecht der Versicherungsunternehmen, 2. Auflage 2015
Fahrendorf/Mennemeyer	Fahrendorf/Mennemeyer, Die Haftung des Rechtsanwalts, 9. Auflage 2017
Feuerich/Weyland/*Bearbeiter*	Feuerich/Weyland, Bundesrechtsanwaltsordnung, 9. Auflage 2016
Gerold/Schmidt/Müller-Rabe/*Bearbeiter*	Gerold/Schmidt/Müller-Rabe, Rechtsanwaltsvergütungsgesetz, 23. Auflage 2017
Gräfe/Brügge	Gräfe/Brügge, Vermögensschaden-Haftpflichtversicherung, Die Berufshaftpflichversicherung für Rechtsanwälte, Steuerberater, Wirtschaftsprüfer und Notare, 2. Auflage 2013
Haarmeyer/Mock	Haarmeyer/Mock, Insolvenzrechtliche Vergütung, 5. Auflage 2014
HBAnw/*Bearbeiter*	G. Fischer/Vill/D. Fischer/Rinkler/Chab, Handbuch der Anwaltshaftung, 4. Auflage
Henssler/Prütting/*Bearbeiter* BRAO	Henssler/Prütting, Bundesrechtsanwaltsordnung, 4. Auflage 2014

https://doi.org/10.1515/9783110407280-206

Henssler/Deckenbrock/ *Bearbeiter* RDG	Henssler/Deckenbrock, Rechtsdienstleistungsgesetz, 4. Auflage 2015
Henssler/Streck/ *Bearbeiter* HBSozR	Henssler/Streck, Handbuch Sozietätsrecht, 2. Auflage 2011
Henssler/Strohn/*Bearbeiter* GesRBGB und GesRHGB	Henssler/Strohn, Gesellschaftsrecht, 3. Auflage 2016
Karsten Schmidt InsO/ *Bearbeiter*	Karsten Schmidt, Insolvenzordnung, 19. Auflage 2016
KassKomm/*Bearbeiter*	Leitherer/Seewald/Steinwedel, Kasseler Kommentar zum Sozialversicherungsrecht, Loseblatt, 73. Auflage
Langheid/Rixecker/*Bearbeiter*	Langheid/Rixecker, Versicherungsvertragsgesetz, 5. Auflage 2016
Littbarski	Littbarski, AHB Haftpflichtversicherung, 1. Auflage 2001
MAH ArbR/*Bearbeiter*	Kiel/Lunk/Oetker, Münchener Handbuch zum Arbeitsrecht, 4. Auflage 2018
MAH ErbR/*Bearbeiter*	Scherer, Münchener Anwaltshandbuch Erbrecht, 4. Auflage 2014
MAH VersR/*Bearbeiter*	Höra, Münchener Anwaltshandbuch Versicherungsrecht, 4. Auflage 2017
Meilicke/Graf v. Westphalen/ *Bearbeiter*	Meilicke/Graf v. Westphalen/Hoffmann/Lenz/Wolff, Partnerschaftsgesellschaftsgesetz, 3. Auflage 2015
Musielak/Voit/*Bearbeiter*	Musielak/Voit, Zivilprozessordnung mit Gerichtsverfassungsgesetz 15. Auflage
MüKoBGB/*Bearbeiter*	Rebmann/Säcker/Rixecker, Münchener Kommentar zum Bürgerlichen Gesetzbuch (BGB), 6. Auflage 2012
MüKoGmbHG/*Bearbeiter*	Goette/Fleischer, Münchener Kommentar zum GmbHG, 1. Auflage 2009ff
MüKoHGB/*Bearbeiter*	K. Schmidt, Münchener Kommentar zum Handelsgesetzbuch (HGB), 3. Auflage 2012
MüKoInsO/*Bearbeiter*	Eidenmüller/Kirchhof/Stürner, Münchener Kommentar zur Insolvenzordnung, 3. Auflage 2013
MüKoVVG/*Bearbeiter*	Langheid/Wandt, Münchener Kommentar zum Versicherungsvertragsgesetz, 2. Auflage 2016
MüKoZPO/*Bearbeiter*	Rauscher/Wax/Wenzel/Lüke, Münchener Kommentar zur Zivilprozessordnung (ZPO), 3. Auflage 2007ff
Nerlich/Römermann/ *Bearbeiter*	Nerlich/Römermann, Insolvenzordnung, 33. Ergänzungslieferung 2017
Palandt/*Bearbeiter*	Palandt, Bürgerliches Gesetzbuch, 77. Auflage 2018
Peres/Senft/*Bearbeiter*	Peres/Senft, Sozietätsrecht, 3. Auflage 2015

Prinz/Winkeljohann/*Bearbeiter* — Prinz/Winkeljohann, Beck'sches Handbuch der GmbH, 5. Auflage 2014

Prölss/Martin/*Bearbeiter* — Prölss/Martin, Versicherungsvertragsgesetz, 29. Auflage 2015

Rüffer/Halbach/Schimikowski/*Bearbeiter* — Rüffer/Halbach/Schimikowski, Gesetz über den Versicherungsvertrag (Versicherungsvertragsgesetz – VVG), Versicherungsvertragsgesetz, 3. Auflage 2015

Schippel/Bracker/*Bearbeiter* — Schippel/Bracker, Bundesnotarordnung, 9. Auflage 2011

Schwab/Walter/*Bearbeiter* — Schwab/Walter, Schiedsgerichtsbarkeit, 7. Auflage 2005

Schwepke/Vetter — Schwepcke/Vetter, Praxishandbuch: Rückversicherung, 1. Auflage 2017

Sonnleitner/*Bearbeiter* — Sonnleitner, Insolvenzsteuerrecht, 1. Auflage 2017

Späte/Schimikowski/*Bearbeiter* — Späte/Schimikowski, Haftpflichtversicherung, 2. Auflage 2015

Staudinger/*Bearbeiter* — J. von Staudingers Kommentar zum Bürgerlichen Gesetzbuch, ab 2010

Uhlenbruck/*Bearbeiter* — Uhlenbruck, Insolvenzordnung, 14. Auflage 2015

Veith/Gräfe/Gebert/*Bearbeiter* — Veith/Gräfe/Gebert, Der Versicherungsprozess, 3. Auflage 2015

Vollkommer/Greger/Heinemann — Vollkommer/Greger/Heinemann, Anwaltshaftungsrecht, 4. Auflage 2014

Weinbeer — Weinbeer, Die Haftungsverfassung bei Zusammenschlüssen von Rechtsanwälten unter besonderer Berücksichtigung versicherungsrechtlicher Bestimmungen, 2013

Texte AVB-RSW, HV 60/07

Allgemeine und Besondere Versicherungsbedingungen sowie Risikobeschreibungen zur Vermögensschaden-Haftpflichtversicherung für
- **Rechtsanwälte und Patentanwälte**
- **Steuerberater**
- **Wirtschaftsprüfer und vereidigte Buchprüfer (AVB-RSW)**

HV 60/07 (Stand Juni 2018)

Teil 1.1, Teil 1.2, Teil 2 mit der Berufshaftpflichtversicherung für Anwälte und Versicherungsschutz für gesellschaftsrechtliche Haftung
- **als Text und im Kommentarteil**

Teil 3 (Steuerberater), Teil 4 (Wirtschaftsprüfer/ver. Buchprüfer), Teil 5 (Bürohaftpflichtversicherung)
- **als Text mit Hinweisen zu Änderungen zur Vorgängerversion der AVB-RSW (HV 60/06)**

Teil 1.1 Allgemeine Versicherungsbedingungen (AVB)

A. Der Versicherungsschutz (§§ 1–4)

§ 1 Gegenstand des Versicherungsschutzes, Vermögensschaden, Versicherungsnehmer

I. Versicherungsschutz für berufliche Tätigkeit, Vermögensschadenbegriff

1. Gegenstand des Versicherungsschutzes
Der Versicherer bietet dem Versicherungsnehmer Versicherungsschutz für den Fall, dass er wegen eines bei der Ausübung beruflicher Tätigkeit von ihm selbst oder einer Person, für die er nach § 278 oder § 831 BGB einzustehen hat, begangenen Verstoßes von einem anderen auf Grund gesetzlicher Haftpflichtbestimmungen privatrechtlichen Inhalts für einen Vermögensschaden verantwortlich gemacht wird.

Ausgenommen sind Ansprüche auf Rückforderung von Gebühren oder Honoraren sowie Erfüllungsansprüche und Erfüllungssurrogate.

2. Definition des Vermögensschadens
Vermögensschäden sind solche Schäden, die weder Personenschäden (Tötung, Verletzung des Körpers oder Schädigung der Gesundheit von Menschen) noch Sachschäden (Beschädigung, Verderben, Vernichtung oder Abhandenkommen von Sachen, insbesondere auch von Geld und geldwerten Zeichen) sind, noch sich aus solchen von dem Versicherungsnehmer oder einer Person, für die er einzutreten hat, verursachten Schäden herleiten.

II. Berufsangehörige als Versicherungsnehmer

1. Sozien
Üben Berufsangehörige ihren Beruf nach außen hin gemeinschaftlich aus, sind sie Sozien ohne Rücksicht darauf, wie ihre vertraglichen Beziehungen untereinander (Innenverhältnis) geregelt sind.

https://doi.org/10.1515/9783110407280-001

2. Innenverhältnis
Die vertraglichen Beziehungen des Innenverhältnisses können sein: Anstellungsverhältnis, freie Mitarbeit, Bürogemeinschaft, Kooperation, Gesellschaft bürgerlichen Rechts, nicht als Berufsträgergesellschaft anerkannte Partnerschaft und ähnliches.

3. Zurechnung
In der Person eines Sozius gegebene Umstände, die den Versicherungsschutz beeinflussen, gehen zu Lasten aller Sozien.

III. Berufsträgergesellschaft als Versicherungsnehmer

1. Versicherungsschutz für Repräsentanten
Nimmt eine anerkannte oder zugelassene Berufsträgergesellschaft für sich selbst Versicherung, bezieht sich der Versicherungsschutz für diese Gesellschaft auf die den Organen, Geschäftsführern, Gesellschaftern von Personengesellschaften, Partnern und Angestellten oder sonstigen Personen, derer sie sich zur Erfüllung ihrer Berufstätigkeit bedient, zur Last fallenden Verstöße.

2. Zurechnung
In der Person des Verstoßenden gegebene Umstände, die den Versicherungsschutz beeinflussen, werden dem Versicherungsnehmer zugerechnet; das gilt nicht, wenn Angestellte (nicht Organe, Geschäftsführer, Gesellschafter von Personengesellschaften, Partner) des Versicherungsnehmers oder sonstige Personen, derer er sich zur Erfüllung seiner Berufstätigkeit bedient, in Erfüllung dieser Tätigkeit von Gesetz, Vorschrift, Anweisung oder Bedingung des Auftraggebers wissentlich abgewichen sind oder sonst ihre Pflichten wissentlich verletzt haben.

§ 2 Vorwärts- und Rückwärtsversicherung

I. Vorwärtsversicherung

Die Vorwärtsversicherung umfasst die Folgen aller vom Beginn des Versicherungsschutzes an (§ 3) bis zum Ablauf des Vertrages vorkommenden Verstöße.

II. Rückwärtsversicherung

1. Versicherungsumfang
Die Rückwärtsversicherung bietet Versicherungsschutz für in der Vergangenheit vorgekommene Verstöße, welche dem Versicherungsnehmer oder den versicherten Personen bei Abgabe der Vertragserklärung nicht bekannt geworden sind. Bei Antragstellung ist die zu versichernde Zeit nach Anfangs- und Endpunkt zu bezeichnen.

2. Kein Versicherungsschutz bei bekanntem Verstoß
Hat der Versicherungsnehmer oder eine versicherte Person bei Abgabe der Vertragserklärung davon Kenntnis, dass ein Versicherungsfall schon eingetreten ist, ist der Versicherer nicht zur Leistung verpflichtet.

III. Verstoßzeitpunkt bei Unterlassung

Wird ein Schaden durch fahrlässige Unterlassung verursacht, gilt im Zweifel der Verstoß als an dem Tag begangen, an welchem die versäumte Handlung spätestens hätte vorgenommen werden müssen, um den Eintritt des Schadens abzuwenden

§ 3 Beginn und Umfang des Versicherungsschutzes

I. Hauptvertrag

1. Beginn
Der Versicherungsschutz beginnt an dem im Versicherungsschein angegebenen Zeitpunkt, sofern der Versicherungsnehmer die erste oder einmalige Prämie zusammen mit den angegebenen Kosten und etwaiger öffentlicher Abgaben rechtzeitig gemäß § 8 I Ziffer 1 zahlt.

2. Beginn bei späterer Prämieneinforderung
Wird die erste Prämie erst nach dem als Beginn der Versicherung festgesetzten Zeitpunkt eingefordert, dann aber ohne Verzug bezahlt, beginnt der Versicherungsschutz mit dem vereinbarten Zeitpunkt.

II. Umfang des Versicherungsschutzes

1. Abwehrschutz und Freistellung
Der Versicherungsschutz umfasst die Abwehr unberechtigter Schadenersatzansprüche und die Freistellung des Versicherungsnehmers von berechtigten Schadenersatzverpflichtungen.

1.1 Berechtigt sind Schadenersatzverpflichtungen dann, wenn der Versicherungsnehmer aufgrund Gesetzes, rechtskräftigen Urteils, Anerkenntnisses oder Vergleiches zur Entschädigung verpflichtet ist und der Versicherer hierdurch gebunden ist.

1.2 Anerkenntnisse und Vergleiche, die vom Versicherungsnehmer ohne Zustimmung des Versicherers abgegeben oder geschlossen worden sind, binden den Versicherer nur, soweit der Haftpflichtanspruch auch ohne Anerkenntnis oder Vergleich bestanden hätte.

1.3 Der Versicherer ist bevollmächtigt, alle zur Beilegung oder Abwehr des Haftpflichtanspruchs ihm zweckmäßig erscheinenden Erklärungen im Namen des Versicherungsnehmers abzugeben.

2. Höchstbetrag der Versicherungsleistung
2.1 Die Versicherungssumme stellt den Höchstbetrag der dem Versicherer – abgesehen vom Kostenpunkte (s. Ziffer 5) – in jedem einzelnen Versicherungsfall obliegenden Leistung dar und zwar mit der Maßgabe, dass nur eine einmalige Leistung der Versicherungssumme in Frage kommt:

a) gegenüber mehreren entschädigungspflichtigen Personen, auf welche sich der Versicherungsschutz erstreckt,
b) bezüglich eines aus mehreren Verstößen stammenden einheitlichen Schadens,
c) bezüglich sämtlicher Pflichtverletzungen bei der Erledigung eines einheitlichen Auftrags, mögen diese auf dem Verschulden des Versicherungsnehmers oder einer von ihm herangezogenen Hilfsperson beruhen.

2.2 Weitere Bestimmungen zum Höchstbetrag der Versicherungsleistung regeln die Besonderen Bedingungen.

3. Jahreshöchstleistung

Die Leistungen des Versicherers können im Rahmen der gesetzlichen Bestimmungen begrenzt werden. Weitere Bestimmungen zur Jahreshöchstleistung regeln die Besonderen Bedingungen.

4. Selbstbehalt des Versicherungsnehmers

4.1 An der Summe, die vom Versicherungsnehmer auf Grund richterlichen Urteils oder eines vom Versicherer genehmigten Anerkenntnisses oder Vergleichs zu bezahlen ist (Haftpflichtsumme), wird der Versicherungsnehmer mit einem Selbstbehalt von EUR 1.500 beteiligt (Festselbstbehalt).

4.2 Abweichend hiervon kann ein anderer gesetzlich zulässiger Selbstbehalt vereinbart werden.

4.3 Ein Selbstbehalt ist jedoch ausgeschlossen, wenn bei Geltendmachung des Schadens durch einen Dritten die Bestellung bzw. Zulassung des Berufsträgers oder die Anerkennung bzw. Zulassung der Berufsträgergesellschaft erloschen ist. Dies gilt auch, wenn Haftpflichtansprüche gegen die Erben des Versicherungsnehmers erhoben werden. Zudem entfällt in den ersten drei Jahren nach der Zulassung/Bestellung als Berufsträger der Selbstbehalt, sofern kein abweichender Selbstbehalt vereinbart wurde.

5. Prozesskosten

5.1 Die Kosten eines gegen den Versicherungsnehmer anhängig gewordenen, einen gedeckten Haftpflichtanspruch betreffenden Haftpflichtprozesses sowie einer wegen eines solchen Anspruchs mit Zustimmung des Versicherers vom Versicherungsnehmer betriebenen negativen Feststellungsklage oder Nebenintervention gehen zu Lasten des Versicherers. Sofern nicht im Einzelfall mit dem Versicherer etwas anderes vereinbart ist, werden die Rechtsanwaltskosten entsprechend den Gebührensätzen des RVG übernommen.

5.2 Übersteigt der geltend gemachte Haftpflichtanspruch die Versicherungssumme, trägt der Versicherer die Gebühren und Pauschsätze nur nach der der Versicherungssumme entsprechenden Wertklasse. Dies gilt sowohl bei der Abwehr unberechtigter Schadenersatzansprüche als auch bei der Freistellung des Versicherungsnehmers von berechtigten Schadenersatzverpflichtungen. Bei den nicht durch Pauschsätze abzugeltenden Auslagen tritt eine verhältnismäßige Verteilung auf Versicherer und Versicherungsnehmer ein.

5.3 Übersteigt der Haftpflichtanspruch nicht den Betrag des Mindest- oder eines vereinbarten festen Selbstbehalts, treffen den Versicherer keine Kosten.

5.4 Sofern ein Versicherungsnehmer sich selbst vertritt oder durch einen Sozius oder Mitarbeiter vertreten lässt, werden eigene Gebühren nicht erstattet.

5.5 Bei der Inanspruchnahme vor ausländischen Gerichten ersetzt der Versicherer begrenzt auf seine Leistungspflicht Kosten höchstens nach der der Versicherungssumme entsprechenden Wertklasse nach deutschem Kosten und Gebührenrecht, sofern nicht im Einzelfall mit dem Versicherer etwas anders vereinbart ist.

6. Sicherheitsleistung zur Abwendung der Zwangsvollstreckung

An der Sicherheitsleistung oder Hinterlegung, die zur Abwendung der zwangsweisen Beitreibung der Haftpflichtsumme zu leisten ist, beteiligt sich der Versicherer in demselben Umfange wie an der Ersatzleistung, höchstens jedoch bis zur Höhe der Versicherungssumme.

7. Leistungsbegrenzung bei gescheiterter Erledigung des Haftpflichtanspruchs oder zur Verfügungstellung der Versicherungsleistung.

Falls die vom Versicherer verlangte Erledigung eines Haftpflichtanspruchs durch Anerkenntnis, Befriedigung oder Vergleich am Verhalten des Versicherungsnehmers scheitert oder falls der Versicherer seinen vertragsmäßigen Anteil zur Befriedigung des Geschädigten zur Verfügung stellt, hat der Versicherer für den von der Weigerung bzw. der Verfügungsstellung an entstehenden Mehraufwand an Hauptsache, Zinsen und Kosten nicht aufzukommen.

§ 4 Ausschlüsse

Der Versicherungsschutz bezieht sich nicht auf Haftpflichtansprüche

1. mit Auslandsbezug, entsprechend den Regelungen in den Besonderen Bedingungen (Teil 2 BBR-RA, Teil 3 BBR-S und Teil 4 BBR-W);

2. soweit sie auf Grund Vertrages oder besonderer Zusage über den Umfang der gesetzlichen Haftpflicht hinausgehen;

3. wegen Schäden durch Veruntreuung entsprechend den Regelungen in den Besonderen Bedingungen (Teil 2 BBR-RA, Teil 3 BBR-S und Teil 4 BBR-W);

4. aus der Tätigkeit des Versicherungsnehmers oder seines Personals als Leiter, Geschäftsführer, Vorstands-, Aufsichtsrats-, Beiratsmitglied von Firmen, Unternehmungen, Vereinen, Verbänden. Ist der Versicherungsnehmer als Berufsträgergesellschaft anerkannt oder zugelassen, gilt dies entsprechend für die Berufsgesellschaft und die dort tätigen mitversicherten Personen gemäß § 7 I 1.;

5. wegen Schadenverursachung durch wissentliches Abweichen von Gesetz, Vorschrift, Anweisung oder Bedingung des Auftraggebers oder durch sonstige wissentliche Pflichtverletzung. Der Versicherungsnehmer behält, wenn dieser Ausschlussgrund nicht in seiner Person und auch nicht in der Person eines Sozius vorliegt – unbeschadet der Bestimmungen des § 7 III 2 – den Anspruch auf Versicherungsschutz. § 1 III bleibt unberührt. Wird der Vorwurf der wissentlichen Pflichtverletzung erhoben, besteht Versicherungsschutz in Form der Abwehr unberechtigter Schadenersatzansprüche. Erbrachte Leistungen sind zu erstatten, wenn die wissentliche Pflichtverletzung rechtskräftig festgestellt wird.

B. Der Versicherungsfall (§§ 5 und 6)

§ 5 Versicherungsfall, Obliegenheiten im Versicherungsfall, Zahlung des Versicherers

I. Versicherungsfall

Versicherungsfall ist der Verstoß, der Haftpflichtansprüche gegen den Versicherungsnehmer zur Folge haben könnte.

II. Obliegenheiten im Versicherungsfall

1. Anzeigepflichten

1.1 Jeder Versicherungsfall ist dem Versicherer (vgl. § 11) spätestens innerhalb einer Woche anzuzeigen.

1.2 Auch wenn der Versicherungsnehmer den Versicherungsfall selbst bereits angezeigt hat, hat er dem Versicherer unverzüglich Anzeige zu erstatten, wenn gegen ihn ein Anspruch gerichtlich geltend gemacht, Prozesskostenhilfe beantragt, ein Mahnbescheid erlassen, ihm der Streit verkündet, ein Schlichtungsverfahren vor der Schlichtungsstelle der Rechtsanwaltschaft beantragt, ein Ermittlungsverfahren eingeleitet oder ein Strafbefehl erlassen wird. Das gleiche gilt im Falle eines Arrestes, einer einstweiligen Verfügung oder eines selbstständigen Beweisverfahrens. Gegen Mahnbescheide oder Verfügungen von Verwaltungsbehörden auf Schadenersatz hat er, ohne die Weisung des Versicherers abzuwarten, die erforderlichen Rechtsbehelfe zu ergreifen.

1.3 Macht der Geschädigte seinen Anspruch gegenüber dem Versicherungsnehmer geltend, ist dieser zur Anzeige innerhalb einer Woche nach der Erhebung des Anspruchs verpflichtet.

1.4 Durch die Absendung der Anzeige werden die Fristen gewahrt. Für die Erben des Versicherungsnehmers tritt an Stelle der Wochenfrist jeweils eine Frist von einem Monat.

2. Mitwirkung des Versicherungsnehmers bei der Schadenabwehr

2.1 Der Versicherungsnehmer ist, soweit für ihn zumutbar, verpflichtet, unter Beachtung der Weisungen des Versicherers, insbesondere auch hinsichtlich der Auswahl des Prozessbevollmächtigten, für die Abwendung und Minderung des Schadens zu sorgen und alles zu tun, was zur Klarstellung des Schadenfalles dient.

2.2 Er hat den Versicherer bei der Abwehr des Schadens sowie bei der Schadenermittlung und -regulierung zu unterstützen, ihm ausführliche und wahrheitsgemäße Schadenberichte zu erstatten, alle Tatumstände, welche auf den Schadenfall Bezug haben, mitzuteilen und alle nach Ansicht des Versicherers für die Beurteilung des Schadenfalls erheblichen Schriftstücke einzusenden.

2.3 Den aus Anlass eines Schadenfalles erforderlichen Schriftwechsel hat der Versicherungsnehmer unentgeltlich zu führen. Sonstiger anfallender Aufwand sowie auch die Kosten eines vom Versicherungsnehmer außergerichtlich beauftragten Bevollmächtigten werden nicht erstattet.

2.4 Eine Streitverkündung seitens des Versicherungsnehmers an den Versicherer ist nicht erforderlich. Die Kosten einer solchen werden vom Versicherer nicht ersetzt.

III. Zahlung des Versicherers

1. Zeitpunkt

Ist die Schadenersatzverpflichtung des Versicherungsnehmers mit bindender Wirkung (§ 3 II Ziffer 1.1) für den Versicherer festgestellt hat dieser den Versicherungsnehmer binnen zwei Wochen vom Anspruch des Dritten freizustellen.

2. Erfüllung

Die Leistungen des Versicherers erfolgen in Euro. Die Verpflichtung des Versicherers gilt mit dem Zeitpunkt als erfüllt, in dem der Euro- Betrag bei einem inländischen Geldinstitut angewiesen ist.

§ 6 Leistungsfreiheit, Leistungskürzung und Fortbestehen der Leistungspflicht bei einer Obliegenheitsverletzung nach § 5

I. Leistungsfreiheit

Wird eine Obliegenheit verletzt, die dem Versicherer gegenüber zu erfüllen ist, ist der Versicherer von der Verpflichtung zur Leistung frei, wenn der Versicherungsnehmer die Obliegenheit vorsätzlich verletzt hat.

II. Leistungskürzung

Im Fall einer grob fahrlässigen Verletzung der Obliegenheit ist der Versicherer berechtigt, seine Leistung in einem der Schwere des Verschuldens des Versicherungsnehmers entsprechenden Verhältnis zu kürzen. Weist der Versicherungsnehmer nach, dass er die Obliegenheit nicht grob fahrlässig verletzt hat, bleibt der Versicherungsschutz bestehen.

III. Fortbestehen der Leistungspflicht

Der Versicherer bleibt zur Leistung verpflichtet, soweit der Versicherungsnehmer nachweist, dass die Verletzung der Obliegenheit weder für den Eintritt oder die Feststellung des Versicherungsfalls noch für die Feststellung oder den Umfang der dem Versicherer obliegenden Leistung ursächlich war. Das gilt nicht, wenn der Versicherungsnehmer die Obliegenheit arglistig verletzt hat.

C. Das Versicherungsverhältnis (§§ 7–15)

§ 7 Versicherung für fremde Rechnung, Abtretung, Verpfändung, Rückgriffsansprüche

I. Versicherung für fremde Rechnung

1. Geltung der Vertragsbestimmungen für versicherte Personen
Soweit sich die Versicherung auf Haftpflichtansprüche erstreckt, die gegen andere Personen als den Versicherungsnehmer selbst gerichtet sind (versicherte Personen), finden alle in dem Versicherungsvertrag bezüglich des Versicherungsnehmers getroffenen Bestimmungen auch auf diese Personen sinngemäße Anwendung. Der Versicherungsnehmer bleibt neben den versicherten Personen für die Erfüllung der Obliegenheiten verantwortlich.

2. Geltendmachung der Versicherungsansprüche
Versicherte Personen können ihre Versicherungsansprüche selbständig geltend machen.

3. Ansprüche des Versicherungsnehmers gegen versicherte Personen
Ansprüche des Versicherungsnehmers gegen versicherte Personen sind, soweit nichts anderes vereinbart ist, von der Versicherung ausgeschlossen.

II. Abtretung, Verpfändung

Der Freistellungsanspruch darf vor seiner endgültigen Feststellung ohne Zustimmung des Versicherers weder abgetreten noch verpfändet werden. Eine Abtretung an den geschädigten Dritten ist zulässig.

III. Rückgriffsansprüche

1. Übergang von Ansprüchen des Versicherungsnehmers gegen Dritte
Steht dem Versicherungsnehmer ein Ersatzanspruch gegen einen Dritten zu, geht dieser Anspruch auf den Versicherer über, soweit der Versicherer den Schaden ersetzt hat.

2. Rückgriff gegen Mitarbeiter des Versicherungsnehmers
Rückgriff gegen Mitarbeiter des Versicherungsnehmers (§13) wird nur genommen, wenn diese ihre Pflichten wissentlich verletzt haben.

3. Wahrungs- und Mitwirkungspflichten
Der Versicherungsnehmer hat seinen Anspruch gemäß Ziffer 1 oder ein zur Sicherung dieses Anspruchs dienendes Recht unter Beachtung der geltenden Form- und Fristvorschriften zu wahren und bei dessen Durchsetzung durch den Versicherer soweit erforderlich mitzuwirken. Die Folgen einer Verletzung dieser Obliegenheit ergeben sich aus § 86 Abs. 2 VVG.

§ 8 Prämienzahlung (Erst- und Folgeprämie) und Rechtsfolgen bei Nichtzahlung, Verzug bei Abbuchung, Prämienregulierung, Prämienrückerstattung

I. Zahlung der Erstprämie des Hauptvertrages

1. Fälligkeit
Die erste oder einmalige Prämie ist unverzüglich nach Zugang des Versicherungsscheins zu zahlen, jedoch nicht vor dem vereinbarten und im Versicherungsschein angegebenen Beginn des Versicherungsschutzes.

2. Rücktrittsrecht des Versicherers bei Nichtzahlung
Wird die erste oder einmalige Prämie nicht rechtzeitig bezahlt, ist der Versicherer, solange die Zahlung nicht bewirkt ist, zum Rücktritt vom Vertrag berechtigt. Dies gilt nicht, wenn der Versicherungsnehmer nachweist, dass er die Nichtzahlung nicht zu vertreten hat.

3. Leistungsfreiheit des Versicherers bei Nichtzahlung
Ist die Prämie zur Zeit des Eintritts des Versicherungsfalles noch nicht bezahlt, ist der Versicherer von der Verpflichtung zur Leistung frei. Dies gilt nicht, wenn der Versicherungsnehmer nachweist, dass er die Nichtzahlung nicht zu vertreten hat.

II. Zahlung der Folgeprämien des Hauptvertrages

1. Fälligkeit
Die Folgeprämien sind an den im Versicherungsschein festgesetzten Zahlungsterminen fällig.

2. Zahlungsfrist bei Nichtzahlung

Wird eine Folgeprämie nicht rechtzeitig gezahlt, kann der Versicherer dem Versicherungsnehmer auf dessen Kosten in Textform eine Zahlungsfrist von mindestens zwei Wochen bestimmen. Dabei sind die rückständigen Beträge der Prämie, Zinsen und Kosten im Einzelnen zu beziffern und die Rechtsfolgen anzugeben, die nach den Ziffern 3 und 4 mit dem Fristablauf verbunden sind.

3. Leistungsfreiheit des Versicherers bei Nichtzahlung

Tritt der Verstoß nach dem Ablauf dieser Frist ein und ist der Versicherungsnehmer zur Zeit des Eintritts mit der Zahlung der Prämie oder der Zinsen oder der Kosten im Verzug, ist der Versicherer nicht zur Leistung verpflichtet.

4. Kündigungsrecht des Versicherers bei Nichtzahlung

Der Versicherer kann nach Fristablauf den Vertrag ohne Einhaltung einer Frist kündigen, sofern der Versicherungsnehmer mit der Zahlung der geschuldeten Beträge in Verzug ist. Hat der Versicherer den Vertrag gekündigt und zahlt der Versicherungsnehmer danach innerhalb eines Monats den angemahnten Betrag, besteht der Vertrag fort. Für Versicherungsfälle, die zwischen dem Ablauf der Zahlungsfrist und der Zahlung eingetreten sind, besteht jedoch kein Versicherungsschutz.

III. SEPA-Lastschriftverfahren

1. Rechtzeitigkeit der Prämienzahlung

Wenn ein SEPA-Lastschriftverfahren vereinbart wurde, ist die Prämienzahlung rechtzeitig, wenn der Versicherer den Betrag zum Fälligkeitstag einziehen kann und der Versicherungsnehmer einer berechtigten Einziehung nicht widerspricht.

2. Rechtzeitigkeit der Prämienzahlung nach Zahlungsaufforderung

Ist die Einziehung einer Prämie aus Gründen, die der Versicherungsnehmer nicht zu vertreten hat, nicht möglich, ist die Prämienzahlung rechtzeitig, wenn sie unverzüglich nach einer in Textform abgegebenen Zahlungsaufforderung des Versicherers erfolgt.

3. Aufforderungsrecht des Versicherers zur Überweisung

Kann aufgrund eines Widerspruchs oder aus anderen Gründen eine Prämie nicht eingezogen werden, so kann der Versicherer von weiteren Einzugsversuchen absehen und den Versicherungsnehmer in Textform zur Zahlung durch Überweisung auffordern.

IV. Prämienregulierung

Aufgrund einer Änderungsanzeige oder sonstiger Feststellungen gemäß § 11b II wird die Prämie entsprechend dem Zeitpunkt der Veränderung richtiggestellt.

§ 9 Vertragsdauer, Kündigung, Erlöschen

I. Vertragsdauer und ordentliche Kündigung

Der Vertrag ist zunächst für die in dem Versicherungsschein festgesetzte Zeit abgeschlossen. Beträgt diese mindestens ein Jahr, bewirkt die Unterlassung rechtswirksamer Kündigung eine Verlängerung des Vertrages jeweils um ein Jahr. Die Kündigung ist rechts-

wirksam, sofern sie spätestens drei Monate vor dem jeweiligen Ablauf des Vertrages in Textform erklärt wird.

II. Kündigung im Schadenfall

1. Kündigungsvoraussetzungen
Das Versicherungsverhältnis kann nach Eintritt eines Versicherungsfalles in Textform gekündigt werden, wenn eine Zahlung aufgrund eines Versicherungsfalles geleistet oder der Haftpflichtanspruch rechtshängig geworden ist oder der Versicherungsnehmer mit einem von ihm geltend gemachten Versicherungsanspruch rechtskräftig abgewiesen ist.

2. Kündigungsfrist
Der Versicherer hat eine Kündigungsfrist von einem Monat einzuhalten. Der Versicherungsnehmer kann mit sofortiger Wirkung oder zum Schluss der laufenden Versicherungsperiode kündigen.

3. Erlöschen des Kündigungsrechts
Das Recht zur Kündigung erlischt, wenn es nicht spätestens einen Monat, nachdem die Zahlung geleistet, der Rechtsstreit durch Klagerücknahme, Anerkenntnis oder Vergleich beigelegt oder das Urteil rechtskräftig geworden ist, ausgeübt wird.

III. Rechtzeitigkeit der Kündigung

Die Kündigung ist nur dann rechtzeitig, wenn sie dem Vertragspartner innerhalb der jeweils vorgeschriebenen Frist zugegangen ist.

IV. Erlöschen des Versicherungsschutzes

Bei Wegfall des versicherten Interesses (z.B. Wegfall der Zulassung) erlischt der Versicherungsschutz. Teil 3 A Ziff. 1a) BBR-S und Teil 4 A Ziff. 1 BBR-W bleiben unberührt.

§ 10 Verjährung, zuständiges Gericht, anwendbares Recht

I. Verjährung

Die Verjährung der Ansprüche aus dem Versicherungsvertrag richtet sich nach den Vorschriften des Bürgerlichen Gesetzbuches.

II. Zuständiges Gericht

1. Klagen gegen den Versicherer
1.1 Ansprüche aus dem Versicherungsvertrag können gegen den Versicherer bei dem für seinen Geschäftssitz oder für den Geschäftssitz seiner vertragsführenden Niederlassung örtlich zuständigen Gericht geltend gemacht werden.

1.2 Für Klagen des Versicherungsnehmers aus dem Versicherungsvertrag oder der Versicherungsvermittlung ist auch das deutsche Gericht örtlich zuständig, in dessen Bezirk der Versicherungsnehmer zur Zeit der Klageerhebung seinen Wohnsitz, in Ermangelung eines solchen seinen gewöhnlichen Aufenthalt hat.

2. Klagen gegen den Versicherungsnehmer
Für Klagen des Versicherers ist ausschließlich das Gericht örtlich zuständig, in dessen Bezirk der Versicherungsnehmer zur Zeit der Klageerhebung seinen Wohnsitz, in Ermangelung eines solchen seinen gewöhnlichen Aufenthalt hat.

3. Unbekannter Wohnsitz oder Aufenthalt des Versicherungsnehmers
Ist der Wohnsitz oder der gewöhnliche Aufenthalt des Versicherungsnehmers in Deutschland im Zeitpunkt der Klageerhebung nicht bekannt, bestimmt sich die gerichtliche Zuständigkeit für Klagen aus dem Versicherungsvertrag gegen den Versicherer oder den Versicherungsnehmer ausschließlich nach dem Sitz des Versicherers oder seiner für den Versicherungsvertrag zuständigen Niederlassung. Ist der Versicherungsnehmer eine juristische Person, gilt dies entsprechend, wenn sein Geschäftssitz unbekannt ist.

4. Wohn- oder Geschäftssitz des Versicherungsnehmers außerhalb der Europäischen Gemeinschaft, Island, Norwegen oder der Schweiz
Hat der Versicherungsnehmer zum Zeitpunkt der Klageerhebung seinen Wohn- oder Geschäftssitz nicht in einem Mitgliedstaat der Europäischen Gemeinschaft, Island, Norwegen oder der Schweiz ist das Gericht nach Ziffer 3 Satz 1 ausschließlich zuständig.

III. Anwendbares Recht

Die Rechte und Pflichten aus dem Versicherungsvertrag bestimmen sich ausschließlich nach deutschem Recht.

IV. Embargoklausel

Es besteht unbeschadet der übrigen Vertragsbestimmungen Versicherungsschutz nur, soweit und solange dem keine auf die Vertragsparteien direkt anwendbaren Wirtschafts-, Handels- oder Finanzsanktionen bzw. Embargos der Europäischen Union oder der Bundesrepublik Deutschland entgegenstehen. Dies gilt auch für Wirtschafts-, Handels- oder Finanzsanktionen bzw. Embargos, die durch die Vereinigten Staaten von Amerika in Hinblick auf den Iran erlassen werden, soweit dem nicht europäische oder deutsche Rechtsvorschriften entgegenstehen.

§ 11 Form der Willenserklärungen gegenüber dem Versicherer

Alle für den Versicherer bestimmten Anzeigen und Erklärungen sollen auch dann in Text- oder Schriftform erfolgen, wenn eine solche Form weder im Gesetz noch im Versicherungsvertrag vorgesehen ist, und an die Allianz Versicherungs- AG, 10900 Berlin gerichtet werden.

§ 11a Vorvertragliche Anzeigepflichten des Versicherungsnehmers, Rechtsfolgen von Anzeigepflichtverletzungen

I. Vorvertragliche Anzeigepflichten des Versicherungsnehmers

1. Vollständigkeit und Richtigkeit von Angaben über gefahrerhebliche Umstände
Der Versicherungsnehmer hat bis zur Abgabe seiner Vertragserklärung dem Versicherer alle ihm bekannten Gefahrumstände anzuzeigen, nach denen der Versicherer in Text-

form gefragt hat und die für den Entschluss des Versicherers erheblich sind, den Vertrag mit dem vereinbarten Inhalt zu schließen (z.B. § 11b II Ziffer 2). Der Versicherungsnehmer ist auch insoweit zur Anzeige verpflichtet, als nach seiner Vertragserklärung, aber vor Vertragsannahme der Versicherer Fragen im Sinne des Satzes 1 stellt.

2. Gefahrerhebliche Umstände
Gefahrerheblich sind die Umstände, die geeignet sind, auf den Entschluss des Versicherers Einfluss auszuüben, den Vertrag überhaupt oder mit dem vereinbarten Inhalt abzuschließen.

3. Zurechnung des Vertreterwissens
Wird der Vertrag von einem Vertreter des Versicherungsnehmers geschlossen und kennt dieser den gefahrerheblichen Umstand, muss sich der Versicherungsnehmer so behandeln lassen, als habe er selbst davon Kenntnis gehabt oder dies arglistig verschwiegen.

II. Rechtsfolgen von Anzeigepflichtverletzungen

1. Rechte des Versicherers
Die Folgen einer Verletzung der Anzeigepflicht ergeben sich aus §§ 19- 22 VVG. Unter den dort genannten Voraussetzungen kann der Versicherer vom Versicherungsvertrag zurücktreten, leistungsfrei sein, den Vertrag kündigen, wegen arglistiger Täuschung anfechten oder auch berechtigt sein, den Vertrag zu ändern.

2. Kündigungsrecht des Versicherungsnehmers bei Vertragsänderung
Erhöht sich durch die Vertragsänderung gemäß Ziffer 1 der Beitrag um mehr als 10% oder schließt der Versicherer die Gefahrabsicherung für den nicht angezeigten Umstand aus, kann der Versicherungsnehmer den Vertrag nach Maßgabe von § 19 Abs. 6 VVG kündigen

§ 11b Anzeigepflichten des Versicherungsnehmers während der Vertragslaufzeit

I. Gefahrerhöhung

1. Selbständige Anzeigepflicht des Versicherungsnehmers
Treten nach Abgabe der Vertragserklärung des Versicherungsnehmers Umstände ein, die für die Übernahme des Versicherungsschutzes Bedeutung haben (§ 11a I Ziffer 2), hat er die Gefahrerhöhung, nachdem er von ihr Kenntnis erlangt hat, dem Versicherer unverzüglich anzuzeigen.

2. Anzeigepflicht nach Aufforderung des Versicherers
Der Versicherungsnehmer ist verpflichtet, nach Erhalt einer Aufforderung des Versicherers, welche auch durch einen der Prämienrechnung beigefügten Hinweis erfolgen kann, Mitteilung darüber zu machen, ob und welche Änderungen in dem versicherten Risiko gegenüber den zum Zwecke der Prämienbemessung gemachten Angaben eingetreten sind, zum Beispiel zuschlagspflichtige Personen, der bei einem anderen Versicherer bestehende Versicherungsschutz für eine höhere Versicherungssumme oder der erstmalige Abschluss eines solchen Versicherungsvertrages, Änderungen einer Nebentätigkeit. Diese Anzeige ist innerhalb eines Monats nach Erhalt der Aufforderung zu machen. Auf

Verlangen des Versicherers sind die Angaben durch die Geschäftsbücher oder sonstige Belege nachzuweisen.

3. Leistungsfreiheit infolge unrichtiger Angaben und arglistigen Verschweigens
Unrichtige Angaben zu den Gefahrumständen gemäß Ziffern 1 und 2 oder das arglistige Verschweigen sonstiger Gefahrumstände können den Versicherer unter den Voraussetzungen des § 26 VVG berechtigen, den Versicherungsschutz zu versagen.

II. Änderung von Anschrift und Name

Hat der Versicherungsnehmer eine Änderung seiner Anschrift dem Versicherer nicht mitgeteilt, genügt für eine Willenserklärung, die dem Versicherungsnehmer gegenüber abzugeben ist, die Absendung eines eingeschriebenen Briefs an die letzte dem Versicherer bekannte Anschrift. Die Erklärung gilt drei Tage nach der Absendung des Briefs als zugegangen. Dies gilt entsprechend für den Fall einer Namensänderung des Versicherungsnehmers.

§ 12 Sozien

I. Versicherungsfall

Der Versicherungsfall auch nur eines Sozius (§ 1 II) gilt als Versicherungsfall aller Sozien. Dies gilt nicht für Tätigkeiten außerhalb der gemeinschaftlichen Berufsausübung.

II. Durchschnittsleistung

Der Versicherer tritt für die Sozien zusammen mit einer einheitlichen Durchschnittsleistung ein. Für diese Durchschnittsleistung gilt folgendes:

1. Berechnung der Versicherungsleistung
Die Leistung auf die Haftpflichtsumme ist in der Weise zu berechnen, dass zunächst bei jedem einzelnen Sozius festgestellt wird, wie viel er vom Versicherer zu erhalten hätte, wenn er, ohne Sozius zu sein, allein einzutreten hätte (fiktive Leistung), und sodann die Summe dieser fiktiven Leistungen durch die Zahl aller Sozien geteilt wird.

2. Berechnung der Kosten
Bezüglich der Kosten sind die Bestimmungen in § 3 II Ziffer 5 in sinngemäßer Verbindung mit den vorstehenden Bestimmungen anzuwenden.

3. Anwendung auf Nichtversicherungsnehmer
Dieser Durchschnittsversicherungsschutz besteht nach Maßgabe des § 7 I Ziffer 1 auch zugunsten eines Sozius, der Nichtversicherungsnehmer ist.

§ 13 Mitarbeiter

I. Mitarbeiter als Risikoerweiterung

Die Beschäftigung eines zuschlagspflichtigen Mitarbeiters, der nicht Sozius im Sinne des § 1 II ist, gilt als Erweiterung des versicherten Risikos nach § 11b I Ziffer 2.

II. Folgen der Nichtanzeige

Wird trotz Aufforderung die Beschäftigung eines Mitarbeiters nicht angezeigt, so verringert sich dem Versicherungsnehmer gegenüber die Leistung (§ 12) des Versicherers, wie wenn der Mitarbeiter Sozius im Sinne von § 1 II wäre.

III. Versicherungsschutz für Mitarbeiter

In Ansehung solcher Verstöße, die vor Ablauf der Frist des § 11b I Ziffer 2 oder nach Bezahlung des Mitarbeiterzuschlags erfolgt sind, umfasst die Versicherung im Rahmen des Versicherungsvertrages auch Haftpflichtansprüche, die unmittelbar gegen die Mitarbeiter erhoben werden (§ 7 I Ziffer 1).

§ 14 Kumulsperre

I. Ein Versicherungsnehmer mit unterschiedlichen Qualifikationen

Unterhält der Versicherungsnehmer auf Grund zusätzlicher Qualifikationen weitere Versicherungsverträge (z.B. in der Eigenschaft als Rechtsanwalt, Rechtsbeistand, Patentanwalt, Steuerberater, vereidigter Buchprüfer oder Wirtschaftsprüfer) und kann er für ein und denselben Verstoß Versicherungsschutz auch aus einem oder mehreren Versicherungsverträgen in Anspruch nehmen, begrenzt die Versicherungssumme des Vertrages mit der höchsten Versicherungssumme die Leistung aus allen Versicherungsverträgen; eine Kumulierung der Versicherungssummen findet nicht statt. § 78 Abs. 2 Satz 1 VVG gilt entsprechend.

II. Mehrere Versicherungsnehmer mit unterschiedlichen Berufsqualifikationen

Werden Angehörige der rechts-, steuer- und wirtschaftsberatenden Berufe, welche auf Grund gleicher, mehrfacher oder verschiedener Qualifikationen Versicherungsverträge unterhalten, für ein- und denselben Verstoß verantwortlich gemacht und kann für diesen Verstoß Versicherungsschutz aus mehreren Versicherungsverträgen in Anspruch genommen werden, begrenzt die Versicherungssumme des Vertrages mit der höchsten Versicherungssumme die Leistung aus allen Versicherungsverträgen; eine Kumulierung der Versicherungssummen findet nicht statt.

III. § 12 bleibt unberührt.

§ 15 Sachschäden, Datenschäden, sonstige Schäden

I. Sachschäden

Mitversichert sind Ansprüche wegen Sachschäden an Akten, Schriftstücken und sonstigen beweglichen Sachen, die bei der Ausübung der versicherten beruflichen Tätigkeit für die Sachbehandlung in Betracht kommen, sofern hierfür kein anderweitiger Versicherungsschutz besteht.

Nicht versichert sind Haftpflichtansprüche wegen Sachschäden, die dadurch entstehen, dass

- Geld, Wertpapiere – mit Ausnahme von Wechseln –, Wertsachen oder Schlüssel abhandenkommen,
- Versicherungsverträge nicht oder nicht ordnungsgemäß abgeschlossen, erfüllt oder fortgeführt werden.

II. Datenschäden

Mitversichert sind Haftpflichtansprüche wegen Sach- und Vermögensschäden im Zusammenhang mit der Ausübung der versicherten beruflichen Tätigkeit, die aus dem Verlust, der Veränderung oder der Nichtverfügbarkeit von Daten bei Dritten entstehen.

III. Sonstige Schäden

Mitversichert sind Haftpflichtansprüche im Zusammenhang mit der Ausübung der versicherten beruflichen Tätigkeit
- wegen Schäden, die aufgrund der Verletzung einer Vorschrift zum Schutz vor Diskriminierung, insbesondere nach dem Allgemeinen Gleichbehandlungsgesetz (AGG) bei Mandanten entstehen,
- wegen Schäden, die durch Freiheitsentzug verursacht worden sind (z.B. Straf- oder Untersuchungshaft, Unterbringung),
- wegen immaterieller Schäden (Schmerzensgeld) bei Mandatsverhältnissen,
- wegen Schäden, die aus der Verletzung von Vorschriften der Datenschutzgesetze sowie aus der Verletzung beruflicher Geheimhaltungs- und Vertraulichkeitspflichten entstehen.

Teil 1.2 Versicherungsschutz für gesellschaftsrechtliche akzessorische Haftung

A. Gegenstand des Versicherungsschutzes

In Ergänzung von Teil 1.1 § 1 I bietet der Versicherer Versicherungsschutz für

1. die Partnerschaftsgesellschaft oder die Sozietät, in der der Versicherungsnehmer als Partner oder Sozius tätig ist,

2. den Versicherungsnehmer für Verstöße
2.1 die vor seinem Eintritt in die Partnerschaftsgesellschaft oder Sozietät begangen wurden, entsprechend §§ 128, 130 HGB (Eintrittsversicherung),
2.2 die nach seinem Ausscheiden aus der Partnerschaftsgesellschaft oder der Sozietät begangen wurden, entsprechend §§ 128, 160 HGB (Austrittsversicherung),
2.3 die ein berufsfremder Sozius einer Sozietät oder ein Partner in einer Partnerschaftsgesellschaft im Rahmen dessen beruflicher Tätigkeit, entsprechend § 128 HGB (Versicherung für interprofessionelle akzessorische Haftung).

B. Zurechnung

In der Person eines Sozius oder Partners in einer Partnerschaftsgesellschaft gegebene Umstände, die den Versicherungsschutz beeinflussen, gehen zu Lasten aller Sozien und

der Sozietät bzw. aller Partner in einer Partnerschaftsgesellschaft und der Partnerschaftsgesellschaft.

C. Beginn und Umfang des Versicherungsschutzes der gesellschaftsrechtlichen akzessorischen Haftung

1. Abwehrschutz und Freistellung
Der Versicherungsschutz für die Eintritts- bzw. Austrittsversicherung oder die Versicherung für die interprofessionelle akzessorische Haftung umfasst die Abwehr unberechtigter Schadenersatzansprüche und, soweit nicht Versicherungsschutz über eine andere Berufshaftpflichtversicherung besteht, die Freistellung von berechtigten Schadenersatzverpflichtungen in dem zum Verstoßzeitpunkt geltenden gesetzlichen Mindestumfang, es sei denn, zum Verstoßzeitpunkt war in dem Berufshaftpflichtversicherungsvertrag des den Verstoß verursachenden Sozius oder Partners in einer Partnerschaftsgesellschaft ein anderer Umfang vereinbart.

2. Höchstbetrag der Versicherungsleistung und Jahreshöchstleistung
Die Versicherungssumme und die Jahreshöchstleistung gelten für die Eintrittsversicherung und die Versicherung für die interprofessionelle akzessorische Haftung nach der zum Verstoßzeitpunkt geltenden gesetzlichen Mindestversicherungssumme, es sei denn, in dem Berufshaftpflichtversicherungsvertrag des den Verstoß verursachenden Sozius oder Partners in einer Partnerschaftsgesellschaft war zum Verstoßzeitpunkt eine höhere Versicherungssumme oder Jahreshöchstleistung vereinbart.
Maximal gelten die zu diesem Vertrag vereinbarte Versicherungssumme und Jahreshöchstleistung. Eine Kumulierung der Versicherungssummen und Jahreshöchstleistungen findet nicht statt.

3. Austrittsversicherung
Für die Austrittsversicherung gilt der Versicherungsschutz, der zum Zeitpunkt des Austritts vereinbart war.

Teil 2 Besondere Bedingungen und Risikobeschreibungen für Rechtsanwälte und Patentanwälte (BBR-RA)

A. Besondere Bedingungen

1. Jahreshöchstleistung
Ist eine höhere als die gesetzliche Mindestversicherungssumme vereinbart, beträgt die Höchstleistung des Versicherers für alle Versicherungsfälle eines Versicherungsjahres (Jahreshöchstleistung) vorbehaltlich abweichender Vereinbarung das Zweifache der vereinbarten Versicherungssumme; die Jahreshöchstleistung beträgt jedoch mindestens das Vierfache der Mindestversicherungssumme.

2. Ausschlüsse
2.1 Haftpflichtansprüche mit Auslandsbezug
Der Versicherungsschutz bezieht sich nicht auf Haftpflichtansprüche aus Tätigkeiten
a) über in anderen Staaten eingerichtete oder unterhaltene Kanzleien oder Büros,

b) im Zusammenhang mit der Beratung und Beschäftigung im außereuropäischen Recht,
c) des Rechtsanwalts vor außereuropäischen Gerichten.

Die Ausschlussbestimmungen in b) und c) sowie in Ziffer 4.1 der Allgemeinen und Besonderen Versicherungsbedingungen zur Vermögensschaden-Haftpflichtversicherung für Rechtsanwälte AVB-RSW finden für die Tätigkeit als Patentanwalt keine Anwendung.

2.2 Veruntreuungsschäden
Der Versicherungsschutz bezieht sich nicht auf Haftpflichtansprüche wegen Schäden durch Veruntreuung durch Personal, Sozien oder Angehörige des Versicherungsnehmers; als Angehörige gelten:

a) der Ehegatte des Versicherungsnehmers, der Lebenspartner im Sinne des Lebenspartnerschaftsgesetzes oder einer vergleichbaren Partnerschaft nach dem Recht anderer Staaten;
b) wer mit dem Versicherungsnehmer in gerader Linie verwandt oder verschwägert oder im zweiten Grad der Seitenlinie verwandt ist.

2.3 Tätigkeit als Angestellter
In Erweiterung von § 4 Ziffer 4 bezieht sich der Versicherungsschutz nicht auf Haftpflichtansprüche aus der Tätigkeit des Versicherungsnehmers als Angestellter.

3. Meldepflichten des Versicherers
Der Versicherer ist verpflichtet, der Rechtsanwalts- bzw. Patentanwaltskammer den Beginn und die Beendigung oder Kündigung des Versicherungsvertrages sowie jede Änderung des Versicherungsvertrages, die den vorgeschriebenen Versicherungsschutz beeinträchtigt, unverzüglich mitzuteilen.

4. Überschreiten der Pflichtversicherung
Soweit der Versicherungsvertrag den Inhalt oder Umfang der Pflichtversicherung überschreitet, gelten die Bedingungen des Teil 1 entsprechend, soweit nichts Abweichendes, z.B. durch zusätzliche Vereinbarungen, bestimmt ist.
Erweiterungen des Versicherungsschutzes lassen den Umfang des gesetzlich vorgeschriebenen Versicherungsschutzes unberührt.

4.1 Inanspruchnahme des Versicherungsnehmers vor außereuropäischen Gerichten
Für Haftpflichtansprüche aus der Inanspruchnahme des Versicherungsnehmers vor außereuropäischen Gerichten besteht Leistungspflicht nur in Höhe der Mindestpflichtversicherungssumme.

4.2 Ausschluss kaufmännischer Risiken
Ergänzend zu § 4 bezieht sich der Versicherungsschutz nicht auf Haftpflichtansprüche wegen Schäden aus einer kaufmännischen Kalkulations-, Spekulations- oder Organisationstätigkeit. Soweit der Versicherungsnehmer gemäß InsO (z.B. als (vorläufiger) Insolvenzverwalter, Sonder(insolvenz)verwalter, Gläubigerausschussmitglied, Sachwalter und Treuhänder), als Gesamtvollstreckungsverwalter, als gerichtlich bestellter (vorläufiger) Liquidator oder Abwickler oder als Abwickler einer Praxis gemäß § 55 BRAO tätig ist, sind Haftpflichtansprüche wegen Schäden aus einer kaufmännischen Kalkulations- oder Organisationstätigkeit bis zur Höhe der vereinbarten Versicherungssumme, maximal in Höhe von EUR 2.500.000 je Versicherungsfall und Versicherungsjahr versichert.

4.3 Deckung für Auszahlungsfehler bei Anderkonten
Versicherungsschutz wird auch für den Fall geboten, dass der Versicherungsnehmer wegen einer fahrlässigen Verfügung über Beträge, die in unmittelbarem Zusammenhang

mit einer Rechtsanwaltstätigkeit auf ein Anderkonto eingezahlt sind, von dem Berechtigten in Anspruch genommen wird.

Das gleiche gilt für Inanspruchnahme des Versicherungsnehmers aus fahrlässigen Verfügungen über fremde Gelder, die zur alsbaldigen Anlage auf ein Anderkonto in Verwahrung genommen und ordnungsgemäß verbucht sind.

B. Risikobeschreibungen für die Vermögensschaden-Haftpflichtversicherung von Rechtsanwälten (einschließlich des Rechtsanwalts-Risikos von Anwaltsnotaren)

Im Rahmen der dem Vertrag zugrundeliegenden Allgemeinen Versicherungsbedingungen zur Vermögensschaden-Haftpflichtversicherung für Rechtsanwälte und Patentanwälte ist versichert die gesetzliche Haftpflicht des Versicherungsnehmers aus der gegenüber seinem Auftraggeber freiberuflich ausgeübten Tätigkeit als Rechtsanwalt.

1. Mitversicherte Tätigkeiten

1.1 Mitversichert sind die nachfolgend abschließend aufgezählten Tätigkeiten:

- **gemäß InsO, z.B. als (vorläufiger) Insolvenzverwalter, Sonder(insolvenz)verwalter, Gläubigerausschussmitglied, Sachwalter und Treuhänder;**
- **als gerichtlich bestellter (vorläufiger) Liquidator oder Abwickler;**
- **als Testamentsvollstrecker, Nachlasspfleger, Nachlassverwalter, Vormund, Betreuer, Pfleger, Beistand;**
- **als Schiedsrichter, Schlichter, Mediator;**
- **als Abwickler einer Praxis gemäß § 55 BRAO, Zustellungsbevollmächtigter gemäß § 30 BRAO;**
- **als Notarvertreter;**
- **als Autor, Dozent und Referent auf rechtswissenschaftlichem Gebiet;**
- **als Mitglied eines Aufsichtsrates, Beirates, Stiftungsrates oder ähnlicher Gremien, soweit die dem Verstoß zugrunde liegende Tätigkeit einer anwaltlichen Berufsausübung entspricht.**

1.2 Soweit der Versicherungsnehmer als (vorläufiger) Insolvenzverwalter, Sonder(insolvenz)verwalter tätig ist, sind im bedingungsgemäßen Umfang insbesondere Haftpflichtansprüche mitversichert

a) **wegen Schäden, welche daraus resultieren, dass der Betrieb des Schuldners ganz oder teilweise fortgeführt wird;**
b) **aus §§ 34, 69 AO und vergleichbaren Fällen der persönlichen Haftung wegen Nichtabführung von Sozialversicherungsbeiträgen oder anderen öffentlichen Abgaben, sofern nicht wissentlich vom Gesetz abgewichen wurde;**
c) **welche darauf beruhen, dass Versicherungsverträge nicht oder nicht ordnungsgemäß abgeschlossen, erfüllt oder fortgeführt werden, es sei denn, es wurde bewusst davon abgesehen;**
d) **wegen Fehl- oder Doppelüberweisungen sowie Fehlern bei der Auszahlung der Insolvenzquote und der Abrechnung des Insolvenzgeldes;**
e) **wegen Schäden durch vorsätzliche Straftaten gegen das Vermögen durch Personal des Versicherungsnehmers wie auch des Insolvenzschuldners, soweit der Versicherungsnehmer wegen fahrlässiger Verletzung seiner Aufsichts- und Überwachungspflicht in Anspruch genommen wird;**
f) **gegen den Versicherungsnehmer wegen Pflichtverletzungen von Angestellten des Insolvenzschuldners, Angestellten und Sozien/Partnern/Gesellschaftern des Versiche-**

rungsnehmers und dessen freien Mitarbeitern, derer er sich zur Mitwirkung bei der Ausübung seiner Tätigkeit bedient.

2. Vertreter des Versicherungsnehmers
Mitversichert ist im Rahmen des Vertrages die gesetzliche Haftpflicht von Vertretern des Versicherungsnehmers aus der Vertretertätigkeit, solange der Versicherungsnehmer an der Ausübung seines Berufes gehindert ist. Die Mitversicherung besteht nicht, soweit der Vertreter durch eine eigene Versicherung gedeckt ist.

3. Erben des Versicherungsnehmers
Mitversichert ist im Rahmen des Vertrages die gesetzliche Haftpflicht der Erben des Versicherungsnehmers aus Verstößen, die bis zur Bestellung eines Praxisabwicklers oder bis zur Praxisveräußerung, längstens jedoch bis zu 8 Wochen nach dem Ableben des Versicherungsnehmers, vorgekommen sind.

4. Ausschluss von Leitungs- und Kontrollfunktionen
Ansprüche aus der Tätigkeit als Leiter, Vorstands-, Aufsichtsrats- oder Beiratsmitglied, Geschäftsführer von Unternehmungen, Vereinen, Verbänden und als Angestellter sind auch im Rahmen der mitversicherten Tätigkeiten vom Versicherungsschutz ausgeschlossen.

C. Risikobeschreibungen für die Vermögensschaden-Haftpflichtversicherung von Patentanwälten

Im Rahmen der dem Vertrag zugrundeliegenden Allgemeinen Versicherungsbedingungen zur Vermögensschaden-Haftpflichtversicherung für Rechtsanwälte und Patentanwälte ist versichert die gesetzliche Haftpflicht des Versicherungsnehmers aus der freiberuflich ausgeübten Tätigkeit als Patentanwalt.

Mitversichert ist im Rahmen des Vertrages die gesetzliche Haftpflicht von Vertretern des Versicherungsnehmers aus der Vertretung, solange der Versicherungsnehmer an der Ausübung seines Berufes gehindert ist. Die Mitversicherung besteht nicht, soweit der Vertreter durch eine eigene Versicherung gedeckt ist.

Teil 3 Besondere Bedingungen und Risikobeschreibungen für Steuerberater (BBR-S)

A. Besondere Bedingungen

1. Mitversicherung

a) Mitversichert sind allgemeine Vertreter (§ 69 StBerG), Praxisabwickler (§ 70 StBerG) oder Praxistreuhänder (§ 71 StBerG) für die Dauer ihrer Bestellung sowie Vertreter (§ 145 StBerG) während der Dauer eines Berufs- oder Vertretungsverbots. Diese Mitversicherung besteht in dem Umfange nicht, in dem die Mitversicherten durch eine eigene Versicherung Deckung erhalten.

b) Für den Versicherungsnehmer in freier Mitarbeit tätige selbständige Steuerberater und Steuerbevollmächtigte sind gegen die aus der Mitarbeit sowie aus § 63 StBerG sich ergebenden Haftpflichtgefahren für Vermögensschäden mitversichert.

Nicht versichert ist die selbständige Betreuung eigener Mandate neben der freien Mitarbeit.

Gleiches gilt sinngemäß auch für Steuerberater und Steuerbevollmächtigte, die als Angestellte nach § 58 StBerG tätig sind.

2. Höchstbetrag der Versicherungsleistung
§ 3 III Nr. 2.1 c) erhält folgende Fassung:
bezüglich sämtlicher Folgen eines Verstoßes. Dabei gilt mehrfaches auf gleicher oder gleichartiger Fehlerquelle beruhendes Tun oder Unterlassen als einheitlicher Verstoß, wenn die betreffenden Angelegenheiten miteinander in rechtlichem oder wirtschaftlichem Zusammenhang stehen. In diesem Fall ist die Leistung des Versicherers auf das Fünffache der Mindestversicherungssumme begrenzt. Ist die vereinbarte Versicherungssumme höher als das Fünffache der gesetzlich vorgeschriebenen Mindestversicherungssumme, tritt der Versicherer mit der vereinbarten Versicherungssumme ein.

3. Jahreshöchstleistung
Eine Höchstleistung des Versicherers für alle innerhalb eines Versicherungsjahres verursachten Schäden kann vereinbart werden. Sie beträgt vorbehaltlich abweichender Vereinbarung das Zweifache der Versicherungssumme. Sie muss mindestens das Vierfache der Mindestversicherungssumme betragen.

4. Ausschlüsse
4.1 Haftpflichtansprüche mit Auslandbezug
Der Versicherungsschutz bezieht sich nicht auf Haftpflichtansprüche

a) welche vor ausländischen Gerichten geltend gemacht werden; dies gilt auch im Falle eines inländischen Vollstreckungsurteils (§ 722 ZPO);
b) aus der Verletzung oder Nichtbeachtung ausländischen Rechts;
Die Risikoausschlüsse gemäß Ziffern a) und b) gelten jedoch nicht für das europäische Ausland, die Türkei, die Russische Föderation und die sonstigen Staaten der ehemaligen Sowjetunion.
c) Eingeschlossen ist die gesetzliche Haftpflicht aus der Verletzung oder Nichtbeachtung des Rechts der in Ziffer b) nicht genannten Staaten, soweit sie bei der das Abgabenrecht dieser Staaten betreffenden geschäftsmäßigen Hilfeleistung in Steuersachen entstanden sind und dem Auftrag zwischen dem Versicherungsnehmer und seinem Auftraggeber nur deutsches Recht zugrunde liegt. Die Leistungspflicht des Versicherers ist in diesen Fällen auf das Vierfache der gesetzlich vorgeschriebenen Mindestversicherungssumme beschränkt.
d) Der Versicherungsschutz bezieht sich nicht auf Haftpflichtansprüche, welche aus Tätigkeiten geltend gemacht werden, die über Niederlassungen, Zweigniederlassungen oder weitere Beratungsstellen im Ausland ausgeübt werden, soweit diese nicht durch Besondere Vereinbarung eingeschlossen sind.

4.2 Veruntreuungsschäden
Der Versicherungsschutz bezieht sich nicht auf Haftpflichtansprüche wegen Schäden, welche durch Fehlbeträge bei der Kassenführung, durch Verstöße beim Zahlungsakt oder durch Veruntreuung durch das Personal des Versicherungsnehmers entstehen.

4.3 Haftpflichtansprüche aus unternehmerischem Risiko
Der Versicherungsschutz bezieht sich nicht auf Haftpflichtansprüche wegen Schäden, die dadurch entstanden sind, dass

a) der Versicherungsnehmer im Bereich eines unternehmerischen Risikos, das sich im Rahmen der Ausübung einer versicherten Tätigkeit ergibt, einen Verstoß begeht, z.B. als Testamentsvollstrecker, soweit ein gewerbliches Unternehmen zum Nachlass gehört;

b) ein Versicherungsvertrag nicht abgeschlossen oder fortgesetzt wurde, es sei denn, der Versicherungsnehmer beweist, dass von dem Abschluss oder der Fortführung nicht bewusst abgesehen wurde.

5. Meldepflichten des Versicherers
Der Versicherer ist verpflichtet, der gemäß § 67 StBerG zuständigen Steuerberaterkammer den Beginn und die Beendigung oder Kündigung des Versicherungsvertrages sowie jede Änderung des Versicherungsvertrages, die den vorgeschriebenen Versicherungsschutz beeinträchtigt, unverzüglich mitzuteilen.

6. Überschreiten der Pflichtversicherung
Soweit der vereinbarte Versicherungsschutz den Inhalt oder Umfang des gesetzlich vorgeschriebenen Versicherungsschutzes überschreitet, gelten die vorstehenden Bedingungen entsprechend, wenn nichts Abweichendes, z.B. durch zusätzliche Vereinbarungen, bestimmt ist. Erweiterungen des Versicherungsschutzes lassen den Umfang des gesetzlich vorgeschriebenen Versicherungsschutzes unberührt.

7. Deckung für Auszahlungsfehler bei Anderkonten
Versicherungsschutz besteht auch für den Fall, dass der Versicherungsnehmer wegen einer fahrlässig fehlsamen Verfügung über Beträge, die auf einem Anderkonto eingezahlt sind, von dem Berechtigten in Anspruch genommen wird. Voraussetzung ist, dass die Einzahlung auf dem Anderkonto in unmittelbarem Zusammenhang mit einer versicherten Tätigkeit erfolgte.

B. Risikobeschreibungen für die Vermögensschaden-Haftpflichtversicherung von Steuerberatern

I. Der Versicherungsschutz umfasst
1. Tätigkeiten nach § 33 StBerG;
2. die Hilfeleistung bei der Führung von Büchern und Aufzeichnungen und die Aufstellung von Erfolgsrechnungen, Vermögensübersichten und Bilanzen, auch wenn der Auftraggeber hierzu nicht schon aufgrund steuerrechtlicher Vorschriften verpflichtet ist.

II. Der Versicherungsschutz erstreckt sich auch auf die Tätigkeiten, die nach § 57 Abs. 3 Nr. 2, 3 und 6 StBerG mit dem Beruf vereinbar sind, und zwar
1. Durchführung von betriebswirtschaftlichen Prüfungen sowie die Erteilung von Vermerken und Bescheinigungen hierüber; hierunter fallen auch Unterschlagungs-, Kassen und Kontenprüfungen;
2. Erstattung von berufsüblichen Gutachten;
3. Erstellung von Bilanzanalysen;
4. Fertigung oder Prüfung der Lohnabrechnung, Erteilung von Verdienstbescheinigungen, An- und Abmeldung bei Sozialversicherungsträgern und sonstigen gesetzlichen Einrichtungen (z.B. örtlich zuständige Agentur für Arbeit wegen Saisonkurzarbeitergeld, Zusatzversorgungskasse des Baugewerbes, Pensionssicherungsverein) sowie die dabei vorzunehmende Prüfung der Beitragspflicht und die Berechnung der abzuführenden Beträge, die Erteilung von Haushalts- und Lebensbescheinigungen;
5. Bearbeitung von sonstigen öffentlichen Abgaben oder Zuwendungen, auch soweit diese nicht der Verwaltung der Finanzbehörden unterliegen;

6. Tätigkeit als nicht geschäftsführender Treuhänder;

7. Beratung und die Wahrnehmung sonstiger fremder Interessen in wirtschaftlichen Angelegenheiten, soweit diese berufsüblich sind, z.B.:

a) die wirtschaftliche Beratung
bei der Gründung, Umwandlung, Sanierung, Auflösung oder bei dem Verkauf von Unternehmen, beim Abschluss von Verträgen,
bei der Gründung und Unterhaltung betrieblicher Versorgungseinrichtungen, bei Finanzierung von Projekten,
bei Aufstellung von Budgets und Wirtschaftlichkeitsberechnungen;

b) die Unternehmens- und Organisationsberatung;

c) die Beratung bei der Einrichtung von Datenverarbeitungsanlagen und der Erstellung von Programmen, soweit letztere nicht technischen Zwecken dienen. Voraussetzung ist, dass der Versicherungsnehmer oder die von ihm mit diesen Arbeiten betrauten Personen über die besonderen Kenntnisse und Erfahrungen verfügen, um diesen Auftrag sachgerecht durchführen zu können.

Auf die elektronische Datenverarbeitung oder die Erstellung von Datenträgern erstreckt sich der Versicherungsschutz nur dann, wenn diese Arbeiten im Zusammenhang mit einer anderen versicherten Tätigkeit erledigt werden. Nicht versichert ist die Empfehlung einer bestimmten Datenverarbeitungsanlage.

8. Durchführung von Lehr- und Vortragsveranstaltungen zur Vorbereitung auf die Steuerberaterprüfung sowie die Prüfung als Wirtschaftsprüfer und vereidigter Buchprüfer und zur Fortbildung der Mitglieder der Steuerberaterkammern und deren Mitarbeiter.

9. Tätigkeit als Autor, Referent und Dozent auf steuerlichem und betriebswirtschaftlichem Gebiet.

10. Mitversichert ist die Tätigkeit als Mediator, soweit der Versicherungsnehmer über eine entsprechende Qualifikation verfügt.

III. Der Versicherungsschutz erstreckt sich auch auf die Tätigkeit

- **gemäß InsO, z.B. als (vorläufiger) Insolvenzverwalter, Sonder(insolvenz)verwalter, Gläubigerausschussmitglied, Sachwalter und Treuhänder;**
- **als gerichtlich bestellter (vorläufiger) Liquidator oder Abwickler;**
- **als Testamentsvollstrecker, Nachlasspfleger, Nachlassverwalter, Vormund, Betreuer, Pfleger, Beistand;**
- **als Schiedsrichter, Schiedsgutachter;**
- **als Praxisabwickler nach § 70 StBerG, soweit kein anderweitiger Versicherungsschutz besteht**

soweit diese Tätigkeiten nicht überwiegend ausgeübt werden.

Soweit der Versicherungsnehmer als (vorläufiger) Insolvenzverwalter, Sonder(insolvenz)verwalter tätig ist, sind im bedingungsgemäßen Umfang insbesondere Haftpflichtansprüche mitversichert

1. wegen Schäden, welche daraus resultieren, dass der Betrieb des Schuldners ganz oder teilweise fortgeführt wird;

2. aus §§ 34, 69 AO und vergleichbaren Fällen der persönlichen Haftung wegen Nichtabführung von Sozialversicherungsbeiträgen oder anderen öffentlichen Abgaben, sofern nicht wissentlich vom Gesetz abgewichen wurde;

3. welche darauf beruhen, dass Versicherungsverträge nicht oder nicht ordnungsgemäß abgeschlossen, erfüllt oder fortgeführt werden, es sei denn, es wurde bewusst davon abgesehen;

4. wegen Fehl- oder Doppelüberweisungen sowie Fehlern bei der Auszahlung der Insolvenzquote und der Abrechnung des Insolvenzgeldes;
5. wegen Schäden durch vorsätzliche Straftaten gegen das Vermögen durch Personal des Versicherungsnehmers wie auch des Insolvenzschuldners, soweit der Versicherungsnehmer wegen fahrlässiger Verletzung seiner Aufsichts- und Überwachungspflicht in Anspruch genommen wird;
6. gegen den Versicherungsnehmer wegen Pflichtverletzungen von Angestellten des Insolvenzschuldners, Angestellten und Sozien/Partnern/Gesellschaftern des Versicherungsnehmers und dessen freien Mitarbeitern, derer er sich zur Mitwirkung bei der Ausübung seiner Tätigkeit bedient.

Der Versicherungsschutz wird in Höhe der Mindestversicherungssumme (§ 52 DVStB) gewährt.

IV. Der Versicherungsschutz erstreckt sich auch auf die Besorgung sonstiger fremder Rechtsangelegenheiten, soweit die Grenzen der erlaubten Tätigkeit nicht bewusst überschritten werden (vgl. § 5 RDG).

V. Nicht versichert sind unternehmerische Tätigkeiten, wie z.B. die über eine steuerliche und wirtschaftliche Beratung hinausgehende Empfehlung wirtschaftlicher Geschäfte, insbesondere von Geldanlagen und Kreditgewährungen, sowie die Tätigkeit gemäß Teil 1 § 4 Ziffer 4.

VI. Eine gewerbliche Tätigkeit, für die die zuständige Steuerberaterkammer von dem berufsrechtlichen Verbot eine Ausnahme zugelassen hat (§ 57 Abs. 4 Nr. 1, 2. Halbsatz StBerG), kann gesondert versichert werden.

VII. Mitversichert ist im Rahmen des Vertrages die gesetzliche Haftpflicht der Erben des Versicherungsnehmers aus Verstößen, die bis zur Bestellung eines Praxisabwicklers/Praxistreuhänders oder bis zur Praxisveräußerung, längstens jedoch bis zu 8 Wochen nach dem Ableben des Versicherungsnehmers, vorgekommen sind.

Änderung zur Vorauflage HV 60/06 bei Teil 3 (Steuerberater)

A. Besondere Bedingungen

1. A Ziff. 1b) BBR-S: Streichen Anstellungsverhältnis und Verweis auf § 7 II; Klarstellung, dass eigene Mandate im eigenen Namen nicht versichert sind
Grund: Der Bezug hatte keinen sachlichen Grund; der Wortlaut von § 51 Abs. 2 Satz 2 DVStB bezieht sich nur auf die Versicherungspflicht, nicht aber auf den Versicherungsschutz
Folge: keine

2. A Ziff. 4.1 b) BBR-S: Wortlaut zum Auslandsausschluss entsprechend dem gesetzlichen Risikoausschluss § 53a DVStB angepasst
Folge: keine

3. A Ziff. 4.1 c) BBR-S: Anhebung der Jahreshöchstleistung auf das Vierfache der Mindestversicherungssumme

Grund: entsprechend dem Versicherungsbedarf der Steuerberater
Folge: erhöhter Versicherungsschutz

4. A Ziff. 4.3 a) BBR-S: Streichen der beispielhaften Aufzählung für den Ausschluss des kaufmännischen Risikos, wenn der Insolvenzverwalter ein Unternehmen fortführt
Grund: Versicherungsschutz besteht für die Fortführung eines Unternehmens im Rahmen einer Insolvenz
Folge: Klarstellung

5. A Ziff. 6 BBR-S: Sprachliche Vereinfachung, wenn der vereinbarte Versicherungsschutz die Pflichtversicherung überschreitet
Folge: keine

B. Risikobeschreibungen für die Vermögensschaden-Haftpflichtversicherung von Steuerberatern

1. B I Ziff. 4 BBR-S: Bezeichnung Agentur für Arbeit statt Arbeitsamt ist richtig
Folge: keine

2. B I Ziff. 9 BBR-S: Mitversicherung der Tätigkeiten als Autor, Dozent und Referent auf steuerlichem und betriebswirtschaftlichem Gebiet
Grund: Grundsätzliche Tätigkeit von Berufsträgern, Bedarf für Mitversicherung
Folge: Verbesserung des Versicherungsschutzes wie bei Anwälten

3. B I Ziff. 10 BBR-S: Wirtschaftsmediator war irreführend. Versicherungsschutz besteht wie bei den Anwälten für die Mediationstätigkeit
Folge: Klarstellung und Verbesserung des Versicherungsschutzes

4. B III BBR-S: Bezug auf Teil 3 A war irreführend
Folge: Klarstellung des Versicherungsschutzes

5. B III, 1. Spiegelstrich BBR-S: Begriff Gesamtvollstreckungsverwalter ist veraltet

6. B III, 2. Absatz BBR-S: Beispielhafte Aufzählung der bei der Tätigkeit als Insolvenzverwalter mitversicherten Haftpflichtansprüche; Sublimit in Höhe der Mindestversicherungssumme für diese Ansprüche
Grund: Gleichlauf mit Rechtanwälten
Folge: Klarstellung des Versicherungsschutzes

7. B V BBR-S: Verweis auf die Tätigkeit als Vorstand/Kontrollgremium auf Teil 1 in § 4 statt der veralteten Aufzählung
Grund: Vereinfachung
Folge: Klarstellung des Versicherungsschutzes

8. B VII BBR-S: Mitversicherung der gesetzlichen Haftpflicht des Erben des Versicherungsnehmers bis zur Bestellung eines Abwicklers/Treuhänders
Grund: Bedarf des Versicherungsschutzes für Erben
Folge: Verbesserung des Versicherungsschutzes

Teil 4 Besondere Bedingungen und Risikobeschreibungen für Wirtschaftsprüfer und vereidigte Buchprüfer (BBR-W)

A. Besondere Bedingungen

1. Mitversicherung
Mitversichert ist ein gemäß § 121 Wirtschaftsprüferordnung (WPO) bestellter Vertreter während der Dauer eines Berufsverbotes und ein Praxisabwickler gemäß § 55c WPO. Diese Mitversicherung besteht in dem Umfange nicht, in dem der Mitversicherte durch eine eigene Versicherung Deckung erhält.

2. Höchstbetrag der Versicherungsleistung
§ 3 III Nr. 2.1 c) erhält folgende Fassung:
bezüglich sämtlicher Folgen eines Verstoßes ohne Rücksicht darauf, ob Schäden in einem oder mehreren aufeinander folgenden Jahren entstanden sind. Dabei gilt mehrfaches auf gleicher oder gleichartiger Fehlerquelle beruhendes Tun oder Unterlassen als einheitlicher Verstoß, wenn die betreffenden Angelegenheiten miteinander in rechtlichem oder wirtschaftlichem Zusammenhang stehen. Mit Ausnahme von gesetzlich vorgeschriebenen Pflichtprüfungen ist in diesem Fall die Leistung des Versicherers auf das Fünffache der Mindestversicherungssumme begrenzt. Ist die vereinbarte Versicherungssumme höher als das Fünffache der gesetzlich vorgeschriebenen Mindestversicherungssumme, tritt der Versicherer mit der vereinbarten Versicherungssumme ein.

3. Jahreshöchstleistung
Eine Begrenzung der Höchstleistung des Versicherers für alle Versicherungsfälle eines Versicherungsjahres (Jahreshöchstleistung) kann für den Teil der vereinbarten Versicherungssumme, der die Mindestversicherungssumme übersteigt, vereinbart werden.

4. Ausschlüsse
4.1 Haftpflichtansprüche mit Auslandbezug
Der Versicherungsschutz bezieht sich nicht auf Haftpflichtansprüche
a) welche vor ausländischen Gerichten geltend gemacht werden; dies gilt auch im Falle eines inländischen Vollstreckungsurteils (§ 722 ZPO);
b) aus der Verletzung oder Nichtbeachtung ausländischen Rechts. Der Risikoausschluss gilt jedoch nicht für das europäische Ausland, die Türkei, die Russische Föderation und die sonstigen Staaten der ehemaligen Sowjetunion.

Eingeschlossen ist die gesetzliche Haftpflicht aus betriebswirtschaftlicher Prüfungstätigkeit in Staaten, die zuvor nicht genannt sind, wenn dem Auftrag zwischen dem Versicherungsnehmer und seinem Auftraggeber nur deutsches Recht zugrunde liegt.

Die Leistungspflicht des Versicherers ist in diesen Fällen auf die gesetzlich vorgeschriebene Mindestversicherungssumme beschränkt.

Eingeschlossen ist die gesetzliche Haftpflicht aus der geschäftsmäßigen Hilfe in Steuersachen, die das Abgabenrecht von Staaten betrifft, die zuvor nicht genannt sind, wenn dem Auftrag zwischen dem Versicherungsnehmer und seinem Auftraggeber nur deutsches Recht zugrunde liegt. Die Leistungspflicht des Versicherers ist in diesen Fällen auf die gesetzlich vorgeschriebene Mindestversicherungssumme beschränkt.

Der zuvor genannte Versicherungsschutz erstreckt sich nicht auf Ansprüche aus der Tätigkeit als Insolvenz-, Konkurs-, Vergleichs- und Nachlassverwalter, als Liquidator, Sequester, Testamentsvollstrecker, Pfleger, Vormund und Treuhänder, als Sachwalter, Gläubigerausschuss- und Gläubigerbeiratsmitglied sowie als Schiedsrichter oder Schiedsgutachter, sofern die Bestellung nach ausländischem Recht erfolgte.

4.2 Veruntreuungsschäden
Der Versicherungsschutz bezieht sich nicht auf Haftpflichtansprüche wegen Schäden, welche durch Fehlbeträge bei der Kassenführung, durch Verstöße beim Zahlungsakt oder durch Veruntreuung durch das Personal des Versicherungsnehmers entstehen.

4.3 Haftpflichtansprüche aus unternehmerischem Risiko
Der Versicherungsschutz bezieht sich nicht auf Haftpflichtansprüche wegen Schäden, die dadurch entstanden sind, dass

a) der Versicherungsnehmer im Bereich eines unternehmerischen Risikos, das sich im Rahmen der Ausübung einer versicherten Tätigkeit ergibt, einen Verstoß begeht, z.B. als Testamentsvollstrecker, soweit ein gewerbliches Unternehmen zum Nachlass gehört, als Notgeschäftsführer oder als geschäftsführender Treuhänder;
b) ein Versicherungsvertrag nicht abgeschlossen oder fortgesetzt wurde, es sei denn, der Versicherungsnehmer beweist, dass von dem Abschluss oder der Fortführung nicht bewusst abgesehen wurde.

5. Meldepflichten des Versicherers
Der Versicherer ist verpflichtet,

5.1 der gemäß § 54 WPO zuständigen Wirtschaftsprüferkammer den Beginn und die Beendigung oder Kündigung des Versicherungsvertrages sowie jede Änderung des Versicherungsvertrages, die den vorgeschriebenen Versicherungsschutz beeinträchtigt, den Beginn und die Beendigung der Versicherungspflicht in Folge einer Änderung der Form der beruflichen Tätigkeit und den Widerruf einer vorläufigen Deckungszusage unverzüglich anzuzeigen;

5.2 durch eine bestätigte oder durch eine beglaubigte Abschrift des Versicherungsscheins den Nachweis zu erbringen, dass Mitgliedern der WPK, die ihren Beruf in Sozietäten mit Personen ausüben, die selbst nicht Mitglieder der WPK sind, auch bei gesamtschuldnerischer Inanspruchnahme der nach § 54 WPO vorgeschriebene Versicherungsschutz für jeden Versicherungsfall uneingeschränkt zur Verfügung steht (§ 44b WPO).

6. Überschreiten der Pflichtversicherung
Soweit die vereinbarte Versicherungssumme den Betrag von einer Million Euro übersteigt oder soweit der Umfang des vereinbarten Versicherungsschutzes über den Umfang des gesetzlich vorgeschriebenen Versicherungsschutzes hinausgeht, gelten die vorstehenden Bedingungen entsprechend, wenn nichts Abweichendes, z.B. durch zusätzliche Vereinbarungen, bestimmt ist.
Erweiterungen des Versicherungsschutzes lassen den Umfang des gesetzlich vorgeschriebenen Versicherungsschutzes unberührt.

B. Risikobeschreibungen zur Vermögensschaden-Haftpflichtversicherung von Wirtschaftsprüfern und vereidigten Buchprüfern

I. Der Versicherungsschutz umfasst die Erledigung der beruflichen Aufgaben eines Wirtschaftsprüfers oder vereidigten Buchprüfers gemäß § 2, § 43a Abs. 4 Nr. 8, § 129 WPO, und zwar

1. die Durchführung betriebswirtschaftlicher Prüfungen, insbesondere solcher von Jahresabschlüssen wirtschaftlicher Unternehmen, die Erteilung von Bestätigungsvermerken über die Vornahme und das Ergebnis solcher Prüfungen einschließlich der Aufstellung von Bilanzen und Vermögensübersichten;
2. die Beratung und Vertretung in Steuersachen einschließlich der Hilfestellung in Steuerstrafsachen und bei der Erfüllung von Buchführungspflichten;
3. Tätigkeiten, welche die Beratung und Wahrung fremder Interessen in wirtschaftlichen Angelegenheiten zum Gegenstand haben, z.B.:
   a) die wirtschaftliche Beratung bei der Gründung, Umwandlung, Sanierung, Auflösung oder bei dem Verkauf von Unternehmen, beim Abschluss von Verträgen;
   bei der Gründung und Unterhaltung betrieblicher Versorgungseinrichtungen, bei Finanzierung von Projekten;
   bei Aufstellung von Budgets und Wirtschaftlichkeitsberechnungen.
   b) die Unternehmens- und Organisationsberatung;
   c) die Beratung bei der Einrichtung von Datenverarbeitungsanlagen und der Erstellung von Programmen, soweit letztere nicht technischen Zwecken dienen.
   Voraussetzung ist, dass der Versicherungsnehmer oder die von ihm mit diesen Arbeiten betrauten Personen über die besonderen Kenntnisse und Erfahrungen verfügen, um diesen Auftrag sachgerecht durchführen zu können.
   Auf die elektronische Datenverarbeitung oder die Erstellung von Datenträgern erstreckt sich der Versicherungsschutz nur dann, wenn diese Arbeiten im Zusammenhang mit einer anderen versicherten Tätigkeit erledigt werden.
   Nicht versichert ist die Empfehlung einer bestimmten Datenverarbeitungsanlage.
   d) die Wahrung fremder Interessen als Vermögens-, Haus- und Grundbesitzverwalter, als Betreuer von Kreditsicherheiten, bei Durchführung außergerichtlicher Vergleiche;
4. die Tätigkeit als nicht geschäftsführender Treuhänder, z.B. die treuhänderische Verwaltung auf Grund gesetzlicher oder rechtsgeschäftlicher Treuhänderschaft;
5. die berufsübliche Erstattung von Gutachten einschließlich der Erstellung versicherungsmathematischer Gutachten für die Bildung und Überprüfung von Pensions- und sonstigen Rentenrückstellungen und für die Gründung und Unterhaltung von Pensionskassen und ähnlichen Versorgungseinrichtungen, auch soweit dazu elektronische Datenverarbeitungsmaschinen benutzt werden.
   Voraussetzung ist, dass der Versicherungsnehmer oder die von ihm mit diesen Arbeiten betrauten Personen über die besonderen Kenntnisse und Erfahrungen verfügen, um diesen Auftrag sachgerecht durchführen zu können.
6. die Tätigkeit als Praxisabwickler (§ 55c WPO).

II. Eingeschlossen sind in den Versicherungsschutz im Rahmen von Teil 4, A. Ziffer 5.3 BBR-W die Tätigkeiten als

1. Insolvenzverwalter, Sachwalter, gerichtlich bestellter Liquidator, Gläubigerausschussmitglied, Treuhänder gemäß InsO;
2. Testamentsvollstrecker, Nachlasspfleger, Nachlassverwalter, Vormund, Betreuer, Pfleger, Beistand;
3. Schiedsrichter oder Schiedsgutachter.

III. Der Versicherungsschutz erstreckt sich auch auf die Besorgung sonstiger fremder Rechtsangelegenheiten, soweit die Grenzen der erlaubten Tätigkeit nicht bewusst überschritten werden (vgl. § 5 RDG).

IV. Mitversichert ist im Rahmen des Vertrages die gesetzliche Haftpflicht der Erben des Versicherungsnehmers aus Verstößen, die bis zur Bestellung eines Praxisabwicklers oder bis zur Praxisveräußerung, längstens jedoch bis zu 8 Wochen nach dem Ableben des Versicherungsnehmers, vorgekommen sind.

V. Nicht versichert sind

1. **Tätigkeiten, die mit dem Beruf des Wirtschaftsprüfers oder vereidigten Buchprüfers nicht vereinbar sind;**
2. **die in § 43a Abs. 4 Ziffern 1 bis 5 und Ziffer 7 der WPO genannten Tätigkeiten;**
3. **alle unternehmerischen Tätigkeiten, z.B. als Vorstand, Aufsichtsrat, Beirat, Geschäftsführer oder Leiter von Unternehmungen.**

VI. Anzeigen und Willenserklärungen zu Verträgen, die von der VSW – Die Versicherergemeinschaft für Steuerberater und Wirtschaftsprüfer in Wiesbaden – verwaltet werden, können in Erweiterung des Teil 1 § 11 AVB auch an diese Stelle gerichtet werden.

Änderung zur Vorauflage HV 60/06 bei Teil 4 (Wirtschaftsprüfer und vereidigte Buchprüfer)

A. Besondere Bedingungen

1. A Ziff. 1 BBR-W: Mitversicherung der Vertreter und des Praxisabwicklers
Grund: gesetzliche Vorgabe nach § 121 WPO und § 55c WPO
Folge: Klarstellung und Besserstellung

2. A Ziff. 4. BBR-W: Bestimmung zum Staffelselbstbehalt gestrichen
Grund: Vereinfachung wie bei Anwälten und Steuerberatern
Folge: keine, da der Festselbstbehalt nach § 3 Ziff. 4 gilt und der Staffelselbstbehalt individuell vereinbar ist.

3. A Ziff. 4.1 b) BBR-W: Regelung zum Ausschluss bei Auslandssachverhalten
Grund: Klarstellung zum Versicherungsschutz zur Beratung des Rechts für die Staaten der ehemaligen Sowjetunion
Folge: keine

4. A Ziff. 4.3 a) BBR-W: Streichen der beispielhaften Aufzählung für die Tätigkeit des Insolvenzverwalters bei der Fortführung eines Unternehmens
Grund: Versicherungsschutz besteht sowieso für die Fortführung eines Unternehmens im Rahmen einer Insolvenz
Folge: Klarstellung

5. A Ziff. 6 BBR-S: Sprachliche Vereinfachung, wenn der vereinbarte Versicherungsschutz die Pflichtversicherung überschreitet
Folge: keine

B. Risikobeschreibungen für die Vermögensschaden-Haftpflichtversicherung von Wirtschaftsprüfern

1. B I Ziff. 6 BBR-W: Mitversicherung der Tätigkeit als Praxisabwickler, § 55c WPO.
Grund: Gesetzliche Vorgabe
Folge: Verbesserung des Versicherungsschutzes; der Wirtschaftsprüfer hat eigenen Versicherungsschutz für die Tätigkeit als Praxisabwickler

2. B III BBR-W: Versicherungsschutz für die Besorgung sonstiger fremder Rechtsangelegenheiten nach dem RDG
Grund: Klarstellung, dass Versicherungsschutz besteht, wenn der Wirtschaftsprüfer fahrlässig die Grenzen der erlaubten Rechtsberatung überschritten hat
Folge: keine

3. B IV BBR-W: Mitversicherung der gesetzlichen Haftpflicht der Erben des Wirtschaftsprüfers bis maximal acht Wochen nach seinem Ableben
Grund: gesetzliche Vorgabe
Folge: Verbesserung des Versicherungsschutzes

4. B VI BBR-W: Umbenennung der bisherigen VWi (Versicherungsstelle Wiesbaden) in die VSW (Die Versicherergemeinschaft für Steuerberater und Wirtschaftsprüfer in Wiesbaden)
Grund: Markenauftritt hat sich verändert
Folge: keine

Teil 5 Zusatzvereinbarung zur Bürohaftpflichtversicherung

Durch entsprechenden Hinweis im Versicherungsschein oder Nachtrag kann für Rechts- und Patentanwälte sowie Steuerberater die Bürohaftpflichtversicherung mitversichert werden. Für vereidigte Buchprüfer und Wirtschaftsprüfer ist die Mitversicherung nur möglich, wenn sie vor der Bestellung gemäß WPO bei einer Allianz-Gesellschaft Versicherungsschutz hatten oder die Rechtsanwalts- und Steuerberatersozien/-partner die Bürohaftpflichtversicherung bei einer Allianz-Gesellschaft mitversichert haben.

Besondere Bedingung zur Bürohaftpflichtversicherung einschließlich der Nutzung von Internet-Technologien für Rechtsanwälte und Patentanwälte, Steuerberater (sowie vereidigte Buchprüfer und Wirtschaftsprüfer)

A. Risikobeschreibung

I. Personen- und Sachschäden

Versichert ist abweichend von Teil 1.1 § 1 die gesetzliche Haftpflicht des Versicherungsnehmers, seiner Sozien/Partner und seiner Mitarbeiter im Zusammenhang mit der Ausübung der versicherten beruflichen Tätigkeit für den Fall, dass sie wegen eines Personen- oder Sachschadens von einem Dritten in Anspruch genommen werden.

II. Grundstücke, Gebäude, Räumlichkeiten

Mitversichert ist die gesetzliche Haftpflicht als Eigentümer, Mieter, Pächter, Nutznießer von Grundstücken, Gebäuden oder Räumlichkeiten, sofern sie ausschließlich für Zwecke des versicherten Berufs benutzt werden.

III. Abhandenkommen fremder Schlüssel

Mitversichert ist die gesetzliche Haftpflicht aus dem Abhandenkommen von fremden Schlüsseln.

Der Versicherungsschutz beschränkt sich auf Kosten für die notwendige Auswechslung von Schlössern oder Schließanlagen, die infolge des Abhandenkommens entstehen.

IV. Nutzung von Internet-Technologien

1. Mitversichert ist die gesetzliche Haftpflicht wegen Personen-, Sach- und Vermögensschäden im Zusammenhang mit der Ausübung der versicherten beruflichen Tätigkeit aus dem Austausch, der Übermittlung und der Bereitstellung elektronischer Daten, (z.B. im Internet, per E-Mail oder mittels Datenträger), soweit es sich handelt um Schäden aus

a) der Löschung, Unterdrückung, Unbrauchbar-machung oder Veränderung von Daten (Datenveränderung) bei Dritten durch Computer-Viren und/oder andere Schadprogramme;

b) der Datenveränderung aus sonstigen Gründen sowie der Nichterfassung oder fehlerhaften Speicherung von Daten bei Dritten, und zwar wegen
  - **aa) sich daraus ergebender Personen- und Sachschäden, nicht jedoch weiterer Datenveränderungen sowie**
  - **bb) sich daraus ergebender Personen- und Sachschäden, nicht jedoch weiterer Datenveränderungen sowie**

c) der Störung des Zugangs Dritter zum elektronischen Datenaustausch;

d) der Verletzung von Persönlichkeits- und Namensrechten; insoweit besteht auch Versicherungsschutz für immaterielle Ansprüche, nicht jedoch von Urheberrechten;

2. Im Rahmen des versicherten Risikos obliegt es dem Versicherungsnehmer, dass seine auszutauschenden, zu übermittelnden, bereitgestellten Daten durch Sicherheitsmaßnahmen oder -techniken (z.B. Virenscanner, Firewall) gesichert und geprüft werden bzw. worden sind, die dem Stand der Technik entsprechen. Diese Maßnahmen können auch durch Dritte erfolgen.

3. Nicht versichert sind Haftpflichtansprüche wegen Schäden aus nachfolgend genannten Tätigkeiten und Leistungen:

- **Software-Erstellung, -Handel, -Implementierung, -Pflege;**
- **IT-Beratung, -Analyse, -Organisation, -Einweisung, -Schulung;**
- **Netzwerkplanung, -Installation, -integration, -betrieb, -wartung, -pflege;**
- **Bereithalten fremder Inhalte, z.B. Access-, Host-, Full-Service-Providing;**
- **Betrieb von Rechenzentren und Datenbanken;**
- **Betrieb von Telekommunikationsnetzen;**
- **Anbieten von Zertifizierungsdiensten im Sinne des Signaturgesetzes bzw. der Signaturverordnung;**
- **Tätigkeiten, für die eine gesetzliche Pflicht zum Abschluss einer Vermögensschadenhaftpflichtversicherung besteht.**

B. Besondere Bedingung

I. Versicherungsfall

Abweichend von Teil 1.1 § 1 AVB-RSW ist der Versicherungsfall das Schadenereignis. Schadenereignis ist das Ereignis, als dessen Folge die Schädigung des Dritten unmittelbar entstanden ist. Auf den Zeitpunkt der Schadenverursachung, die zum Schadenereignis geführt hat, kommt es nicht an.

II. Versicherungssummen, zeitlicher Zusammenhang, Kosten

1. Versicherungssummen

1.1 Die Versicherungssumme für Schäden gemäß A. Ziffern I und II beträgt je Schadenereignis für Personenschäden 3.000.000 EUR und für Sachschäden 3.000.000 EUR.

1.2 Die Versicherungssumme für Schäden gemäß A. Ziffer III (Schlüsselverlust) beträgt 5.000 EUR

1.3 Die Versicherungssumme für Schäden gemäß A. Ziffern IV 1a–d (Internet-Technologien) beträgt 1.000.000 EUR

2. Zeitlicher Zusammenhang

Abweichend von § 3 III Ziffer 2 AVB-RSW gelten mehrere zeitlich zusammenhängende Schäden aus derselben Ursache als ein Schadenereignis.

3. Kosten

In Fällen von Schäden gemäß A. Ziffer IV (Nutzung von Internet-Technologien) werden Aufwendungen des Versicherers für Kosten abweichend von Teil 1.1 § 3 III Ziffer 5 AVB-RSW als Leistung auf die Versicherungssumme angerechnet. Kosten sind Anwalts-, Sachverständigen-, Zeugen- und Gerichtskosten. Aufwendungen zur Abwendung oder Minderung des Schadens bei oder nach Eintritt des Versicherungsfalles sowie Schadenermittlungskosten, auch Reisekosten, die dem Versicherer nicht selbst entstehen. Das gilt auch dann, wenn diese Kosten auf Weisung des Versicherers entstanden sind.

III. Höchstleistung je Versicherungsjahr

Die Gesamtleistung für alle Schadenereignisse eines Versicherungsjahres wird auf das Zweifache der Versicherungssumme begrenzt. Bei Schadenereignissen gemäß A. Ziffer IV (Nutzung von Internet-Technologien) stellt die Versicherungssumme gemäß B Ziffer II zugleich die Höchstleistung für alle Versicherungsfälle eines Versicherungsjahres dar.

IV. Selbstbehalt

Bei Personenschäden ist vom Versicherungsnehmer kein Selbstbehalt zu leisten. Im Übrigen beträgt der Selbstbehalt für jeden Versicherungsfall 250 EUR (Festselbstbehalt).

V. Ausschlüsse

In Ergänzung von Teil 1.1 § 4 und § 15 AVB-RSW bezieht sich der Versicherungsschutz nicht auf Haftpflichtansprüche

1. wegen Schäden, die versicherte Personen durch den Gebrauch eines Kraftfahrzeugs verursachen;

2. des Versicherungsnehmers, von versicherten Personen sowie Angehörigen des Versicherungsnehmers oder versicherter Personen sowie der jeweiligen gesetzlichen Vertreter;
3. wegen Schäden aus Persönlichkeits- oder Namensrechtsverletzungen, soweit nicht nach A. Ziffer IV Nr.1 d) Versicherungsschutz besteht;
4. auf Entschädigung mit Strafcharakter, insbesondere punitive oder exemplary damages;
5. wegen Personenschäden aus der Übertragung einer Krankheit durch Ansteckung;
6. wegen Schäden durch Umwelteinwirkung sowie wegen Umweltschäden gemäß Umweltschadensgesetz oder anderen auf der EU-Umwelthaftungsrichtlinie (2004/35/EG) basierenden nationalen Umsetzungsgesetzen;
7. wegen Schäden, die entstehen aus Anlass der Verwaltung von Grundstücken;
8. wegen Schäden im Zusammenhang mit der Nutzung der Internet-Technologien gemäß A Ziffer IV,
   a) die aus massenhaft versandten, vom Empfänger ungewollten elektronisch übertragenen Informationen (z.B. Spamming) resultieren;
   b) die mit Dateien (z.B. Cookies) in Zusammenhang stehen, mit denen widerrechtlich bestimmte Informationen über Internet-Nutzer gesammelt werden können;
9. von Unternehmen, die mit dem Versicherungsnehmer oder dessen Gesellschaftern durch Kapital mehrheitlich verbunden sind oder unter einer einheitlichen Leitung stehen;
10. gegen die Personen, die einen Schaden dadurch verursachen, dass sie sich bewusst gesetz-, vorschrifts- oder sonst pflichtwidrig verhalten;
11. wegen Schäden aus Anfeindung, Schikane, Belästigung, Ungleichbehandlung oder sonstigen Diskriminierungen;
12. wegen Schäden, die auf Asbest, asbesthaltige Substanzen oder Erzeugnisse zurückzuführen sind;
13. die in außereuropäischen Staaten und nach dem Recht außereuropäischer Staaten geltend gemacht werden.

VI. Im Übrigen gelten die AVB-RSW sinngemäß.

Änderungen zur Vorauflage HV 60/06 bei Teil 5 (Bürohaftpflichtversicherung)

A. Risikobeschreibung

1. A I: Personen- und Sachschäden: Streichen Versicherungsschutz für immaterielle Schäden nach § 253 Abs. 2 BGB
Grund: Regelung in § 15 III
Folge: Klarstellung und Besserstellung

2. A III: Schlüsselverlust-Risiko
Grund: Unklarheit zum Schlüsselverlustrisiko
Folge: Klarstellung, Besserstellung; Sublimit 5.000 EUR nach B II Ziff. 1.1

B. Besondere Bedingungen

1. B II Ziff. 1.1. Versicherungssummen: Erhöhung Personenschäden von 2 Mio. auf 3 Mio. und Sachschäden ebenfalls auf 3 Mio.
Grund: Anhebung der Versicherungssumme
Folge: Besserstellung des Versicherungsnehmers

Vollständiger Text und Kommentar zum Deckungskonzept mit Besonderen Bedingungen und Risikobeschreibung jeweils gesondert im Kommentarteil:
- **Partnerschaft mit beschränkter Berufshaftung HV 4390**
- **Rechtsanwalts-GmbH HV 4218**
- **Partner einer PartG mbB/Geschaftsführer einer RA-GmbH (Zulassungspolice) HV 4391**
- **angestellte Anwälte ohne Außenauftritt (Zulassungspolice) HV 47**

KOMMENTAR ZUR BERUFSHAFTPFLICHTVERSICHERUNG DER ANWÄLTE

Einleitung

Kommentiert werden die Allgemeinen Versicherungsbedingungen für Anwälte/Patentanwälte, Steuerberater und Wirtschaftsprüfer/vereidigte Buchprüfer (AVB-RSW), der Versicherungsschutz für die gesellschaftsrechtliche akzessorische Haftung und die Besonderen Bedingungen und die Risikobeschreibung für Rechtsanwälte und Patentanwälte (BBR-RA) der Allianz Versicherungs-AG in der Version HV 60/07.

Systematische Übersicht

https://doi.org/10.1515/9783110407280-002

A. Pflichtversicherung

1 Seit dem 2.9.1994 ist jeder Rechtsanwalt verpflichtet eine Berufshaftpflichtversicherung abzuschließen. Der Gesetzgeber hatte hier auf die Entscheidung des Bundesverfassungsgerichts vom 14.7.1987 zum anwaltlichen Standesrecht reagiert.[1] Danach musste der Gesetzgeber das anwaltliche und patentanwaltliche Berufsrecht auf eine formell und materiell einwandfreie Rechtsgrundlage stellen und die wesentlichen Berufspflichten normieren. Hierzu zählt auch die Berufshaftpflichtversicherung für Anwälte. Die allgemeine Klausel des § 43 BRAO a.F. i.V.m. § 48 RichtlRA verpflichtete den Anwalt bereits seit 1963 standesrechtlich eine Versicherung zu unterhalten. Die Richtlinie verstieß aber gegen Art. 12 GG, da es an einer Ermächtigung zur Einführung der Pflichtversicherung fehlte. Für die anderen wirtschafts- und rechtsberatenden Berufe bestand bereits die Versicherungspflicht: Wirtschaftsprüfer ab 1964, Steuerberater ab 1990 und Notare ab 1983. Zudem sollte die Rechtseinheit in Deutschland nach der Wiedervereinigung auch auf dem Gebiet des Berufsrechts hergestellt werden, da die Rechtsanwälte der ehemaligen DDR seit 1990 nach dem Rechtsanwaltsgesetz RAG-DDR ebenfalls eine Versicherung abzuschließen hatten.

2 Die Berufshaftpflichtversicherung der Anwälte hat zwei Ziele: Verbraucherschutz auf der einen Seite und Existenzsicherung der Anwaltschaft bei Berufsfehlern auf der anderen Seite, die sog. Doppelfunktion der Berufshaftpflichtversicherung.[2]

I. Verbraucherschutz

3 Der entsprechende Gesetzentwurf der Bundesregierung nennt die Gründe zur Einführung der Pflichtversicherung.[3] Die Berufshaftpflichtversicherung dient vorrangig dem Schutz des rechtsuchenden Publikums. Zum Schutz der Mandanten darf der Rechtsanwalt seinen Beruf erst mit Nachweis der Versicherung ausüben oder er verliert seine Zulassung, wenn er keine mehr aufrechterhält. Der geschädigte Mandant erhält einen finanzkräftigen Schuldner in Form der Versicherung.

II. Existenzsicherung des Anwalts

4 Die Pflicht zum Abschluss einer Versicherung liegt auch im Eigeninteresse des Anwalts. Bei Mandaten mit hohem Streitwert sind die finanziellen Folgen eines Verstoßes gegen anwaltliche Pflichten nicht abzusehen. Einzelanwälte und auch die in Sozietäten oder in einfachen Partnerschaften organisierten Anwälte haften persönlich. Die Haftung wird durch die Versicherung auf

1 BVerfGE 76, 171.
2 *Diller* Einl. Rn. 7; *Weinbeer* S. 43 ff m.w.N.
3 BT-Drs. 12/4993, S. 31.

ein Schadenkollektiv übertragen. Der einzelne Schädiger wird entlastet, denn ein Schadensersatzanspruch kann ohne weiteres die wirtschaftliche Existenz des schadenverursachenden Anwalts bedrohen. Nicht zu unterschätzen ist aber, dass es nicht unbedingt der realisierte Schadensersatzanspruch ist, der existenzbedrohend ist. Vielfach sind die angemeldeten Ansprüche – ob zu Recht oder Unrecht – höher als die dann tatsächlich durch den Versicherer an den Mandanten gezahlten Schadensummen. Es bedeutet, dass ein erhebliches Drohpotential auf den Anwalt einwirkt.[4] Es kann schnell dazu führen, dass Kanzleien auseinanderbrechen können. Der öffentliche Druck einer Klage führt dazu, dass das Image der Kanzlei nachhaltig geschädigt wird, die Identifikation von Mitarbeitern sinkt und sie die Kanzlei verlassen, um nicht selbst Teil des Negativimages zu werden.[5] Vor diesem Negativimage kann im Übrigen auch die Beschränkung der Haftung auf das Gesellschaftsvermögen wie bei einer Partnerschaftsgesellschaft mit beschränkter Berufshaftung (PartG mbB) oder einer Rechtsanwalts-GmbH oder Aktiengesellschaft nicht ohne weiteres schützen.

Daneben soll die Berufshaftpflichtversicherung die Unabhängigkeit des Anwalts stärken, 5
§§ 3 Abs. 1, 43a Abs. 1 BRAO.[6] Die Berufshaftpflichtversicherung stärkt die Unabhängigkeit des Anwalts in seiner Beratung. Wenn der Anwalt Rücksicht nehmen muss auf seine finanziellen Risiken, würde das die pflichtgemäße Mandantenbetreuung beeinträchtigen.[7] Mit der Versicherung ist für den Anwalt gewährleistet, dass er den Mandanten vollumfänglich beraten kann.

B. Rechtsgrundlagen der anwaltlichen Berufshaftpflichtversicherung

Bei der Berufshaftpflichtversicherung handelt sich um einen Versicherungsvertrag. Im zwei- 6
seitig verpflichtenden Vertrag ist die Prämienleistung des Anwalts als Versicherungsnehmer die Gegenleistung für die bei einem Berufsfehler fällige Schadenzahlung. Die Versicherung ist ein schuldrechtlicher Vertrag mit dem Charakter eines Dauerschuldverhältnisses privatrechtlicher Art.[8] Die Berufshaftpflichtversicherung der Anwälte zur Deckung von Vermögensschäden ist eine Schadenversicherung und keine Summenversicherung.[9] Der Versicherer leistet an den geschädigten Mandanten oder auch Dritten den durch den Berufsfehler verursachten Vermögensschaden, mindestens in Höhe der Pflichtversicherungssumme oder der darüber hinaus individuell vereinbarten Versicherungssumme. Die Berufshaftpflichtversicherung ist Zulassungsvoraussetzung für Rechtsanwälte und Berufsträgergesellschaften wie der Rechtsanwalts-GmbH und der Rechtsanwalts-Aktiengesellschaft, §§ 51, 59j BRAO.

Als Versicherungsvertrag finden auf die Berufshaftpflichtversicherung die allgemeinen Re- 7
gelungen Anwendung: VVG, VAG, BGB, HGB, BRAO und hier die kommentierten vertraglichen Grundlagen der Versicherer zur Berufshaftpflichtversicherung: die Allgemeinen Versicherungsbedingungen für Rechtsanwälte/Patentanwälte, Steuerberater, Wirtschaftsprüfer und vereidigte Buchprüfer (AVB-RSW) mit den Besonderen Bedingungen und der Risikobeschreibung für Rechtsanwälte (BBR-RA).

---

4 *Brieske* AnwBl 1995, 225 ff spricht von dem „gesunden Nachtschlaf" der Anwälte und hält im Übrigen die Pflichtversicherung im Jahre 1995 von 500.000 DM für unzureichend.

5 Bekannt ist der Fall Haarmann Hemmelrath & Partner. Die Werhahn-Gruppe verklagte die Kanzlei, da sie angeblich beim Verkauf von Unternehmensanteilen steuerlich falsch beraten wurde. Nicht die Beratung war allerdings falsch, sondern der Steuerbescheid des Finanzamtes. Trotzdem zerbrach die Kanzlei im Dezember 2005. Das Anspruchsvolumen betrug 450 Mio. EUR.

6 Borgmann/*Jungk*/Schwaiger § 39 Rn. 2.

7 BGH NJW 1994, 533.

8 Prölss/Martin/*Armbrüster* § 1 Rn. 2.

9 Summenversicherungen sind z.B. eine Lebensversicherung, Unfallversicherung oder eine Wohngebäudeversicherung mit Auszahlung der vereinbarten Versicherungssumme im Versicherungsfall.

I. VVG

8 Das VVG regelt das Versicherungsverhältnis. Im Einzelnen sind für die Berufshaftpflichtversicherung der Anwälte folgende Abschnitte im VVG maßgeblich:
- Vorschriften für alle Versicherungszweige, §§ 1–73 VVG
- Allgemeine Vorschriften zur Schadenversicherung, §§ 74–87 VVG
- Allgemeine Vorschriften zur Haftpflichtversicherung, §§ 100–112 VVG
- Allgemeine Vorschriften zur Pflichtversicherung, §§ 113–124 VVG.

9 Zu unterscheiden sind Vorschriften, die zwingend, halbzwingend und dispositiv sind. Von zwingenden Vorschriften darf weder zugunsten noch zu Lasten des Versicherungsnehmers abgewichen werden, hier die Regelungen zur Pflichtversicherung §§ 113–124 VVG. Bei Verletzung zwingender Vorschriften ist je nach dem entweder die einzelne Vertragsabrede nichtig oder der gesamte Vertrag. Das VVG enthält weiter halbzwingende Vorschriften. Zugunsten des Versicherungsnehmers kann man abweichen, aber nicht zu Lasten von ihm. Daneben gibt es die dispositiven Vorschriften wie z.B. die Herbeiführung des Versicherungsfalls, § 103 VVG.

Das VVG nennt ausdrücklich die halbzwingenden Vorschriften am Ende jeden Abschnitts. Ob eine Vorschrift zwingend oder dispositiv ist, ergibt sich aus dem Regelungsgehalt der Vorschrift selbst.

Die AVB-RSW unterliegen dem VVG. In der Gegenüberstellung folgen zuerst jeweils die AVB-RSW Regelung und dann die gesetzliche zwingende Vorschrift für diese Regelung nach VVG oder sonstigen Vorschriften.

1. Zwingende Gesetzesvorgaben

10 § 1, § 51 Abs. 1 BRAO: Gesetzliche Vorgabe für den Gegenstand des Versicherungsschutzes mit der Definition des Vermögensschadens. Daneben regelt § 1, wer als Schein-Sozius/Partner und als anerkannte Berufsträgergesellschaft (RA-GmbH, RA-AG) i.S.d. der Versicherungsbedingungen gilt, insbesondere in Abgrenzung zu den angestellten Anwälten, was für die Risikobewertung/Tarifierung erforderlich ist.

§ 3 II Ziff. 1 und 1.1, § 100 VVG: Er beinhaltet die Hauptleistung des Versicherers bei einer Haftpflichtversicherung dem Versicherungsnehmer Abwehrschutz zu geben und ihn von berechtigten Schadensersatzansprüchen freizustellen mit der Definition der berechtigten Schadensersatzansprüche.

§ 3 II Ziff. 1.2, §§ 105, 106 VVG: Das Anerkenntnis- und Befriedigungsverbot ist entfallen. Der Versicherungsnehmer hat einen Zahlungsanspruch, wenn er dem Dritten direkt Schadensersatz leistet. Allerdings ist der Versicherer nur in dem Maß verpflichtet, soweit der Anspruch auch tatsächlich bestanden hat.

§ 3 II Ziff. 2, § 51 Abs. 2 BRAO: Zulässigkeit einer Serienschadenklausel.

§ 3 II Ziff. 4, § 51 Abs. 5 BRAO: Selbstbehaltsregelung bis 1% der Mindestversicherungssumme. Als natürliche Person kann der Anwalt bis zur Höhe von 2.500 EUR einen Festselbstbehalt vereinbaren, bei einer Rechtsanwalts-GmbH, PartG mbB ist ein Selbstbehalt bis zu 25.000 EUR zulässig.

§ 4 Ziff. 1, 3, 5 und Besondere Bedingungen Teil 2 A BBR-RA Ziff. 2.1 und Ziff. 2.2, § 51 Abs. 3 BRAO: Zulässigkeit von Ausschlüssen für Ansprüche wegen wissentlicher Pflichtverletzung, mit Auslandsbezug und wegen Veruntreuung. Die AVB-RSW haben die Ausschlüsse übernommen. Die Aufteilung in den Allgemeinen Versicherungsbedingungen und dann nochmal in den Besonderen Bedingungen der Rechtsanwälte ist notwendig, da die gesetzlich möglichen Ausschlüsse bei den Steuerberatern und Wirtschaftsprüfern unterschiedlich formuliert sind, obwohl sie inhaltlich kaum abweichen.

§ 5 II Ziff. 1, 2, §§ 30, 104 und 31, 82 Abs. 1, 2 VVG: Obliegenheit den Versicherungsfall anzuzeigen und Obliegenheiten den Schaden aufzuklären und zu mindern.

§ 5 III, § 106 VVG: Fälligkeit der Versicherungsleistung; der Versicherer hat den Versicherungsnehmer innerhalb von zwei Wochen von dem Zeitpunkt an, zu dem der Anspruch des Dritten festgestellt worden ist, vom Anspruch des Dritten freizustellen.

§ 6, §§ 28 ff VVG: Rechtsfolgen für den Versicherungsnehmer, der eine Obliegenheit bei Eintritt eines Versicherungsfalls verletzt hat.

§ 7 II, § 108 Abs. 2 VVG: Kein Verbot, den Freistellungsanspruch an den geschädigten Dritten abtreten zu dürfen.

§ 8 I und II, §§ 37, 38 VVG: Zahlungsverzug des Versicherungsnehmers bei Erstprämie und bei der Folgeprämie mit der Rechtsfolge bis zur Kündigung und Leistungsfreiheit des Versicherers.

§ 10 II, § 215 VVG: Gerichtsstand. Der Versicherungsnehmer hat die Möglichkeit, am Gericht seines Wohnsitzes zu klagen neben den örtlichen Gerichtsständen nach §§ 12–17 ZPO. Für Klagen gegen den Versicherungsnehmer ist das Gericht an seinem Wohnort ausschließlich zuständig.

2. Halbzwingende Gesetzesvorgaben

§ 51 VVG: Beginn des Versicherungsschutzes bei einer vorläufigen Deckung bereits mit Erklärung durch den Versicherer. **11**

§ 3 II Ziff. 5, § 101 Abs. 2 Satz 1 VVG: Regelung zu den Prozesskosten, die zu Lasten des Versicherers gehen. Sie rechnet der Versicherer nicht auf die Versicherungssumme an.

§ 7 I, §§ 43 ff VVG: Regelungen bei einer Versicherung für fremde Rechnung für die mitversicherten Personen, die ihre Ansprüche selbständig geltend machen können.

§ 7 III, § 86 VVG: Übergang von Ersatzansprüchen. Bei angestellten Anwälten nimmt der Versicherer entsprechend dem Ausschluss der Versicherungsleistung für wissentliche Pflichtverletzung nur Regress, wenn der Angestellte seine Pflichten vorsätzlich oder wissentlich verletzt hat.

§ 8 III, § 38 VVG, §§ 286 ff BGB: Verzug und Verzugsvoraussetzungen bei Abbuchungen der Versicherungsprämien.

§§ 8 IV, 11b I, § 25 VVG: Prämienregulierung, wenn nach Vertragsschluss eine Gefahrerhöhung eintritt. Bei Anwälten ist dies in der Regel die Einstellung weiterer Berufsträger oder eine Umsatzerhöhung.

39 VVG: Prämienrückerstattung. Wenn das Versicherungsverhältnis vorzeitig beendet wird, hat der Versicherer nur Anspruch auf die Prämie, die dem versicherten Zeitraum entspricht, nicht aber auf die gesamte vereinbarte Prämie.

§ 9 I, § 11 VVG: Vertragsdauer der Berufshaftpflichtversicherung. Der Vertag verlängert sich um ein Jahr, wenn er nicht drei Monate vor Ablauf gekündigt wird. Maximal kann eine dreijährige Vertragslaufzeit fest ohne ordentliche Kündigungsmöglichkeit vereinbart werden.

§ 11a, § 19 ff VVG: Vorvertragliche Anzeigepflichten und Rechtsfolgen von Anzeigepflichtverletzungen.

§ 11b, § 23 ff VVG: Anzeigepflichten des Versicherungsnehmers während der Vertragslaufzeit. Infolge der Verletzung von Anzeigepflichten nach Vertragsschluss kann der Versicherer leistungsfrei sein, §11b I Ziff. 3, § 26 VVG.

3. Dispositive Regelungen

§ 9 II, § 111 VVG: Kündigung nach Versicherungsfall. Die AVB-RSW regeln die Voraussetzungen und Rechtsfolgen einer Kündigung durch den Versicherer oder Versicherungsnehmer, wenn es zu einem Schadenfall gekommen ist. **12**

a) Deklaratorische Klauseln

13 § 4 Ziff. 2: Ansprüche sind ausgeschlossen, soweit sie auf Grund Vertrages oder besonderer Zusage über den Umfang der gesetzlichen Haftpflicht hinausgehen; versichert sind gesetzliche Haftpflichtansprüche nach § 1 entsprechend den gesetzlichen Vorgaben, so dass vertragliche Ansprüche von vornherein ausgeschlossen sind.

§ 4 Ziff. 4: Ansprüche sind ausgeschlossen aus der Tätigkeit als Organmitglied z.B. als Vorstand. Dies gilt auch für die mitversicherten Tätigkeiten, wenn z.B. ein Testamentsvollstrecker als Geschäftsführer handelt gemäß B Ziff. 4 BBR-RA. Der häufig aufgrund besonderer Mandatsbeziehungen zur Organtätigkeit berufene Anwalt kommt in diesen Fällen seiner Aufsichts-, Organisations- und Kontrollpflicht nach und arbeitet damit nicht anwaltlich. In B Ziff. 4 im 2. Halbsatz BBR-RA ist aber klargestellt, dass die anwaltliche Tätigkeit selbst weiterhin versichert bleibt.

b) Erweiterungen und sonstige Klauseln

14 § 2: Regelung zur Vorwärts- und Rückwärtsversicherung, insbesondere besteht aufgrund der gesetzlichen Vorgabe in § 51 BRAO die unbegrenzte Nachmeldefrist als Deckung für alle während der Vertragslaufzeit begangenen Verstöße, unabhängig davon wann der Verstoß gemeldet wird oder der Schaden eintritt.

§ 3 II Ziff. 1.3, § 5 Ziff. 2.1: Prozessmuntschaft. Damit der Versicherer seinen gesetzlichen Leistungspflichten nach § 100 VVG nachkommen kann, besteht für den Versicherer eine umfassende Vollmacht, Erklärungen im Namen des Versicherungsnehmers abzugeben. Die Vollmacht nach außen zusammen mit dem Weisungsrecht nach innen gemäß § 82 VVG nennt man auch Prozessmuntschaft.[10]

§ 3 II Ziff. 6, 7: Regelungen zur Sicherheitsleistung zur Abwendung der Zwangsvollstreckung und Begrenzungen der Leistungen des Versicherers, wenn der Haftpflichtanspruch durch das Fehlverhalten des Versicherungsnehmers nicht erledigt wird.

§ 5 I, § 100 VVG: Versicherungsfall. In der Vermögensschadenhaftpflichtversicherung ist der Verstoß, der Haftpflichtansprüche gegen den Versicherungsnehmer zur Folgen haben kann, der definierte Versicherungsfall.

§ 12: Sozienklausel. Bei § 12 handelt es sich um eine versicherungsrechtliche Klausel. Man darf sie nicht als deckungsgleiche Klausel der berufs- und gesellschaftsrechtlichen Haftung betrachten. § 12 ist aber eine Erweiterung zu § 51 BRAO i.V.m. § 1, da die gesamtschuldnerische Haftung der Sozien im Rahmen der gemeinschaftlichen Berufsausübung gedeckt ist.

§ 13: Regelung zu Mitarbeitern als Erweiterung des Risikos, die nicht Schein-Sozien sind. In der Regel sind dies die angestellten Anwälte, die keinen Außenauftritt haben und juristisch vorgebildete Mitarbeiter.

§ 14: Kumulsperre bei Versicherungsnehmern mit doppelter oder Mehrfachqualifikation wie Rechtsanwälte, die auch als Steuerberater zugelassen sind. § 14 I begrenzt die Leistung auf die höchste Versicherungssumme, wenn ein einzelner Versicherungsnehmer mehrere Versicherungsverträge hat, die den einzelnen Schaden decken würden. § 14 II begrenzt die Leistung ebenfalls auf die höchste Versicherungssumme, wenn mehrere Versicherungsnehmer verschiedene Versicherungsverträge haben, die den einzelnen Schaden decken würden. Bei Berufsangehörigen einer Berufsgruppe verbleibt es bei der Durchschnittsleistung, § 14 III i.V.m. 12.

§ 15: Erweiterung der Deckung auf Sachschäden, die im Zusammenhang mit der Berufstätigkeit des Anwalts stehen und Klarstellung zu sonstigen immateriellen Schäden und Datenschäden.

---

10 *Krämer* r + s 2001, 177.

Teil 5: Zusatzvereinbarung zur Bürohaftpflichtversicherung. Optional kann der Versicherungsnehmer eine Haftpflichtversicherung für Sach- und Personenschäden im Rahmen der Bürotätigkeit abschließen.

Teil 1.2: Versicherungsschutz für gesellschaftsrechtliche Haftung. § 51 BRAO als berufsrechtliche Regelung sieht Versicherungsschutz nur für die Dauer der Zulassung vor. Dieser Deckungsbaustein erweitert den Versicherungsschutz für die gesellschaftsrechtliche Haftung aufgrund der Teilrechtsfähigkeit der BGB-Gesellschaft entsprechend §§ 128 ff HGB.

Teil 2 Besondere Bedingungen für Rechtsanwälte und Patentanwälte (A BBR-RA): Die Besonderen Bedingungen konkretisieren den gesetzlich erforderlichen Versicherungsschutz. Ziff. 4.2 erweitert darüber hinaus den Versicherungsschutz für kaufmännische Risiken bei den mitversicherten Tätigkeiten nach der Insolvenzordnung. Ziff. 4.3 deckt Auszahlungsfehler bei Anderkonten. Es handelt sich um eine Erweiterung, da Erfüllungsansprüche gedeckt sind.[11]

Teil 2 Risikobeschreibungen für Rechtsanwälte und Patentanwälte (B BBR-RA): Die Risikobeschreibung erweitert den gesetzlich erforderlichen Schutz auf die nebenberuflichen Tätigkeiten, die typischerweise ein Anwalt ebenfalls aufgrund seiner besonderen Sachkunde oder Vertrauensstellung ausübt, wie z.B. Tätigkeiten nach der Insolvenzordnung, Testamentsvollstrecker, Mediator etc.

4. Sonstige relevante Regelungsinhalte des VVG

a) Informationspflichten, Obliegenheitsverletzungen, Beendigung des Vertrags

Das VVG schreibt Informationspflichten des Versicherers gegenüber dem Versicherungsneh- 15
mer vor Vertragsschluss vor, § 7 VVG. Er muss dem Anwalt als Versicherungsnehmer vor dessen Vertragserklärung die Vertragsbestimmungen einschließlich der AVB-RSW mit den zugehörigen Informationen in Textform mitteilen. Darunter fallen auch die individuellen schriftlichen oder mündlichen Vereinbarungen. Bei Nichtbeachtung kann dies zu Schadensersatzansprüchen führen, § 6 VVG. Weitere Informationspflichten ergeben sich aus der VVG-InfoV. Vorgeschrieben ist ein Produktinformationsblatt, das sog. IPID, das den Versicherungsvertrag detailliert beschreiben soll, § 4 VVG-InfoV. Anwälte und wirtschaftsberatende Berufe sind jedoch keine Verbraucher. Daher müssen sie kein IPID erhalten. Bei Verbrauchern gilt, dass bei Fehlern hierbei ein „ewiges Widerrufsrecht“ besteht, da die Widerrufsfrist nicht zu laufen beginnt, § 8 Abs. 2 Satz 1 VVG. Das Widerrufsrecht ist nur dann verwirkt, wenn ein besonderes „Umstandsmoment“ besteht, wenn der Vertrag über mehrere Jahre abgewickelt wird oder aber, wenn der Vertrag vollständig erfüllt ist.[12]

Bei Abweichungen des Vertrags vom Antrag des Versicherungsnehmers im Rahmen des § 5 VVG gilt für den Versicherungsnehmer: Weicht der Inhalt des Versicherungsscheins zu Gunsten des Versicherungsnehmers vom Inhalt des zugrunde liegenden Antrags ab, so kommt der Versicherungsvertrag auch ohne Vorliegen der Voraussetzungen des § 5 Abs. 2 VVG mit dem Inhalt des Versicherungsscheins zu Stande, wenn der Versicherungsnehmer nicht binnen eines Monats widerspricht.[13]

Die Versicherer haben deshalb das alte Policenmodell aufgegeben, bei dem der Versicherer 16
die Bedingungen erst mit dem Versicherungsschein zugesendet hatte. Im Neugeschäft hat sich das Antragsmodell und im Bestandsgeschäft das Invitatio-Modell durchgesetzt. Beim Antragsmodell stellt der Versicherer die Allgemeinen Versicherungsbedingungen und Verbraucherinformationen mit den sonstigen Antragsunterlagen dem Rechtsanwalt als Versicherungsnehmer

11 Gräfe/*Brügge* A Rn. 34.
12 Prölss/Martin/*Armbrüster* § 8 Rn. 49 und 44.
13 BGH NJW 2016, 2808.

zur Verfügung. Den Antrag selbst stellt dann der Versicherungsnehmer. Der Versicherer prüft und schickt die Police an den Versicherungsnehmer; Abweichungen hat er zu kennzeichnen. Im Bestandsgeschäft, z.B. wenn der Rechtsanwalt seine Versicherungssumme im laufenden Vertrag erhöhen möchte, hat sich das Invitatio-Modell durchgesetzt. Der Rechtsanwalt gibt eine invitatio ad offerendum ab, um den Vertrag abändern zu lassen. Der Versicherer prüft und erstellt die neue Police und schickt sie zusammen mit den Versicherungsinformationen. Der Versicherungsnehmer nimmt in der Regel durch Zahlung der Folgeprämie an. Laufender Vertrag oder laufende Versicherung ist im Übrigen hier wie auch im Folgenden untechnisch zu verstehen und ist nicht ein laufender Vertrag i.S.d. § 210 VVG. Es handelt sich um einen bei den Versicherern üblichen Begriff für einen mehrjährigen Vertrag in Abgrenzung zu einer Versicherung für ein bestimmtes Einzelobjekt oder einem Projekt mit einer einmaligen Versicherungssumme für die gesamte Laufzeit.

b) Anerkenntnis- und Befriedigungsverbot

17 Das Anerkenntnis- und Befriedigungsverbot nach § 154 Abs. 2 VVG a.F. ist entfallen gemäß § 105 VVG, der zwischen den Interessen des Anwalts an eigener Schadenabwicklung gegenüber Mandanten und des Versicherers an eigener Abwehrleistung abwägt. Es bedeutet, dass Rechtsanwälte Tatsachen gegenüber dem Geschädigten einräumen können und ihm Schadensersatz leisten können, ohne grundsätzlich den Anspruch auf Befreiung gegenüber dem Versicherer zu verlieren. Die Grenze besteht aber darin, dass der Anwalt dem Geschädigten nicht mehr versprechen darf als ihm tatsächlich zusteht. Der Mehrbetrag geht zu Lasten des Anwalts.[14]

18 Nach § 108 Abs. 2 VVG ist ein generelles Abtretungsverbot des Freistellungsanspruchs an den Geschädigten in den Allgemeinen Versicherungsbedingungen nicht wirksam. Ergebnis ist, dass der Anwalt seinen Befreiungsanspruch gegen den Versicherer an den geschädigten Mandanten abtreten kann. Der Geschädigte kann dann den Versicherer direkt in Anspruch nehmen. Zulässig bleibt aber ein Abtretungsverbot durch Individualvereinbarung bei Abschluss des Versicherungsvertrags oder auch nach dem Versicherungsfall.[15] Einen Direktanspruch gegen den Versicherer hat der Mandant als geschädigter Dritter ebenfalls, wenn der Anwalt insolvent ist oder sein Aufenthalt unbekannt ist, § 115 Abs. 1 Nr. 1 und 2 VVG.

c) Selbstbehalt

19 Ein Selbstbehalt hat nach § 114 Abs. 2 Satz 2 VVG nur Wirkung im Innenverhältnis zwischen Versicherer und Anwalt. Er kann nicht gegenüber dem geschädigten Dritten geltend gemacht werden.

d) Pflichtversicherungen und Aufspaltung von Policen

20 Wichtig, aber nicht neu, ist die Vorschrift des § 113 Abs. 3 VVG, früher § 158k VVG a.F. § 113 Abs. 3 VVG stellt die Einheitlichkeit des Versicherungsvertrages her. Der Versicherer darf eine einzelne Police nicht in einen Teil mit zwingenden Regelungen der Pflichtversicherung und den anderen Teil mit freien zwanglosen Regelungen aufspalten. Eine einzelne Police unterliegt vielmehr den Regelungen zur Pflichtversicherung. Die Vorschrift betrifft insbesondere die Fälle, in denen eine die Mindestversicherungssumme übersteigende Versicherungssumme vereinbart wird und dann abweichende Regelungen getroffen werden. Der Versicherer hat deshalb zwei Ver-

14 BT-Drs. 16/3945, S. 86.
15 BT-Drs. 16/3945 S. 87.

träge abzuschließen, wenn er z.B. bei der PartG mbB den gesetzlich gestrichenen Ausschluss der wissentlichen Pflichtverletzung oberhalb der Pflichtversicherungssumme von 2,5 Mio. EUR wieder als Ausschluss einführen will: Einen Vertrag bis zur Höhe der Pflichtversicherungssumme und den zweiten Vertrag als sog. Exzedenten oberhalb der Pflichtversicherungssumme.[16] Andernfalls besteht die Gefahr, dass im genannten Beispiel bei einer einzigen Police der Ausschluss der wissentlichen Pflichtverletzung oberhalb von 2,5 Mio. EUR nicht wirksam vereinbart ist und der Versicherer in voller Höhe der vereinbarten Versicherungssumme eintrittspflichtig ist, soweit der Anwalt einen Schaden durch eine wissentliche Pflichtverletzung verursacht hat. In der Praxis gibt es Versicherungen in einem Versicherungsvertrag ohne Aufspaltung. Die Versicherer nehmen das Risiko bewusst in Kauf.

e) Großrisiken

Für Großkanzleien gilt die Vorschrift des § 210 VVG. Darunter fallen Kanzleien wenn sie mindestens einen Nettoumsatzerlös von 12,8 Mio. EUR im Jahr haben und im Durchschnitt pro Jahr 250 Arbeitnehmer beschäftigen, § 210 Abs. 2 Nr. 3 b) und c) VVG. Bei diesen Großrisiken kann der Versicherer und die Kanzlei von VVG-Regelungen abweichen, sowohl von halbzwingenden Regelungen, z.B. §§ 18, 32, 42, 52 Abs. 5, §§ 87 und 112 VVG, als auch von absolut zwingenden Bestimmungen, durch die bestimmte Vereinbarungen eigentlich unwirksam wären, z.B. §§ 105 und 108 VVG. Grund hierfür ist, dass geschäftserfahrene Versicherungsnehmer vertraglich vereinbarte Risiken besser abschätzen können und damit weniger schutzbedürftig sind als der einzelne Anwalt. Wenn eine Regelung abbedungen ist, findet aber eine Inhaltskontrolle gemäß § 305ff BGB statt. Maßstab nach § 307 BGB ist das Leitbild der jeweiligen VVG-Vorschrift. Vereinbar wäre aber damit noch z.B. bei Schadenverursachung unter grober Fahrlässigkeit die Einführung des früheren Alles-oder-Nichts-Prinzips statt einer Quotelung oder auch der Ausschluss der Abtretung des Freistellungsanspruchs an den geschädigten Dritten.[17] Grundsätzlich kommt der Versicherungsvertrag zwischen Großkanzleien und Versicherer leichter zustande. Der Versicherer muss nicht die vorhergehenden Informationspflichten vor Vertragsschluss erfüllen, § 7 Abs. 5 VVG. Daneben gibt es kein Widerrufsrecht der Großkanzlei nach Vertragsschluss, § 8 Abs. 3 Nr. 4 VVG. 21

5. VVG und AVB-RSW

Die Normenhierarchie zum Versicherungsschutz bestimmt sich wie folgt: Das VVG bestimmt die Grundlagen des Versicherungsschutzes. Die AVB-RSW konkretisieren die Grundlagen. Im Versicherungsvertrag selbst können Versicherungsnehmer und Versicherer Vereinbarungen treffen, um den Versicherungsschutz individuell anzupassen. 22

Auf die Berufshaftpflichtversicherung finden zur Regelung des Versicherungsschutzes insbesondere die §§ 100–112 VVG zur Haftpflichtversicherung und §§ 113–124 VVG zur Pflichtversicherung Anwendung. Die Vermögensschadenhaftpflichtversicherung deckt dabei das Risiko ab, wenn der Versicherungsnehmer von einem Dritten auf Schadensersatz in Anspruch genommen wird. Der Versicherungsschutz ist in der Vermögensschadenhaftpflichtversicherung nach der Art der Tätigkeit bestimmt, die hier gemäß § 1 in der anwaltlichen Tätigkeit liegt. Der Anwalt als Versicherungsnehmer hat gegenüber dem Versicherer Anspruch auf Abwehr unberechtigter Schadensersatzansprüche als Rechtsschutzkomponente und die Freistellung von berechtigten Schadensersatzverpflichtungen als Befreiungskomponente, § 100 VVG, § 3 II Ziff. 1. 23

16 BT-Drs. 16/3945 S. 88; ausdrücklich nennt der Regierungsentwurf die Möglichkeit des 2-Policen-Modells.
17 Prölss/Martin/*Klimke* § 210 Rn. 15ff.

24 Der Gesetzgeber hat sich in der Konstruktion der Haftpflichtversicherung dafür entschieden, dass der Versicherer nur an den Geschädigten mit befreiender Wirkung leisten kann. Andernfalls würde die Gefahr bestehen, dass der Versicherungsnehmer sich an der Versicherungsleistung bereichert oder sie nicht vollständig an den eigentlichen Geschädigten weiterleitet. Es besteht daher kein Zahlungsanspruch des Anwalts gegenüber dem Versicherer. Der Versicherungsnehmer kann deshalb auch gegenüber dem Versicherer nur auf Feststellung klagen, dass der Versicherer Deckungsschutz für eine bestimmte Haftpflichtforderung zu gewähren hat.[18] Ausnahmsweise besteht ein Zahlungsanspruch im Zusammenhang mit dem Wegfall des alten Anerkenntnis- und Befriedigungsverbots, § 154 Abs. 2 VVG a.F., wenn der Versicherungsnehmer den Schaden anerkennt und direkt dem Dritten Schadensersatz leistet, §§ 105, 106 Satz 2 VVG. In diesem Fall wandelt sich der Freistellunganspruch in einen Zahlungsanspruch des Versicherungsnehmers gegenüber dem Versicherer um.[19] Verspricht der Versicherungsnehmer dem Dritten mehr als diesem zusteht, geht der Mehrbetrag zu Lasten des Versicherungsnehmers nach § 3 II Ziff. 1.2. Der Versicherungsnehmer kann den Versicherer nur insoweit binden als der Haftpflichtanspruch auch ohne Anerkenntnis oder Vergleich des Versicherungsnehmers bestanden hätte. Der Dritte selbst kann in diesem Dreiecksverhältnis nur im Ausnahmefall gegenüber dem Versicherer Schadensersatz verlangen, wenn der Anwalt insolvent ist, die Insolvenz mangels Masse abgelehnt wird, der vorläufige Insolvenzverwalter bestellt ist oder der Aufenthalt des Anwalts unbekannt ist, § 115 Abs. 1 Satz 1 Nr. 2 und 3 VVG. Praktisch kommen diese Fälle kaum vor.

II. VAG

25 Das Versicherungsaufsichtsgesetz (VAG) spielt indirekt eine Rolle bei der Berufshaftpflichtversicherung. Das VAG regelt die Beziehung zwischen Versicherungsunternehmen und Versicherer. Der Versicherer hat den Geschäftsplan bei der Bundesanstalt für Finanzdienstleistungsaufsicht (BaFin) und die allgemeinen Versicherungsbedingungen für die Pflichtversicherung einzureichen, hier die Versicherungsbedingungen zur Berufshaftpflichtversicherung für Rechtsanwälte, §§ 5, 47 Nr. 13 VAG. Die BaFin kann bei Nichtbeachtung die Erlaubnis zum Geschäftsbetrieb versagen, § 11 VAG.

III. BRAO

26 Die BRAO regelt in § 51 BRAO die Berufshaftpflichtversicherung für Anwälte und in § 59j i.V.m. § 51 BRAO für die Rechtsanwalts-GmbH und analog für die Rechtsanwalts-Aktiengesellschaft. Für die Partnerschaftsgesellschaft mit beschränkter Berufshaftung gilt § 8 Abs. 4 PartGG i.V.m. § 51a BRAO. Der Steuerberater hat gemäß § 67 Abs. 1 StBerG eine Berufshaftpflichtversicherung abzuschließen, eine Steuerberatungsgesellschaft gemäß §§ 72, 67 Abs. 1 StBerG i.V.m. § 51 Abs. 1 Satz 1 DVStB. Für Wirtschaftsprüfer und für Wirtschaftsprüfungsgesellschaften gilt § 54 WPO und für vereidigte Buchprüfer i.V.m. § 130 Abs. 1, 2 WPO. Die Berufsrechte haben unterschiedliche Vorgaben, insbesondere hinsichtlich der Höhe und der Maximierung der Versicherungssumme und den Ausschlüssen.

---

18 MüKoVVG/*Littbarski* Vorbemerkung §§ 100–124 Rn. 68.
19 OLG Hamm VersR 1976, 750.

C. Allgemeine Versicherungsbedingungen und Auslegung

I. Auslegung als Allgemeine Geschäftsbedingungen

Bei den AVB-RSW handelt es sich um Allgemeine Geschäftsbedingungen gemäß §§ 305ff BGB. Die Versicherer verwenden ihre jeweiligen AVB-RSW als vorformuliertes Standardbedingungswerk. Zu beachten ist, dass der Rechtsanwalt Unternehmer ist. Er übt zwar kein Gewerbe aus, er ist freiberuflich tätig, was für die Unternehmereigenschaft aber nach BGB ausreichend ist, § 14 Abs. 1 BGB. Auf Versicherungsverträge mit Unternehmern finden gemäß § 310 Abs. 1 BGB die §§ 305 Abs. 2 und 3 sowie die §§ 308, 309 BGB keine Anwendung. § 307 Abs. 1 und 2 BGB wird durch § 310 Abs. 1 Satz 2 BGB ergänzt. Dies gilt im Übrigen auch für die Rechtsanwalts-GmbH/AG, die ebenfalls freiberuflich tätig ist, aber wegen ihrer Rechtsform stets der Gewerbesteuer unterworfen ist, § 2 Abs. 2 Satz 1 GewStG. Die Auslegung der AVB-RSW findet auf zwei verschiedenen Ebenen statt. Die erste Ebene betrifft den tatsächlichen Anwendungsbereich der Klausel, die zweite Ebene ist die Kontrolle der Klausel. 27

Die Auslegung eröffnet den konkreten praktischen Bereich der Klausel. Allgemeine Versi- 28
cherungsbedingungen sind so auszulegen, wie ein durchschnittlicher Versicherungsnehmer die Allgemeinen Bedingungen bei verständiger Würdigung, aufmerksamer Durchsicht und Berücksichtigung des erkennbaren Sinnzusammenhangs verstehen muss. Dabei kommt es auf die Verständnismöglichkeiten eines Versicherungsnehmers ohne versicherungsrechtliche Spezialkenntnisse und damit – auch – auf seine Interessen an.[20] Es gilt ein objektiver Maßstab. Im Unterschied zu individuellen Klauseln in Versicherungsverträgen gilt nicht die Interessenlage des konkreten Versicherungsnehmers selbst, es ist ein abstrakter Maßstab anzulegen. Darüber hinaus hat der Versicherungsnehmer ein Interesse an einem weitgehenden Versicherungsschutz. Er braucht nicht mit Lücken zu rechnen, außer die Klausel ist eindeutig formuliert. Ausschlussklauseln sind deshalb eng und nicht weit auszulegen. Maßgeblich ist ihr Sinn unter Beachtung ihres wirtschaftlichen Zwecks. Der abstrakte Maßstab geht aber auch nicht so weit, dass die AVB-RSW gesetzesähnlich auszulegen sind. Auch nicht, wenn die gesetzesähnliche Auslegung statt der durchschnittlichen Sicht des Versicherungsnehmers zu einer Besserstellung führen würde.[21] Es handelt sich bei den AVB-RSW um kein Gesetz, sondern um privatrechtlich vereinbarte Bestimmungen. Der durchschnittliche Versicherungsnehmer hat aber auch versicherungsrechtliche Überlegungen heranzuziehen, soweit sie sich aus dem Wortlaut der Klausel ergeben.[22] Insgesamt sind daher gewisse Anforderungen an den Versicherungsnehmer zu stellen. Die juristischen und allgemein abstrakten Formulierungen sind in den AVB-RSW hinzunehmen, da andernfalls das Versicherungsprodukt als solches nicht darstellbar ist. Andernfalls müssten die AVB-RSW die Begriffe definieren und erläutern. Es würde dazu führen, dass die AVB-RSW erheblich länger werden würden, was wiederum Lesbarkeit und Verständlichkeit vermindert. Hier kommt hinzu, dass der Versicherungsnehmer die Anwaltschaft ist. Sie sind juristisch geschult. Man kann voraussetzen, dass Anwälte umgehen können mit abstrakten Rechtsbegriffen, Verweisungen, sinngemäßen Anwendungsregelungen, Ausschlüssen mit teilweisen Wiedereinschlüssen etc. Das zeigt sich schon daran, dass eine juristische Umschreibung des Versicherungsfalls als eine Geltendmachung von Schadensersatzansprüchen aufgrund gesetzlicher Haftpflichtbestimmungen für einen durchschnittlichen Versicherungsnehmer erkennbar und verständlich ist.[23]

20 BGH NJW 1993, 2369–2371.
21 In Abkehr von der gesetzesähnlichen Auslegung des RG der BGH VersR 1999, 748f.
22 BGH NJW 98, 2449.
23 BGH NJW 2003, 1936ff.

II. Einbezug

29 Grundsätzlich gilt, dass AGB Vertragsbestandteil werden, wenn eine Einbeziehungsvereinbarung vorliegt oder eine Sonderform der Einbeziehung besteht, wie z.B. Rahmenvereinbarungen, § 305 Abs. 2, 3 BGB. Die §§ 305ff BGB modifizieren dabei das VVG, insbesondere § 7 VVG zu den Informationspflichten des Versicherers bei Vertragsschluss. Der Versicherer muss seiner Informationspflicht bei Vertragsschluss nachkommen und hat dem Versicherungsnehmer rechtzeitig vor Abgabe von dessen Vertragserklärung die AVB-RSW mitzuteilen, § 7 VVG. Eine fehlerhafte Information führt allein dazu, dass die Widerrufsfrist erst einmal nicht zu laufen beginnt. Die AVB-RSW sind dann einbezogen, wenn der Versicherer bei der Berufshaftpflichtpolice konkludent zum Ausdruck gebracht hat, dass die AVB-RSW einbezogen sein sollen. Ausdrücklich muss nicht über die AVB-RSW gesprochen werden, da es für den Rechtsanwalt als Versicherungsnehmer offensichtlich sein muss, dass der Versicherer die AVB-RSW verwendet, um den Vertrag überhaupt zu regeln.[24]

30 Großkanzleien sind wie oben beschrieben hiervon ausgenommen, §§ 7 Abs. 5, 210 VVG. Sie schließen den Versicherungsvertrag auch ohne vorhergehende Information über die AVB-RSW ab. Ganz überwiegend betreuen Makler diese Großkunden. Die Makler besitzen die jeweiligen Bedingungswerke der Versicherer. Die Vertragsverhandlungen führt der Versicherer mit dem Makler. Er übermittelt die Wünsche des Versicherungsnehmers. Der Versicherer setzt die Wünsche des Versicherungsnehmers in individuelle Klauseln um.

III. Inhaltskontrolle

1. Allgemein

31 Grundsätzlich findet eine Inhaltskontrolle der Versicherungsverträge statt. Jeder einzelne kann frei einen Vertrag kraft privatautonomen Handelns mit einem anderen abschließen. Bis 30.6.1994 hatte der Versicherer neben dem Geschäftsplan auch die AVB-RSW beim BaFin genehmigen zu lassen, um die Erlaubnis zum Geschäftsbetrieb zu erlangen. Es bestand ein präventiver gesetzlicher Zwang zum Schutz der Versicherten. Die AVB-RSW sind jetzt als Pflichtversicherungsbedingungen beim BaFin nur einzureichen, § 5 Abs. 5 Nr. 1 VAG. Die Erlaubnis ist nur dann zu versagen, wenn nach dem Geschäftsplan und den eingereichten Pflichtversicherungsbedingungen die Belange der Versicherten nicht ausreichend gewahrt oder die Verpflichtungen aus den Versicherungen nicht genügend erfüllt sind, § 8 Abs. 1 Satz 1 Nr. VAG. Die behördliche Versicherungsaufsicht schafft damit einen Schutzstandard, zumindest im Pflichtversicherungsbereich, hält sich aber insgesamt zurück und greift nur bei schwerwiegenden Verstößen ein. Die frühere aufsichtsrechtliche Rigidität mit Genehmigung der AVB-RSW ist einer liberaleren Auffassung zugunsten der Vertragsfreiheit gewichen. Es besteht daher erheblicher Bedarf für eine materiellrechtliche Kontrolle von Versicherungsbedingungen. Diese Funktion kommt der Rechtsprechung zu. Sie prüft anhand des Maßstabs der §§ 305ff BGB, ob die AVB-RSW die Belange der jeweiligen Versicherungsnehmer genügend beachten. Das Rechtsprodukt muss mit abstrakten Begriffen, offenen Tatbeständen, Verweisen und mit zahlreichen Ein- und Ausschlüssen arbeiten. Andernfalls kann der Versicherer es nicht schaffen, alle Beteiligten gleich zu behandeln: Auf Seiten der Versicherungsnehmer eine Gleichbehandlung aller Organisationsformen wie Einzelkanzlei, Großkanzlei, Sozietät, Partnerschaft mit oder ohne Haftungsbeschränkung, Rechtsanwalts-GmbH oder LLP etc., auf Seiten der Schadenszenarien wie formale Fristversäumnisse, materiellrechtliche Fehler und dies bei einer Vielzahl von Anspruchsstellern wie Mandanten

24 Prölss/Martin/*Rudy* § 7 Rn. 46.

oder auch Dritten. Der notwendige Abstraktionsgrad geht sicherlich zulasten der Benutzerfreundlichkeit. Dies beruht aber auch auf der historisch gewachsenen Systematik und den gesetzlichen Vorgaben.

2. Kontrollmaßstab und -fähigkeit

Rechtsanwälte sind Unternehmer. Daher findet eine Kontrolle nach den konkreten Klauselverboten mit und ohne Wertungsmöglichkeit nicht statt, § 310 Abs. 1 BGB. Nicht zu berücksichtigen sind die im Handelsverkehr geltenden Gewohnheiten und Gebräuche, da der Rechtsanwalt als Freiberufler kein Kaufmann nach dem HGB ist. Maßstab bildet das Verbot überraschender und mehrdeutiger Klauseln, 305c BGB, und die Generalklausel mit Inhaltskontrolle und Transparenzgebot des § 307 BGB. **32**

a) Inhaltskontrolle und Transparenzgebot

§ 307 BGB ist die Generalklausel zur AGB-Kontrolle.[25] § 307 Abs. 1 Satz 1 und Abs. 2 BGB regelt die konkrete richterliche Inhaltskontrolle der Klausel. Abs. 2 regelt das Transparenzgebot der Klausel. Grundsätzlich unterliegen im Ergebnis die AVB-RSW in allen Teilen einer vollen Kontrolle gemäß den §§ 305 ff BGB. Eingeschränkt ist die Kontrolle bei dem Versicherungsgegenstand, den Ausschlüssen und der Prämiengestaltung, entsprechend den gesetzlichen Vorgaben der Pflichtversicherung. **33**

Sowohl modifizierende Klauseln als auch deklaratorische Klauseln unterliegen dem Transparenzgebot, § 307 Abs. 3 Satz 2 BGB. Die modifizierenden Klauseln unterliegen zusätzlich zum Transparenzgebot einer konkreten Inhaltskontrolle, 307 Abs. 3 Satz 1 BGB. Deklaratorische Klauseln können nicht einer Inhaltskontrolle unterliegen, da sie schlicht nur gesetzeswiederholend oder leistungsbeschreibend sind. Eine Kontrolle findet daher nur dann statt, wenn die konkrete Regelung in den AVB-RSW von Rechtsvorschriften abweicht oder etwas ergänzend dazu im Versicherungsvertrag vereinbart wird, § 307 Abs. 3 BGB. Die Grenze der Kontrollfähigkeit ist weiter in der verfassungsrechtlich geschützten Vertragsfreiheit von Versicherer und Versicherungsnehmer zu sehen. Eine Kontrolle von Preisen und Leistungsangeboten ist daher nicht möglich. Die Vertragspartner können Leistung und Gegenleistung im Vertrag frei bestimmen. Auch unterliegen bloße Abreden über den unmittelbaren Gegenstand der Hauptleistung, die Leistungsbeschreibung, nicht der Kontrolle. Dies gilt auch für das von dem anderen Teil zu erbringende Entgelt.[26] **34**

Wie oben beschrieben findet aber immer eine Transparenzkontrolle aller Bedingungen statt, § 307 Abs. 3 Satz 2 i.V.m. Abs. 1 BGB. Der Berufshaftpflichtversicherer hat die Rechte und Pflichten der Anwälte als Versicherungsnehmer möglichst klar und durchschaubar zu gestalten.[27] Der Anwalt als Versicherungsnehmer muss wirtschaftliche Nachteile und Belastungen erkennen können. Das Transparenzgebot schließt das Bestimmtheitsgebot ein und verlangt, dass die tatbestandlichen Voraussetzungen und Rechtsfolgen so genau beschrieben werden, dass für den Verwender keine ungerechtfertigten Beurteilungsspielräume entstehen. Das Transparenzgebot gilt jedoch nicht uneingeschränkt. Es darf den Versicherer nicht überfordern. Die Verpflichtung, den Klauselinhalt klar und verständlich zu formulieren, besteht nur im Rahmen des Möglichen und Zumutbaren.[28] **35**

25 Palandt/*Grüneberg* § 307 Rn. 1
26 BGH NJW 2001, 2014 ff.
27 BGH NJW 1989, 222, 225.
28 BGH VersR 2006, 261 ff.

36 Die Leistungsbeschreibung der Berufshaftpflichtversicherung findet sich in den Allgemeinen Versicherungsbedingungen und den Besonderen Bedingungen und der Risikobeschreibung, Teil 2 BBR-RA. Der Kern und Gegenstand des Versicherungsschutzes nach § 1 ist die Deckung für berufliche Verstöße. Der Versicherungsgegenstand ist nicht kontrollfähig, da zwar nicht wortwörtlich, aber inhaltlich das Gesetz wiedergegeben wird. Es wäre auch nicht sinnvoll, da eine Unwirksamkeit nur die gesetzliche Regelung in § 51 BRAO nach sich ziehen würde, wenn sie intransparent wäre. Die Versicherungssumme ist ebenfalls nicht kontrollfähig wie auch die Angemessenheit der Prämie als Gegenstand der Verhandlungen. Meist handelt es sich im Übrigen um Tarifprämien, die für ein Standardrisiko gelten, und bei Großkanzleien entscheidet der Wettbewerb unter den Versicherern über die Makler.

37 Die AVB-RSW enthalten im Allgemeinen Teil die Beschreibung des Versicherungsfalls, § 5 und § 6, und des Versicherungsverhältnisses zwischen den Risikoträgern der wirtschaftsberatenden Berufe und dem Versicherer selbst, §§ 7 bis 15. Diese Teile unterliegen der vollen Kontrolle. Sie enthalten Regelungen zum Versicherungsfall, Obliegenheiten im Versicherungsfall, Leistungskürzungen bei Obliegenheitsverletzungen und dem Versicherungsverhältnis selbst, wie Prämienzahlungen, Vertragsdauer, Verjährung, Sozienklausel etc. Diese Klauseln ergänzen die Regelungen im VVG oder beschreiben die vertraglichen Inhalte des Versicherungsvertrags näher. Auch der Teil 1.2 über den Versicherungsschutz für gesellschaftsrechtliche Haftung unterliegt der vollen Kontrolle. Die AVB-RSW regeln hier die Deckung für die gesellschaftsrechtliche Haftung der Sozietät/Partnerschaft und ihrer Sozien/Partner. Die AVB-RSW folgen dabei der höchstrichterlichen Rechtsprechung zur BGB-Gesellschaft.[29] Die Besonderen Bedingungen und Risikobeschreibungen der AVB-RSW enthalten daneben die in § 51 BRAO zulässigen Ausschlüsse wie Haftpflichtansprüche mit Auslandsbezug oder wissentliche Pflichtverletzung. Grundsätzlich handelt es sich um Ausschlüsse, die gesetzlich zulässig sind. Ob es sich um deklaratorische oder modifizierende Klauseln handelt, spielt wohl keine Rolle.[30] Auch bei einer vollen Kontrolle und Wegfall der Klausel, müssten an deren Stelle die inhaltsgleichen gesetzlichen Ausschlüsse treten. Auch wenn der gesetzlich zulässige Ausschluss versteckt wäre und damit intransparent ist, würde er wohl nicht komplett entfallen, sondern wirksam bleiben. Andernfalls wäre ein Versicherer beim Entfallen des gesamten Auslandsausschlusses gezwungen, z.B. eine Kanzlei im Ausland mitzuversichern, was gegen Aufsichtsrecht in einem non-admitted-Land wie in der Schweiz verstößt.

b) Verbot überraschender Klauseln

38 Nach § 305c Abs. 1 BGB werden Klauseln nicht Vertragsbestandteil, die nach den Umständen, insbesondere nach dem äußeren Erscheinungsbild des Vertrags, so ungewöhnlich sind, dass der Anwalt mit ihnen nicht zu rechnen braucht. Die objektive Ungewöhnlichkeit einer Bestimmung reicht hierzu nicht aus. Die Bestimmung muss überraschend für den Versicherungsnehmer sein. Ungewöhnlichkeit kann sich daraus ergeben, dass die Klausel vom dispositiven Gesetzesrecht abweicht oder nicht dem Leitbild entspricht. Darüber hinaus ist dann eine Klausel nicht Vertragsbestanteil, wenn sie an einer Stelle platziert ist, an der man nicht damit rechnet, insbesondere wenn es sich um Ausschlusstatbestände handelt. Wenn die Versicherer die Klausel üblicherweise in ihren Bedingungswerken verwenden, spricht dies erst einmal dafür, dass sie nicht überraschend ist.[31] Bei den AVB-RSW und den von anderen Versicherern verwendeten Bedingungswerken handelt es sich im Übrigen nicht um Musterversicherungsbedingungen des GDV. Der ähnliche Wortlaut und die ähnliche Systematik ergeben sich aus den

---

29 BGH NJW 2001, 1056.
30 Deklaratorische Klausel Gräfe/*Brügge* A Rn. 25; modifizierende Klausel *Diller* Einl. Rn. 98.
31 OLG Frankfurt VersR 2001, 321.

Bestimmungen der BRAO und des VVG zur Pflichtversicherung für Rechtsanwälte. Die Klausel kann aber trotz Üblichkeit überraschend sein, wenn der Versicherungsschutz vollständig entfällt.[32]

D. Versicherungstechnik, Beteiligungen mehrerer Versicherer, Mitversicherung

I. Versicherungstechnik, Begriffe und Definitionen

Zum Versicherungsschutz gibt es folgende Begrifflichkeiten.

1. Versicherungssumme, Jahreshöchstleistung, Stammversicherung, laufende Versicherung

Die Versicherungssumme, in der Schadenversicherung genauer die Deckungssumme, be- **39**
zeichnet den maximalen Betrag, der für einen einzelnen Schadenfall maximal ausgezahlt wird. Abwehrkosten für einen Prozess können entweder zusätzlich hinzukommen oder können in der Versicherungssumme enthalten sein. In der Berufshaftpflichtversicherung kommen sie hinzu, § 3 III Ziff. 5.1 Satz 2, Einzelheiten siehe § 3 Rn. 100ff, während in der D&O-Versicherung zur Absicherung der Manager, die Abwehrkosten inklusive sind, z.B. § 3 Ziff. 6.1 der D&O-Bedingungen.[33] Die Jahreshöchstleistung ist die Summe aller Schadenzahlungen zusammen, die der Versicherer maximal für alle Schadenfälle eines Jahres bezahlt. Man drückt dies durch die Maximierung aus. Beispiel hierfür: Die Pflichtversicherung nach § 51 BRAO regelt, dass der Versicherer mindestens 250.000 EUR pro Schadenfall zu leisten hat. Für alle Schadenfälle zusammen in einem Jahr hat er mindestens 1 Million EUR zu leisten; 250.000 EUR, 4-fach maximiert. Wenn der Anwalt einen einzelnen Schaden verursacht, der 300.000 EUR beträgt, hat der Anwalt 50.000 EUR selbst zu tragen. Wenn der Anwalt im Jahr 10 Schäden mit einer jeweiligen Höhe von 100.000 EUR verursacht, hat er den elften Schaden selbst zu zahlen, auch wenn der elfte Schaden unter dem Höchstbetrag von 250.000 EUR liegt. Wirtschaftsprüfer müssen nach § 323 Abs. 2 HGB für eine Prüfung 1 Million EUR vorhalten und bei der Prüfung einer Aktiengesellschaft, deren Aktien zum Handel im regulierten Markt zugelassen sind, 4 Millionen EUR für eine Prüfung. Man bezeichnet dies als unmaximierte Deckung, weil der Versicherer die Jahreshöchstleistung für alle Schadenfälle eines Jahres nicht begrenzen kann. Die Anzahl der Prüfungen ist nicht vorhersehbar.

Dieser Versicherungsschutz wird als laufende Versicherung bezeichnet und meint gerade **40**
nicht den gleichlautenden Begriff im VVG nach §§ 53ff VVG für eine erst einmal unbestimmte Versicherung. Die laufende Versicherung in der Vermögensschadenhaftpflicht ist die Versicherung, bei der pro Versicherungsjahr die Versicherungssumme, meist mehrfach, zur Verfügung gestellt wird. Die Versicherung einer Kanzlei oder des einzelnen Anwalts wird dann auch als Stammversicherung bezeichnet, wenn man den Unterschied zu einer Einzelobjektdeckung/Projektdeckung meint.

2. Einzelobjektdeckung/Projektdeckung

Der Berufsträger unterhält eine laufende Berufshaftpflichtversicherung. Daneben bieten die **41**
Versicherer auch sog. Einzelobjektdeckungen/Projektdeckungen an. Diese Deckung ist eigenständig und unabhängig von der Pflichtversicherung. Grund für die Einzelobjektdeckung ist,

32 OLG München AnwBl 2010, 448; das Gericht hat § 12 AVB-RSW in der älteren Fassung der AVB-RSW für eine angestellte Scheinsozia für unwirksam nach § 305c Abs. 1 BGB erklärt.
33 HV 40 der Allianz

dass der Mandant eine eigene Versicherung wünscht, um sein spezielles konkretes Risiko abzusichern. Darüber hinaus besteht Bedarf, wenn das individuelle Risiko höher ist als die Stammversicherung. Die Kosten einer Stammversicherung kann der Anwalt gegenüber dem Mandanten nicht geltend machen. Es handelt sich hierbei um Kosten, die der Berufsträger persönlich zur allgemeinen Deckung seines Haftungsrisikos eingeht bzw. für die anwaltliche Zulassung eingehen muss. Sie gehen daher auch zu seinen Lasten.[34]

Die Kosten einer Einzelobjektdeckung zur Absicherung der besonderen Haftpflichtrisiken können dagegen als Auslagen erstattungsfähig sein. Nach Nr. 7007 VV RVG kann der Anwalt vom Mandanten die Kosten für die Haftpflichtversicherungsprämie verlangen, wenn sie aufgrund der erheblichen Bedeutung und des besonderen Haftungsrisikos bei einer Versicherungssumme von mehr als 30 Mio. EUR geboten ist. Eine gezahlte Prämie hingegen für eine generelle Haftpflichtversicherung für Vermögensschäden ist, soweit die Prämie auf Haftungsbeträge bis 30 Mio. Euro entfällt, den allgemeinen Geschäftskosten im Sinne der Vorbemerkung 7 Abs. 1 Satz 1 RVG-Vergütungsverzeichnis zuzurechnen. Der Auslagentatbestand in Nr. 7007 RVG-Vergütungsverzeichnis ist vom Gesetzgeber nach dem Regelungszusammenhang als abschließender Auslagentatbestand für den Bereich der Kosten von Vermögensschadenshaftpflichtversicherungen konzipiert worden. Eine im Einzelfall gezahlte Prämie für eine Haftpflichtversicherung für Vermögensschäden ist, soweit die Prämie auf Haftungsbeträge bis 30 Mio. Euro entfällt, danach – vorbehaltlich einer Vergütungsvereinbarung – vom Auftraggeber nicht zu erstatten.[35]

42 Die Einzelobjektdeckung versichert ein ganz bestimmtes Mandat mit einer selbständigen Versicherungssumme neben der Stammversicherung oder im Anschluss an sie. Versicherungsschutz für das benannte Einzelobjekt besteht allein über den einzelnen Versicherungsvertrag. Dabei konkretisiert der im Versicherungsschein bezeichnete Gegenstand die Grundbedingungen. Sie decken grundsätzlich aber nicht ein gesamtes Mandatsverhältnis ab, wie z.B. für einen Gewerbekunden mit verschiedenen Aufträgen und Sachverhalten. Grund hierfür ist, dass das Risiko für den Versicherer nicht einschätzbar ist, weil es sich um unbekannte und eine unbestimmte Anzahl von Risiken handelt. Dieses Verhältnis ist regelmäßig über die laufende Stammversicherung zu versichern. Bei der Kalkulation für die Objektdeckung wirkt sich regelmäßig zugunsten des Anwalts aus, wenn die Stammversicherung beim gleichen Versicherer besteht. Hintergrund ist, dass die Stammversicherung ohnehin die anwaltliche oder sonstige mitversicherte Tätigkeit bereits abdeckt. Deshalb vereinbart der Versicherer auch zuweilen, dass der Einzelobjektvertrag neu geordnet werden muss, wenn sich der Versicherungsschutz der Stammversicherung verändert. Eine Praxisrelevanz hat diese Klausel jedoch nicht. Die Prämie erhebt der Versicherer grundsätzlich bis Ende des Mandats, meist mindestens eine volle Jahresprämie, um eine risikoangemessene Prämie zu erhalten. Nach einem Jahr rechnet man regelmäßig nach Monaten/Tagen p.r.t. ab im Verhältnis zur Jahresprämie.

a) Versicherungssumme

43 Die Versicherungssumme bei einer Einzelobjektdeckung besteht üblicherweise für jeden einzelnen Verstoß sowie für alle Verstöße insgesamt, die dem Rechtsanwalt bei seiner Tätigkeit in dem konkreten Mandat unterlaufen. Die Versicherungssumme steht damit insgesamt für alle Schadenfälle für das konkrete Mandat und nicht pro Jahr zur Verfügung, unabhängig davon wie lange das Mandat andauert. Bei einer Versicherungssumme von 10 Millionen EUR ist ein Schadenfall mit einer maximalen Leistung in Höhe von 10 Millionen EUR oder viele einzelne Schadenfälle mit einer Gesamtleistung in Höhe von 10 Millionen EUR abgedeckt. Die Versicherungs-

34 Haarmeyer/*Mock* § 4 Rn. 100 f.
35 BGH VersR 2018, 568.

summe ist dann damit erschöpft und erneuert sich nicht. Die Stammversicherung hingegen hat eine maximierte Jahreshöchstleistung. Die Versicherungssumme steht für einen einzigen Schadenfall mit einer maximalen Versicherungssumme und für alle Schadenfälle innerhalb eines Jahres mit einer Gesamtjahreshöchstleistung zur Verfügung. Diese Versicherungsleistung erneuert sich pro Jahr.

Im Gegensatz zur Stammversicherung bietet die Objektdeckung damit regelmäßig keine ma- **44**
ximierte Versicherungssumme. Die Versicherer erheben dabei grundsätzlich die Prämien aber pro Jahr. Maximierungen müssen gesondert vereinbart werden oder es gibt sog. Instanzenprämien als Einmalzahlung, z.B. wenn der Anwalt keine Verfahrenshandlungen vornehmen kann und sich kein Risiko verwirklichen kann. Noch nicht geklärt ist die Frage, was für die Einzelobjektdeckung gilt, wenn ein Verstoß und der sich daraus ergebende Schaden die Versicherungssumme erschöpft hat, der Rechtsanwalt aber weiterhin jährliche Versicherungsprämien zahlt. Beispiel: Der Rechtsanwalt begeht im ersten Versicherungsjahr unerkannt einen Verstoß. Er meldet den Schadenfall im fünften Jahr, der die vereinbarte Versicherungssumme ausschöpft. Ein weiterer später gemeldeter Schaden ist nicht gedeckt, obwohl der Rechtsanwalt seine Prämien jährlich gezahlt hat. Die Pflicht des Versicherers zu leisten könnte sich aus dem synallagmatischen Verhältnis von Prämienzahlung zur bedingten Schadenleistung ergeben.[36] Der Versicherer als freier Wettbewerber ist aber auf der anderen Seite nicht dazu verpflichtet eine Prämie an den zu erwartenden Schadenzahlungen auszurichten. In extremen Fällen kann Wucher vorliegen, § 138 BGB, wenn der Versicherer eine Prämie verlangt, deren Höhe keinerlei Bezug zum kalkulierten Erwartungswert hat.[37] Der Vorteil für den Mandanten liegt jedenfalls in der Einzelobjektdeckung gerade darin, dass die Versicherungssumme auf jeden Fall für einen möglichen Schadenfall zur Verfügung steht.

b) Kumulsperre für die Versicherungssumme

Die Versicherer vereinbaren regelmäßig, dass eine Kumulierung der Versicherungssummen **45**
der Einzelobjektversicherung und der Stammversicherung oder anderer bestehender Versicherungsverträge nicht stattfindet. Es bedeutet, dass der Verstoß in der Einzelobjektdeckung nicht dazu führen kann, dass eine Versicherungsleistung über die vereinbarte Höhe der Einzelobjektdeckung oder der Stammversicherung hinausgeht. Wenn der Anwalt einen Schaden in Höhe von 10 Mio. EUR verursacht und das Einzelobjekt und die Stammversicherung jeweils eine Versicherungssumme von 5 Mio. haben, reguliert der Versicherer nicht in Höhe des tatsächlichen Schadens von 10 Mio. Er reguliert in Höhe von 5 Mio. aus der Einzelobjektdeckung. Die weiteren 5 Mio. EUR aus der Stammversicherung stehen nicht zusätzlich zur Verfügung, ggf. aber für einen weiteren Schaden in Höhe von 5 Mio. EUR aus dem gleichen Mandat.

c) Änderungen der Versicherungssumme

Die bei der Versicherung eines Einzelobjekts vereinbarte Regelung zur Höchstleistung ohne **46**
Jahresmaximierung gilt auch bei nachträglichen Änderungen der Versicherungssumme während der Vertragslaufzeit. Jede Änderung der Versicherungssumme wirkt nur für die Zukunft. Im Schadenfall steht höchstens die zum Zeitpunkt des Verstoßes jeweils vereinbarte Versicherungssumme zur Verfügung. Wenn der Anwalt die Versicherungssumme einmal oder mehrmals während der Laufzeit reduziert, gilt regelmäßig folgendes: Versicherungsleistungen aus Verstößen, welche zeitlich vor einer Summenreduzierung liegen, schöpfen auch die reduzierte Versiche-

36 Prölss/Martin/*Armbrüster* § 1 Rn. 150.
37 Prölss/Martin/*Armbrüster* § 1 Rn. 136.

rungssumme aus. Versicherungsleistungen aus Verstößen, welche zeitlich nach der Summenreduzierung liegen, schöpfen auch die vor Summenreduzierung vereinbarte Versicherungssumme aus. Wenn der Anwalt die Versicherungssumme einmal oder mehrmals während der Laufzeit erhöht, gilt regelmäßig folgendes: Versicherungsleistungen aus Verstößen, welche zeitlich vor einer Summenerhöhung liegen, schöpfen auch die erhöhte Versicherungssumme aus. Versicherungsleistungen aus Verstößen, welche zeitlich nach der Summenerhöhung liegen, schöpfen auch die vor Summenerhöhung vereinbarte Versicherungssumme aus.

d) Versicherungsnehmer

47 In einer Sozietät ist zu beachten, wer Versicherungsnehmer der Einzelobjektsdeckung ist. Wenn der Versicherungsnehmer der einzelne Anwalt aus der Sozietät ist, hat nur er selbst, nicht aber die Sozietät Versicherungsschutz. Wenn Sozien als Mitarbeiter des versicherten Anwalts einen Berufsfehler begehen, besteht deshalb für sie grundsätzlich kein Versicherungsschutz. Daher sollte die Sozietät Versicherungsnehmerin der Einzelobjektsdeckung sein oder in den Bedingungen der Einzelobjektsdeckung sollte Versicherungsschutz sowohl für die Sozietät als auch die Mitarbeiter vereinbart sein.

e) Nullstellungsklauseln, Verhältnis zur Pflichtversicherung

48 Die Einzelobjektdeckung kann im Anschluss einer laufenden Stammversicherung oder daneben von „0“ an bestehen. Sog. Nullstellungsklauseln in Einzelobjektdeckungen als besondere Kumulsperre sind üblich, können aber im Einzelfall überraschend und deshalb unwirksam sein, § 305c Abs. 1 BGB. Nullstellungsklauseln beinhalten, dass kein Versicherungsschutz über die laufende Berufshaftpflichtversicherung besteht, wenn hierfür separat ein Einzelobjekt abgeschlossen ist. Die Klausel schließt damit den Versicherungsschutz aus, der grundsätzlich über die laufende Deckung oder über die Mitversicherung in der Berufshaftpflichtversicherung bestehen würde. Derartige Nullstellungsklauseln selbst sind zunächst nach den Gesamtumständen auch unter Berücksichtigung des Leitbilds eines Haftpflichtversicherungsvertrags für Vermögensschäden nicht ungewöhnlich. Deckungseinschränkungen sind in einer Vermögensschaden-Haftpflichtversicherung üblich. Die Nullstellungsklausel kann aber dann nach § 305c Abs. 1 BGB unwirksam sein, wenn die zusätzlich beim gleichen Versicherer abgeschlossene Einzelobjektdeckung nicht den Schadensfall umfasst, den die Stammversicherung deckt.[38] Im Ergebnis darf der Versicherungsschutz der Objektdeckung nicht geringer sein als der Versicherungsschutz der Stammversicherung oder ihn beschränken.

49 Im Verhältnis zur Pflichtversicherung sind Mindestvoraussetzungen einzuhalten. Insbesondere bei der Berufshaftpflichtversicherung der PartG mbB und der RA-GmbH darf der Versicherer den Vorwurf der wissentlichen Pflichtverletzung nicht ausschließen, §§ 51a Abs. 1, 59j Abs. 1 BRAO. Üblicherweise gibt es in den Einzelobjektdeckungen den Hinweis, dass die Vorschriften einer etwaigen Pflichtversicherung unberührt bleiben. Die Pflichtversicherungsbedingungen müssen auch bei Einzelobjekten gelten. Die Berufsträger üben eine anwaltliche Tätigkeit aus, auch im Rahmen eines versicherten Einzelobjekts. Das bedeutet, dass die laufende Berufshaftpflichtversicherung und das Einzelobjekt sich zumindest nicht gegenseitig im Pflichtversicherungsumfang ausschließen dürfen. Danach muss sichergestellt sein, dass subsidiär mindestens die Pflichtversicherung aus der laufenden bereits abgeschlossenen Berufshaftpflichtversicherung gilt und auf sie zurückgegriffen werden kann. Dies ist schon allein dadurch gerechtfertigt, dass der Anwalt für den zusätzlichen Versicherungsschutz aus dem Einzelobjekt nicht schlech-

38 OLG Celle vom 5. März 2010 – 8 U 186/09.

ter gestellt sein kann als ohne Einzelobjekt. Für das Einzelobjekt hat er auch schließlich eine zusätzliche Prämie gezahlt.

f) keine Doppelversicherung

Eine Mehrfachversicherung, früher Doppelversicherung,[39] ist nicht darin zu sehen, wenn die Einzelobjektdeckung und die Stammversicherung das Risiko gegen dieselbe Gefahr versichern, auch unabhängig davon ob die Versicherungen bei einem oder verschiedenen Versicherern abgeschlossen sind, § 78 VVG. Die Regelung soll allein verhindern, dass sich der Versicherungsnehmer nicht bereichert. Die Einzelobjektdeckung liegt im Interesse des Mandanten. Er möchte, dass auf jeden Fall die Versicherungsleistung ausschließlich ihm zur Verfügung steht und nicht durch andere bisher unbekannte oder nachfolgende Verstöße erschöpft ist. Die Bereicherung des Versicherungsnehmers verhindert darüber hinaus die Kumulsperre. Die Versicherungssummen aus Einzelobjektdeckung und Stammversicherung kumulieren nicht. Die Versicherungsleistung wird bei einem Verstoß nur einmal ausgezahlt. 50

3. Layer, drop-down, DIC/DIL, Master-Cover

a) Layer, Exzedent

Individuell bieten die Versicherer höhere Versicherungssummen und Jahreshöchstleistungen an. Wenn der Anwalt eine höhere Versicherungssumme als die Pflichtversicherungssumme vereinbart, gilt eine zweifache Höchstleistung für alle Versicherungsfälle eines Jahres, wenn nichts anderes vereinbart ist, A Ziff. 1 BBR-RA, siehe dort A BBR-RA Rn. 3 ff. Gesonderte Versicherungssummen oberhalb einer Grunddeckung bezeichnet man als Layer oder Exzedent. Die Grunddeckung bezeichnet man als auch als primary. Üblich ist es die Versicherungsleistung in aufeinander aufbauenden Layern mit verschiedenen Deckungsstrecken anzubieten. Beispiel hierfür: Die Kanzlei hat insgesamt einen Versicherungsschutz von 2 Mio. EUR mit folgendem Aufbau: Jeder Sozius/Scheinsozius hat nach den Vorgaben der Pflichtversicherung einen Versicherungsschutz von 250.000 EUR, 4-fach maximiert. Darüber besteht zugunsten der Kanzlei für alle dort tätigen Anwälte eine Versicherungssumme von weiteren 750.000 EUR, 2-fach maximiert. Darüber hinaus ein 2. Layer von 1 Mio. EUR, 1-fach maximiert. Die Layer drückt man jeweils in Bezug auf die vorhergehenden Summen aus wie hier dann 750.000 EUR, 2-fach, xs (oberhalb) von 250.000 EUR und die weitere 1 Mio. EUR als 1 Mio., 1-fach, xs 1 Mio. EUR. Bei größeren Kanzleien baut man die Layer wie eine Pyramide auf. Die unteren Versicherungssummen sind höher maximiert als die oberen bis zur letzten Layerung mit einer einfachen Maximierung. 51

Die Layer/Exzedenten können jeweils eine eigene Versicherungssumme, Prämie und ggf. auch Bedingungen haben und von unterschiedlichen Versicherern angeboten werden. Wenn die Layer die Bedingungen des Grundvertrags nachbilden, bezeichnet man dies als following form. Vorteil für den Versicherungsnehmer ist, dass er ein einheitliches Bedingungswerk trotz unterschiedlicher Versicherer hat. 52

b) Proportionales, nicht-proportionales Beteiligungsgeschäft

Mehrere Versicherer können sich proportional am gesamten Vertrag oder an einem einzelnen Layer beteiligen, sog. proportionales Beteiligungsgeschäft. Es bedeutet regelmäßig, dass ein führender Versicherer unter einer Führungs- und Beteiligungsklausel andere Versicherer am 53

39 MüKoVVG/*Halbach* § 77 Rn. 1 ff.

Risiko beteiligt. Die beteiligten Versicherer erhalten nach ihrem prozentualen Anteil Prämie und zahlen anteilig die Schäden, siehe hierzu auch ausführlich Beteiligungen von Versicherern untereinander Einleitung Rn. 66ff.

54 Die Layer können aber auch von verschiedenen Versicherern separat angeboten werden. Der Grundvertrag und der Layer sind nicht durch Beteiligungs- oder Führungsklauseln miteinander verbunden. Es gibt keinen führenden Versicherer, auch wenn der Layerversicherer sich verbindlich gegenüber dem Versicherungsnehmer einer Schadenregulierung des Grundversicherers unterwirft. Kennzeichen der Layerung ist dann, dass der Layerversicherer nicht-proportional an der Gesamtversicherungssumme beteiligt ist, z.B. besteht eine Gesamtversicherungssumme von 150 Mio. EUR. Der Layerversicherer versichert den Summenbereich von 50 Mio. EUR oberhalb der bei einem anderen Versicherer versicherten Summe von 100 Mio. EUR mit einer Jahreshöchstleistung von 50 Mio. EUR für alle Schadenfälle eines Jahres insgesamt, ausgedrückt als 50 Mio. xs 100 Mio., 1-fach maximiert. Der Punkt, an dem die Versicherung greift, „getriggert" wird, bezeichnet man als attachment point, im Beispiel ab 100 Mio. EUR. Die Grundversicherung ist für den Exzedentenversicherer ein Selbstbehalt, den er bei der Kalkulation der Prämie preismindernd berücksichtigt. Auf der anderen Seite ist das Risiko für den Grundversicherer höher, dass die Grundversicherung durch einen Schadenfall ausgeschöpft wird. Die Schadenhöhe eines potenziellen Schadens ist höher, weil der Versicherungsnehmer schon nach eigener Einschätzung eine höhere Versicherungssumme benötigt. Dies wird der Grundversicherer bei seiner Prämienkalkulation wiederum preiserhöhend berücksichtigen, gerade auch dann, wenn er wie üblich in der Vermögensschaden-Haftpflichtversicherung die Vertragsverwaltung wie An- und Abmeldung der Rechtsanwälte unentgeltlich auch für die anderen Layerversicherer zwangsläufig übernimmt.

c) Drop-down

55 Die Layer können separat als Versicherungsleistung, unabhängig ob darunter die Versicherungsleistung bereits erschöpft ist, zur Verfügung stehen. Als drop-down im Allgemeinen bezeichnet man es dann, wenn die Versicherungsleistung des nächsthöheren Layers auch dann zur Verfügung steht, wenn der darunter liegende Layer oder auch die Grunddeckung bereits erschöpft sind. Der Layer „rutscht" nach unten. Der drop-down ist regelmäßig bei hohen Layerungen mit dem Rückversicherer abzusprechen, weil es sein Risiko erhöht. Insbesondere gilt dies auch, wenn im drop-down vereinbart ist, dass die Bedingungen des erschöpften Layers gelten, die der Versicherer für die Einschätzung seines Risikos dann auch anfordern muss.

56 Um das Eintreten der höheren Layer zu verhindern, schließen die Versicherer ausdrücklich bestimmte Klauseln ein: *Es findet kein drop-down statt.*

Die Layer mit drop-down oder auch allgemein können aber auch die Bedingungen des Grundvertrags nachbilden, was dann ein drop-down mit following form ist. In der Vermögensschadenhaftpflichtversicherung ist es bis auf die Versicherung der wissentlichen Pflichtverletzung eher üblich einen drop-down following form zu zeichnen. Beispiele:

- Drop-down mit following form: *Ist die Deckung der Grundversicherung ausgeschöpft, besteht aus der folgenden Anschlussdeckung Versicherungsschutz.*
- Drop-down ohne following form, wenn man Deckungsinhalte nur in der Grundversicherung als Sublimit versichern möchte, aber nicht darüber hinaus im Exzedenten, z.B. bei der wissentlichen Pflichtverletzung nur in der Grundversicherung: *Ist die Deckung der Grundversicherung ausgeschöpft, besteht aus der folgenden Anschlussdeckung Versicherungsschutz. Es gelten die Bedingungen des Anschlussvertrags.*

d) DIC/DIL, Master-Cover

Die Versicherung kann eine Difference in Conditions/Difference in Limits (DIC/DIL) – Deckung enthalten. Mit diesem Baustein schließt der Versicherer Deckungslücken zwischen zwei Versicherungen mit unterschiedlichen Leistungen, sowohl auf Seiten der Bedingungen als Bedingungsdifferenzdeckung (DIC) und auf Seiten der Versicherungssumme als Summendifferenzdeckung (DIL). Die DIC/DIL-Regelung kommt praktisch vor, wenn der Versicherungsnehmer Niederlassungen im Ausland hat und in Deutschland hauptversichert ist. Die Zweigniederlassung im Ausland hat regelmäßig eine Versicherung, meist die Pflichtversicherung im Mindestumfang. Die Zweigniederlassung hat Bedarf nach gleichwertigem Versicherungsschutz wie die Hauptniederlassung in Deutschland. Dieser Versicherungsschutz lässt sich im Ausland kaum oder nur sehr schwer beschaffen. Daneben sind die Prämien aufgrund der hohen Kapazität und dem Umfang meist für die kleinere Niederlassung nicht darstellbar. Der deutsche Versicherer bietet daher eine DIC/DIL-Deckung im Rahmen der Hauptpolice für die Zweigniederlassung, die damit in den Versicherungsschutz der Hauptniederlassung einbezogen ist. Der gesamte Baustein wird dann als „Master-Cover“ bezeichnet. Der Versicherer versichert im Anschluss oder, wenn keine Versicherung im Ausland besteht, von „0“ an, die Zweigniederlassung bis zur Höhe der Versicherungssumme der Hauptpolice (DIL-Teil). Er versichert darüber hinaus zu den Bedingungen der Hauptpolice, soweit ein geringerer Versicherungsschutz der Zweigniederlassung im Ausland besteht (DIC-Teil). Dabei ist immer die non-admitted-Problematik zu beachten, weil der deutsche Versicherer damit eine Versicherung für ein im Ausland belegenes Risiko anbietet, siehe zur Versicherung von Auslandsniederlassungen ausführlich A Ziff. 2.1 A BBR-RA Rn. 15ff. 57

4. Regelungstechniken, Sideletter

Für Versicherer und Versicherungsnehmer/Makler ist es in den Verträgen üblich in den individuellen Klauseln Bezug auf die AVB-RSW zu nehmen. *„Klarstellend“* bedeutet, dass die Klausel die AVB-RSW nicht abändert, sondern erläutert und deklaratorisch ist. *„In Abänderung von“* bedeutet, dass tatsächlich die AVB-RSW verändert werden. Dies kann sowohl einschränkend oder erweiternd sein, zumeist wird damit der gesamte Sinn und Zweck neu geregelt. *„In Erweiterung“* bedeutet, dass die AVB-RSW eine Deckungserweiterung erfahren unter Beibehaltung des bisherigen Sinns und Zwecks. 58

Mit einem Sideletter regeln Versicherungsnehmer und Versicherer von vornherein bestimmte Fallgruppen, um Streitfälle über den Deckungsinhalt auszuschließen. Ein Sideletter ist grundsätzlich nichts anderes als eine besondere Vereinbarung zum Versicherungsschutz. Um eine Allgemeinwirkung für alle Beteiligten zu vermeiden, führen der Versicherer und Makler/Versicherungsnehmer den Sideletter zuweilen nur neben dem geschriebenen Vertragswerk. Häufiger ist es aber den Sideletter als einfache Erläuterung zu der in Frage stehenden Klausel im Vertragswerk abzubilden. Darüber hinaus verwendet man den Sideletter dazu, eine unbestimmte Klausel oder eine Regelung zu einem bestimmten Sachverhalt festzulegen. Meistens kennzeichnet man die Auslegung dann tatsächlich mit dem Wort Sideletter und schreibt dann dazu: *Klarstellend zu ...wird folgendes... geregelt.* Die Parteien können aber zusätzlich zur Auslegung noch weitere ergänzende Erläuterungen treffen z.B. eine Deckungserweiterung in einem speziellen Fall. Im angelsächsischen Raum ist es üblich bei Vertragswerken ein komplettes Glossar mit Erläuterungen zu den im Versicherungsvertrag verwendeten Begriffen anzulegen. Dies ist auch notwendig, da grob gesagt im Gegensatz zum kontinentaleuropäischen Versicherungswesen mit seiner hohen Regelungsdichte wie z.B. VVG, VAG, etc. das angelsächsische Versicherungswesen individualvertraglich die Vertragsbeziehung regeln muss, da ein Rückgriff auf kodifiziertes Recht im case law nur eingeschränkt möglich ist. 59

II. Rückversicherung

60 Die Erstversicherer – Zedenten – versichern regelmäßig ihre Risiken bei Rückversicherern – Zessionare. Der Umfang richtet sich nach der Kapitalausstattung des Erstversicherers und ob der Erstversicherer selbst genügende Kapazitäten hat. Maßgeblich ist die Art der Rückversicherung. Nach der Form kann man unterscheiden zwischen der Vertragsrückversicherung, auch obligatorischer Vertrag oder Treaty genannt, der fakultativ-obligatorischen und der fakultativen Rückversicherung.[40] Von der Versicherungssumme gedacht besteht folgender Aufbau beim Erstversicherer: Er hat einen Selbstbehalt, dann folgt der Treaty-Vertrag, dann der fakultativ-obligatorische Vertrag und dann die fakultative Rückversicherung.

61 Bei der Vertragsrückversicherung – Treaty – beteiligt der Erstversicherer den Rückversicherer an den Erstrisiken nach zuvor festgelegten Bedingungen und Prämien. Der Rückversicherer prüft nicht den einzelnen Erstversicherungsvertrag. Er übernimmt ein gesamtes Portefeuille. Das setzt eine gewisse Homogenität der Risiken voraus.

62 Bei der fakultativ-obligatorischen Rückversicherung kann der Erstversicherer die Risiken an den Rückversicherer abgeben, muss es aber nicht. Der Rückversicherer ist verpflichtet diese Risiken zu übernehmen. Dabei gibt es auch das umgekehrte Modell und Varianten hierzu. Regelmäßig legen im Modell fakultativ-obligatorische-Rückversicherung der Erstversicherer und der Rückversicherer fest, wann und zu welchen Konditionen der Rückversicherer das Risiko zu übernehmen hat, z.B. wenn das Risiko einem definierten Raster entspricht. Wenn es nicht darunterfällt, sind die Bedingungen und Prämien gesondert zu bestimmen.

63 Bei der fakultativen Rückversicherung entscheidet der Erstversicherer, ob er das Risiko abgibt und der Rückversicherer, ob er das Risiko übernimmt. Bedingungen und Prämien sind individuell festgelegt. Sie können aber den Konditionen der obligatorischen und fakultativ-obligatorischen Rückversicherung folgen, um das Verfahren zu vereinfachen. In der Rückversicherung hat daher der Erstversicherer als Zedent darauf zu achten, dass er für seine Risiken den richtigen Rückversicherungsschutz wählt. Das trifft insbesondere auf die Serienschadenklauseln zu. Defizite bzw. Inkongruenzen, die sich zulasten des Erstversicherers auswirken, können weder durch zivilrechtliche Instrumente noch durch rückversicherungsrechtliche Grundsätze und Handelsbräuche geheilt werden. Das Risiko von Deckungslücken im Rückversicherungsschutz, trägt der Erstversicherer.[41]

64 Die Form und der Umfang der Rückversicherung wirken sich auf die Erstversicherungsprämie aus. Bei der obligatorischen Rückversicherung kann der Erstversicherer grundsätzlich die Bedingungen/Prämien des Risikos frei bestimmen, soweit sie dem vertraglich vereinbarten Risiko zuzuordnen sind. Bei der fakultativ-obligatorischen Versicherung bestimmt der Rückversicherer die Bedingungen/Prämie des Risikos mit. Gleiches gilt für die fakultative Rückversicherung. Die unterschiedlichen Formen der Rückversicherung bedeuten dann für den Erstversicherer auch bis zu welcher Versicherungssumme des einzelnen Risikos Bedingungen/Prämien frei bestimmbar sind. Ein obligatorischer Vertrag mit hoher Kapazität bedeutet, dass der Erstversicherer selbst hohe Versicherungssummen schnell und einfach zeichnen kann. Darüber hinaus hat er sich mit dem Rückversicherer abzustimmen. Erstversicherer, die reine Kapazitätsgeber sind und keine aufwendige Schadenbearbeitung vorhalten, übernehmen regelmäßig die hohen Layer von Großrisiken. Sie können niedrigere Prämien anbieten, weil sie aufgrund der geringeren Kapazität keinen Rückversicherungsschutz benötigen. Sie können die vorhergehende Deckung des anderen Versicherers als geringere Eintrittswahrscheinlichkeit für ihren Layer in die Prämie miteinkalkulieren.

40 *Schwepke*/Vetter S. 108 ff.
41 *Fausten* VersR 2017, 1057, 1064.

Aus der Rückversicherung kommt die Berechnungsart nach sog. Increased Limit Factor (ILF) als Verdoppelungsfaktoren. Sie verwenden auch die Erstversicherer. In der Haftpflichtversicherung gibt es nicht wie in der Sachversicherung den Probable Maximum Loss (PML) als wahrscheinlich größten anzunehmendem Schaden. Man verwendet stattdessen in der Haftpflichtversicherung einen ILF-Faktor in Abhängigkeit vom Risiko. Mit diesem Faktor berechnet man aus einer bestehenden Grundversicherung und deren Prämie, die Prämie für die Höherdeckung. Der Faktor (Curve) ist die Größe, nach der sich die Prämie berechnet, wenn die Versicherungssumme verdoppelt wird. Wenn der Faktor z.B. 40 ist, bedeutet es, dass bei einer Verdoppelung der Versicherungssumme sich die Prämie um das 1,4-fache erhöht. Beispiel: Die Versicherungssumme beträgt 5 Mio. EUR und die Prämie dafür 10.000 EUR, der Verdoppelungsfaktor ist 40. Danach beträgt die Prämie für eine Versicherungssumme von 10 Mio. das 1,4-fache = 14.000 EUR. Bei 20 Mio. EUR VSU würde die Prämie wiederum das 1,4-fach betragen = 19.600 EUR. Dies ist eine rein mathematische Berechnung ohne Risikoprüfung. Bei einer Höherberechnung muss der Versicherer daher immer berücksichtigen, ob die Grundprämie für den gegebenen Grundlayer bereits angemessen bepreist ist. 65

III. Beteiligungen von mehreren Versicherern in der Mitversicherung, Mitversicherungsklauseln

Mehrere Versicherer können sich zu einem Beteiligungsgeschäft zusammenschließen, um gemeinsam eine Kanzlei zu versichern. Aus Sicht des Versicherers bezeichnet man die Beteiligung auch – begrifflich im Sinne des VVG falsch – als Mitversicherung. Grund für ein Beteiligungsgeschäft kann die hohe Versicherungssumme und auch das Geschäftsverhalten des Maklers sein. Der Makler kann seine Geschäftsbeziehungen zu seinen Hauptversicherern stärken, die auch unterschiedliche Provisionen haben. Darüber hinaus bestehen Versicherungsnehmer aufgrund eigener Geschäftsbeziehungen auf bestimmte Versicherer. 66

1. Kartellrecht

Wettbewerber handeln grundsätzlich allein im Markt. Bei hohen Deckungssummen besteht jedoch bei Versicherern der Bedarf das Risiko zu minimieren. Mehrere Versicherer beteiligen sich an einem Einzelrisiko. Kartellrechtlich zulässig ist grundsätzlich folgendes Verfahren: Die Versicherer geben ihre Angebote ohne vorherige Kontaktaufnahme untereinander ab. Der Versicherungsnehmer oder Makler entscheidet sich für das Angebot eines Versicherers und überträgt einem Versicherer unter Festlegung der Quoten die Führung des Vertrags. Entweder der Versicherungsnehmer/Makler oder der führende Versicherer auf der Grundlage der mit ihm vereinbarten Konditionen kontaktiert die übrigen Beteiligten und vereinbart die jeweiligen Quoten. Gleichfalls zulässig sind Verfahren, bei denen die Initiative vom Versicherungsnehmer/Makler ausgeht. Der Versicherungsnehmer/Makler sucht selbst die beteiligten Versicherer, nachdem er mit dem führenden Versicherer die Konditionen ausgehandelt hat. Der Versicherungsnehmer/Makler geht selbst auf die Versicherer zu und fordert sie dann zur gemeinsamen Abgabe eines Angebots auf. Zulässig ist es auch, wenn ein Versicherer eine Versicherungslösung anbietet unter dem Vorbehalt einer Mitversicherungslösung mit anderen Versicherern und er dann andere Versicherer kontaktiert und dann an der Versicherung beteiligt, soweit der Makler/Versicherungsnehmer mit diesem Verfahren einverstanden ist. 67

Die Zulässigkeit einer Bietergemeinschaft zur Abgabe eines gemeinschaftlichen Angebots unter mehreren Versicherern ist im Einzelfall zu prüfen.[42] Die Mitversicherung darf nicht den 68

42 *Dreher*/Hoffmann/Kling § 8 Rn. 67 ff.

Wettbewerb spürbar beschränken, was in der Vermögensschaden-Haftpflichtversicherung regelmäßig nicht der Fall ist. Es gibt genügend Wettbewerber.[43] Daneben kann es sein, dass alle Versicherer jeweils einzeln zur Zeit der Bildung der Mitversicherung objektiv nicht in der Lage sind das Risiko alleine zu zeichnen, z.B. ist die Versicherungssumme zu hoch oder es fehlt an Fachkenntnissen, sog. Arbeitsgemeinschaftsgedanke.

69 Wenn das Beteiligungsgeschäft zulässig ist, können die Versicherer die Informationen wie Prämien und Bedingungen austauschen und vereinbaren, um ein gemeinsames Angebot abgeben zu können. Wenn der Versicherungsnehmer/Makler ein Renewal-Angebot möchte oder stillschweigend signalisiert hat, dass er weiterhin von einer Beteiligung ausgeht, z.B. weil gerade nicht gekündigt wurde, darf der führende Versicherer den beteiligten Versicherern die Informationen weitergeben, damit man wieder ein gemeinsames Angebot abgeben kann. Zulässig ist im erlaubten Beteiligungsgeschäft, dass der führende Versicherer Risikoinformationen weitergibt und welche Prämie er für das Risiko für erforderlich hält. Dies umfasst auch Schadenquoten oder Schadenstatistiken, Klauseln und Bedingungen. Die Versicherer dürfen sich aber nicht über die Prämie austauschen, wenn die Führung noch nicht verteilt ist. Die Versicherer dürfen auch keine Absprachen und Abstimmungen treffen, die darauf zielen oder bewirken, die Stellung des Führenden zu respektieren, sog. respect of lead. Über das Beteiligungsgeschäft hinaus dürfen die Versicherer keine Informationen weitergeben wie z.B. Tarife oder ähnliches. Grundsätzlich muss der Versicherer unabhängig und allein ein Angebot abgeben, wenn der Versicherungsnehmer/Makler ihn dazu auffordert. Er kann auch selbst nach einem Beteiligungsangebot ein nochmaliges nachgebessertes Angebot abgeben.

2. Mitversicherung unter Versicherern

a) Merkmale

70 Versicherer bilden Versichererkonsortien, bei denen die einzelnen Versicherer anteilig sich ein Risiko teilen, z.B. eine Rechtsanwaltskanzlei. Das offene Beteiligungsgeschäft ist eine offene Mitversicherung im Außenverhältnis zum Versicherungsnehmer,[44] zur kartellrechtlichen Zulässigkeit siehe hier Einleitung Rn. 67 ff.

71 Der Versicherungsnehmer schließt mit jedem beteiligten Versicherer einen rechtlich selbständigen Vertrag.[45] Die Verträge könnten damit unterschiedlich sein, aber in der Berufshaftpflichtversicherung sind die Verträge der beteiligten Mitversicherer praktisch immer einheitlich gestaltet und formal in einem Versicherungsvertrag als gebündelte Verträge zusammengefasst. Im Innenverhältnis der beteiligten Versicherer besteht ein Auftragsverhältnis nach §§ 662 BGB oder ein Geschäftsbesorgungsvertrag nach § 675 BGB, wenn eine Führungsprovision vereinbart ist.[46]

72 Die Versicherer sind am Risiko direkt proportional gleichmäßig oder unterschiedlich nach Prozenten beteiligt. Sie schließen eine Beteiligungs- und Führungsklausel ab, die sie zu wechselseitigen Treue- und Informationspflichten untereinander verbindet. Der führende Versicherer übernimmt für die übrigen Versicherer die Policierung, Vertragsbearbeitung und Schadenregulierung entsprechend den Vereinbarungen, siehe hier ausführlich Einleitung Rn. 78 ff. Der führende Versicherer fertigt ein Vertragsdokument für den Versicherungsnehmer aus, auch wenn man Einzelverträge der beteiligten Versicherer zum Versicherungsnehmer annimmt, siehe hier

---

43 Kritisch ist es, wenn sich regelmäßig nicht mehr als fünf Versicherer für das Risiko angeboten hatten.

44 Insgesamt zu Mitversicherung und Führungsklauseln, *Schaloske* VersR 2007, 606.

45 BGH VersR 1954, 249; OLG Bremen VersR 1994, 709, 710; OLG Hamburg VersR 2008, 1249; *Dreher/Lange* VersR 2005, 717, 720.

46 MüKoVVG/*Halbach* § 77 Rn. 13.

Einleitung Rn. 75. In diesem einheitlichen Vertragsdokument sind die Beteiligungsverhältnisse genannt unter Einbezug der Beteiligungs- und Führungsklauseln und sonstiger Abreden. Weil es sich aber weiter um Einzelverträge handelt, haften die beteiligten Versicherer nicht als Gesamtschuldner, sondern nur anteilig.[47]

b) Abgrenzung zu Versicherungspool

Abzugrenzen ist die Mitversicherung im Einzelfall von der dauerhaften festgefügten Zusammenarbeit einzelner Versicherer in einer Mitversicherungsgemeinschaft, auch als Versicherungspool bezeichnet. Dabei schließen sich mehrere Versicherer nicht für den Einzelfall zusammen, sondern für eine Vielzahl von Risiken bestimmter Art. Wenn keine besondere Gesellschaftsform vorliegt, handelt es sich um eine BGB-Gesellschaft.[48] Sinn ist auch hier das Schadenrisiko zu teilen, das bei einer begrenzten Anzahl von Risiken besteht, die aber aufgrund der Art und der Versicherungssumme nicht ein einzelner Versicherer zeichnen kann.[49] Die beteiligten Versicherer können nach außen als Gesamtschuldner oder mit einer festen Quote als Teilschuldner haften, § 420 BGB. Im Einzelnen regelt dies der Gesellschaftsvertrag der BGB-Gesellschafter. 73

3. Rechtsverhältnisse in der Mitversicherung

Bei einem Beteiligungsverhältnis haften die Versicherer anteilig, aber nicht gesamtschuldnerisch. Weil keine gesamtschuldnerische Haftung besteht, ist eine Führungsklausel erforderlich, um den Vertrag verwalten und bearbeiten zu können. Im Versicherungsvertrag vereinbaren die Versicherer, welcher der führende Versicherer und wer zu welcher Quote beteiligt ist. Üblich ist, dass der führende Versicherer prozentual die höchste Quote hat. Der führende Versicherer zieht die Prämie gesamt für alle beteiligten Versicherer ein und verteilt sie, ggf. auch der Makler. Der führende Versicherer übernimmt üblicherweise die Schadenbearbeitung und -regulierung. 74

a) Rechtsverhältnis zum Versicherungsnehmer

Bei einer offenen Mitversicherung in einem Beteiligungsverhältnis eines einzelnen Versicherungsvertrags schließen die Versicherer mit dem Versicherungsnehmer jeweils einzelne unterschiedliche Verträge, die miteinander korrespondieren.[50] Der jeweils beteiligte Versicherer kann daher grundsätzlich frei über seinen Vertragsteil verfügen und frei mit dem Versicherungsnehmer verhandeln. Dies widerspricht jedoch einer effizienten Vertragsgestaltung und Vertragsabwicklung. Praktisch verklammern daher die Beteiligungs- und Führungsklauseln die Verträge untereinander. Der Versicherungsnehmer/Makler hat daher dann für alle Verhandlungen nur einen Ansprechpartner. Wenn im laufenden Vertrag eine Klausel zu ändern ist oder der Versicherungsnehmer für einen bestimmten Sachverhalt den Versicherungsschutz bestätigt haben möchte, nimmt dies der führende Versicherer als erster Ansprechpartner für den Versicherungsnehmer/Makler vor. Weil es sich um Einzelverträge handelt, muss der Makler im zweiten Schritt von jedem beteiligten Versicherer die Zustimmung einholen, ob sie mit der Erklärung des führenden Versicherers einverstanden sind. 75

---

47 OLG Hamm VersR 1984, 149; OLG Bremen VersR 1994, 709 keine Auslegung nach § 427 BGB.
48 MüKoVVG/*Halbach* § 77 Rn. 8.
49 Beispiel hierfür ist die VSW – Die Versicherergemeinschaft für Steuerberater und Wirtschaftsprüfer in Wiesbaden; die Allianz, ERGO und die Axa zeichnen gemeinsam die Risiken der Wirtschaftsprüfer/Steuerberater.
50 OLG Bremen VersR 1994, 709; OLG Hamm VersR 1984, 149.

76 Aufgrund der Einzelverträge können die beteiligten Versicherer ihre Gestaltungsrechte wie Kündigung, Widerruf unabhängig von den anderen Versicherern ausüben. Die Führungs- und Beteiligungsklausel verhindern dies nicht. In der Praxis gibt es aber Kündigungen einzelner beteiligter Versicherer nicht. Ebenfalls nicht praxisrelevant sind Wechsel in der Führung auf Verlangen der Versicherer im laufenden Vertrag, die im Einverständnis aller Versicherer oder bei einem wichtigen Grund im Rahmen des Auftrags-/Geschäftsbesorgungsvertrags möglich wären. Der Versicherungsnehmer müsste nicht einverstanden sein, weil der zugrundeliegende Auftrag-/Geschäftsbesorgungsvertrag, siehe dazu hier gleich nachfolgend § 1 Rn. 77, nur zwischen den Versicherern gilt, aber nicht gegenüber dem Versicherungsnehmer.

b) Rechtsverhältnis zwischen den Versicherern

77 Man könnte im Grundsatz vermuten, dass im Verhältnis der Versicherer zueinander eine Innengesellschaft bürgerlichen Rechts besteht, §§ 705 ff BGB. Die Versicherer verfolgen einen gemeinsamen Zweck, um das Risiko zeichnen zu können.[51] Man nimmt aber an, dass die beteiligten Versicherer rechtsgeschäftlich und nicht gesellschaftsrechtlich miteinander verbunden sind, insbesondere weil sie regelmäßig die Führungs- und Beteiligungsklauseln vereinbaren. Es besteht ein Auftragsverhältnis nach §§ 662 BGB oder ein Geschäftsbesorgungsvertrag nach § 675 BGB, wenn eine Führungsprovision vereinbart ist.[52] Die Klauseln sind Vertragsbestandteil des Versicherungsvertrags zwischen den Mitversicherern und dem Versicherungsnehmer/Makler. Sie wirken gegenüber dem Versicherungsnehmer/Makler im Außenverhältnis und im Verhältnis der Versicherer untereinander im Innenverhältnis. Die verschiedenen Führungs- und Beteiligungsklauseln regeln kategorisiert die materiellrechtlichen Befugnisse des führenden Versicherers als Anzeige- und Anschlussklausel und die prozessualen Rechte und Pflichten der Parteien als Prozessführungsklausel.

4. Klauseln in der Mitversicherung

78 Die Beteiligungs- und Führungsklauseln sind beispielhaft genannt und unterscheiden sich auch nach den Versicherungszweigen. Man modifiziert, kombiniert und ergänzt sie im Einzelfall, entsprechend der Risiko- und Vertragssituation. Die Klauseln sind immer Bestandteil des Versicherungsvertrags. Der führende Versicherer fertigt die Police mit diesen Klauseln aus.

a) Beteiligungs- und Führungsklausel

79 Beispiel für eine Beteiligungs- und Führungsklausel:
An diesem Vertrag sind die Versicherer wie folgt beteiligt:
- *A-Versicherer mit einer Quote von 60%*
- *B-Versicherer mit einer Quote von 25%*
- *C-Versicherer mit einer Quote von 15%*

Der Versicherer A ist der führende Versicherer. Die beteiligten Versicherer haften als Teilschuldner jeweils mit der oben genannten Quote.

Die Beteiligungsklausel gibt an, nach welchen Anteilen die Versicherer am Vertrag beteiligt sind. Daraus folgt, welchen Prämienanteil sie erhalten und in welcher Höhe sie Schadensersatz zu leisten haben. Die in der allgemeinen Haftpflicht bekannten Führungsprovisionen vereinba-

---

51 *Schaloske* VersR 2007, 606 in II 2.; so noch LG Hamburg Hanseatische Rechts- und Gerichts-Zeitschrift 1932, 278; allerdings ist nicht ganz nachvollziehbar, warum man keine Innengesellschaft annehmen sollte, weil man gerade auch die Informations- und Rücksichtnahmepflichten gesellschaftsrechtlich daraus ableiten kann.
52 MüKoVVG/*Halbach* § 77 Rn. 13.

ren die Versicherer in der Vermögensschaden-Haftpflicht nicht. Dies dürfte historische Gründe haben, da man davon ausging, dass sich die Beteiligungen zwischen den verschiedenen Versicherern ausgleichen. Daher achten die führenden Versicherer regelmäßig darauf, dass sie eine hohe Gesamtquote am Vertrag haben.

Der führende Versicherer hat Rechte und Pflichten, die sich aus den weiteren Klauseln er- **80**
geben und aus dem zugrundeliegenden Auftrag oder Geschäftsbesorgungsvertrag. Üblich ist, dass der führende Versicherer die Anzeigen- und Willenserklärungen entgegennimmt und weiterleitet, siehe hier Einleitung 1 Rn. 81, den Vertrag verwaltet, siehe hier Einleitung Rn. 84 und Prozesse für und gegen die Mitversicherten führt, siehe hier Einleitung Rn. 91. Aufgrund einer Pflichtverletzung kann sich der führende Versicherer nach §§ 280, 670, 675 BGB schadenersatzpflichtig machen, wenn er z.B. falsch abrechnet oder Anzeigen/Willenserklärungen nicht weitergibt, was aber in der Praxis nicht vorkommt.

b) Anzeigeklausel

Beispiel für eine Anzeigeklausel: **81**

Der führende Versicherer ist bevollmächtigt, Anzeigen und Willenserklärungen des Versicherungsnehmers für alle beteiligten Versicherer in Empfang zu nehmen.

Die Anzeigeklausel erleichtert die Korrespondenz für den Versicherungsnehmer/Makler mit **82**
den Versicherern. Der Makler kann seine Anzeigen, Willenserklärungen an den führenden Versicherer richten und muss sie nicht an alle einzeln weitergeben. Der führende Versicherer hat eine passive Empfangsvollmacht, § 164 Abs. 3 BGB. Für Willenserklärungen der übrigen Mitversicherer ist der Führende dann der Bote.[53] Sie können aber auch mit Zugang beim führenden Versicherer für die übrigen Versicherer wirksam werden, § 130 Abs. 1 Satz 1 BGB. Der führende Versicherer ist damit auch der Wissensvertreter der übrigen Versicherer.

Man kann die Klausel auch erweitern, um das Verhältnis der Versicherer untereinander im **83**
laufenden Vertrag zu klären:

Der führende Versicherer ist nicht berechtigt zu den Anzeigen und Willenserklärungen des Versicherungsnehmers Stellung zu nehmen, wenn er nicht das Einverständnis der beteiligten Versicherer eingeholt hat.

Dies kann man auch auf bestimmte Bereiche wie Summenerhöhung, Kündigungen usw. beschränken.

c) Anschlussklausel

Beispiel für eine Anschlussklausel: **84**

Die vom führenden Versicherer mit dem Versicherungsnehmer getroffenen Vereinbarungen sind für die Mitversicherer verbindlich. Dies gilt insbesondere zu Gunsten des Versicherungsnehmers für die Schadenregulierung.

Der Versicherer verwaltet den Vertrag für die übrigen beteiligten Versicherer. Er übernimmt **85**
die Vertragsbearbeitung wie Policierung und die An- und Abmeldung von den in der Kanzlei tätigen Berufsträgern. Der führende Versicherer übernimmt auch die Schadenbearbeitung. Er nimmt die Schadenmeldung entgegen, wehrt die unberechtigten Ansprüche ab und leistet den Schadensersatz an den Dritten. Er ist den beteiligten Versicherern zur Rechenschaft verpflichtet, insbesondere wenn der führende Versicherer die Prämie für alle Versicherer einzieht und sie dann entsprechend der Quote verteilt. Zuweilen ergibt sich dies nicht direkt aus der Klausel, aber aus der geübten Praxis der Mitversicherer.

53 Langheid/Rixecker/*Langheid* § 77 Rn. 10.

86 Nach der oben genannten Anschlussklausel ist der führende Versicherer berechtigt den Versicherungsvertrag verbindlich für die übrigen Versicherer zu regeln. Es betrifft die Betriebsabteilung des Versicherers hinsichtlich der Vertragsgestaltung und die Schadenabteilung hinsichtlich der Schadenbearbeitung und Schadenabwehr. Der führende Versicherer hat nach der oben genannten Klausel aktive Vollmacht und kann eine Leistung ablehnen oder den Vertrag gestalten oder für einen Sachverhalt Deckung von vornherein bestätigen, indem er den Vertrag verbindlich auslegt.

Einzelheiten:

aa) Vertragsgestaltung, Betriebsabteilung

87 Für die Betriebsseite, wenn der Versicherungsnehmer eine Bestätigung, Ergänzung oder Auslegung seines Vertrags verlangt, gibt es in der Vermögensschadenhaftpflichtversicherung eine Generalklausel mit aktiver Vollmacht eher selten. Die Versicherer haben eine unterschiedliche Zeichnungspolitik mit unterschiedlichen Zielsetzungen. Darüber hinaus kann die Beteiligungsquote selbst wieder rückversichert sein. Eine verbindliche Regelung des führenden Versicherers würde dazu führen, dass der beteiligte Versicherer möglicherweise ohne Rückversicherungsschutz ist, weil die Regelung nicht vereinbart ist und auch nicht mehr fakultativ vereinbar ist. Wenn wie üblich dies nicht ausdrücklich geregelt ist, übermittelt der Makler in der Praxis den Wunsch des Kunden nach Auslegung, Bestätigung usw. an den führenden Versicherer. Der Makler holt dann die Meinung/Entscheidung des führenden Versicherers ein und leitet sie an die übrigen Versicherer weiter. Die übrigen Versicherer prüfen dies und folgen dann ggf. der mitgeteilten Vorgabe des führenden Versicherers.

88 Relevant, aber nicht diskutiert, wird, ob sich der führende Versicherer mit den beteiligten Versicherern im laufenden Vertrag auch ohne Makler und den Versicherungsnehmer besprechen und entscheiden können, z.B. wenn eine Tätigkeit nach Einschätzung des führenden Versicherers nicht über den Vertrag versichert ist, aber versicherbar. Dabei sollte man danach differenzieren, ob es sich aus Sicht der Beteiligten um eine Bestätigung/Erweiterung des Versicherungsschutzes des bestehenden Vertrags handelt oder ob ein neues Risiko mit neuen Bedingungen/Prämie hinzukommt. Wenn es um die Bestätigung/Erweiterung des bestehenden Schutzes geht, ist davon auszugehen, dass sich die Versicherer austauschen und entscheiden können, auch gegen den Willen des Maklers/Versicherungsnehmers, dass die Versicherer sich austauschen wollen. Der Wettbewerb wird hier nicht beeinflusst. Der Makler hat zunächst kein Interesse daran, dass die Versicherer sich koordiniert austauschen ohne ihn, da sie sich gegen eine Deckungsbestätigung entscheiden können und damit dem Verlangen des Versicherungsnehmers nicht entsprechen. Da im laufenden Vertrag der Versicherungsnehmer/Makler keine Ausweichmöglichkeit hat, hat er die Entscheidung der Versicherer zu akzeptieren. Eine Feststellungsklage nach § 256 ZPO, dass die Deckung besteht, kommt praktisch nicht vor, da sie für das zu erzielende Ergebnis im Einzelfall zu aufwendig und langwierig wäre. Die Versicherer können sich aber gerade in der kartellrechtlich zulässigen offenen Mitversicherung als Bietergemeinschaft zu Bedingungen und Prämien absprechen, um ein gemeinsames Angebot abgeben zu können, siehe zur kartellrechtlichen Zulässigkeit der Bietergemeinschaft § 1 Rn. 70 ff. Wenn es rechtlich zulässig ist, sich in der Angebotsphase auszutauschen, kann es rechtlich nicht unzulässig sein, sich auch im laufenden Vertrag auszutauschen und zwar auch ohne den Makler. Das Kartellrecht im Rahmen eines Wettbewerbsverbots nach § 1 GWB kann hier auch nicht mehr entgegenstehen. Es handelt sich um einen einzelnen laufenden Vertrag, an dem Versicherer beteiligt sind. Der bestehende Vertrag ist auszulegen oder zu ergänzen, weil ein nicht oder nur teilweise geregelter Sachverhalt aufgetreten ist. Die Versicherer bilden kein Kartell und üben keine marktbeherrschende Stellung aus, sondern der Versicherungsnehmer hat sich mit Hilfe des Maklers bewusst entschieden, diese Versicherer an einem einzelnen Vertrag zu beteiligen. In der Praxis gehen aber die Versicherer

den üblichen Weg über den Makler, um ihre Geschäftsbeziehung zum Makler nicht zu gefährden.

Anderes gilt aber wieder, wenn ein neuer Vertrag mit eigenen Bedingungen oder Prämien neben dem bestehenden Berufshaftpflichtversicherungsvertrag erforderlich ist, z.B. die laufende Tätigkeit mit eigenen Bedingungen einer Insolvenzverwalter-Kanzlei. Die Versicherer stehen in einem Wettbewerb zueinander und können unterschiedliche Versicherungskonzepte für das neue Risiko bieten. Eine Absprache hier verhindert, dass der Versicherungsnehmer das bestmögliche Angebot erhält. 89

bb) Schadenbearbeitung

Die etablierten Versicherer arbeiten auch ohne Regelung hier regelmäßig bei der Schadenbearbeitung langjährig zusammen. Die Erfahrung und das Wissen der Schadenabteilungen der Versicherer führen zu einem Vertrauensverhältnis auf der Arbeitsebene, so dass nicht jedes Detail der Zusammenarbeit in komplizierten Regelwerken festgehalten werden muss. Üblich ist, dass der führende Versicherer die Abwehr von unberechtigten Ansprüchen selbständig organisiert und sich mit den anderen Versicherern abspricht bei ungewöhnlichen Schadenszenarien oder möglichen Präzedenzfällen. 90

d) Prozessführungsklauseln

Beispiel 1 zur Prozessführungsklausel: 91

Der führende Versicherer ist von den Mitversicherern bevollmächtigt, Rechtsstreitigkeiten in ihrem Namen durchzuführen, dies gilt sowohl für Prozesse vor den ordentlichen Gerichten als auch bei den Schiedsgerichten. Es wird jedoch auch ein nur gegen den führenden Versicherer wegen dessen Anteils erstrittenes Urteil oder ein nach Rechtshängigkeit geschlossener Vergleich oder ein solcher Schiedsspruch von den Mitversicherern als für sie verbindlich anerkannt.

Beispiel 2 zur Prozessführungsklausel: 92

Der Versicherungsnehmer wird bei Streitfällen aus diesem Vertrag seine Ansprüche nur gegen den führenden Versicherer und nur wegen dessen Anteil gerichtlich geltend machen. Die an der Versicherung mitbeteiligten Versicherer erkennen die gegen den führenden Versicherer rechtskräftig gewordene Entscheidung gegenüber dem Versicherungsnehmer als auch für sie verbindlich an.

Die Prozessführungsklausel soll verhindern, dass Prozesse aller Parteien untereinander zu führen sind, weil aufgrund der Einzelverträge jeder Partei eines Rechtsstreits sein kann. Der führende Versicherer kann deshalb für die übrigen Versicherer Prozessvollmacht erhalten. Parteien bleiben alle Versicherer. Die Prozessklauseln enthalten bei einer Prozessvollmacht üblicherweise gleichzeitig einen pactum de non petendo. Der Versicherungsnehmer verpflichtet sich nur gegen den führenden Versicherer vorzugehen und diese erkennen das Urteil auch zu ihren Lasten an. Möglich ist auch eine gewillkürte Prozessstandschaft.[54] Der führende Versicherer führt den Prozess für die übrigen Versicherer, die ihn als Rechteinhaber der einzelnen Versicherungsverträge dazu ermächtigen. Sie sind dann nicht Partei des Prozesses. Die aktive gewillkürte Prozessstandschaft auf Klägerseite ist zulässig,[55] die passive gewillkürte Prozessstandschaft auf der Beklagtenseite nicht.[56] Eine Führungsklausel ist nach §§ 133, 157 BGB auszulegen, ob sie die Ermächtigung enthält, die mehreren Mitversicherern zustehenden Ansprüche im Wege der ge- 93

54 BGH NJW 1986, 850 f.
55 Musielak/Voit/*Weth* § 51 Rn. 25.
56 offengelassen in BGH NJW 1983, 684, 685.

willkürten Prozessstandschaft einzuklagen.[57] Man kann eine Prozessführungsklausel mit Anerkenntnis des Urteils durch die beteiligten Versicherer dahingehend auslegen, dass der führende Versicherer kraft Vereinbarung so zu stellen ist, dass er auch hinsichtlich der Anteile der übrigen Mitversicherer der einzige Versicherer ist. Der Versicherungsnehmer kann den Versicherer dann auch zu 100% mit der Haftungssumme verklagen. Andernfalls müsste der Versicherungsnehmer erst den führenden Versicherer verklagen und dann jeden einzelnen Versicherer, was prozessökonomisch keinen Sinn macht.[58]

94 Der führende Versicherer kann auch für die beteiligten Versicherer Regressansprüche geltend machen, § 7 III, § 86 VVG,[59] wenn es vereinbart ist oder so auszulegen ist.

E. Verhältnis Makler und Versicherer

I. Grundlegende Rechte und Pflichten

95 Versicherungsvermittler, die Versicherungsvertreter und Versicherungsmakler, vertreiben neben dem Direktvertrieb die Berufshaftpflichtversicherung. Makler schaffen dabei die für den Versicherungsnehmer notwendige Markttransparenz. Der Versicherungsnehmer kennt regelmäßig nicht das für sein Risiko marktgerechte Bedingungs- und Prämienniveau. Die Makler sorgen für den notwendigen Wettbewerb unter den Versicherern.

96 Das Rechtsverhältnis zwischen Vermittler und Versicherungsnehmer regeln die §§ 59ff VVG. Das ebenso wichtige Verhältnis des Maklers zum Versicherer ist nicht direkt im VVG geregelt, sondern es gibt nur vereinzelt Hinweise in den §§ 93ff HGB zum Handelsmakler. Zu den konkreten Einzelproblemen sind Rechtsprechung und Literatur spärlich. Anzunehmen ist, dass zwischen dem Makler und dem Versicherer eine vertragsähnliche Rechtsbeziehung besteht, sobald der Makler mit dem Versicherer in Kontakt tritt, um ein Angebot für einen Kunden einzuholen. §§ 98, 101 und 94 HGB zeigen, dass der Handelsmakler nach dem gesetzlichen Leitbild als ein für beide Vertragsparteien handelnder Mittelsmann anzusehen ist.[60] Der Makler hat eine Doppelfunktion. Er ist Sachwalter für den Versicherungsnehmer als Auftraggeber und hat dessen Interessen wahrzunehmen.[61] Er darf aber nicht einseitig diese Interessen wahrnehmen, sondern muss auch die Interessen des Versicherers als neutraler Mittelsmann berücksichtigen. Zu einem anderen Ergebnis kommt man, wenn man stärker die vertragliche Verpflichtung des Maklers gegenüber dem Versicherungsnehmer sieht. Er verletzt seine Pflichten aus dem im Verhältnis zum Versicherungsnehmer bestehenden Geschäftsbesorgungsvertrag, wenn er alle für die Risikobeurteilung notwendigen und ihm bekannten Informationen dem Versicherer von sich aus mitteilt oder hinter dem Rücken des Versicherungsnehmers oder sogar gegen dessen Willen vom Versicherungsnehmer gemachte Angaben gegenüber dem Versicherer korrigiert. Für den Makler können sich aber im Ergebnis jedenfalls gemäß den §§ 311 Abs. 3 Satz 1, 241 Abs. 2 BGB Rücksichtnahme- und Informationspflichten gegenüber dem Versicherer ergeben.[62]

97 Die Makler lassen sich Maklervollmachten vom Versicherungsnehmer geben, die den Auftrag des Versicherungsnehmers und dessen Umfang beschreiben. Die Vollmachten beinhalten konkret, ob der Makler umfänglich oder nur teilweise bevollmächtigt ist, den gesamten Versicherungsbestand des Versicherungsnehmers zu überprüfen, neu auszuschreiben, zu verhandeln

57 BGH NJW-RR 2002, 20.
58 OLG Bremen VersR 1994, 709.
59 BGH VersR 2002, 117.
60 Prölss/Martin/*Dörner* § 59 Rn. 65; nach anderer Ansicht gibt es keine Rechtsbeziehung, da der Makler nur im Lager des Versicherungsnehmers steht im Gegensatz zum Ausschließlichkeitsvertreter, siehe Beckmann/Matusche-Beckmann/*Voit* § 5 Rn. 370.
61 BGH VersR 1985, 930.
62 Prölss/Martin/*Dörner* § 59 Rn. 112.

und ggf. auf einen anderen Versicherer umzudecken und neu einzudecken. Als Sachwalter des Versicherungsnehmers bezieht sich der Maklerauftrag in der Regel nur auf das vom Versicherungskunden ihm zur Prüfung bzw. Optimierung aufgegebene Risiko bzw. Objekt. Es besteht grundsätzlich keine Verpflichtung des Versicherungsmaklers, die gesamte Versicherungssituation des Kunden ungefragt einer umfassenden Prüfung zu unterziehen.[63] Möglich ist, dass der Versicherungsnehmer sich aus geschäftspolitischen Gründen entscheidet und in der Hoffnung bessere Ergebnisse zu erzielen nicht einen Makler, sondern mehrere Makler gleichzeitig zu beauftragen. Schwierigkeiten im Verhältnis zum Versicherer entstehen, wenn in diesem Fall mit unterschiedlichen Vollmachten verhandelt wird. Die Vollmachten hat der Versicherer nach §§ 133, 157 BGB auszulegen, wenn sich Widersprüche bei den Vollmachten ergeben, auch in Absprache mit dem Makler und Versicherungsnehmer selbst. Mitunter verpflichtet der Versicherungsnehmer über den eingeschalteten Makler, dass andere mitkonkurrierende Makler, die der Versicherungsnehmer daneben beauftragt hat, keine Kenntnis von der Mehrfachbeauftragung erhalten sollen.

Wenn die Vollmachten gleichlautend sind und die Anfragen ebenso, sollte der Versicherer **98**
aufgrund des Gleichbehandlungsgebots im Rahmen der vertragsähnlichen Beziehung des Versicherers zum einzelnen Makler mindestens gleichwertige Angebote abgeben. Die Daten zum Risiko wie der Kanzleifaktor, Schadendaten, Tätigkeitsfelder sollten dann auch bei jeder Makleranfrage gleich sein, was aber in der Praxis nicht der Fall ist. Regelmäßig erstellt sich der Versicherer ein eigenes einheitliches Risikoprofil aus den unterschiedlichen Informationen, um daraus Angebote abgeben zu können. Der Versicherer berechnet dann die 100% pro Kopf Prämie/Umsatzprämie und gibt dann auf seinen berechneten Kanzleifaktor die mögliche Gesamtprämie an, siehe zur Prämienberechnung nach Kanzleifaktor und Umsatz § 8 Rn. 26 ff.

Der Versicherer ist nicht verpflichtet, mit dem Makler zusammenzuarbeiten und ihm ein **99**
Angebot zu machen.[64] Der Versicherer ist aber verpflichtet mit dem Makler zusammenzuarbeiten, wenn der Versicherungsvertrag zustande gekommen ist.[65]

Der Versicherer muss auch mit einem neuen Makler zusammenarbeiten, wenn der Versicherungsnehmer den Makler gewechselt hat, außer der neue Makler ist für den Versicherer unzumutbar. Dies kann schon dann bestehen, wenn bei einer begrenzten Vollmacht ein unzumutbarer Mehraufwand entsteht.[66] Die Versicherer dürfen im Übrigen nur mit den Maklern zusammenarbeiten, die die Voraussetzungen nach § 48 VAG, § 34d GewO erfüllen.

Wenn die Versicherer mit dem Makler zusammenarbeiten, regeln sie regelmäßig die Haupt- **100**
punkte der Geschäftsbeziehung. Aus Sicht des Versicherers bezeichnet man es als Reversierung. Aus Sicht des Maklers bezeichnet man es als Kooperations- oder Rahmenvereinbarung.[67] Die Reversierung kann mehrfach an den verschiedenen Standorten eines Versicherers erfolgen. Geregelt wird in Grundzügen das Angebotsverfahren wie z.B. Vorlage einer Maklervollmacht, die Betreuung, technische Abwicklung, die Courtagesätze oder auch besondere Dienstleistungen wie Vertragsdokumentation, Prämieninkasso etc. Der Makler darf nicht die Schadenprüfung wie ein Haftpflichtversicherer übernehmen, weil die Schadensregulierung im Auftrag des Versicherers im Regelfall nicht als Nebenleistung zum Berufs- oder Tätigkeitsbild des Versicherungsmaklers gehört. Dies verstößt gegen das RDG.[68]

63 OLG Hamm VersR 2016, 529.
64 LG Potsdam r + s 2012, 465.
65 BGH r + s 2013, 415; *Grams* FD-VersR 2013, 348; differenzierend *Zinnert* VersR 2005, 359, 361.
66 BGH VersR 2013, 841; in der Praxis kommt dies aber äußerst selten vor, da die Versicherer die Geschäftsbeziehung zum Makler nicht gefährden wollen und sich auch ggf. Neu-/Mehrgeschäft erwarten.
67 Rahmenabkommen nach Beckmann/Matusche-Beckmann/*Matusche-Beckmann* § 5 Rn. 367; Kooperationsvereinbarung nach Prölss/Martin/*Dörner* § 59 Rn. 113.
68 BGH z.B. in VersR 2016, 1118 und AnwBl 2016, 605.

101 Darüber hinaus regeln die Makler im Einzelfall mit dem Versicherer mit besonderen Maklerklauseln ihre Rechte und Pflichten, zumeist im Versicherungsvertrag selbst. Inhalt sind die Rechte und Pflichten in der Betreuungsphase nach Abschluss des Versicherungsvertrags, die der Makler gegenüber dem Versicherer hat. Dies ist insbesondere der Fall bei größeren Kanzleien und der Beteiligung von mehreren Versicherern, siehe dazu ausführlich hier Einleitung – Versicherungstechnik und Klauseln in der Mitversicherung – Rn. 78 ff.

II. Angebotsphase

102 In der Angebotsphase hat der Makler dem Versicherer über Daten zum Risiko Auskunft zu geben, die zum Abschluss und ggf. Fortführung des Vertrags erforderlich sind. Die Risikoeinschätzung obliegt dem Versicherer, den der Makler dann auch nicht dazu beraten muss. Der Versicherungsnehmer hat die Pflicht solche Umstände zu offenbaren, nach denen der Versicherer ausdrücklich und schriftlich gefragt hat gemäß § 19 Abs. 1 VVG.[69] Dazu hat der Versicherer selbständig nachzufragen, wenn ihm Daten zur Risikoeinschätzung fehlen. Der Makler hat diese Nachfragen, wahrheitsgemäß und umfassend zu beantworten. Umstritten ist, ob der Makler aufgrund seiner Doppelfunktion nicht weitergehende Pflichten hat, insbesondere auch für den Kunden nachteilige Informationen an den Versicherer weiterzuleiten,[70] insbesondere wenn er ein Sonderwissen hat oder weiß, dass risikorelevanten Daten beim Versicherungsnehmer vorliegen, die dieser aber trotz einer Pflicht nicht angibt, § 19 Abs. 1 VVG. Der Makler hat hier auf jeden Fall die Aufgabe, dass der Versicherungsnehmer seine vorvertraglichen Anzeigepflichten erfüllt.[71] Der Makler ist aber Sachwalter des Versicherungsnehmers und nicht des Versicherers. Die Doppelfunktion findet ihre Grenze im Auftragsverhältnis zum Versicherungsnehmer. Eine über die den Versicherungsnehmer nach § 19 VVG treffende Anzeigepflicht kann man nur dann annehmen, wenn besondere Umstände hinzutreten und das Verschweigen in der Geschäftsbeziehung zum Versicherer treuwidrig ist. Es wäre widersprüchlich, wenn der Versicherungsnehmer Nachteile dadurch hat, dass er einen Makler beauftragt. Wenn er einen Makler beauftragt, darf der Versicherungsnehmer nicht schlechter stehen, als wenn er selbst den Vertrag abschließt. Die Treuwidrigkeit kann nur dann vorliegen, wenn der Versicherer den Vertrag überhaupt nicht abgeschlossen hätte, wenn ihm die Information vorgelegen hätte, beispielsweise Zahlungsunfähigkeit bei einem beabsichtigten Insolvenzantrag des Versicherungsnehmers, von dem der Makler weiß, um zuvor noch eine D&O-Versicherung abzuschließen oder ein mehrmaliger Versicherwechsel wegen ausstehender Prämienzahlungen. Dies zeigt sich auch daran, dass umgekehrt nur dann das Verhalten des Maklers dem Versicherungsnehmer zuzurechnen ist, wenn der Makler arglistig den Versicherer getäuscht hat, § 166 Abs. 1 BGB, weil der Makler dann gerade nicht Dritter ist nach § 123 Abs. 2 Satz 1 BGB.[72]

103 Der Makler ist nicht verpflichtet, dem Versicherer mitzuteilen, dass ein anderer Versicherer ein Angebot gar nicht abgegeben hat, weil das Risiko selbst zu hoch ist.[73] Der Versicherer ist verpflichtet, selbständig die Risikoinformationen zu sammeln, weil er auch das Risiko trägt. Der Makler ist dann aber zumindest verpflichtet auf konkrete Nachfrage des Versicherers, die risikorelevanten Daten zu beschaffen und weiterzuleiten, § 11a I. Insbesondere ist dies der Fall, wenn der Makler eine Kanzlei von einem Versicherer zum anderen umdecken möchte. Konkrete Infor-

69 BGH VersR 1986, 1089.
70 Zum Meinungsstand Beckmann/Matusche-Beckmann/*Matusche-Beckmann* § 5 Rn. 378 ff.
71 *Heinemann* VersR 1992 1319, 1322 f.
72 BGH NJW-RR 2008, 1649, 1650; OLG Köln VersR 2008, 810; OLG Köln r + s 2004, 95, 96; Prölss/Martin/*Dörner* § 59 Rn. 96. Anders aber ist die Fallkonstellation, in der der Makler den VN arglistig täuscht: Hier ist § 123 Abs. 2 S. 1 BGB anwendbar, der Makler ist also Dritter, vgl. Prölss/Martin/*Dörner* § 59 Rn. 96.
73 MAH VersR/*Baumann* § 4 Rn. 10; dann aber, wenn der Versicherer hiernach konkret fragt.

mationen zu einer Einzelklausel im bestehenden Vertrag sind dann abzugeben, wenn der Makler dem neuen Versicherer von sich aus konkret bestätigt, dass im bestehenden Vertrag eine risikorelevante Klausel enthalten ist, die der Versicherungsnehmer weiterhin haben will.

Nicht eindeutig, aber praxisrelevant ist, ob der Versicherer die risikorelevanten Umstände direkt vom Versicherungsnehmer abfragen kann oder sogar muss.[74] Die Makler achten regelmäßig darauf, dass der Versicherer nur im Ausnahmefall direkten Kundenkontakt hat, um eine bessere Verhandlungsposition gegenüber dem Versicherer zu erhalten und nicht die Geschäftsbeziehung gegenüber dem Versicherungsnehmer zu gefährden. Der Versicherer ist zumindest im Rahmen der ihn treffenden vertraglichen Nebenpflichten nach § 241 Abs. 2 BGB grundsätzlich gehalten, mit einem vom Versicherungsnehmer eingeschalteten Vertreter zu korrespondieren und diesem auf Verlangen Auskunft zu erteilen.[75] Wenn es aber um die risikorelevanten Informationen geht, sollte der Versicherer das Recht haben selbständig mit dem Versicherungsnehmer Kontakt aufzunehmen. Die Nebenpflicht die Korrespondenz zu führen, kann nicht dazu führen, dass der Versicherer auf die Risikoübermittlung durch den Makler angewiesen ist, wenn der Versicherer die Informationen für nicht ausreichend erachtet und ggf. durch eigene Erkenntnisse die Angaben des Maklers für falsch hält. Allerdings berücksichtigen die Versicherer hier regelmäßig ihre Geschäftsbeziehung zum Makler und nehmen ihre Rechte nur vereinzelt wahr. **104**

Wenn die Angebote der Versicherer in einer ausreichenden Zahl vorliegen und eine Marktübersicht gegeben ist, erstellt der Makler regelmäßig eine Synopse der Angebote und gibt seine Empfehlung nach den Bedürfnissen des Kunden als bestmögliches Angebot ab, § 60 Abs. 1 Satz 1 VVG. **105**

III. Betreuungsphase

Die Makler regeln im Einzelfall mit dem Versicherer mit besonderen Maklerklauseln ihre Rechte und Pflichten für Großrisiken und auch bei der Beteiligung von mehreren Versicherern in Kombination mit einer Führungsklausel. Die Maklerklausel beinhaltet üblicherweise, dass der Makler berechtigt ist die Korrespondenz mit dem Versicherer zu führen und die Anzeigen und Willenserklärungen des Versicherungsnehmers an den Versicherer weiterzuleiten. Ebenso trifft man Regelungen zum Prämieninkasso. Wenn dies vereinbart ist, sind die Willenserklärungen vom Versicherer gegenüber dem Versicherungsnehmer dann zugegangen und erfüllt, wenn der Makler die Erklärung bekommen hat.[76] Bei mit dem Versicherer vereinbarten Zahlungsweise des Versicherungsnehmers an den Makler, ist die Zahlungsverpflichtung des Versicherungsnehmers mit Eingang des Betrags beim Makler erfüllt, § 362 Abs. 2 BGB. Ist der Makler nach dem Maklervertrag mit der Weiterleitung der Prämien an den Versicherer betraut und berechtigt, in allen Versicherungsangelegenheiten rechtsverbindliche Erklärungen für den Versicherungsnehmer abzugeben, so schließt dies die Befugnis ein, Zahlungen abweichend von der ursprünglichen Tilgungsbestimmung des Versicherungsnehmers verrechnen zu lassen.[77] Siehe hierzu auch Klauseln in der Mitversicherung in der Vertragsgestaltung im laufenden Vertrag Einleitung Rn. 87 ff. **106**

IV. Nettoisierte Policen

Für Vermittler besteht die Möglichkeit eine Honorarvereinbarung mit dem Versicherungsnehmer zu schließen. Der Versicherer gibt dann ein sog. nettoisiertes Prämienangebot ab statt **107**

74 Nachfragepflicht nach MAH VersR/*Baumann* § 4 Rn. 10.
75 BGH NJW 2013, 2354, 2355.
76 Beckmann/Matusche-Beckmann/*Matusche-Beckmann* § 5 Rn. 388.
77 OLG Düsseldorf NJW-RR 2004, 563 2. LS des Einsenders.

einer Bruttoprämie, bei der die Courtage nicht ausgewiesen wird. Diese rechtlich zulässigen Nettopolicen[78] unterscheiden sich von den ganz überwiegend angebotenen Bruttopolicen. Die Prämie für das Angebot ist um die Courtage vermindert, die die Makler oder auch Vertreter nach §§ 92 Abs. 3 und 4 HGB und dem Vertretervertrag vom Versicherer enthalten. Dabei ist zu beachten, dass Makler mit höheren Courtagesätzen nach außen hin die Versicherung damit günstiger anbieten können als der Makler mit einem niedrigeren Courtagesatz. Es gibt daher auch Regelungen, nach denen pauschal ein festgelegter Satz abzuziehen ist, ohne Rücksicht auf den individuellen Courtagesatz. Regelmäßig ist für eine Nettopolice ein bestimmtes Prämienniveau erforderlich und der Makler hat dem Versicherer die Honorarvereinbarung mit dem Versicherungsnehmer vorzulegen. Zu beachten ist, dass es im Verhältnis zum Rückversicherer einen Unterschied macht, ob brutto oder netto angeboten wird. Die Prämie für die Rückversicherung berechnet sich nach der tatsächlich geleisteten Prämie, die die Kanzlei zahlt. Der Rückversicherer erhält damit bei einer Nettoprämie weniger Rückversicherungsprämie vom Erstversicherer als bei einer Bruttoprämie, weil die Nettoprämie schlicht niedriger ist als die Bruttoprämie.

108 Bei den Aufklärungspflichten und einem Widerruf nach §§ 8, 9 Abs. 2 VVG ist zwischen Vertretern und Maklern zu unterscheiden. Ein Versicherungsvertreter, der eine Nettopolice vermittelt und sich vom Versicherungsnehmer eine besondere Vergütung versprechen lässt, muss darüber eingehend belehren und dies dokumentieren.[79] Wenn ein Versicherungsvertreter die Nettopolice mit einer gesonderten Vergütung vereinbart, kann der Versicherungsnehmer nicht nur den Versicherungsvertrag widerrufen, sondern damit gleichzeitig auch die selbständige Honorarvereinbarung mit dem Versicherungsvermittler, weil es sich um zusammenhängende Verträge nach §§ 9 Abs. 2, 8 VVG handelt. Zwischen der Vereinbarung und der Nettopolice besteht ein enger zeitlicher, inhaltlicher und personeller Bezug.[80] Anders beim Makler. Der Makler hat schon keine gesonderte Aufklärungspflicht, weil es nicht Aufgabe des Maklers ist, den Versicherungsnehmer über mögliche Gefahren und Nachteile des Maklervertrags aufzuklären.[81] Nicht abschließend geklärt ist, ob es sich beim vom Makler vermittelten Netto-Policen und der Honorarvereinbarung um zusammenhängende Verträge handelt. Es kann am persönlichen Zusammenhang fehlen mit der Folge, dass der Versicherungsnehmer an die gesonderte Vereinbarung gebunden ist, trotz Widerruf der Nettopolice.[82]

F. Systematik der AVB-RSW

109 Die AVB-RSW fassen die Bedingungswerke der wirtschaftsberatenden Berufe in einem einheitlichen Vertragswerk zusammen. Grund hierfür ist, dass Rechtsanwälte mit Steuerberatern und Wirtschaftsprüfen in interprofessionellen Zusammenschlüssen ihre Leistungen anbieten. Daneben können Berufsangehörige mehrere Qualifikationen haben, z.B. der Rechtsanwalt, der auch Steuerberater oder Wirtschaftsprüfer ist, die sog. Doppel- oder Mehrfachbänder. Der Doppelbänder ist dann Berufsangehöriger der Berufsgruppe der Anwälte und der Berufsgruppe der Steuerberater/Wirtschaftsprüfer. Entsprechend sind die AVB-RSW aufgebaut.

110 Die AVB-RSW sind in fünf Teile gegliedert. Die AVB-RSW haben einen Allgemeinen Teil mit den Allgemeinen Versicherungsbedingungen, die für alle Berufsgruppen gelten und jeweils Besondere Bedingungen mit der zugehörigen Risikobeschreibung für den einzelnen Berufsangehörigen einer Berufsgruppe. Die Besonderen Bedingungen der einzelnen Berufsgruppen enthalten

78 BGH VersR 2005, 406.
79 OLG Hamm VersR 2018, 222.
80 Dazu ausführlich *Reiff* VersR 2016, 757.
81 BGH VersR 2007, 1127, 1128 f; *Reiff* r + s 2013, 525, 528.
82 Langheid/Rixecker/*Rixecker* § 9 Rn. 28 m.w.N., anders *Reiff* VersR 2016, 757, 764 zu Lebensversicherungen, weil andernfalls der Schutzzweck des § 9 Abs. 2 nicht erfüllt wird.

jeweils die Abweichungen zum Allgemeinen Teil zur Versicherungsleistung wie Jahreshöchstleistung, Ausschlüsse, gesetzliche Meldepflichten gegenüber Kammern und weiteres. Die Risikobeschreibung wiederum enthält in der Regel spezielle Deckungserweiterungen, die auf den Berufsstand zugeschnitten sind, wie z.B. die Deckung bei Rechtsanwälten für höchstpersönliche amtsähnliche Tätigkeiten wie Insolvenzverwalter, Testamentsvollstrecker, Betreuer etc. Bei den Besonderen Bedingungen und Risikobeschreibungen für die Berufsgruppen sind die Regelungen zum Versicherungsschutz, Erweiterungen und Ausschlüssen ineinander verschränkt. Dies erklärt sich aus der historischen Entwicklung der AVB.

Bei den AVB-RSW handelt es sich ausdrücklich nicht um Musterversicherungsbedingungen. **111**
Der Gesamtverband der Deutschen Versicherer (GDV) gibt Musterversicherungsbedingungen zur Lebensversicherung, Krankenversicherung und Schaden- und Unfallversicherung heraus.[83] Die Bedingungswerke der anderen Versicherer ERGO, Axa, HDI, R+V usw. unterscheiden sich aber nicht im Wesentlichen, da es sich um Pflichtversicherungen handelt. Es gibt jedoch unterschiedliche Auslegungen einzelner zentraler Normen wie z.B. § 12, der die Durchschnittsleistung bei unterschiedlichen Versicherungssummen der Berufsträger regelt oder auch die Herangehensweise an einzelne Sonderprobleme, wie z.B. interprofessionelle Zusammenarbeit oder Ein- und Austrittsdeckung. Darauf wird an entsprechender Stelle hingewiesen. Individuell weiter notwendige Ergänzungen wie z.B. der Einschluss von Auslandsaktivitäten verhandelt der Rechtsanwalt/Makler mit dem Versicherer. Diese Individualvereinbarungen ergänzen die AVB-RSW und werden Teil der Police.

83 http://www.gdv.de/downloads/versicherungsbedingungen/

Teil 1.1
Allgemeine Versicherungsbedingungen

A. Der Versicherungsschutz (§§ 1–4)

§ 1 Gegenstand des Versicherungsschutzes, Vermögensschaden, Versicherungsnehmer

I. Versicherungsschutz für berufliche Tätigkeit, Vermögensschadenbegriff

1. Gegenstand des Versicherungsschutzes

Der Versicherer bietet dem Versicherungsnehmer Versicherungsschutz für den Fall, dass er wegen eines bei der Ausübung beruflicher Tätigkeit von ihm selbst oder einer Person, für die er nach § 278 oder § 831 BGB einzustehen hat, begangenen Verstoßes von einem anderen auf Grund gesetzlicher Haftpflichtbestimmungen privatrechtlichen Inhalts für einen Vermögensschaden verantwortlich gemacht wird.

Ausgenommen sind Ansprüche auf Rückforderung von Gebühren oder Honoraren sowie Erfüllungsansprüche und Erfüllungssurrogate.

2. Definition des Vermögensschadens

Vermögensschäden sind solche Schäden, die weder Personenschäden (Tötung, Verletzung des Körpers oder Schädigung der Gesundheit von Menschen) noch Sachschäden (Beschädigung, Verderben, Vernichtung oder Abhandenkommen von Sachen, insbesondere auch von Geld und geldwerten Zeichen) sind, noch sich aus solchen von dem Versicherungsnehmer oder einer Person, für die er einzutreten hat, verursachten Schäden herleiten.

II. Berufsangehörige als Versicherungsnehmer

1. Sozien

Üben Berufsangehörige ihren Beruf nach außen hin gemeinschaftlich aus, sind sie Sozien ohne Rücksicht darauf, wie ihre vertraglichen Beziehungen untereinander (Innenverhältnis) geregelt sind.

2. Innenverhältnis

Die vertraglichen Beziehungen des Innenverhältnisses können sein: Anstellungsverhältnis, freie Mitarbeit, Bürogemeinschaft, Kooperation, Gesellschaft bürgerlichen Rechts, nicht als Berufsträgergesellschaft anerkannte Partnerschaft und ähnliches.

3. Zurechnung

In der Person eines Sozius gegebene Umstände, die den Versicherungsschutz beeinflussen, gehen zu Lasten aller Sozien.

III. Berufsträgergesellschaft als Versicherungsnehmer

1. Versicherungsschutz für Repräsentanten

Nimmt eine anerkannte oder zugelassene Berufsträgergesellschaft für sich selbst Versicherung, bezieht sich der Versicherungsschutz für diese Gesellschaft auf die den Organen, Geschäftsführern, Gesellschaftern von Personengesellschaften, Partnern und Angestellten oder sonstigen Personen, derer sie sich zur Erfüllung ihrer Berufstätigkeit bedient, zur Last fallenden Verstöße.

https://doi.org/10.1515/9783110407280-003

2. Zurechnung

In der Person des Verstoßenden gegebene Umstände, die den Versicherungsschutz beeinflussen, werden dem Versicherungsnehmer zugerechnet; das gilt nicht, wenn Angestellte (nicht Organe, Geschäftsführer, Gesellschafter von Personengesellschaften, Partner) des Versicherungsnehmers oder sonstige Personen, derer er sich zur Erfüllung seiner Berufstätigkeit bedient, in Erfüllung dieser Tätigkeit von Gesetz, Vorschrift, Anweisung oder Bedingung des Auftraggebers wissentlich abgewichen sind oder sonst ihre Pflichten wissentlich verletzt haben.

Systematische Übersicht

A. Übersicht

1 § 1 bildet den Kern der Berufshaftpflichtversicherung. Dabei ist zu beachten, dass die Regelungen für alle rechts- und wirtschaftsberatenden Berufe gelten. Daher sind die Begrifflichkeiten nicht allein auf Rechtsanwälte zu beziehen, sondern auch auf Steuerberater und Wirtschaftsprüfer.

In I Ziff. 1 ist der Gegenstand des Versicherungsschutzes genannt. Dies ist die Deckung für die berufliche Tätigkeit entsprechend der Vorschrift in § 51 BRAO. Versicherungsschutz besteht demnach auch, wenn der Anwalt einen Erfüllungs- oder Verrichtungsgehilfen einschaltet. Der Versicherungsfall ist der Verstoß. Versichert sind Ansprüche gesetzlicher Haftpflichtbestimmungen privatrechtlichen Inhalts für einen Vermögensschaden. Der zweite Absatz von Ziff. 1 nennt deklaratorisch, dass Ansprüche auf Rückforderung von Gebühren und Honoraren und Erfüllungsansprüche und die entsprechenden Surrogate nicht versichert sind.

Nach I Ziff. 2 sind ausschließlich Vermögensschäden gedeckt. Die Regelung definiert sie negativ als ein Schaden, der kein Personen- oder Sachschaden ist. Ein Vermögensschaden ist auch nicht versichert, wenn er die Folge eines Personen- oder Sachschadens ist.

II und III regeln den Versicherungsschutz in den verschiedenen Organisationsformen von Anwälten, Steuerberatern und Wirtschaftsprüfern.

II regelt den Versicherungsschutz bei einzelnen Anwälten als Berufsträger und bei Berufsträgern, die sich zu einer Sozietät/einfachen Partnerschaft zur gemeinschaftlichen Berufsausübung zusammenschließen, den Berufsausübungsgemeinschaften. II Ziff. 1 und Ziff. 2 definieren, wer als Sozius/Partner für die AVB-RSW gilt, unabhängig von der gesellschaftsrechtlichen Stellung im Innenverhältnis. Scheinsozien/Außensozien gelten damit als Sozien. II Ziff. 3 regelt, dass Umstände, die in der Person eines Sozius/Partners vorliegen und den Versicherungsschutz beeinflussen, für alle Sozien/Partner gelten.

III regelt den Versicherungsschutz für Berufsträgergesellschaften, die statt des einzelnen Anwalts/Steuerberaters/Wirtschaftsprüfers den Beruf nach außen hin ausüben. Berufsträgergesellschaften sind bei Anwälten die zugelassene Rechtsanwalts-GmbH und die Rechtsanwalts-AG, nicht aber die PartG mbB. Bei Steuerberatern und Wirtschaftsprüfern sind dies die anerkannten Beratungs- und Prüfgesellschaften. Darunter fallen die anerkannten Kapitalgesellschaften und die anerkannten Personengesellschaften wie Partnerschaften, gleich ob mit oder ohne Haftungsbeschränkung. Nicht darunter fällt die Sozietät/einfache Partnerschaft ohne Anerkennung. Sie sind immer Berufsausübungsgemeinschaften, da der einzelne Anwalt/

Steuerberater/Wirtschaftsprüfer selbst nach außen den Beruf ausübt, aber nicht die Sozietät/einfache Partnerschaft. III Ziff. 1 regelt den Versicherungsschutz für die Berufsträgergesellschaft und die dort tätigen Mitarbeiter. Die Gesellschaft hat Versicherungsschutz für die Verstöße der dort beruflich tätigen Mitarbeiter. Gleichfalls Versicherungsschutz haben die Mitarbeiter als mitversicherte Personen. III Ziff. 2 regelt die Zurechnung von Umständen, die den Versicherungsschutz gegenüber der Gesellschaft beeinflussen. III Ziff. 2 Satz 2 macht bei der wissentlichen Pflichtverletzung eine Ausnahme. Danach bleibt der Versicherungsschutz für die Gesellschaft und deren Mitarbeiter bestehen, wenn ein Angestellter eine wissentliche Pflichtverletzung begangen hat. Bei dem Angestellten kann der Versicherer nach § 7 III Ziff. 2 Rückgriff nehmen.

Änderungen zur Vorauflage der AVB-RSW, HV 60/06: 2

1. I Ziff. 1 2. Absatz: Streichen der gesetzlichen Regelung zu Erfüllungssurrogaten gemäß § 281 i.V.m. § 280 BGB.
   Grund: Der Verweis war unnötig.
   Folge: keine
2. III Ziff. 1: Ergänzung oder zugelassene Berufsträgergesellschaft
   Grund: III gilt nicht nur für Rechtsanwälte, sondern auch für Steuerberater/Wirtschaftsprüfer; sodass auch die anerkannten Berufsträgergesellschaften bei Steuerberatern/Wirtschaftsprüfern genannt sein müssen
   Folge: keine, allein Klarstellung

B. Versicherer

Nach I Ziff. 1 hat der Versicherer den Versicherungsschutz zu bieten. Der Versicherer muss 3 gemäß § 51 BRAO ein in Deutschland zum Geschäftsbetrieb befugtes Versicherungsunternehmen sein. Das BaFin erteilt die schriftliche Erlaubnis zum Geschäftsbetrieb des Versicherers. Bei Versicherern, die aus dem Europäischen Wirtschaftsraum stammen (EU mit Island, Liechtenstein oder Norwegen als Vertreter der EFTA, aber ohne die Schweiz) gilt eine Sonderregelung aufgrund des freien Kapitalverkehrs. Die Versicherer, die in ihrem Heimatland Versicherungen anbieten, können dies auch in Deutschland. Voraussetzung ist die Anzeige bei der BaFin im Wege des Notifizierungsverfahrens, um den sog. „Europäischen Pass“ zu erhalten.

C. Versicherungsnehmer

I. Gesetzliche Vorgaben

Nach I Ziff. 1 erhält der Versicherungsnehmer den Versicherungsschutz. Der Versicherungs- 4 nehmer ist der Vertragspartner des Versicherers. Das VVG selbst setzt den Begriff des Versicherungsnehmers voraus. Aufgrund privatautonomen Handelns können die Parteien grundsätzlich selbst bestimmen, wer Versicherungsnehmer ist. Es gelten jedoch die Vorgaben der BRAO. Gem. § 51 Abs. 1 BRAO ist der Rechtsanwalt verpflichtet, eine Berufshaftpflichtversicherung abzuschließen. Gleiches gilt gemäß § 59j Abs. 1 BRAO für die Rechtsanwalts-GmbH. Nicht erwähnt und damit gesetzlich nicht vorgesehen ist die Sozietät/einfache Partnerschaft. Gesetzlich vorgesehen ist damit bei Anwälten als Versicherungsnehmer allein der Rechtsanwalt als natürliche Person und die Rechtsanwalts-GmbH, zumindest im Pflichtversicherungsbereich. Die Rechtsanwalts-GmbH ist versicherungsrechtlich betrachtet eine anerkannte Berufsträgergesellschaft. Einen Sonderfall bildet die PartG mbB bei Anwälten. Sie ist zwar Versicherungsnehmerin, aber nicht Berufsträgerin.

5 Vielfach wird der Sozietät in der Form der BGB-Gesellschaft oder Partnerschaft die Fähigkeit zugesprochen Versicherungsnehmer sein zu können.[1] Die Eigenschaft würde sich aus der Teilrechtsfähigkeit[2] der Sozietät ergeben oder es muss einfach nur sichergestellt sein, dass der Anwalt Versicherungsschutz hat, der sich aus der Versicherung der Sozietät ableiten kann.[3] Die Teilrechtsfähigkeit bedeutet aber nur, dass der Mandatsvertrag mit der Sozietät zustande kommt und sie für die rechtsgeschäftlichen Verbindlichkeiten haftet. Die BRAO sieht die Sozietät nicht als Versicherungsnehmerin vor. Wenn man annehmen würde, dass die Sozietät der alleinige Versicherungsnehmer ist, müsste man auch eine Versicherung für fremde Rechnung mit den Sozien als versicherte Person im Pflichtversicherungsbereich konstruieren: §§ 43 ff VVG mit der Folge, dass die Sozietät als Versicherungsnehmerin auch über die Rechte bis hin zur Kündigung der Berufshaftpflichtversicherung des Anwalts verfügen kann, § 45 VVG. Ein mit dem Schutz des Anwalts und des Verbrauchers im Pflichtversicherungsbereich nicht vereinbares Ergebnis.

6 Die sog. Sozietätspolicen schaffen auch keine Abhilfe. Es ist üblich, dass bei diesen Policen die Sozietät eine einzige Versicherungspolice erhält. Daraus wird vermeintlich abgeleitet, dass die Sozietät die Versicherungsnehmerin ist und die Anwälte die versicherten Personen sind. Es handelt sich zwar formal um einen Versicherungsvertrag, aber versicherungsrechtlich besteht eine Sammelpolice. Die Sammelpolice bündelt alle einzeln bestehenden Versicherungen der Anwälte als eine Vielzahl von Versicherungsnehmern zum Versicherer. In der Regel geschieht dies unter einer einzigen Versicherungsnummer, um gegenüber der Sozietät unkompliziert und einfach die Versicherungsverträge abzuschließen und abzurechnen. Praktisch zeigt sich aber die Sammelpolice darin, dass der Versicherer die einzeln notwendigen Pflichtversicherungsbestätigungen gegenüber den Rechtsanwaltskammern aus der Police erstellt. Jede einzelne Bestätigung begründet einen selbständigen Versicherungsvertrag, entsprechend der gesetzlichen Vorgabe in § 51 Abs. 1 BRAO.

7 Die Vorgabe in der BRAO, wer Versicherungsnehmer ist, beschränkt sich aber auf den Pflichtversicherungsbereich. Oberhalb der Pflichtversicherung ist eine individuelle Regelung möglich, die in der Police entsprechend dokumentiert ist. Es bedeutet, dass die Sozietät Versicherungsnehmer sein kann und sie Versicherungsschutz hat. Die Sozien gelten als mitversichert für die persönliche Inanspruchnahme aufgrund gesellschaftsrechtlicher Haftung. Üblich ist daher bei größeren Kanzleien eine Grunddeckung, mindestens im Pflichtversicherungsbereich, für jeden Sozius als Versicherungsnehmer zu vereinbaren. Darüber hinaus vereinbart man eine echte Sozietätspolice als Exzedent, bei der die Sozietät die Versicherungsnehmerin ist.

II. Angestellte Anwälte ohne Außenauftritt/Syndikusanwälte

8 Angestellte Anwälte ohne Außenauftritt oder auch das Büropersonal haften nicht für Fehler bei der Mandatsbearbeitung gegenüber den Auftraggebern. Das Mandat schließt der Kanzleiinhaber oder die Sozietät selbst ab. Der Anspruch richtet sich ausschließlich gegen den Inhaber oder die Sozietät mit den in ihr tätigen Sozien/Scheinsozien. Der für die Zulassung als Anwalt erforderliche Versicherungsschutz versichert im Übrigen allein die Tätigkeit im eigenen Namen auf eigene Rechnung außerhalb der Kanzlei. Die angestellten Anwälte haben jedoch eingeschränkten Versicherungsschutz als mitversicherte Personen nach § 13 für Ansprüche, die unmittelbar gegen sie gerichtet sind, wenn sie in einer Kanzlei arbeiten; siehe hierzu § 13 Rn. 10 ff. Syndikusanwälte nach § 46 Abs. 2 BRAO benötigen keinen Versicherungsschutz für ihre Zulassung und wären im Übrigen auch nicht versichert, weil es sich um kein freiberufliche Tätigkeit handelt, siehe hierzu ausführlich A Ziff. 2.3 BBR-RA 70 ff.

---

1 Z.B. *Diller* § 1 Rn. 7; *K. Schmidt* NJW 2005, 2808; *Zacharias* AnwBl 2003, 681.
2 Maßgeblich die Rspr. seit BGH NJW 2001, 1056.
3 Henssler/Prütting/*Diller* BRAO § 51 Rn. 26.

D. Verstoß

I. Begriff des Verstoßes

§ 100 VVG bestimmt für die Haftpflichtversicherung, dass der Versicherer Versicherungsschutz für eine während der Versicherungszeit eintretende Tatsache gewähren muss. Diese Tatsache kann sein: das Schadensereignis, der Rechtsverstoß, der Planungsfehler, das Inverkehrbringen eines Produktes, die erstmalige Feststellung des Schadens, die Schadensmeldung oder auch der Verwaltungsakt, z.B. in der Betriebsschließungsversicherung, wenn die Aufsichtsbehörde ein Krankenhaus aufgrund Keimbelastung schließen lässt. Bei Anwälten und allgemein bei rechts- und wirtschaftsberatenden Berufen kommt als Versicherungsfall „trigger" in Betracht: das Schadensereignis (occurrence), der Verstoß (act committed) oder die Schadensmeldung (claims-made-Prinzip oder auch Anspruchserhebungsprinzip). 9

Das VVG legt bewusst nicht fest, welcher Vorgang in der Haftpflichtversicherung den Versicherungsfall darstellt.[4] Nach I Ziff. 1 besteht Versicherungsschutz für einen Berufsfehler entsprechend der Regelung in § 51 Abs. 1 BRAO, nach dem der Rechtsanwalt verpflichtet ist, eine Berufshaftpflichtversicherung zur Deckung der sich aus seiner Berufstätigkeit ergebenden Haftpflichtgefahren für Vermögensschäden abzuschließen. Der Berufsfehler ist damit der Verstoß (act committed), den der Versicherungsnehmer bei Ausübung seiner beruflichen Tätigkeit begangen hat. Es handelt sich um den Kern der Leistungsbeschreibung. Versichert ist allgemein das Risiko des Anwalts und der Mitversicherten, dass ein Dritter ihn aufgrund eines Berufsversehens in Anspruch nimmt. Der Verstoß ist dann konkret das Kausalereignis im Sinne des haftungsrelevanten Verhaltens des Versicherungsnehmers, das den Schaden verursacht. Es ist nicht die Geltendmachung oder der Eintritt des Schadens. Grundsätzlich ist bei der Berufshaftpflichtversicherung aber zu beachten, dass der Verstoß erst dann zu einer Leistungspflicht des Versicherers mit mindestens einer Abwehrleistung führt, wenn auch ein konkret drohender Vermögensschaden vorliegt. Andernfalls würde der Versicherer zu einem Aufsichtsorgan, was den Kammern obliegt. 10

Der Verstoß als Versicherungsfall ist weit zu verstehen. Jede Art einer Pflichtverletzung eines Anwalts oder eines Steuerberaters/Wirtschaftsprüfers kommt in Betracht, sei es ein Tun oder ein Unterlassen, unabhängig von der Qualität oder der Quantität der Verletzungshandlung. Allgemein gibt es gesetzliche Regelungen, die die verschiedenen Pflichten, die ein Anwalt bei seiner Berufsausübung zu beachten hat, näher konkretisieren. Wenn der Anwalt diese Pflichten verletzt, liegt regelmäßig auch im Versicherungsrecht ein Verstoß vor. Diese Pflichten sind aber selbstverständlich nicht abschließend. Die Kanzlei muss so organisiert sein, dass der Anwalt seinen Beruf ordentlich ausüben kann. Er ist verpflichtet, die für seine Berufsausübung erforderlichen sachlichen, personellen und organisatorischen Voraussetzungen in Kanzlei und Zweigstelle vorzuhalten, § 5 BORA. Er muss durch Anlegung von Handakten ein geordnetes Bild über die von ihm entfaltete Tätigkeit geben können, § 50 BRAO. Dazu gehört, dass er den Ablauf der Mandatsbeziehung von Anfang bis Ende strukturiert, wie die Aufteilung der Aufgaben zwischen Anwalt und Fachkraft, Kollisionskontrolle zu Altmandaten, Fristenkontrolle, auch Prüfungen nach dem Geldwäschegesetz, Zuordnung eines Neumandats zum entsprechenden Berufsträger etc. Bei allen organisatorischen Tätigkeiten besteht dann Versicherungsschutz über die Berufshaftpflichtversicherung, wenn es sich um die berufliche Tätigkeit des Anwalts selbst handelt und ein direkter Bezug zum jeweiligen Mandat vorliegt. Der Bezug fehlt dann, wenn es sich um berufsvorbereitende Maßnahmen handelt, die für jeden Dienstleister oder auch Produktionsbetrieb notwendig sind. 11

4 Prölss/Martin/*Lücke* § 100 Rn. 25.

12 Der Anwalt oder sein Fachpersonal sind z.B. dazu verpflichtet die Handakten anzulegen. Wenn durch ein Büroversehen die Handakte vernichtet wird, besteht Versicherungsschutz, soweit der Anwalt seiner anwaltlichen Berufstätigkeit nicht nachkommen kann, z.B. er eine Frist versäumt, die in der Handakte vermerkt war. Wenn die Handakte keinen Bezug zu einem konkreten Mandat hatte und lediglich der Sachwert vernichtet wurde, liegt ein nicht gedeckter Eigenschaden vor. Es kommt aber eine Deckung über § 15 in Betracht. Wenn die Aufgaben zwischen Fachpersonal und Anwalt falsch verteilt sind, besteht Versicherungsschutz für den Berufsfehler, da der Anwalt nach außen auftritt und das Fachpersonal zuarbeitet, wie Kontrolle der Fristen, Führen von gerichtlichen Mahnverfahren oder auch das Stellen von formalisierten Anträgen wie Prozesskostenhilfe. Wenn ein Mandat dem fachlich nicht geeigneten Berufsträger zugeordnet ist, ist dies selbstverständlich dann versichert, wenn der Berufsträger einen Fehler begeht. Der Verstoß liegt auch dann vor, wenn sich ein allgemeines Lebensrisiko verwirklicht, aber dieses Lebensrisiko zu einer anwaltlichen Pflichtverletzung führt, z.B. wenn der Anwalt einen Termin versäumt, weil er einen Unfall hat. Es kommt in diesem Beispiel nicht darauf an, warum der Anwalt den Termin versäumt hat, sondern dass der Anwalt grundsätzlich einen Termin nicht wahrgenommen hat und deshalb z.B. die an sich erfolgreiche Revision nicht mehr zulässig ist. Zu prüfen ist dann aber, ob auch ein Verschulden vorliegt.

13 Das besondere elektronische Anwaltspostfach (beA) soll die Kommunikation zwischen Anwälten, Gerichten, Behörden, Notaren, dem Schutzschriftenregister, Rechtsanwaltskammern sowie EGVP-Bürgerpostfächern erleichtern. Auf der Grundlage des § 31a BRAO muss ein Rechtsanwalt eine Kommunikation über das beA nur dann zulassen, wenn er hierfür einen Zugang erkennbar eröffnen will. Allein die Einrichtung dieses beA durch die BRAK reicht für die Annahme eines Zugangs nicht.[5] Wenn der Anwalt für einen Übermittlungsfehler haftet, der z.B. zu dem Verlust einer Forderung aufgrund Fristversäumnis führt, besteht grundsätzlich hierfür Versicherungsschutz. Der Versicherer prüft nicht, warum die Frist versäumt wurde, sondern dass die Frist versäumt ist. Die Sachlage ist damit vergleichbar, wenn der Anwalt technische Hilfsmittel, wie ein Fax, zur Übermittlung von Schriftsätzen einsetzt. Voraussetzung nach § 1 ist aber, dass ein schuldhafter Verstoß vorliegt. Dies ist im Einzelfall zu prüfen, ob nicht ein allgemeiner unverschuldeter technischer Fehler vorliegt.

14 Als grundsätzlich zu beachtende Pflichten kommen in Betracht:[6]

- Gewissenhaftigkeit; die §§ 43, 59 Abs. 2 Nr. 1a BRAO schreiben dem Anwalt vor, seinen Beruf gewissenhaft auszuüben. Näheres regelt die BORA, die die Anwälte zusammen mit den Kammern sich in ihrer Satzungsversammlung selbst geben.
- Wahrung der Unabhängigkeit als ein den freien Anwaltsberuf prägendes Element; §§ 1, 2 BRAO, § 1 BORA.
- Verschwiegenheit; §§ 43a Abs. 2 BRAO, 76 BRAO, § 2 BORA.
- Sachlichkeit; vgl. dazu §§ 43a Abs. 3, 43b BRAO.
- Verbot widerstreitende Interessen zu vertreten; § 43a Abs. 4 BRAO, § 3 BORA. Voraussetzung ist aber ein Verschulden.[7] Ein Verstoß dagegen kann auch ein Parteiverrat nach § 356 StGB sein. Der Anwaltsvertrag ist dann nichtig, § 134 BGB.[8]
- Umgang mit fremden Vermögenswerten; § 43a Abs. 5 BRAO, § 4 BORA; die Berufshaftpflichtversicherung deckt hier eine Pflichtverletzung ausnahmsweise als sog. Anderkontendeckung ab, obwohl regelmäßig kein Vermögensschaden bei Fehlüberweisungen von Mandantengeldern vorliegt, sondern ein vom gesetzlichen Umfang der Pflichtversicherung nicht

5 AnwGH Berlin NJW 2016, 2195.
6 Die Auflistung mit Anm. findet sich bei Feuerich/Weyland/*Böhnlein* § 59b Rn. 4–10.
7 LG Karlsruhe BRAK-Mitt. 2017, 33.
8 BGH NJW 2016, 2561.

abzusichernder Erfüllungsschaden, siehe Erfüllungsansprüche und Erfüllungssurrogate § 1 Rn. 135ff.
- Einrichten einer Kanzlei; § 27 BRAO, §§ 5, 24 Abs. 1 Nr. 2–4 BORA; danach hat der Anwalt organisatorische Maßnahmen zu treffen, um der Öffentlichkeit als rechtsuchendes Publikum den Willen des Rechtsanwalts zur Rechtsberatung zu offenbaren.[9]

II. Verstoßprinzip und claims-made-Prinzip

§ 51 BRAO verpflichtet den Rechtsanwalt eine Versicherung für die Dauer der Berufstätigkeit abzuschließen für alle Verstöße, die er während dieser Zeit begeht. Es bedeutet, dass die Versicherung jeden Verstoß decken muss, auch wenn der Anwalt den möglichen Schaden als Versicherungsfall erst nach Beendigung der Versicherung meldet oder der Schaden erst sehr viel später tatsächlich eintritt, die sog. unbegrenzte Nachmeldefrist. Aufgrund dieser Vorgabe hat sich im Pflichtversicherungsbereich in Deutschland das Verstoßprinzip als Versicherungsfall bei den Rechtsanwälten und im Übrigen auch bei den anderen wirtschaftsberatenden Berufen durchgesetzt. In den angelsächsischen Ländern gibt es dagegen bei den Berufshaftpflichtversicherungen das claims-made-Prinzip. Der maßgebliche Unterschied liegt in der Leistungspflicht für Versicherungsfälle, die der Versicherungsnehmer nach Ablauf des Versicherungsvertrags meldet. Beim Verstoßprinzip leistet der Versicherer, wenn der Verstoß in die materielle Vertragslaufzeit fällt. Unter Umständen leistet er noch nach Jahrzehnten, nachdem der Vertrag beendet wurde oder ein Wechsel des Versicherers stattgefunden hat. Beim claims-made-Prinzip in seiner reinen Form hingegen leistet immer der Versicherer, in dessen Vertragslaufzeit die Meldung des Schadens fällt, unabhängig davon, ob der Anwalt den Verstoß vor oder während der Vertragslaufzeit begangen hat. Der Versicherer kann nach Ende der Vertragslaufzeit sofort feststellen, ob der Vertrag Gewinne oder Verluste gebracht hat. In der Praxis gibt es zahlreiche Abwandlungen von der reinen Form des claims-made-Prinzips. Man kann z.B. eine Nachmeldefrist vereinbaren, in der die Verstöße nach Ablauf des Versicherungsvertrags noch gemeldet werden können, wobei der Verstoß aber grundsätzlich in die materielle Vertragslaufzeit fallen muss. Man kann aber auch den rückliegenden Zeitraum, in der die Verstöße begangen wurden, auf einen bestimmten Zeitraum statt einer unbegrenzten Rückwärtsdeckung einschränken. Man bezeichnet dies als retro-active-insurance bzw. retro-active-date.[10] 15

Das claims-made-Prinzip ist auch im Pflichtversicherungsbereich möglich. Eine claims-made-Klausel ist keine überraschende Klausel. Das Verstoßprinzip ist eine Anknüpfungsmethode, ist aber nicht die einzig denkbare und mögliche. Es muss kein Gleichlauf zwischen Haftung und Deckung bestehen.[11] Das claims-made-Prinzip im Pflichtversicherungsbereich bei Rechtsanwälten bedeutet aber, dass eine unbegrenzte Nachmeldefrist vereinbart sein muss, da die Pflichtversicherung jeden Verstoß des Anwalts während der Versicherungslaufzeit decken muss. Im Ergebnis würde dann eine Verstoßdeckung mit Rückwärtsversicherung vorliegen. 16

III. Unterschiede Claims-made-Deckung und Verstoßdeckung

Die Berufshaftpflichtversicherung hat in der Regel eine dreijährige Laufzeit mit einer automatischen Verlängerung um ein Jahr. Beim claims-made-Prinzip gibt es in der Regel eine einjäh- 17

9 BGH NJW 2005, 1420.
10 *Schramm*/Armbrüster/Baumann/Gründl, Das Anspruchserhebungsprinzip: Ein Deckungskonzept in der Haftpflichtversicherung zur zeitlichen Abgrenzung des Versicherungsschutzes, S. 286ff.
11 OLG München VersR 2009, 1066–1068ff.; zum D&O-Versicherungsschutz: *Graf v. Westphalen* VersR 2009, 145ff; *Loritz/Hecker* VR 2012, 385ff.

rige Vertragslaufzeit.[12] Die Vertragsverhandlungen sind hier zwischen Versicherer und Makler/ Versicherungsnehmer jährlich neu zu führen auf der Grundlage des Ergebnisses der abgelaufenen Jahre. Der Versicherer erneuert den Vertrag in der Regel nicht bei einem ungünstigen Schadenverlauf oder nur zu deutlich risikoangemesseneren Prämien. Beim Verstoßprinzip hat der Versicherer einen Anspruch abzuwehren oder auch zu leisten, auch wenn die Kanzlei nicht mehr Versicherungsnehmer ist, aber der Verstoß in die Vertragslaufzeit fällt.

18 Die Versicherungssumme steht beim Verstoßprinzip für alle Verstöße im jeweiligen Verstoßjahr zur Verfügung. Das claims-made-Prinzip beinhaltet die Maximierung für das laufende Versicherungsjahr und zwar für alle Verstöße, die die Kanzlei dem Versicherer in diesem Jahr meldet, d.h. die Maximierung gilt für alle Verstöße aus den früheren Jahren, gleich in welchem Jahr der Anwalt den Verstoß begangen hat. Es bedeutet, dass die Kanzlei umfassend über mögliche Verstöße Auskunft geben muss, da auf dieser Grundlage die Prämie berechnet wird. Auf der anderen Seite ist die Berechnung der Höhe der Versicherungssumme beim claims-made-Prinzip aktueller und besser am Bedarf ausgerichtet als beim Verstoßprinzip. Hier können Entwicklungen rückwirkend für die Vergangenheit auftreten, die bei Vereinbarung des Vertrags nicht vorhersehbar sind. Beispiel hierfür ist die Notarversicherung, weil Haftungsfälle kurz nach der Wiedervereinigung in den 90er Jahren des 20. Jahrhunderts auftraten, die sich aber erst ca. 10–15 Jahre später als Schäden bemerkbar machten. Wenn der Versicherungsnehmer Bedarf erkennt und nach dem Verstoßprinzip versichert ist, hat er eine Rückwärtsdeckung abzuschließen, die aber nicht die bekannten, sondern nur unbekannte, ggf. bereits begangene Verstöße, sog incurred but not reported, sog. IBNR-Schäden, umfassen kann, wie es die Rückwärtsversicherung nach § 2 II vorsieht.

19 Der versicherte Zeitraum umfasst beim Verstoßprinzip die Zeit ab Vertragsbeginn mit einer unbegrenzten Nachmeldefrist. Alle Verstöße, die in die jeweiligen Versicherungsjahre fallen, sind versichert. Das claims-made-Prinzip umfasst in der reinen Form alle Verstöße, die vor Versicherungsbeginn liegen und alle Verstöße, die in das Versicherungsjahr fallen. Danach hat die Kanzlei die Nachmeldefrist beim claims-made-Prinzip gesondert zu vereinbaren, insbesondere gilt dies für alle ausgeschiedenen oder nicht mehr aktiven Anwälte einer Kanzlei. Sie haften analog § 160 HGB auch für Verstöße, wenn sie nicht mehr Teil der Kanzlei sind, siehe zur gesellschaftsrechtlichen Haftung § 1 Rn. 296ff.

20 Die Kosten der Rechtsverteidigung, ob bei begründeten oder unbegründeten Haftpflichtansprüchen stehen beim Verstoßprinzip zusätzlich zur Versicherungssumme zur Verfügung. Übersteigt der geltend gemachte Haftpflichtanspruch die Versicherungssumme, trägt der Versicherer die Gebühren und Pauschsätze nur nach der der Versicherungssumme entsprechenden Wertklasse, § 3 Ziff. 5, „Kosten exklusive“. Beim claims-made-Prinzip umfasst die Versicherungssumme regelmäßig bereits die Kosten für die Rechtsverteidigung, „Kosten inclusive“.

IV. Wechsel der Versicherungsfälle

21 Der Wechsel von einem Versicherungsfallprinzip zum anderen ist nur beim Wechsel vom Verstoßprinzip zum claims-made-Prinzip unproblematisch. Wenn der Versicherungsnehmer vom Verstoßprinzip zum claims-made-Prinzip wechselt, hat er Versicherungsschutz für alle Verstöße, gleich wann sie begangen oder gemeldet werden. Wenn die Kanzlei vom claims-made-Prinzip zum Verstoßprinzip zurückkehren will, besteht eine Deckungslücke. Die beendete claims-made-Deckung deckt nur Schäden ab, die bis zum Ende des laufenden Versicherungsjahres gemeldet werden. Die Verstoßdeckung deckt nur Versicherungsfälle für die Zukunft ab. Um

12 Ausführlich *Diller* Einl. Rn. 109ff; *Grams* AnwBl. 2003, 209; *Kouba* BRAK-Mitt. 2002, 165; *Meßmer* VW 1988, 294; zu internationalen Versicherungsprogrammen von Kanzleien und der Kombination mit deutschem Verstoßprinzip und englischem claims-made-Prinzip, *Bräuer* AnwBl 2015, 88ff.

die Lücke zu schließen, kann die Kanzlei entweder mit dem claims-made-Versicherer eine Nachmeldefrist, sog. extended reporting period, vereinbaren, die aber unbegrenzt sein sollte oder aber sie kann eine Rückwärtsversicherung bei dem neuen Verstoß-Versicherer abschließen. Zuweilen vereinbaren die Kanzleien vorab die Konditionen für eine zukünftige Rückwärtsversicherung mit deutschen Versicherern nach dem Verstoßprinzip, um leichter vom claims-made-Prinzip zum Verstoßprinzip wechseln zu können.

V. Kombination aus Verstoßprinzip und claims-made-Prinzip

Für Kanzleien mit Auslandsniederlassungen ist die Kombination aus beiden Prinzipien aber oft die einzige Möglichkeit einen kompletten gemeinsamen Versicherungsschutz für die Muttergesellschaft und die Tochtergesellschaft zu erlangen, wenn eine Niederlassung in einem Land mit claims-made-Prinzip ihren Sitz hat. Die Tochtergesellschaft versichert sich vor Ort nach good-local-standard nach dem claims-made-Prinzip. Der Versicherer der Muttergesellschaft in Deutschland versichert dann als Exzedentenversicherung mit Verstoßprinzip die Deckungsstrecke, die oberhalb des lokalen Versicherungsschutzes liegt. Sie gilt für alle Versicherungsfälle im In- und Ausland gemeinschaftlich und stellt eine einzige gemeinsame Versicherungssumme für In- und Auslandsfälle zur Verfügung. Die Programmklausel, sog. construction clause, im Hauptvertrag der Muttergesellschaft stellt sicher, dass der Versicherungsfall „claims-made“ der Kanzleitochter auch gleichzeitig ein Versicherungsfall des Hauptvertrages mit „Verstoßprinzip“ ist. Die Programmklausel garantiert dann darüber hinaus, dass für alle Versicherungsfälle diese gemeinsame Versicherungssumme besteht. Bezogen auf die Versicherungssumme spricht man zuweilen von einer One-Tower-Lösung statt einer Two-Tower-Lösung. 22

Für Großkanzleien mit sehr hohem Versicherungsbedarf kommt die Kombination aus beiden Versicherungsprinzipien ebenfalls in Betracht.[13] Der Grund hierfür liegt in der Regel im Preis. Die Pflichtversicherung oder auch etwas höhere Deckung besteht in Deutschland abgedeckt durch eine Verstoßdeckung, die Anschlussdeckung ist abgedeckt durch eine claims-made-Deckung, die zumeist am Londoner Versicherungsmarkt platziert ist. Versicherer sind dabei prozentual an unterschiedlichen Deckungsstrecken, den Layern, unter einem führenden Versicherer beteiligt. 23

E. Berufliche Tätigkeit des Anwalts

Versicherungsschutz besteht nach § 1 nur dann, wenn es sich um eine berufliche Tätigkeit handelt, § 51 BRAO. Nicht versichert ist demnach eine rein private Tätigkeit, der Anwalt muss als Freiberufler tätig sein und es muss sich um eine anwaltliche Tätigkeit handeln. Der letzte Punkt bestimmt den Deckungsumfang und ist in der Praxis entscheidend, ob der Anwalt für seine konkrete Tätigkeit versichert ist, zur Eigenschaft als Freiberufler siehe B Satz 1 BBR-RA Rn. 3.

I. Abgrenzung private und berufliche Tätigkeit

Bei der Tätigkeit nach I Ziff. 1 Satz 1 muss es sich um eine berufliche Tätigkeit handeln. Die berufliche Tätigkeit liegt nicht vor, wenn der Anwalt privat handelt oder wenn die Tätigkeit keinen Bezug zum Mandat aufweist. Privat handelt der Berufsträger regelmäßig dann, wenn es sich um ein reines Gefälligkeitsverhältnis handelt. Der Anwalt haftet grundsätzlich in diesem Fall nicht, da ein Rat oder eine Empfehlung vorliegt, § 675 Abs. 2 BGB. Bei Ansprüchen aus behaupteten Gefälligkeitsverhältnissen besteht aber zumindest Abwehrschutz wie bei jeder Haft- 24

13 *Bräuer* AnwBl 2015, 88 ff; *Diller* Einl. Rn. 109.

pflichtversicherung, da sich die vorwerfbare Pflichtverletzung auf eine berufliche Tätigkeit bezieht.[14] Das erste Indiz für eine Gefälligkeit ist die Unentgeltlichkeit der Beratung. Des Weiteren ist insbesondere zu prüfen, ob ein Rechtsbindungswillen des Anwalts vorliegt. Er liegt vor und damit regelmäßig ein Anwaltsvertrag, wenn der andere unter den gegebenen Umständen nach Treu und Glauben mit Rücksicht auf die Verkehrssitte auf einen solchen Willen des Anwalts schließen musste. Es kommt darauf an, wie sich dem objektiven Beobachter das Handeln des Anwalts darstellt.[15] Kriterien sind das sozialübliche Verhalten, der Umfang und die Bedeutung der Angelegenheit oder auch der Ort der Leistung. Der andere trägt für das Vorliegen eines Anwaltsvertrags die Beweislast, wenn er Schadensersatz wegen einer Pflichtverletzung des Anwalts fordert.[16] Ein anwaltlicher Auskunftsvertrag liegt vor, wenn die Auskunft für den Empfänger erkennbar von erheblicher Bedeutung ist und er sie zur Grundlage wesentlicher Entschlüsse machen will; dies gilt insbesondere in Fällen, in denen der Auskunftsgeber besonders sachkundig ist oder ein eigenes wirtschaftliches Interesse hat.[17]

II. Anwaltliche und nicht-anwaltliche Berufstätigkeit

25 Außerordentlich wichtig ist die Abgrenzung zwischen der anwaltlichen und der nicht anwaltlichen Tätigkeit des Berufsträgers. Der Anwalt ist allein für die anwaltlichen Tätigkeiten versichert. Er darf allein nach dem RVG für seine anwaltlichen Tätigkeiten abrechnen, § 1 RVG. Er unterliegt Tätigkeitsverboten als Anwalt, wenn er zuvor in anderer Funktion tätig war, §§ 45, 46 BRAO.

26 An Bedeutung verloren hat die Abgrenzung bei der Verjährung von Ansprüchen. Nach der besonderen Regelung des § 51b BRAO a.F. mit Primär- und Sekundärverjährung, der bis zum 14.12.2004 galt, verjährten Ansprüche aus anwaltlicher Tätigkeit unabhängig von ihrer Kenntnis nach 3 Jahren ab Entstehung des Schadensersatzanspruchs. Die Rechtsprechung entwickelte deshalb auch die Pflicht des Anwalts, seinen Mandanten auf mögliche Regressansprüche gegen ihn hinzuweisen und dem Mandanten zu helfen, diese Ansprüche zu sichern und zu verfolgen. Die Abgrenzung ist zumindest in der höchstrichterlichen Rechtsprechung aufgrund der vielfach mehrstöckigen Verjährungen von Primär- und Regressansprüchen und den langen Prozesszeiten immer noch aktuell. Seit dem Gesetz zur Anpassung von Verjährungsvorschriften an das Gesetz zur Modernisierung des Schuldrechts vom 9.12.2004 gilt die Regelverjährung nach §§ 195, 199 Abs. 1 BGB. Der alte § 51b BRAO wurde gestrichen.

1. Abgrenzungskriterien

27 Die Versicherungsbedingungen und Risikobeschreibungen der Versicherer setzen den Begriff anwaltliche Tätigkeit voraus, grenzen ihn negativ durch Ausschlüsse ab und erweitern den Begriff positiv in der Risikobeschreibung. Nach § 1 besteht Versicherungsschutz ganz grundlegend für Berufsfehler. § 4 allgemein und A Ziff. 2 BBR-RA speziell für Anwälte schließen bestimmte Bereiche negativ von der Deckung aus. Nach B Ziff. 1 BBR-RA wiederum sind gerade die amtsähnlichen oder persönlichen Tätigkeiten als nicht-anwaltliche Tätigkeiten wieder mitversichert. Grundsätzlich gilt, dass es sich bei der Berufshaftpflichtversicherung um eine Versicherung handelt, deren Versicherungsgegenstand dynamisch ist. Die Versicherung folgt dem sich wandelnden Berufsbild des Anwalts. Einerseits ist die Versicherung offen für Veränderungen und der Anwalt benötigt keine bestätigenden Nachträge zum aktuellen Versicherungsschutz,

14 HBAnw/*Chab* § 18 Rn. 33.
15 OLG Düsseldorf BeckRS 2006, 06931.
16 Borgmann/*Jungk*/Schwaiger § 9 Rn. 22.
17 BGH NJW 1992, 2082; BGH WM 2004, 1827.

andererseits ist das jeweilige Bild der Berufstätigkeit die Grenze des Deckungsumfangs, alle anderen Tätigkeiten fallen nicht unter den Versicherungsschutz.[18]

Die Gesetze und Gesetzgebungsmaterialien zur Berufsausübung von Anwälten geben jeweils für ihren Regelungszweck und Regelungsbereich Hinweise, was die anwaltliche Tätigkeit umfassen soll. Das anwaltliche Berufsrecht ist vor allem in der BRAO geregelt. § 3 BRAO beschreibt den Kernbereich des Anwaltsberufs: Der Anwalt ist der berufene unabhängige Berater und Vertreter in allen Rechtsangelegenheiten und er kann vor allen Gerichten, Schiedsgerichten oder Behörden auftreten. Das RDG regelt die Befugnis, außergerichtliche Rechtsdienstleistungen zu erbringen. Es dient dazu, die Rechtsuchenden, den Rechtsverkehr und die Rechtsordnung vor unqualifizierten Rechtsdienstleistungen zu schützen, § 1 Abs. 1 RDG. Das RDG ist auch anwendbar, wenn die Rechtsdienstleistung ausschließlich aus einem anderen Land erbracht wird und sie deutsches Recht betrifft, § 1 Abs. 2 RDG. Eine fragliche Rechtsdienstleistung ist also auch nach dem RDG zu beurteilen, wenn sie aus dem Ausland erbracht wird, ohne dass der Dienstleister in Deutschland ansässig ist. Nach § 2 Abs. 1 RDG ist eine Rechtsdienstleistung eine Tätigkeit in konkreten fremden Angelegenheiten, die eine rechtliche Prüfung des Einzelfalls erfordert. § 2 Abs. 2 RDG zählt die Inkassotätigkeit als Rechtsdienstleistung auf. Das Steuerrecht grenzt die freiberufliche anwaltliche Tätigkeit von der gewerblichen Tätigkeit ab, weil der Anwalt Einkünfte aus selbständiger Arbeit hat. Er ist Freiberufler, § 18 Abs. 1 Nr. 1 Satz 2 EStG, und geht keinem Gewerbe nach. Daher ist auch eine rechtsberatende GmbH & Co.KG für Anwälte als Berufsgemeinschaft unzulässig.[19] Das RVG regelt die Vergütung, Gebühren und Auslagen, für anwaltliche Tätigkeiten. Das RVG gilt aber gerade nicht für die amtsähnlichen oder persönlichen Tätigkeiten, die der Anwalt häufig ausübt, aber nicht dem Anwalt vorbehalten sind, § 1 Abs. 2 RVG. Das anwaltliche Gebührenrecht soll nur bei der Kerntätigkeit des Anwalts i.S.d. §§ 1–3 BRAO Anwendung finden.[20] Die Treuhandtätigkeit kann z.B. im Einzelfall eine versicherte anwaltliche Tätigkeit sein, aber der damalige § 1 Abs. 2 BRAGO schloss gerade die Abrechnung nach dem anwaltlichen Gebührenrecht hierfür aus.[21] Das RVG gilt nicht bei einer Vermögensverwaltung, da sie nicht zur Berufstätigkeit eines Rechtsanwalts gehört.[22] 28

Der Gesetzgeber hat den Begriff der anwaltlichen Tätigkeit bei dem Entwurf zur damaligen BRAGO nicht definiert und ihn für die Rechtsprechung offengelassen. Daher hat die Rechtsprechung entscheidende Bedeutung. Die Rechtsprechung entscheidet zumeist nur im Hinblick auf die entsprechende Teilfrage und nicht zum Versicherungsrecht. Sie entscheidet meist zu Fragen des Gebührenrechts, der Verjährung oder zur Haftung und selten zur Versicherung, ob Deckungsschutz besteht. Die Entscheidungen zeigen, dass man die jeweiligen Abgrenzungskriterien nicht ungeprüft übernehmen darf. Die Rechtsprechung ist vielmehr im jeweiligen Zusammenhang zu werten und welche speziellen Kriterien für die typischen Nebentätigkeiten von Anwälten wie Treuhand, Maklertätigkeit, Anlageberatung und Vermögensverwaltung etc. gelten. Nicht zu unterschätzen ist aber auch der informelle Beitrag der Versicherer zusammen mit den Maklern und Anwälten selbst. Die Beteiligten klären hierbei im Vorfeld, ob eine bestimmte konkrete Tätigkeit unter den Versicherungsschutz „anwaltlicher Beruf" fällt. Unter Umständen gelangt dies abstrakt in die Versicherungsbedingungen für Kanzleien mit diesem Bedarf. 29

Abgrenzungsprobleme gibt es dort, wo Anwälte die Angelegenheiten ihrer Mandanten wirtschaftlich abwickeln oder fortentwickeln, die sie vorher rechtsberatend begleitet haben. Es bedarf für die wirtschaftliche Abwicklung keiner juristischen Ausbildung mehr, aber die Abwicklung hängt unmittelbar mit der vorher durchgeführten Beratungsleistung und der Vertrauens- 30

18 Gräfe/*Brügge* B Rn. 148.
19 BVerfG NJW 2012, 993.
20 Gerold/Schmidt/Müller-Rabe/*Müller-Rabe* § 1 Rn. 22.
21 BGH NJW 1993, 199.
22 BGH NJW 1967, 876 zum damaligen § 3 Abs. 1 Satz 1 BRAGebO, der Schriftform erforderte.

stellung des Anwalts zusammen, z.B. wenn der Anwalt treuhänderisch tätig wird, um den zuvor rechtlich ausgearbeiteten Kaufvertrag abzuwickeln. Gleichfalls problematisch ist, wenn die gesamten Tätigkeiten des Berufsträgers ineinander übergehen, wie z.B. bei umfassenden Due Diligence Prüfungen, die die interprofessionellen Kanzleien für Investoren als rechtliche, steuerrechtliche und wirtschaftliche Gesamtlösung anbieten. Ein anderes ähnliches Problem tritt auf, welches Berufsrecht gelten soll, wenn in einer interprofessionellen Kanzlei die Berufsträger handeln oder wenn ein Berufsträger doppelt oder mehrfach qualifiziert ist, also z.B. ein Anwalt auch Wirtschaftsprüfer ist. Dabei ist im Ergebnis bei Vorbehaltsaufgaben wie der Rechtsberatung die Zulassung des Berufsträgers maßgeblich und bei Gemeinschaftsaufgaben wie der Steuerberatung, wer tatsächlich handelt, siehe dazu ausführlich § 1 Rn. 342ff.

2. Gesamtbetrachtung

31 Im Ergebnis ist nach der neueren Rechtsprechung eine anwaltliche Tätigkeit schon dann anzunehmen, wenn die anwaltsuntypische Aufgabe so eng und unmittelbar mit der Rechtsberatung zusammenhängt, dass sie ebenfalls Rechtsfragen aufwirft.[23] Entscheidend und wichtig für die Berufshaftpflichtversicherung ist dann die Folge dieser Annahme. Die gesamte Tätigkeit ist dann regelmäßig anwaltlicher Art und nicht nur der unbestrittene Teil einer Rechtsberatung. So ausdrücklich zu einem Steuerberaterfall: Die Trennung der Beauftragung des Bauherren-Treuhänders in einen unternehmerischen und in einen steuerberatenden Teil ist nicht möglich.[24] Damit ist die gesamte Tätigkeit eine versicherte Berufstätigkeit, auch in den Teilen, die berufsnah sind, aber eigentlich nicht anwaltlicher Art sind.

32 Die frühere Rechtsprechung sah im Wesentlichen dann einen Anwaltsvertrag als gegeben an, wenn der objektiv festzustellende Schwerpunkt der konkreten Tätigkeit rechtsberatend und rechtsgestaltend ist.[25] Es ist danach zu unterscheiden, ob die Aufgabe rechtlichen Beistand zu leisten im Vordergrund steht oder ob sie bei der Durchführung des erteilten Auftrags zurücktritt, als unwesentlich erscheint und im Ergebnis keine praktisch ins Gewicht fallende Rolle spielt. Gegen das Vorliegen einer anwaltlichen Tätigkeit sprach es ferner, wenn die betreffende Aufgabe in der Regel oder mindestens in erheblichem Umfang auch von Angehörigen anderer Berufe wahrgenommen wird.[26] Maßgeblich war der Inhalt der Aufgabe, die dem Anwalt übertragen und von diesem durchgeführt wird.

33 Die neuere Rechtsprechung stellt auf den Bezug zu einer Rechtsberatung ab. Ein Anwaltsvertrag liegt auch dann vor, wenn die Rechtsberatung und -vertretung nicht den Schwerpunkt der Tätigkeit bilden. Die anwaltliche Tätigkeit besteht daher auch dann, wenn die anwaltsfremden Tätigkeiten überwiegen. Es kommt maßgeblich darauf an, ob sie in einem engen inneren Zusammenhang mit der rechtlichen Beistandspflicht stehen und Rechtsfragen aufwerfen können. Etwas anderes gilt nur dann, wenn die Rechtsberatung und -vertretung völlig in den Hintergrund treten und deswegen als unwesentlich erscheinen.[27] Diese objektive Betrachtung ergänzt die Rechtsprechung durch subjektive Elemente. Im Zweifel ist, sofern nicht deutliche und zwingende Gründe entgegenstehen, davon auszugehen, dass, sofern ein Anwalt mit der Vermittlung eines Kaufvertrags beauftragt ist, er eben in dieser Eigenschaft zugezogen wird, also von ihm erwartet wird, dass er bei seinem Tätigwerden insbesondere auch die rechtlichen Interessen betreut, wobei jedoch maßgebend ist, wie die Willenserklärung redlicherweise unter den

23 BGH NJW 2004, 1169.
24 OLG Hamm LS 2 DStR 1993, 18792.
25 HBAnw/*Rinkler* § 1 Rn. 160.
26 BGH NJW 1980, 1855; BGH NJW 1970, 1189.
27 BGH NJW 2004, 1169; BGH NJW 1998, 3486; BGH WM 1999, 1846, 1848; BGH WM 2001, 744, 745.

bekannten Umständen nach Treu und Glauben unter Berücksichtigung der Verkehrssitte vom Anwalt verstanden werden darf.[28]

Speziell zur Berufshaftpflichtversicherung gilt, dass eine typischerweise berufsfremde Tätigkeit dann unter den Versicherungsschutz der Berufshaftpflichtversicherung fallen kann, wenn der Anwalt neben der wirtschaftlichen Tätigkeit auch die ihm als Anwalt obliegende rechtsberatende Funktion wahrnimmt. Dies kann gerechtfertigt sein, wenn die anwaltliche Beratung gegenüber der eigentlich berufsfremden Tätigkeit den Schwerpunkt des Mandats bildet und im Vordergrund steht. Bei einer umfassend angelegten Tätigkeit, die neben wirtschaftlichen Aspekten auch rechtliche Bereiche umfasst, ist entscheidend, wo nach dem Willen der Beteiligten der Schwerpunkt der vertraglichen Verpflichtung liegen soll.[29] **34**

Diese objektiv-subjektive Rechtsprechung, die für die gesamte Aufgabe eine anwaltliche Tätigkeit im Zweifel annimmt, sofern ein gewisser Bezug zu einer Rechtsberatung vorliegt und der Mandant einen Rechtsanwalt auch für die berufsfremden Aufgaben beauftragen wollte, ist für die Deckungsfrage der Berufshaftpflichtversicherung und dem Schutz der Mandanten nicht unproblematisch.[30] Speziell für den Bereich der Berufshaftpflichtversicherung ist eine anwaltliche Tätigkeit und damit Deckungsschutz aus der Berufshaftpflichtversicherung auch für die nicht - anwaltlichen Elemente gegeben.[31] Denkbar wäre es auch danach abzugrenzen, ob der konkrete schadenstiftende Verstoß der Rechtsberatung oder der sonstigen unternehmerischen Tätigkeit des Anwalts zuzuordnen ist.[32] Diese Trennung findet auch gerade bei bestimmten berufsnahen Tätigkeiten statt. Bei der Steuerberatung/Buchführung durch einen Anwalt trennt man zwischen der versicherten anwaltlichen Tätigkeit und der nicht versicherten Buchführungstätigkeit, siehe hier § 1 Rn. 92. Des Weiteren ist zu beachten, dass sich Mandate erst entwickeln und ändern können. Wenn der Anwalt die Treuhand für einen Mandanten aus einer Erbschaft übernimmt, bei der er zuvor anwaltlich tätig war, und die Treuhand zum absoluten Hauptgeschäft des Anwalts führt, würde aus der ex-ante Sicht Deckungsschutz bestehen, da überwiegend Rechtsberatung und ex-post kein Deckungsschutz, da ganz überwiegend eine anwaltsfremde Tätigkeit besteht. Es führt dazu, dass der Anwalt und auch der Versicherer am Beginn einer Tätigkeit keine Aussage treffen können, ob Deckungsschutz besteht, da sich erst im Nachhinein herausstellt, ob die Rechtsberatung maßgeblich die Geschäftsbeziehung geprägt hat. Im Zweifel wird man dann doch zwischen der versicherten anwaltlichen Beratung und der nicht versicherten sonstigen Dienstleistung unterscheiden. **35**

3. Erlaubte Tätigkeit

Die Grenze der Deckung besteht immer dann, wenn es sich um rechtswidrige Tätigkeiten handelt. Der Versicherungsschutz besteht nur dann, wenn die Tätigkeit an sich erlaubt ist. Wenn der Anwalt einen Fehler bei einer Tätigkeit begeht, die gegen anwaltliche Berufsverbote verstößt, besteht kein Versicherungsschutz. Eine verbotene Tätigkeit ist keine anwaltliche Tätigkeit, sondern schlichtweg nicht erlaubt. Dies ergibt sich schon aus der Regelung zur Rechtsberatung bei Steuerberatern. Nach IV B BBR-S besteht ausnahmsweise Versicherungsschutz für die an sich nicht dem Steuerberater erlaubte Rechtsberatung, soweit er die Grenzen der erlaubten Rechtsberatung i.S.d. § 5 RDG nicht bewusst überschritten hat. Es bedeutet dann, dass sonstige **36**

28 OLG Hamm NJW-RR 1995, 951; BGH NJW 1992, 682; BGH NJW 1980, 1856; BGH NJW 1985, 2642.
29 OLG Düsseldorf NVersZ 1998, 132 mit Nachweisen zur früheren und aktuellen BGH-Rspr.
30 HBAnw/*Chab* § 18 Rn. 36 lehnt grundsätzlich die Rspr. ab mit weiteren Nachweisen.
31 *Jungk* AnwBl 2004, 117.
32 Vgl. auch OGH VersR 1993, 84; der Oberste Gerichtshof (OGH) in Österreich hatte entschieden, dass der Versicherer nur die Tätigkeiten decken muss, die sich aus der anwaltlichen Tätigkeit ergeben.

nicht erlaubte Tätigkeiten nicht versichert sind, gleich wer diese Tätigkeiten ausübt und um welche Tätigkeiten es sich handelt.[33]

4. Anwendung anwaltlichen Berufsrechts auf berufsnahe Teiltätigkeit

37 Wenn es sich um eine berufliche Tätigkeit eines wirtschaftsberatenden Berufs handelt, ist Rechtsfolge, dass das Berufsrecht des Berufsträgers auf die gesamte Tätigkeit anzuwenden ist, dabei aber nicht im Gesamten, sondern je nach Einzelfall und im Gesamtzusammenhang. Die Rechtsprechung hat hierzu für einen Insolvenzverwalter als Rechtsanwalt entschieden, dass auf die Berufsordnung des Rechtsanwalts zurückzugreifen ist, weil er als Anwalt in einem Insolvenzverfahren gehandelt hat und auf die Berufsordnung zurückzugreifen ist, welcher der Berufsträger angehört.[34] Siehe dazu auch für den Anwalt als Insolvenzverwalter B Ziff. 1.1 BBR-RA Rn. 30. Man greift daher im Kern auf diejenige Berufsordnung zurück, welcher der Berufsträger angehört. Weil es aber nicht die Kerntätigkeit des jeweiligen Berufsträger ist, gilt nicht uneingeschränkt das gesamte Berufsrecht. Maßgeblich für die Übertragung der berufsrechtlichen Anforderungen auf die sonstige Tätigkeit der Berufsträger sind die Grundsätze der Berufsausübungsfreiheit und das Verhältnismäßigkeitsprinzip. Zu beachten ist, dass der Anwalt den anwaltlichen Berufspflichten nur dann unterliegen kann, wenn er gleichzeitig als Anwalt auftritt. Wenn er nicht anwaltlich haften will, sollte der Berufsträger den Titel „Rechtsanwalt" bei seiner Tätigkeit nur dann führen, wenn dies erforderlich ist.

Zum gesamten Komplex der Abgrenzung anwaltlich und nicht-anwaltlich sind Fallgruppen angebracht. Im Folgenden:

III. Treuhand

Anwälte treten als Treuhänder aufgrund ihrer besonderen Vertrauensstellung auf.

1. Rechtliche Einordnung

38 Treuhandverträge bilden ein gesetzlich nicht geregeltes rechtsgeschäftliches Schuldverhältnis.[35] Wenn es entgeltlich ist, handelt es sich um einen Geschäftsbesorgungsvertrag, wenn es unentgeltlich ist, handelt es sich um einen Auftrag. Der Treugeber überträgt dem Anwalt als Treuhänder Vermögensrechte, wie z.B. eine Beteiligung oder räumt ihm Rechtsmacht über einen Vermögensgegenstand ein, z.B. am Eigentum. Im Außenverhältnis kann die Verfügungsmacht nicht beschränkt werden, § 137 Satz 1 BGB. Der Anwalt darf von der eingeräumten Verfügungsmacht im Innenverhältnis nicht zu seinem eigenen Vorteil Gebrauch machen. Er ist vielmehr durch die schuldrechtliche Treuhandabrede im Innenverhältnis an der Ausübung des Rechts gegenüber Dritten gebunden, § 137 Satz 2 BGB.[36] Bei Verletzung der Treuhandabrede macht sich der Anwalt schadensersatzpflichtig.

39 Nach der Rechtsstellung des Treuhänders kann man unterscheiden: Die echte fiduziarische Treuhand, bei der der Treugeber dem Anwalt den Vermögenswert zu vollem Recht überträgt. Die unechte Treuhand, bei der der Treugeber Rechtsinhaber bleibt und entweder den Anwalt zu Verfügungen im eigenen Namen ermächtigt, Ermächtigungstreuhand nach § 185 BGB, oder den Anwalt dazu bevollmächtigt, im Namen des Treugebers zu handeln, Vollmachtstreuhand nach

33 Schwedhelm/Kamps AnwBl 1998, 245, 249; anders *Diller* § 1 Rn. 40a.
34 BGH DStR 2015, 2407 zum vorhergehenden AGH München ZIP 2014, 830 mit Anm. *Wacker*.
35 Treuhandverträge durch rechts- und wirtschaftsberatende Berufe HBAnw/*D. Fischer* § 12; Borgmann/*Jungk*/Schwaiger § 34; *Diller* § 1 Rn. 36 ff; *Borgmann* AnwBl 1997, 112 f; *Chab* AnwBl 2004, 440 f.
36 Allgemein zur Treuhand Palandt/*Bassenge* § 903 Rn. 33 ff.

§§ 164 ff BGB. Nach dem Interesse an der Treuhand kann man unterscheiden: Die eigennützige Sicherungstreuhand, bei der der Anwalt als Treunehmer einen eigenen Nutzen hat, wenn der Treugeber, z.B. den Anwalt zur Absicherung der Anwaltsvergütung einen eigenen Anspruch abtritt. Die in der Praxis in der Insolvenzverwaltung häufig vorkommende fremdnützige Verwaltungstreuhand, bei der der Treugeber selbst einen Nutzen verfolgt, z.B. er sein Recht nicht ausüben will oder kann. Wenn nur der Treugeber ein Interesse an der Treuhand hat, spricht man von einer einseitigen Treuhand, wenn es mehrere Treugeber gibt, spricht man von einer doppelseitigen und nach dem Interesse gerichteten doppelnützigen Treuhand.

Eine untergeordnete Treuhandtätigkeit kann auch ohne ausdrückliche gesetzliche Gestat- **40**
tung Unternehmensgegenstand einer Rechtsanwaltsgesellschaft sein. Eine Rechtsanwaltsgesellschaft kann unter der Bezeichnung „ESCRO Treuhandgesellschaft mbH Rechtsanwaltsgesellschaft" firmieren. Enthält die Firma einer Rechtsanwaltsgesellschaft inhaltlich zutreffend einen Hinweis auf eine von der Gesellschaft ausgeübte Treuhandtätigkeit, wird eine Irreführung der beteiligten Verkehrskreise nicht dadurch hervorgerufen, dass diese Tätigkeit in der Satzung der Gesellschaft als Unternehmenszweck nicht genannt wird.[37]

2. Versicherungsschutz

a) Pflichtversicherung

Die AVB-RSW enthalten keinen Hinweis zum Versicherungsschutz der Treuhand bei Anwäl- **41**
ten. Die Mitversicherung der Treuhand in den B Ziff. 1.1 BBR-RA bezieht sich auf die Treuhand nach §§ 292 ff InsO bei der Restschuldbefreiung im Rahmen einer Verbraucherinsolvenz, §§ 286 ff InsO. Ein Ausschluss der Treuhandtätigkeit in den Versicherungsbedingungen wäre auch nicht möglich, weil die Pflichtversicherung nach § 51 BRAO nur bestimmte Ausschlüsse zulässt. Daher ist allein maßgeblich, ob es sich bei der Treuhand um eine berufliche anwaltliche Tätigkeit handelt oder nicht. Wenn es sich nach den Aufgaben und der tatsächlichen Tätigkeit des Anwalts im Rahmen der Treuhandabrede um eine anwaltliche Tätigkeit handelt, ist die gesamte Tätigkeit als anwaltliche Tätigkeit nach der Rechtsprechung einzuordnen. Sie trennt bei einem Auftrag nicht zwischen anwaltlicher versicherter Treuhandtätigkeit und nicht versicherter sonstiger Treuhandtätigkeit. Wenn der Treuhänder als Anwalt handelt, gilt auch grundsätzlich das anwaltliche Berufsrecht. Die Rechtsprechung greift in diesen Fällen nicht vollständig, aber im Kern auf diejenige Berufsordnung zurück, welcher der Berufsträger angehört, siehe dazu § 1 Rn. 37.

Die Einordnung, ob anwaltlich oder nicht-anwaltliche Tätigkeit vorliegt, ist jeweils im Ein- **42**
zelfall festzustellen, gerade auch weil sich das Berufsbild der Anwälte wandelt, insbesondere da Anwälte als umfassender Dienstleister und aufgrund ihrer besonderen Vertrauensstellung wahrgenommen werden.[38] Anwälte dürfen aber nicht für zwei Parteien tätig werden. Es besteht das Verbot der doppelnützigen Treuhand, § 3 Abs. 1 Satz 2 BORA. Die doppelnützige Treuhand ist daher keine anwaltliche Tätigkeit. Gleiches gilt für die Tätigkeit eines Anwalts, der als „Strohmann" für seinen Mandanten auftritt. Eine Strohmanntätigkeit entspricht nicht dem Berufsbild eines Rechtsanwalts. Derartige Aufgaben werden üblicherweise nicht einem Rechtsanwalt übertragen. Die Stellung des Strohmanns ist noch weniger typisch für den Rechtsanwaltsberuf als die eines Vermögensverwalters, bei dem die Rechtsprechung in der Regel eine berufsfremde Tätigkeit annimmt.[39]

37 BGH BeckRS 2016, 02252.

38 *Saenger/Scheuch* AnwBl 2012, 497 die umfassend die anwaltliche Mittelverwendungskontrolle untersuchen und eine Deckung bejahen.

39 OLG Düsseldorf NVersZ 1998, 132 Rn. 19.

43 Im Ergebnis lässt sich vorab zu den einzelnen Treuhandtätigkeiten folgendes festhalten, zur allgemeinen Treuhandtätigkeit und den Einzelheiten dann jeweils gesondert weiter unten:

Der Versicherungsschutz umfasst nicht die Tätigkeit als Escrow Agent, um Gelder treuhänderisch zu verwalten, und die Tätigkeit im Vorfeld oder in der Insolvenz als Sanierungs- und Verwaltungstreuhänder, weil es sich um doppelnützige Treuhandtätigkeiten handelt, siehe hierzu ausführlich § 1 Rn. 51ff. Bei der Treuhand in der Kapitalanlage wie der Tätigkeit als Gründungsgesellschafter einer Fondsgesellschaft, Treuhandkommanditist oder Mittelverwendungskontrolleur überwiegt die unternehmerische kaufmännische Tätigkeit, selten die anwaltliche Beratungsleistung. Daher ist grundsätzlich diese besondere Treuhandtätigkeit nicht vom Versicherungsschutz umfasst, siehe hierzu ausführlich § 1 Rn. 55ff. Grundsätzlich ebenfalls nicht versichert sind die verdeckten Treuhandtätigkeiten, bei denen es dem Treugeber als Auftraggeber darum geht, anonym zu bleiben. Sie entsprechen nicht dem Berufsbild eines Anwalts. Beispiel kann der Kauf von Kunstobjekten durch einen Anwalt im Auftrag des Mandanten sein, den er zuvor rechtlich beim Kauf beraten hat und der ihn als „Strohmann“ einsetzt. Die Rechtsberatung beim Kaufvertrag ist selbstverständlich eine versicherte Tätigkeit, die Abwicklung als Treuhänder jedoch nicht.

44 Bei den sonstigen Treuhandtätigkeiten gibt es in Literatur und Rechtsprechung kein einheitliches Bild. Die Rechtsprechung stellt insgesamt eher auf den Einzelfall ab und zählt die Treuhand dann zu den anwaltlichen Tätigkeiten, wenn ein unmittelbarer und enger Bezug zu einer Rechtsberatung oder Rechtsgestaltung besteht,[40] andernfalls handelt es sich um eine berufsfremde Aufgabe.[41] Mitunter soll die Erwartungshaltung einer Rechtsberatung ausreichend sein.[42] Dieses Erfordernis ist bei einer Treuhandtätigkeit des Rechtsanwalts dann vorhanden, wenn es zu seinen Aufgaben gehört, den Mandanten im Rahmen der Treuhand und der auftretenden Rechtsfragen zu beraten. Dem Anwalt kann eine Treuhandschaft auch mit der Aufgabe der Rechtsbetreuung übertragen werden.[43] Alleinige Überwachungs- und Aufklärungspflichten genügen aber nicht.[44] Eine Treuhandtätigkeit, welche nicht mit einer Rechtsberatung in Zusammenhang steht, stellt daher keine anwaltliche Tätigkeit dar. Das folgt auch aus § 3 Abs. 1 BRAO und § 1 Abs. 2 RVG a.F.[45]

45 Die Literatur zählt die Treuhand eher zu den nicht-anwaltlichen Tätigkeiten. Die Ausübung einer Treuhand ist eine gewerbliche Tätigkeit im Gegensatz zur freiberuflichen Tätigkeit des Anwalts. Daher ist sie in erster Linie nicht-anwaltlich.[46] Das Gleiche gilt, wenn es um rein verwaltende Vermögensbetreuung geht oder ein „isoliertes“ Treuhandgeschäft geht. Kenntnisse rechtlicher Zusammenhänge bei der Ausführung der Treuhand führen nicht dazu, dass das gesamte Treuhandgeschäft zu einer Rechtsberatung wird.[47] Es ist nicht ausreichend, wenn der Dritte den Anwalt nur deshalb einschaltet, weil er eine besondere Vertrauensstellung einnimmt oder

---

40 Anwaltstätigkeit bei Treuhandverhältnis angenommen: BGH VersR 2002, 622; BGH NJW 1993, 199; VGH Kassel BRAK-Mitt. 2011, 92; BGH WM 1988, 987; BGH NJW 1989, 1102; BGH NJW 1995, 1025; BGH NJW 2002, 2459 geht aber nur auf die Haftung ein; 1025, BGH NJW 1998, 3486; OLG Hamm BeckRS 2006, 03679; NJW-RR 1988, 1299.

41 Anwaltstätigkeit bei Treuhandverhältnissen abgelehnt: BGH WM 1995, 347; OLG Celle NJW 2006, 3431; OLG Frankfurt Urt. v. 26.1.2006 – 2 U 58/05 mit nachfolgender abgewiesener Nichtzulassungsbeschwerde des BGH Beschl. v. 5. Juli 2007 – IX ZR 257/06, KG NJW-RR 2003, 780; OLG Stuttgart GI 2011, 102.

42 OLG Düsseldorf BeckRS 2008, 25292.

43 BGH NJW 1999, 3042.

44 BGH WM 1995, 347.

45 Beschl. des BGH zur Nichtzulassungsbeschwerde, 5.7.2007 – IX ZR 257/06 Rn. 2; vorhergehend OLG Frankfurt, 26.1.2006 – 2 U 58/05, dass erklärt, dass Treuhandverträge grundsätzlich zum typischen Berufsbild einer Anwaltssozietät gehören, während der BGH in seinem Beschl. feststellt, dass es sich um eine nicht anwaltstypische Tätigkeit handelt, da die Treuhand in keinem Zusammenhang mit der Rechtsberatung steht.

46 Henssler/Prütting/*Stobbe* BRAO § 51 Rn. 128; Veith/Gräfe/Gebert/*Gräfe/Brügge* § 15 Rn. 160.

47 *Chab* AnwBl 2004, 441; MAH VersR/*Sassenbach* § 18 Rn. 26f.

der Mandant eine gewisse subjektive Erwartungshaltung gegenüber dem Anwalt in seiner Funktion als Berater hat.[48] Eine generelle Bestätigung, dass die Treuhand eine anwaltliche Tätigkeit und damit gemäß § 1 versichert wird, ist nicht möglich.[49] Anders aber, wenn es einen unmittelbaren Bezug zur anwaltlichen Tätigkeit gibt. Wenn die Rechtsberatung nicht hinter die Geschäftsabwicklung zurücktritt oder wenn vielfältige rechtliche, insbesondere steuerrechtliche Interessen des Anlegers zu wahren sind, besteht eine versicherte anwaltliche Tätigkeit.[50]

Speziell zur Deckung einer Treuhand aus der Berufshaftpflichtversicherung gibt es nur vereinzelt Urteile. Mindestvoraussetzung ist, dass der Berufsträger eine beratende und prüfende Tätigkeit ausübt.[51] Die berufsfremde Tätigkeit fällt dann unter den Versicherungsschutz der Berufshaftpflichtversicherung, wenn der Anwalt neben der wirtschaftlichen Tätigkeit auch die ihm als Anwalt obliegende rechtsberatende Funktion wahrnimmt. Dies kann aber nur dann gerechtfertigt sein, wenn die anwaltliche Beratung gegenüber der eigentlich berufsfremden Tätigkeit den Schwerpunkt des Mandats bildet, „im Vordergrund" steht.[52] Eine gewinnorientierte Transaktion im Rahmen einer als „Treuhandvertrag" bezeichneten Vereinbarung ist deshalb nicht versichert, auch wenn der Anwalt erklärt, das Geschäft ist legal, also rechtsberatend tätig ist, und er aufgrund seiner besonderen Vertrauensstellung damit beauftragt wird. Der Anwalt sollte Investitionskapital anlegen nach Austausch „Zug um Zug gegen eine refinanzierbare Bankgarantie" in enger Zusammenarbeit mit einem nicht genannten Koordinator im eigenen Namen und es mit einem Gewinn von 400% in ca. sechs Wochen zurückzahlen.[53] Daher unterfallen Schadenfälle nicht der Berufshaftpflichtversicherung, die sich aus der treuhänderischen Tätigkeit eines Rechtsanwalts für eine Anlagegesellschaft ergeben, wobei der Rechtsanwalt sich auf eine Kontrolle der vertragsgemäßen Verwendung der stillen Beteiligungen der Anleger beschränkt. Dann besteht kein unmittelbarer Zusammenhang mit einem anwaltlichen Beratungsmandat.[54] Keine anwaltliche Berufsausübung liegt vor, wenn der Anwalt als Treuhänder für Bauherren im Rahmen eines Bauherrenmodells auftritt. Er wickelt ein durchkonstruiertes Konzept ab. Rechtsgestaltung liegt nicht vor.[55] **46**

Anders die Treuhand bei den Steuerberatern und Wirtschaftsprüfern. Bei ihnen gehört die Treuhandtätigkeit insgesamt zum Berufsbild. Versicherungsschutz besteht aber nur für die nicht-geschäftsführende Treuhand bei Steuerberatern nach B II Ziff. 6 BBR-S und bei Wirtschafsprüfern nach B I Ziff. 4 BBR-W. Die unternehmerische Tätigkeit eines Steuerberaters und Wirtschaftsprüfers als geschäftsführender Treuhänder ist dagegen nach der Risikobeschreibung vom Versicherungsschutz ausgeschlossen, was auch zulässig ist.[56] Kein Versicherungsschutz besteht für die geschäftsführende Treuhand, weil es sich um ein unternehmerisches Risiko selbst handelt. Die Tätigkeit eines Geschäftsführers entspricht unternehmerischem Handeln. Der Ausschluss bezieht sich nicht nur auf die formale Stellung als Geschäftsführer. Der Begriff ist funktional zu verstehen. Geschäftsführend tätig ist, wer für einen Auftraggeber dessen Geschäfte besorgt und dessen Interessen wahrt. Der nicht-geschäftsführend Treuhänder verfügt über fremde **47**

---

48 *Chab* BRAK-Mitt. 2009, 67 f zu OLG Düsseldorf BeckRS 2008, 25292; Gräfe/*Brügge* B Rn. 133 zur gleichen OLG-Entscheidung wie Chab, der das Urteil ebenfalls als zu weitgehend ansieht, wenn die bloße Erwartungshaltung der Rechtsberatung ausreichend für die Annahme der Anwaltstätigkeit sein soll.

49 *Müller* AnwBl 2007, 788.

50 *Borgmann*/Jungk/Schwaiger § 6 Rn. 19 mit Verweis auf Hess VGH AnwBl 2008, 790; *Diller* § 1 Rn. 36.

51 LG Köln VersR 1989, 355; dabei stellt hier das LG Köln auf das verwirklichte Risiko ab und nicht auf den Schwerpunkt; weiter ist zu beachten, dass das Urteil zu Steuerberatern und Wirtschaftsprüfern ergangen ist.

52 OLG Düsseldorf NVersZ 1998, 132.

53 OLG Düsseldorf VersR 2004, 635.

54 KG NJW-RR 2003, 780.

55 *Evers* NJW 1983, 1652; anders *Riedel* NJW 1984, 1021 wenn typischerweise individueller Rechtsrat und Rechtsschutz bei der Abwicklung im Vordergrund stehen.

56 OLG München VersR 1997, 961.

Sachen und verwaltet sie. Er kontrolliert dabei die Geschäfte, hat aber keinen eigenen Entscheidungs- und Ermessenspielraum.[57] Für den Versicherungsschutz ist daher bei Steuerberatern/Wirtschaftsprüfern maßgeblich, ob sie eine geschäftsführende Tätigkeit wahrnehmen oder nicht. Ansonsten umfasst der Versicherungsschutz die Treuhandtätigkeit, weil es anders als bei Anwälten zu ihrem Berufsbild gehört.

b) Einzelobjekt/Projektdeckung

48 Wenn man eine anwaltliche/wirtschaftsberatende Berufstätigkeit für die Treuhandtätigkeit annimmt, besteht Versicherungsschutz. Der Versicherungsschutz umfasst dann die gesamte Treuhandtätigkeit und nicht nur die Teile, die der Rechtsberatung/Wirtschaftsberatung entsprechen. Die Rechtsprechung trennt nicht zwischen versicherter anwaltlicher/wirtschaftsberatender und nicht versicherter sonstiger berufsnaher Tätigkeit, siehe dazu ausführlich § 1 Rn. 31. Der Versicherungsschutz umfasst dann auch die weitaus wichtigere Haftung aus der Gesellschafterstellung des Treuhänders in der Fondsorganisation. Es handelt sich um eine versicherungsrechtliche Anspruchskonkurrenz. Der Versicherungsschutz würde andernfalls von der gewählten Anspruchsgrundlage abhängen, siehe ausführlich zur Anspruchskonkurrenz und Versicherungsschutz § 1 Rn. 143 ff. Weil der Versicherungsschutz unabhängig von der Anspruchsgrundlage gilt, besteht die Deckung insgesamt für alle Ansprüche oder die Ansprüche sind alle nicht versichert, weil keine versicherte Berufstätigkeit vorliegt oder sie sind ausgeschlossen, z.B. weil eine wissentliche Pflichtverletzung vorliegt.[58]

49 Wenn keine anwaltliche Tätigkeit vorliegt, besteht für die Tätigkeit als Treuhänder kein Versicherungsschutz nach § 1. Erforderlich ist ein separater Versicherungsschutz, der je nach Versicherer geboten wird. Üblich ist es eine nicht-anwaltliche Treuhand über eine Einzelobjektdeckung, selten über eine laufende Treuhanddeckung, zu versichern, zu den Grundsätzen einer Einzelobjektdeckung siehe Einleitung, Versicherungstechnik, Einzelobjektdeckung Rn. 41 ff. Grund hierfür ist, dass die Treuhanddeckung Versicherungsschutz für die Treuhandabrede, die Tätigkeit des Treuhänders bietet. Sie ist dann auch Bestandteil der Police. Anders als in der Pflichtversicherung nach § 51 BRAO besteht hier individueller Versicherungsschutz für die konkrete vertragliche Vereinbarung zwischen dem Treuhänder und dem Treugeber. Bei einer laufenden Treuhand ist es dem Versicherer nicht möglich das einzelne Risiko zu prüfen. Es müssen homogene Risiken sein. Der Erstversicherer handelt dann wie ein Rückversicherer in einem Treaty-Rückversicherungsvertrag. Gleichartige Risiken sind in einem Versicherungsvertrag zusammenzufassen.

50 Weil die individuelle Treuhandabrede und die Haftung hieraus versichert sind, prüft der Versicherer das Risiko individuell, ob und wie es zu versichern ist. Ganz entscheidend ist, welche Art der Treuhand der Anwalt ausübt. Kriterien können sein, wie weit der Ermessensspielraum des Treuhänders geht und welches marktübliche Ziel die Treuhand verfolgt. Üblich kann eine fremdnützige/doppelnützige Treuhand sein, bei denen die Treugeber verhindern will, dass Dritte auf das Treugut Zugriff haben, wie z.B. bei einer Sicherungs- und Verwaltungstreuhand im Vorfeld oder in der Insolvenz oder eine reine Auszahlungstreuhand. Risikobehaftete Treuhandmodelle finden sich vor allem im Bereich der Kapitalanlage oder im Zusammenhang mit Auslandsaktivitäten oder um die rechtlichen und tatsächlichen Verhältnisse nicht offenbaren zu müssen, wie bei Scheingeschäften oder wenn der Treuhänder nur als „Strohmann“ handeln soll. Bei Treuhandtätigkeiten im Bereich der Kapitalanlage ist zu berücksichtigen, dass der Versicherer nicht nur das Risiko der Treuhandabrede übernehmen muss. Er hat auch die Haftung des

57 Veith/Gräfe/Gebert/*Gräfe/Brügge* § 19 Rn. 640 ff.

58 OLG München mit Anm. *Gladys* VersR 1997, 961.

Treuhänders zu versichern, die sich daraus ergibt, dass die Rechtsprechung den Treuhänder mit einem Gründungsgesellschafter gleichstellt. Der Treuhänder muss dann die Anleger über Risiken der Kapitalanlage aufklären, siehe hierzu § 1 Rn. 58 ff. Das bedeutet ein Kumulrisiko bei einer Vielzahl von Anlegern. Ein Deckungsausschluss oder gleichermaßen eine eingeschränkte Leistungsbeschreibung würde wohl einer Inhaltskontrolle nach § 307 Abs. 2 Nr. 2 BGB nicht standhalten. Der Vertragszweck, Schutz vor dem eigentlichen Haftungsrisiko zu gewähren, würde gar nicht erreicht werden. Der Versicherungsnehmer als Treuhänder kann auch sein Haftungsrisiko nicht minimieren, weil eine Begrenzung der Haftung gegenüber den Anlegern gegen AGB-Recht verstößt, siehe § 1 Rn. 60. Versicherungssumme und die Tarifierung richten sich nach der konkreten Treuhand. Gewöhnlich minimiert man das Risiko durch Regelungen, wie z.B. Begrenzung der Nachhaftung, Anrechnung von Kosten auf die Versicherungssumme, Kumulklausel, Ausschluss für wirtschaftlichen Erfolg oder kaufmännische Ermessensentscheidungen usw.

Im Einzelnen gilt zu den Treuhandtätigkeiten:

3. Doppelnützige Treuhand

a) Verbot der doppelnützigen Treuhand, § 3 BORA

Bei einer Treuhand sind wie bei einer Third Party Legal Opinion Dritte neben den Mandanten in das Verhältnis eingebunden sind. Wie allgemein, wenn ein Drei-Personen-Verhältnis mit dem Anwalt besteht, ist das Verbot der widerstreitenden Interessen zu beachten. Das Verbot der widerstreitenden Interessen gehört zu den Grundwerten der Anwaltschaft und soll den Anwalt davor schützen in Interessenkonflikte zu geraten.[59] Wenn der Anwalt vorsätzlich pflichtwidrig handelt, begeht er Parteiverrat, § 356 StGB. Die Berufsordnung verbietet die doppelte Treuhand, §§ 43a Abs. 4 BRAO, 59b Abs. 2 Nr. 1e „Verbot der Vertretung widerstreitender Interessen", § 3 Abs. 1 Satz 2 BORA: „Der Rechtsanwalt darf in einem laufenden Mandat auch keine Vermögenswerte von dem Mandanten und/oder dem Anspruchsgegner zum Zweck der treuhänderischen Verwaltung oder Verwahrung für beide Parteien entgegennehmen." Bei der Prüfung der widerstreitenden Interessen bei § 43a Abs. 4 BRAO nimmt man grundsätzlich einen subjektiven Maßstab an.[60] Ein Anwaltsvertrag, der gegen das Verbot der widerstreitenden Interessenvertretung verstößt, ist nichtig. Der Vertrag verstößt aber nicht gegen das Verbot, wenn der Anwalt im Gebühreninteresse für den Mandanten nachteilige Maßnahmen treffen könnte.[61] Versicherungsschutz besteht nur dann, wenn es sich um eine anwaltliche Treuhand handelt, die nicht gegen das Berufsverbot der widerstreitenden Interessen verstößt. Kritisch sind daher zwei Fallkonstellationen. Zum einen die Abwicklung von wirtschaftlichen Transaktionen, bei denen der Anwalt Geld unter Treuhandauflagen entgegennimmt, worunter auch die Tätigkeit als Escrow Agent fällt und die doppelnützige Treuhand in der Insolvenz oder zur Sanierung von Unternehmen.[62] 51

b) Escrow Agents

Anwälte treten als Escrow Agent gerade bei Kauf- und IT-Verträgen im internationalen Bereich auf. Bei Wirtschaftsmandaten hat der Anwalt häufig die Aufgabe nicht nur rechtlich zu beraten, sondern das Geschäft wirtschaftlich abzuwickeln, weil er Vertrauensperson ist. Die Leistungen seines Mandanten hängen von der Gegenleistung des Dritten ab. Der Dritte oder der Mandant zahlt erst, wenn der Anwalt auf seinem Treuhandkonto die Gegenleistung erhalten hat. 52

59 HBAnw/*D. Fischer* § 12 Rn. 39.
60 BeckRS 2012, 06067; *Szalai/Tietze* AnwBl 2015, 37.
61 BGH VersR 2017, 1530.
62 *Römermann* AnwBl 2014, 34.

Der Anwalt ist hier aufgrund der Treuhandabrede schuldrechtlich sowohl dem Mandanten als auch dem Dritten verpflichtet. Der Anwalt nützt seinem Mandanten, da er als neutrale Person Gelder des Mandanten an den Dritten erst auszahlt, wenn Bedingungen erfüllt sind, er nützt aber auch dem Dritten, der die Gelder nach Erfüllung auch umgehend erhält. Dies kann eine doppelnützige Treuhand bedeuten.[63] Der Interessenkonflikt kann dann konkret bestehen und damit eine nicht versicherte Tätigkeit, wenn der Anwalt treuhandwidrige Anweisungen seines Mandanten ausführen soll. Einerseits soll er seinen Anwaltsvertrag erfüllen, andererseits verstößt er damit möglicherweise gegen den zuvor vereinbarten Treuhandvertrag zu Lasten des Dritten. Grundsätzlich bietet man hier Versicherungsschutz über Einzelobjekte/Projektdeckungen an, aber nicht über die laufende Berufshaftpflichtversicherung.

53 Davon zu trennen ist die versicherte Tätigkeit, wenn der Anwalt Gelder über sein Anderkonto abwickelt. Fremde Gelder hat der Anwalt unverzüglich an den Empfangsberechtigten weiterzuleiten oder auf ein Anderkonto einzuzahlen, § 43a Abs. 5 BRAO i.V.m. § 4 Abs. 1 BORA. Versicherungsschutz besteht für fehlerhafte Verfügungen über anwaltliche Anderkonten, siehe ausführlich zur Anderkontendeckung A Ziff. 4.3 A BBR-RA Rn. 105 ff. Voraussetzung für den Versicherungsschutz ist, dass es sich um ein echtes Anderkonto bei einer Bank handelt und der Anwalt über die ihm anvertrauten Gelder im unmittelbaren Zusammenhang mit einer anwaltlichen Tätigkeit verfügt. Die Grenze liegt aber dort, wo der Anwalt das Anderkonto nur einrichtet, um das Geschäft wirtschaftlich abzuwickeln, was er zuvor rechtlich begleitet hat. Versicherungsschutz kann hier ebenfalls regelmäßig über Einzelobjektdeckungen geboten werden, wenn es sich um keine versicherte Tätigkeit im Rahmen der Anderkontodeckung handelt.

c) Sanierungs- oder Verwaltungstreuhand

54 Bei der zweiten doppelnützigen Treuhand überträgt die zu sanierende/insolvente Firma ihre Anteile an den Anwalt als Treuhänder, um weiterhin Kredite von den Treugebern, den Banken, zu erhalten. Der Treuhänder führt die wirtschaftlichen Entscheidungen für den Insolvenzverwalter oder im Vorfeld der Insolvenz für die Gläubiger aus, saniert die Firma oder verkauft die Anteile an einen Investor. Dabei treten die Gläubiger, in der Hauptsache die Banken, nicht nach außen hin auf. Auch hier ist der Anwalt als Treuhänder den Banken, Investoren und den ehemaligen Firmeninhabern schuldrechtlich verpflichtet und handelt nicht nur im Interesse des Mandanten. Im Vorfeld einer Insolvenz und in der Insolvenz ist dies eine Verwaltungs- und Sicherungstreuhand. Es handelt sich regelmäßig um eine nicht versicherte doppelnützige Treuhand zugunsten der kreditgebenden Banken und des Schuldners. Sie beinhaltet auch ganz überwiegend keine rechtliche Beratung. Praktisch versichert man diese Treuhand im Vorfeld oder in der Insolvenz über eine separate Einzelobjektdeckung/Projektdeckung.

4. Treuhand bei der Kapitalanlage

Spezielle Fallgruppen gibt es bei der Treuhand im Rahmen von Kapitalbeteiligungen.

a) Haftung aus Treuhand und Gesellschafterstellung, Berufsrecht

55 Eine besondere Fallgruppe der Treuhand bildet die Treuhand bei der Kapitalanlage. Die Berufsträger übernehmen für Kapitalfonds und deren Gesellschaften verschiedene Aufgaben, insbesondere nicht nur gegenüber der Fondsgesellschaft direkt, sondern auch gegenüber den Anlegern. Sie haften vertraglich aus der Treuhandabrede aus dem Treuhandvertrag und regelmä-

63 *Chab* AnwBl 2004, 441.

ßig auch gesellschaftsrechtlich gegenüber den Anlegern aufgrund einer Gesellschafterstellung, wenn sie Anleger fehlerhaft über die Risiken der Kapitalbeteiligung an der Fondsgesellschaft aufgeklärt haben oder nicht gewarnt haben.

Das jeweilige Berufsrecht, also bei den Anwälten insbesondere die BRAO, BORA sind im Rahmen der Treuhandtätigkeit zu beachten. Es gilt das jeweilige Berufsrecht zwar nicht uneingeschränkt, aber im Kern, siehe hier zur Geltung des Berufsrechts auch für die nicht beruflichen, aber berufsnahen Tätigkeiten § 1 Rn. 37. Dies war bei der Verjährung für Schadensersatzansprüche noch wichtig, weil die Berufsordnungen bei der Verjährung von Ansprüchen zugunsten der Berufsträger vom BGB abwichen, §§ 51b BRAO a.F., § 51a WPO a.F., § 68 StBerG a.F. Jedenfalls unterliegen Schadensersatzansprüche gegen einen Wirtschaftsprüfer wegen Pflichtverletzungen im Rahmen treuhänderischer Verwaltungstätigkeiten gemäß § 2 Abs. 2 Nr. 3 WPO in der Zeit bis 2003 gemäß dem damals geltenden § 51a WPO einer 5-jährigen Verjährung.[64] Anders aber, wenn der Berufsträger als Treuhänder zugleich eine Gesellschafterstellung in der Fondsorganisation einnimmt, z.B. Treuhandkommanditist ist. Dann gilt das Berufsrecht nicht mehr, sondern uneingeschränkt das gesellschaftsrechtliche Haftungsrecht, sowohl was die Verjährung als auch die sonstigen Berufsregeln betrifft. Die Rechtsprechung drückt dies so aus: Schadensersatzansprüche, die ein Gesellschafter einer Kommanditgesellschaft gegenüber einem anderen Gesellschafter wegen der Verletzung gesellschaftsrechtlicher Pflichten geltend macht, verjähren nach allgemeinen Regeln und nicht nach den berufsspezifischen Spezialnormen. Die Pflichten und die Haftung eines Gesellschafters richten sich unabhängig von seinem Beruf nach den Vorschriften, die für jeden Gesellschafter in gleicher Situation gelten.[65] 56

Die konkrete Haftung hängt im Ergebnis davon ab, welche Aufgaben der Berufsträger für die Fondsgesellschaft übernimmt und ob er selbst an dem Fonds beteiligt ist, gleich ob er formal Gründungsgesellschafter ist oder als Treuhandkommanditist handelt. Die Berufsträger haften dann maßgeblich aufgrund der Gesellschafterstellung aus der Prospekthaftung im weiteren Sinn. Die Prospekthaftung im weiteren Sinne ist ein Anwendungsfall der Haftung für Verschulden bei Vertragsschluss nach §§ 280 Absatz 1, 280 Absatz 3, 282, 241 Abs. 2, 311 Abs. 2 BGB.[66] Danach obliegen dem, der selbst oder durch einen Verhandlungsgehilfen einen Vertragsschluss anbahnt, Schutz- und Aufklärungspflichten gegenüber seinem Verhandlungspartner, bei deren Verletzung er auf Schadensersatz haftet. Abgesehen etwa von dem Sonderfall des § 311 Abs. 3 BGB, in dem auch ein Dritter haften kann, wenn er in besonderem Maße Vertrauen für sich in Anspruch genommen hat, trifft die Haftung aus Verschulden bei Vertragsschluss denjenigen, der den Vertrag im eigenen Namen abschließen will. Das sind bei einem Beitritt zu einer Kommanditgesellschaft grundsätzlich die schon zuvor beigetretenen Gesellschafter. Denn der Aufnahmevertrag wird bei einer Personengesellschaft zwischen dem neu eintretenden Gesellschafter und den Altgesellschaftern geschlossen. Weitere Haftungsgrundlage ist der Vertrag zugunsten Dritter, die in diesem Fall die Anleger sind, § 328 BGB[67], und die Prospekthaftung im engeren Sinn, wenn der Berufsträger für die Geschicke des Unternehmens und damit auch für die Herausgabe des Prospekts verantwortlich ist.[68] Selbstverständlich haftet der Berufsträger darüber hinaus vertraglich, wenn er seine Pflichten aus dem Treuhandvertrag verletzt hat. 57

64 OLG Frankfurt a.M. Beschl. BeckRS 2015, 20176.
65 BGH VersR 2013, 1442 Rn. 17.
66 St. Rspr. BGH NJW 2017, 3001, 3002 Rn. 12a.
67 BGH NJW 2010, 1279.
68 BGH NJW 2001, 360.

b) Fallgruppen bei Treuhändern bei der Kapitalanlage

58 Grundlage für die besondere Haftung der Treuhänder ist, dass die Alt- oder Gründungsgesellschafter den Anleger, der dem Fonds beitritt, vorvertraglich über die Kapitalanlage aufzuklären und zu warnen haben, Prospekthaftung im weiteren Sinn im vorvertraglichen Bereich, siehe hier § 1 Rn. 57. Der Anleger selbst ist nicht Haftungsadressat, weil er nur ein Beteiligungsverhältnis eingeht, ohne dass er in das Organisationsgefüge der Fondsgesellschaft eingebunden ist.

59 Bei allen Fallgestaltungen sollte der Versicherungsnehmer vorab verbindlich eine Versicherungsbestätigung verlangen, wenn Unsicherheiten bestehen. Nicht ausreichend ist eine allgemeine Versicherungsbestätigung oder ein allgemeiner Nachtrag. Die Bestätigung muss konkret die genaue Tätigkeit umfassen, insbesondere ist es keine Deckungszusage, wenn der Versicherer pauschal einen Versicherungsschutz ohne Prämienwirksamkeit bestätigt. Es ist nicht nachvollziehbar, dass der Versicherer auf eine bedingungsgemäße Einschränkung verzichten wollte.[69]

Die Haftung/Deckung lässt sich danach unterscheiden, ob der Treuhänder selbst an der Fondsgesellschaft mit einem eigenem Kapital beteiligt ist oder nicht.

aa) Gründungsgesellschafter, gleichgestellte Treuhänder mit Kapitalanteil/Treuhandkommanditist

60 Die Gründungsgesellschafter einer Fondsgesellschaft haben Aufklärungs- und Warnpflichten, gleichgestellt sind die Treuhänder mit Kapitalanteil/Treuhandkommanditisten.

Zur Haftung der Gründungsgesellschafter gilt:

Die Gründungsgesellschafter haften selbst und auch für ihre vertrieblichen Erfüllungsgehilfen. Der Gründungsgesellschafter, der sich zu den vertraglichen Verhandlungen über einen Beitritt eines Vertriebs bedient und diesem oder von diesem eingeschalteten Untervermittler die geschuldete Aufklärung der Beitrittsinteressenten überlässt, haftet über § 278 BGB für deren unrichtige oder unzureichende Angaben. Er muss sich das Fehlverhalten von Personen, die er mit den Verhandlungen zum Abschluss des Beitrittsvertrags ermächtigt hat, zurechnen lassen, unabhängig davon, ob der Beitritt zur Gesellschaft unmittelbar oder nur mittelbar erfolgt.[70]

Zur Haftung der Treuhandkommanditisten gilt:

Er verwaltet die Anteile der Anleger und der Beteiligten. Gleichgestellt mit den Gründungsgesellschaftern und deren Haftung werden gerade auch die Anwälte/Steuerberater/Wirtschaftsprüfer, wenn sie als Treuhänder gegenüber den Anlegern handeln und selbst mit einem eigenen Kapitalanteil an der Gesellschaft beteiligt sind. Bei einer Publikumspersonengesellschaft haftet ein mit einer eigenen Kapitaleinlage beteiligter Treuhandkommanditist wegen der Verletzung von Aufklärungspflichten bei der Anbahnung des Aufnahmevertrags nicht nur gegenüber nach ihm eintretenden Treugebern, sondern auch gegenüber Direktkommanditisten. Ein Anteil von 100 EUR des Anwalts reicht schon aus bei einem Fondsvolumen im deutlich zweistelligen Millionenbereich.[71]

Zeitlich gilt:

Die Haftung einer Treuhandkommanditistin gegenüber einem Anleger wegen fehlerhafter Aufklärung über die wesentlichen Risiken der Beteiligung setzt außerhalb des Treuhandverhältnisses voraus, dass die Treuhandkommanditistin bereits Gesellschafterin des Fonds war, als der

69 OLG Köln Beschl. Rn. 7 VersR 2017, 750.
70 BGH LS NJW-RR 2017, 1117.
71 BGH NJW 2017, 3001.

Anleger beigetreten ist.[72] Die Haftung ist daher bei einer Publikumspersonengesellschaft insoweit ausgeschlossen, als sie sich gegen Altgesellschafter richten würde, die nach der Gründung der Gesellschaft rein kapitalistisch als Anleger beigetreten sind, weil sie auf die Vertragsgestaltung und auf die Beitrittsverhandlungen und -abschlüsse erkennbar keinerlei Einfluss haben.[73]

Zur Aufklärungspflicht/AGB-Recht gilt:
Der mit einem eigenen Kapitalanteil beteiligte Treuhänder hat über alle Umstände aufzuklären, die für die Anlageentscheidung des rein kapitalistisch beitretenden Anlegers von wesentlicher Bedeutung sind oder sein können. Haftungsfreizeichnungsklauseln wie „der Treuhänder und die Anwälte haften nicht für die Plausibilität des Angebots" und „Ausschlussfrist von 6 Monaten für Schadensersatzansprüche" unterliegen der AGB-rechtlichen Kontrolle. Sie sind in der Regel nichtig nach § 307 Abs. 1 BGB wegen der grundlegenden Bedeutung der Aufklärungspflicht für den Schutz der Investoren. Die kurze Verjährungsregelung ist eine nichtige Haftungsbegrenzung für grobe Fahrlässigkeit, § 309 Nr. 7b BGB.[74]

Zum Versicherungsschutz bei Steuerberatern/Wirtschaftsprüfern gilt: 61
Der Versicherungsschutz bei Steuerberatern/Wirtschaftsprüfern hängt davon ab, ob es sich um eine nicht-geschäftsführende Treuhand handelt und sich nicht ein sonstiges unternehmerisches Risiko verwirklicht hat. Im Gegensatz zu den Anwälten ist die nicht-geschäftsführende Treuhand bei Steuerberatern nach B II Ziff. 6 BBR-S und bei Wirtschafsprüfern nach B I Ziff. 4 BBR-W versichert. Die Aufklärungspflicht eines Steuerberaters als Treuhandkommanditistin und Gründungsgesellschafter mit eigener Pflichteinlage folgt aus der unternehmerischen Stellung und gehört nicht zu den versicherten Risiken.[75] Betätigt sich eine Wirtschaftsprüfungsgesellschaft als Gründungskommanditistin einer Publikums-KG, handelt es sich hierbei um eine vom Versicherungsschutz ausgeschlossene unternehmerische Tätigkeit. Demgemäß sind Schadensersatzansprüche der beitretenden Anleger wegen der Verletzung von den Gründungskommanditisten treffenden Aufklärungspflichten nicht von einer etwaigen Deckungspflicht des Berufshaftpflichtversicherers umfasst.[76] Die Tätigkeit des Steuerberaters als Treuhandkommanditist eines Fonds kann in der Vermögensschadenhaftpflicht-Versicherung unter den Deckungsausschluss der geschäftsführenden Treuhand fallen. Durch die ihm eingeräumte Entscheidungsbefugnis, ob er Angebote auf den Abschluss von Treuhandverträgen annehmen wollte oder nicht, hatte der Steuerberater einen eigenen Handlungsspielraum, der seine Rolle in dem Gesellschaftsgefüge von einer rein aufsichtführenden Treuhändertätigkeit deutlich unterschied.[77] Der Versicherungsschutz eines Steuerberaters umfasst gerade nicht die typische Haftungssituation als Treuhandkommanditist aufgrund seiner Gesellschaftsstellung. Die Verpflichtung des Treuhandkommanditisten, einem Anleger für seine Beitrittsentscheidung ein richtiges Bild über das Beteiligungsobjekt zu vermitteln, d.h. über alle Umstände, die für seine Anlageentscheidung von wesentlicher Bedeutung sind oder sein können, verständlich und vollständig aufzuklären, geht deutlich über die typischen Berufspflichten eines Steuerberaters hinaus. Ein Schadensersatzanspruch aufgrund Verletzung dieser Pflicht zur umfassenden Aufklärung der Anleger ist nicht vom Versicherungsschutz der Vermögensschadenhaftpflicht-Versicherung für Steuerberater gedeckt.[78] Pflichtverletzungen einer Wirtschaftsprüfungsgesellschaft im Rahmen der Tätigkeit als Treuhandkommandi-

---

72 BGH BeckRS 2017, 116400 Rn. 32.
73 BGH NJW-RR 2017, 930 Rn. 15a; BGH NZG 2016, 986 Rn. 12.
74 BGH NJW-RR 2013, 1255.
75 OLG München Beschl. BeckRS 2016, 126164 Rn. 29.
76 LG München I BeckRS 2015, 00347 und LG München I BeckRS 2016, 126165.
77 BGH DStR 2015, 2629 mit Vorinstanz OLG Köln Beschl. Rn. 10 BeckRS 2014, 17051.
78 *Meixner/Schröder* DStR 2017, 2766 zu OLG Köln, Hinweisbeschl. in BeckRS 2016, 1244517 und in BeckRS 2017, 115124.

tistin einer Fondsgesellschaft sind nicht von der Vermögensschadenhaftpflichtversicherung der Wirtschaftsprüfer abgedeckt, da die vorgeworfene Pflichtverletzung nicht maßgeblich an die versicherte Tätigkeit als Wirtschaftsprüfer anknüpft.[79]

62 Zum Versicherungsschutz bei Anwälten gilt:

Für Anwälte als Treuhandkommanditist, gerade ob eine anwaltliche versichert Tätigkeit vorliegt, ist keine entscheidende Rechtsprechung ersichtlich. Wenn man von der Rechtsprechung bei Steuerberatern/Wirtschaftsprüfern ausgeht, handelt es sich bei der Tätigkeit als Treuhandkommanditist regelmäßig um eine unternehmerische Tätigkeit, die schon bei Wirtschaftsprüfern/Steuerberatern nicht versichert ist. Daher ist der Versicherungsschutz für den Anwalt als Treuhandkommanditist regelmäßig auch nicht gegeben. Man kann die Tätigkeit eines Anwalts als Treuhandkommanditist auch nicht dadurch als versichert ansehen, weil er die Gesellschaftsverträge entwirft und damit rechtsberatend tätig ist.[80] Es handelt sich dann um zwei tatsächlich getrennte Aufträge. Das Mandatsverhältnis kann zwar übergeordnet die Treuhandstellung und gleichzeitig die Rechtsberatung der Fondsgesellschaft beinhalten, aber beide können unabhängig als einzelne Aufträge voneinander ausgeführt werden und sind auch regelmäßig unterschiedlich vergütet. Die Aufträge sind zu trennen; zum Begriff des Mandats und Auftrags siehe bei Serienschadenklauseln § 3 Rn. 86ff. Versicherungsschutz besteht daher nur für die Rechtsberatung der Fondsgesellschaft, die sich aber nicht auf die Stellung als Treuhandkommanditist auswirkt.

bb) Mittelverwendungskontrolleur

63 Mittelverwendungskotrolleure haben stark vereinfacht grundsätzlich zu prüfen, ob die Auszahlungen/Beteiligungen konform sind zum Prospekt und sie in Übereinstimmung mit gesellschaftsvertraglichen Vereinbarungen erfolgen. Entscheidend sind der tatsächliche Auftrag und das Verhältnis zu den Anlegern. Sie bestimmen die Haftung.

64 Zur Haftung gilt:

Der in ein Anlagemodell als Mittelverwendungskontrolleur eingebundene Wirtschaftsprüfer ist grundsätzlich nicht verpflichtet, den Anlageinteressenten, der vor seinem Beitritt einen Prospekt mit dem Text des abzuschließenden Mittelverwendungskontrollvertrags erhalten hat, über Reichweite und Risiken dieses Vertrags aufzuklären.[81] Ein Vertrag zwischen einer Fondsgesellschaft und einem Mittelverwendungskontrolleur ist als echter Vertrag zugunsten der Anleger als Dritter auszulegen, wenn durch die Mittelverwendungskontrolle die bestimmungsgemäße Verwendung der Einlagen sichergestellt werden soll. Den Mittelverwendungskontrolleur eines geschlossenen Immobilienfonds trifft die vorvertragliche Pflicht zur Überprüfung des sowohl im Prospekt dargestellten als auch des vertraglich vorgesehenen Mittelverwendungskontrollsystems auf seine Effektivität. Stellt er die fehlende Effektivität fest, muss er auf eine Änderung hinwirken und die Anleger über die fehlende Effektivität aufklären.[82] Der Mittelverwendungskontrolleur einer Fondsgesellschaft, der vertraglich verpflichtet ist, ein Treuhandkonto einzurichten, über das nur er unwiderruflich Verfügungsbefugnis haben darf, verletzt seine Pflichten, wenn er seine Kontrollaufgaben über von ihm errichtete Konten abwickelt, deren Inhaber nicht er, son-

---

79 OLG Frankfurt a.M. Beschl. BeckRS 2015, 20176.

80 Zum Problem des Verstoßes gegen das RDG, wenn Wirtschaftsprüfer/Steuerberater in der Praxis im Bereich der Fondsverwaltung die Treuhandverträge auch mit rechtsbesorgenden Charakter durchführen, siehe Assmann/Schütze/*Wagner* § 17 Rn. 201ff.

81 BGH NJW-RR 2007, 1041.

82 OLG Koblenz DStRE 2016, 1397.

dern die jeweilige Fondsgesellschaft ist. Auch in einem solchen Fall besteht die Aufklärungspflicht, deren Verletzung zu einer Haftung des Mittelverwendungskontrolleurs für den Zeichnungsschaden führt.[83]

Zum Versicherungsschutz bei Wirtschaftsprüfern und Steuerberatern gilt: 65
Die Mittelverwendungskontrolle ist im Einzelfall zu bewerten. Grundsätzlich ist sie aber vom Versicherungsschutz umfasst, wenn es sich nicht um eine geschäftsführende Tätigkeit handelt. Allein Prüf- und Kontrollaufgaben deuten noch nicht auf eine Geschäftsführung hin, weil hier kein Ermessen vorliegt.

Zum Versicherungsschutz bei Anwälten gilt:
Die Frage, ob eine Tätigkeit eines Rechtsanwalts als Mittelverwendungskontrolleur eines geschlossenen Investmentfonds eine im Rahmen seiner Berufshaftpflichtversicherung versicherte berufliche Tätigkeit darstellt, kann nur im Einzelfall unter Berücksichtigung einerseits der im Versicherungsvertrag getroffenen Vereinbarungen und andererseits der konkreten vom Rechtsanwalt im Mittelverwendungskontrollvertrag übernommenen Aufgaben beurteilt werden. Übernimmt ein Rechtsanwalt in einem Fondsbeteiligungsmodell die Aufgabe der Mittelverwendungskontrolle und beschränkt sich seine Aufgabe auf Kontrolle, Überwachung und Mittelfreigabe, ist diese Tätigkeit grundsätzlich nicht vom Versicherungsschutz durch die Vermögensschadenshaftpflichtversicherung für Rechtsanwälte geschützt.[84]

cc) Treuhänder ohne Kapitalanteil

Berufsträger übernehmen die Aufgabe die Beteiligungen bei der Fondsgesellschaft zu beaufsichtigen, aber gerade auch ohne dass sie selbst an der Gründung beteiligt waren oder einen Anteil an der Fondsgesellschaft persönlich halten. 66

Zur Haftung gilt: 67
Der Treuhänder ohne eigenen Kapitalanteil an der Fondsgesellschaft hat ebenfalls die Anleger aufzuklären und zu warnen. Allerdings kann es durchaus sein, dass dieser Treuhänder im Gegensatz zu den Treuhändern mit Kapitalanteil eine geringere Aufklärungspflicht hat. Bei dieser Sachlage bedarf es keiner Entscheidung, ob sich aus der Gesellschafterstellung eines Treuhandkommanditisten, der keine eigenen Anteile an der Fondsgesellschaft hält, ein weiterreichender Pflichtenkatalog ergibt.[85] Er müsste nicht umfassend über alle Umstände aufklären. Eine Plausibilitätskontrolle des Prospektmaterials könnte ausreichend sein, wenn allein auf dieser Grundlage nicht erkennbar ist, dass Fehler oder Unzulänglichkeiten vorliegen. Sachlicher Grund ist, dass dieser Treuhänder nicht in der Nähe des Emittenten steht, sondern in der Nähe des Anlegers.[86]

Berufsträger haften als Sicherheitentreuhänder aus einem Vertrag zugunsten Dritter, wenn sie im Prospekt als Treuhänder genannt sind, um Sicherheiten zugunsten von Anlegern zu gewährleisten. Der Pflichtenkreis beschränkt sich nicht allein auf die in den Treuhandverträgen ausdrücklich aufgeführten Tätigkeiten wie die rein formale Prüfung von Existenz und Rangstelle der treuhänderisch für die Anleger gehaltenen Grundschulden und deren Verwaltung. Die Prüfpflicht erstreckt sich auch darauf, ob Sicherheiten dem prospektierten Sicherheitenkonzept ent- 68

83 BGH NJW 2018, 462.
84 *Suchomel* GWR 2016, 57 zu BGH Beschl. BeckRS 2016, 01208.
85 BGH NJW-RR 2017, 750 Rn. 27; siehe auch BGH NJW-RR 2013, 1255 Rn. 29, dort wurde diese Frage ebenfalls offengelassen.
86 *Zoller* NJW 2017, 2962, 2963.

sprechen, weil die Treuhänderin in ein Sicherungssystem eingebunden und der Treuhandvertrag im Wertpapierprospekt abgedruckt war.[87] Ebenfalls haften Berufsträger aus einem Vertrag zugunsten Dritter, wenn es Aufgabe des Treuhänders ist Anleihegläubigern die Auszahlung der Anlagegelder an die Emittentin und die Bestellung, Verwaltung und Freigabe der Grundpfandrechte nach Maßgabe der Bestimmungen der Treuhandverträge und der Anleihebedingungen zu kontrollieren und sie als Treuhänder die Vertretung der Anleihegläubiger gegenüber der Emittentin vertreten. Die zugunsten der Anleger geschlossenen Treuhandverträge begründen (vor)-vertragliche Pflichten des Treuhänders, die im Allgemeinen mit denjenigen eines Treuhandkommanditisten oder Mittelverwendungskontrolleurs ohne weiteres vergleichbar sind.[88]

69 Zum Versicherungsschutz bei Steuerberatern/Wirtschaftsprüfern gilt:

Hat der Treuhänder, hier ein Steuerberater, im Bauherrenmodell in umfassender Weise für den Treugeber „alle Rechtsgeschäfte und Rechtshandlungen, auch soweit sie im Treuhandvertrag nicht ausdrücklich aufgeführt sind, im Namen und für Rechnung des Treugebers abzuschließen und durchzuführen", so ist er damit umfassend bevollmächtigt, das Bauvorhaben im Namen, in Vollmacht und auf Rechnung der Bauherren vorzubereiten, zu betreuen und durchzuführen. Damit ist er geschäftsführender und nicht „nur aufsichtsführender" Treuhänder i.S.d. Berufshaftpflichtversicherung zugrunde liegenden Risikobeschreibung. Tätigkeiten, die im Vorfeld und mit unmittelbarem Bezug auf die spätere Treuhandtätigkeit erfolgt sind (Werbung für das Bauherrenmodell als Vorbereitungshandlung für die spätere Durchführung dieses Bauherrenmodells) sind ebenfalls vom unternehmerischen Risiko erfasst und vom Versicherungsschutz ausgeschlossen. Die Werbung für ein Bauherrenmodell ist eine „Empfehlung wirtschaftlicher Geschäfte, insb. von Geldanlagen" und damit nicht versichert. Gleichfalls zum Bauherrenmodell und fehlendem Versicherungsschutz. Hat eine Steuerberatungsgesellschaft nach dem Treuhandvertrag alle Aktivitäten im Zusammenhang mit der Durchführung eines geplanten Bauvorhabens zu entfalten, so handelt es sich nicht lediglich um eine aufsichtsführende Treuhandtätigkeit, sondern um eine Tätigkeit als geschäftsführender Treuhänder.[89]

Zum Versicherungsschutz bei Anwälten gilt:

Schadensfälle, die sich aus der Tätigkeit eines Rechtsanwalts für eine Anlagegesellschaft ergeben, wobei der Anwalt sich auf eine Kontrolle der vertragsgemäßen Verwendung der stillen Beteiligungen der Anleger beschränkt, werden nicht von einer Vermögensschadenhaftpflichtversicherung erfasst, die Schäden aus freiberuflich ausgeübter Rechtsanwaltstätigkeit deckt.[90]

dd) Einzahlungstreuhänder und Beteiligungsverwalter

70 Einzahlungstreuhänder und Beteiligungsverwalter verwalten die Anlagen und Einzahlungen der Anleger und sind auch persönlich nicht an der Fondsgesellschaft beteiligt.

Zur Haftung gilt:

Die spezielle Gruppe der Treuhänder als Einzahlungstreuhänder oder Beteiligungsverwalter haften nicht aus der Prospekthaftung im weiteren Sinn, weil sie nicht Vertragspartner der Anleger werden.[91] Der Einzahlungstreuhänder ist mit den Anlegern vertraglich nur über eine Treuhandvereinbarung mit dem Zweck der Mittelverwendungskontrolle in der Investitionsphase ver-

87 OLG Düsseldorf BeckRS 2015, 09535.
88 OLG Düsseldorf BeckRS 2015, 05997.
89 OLG Köln VersR 1993, 86.
90 KG Beschl. NJW-RR 2003, 780.
91 BGH NJW-RR 2012, 937, 939 Rn. 21ff.

bunden, wenn er z.B. als Treuhandbank für das Kapital der Anleger handelt und es verwaltet. Der Einzahlungstreuhänder ist nicht verpflichtet, Anleger auf unrichtige Prospektangaben hinzuweisen. Dies ergibt sich auch nicht daraus, dass der Name des Treuhänders mehrfach an prominenter Stelle im Prospekt genannt wird, weil Werbung allein nicht zu einer Prospekthaftung führen kann.[92] Gleiches gilt für den Beteiligungsverwalter. Er handelt nicht bei Beitritt, sondern nach dem Beitritt des Anlegers. Er nimmt die Rechte und Pflichten der Anleger aus dem laufenden Gesellschaftsverhältnis in Gesellschafterversammlungen oder bei sonstigen Gesellschafterbeschlüssen wahr und reicht die Ausschüttungen und Berichte der Gesellschaft weiter.

Zum Versicherungsschutz gilt:

Der Versicherungsschutz umfasst ebenfalls nicht, wie auch bei Steuerberatern und Wirtschaftsprüfern, die unternehmerische Tätigkeit, gleich ob in Treuhand oder nicht. Wenn es ein Rechtsanwalt im Rahmen einer als „Treuhandvertrag" bezeichneten Vereinbarung übernimmt, ein Investitionskapital nach Austausch „Zug um Zug gegen eine refinanzierbare Bankgarantie" in enger Zusammenarbeit mit einem nicht genannten Koordinator im eigenen Namen zu investieren und mit einem Gewinn von 400% in ca. sechs Wochen zurück zu zahlen, und dabei erklärt, sämtliche Finanztransaktionen zur Erwirtschaftung des Gewinns seien völlig legal, gehört das weder zu den durch die Berufshaftpflichtversicherung gedeckten Tätigkeiten als Rechtsanwalt noch zur mitversicherten Tätigkeit als „Sachwalter", weil nicht die treuhänderischen Elemente der Betätigung das Gepräge geben, sondern die risikolose Vermehrung der eingesetzten Gelder, so dass – ungeachtet des dem Rechtsanwalt seines Berufs wegen entgegengebrachten Vertrauens – die nicht versicherte wirtschaftliche Tätigkeit dominiert.[93]

IV. Anwaltsnotar

In Deutschland gibt es die Gruppe der Nur-Notare und die zahlenmäßig deutlich überwie- 71
gende Gruppe der Anwaltsnotare. Anwaltsnotare sind nach § 3 Abs. 2 BNotO Rechtsanwälte, die für die Dauer ihrer Zulassung bei einem Gericht als Notar zu gleichzeitiger Amtsausübung neben dem Beruf als Rechtsanwalt zugelassen sind. Notare sind Träger eines öffentlichen Amtes. Sie sind hoheitlich tätig und zu strenger Neutralität verpflichtet, §§ 1, 14 Abs. 1 BNotO. Anwälte dagegen sind Berater und Vertreter in allen Rechtsangelegenheiten, § 3 Abs. 1 BRAO, und handeln auf der Grundlage zivilrechtlicher Geschäftsbesorgungsverträge mit ihren Mandaten im Privatrecht. Sie sind Parteivertreter und nehmen die Interessen nur einer Partei wahr.[94]

1. Haftung

Der Anwalt haftet nach zivilrechtlichen Grundsätzen, wenn er seine Pflichten aus dem Man- 72
datsvertrag verletzt hat. Der Notar haftet nach öffentlichem Recht nach der § 19 BnotO, der die allgemeine Regelung des Art. 34 GG i.V.m. § 839 BGB verdrängt. Der Notar kann auf den Subsidiaritätsgrundsatz nach § 19 Abs. 1 Satz 2 BNotO zurückgreifen, „...wenn der Verletzte nicht auf andere Weise Ersatz verlangen kann..." und sich auf den Haftungsausschluss des § 839 Abs. 3 BGB berufen, dass kein Rechtsmittel eingelegt wurde. Als Träger eines öffentlichen Amtes übt der Notar hoheitliche Befugnisse aus, § 1 BNotO. Daher können die Notare, anders als die Anwälte keine privatrechtlich zulässigen Haftungsbeschränkungen vereinbaren. Es gilt für beide Tätigkeiten die Regelverjährung, §§ 195ff BGB. Die Verjährung wegen einer notariellen Amts-

92 BGH NJW-RR 2005, 23, 24f.
93 OLG Düsseldorf NJW-RR 2004, 756.
94 Siehe hierzu ausführlich und umfassend *Becker* AnwBl 2010, 618ff.

pflichtverletzung beginnt aber erst dann, wenn der Geschädigte weiß, dass sein Schaden jedenfalls nicht vollständig auf andere Weise durch einen Dritten gedeckt werden kann.

2. Abgrenzung von anwaltlicher und notarieller Tätigkeit

Die Notartätigkeit lässt sich wie folgt von der Anwaltstätigkeit abgrenzen:

a) Notartätigkeit

73 Eindeutige Notartätigkeiten legen die §§ 20–22 BNotO fest:
- Beurkundungen, § 20 Abs. 1 BNotO
- Beglaubigungen, § 20 Abs. 1 BNotO
- Ausstellung von Bescheinigungen, § 21 BNotO
- Abnahme von Eiden, § 22 Abs. 1 BNotO
- Aufnahme von eidesstattlichen Versicherungen, § 22 Abs. 1 BNotO

Notartätigkeiten sind dann auch die Handlungen, die mit diesen Tätigkeiten untrennbar verbunden sind. Zu einer Beurkundung zählen mindesten folgende Hilfs- und unselbständige Nebenpflichten:
- Pflicht zur gestaltenden und unselbständigen Beratung, insbesondere die hierzu nötigen Belehrungen zu erteilen und bei Bedarf entsprechende Regelungen vorzuschlagen
- Wiedergabe des rechtsgeschäftlichen Willens der Beteiligten, Formulierungspflicht nach § 17 Abs. 1 BeurkG
- Belehrung über die rechtliche Tragweite des konkret zu beurkundenden Geschäfts, Rechtsbelehrung nach § 17 Abs. 1 BeurkG
- Warnung des Notars vor Gefahren, die ihm offensichtlich, aber nicht den Beteiligten bekannt sind, erweiterte Belehrungen nach § 14 Abs. 1 BnotO

Bei Anwaltsnotaren ist das Verbot der Mitwirkung als Notar zu beachten. Ein Anwaltsnotar, der als Anwalt einseitig für eine Partei tätig war, darf später in der gleichen Angelegenheit nicht mehr als Notar handeln, § 3 Abs. 1 Nr. 7 BeurkG. Das Verbot gilt auch für einen Anwaltsnotar als Sozius in einer Kanzlei.

b) Grenzfälle

74 Abzugrenzen zwischen anwaltlicher und notarieller Tätigkeit ist in den Fällen, in denen der Anwaltsnotar neutral handelt und bei Verwahrungen. Diese Tätigkeiten können sowohl Anwalt als auch Notar ausüben. Der Notar hat im Bereich der vorsorgenden Rechtspflege Urkunden zu entwerfen und planend und selbständig zu beraten, § 24 Abs. 1 BNotO. Er berät neutral hier regelmäßig dann, wenn es um Testamente/Erbfolgen und die wirtschaftlichen und steuerrechtlichen Folgen geht. Nach § 24 Abs. 2 Satz 1 BNotO gilt, dass die Handlungen zur sonstigen Betreuung der Beteiligten auf dem Gebiet der vorsorgenden Rechtspflege dem Notarbereich zuzuordnen sind, wenn sie dazu bestimmt sind, Amtsgeschäfte der in den §§ 20 bis 23 bezeichneten Art vorzubereiten oder auszuführen. Nach § 24 Abs. 2 Satz 2 BNotO liegt im Zweifel eine anwaltliche Tätigkeit vor. Die Zweifelsregelung kommt aber gerade dann nicht zum Tragen und es liegt eine notarielle Tätigkeit vor, wenn nach den objektiven Umständen und den Vorstellungen der am Geschäft beteiligten Personen eine Aufgabe zu erfüllen ist, die in den Bereich notarieller Amtstätigkeit fällt. Bei der Feststellung, in welcher Eigenschaft ein Rechtsanwalt und Notar bei der Erfüllung einer unter § 24 Absatz Abs.1 BNotO fallenden Aufgabe tätig geworden ist, sind die gesamten objektiven Umstände und die Vorstellungen der an dem Geschäft beteiligten Personen

zu berücksichtigen. Maßgeblich ist, ob der Berufsträger parteiisch als Anwalt oder neutral als Notar handelt und auch wie er gegenüber den Kunden auftritt, z.B. Verwendung eines Amtssiegels und die Gebührenabrechnung. Die Notarkammern weisen ihre Mitglieder darauf hin, dass der Anwaltsnotar klarstellen soll, ob er als Anwalt oder als Notar tätig wird.[95]

Verwahrungen können sowohl der Anwalt als auch der Notar vornehmen. Nach § 23 BNotO können Notare Geld, Wertpapiere und Kostbarkeiten zur Aufbewahrung oder Ablieferung an Dritte übernehmen. Sie können auch andere Gegenstände in Verwahrung nehmen, § 24 Abs. 1 BNotO. Auch Rechtsanwälte können Gegenstände verwahren, je nach Auftragsverhältnis. Die Abgrenzung erfolgt bei der Verwahrung ebenfalls nach den Vorstellungen der Kunden und wie der Anwaltsnotar auftritt. Er handelt als Notar, wenn er nicht einseitig die Interessen einer Partei wahrnimmt, sondern neutral und unparteiisch ist. Wenn Gelder über ein Anderkonto geführt werden, kommt es entscheidend auf die Bezeichnung des Anderkontos an, entweder handelt es sich um ein Notar-Anderkonto oder ein Anwalts-Anderkonto.[96] Bei der Tätigkeit als Mittelverwendungskontrolleur ist die Sicht der Anleger maßgeblich. Aus Sicht der Anleger ist von einem Treuhandkonto eines Notars auszugehen, wenn der Berufsträger als Anwaltsnotar sowohl als Rechtsanwalt wie auch als Notar handeln kann.[97] Eine Treuhandtätigkeit, bei der ein Rechtsanwalt und Notar Geld, das ihm von seinem Auftraggeber übergeben worden ist, in Bargeld einer anderen Währung einzutauschen hat, betrifft in der Regel kein notarielles Verwahrungsgeschäft i.S.d. § 23 BNotO.[98] 75

3. Versicherungsschutz Notar/Anwalt

Bei Notaren bestehen folgende Pflichtversicherungen, §§ 19a, 67 Abs. 3 BNotO: 76

- Grund- und Basisversicherung von 500.000 EUR
- Gruppenanschlussversicherung mit weiteren 500.000 EUR oberhalb der Grundversicherung für jeden Versicherungsfall, § 67 Abs. 3 Nr. 3 BNotO; Versicherungsnehmer sind die Notarkammern für ihre zu versichernden Mitglieder
- Vertrauensschadenversicherung für Vorsatzschäden mit einer Versicherungssumme von 250.000 Euro, § 67 Abs. 3 Nr. 3 BNotO; Versicherungsnehmer sind die Notarkammern für ihre zu versichernden Mitglieder
- Versicherung für gesamtschuldnerische Haftung der Notarkammer und des Notariatsverwalters bei Amtspflichtverletzungen des Verwalters, §§ 19 a, 67 Abs. 3 Nr. 3, 61 Abs. 2 BNotO
- Die Ländernotarkassen in München und Leipzig schließen sowohl die Basis- wie auch die Gruppenanschlussversicherung einheitlich für ihre Mitglieder ab, § 113 Abs. 3 Nr. 3 BNotO

Über die Pflichtversicherung hinaus besteht die Möglichkeit, dass der Notar sich individuell höher versichert durch einen Exzedenten oberhalb der Basis- und der Gruppenanschlussversicherung. Für die Exzedenten gelten gemäß § 113 Abs. 3 VVG ebenfalls die Vorschriften über die Pflichtversicherung, §§ 114 ff VVG. Bei Einzelobjektdeckungen kann der der Notar gemäß § 152 Abs. 2 Nr. 4 KostO die Versicherungsprämie für den 60 Mio. Euro übersteigenden Anteil der Versicherungssumme als Gebühr von der Partei verlangen.[99] 77

Bei dem Notarversicherungsfonds der Notarkammern, früher Vertrauensschadenfonds genannt, handelt es sich um einen Fonds und keine Versicherung, § 67 Abs. 4 Nr. 4 BNotO. Er be- 78

95 BGH LS 3 NJW 1998, 1864, siehe Ziff. I.3. der Richtlinienempfehlung der Bundesnotarkammer.
96 OLG Hamm BeckRS 2006, 03679.
97 OLG Frankfurt Urteil v. 17.9.2003, AZ 4 U 150/02.
98 BGH LS 2 NJW 1998, 1864.
99 *Zimmermann* DNotZ 2005, 661.

steht ohne Rechtsanspruch für vorsätzliche Amtspflichtverletzungen, für die aus der Vertrauensschadenversicherung 250.000 EUR zur Verfügung stehen. Darüber hinaus gibt es eine Exzedentenversicherung des Notarversicherungsfonds. Mit ihm erhöht die Notarkammer nicht die Höchstleistung der Entschädigung, sondern die Zahl der Schadenfälle je Notar und je Versicherungsjahr.[100]

79 Bei Notaren ist ein Selbstbehalt von 5.000 EUR zulässig, § 19a Abs. 3 BNotO, bei Rechtsanwälten von 2.500 EUR, § 51 Abs. 5 BRAO. Ein großer Unterschied besteht bei vorsätzlichen Handlungen. Sie sind bei Anwälten nicht versichert mit Ausnahme der wissentlichen Pflichtverletzung bei der PartG mbB und der RA-GmbH. Die Notare sind für vorsätzliche Pflichtverletzungen zwar nicht über ihre Haftpflichtversicherung versichert, aber über die Vertrauensschadenversicherung und zusätzlich über den Vertrauensschadenfonds der Notarkammern, weil die Lücke zu Staatshaftung zu schließen ist, Art. 34 GG i.V.m. § 839 BGB gemäß § 67 BNotO. Dies ist im Übrigen auch den Anwälten zu empfehlen, wenn die Vorsatzhandlungen/wissentliche Versicherung unbeschränkt zu versichern wären.

80 Ein Notarvertreter, der auch ein Anwalt sein kann, ist für die Tätigkeit als Notarvertreter im Versicherungsvertrag des vertretenen Notars mitversichert, soweit der Vertreter nicht selbst dieses Risiko abgedeckt hat.[101] Der Notarvertreter hat hier aber gerade auch eigenen Versicherungsschutz für diese Tätigkeit nach B Ziff. 1.1, 6. Spiegelstrich BBR-RA. Im Verhältnis der beiden Berufshaftpflichtversicherungen ist die Anwaltsdeckung HV 60 als Notarvertreterversicherung zunächst eintrittspflichtig, weil die Versicherung des Notars nach den Notarbedingungen subsidiär ist, 4. Absatz Teil 2 Risikobeschreibung AVB-N HV 39. Der eigene Versicherungsschutz des Anwalts als Notarvertreter ist auch erforderlich, weil er selbst für diese gesonderte Tätigkeit nicht zum Abschluss einer Berufshaftpflichtversicherung verpflichtet ist, §§ 39 Abs. 4, 19a BNotO. Er benötigt aber eigenen Versicherungsschutz aufgrund möglicher Regressfälle und einem unterschiedlichen Versicherungsumfang bei der Versicherung des vertretenen Notars; siehe hierzu ausführlich zum Notarvertreter B Ziff. 1.1 BBR-RA Rn. 169 ff.

81 Anwaltsnotare üben nur als Anwälte gemeinschaftlich ihren Beruf nach außen hin in einer Sozietät aus, aber nicht mit ihrer notariellen Tätigkeit, § 59a BRAO, weil die Notare ihr Amt höchstpersönlich und hoheitlich ausüben. Man wendet daher § 12 mit einer Durchschnittsleistung nicht an zwischen der Notartätigkeit und der Anwaltstätigkeit, aber zwischen den Anwälten und der anwaltlichen Berufsausübung des Anwaltsnotars. Hier sollte der Anwaltsnotar die gleich hohe Versicherungssumme haben wie die Anwaltssozien.

82 Bei Notaren/Anwaltsnotaren und Anwälten in einer Kanzlei kann der Versicherungsschutz unterschiedlich gestaltet sein. Der Versicherungsschutz der Notare für ihre Notartätigkeit besteht aber immer im Umfang der Pflichtversicherung getrennt von der Versicherungssumme der Anwälte. Oberhalb der Pflichtversicherung kann sich der Notar auf zwei Arten für seine Notartätigkeit versichern. Er kann separat versichert sein neben dem Versicherungsschutz der Anwälte. Er kann aber auch gemeinsam zusammen mit den Anwälten versichert sein. In diesem Fall besteht ein Exzedent oberhalb der Pflichtversicherungssumme der Notare, der die Tätigkeiten als Notar und die Tätigkeiten als Anwalt gemeinsam versichert. Vorteil hiervon ist, dass die Prämien schon allein deshalb günstiger sind, weil kein separater Versicherungsschutz geboten werden muss.

83 Einen Sonderfall der Anwendung des § 12 bilden Notare. Sie üben ihr Amt ausschließlich hoheitlich und persönlich aus. Sie können aber ihren Beruf ohne Einschränkung auch gemeinsam ausüben, siehe hierzu die Erlaubnis nach § 9 BNotO. Häufig machen Notare nach individueller Vereinbarung durch eine Gebührengemeinschaft hiervon Gebrauch. Die Notare teilen sich

---

100 Schippel/Bracker/*Schramm* § 19a Rn. 14 f.
101 4. Absatz Teil 2 Risikobeschreibung AVB-N HV 39/11 bei der Allianz.

die anfallenden Gebühren, aber die Tätigkeit bleibt selbstverständlich hoheitlich und der Notar haftet weiterhin persönlich nur für die eigenen Verstöße. Um die Haftungsrisiken für den Versicherer gerecht auf die Prämie zu verteilen, wendet man hier § 12 (§ 13 bei den Notarbedingungen der Versicherer) oberhalb der Pflichtversicherungssumme mit einer Durchschnittsleistung an. In der Praxis haben diese Notare daher eine gleich hohe Versicherungssumme, siehe hierzu auch § 12 Rn. 20.

V. Maklertätigkeit

Die gelegentlich ausgeübte Maklertätigkeit ist eine weitere Fallgruppe, bei der zwischen **84** anwaltlicher und nicht-anwaltlicher Tätigkeit abzugrenzen ist. Der Anwalt kann neben seiner Beratungsleistung Kredite vermitteln oder Grundstücke veräußern oder verpachten.[102]

Der Anwalt darf nicht dauerhaft nebenbei den Beruf des Maklers ausüben, da die gewinnorientierte Gewerbetätigkeit nicht mit dem Berufsbild des Anwalts als Organ der Rechtspflege vereinbar ist, § 7 Nr. 8 BRAO.[103] Dies gilt auch für die Geschäftsführungstätigkeit für ein Versicherungsmaklerunternehmen, wenn dieses Unternehmen nicht mehr selbst am Markt tätig wird, sondern nur als Franchise-Geber gegenüber selbstständigen Agenturinhabern wirkt.[104] Gleichfalls unvereinbar mit dem Anwaltsberuf und ein Verstoß gegen § 14 Abs. 2 Nr. 8 BRAO ist die Tätigkeit eines Geschäftsführer einer Immobiliengesellschaft, deren Geschäftsgegenstand unter anderem der Erwerb, die Bewirtschaftung sowie die Veräußerung und Vermittlung von Immobilien ist.[105] Rechtsanwälte, die mit Anwaltsnotaren ihren Beruf gemeinschaftlich ausüben, dürfen nicht als Grundstücksmakler tätig werden und sich nicht an der Vermittlung von Urkundengeschäfte beteiligen. Dies folgt aus § 14 Abs. 4 Satz 1 BnotO, der zwar nur für Anwaltsnotare und Nur-Notare gilt, aber die Unabhängigkeit des Notarberufs fordert, dass das Tätigkeitsverbot auf den gesamten Geschäftsbereich auszudehnen ist und damit auch für Anwälte gilt, mit denen der Notar sich zu gemeinsamer Tätigkeit zusammengeschlossen hat.[106] Der Anwalt kann aber grundsätzlich jedenfalls ein gelegentliches einzelnes Maklergeschäft rechtswirksam mit einem Dritten vereinbaren, da vereinzelte Maklertätigkeiten nicht Ansehen und Vertrauen in den Berufsstand des Rechtsanwalts untergraben.[107]

Für die Abgrenzung, ob eine versicherte anwaltliche Tätigkeit i.S.d. § 1 vorliegt oder ein **85** nicht versicherter Maklervertrag, gibt es zur Deckungsfrage keine konkreten Urteile, vielmehr drehen sich die Entscheidungen der Rechtsprechung um Gebührenfragen etc., so dass man nicht uneingeschränkt die Kriterien übertragen kann.

Im Zweifel ist nach der Rechtsprechung, sofern nicht deutliche und zwingende Gründe ent- **86** gegenstehen, davon auszugehen, dass die Partei, die anstelle eines Maklers einen Rechtsanwalt mit der Vermittlung eines (Kauf-)Vertrages beauftragt hat, ihn in eben dieser Eigenschaft zuzieht. Man erwartet vom Anwalt, dass er bei seinem Tätigwerden insbesondere die rechtlichen Interessen betreut, wobei jedoch maßgebend ist, wie die Willenserklärung redlicherweise unter den bekannten Umständen nach Treu und Glauben unter Berücksichtigung der Verkehrssitte vom Anwalt verstanden werden darf. Diese Auslegungsregel greift aber nicht ein, wenn feststeht, dass es dem Auftraggeber nicht um die Leistung rechtlichen Beistandes geht.[108] Wenn der Inhalt der dem Anwalt übertragenen Aufgabe in nicht unwesentlichem Umfang rechtsberaten-

---

102 *Borgmann*/Jungk/Schwaiger § 6 Rn. 13 mit Nachweisen; *Jungk* AnwBl 2004, 117; *Diller* § 1 Rn. 35; *D. Fischer* NJW 2016, 3220.
103 Grundsätzlich BGH Beschl. BeckRS 1975, 31181119 zur damaligen Rechtslage.
104 BGH NJW-RR 2000, 437.
105 BGH BeckRS 2016, 06149.
106 BGH NJW 2001, 1569.
107 BGH NJW 1992, 681.
108 OLG Hamm NJW-RR 1995, 951.

der Natur ist, handelt es sich insgesamt um einen Anwalts-Dienstvertrag. Er umfasst die Maklertätigkeit. Gerade wenn ein Klient einen Anwalt beauftragt, ist im Zweifel, sofern nicht eindeutige und zwingende Gründe entgegenstehen, davon auszugehen, dass die Partei, die anstelle eines Maklers einen Rechtsanwalt beauftragt hat, ihn in eben dieser Eigenschaft zuzieht, also von ihm erwartet, dass er bei seinem Tätigwerden insbesondere ihre rechtlichen Interessen betreut.[109]

87 Für die Deckungsfrage bietet es sich aber eher an zu prüfen, in welchem Bereich sich das Risiko verwirklicht hat, da hier die Maklertätigkeit eine wirtschaftliche erfolgsabhängige Tätigkeit ist und man sie von der Anwaltstätigkeit trennen kann. Daneben kann es zu Folgeproblemen kommen, wenn der Anwalt auch als Makler auftritt und dann in der Gesamtheit anwaltliches Standesrecht gelten muss, wie Verschwiegenheitspflichten etc. Die Ausübung einer Immobilienverwaltung in den Räumen einer Rechtsanwaltssozietät birgt aber nicht die Gefahr einer Verletzung der Verschwiegenheitspflicht.[110]

VI. Anlageberatung

88 Eine weitere Fallgruppe bildet die Anlageberatung. Grundsätzlich übernehmen Finanzdienstleister, z.B. Banken, die Aufgabe Anlageempfehlungen und Anlageentscheidungen für Dritte zu treffen. Es handelt sich grundsätzlich um eine wirtschaftliche gewerbliche Tätigkeit.[111] Die wirtschaftliche Entscheidung hängt aber unter Umständen von einer Rechtsberatung, z.B. einer steuerrechtlichen Gestaltung, ab. Der BGH hat einen Anwaltsvertrag angenommen, wenn der Anwalt in engem innerem Zusammenhang mit einer von ihm ausgeübten rechtlichen Beratung eine Vermögensanlage empfiehlt. Dabei ging es um die Anwendung der damalig geltenden günstigen dreijährigen Verjährungsfrist, § 51 BRAO a.F. Der Zusammenhang zur Beratungsleistung ist gegeben, wenn sich der Anwalt als wirtschaftlich denkender, die Interessen seines Mandanten umfassend berücksichtigender Berater aufgrund der Erörterung der Einkommens- und Vermögensverhältnisse im Rahmen des erteilten Auftrags herausgefordert fühlen darf, zur Vermögensanlage zu raten.[112]

89 Wenn die Rechts- bzw. Steuerberatung aber nur einen unwesentlichen Teil der Gesamtleistung ist, ist kein Anwaltsvertrag anzunehmen. Regelmäßig ist es nicht die Aufgabe eines Anlageberaters, Rechtsrat zu erteilen. Auch wenn rechtliche Gesichtspunkte zu beachten sind wie Steuerrecht und Gesellschaftsrecht wird die Anlageberatung nicht zur Rechtsberatung, außer die Rechtsfragen stehen im Vordergrund. Es ist auch nicht üblich, dass Anwälte die Anlageberatung übernehmen.[113] Allerdings ging es bei dieser früheren Entscheidung des BGH – auch noch unter dem Gesichtspunkt, ob die Rechtsberatung den Schwerpunkt des Auftrags bildet – darum, ob nach dem anwaltlichen Gebührenrecht abgerechnet werden kann, was der BGH hier ablehnte.

90 Zum Teil trennt man zwischen der eigentlichen Anlageberatung und der Rechtsberatung. Wenn der Berufsträger rechtsberatend bei der Anlageberatung tätig war, aber er allein fehlerhaft bei der Anlageempfehlung gehandelt hat, liegt keine anwaltliche Tätigkeit vor. Der Anwalt hatte seinen Mandanten dahingehend beraten, ob Gelder sicher und ertragbringend bei einer Firma angelegt werden können. Es liegt keine anwaltliche Tätigkeit und damit kein Deckungsschutz aus der Berufshaftpflichtversicherung vor, auch wenn man über den Inhalt der zu schließenden Verträge spricht. Es handelt sich allein um eine fehlerhafte Beratung bei der Geldanlage.[114]

---

109 BGH NJW 1985, 2642 hatte hier entschieden, dass anwaltliches Gebührenrecht insgesamt gilt, aber er musste im Übrigen nicht zu einer Deckungsfrage aufklären.
110 BGH NJW-Spezial 2017, 350.
111 *Jungk* AnwBl 2004, 117.
112 BGH NJW 1994, 1405 ff; HBAnw/*Rinkler* § 1 Rn. 169.
113 BGH NJW 1980, 1855.
114 LG Hamburg Stbg 2001, 339 mit zustimmender Anm. *Schmikal;* hier ging es auch tatsächlich um die Deckung.

VII. Buchführung, Bilanzierung, Lohnabrechnung

Kaufmännische und bankmäßige Tätigkeiten gehören nicht zum Berufsbild des Anwalts.[115] 91
Der BGH hat festgestellt, dass die kaufmännische Buchführung keine Berufstätigkeit eines Rechtsanwalts im Sinne von § 1 Abs. 1 BRAGebO a.F. ist. Bei der kaufmännischen Buchführung können zwar auch Rechtsfragen auftauchen und eine Rolle spielen, wie z.B. ein einzelner Posten zu verbuchen ist. Sie stehen aber nicht im Vordergrund, sondern die technischen Buchungsvorgänge ohne rechtlichen Gehalt. Daher übernehmen diese Aufgaben in der Regel nicht Anwälte, sondern Buchhalter, Wirtschaftsprüfer, Buchprüfer, Steuerberater oder Steuerbevollmächtigte.[116]

Das ändert sich auch dadurch nicht, dass Anwälte zur Hilfeleistung in Steuersachen berech- 92
tigt sind, §§ 33 StBerG i.V.m. 3 Nr. 1 StBerG. Die steuerlichen Nebentätigkeiten wie Buchführung, wirtschaftsberatende Tätigkeit i.S.v. §§ 57 Abs. 3 Nr. 3, 129 Abs. 3 Nr. 2 WPO gehören nicht zum Kernbereich anwaltlicher Tätigkeit, wenn nicht Rechtsfragen eindeutig im Vordergrund stehen.[117] Der Aufgabenkreis eines Steuerberaters ist ein Teilausschnitt aus dem Kreis rechtsanwaltlicher Tätigkeit. Buchführung, Fertigung des Jahresabschlusses oder die Mitwirkung bei einer finanzamtlichen Betriebsprüfung sind aber Aufgaben, die von der Rechtsberatung auf steuerlichem Gebiet nicht wesentlich geprägt sind.[118] Bei der Frage der Verjährung nach § 51 BRAO a.F. hat der BGH bei einem laufenden steuerrechtlich geprägten Mandat deshalb differenziert geurteilt. Die vorwiegende Aufgabe der Errichtung von Steuerbilanzen und Steuererklärungen ist rechtlicher Art und damit anwaltliche Tätigkeit. Eine damit zwangsläufig verbundene Kontrolle der Buchhaltung des Mandanten tritt demgegenüber in den Hintergrund und ist damit keine anwaltliche Tätigkeit, insbesondere dann, wenn der Anwalt einen Sonderauftrag übernimmt, bei dem es nicht auf seine Rechtskenntnisse ankommt, sondern auf Fachkenntnisse bei der Buchhaltung und Buchprüfung.[119]

VIII. Inkassodienstleistungen, Rentenberater, Rechtsdienstleister im ausländischen Recht

Das Rechtsdienstleistungsgesetz bestimmt, dass Rechtsdienstleistungen wie Inkassodienst- 93
leistung, Rentenberatung und Rechtsdienstleister im ausländischen Recht nur durch registrierte Personen erlaubt sind, § 10 RDG. Der Rechtsanwalt ist der berufene unabhängige Berater und Vertreter in allen Rechtsangelegenheiten, § Abs. 1 BRAO. Anwälte sind daher berechtigt auch in allen drei genannten Teilbereichen tätig zu werden. Sie sind grundsätzlich nicht inkompatibel zum Anwaltsberuf.[120] Der Anwalt kann diese Dienstleistungen ausüben und sie auch als Interessen- und Tätigkeitsschwerpunkte auf dem Briefbogen benennen, § 7 BORA.

Die Inkassodienstleistung ist per Legaldefinition regelmäßig eine Rechtsdienstleistung, § 2 94
Abs. 2 RDG.[121] Nicht davon erfasst ist der echte Forderungskauf als rein wirtschaftlicher Vorgang, der erlaubnisfrei bleibt[122] und daher auch nicht der Pflichtversicherung unterliegt. Die Rentenberatung nach § 10 Abs. 1 Satz 1 Nr. 2 RDG umfasst die gesetzliche Rentenberatung und die Beratung in den Bereichen der betrieblichen und berufsständischen Versorgung, sowohl außerge-

---

115 Gräfe/*Brügge* B Rn. 186; *Borgmann*/Jungk/Schwaiger § 6 Rn. 16.
116 BGH NJW 1970, 1189.
117 *Jungk* AnwBl 2004, 118.
118 BGH NJW 1970, 1190 f.
119 BGH VersR 1972, 1052.
120 Henssler/Deckenbrock/*Rillig* RDG § 10 Rn. 18, 20; bei Inkassounternehmen kommt es auf den Einzelfall an VGH Kassel NJW 2000, 2370 zum RBerG.
121 Das Bundesverfassungsgericht hat dies auch schon vorher entschieden BVerfG NJW 2002, 1190; NJW-RR 2004, 1570.
122 *Sabel* AnwBl 2007, 818.

richtlich als auch gerichtlich. Die Rechtsdienstleistung im ausländischen Recht umfasst allein den außergerichtlichen Bereich. Vor Gericht darf allein der zugelassene Anwalt tätig werden.[123]

95 Nach § 12 Abs. 3 Nr. 1 RDG ist Voraussetzung für die Registrierung in allen Teilbereichen, dass eine Berufshaftpflichtversicherung besteht. § 5 RDV regelt in bewusster Anlehnung an § 51 BRAO die Einzelheiten.[124] § 5 RDV und § 51 BRAO regeln aber nicht, ob eine Versicherung nach dem RDV zusätzlich erforderlich ist oder eine Versicherung nach § 51 BRAO ausreicht, wenn ein Anwalt eine Rechtsdienstleistung nach § 10 RDG mitausübt. Man wird danach differenzieren, ob der Anwalt die sonstige Rechtsdienstleistung als einen echten Zweitberuf oder nur als Nebenerwerb ausübt.[125] Wenn der Anwalt die Rechtsdienstleistung gelegentlich oder nebenher ausübt, wie regelmäßig anzunehmen ist, reicht es aus, wenn der Anwalt eine Pflichtversicherung nach § 51 BRAO unterhält. Sie umfasst die Dienstleistungen nach § 10 RDG. Dem Schutz des rechtsuchenden Publikums ist damit Genüge getan. Auch die Regelung in § 54 DVStB für Doppelbänder spricht dafür. Danach genügt ein Steuerberater, der zugleich Rechtsanwalt ist, den Anforderungen der Berufshaftpflichtversicherung, wenn die Anwalts-Versicherung nach § 51 BRAO die weiteren Voraussetzungen nach §§ 52 bis 53a DVStB erfüllt. Eine zusätzliche Versicherung nach § 5 RDV scheint erforderlich, wenn der Berufsträger nicht als Anwalt, sondern als besonderer Rechtsdienstleister auftritt. Das ist der Fall, wenn nach außen nicht erkennbar ist, dass ein Anwalt handelt, sondern allein der Rechtsdienstleister, z.B. wenn der Anwalt räumlich und organisatorisch getrennt seinem Zweitberuf nachgeht.

IX. Legal Tech

1. Begriff

96 Unter dem Begriff Legal Tech versteht man grundlegend die Verwendung von Technologie, um juristische Leistungen zu erbringen.[126]

97 Dienstleister übernehmen mithilfe von Algorithmen die Rechtsberatung, die bisher die Anwälte erbringen. Die Kanzleien selber verwenden Algorithmen, um Sachverhalte schneller aufzuklären oder eine Rechtsmeinung zu gewinnen. Beispiele sind: Nutzung von künstlicher Intelligenz für anwaltliche Recherchetätigkeiten, Kanzleien verkaufen Abonnements ihrer Wissensdatenbanken an Mandanten, Online-Dialog zur Erstellung von Rechtsdokumenten durch gewerbliche Dienstleister oder Software-Einsatz zur Prüfung einer Legal/Tax Due Diligence.[127]

98 Dabei gibt es drei grundsätzliche Ausprägungen:

- Marktplätze
  Die Verlagerung des Kontakts zwischen Anwalt und Mandanten auf technische Plattformen
- Online-Rechtsberatung
  Veränderung und Verdrängung der bisher analog geleisteten juristischen Arbeit durch den Einsatz von Technologie durch Rechtsgeneratoren
  - Anspruchsdurchsetzung durch Dienstleister
  - Legal Tech as a self-service
- Informationsextraktionssoftware

---

123 Henssler/Deckenbrock/*Rillig* RDG § 10 Rn. 118.

124 BT-Drs. 316/08 S. 14.

125 Henssler/Deckenbrock/*Rillig* RDG § 10 Rn. 22 zur Registrierungspflicht, was wohl auch die gesonderte Berufshaftpflichtversicherung mitumfassen dürfte.

126 Zu den Begrifflichkeiten *Weberstaedt* AnwBl 2016, 535 ff; ausführlichere Darstellung RAK-München Mitt. 04/2016; IT gestützte Streitbeilegung; Wissensmanagement und formale Arbeitsunterstützungen *Grupp* AnwBl 2014, 660 ff; zu Künstlicher Intelligenz (KI) in der Rechtsberatung *Frese* NJW 2015, 2090 ff.

127 Siehe dazu allgemein *Jeschke* AnwBl 2016, 822 ff; Beispiele für Legal Tech Unternehmen bei *Ditscheid* AnwBl 2016, M94.

2. Rechtliche Einordnung und Versicherung

Im Einzelnen zur rechtlichen Einordnung der Tätigkeit und ob für diese Tätigkeit Versicherungsschutz besteht.

Dienstleister bieten an, Ansprüche gegenüber Unternehmen durchzusetzen, z.B. Ansprüche auf Ausgleichszahlung auf Grundlage der EU-Fluggastrechtverordnung gegen Fluggesellschaften. Es handelt sich um einen entgeltlichen Geschäftsbesorgungsvertrag, um eine Forderung durchzusetzen. Dabei liegt regelmäßig eine Inkassodienstleistung mit Forderungsabtretung nach § 2 Abs. 2 RDG vor. Sie ist erlaubnispflichtig nach § 10 Abs. 1 Nr. 1 RDG. Versicherungsschutz besteht über die Pflichtversicherung für Inkassodienstleistungen, siehe zum Versicherungsschutz bei Inkassodienstleistungen § 1 Rn. 95. **99**

Dienstleister erstellen über einen anonymisierten Online-Dialog Rechtsdokumente gegenüber dem Endkunden, z.B. ermöglichen Dialogportale Arbeitsverträge, Mietverträge, Kündigungen usw. zu generieren. Im Dialog fragt der Dienstleister im Online-Portal Kundendaten ab wie Alter, gewünschte Arbeitszeit etc. Dienstleister bieten bestimmten Mandanten an, einen Sachverhalt vereinfacht über ein Dialogportal zu kontrollieren, z.B. wenn der Mandant eigene Angaben zu einer Tätigkeit macht, um zu prüfen, ob eine Selbständigkeit/Angestelltentätigkeit vorliegt. Die Kanzleien beraten diese Dienstleister. Sie stellen die notwendigen Sachverhalte und Rechtsergebnisse zur Verfügung und prüfen, ob die gefundenen Ergebnisse den rechtlichen Anforderungen entsprechen. **100**

a) Verhältnis Anwalt und Legal Tech/Dienstleister

Es handelt sich um eine anwaltliche Rechtsberatung im Verhältnis der Kanzlei zum regelmäßig von der Kanzlei ausgelagerten gewerblichen Dienstleister, wenn die Kanzlei den Dienstleister zu Rechtsfragen berät und wie er seinen Algorithmus erstellen muss. Der Anwalt fasst abstrakte Sachverhaltskonstellationen zusammen. Er bewertet sie rechtlich und trifft eine allgemeine Entscheidung. Dabei handelt es sich um eine abstrakte anwaltliche Tätigkeit, ähnlich einem Gutachten zu einer allgemeinen Rechtsfrage. Versicherungsschutz nach § 1 besteht daher, wenn der Anwalt den Dienstleister der Software zu abstrakten Sachverhaltskonstellationen berät, unabhängig von den konkreten Lebenssachverhalten der Nutzer. **101**

Bei dieser Beratung übernimmt aber der Anwalt nicht die Verantwortung, dass mit ihr auch individuelle Sachverhalte ordnungsgemäß geprüft werden. Der Anwalt kennt den konkreten Sachverhalt nicht, zu dem der Endkunde Informationen wünscht. Der Anwalt kann deshalb zu dem einzelnen konkreten Sachverhalt nicht anwaltlich beraten. Der Anwalt kann nur auf die Besonderheiten eines Einzelfalls eingehen, wenn der ihm vorgelegte Vorgang vollständig bekannt ist. Dies ist bei einem Online-Dialog nicht der Fall, da die Aufklärung von vornherein auf die Fragen des Dienstleisters reduziert ist. Kein Versicherungsschutz über die Berufshaftpflichtversicherung der Kanzlei besteht deshalb, wenn der Anwalt anbieten sollte, dass mit ihrer Beratung zu abstrakten Fallgruppen die konkreten Sachverhalte der Nutzer der Software juristisch „gelöst“ werden können. **102**

b) Verhältnis Legal Tech/Dienstleister zu Kunde/Nutzer/Mandant

Im Verhältnis zwischen dem Dienstleister als Legal Tech Unternehmen und dem Endkunden handelt es sich regelmäßig um keine anwaltliche Tätigkeit. Rechtsdienstleistung ist jede Tätigkeit in konkreten fremden Angelegenheiten, sobald sie eine rechtliche Prüfung des Einzelfalls erfordert, § 2 Abs. 1 RDG. Im Online-Portal folgen die Ergebnisse einem festen Ablauf, je nachdem wie der Kunde seine Daten eingibt und wie der Algorithmus dies vorsieht. Der Endkunde gibt dabei selbständig Teile des Sachverhalts ein, um das Ergebnis zu erhalten. Der auf diese **103**

Weise aggregierte Sachverhalt wird anschließend den Fallgruppen zugeordnet. Beispielsweise erhält der Endkunde einen Arbeitsvertrag oder eine Bewertung zu einem Sachverhalt, ob ein Widerspruch oder eine Klage Aussicht auf Erfolg hat. Das Legal Tech Unternehmen berät aber gerade nicht konkret zu einem Einzelfall des Endkunden, sondern hat zuvor die Sachverhalte aggregiert. Es liegt weder eine Sachverhaltsaufklärung vor noch berät der Dienstleister individuell. Die Werbung eines Legal-Tech-Anbieters ist daher irreführend, wenn unter anderem der Eindruck erweckt wird, es wird eine komplette Abwicklung der außergerichtlichen und gerichtlichen Durchsetzung eines Abfindungsanspruchs aus einem gekündigten Arbeitsverhältnis angeboten, obwohl der Kernbereich der juristischen Bearbeitung allein bei den Partneranwälten in alleiniger Verantwortung liegt.[128] Man muss davon ausgehen, dass das Legal Tech Unternehmen den Kunden nur und allein anbietet, zu Fallgruppen rechtliche Informationen zur Verfügung zu stellen. Es handelt sich dann regelmäßig um die Publikation einer Rechtsmeinung, wie z.B. eine Formularsammlung oder ein softwaregestützter Service, um eine Steuererklärung zu erstellen. Nach anderer Ansicht handelt es sich um eine Subsumtion von Sachverhalten unter eine Rechtsnorm. Dies unterliegt dem RDG und ist daher eine erlaubnispflichtige Dienstleistung nach dem RDG.[129]

X. Datenschutzbeauftragter

1. Tätigkeit

104 Unternehmen, gleich ob gewerblich oder freiberuflich, also auch Kanzleien, müssen die gesetzlichen Anforderungen zum Schutz natürlicher Personen nach der Datenschutzgrundverordnung (DS-GVO) der EU i.V.m. dem Datenschutzanpassungs- und -Umsetzungsgesetz (DSAnpUG) und dem Bundesdatenschutzgesetz (BDSG) erfüllen, wenn sie personenbezogene Daten verarbeiten. Es bedeutet auf der einen Seite, dass die Kanzleien selbst einen Datenschutzbeauftragen benötigen und dass auf der anderen Seite Unternehmen Anwälte zu ihrem externen Datenschutzbeauftragten bestellen.

105 Unternehmen ab 10 Personen müssen einen Datenschutzbeauftragten bestellen, Art. 37 Abs. 4 DS-GVO i.V.m. § 38 Abs. 1 BDSG. Maßgeblich ist die Kopfzahl. Unerheblich ist daher, ob es sich um Vollzeit- oder Teilzeitkräfte oder es sich um Angestellte oder freie Mitarbeiter handelt.

106 Der Datenschutzbeauftragte muss nicht mehr nur die Kanzlei beraten und unterrichten, sondern auch überwachen und dafür Sorge tragen, dass die Kanzlei das Datenschutzrecht einhält. Art. 30 DS-GVO schreibt die Führung eines Verzeichnisses aller Verarbeitungstätigkeiten vor. Das Verzeichnis dient dem Nachweis einer DS-GVO-konformen Datenverarbeitung in der Kanzlei, wie z.B. das Führen von elektronischen Anwaltsakten. Maßnahmen der Datensicherheit sind nach Art. 32 DS-GVO im Verarbeitungsverzeichnis zu definieren. Die Kanzlei hat die technischen und organisatorischen Maßnahmen zu treffen, die sog. TOMs, damit die Sicherheit der in der Kanzlei verarbeiteten Personendaten gewährleistet ist, Art. 32 DS-GVO. Die Regelung ergänzt den Grundsatz der Integrität und Vertraulichkeit, Art. 5 Abs. 1 lit. f DS-GVO. Kanzleien dürfen mit der Datenverarbeitung nur dann andere Unternehmen, z.B. Büroserviceunternehmen beauftragen, wenn der Auftragsverarbeiter hinreichende Garantien für eine ordnungsgemäße Datenverarbeitung bietet, Art. 28, 29 DS-GVO. Kanzleien müssen eine Datenschutzfolgeabschätzung durchführen, wenn ein Datenverarbeitungsverfahren ein hohes Risiko für die Betroffenen birgt, insbesondere bei Verwendung neuer Technologien, Art. 35 DS-GVO. Kanzleien müssen der Aufsichtsbehörde die Verletzung des Schutzes personenbezogener Daten binnen 72 Stunden nach

128 LG Bielefeld AnwBl 2018, 168.
129 *Remmertz* RAK-München Mitt. 04/2016, Aktuelles S. 10 f.

Bekanntwerden der Verletzung melden, Art. 33 DS-GVO. Es gelten nicht zuletzt auch erheblich verschärfte Vorschriften zu Bußgeld- und Sanktionsmöglichkeiten.

2. Datenschutzbeauftragter der Kanzlei

Wenn der intern für die Kanzlei bestellte Anwalt als Datenschutzbeauftragte einen Verstoß begangen hat, haftet die Kanzlei für den Schaden. Sie kann Regress beim Datenschutzbeauftragten nehmen. Der Umfang des Regresses bestimmt sich nach den Verhältnissen in der Kanzlei. Als Angestellter haftet der interne Datenschutzbeauftragte nur eingeschränkt nach arbeitsvertraglichen Grundsätzen. Wenn es sich um einen Gesellschafter handelt, gelten die gesellschaftsrechtlichen Regelungen für den Innenregress. Es handelt sich in beiden Fällen aber nicht um einen Drittschaden, sondern um einen Eigenschaden der Kanzlei. Unabhängig von der Einordnung der Tätigkeit als Anwalt besteht daher schon kein Versicherungsschutz über die Berufshaftpflichtversicherung. Versicherungsschutz für den internen Datenschutzbeauftragten kann im Einzelfall geboten werden über eine D&O-Versicherung, speziell die Kanzleimanagerdeckung oder auch über die ODL (Outside-Directorship-Liability). Die Sonderbeauftragten wie Datenschutzbeauftragte oder auch Geldwäschebeauftragte sind zwar meist nicht die Manager/Geschäftsführer der Kanzlei, aber man stellt sie ihnen gleich. Wie in der D&O-Versicherung besteht dann Versicherungsschutz für Ansprüche, die die Kanzlei gegen ihre Manager und hier den Datenschutzbeauftragten hat. 107

3. Externer Datenschutzbeauftragter

a) Tätigkeit und Versicherungsschutz

Zum Datenschutzbeauftragten kann eine natürliche Person extern oder intern bestellt werden. Noch nicht klar ist, ob eine juristische Person die Aufgabe übernehmen kann. Unternehmen bestellen Anwälte und sonstige Berufsträger als externe Datenschutzbeauftragte, die die Aufgabe haben im Unternehmen dafür zu sorgen, dass die Datenschutzgesetze eingehalten werden. Der Berufsträger haftet für jeden schuldhaften Verstoß nach dem zugrundeliegenden Auftragsverhältnis. Ein Rechtsanwalt übt aber als extern bestellter Datenschutzbeauftragter weder den Beruf eines Rechtsanwalts aus, noch ist diese Tätigkeit diesem Beruf ähnlich. Es handelt sich um keine rechtsberatende Tätigkeit, sondern um einen neuen eigenständigen Beruf.[130] Der Beruf des Datenschutzbeauftragten umfasst zwar Tätigkeiten, welche die Merkmale anwaltlicher Tätigkeit erfüllen. Diese stellen aber nicht den ganz eindeutigen Schwerpunkt der Leistungspflichten als externer Datenschutzbeauftragter dar. Die von einem Datenschutzbeauftragten zu erbringende Leistung im rechtlichen Bereich erreicht weder die erforderliche fachliche Tiefe noch die erforderliche fachliche Breite, um den Anforderungen einer für Syndikusanwälte geforderten anwaltlichen Tätigkeit zu genügen.[131] Da die Berufshaftpflichtversicherung nur anwaltliche Tätigkeiten versichert, ist ein gesonderter Versicherungsschutz erforderlich. Der Versicherungsschutz umfasst dann alle Tätigkeiten eines Datenschutzbeauftragten, insbesondere Beratungen zu Datenschutz-Managementsystemen, IT-Beratungen oder auch Schulungen hierzu, aber auch die Tätigkeit eines Anwalts, der sich zum externen Datenschutzbeauftragten eines Unternehmens bestellen lässt. Versichert sind Vermögensschäden und Persönlichkeitsrechtsverletzungen. 108

130 BFH BeckRS 2003, 25002381; FG München BeckRS 2017, 137818.
131 Hamburgischer AGH BRAK 2017, 248 zu §§ 46, 46a BRAO.

b) Bußgeldregress

109 Nach der DS-GVO können die Behörden bei Verletzung der Datenschutzgesetze Bußgelder gegen das Unternehmen verhängen. Die Unternehmen können beim externen Datenschutzbeauftragten Regress nehmen. Grundsätzlich haftet ein Geschäftsführer nicht für die dem Unternehmen auferlegte Geldbußen oder Strafen, aber ein Steuerberater, wenn dies gerade Mandatsinhalt war, siehe hierzu ausführlich § 1 Rn. 214 ff mit der Differenzierung zwischen D&O-Fällen und wirtschaftsberatenden Berufen. Grundsätzlich schließen die Versicherungsbedingungen außerhalb der Pflichtversicherung den Versicherungsschutz für direkt verhängte Bußgelder und für im Regress geltend gemachte Schadensersatzansprüche aus. Daher ist gesondert der Regress zu versichern für Haftpflichtansprüche, die sich aus Geldbußen wegen eines Verstoßes gegen Datenschutzgesetze ergeben und für die der Versicherungsnehmer von einem anderen verantwortlich gemacht wird. Üblich ist ein Vorbehalt in den Versicherungsbedingungen, dass der Versicherungsschutz für den Bußgeldregress nur dann besteht, wenn dies nicht gegen ein gesetzliches Versicherungsverbot verstößt.

XI. Geldwäschebeauftragter

110 Anwälte haben bei einem Verdacht der Geldwäsche oder Terrorismusfinanzierung Pflichten. Bei Pflichtverletzungen haben sie Bußgelder zu tragen und können auf der Internetseite der aufsichtsführenden Rechtsanwaltskammer öffentlich genannt werden, §§ 50 ff GwG. Sie haben besondere Sorgfaltspflichten nach §§ 10 ff GwG. Der Anwalt muss nach § 10 Abs. 1 Nr. 1 GwG einen neuen Mandanten und ggf. die für diesen auftretende Person förmlich identifizieren und nach § 10 Abs. 1 Nr. 2 GwG muss der Anwalt abklären, ob der Mandant für einen sog. „wirtschaftlich Berechtigten" handelt. Der Anwalt hat ein Risikomanagement zu installieren, §§ 4 ff GwG.[132]

111 Eine Pflicht zur Bestellung eines Geldwäschebeauftragten bei Anwälten gibt es nach dem GwG nicht. Die RAK kann es aber anordnen, § 7 Abs. 3 Satz 1 GwG. Nach § 7 Abs. 1 GwG ist der Geldwäschebeauftragte für die Einhaltung der geldwäscherechtlichen Vorschriften zuständig.

112 Wie beim Datenschutzbeauftragten sind Eigenschäden nicht versichert, wenn der interne Geldwäschebeauftragte einen Verstoß begeht. Die Tätigkeit als externer Geldwäschebeauftragter ist keine anwaltliche Tätigkeit. Es handelt sich wie beim Datenschutzbeauftragten um eine sonstige gewerbliche Tätigkeit, die keine gesonderten rechtlichen Kenntnisse erfordert. Wenn ein Anwalt sich als externer Geldwäschebeauftragter bestellen lässt, ist er deshalb nicht über die Berufshaftpflichtversicherung versichert. Hierzu ist gesonderter Versicherungsschutz erforderlich. Regelmäßig versichert man dann die Tätigkeit als Compliance- und Geldwäschebeauftragter. Versicherungsschutz besteht für die RDG-konforme Tätigkeit als Compliancebeauftragter, wie der Einhaltung von Verhaltensmaßregeln, Gesetzen und Richtlinien durch Unternehmen und die Tätigkeit nach dem Geldwäschegesetz, wenn er als Dritter Sorgfaltspflichten nach § 3 Abs. 1 Nr. 1 bis 3 GwG für einen Verpflichteten übernommen hat nach § 7 Abs. 1 GwG. Ausgeschlossen sind regelmäßig Haftpflichtansprüche aus dem Nichterreichen eines beabsichtigten wirtschaftlichen oder steuerlichen Erfolges. Wie beim Datenschutzbeauftragten ist der Bußgeldregress ausgeschlossen und muss gesondert eingeschlossen werden.

XII. Sonstige Einzelfälle

Ein Ingenieur verstößt gegen das RDG, wenn er als Vertreter für verschiedene Unternehmen Patente, Gebrauchsmuster und Marken anmeldet und er beim DPMA als Vertreter für bestimmte Patente und Gebrauchsmuster verzeichnet ist. Dies gilt auch, falls der Ingenieur selbst an der

132 *Burmeister* AnwBl 2017, 1038 ff.

Entwicklung mitgearbeitet habe. Es handelt sich auch nicht um eine erlaubte Nebenleistung i.S.v. § 5 Abs. 1 1 RDG. Vielmehr geht es um eine für Patentanwälte typische Tätigkeit, die auch nicht mithilfe elektronischer Datenverarbeitung schematisch abgewickelt werden kann. Gleiches gelte erst recht für Abmahnungen.[133]

F. Verantwortlich machen durch einen anderen

Nach § 1 ist Voraussetzung des Versicherungsschutzes, dass ein Dritter den Anwalt „verantwortlich macht". Es muss dem Versicherer ein möglicher Haftpflichtanspruch mindestens gemeldet und damit bekannt sein. Verantwortlich machen ist nicht zu verwechseln mit der Definition des Versicherungsfalls nach § 5. Er ist der Verstoß, der Haftpflichtansprüche gegen den Versicherungsnehmer zur Folge haben könnte. Der Versicherungsfall kann eingetreten sein, ohne dass aber der Geschädigte den Versicherungsnehmer dafür verantwortlich macht, z.B. weil er sich seines Schadens gar nicht bewusst ist oder den Schaden nicht regulieren möchte.[134] 113

Voraussetzung des Versicherungsschutzes nach § 1 ist weiter, dass ein anderer den Haftpflichtanspruch geltend macht. Dies ist nicht auf den Mandanten beschränkt. Ein anderer kann jeder Dritte sein, der einen Schaden erlitten hat. Ein Ausschluss von Drittschäden findet sich weder in den AVB-RSW noch in der Risikobeschreibung. Nach der Rechtsprechung ist ein solcher Ausschluss deutlich in den Bedingungen zu kennzeichnen.[135] Da es sich um eine Haftpflichtversicherung auch zum Schutz des rechtsuchenden Publikums handelt, wäre immer zu prüfen, ob ein solcher Ausschluss gegen § 51 BRAO verstoßen würde, der die Ausschlüsse limitiert. 114

Aus der Regelung, dass ein anderer den Anspruch geltend machen muss, ergibt sich, dass ein Eigenschaden des Versicherungsnehmers nicht versichert ist. Es handelt sich bei der Berufshaftpflichtversicherung um eine Haftpflichtversicherung und keine Kaskoversicherung. Der Eigenschaden ist dabei der Schaden, den der Versicherungsnehmer selbst erleidet. Ein Eigenschaden liegt auch dann vor, wenn mitversicherte Personen einen Schaden haben. § 7 I Ziff. 3 bestimmt, dass die Schäden zwischen Versicherungsnehmer und mitversicherten Personen untereinander ausgeschlossen sind. Wenn die Sozietät oder die Berufsträgergesellschaft Versicherungsnehmer ist und die Berufsträger als mitversicherte Personen gelten, sind damit Ansprüche der Sozietät ausgeschlossen, wenn die Sozietät einen ihrer Anwälte beauftragt für sie einen Anspruch durchzusetzen. Wenn die Sozietät einen ihrer Anwälte beauftragen möchte für sie anwaltlich tätig zu werden, kann dies der Versicherer ggf. in den Versicherungsschutz einmalig einbeziehen. 115

Ein Drittschaden liegt aber bei den Fällen vor, bei denen sich die Berufsträger gegenseitig vertreten, wie z.B. die Scheidung eines Kollegen zu übernehmen. Der beratene Kollege ist der Mandant, der hier nicht als versicherte Person auftritt, sondern als Privatperson. Gleiches gilt für den Fall, dass der Berufsträger im eigenen Namen und auf eigene Rechnung den Kollegen berät. Der Kollege ist Dritter und hat einen versicherten Anspruch gegen den Sozius. Auch wenn der Sozius an der Sozietät beteiligt ist, spielt dies keine Rolle, da erstens die persönliche Berufshaftpflichtversicherung und nicht die der Sozietät eintrittspflichtig ist und zweitens der Kollege wie in der anderen Fallkonstellation seinen eigenen Anspruch durchsetzt.[136] Auch für die Anteilshöhe des Anwalts an der Gesellschaft ist wohl ein Drittschaden anzunehmen, eine Differenzierung nach Eigen- und Fremdanteil scheint nicht angemessen zu sein.[137] 116

---

133 BGH NJW 2016, 3441.
134 *Diller* § 1 Rn. 46.
135 OLG Saarbrücken DStRE 2004, 294 zur Haftung eines Wirtschaftsprüfers für ein Verkehrswertgutachten eines Unternehmens.
136 *Diller* § 1 Rn. 47.
137 So aber MAH VersR/*Hartmann* § 22 Rn. 124: „Er schädigt sich, zumindest bezogen auf seinen Gesellschaftsanteil selbst."

G. Gesetzliche Haftpflichtbestimmungen privatrechtlichen Inhalts

Voraussetzung des Versicherungsschutzes ist, dass der Anspruch des Dritten sich auf eine gesetzliche Haftpflichtbestimmung privatrechtlichen Inhalts stützt, § 1.

I. Gesetzliche Haftpflichtbestimmung

117 Unter gesetzlichen Haftpflichtbestimmungen sind Rechtsnormen zu verstehen, die unabhängig von dem Willen der beteiligten Parteien an die Verwirklichung des Tatbestandes eines unter die Versicherungsbedingungen fallenden Schadensereignisses Rechtsfolgen knüpfen.[138] Zweck der Begrenzung ist die Ansprüche auszuschließen, die darauf beruhen, dass der Versicherungsnehmer das Risiko erhöht hat, weil er den Haftungsmaßstab verschärft hat. Nicht dagegen sollen Ansprüche ausgeschlossen sein, die die Leistungspflichten des Versicherers erweitern. Die Abgrenzung ist im Einzelnen zu treffen.

II. Haftpflichtbestimmung privatrechtlichen Inhalts

1. Vertragliche Schadensersatzansprüche aus Verstößen bei anwaltlicher Tätigkeit

118 Unter die versicherten gesetzlichen Haftpflichtbestimmungen fallen die Anspruchsgrundlagen für Schadensersatzansprüche: § 280 Abs. 1 BGB bildet regelmäßig die Anspruchsgrundlage für den vertraglichen Haftpflichtanspruch aufgrund der Schlechterfüllung des Anwaltsvertrags, den die Berufshaftpflichtversicherung deckt. Dies gilt auch für die Haftung aus Verschulden bei Vertragsschluss, § 311 Abs. 2 BGB. Darunter fällt auch der Schaden, der aus einer verzögerten Ablehnung eines Auftrags entsteht, § 44 Satz 2 BRAO. Ein gesetzlicher Haftpflichtanspruch ist auch der Schadensersatz statt der Leistung nach § 280 Abs. 1 und 3 i.V.m. § 281 BGB. Allerdings gibt es keine praktische Bedeutung, da es wohl am konkreten Schaden für den Mandanten fehlt, wenn er statt Erfüllung Schadensersatz nach Fristsetzung verlangt, weil bei einem eingetretenen Schaden der Anwalt schon nach § 280 Abs. 1 BGB haftet.[139] Der Anwalt ist dem Mandanten auch für den eingetretenen Verzugsschaden verantwortlich, der ebenfalls versichert ist, § 280 Abs. 2, § 286 BGB.[140] Bei Geschäftsbesorgungsverträgen, die ausnahmsweise keinen Dienstleistungs-, sondern Werkvertragscharakter haben, wie z.B. bei Rechtsgutachten, einer Legal Opinion oder auch einer Due Diligence, gilt das Werkvertragsrecht mit der Mängelhaftung nach §§ 633ff BGB.

119 Auch eine Vertrauenshaftung kommt als gesetzliche Haftpflichtnorm in Betracht, wenn z.B. der Anwalt am Zustandekommen des Vertrags beteiligt war und er beim Vertragspartner ein besonderes Vertrauen geweckt hat, § 311 Abs. 3 BGB.

120 Ebenfalls dürfte der Anspruch aus § 179 Abs. 1 BGB des vollmachtlosen Vertreters versichert sein, wenn ein Anwalt z.B. einen Vergleich schließt und sich herausstellt, dass hierfür seine Vollmacht nicht ausreichend war. Die Rechtsprechung sieht in § 179 Abs. 1 BGB eine gesetzliche Haftpflichtnorm, da unabhängig vom Parteiwillen der Vertreter dem anderen nach dessen Wahl zur Erfüllung oder zum Schadenersatz verpflichtet ist. Auch das Wahlrecht der Erfüllung steht dem nicht entgegen, da die getroffene Wahl nur den Inhalt festlegt und nicht die vertragliche Erfüllung meint.[141]

---

138 BGH VersR 1971, 144 zur Haftpflichtversicherung eines Architekten.
139 Siehe dazu HBAnw/*G. Fischer* § 3 Rn. 14.
140 Für Verzugsschaden HBAnw/*G. Fischer* § 3 Rn. 29.
141 BGH VersR 1971, 144 zur Haftung eines Architekten für einen Vermögensschaden; Gräfe/*Brügge* B Rn. 71; Prölss/Martin/*Lücke* AHB § 1 Rn. 12.

Bei Schadensersatzansprüchen nach §§ 43 GmbHG und 93 AktG ist zu differenzieren. Sie sind dann versichert, wenn eine Anspruchskonkurrenz zu einem Schadensersatzanspruch des Dritten besteht, der auf einem Verstoß einer anwaltlichen Beratungsleistung der Rechtsanwalts-GmbH oder -AG beruht. Es besteht jedoch kein Versicherungsschutz für einen reinen Innenregress nach §§ 43 GmbHG und 93 AktG. Hier handelt es sich um Ansprüche, die auf einer Organtätigkeit beruhen und nicht auf einer anwaltlichen Tätigkeit. Sie sind über die D&O-Versicherung abgedeckt. 121

2. Schadensersatzansprüche aus Verstößen bei mitversicherten Tätigkeiten

In der Risikobeschreibung B der BBR-RA sind die Ansprüche mitversichert, die der Anwalt 122
typischerweise mitausübt. Deckung besteht für die Haftung als:

- Insolvenzverwalter für Pflichtverletzungen gemäß 60, 61 InsO; als Gläubigerausschussmitglied gemäß § 71 InsO; als Sachwalter im Eigenverfahren gemäß § 274 InsO i.V.m. 60 InsO; als Treuhänder im Verbraucherinsolvenzverfahren und als Treuhänder im Restschuldbefreiungsverfahren nach allgemeinen zivilrechtlichen Grundsätzen gemäß § 280 Abs. 1 BGB, nicht nach § 60 InsO, da §§ 292 Abs. 3 und § 293 Abs. 2 InsO nur eingeschränkt verweisen.
- Gerichtlich bestellter (nicht rechtsgeschäftlich) bestellter Liquidator gemäß §§ 71 Abs. 4 GmbHG, 149 HGB, § 89 GenG
- Testamentsvollstrecker gemäß § 2219 BGB
- Vormund/Pfleger/Betreuer gemäß §§ 1908 i.V.m. 1833 BGB
- Nachlasspfleger als gesetzlicher Vertreter des unbekannten Erben und Nachlassverwalter gemäß § 1985 BGB und allgemeinen zivilrechtlichen Haftungstatbeständen
- gesetzlich bestellte oder angeordnete Beistandschaft
- Abwickler einer Praxis gemäß § 55 BRAO, Zustellungsbevollmächtigter gemäß § 30 BRAO
- Notarvertreter gemäß § 19 BnotO
- als Organ im Rahmen eines Aufsichtsmandats, soweit die Haftung auf eine anwaltliche Tätigkeit zurückzuführen ist gemäß allgemeinen zivilrechtlichen Haftungstatbeständen. Nicht versichert ist die Organtätigkeit selbst. Es kommt bei der Abgrenzung darauf an, welche Tätigkeit dem Verstoß zugrunde lag, z.B. ist das Gutachten zu einer Steuerrechtsfrage versichert, während die Entscheidung des Anwalts im Gremium, dies auch wirtschaftlich umzusetzen, nicht versichert ist.[142]

3. Deliktische Ansprüche

Deliktische Ansprüche nach §§ 823ff BGB sind als gesetzliche Haftpflichtbestimmung versichert. Die §§ 823ff BGB haben dabei allein den Zweck, die einzelne Person in ihrer Integrität gegen widerrechtliche Eingriffe zu schützen. Insbesondere ist das Vermögen als solches nicht geschützt, soweit der Anwalt nicht gegen ein Schutzgesetz gemäß § 823 Abs. 2 verstoßen hat. Als sonstige absolute Rechte kommen bei einer anwaltlichen Fehlberatung regelmäßig nur der Eingriff in den eingerichteten und ausgeübten Gewerbebetrieb und das Allgemeine Persönlichkeitsrecht in Betracht. Ein Eingriff in den eingerichteten und ausgeübten Gewerbebetrieb kann vorliegen, wenn der Anwalt unberechtigt einen Dritten wegen einer Schutzrechtsverletzung verwarnt. Geht die unberechtigte Schutzrechtsverwarnung auf eine fahrlässig unzutreffende Rechtsberatung des Schutzrechtsinhabers durch einen Rechtsanwalt zurück, kann der Rechtsanwalt neben dem Schutzrechtsinhaber unter dem Gesichtspunkt eines rechtswidrigen und 123

142 Die Versicherer bieten üblicherweise eine Outside Directorship Liability (ODL) Deckung an, wenn Anwälte aufgrund ihrer Mandatsbeziehungen in das Aufsichtsorgan von Wirtschaftsunternehmen geschickt werden.

schuldhaften Eingriffs in den eingerichteten und ausgeübten Gewerbebetrieb zum Schadensersatz verpflichtet sein. Den vom Schutzrechtsinhaber im Hinblick auf eine Schutzrechtsverwarnung eingeschalteten Rechtsanwalt trifft gegenüber dem später Verwarnten eine Garantenpflicht dahin, den Schutzrechtsinhaber nicht in einer die Rechtslage unzutreffend einschätzenden Weise über die Berechtigung der Schutzrechtsverwarnung zu beraten.[143] Diese Garantenpflicht wird aber als zu weitgehend empfunden und solle auf die konkrete Entscheidung beschränkt bleiben. Praktisch nicht relevant, aber denkbar ist im Übrigen, dass Mitarbeiter des Anwalts ohne eigenen Versicherungsschutz, wie das Büropersonal, deliktisch gemäß § 823 BGB einem Dritten haften ohne aber Versicherungsschutz zu haben. Der Prinzipal kann daneben gemäß § 831 BGB haften, soweit keine Exkulpation möglich ist. Dafür besteht Versicherungsschutz, § 1.

124 Theoretisch sind gedeckte Schadenfälle nach § 826 BGB möglich, bei denen aufgrund bedingten Vorsatzes zur Pflichtverletzung der Ausschluss der wissentlichen Pflichtverletzung nicht zur Anwendung kommt, § 4 Ziff. 5, und der Anwalt den Versicherungsfall i.S.d. § 103 VVG nicht widerrechtlich herbeigeführt hat, siehe auch Einzelheiten der Dritthaftung § 1 Rn. 146 ff.

4. Privatrechtliche Ansprüche

125 Nicht versichert sind öffentlich-rechtlich begründete Schadensersatzansprüche, weil nur privatrechtliche Ansprüche versichert sind. Eine Ausnahme besteht für die Tätigkeit des Rechtsanwalts als Insolvenzverwalter. Versicherungsschutz besteht für Schäden aus §§ 34, 69 AO und vergleichbaren Fällen der persönlichen Haftung wegen Nichtabführung von Sozialversicherungsbeiträgen oder anderen öffentlichen Abgaben. Direkte Strafzahlungen, Geldbußen, sonstige Zahlungen mit Sanktionscharakter sind daher nicht versichert. Versichert sind aber die Regressansprüche des Mandanten gegen den Anwalt, wenn der Mandant aufgrund einer ihm gegenüber bestehenden Pflichtverletzung eine Buße zu zahlen hat, § 1 Rn. 219 ff.

5. Soft Law

Beim Thema „Soft Law" ist schon nicht geklärt, ob es sich um eine gesetzliche Haftpflichtbestimmung privatrechtlichen Inhalts handelt und ob hierfür Versicherungsschutz bestehen könnte. Darüber hinaus kann die Verletzung von „Soft Law" zu Sanktionen führen, die der Mandant zu tragen hat, was ein versicherter zivilrechtlicher Anspruch sein könnte. Diese Fälle sind vergleichbar mit Geldbußen/Geldstrafen für Steuerhinterziehung, wenn gerade der Berater den Mandanten vor derartigen Sanktionen schützen sollte wie bei einer Beratung zur Selbstanzeige, siehe dazu ausführlich § 1 Rn. 219 ff.

126 Grundsätzlich versteht man unter Soft Law im Gegensatz zum Hard Law Vorgaben in der Form einer Empfehlung oder einer bestimmten Erwartung an Unternehmen, ohne dass sie den Rang eines förmlichen Gesetzes haben.[144] Im Gegensatz zum Hard Law beruht das Soft Law nicht auf einem staatlichen souveränen Akt, sondern auf durch nationale oder multinationale Gremien erlassenen Vorgaben. Beispiel hierfür sind die OECD-Leitsätze für Multinationale Unternehmen. Schon im Vorwort wird aber darauf verwiesen, dass die Leitsätze keine rechtsverbindlichen Grundsätze und Maßstäbe enthalten.[145] Die OECD-Leitsätze sollen aber trotzdem gelten, ohne dass das Unternehmen sie mit seinen Vertragspartnern gesondert vereinbart hat.

143 BGH NJW 2016, 2110; hier der für den gewerblichen Rechtsschutz und Patentanwälte zuständige X. Senat. Die Lit. lehnt diese zu weitgehende Rspr. des BGH zur Anwaltshaftung ab, z.B. Anm. *Vohwinkel/Huff a.E.*; Anm. *Keller* GRUR 2016, 630 a.E.; Anm. *Künzel* GRUR-Prax. 2016, 219 a.E.

144 *Spießhofer* AnwBl 2016, 366 zu CSR und Soft Law und *Grabosch* AnwBl 2016, 384 zu CSR im wirtschaftsrechtlichen Mandat.

145 http://dx.doi.org/10.1787/9789264122352-de.

Unternehmen befolgen diese Vorgaben im Rahmen ihrer unternehmerischen Gesellschaftsverantwortung als Corporate Social Responsibility (CSR). Die Unternehmen haben das Ziel ihr unternehmerisches Verhalten verantwortlich zu gestalten gegenüber ihren Geschäftspartnern, der Umwelt, ihren Arbeitnehmern und anderen Interessengruppen, den Stakeholdern. Das Soft Law bestimmt hier inhaltlich zumeist unternehmerische Sorgfaltspflichten.

Verletzungen von Soft Law können zu Schadensersatzprozessen in Deutschland nach §§ 823ff BGB mit der Frage der Verbindlichkeit über die einzuhaltenden Sorgfaltspflichten führen, „Soft Law with hard Sanctions".[146] Oberster Maßstab für eine Verletzung einer Soft Law Bestimmung bleibt, ob das Unternehmen derart sittliche Grundanforderungen, die an jede menschliche und staatliche Ordnung zu richten sind, in so starkem Maße verletzt, dass auch der Handel mit derartig hergestellten Produkten guten kaufmännischen Sitten widerspricht.[147] Das Unternehmen kann dann gegen § 1 GWG verstoßen. 127

Wenn der Anwalt das Unternehmen falsch zum Soft Law beraten hat, z.B. die AGB nicht entsprechend gestaltet hat, und das Unternehmen tatsächlich haftet wie oben dargestellt, würde dies unstrittig zu einem Schaden beim Unternehmen führen. Ob für den Regress des Unternehmens gegen den Anwalt Versicherungsschutz besteht, ist nicht geklärt. Soweit die Soft Law Bestimmung nicht den Rang einer verbindlichen formal-staatlichen Regelung hat, sollte kein Versicherungsschutz für den Regress bestehen. Vergleichbar ist dies mit einer Vereinbarung einer sonstigen vertraglichen Zusage oder Garantie des Anwalts mit seinem Mandanten. Man vereinbart mit der Beratungsleistung, dass das Soft Law über die bestehenden gesetzlichen Haftpflichtbestimmungen hinaus zur Haftungsgrundlage für den Anwalt gemacht wird. Es besteht ein gesteigertes nicht einschätzbares Haftungsrisiko, das als Ausschluss nach § 4 Ziff. 2 nicht versichert ist. Anders muss es wohl sein, wenn ein staatliches Gericht die Soft Law Bestimmung als rechtsverbindlich im Sinne einer staatlichen Norm anerkennt. Der Anwalt berät in diesem Fall zu einer anerkannten formalen und materiellen Norm, die staatlichen Normen gleichgestellt ist. Soweit die Beratung zum Soft Law tatsächlich in diesen Fällen versichert ist, kommt es in den speziellen Regressfällen bei Zahlungen mit Strafcharakter auf den Mandatsinhalt an. Wenn wie in den Fällen der Steuerberaterhaftung bei einer verunglückten Selbstanzeige, der Berater gerade den Mandanten davon bewahren sollte, gegen eine Soft Law Bestimmung zu verstoßen, ist dies ein versicherter Vermögensschaden, siehe zum Regress bei Geldbußen in den Steuerberaterfällen § 1 Rn. 219ff. Grundsätzlich besteht immer die Möglichkeit sich nach individueller Prüfung über eine Einzelobjektdeckung zu versichern oder einen Vorgang einmalig in die laufende Deckung einzubeziehen. 128

H. Nicht versicherte Ansprüche auf Rückforderung von Gebühren, Honoraren; Erfüllungsansprüche und Erfüllungssurrogate, I Ziff. 1 Satz 2

I. Allgemeines

Nach § 1 im Satz 2 sind ausgenommen Ansprüche auf Rückforderung von Gebühren oder Honoraren sowie Erfüllungsansprüche und Erfüllungssurrogate. Mit der Begrenzung auf gesetzliche Haftpflichtbestimmung sind nicht versichert die Erfüllungs- und Erfüllungsersatzansprüche und Honorare, da es sich um die Primäransprüche aus der unternehmerischen Tätigkeit selbst handelt. Dies stellt § 1 nochmals klar: Hierzu zählen auch die Ansprüche auf Rückforderung von Gebühren oder Honoraren. Nachbesserungsansprüche oder auch Nacherfüllungsan- 129

146 Verfahren Jabir u. a./. KiK Textilien und Non-Food GmbH beim LG Dortmund, 7 O 95/15 wegen des Brands in der Textilfabrik in Bangladesch/Pakistan. Die Kläger machen geltend, dass der Verhaltenskodex zur Schaffung von angemessenen Arbeitsbedingungen, KIK bindet und zu Schadensersatz verpflichtet.
147 BGH NJW 1980, 2018.

sprüche sind nicht versichert, da es sich um Ansprüche handelt, die auf die Mängelbeseitigung gerichtet sind. Weiter fallen nicht unter die Versicherung vertragliche Zusagen, Garantien und Eigenschäden des Versicherungsnehmers, die eine verschuldensunabhängige Haftung bedeuten. Vertragliche Zusagen und Garantien sind daher deklaratorisch gemäß § 4 Ziff. 2 nicht versichert.

II. Rückforderung von Gebühren oder Honoraren

Nach § 1 I Ziff. 1 Satz 2 sind Ansprüche auf Rückforderung von Gebühren oder Honoraren nicht versichert.

1. Vergütungsanspruch des Rechtsanwalts

130 Der Rechtsanwalt erhält für seine anwaltliche Leistung die entsprechende Vergütung, bei einer Geschäftsbesorgung, der regelmäßig eine Dienstleistung zugrunde liegt, nach §§ 675 Abs. 1, 611 BGB und bei einem Werkvertrag nach §§ 675 Abs. 1, 631, 632 Abs. 2 BGB. Der Anwalt behält seinen Vergütungsanspruch aus einem Anwaltsdienstvertrag, unabhängig von der Güte der erbrachten Leistung. Den Anspruch wegen einer unzureichenden und pflichtwidrigen Leistung des Rechtsanwalts kann der Mandant nicht mindern. Das Dienstvertragsrecht kennt keine Gewährleistung, §§ 611, 675 BGB.[148] Der Vergütungsanspruch des Anwalts entfällt nur dann, wenn er sich selbst vertragswidrig verhalten hat. Das kann vorliegen, wenn der Rechtsanwalt über einen grob fahrlässigen Pflichtenverstoß hinaus einen nach § 356 StGB strafbaren Parteiverrat begangen hat.[149] Anders bei einem ausnahmsweise vorliegenden Werkvertrag, wie z.B. bei der Erstellung eines Gutachtens, einer Due Diligence oder einem Vertragsentwurf. Der Mandant kann die Vergütung bei Schlechterfüllung durch den Anwalt mindestens kürzen, z.B. wenn der Vertragsentwurf mangelhaft oder unvollständig ist, §§ 633ff BGB.[150] Mögliche Anspruchsgrundlagen für die im Übrigen nicht versicherte Gebührenrückforderung, soweit nicht ein Berufsfehler hinzukommt, sind daher: Schadensersatz bei Kündigung zur Unzeit ohne wichtigen Grund; § 627 Abs. 2 Satz 2 BGB; Verlust des Gebührenanspruchs, § 628 Abs. 1 Satz 2, 3 BGB; Rückzahlung nach § 346 BGB bzw. nach Bereicherungsrecht; Schadensersatzanspruch bei Auflösungsverschulden, § 628 Abs. 2 BGB; Bereicherungsrecht, so z.B. bei Überzahlung von Gebühren.

131 Aus einer Vergütungsvereinbarung, die nicht den Anforderungen des § 3a Abs. 1 Satz 1 und 2 oder des § 4a Abs. 1 und 2 RVG entspricht, kann der Rechtsanwalt keine höhere als die gesetzliche Vergütung fordern. Die Vergütungsvereinbarung bleibt auch bei gesetzlichen Formverstößen wirksam, aber der Anwalt kann nur den jeweils niedrigsten Betrag, entweder RVG oder das Vereinbarte fordern. Eine Vergütungsvereinbarung ist nur dann „deutlich abgesetzt“, wenn der Vertrag die Vergütungsvereinbarung in einem gesonderten und entsprechend gekennzeichneten Abschnitt oder Paragrafen regelt. Sie muss optisch eindeutig von den anderen im Vertragstext enthaltenen Bestimmungen abgegrenzt sein. Wenn die Vereinbarung gegen die Formvorschriften des § 3a Abs. 1 RVG verstößt, kann der Mandant vom Anwalt die zu viel gezahlte Anwaltsvergütung zurückfordern, was jedoch nach § 1 nicht versichert ist. Ein Verzicht darauf ist nur in sehr engen Grenzen möglich, wie bei Kenntnis der Nichtleistungsverpflichtung.[151]

---

148 BGH NJW 1981, 1211; NJW 2002, 1572; NJW 2010, 1364.
149 BGH NJW 2004, 2817.
150 HBAnw/*D. Fischer* § 2 Rn. 496f.
151 *Römermann/Günther* NJW 2016, 1001 zu BGH BeckRS 2016, 01091 und BeckRS 2015, 18767.

2. Gebühren als Schadensersatzanspruch

Kein Versicherungsschutz besteht, wenn es sich um einen Rückforderungsanspruch auf Herausgabe oder um einen bereicherungsrechtlichen Anspruch handelt, da es sich um keinen gesetzlichen Haftpflichttatbestand handelt. Dies kann vorliegen, wenn die Stundenanzahl nicht korrekt war, der Gegenstandswert zu hoch angesetzt war oder falsche Gebührentatbestände zugrunde gelegt wurden.[152] Gleiches gilt, wenn der Anwaltsvertrag nicht wirksam ist. Dies kann darauf beruhen, dass der Vertrag nichtig ist aufgrund Anfechtung oder Verstoß gegen Verbotsgesetze.[153] Die Rückforderung der Gebühren richtet sich nach dem Bereicherungsrecht. Der Ausschluss ist für diese Fälle deklaratorisch.[154] 132

Ebenfalls besteht kein Versicherungsschutz, wenn die Rückforderung des Honorars darauf beruht, dass der Anwalt zu hohe Gebühren verlangt hat, weil er nicht den einfacheren Weg vorgeschlagen hat. Der Mandant fordert nach § 280 BGB als Schadensersatz die Differenz zu den eigentlich zugrunde zulegenden Gebühren zurück. Auch dieser Schadensersatzanspruch ist von § 1 I Ziff. 1 Satz 2 ausgeschlossen. Nach dem Wortlaut ist jegliche Rückforderung von Gebühren oder Honoraren ausgeschlossen, gleich in welcher Höhe auch ein Schadensersatzanspruch besteht.[155]

Versicherungsschutz besteht jedoch dann, wenn die Gebührenrückforderung Teil des kausalen Vermögensschadens ist. Beispiel: Der Anwalt hätte eine Forderung seines Mandanten vor Gericht abwehren können, wenn er die Einrede der Verjährung erklärt hätte. Die Gebühren sind vom Versicherungsschutz umfasst, denn bei ordnungsgemäßer Beratung hätte der Mandant den Prozess gewonnen. Der gegnerische Mandant hätte die Gebühren von beiden Anwälten und die Gerichtskosten begleichen müssen, die jetzt der fehlerhaft vertretene Mandant zu zahlen hat. Die Anwaltsgebühren des Anwalts bilden eine Schadenposition.[156] Zu beachten ist allerdings, dass in der Praxis die Versicherer entsprechend dem Wortlaut von § 1 I Ziff. 1 Satz 2 die zusätzlich angefallenen Gebühren grundsätzlich nicht als Schaden ansehen. 133

Wenn der Mandant nicht eindeutig darlegt, ob es sich um einen versicherten Haftpflichtanspruch oder einen nicht versicherten Honorarrückforderungsanspruch aufgrund Unzufriedenheit des Mandanten mit der Leistungserbringung handelt, gilt folgendes: Es muss sich bei dem geltend gemachten Anspruch im Kern um einen Haftpflichtanspruch handeln. Unerheblich ist die Form der Geltendmachung. Handelt es sich bei dem vermeintlichen Honorarrückzahlungsverlangen um eine Haftpflichtforderung, besteht daher Versicherungsschutz. Geht es aber um eine reine Rückforderung von Überzahlungen, z.B. zu hoher Gegenstandswert abgerechnet, besteht kein Versicherungsschutz. Bei zunächst unklarer Sach- und Rechtslage prüft der Versicherer in Zusammenarbeit mit dem Anwalt, ob es sich um einen versicherten Schadensersatzanspruch handelt. Wenn feststeht, dass ein nicht versicherter Anspruch vorliegt, sind die Kosten dem Versicherer zurückzuerstatten.

3. Gebühreneinwurf

Nach den AVB-RSW rechnet der Versicherer nicht mit den vereinnahmten Gebühren des Anwalts auf, wenn der Versicherer den Anwalt von einem berechtigten Schadensersatzanspruch eines Dritten freistellt. Wenn man verrechnet, nennt man dies Gebühreneinwurf. Begründet hatte man in früheren Bedingungswerken den Gebühreneinwurf damit, dass der Anwalt nicht an einem 134

152 *Chab* AnwBl 2012, 922, 923.
153 *Diller* § 1 Rn. 67.
154 Gräfe/*Brügge* B Rn. 119.
155 *Chab* AnwBl 2012, 922, 923; *Diller* § 1 Rn. 67a.
156 BGH NJW 2004, 2817.

Schadenfall verdienen soll. Der Anwalt behält aber seinen Gebührenanspruch, unabhängig davon, welche Leistung er erbracht hatte. Fraglich ist auch, ob ein Gebühreneinwurf mit dem Schutzzweck der Pflichtversicherung vereinbar wäre. Die Pflichtversicherung schützt nicht nur den Mandanten, sondern auch den Anwalt vor finanziellem Ruin. Daneben ist der Selbstbehalt in Höhe von max. 2.500 EUR zu beachten, der bei einem Gebühreneinwurf dann höher ausfallen würde.[157]

III. Erfüllungsansprüche und Erfüllungssurrogate

1. Abgrenzung Erfüllungsansprüche, Erfüllungssurrogate und Haftpflichtansprüche

135 Nach § 1 I Ziff. 1 Satz 2 sind Erfüllungsansprüche und Erfüllungssurrogate nicht versichert. Es handelt sich um eine deklaratorische Klausel. Nach § 51 BRAO sind nur gesetzliche Haftpflichtbestimmungen zu versichern und nicht Erfüllungsansprüche, ebenso wenig wie Erfüllungssurrogate. Der wirtschaftliche Sinn ist, dass der Versicherungsnehmer gegen Schadensersatzansprüche Dritter geschützt werden soll, die unbeabsichtigt bei der Ausübung seines Berufes erwachsen. Der Versicherer soll dem Versicherungsnehmer aber nicht die Erfüllung willentlich eingegangener Verbindlichkeiten oder daraus entstehender Erfüllungssurrogate abnehmen.[158] Ansprüche auf reine Vertragserfüllung sind auch nicht versicherbar, da es sich um keine Schadensersatzansprüche handelt, sondern um unternehmerische Tätigkeiten. Dies trifft auch für die unmittelbaren Rechtsfolgen zu, die bei nicht ordnungsmäßiger Erfüllung eintreten. Es kann dabei keinen Unterschied machen, welche Rechte der Gläubiger bei Schlechterfüllung hat, ob er eine Nachbesserung, die Erstattung aufgewandter Nachbesserungskosten oder eine Ersatzleistung beanspruchen kann.[159] Nach anderer Ansicht sind zumindest Erfüllungsersatzansprüche nicht vom Versicherungsschutz ausschließbar, da der Ersatzanspruch anstelle der Primärleistung tritt.[160] Dem ist nicht zu folgen, da der Erfüllungsersatzanspruch des Mandanten auch weiterhin auf die vertraglich vereinbarte Leistungspflicht abzielt. Es besteht andernfalls die Gefahr, dass der unternehmerische und wirtschaftliche Erfolg mitversichert ist.[161]

136 Entscheidend ist die nicht immer einfache Abgrenzung zwischen nicht versichertem Erfüllungs-/Erfüllungsersatzanspruch und versichertem Schadensersatzanspruch. Dies erfolgt anhand einer wertenden Beurteilung. Steht das Interesse des Mandanten an der vertraglichen Primärleistung im Vordergrund – nicht versichert – oder das Interesse an der Geltendmachung des Folgeschadens – versichert.[162] Grundsätzlich sind Erfüllungssurrogate solche Ansprüche, die auf den Gegenwert derjenigen Leistung gerichtet sind, die der Versicherungsnehmer aufgrund seiner vertraglichen Erfüllungspflichten hätte erbringen müssen. Nicht allein die geltend gemachte Anspruchsgrundlage, sondern die Berücksichtigung des tatsächlich Verlangten und der Inhalt des vertraglichen Leistungsversprechens bestimmen die Einordnung. Ist der Umfang des vertraglichen Leistungsversprechens ermittelt, sind alle Ansprüche, die das Zurückbleiben der tatsächlichen Leistung hinter dem Versprochenen ausgleichen sollen, als Erfüllungssurrogate zu sehen.[163]

137 Ein versicherter Schadensersatzanspruch liegt daher vor, wenn zwar formal eine Nachbesserung vorliegt, aber inhaltlich ein früherer Fehler beseitigt wird. Der Mandant macht die Gebühren seines aktuellen Steuerberaters im Wege eines Schadensersatzanspruchs gegenüber

---

157 *Diller* § 1 Rn. 68.
158 BGH NJW 1971, 429 zur Deckungspflicht der Berufshaftpflichtversicherung eines Architekten.
159 BGH NJW 1964, 1025.
160 OLG Stuttgart VersR 1999, 961.
161 Gräfe/*Brügge* B Rn. 100 f.
162 Gräfe/*Brügge* B Rn. 104.
163 OLG Düsseldorf GI 2009, 100.

seinem früheren Steuerberater geltend, weil der aktuelle Steuerberater Fehler des früheren Steuerberaters entdeckt und beseitigt hat.[164] Es entstehen Kosten, weil der Berater seine Buchführungspflichten so verletzt hat, dass der Wirtschaftsprüfer den Jahresabschluss nochmals machen musste.[165] Bei Werkverträgen wie Rechtsgutachten, Legal Opinion, Due Diligence Reports ist der Anspruch auf Nachbesserung wegen fehlerhafter Erstellung ein nicht versicherter Erfüllungsersatzanspruch. Ein versicherter Schadensersatzanspruch liegt dagegen vor, wenn ein Dritter gegenüber seinem Berater geltend macht, dass er eine Beratungs-, Aufklärungs- und Hinweispflicht verletzt hat.[166]

Der Mittelverwendungskontrolleur, der in das „Sicherheitssystem" eines Anlagemodells eingeschaltet ist, hat den Anlegern ihre Einlagen herauszugeben, wenn er die Transaktionen nicht ordnungsgemäß überwacht. Der Anspruch ist nicht versichert, da es sich um einen Erfüllungsanspruch handelt, §§ 675, 667 BGB; somit auch unabhängig davon, ob die Tätigkeit grundsätzlich versichert ist über die Berufshaftpflichtversicherung.[167] Ebenfalls handelt es sich um einen nicht versicherten Erfüllungsanspruch, wenn ein Anwalt als Treuhänder einer Bank den Schaden zu ersetzen hat, der sich dadurch ergibt, dass er Bürgschaften pflichtwidrig vorzeitig weitergibt, was als Tätigkeit bei einem Anwalt ohnehin grundsätzlich nicht versichert ist.[168] Wenn der Anwalt Sachen nicht mehr herausgeben kann, die er aufgrund seiner anwaltlichen Tätigkeit erlangt hat, ist nach dem Interesse des Mandanten und seinem Sachvortrag zu differenzieren. Soweit der Mandant Schadensersatz als Ausgleich für die nicht erbrachte Primärleistung verlangt, liegt ein nicht versicherter Erfüllungsersatzanspruch vor. Soweit der Mandant einen Schadensersatz als weitere Folge der nicht mehr möglichen Herausgabe fordert, z.B. weil die Klage unvollständig vorbereitet wurde, liegt der Schwerpunkt auf einem versicherten Verstoß des Anwalts bei seiner Berufstätigkeit.[169] 138

Eine Ausnahme der Versicherung von Erfüllungsersatzansprüchen ist die Anderkontendeckung. Wenn der Anwalt z.B. an einen falschen Empfänger das Geld überweist, über das er als Treuhänder nach den Bedingungen eines Anderkontos verfügen kann, ist die Erfüllung oder ein Schadensersatz gegenüber dem richtigen Empfänger versichert, siehe Anderkontendeckung Rn. 107 ff. 139

2. Bereicherungsrecht

Bereicherungsrechtliche Ansprüche sind nicht versichert, da es sich um keinen Schadensersatzanspruch aufgrund eines eingetretenen Vermögensschadens handelt. Es geht vielmehr um die Herausgabe dessen, was der anderer rechtsgrundlos erhalten hat. 140

Insolvenzverwalter haften persönlich für fehlgeleitete Zahlungen, die auf einem von einem Rechtsanwalt als Insolvenzverwalter oder Treuhänder eingerichteten Anderkonto eingehen. In der laufenden Berufshaftpflichtversicherung besteht kein Versicherungsschutz für die Inanspruchnahme nach Bereicherungsrecht gegenüber einem als Insolvenzverwalter tätigen Berufsträger, da nach B BBR-RA i.V.m. § 1 nur die gesetzlichen Haftpflichtansprüche versichert sind. Die bereicherungsrechtlichen Ansprüche können aber dann versichert sein, wenn der Insolvenzverwalter ein Einzelobjekt als gesonderte Versicherung einer individuellen Insolvenz abschließt. 141

---

164 BGH GI 2007, 45.

165 OLG Düsseldorf BeckRS 2008, 25293.

166 OLG Stuttgart VersR 1999, 961 im Deckungsprozess eines Baubetreuers gegen seinen Versicherer; dem OLG ist aber insoweit nicht zu folgen, als es die Deckung für ein Erfüllungssurrogat bejahte, auf die es aber letztendlich nicht mehr ankam, da Deckung aufgrund eines Schadensersatzanspruchs bestand; *Diller* § 1 Rn. 72.

167 BGH NJW-RR 2004, 121; WPM 2003, 2382.

168 BGH NJW 2002, 2459; *Diller* § 1 Rn. 73.

169 So wohl Gräfe/*Brügge* B Rn. 105; anders *Diller* § 1 Rn. 74 am Beispiel von Handakten.

IV. Ausländische Bestimmungen

142 Nach § 1 I Ziff. 1 besteht Versicherungsschutz aufgrund eines Anspruchs, der auf einer gesetzlichen Haftpflichtbestimmung privatrechtlichen Inhalts beruht. Die gesetzliche Bestimmung ist nicht beschränkt auf das deutsche Haftpflichtrecht. Es besteht Versicherungsschutz für die Verletzung jeglicher Haftpflichtbestimmung, ob der Anspruch auf eine inländische oder ausländische Rechtsgrundlage gestützt ist.[170] Dies ergibt sich aus den gemäß § 51 BRAO zulässigen Ausschlüssen mit Auslandsbezug. Danach ist die Inanspruchnahme vor Gerichten, auch vor ausländischen Gerichten, für den Pflichtversicherungsbereich nicht ausschließbar, ebenso wenig wie die Beschäftigung mit europäischem Recht. Die gesetzlichen Haftpflichtbestimmungen umfassen die Ansprüche, die auf einem Verstoß bei der Beratung zum nationalen Recht eines europäischen Staats beruhen und vor einem ausländischen Gericht aufgrund der entsprechenden ausländischen Haftpflichtnorm eingeklagt werden nach § 51 BRAO. Versicherungsschutz besteht daher nicht, wenn die Ansprüche auf außereuropäischem Recht beruhen, soweit der Anwalt das außereuropäische Recht nicht ausdrücklich mitversichert hat. Zu beachten ist auch, dass für den Versicherungsschutz aus der Inanspruchnahme vor außereuropäischen Gerichten ein Sublimit in Höhe der Mindestpflichtversicherungssumme von 250.000 EUR für Personengesellschaften und 2,5 Mio. für die Partnerschaftsgesellschaft mit beschränkter Berufshaftung und den Kapitalgesellschaften besteht, siehe dazu ausführlich A Ziff. 4.1 BBR-RA 79 ff.

V. Anspruchskonkurrenz

143 Der Mandant oder ein Dritter kann seinen Schadensersatzanspruch auf verschiedene Anspruchsgrundlagen stützen. Dabei genügt für den Versicherungsschutz, dass einer der Anspruchsgrundlagen ein gesetzlicher Haftpflichtanspruch ist, was für den Versicherungsschutz ausreicht.[171] Andernfalls würde der Versicherungsschutz von der gewählten Anspruchsgrundlage abhängen. Insbesondere der Abwehrschutz im vorprozessualen Bereich wäre damit nicht gewährleistet, da die tatsächliche Anspruchsgrundlage weder für Versicherer noch für den Versicherungsnehmer exakt voraussehbar ist. Es hängt auch nicht davon ab, welche Anspruchsgrundlage erfolgversprechender oder gewichtiger ist, da es allein auf das Vorhandensein eines möglichen versicherten Schadensersatzanspruchs ankommt, der die Leistungspflicht in Form der Abwehrleistung des Versicherers nach sich zieht. Voraussetzung bleibt jedoch selbstverständlich, dass der Anspruch auf einem Verstoß bei einer anwaltlichen oder sonstigen versicherten persönlichen amtsähnlichen Tätigkeit beruht. Zwar kann der Anwalt aufgrund eines gesetzlichen Haftpflichttatbestandes haften, aber es kann an einer Deckung hierzu fehlen, da keine versicherte Tätigkeit vorliegt. Z.B ist die isolierte Treuhand ohne jegliche Rechtsberatung eine nicht versicherte Tätigkeit.

144 Einschränkungen in der Haftung wirken auf das Versicherungsverhältnis. Wenn der Anwalt mit seinem Mandanten eine wirksame Haftungsbeschränkung vereinbart, besteht die Leistungspflicht des Versicherers nur bis zur Höhe der Haftungsbeschränkung, weil der Anwalt auch nur in dieser Höhe haftet. Die vertragliche Beschränkung wirkt jedoch nicht gegenüber Dritten.[172] Zu beachten ist aber, dass bei einem Vertrag mit Schutzwirkung zugunsten Dritter, der Dritte nicht besser stehen darf als der Auftraggeber.[173] Wenn vertraglich beschränkte Ansprüche und deliktische Ansprüche nebeneinander bestehen, sind sie nach Voraussetzung und Rechtsfolgen selb-

---

170 *Diller* § 1 Rn. 49.
171 *Gräfe*/Brügge D Rn. 32 ff und E 26 ff unter Bezugnahme auf BGH NJW 1998, 3486.
172 Henssler/Prütting/*Diller* BRAO § 52 Rn. 23.
173 HBAnw/*Rinkler* § 1 Rn. 482; Borgmann/*Jungk*/Schwaiger § 41 Rn. 43.

ständig zu beurteilen. Ob vertragliche Haftungsbeschränkungen die deliktische Haftung modifizieren, ist auszulegen, soweit nicht ausdrücklich geregelt.[174]

I. Haftung gegenüber Nichtmandanten (Dritthaftung) und Versicherungsschutz

I. Allgemeines

Nach § 1 I Ziff. 1 Satz 1 besteht Versicherungsschutz, wenn „ein anderer“ einen Anspruch gegenüber dem Anwalt geltend macht. Regelmäßig ist dies der Mandant. Der Anwalt haftet für schuldhafte Vertragsverletzungen nach § 280 BGB des Mandatsvertrags. Grundlage hierfür ist der Dienstvertrag oder Werkvertrag in Form des Geschäftsbesorgungsvertrags. Der Anwalt haftet jedoch auch für Dritte, die nicht Mandanten sind. 145

Die Rechtsprechung hat hier verschiedene vertragliche und vorvertragliche Konstruktionen entwickelt, um dem Dritten einen direkten Anspruch gegenüber dem Anwalt zu ermöglichen.[175] Zu beachten ist aber, dass die Dritthaftung bei Steuerberatern und Wirtschaftsprüfern häufiger auftritt als bei Rechtsanwälten aufgrund ihrer wirtschaftsberatenden Ausrichtung z.B. als Mittelverwendungskontrolleur, Treuhandkommanditist, Ersteller von Prospekten etc. Für den Versicherungsschutz ist entscheidend, dass die Berufshaftpflichtversicherung vertragliche Deckungserweiterungen nicht umfasst, da nur die Inanspruchnahme aufgrund gesetzlicher Haftpflichtbestimmungen gedeckt ist. § 4 Ziff. 2 wiederholt deklaratorisch diese Beschränkung: Der Versicherungsschutz bezieht sich nicht auf Haftpflichtansprüche, soweit sie auf Grund Vertrages oder besonderer Zusage über den Umfang der gesetzlichen Haftpflicht hinausgehen.

II. Einzelheiten der Dritthaftung

Grundlage für die Dritthaftung bilden der Vertrag mit Schutzwirkung zugunsten Dritter, Auskunftsvertrag, Treuhandvertrag, Verschulden bei Vertragsschluss und Prospekthaftung. 146

1. Vertrag mit Schutzwirkung zugunsten Dritter

Die Rechtsprechung hat den Vertrag mit Schutzwirkung zugunsten Dritter entwickelt. Der Dritte ist in den Schutzbereich des Mandatsvertrags so einbezogen, dass er aus dem ihm fremden Mandatsvertrag einen eigenen sekundären Schadensersatzanspruch gegen den Anwalt hat. Voraussetzungen sind: Erkennbarkeit der Einbeziehung des Dritten für den Anwalt; Leistungsnähe in dem Sinne, dass die anwaltliche Beratungsleistung hier das Vermögen des Dritten typischerweise beeinträchtigen kann; berechtigtes Interesse des Mandanten am Schutz des Dritten und Schutzbedürftigkeit des Dritten.[176] Es soll dem Dritten nur dann ein eigener Schadensersatzanspruch zustehen, wenn die Vertragserklärungen und das Verhalten der Vertragspartner eindeutige Anhaltspunkte dazu bieten.[177] Der Anwaltsvertrag baut auf einem Vertrauensverhältnis zwischen Mandant und Anwalt auf und daher vom Inhalt her streng zweiseitig ohne Außenwirkung angelegt. Interessen Dritter am Ergebnis der anwaltlichen Tätigkeit können daher im Allgemeinen nicht zu einer Haftungserweiterung des Anwalts führen, selbst wenn diese Personen dem Rechtsanwalt benannt oder gar bekannt sind.[178] 147

174 Palandt/*Sprau* Einf. v § 823 Rn. 5 a.E.
175 HBAnw/*D. Fischer* § 8 Rn. 1 ff.
176 BGH NJW 1971, 1931; NJW 1996, 2927; HBAnw/*D. Fischer* § 10 Rn. 8 ff; MüKoBGB/*Gottwald* § 328 Rn. 164 ff.
177 BGH NJW 2004, 3035.
178 LG Stuttgart AnwBl 2015, 625, das hier das OLG Düsseldorf NJW-RR 1986, 730 zitiert.

148 Die Berufshaftpflichtversicherung umfasst die Haftung des Anwalts aus Vertrag mit Schutzwirkung zugunsten Dritter.[179] Bei diesem Schadensersatzanspruch handelt es sich nicht um eine Erweiterung eines gesetzlich bestehenden Haftpflichtanspruchs, sondern um einen Fall einer gesetzlichen Haftung privatrechtlichen Inhalts.

Versicherungsschutz ist daher in folgenden Fällen gegeben:

a) Angehörige als Dritte

149 Der Anwalt haftet den Angehörigen des Mandanten, soweit nach Sinn und Zweck der Beratung gerade auch gegenüber ihnen eine Sorgfalts- und Obhutspflicht besteht und insbesondere der Anwalt auch damit rechnen kann.[180] Versicherungsschutz besteht daher für: Kinder in einem für sie begünstigenden Testament,[181] in einer Scheidungsvereinbarung,[182] in einem zu spät gekündigten Mietvertrag,[183] für die Ehefrau einer Ruhegeldvereinbarung[184] oder für die gesetzlichen Erben einer Anfechtung eines Erbvertrags.[185] Die Schutzbedürftigkeit fehlt dann, wenn es bei dem Mandanten selbst nur um die eigenen Vermögensinteressen geht, wie bei einer Scheidungsvereinbarung zugunsten des früheren Ehemanns[186] oder auch eine verzögerte Scheidung zugunsten des neuen Ehemanns[187] oder den Kindern eines Erben, die bei richtiger Beratung keine Erbschaftssteuer zu zahlen gehabt hätten.[188]

b) Gesellschafter und Gründer von juristischen Personen und sonstige nahestehende Personen als Dritte

150 Der Anwalt haftet den Gesellschaftern oder Gründern einer juristischen Person, bei denen eine enge Beziehung zum Mandanten besteht.[189] Versicherungsschutz besteht für die GmbH, wenn Mandanten die Gesellschafter sind, wenn gerade die GmbH Gegenstand der Beratung war und das Ergebnis der Beratung unmittelbaren Einfluss auf den Schuldenstand der GmbH hatte.[190] Umgekehrt sind die Gesellschafter in den Beratungsvertrag der GmbH einbezogen, wenn es um die Risiken einer verdeckten Sacheinlage geht.[191] In den Schutzbereich fallen auch Tochtergesellschaften der auftraggebenden Gesellschaft, die durch die Falschberatung einen Verzögerungsschaden erleiden.[192] Der mit der Erstellung eines Jahresabschlusses für eine GmbH beauftragte Steuerberater hat die Mandantin auf einen möglichen Insolvenzgrund und die daran anknüpfende Prüfungspflicht ihres Geschäftsführers hinzuweisen, wenn entsprechende Anhaltspunkte offenkundig sind und er annehmen muss, dass die mögliche Insolvenzreife der Mandantin nicht be-

179 *Diller* AnwBl 2010, 52 ff; *Zugehör* NJW 2000, 1601; anders *Kahmann/Vitzthum* VersR 2009, 21.
180 HBAnw/*D. Fischer* § 10 Rn. 17 ff; MüKoBGB/*Gottwald* § 328 Rn. 206.
181 BGH NJW 1965, 1955.
182 BGH NJW 1977, 2073.
183 LG München NJW 1983, 1621.
184 BGH NJW 1988, 200.
185 OLG Hamm NJWE-VHR 1998, 130.
186 OLG Düsseldorf NJW-RR 1986, 730.
187 OLG Düsseldorf VersR 2007, 1083.
188 LG Köln NJW 1981, 351.
189 HBAnw/*D. Fischer* § 10 Rn. 22 ff; Borgmann/*Jungk*/Schwaiger § 33 Rn. 27.
190 BGH NJW 1986, 581; konkret hatten die Hausanwälte der Gesellschafter nicht über die Möglichkeit des § 25 Abs. 2 HGB aufgeklärt, die Haftung der GmbH für Altschulden zu vermeiden und im Übrigen die Kostenrechnung an die GmbH adressiert.
191 BGH NJW 2000, 725.
192 BGH NJW-RR 2007, 857.

wusst ist.[193] Der Gesellschafter und der Geschäftsführer können in den Schutzbereich eines zwischen einer GmbH und einem Steuerberater geschlossenen Vertrages einbezogen sein, wenn der Steuerberater einem öffentlich bestellten Sachverständigen oder Wirtschaftsprüfer gleichzustellen ist.[194] Nicht einbezogen ist der Ministerpräsident eines Bundeslandes in den Schutzbereich eines Beratungsvertrages des Landes mit einem Rechtsanwalt.[195] Der Vertragsgegner ist aufgrund der gegenläufigen Interessen ebenfalls regelmäßig nicht in den Schutzbereich einbezogen.[196]

2. Expertenhaftung

Der Einbezug von Dritten kann sich aus der besonderen Sachkunde der Anwälte, Steuerberater oder Wirtschaftsprüfer ergeben. Die Berufsträger sind geprüfte Experten und üben Tätigkeiten aus, die allein ihnen vorbehalten sind. Die Rechtsprechung stützt die Ansprüche der Expertenhaftung auf selbständige Auskunftsverträge, aus Auskunftspflicht, Werkvertrag oder dem Prüfvertrag, die eine Schutzwirkung zugunsten Dritter haben und auch dem Deliktsrecht, um die Lücken einer fehlenden vertraglichen Haftung zu ergänzen.[197] Die Unzulänglichkeiten des Drittschutzes dürfen jedoch nicht durch eine angenommene Vertragshaftung übertrieben werden, da der Anwalt sowohl gegenüber dem Dritten als auch seinem Mandanten haftet und sein Berufsrisiko damit verdoppelt.[198] Die berufsrechtliche Haftung der Anwälte aufgrund besonderer Sachkunde sieht im Übrigen z.B. das englische Deliktsrecht als Tort Of Negligence vor als Hauptanspruchsgrundlage.[199] 151

Der Versicherungsschutz nach § 1 umfasst die Fälle die Fälle der Dritthaftung aus Auskunftsvertrag, Prospekthaftung, dem Vertrag mit Schutzwirkung zugunsten Dritter und §§ 823 ff BGB, weil es sich um gesetzliche Haftpflichtbestimmungen handelt. Kein Versicherungsschutz besteht aber, wenn der Anwalt bei der Abgabe seiner Gutachten und Auskünfte weitere Zusagen oder weitergehenden Garantien abgibt oder sonstige vertragliche Verpflichtungen eingeht, siehe § 4 Ziff. 2 Rn. 16 ff. 152

Ein stillschweigender Auskunftsvertrag des Anwalts kommt mit dem Dritten zustande, wenn nach den Gesamtumständen ein schlüssiges Verhalten des jeweiligen Berufsträgers zum Abschluss eines Vertrags vorliegt.[200] Er ist dann anzunehmen, wenn die Auskunft für den Empfänger erkennbar von erheblicher Bedeutung ist und er sie zur Grundlage wesentlicher Entschlüsse machen will. Der Einbezug des Dritten kommt in Betracht, wenn ein Kapitalgeber seine Kredit- und Investitionsentscheidung auf der Grundlage des Beratungsergebnisses gegenüber dem Auftraggeber trifft. Die Geschäftsbank vergibt oder verlängert ihren Kredit auf der Basis des Jahresabschlusses des Auftraggebers.[201] Die Haftung reicht jedoch nur soweit, wie der Berater die Verantwortung für die Richtigkeit seiner Erklärungen übernimmt.[202] Ein Strafverteidiger haftet aus einem Auskunftsvertrag gegenüber einem Dritten als Kautionsgeber, wenn er auf Nachfrage eine rechtlich unzureichende Auskunft über die Risiken der Bereitstellung einer Kaution 153

---

193 BGH DStR 2017, 942 LS 4 und Rn. 14 unter teilweiser Aufgabe von BGH WM 2013, 1081 mit ablehnender Anm. *Brügge* VersR 2018, 705.
194 BGH DStR 2012, 1825.
195 BGH DStR 2016, 2551 „Mappus-Fall".
196 BGH NJW 1991, 32.
197 BGH NJW 1996, 2927; NJW 2004, 3035; HBAnw/*D. Fischer* § 10 Rn. 24 ff; Borgmann/*Jungk*/Schwaiger § 32 Rn. 9 ff.
198 HBAnw/*D. Fischer* § 11 Rn. 35; BGH NJW 1991, 23.
199 *Triebel*/*Silny* NJW 2008, 1034.
200 BGH NJW 1986, 180 speziell für den Steuerberater; BGH NJW 1972, 678 für den Rechtsanwalt; BGH NJW 1973, 321 für Wirtschaftsprüfer; HBAnw/*D. Fischer* § 11 Rn. 1 ff.
201 BGH NJW 1997, 1235.
202 BGH NJW-RR 1989, 696.

abgibt. Es besteht aber kein Vertrag mit Schutzwirkung zugunsten des Dritten als Kautionsgeber, wenn der Verteidiger den Beschuldigten unzureichend zum Pfändungsschutz aufklärt.[203] Für die Haftung aus dem Auskunftsvertrag besteht Versicherungsschutz.

154 Wg. unerlaubter Handlung gemäß § 826 BGB haftet der Anwalt, wenn er ohne Prüfung Behauptungen „ins Blaue“ hinein aufstellt.[204] Hierfür besteht jedoch kein Versicherungsschutz, soweit der der Versicherungsnehmer vorsätzlich den Versicherungsfall herbeigeführt hat, § 103 VVG, oder eine wissentliche Pflichtverletzung begangen hat, § 4 Ziff. 5. Der steuerlicher Berater, der zur Vereitelung eines Regressanspruchs seinem Auftraggeber vorspiegelt, eine – bereits rechtskräftig abgewiesene – Klage gegen einen Steuerbescheid sei noch anhängig und werde erfolgreich sein, kann aus § BGB § 826 BGB zum Schadensersatz verpflichtet sein.[205] Der Berater einer Anlagegesellschaft haftet als Gehilfe einer Anlagegesellschaft gegenüber den Anlegern, wenn er die sittenwidrige Praxis der Anlagegesellschaft, Kapitalerhaltungsgarantien zu versprechen, ohne dass diese mit Eigenkapital unterlegt worden waren, kannte und nicht dagegen einschritt, obwohl er hierzu in der Lage gewesen wäre.[206] Der Anwalt haftet deliktsrechtlich, wenn er an dem Abschluss eines Vertrages über die Zahlung eines unzulässigen Abfindungsbetrages gegen Rücknahme einer aktienrechtlichen Anfechtungsklage und den dazu geführten Verhandlungen mitgewirkt hat. Der Vorsatz ergibt sich daraus, dass der Anwalt keine Bedenken über die Motive der Mandanten hatte.[207]

3. Prospekthaftung

155 Bei der Prospekthaftung unterscheidet man zwischen der Prospekthaftung im engeren Sinn, die spezialgesetzliche Prospekthaftung, und der Prospekthaftung im weiteren Sinn, bürgerlichrechtliche oder zivilrechtliche Prospekthaftung.[208] Im Ergebnis besteht Versicherungsschutz, soweit die der Haftung zugrundeliegende Tätigkeit als berufliche Tätigkeit zu betrachten ist.

156 Bei der Prospekthaftung im weiteren Sinn haften die Gründer, Gestalter und Initiatoren der Anlagegesellschaft, die Hintermänner und auch die sog. Garanten und Experten.[209] Unter die letzte Gruppe fallen insbesondere Rechtsanwälte, Wirtschaftsprüfer, Steuerberater, ggf. Notare und Sachverständige. Die Berufshaftpflichtversicherung umfasst die Haftung aus der bürgerlichrechtlichen Prospekthaftung, wenn sie im Zusammenhang mit einer beruflichen Tätigkeit besteht. Ausführlich zur Haftung und Deckung bei der Beratung im Zusammenhang mit Kapitalanlagen bei Treuhändern siehe § 1 Rn. 58 ff.

157 Die Prospekthaftung im engeren Sinn ist die spezialgesetzliche Regelung der Haftung der Prospektverantwortlichen. Die gesetzlich normierte Prospekthaftung hat als Adressatenkreis grundsätzlich die Personen, die das Vertrauen der Anleger, die eine Kapitalbeteiligung anstreben, in Anspruch nehmen. Die Regelungen in §§ 21–25 WpPG, §§ 20–22 VermAnlG umfassen den größten Teil der Zulassung von Wertpapierprospekten im Börsenhandel. Auch hier gilt, dass Versicherungsschutz besteht, wenn ein Zusammenhang mit einer beruflichen Tätigkeit besteht.

203 BGH NJW 2004, 3630.
204 BGH NJW 1986, 180.
205 BGH NJW 1998, 1488.
206 KG Berlin DStR 2004, 149.
207 BGH NJW 1992, 2821.
208 MüKoBGB/*Emmerich* § 311 Rn. 147 ff.
209 BGH NJOZ 2001, 1327; NJW 1995, 1025; NJW 1992, 3296; Borgmann/*Jungk*/Schwaiger § 32 Rn. 21 ff.

4. Reliance Letter, Third Party Legal Opinion, Due Diligence Report

Anwälte können gegenüber Dritten auf Schadenersatz haften, wenn sie Auskünfte oder Gutachten in Form der Third Party Legal Opinion, Due Diligence als Legal oder Tax Due Diligence oder eines Reliance Letter abgeben.[210] Bei diesen Dienstleistungen steht regelmäßig hinter den Mandaten ein Investor, der die Finanzierung eines wirtschaftlich und rechtlich komplexen Vorhabens sicherstellt. Der Mandant oder Dritte stellen zu diesem Zweck den beauftragten Anwälten die entsprechenden Daten zur Verfügung.[211] Für Investoren aus dem anglo-amerikanischen Rechtskreis ist die rechtlich sehr weitgehende Risikoprüfung als Legal Due Diligence ein Standardverfahren. Grund hierfür ist, dass im anglo-amerikanischen Rechtskreis kein ausgeprägtes Registerwesen besteht. Daneben trägt in Amerika der Käufer grundsätzlich das gesamte Beschaffenheitsrisiko der Kaufsache bei einem Kauf. Der Verkäufer haftet nur für solche Eigenschaften, die er ausdrücklich zugesichert hat, „Buyer-Beware-Prinzip". Bei dieser Rechtslage ist der Käufer verpflichtet, die Kaufsache vor dem Kauf sorgfältig auf mögliche Mängel bzw. Risiken zu untersuchen, um so später ggf. gegen den Verkäufer vorgehen zu können. Der Anwalt kann in diesen Fällen nicht nur aufgrund eines Vertrags mit Schutzwirkung zugunsten Dritter haften, sondern auch aufgrund eines Auskunftsvertrags, Deliktsrecht nach § 826 BGB und der bürgerlich-rechtlichen Prospekthaftung.[212] Dabei hat der Anwalt das Verbot der Vertretung widerstreitender Interessen zu beachten, §§ 43a Abs. 4 BRAO, 3 BORA. Der Rechtsanwalt ist verpflichtet, die Interessen des Mandanten und gerade auch des Dritten zu schützen. Der Anwalt darf aufgrund falsch verstandener Solidarität mit seinem Mandanten gegenüber dem Dritten Umstände weder beschönigen noch verschweigen. Andernfalls besteht die Gefahr eines strafbaren Parteiverrats aufgrund des Interessengegensatzes bei der gleichzeitigen Beratung von Auftraggeber und Drittem, § 356 StGB. 158

Bei der Due Diligence hat der Anwalt den gleichen Prüfungsmaßstab anzulegen wie bei jeder allgemeinen Rechtsberatung. Er kann aber auf die Richtigkeit und Vollständigkeit der ihm zur Verfügung gestellten Unterlagen vertrauen. Er hat die Pflicht die relevanten Probleme darzustellen, der Mandant hat die Pflicht die aus seiner Sicht bestehende unvollständige Prüfung des Anwalts nachholen zu lassen.[213] Um das Haftungsrisiko zu begrenzen, enthält der Report nicht nur einen Rechtsteil, sondern klärt vorneweg, was geprüft werden soll und was nicht und welche Unterlagen zur Verfügung standen. Der Anwalt muss nicht abstrakt auf alle Risiken hinweisen.[214] Für den Anwalt besteht keine Pflicht für einen geplanten Unternehmenskauf darauf hinzuweisen, dass ein Unternehmen Löhne und Sozialversicherungsbeiträge nachzahlen könnte, da der Tarifvertrag des Unternehmens mangels Tariffähigkeit des Tarifpartners von vornherein nicht wirksam ist.[215] 159

Der Versicherungsschutz nach § 1 umfasst die Fälle die Fälle der Dritthaftung aus den besonderen Dienstleistungen, wenn er aufgrund einer gesetzlichen Haftpflichtbestimmung haftet. Kein Versicherungsschutz besteht aber, wenn der Anwalt bei der Abgabe seiner Gutachten und Auskünfte weitere Zusagen oder weitergehenden Garantien abgibt oder sonstige vertragliche Verpflichtungen eingeht, § 4 Ziff. 2. Bei einer Due Diligence, Legal Opinions und anderen Gutachten ist Teil des Auftrags, Tatsachen und daraus folgende Rechtsfolgen zu bestätigen, z.B. die Eigenschaft einer natürlichen Person als Geschäftsführer zu dem Rechtsgeschäft befähigt zu 160

210 *Ganter* NJW 2014, 1771 zur Third Party Legal Opinion; *Kahmann/Vitzthum* VersR 2009, 21 zum Reliance Letter.
211 *Chab* AnwBl 2014, 444; *Zedler/Hasselmann* AnwBl 2013, 154; arbeitsrechtliche Due Diligence *Dzida* AnwBl 2013, 159; *Weidert/Lux/Klüßendorf* AnwBl 2014, 163 zur IP/IT-Due Diligence.
212 *Ganter* NJW 2014, 1771: Vertrag mit Schutzwirkung zugunsten Dritter; HBAnw/*D. Fischer* § 11 Rn. 15: zusätzlicher Auskunftsvertrag zwischen Drittem und Anwalt.
213 *Chab* AnwBl 2014, 445.
214 KG Berlin AnwBl 2014, 449 f.
215 LG Düsseldorf AnwBl 2014, 450.

sein. Des Weiteren bestätigen Anwälte die Vollständigkeit und Richtigkeit der eigenen Due Diligence. Hintergrund ist, dass die Investorengemeinschaften aus dem angloamerikanischen Raum als Dritte selbst gezwungen sind, Gutachten aufgrund Üblichkeit und fehlender Registerpflichten in ihrem Rechtskreis anfertigen zu lassen, um nicht selbst gegenüber Anlegern zu haften. Im Einzelnen besteht hier Versicherungsschutz, wenn die vom Prüfauftrag umfasste Rechtsmeinung notwendigerweise eine Aufarbeitung der Tatsachen erforderlich macht, wie z.B. die Bestätigung der Registrierung einer Gesellschaft im Handelsregister, um ihre Abschluss- und Verhandlungsfähigkeit erklären zu können. Die Grenze des Versicherungsschutzes besteht dann, wenn diese Bestätigungen und Erklärungen das übliche Maß einer sowieso vorzunehmenden Tatsachen- und Rechtsprüfung überschreiten, wie z.B. die Einschätzung der Solvabilität und Profitabilität des Unternehmens. Dies ist Aufgabe einer weitergehenden Due Diligence, die der Wirtschaftsprüfer oder spezialisierte Steuerberater vornimmt. Die formelhafte pauschale Bestätigung des Versicherers, dass die laufende Deckung eine Due Diligence bzw. Third Party Legal Opinion umfasst, bestätigt allein, dass ein gesetzlicher Haftpflichtanspruch versichert ist. Nicht versichert bleiben weitere Zusagen oder Garantien, auch wenn sie im Zusammenhang mit diesen Gutachten stehen.

161 Oftmals ist aber gerade auch nicht eindeutig, ob der Investor/Bank als Dritter in den Schutzbereich des Mandatsvertrags einbezogen ist, weil erst die Haftung geklärt werden müsste. Um das Risiko zu minimieren, schließen Anwälte vertragliche Haftungsvereinbarungen oder geben einen non-reliance-Letter ab. Darin bestätigt der Anwalt allein, dass das Gutachten Informationszwecken dient und er nicht für die Richtigkeit der dort enthaltenen Informationen haftet. Ausdrücklich kann der Anwalt die Haftung für Ansprüche aus Vertrag mit Schutzwirkung zugunsten Dritter ausschließen.[216] Um eine erweiterte vertragliche Dritthaftung auszuschließen, die die Berufshaftpflichtversicherung unter Umständen nicht abdeckt, vereinbaren Kanzleien, dass die Gutachten/Expertisen nicht zur Weitergabe bestimmt sind und die Gutachter für Dritte nicht haften.

162 In der Mehrzahl der Fälle fordern die Dritten aber gerade, dass sie ausdrücklich in den Schutzbereich des Mandatsvertrags einbezogen sind, andernfalls investieren sie nicht beim Mandanten. Es handelt sich dann ohne Absprache mit dem Versicherer grundsätzlich um eine nicht versicherte Garantie/Zusage gegenüber den Investoren. Daher ist in diesen Fällen vorab der Versicherungsschutz zu klären. Entweder ist einmalig das Projekt mit der Dritthaftung in die laufende Berufshaftpflichtversicherung einzubeziehen oder Versicherungsschutz kann über Einzelobjektdeckungen erlangt werden, was weitaus häufiger ist, um ggf. die Kosten der Deckung vom Dritten fordern zu können, siehe zur Einzelobjektdeckungen Einleitung Rn. 41 oben.

J. Einstandspflicht für sich und andere Personen

I. Abgrenzung zur gesellschaftsrechtlichen Haftung und Eigenansprüchen

163 Nach § 1 I Ziff. 1 besteht Versicherungsschutz für den Versicherungsnehmer, wenn er selbst oder wenn eine Person, für die er nach § 278 oder § 831 BGB einzustehen, einen Verstoß begangen hat. Die Haftung und der Versicherungsschutz für Drittverhalten kommt insbesondere dann in Betracht, wenn der Anwalt Aufträge an Dritte außerhalb seiner Kanzlei vergibt, entweder im juristischen Bereich an andere wirtschaftsberatende Beruf als Legal-Outsourcing oder im nichtjuristischen an sonstige Dienstleister wie Schreibbüros als Non-Legal-Outsourcing.

216 BGH NJW 1998, 1059 zum Gutachten; NJW-RR 1989, 696 zum Jahresabschluss eines Steuerberaters; *Cannivé* ZIP 2009, 259 zur Legal Vendor Due Diligence.

Davon zu trennen ist die gesellschaftsrechtliche Haftung und Versicherung des Anwalts in der Sozietät. Die BGB-Gesellschaft ist die Trägerin der Rechte und Pflichten der Gesellschaft.[217] Die Mandantenverträge kommen mit der Sozietät und nicht mit dem einzelnen Anwalt zustande. Die Sozietät haftet für das Fehlverhalten ihrer Sozien und Scheinsozien nach § 31 BGB analog. Unterhalb der Organebene der Sozien rechnet man das Verhalten des Büropersonals für rechtsgeschäftliche Verbindlichkeiten nach § 278 BGB und für deliktisches Verhalten nach § 831 BGB zu, siehe dazu ausführlich § 1 Rn. 299 zur Haftung der Sozietät. Die Berufshaftpflichtversicherung sieht aber keine Versicherungspflicht für die gesellschaftsrechtliche Haftung vor, sondern nur die Einstandspflicht des Anwalts für fremde zurechenbare Berufsfehler von Dritten, § 51 BRAO. § 1 regelt daher nicht die gesellschaftsrechtliche Haftung des Anwalts in der Sozietät. Die Versicherung für die gesellschaftsrechtliche Haftung findet sich in Teil 1.2 Versicherungsschutz für gesellschaftsrechtliche Haftung, siehe Teil 1.2 Rn. 1 ff. Das Büropersonal und die angestellten Anwälte und freien Mitarbeiter ohne Außenauftritt hingegen haften nicht akzessorisch für die Gesellschaftsverbindlichkeit, da sie keine Gesellschafterstellung haben. In Betracht kommt hier nur eine persönliche deliktische Verantwortlichkeit gemäß §§ 823 ff BGB, die unabhängig von einer Gesellschaftsverbindlichkeit ist. 164

Kein Versicherungsschutz besteht für den Versicherungsnehmer gegen die versicherte Person nach § 7 I Ziff. 3 als In-Sich-Anspruch. Eine Haftpflichtversicherung setzt begrifflich voraus, dass der Versicherungsnehmer für fremde Ansprüche eines Dritten freigestellt wird. Die Sozietät oder auch die GmbH kann nicht gleichzeitig Versicherungsnehmer und geschädigter Dritter sein, auch wenn die Sozietät mandatiert ist. Es bedeutet, dass die Sozietät oder die Sozien als Versicherungsnehmer nicht versichert sind, wenn ein mitversicherter Anwalt einen Anspruch für die Sozietät, z.B. eine ausstehende Honorarforderung, einklagt, siehe dazu § 7 Rn. 24. Es besteht aber dann Versicherungsschutz, wenn der mitversicherte Anwalt nachweislich wie ein Mandant die Kanzlei anwaltlich beauftragt, z.B., wenn der Anwalt seinen Kollegen mandatiert, seine Scheidungsklage durchzuführen. Der Auftraggeber ist hier nicht die Sozietät, sondern der Anwalt, aber hier in seiner Eigenschaft als Privatperson und nicht als mitversicherter Sozius. Er hat in diesem Fall Versicherungsschutz, wenn der Kollege einen Verstoß begeht. Zur Abgrenzung sollte vorab der Versicherungsschutz geklärt werden. 165

II. Erfüllungsgehilfen, § 278 BGB

Der Anwalt hat das Verschulden seiner Erfüllungsgehilfen zu vertreten, ohne sich durch den Nachweis sorgfältiger Auswahl und Überwachung entlasten zu können. Er macht sich die Vorteile der Arbeitsteilung zunutze und hat das Personalrisiko zu tragen. 166

1. Mitarbeiter und Personal

Erfüllungsgehilfe ist, wer nach den tatsächlichen Gegebenheiten des Falls mit dem Wissen des Schuldners bei der Erfüllung einer diesem obliegenden Verbindlichkeit als dessen Hilfsperson tätig wird.[218] Im Rahmen des anwaltlichen Mandats handelt das Büropersonal oder andere Beauftragte wie die Rechtsanwaltsfachangestellten, Schreibkräfte, sonstige Hilfskräfte oder freie Mitarbeiter als Erfüllungsgehilfe des Anwalts oder der Sozietät.[219] Die Zurechnung setzt daher voraus, dass die Tätigkeit innerhalb des Pflichtenkreises des Anwalts erfolgt ist und ein sachlicher Zusammenhang mit den Kanzleiaufgaben steht. Der Anwalt darf einfache Verrichtungen, die keine besondere Geistesarbeit oder juristische Schulung verlangen, wie etwa Botengänge 167

---

217 BGH NJW 2001, 1056.
218 BGH NJW-RR 2011, 1350; MüKoBGB/*Grundmann* § 278 Rn. 1 ff.
219 Borgmann/*Jungk*/Schwaiger § 38 Rn. 73; Peres/Senft/*Peres* § 7 Rn. 168.

oder die Eintragung vorher vom Anwalt verfügter Fristen, zur selbstständigen Erledigung auf sein geschultes und zuverlässiges Büropersonal übertragen.[220] Anders bei der eigentlichen Beratungsleistung des Anwalts wie Mandatsbearbeitung oder der Vertretung eines Anwalts. Die Beratungsleistung erbringt der Anwalt persönlich und ist sein Aufgabenbereich. Der Anwalt verstößt gegen sein Berufsrecht und er haftet dann persönlich, ohne dass eine Zurechnung nach § 278 BGB erforderlich ist, wenn er solche Tätigkeiten vom Kanzleipersonal erledigen lässt.[221] Die Klärung von Fragen, die unmittelbar das Mandat betreffen, darf er nicht dem Büropersonal überlassen. Die telefonische Entgegennahme eines Berufungsauftrags durch einen Angestellten ist aber die Tätigkeit eines Erfüllungsgehilfen.[222]

2. Externe non-legal-Dienstleister

168 Anwälte lagern Hilfsleistungen wie z.B. Telefondienste, Schreibarbeiten an selbständige Dienstleister aus, Non-Legal-Outsourcing. Es handelt sich regelmäßig um Erfüllungsgehilfen im Rahmen seiner Büroorganisation. Dies liegt grundsätzlich vor, wenn der Anwalt sein Büro über Dritte organisiert. Der Anwalt hat daher Versicherungsschutz für die Fehler der externen Dienstleister, soweit es sich um Erfüllungsgehilfen im Rahmen seiner anwaltlichen Tätigkeit handelt. Der Versicherer kann aber unter den Voraussetzungen des § 7 III Regress bei ihnen nehmen.

169 Wenn der Anwalt Aufträge an den externen Dienstleister vergibt, hat er berufsrechtliche und strafrechtliche Verschwiegenheitspflichten zu beachten. Selbstverständlich kann er immer die Einwilligung des Mandanten zur Weitergabe von Geheimissen einholen und muss dies auch berufsrechtlich, wenn er eine Dienstleistung in Anspruch nimmt, die unmittelbar einem einzelnen Mandat dient, § 43e Abs. 5 BRAO. Standesrechtlich regelt § 2 Abs. 3 lit. c) BORA, dass kein Verstoß gegeben ist, soweit das Verhalten des Rechtsanwalts im Rahmen der Arbeitsabläufe der Kanzlei einschließlich der Inanspruchnahme von Leistungen Dritter erfolgt und objektiv einer üblichen, von der Allgemeinheit gebilligten Verhaltensweise im sozialen Leben entspricht, Sozialadäquanz. Dies liegt bei normaler Verlagerung der Büroorganisation vor und ist auch im Rahmen einer ökonomischen Entscheidung des Anwalts akzeptiert. Bei Anwälten spezifizieren die §§ 43a Abs. 2 Satz 1, 43e BRAO, bei Steuerberatern der § 62a StBerG und bei Wirtschaftsprüfern der § 50a WPO die berufsrechtlichen Anforderungen, wenn die Berufsträger Dritte beauftragen, wie z.B. sorgfältige Auswahl und Form und Inhalt des Auftrags. Der Anwalt muss im Übrigen nach § 2 Abs. 7 BORA die zum Schutz des Mandatsgeheimnisses erforderlichen organisatorischen und technischen Maßnahmen ergreifen, soweit sie risikoadäquat und zumutbar sind. Strafrechtlich regelt § 203 Abs. 3 StGB die Offenbarung der dem Anwalt anvertrauten Geheimnisse. Im Ergebnis erlaubt ist das Offenbaren von fremden Geheimnissen gegenüber sonstigen mitwirkenden Personen, soweit dies für die externe Dienstleistung erforderlich ist, z.B. muss der Telefondienstleister des Anwalts zumindest die Information erhalten, dass eine bestimmte Person Mandant des betreffenden Anwalts ist und der externe Schreibdienst des Anwalts erhält notwendigerweise weitergehende inhaltliche Informationen über das Mandat. § 53a StPO zum Zeugnisverweigerungsrecht stellt klar, dass den Berufsgeheimnisträgern diese Personen gleichstehen.

220 BGH NJW 2013, 1309.
221 BGH NJW 1981, 2741, 2174.
222 BGH NJW 1981, 2815.

3. Amtlich bestellte Vertreter des Anwalts

Das Verschulden des amtlich bestellten Vertreters eines Rechtanwalts gemäß § 53 BRAO wird dem Vertretenen nach § 278 BGB zugerechnet. 170

Der Vertreter selbst haftet aus eigener Pflichtverletzung, wenn er wie ein Abwickler einer Kanzlei auftritt, der Vertretene keinen Einfluss mehr auf das Mandat hat und persönliches Vertrauen wie ein Sachwalter in Anspruch nimmt.[223] Der Abwickler einer Kanzlei hat gegenüber den Mandanten die gleichen Verpflichtungen wie der frühere Anwalt, § 55 BRAO, und ist dazu bevollmächtigt, § 55 Abs. 2 Satz 4 BRAO. Der Wortlaut „Der Vertreter wird in eigener Verantwortung tätig", § 55 Abs. 3 Satz 1 i.V.m. § 53 IX BRAO, spricht dafür, dass er selbst verpflichtet ist und keine Zurechnung nach § 278 BGB stattfindet.[224] 171

III. Substitution

1. Überblick

Anwälte übertragen neben der Büroorganisation auch juristische Tätigkeiten mit Bezug zu eigenen Mandaten an externe Dienstleister. Diese Dienstleister sind selbst Anwälte und können die Rechtsdienstleistung erbringen oder es handelt sich um Experten wie Steuerberater und Wirtschaftsprüfer, um z.B. die Höhe eines Schadensersatzes durch ein Bilanzgutachten zu prüfen. Dies fällt unter den Begriff des Legal-Outsourcings. Dabei sind die Grenzen der §§ 2ff RDG zu beachten. Die Einschaltung von pensionierten Richtern, um Rechtsanwälten oder Unternehmensrechtsabteilungen in konkreten Rechtsfällen prozesstaktische Ratschläge zu erteilen, stellt jedenfalls eine Rechtsdienstleistung dar, die unter den Erlaubnisvorbehalt des § 3 RDG fällt.[225] Dazu auch Anwalt und Legal Tech, auch hier schaltet der Anwalt Dritte für seine grundsätzlichen anwaltlichen Tätigkeiten ein, siehe § 1 Rn. 96ff. Im Übrigen zum umgekehrten Fall, wenn der Anwalt Erfüllungsgehilfe seines Auftraggebers werden soll, siehe B Satz 1 BBR-RA Rn. 6ff. 172

Der Anwalt haftet, wenn er das Mandat oder Teile von ihm an Dritte, wie z.B. andere Anwälte, Steuerberater, Wirtschaftsprüfer oder Gutachter weitergibt. Der Inhalt der Haftung richtet sich danach, ob der Dritte Erfüllungsgehilfe ist oder ob der Dritte selbständig handelt, ohne vom erstmandatierten Anwalt abhängig zu sein. Wenn der Dritte unabhängig handelt, kann es sich um eine Substitution handeln,[226] § 664 Abs. 1 Satz 2 BGB analog.[227] Wenn man dogmatisch § 664 BGB nicht anwenden will, weil es sich um eine Vertragsauslegung handelt, kann man auch annehmen, dass der erstmandatierte Anwalt das Mandat oder Teile von ihm weitergibt oder überträgt.[228] Unter Umständen beschränkt der erstmandatierte Anwalt damit sein Mandat und der Dritte begründet ein neues Vertragsverhältnis mit dem Mandanten.[229] Der Begriff Substitution wird an dieser Stelle im üblicheren weiteren Sinn für alle diese Formen verwendet. Siehe speziell zur Haftung und Deckung bei der häufiger in der Praxis vorkommenden Einschaltung eines ausländischen Anwalts § 1 Rn. 186ff. 173

Im Ergebnis gilt für Haftung und Deckung folgendes, zu den Einzelheiten hier § 1 Rn. 176ff.

---

223 OLG Frankfurt NJW 1986, 3091.

224 Borgmann/*Jungk*/Schwaiger § 38 Rn. 72; anders Vollkommer/Greger/*Heinemann* § 19 Rn. 27.

225 LG Hamburg NJW-RR 2016, 61; dazu auch *Hartung*/*Weberstaedt* NJW 2016, 2209.

226 Siehe zu den Begrifflichkeiten Staudinger/*Wittmann* § 664 BGB Rn. 7.

227 BeckOK BGB/*D. Fischer* § 664 Rn. 8; Staudinger/*Wittmann* § 664 Rn. 5; RGZ 78, 310 Rn. 14; *Koller* ZIP 1985, 1243, 1246; offengelassen MüKoBGB/*Seiler* § 664 Rn. 19.

228 *Sieg* Internationale Anwaltshaftung S. 169; HBAnw/*Rinkler* § 1 Rn. 294.

229 Borgmann/*Jungk*/Schwaiger § 38 Rn. 61.

174 Haftung:
Wenn der Dritte als Erfüllungsgehilfe handelt, haftet der Anwalt für dessen Fehler nach § 278 BGB und ist hierfür versichert. Wenn der Dritte als Substitut handelt, haftet der erstmandatierte Anwalt nur für sein eigenes Auswahlverschulden analog § 664 Abs. 1 Satz 2 BGB i.V.m. § 675 BGB oder, falls man die Analogie ablehnt, nach Auslegung des Mandatsvertrags. Bei einer nicht gestatteten oder unberechtigten Substitution verbleibt es bei der Haftung des erstmandatierten Anwalts für Fehler des Dritten.[230] Sie kann dann aber eine wissentliche Pflichtverletzung darstellen.

175 Deckung:
Versicherungsschutz besteht für den Anwalt, wenn er einen Erfüllungsgehilfen einschaltet, § 1. Es besteht ebenfalls Versicherungsschutz für das Auswahlverschulden bei einer berechtigten Substitution, aber nur für das Auswahlverschulden. Wenn die Substitution unberechtigt war, besteht ebenfalls Versicherungsschutz. Es kommt aber eine wissentliche Pflichtverletzung des Anwalts in Betracht. Für den konkreten Versicherungsschutz kommt es daher auf die Haftungssituation an. Weil die Haftungssituation nicht von vornherein absehbar ist, wird Versicherungsschutz für die Tätigkeit der eingeschalteten Experten gefordert, wenn sie nicht in der Kanzlei beschäftigt sind, gleich ob sie als Erfüllungsgehilfen oder Substituten handeln. Es würde bedeuten, dass der Versicherer nicht nur die Verstöße des Versicherungsnehmers, sondern auch seiner möglichen anderen Berater abzudecken hat. Gerade der berechtigt eingeschaltete Substitut hat jedoch als Berater ein eigenes Risiko, das er selbständig abzudecken hat und wofür auch regelmäßig eine eigene Berufshaftpflichtversicherung besteht. Eine Versicherung der weiteren Berater und nicht nur des Versicherungsnehmers in einer laufenden Versicherung ist für den Versicherer ein von vornherein unbekanntes Risiko. Versicherungsschutz besteht regelmäßig allein für die Sozietät, die entsprechend ihrem Risiko den Beitrag zahlt. Es besteht aber kein Versicherungsschutz für Personen, die nicht der Kanzlei angehören. Es besteht allein im Einzelfall die Möglichkeit bei einer Einzelobjektdeckung die sonstigen Berater in den Versicherungsschutz einmalig einzubeziehen.

2. Abgrenzung Erfüllungsgehilfe und Substitution

176 Bei einer Substitution überträgt der Anwalt dem Dritten einen Teil des Auftrags. Der Substitut handelt in eigener Verantwortung. Anders der Erfüllungsgehilfe. Der Anwalt zieht ihn zur Erledigung seines Auftrags lediglich hinzu und der Anwalt behält die Verantwortung für den gesamten Auftrag.

177 Ob der eingeschaltete Experte als Dritter Erfüllungsgehilfe oder Substitut ist, richtet sich danach, ob der eingeschaltete Dritte nach Übertragung einen eigenen Pflichtenkreis zum Mandanten begründet hat. Wenn der an den Dritten ausgelagerte Teilauftrag im Pflichtenkreis des erstmandatierten Anwalts verbleibt, handelt der Dritte als Erfüllungsgehilfe. Wenn der Dritte als Spezialist einen eigenen Pflichtenkreis zum Mandanten begründet, handelt der Dritte als berechtigter und gestatteter Substitut. Der erstmandatierte Anwalt und der Substitut haften eigenständig gegenüber dem Mandanten aus ihrem jeweiligen Auftragsverhältnis ohne Erfüllungsgehilfe des anderen zu sein.

178 Der Anwalt kann einem Dritten nur dann wirksam Teile des Auftrags übertragen, wenn der Dritte selbständig den Teilauftrag auch bearbeiten und ausführen kann. Der Dritte ist in seinem Teilauftrag dann nicht abhängig vom erstmandatierten Anwalt und unterliegt nicht einer einge-

230 MüKoBGB/*Seiler* § 664 Rn. 18.

henden materiellen Kontrolle oder einer inhaltlichen Weisung. Andernfalls handelt es sich um einen Gehilfen.

3. Voraussetzungen einer Substitution

Die Substitution setzt voraus, dass der erstmandatierte Anwalt das Mandat oder Teile übertragen konnte und, dass er dazu auch berechtigt war. Maßgeblich ist in erster Linie der Wille des Mandanten als Auftraggeber, da er den Anwalt nur eingeschränkt in Haftung nehmen kann und diesen Nachteil zu tragen hat. Daneben besteht nur ein eingeschränkter Versicherungsschutz. Der Versicherer hat Fehler des Erfüllungsgehilfen zu versichern, §§ 51 BRAO, § 1. Der Versicherer hat aber nicht Fehler des Substituten zu versichern, sondern nur das Auswahlverschulden des Versicherungsnehmers, wenn er einen Substituten beauftragt. **179**

Das Einverständnis des Mandanten zu einer Substitution kann ausdrücklich erfolgen. Auch kann der Mandant sein Einverständnis stillschweigend erklären, dafür ist der Vertrag auszulegen, maßgeblich sind die Umstände des Einzelfalls und die Verkehrssitte.[231] Zu beachten ist dabei, dass der Anwalt seine Pflichten im Zweifel in Person zu erfüllen hat, § 613 BGB. Fehlende Rechtskenntnisse berechtigen per se nicht zu einer Weitergabe des Mandats. Man setzt voraus, dass der Anwalt als Vertreter in allen Rechtsangelegenheiten gemäß § 3 BRAO die erforderlichen Rechtskenntnisse hat. Eine Pflichtverletzung des Anwalts, der eine einschlägige Rechtsnorm übersehen hat, kann grundsätzlich nicht deshalb verneint werden, weil es sich dabei um eine entlegene Rechtsmaterie handelt.[232] Dies gilt auch bei ausländischen Mandaten.[233] **180**

4. Folgen der Substitution

Bei Haftung und Deckung einer Substitution ist zu unterscheiden, ob die Substitution berechtigt oder unberechtigt war.

a) Berechtigte Substitution

Bei berechtigter Substitution haftet der erstmandatierte Anwalt allein für sein Auswahlverschulden. Regelmäßig danach, ob der Dritte nach Wahl des Anwalts geeignet war den Teilauftrag selbständig zu erfüllen, culpa in eligendo.[234] Der Anwalt hat den Spezialisten zu überwachen und zu kontrollieren, auf jeden Fall, wenn er es mit dem Mandanten vereinbart hat. Dogmatisch kommt man auf unterschiedlichen Wegen zum gleichen Ergebnis, entweder analog § 664 Abs. 1 Satz 2 BGB oder im Wege ergänzender Vertragsauslegung.[235] Hierfür besteht Deckung gemäß § 1. Die Auswahl des Dritten ist eine anwaltliche Tätigkeit, da er nicht allein die Pflicht hat, ordnungsgemäß zu beraten und den sichersten Weg aufzuzeigen. Er hat grundsätzliche Belehrungs- und Hinweispflichten. Er hat darauf zu achten, die bestmögliche Beratung zu bieten. Wenn er dazu nicht fähig ist, ist es gerade geboten, dass er einen Dritten einschaltet. **181**

Der eingeschaltete Experte als Dritter haftet als berechtigter Substitut nach dem zwischen ihm und dem Mandanten bestehenden Rechtsverhältnis. Wenn der Anwalt einen Gutachter, z.B. **182**

---

231 MüKoBGB/*Seiler* § 664 Rn. 4.
232 BGH NJW 2006, 501.
233 HBAnw/*Vill* § 2 Rn. 68; BGH NJW 1972, 1044; OLG Bamberg MDR 1989, 542.
234 BGH NJW 1952, 2257; BGH NJW 1993, 1704; Henssler/Streck/*Graf von Westphalen* HBSozR B Rn. 624 ff.
235 Borgmann/*Jungk*/Schwaiger § 38 Rn. 59; analog § 664 BGB MüKoBGB/*Seiler* § 664 Rn. 7 f; ergänzende Vertragsauslegung HBAnw/*Rinkler* § 1 Rn. 366.

einen Wirtschaftsprüfer zur Berechnung eines Bilanzschadens im Namen des Mandanten einschaltet, haftet der Gutachter unmittelbar aus seinem Vertragsverhältnis zum Mandanten.[236] Es besteht kein Versicherungsschutz für die Haftung des Dritten als Substituten. Er ist nicht Versicherungsnehmer.

b) Unberechtigte Substitution

183 Bei unberechtigter Substitution haftet der erstmandatierte Anwalt für die Fehler des Dritten gegenüber dem Mandanten. Der erstmandatierte Anwalt hat vertragswidrig gehandelt. Er bleibt weiterhin verantwortlich für die Pflichten aus dem Mandatsverhältnis. Ein Verschulden des Dritten oder dass der Schaden vorhersehbar war, ist nicht erforderlich,[237] was zu einer Art Garantiehaftung führt. Allerdings wird es kaum praktische Fälle geben, bei denen ohne Verschulden des Dritten ein Schaden beim Mandanten eintritt. Einschränkend ist aber ein Kausalzusammenhang zwischen Übertragung und Schaden beim Mandanten notwendig. Der Zusammenhang ist nur dann unterbrochen, wenn der Schaden auch ohne die Übertragung eingetreten wäre.[238] Zu prüfen ist aber immer, ob der Mandant die Weitergabe nicht konkludent genehmigt hat. Es besteht Versicherungsschutz bei einer unberechtigten Substitution für den erstmandatierten Anwalt. Der Anwalt hat seine anwaltlichen Pflichten verletzt, das Mandat selbst zu erfüllen.

184 Bei der unberechtigten Substitution kommt eine wissentliche Pflichtverletzung in Betracht. Der Anwalt hat sein Mandatsverhältnis regelmäßig persönlich zu erfüllen. Wenn er das persönliche Mandatsverhältnis oder Teile hiervon auf einen Dritten unberechtigterweise überträgt, kann er damit einer der grundlegenden Anwaltspflichten verletzen, siehe zur wissentlichen Pflichtverletzung und der Annahme der Wissentlichkeit bei Verletzung von Kardinalpflichten § 4 Rn. 43ff.

c) Fallgruppen

aa) Spezialisten wie andere Anwälte, Steuerberater, Wirtschaftsprüfer und Gutachter

Einzelheiten ergeben sich bei den typischen Fallgruppen:

185 Der Anwalt schaltet bei fehlenden Kenntnisse oder auch um sein eigenes Risiko zu minimieren andere Spezialisten ein.[239] Dies ist regelmäßig auch im Interesse des Mandanten, wie z.B. die Prüfung des geltend gemachten bilanziellen Schadensersatzes nach Höhe und Umfang durch einen Wirtschaftsprüfer oder Steuerberater. Das Einverständnis des Mandanten hierzu setzt voraus, dass der Anwalt seinen Mandanten darüber informiert hat, dass er einen anderen Anwalt oder Spezialisten eingeschaltet hat. Wenn das Einverständnis nicht ausdrücklich vorliegt, spricht für einen eigenen Pflichtenkreis mit der Stellung als Substitut, wenn der Spezialist nach außen ersichtlich eigenständig handelt, wie z.B. selbständig mit dem Mandanten abrechnet. Der Anwalt hat dabei den Mandanten über für ihn als Anwalt erkennbare Fehler und Risiken des übertragenen Auftrags aufzuklären, wenn er annehmen muss, dass der Mandant sie nicht sieht.[240] Falls der Dritte im Mandatsverhältnis eingeschaltet wird, er aber nur einen Teilauftrag ohne besondere Eigenverantwortung bearbeitet, ist er Erfüllungsgehilfe.[241] Wenn unklar ist, ob der Dritte unselbst-

---

236 Staudinger/*Wittmann* § 664 Rn. 9 a.E.
237 Palandt/*Sprau* § 664 Rn. 5.
238 MüKoBGB/*Seiler* § 664 Rn. 10; Borgmann/*Jungk*/Schwaiger § 38 Rn. 58 zur Unterbrechung des Kausalzusammenhangs bei fehlendem Verschulden.
239 Siehe dazu *Riechert* AnwBl 2017, 664ff.
240 BGH NJW-RR 2001, 201; BGH MDR 2001, 1444; Beschl. BGH BeckRS 2010, 08475.
241 Henssler/Streck/*Graf von Westphalen* HBSozR B Rn. 624ff.

ändiger Gehilfe oder selbständiger Substitut ist, geht die Haftung zu Lasten des Anwalts und des Dritten. Sie haften dem Mandanten als Gesamtschuldner.[242]

bb) Ausländische Rechtsberater

Ein deutscher Anwalt kann einen ausländischen Anwalt unterbeauftragen als Erfüllungsgehilfen oder er kann einen anderen Anwalt für die Spezialfrage als Substituten empfehlen.

Die Rechtsprechung zur Einschaltung eines ausländischen Anwalts ist nicht einheitlich. Der BGH hat ein Urteil des OLG Bamberg nicht beanstandet, nach der das Verhältnis zwischen deutschem und ausländischem Rechtsanwalt nach dem Verhältnis zwischen Verkehrsanwalt und Prozessanwalt zu beurteilen ist.[243] Es bestehen zwei unterschiedliche Aufgabenkreise, keine Haftung nach § 278 BGB des erstmandatierten Anwalts. **186**

Das RG hatte in bei einer ähnlichen Fallkonstellation bei Patentanwälten zunächst entschieden, dass der deutsche Patentanwalt nur für ein Auswahlverschulden des eingeschalteten argentinischen Patentanwalts haftet, analog § 664 Abs. 1 Satz 2 BGB.[244] Das RG hat diese Entscheidung später aber gerade nicht bestätigt.[245] Bei einem Geschäftsbesorgungsvertrag wie bei einem Anwaltsvertrag, verweist § 675 BGB gerade nicht auf § 664 BGB. Eine planwidrige Lücke als Voraussetzung für eine Analogie liegt daher nicht vor. Nicht eindeutig ist hierzu eine Entscheidung des BGH aus dem Jahr 1951.[246] **187**

Bei einer Unterbeauftragung eines ausländischen Anwalts sollte man daher den Mandatsvertrag auslegen, ob der Anwalt nach § 278 BGB haftet oder allein dafür, dass er ihn auswählt, unterweist oder ihn überwacht.[247] Bei einem Mandatsvertrag, dem als Geschäftsbesorgungsvertrag ein Dienstvertrag zugrunde liegt, hat der Anwalt grundsätzlich den Vertrag persönlich zu erfüllen. Die erforderlichen Rechtskenntnisse werden gemäß § 3 BRAO als objektiv vorhanden vorausgesetzt. Gem. Nr. 3.1.3 der Berufsregeln in der EU (CCBE) hat der Anwalt bei Mandaten mit Auslandsbezug ein Mandat abzulehnen, wenn er weiß oder wissen muss, dass es ihm an den erforderlichen Kenntnissen fehlt, es sei denn, er arbeitet mit einem Rechtsanwalt zusammen, der diese Kenntnisse besitzt.[248] Die Regeln gelten auch in Deutschland, § 29 Abs. 1 BRAO. Wenn der Anwalt die fehlenden Kenntnisse nicht hat, hat er den Mandanten darüber aufzuklären, dass er einen anderen Anwalt unterbeauftragt hat, was dann eine berechtigte Substitution ist. Gleichfalls ist von einer Substitution auszugehen, wenn der Anwalt von sich aus einen ausländischen Kollegen empfiehlt. Es kommt ein eigener Anwaltsvertrag zwischen Mandant und ausländischem Anwalts zustande. Der Anwalt haftet dann nur für die sorgfältige Auswahl, die mögliche Unterweisung und die Überwachung von ihm. Hierfür besteht Versicherungsschutz für das Auswahlverschulden. Wenn eine unberechtigte Substitution vorliegt, haftet der Anwalt für das Fehlverhalten des Dritten unmittelbar. Versicherungsschutz besteht dafür, es kommt jedoch eine wissentliche Pflichtverletzung in Betracht, siehe zu den Folgen nach Haftung und Deckung bei der berechtigten und unberechtigten Substitution § 1 Rn. 181 ff. **188**

242 BGH NJW 2001, 3477.
243 BGH MDR 1989, 543 mit Vorinstanz OLG Bamberg LSK 1989, 510007.
244 RG JW 1926, 246.
245 RGZ 161, 68.
246 Nicht eindeutig hier der BGH, Urteil vom 14.11.1951 – II ZR 55/51 NJW 1952, 257: Der II. Zivilsenat hat in der korrigierten Fassung in LM Nr. 1 erklärt: „Auf Dienstverträge, die eine Geschäftsbesorgung betreffen, ist § 664 BGB entsprechend anwendbar. Die frühere Rechtsprechung (RGZ 78, 310) wird bestätigt." Das in den LS gleichermaßen abgedruckte Urteil in NJW 1952, 257 hatte sich noch auf das RG Urteil RGZ 161, 68 gestützt. Dieses Urteil verneint aber gerade die analoge Anwendung von § 664 BGB.
247 *Sieg* Internationale Anwaltshaftung S. 168 ff; HBAnw/*Rinkler* § 1 Rn. 367.
248 Fassung vom 28.11.1998.

cc) Verkehrsanwalt/Korrespondenzanwalt und Prozessanwalt

189 Bei der Haftung zwischen Verkehrsanwalt bzw. Korrespondenzanwalt und dem eingeschalteten Prozessanwalt gilt, dass jeder gegenüber dem Mandanten einen eigenen Pflichtenkreis begründet, je nach übernommenen Pflichten.[249] Beide haften unabhängig voneinander. Sie sind nicht Erfüllungsgehilfe zueinander und haften nicht als Gesamtschuldner.[250] Der Verkehrsanwalt übernimmt regelmäßig die Korrespondenz vor Ort mit dem Mandanten. Er hat Informations- und Belehrungspflichten. Der Prozessanwalt führt regelmäßig den Prozess. Er ist für die Schriftsätze und insbesondere für die Einhaltung der Fristen verantwortlich.

IV. Verrichtungsgehilfen, § 831 BGB

190 Der Anwalt haftet für das Fehlverhalten seiner Verrichtungsgehilfen. Schäden, die der Verrichtungsgehilfe verursacht und für die der Anwalt einzustehen hat, sofern der Entlastungsbeweis nach § 831 Abs. 1 Satz 2 BGB nicht gelingt, sind gemäß § 1 gedeckt. Verrichtungsgehilfe ist, wem eine Tätigkeit von einem anderen übertragen worden ist, unter dessen Einfluss er allgemein oder im konkreten Fall handelt und zu dem er in einer gewissen Abhängigkeit steht.[251] Sofern das Büropersonal deliktisch gehandelt hat, kommt eine Haftung des Anwalts nach § 831 BGB in Betracht. Wenn in einem ordentlichen Verfahren eine Zwangsvollstreckung nach Tilgung der Schuld weiterbetrieben wird, haftet der Anwalt nicht von vornherein für die Schäden, die seine Bürovorsteherin als Verrichtungsgehilfin verursacht hat.[252]

191 Denkbar ist auch der Fall, dass das Büropersonal Mandantengelder unterschlägt, wofür der Anwalt nach § 831 BGB einzustehen hat.[253] Es besteht Versicherungsschutz für den Anwalt nach § 1. Er behält in seiner Person als Sozius den Versicherungsschutz trotz der vorsätzlichen Handlung seines Personals, § 4 Ziff. 5 Satz 2. Der Versicherer kann bei dem deliktisch handelnden Personal Regress nehmen, auch wenn darin eine wissentliche Pflichtverletzung bestand, § 7 III Ziff. 2.

V. Haftungsvereinbarungen, Bietergemeinschaften, Netzwerke

Besonderheiten bestehen bei Haftungsvereinbarungen zwischen Anwalt und Dritten und bei Bietergemeinschaften/Arbeitsgemeinschaften mit gesamtschuldnerischer Haftung und bei Netzwerken.

1. Haftungsvereinbarungen zwischen Anwalt und Dritten

192 Haftungsvereinbarungen zwischen der erstmandatierten Kanzlei und den eingeschalteten Dritten, gleich ob Substitut oder Erfüllungsgehilfe, dürfen den möglichen Regressanspruch des Versicherers nicht vollständig vereiteln. Regelmäßig begrenzt die erstmandatierte Kanzlei ihre Haftung gegenüber dem eingeschalteten Dritten durch eine Haftungsvereinbarung, z.B. in internationalen Netzwerken begrenzen die Netzwerkpartner die Haftung untereinander auf ein niedriges Mehrfaches des üblichen Lohns. Wenn der Mandant einen Schaden durch den Verstoß des eingeschalteten Dritten erlitten hat, haftet die erstmandatierte Kanzlei dem Mandanten. Der Ver-

---

249 Zum Verkehrsanwalt OLG Koblenz NJW-RR 1993, 695; zum Prozessanwalt BGH NJW-RR 1997, 2168; zu den Pflichten BGH NJW 1988, 1079 und 3013; Borgmann/*Jungk*/Schwaiger § 38 Rn. 63 f.
250 BGH VersR 1990, 801; BGH NJW-RR 1990, 1241.
251 BGH WM 98, 257; Palandt/*Sprau* § 831 Rn. 5.
252 BGH NJW 1979, 1352.
253 *Chab* AnwBl 2014, 1050.

sicherer leistet gegenüber dem Mandanten vollständig, da die Haftungsbegrenzung nur zwischen der erstmandatierten Kanzlei und dem Dritten gilt, aber nicht gegenüber dem Mandanten. Der Rückgriffsanspruch des Anwalts gegenüber dem eingeschalteten Dritten geht auf den Versicherer über, § 7 III, § 86 Abs. 1 VVG. Der Regress ist aber nicht vollständig möglich, weil nun die Haftungsvereinbarung sich auf die Höhe des Regresses auswirkt. Der Regress entsteht nur bis zur Höhe der vereinbarten Summe. § 86 Abs. 2 VVG mit den Rechtsfolgen einer Vereitelung eines Ersatzanspruchs durch den Versicherungsnehmer ist nicht anwendbar, weil er nur für Ansprüche nach Eintritt des Versicherungsfalls gilt, nicht aber für vorhergehende Vereinbarungen. Die Haftungsvereinbarung zwischen dem Anwalt und dem Dritten vor Eintritt des Versicherungsfalls darf jedoch nicht völlig ungewöhnlich sein, analog § 86 Abs. 2 VVG. Maßgeblich ist die Dispositionsfreiheit des Versicherungsnehmers seine Haftung zu begrenzen und die Interessen des Versicherers den Rückgriffsanspruch auch vollständig durchsetzen zu können.[254] Dabei ist die Leistungsfreiheit des Versicherers an sich kein Aspekt, der der Wirksamkeit des Haftungsausschlusses entgegensteht.[255] Mindestens sollte die mandatierte Kanzlei diesen für den Versicherer gefahrerhöhenden Umstand anzeigen, §§ 11a, b. Ggf. kann der Versicherer Haftungsvereinbarungen pauschal durch eine Prämie berücksichtigen.

2. Bietergemeinschaften und Arbeitsgemeinschaften

a) Zulässigkeit nach § 59a BRAO und Haftung

Die Bietergemeinschaft ist der Zusammenschluss von Unternehmen, die sich gemeinschaftlich um einen Auftrag bewerben, um bei Zuschlag eine Arbeitsgemeinschaft, ARGE in der Bauwirtschaft, zu gründen. Die Bietergemeinschaft hat regelmäßig einen Vertreter zu benennen, der den Vertrag abschließt und durchführt, z.B. § 21 Nr. 4 VOL/A. In der Regel handelt es sich bei dem Zusammenschluss um eine GbR gemäß §§ 705ff BGB oder um eine OHG bei Vorliegen der Voraussetzungen eines Gewerbebetriebs, §§ 1, 105 HGB.[256] Entsprechend sehen die Ausschreibungsbedingungen eine gesamtschuldnerische Haftung der Bietergemeinschaft vor. 193

Nach § 59a BRAO ist die Zusammenarbeit zur gemeinschaftlichen Berufsausübung nur mit sozietätsfähigen Berufsträgern möglich wie Steuerberatern, Wirtschaftsprüfern, Anwaltsnotaren bzgl. des Anwaltsteils etc. und Ärzten/Apothekern nur, soweit es sich um gutachterliche und keine heilberufliche Tätigkeit handelt. Die Aufzählung ist abschließend.[257] Eine Zusammenarbeit mit anderen freiberuflichen Berufsträgern oder gewerblichen tätigen Personen wie Unternehmensberatern oder IT-Dienstleistern verstößt gegen § 59a BRAO.[258] Vertreten wird, dass § 59a BRAO nicht entgegensteht, da es sich bei der Bietergemeinschaft um eine Kooperation handelt.[259] Die Bietergemeinschaft ist aber eine verfestigte Berufsausübung. Eine Kooperation würde auch voraussetzen, dass die Beteiligten jeder für sich die Leistung anbieten ohne gemeinschaftlichen Vertreter und ohne gemeinschaftliche Haftung. Eine derartige Trennung der Leistungen widerspricht aber regelmäßig den Ausschreibungsbedingungen. 194

Nach § 5 RDG ist die Rechtsdienstleistung im Zusammenhang mit einer anderen Tätigkeit innerhalb einer Bietergemeinschaft zulässig, wenn sie eine Nebenleistung zur Hauptleistung ist. Werden aber in einem Vergabeverfahren sowohl technologische als auch rechtliche Beratungs- und Unterstützungsleistungen für die Durchführung eines umfangreichen Vergabeverfahrens 195

254 BGH VersR 1956, 301; Prölss/Martin/*Armbrüster* § 86 Rn. 71.
255 BGH VersR 1985, 983.
256 Palandt/*Sprau* § 705 Rn. 37.
257 BGH NJW 1997, 1854.
258 *Hartung/Melchior* AnwBl 2013, 577.
259 *Kleine-Cosack* BRAO Vorbemerkung § 59a Rn. 71.

ausgeschrieben und gehören zu den rechtlichen Beratungsleistungen unter anderem die rechtliche Prüfung anspruchsvoller vergaberechtlicher Einzelfragen, handelt es sich hierbei nicht um eine bloße Annextätigkeit zum eigentlichen Berufsbild technologischer Beratungsunternehmen. Diese Ausschreibung als einheitlicher Auftrag mit Rechtsdienstleistungen und sonstigen Dienstleistungen verstößt im Übrigen zusätzlich gegen das Vergaberecht, § 97 GWG.[260]

b) Deckung von Bieter- und Arbeitsgemeinschaften

196 Bei zulässigen Arbeitsgemeinschaften und Bietergemeinschaften nach § 59a BRAO als GbR sind die Kanzleien für ihre jeweilige Berufstätigkeit versichert. Die Bietergemeinschaft als Vertragspartner gegenüber dem Auftraggeber selbst ist nicht versichert, da sie nicht der Versicherungsnehmer ist und auch nicht mitversichert ist. Deckungsschutz kann jedoch mindestens bei einer Objektdeckung angeboten werden, bei der dann regelmäßig alle Berufsträger versichert sind, gleich einer Sozietät, bei der die einzelnen Anwälte versichert sind.

197 Bei unzulässigen Bietergemeinschaften ist der Vertrag zwischen der Bietergemeinschaft und dem Auftraggeber bei einer Beteiligung von Rechtsanwälten mit nicht-sozietätsfähigen Berufen nichtig, § 134 BGB i.V.m. § 59a BRAO, § 5 RDG. Für begangene anwaltliche Pflichtverletzungen haftet der Anwalt gleichwohl, § 280 Abs. 1 BGB i.V.m. § 311 Abs. 2 Nr. 1 bzw. 3, 241 Abs. 2 BGB.[261] Die Berufshaftpflichtversicherung enthält keinen ausdrücklichen Ausschluss für Tätigkeiten des Anwalts, die fahrlässig oder vorsätzlich gegen ein gesetzliches Verbot verstoßen. Der Ausschluss der wissentlichen Pflichtverletzung könnte daher in Betracht kommen, soweit er sich auch auf das Eingehen einer verbotenen Bietergemeinschaft bezieht. Eine Deckung besteht jedoch nicht. Versicherungsschutz besteht nur für die erlaubte anwaltliche Beratung des Anwalts in einer zulässigen Gemeinschaft. Es besteht kein Versicherungsschutz für eine Tätigkeit in einer unerlaubten Gemeinschaft, wie z.B. zusammen mit Unternehmern in einer Bietergemeinschaft.[262] Versichert und versicherbar sind nur erlaubte Tätigkeiten, siehe dazu § 1 Rn. 36.

3. Kooperationen/Netzwerke

a) Form

198 Anwälte und Kanzleien und auch nicht-sozietätsfähige Unternehmer unterstützen sich gegenseitig. Sie bilden Kooperationen, häufig als sog. Netzwerke.[263] Die Netzwerkpartner sind dann eine Organisation, die auf Dauer angelegt und organisatorisch verfestigt ist, aber ohne gemeinschaftliche Berufsausübung nach außen. Eine Legaldefinition bei Anwälten fehlt, aber der Begriff der Kooperation ist wettbewerbsrechtlich anerkannt.[264] Das StBerG enthält dazu eine Legaldefinition, § 56 Abs. 5 StBerG. Bei Anwälten ist der Hinweis auf eine Kooperation zulässig, sofern nicht der Eindruck einer gemeinschaftlichen Berufsausübung erweckt wird, § 8 Satz 2 BORA. Wenn auf dem Briefbogen ein deutlicher Hinweis auf die Kooperation angebracht ist, besteht keine Scheinsozietät.[265] Eine Kooperation liegt daher vor, wenn ein Anwalt auf dem Briefbogen seiner Kanzlei auf im Ausland niedergelassene Anwälte als „Kooperationspartner" hinweist. Der

---

260 Vergabekammer Potsdam AnwBl 2015, 179.
261 *Deckenbrock* AnwBl 2010, 228.
262 *Hartung/Melchior* AnwBl 2013, 580; anders *Diller* § 1 Rn. 100, 57; die Beispiele wie gemeinsame Mandatsannahme oder ein nach außen auftretendes Konsortium aus Kanzlei und nicht sozietätsfähigen Berufen wie Unternehmensberatung/Pensionsgutachten verstoßen aber gerade gegen § 59a BRAO.
263 Im Überblick *Riechert* AnwBl 2017, 198 ff.
264 Henssler/Prütting/*Hartung* § 59a Rn. 169; vgl. § 8 BORA; OLG Köln NJW-RR 1997, 991; OLG Hamburg NJW-RR 1997, 357.
265 BGH NJW 2011, 3303; hier der IV. Zivilsenat.

Mandant geht von einer Zusammenarbeit ohne bestimmte gesellschaftsrechtliche Verpflichtungen aus.[266] Eine Scheinsozietät ist aber anzunehmen, wenn die Mitglieder einer Kanzlei Kenntnisse und Erfahrungen haben, die nur ein Kooperationspartner und nicht alle Partner haben.[267] In der EU dürfen im Übrigen die Berufskammern den Zugang zum Anwaltsnetzwerk nicht ohne weiteres auf die eigenen im Inland zugelassenen Anwälte beschränken. Sie müssen mindestens prüfen, ob es den Zielen des Verbraucherschutzes entspricht, dass ausländischen Anwälten ohne Zulassung im Inland der Zugang verwehrt wird.[268]

Kooperationspartner können nicht nur die in § 59a Abs. 1 und 2 genannten sozietätsfähigen Berufsangehörigen wie Steuerberater, Steuerbevollmächtigte, Wirtschaftsprüfer und vereidigten Buchprüfer sein. Die Kooperation kann auch andere Freiberufler und Gewerbetreibende umfassen, wie z.B. Architekten oder IT-Dienstleister.[269] Die Kooperation darf aber nicht als Bürogemeinschaft organisiert sein, § 59a Abs. 3 BRAO. Die Bürogemeinschaft eines Anwalts mit einem nicht-anwaltlichen Mediator und Berufsbetreuer ist unzulässig.[270] 199

b) Anwaltliche Pflichten

In Kooperationen mit nicht sozietätsfähigen Berufsangehörigen bleibt der Anwalt für die Einhaltung der für ihn geltenden Berufsordnung und damit der anwaltlichen Grundpflichten nach § 43ff BRAO verantwortlich.[271] Er kann mit anderen Unternehmern kooperieren, wenn er unabhängig und eigenverantwortlich bleibt, seine Verpflichtung zur Verschwiegenheit eingehalten wird, er keine widerstreitenden Interessen wahrnimmt und die Tätigkeitsverbote der §§ 45, 46 BRAO beachtet. Die anwaltlichen Pflichten finden aber keine Anwendung auf die Kooperation/Netzwerk als solches, weil es keine Form der gemeinschaftlichen Berufsausübung ist, § 33 Abs. 1 BORA. Der Anwalt hat aber darauf hinzuwirken, dass das Netzwerk die Regeln der Berufsordnung einhält, § 33 Abs. 2 BORA.

Insbesondere gilt in Kooperationen die Pflicht zur Verschwiegenheit, § 203 Abs. 1 Nr. 3 StGB, 200
§ 43 Abs. 2 BRAO und § 2 BORA. Die Verschwiegenheit gilt für den Anwalt selbst und für den Kooperationspartner, wenn der Anwalt ihn zur Mitarbeit heranzieht.[272] Auf jeden Fall verletzten der Anwalt und der Partner nicht die Pflicht zur Verschwiegenheit, wenn der Mandant einverstanden ist, dass der Anwalt die Informationen weitergibt.

Das Verbot der widerstreitenden Interessen der §§ 43a Abs. 4 BRAO, 3 Abs. 1, 1. Alt. BORA 201
und die anderen Tätigkeitsverbote der §§ 45, 46 BRAO, § 3 Abs. 1, 2. Alt. BORA gelten nicht für Kooperationspartner. Das Verbot der widerstreitenden Interessen gilt ausdrücklich nach § 3 Abs. 2 Satz 1 BORA nur für die Bürogemeinschaften, nicht für die Kooperation. Es fehlt an der Möglichkeit der Kontrolle eines Konflikts.[273] Ebenfalls gelten die sonstigen Tätigkeitsverbote nicht für die Partner, entsprechend dem Wortlaut des § 45 Abs. 3 BRAO „gemeinschaftliche Berufsausübung“.

---

266 BGH NJW 1993, 1331, 1332.
267 BGH WPK-Mitt. 2003, 135.
268 EuGH NJW 2017, 3285.
269 BGH BRAK-Mitt. 2005, 235; AnwGH NRW BeckRS 2006, 12784.
270 AnwGH Celle NJW-Spezial 2017, 478 trotz der Teilnichtigkeit des § 59a BRAO bei der Zusammenarbeit mit Ärzten/Apothekern.
271 Henssler/Prütting/*Hartung* BRAO § 59a Rn. 177.
272 BGH NJW 2005, 2692, 2693 für die Kooperation.
273 Henssler/Prütting/*Henssler* BORA § 3 Rn. 16.

c) Haftung und Deckung

202 Der mandatierte Anwalt kann einen Netzwerkpartner auf mehreren Wegen einschalten. Ob eine vollständige Mandatsweitergabe, Substitution oder ein Erfüllungsgehilfe vorliegt, hängt davon ab, wie der Partner beauftragt wird.

203 Der mandatierte Anwalt als Versicherungsnehmer hat Versicherungsschutz, wenn der Mandant ihn für einen Verstoß ihres Erfüllungsgehilfen in Anspruch nimmt, § 1, § 51 Abs. 1 BRAO. Der Erfüllungsgehilfe selbst als Netzwerk-Partner oder eingeschalteter Experte ist nicht mitversichert, sondern hat einen eigenen Versicherungsschutz für seine Berufstätigkeit. Die Einschaltung von Erfüllungsgehilfen können in diesem Fall ein gefahrerhöhender Umstand sein, §§ 11a I Ziff. 2, 11b II. Der Versicherer hat zumindest das Insolvenzrisiko des Dritten zu tragen, da der Versicherungsnehmer für den Fehler des Dritten haftet und der Versicherer nach § 7 III bei dem Dritten Regress nehmen kann. Zeigt die mandatierte Kanzlei das beabsichtigte Geschäftsmodell vor dem Abschluss der Berufshaftpflichtversicherung nicht an, kann der Versicherer vom Vertrag zurücktreten, leistungsfrei sein oder kündigen, § 11a II, §§ 19–22 VVG. Zeigt die mandatierte Kanzlei im laufenden Versicherungsverhältnis es nicht an, kann der Versicherer leistungsfrei sein, § 11b II Ziff. 3, § 26 VVG. Praktisch sollte die Netzwerk-Kanzlei vorab mit dem Versicherer den Versicherungsschutz klären, ob und inwieweit Erfüllungsgehilfen ein gefahrerhöhender Umstand sind. Kriterien hierfür sind, wie häufig und in welchem Umfang die mandatierte Kanzlei andere Anwälte beauftragt. Möglich sind pauschalisierte Lösungen, bei denen gegen Prämienzahlung der Versicherer auf den Rückgriff nach § 7 III gegenüber dem Netzwerk-Partner verzichtet. Haftungsvereinbarungen zwischen den Partnern gehen zu Lasten des Versicherers, dürfen den Regress aber nicht vollständig vereiteln, siehe dazu Haftungsvereinbarungen § 1 Rn. 192.

204 Bei einer Substitution überträgt der Anwalt dem Netzwerkpartner den gesamten oder einen Teil des Auftrags. Bei einer berechtigten Substitution haftet der erstmandatierte allein für sein Auswahlverschulden. Hierfür besteht Deckung nach der Berufshaftpflichtversicherung, § 1, § 51 Abs. 1 BRAO. Die Auswahl des Dritten ist eine anwaltliche Tätigkeit, da er nicht allein die Pflicht hat, ordnungsgemäß zu beraten und den sichersten Weg aufzuzeigen. Er hat grundsätzliche Belehrungs- und Hinweispflichten. Bei einer unberechtigten Substitution haftet der erstmandatierte Anwalt für den Berufsfehler des eingeschalteten Dritten. Hierfür besteht ebenfalls Versicherungsschutz. Es kann eine wissentliche Pflichtverletzung vorliegen, siehe zu den Folgen einer Substitution § 1 Rn. 181 ff.

K. Vermögensschäden, I Ziff. 2

205 Nach § 1 I Ziff. 2 sind ausschließlich Vermögensschäden versichert.[274] Die AVB-RSW umschreiben den Vermögensschaden in einer Negativformulierung: Vermögensschäden sind solche Schäden, die weder Personenschäden noch Sachschäden sind, noch sich aus solchen Schäden herleiten.

I. Begriff

1. Allgemeines

206 Das BGB differenziert nicht nach einzelnen Schadenarten oder Schadenbildern. Nach § 249 BGB soll der Schädiger den Zustand wiederherstellen, der bestehen würde, wenn der zum Ersatz

274 *Chab* AnwBl. 2009, 789 ff; *Jungk* AnwBl. 2005, 785 ff.

verpflichtende Umstand nicht eingetreten wäre. In § 253 BGB taucht der Begriff Nicht-Vermögensschaden auf. Er bezeichnet aber nur die immateriellen Schäden, die nur in den durch Gesetz bezeichneten Fällen oder ausnahmsweise ersetzt werden. Aus dem Schadenbegriff des BGB kann daher nicht auf den in § 51 BRAO verwendeten Vermögensschadenbegriff geschlossen werden. Es fehlt daher an einer positiven gesetzlichen oder vertraglichen Definition, was der Vermögensschaden ist.

Voraussetzung des Vermögensschadens nach § 1 ist, dass das Berufsversehen des Anwalts **207**
sich unmittelbar nachteilig auf das Vermögen des Mandanten ausgewirkt hat. Ein reiner Vermögensschaden muss vorliegen.[275] Ein begründeter Anspruch, den der Anwalt aufgrund eigenen Verschuldens z.B. Fristversäumnis nicht durchsetzt, wird zu einer Forderung des Mandanten gegenüber dem Anwalt. Gleiches gilt für einen gegnerischen Anspruch, der zu Unrecht durchgesetzt wird, weil der Anwalt es versäumt hat, gegen den Anspruch vorzugehen. In beiden Fällen entsteht durch die konkrete Handlung des Anwalts eine Vermögenseinbuße beim Mandanten. Gleichgestellt zu Forderungen sind Rechte wie Patente, Urheberrechte, wenn der Anwalt es versäumt, den Patentschutz zu erneuern.

Der Vermögensschaden muss ein nach der Rechtsordnung gerechtfertigter unmittelbarer **208**
Vermögensverlust sein und vom Mandat umfasst sein. Der Verlust einer tatsächlichen oder rechtlichen Position, deren Erhalt der Geschädigte nach der Rechtsordnung nicht beanspruchen kann, stellt keinen ersatzfähigen Schaden dar.[276] Kein Vermögensschaden liegt vor, wenn der Anwalt ein vollkommen aussichtsloses Rechtsmittel fristwidrig einlegt. Das Gericht oder die Behörde hätten nur später gegen den Mandanten entschieden oder vollstreckt. Der mögliche Zeitgewinn ist kein dauerhafter Vermögensschaden.[277] Bei einem steuerberatenden Mandat zu einer Vermögensanlage ist nur über die Steuervorteile und -nachteile aufzuklären. Über das allgemeine Anlagerisiko bei einer Unternehmensbeteiligung ist nicht aufzuklären. Daher besteht kein Vermögensschaden, wenn sich das Risiko verwirklicht und der Mandant einen Verlust erleidet.[278]

Nicht versichert sind Vermögensfolgeschäden, die sich aus einem Personen- oder Sach- **209**
schaden ergeben, § 1 I Ziff. 2 a.E. Der entgangene Gewinn, § 252 BGB, oder die Nutzungsausfallentschädigung nach einem Verkehrsunfall als weiterer Schaden bilden zwar einen Vermögensschaden, sie beruhen jedoch auf einem Sachschaden. Sie sind in der Berufshaftpflichtversicherung nicht gedeckt. Entscheidend ist die konkrete Verletzungshandlung als Berufsversehen des Anwalts, die dann unmittelbar das Rechtsgut des Vermögens des Mandanten oder Dritten schädigen muss. Der versicherte Schaden muss messbar sein. Es darf kein rein ideelles Interesse oder Affektionsinteresse vorliegen wie z.B. bei Ehrverletzungsprozessen.

2. Eingriff in Gewerbebetrieb, immaterielle Schäden, Allgemeines Persönlichkeitsrecht, Datenverlust

Der Eingriff in den eingerichteten und ausgeübten Gewerbebetrieb ist ein versicherter Ver- **210**
mögensschaden.[279] Der BGH hat den Eingriff nicht ausdrücklich als Vermögensschaden bezeichnet, da es nach dem zugrundeliegenden Sachverhalt zu einer Produkthaftpflichtklausel unerheblich war, ob ein Sach- oder Vermögensschaden vorlag.[280] Es handelt sich aber bei dem eingerichteten und ausgeübten Gewerbebetrieb um ein sonstiges ausnahmsweise geschütztes Recht nach § 823 Abs.1 BGB.

275 Gräfe/*Brügge* B Rn. 133.
276 BGH NJW-RR 1994, 453.
277 BGH NJW 2005, 1935.
278 BGH NJW-RR 2003, 1035.
279 BGH VersR 1991, 414 Rn. 23.
280 Gräfe/*Brügge* B Rn. 134.

211 Grundsätzlich nicht vom Versicherungsschutz umfasst sind die auf Personenschäden basierenden immateriellen Schäden wie Schmerzensgeldansprüche, Freiheitsentzug nach § 253 Abs. 2 BGB. Sie sind aber versichert, wenn der Beratervertrag auch den Schutz eines der geschützten Rechtsgüter des § 253 Abs. 2 BGB umfasst.[281] Nach § 15 III sind diese Ansprüche ausdrücklich mitversichert, siehe ausführlich zur Deckung über die Sachschadendeckung § 15 Rn. 28.

212 Die Verletzung des allgemeinen Persönlichkeitsrechts ist ein Vermögensschaden,[282] auch hier gilt die normative Korrektur durch die Lehre vom Schutzzweck der Norm, siehe dazu ausführlich zur Deckungserweiterung innerhalb der Sachschadendeckung § 15 Rn. 30.

213 Noch nicht abschließend entschieden ist, ob die Veränderung/Verlust von Daten ein Sach- oder Vermögensschaden ist. Grundsätzlich sind aber die auf Datenträgern gespeicherten Daten keine Sachen.[283] Versicherungsschutz besteht ausdrücklich nach § 15 II unabhängig davon, ob es sich bei Daten um eine Sache handelt oder nicht, siehe dazu ausführlich bei der Sachschadendeckung zur Deckung bei Datenveränderungen und Datenverlust § 15 Rn. 18 unten.

3. Bußgelder, Strafen als Regress

214 Bei Bußgeldern, Strafen oder sonstigen strafbewehrten Sanktionen ist zu differenzieren, ob ein versicherter Vermögensschaden vorliegt. Einmal danach, ob die Sanktionen versichert sind, wenn der Berufsträger selbst der Adressat ist. Diese sind unstrittig nicht versichert. Sie sind im Ergebnis weder bei den wirtschaftsberatenden Berufen versichert, siehe hier § 1 Rn. 220 noch grundsätzlich in der D&O-Versicherung, siehe hier § 1 Rn. 218. Zum anderen ist auf der Haftungs- und Deckungsseite danach zu differenzieren, wenn der Berufsträger für Bußgelder, Strafen oder sonstige Ordnungswidrigkeiten im Regress haftet, wenn ihn der Geschädigte zivilrechtlich in Anspruch nimmt, weil er eine Geldbuße aufgrund einer fehlerhaften Beratung selbst hat zahlen müssen.

215 Die Konstellation des Regresses kommt insbesondere in der D&O-Versicherung bei Kartellbußen des Unternehmens vor, bei dem die Frage der Regressfähigkeit gegenüber dem Unternehmensleiter eingehend diskutiert wird. Bei wirtschaftsberatenden Berufen stellt sich die insbesondere bei der Steuerberatung, speziell bei leichtfertiger Steuerverkürzung und bei der Beratung zu verunglückten Selbstanzeigen des Mandanten.

a) D&O-Versicherung

216 Das deutsche und das EU-Kartellrecht sehen vor, dass das Unternehmen als Sanktion eine Unternehmensbuße trägt. Die unternehmensbezogenen Geldbußen können derzeit bis zu 10 % des Konzernumsatzes betragen.[284] Das ist in der Regel für den Konzern tragbar, aber nicht mehr für den einzelnen Vorstand. Es gibt aber kein Verbot, dass das Unternehmen hierfür nicht Regress bei einem Dritten nehmen kann.[285] Die Unternehmen geben deshalb zugunsten ihrer Organe Verzichts- und Freistellungszusagen ab, trotz des Verzichtsverbots nach § 93 Abs. 4 AktG. Wenn das Vorstandsmitglied einer Aktiengesellschaft durch eine Handlung, die Gegenstand eines Ermittlungs- oder Strafverfahrens ist, gleichzeitig seine Pflichten gegenüber der Gesell-

281 BGH NJW 2009, 3025, Rn. 14.
282 *Diller* § 1 Rn. 82.
283 OLG Karlsruhe NJW-RR 1998, 891; Daten sind keine Sachen im Rechtssinne; LG Stuttgart NJOZ 2004, 3754; Sachschutz der Hausratversicherung erfasst keine gespeicherten Daten mit Verweis auf OLG Karlsruhe NJW-RR 1998, 891.
284 Die EU-Kommission hat bereits Sanktionen von über 1 Mrd. EUR verhängt, siehe EU-Kommission Cartel Statistics.
285 BGH NJW 1957, 586.

schaft verletzt hat, muss im Übrigen die Hauptversammlung einer Übernahme der Geldstrafe, Geldbuße oder Geldauflage durch die Gesellschaft zustimmen.[286]

Die Ersatzpflicht nach § 93 Abs. 2 Satz 1 AktG setzt voraus, dass der Gesellschaft ein Schaden entstanden ist, §§ 249 ff BGB. Unstrittig besteht ein zivilrechtlicher Haftungsschaden des Unternehmens für Schäden nach §§ 33 Abs. 3, 33a GWG. Allein strittig ist die Frage, ob das Organ für diesen Schaden im Regress haftet. Auf der Haftungsseite ist bei Unternehmensbußen nach § 81 GWB in Verbindung mit dem OWiG bzw. von der EU-Kommission Verordnung (EG) Nr. 1/2003 des Rates vom 16. Dezember 2002 bisher nicht höchstrichterlich geklärt, ob das Unternehmen bei seinen Unternehmensleitern regressieren kann.[287] Man lehnt einen Regress ab, weil es dem Sanktionszweck einer Geldbuße eines Unternehmens widerspricht, wenn das Unternehmen sich die Bußzahlung wieder zurückholen kann. Daneben ist die einem Unternehmen auferlegte Geldbuße deutlich höher als die persönliche Geldbuße eines Unternehmensleiters.[288] Man kann aber auch einen Regress in vollem Umfang befürworten, wenn man formal auf den rechtlich eindeutig vorliegenden ersatzfähigen Schaden nach § 93 Abs. 2 Satz 1 AktG abstellt.[289] Damit müsste das Organ dann auch Schäden von 1 Mrd. EUR und höher zahlen, was kaum mehr versicherbar ist und den wirtschaftlichen Ruin eines Vorstands bedeutet. Daher differenziert man auch danach, dass die Regresshöhe gedeckelt ist auf die Höhe des persönlichen Bußgelds, welches das Organ selbst zu zahlen hätte.[290] Wenn man einen Schaden annimmt, ist auch ein Vorteilsausgleich des Unternehmens zu berücksichtigen. Die Geldbuße enthält den Ahndungsteil und den Abschöpfungsteil. Nur der Ahndungsteil ist zu regressieren, während das Unternehmen auch Gewinn gemacht hat, was als Vorteilsausgleich von der Gesamtsumme abzuziehen ist.[291] 217

Auf der Deckungsseite kommt es bei der D&O-Versicherung auf die Formulierung des Ausschlusses an oder die ausdrückliche Mitversicherung, wenn man einen Regress annimmt, gleich ob in voller Höhe oder nur eingeschränkt. Der regressfähige Schaden ist unstrittig ersatzfähig nach § 93 Abs. 2 Satz 1 AktG, weil es sich bei dem Regress nicht um eine Geldbuße handelt. Das Unternehmen macht zivilrechtlich einen Schadensersatzanspruch gegenüber den versicherten Organen geltend.[292] Auch gibt es kein Verbot, den Regress von Strafen und Bußgeldern zu versichern. Von vornherein ausgeschlossen sind Handlungen mit Vorsatz nach § 103 VVG und einer wissentlichen Pflichtverletzung. Es verbleiben fahrlässige Handlungen. Üblich in der D&O-Versicherung sind Formulierungen wie: „Der Versicherungsschutz bezieht sich nicht auf Haftpflichtansprüche *wegen* Vertragsstrafen, Bußen und Entschädigungen mit Strafcharakter (z.B. punitive oder exemplary damages)“ oder „Der Versicherungsschutz bezieht sich nicht auf Haftpflichtansprüche, die sich *aus* Vertragsstrafen, Bußen und Entschädigungen mit Strafcharakter (z.B. punitive oder exemplary damages) ergeben.“ Beide Formulierungen „...Haftpflichtansprüche wegen/aus...“ stellen klar, dass die direkt dem Versicherungsnehmer auferlegte Strafen oder Geldbußen nicht versichert sind. Beide Formulierungen sollten aber auch die zivilrechtlichen Regressansprüche des Unternehmens gegen seine Leiter ausschließen. Dabei ist die Formulierung „wegen“ grundsätzlich vom Wortlaut weiter und eindeutiger, während die Formulierung „aus“ Spielräume hat. Risikoausschlüsse sind zwar grundsätzlich eng auszulegen, siehe § 4 Rn. 7 ff, aber Sinn und Zweck der D&O-Versicherung ist es, die Unternehmen vor Vermögensschäden durch ihre Organe zu schützen und nicht vor Sanktionen. Die Trennung zwischen ord- 218

---

286 BGH amtlicher LS BeckRS 2014, 16525.

287 Zum Schienenkartell hat das BAG, ob und inwieweit Geldbußen gegen das Unternehmen auf Organmitglieder der Gesellschaft abwälzbar sind, nicht entschieden und an die unteren Instanzen zurückverwiesen, BAG NJW 2018, 184. Diese hatten eine Organhaftung abgelehnt, LAG Düsseldorf CCZ 2015, 185.

288 *Thomas* VersR 2017, 596, 598; *Labusga* VersR 2017, 394, 400; *Hauger/Palzer* ZGR 2015, 33 ff.

289 *Zimmermann* WM 2008, 433, 436; *Werner* CCZ 2010, 143, 145; *Kersting* ZIP 2016, 1266.

290 *Fleischer* BB 2008, 1070, 1073.

291 *Bayer/Scholz* GmbHR 2015, 449,454; *Marsch-Barner* ZHR 2009, 723.

292 *Thomas* VersR 2017, 596, 601.

nungsrechtlicher Sanktionierung und zivilrechtlicher Lastentragung spricht nicht dafür, dass eine Geldbuße stets ein ersatzfähiger Schaden ist. Die gesetzgeberische Wertung, dass Normadressat der Geldbuße das Unternehmen ist und nicht die für sie handelnden Personen, ist auch im Zivilrecht zu berücksichtigen.[293] Der Repressions- und Präventionscharakter einer Geldbuße würde unterlaufen werden und das gesetzeswidrige Verhalten des Organs wäre gänzlich folgenlos.[294] Versicherungsnehmer/versicherte Personen sollten daher positiv mit dem Versicherer in der D&O-Versicherung vereinbaren, dass auch Regressansprüche aus/wegen Unternehmensbußen versichert sind.

b) Wirtschaftsberatende Berufe

219 Bei den wirtschaftsberatenden Berufen unterscheidet sich die Deckung gegenüber der D&O-Versicherung schon dadurch, dass es sich um eine Pflichtversicherung handelt. Die gesetzlich zulässigen Ausschlüsse sind abschließend. Der Versicherer kann nur oberhalb der Pflichtversicherung unter Beachtung von § 113 Abs. 3 VVG weitere Haftungstatbestände von der Deckung ausschließen.

220 In der Berufshaftpflichtversicherung der wirtschaftsberatenden Berufe gibt es im Gegensatz zu der D&O-Versicherung keine Klauseln, die Geldbußen/Geldstrafen oder auch Vertragsstrafen ausschließen. Wenn sie der Versicherungsnehmer selbst direkt zu zahlen hat, weil er die Tat begangen hat, wäre ein Ausschluss sowieso nur klarstellend. Die Geldbußen/Geldstrafen beruhen auf öffentlich-rechtlichen Ansprüchen, versichert sind aber nur privatrechtliche Haftpflichtansprüche nach § 1. Vertragsstrafen sind nicht versichert. Sie sind deshalb als Erweiterung des gesetzlich vorgesehenen Versicherungsschutzes ausgeschlossen und muss der Versicherungsnehmer mit seinem Mandanten gesondert vereinbaren, § 4 Ziff. 2 siehe dazu § 4 Rn. 17.

221 Anderes gilt aber im Regress des Mandanten gegen den Berater. Die Zahlung und sonstige Folgen einer Geldbuße, die der Mandant leistet, ist dann ein regressfähiger versicherter Schaden des Beraters, wenn er vertraglich verpflichtet war, seinen Mandanten vor der Begehung einer Straftat oder Ordnungswidrigkeit zu schützen. Es kommt daher auf den Inhalt und den verfolgten Zweck des mit dem Mandanten geschlossenen Mandatsvertrags an. Wenn der Steuerpflichtige sich aufgrund des komplizierten Steuerrechts einen Berater nimmt, so besteht dessen Aufgabe nicht nur darin, die seinem Mandanten zustehenden Steuervorteile auszuschöpfen, sondern er hat ihn auch davor zu bewahren, sich durch Überschreitung des zulässigen Rahmens der steuerstrafrechtlichen Verfolgung auszusetzen.[295] Diese Pflicht endet aber grundsätzlich dort, wo der Mandant sich selbst über die Strafbarkeit seiner Vorgehensweise im Klaren ist. Wenn der Mandant vorsätzlich eine Steuerhinterziehung begeht, kann er die sein Vermögen betreffenden steuerstrafrechtlichen Folgen nicht auf den Berater abwälzen.[296] Ausnahme hiervon kann die Beratung bei einer verunglückten Selbstanzeige sein.[297] Das Mandat zielt gerade darauf ab, die Strafbefreiung und nach § 398a AO, das Absehen von Verfolgung, zu erreichen. Verletzt der Berater diese Pflicht, indem er etwa pflichtwidrig nicht auf eine vollständige oder auf eine rechtzeitige Selbstanzeige hinwirkt, verwirklichen sich die Nachteile, zu deren Abwendung der Berater aus dem Mandatsverhältnis gerade verpflichtet ist. Der Berater hat die Pflicht bei drängender Gefahr einer Tataufdeckung nach den Grundsätzen der gestuften Selbstanzeige vorzugehen. Der

---

293 LAG Düsseldorf CCZ 2015, 185 als Vorinstanz zur BAG-Rückverweisung zum Schienenkartell (BAG NJW 2018, 184), dass keine Haftung des Geschäftsführers einer GmbH für gegen das Unternehmen verhängte kartellrechtliche Geldbußen annimmt; zustimmend *Bunte* NJW 2018, 123.

294 *Strasser* VersR 2017, 65, 72.

295 BGH NJW 1997, 518, 519.

296 BGH DStR 2010, 1695.

297 OLG Nürnberg DStR 2017, 1531.

Berater ist dann schadensersatzpflichtig und versichert für die Geldauflage oder Geldstrafe und die mit der Strafverteidigung verbundenen Verteidigungskosten des Mandanten. Übermittelt der rechtliche Berater versehentlich ohne vorherige Abstimmung mit dem Mandanten eine für diesen gefertigte Selbstanzeige der Finanzverwaltung, liegt aber in der anschließend gegen den Mandanten festgesetzten Steuerpflicht kein ersatzfähiger Schaden.[298] Dafür besteht dann kein Versicherungsschutz.

Gleiches gilt für die Fälle, wenn der Anwalt zu einer Soft Law Bestimmung, wie z.B. OECD-Leitsätze für Multinationale Unternehmen, falsch beraten hat; zum Begriff Soft Law, zur Verbindlichkeit im Gegensatz zum Hard Law und Versicherungsschutz siehe § 1 Rn. 126ff. Allein dann, wenn die Soft Law Bestimmung den formalen und materiellen Anforderungen einer staatlichen Norm genügt, besteht Versicherungsschutz für den Regress des Unternehmens gegen den Berater, siehe dazu § 1 Rn. 128. Wenn der Mandant einen Vermögensschaden dadurch erleidet, dass er eine Sanktion mit Strafcharakter auferlegt bekommt, ist der Mandatsinhalt wie in den Steuerberaterfällen maßgeblich. 222

II. Kausalität

Zwischen dem Berufsversehen und dem Vermögensschaden muss ein unmittelbarer kausaler Zusammenhang liegen. Die Kausalität zwischen der Pflichtverletzung des Anwalts und dem Schaden liegt nicht mehr vor, wenn der innere Zusammenhang zwischen den Ereignissen fehlt. Bei mehreren in Betracht kommenden Schadenursachen ist dann die weitere Schadenursache allein maßgeblich, wenn sie den Berufsfehler des Anwalts in den Hintergrund drängt. Der Zusammenhang ist aber nicht unterbrochen, wenn das Gericht fehlerhaft gehandelt hat. In einem Prozess ist der Anwalt verpflichtet, seinen Mandanten vor Fehlentscheidungen der Gerichte zu bewahren. Soweit sich deshalb in der gerichtlichen Fehlentscheidung das allgemeine Prozessrisiko verwirklicht, das darin liegt, dass das Gericht bei ordnungsgemäßem Vorgehen trotz des Anwaltsfehlers richtig hätte entscheiden können und müssen, ist dem Anwalt der Urteilsschaden haftungsrechtlich zuzurechnen.[299] Die Verpflichtung des Rechtsanwalts, die zu Gunsten seiner Partei sprechenden tatsächlichen und rechtlichen Gesichtspunkte so umfassend wie möglich darzustellen, erfährt durch den Grundsatz „iura novit curia" keine Einschränkung.[300] 223

Aufwendungen für den fehlgeschlagenen Zivilprozess sind dann zu ersetzen, wenn das Berufsversehen dazu geführt hat, dass der Mandant die Kosten des Verfahrens nicht hätte tragen müssen, weil er gewonnen hätte. Eine normative wertende Betrachtung ist bei fehlerhaften Vergleichen erforderlich. Bei einem für den Mandanten nachteiligen Vergleich entsteht ein Schaden, wenn er bei korrekter Beratung von dem Vergleichsschluss abgesehen hätte, er einen Prozess geführt und ihn auch voraussichtlich gewonnen hätte. Der Anwalt hat von einem Vergleich abzuraten, wenn dieser für die von ihm vertretene Partei eine unangemessene Benachteiligung darstellt und insbesondere die begründete Aussicht besteht, im Fall einer streitigen Entscheidung ein wesentlich günstigeres Ergebnis zu erzielen. In diesem Fall greift die Vermutung ein, dass der Mandant dem Vorschlag des Anwalts, von einem Vergleichsschluss abzusehen, gefolgt wäre. Nimmt der Mandant auf Anraten seines Rechtsanwalts eine günstige Vergleichsmöglichkeit nicht wahr, kommt es für einen Pflichtverstoß darauf an, ob im Zeitpunkt der Vergleichsverhandlung objektive Anhaltspunkte vorhanden waren, die den Vergleich günstiger erscheinen ließen als dessen Ablehnung.[301] Der Wert des Vergleichs ist eine selbstständige Vermögensposition, die schon mit Angebot entsteht und nicht untergeht. Eine normative oder auch tatsächliche 224

298 BGH VersR 2018, 224.
299 BGH NJW 2009, 987, 989.
300 BGH NJW 2016, 957.
301 BGH NJW 2016, 3430.

Betrachtung, ob dem Mandanten überhaupt ein Anspruch zusteht, nimmt die Rechtsprechung nicht an.[302]

225 Der kausale Zusammenhang ist nicht unterbrochen, wenn der Anwalt durch eine Handlung gleichzeitig einen versicherten Vermögensschaden und einen nicht-versicherten Schaden verursacht. Der Rechtsanwalt als Zwangsverwalter versäumt es in einem leerstehenden Gebäude die Wasserleitungen zu kontrollieren. Es tritt ein nicht versicherter Wasserschaden ein. Die fehlende Kontrolle der Leitungen ist gleichzeitig eine Obliegenheitsverletzung gegenüber dem Gebäudeversicherer. Dabei handelt es sich um einen versicherten Vermögensschaden, da der Mandant einen unmittelbaren Vermögensverlust erlitten hat, weil der Versicherungsanspruch nicht mehr durchsetzbar ist.[303] Ein Vermögensschaden liegt ebenfalls vor, wenn ein gefahrerhöhender Umstand dem Sachversicherer nicht gemeldet wird. Das versicherte Gebäude brannte ab, aber der Anwalt hatte den Leerstand als gefahrerhöhenden Umstand dem Feuerversicherer nicht gemeldet.[304] Der Vermögensschaden kann auch darin liegen, dass eine berechtigte Forderung auf Mängelbeseitigung verjährt. Die nachfolgenden notwendigen Reparaturkosten sind ein versicherter Schaden.[305]

III. Berechnung des Schadens und normative Korrektur

226 Ausgangspunkt jeder Schadensberechnung bildet die Differenzhypothese. Ob und inwieweit ein nach §§ 249 ff BGB zu ersetzender Vermögensschaden vorliegt, beurteilt sich nach einem Vergleich der infolge des haftungsbegründenden Ereignisses eingetretenen Vermögenslage mit derjenigen, die ohne jenes Ereignis eingetreten wäre. Nur eine Vermögensminderung, die durch das haftungsbegründende Ereignis verursacht ist, d.h. ohne dieses nicht eingetreten wäre, ist als ersatzfähiger Schaden anzuerkennen.[306]

227 Für den Anwalt bedeutet es, dass er den Mandanten oder den Dritten durch die Schadensersatzleistung so zu stellen hat, wie er bei pflichtgemäßem Verhalten stehen würde. Man muss die die tatsächliche Vermögenslage derjenigen gegenüberstellen, die sich ohne den Beratungsfehler des Anwalts ergeben hätte. Erforderlich ist ein Gesamtvermögensvergleich, der alle von dem haftungsbegründenden Ereignis betroffenen finanziellen Positionen umfasst. Einzubeziehen ist die die gesamte Schadensentwicklung bis zur letzten mündlichen Verhandlung in den Tatsacheninstanzen. Hypothetische und tatsächliche Vermögenslage sind zu bestimmen. Die Feststellungsklage ist nur begründet, wenn sich aus dem vom Mandanten vorgetragenen Sachverhalt unter Zugrundelegung dieser Grundsätze mit hinreichender Wahrscheinlichkeit ergibt, dass ihm bereits ein Schaden entstanden ist oder ihm ein solcher droht.[307] Lässt der Mandant offen, für welche von mehreren möglichen Vorgehensweisen er sich bei pflichtgemäßer Beratung entschieden hätte, ist die notwendige Schadenswahrscheinlichkeit nur gegeben, wenn diese sich für alle in Betracht kommenden Ursachenverläufe – nicht notwendig in gleicher Weise – ergibt; sie muss für alle diese Ursachenverläufe dargelegt und bewiesen werden. § 252 Satz 2 BGB ermöglicht dann in Ergänzung zu § 287 ZPO eine abstrakte Schadensberechnung des entgangenen Gewinns, erfordert aber gleichwohl die Darlegung und ggf. den Nachweis der erforderlichen Anknüpfungstatsachen hierfür, bei der behaupteten Anlage von Kapitalbeträgen etwa den Vortrag und den Nachweis der Anlage in eine bestimmte Art von Wertpapieren.[308]

302 HBAnw/*G. Fischer* § 5 Rn. 103 unter Berufung auf unveröffentlichte Nichtannahmebeschlüsse des BGH, die die untergerichtliche Rspr. billigen; BGH, 28.6.1990 – IX ZR 241/89; BGH, 22.10.1998 – IX ZR 180/97.
303 LG Aachen ZInsO 2004, 873, 874.
304 BGH NJW 2003, 295.
305 Beispiel bei *Chab* AnwBl 2009, 791.
306 BGH WM 2013, 1323, Rn. 20.
307 BGH NJW 2008, 2041, Rn. 24.
308 BGH LS 1, 2 VersR 2016, 727.

Die Rechtsprechung modifiziert die Differenzhypothese durch eine normative Kontrolle. Die Kontrolle ist notwendig, um hypothetische Kausalverläufe einschätzen zu können, da man den Schaden hier nicht rein rechnerisch bestimmen kann. Kontrollmaßstab ist der Schutzzweck der Norm sowie Funktion und Ziel des Schadensersatzes. Bei einem Berufsfehler des Anwalts in einem Prozess hat das Regressgericht – wie im Übrigen auch der Versicherer – zu werten, wie der Vorprozess bei richtigem Verhalten des Anwalts ausgegangen wäre. Das Regressgericht im Prozess des Mandanten gegen den Anwalt kann dabei über den Schaden und dessen Höhe nach § 287 ZPO unter Würdigung aller Umstände nach freier Überzeugung entscheiden. Kein Schaden ist der Verlust oder die Vorenthaltung einer tatsächlichen oder rechtlichen Position, auf die der Mandant oder der Dritte aufgrund der objektiven Umstände keinen Anspruch gehabt hätte. Die materielle Gerechtigkeit hat Vorrang vor der wirklichen Kausalität.[309] 228

Bezugspunkt des Gesamtvermögensvergleichs ist in der Regel nur das Vermögen des Geschädigten, nicht dasjenige von Dritten. Grundsätzlich kann aufgrund eines Vertrags lediglich derjenige den Ersatz eines Schadens verlangen, bei dem der Schaden tatsächlich eingetreten ist und dem er rechtlich zur Last fällt.[310] Ausnahmen hiervon hat der BGH insbesondere im Zusammenhang mit der Übertragung von Vermögenswerten an Familienangehörige zugelassen. Eine konsolidierte Schadensberechnung hat dann zu erfolgen, wenn die Einbeziehung der Vermögensinteressen des oder der jeweiligen Verwandten oder sonstigen Dritten nach dem Inhalt des Beratungsvertrags geschuldet war.[311] 229

Im Übrigen gilt zur Erstattungspflicht der im Prozess unterliegenden Partei und damit zum Freistellungsanspruch gegenüber dem Versicherer: Die unterliegende Partei trifft keine prozessuale Kostenerstattungspflicht nach § 91 ZPO gegenüber der obsiegenden Partei bezüglich einer von dieser gemäß § 3a RVG vereinbarten Vergütung, soweit diese die gesetzliche Vergütung übersteigt. Eine vom Rechtsanwalt im Einzelfall gezahlte Prämie für eine Anschlussdeckung zur Vermögensschadenshaftpflichtversicherung löst, soweit die Prämie auf Haftungsbeträge bis 30 Mio. Euro entfällt, keinen gesetzlichen Vergütungsanspruch aus.[312] 230

Vorteile des Mandanten aus der fehlerhaften Beratung sind anzurechnen. Der Vorteil muss mit dem Nachteil in einem engeren qualifizierten Zusammenhang stehen. Anzurechnen sind die Vorteile der verjährten nicht mehr durchsetzbaren Forderungen des Sozialversicherungsträgers gegenüber dem Arbeitgeber beim Schaden des Arbeitgebers.[313] 231

Wenn der Vermögensschaden feststeht, sind die sich daraus ergebenden Folgeschäden mitumfasst. Teil des Schadensersatzes sind dann auch die fiktiven Punkteprämien eines zu Unrecht entlassenen Fußballtrainers, die sein Nachfolger tatsächlich erzielt hatte. Der Einwand zur Höhe des Schadens, dass der Trainer gerade wegen fehlender Ergebnisse entlassen wurde, ist nicht maßgeblich, da er gerade durch die Entlassung daran gehindert wurde, die gewünschten Ergebnisse zu erzielen.[314] 232

Wenn die Ansprüche von mehreren Geschädigten die Versicherungssumme übersteigen, regelt das Verteilungsverfahren nach § 109 VVG, dass der Versicherer die Ansprüche nach dem Verhältnis ihrer Beträge zu erfüllen hat. Aufgrund der vielen sich daraus ergebenden Problemen wie Zeitpunkt der Einschätzung und Auszahlungen und Rückforderungen will der Versicherer Doppelzahlungen und die Rückforderungen nach Bereicherungsrecht vermeiden. Da insbesondere der Zeitpunkt nicht bestimmbar ist, wann sämtliche Dritte und sämtliche Forderungen end- 233

---

309 BGH NJW 2005, 3071 Rn. 1.
310 BGH VersR 2015, 857 Tz. 8.
311 *D. Fischer* VersR 2016, 700, 705.
312 BGH NJW 2018, 1477.
313 BGH NJW 2005, 1223.
314 OLG Hamm BRAK-Mitt. 2015, 30.

gültig feststehen, kann der Versicherer dies nur über die Präklusion nach § 109 Satz 2 VVG erreichen. Es verbleiben jedoch erhebliche Unsicherheiten für alle Beteiligten.[315]

L. Berufsangehörige und Berufsträgergesellschaft als Versicherungsnehmer – Überblick und Begrifflichkeiten, II und III

II. Berufsangehörige als Versicherungsnehmer

1. Sozien
Üben Berufsangehörige ihren Beruf nach außen hin gemeinschaftlich aus, sind sie Sozien ohne Rücksicht darauf, wie ihre vertraglichen Beziehungen untereinander (Innenverhältnis) geregelt sind.

2. Innenverhältnis
Die vertraglichen Beziehungen des Innenverhältnisses können sein: Anstellungsverhältnis, freie Mitarbeit, Bürogemeinschaft, Kooperation, Gesellschaft bürgerlichen Rechts, nicht als Berufsträgergesellschaft anerkannte Partnerschaft und ähnliches.

3. Zurechnung
In der Person eines Sozius gegebene Umstände, die den Versicherungsschutz beeinflussen, gehen zu Lasten aller Sozien.

III. Berufsträgergesellschaft als Versicherungsnehmer

1. Versicherungsschutz für Repräsentanten
Nimmt eine anerkannte oder zugelassene Berufsträgergesellschaft für sich selbst Versicherung, bezieht sich der Versicherungsschutz für diese Gesellschaft auf die den Organen, Geschäftsführern, Gesellschaftern von Personengesellschaften, Partnern und Angestellten oder sonstigen Personen, derer sie sich zur Erfüllung ihrer Berufstätigkeit bedient, zur Last fallenden Verstöße.

2. Zurechnung
In der Person des Verstoßenden gegebene Umstände, die den Versicherungsschutz beeinflussen, werden dem Versicherungsnehmer zugerechnet; das gilt nicht, wenn Angestellte (nicht Organe, Geschäftsführer, Gesellschafter von Personengesellschaften, Partner) des Versicherungsnehmers oder sonstige Personen, derer er sich zur Erfüllung seiner Berufstätigkeit bedient, in Erfüllung dieser Tätigkeit von Gesetz, Vorschrift, Anweisung oder Bedingung des Auftraggebers wissentlich abgewichen sind oder sonst ihre Pflichten wissentlich verletzt haben.

234 § 1 II und § 1 III regeln die Organisationsformen aller wirtschaftsberatenden Berufe, also nicht nur der Anwälte, sondern auch die der Steuerberater und Wirtschaftsprüfer/ver. Buchprüfer. Im Folgenden daher zunächst die Klärung der Begrifflichkeiten der Absätze in II und III und deren unmittelbarer Regelungsgehalt, danach das Haftungsregime und das dahinterstehende Deckungskonzept der einzelnen Organisationsformen, insbesondere die BGB-Gesellschaft und die Partnerschaft als Sozietätsformen und die Partnerschaft mit beschränkter Berufshaftung (PartG mbB) und die Rechtsanwalts-GmbH. Da die AVB-RSW für alle wirtschaftsberatenden Berufe im Allgemeinen Teil gelten, werden die Berufsausübungsformen der Steuerberater und Wirtschaftsprüfer/ver. Buchprüfer daneben erörtert und die interprofessionelle Zusammenarbeit.

---

315 *Schultheiß* VersR 2016, 497.

I. Begriff Berufsausübungsgemeinschaft, Berufsträger und Berufsträgergesellschaft

Die Begriffe in der BRAO und der BORA für die verschiedenen Zusammenschlüsse und der gemeinschaftlichen Berufsausübung von Anwälten tauchen an verschiedener Stelle auf, sind aber nicht einheitlich.[316] Sie sind im jeweiligen Sinnzusammenhang zu verstehen. 235

- Berufliche Zusammenarbeit in §§ 59a in der Überschrift, 59b Abs2. Nr. 8 BRAO und §§ 8, 10, 39, 32, 33 BORA
- Gemeinschaftliche Berufsausübung in §§ 45 Abs. 3, 59a, 59c Abs. 2 BRAO und in §§ 8, 24 Abs. 1 Nr. 4, 27, 30 BORA
- Sozietät in §§ 45 Abs. 3, 51a Abs. 2, 172a BRAO und in §§ 8, 24 Abs. 1 Nr. 4, 30, 32, 33 BORA
- Berufsausübungsgemeinschaft in § 49b Abs. 4 BRAO und in §§ 3 Abs. 2 und Abs. 3 und 7 Abs. 3 BORA; der Gesetzentwurf zur Einführung der PartG mbB definiert den Begriff der Berufsausübungsgemeinschaft auf alle Fälle der gemeinschaftlichen Berufsausübung i.S.d. § 59a BRAO[317], also den Zusammenschluss mit anderen sozietätsfähigen freien Berufen
- Rechtsanwaltsgesellschaft in § 59c Abs. 1 BRAO
- Berufsträgergesellschaft als Gesellschaft, die den Beruf ausübt im Gegensatz zur Berufsausübungsgemeinschaft, bei denen die Berufsträger gemeinschaftlich nach außen hin auftreten; bei Rechtsanwälten gemäß § 59c BRAO die zugelassene Rechtsanwalts-GmbH; bei Steuerberatern gemäß § 49 StBerG die anerkannten Berufsgesellschaften

Für die Versicherung sind zentral die Begriffe Berufsausübungsgemeinschaft, Berufsträger und Berufsträgergesellschaft.

1. Berufsausübungsgemeinschaft und einzelne Berufsträger nach den AVB-RSW

II regelt die Berufsausübungsgemeinschaft. Die Berufsausübungsgemeinschaft ist die Gemeinschaft/Gesellschaft, bei denen die Anwälte oder auch Steuerberater/Wirtschaftsprüfer ihren Beruf gemeinsam ausüben. Jeder einzelne nach außen hin auftretende Anwalt, Steuerberater oder Wirtschaftsprüfer ist der Berufsträger. Die Gemeinschaft selbst übt nicht den Beruf nach außen hin aus. Sie ist nicht der Berufsträger. Die Sozietät in Form der Gesellschaft bürgerlichen Rechts oder der Partnerschaftsgesellschaft ist die klassische Berufsausübungsgemeinschaft, auch manchmal als Berufsausübungsgesellschaft bezeichnet. Sie kann nicht zum Berufsträger bei Anwälten werden, da man sie nicht anerkennen oder zulassen kann, siehe dazu im Einzelnen zur Sozietät als mögliche Versicherungsnehmerin § 1 Rn. Rn. 321ff. Die einzelnen Anwälte sind formal die Versicherungsnehmer, die Gesellschaft ist aber über A Teil 1.2 mitversichert. Auch die Partnerschaftsgesellschaft mit beschränkter Berufshaftung ist bei Anwälten als besondere Organisationsform der Partnerschaftsgesellschaft eine Berufsausübungsgemeinschaft. Berufsträger bleiben die einzelnen Anwälte. Allein um die Beschränkung der Haftung auf das Gesellschaftsvermögen zu erreichen, schließt die Partnerschaft zusätzlich als Versicherungsnehmerin eine Berufshaftpflichtversicherung ab. 236

Bei Steuerberatern und Wirtschaftsprüfern/ver. Buchprüfern gelten die Sozietät und die nicht anerkannten Gesellschaften ebenfalls als Berufsausübungsgemeinschaften. Auch bei ihnen bleibt der einzelne Steuerberater/Wirtschaftsprüfer der Berufsträger. Der Steuerberater, Wirtschaftsprüfer/ver. Buchprüfer übt den Beruf nach außen hin aus. Die Gesellschaft, gleich ob Sozietät oder die nicht anerkannte Partnerschaft ist nur die Organisationsform. 237

316 Henssler/Streck/*Deckenbrock* HBSozR M Rn. 2.
317 BT-Drs. 17/10487 S. 15.

2. Berufsträgergesellschaft nach den AVB-RSW

238 Berufsträger ist begrifflich derjenige, der nach außen hin den Beruf des Anwalts/Steuerberaters/Wirtschaftsprüfers ausübt. In einer Sozietät/einfachen Partnerschaft sind dies die nach außen hin auftretenden einzelnen Anwälte, Steuerberater/Wirtschaftsprüfer. Möglich ist aber auch, dass eine Gesellschaft nach außen hin den Beruf ausübt und gerade nicht mehr der einzelne Anwalt oder Steuerberater/Wirtschaftsprüfer. Die Berufsrechte unterscheiden sich erheblich, die Anwälte sind am restriktivsten. Anwälte können nur die Rechtsanwalts-GmbH oder AG als Berufsträgergesellschaft zulassen, §§ 59cff BRAO und analoge Anwendung.

239 Bei Steuerberatern und Wirtschaftsprüfern können die Kammern Partnerschaften und Personenhandelsgesellschaften und weitere Kapitalgesellschaften als Berufsträgergesellschaften anerkennen. Bei Steuerberatern sind dies die nach § 49 Abs. 1 StBerG die anerkennungsfähigen Gesellschaften wie Aktiengesellschaften, Kommanditgesellschaften auf Aktien, Gesellschaften mit beschränkter Haftung, Offene Handelsgesellschaften, Kommanditgesellschaften und Partnerschaftsgesellschaften. Bei Wirtschaftsprüfern sind dies die nach § 27 WPO anerkennungsfähigen Gesellschaften wie Europäische Gesellschaften, Gesellschaften nach deutschem Recht oder Gesellschaften nach dem Recht eines Mitgliedstaats der Europäischen Union oder eines Vertragsstaats des Abkommens über den Europäischen Wirtschaftsraum. In der Regel ist die Organisationsform Berufsträgergesellschaft dadurch nach außen hin kenntlich gemacht, dass sie den Zusatz „Gesellschaft“ hat.

240 Bei allen wirtschaftsberatenden Berufen schließt das jeweilige Berufsrecht aber aus, dass die Sozietät in der Form der GbR selbst den Beruf ausübt. Es ist nicht vorgesehen, dass die Kammern sie zulassen oder anerkennen können.[318]

II. Systematik in II und III nach den AVB-RSW

241 Diese Unterscheidung zwischen Berufsausübungsgemeinschaft und Berufsträgergesellschaft zeigt sich in den unterschiedlichen Begriffen und der Systematik in II und III. Dabei definiert II Ziff. 1 den Sozienbegriff und spricht von einer gemeinschaftlichen Berufsausübung und nicht von einem Berufsträger. Sozien/Partner können nur gemeinschaftlich ihren Beruf in einer Sozietät/einfachen Partnerschaften ausüben. Deshalb zählt auch II Ziff. 2 die möglichen Organisationsformen auf, darunter ausdrücklich auch die einfache Partnerschaft ohne Anerkennung. Nicht genannt ist aber gerade die anerkannte Partnerschaft, die die Berufsträgergesellschaft bei Steuerberatern/Wirtschaftsprüfern ist und dann unter III fällt. II gilt damit allein für die Sozietät/einfache Partnerschaft.[319] III gilt allein für die zugelassenen Kapitalgesellschaften wie der GmbH und AG bei den Anwälten und für die anerkannten Berufsträgergesellschaften bei Steuerberatern/Wirtschaftsprüfern. Davon ist im Übrigen zu unterscheiden, ob die natürliche Person noch zusätzlich eine Berufshaftpflichtversicherung benötigt. Dies regelt sehr unterschiedlich und nicht immer ganz nachvollziehbar die jeweilige Berufsordnung.

242 Seit der Rechtsprechung des EuGHs zur Niederlassungsfreiheit aus 2003 besteht die Möglichkeit, dass Rechtsanwälte ausländische Organisationsformen zur Berufsausübung wählen können.[320] Das Gesellschaftsstatut richtet sich nach dem Staat, in dem die Gesellschaft gegründet

---

318 Nicht ganz konsequent sind die AVB-R der ERGO, Stand 07.15. 5.2.1: *„Nimmt eine anerkannte Berufsträgergesellschaft (Sozietät/GbR/Partnerschaft/GmbH/AG) für sich selbst Versicherung,...“*.

319 Anders *Diller* § 1 Rn. 128; die anerkannte Berufsträgergesellschaft i.S.d. § 1 III ist auch die Sozietät, wenn sie Versicherungsnehmerin ist, was aber nach der Systematik der AVB-RSW gerade nicht gemeint ist.

320 EuGH, Urt. v. 9. 3. 1999, Rs. C-212/97, Slg. 1999, I-1459 – Centros; EuGH, Urt. v. 5. 11. 2002, Rs. C-208/00, Slg. 2002, I-9919 – Überseering; EuGH, Urt. v. 30.9.2003, Rs. C-167/01, Slg. 2003, I-10155 – Inspire Art.

wurde. Im Aufenthaltsstaat ist das jeweilige Verkehrsrecht zu beachten. Maßgeblich für die versicherungsrechtliche Einordnung als Berufsausübungsgemeinschaft oder Berufsträgergesellschaft und damit die Eigenschaft, wer Versicherungsnehmer ist, richtet sich grundsätzlich nach dem Gesellschaftsstatut. Bekanntestes Beispiel ist die LLP englischen Rechts. Sie haftet zwar wie eine Kapitalgesellschaft, bleibt aber nach dem Gesellschaftsrecht eine Personengesellschaft, eben eine „limited liability *partnership*". Die LLP ist wie eine Sozietät als Berufsausübungsgemeinschaft zu versichern trotz ihrer beschränkten Haftung wie eine Rechtsanwalts-GmbH.[321] Versicherungsnehmer bleiben die Anwälte als Berufsträger. Die LLP kann, muss aber nicht mitversichert sein. Wenn die LLP nicht mehr in Deutschland als Gesellschaftsform anerkannt wird, ist sie automatisch eine Sozietät in Form der GbR.

Folge der unterschiedlichen Berufsrechte ist, dass die Möglichkeiten für eine interprofessio- **243**
nelle Zusammenarbeit begrenzt sind. Anwälte können außerhalb der GmbH/AG keine weitere Organisationsform anerkennen oder zulassen. Die interprofessionelle Berufstätigkeit zusammen mit Anwälten ist daher nur in der Form der Sozietät und einfachen Partnerschaft ohne Anerkennung möglich, gleich ob mit oder ohne Haftungsbeschränkung. Eine Rechtsanwalts- und Steuerberatungs-GmbH ist nur mit Doppelbändern möglich. Diese Konstellationen müssen die AVB-RSW abbilden, was zu erheblichen Schwierigkeiten führt. Die komplexe und äußerst detaillierte gesellschafts- und widersprüchliche berufsrechtliche Regelung, wie der Berufsangehörige seinen Beruf ausüben kann, geht zu Lasten der Verständlichkeit und Nachvollziehbarkeit der AVB-RSW wie auch der fast wortgleichen Bedingungswerke der anderen Versicherer. Eine noch detailliertere Regelung in den AVB-RSW würde dann dazu führen, dass die Bedingungswerke noch unverständlicher werden. Die Versicherer wählen daher in der Regel den Weg mit Besonderen Bedingungswerken und Risikobeschreibungen und klarstellenden Erklärungen mit eigenen Druckstücknummern. Sie ergänzen die Grundbedingungswerke und können auch bei Bedarf schneller und einfacher an neue gesetzliche Anforderungen angepasst werden.

M. Berufsausübungsgemeinschaften – Sozietät und Partnerschaftsgesellschaft, II

II. Berufsangehörige als Versicherungsnehmer

1. Sozien

Üben Berufsangehörige ihren Beruf nach außen hin gemeinschaftlich aus, sind sie Sozien ohne Rücksicht darauf, wie ihre vertraglichen Beziehungen untereinander (Innenverhältnis) geregelt sind.

2. Innenverhältnis

Die vertraglichen Beziehungen des Innenverhältnisses können sein: Anstellungsverhältnis, freie Mitarbeit, Bürogemeinschaft, Kooperation, Gesellschaft bürgerlichen Rechts, nicht als Berufsträgergesellschaft anerkannte Partnerschaft und ähnliches.

3. Zurechnung

In der Person eines Sozius gegebene Umstände, die den Versicherungsschutz beeinflussen, gehen zu Lasten aller Sozien.

Bei Anwälten sind die Sozietät/einfache Partnerschaft die Berufsausübungsgemeinschaft. **244**
Der Begriff des Sozius/Partners und des Scheinsozius/Scheinpartners in der Sozietät/Partnerschaft ist sowohl zentral für die Haftung als auch die Deckung.

321 BRAK-Mitt. 2009, 22.

Im Ergebnis gilt folgendes:

§ 1 II Ziff. 1 und Ziff. 2 definieren, wer als Sozius gilt. Die AVB-RSW folgen dabei der Rechtsprechung Nach ihr gilt auch der nach außen hin auftretende angestellte Anwalt/freier Mitarbeiter als Sozius, der sog. Scheinsozius.

§ 1 II Ziff. 1 definiert, wer als Berufsangehöriger gilt. Danach gelten nur die Sozien als berufsangehörige Sozien innerhalb der jeweiligen Berufsgruppe, nicht aber zwischen den Berufsgruppen. Die einzelnen Anwälte sind die Berufsangehörigen innerhalb der Berufsgruppe der Anwälte. Sie sind aber nicht die Berufsangehörigen zu der Gruppe der Steuerberater oder Wirtschaftsprüfer. Dies ist dann auch entscheidend, wenn man § 12 anwendet, der nur innerhalb der jeweiligen Berufsangehörigen, aber nicht zwischen den Berufsgruppen gilt. Zu beachten sind aber die Varianten der verschiedenen Versicherer.

I. Sozius und Scheinsozius

1. Begriffsklärung

245 Nach II Ziff. 1 gelten die Anwälte und auch Steuerberater/Wirtschaftsprüfer als Sozien, wenn sie als Berufsangehörige ihren Beruf nach außen hin gemeinschaftlich ausüben ohne Rücksicht auf das vertragliche Innenverhältnis. II Ziff. 2 nennt beispielhaft und nicht abschließend die möglichen Innenverhältnisse. Es können sein: Anstellungsverhältnis, freie Mitarbeit, Bürogemeinschaft, Kooperation, Gesellschaft bürgerlichen Rechts, nicht als Berufsträgergesellschaft anerkannte Partnerschaft und ähnliches. Die AVB-RSW definieren damit gerade auch diejenigen Berufsträger als Sozien, die gesellschaftsrechtlich nicht Sozien sind, sondern die gegenüber dem allgemeinen Rechtsverkehr als Sozien auftreten, die sog. Scheinsozien oder auch die Scheinsozietät. Wenn die AVB-RSW den Begriff „Sozius" verwenden, sind aufgrund der Definition in II auch die Scheinsozien/Scheinsozietät mitumfasst. Für den Versicherer ist die Gleichstellung der Scheinsozien mit den Sozien wichtig, da sich danach die Kalkulation der Prämie berechnet. Der angestellte Anwalt, der nicht nach außen hin auftritt, ist nicht Sozius/Scheinsozius nach II. Er zahlt regelmäßig eine geringere Prämie, da er zwar das Risiko der Inanspruchnahme der Sozietät erhöht, aber nicht haftet, auch nicht akzessorisch analog §§ 128 HGB; siehe zur Prämienkalkulation einer Kanzlei § 8 Rn. 26ff.

246 Die Scheinsozietät ist auch zulässig. Es handelt sich um keine unzulässige Irreführung der Rechtsuchenden nach § 43b BRAO, 8 BORA.[322] Die Scheinsozietät und Scheinsozien können in verschiedener Form auftreten:

Die Sozietät besteht, aber als Sozien/Gesellschafter treten nach außen hin Anwälte auf, die nach dem Gesellschaftsvertrag nicht Gesellschafter sind. Die Sozietät besteht nicht nach dem Gesellschaftsvertrag, es besteht allein eine Bürogemeinschaft. Nach außen hin ist die bloße Bürogemeinschaft aber nicht ausreichend kenntlich gemacht. Der Rechtsverkehr sieht sie als Scheinsozietät an. Zwei Sozietäten können eine Kooperation bilden. Die Kooperation ist aber ebenfalls nicht ausreichend kenntlich gemacht. Scheinbar bilden sie eine gemeinsame Sozietät.[323] Hintergrund aller dieser Formen ist, dass die Anwälte sich die wettbewerbsrechtlichen Vorteile zunutze machen, die den Sozietäten aufgrund ihrer weiterreichenden Gestaltungsmöglichkeiten im Rechtsverkehr zuteilwerden.[324]

---

322 BGH NJW 2012, 3102; anders *Heyers* DStR 2013, 817 f.

323 *Schäfer* DStR 2003, 1078 ff; siehe zu Scheinsozien *Heyers* DStR 2013, 813 ff; *Deckenbrock/Meyer* ZIP 2014, 701 ff; *Offermann-Burckart* AnwBl 2014, 13 ff.

324 OLG Köln NJW-RR 2004, 279, 280.

2. Abgrenzung Sozius vom Scheinsozius

Der Begriff des Scheinsozius nach II und § 12 folgt grundsätzlich dem durch die Rechtsprechung ausgearbeiteten haftungsrechtlichen Begriff.[325] Um einen Sozius/Scheinsozius von einem Nicht-Sozius abgrenzen zu können, kann man auf die Regeln der Haftung der Schein-OHG zurückgreifen, weil Scheinsozien akzessorisch wie bestehende Gesellschafter für die Gesellschaftsschuld haften, §§ 128 HGB analog.[326] Es muss eine objektive Haftungsvoraussetzung geben. Es gilt hier der objektive Empfängerhorizont, analog §§ 133, 157 BGB. Als Rechtsscheinträger kommen in Betracht[327] wie die Kanzlei ihren Briefbogen gestaltet hat,[328] aber auch das Kanzleischild,[329] Stempel,[330] Vollmachtsurkunden,[331] gemeinsame Werbeauftritte mit anderen Kanzleien oder auch der Internetauftritt[332] etc. Kein Rechtsschein kann das Kanzleibüro sein, das der Anwalt von einem Kollegen übernommen hat oder der vom Kollegen übernommene Kanzleiname.[333] Unklarheiten gehen zu Lasten des Scheinsozius/Scheinsozietät, wenn z.B. der Briefbogen nicht den Zusatz enthält, dass der Anwalt allein Angestellter ist, aber der Internetauftritt wieder den Zusatz Angestellter enthält.[334] 247

Der Versicherer zieht als Rechtsscheinträger fast ausschließlich den Kanzleibriefbogen heran. Grund hierfür ist, dass in Streitfällen die Ansprüche mit den Schriftsätzen des Anwalts geltend gemacht werden, die die Kanzlei zum Verstoßzeitpunkt benutzt hat, da andere Anhaltspunkte für die Vergangenheit kaum zur Verfügung stehen. Entscheidend ist daher die Gestaltung des Briefbogens. Erforderlich ist, dass die Kanzlei den Rechtsschein aktiv zerstört und nicht passiv dem Verständnis des durchschnittlichen Mandanten überlässt. Angestellte Anwälte und freie Mitarbeiter können zudem einem Rechtsschein vorbeugen, indem sie ihren wahren Status auf Kanzleischildern und Formularen deutlich machen.[335] Ausreichend ist wohl, dass ein Sternchen-Zusatz an nicht versteckter Stelle ausdrücklich auf den Angestellten-Status/freie Mitarbeiterschaft hinweist. Nicht überzeugend ist der Hinweis auf dem Briefbogen bei Partnerschaftsgesellschaften mit oder ohne beschränkter Berufshaftung, dass nur bestimmte Anwälte Partner i.S.d. Partnerschaftsregisters sind. Der Mandant kann nicht ohne weitere Rechtskenntnisse erkennen, wer Angestellter ist und wer nicht. 248

Der Rechtsscheintatbestand muss als weiteres Merkmal dem Scheinsozius zurechenbar sein. Es gilt der Rechtsschein weiterhin, wenn der Anwalt aus der Kanzlei ausgeschieden ist, aber die Kanzlei den Briefbogen nicht abgeändert hat.[336] Daher nützt es dem ausgeschiedenen Scheinsozius nichts, wenn er die Verwendung des alten Briefbogens nur untersagt.[337] Der Mandant muss auf den Rechtsschein vertrauen dürfen und gutgläubig sein. Denkbar ist das Gegenteil nur dann, wenn der Mandant wusste, dass der Scheinsozius kein Gesellschafter ist oder der Mandant wusste, dass der Briefbogen falsch ist. 249

---

325 BGH NJW 2011, 3303 für Steuerberater.
326 *Schäfer* DStR 2003, 1082; Peres/Senft/*Peres* § 11 Rn. 11; nach *Deckenbrock/Meyer* ZIP 2014, 702f ist die Zurechnung nach den Regeln der Anscheins- und Duldungsvollmacht in früheren BGH-Entscheidungen überholt, da sie sich auf die überholte Doppelverpflichtungslehre bezogen hat.
327 *Wetter* BRAK-Mitt. 2016, 109, 110.
328 OLG Hamm NZG 2011, 137, 139.
329 OLG Köln NJW-RR 2004, 279, 280.
330 BGH NJW 2008, 233019.
331 OLG Düsseldorf AnwBl. 2015, 181.
332 OLG Celle NJW 2006, 3431, 3432.
333 OLG Düsseldorf BeckRS 2014, 22783.
334 *Schäfer* DStR 2003, 1078, 1084.
335 BGH NJW 2011, 3718 Rn. 27 als nicht entscheidungserhebliche Randbemerkung durch den für Versicherungsvertragsrecht zuständigen IV. Zivilsenat.
336 BGH NJW-RR 1988, 1299.
337 BGH NJW 1991, 1225.

Einzelfälle zur Abgrenzung:

250 Annahme eines Scheinsozius/Scheinpartners:

- Briefbogen unter namentlicher Nennung der Anwälte unter dem Titel „Anwaltsgemeinschaft“[338], Kanzleigemeinschaft.[339]
- Titel Diplom-Wirtschaftsjuristin auf dem Briefkopf ohne Klarstellung der Zusammenarbeit erweckt den Eindruck einer Sozietät, Verstoß gegen § 59a BRAO und §§ 8, 10 BORA.[340]
- Der Zusatz beim Namen einer Anwältin „in Elternzeit“ ist nicht ausreichend. Der Mandant kann nicht erkennen, dass „in Elternzeit“ bedeutet, dass die Anwältin angestellt und nicht Sozia ist. Sie ist lediglich nicht aktiv.[341]
- Englische Begriffe sind ebenfalls nach den Vorstellungen eines durchschnittlichen Mandanten auszulegen. Der Begriff „Associate“ ist nach internationaler Praxis die Bezeichnung für einen Angestellten im Gegensatz zum „Partner“. Der Begriff ist jedoch in Deutschland nicht so geläufig, dass er den Rechtsschein einer Scheinsozietät zerstören kann.[342] Gleiches gilt für den Begriff „Of Counsel“, der einen Fachmann außerhalb einer Kanzleiorganisation bezeichnet, der nicht anwaltlich tätig ist.[343] Diese Spezialkenntnisse hat ein Mandant nicht. Häufig bezeichnen sich verbeamtete Hochschullehrer, die Professoren, als Of Counsel, weil sie nicht als Anwalt nach § 7 Nr. 10 BRAO zugelassen werden können,[344] aber nebenberuflich erlaubnisfrei als Rechtsberater und Prozessvertreter auftreten, § 5 RDG. Allein eine deutlich gekennzeichnete Kooperation kann den Rechtsschein zerstören. Zur Versicherung eines Of Counsel und von Professoren siehe § 1 Rn. 327.
- Der Begriff „in Bürogemeinschaft“ ist unklar. Die Rechtsprechung hat dies bisher nicht eindeutig entschieden. Ob der durchschnittliche Mandant sich über die Unterschiede zwischen einer Außen-GbR und einer bloßen Bürogemeinschaft und den Haftungsfolgen bewusst ist, lässt sich zumindest bezweifeln. Für einen potenziellen Mandanten ist der Hinweis auf eine bloße Kostenstruktur irrelevant. Er misst dem Begriff „Büro“ eher die Bedeutung einer Sozietät zu.[345] Dies vor allem dann, wenn der Begriff „Bürogemeinschaft“ versteckt, z.B. klein in einer Fußzeile auftaucht. Der Begriff „Bürogemeinschaft“ ist damit nicht eindeutig, obwohl die BRAO in § 59a Abs. 3 BRAO gerade zwischen Bürogemeinschaft und gemeinschaftlicher Berufsausübung unterscheidet.[346]

251 Keine Annahme eines Scheinsozius/Scheinpartners:

- Namentliche Nennung des Rechtsanwalts auf dem Briefbogen, aber am Seitenrand war ein deutlicher Hinweis angebracht, dass er nicht mehr in der Kanzlei tätig war, „R. Rechtsanwalt und Fachanwalt für Strafrecht bis 4/2008“, entsprechend § 10 Abs. 4 BORA.[347]
- Kreuz auf dem Briefbogen für einen verstorbenen Sozius, entsprechend § 10 Abs. 4 BORA.[348]
- Der Begriff „in Kooperation“ ist zumindest erläuterungsbedürftig: Wenn ein Anwalt auf dem Briefbogen seiner Kanzlei auf im Ausland niedergelassene Anwälte als „Kooperationspartner“ hinweist, die er bei Fragen des ausländischen Rechts ständig zu Rate zieht, geht der Mandant

338 OLG Hamm NZG 2011, 137, 139.
339 OLG Köln MDR 2003, 900; *Grams* BRAK-Mitt. 2003, 123.
340 BGH NJW-Spezial 2016, 158.
341 *Grams* BRAK-Mitt. 2008, 213 zu AG Berlin-Charlottenburg, 26.2.2008 – 206 C 491/07.
342 BGH NJW 2005, 1770 Rn. 7; *Wischemeyer/Honisch* NJW 2014, 881, 884.
343 *Schäfer* DStR 2003, 1078, 1080.
344 BVerfG NJW 2009, 3710.
345 OLG Köln NJW-RR 2004, 279, 280 ausdrücklich offengelassen; *Gräfe*/Brügge D Rn. 516.
346 *Deckenbrock/Meyer* ZIP 2014, 701, 706.
347 OLG Düsseldorf AnwBl 2015, 181.
348 *Henssler/Michel* NZG 2012, 401, 411.

von einer Zusammenarbeit ohne bestimmte gesellschaftsrechtliche Verpflichtungen aus.[349] Eine Scheinsozietät ist aber anzunehmen, wenn die Mitglieder einer Kanzlei Kenntnisse und Erfahrungen haben, die nur ein Kooperationspartner und nicht alle Partner haben. In der Kopfleiste des Briefbogens waren die Sozien zusammen mit den Berufsbezeichnungen Rechtsanwälte, Steuerberater und Patentanwalt genannt ohne Zuordnung der Qualifikation. Unten rechts im Briefbogen waren die Kooperationspartner genannt, hier aber mit genauer Zuordnung der Qualifikation. Das erweckt nach außen den Anschein, dass alle Sozien die Qualifikation haben.[350] Auch hier gilt, dass nur klare Hinweise den Rechtsschein aktiv zerstören. Wenn auf dem Briefbogen ein deutlicher Hinweis auf die Kooperation angebracht ist, besteht keine Scheinsozietät.[351]

II. Sozius als Berufsangehöriger

Die zweite wichtige Frage zum Begriff des Sozius nach II ist, ob er nur innerhalb der jeweiligen Berufsgruppe gilt oder auch berufsfremde Kollegen einschließt, ob also der Anwalt auch als Sozius gegenüber dem Steuerberater-Sozius gilt. Hier gilt, dass nur innerhalb der jeweiligen eigenen Berufsgruppe die Kollegen zueinander als Sozien gelten und nicht über die Berufsgruppe hinweg. Der Wortlaut von II ist eindeutig. Die Überschrift von II lautet *„Berufsangehörige als Versicherungsnehmer“* und nachfolgend unter Ziff. 1 *„Sozien“*. Der Anwalt ist der Berufsangehörige der Gruppe der Anwälte. Er gehört nicht zur Berufsgruppe der Steuerberater oder Wirtschaftsprüfer. § 12 stellt diese Auslegung nochmals klar. § 12 I Satz 2 legt ausdrücklich fest, dass § 12 nicht anzuwenden ist, wenn es sich um Tätigkeiten außerhalb der gemeinschaftlichen Berufsausübung handelt. Die gemeinschaftliche Berufsausübung ist nur innerhalb einer Berufsgruppe möglich, auch wenn eine interprofessionelle Sozietät möglich ist. Der Steuerberater kann nicht den Beruf des Anwalts nach außen hin ausüben. Die Sozietät selbst ist nicht der Berufsträger, siehe dazu § 12 Rn. 11 ff. § 12 ist deshalb nicht zwischen den Angehörigen einer Berufsgruppe anzuwenden, sondern nur zwischen der jeweiligen Gruppe, also z.B. nur zwischen den Anwälten.[352] Folge ist, dass die Gruppe der Anwälte daher eine andere Versicherungssumme haben können als die Gruppe der Steuerberater/Wirtschaftsprüfer. Man bildet deshalb keine Durchschnittsleistung nach § 12. 252

Abweichend hiervon definieren andere Versicherer trotz gleichen Wortlauts in § 1 II Ziff. 1 und Ziff. 2 und § 12 die Sozien übergreifend über alle Berufsgruppen.[353] Sozius in diesem Sinne wäre danach jeder, gleich ob Anwalt/Steuerberater/Wirtschaftsprüfer. Folgerichtig wenden diese Versicherer den § 12 an mit einer Durchschnittsleistung auch zwischen Anwälten und Steuerberatern/Wirtschaftsprüfern. Um aber nicht den Versicherungsschutz durch die Durchschnittleistung reduzieren zu müssen, lassen diese Versicherer grundsätzlich erstens nicht zu, dass sich die Anwälte/Steuerberater/Wirtschaftsprüfer bei verschiedenen Versicherern versichern und auch zweitens nicht, dass sie unterschiedlich hoch versichert sind. Alle müssen beim gleichen Versicherer gleich hoch versichert sein. Bei gleich hoher Versicherungssumme ist jedoch weiterhin die Maximierung nach dem jeweiligen Berufsrecht unterschiedlich und daher problematisch. Wirtschaftsprüfer benötigen eine Versicherungssumme für ihre Vorbehaltstätigkeit von mindestens 1 Mio. EUR für jeden Prüfungsfall. Die Deckung in Höhe von 1 Mio. EUR ist unmaximiert. Man behilft sich damit, dass auch die Rechtsanwälte/Steuerberater eine unmaximierte Deckung erhalten.[354] 253

---

349 NJW 1993, 1331, 1332.
350 BGH Beschl. vom 23.9.2002 in WPK-Mitt. 2003, 135.
351 BGH NJW 2011, 3303; hier der IV. Zivilsenat.
352 So im Ergebnis *Diller* § 12 Rn. 23; Borgmann/*Jungk*/Schwaiger § 39 Rn. 17.
353 Tendenziell Gräfe/*Brügge* D Rn. 579 zu den HDI-Bedingungen.
354 *Gräfe*/Brügge D Rn. 577 f zu den HDI-Bedingungen.

254 Die Auslegung der AVB-RSW und der anderen Bedingungswerke lassen beide Auffassungen zu. Praktisch relevant, aber sehr selten, werden die unterschiedlichen Auffassungen, wenn die verschiedenen Berufsgruppen bei verschiedenen Versicherern nicht gleich hoch versichert sind. Grundsätzlich besteht zwischen den Versicherern die übliche Praxis, eine Durchschnittsleistung zwischen den Sozien bei den verschiedenen Versicherern zu bilden. Sie beschränken sich regelmäßig auf die jeweiligen einzelnen berufsangehörigen Sozien, aber nicht auf die berufsfremden Sozien. Nur innerhalb der Gruppe der Anwälte oder Steuerberater oder Wirtschaftsprüfer bilden die Versicherer die Durchschnittsleistung. Die sehr seltenen Fälle, bei denen dies problematisch ist, lösen die Versicherer aber zugunsten der Versicherungsnehmer. Im Übrigen bilden die Versicherer bei hohen Deckungssummen in interprofessionellen Zusammenschlüssen regelmäßig prozentuale Beteiligungen, bei denen das Problem der unterschiedlich versicherten Sozien nicht auftritt.

III. Zurechnung bei Berufsausübungsgemeinschaften, II Ziff. 3

255 Nach II Ziff. 3 gehen in der Person eines Sozius vorliegende Umstände, die den Versicherungsschutz beeinflussen, zu Lasten aller Sozien. Die Regelung bedeutet, dass der Versicherungsschutz für alle Sozien und auch der Sozietät entfällt, wenn ein Ausschlussgrund für den Versicherungsschutz bei einem Sozius vorliegt. Die Bestimmung verhindert damit, dass trotz Vorliegens eines Ausschlussgrundes in der Person eines Sozius der andere Sozius gleichwohl Versicherungsschutz beanspruchen kann. Ohne diese Bestimmung wäre der Versicherer immer leistungspflichtig, weil die übrigen nicht fehlerhaft handelnden Sozien weiterhin Versicherungsschutz hätten. Ein Ausschluss würde auch andernfalls völlig entwertet werden. Dies ist auch das Verständnis eines durchschnittlichen Versicherungsnehmers.[355]

1. keine Repräsentantenhaftung

256 Die versicherungstechnische Zurechnungsklausel folgt hier der gemeinschaftlichen Berufsausübung der Sozien/Scheinsozien und ihrer gesamtschuldnerischen Haftung nach § 52 Abs. 2 Satz 1 BRAO. Schon das RG und später der BGH hatten entschieden, dass die Regelungen zum Gesamtschuldverhältnis nach § 427 BGB bei Anwälten in einer Sozietät nicht gelten.[356] Das umfasst auch die Scheinsozien.[357] Nach § 425 Abs. 2 BGB müssten eigentlich die Sozien/Scheinsozien nicht für ein Verschulden eines anderen haften. Nach dem BGH findet diese Regelung aus dem Gesamtschuldverhältnis aber aufgrund der Besonderheiten des Anwaltsvertrags bei Anwälten keine Anwendung. Alle Sozien haften für fehlerhafte Mandatsbearbeitungen eines einzelnen Sozius. Folgerichtig rechnet man das Wissen/Fehlverhalten/sonstige Umstände des einen Sozius den anderen Sozien im Versicherungsverhältnis nach II Ziff. 3 zu.

257 Gegen das Ergebnis der ausnahmslosen Zurechnung wendet man ein, dass die Bedingungen der Berufshaftpflichtversicherer eine Repräsentantenhaftung bedeuten, obwohl die Repräsentantenhaftung gerade nicht bei der Berufshaftpflichtversicherung anwendbar ist, weil der Anwalt als Berufsträger für sich selbst handelt und niemals der Repräsentant des anderen ist.[358] Nach dem Institut der Repräsentantenhaftung würde der Sozius auch für das Verhalten seiner Repräsentanten wie für sein eigenes Verhalten haften. Der Versicherungsschutz würde insgesamt entfallen.[359] Zwar gilt die Repräsentantenhaftung nicht bei der Berufshaftpflichtversiche-

355 OLG Hamm VersR 1996, 1006 zur alten Regelung in § 12 AVB-RSW und zur Zurechnungsregel in § 1 AVB-RSW.
356 RGZ 85, 306; BGHZ 56, 355, 362.
357 Feuerich/Weyland/*Träger* § 52 Rn. 15 und dortige Nachweise.
358 BGH VersR 2011, 2003.
359 Zur Repräsentantenhaftung Beckmann/Matusche-Beckmann/*Looschelders* § 17 V Rn. 29 ff; Prölss/Martin/*Armbrüster* § 28 Rn. 98 ff.

rung, aber im Ergebnis ist das Verhalten des einen Sozius trotzdem dem anderen Sozius zuzurechnen. Die Sozienklausel im Sinne des § 1 II Ziff. 3 und § 12 stellt nach dem BGH dann zumindest keine unzulässige Benachteiligung und damit keine versteckte Repräsentantenhaftung dar, wenn es sich um gesetzlich zulässige Ausschlüsse handelt.[360]

Ein weiteres Argument gegen die für die Sozien nachteilige Zurechnung nach II Ziff. 3 ist, dass die AVB-RSW die Berufsträgergesellschaften wie die Rechtsanwalts-GmbH und die Berufsausübungsgesellschaften wie die Sozietät unterschiedlich behandeln. Nach III Ziff. 2 behält die Rechtsanwalts-GmbH den Versicherungsschutz, wenn ein Angestellter, unabhängig ob mit oder ohne Außenauftritt, eine wissentliche Pflichtverletzung begeht. Anders bei der Sozietät. Wenn ein angestellter Anwalt als Scheinsozius eine wissentliche Pflichtverletzung begeht, entfällt für die Sozietät und alle Sozien der Versicherungsschutz.[361] Die unterschiedlichen Folgen der wissentlichen Pflichtverletzung eines Angestellten mit Außenauftritt lassen sich nur durch das unterschiedliche Berufs- und Gesellschaftsrecht erklären. Die GmbH behält weiterhin Versicherungsschutz als Berufsträgergesellschaft, während bei einer Sozietät der Versicherungsschutz für die übrigen Sozien entfällt, weil es sich um eine Berufsausübungsgemeinschaft handelt. Konsequent wäre es, wenn die Angestellten in der Rechtsanwalts-GmbH wie die angestellten Scheinsozien behandelt werden oder umgekehrt. 258

2. Zurechnung bei Scheinsozien

Der Versicherungsschutz für die übrigen Sozien entfällt ebenfalls, wenn in der Person eines Scheinsozius und nicht nur eines Sozius der Ausschlusstatbestand vorliegt.[362] Der BGH hat entschieden, dass die Ausschlussklausel wirksam ist und auch für Scheinsozien anwendbar ist.[363] Die Regelung ist mit den wesentlichen Grundgedanken des § 51 Abs. 3 BRAO vereinbar. Sie schützt den Versicherer und die Gemeinschaft der Versicherten vor unkalkulierbaren Risiken. Sie höhlt den Vertragszweck nicht aus, da das primäre Leistungsversprechen die Haftung aus anwaltlicher Tätigkeit zu decken, unangetastet bleibt.[364] Zu beachten ist aber, dass der BGH speziell zur Veruntreuung entschieden hat. Das OLG München hatte zu einem älteren Bedingungswerk entschieden, dass die Klausel überraschend ist und Scheinsozien unangemessen benachteiligt, §§ 305c Abs. 1, 307 Abs. 2 Nr. 1 und Nr. 2 BGB.[365] 259

3. Zurechnung bei berufsfremden Sozien

Der Begriff des Sozius aus II Ziff. 1 gilt auch für die Zurechnung nach II Ziff. 3. Nach II Ziff. 1 ist der Sozius definiert nur als Sozius innerhalb der Berufsangehörigen, siehe zur Definition des Sozius innerhalb einer Berufsgruppe § 1 Rn. 252. Es ist daher begrifflich nur innerhalb der jeweiligen Berufsgruppe zuzurechnen. Man kann daher nur zwischen den Anwälten, aber nicht zwischen Anwälten und Steuerberatern/Wirtschaftsprüfern zurechnen. Die Zurechnung in einer interprofessionellen Sozietät zwischen den Berufsgruppen erfolgt dann aber über den erweiterten Deckungsbaustein für gesellschaftsrechtliche Haftung nach B Teil 1.2. Der Anwalt haftet akzessorisch für die Verbindlichkeiten der Sozietät, auch für einen Steuerberaterfall, und erhält hierfür Versicherungsschutz. Daher muss die Zurechnung entsprechend der Haftung auch für 260

360 BGH NJW 2011, 3718, Rn. 21 ff.
361 *Diller* § 1 Rn. 124.
362 Anders *Diller* § 1 Rn. 124.
363 BGH NJW 2011, 3718.
364 Anm. *Juretzek* DStR 2011, 2068.
365 OLG München NJW-RR 2008, 1560; die Zurechnungsklausel nach § 1 II Ziff. 3 AVB-RSW war zum Zeitpunkt des Verstoßes im damalig maßgeblichen Bedingungswerk in § 12 Abs. 3 AVB-RSW geregelt.

berufsfremde Fehler erfolgen und nicht nur innerhalb einer Berufsgruppe, siehe dazu in B Teil 1.2 die Zurechnung des Fehlverhaltens gegenüber Sozien und der Sozietät im Rahmen der akzessorischen Deckung B Teil 1.2 Rn. 12. Wenn man die Zurechnung von vornherein über § 1 über alle Berufsgruppen vornimmt, ist ein gesellschaftsrechtlicher Deckungsbaustein für die interprofessionelle Haftung nur klarstellend. Sowohl Deckung als auch Zurechnung erfolgen dann bereits über § 1.

N. Berufsträgergesellschaften, III

III. Berufsträgergesellschaft als Versicherungsnehmer

1. Versicherungsschutz für Repräsentanten
Nimmt eine anerkannte oder zugelassene Berufsträgergesellschaft für sich selbst Versicherung, bezieht sich der Versicherungsschutz für diese Gesellschaft auf die den Organen, Geschäftsführern, Gesellschaftern von Personengesellschaften, Partnern und Angestellten oder sonstigen Personen, derer sie sich zur Erfüllung ihrer Berufstätigkeit bedient, zur Last fallenden Verstöße.

2. Zurechnung
In der Person des Verstoßenden gegebene Umstände, die den Versicherungsschutz beeinflussen, werden dem Versicherungsnehmer zugerechnet; das gilt nicht, wenn Angestellte (nicht Organe, Geschäftsführer, Gesellschafter von Personengesellschaften, Partner) des Versicherungsnehmers oder sonstige Personen, derer er sich zur Erfüllung seiner Berufstätigkeit bedient, in Erfüllung dieser Tätigkeit von Gesetz, Vorschrift, Anweisung oder Bedingung des Auftraggebers wissentlich abgewichen sind oder sonst ihre Pflichten wissentlich verletzt haben.

I. Anwendungsbereich

261 III regelt den Versicherungsschutz der Berufsträgergesellschaft und den dort tätigen Personen: Bei Anwälten die zugelassene Rechtsanwalts-GmbH oder -AG, bei den Steuerberatern und Wirtschaftsprüfern die anerkannten Steuerberatung- und Prüfgesellschaften. Nicht unter III fällt deshalb die Sozietät in der Form der BGB-Gesellschaft bei allen Berufsgruppen und auch interprofessionelle Sozietät/Partnerschaft mit Anwälten, weil Anwälte nur eine GmbH aber keine Personengesellschaft als Berufsträger zulassen können, siehe zum Begriff der Berufsträgergesellschaft ausführlich § 1 Rn. 238 ff. III Ziff. 1 bestimmt, dass nicht nur die Gesellschaft selbst Versicherungsschutz hat, sondern auch diejenigen, die für die Gesellschaft tätig sind. In Konsequenz davon regelt III Ziff. 2, wie man das Fehlverhalten der versicherten Personen der Gesellschaft zurechnet unter besonderer Beachtung, wenn ein Angestellter eine wissentliche Pflichtverletzung begangen hat.

II. Mitversicherung der „Repräsentanten", III Ziff. 1

1. Begriff „Repräsentanten"

262 Die Formulierung in § 1 III Ziff. 1 in der Überschrift *„Repräsentanten"* ist selbst missverständlich. Der Begriff Repräsentanten der AVB-RSW ist nicht im Sinne einer Repräsentantenhaftung zu verstehen. Es geht nicht um die Zuordnung des Fehlverhaltens eines Anwalts gegenüber den übrigen Anwälten. Es handelt sich vielmehr um die Zuordnung des Versicherungsschutzes der Berufsträgergesellschaft, der Rechtsanwalts-GmbH oder anerkannten Trägergesellschaft, gegen-

über den in ihr tätigen Anwälten und den sich für die Anwälte ergebenden Rechte und Pflichten. Die Betonung in der Überschrift von § 1 III Ziff. 1 liegt daher auf dem Wort *„Versicherungsschutz"*. Die sog. Repräsentanten der Berufsträgergesellschaft haben neben der Berufsträgergesellschaft selbst auch Versicherungsschutz als mitversicherte Personen.

2. Mitversicherung

Die Mitversicherung der in den Berufsträgergesellschaften tätigen Personen ist aus drei Gründen erforderlich. Erstens, weil die in der Berufsträgergesellschaft tätigen Personen persönlich haften können; zweitens, weil Rückgriffsansprüche auf den Versicherer übergehen können; drittens, weil die amtsähnlichen persönlichen Tätigkeiten wie Insolvenzverwaltung nur die Anwälte oder auch Steuerberater/Wirtschaftsprüfer ausüben können und nicht die Berufsträgergesellschaft. **263**

a) Persönliche akzessorische Haftung, Versicherungsschutz

Die Steuerberater und Wirtschaftsprüfer können auch Personengesellschaften im Gegensatz zu Anwälten als Berufsträgergesellschaften anerkennen lassen. Es bedeutet berufsrechtlich, dass die Personengesellschaft den Beruf nach außen hin ausübt und versicherungsrechtlich, dass die Gesellschaft Versicherungsnehmerin wird und nicht die dort tätigen Steuerberater/Wirtschaftsprüfer; siehe zum Begriff der Berufsträgergesellschaft § 1 Rn. 238ff. Gesellschaftsrechtlich ändert sich aber nichts. Die Organisationsform Personengesellschaft bleibt weiterhin bestehen. Es hat zur Folge, dass die Personengesellschaft haftet und damit auch die dort tätigen Partner/Scheinpartner/Gesellschafter persönlich und unmittelbar für die Verbindlichkeiten der Gesellschaft, analog §§ 128 HGB und im Übrigen auch grundsätzlich die Anwälte in einer Sozietät schon vor dem Jahr 2001 aus einem Gesamtschuldverhältnis, siehe ausführlich zur Entwicklung der Haftung der BGB-Gesellschaft § 1 Rn. 290ff und speziell die Haftung der dort tätigen Sozien nach der heutigen Akzessorietätstheorie § 1 Rn. 296ff. Ohne die Mitversicherung nach III der Berufsangehörigen hätte nur die anerkannte Personengesellschaft den Versicherungsschutz und die Berufsangehörigen würden ohne Versicherungsschutz für die unmittelbaren Ansprüche des Mandanten gegenüber ihnen sein. **264**

Der Versicherungsumfang der Mitversicherung ist der Umfang des Versicherungsschutzes für die anerkannte Personengesellschaft. Es bedeutet, dass die Mitversicherung der einzelnen Partner auch die Verbindlichkeiten für die Gesellschaft umfasst, weil die Gesellschaft Versicherungsnehmerin ist. Der Versicherungsschutz des einzelnen Partners umfasst daher auch die Haftung für die Verbindlichkeiten der Gesellschaft, für die er unmittelbar und persönlich nach der von der Rechtsprechung auf die GbR angewandten Akzessorietätstheorie analog §§ 128 HGB haftet oder direkt in der Partnerschaft nach § 8 Abs. 1 PartGG i.V.m. 130 HGB, § 10 Abs. 2 PartGG i.V.m. § 160 HGB. Der Partner kann aber nicht mehr Versicherungsschutz haben als die anerkannte Berufsträgergesellschaft, weil nach III Voraussetzung bleibt, dass die anerkannte Berufsträgergesellschaft, meist die anerkannte Partnerschaft, auch als Versicherungsnehmerin für den Berufsfehler haftet und hierfür Versicherungsschutz haben muss. Dies hat zur Folge, dass Versicherungsschutz für den Partner besteht, wenn die Berufsträgergesellschaft zum Verstoßzeitpunkt anerkannt war und sie haftet und sie zu diesem Zeitpunkt auch versichert war. Dann ist es unerheblich, ob der Partner zum Zeitpunkt des Verstoßes als eintretender oder austretender Partner noch nicht mitversichert war oder nicht mehr mitversichert ist. Man könnte die Deckung für den in Anspruch genommenen Partner bei Steuerberatern/Wirtschaftsprüfern auch grundsätzlich über Teil 1.2 über den Versicherungsschutz für gesellschaftsrechtliche Haftung lösen. Es würde dann aber bedeuten, dass die Berufsträgergesellschaft über § 1 III versichert ist und der einzelne Partner für die Fälle der persönlichen Inanspruchnahme über Teil 1.2, was zu **265** komplex wird. Bei der interprofessionellen Haftung ist aber zu beachten, dass nur dann Versicherungsschutz analog § 128 HGB besteht, wenn der Partner, der den Verstoß begangen hat, auch hierfür berechtigt war und Versicherungsschutz hatte. Der Wirtschaftsprüfer ist versichert, wenn er für einen Berufsfehler des Steuerberaters bei der Steuerberatung in Anspruch genommen wird. Umgekehrt hat der Steuerberater aber keinen Versicherungsschutz und auch nicht der Wirtschaftsprüfer, wenn der Steuerberater eine ihm nicht erlaubte Wirtschaftsprüfung vornimmt. Dies ist die gleiche nicht versicherte Fallkonstellation wie bei der Deckung für die gesellschaftsrechtliche Haftung nach Teil 1.2, siehe dazu A Teil 1.2 Rn. 24.

266 Der Teil 1.2 mit dem Versicherungsschutz für die gesellschaftsrechtliche Haftung ist daher für die anerkannte Berufsträgergesellschaft grundsätzlich nicht erforderlich, siehe ausführlich zum Deckungsschutz für die gesellschaftsrechtliche Haftung Teil 1.2 Rn. 15ff. A Teil 1.2 ist aber in dem Sonderfall erforderlich, wenn die schon zuvor als Partner versicherten Berufsträger vorher in einer einfachen nicht anerkannten Partnerschaft den Verstoß begangen haben und ein neuer Partner für diese Verbindlichkeiten in der nun nachfolgend versicherten anerkannten Partnerschaft analog §§ 128 HGB haftet. Die anerkannte Partnerschaft kann keinen Versicherungsschutz bieten, weil sie zum Verstoßzeitpunkt noch nicht als Versicherungsnehmerin existieren konnte; siehe zu diesem Sonderfall A Teil 1.2 Rn. 16.

267 § 12 ist hier im Übrigen nicht anwendbar, weil § 12 I ausdrücklich auf § 1 II verweist und nicht auf § 1 III und hier die Berufsträgergesellschaft die Versicherungsnehmerin ist und nicht der einzelne Partner; siehe dazu § 12 Rn. 5.

268 Zusätzlich besteht Versicherungsschutz für den einzelnen Partner für die amtsähnlichen persönlichen Tätigkeiten, die die Berufsträgergesellschaft nicht ausüben kann; siehe hier zur Mitversicherung dieser Tätigkeiten § 1 Rn. 271.

269 Die Anwälte können nur die Anwalts-GmbH/-AG als Berufsträgergesellschaft zulassen. Hier haftet die juristische Person. Die Anwälte können trotzdem persönlich und unmittelbar für ihre Berufsfehler neben der GmbH haften: Erstens nach den Grundsätzen der Sachwalterhaftung, § 311 Abs. 3 Satz 2 BGB, zweitens für deliktisches Handeln, §§ 823ff BGB und drittens haften neben der Gesellschaft die Gesellschafter und die Geschäftsführer persönlich in Höhe des fehlenden Versicherungsschutzes, wenn die Berufshaftpflichtversicherung nicht oder nicht in dem vorgeschriebenen Umfang unterhalten wird, § 59j Abs. 4 BRAO. Hierfür besteht Versicherungsschutz.

b) Rückgriffsansprüche

270 Der Versicherer stellt die Gesellschaft als Versicherungsnehmerin von den berechtigten Schadenersatzverpflichtungen des Mandanten frei, § 3 II Ziff. 1. Nach § 7 III gehen Rückgriffsansprüche des Versicherungsnehmers gegen Dritte in Höhe der vom Versicherer geleisteten Zahlung ohne weiteres auf diesen über. Wenn die Anwälte oder sonstigen Personen nicht versichert sind, hätte der Versicherer einen Rückgriffsanspruch gegen die Person als Dritten, die den Berufsfehler begangen hat.

c) Amtsähnliche persönliche Tätigkeiten

271 Zu den amtsähnlichen persönlichen Tätigkeiten: Die AVB-RSW regeln streng nach dem Wortlaut in III gerade nicht, wie der einzelne für die persönlichen amtsähnlichen Tätigkeiten versichert ist, zumindest in sehr unklarer Form. In III Ziff. 1 heißt es, dass Versicherungsschutz diejenigen haben, „*...derer sie sich zur Erfüllung ihrer Berufstätigkeit bedient.*“ Die Berufstätigkeit einer anerkannten oder zugelassenen Berufsträgergesellschaft ist aber nur immer die jeweils nach dem Berufsrecht zugelassene anwaltliche, steuerberatende oder wirtschaftsprüfende Tätigkeit. Die Rechtsanwalts-GmbH kann z.B. allein rechtsberatend tätig sein, nicht aber Insolvenzverwalter sein. Die Personen, die für eine Rechtsanwalt-GmbH arbeiten, könnten daher nur Versicherungsschutz für die anwaltliche Tätigkeit haben. Streng nach dem Wortlaut müsste man daher zumindest in den Risikobeschreibungen und Besonderen Bedingungen ausdrücklich für diese Gesellschaften regeln, dass der Versicherungsschutz auch die amtsähnlichen Tätigkeiten der mitversicherten Personen umfasst, siehe dazu auch das Deckungskonzept der Rechtsanwalts-GmbH § 1 Rn. 429. Wenn man allerdings das Wort *„Berufstätigkeit"* weit auffasst und es systematisch auch auf die in III Ziff. 1 genannten sonstigen Personen bezieht, derer sie sich zur Erfüllung ihrer Berufstätigkeit bedient, besteht Versicherungsschutz zumindest für die Organe, Geschäftsführer, Gesellschafter von Personengesellschaften und Partner/Scheinpartner. Eine Neuformulierung ist daher nicht erforderlich.[366] Damit ist auch in III Ziff. 1 der Versicherungsschutz für die amtsähnliche persönliche Tätigkeit der Anwälte in Kapitalgesellschaften und den anerkannten Personengesellschaften geregelt.

III. Zurechnungsregel, III Ziff. 2

III Ziff. 2 regelt das Verhältnis zwischen den einzelnen Personen in der Gesellschaft zu der Berufsträgergesellschaft. Erforderlich ist in allen Organisationsformen, dass man das Verhalten der einzelnen Anwälte oder Steuerberater/Wirtschaftsprüfer auch der übergeordneten Organisation im Versicherungsverhältnis zurechnen kann. Ausschlussgründe, Obliegenheiten oder sonstige Gründe mit Einfluss auf den Versicherungsschutz können in der Person des einzelnen vorliegen. Sie können sich auf die Versicherung der Gesellschaft auswirken. Die Regelung stellt konkret sicher, dass das Fehlverhalten der tatsächlich handelnden Personen der Gesellschaft, hier den Berufsträgergesellschaften, zugerechnet wird. Ein Sonderfall bildet die wissentliche Pflichtverletzung, wenn ein Angestellter gehandelt. Sie ist bei Anwälten im Umfang der Pflichtversicherung bei der Rechtsanwalts-GmbH nicht mehr ausschließbar. 272

1. Zurechnung von Umständen

Die Berufsträgergesellschaft ist die Versicherungsnehmerin. Mitversichert sind die in III Ziff. 1 genannten Personen. Es gelten damit grundlegend die Regeln im VVG zur Eigenversicherung der Berufsträgergesellschaft und Fremdversicherung der mitversicherten Personen nach §§ 43ff VVG. Dem Versicherer stehen hier zwei Personen gegenüber mit einer Verschränkung von einer Eigen- und Fremdversicherung. Diese Trennung soll die Rechtsstellung des Versicherers nicht verschlechtern.[367] Daher ordnet § 47 Abs. 1 VVG an, dass die Kenntnis und das Verhalten des Versicherten zu berücksichtigen sind, wenn sie für den Versicherungsnehmer von rechtlicher Bedeutung sind. Die Vorschrift bezieht sich auf gesetzliche und vertragliche Obliegenheiten[368] und auf Leistungsausschlüsse.[369] §§ 1 III Ziff. 2 und 7 I als vertragliche Vereinbarung modifizieren die gesetzliche Regelung des § 47 Abs. 1 VVG. III Ziff. 2 ist dabei zu § 7 I die spezielle Norm, nach dem die in der Person des Verstoßenden gegebenen Umstände dem Versicherungsnehmer zugerechnet werden. Umstände sind dabei alle erheblichen Tatsachen, die für das Versicherungsverhältnis zwischen der Gesellschaft und dem Versicherer relevant sind. Damit sind wie in § 47 Abs. 1 VV alle gesetzlichen, vertraglichen Obliegenheiten und auch die ge- 273

366 Anders der HDI, der in § 1 III AVB-WSR VH 558:08 allein die Ansprüche der Geschäftsführer in der Kapitalgesellschaft wie der RA-GmbH regelt. Der Versicherungsschutz beschränkt sich auf den Geschäftsführer, wenn er zugunsten und auf Rechnung der Berufsträgergesellschaft tätig geworden ist. Ob die Partner/Gesellschafter/Mitglieder von anerkannten Berufsgesellschaften wie Steuerberater- und Prüfungsgesellschaften den erweiterten persönlichen Versicherungsschutz haben, ist nicht genannt.
367 MüKoVVG/*Dageförde* § 47 Rn. 1.
368 BGH r + s 2003, 186.
369 OLG Düsseldorf VersR 1980, 81.

setzlich zulässigen Leistungsausschlüsse oder sonstige Vereinbarungen mit dem Versicherer gemeint.

2. Begriff Personen

274 Die Zurechnung in einer Gesellschaft zwischen mitversicherten Personen und dem Versicherungsnehmer bezieht sich nach dem Wortlaut auf alle Personen, die den Verstoß begehen können. Der Personenkreis umfasst daher alle Berufsangehörigen, da nur der Steuerberater/Wirtschaftsprüfer in der anerkannten Berufsträgergesellschaft ein Berufsversehen begehen kann, was man der Trägergesellschaft rechtlich zuordnet. Dabei ist aber zu berücksichtigen, dass die sonstigen Personen wie das Büropersonal dann Personen nach III Ziff. 2 sind, wenn ihr Fehlverhalten ein berufliches Versehen des Anwalts darstellt, wie z.B. fehlende Fristeintragung oder Prüfen von Faxausgängen. Daher sind in III Ziff. 2 nicht allein die Partner genannt wie in der Sozietät/einfachen Partnerschaft in II Ziff. 3, sondern übergreifend alle sonstigen Personen zur Erfüllung der Berufstätigkeit. III Ziff. 2 als Zurechnungsregel bei der Deckung entspricht damit der Zurechnung bei der Haftung in der Kapitalgesellschaft bei Organen analog § 31 BGB und sonstigen Personen nach § 278 BGB. Bei einer Rechtsanwalts-GmbH geht der gesetzlich geforderte Versicherungsschutz der Kapitalgesellschaft – bis auf die wissentliche Pflichtverletzung – aber nicht weiter als in der Sozietät/Partnerschaft. Die Zurechnung zulasten oder zugunsten der mitversicherten Personen ist daher gleichgeordnet zu bestimmen. Es kommt darauf an, wann und welches Verhalten zurechenbar ist. Nach der Rechtsprechung ist der GmbH Wissen zuzurechnen, das der juristischen Person einmal vermittelt und aktenmäßig festgehalten wurde.[370] Es bedeutet, dass der Verstoß einer GmbH dann bekannt ist, soweit einer der in ihr tätigen Personen davon Kenntnis hat. Aber nicht jede Kenntnis einer Bürokraft kann maßgeblich sein. Es muss Kenntnis vorliegen, zumindest einer beruflich tätigen Person im Zusammenhang mit der Erfüllung der anwaltlichen oder sonstigen wirtschaftsberatenden Tätigkeit. Nur dann kann das Fehlverhalten oder das Unterlassen von notwendigen Handlungen, z.B. Schadenminderungsobliegenheiten, auch erfolgen.

275 Rechtsfolge der Zurechnung des Fehlverhaltens ist, dass der Versicherungsschutz für die Gesellschaft entfällt. Es entfällt auch der Versicherungsschutz für die mitversicherten Personen. Daher wirkt die Zurechnung eines Umstandes eines einzelnen Mitversicherten über den Versicherungsvertrag der Gesellschaft auch gegenüber den übrigen Mitversicherten. Andernfalls hätte der Mitversicherte ggf. noch Versicherungsschutz trotz eines Ausschlussgrundes in der Person eines anderen Mitversicherten. Mitversicherte Person ist in diesem Fall auch der berufsfremde Mitversicherte. In einer Rechtsanwalts- und Steuerberatungs-GmbH entfällt der Versicherungsschutz insgesamt für die Gesellschaft und die mitversicherten Personen, wenn ein Ausschlussgrund in der Person eines Anwalts oder eines Steuerberaters gegeben ist.

3. Wissentliche Pflichtverletzung, III Ziff. 2

276 Der Ausschluss der wissentlichen Pflichtverletzung gilt bei Steuerberatern und Wirtschaftsprüfern bei den anerkannten Beratungs- und Prüfungsgesellschaften, § 51a Abs. 1 Nr. 1 DVStB und § 54 Abs. 3 Nr. 1 WPO. Bei Anwälten bis 2,5 Mio. EUR VSU gilt er bei der GmbH/AG nicht mehr. Aufgrund der gesetzlichen Vorgabe gibt es für die Rechtsanwalts-GmbH ein spezielles Deckungskonzept § 1 Rn. 421ff, insbesondere auch, wann oberhalb der Pflichtversicherungssumme eine wissentliche Pflichtverletzung zum Ausschluss des Versicherungsschutzes führt § 1 Rn. 425.

370 BGH NJW 1996, 1339.

Nach III Ziff. 2, 2. HS. bleibt der Versicherungsschutz bei allen Berufsgruppen für die Berufsträgergesellschaft bestehen, wenn Angestellte wissentlich gehandelt haben. Angestellte sind in der Klammer von Ziff. 2 im 2. HS negativ definiert als die Personen, die nicht Organe, Geschäftsführer, Gesellschafter von Personengesellschaften oder auch gerade Partner sind. Der Begriff Partner betrifft nicht Anwälte, die nur die GmbH zulassen können, aber die anerkannten Steuerberater- und Prüfgesellschaften, die Partnergesellschaften anerkennen lassen können. Der Versicherer kann bei dem Angestellten, der die wissentliche Pflichtverletzung begangen hat, Rückgriff nehmen, § 7 III Ziff. 2. Zu beachten ist, dass der Übergang des Rückgriffsanspruchs nur soweit übergehen kann, wie der Angestellte im Innenverhältnis nach arbeitsvertraglichen Grundsätzen haftet.

Bei den Berufsträgergesellschaften ist der Begriff des Angestellten zu unterscheiden. Ange- 277 stellter bei den Kapitalgesellschaften sind regelmäßig diejenigen, die nach arbeitsvertraglichen Grundsätzen Angestellte sind. Grund hierfür ist, dass bei der Rechtsanwalts-GmbH/AG oder auch Steuerberater-GmbH/Wirtschaftsprüfer-GmbH es anders als bei der Sozietät/Partnerschaft nicht darauf ankommt, ob der angestellte Anwalt als Angestellter gekennzeichnet ist. Es gibt hier keinen Rechtsschein eines Gesellschafters oder Geschäftsführers. Die angestellten Anwälte können gegenüber Gläubigern der GmbH nur dann aus Rechtsschein haften, wenn sie selbst aktiv handeln und dabei den Eindruck persönlicher Haftung erwecken. Dies ist vor allem dann der Fall, wenn kein oder ein die persönliche Haftung suggerierender Rechtsformzusatz geführt wird.[371]

Steuerberater und Wirtschaftsprüfer können im Gegensatz zu den Anwälten auch Personen- 278 und Personenhandelsgesellschaften anerkennen lassen. Der Begriff des Partners nach II Ziff. 2 im 2. HS in der Klammer ist damit entscheidend. Bei diesen anerkannten Berufsträgergesellschaften gilt der Begriff des Partners nach II Ziff. 1 und Ziff. 2, der den Scheinpartner umfasst und nicht der arbeitsvertragliche Angestelltenbegriff. Es kommt daher wie bei den einfachen Partnerschaften als Berufsausübungsgemeinschaft nach II auf die Abgrenzung Partner/Scheinpartner an. Wenn der Steuerberater/Wirtschaftsprüfer als Scheinpartner wissentlich gehandelt hat, verliert die anerkannte Steuerberatungs- oder Prüfgesellschaft den Versicherungsschutz. Die Begrifflichkeit ergibt sich aus der Systematik des § 1 mit dem II für die Berufsausübungsgemeinschaften und III für die Berufsträgergesellschaften. II definiert den Begriff für die AVB-RSW insgesamt. Die Regelung bei Sozietät/Partnerschaft und den anerkannten/zugelassenen Berufsträgergesellschaften ist auch gerechtfertigt. Bei Sozietäten setzt der Scheinsozius aktiv den Rechtsschein, dass der Rechtsverkehr annimmt, dass er persönlich haftet. Bei den Kapitalgesellschaften haftet von vornherein die Gesellschaft als Berufsträgerin. Dies ist gerade der Unterschied zwischen Personen- und Kapitalgesellschaften. Die AVB-RSW bilden diesen Unterschied in III Ziff. 2 bei der Zurechnung der wissentlichen Pflichtverletzung ab.

O. Haftung und Deckungskonzepte bei Anwälten nach Organisationsformen

Im Folgenden jeweils die Organisationsformen, die Haftung der Anwälte, Steuerberater und Wirtschaftsprüfer und die entsprechenden Deckungskonzepte. Das Berufsrecht der Anwälte, Steuerberater und Wirtschaftsprüfer schreibt dabei die möglichen Formen der Berufsausübung vor, nach denen sich die Haftung und Deckung richtet.

I. Überblick Organisationsformen und Versicherungspflicht bei Anwälten

Der Anwalt kann seine eigene Kanzlei haben. Er kann sich aber auch mit anderen Anwälten 279 zusammenschließen und eine Berufsausübungsgemeinschaft oder eine Berufsträgergesellschaft

371 BGH NJW 1991, 2627; 1996, 2645; 2007, 1519; BeckOK GmbHG/*Wilhelmi* § 13 Rn. 65.

bilden. Der Begriff der Berufsausübungsgemeinschaft umfasst die Sozietät und die Partnerschaft, gleich ob mit oder ohne Haftungsbeschränkung. Die Berufsträgergesellschaften sind die Rechtsanwalts-GmbH und die Rechtsanwalts-AG.

280 Nicht möglich ist die Ausübung des Berufs in der Organisationsform, die als Gesellschaftszweck einen Gewerbebetrieb erfordert, wie z.B. die OHG oder KG oder auch die GmbH & Co.KG. Die Zulassung einer Rechtsanwaltsgesellschaft in der Rechtsform der GmbH & Co. KG scheitert daran, dass zur Bestimmung des Wesens der KG an den Betrieb eines Handelsgewerbes angeknüpft wird.[372]

281 Konkret versicherungspflichtig ist:
- der einzelne Rechtsanwalt in eigener Kanzlei und die Person, die den Titel „Anwalt“ führt
- der Angestellte mit der Zulassung als Rechtsanwalt bei einem Arbeitgeber, der selbst Anwalt/Patentanwalt ist, § 46 Abs. 1 BRAO. Nicht versicherungspflichtig ist der Syndikusanwalt als Angestellter eines nicht-anwaltlichen Arbeitgebers mit dem Titel „Syndikusanwalt“, § 46 Abs. 2 BRAO
- der einzelne Rechtsanwalt in gemeinsamer Berufsausübung mit anderen Rechtsanwälten oder nach der Berufsordnung zugelassenen anderen wirtschaftsberatenden Berufsträgern in der Organisationsform als:
  - Rechtsanwalts-Sozius/Scheinsozius in Gesellschaften bürgerlichen Rechts, meist als Sozietät bezeichnet
  - Rechtsanwalts-Partner/Scheinpartner in einfachen Partnerschaften
  - Rechtsanwalt in ausländischen Personengesellschaften, wie z.B. LLP
- die Rechtsanwaltsgesellschaft in der Form als Rechtsanwalts-GmbH und -AG, § 59j BRAO.
- die Partnerschaftsgesellschaft mit beschränkter Berufshaftung als solche, § 51a Abs. 1 BRAO i.V.m. § 8 Abs. 4 PartGG

282 Grundsätzlich benötigen die Anwälte, wenn sie den Titel „Anwalt“ führen wollen, eine eigene Berufshaftpflichtversicherung. Der Grundsatz gilt auch dann, wenn sie in einer Rechtsanwalts-GmbH oder einer Rechtsanwalts-AG als Berufsträgergesellschaft tätig sind, obwohl die GmbH/AG an sich versicherungspflichtig ist. Eine Mitversicherung der Anwälte in der GmbH/AG sieht die BRAO nicht vor. Anwälte können ihre Berufsausübungsgemeinschaften, die Sozietät/Partnerschaft mit und ohne Haftungsbeschränkung, nicht als Beratungsgesellschaft und damit als eigenständigen Berufsträger anerkennen lassen. Berufsträger bleibt hier immer der einzelne Anwalt; siehe zu den erforderlichen Zulassungspolicen bei Anwälten § 1 Rn. 328 f.

283 Anders bei den Steuerberatern und Wirtschaftsprüfern/ver. Buchprüfern. Wenn sie zusammen mit anderen Steuerberatern/Wirtschaftsprüfern/ver. Buchprüfern ihren Beruf gemeinschaftlich ausüben wollen, können sie die Partnerschaft mit und ohne Haftungsbeschränkung als Steuerberatungsgesellschaft/Prüfgesellschaft anerkennen und zulassen. Die Berufsgesellschaft ist damit versicherungspflichtig. Die einzelnen Steuerberater und Wirtschaftsprüfern/ver. Buchprüfer sind dann grundsätzlich nicht mehr selbst versicherungspflichtig. Sie können sich in der Police der Berufsgesellschaft mitversichern, was bei den Anwälten wieder nicht möglich ist.

284 Das restriktive Berufsrecht bei Anwälten führt dazu, dass eine gemeinschaftliche interprofessionelle Berufsausübung zwischen Anwälten und den übrigen wirtschaftsberatenden Berufen sich fast ausschließlich auf die Organisationsform der nicht anerkannten Personengesellschaft beschränkt. Die GmbH/AG als interprofessionelle Berufsträgergesellschaft spielt keine Rolle, weil die Berufsgesellschaften grundsätzlich trotz verschiedener Reformen mehrheitlich durch die Berufsangehörigen geführt werden müssen. Eine Rechtsanwalts- und Steuerberatungs-GmbH ist daher nur dann möglich, wenn die Geschäftsführer doppelt qualifiziert sind und als Rechtsan-

372 BGH LS 1 NJW 2011, 3036.

walt und Steuerberater zugelassen sind. Andernfalls kommen die Mehrheitsverhältnisse nicht zustande.

II. Einzelanwalt

Zur Versicherungspflicht des Einzelanwalts:

Jeder Rechtsanwalt in eigener Kanzlei muss eine eigene Berufshaftpflichtversicherung abschließen, § 51 BRAO. In eigener Kanzlei nach § 27 Abs. 1 BRAO tätig sind die Rechtsanwälte, die ihren Beruf im eigenen Namen, auf eigene Rechnung und auf eigenes Risiko ausüben. Solange die Zulassung zur Rechtsanwaltschaft besteht, ist der Anwalt verpflichtet eine Berufshaftpflichtversicherung zu unterhalten. Dies gilt auch dann, wenn der Anwalt vorübergehend nicht anwaltlich tätig ist oder nur den Titel Anwalt führen will, ohne die Absicht hat zu beraten. Die Versicherungspflicht beginnt mit der Zulassung. Der Anwalt hat für seine Zulassung bei der zuständigen Rechtsanwaltskammer die Deckungsbestätigung des Versicherers über das Bestehen der Berufshaftpflichtversicherung einzureichen. **285**

Ein deutscher Anwalt kann von seiner Kanzleipflicht im Inland befreit werden, wenn er ausschließlich seine Kanzlei in einem anderen Staat einrichtet, § 29a Abs. 2 BRAO. Er muss im Inland einen Zustellungsbevollmächtigten benennen, § 30 BRAO. Anwälte können Zweigstellen errichten. Dabei handelt es sich um einen weiteren Standort, der dem Hauptsitz nachgeordnet ist. Er unterliegt den gleichen Voraussetzungen der Berufsausübung wie der Hauptsitz, § 5 BORA. Ein Anwalt ist aber nicht verpflichtet, seine einzelnen Kanzleisitze als „Kanzlei" oder „Zweigstelle" kenntlich zu machen.[373] Irreführend sind aber zwei Büroanschriften, wenn der Anwalt an dem angegebenen Ort kein vollwertiges Büro unterhält, sondern – ohne eigene vertragliche Grundlage – nur Bürodienstleistungen entgegennehmen kann, die auf der Grundlage eines anderen Vertragsverhältnisses erbracht werden.[374] Gleichfalls irreführend ist die Bezeichnung „Rechtsanwalts- und Steuerkanzlei", wenn diese mehrere Kanzleien in verschiedenen Städten unterhält, § 27 BRAO.[375] Eine Sozietät, die eine oder mehrere Zweigstellen unterhält, muss für jeden auf dem Briefkopf genannten Rechtsanwalt seine Kanzleianschrift angeben, § 10 Abs. 1 Satz 3 BORA.[376] Nach § 27 BRAO kann der Anwalt in einer weiteren Kanzlei tätig sein, wenn er z.B. als Einzelanwalt in seiner Zulassungskanzlei tätig ist und daneben noch in einer anderen Sozietät. Der Versicherungsschutz ist für alle Tätigkeiten als Risikoerhöhung dem Versicherer zu melden. Soweit der Rechtsschein einer gemeinschaftlichen Berufsausübung in einer Zweigstelle/weiteren Kanzlei neben der Tätigkeit am Hauptsitz gesetzt wird, kann es zur Durchschnittsleistung nach § 12 kommen. Man bezeichnet dies als „Sternsozietät", siehe dazu ausführlich § 12 Rn. 8f. **286**

Der Umfang der Pflichtversicherung richtet sich nach § 51 BRAO. Nach dem Berufsrecht ist daher keine Deckung erforderlich für die gesellschaftsrechtliche Haftung in einer Sozietät/Partnerschaft. Insbesondere muss die Deckung nicht die Haftung für Berufsfehler von Altsozien umfassen oder die Haftung für Berufsfehler nach dem Austritt aus Sozietät/Partnerschaft oder auch die Haftung für berufsfremde Fehler. Die Haftpflichtversicherung muss die Haftung für Erfüllungsgehilfen und Verrichtungsgehilfen vorsehen. Die Versicherung muss für gesetzliche Haftpflichtansprüche privatrechtlichen Inhalts einstehen. Daher sind Garantien/Zusagen nicht gedeckt und auch nicht öffentlich-rechtliche Ansprüche. Möglich ist eine Serienschadenklausel und Ausschlüsse für Tätigkeiten in ausländischen Kanzleien, außereuropäisches Recht im geo- **287**

373 AnwGH Nordrhein-Westfalen BeckRS 2015, 12408.
374 AnwGH Nordrhein-Westfalen BeckRS 2016, 20723.
375 OLG Brandenburg BeckRS 2016, 06451.
376 BGH BeckRS 2015, 17900.

grafischen Sinn, aus Tätigkeiten des Rechtsanwalts vor außereuropäischen Gerichten, wegen Veruntreuung durch Personal, Angehörige oder Sozien des Rechtsanwalts.

288 Die Mindestversicherungssumme beträgt 250.000 Euro für jeden Versicherungsfall. Die Leistungen des Versicherers für alle innerhalb eines Versicherungsjahres verursachten Schäden können auf 1 Million EUR begrenzt werden. Beispielsweise ist damit ein Schaden von 500.000 EUR nur bis 250.000 EUR versichert. Maximal darf die Höhe der Schäden in der Summe nicht mehr als 1 Million EUR pro Jahr betragen, unabhängig von der Anzahl der Schäden.

289 Regelmäßig umfasst die Berufshaftpflichtversicherung die amtsähnlichen persönlichen Tätigkeiten, nach den AVB im Teil 2 B Ziff. 1.1 BBR-RA. Es handelt sich um typische Tätigkeiten, die ein Anwalt neben seiner anwaltlichen Tätigkeit ausübt. Es handelt sich aber nicht um anwaltliche Tätigkeiten im Sinne des § 1. Diese amtsähnlichen oder andere mitversicherten Tätigkeiten dürfen nicht die Mindestversicherungssumme für die anwaltlichen Tätigkeiten beeinträchtigen. Die Mindestversicherungssumme für die anwaltlichen Berufsfälle bleibt daher bestehen, auch wenn Schadenfälle aus den mitversicherten berufsfremden Tätigkeiten die Versicherungssumme erschöpfen. Dazu gibt es keine Regelung in den AVB-RSW. Es ergibt sich aus § 51 BRAO; siehe zum Verhältnis der anwaltlichen Pflichtversicherung zur Mitversicherung der amtsähnlichen persönlichen Tätigkeiten oder sonstigen Tätigkeiten B Ziff. 1 BBR-RA Rn. 17 f.

III. Gesellschaft bürgerlichen Rechts und Partnerschaftsgesellschaft als Sozietätsformen

Die Sozietät in der Rechtsform der GbR bildet nach wie vor die häufigste Rechtsform, in der Anwälte ihren Beruf ausüben.[377] Rechtsgrundlage hierfür sind die Regelungen im BGB zur BGB-Gesellschaft nach §§ 705 ff BGB und vor allem die Rechtsprechung, die die BGB-Gesellschaft sehr weitgehend geformt hat.

1. Entwicklung der Haftung der Sozietät in der Form der GbR und einfachen Partnerschaft

290 Die BGB-Gesellschaft ist seit 2001 teilrechtsfähig. Der BGH hat sich für das Modell einer akzessorischen Gesellschafterhaftung entschieden, analog §§ 128 ff HGB.[378] Für die einfache Partnerschaft ohne Anerkennung gilt das gleiche Haftungsregime, § 1 Abs. 4 PartGG i.V.m. der §§ 701 ff BGB.

291 Die Sozietät in Form der GbR als solche ist nicht postulationsfähig, trotz ihrer Teilrechtsfähigkeit. Sie ist aber als prozess- und postulationsfähig anzusehen, wenn sie durch Berufsträger als Organe oder Vertreter handelt.[379] Wenn der Anwalt mit dem Zusatz „i.A." unterzeichnet, handelt er aber nur als Erklärungsbote. Für die wirksame Einreichung eines Schriftsatzes kommt es dann darauf an, ob der verfahrensbevollmächtigte Anwalt unterschrieben hat. Schließlich wird es als zulässig angesehen, dass ein bestimmender Schriftsatz nicht von dem Prozessbevollmächtigten selbst unterzeichnet wird, sondern durch einen Vertreter. Der Zusatz „i.V." ist dann statt „i.A." ausreichend.[380]

292 Der Mandatsvertrag kommt mit der Sozietät zustande, ausnahmsweise mit dem einzelnen Berufsträger. Dies kann gesetzlich vorgesehen sein oder vertraglich vereinbart werden. Einzelaufträge liegen grundsätzlich jeweils bei den amtsähnlichen persönlichen Tätigkeiten nach B Ziff. 1 BBR-RA vor. Das Gericht bestellt z.B. den Insolvenzverwalter persönlich und nicht die So-

---

377 *Kilian* AnwBl 2015, 45.
378 BGH NJW 2001, 1056; siehe ausführlich *Becker* AnwBl 2013, 656; *Offermann-Burckart* AnwBl 2013, 697 ff.
379 BeckOK ZPO/*Piekenbrock* § 78 Rn. 21.
380 *Deichfuß* NJW 2016, 3132 mit Nachweisen.

zietät oder die RA-GmbH, § 56 InsO. Gleiches gilt für den Testamentsvollstrecker, dabei kann aber auch eine GmbH bestellt werden, § 2197 BGB. Zum Betreuer bestellt das Betreuungsgericht eine natürliche Person, § 1897 Abs. 1 BGB. Das Strafrechtsmandat ist persönlich, §§ 137 ff StPO. Nach Parteiwillen können Anwalt und Mandant auch ein Einzelmandat schließen, z.B. wenn der Anwalt neben der Kanzlei tätig werden möchte.[381]

Das RG und der BGH haben bei einer Sozietät von Anwälten die Regelungen des Gesamtschuldverhältnisses modifiziert.[382] Zwischen den Sozien entsteht ein Gesamtschuldverhältnis, § 427 BGB. Wenn der bearbeitende Sozius einen Schaden verursacht, würden die übrigen Sozien nicht dafür einstehen müssen nach § 425 Abs. 2 BGB, weil das Verschulden eines Gesamtschuldners den anderen Gesamtschuldnern nicht zugerechnet wird. Anders aber die Rechtsprechung, gerade auch unabhängig vom bestehenden Haftungsmodell: Wer einen einer Anwaltssozietät angehörenden Rechtsanwalt beauftragt, schließt den Anwaltsvertrag im Zweifel nicht nur mit dem Rechtsanwalt ab, der seine Sache bearbeitet, sondern mit allen der Sozietät angehörenden Anwälten. Sie alle haften ihm auf Schadensersatz, auch wenn nur der Anwalt, der seine Sache bearbeitet, den Schaden verschuldet hat. Der Mandant und auch die Anwälte selbst nutzen die Vorteile einer Sozietät, wie Organisation und Arbeitsteilung. Angesichts dieser Umstände und nach der Verkehrsauffassung kommt der Anwaltsvertrag bei einer Sozietät mit allen Anwälten zustande.[383] Diese gesamtschuldnerische Haftung der Sozien ist auch Grundlage der Gesetzesbegründung für die Berufshaftpflichtversicherung gewesen.[384] Der Gesetzgeber hatte bei Erlass der BRAO diese Rechtsprechung im § 51b Abs. 2 Satz 1 BRAO a.F. kodifiziert, jetzt in § 51a Abs. 2 Satz 1 BRAO: Die Mitglieder einer Sozietät haften aus dem zwischen ihr und dem Auftraggeber bestehenden Vertragsverhältnis als Gesamtschuldner. **293**

Nach der traditionellen Vorstellung waren die Gesellschafter – in der Sozietät die Sozien und Scheinsozien – allein die Träger der Rechte und der Pflichten. Ein Mandatsvertrag kam mit den Sozien zustande, entweder durch gemeinsames Handeln oder durch Vertretung der anderen Mitglieder durch ein Mitglied, § 714 BGB.[385] Weil man nicht erklären konnte, wie neu eintretende Sozien Vertragspartner werden konnten oder wie deliktische Verbindlichkeiten begründet werden, war man überwiegend der Ansicht, dass die Gesellschaft die Trägerin der Rechte und Pflichten ist.[386] Umstritten war, welchen Ansatz man für die weiterhin bestehende persönliche Haftung aller Sozien wählte. Es gab die inzwischen von der Rechtsprechung aufgegeben Doppelverpflichtungslehre und die Akzessorietätstheorie. **294**

Nach der Doppelverpflichtungslehre kommen die Verträge direkt mit der Gesellschaft und den Gesellschaftern zustande. Der Gesellschafter vertritt die Gesellschaft und verpflichtet sie, § 714 BGB analog. Gleichzeitig verpflichtet der Gesellschafter alle anderen Gesellschafter mit. Die Doppelverpflichtungslehre folgt noch der schuldrechtlichen Konstruktion der BGB-Gesellschaft nach den §§ 705 ff BGB. Gesellschaft und Gesellschafter haften aufgrund einer rechtsgeschäftlichen Verbindlichkeit. Die Doppelverpflichtungslehre konnte aber nicht erklären, wie man eine deliktische Verbindlichkeit eines Gesellschafters den anderen Gesellschaftern zurechnet.[387] **295**

381 *Diller* § 1 Rn. 109.
382 BGH NJW 1971, 1801; zuvor schon das Reichsgericht in RGZ 85, 306.
383 BGH NJW 1971, 1803.
384 BT-Drs. 12/4993 S. 32.
385 *Zöllner* FS-Gernhuber S. 563 ff; Hueck FS-Zöllner S. 275 ff; *Canaris* ZGR 2004, 69 ff.
386 *Flume* Die Personengesellschaft S. 2 ff; *Beuthien* NZG 2011,481 ff.
387 *Ulmer* in MüKoBGB 2. Auflage, § 714 Rn. 1 ff; BGH NJW 1979, 1821.

2. Akzessorietätstheorie

296 Die nun vom BGH angewendete Akzessorietätstheorie BGH löst die Probleme grundsätzlich. Der für Gesellschaftsrecht zuständige II. Zivilsenat hatte sich in seiner Entscheidung vom 29. Januar 2001 zur Akzessorietätstheorie bekannt.[388] Der einzelne Gesellschafter haftet wie ein OHG-Gesellschafter. Er haftet persönlich und akzessorisch für die Gesellschaftsverbindlichkeit analog §§ 128 ff HGB. Der für die Anwaltshaftung zuständige IX. Zivilsenat des BGH hat in verschiedenen Urteilen die Akzessorietätstheorie auf die Anwaltssozietät mit ihren Sozien und Scheinsozien angewendet.[389] Eine grundlegende Reform des Berufs- und Gesellschaftsrechts der wirtschaftsberatenden Berufe wäre notwendig, da die Akzessorietätstheorie mit der Regelung und dem Wortlaut der §§ 705 ff BGB nicht mehr vereinbar ist.[390]

3. Verbindlichkeit der Sozietät

Zur Vertretung und der Haftung der Sozietät:

a) Vertretung der Sozietät

297 Die Sozietät, GbR oder Partnerschaftsgesellschaft, ist die Trägerin der Rechte und Pflichten. Die Mandatsverträge kommen zwischen ihr und den Mandanten zustande und nicht mit dem einzelnen Rechtsanwalt. Die geschäftsführenden Gesellschafter vertreten die Gesellschaft als Organe. Die Vertretungsmacht ist keine rechtsgeschäftliche Stellvertretung nach §§ 164 ff BGB oder eine gesetzliche Stellvertretung.[391] Auf die §§ 164 ff BGB kann aber zurückgegriffen werden, wenn keine Sonderregelungen gelten.[392] Dabei vertritt und verpflichtet in Berufsangelegenheiten jedes Sozietätsmitglied alleine die Sozietät nach außen. Die Rechtsprechung nimmt dies entgegen der Regel der gemeinschaftlichen Geschäftsführung nach §§ 709, 714 BGB bei wirtschaftsberatenden Sozietäten an.[393] Ebenfalls vertreten und verpflichten die Scheinsozien, die im Innenverhältnis freie Mitarbeiter oder angestellte Anwälte sind, eine bestehende Sozietät.[394] Gleichfalls vertreten und verpflichten ein Sozius/Scheinsozius eine Scheinsozietät, die im Innenverhältnis z.B. eine Bürogemeinschaft oder Kooperation ist.[395] Man kommt in Rechtsprechung und Literatur dann zum gleichen Ergebnis mit unterschiedlicher Begründung: Der Anwalt verpflichtetet als Sozius oder Scheinsozius eine existierende Sozietät oder Scheinsozietät. Die Rechtsprechung begründet die Fälle mit den Regeln der Anscheins- und Duldungsvollmacht.[396] Die Literatur stützt die Zurechnung auf eine fiktive organschaftliche Geschäftsführungs- und Vertretungsmacht des Handelnden, wenn die Sozietät als Rechtsscheinträger nicht existiert,

---

388 BGH NJW 2001, 1056; zur Akzessorietätstheorie *Flume* BGB AT 1 § 16 IV 3 und Die Personengesellschaft, S. 69; *K. Schmidt* FS Fleck 1988, 288 f; zur Haftungssituation bei der Anwalts-GbR Peres/Senft/*Peres* § 7 Rn. 167 ff.
389 IX. Zivilsenat des BGH: NJW 2009, 1002; NJW 2007, 2490; NJW 2004, 836; BeckRS 2007, 18608; in der Lit.: MüKoHGB/*Schmidt* § 128 Rn. 10; *Ulmer* ZIP 2003, 1113, 1115. Nach anderer Ansicht gilt § 31 BGB nur für die Zurechnung zur Gesellschaft und der historische Gesetzgeber hat § 128 HGB als Solidarhaftung aller Gesellschafter nicht auch für deliktische Verbindlichkeiten vorgesehen, was auf die Überlegungen von *Flume* zur Personengesellschaft zurückgeht; *Altmeppen* NJW 2003, 1558; *Schäfer* ZIP 2003, 1225, 1227 f; *Armbrüster* ZGR 2004, 34, 56 f.
390 *Canaris* ZGR 2004, 69.
391 MüKoBGB/*Carsten Schäfer* § 714 Rn. 16; Peres/Senft/*Peres* § 7 Rn. 128.
392 MüKoBGB/*Carsten Schäfer* § 714 Rn. 27.
393 BGH NJW 1996, 2859; NJW 1971, 1801; NJW 1996, 48; WM 1996, 33, 35; WM 1990, 188; bestätigend BGH NJW 2012, 3102; NJW 2011, 2301.
394 BGH NJW 2008, 2330; OLG Celle 2006, 3431.
395 OLG Hamm NZG 2011, 137; OLG Köln NJW-RR 2004, 279; BGH NJW 2012, 3102.
396 BGH NJW 2007, 2490 Rn. 20.

sondern nur eine Scheinsozietät vorliegt[397] oder der Rechtsscheintatbestand muss sich erstens auf die Existenz einer Sozietäts-GbR, zweitens auf die Gesellschafterstellung des handelnden Anwaltes und dessen Vertretungsmacht sowie drittens auf die Gesellschafterstellung des in Anspruch genommenen Anwaltes beziehen.[398]

Die Sozietät ist Schuldnerin der eingegangenen Verbindlichkeit. Nach der Erfüllungstheorie im Gegensatz zur Haftungstheorie ist der Sozius verpflichtet, die Verbindlichkeit der Sozietät aus dem Mandatsverhältnis persönlich zu erfüllen, wenn es ihm zumutbar ist.[399] Der Mandant kann deshalb im Rahmen einer Primärhaftung zunächst von jedem Sozius persönlich die Erfüllung des Mandatsvertrags verlangen. Voraussetzung ist aber, dass der Sozius nach seiner Berufsordnung auch dazu berechtigt ist. Bei einer interprofessionellen Sozietät ist z.B. der Steuerberater nicht verpflichtet rechtsberatend tätig zu werden.[400] Bei ihm verbleibt es bei einer Sekundärhaftung auf Geldersatz. 298

b) Haftung der Sozietät

Die Sozietät haftet für das Fehlverhalten ihrer Sozien und Scheinsozien. Nach h.M. rechnet man das schadenstiftende Handeln analog § 31 BGB der Sozietät als Eigenhandeln zu und nicht nach §§ 164, 166, 278, 831 BGB.[401] Die Zurechnung erfolgt auch bei Scheinsozien.[402] Die Sozietät als GbR hat eine Organstruktur, die mit den Personenhandelsgesellschaften vergleichbar ist. Nach anderer Ansicht haftet die Gesellschaft nach § 278 BGB für ihre Sozien und Scheinsozien, weil sie in Erfüllung der für sie fremden Gesellschafterverbindlichkeit handeln.[403] Gleich welcher Begründung man folgt, haftet die Sozietät für die Verbindlichkeit. Die Haftung umfasst die Haftung für rechtsgeschäftliche und für gesetzliche Verbindlichkeiten, einschließlich der bereicherungsrechtlichen Verbindlichkeiten, unabhängig ob es sich um eine Leistungs- oder Nichtleistungskondiktion handelt.[404] Unterhalb der Organebene der Sozien rechnet man das Verhalten des Büropersonals für rechtsgeschäftliche Verbindlichkeiten nach § 278 BGB und für deliktisches Verhalten nach § 831 BGB zu. Eine Wissenszurechnung nach § 166 BGB ist nicht erforderlich.[405] 299

4. Haftung der Sozien

Die Sozietät haftet für ihre Verbindlichkeiten. Die Sozien haften als Gesellschafter für die Gesellschaftsverbindlichkeit unmittelbar und persönlich, analog §§ 128 ff HGB entsprechend der Akzessorietätstheorie. Die persönliche Haftung der Sozien ist der Ersatz für den bei Personengesellschaften fehlenden Haftungsfonds.[406] Zu den Besonderheiten der Haftung der Scheinsozien, siehe § 1 Rn. 311 ff. 300

---

397 Peres/Senft/*Peres* § 11 Rn. 19 f; *Deckenbrock/Meyer* ZIP 701, 703.
398 MüKoBGB/*Carsten Schäfer* § 705 Rn. 380.
399 BGH NJW 1981, 1095; zu Erfüllungs- und Haftungstheorie siehe MüKoHGB/*Schmidt* § 125 Rn. 3; Peres/Senft/*Peres* § 7 Rn. 238; Henssler/Strohn/*Steitz* GesRHGB § 128 Rn. 22.
400 MüKoBGB/*Carsten Schäfer* § 714 Rn. 43.
401 BGH NJW 2003, 1445; zur Wissenszusammenrechnung OLG Karlsruhe, BeckRS 2008, 20 659; Henssler/Strohn/*Servatius* GesRBGB § 714 Rn. 2; BGH NJW 2006, 830 für eine AG.
402 BGH NJW 2007, 2490.
403 *Becker* AnwBl 2013, 658; Peres/Senft/*Peres* § 11 Rn. 21; MüKoBGB/*Carsten Schäfer* § 718 Rn. 30.
404 Henssler/Strohn/*Kilian* GesRBGB § 718 Rn. 15; BGH NJW 2003, 1445; Peres/Senft/*Peres* § 7 Rn. 170; MüKoBGB/*Carsten Schäfer* § 714 Rn. 37 f.
405 Peres/Senft/*Peres* § 7 Rn. 225; BGH WM 2013, 924.
406 MüKoBGB/*Carsten Schäfer* § 714 Rn. 38.

a) Eintrittshaftung

301 Auch der neu eintretende Sozius haftet nach überwiegender Meinung für Altverbindlichkeiten der Altsozien, analog § 130 HGB. Die Sozietät schließt den Mandatsvertrag vor Eintritt des Sozius ab. Der Verstoß des Altsozius begründet eine Verbindlichkeit der Sozietät. Der in eine Gesellschaft bürgerlichen Rechts eintretende Gesellschafter hat damit für vor seinem Eintritt begründete Verbindlichkeiten der Gesellschaft auch persönlich und als Gesamtschuldner mit den Altgesellschaftern einzustehen.[407] Er haftet unabhängig davon, ob der Verstoß zum Zeitpunkt des Eintritts zwar begangen, aber noch nicht bekannt war oder ob der Verstoß ihm oder den übrigen Sozien bereits bekannt ist oder ob er zum Zeitpunkt des Verstoßes überhaupt Anwalt war. Hier fallen Gesellschaftsrecht und Berufsrecht auseinander. § 51 BRAO verpflichtet den Rechtsanwalt allein die Versicherung während der Dauer seiner Zulassung aufrechtzuerhalten, aber eben nicht rückwirkend für Altverbindlichkeiten, siehe dazu ausführlich Teil 1.2 Rn. 17 ff. Speziell für Verbindlichkeiten aus beruflichen Haftungsfällen ist die Eintrittshaftung nicht final geklärt, da es bei freiberuflichen Partnerschaftsgesellschaften die besondere Handelndenhaftung nach § 8 Abs. 2 PartGG gibt, die die Haftung aller Sozien ausschließt. Es ist aber anzunehmen, dass für berufliche Fehler der Altsozien auch der neu eintretende Sozius persönlich haftet.[408] Die Eintrittshaftung kann man aber auch mit einer Erweiterung eines bestehenden vertraglichen Mandatsverhältnisses der Sozietät auf den neu eintretenden Sozius begründen.[409] Bei konsequenter Anwendung der Akzessorietätstheorie gelten die §§ 128 ff HGB und damit auch § 130 HGB.

302 Die Rechtsprechung wendet § 28 HGB bei Neugründung von Sozietäten nicht auf Anwälte an. Ein Haftungsausschluss ist nicht über das Handelsregister möglich und die bloße Mitteilung ist unpraktisch.[410] Daher haftet weder die neue Sozietät noch die Sozien für die jeweiligen Altverbindlichkeiten.

b) Austrittshaftung

303 Die ausgeschiedenen Sozien haften für Verbindlichkeiten nach ihrem Austritt aus der Sozietät, § 736 Abs. 2 BGB i.V.m. § 160 HGB. Der aus der Sozietät ausgeschiedene Sozius haftet demnach für bis dahin begründete Verbindlichkeiten der Sozietät, wenn sie vor Ablauf von 5 Jahren nach dem Ausscheiden fällig sind und daraus Ansprüche gegen ihn gerichtlich geltend gemacht werden. Einigkeit besteht darüber, dass die Verbindlichkeit begründet ist, wenn die Rechtsgrundlage für sie geschaffen ist.[411] Nicht gemeint ist, dass die Verbindlichkeit entstanden oder sogar fällig ist.[412] Übertragen auf eine Sozietät bedeutet es, dass die maßgebliche Verbindlichkeit bereits zu dem Zeitpunkt begründet ist, zu dem die Gesellschaft mit dem anderen den Mandatsvertrag schließt und sich daraus ohne Hinzutreten weiterer Abreden zwischen Mandant und der Sozietät die Verpflichtung der Sozietät ergibt. Nicht maßgeblich ist daher der Verstoß. Der Gesellschaftsgläubiger soll sich darauf verlassen dürfen, dass die bei Abschluss des Vertrages persönlich haftenden Gesellschafter auch im Falle eines späteren Ausscheidens als Haftende zur Ver-

---

407 BGH NJW 2003, 1803; BGH NJW 2006, 765.
408 BGH NJW 2003, 1803; ausdrücklich im Leitsatz offengelassen; HBAnw/*Rinkler* §1 Rn. 411; *Offermann-Burckart* AnwBl 2013, 699 f; *Becker* AnwBl 2013, 658; OLG Hamm NJW-RR 2002, 495; anders OLG Düsseldorf ZIP 2002, 616.
409 OLG Saarbrücken NJW-RR 2006, 707; Haftung schon analog § 128 HGB.
410 BGH NJW-RR 2012, 239; BGH NJW 2004, 836; HBAnw/*Rinkler* § 1 Rn. 412; MüKoHGB/*Thiessen* § 28 Rn. 13; anders *K. Schmidt* NJW 2003, 1897, 1903; BB 2004, 785; NJW 2005, 2801, 2807; MüKoBGB/*Carsten Schäfer* § 714 Rn. 75.
411 Henssler/Strohn/*Steitz* GesRHGB § 128 Rn. 47; Baumbach/Hopt/*Roth* § 128 Rn. 29; MüKoHGB/*Schmidt* § 128 Rn. 49.
412 HBAnw/*Rinkler* § 1 Rn. 413.

fügung stehen.[413] Bei gesetzlichen Schuldverhältnissen wie Delikt, GoA handelt es sich um Altverbindlichkeiten, wenn der das Schuldverhältnis begründende Tatbestand, die Verletzungshandlung oder die Übernahme des Geschäfts, bereits vor dem Ausscheiden des Gesellschafters erfüllt war. Bei Ansprüchen aus ungerechtfertigter Bereicherung ist zwischen Leistungskondiktion und Nicht-Leistungskondiktion zu unterscheiden: bei Leistungskondition gilt die Verbindlichkeit als begründet, wenn der fehlende Rechtsgrund schon bei Ausscheiden bestand, bei Nicht-Leistungskondiktion kommt es auf die Eingriffs- oder Verwendungshandlung an.[414] Überzeugender, aber gegen die Tendenz der Rechtsprechung des BGH, wäre es bei rechtsgeschäftlichen Verbindlichkeiten einer Sozietät auf den Zeitpunkt des Verstoßes wie bei deliktischen Handlungen abzustellen.[415] Die Nachhaftung für den ausgeschiedenen Sozius ist nicht kalkulierbar, da das Mandatsverhältnis nachträglich häufig modifiziert wird. Darüber hinaus hat der Gläubiger als Haftungsschuldner noch die Sozietät und die übrigen Sozien, die eine Berufshaftpflichtversicherung genau für diese Gefahren vorhalten müssen.

Die Fünf-Jahres-Frist beginnt zu dem Zeitpunkt, zu dem der Gläubiger von dem Ausscheiden **304**
des Sozius positive Kenntnis erlangt hat.[416] Andernfalls kann der Sozius trotz formalem Ausscheiden nach den Regeln der Anscheins- und Duldungsvollmacht unbegrenzt weiterhaften. Er muss daher aktiv den Rechtsschein zerstören. Nicht genügend ist es der Sozietät die Namensverwendung im Briefkopf oder auf einem Kanzleischild einfach nur zu untersagen.[417] Der ausgeschiedene Sozius/Scheinsozius haftet aber nicht mehr, wenn er zwar noch im Briefkopf der Sozietät namentlich genannt ist, aber am Seitenrand der Hinweis angebracht ist, dass er nicht mehr als Rechtsanwalt tätig ist.[418]

c) interprofessionelle Haftung

aa) Allgemeines

Die interprofessionelle Sozietät schließt den Auftrag ab und nicht der einzelne Berufs- **305**
träger.[419] Alle Rechtsanwalts-Sozien und Scheinsozien und mit ihnen alle sozietätsfähigen Mitglieder, gleich ob Steuerberater, Wirtschaftsprüfer, Patentanwalt etc. haften als Gesellschafter dem Mandanten oder Dritten gegenüber gesamtschuldnerisch und persönlich, analog § 128 HGB.[420] Dabei ist der Auftragsinhalt unerheblich, es kann sich um eine anwaltliche oder sonstige Geschäftsbesorgung handeln.

Entschieden ist, dass man nicht mehr zwischen Gemeinschafts- und Vorbehaltsaufgaben **306**
der verschiedenen Berufsträger differenziert. Die Sozietät selbst kann Partei eines Anwaltsvertrags sein. Wird ein Anwaltsvertrag mit einer Sozietät geschlossen, der neben Rechtsanwälten auch Steuerberater angehören, so haften für einen Regressanspruch wegen Verletzung anwaltlicher Beratungspflichten auch diejenigen Sozien persönlich, die selbst nicht Rechtsanwälte

---

413 *Kiethe/Römer* DStR 1993, 1069; *Lüneborg* ZIP 2012, 2229; MüKoHGB/*Schmidt* § 128 Rn. 50 zur Personenhandelsgesellschaft; Henssler/Strohn/*Steitz* GesRHGB § 128 Rn. 48.
414 MüKoHGB/*Schmidt* § 128 Rn. 57.
415 Borgmann/*Jungk*/Schwaiger § 36 Rn. 13; LG Bonn DStR 2010, 1648; OLG Köln BeckRS 2011; 08572; AG Eilenburg BeckRS 2012, 05164; HBAnw/*Rinkler* § 1 Rn. 415.
416 BGH NJW 2007, 3784.
417 Henssler/Strohn/*Steitz* GesRHGB § 128 Rn. 44; *Offermann-Burckart* AnwBl 2013, 700.
418 OLG Düsseldorf AnwBl 2015, 181.
419 BGH NJW-RR 2006, 1071.
420 BGH NJW 2012, 2435.

sind.[421] Ein Wirtschaftsprüfer haftet für Verstöße des Rechtsanwalts-Partners, z.B. Erstellen eines Gesellschaftsvertrags und ein Anwalt haftet für Verstöße des Wirtschaftsprüfer-Partners, z.B. Wirtschaftlichkeitsberechnung. Nicht analog anzuwenden ist eine Haftungskonzentration nach § 8 Abs. 2 PartGG. Es fehlt an einer Regelungslücke.[422]

bb) Sozietätsfähige Berufe, § 59a BRAO

307 In der interprofessionellen Zusammenarbeit ist das jeweilig Berufsrecht der einzelnen Berufsangehörigen zu beachten, insbesondere die Höchstpersönlichkeit von bestimmten Tätigkeiten. Die in B Ziff. 1 BBR-RA genannten amtsähnlichen Tätigkeiten wie Insolvenzverwaltung, Betreuung usw. sind persönlich. Notare üben ihre hoheitliche Tätigkeit persönlich aus. Sie sind nicht sozietätsfähig nach dem abschließenden Katalog in § 59a BRAO. Ein Anwaltsnotar übt die anwaltliche Tätigkeit zusammen mit den anderen Sozietätsmitgliedern in der Sozietät gemeinschaftlich nach außen hin aus. Im Übrigen gilt zwischen Notaren untereinander, dass sie ihren Beruf nur eingeschränkt gemeinschaftlich ausüben können, § 9 BNotO. Es handelt sich um eine öffentliche höchstpersönliche Tätigkeit. Das öffentliche Notaramt schließt jede Form von Fremdverantwortlichkeit aus und ist vom Amtsträger nicht abspaltbar. In der Regel dürfen es daher nicht mehr als zwei Notare sein. Kein Partner darf wie ein Angestellter abhängig vom anderen sein.[423] Die Bürogemeinschaft zwischen einem Rechtsanwalt und einem nichtanwaltlichen Mediator und Berufsbetreuer verstößt ebenfalls gegen das Verbot einer beruflichen Zusammenarbeit nach § 59a Abs. 3 i.V.m. Abs. 1 Satz 1 BRAO.[424]

cc) Ärzte/Apotheker

308 Das Bundesverfassungsgericht hat nach der Vorlage des BGH beschlossen, dass § 59a BRAO teilnichtig ist.[425] Der Zusammenschluss eines Anwalts mit Ärzten/Apothekern ist daher möglich, wenn der Arzt/Apotheker eine gutachterliche oder fachlich beratende Tätigkeit ausübt. Weiterhin unzulässig ist die gemeinschaftliche Berufsausübung eines Anwalts mit einem praktizierenden Arzt/Apotheker.[426] Die gemeinschaftliche Berufsausübung zwischen Anwalt und Arzt/Apotheker ist nur in Form der Partnerschaft erlaubt. Sie ist nicht erlaubt in Form einer juristischen Person wie einer Rechtsanwalts-GmbH. Die gemeinschaftliche Berufsausübung in Form einer Sozietät ist zwar naheliegend, aber nicht vom Beschluss erfasst.[427]

309 Das Haftungsregime in einer interprofessionellen Partnerschaft zwischen Anwalt/Arzt oder Apotheker kann nur der Rechtsprechung des BGH zur interprofessionellen GbR entsprechen, analog §§ 128 ff HGB. Der Anwalt haftet für Gutachtenfehler des Arztes/Apothekers und Arzt/Apotheker haftet für Anwaltsfehler. Derzeit scheint eine Haftung nur für Vermögensschäden denkbar, weil allein die gutachterliche Tätigkeit erlaubt ist. Denkbar sind aber auch Personen- und Sachschäden, wenn ein Fehler in einem Gutachten dazu führt, dass ein Patient gesundheitlich beeinträchtigt wird.

---

421 BGH NJW 2012, 2435, 2442; Peres/Senft/*Peres* § 7 Rn. 240, Haftungsinhalt ist aber nur Geldersatz, keine Erfüllung; Borgmann/*Jungk*/Schwaiger § 36 Rn. 19; Feuerich/Weyland/*Brüggemann* § 59a Rn. 31; Henssler/Prütting/*Hartung* BRAO § 59a Rn. 71.
422 BGH NJW 2012, 2435 Rn. 74.
423 Schippel/Bracker/*Görk* § 9 Rn. 2.
424 AnwGH Celle BeckRS 2017, 116560.
425 BVerfG DStR 2016, 990.
426 *Henssler/Deckenbrock* AnwBl 2016, 211; *Kleine-Cosack* AnwBl 2016, 311; *Michel* GuP 2016, 108; *Prütting* EWiR 2016, 195; *Römermann* NJW 2016, 682; *Singer* AnwBl 2016, 788.
427 BVerfG-Beschl. v. 12.1.20161 BvL 6/13, Rn. 83.

Nach den AVB-RSW sind nur die Berufsgruppen versichert, die in den AVB-RSW aufgeführt sind: Rechtsanwälte und Patentanwälte, Steuerberater, Wirtschaftsprüfer und vereidigte Buchprüfer. Andere Berufe wie Apotheker und Ärzte sind nicht aufgeführt. Kein Versicherungsschutz besteht daher für die interprofessionelle akzessorische Haftung zwischen Ärzten/Apothekern und Anwälten oder weiteren Berufsgruppen nach den AVB-RSW. Bei einer möglichen Versicherung ist zu klären, wie Personen- und Sachschäden und Vermögensschäden versichert sind. § 12 mit der Durchschnittsleistung ist hier im Übrigen nicht anzuwenden, da es sich nicht um berufsangehörige Sozien handelt, siehe dazu ausführlich den Begriff des berufsangehörigen Sozius in § 1 II Rn. 252ff. Versicherer, die § 12 über die Berufsgruppen hinweg anwenden, müssen folgerichtig eine Durchschnittsleistung zwischen Personen- und Vermögensschäden bilden. Eine Lösung, unabhängig von § 12, ist die spiegelbildliche Mitversicherung des Rechtsanwalts und des Arztes. Die Deckung des Anwalts nach den AVB-RSW beinhaltet die Inanspruchnahme des Arztes für Berufsfehler des Rechtsanwalts. Die Deckung des Arztes beinhaltet die Inanspruchnahme des Anwalts für Berufsfehler des Arztes. Dabei richtet sich nach dem jeweiligen Versicherungsvertrag, in der der andere Berufsträger versichert ist, ob ein versicherter Fall vorliegt. Die Versicherungsleistung wird aus dem jeweiligen Vertrag erbracht, bei dem der andere mitversichert ist. Zu beachten ist hier, dass dies nicht dem Deckungskonzept der interprofessionellen Haftung nach Teil 1.2 entspricht. Hier hat der akzessorisch haftende Berufsträger Versicherungsschutz dem Umfang nach aus seiner eigenen Police, siehe ausführlich Teil 1.2 Rn. 32ff in Höchstbetrag der Versicherungsleistung und Jahreshöchstleistung für die Eintrittsversicherung und die Versicherung für die interprofessionelle akzessorische Haftung. Die Unterschiede erklären sich dadurch, dass bei Teil 1.2 Versicherungsschutz allein für Vermögensschäden besteht, der bei Anwälten/Steuerberatern/Wirtschaftsprüfern gleich ist. Anders bei den Ärzten/Apothekern. Hier besteht auch Versicherungsschutz für Personenschäden. Aus der Police eines Anwalts kann der Versicherer keinen Personenschaden regulieren, da dieser Schaden unter keinen Umständen versichert ist. 310

5. Haftung der Scheinsozien

Bei Scheinsozien und Scheinsozietäten gibt es besondere Haftungsfragen. Die Scheinsozien 311
haften wie die Sozien gesamtschuldnerisch und akzessorisch für die Gesellschaftsverbindlichkeit analog § 128 HGB.[428] Die Haftung ergibt sich nach Rechtsscheingesichtspunkten, wenn der äußere Anschein einer Sozietät besteht und die Scheinsozien rechtsgeschäftlich im Namen der Sozietät handeln. Die Rechtsprechung nimmt nach den Grundsätzen der Anscheins- und Duldungsvollmacht eine Rechtsscheinhaftung an.[429] Der als Sozius auftretende Rechtsanwalt schließt jedenfalls den Mandatsvertrag nach Rechtsscheingesichtspunkten ab.[430] Der Scheinsozius haftet wie ein Sozius auf Erfüllung. Die Sozietät selbst haftet für eine Pflichtverletzung des Scheinsozius, da er zumindest ihr Scheinrepräsentant oder Funktionsträger ist.[431]

Die Haftung analog § 130 HGB des in eine Sozietät neu eintretenden Scheinsozius für die 312
Altverbindlichkeiten der Sozietät lehnen die herrschende Lehre und Teile der Rspr ab.[432] Der eintretende Scheinsozius konnte zu dem Zeitpunkt, als der Mandatsvertrag begründet wurde, noch gar keinen Rechtsschein setzen. Einen rückwirkenden Rechtsschein gibt es nicht.[433] Der

---

428 MüKoBGB/*Carsten Schäfer* § 714 Rn. 40.
429 BGH NJW 2007, 2490 Rn. 20; BGH NJW 2008, 2330 Rn. 8; BGH NJW 1999, 3040.
430 *Deckenbrock* ZIP 2014, 702ff; kritisch zur Rechtsscheinhaftung von Scheinsozien *Markworth* AnwBl 2014, 800.
431 Peres/Senft/*Peres* § 11 Rn. 18.
432 *Deckenbrock/Meyer* ZIP 2014, 704; Henssler/Strohn/*Servatius* GesRBGB § 714 Rn. 24; *Heyers* DStR 2013, 816; für die Rspr. OLG Saarbrücken NJW 2006, 2862.
433 MüKoBGB/*Carsten Schäfer* § 714 Rn. 40.

Scheinsozius kann allenfalls dann haften, wenn der Mandatsvertrag erkennbar auch später eintretende Anwälte mit in die Erledigung des Auftrags einbeziehen will.[434] Nach anderer Ansicht gilt § 130 HGB analog auch für die Haftung des Scheinsozius. Der Mandant als Gläubiger ist schutzwürdig.[435]

313 Die ausgeschiedenen Scheinsozien haften für Verbindlichkeiten nach ihrem Austritt aus der Sozietät, § 736 Abs. 2 BGB i.V.m. § 160 HGB. Es gibt keine Unterschiede zu Sozien. Der Rechtsschein besteht anders als bei der Eintrittshaftung zu dem Zeitpunkt als der Mandatsvertrag mit der Sozietät geschlossen wird und der Scheinsozius der Sozietät angehört.

314 Man rechnet analog § 31 BGB Handlungen von Gesellschaftern der GbR zu, unabhängig davon, ob es sich um rechtsgeschäftliche oder gesetzliche Verbindlichkeiten handelt. Bei Scheinsozien als Scheingesellschaftern ist das deliktische Handeln der Sozietät nur in Ausnahmefällen zuzurechnen. Bei rechtsgeschäftlichen Verbindlichkeiten setzt der Scheinsozius den Rechtsschein. Der Mandant vertraut darauf und schließt mit der Sozietät den Mandatsvertrag ab. Bei deliktischen Verbindlichkeiten kann der Mandant aber nicht auf einen Rechtsschein vertrauen. Das Vertrauen des Mandanten ist jedenfalls nicht kausal für die unerlaubte Handlung des Scheinsozius. Dies gilt ebenso für bereicherungsrechtliche Ansprüche.[436] Im Ergebnis haften die Sozietät und alle Sozien und Scheinsozien aber trotzdem gesamtschuldnerisch und persönlich analog § 128 HGB, weil man eine Sonderverbindung annimmt. Wenn die unerlaubte Handlung in einem engen Zusammenhang mit einer rechtsgeschäftlichen Verbindlichkeit besteht, ist das Vertrauen des Mandanten oder auch eines Dritten schutzwürdig und beruht nicht auf einem Zufall. Nach der Rechtsprechung haften daher die Sozietät und die Sozien, wenn einer der Sozien Mandantengelder veruntreut. Die Haftung ist unabhängig davon, ob der Scheinsozius oder der Sozius die Mandantengelder veruntreut hat oder ob ein Scheinsozius persönlich mithaftet.[437]

315 Bei anwaltsuntypischen Tätigkeiten hat der BGH entschieden, dass der Scheinsozius für daraus entstehende Forderungen nicht haftet. Es geht bei der Rechtsscheinhaftung allein um den Vertrauensschutz des Mandanten. Dies setzt ein konkretes Mandatsverhältnis voraus.[438] Nach der Literatur hingegen, entsprechend dem Akzessorietätsmodell, haftet der Scheinsozius, unabhängig von der Einordnung. Der Vertrag kommt mit der Sozietät zustande. Die Sozien und gerade auch die Scheinsozien haften persönlich und unmittelbar, analog § 128 HGB. Es kommt hier allein darauf an, ob der Vertrag mit der Sozietät zustande kommt oder mit einzelnen Sozien, die dann auch einzeln haften.[439]

6. Haftung der Partnerschaft nach dem Partnerschaftsgesetz

Der Gesetzgeber hat mit der Partnerschaft im Jahr 1995 eine eigene Organisationsform für Zusammenschlüsse von Freiberuflern geschaffen.

a) Besonderheiten der Haftung

316 Das PartGG regelt die Haftung der Partnerschaft und der Partner in § 8 PartGG. Die Haftung orientiert sich an der OHG, §§ 128 ff HGB mit der akzessorischen Haftung der Partner für die Ver-

434 Peres/Senft/*Peres* § 11 Rn. 23.
435 *Schäfer* DStR 2003, 1082; offen gelassen für Berufsversehen der II. Zivilsenat des BGH ZIP 2003, 899.
436 Peres/Senft/*Peres* § 11 Rn. 23; *Deckenbrock/Meyer* ZIP 2014, 703; *Ulmer* ZIP 2001, 585, 597.
437 BGH NJW 2007, 2490, BGH NJW 2011, 3718.
438 BGH NJW 2008, 2330; hier der für das Kaufrecht zuständige VIII. Zivilsenat.
439 *Lux* NJW 2008, 2309, 2312 zur Entscheidung BGH NJW 2008, 2330.

bindlichkeiten der Partnerschaft. Der Unterschied zwischen den Organisationsformen GbR und der einfachen Partnerschaft besteht in dem Haftungsprivileg des § 8 Abs. 2 PartGG, zugunsten der nicht selbst an der fehlerhaften Mandatsbearbeitung beteiligten Partner, die sog. Handelndenhaftung/Haftungskonzentration. Wenn nur einzelne Partner mit der Bearbeitung eines Auftrags befasst waren, so haften nur sie für berufliche Fehler neben der Partnerschaft. Der § 8 Abs. 2 PartGG ist weit auszulegen. Er umfasst sämtliche Schadensersatzansprüche wegen fehlerhafter Berufsausübung durch Anwälte. Darunter fallen auch deliktische Ansprüche, die man der Partnerschaft zurechnet, analog § 31 BGB.[440]

Das PartGG regelt gesetzlich die Ein- und Austrittshaftung von Partnern. Die Nachhaftung bei Austritt ist in § 10 Abs. 2 PartGG i.V.m. § 160 HGB für begründete Verbindlichkeiten der Partnerschaft auf fünf Jahre beschränkt. Der Begriff der begründeten Verbindlichkeit ist gleich wie nach der Rechtsprechung zur Haftung bei der GbR, siehe § 1 Rn. 303ff. Der Mandatsvertrag muss daher vor Austritt geschlossen sein. Der Partner haftet dann noch 5 Jahre lang für Verstöße nach seinem Austritt. Der Partner haftet auf der anderen Seite für Verbindlichkeiten der Partnerschaft, die vor seinem Eintritt begründet wurden, § 8 Abs. 1 Satz 2 PartGG i.V.m. § 130 HGB. Die Rechtsprechung zur GbR gilt entsprechend, siehe § 1 Rn. 301ff. Eine Haftung des Partners, der in eine bestehende Einzelkanzlei eines anderen Anwalts eintritt, ist im PartGG nicht ausdrücklich geregelt. Die Rechtsprechung lehnt eine analoge Anwendung des § 28 HGB ab.[441] 317

b) Partner und Scheinpartner

Auch die Scheinpartner, gleich ob mit oder ohne Registereintrag im Partnerschaftsregister, haften akzessorisch für die Verbindlichkeiten der Partnerschaft. Es gilt der handelsrechtliche Grundsatz. Wer im Geschäftsverkehr als Gesellschafter einer OHG auftritt, muss sich auch als persönlich haftender Gesellschafter behandeln lassen.[442] Maßgeblich ist wie in der Sozietät der Außenauftritt. Der Rechtsschein der Partnereigenschaft muss aktiv zerstört sein, um die Haftung auszuschließen, siehe bei der Sozietät zur Abgrenzung von Scheinsozien § 1 Rn. 250f. 318

7. Deckungskonzept Sozietät/Partnerschaft

a) Sozien und Sozietät als Versicherungsnehmer

Jeder Rechtsanwalt, der seinen Beruf gemeinsam mit anderen in einer Personengesellschaft in Form einer GbR oder einer Partnerschaft nach dem PartGG ausübt, muss eine eigene Berufshaftpflichtversicherung abschließen, § 51 BRAO. Für die PartG mbB bei Beteiligung der Anwälte gilt: Die PartG mbB ist Versicherungsnehmerin für die Berufshaftpflichtversicherung. Sie dient allein dazu die Haftung auf das Gesellschaftsvermögen für Berufsfehler zu beschränken, § 51a BRAO i.V.m. § 8 Abs. 4 PartGG. Sie dient nicht dazu die Anwälte für ihre Berufstätigkeit zu versichern. Die in der PartG mbB tätigen Anwälte müssen sich daher zusätzlich als Berufsträger nach § 51 BRAO selbständig versichern. Anders die Steuerberater, sie können sich bei der PartG mbB mitversichern, unabhängig davon ob die Partnerschaft anerkannt ist oder nicht, § 51 Abs. 3 2. Halbsatz DVStB; siehe § 1 Rn. 444. 319

Der einzelne Rechtsanwalt ist daher in folgenden Personengesellschaften selbst versicherungspflichtig: 320
- Gesellschaften bürgerlichen Rechts
- Partnerschaften ohne Haftungsbeschränkung

---

440 Meilicke/Graf v. Westphalen/*Graf v. Westphalen* § 8 Rn. 53ff.
441 BGH NJW 2004, 836, 837.
442 Henssler/Prütting/*Henssler* § 8 PartGG Rn. 17; MüKoBGB/*Carsten Schäfer* PartGG § 8 Rn. 11.

- Partnerschaft mit Haftungsbeschränkung, § 8 Abs. 4 PartGG
- ausländische Personengesellschaften wie z.B. LLP trotz der Haftung wie einer Kapitalgesellschaft

Die Sozietät kann nicht Versicherungsnehmerin sein, da man sie nicht zulassen/anerkennen kann und nach § 51 BRAO der einzelne Anwalt Versicherungsnehmer sein muss.

321 Die AVB-RSW und die gleichlautenden Bedingungen der anderen Versicherer regeln nicht eindeutig, wie eine sog. „Sozietätspolice" gestaltet ist und die Sozietät Versicherungsnehmerin sein soll. In der Praxis lassen sich die verschiedenen Modelle nicht immer trennscharf voneinander unterscheiden. Jeder Versicherer wird aber immer im Pflichtversicherungsumfang für jeden einzelnen Sozius den Versicherungsschutz bestätigen. Fälle, in denen Modelle als nicht BRAO-konform beanstandet wurden, gibt es deshalb nicht. Ein Weg ist, dass in der Versicherungspolice die Sozietät ausdrücklich als Versicherungsnehmerin erscheint. Man hinterlegt dies aber nicht in den Allgemeinen Bedingungen oder Risikobeschreibungen. In der Police bestätigt man dann für jeden einzelnen Sozius/Scheinsozius die Pflichtversicherungssumme von 250.000 EUR, 4-fach maximiert. Diese Bestätigung sollte nicht § 51 BRAO widersprechen. Zwar kann die Sozietät formal nicht Versicherungsnehmerin sein, aber zumindest materiell genügt dies den Anforderungen der Pflichtversicherungssumme von 250.000 EUR für jeden Sozius/Scheinsozius.

322 Ein weiterer Weg ist, dass man eine Sammelpolice annimmt. Die einzelnen Sozien in einer Sozietät gelten als weitere Versicherungsnehmer. Die Sozietätspolice sammelt alle diese Versicherungsnehmer in einer Police. Aus dieser Police unter einer Versicherungsscheinnummer kann der Versicherer dann auch die Zulassungspolicen und Pflichtversicherungsbestätigungen der einzelnen Sozien/Partner erstellen. Die Sozien kann man in diesem Fall auch als mitversicherte Personen nach § 7 I betrachten, zumindest oberhalb der Pflichtversicherung. Die Sozien sind mitversichert und haben den gleichen Versicherungsschutz wie die Sozietät selbst. § 7 I regelt zugunsten der Sozien/Scheinsozien als mitversicherten Personen, dass sie die gleichen Rechte und Pflichten wie die Sozietät als Versicherungsnehmerin haben. Praktisch und für den Deckungsschutz sollte es sich nicht auswirken, wenn der Versicherer eine „Sozietätspolice" anbietet, gleich wie sie gestaltet ist. Der Versicherungsschutz bleibt gleich, ob er sich ableitet aus der Versicherung der Berufsträger als Mitversicherung oder ob die Berufsträger in der Versicherung der Sozietät mitversichert sind.

323 Für Exzedenten oberhalb der Pflichtversicherungssumme, gibt es die dementsprechenden Möglichkeiten. Erstens ist möglich, dass die einzelnen Anwälte auch oberhalb der Pflichtversicherungssumme selbständig versichert sind. Jeder einzelne Anwalt hat seine eigene Versicherung. Die hier wichtige Sozienklausel des § 12 stellt sicher, dass alle Sozien/Scheinsozien auf die Versicherungssumme der übrigen Sozien zurückgreifen können. Zweitens ist möglich, dass die Personengesellschaft oberhalb der Pflichtversicherungssumme selbständig versichert ist als Exzedent, weil die Regeln der Pflichtversicherung nach § 51 BRAO nicht gelten. Die Gesellschaft ist die Versicherungsnehmerin und nicht mehr der einzelne Anwalt. Die einzelnen Anwälte müssen aber mitversichert sein für die persönliche Inanspruchnahme aufgrund der gesellschaftsrechtlichen Haftung für die Verbindlichkeiten der Gesellschaft und den amtsähnlichen persönlichen Tätigkeiten. Drittens ist möglich, dass die Personengesellschaft als Versicherungsnehmerin für die gesamte Kanzlei gilt wie bei der oben genannten Sozietätspolice. Es liegt nur ein Versicherungsvertrag zwischen der Personengesellschaft und dem Versicherer vor.

324 In einer Sozietät/Partnerschaft oder auch Rechtsanwalts-GmbH soll der Anwalt im Übrigen aktiv seinen Beruf ausüben, was sich aus § 59a Abs. 1 S. 1 BRAO ergibt: „...zur gemeinschaftlichen Berufsausübung". Für die Partnerschaftsgesellschaft ergibt sich der Grundsatz aus § 1 Abs. 1 S. 1 PartGG: Zweck der Partnerschaft ist der Zusammenschluss der Partner „zur Ausübung ihrer Berufe". Die Gesellschafter einer Anwalts-GmbH müssen in der Rechtsanwaltsgesellschaft „beruflich tätig" sein, § 59e Abs. 1 S. 2 BRAO. Ausreichend ist ein Mindestmaß an beruflichen Aktivitäten.[443] Praktische Auswirkungen sind aber nicht bekannt, wenn ein Sozius/Partner/Gesellschafter nicht mehr als Anwalt tätig ist, sondern nur auf dem Briefbogen z.B. als Sozietätsgründer geführt wird.

b) Mitversicherung von Anwälten ohne Außenauftritt und freie Mitarbeiter in der Sozietät, Of Counsel

Für Angestellte ohne Außenauftritt, freie Mitarbeiter und Of Counsel gilt folgendes: 325

Wenn angestellte Anwälte nach außen hin nicht auftreten, sind sie keine Scheinsozien. Gegenüber Dritten haften sie nicht, da kein Rechtsverhältnis zwischen ihnen und den Dritten besteht und analog §§ 128 ff HGB haften nur Sozien/Scheinsozien. Das gilt gleichfalls für die Angestellten einer Rechtsanwalts-GmbH. Allein die GmbH haftet als juristische Person. Die angestellten Anwälte sind aber mitversichert für ihre Tätigkeit nach §§ 7 I, 13 I; siehe dort zum Begriff der mitversicherten Person in den AVB-RSW bei § 7 Rn. 7 ff und § 13 Rn. 10 f. Die angestellten Anwälte ohne Außenauftritt erhöhen aber das Risiko, dass der Dritte den Versicherungsnehmer aufgrund eines Verstoßes in Anspruch nimmt, weil sie juristisch den Sozien oder der juristischen Person zuarbeiten. Daher ist es üblich, dass die Versicherer für die Tätigkeit der Angestellten ebenfalls Prämie erheben. Die Prämie entspricht aber nicht dem 100%-Tarif eines Sozius, sondern enthält regelmäßig einen Abschlag, da das Haftungsrisiko selbst geringer, regelmäßig 80%.[444] Diese angestellten Anwälte sind aber trotz des geringeren Prämienniveaus mitversichert. Sie haben aber nicht den gleichen Versicherungsschutz wie die übrigen Sozien oder Scheinsozien. Die angestellten Anwälte sind mitversichert für eine direkte Inanspruchnahme. Sie haben aber keinen Versicherungsschutz für amtsähnliche persönliche Tätigkeiten, siehe zum Versicherungsschutz der mitversicherten angestellten Anwälte bei § 7 Rn. 9 ff. und § 13 Rn. 10 f. Die Mitversicherung dieser Gruppe von Anwälten bedeutet aber trotzdem, dass sie eine Berufshaftpflichtversicherung unterhalten müssen, um sich als Anwalt zuzulassen. Sie benötigen eine Zulassungspolice, die man auch als Titulardeckung bezeichnet, da andernfalls der Titel „Anwalt" nicht möglich ist.

Im Grundsatz gilt dies ebenfalls für freie Mitarbeiter. Wenn der freie Mitarbeiter nicht nach 326
außen hin auftritt, entspricht er dem Risiko eines Angestellten ohne Außenauftritt. Die Prämie entspricht wie beim Angestellten nicht dem 100%-Tarif eines Sozius, sondern enthält regelmäßig den gleichen Abschlag wie beim Angestellten, da das gleiche Haftungsrisiko besteht. Wenn er einen Außenauftritt hat, gilt er regelmäßig als Scheinsozius. Er hat die gleich hohe Prämie zu entrichten wie die übrigen Sozien/Scheinsozien.

Ein Of Counsel versichert man im Ergebnis grundsätzlich wie einen Sozius/Scheinsozius. Der 327
Begriff Of Counsel ist im deutschen Recht nicht definiert. Regelmäßig versteht man darunter Mitarbeiter, die nicht Teil der Sozietät sind. In Deutschland sind dies häufig verbeamtete Rechtsprofessoren, weil sie nicht als Anwalt tätig sein können, siehe § 1 Rn. 250. Sie arbeiten der Sozietät zu und treten nicht gegenüber den Mandanten/Dritten als Berater auf. Sie sind rechtlich Kooperationspartner, anders als der Angestellte oder freie Mitarbeiter. Das Risiko der Inanspruchnahme besteht darin, dass die Sozietät den Of Counsel in Regress nimmt, wenn ihr Schaden auf einem Beratungsfehler des Of Counsel beruht. Korrekt ist daher der Regress der Kanzlei gegenüber dem Of Counsel zu versichern, praktisch wird der Of Counsel als Mitversicherter geführt, obwohl er als Nicht-Anwalt nicht über die Berufshaftpflichtversicherung versichert werden darf. Der Of Counsel zahlt in der Regel die gleich hohe Prämie wie der einzelne Sozius/Scheinsozius, da das gleiche Risiko besteht. Dabei ist aber zu berücksichtigen, dass der Of Counsel fast immer nur in Teilzeit mit entsprechendem Prämienabschlag neben seinem Hauptberuf für die Kanzlei tätig ist. Selbstverständlich besteht

443 BT-Drs. 13/9820, S. 14.
444 *Chab* AnwBl 2012, 274, 277.

kein Versicherungsschutz, wenn der Professor im Namen der Hochschule als Lehrstuhlinhaber ein Gutachten abgibt. Hier handelt er als Beamter im Namen der Hochschule und haftet als Beamter.

8. Zulassungspolicen Anwälte

Risikobeschreibung und Besondere Bedingung zur Vermögensschaden-Haftpflichtversicherung des in einer rechts- und/oder wirtschaftsberatenden Kanzlei angestellten Rechtsanwalts für seine daneben ausgeübte Rechtsanwaltstätigkeit
HV 47/09[445]

Risikobeschreibung
Versichert ist die Tätigkeit als Rechtsanwalt, die der Versicherungsnehmer weder als Mitarbeiter einer rechts- und/oder wirtschaftsberatenden Kanzlei noch als deren Vertreter oder Sozius ausübt.

Besondere Bedingung
1. Die Beitragsberechnung gilt nur so lange, wie der Versicherungsnehmer als Mitarbeiter einer rechts- und/oder wirtschaftsberatenden Kanzlei tätig ist, ohne Außensozius zu sein.
2. Eine Veränderung der gegebenen Verhältnisse ist gemäß Teil 1 C § 11b I der Allgemeinen und Besonderen Versicherungsbedingungen zur Vermögensschaden-Haftpflichtversicherung für Rechtsanwälte (AVB-RSW) anzeigepflichtig.
3. Aufgrund der Änderungsanzeige oder sonstiger Feststellungen wird die Prämie entsprechend dem Zeitpunkt der Veränderung richtiggestellt (Teil 1 C § 8 IV AVB-RSW).

a) Überblick

328 Grundsätzlich benötigen alle Personen, die den Titel „Anwalt“ führen wollen, eine eigene Berufshaftpflichtversicherung, weil § 51 BRAO eine eigene Versicherung fordert. Eine Mitversicherung dieser Anwälte in der Police der übergeordneten Organisationsform in der Kanzleipolice ist nicht vorgesehen. Die eigene notwendige Police des Anwalts ist deshalb unabhängig von der Organisationsform, in der der Anwalt arbeitet. Die Anwälte erhalten dann Zusatzbedingungen zu den AVB-RSW, damit sie sich als Anwälte zulassen können. Die Zusatzbedingungen dokumentieren diese besondere Eigenschaft. Weil sich das Risiko der Anwälte und auch die Dokumentierung unterscheidet, unterscheiden sich auch die Zusatzbedingungen danach, wo der Anwalt tätig ist und in welchem Umfang. Bei allen Zulassungspolicen berücksichtigt man aber bei der Höhe der Prämie, dass das Risiko gering ist, weil die Anwälte nur die Police benötigen, um sich zuzulassen und weil es sich allenfalls um geringfügige eigene Mandate handelt. Das Hauptrisiko mit dem Hauptanteil der Prämie liegt bei der Police der Kanzlei.

329 Zulassungspolicen haben konkret folgende drei Gruppen von Anwälten mit den entsprechenden Zusatzbedingungen:

- angestellte Anwälte ohne Außenauftritt in einer Sozietät/Partnerschaft/PartG mbB und angestellte Anwälte in einer Rechtsanwalts-GmbH, siehe die an dieser Stelle kommentierte Bedingung HV 47 in § 1 Rn. 330ff
- Partner/Scheinpartner einer PartG mbB, weil Versicherungsnehmer der Berufshaftpflichtversicherung anders als in der einfachen Partnerschaft die PartG mbB sein muss und auch die Geschäftsführer/Gesellschafter einer Rechtsanwalts-GmbH, weil Berufsträger die GmbH ist, siehe hierzu die kommentierte Bedingung HV 4391 § 1 Rn. 413f

445 Bedingungen der Allianz; andere Versicherer verwenden ähnliche Bedingungswerke.

– sonstige nebenberufliche Anwälte in einer Einzelkanzlei, die einen geringen Umsatz aus ihrer Anwaltstätigkeit haben und hauptberuflich andere Einnahmen erzielen, wie z.B. der „taxifahrende Anwalt". Sie erhalten die Zusatzbedingung HV 4381: Versichert ist die Tätigkeit als Rechtsanwalt, welche der Versicherungsnehmer in seiner Einzelkanzlei mit den im Versicherungsschein genannten Jahreshonorareinnahmen ausübt.

b) Versicherungsumfang HV 47

Die Bedingung HV 47 gilt für alle Anwälte als Mitarbeiter, die keinen eigenständigen Außenauftritt haben in einer Berufsausübungsgemeinschaft in einer Sozietät/Partnerschaft oder nicht persönlich haften als angestellte Anwälte in einer Rechtsanwalts-GmbH. Kanzlei meint daher die Sozietät, Partnerschaft – gleich, ob mit oder ohne Haftungsbeschränkung – und die Kapitalgesellschaften Rechtsanwalts-GmbH und Rechtsanwalts-AG. Die Risikobeschreibung HV 47 beinhaltet, dass der Anwalt nur und ausschließlich für seine nebenberufliche Tätigkeit versichert ist. Er ist versichert für seine eigenen Mandate, die er im eigenen Namen auf eigene Rechnung ausübt außerhalb der hauptberuflichen Tätigkeit in der Kanzlei. Die Partner/Scheinpartner einer PartG mbB und Geschäftsführer/Gesellschafter stellen ein anderes Risiko dar. Für sie besteht für die eigene Zulassungspolice ein eigenes Versicherungskonzept über HV 4391, siehe für Partner/Scheinpartner einer PartG mbB und Geschäftsführer/Gesellschafter/Vorstände einer GmbH/AG § 1 Rn. 413 ff. 330

Die Besondere Bedingung (BB) regelt die Prämie für die Zulassungspolice. Da es sich um eine nebenberufliche Tätigkeit handelt, geht der Versicherer von einem geringen Umfang der eigenen Mandate des Anwalts aus. Die Gefahr von eigenen Versicherungsfällen ist gering, entsprechend ist die Prämie herabgesetzt gegenüber einem Anwalt in Vollzeit. Die Beitragsberechnung gilt daher nur so lange, wie der Versicherungsnehmer als Mitarbeiter einer rechts- und/oder wirtschaftsberatenden Kanzlei tätig ist, ohne Außensozius zu sein, Ziff. 1 BB. Veränderungen in der Tätigkeit des Mitarbeiters sind anzeigepflichtig nach § 11b I, Ziff. 2 BB. Dies gilt insbesondere dann, wenn ein Mitarbeiter zum Sozius/Scheinsozius aufsteigt und dies nicht dem Versicherer gemeldet wird. Wenn die Kanzlei dies nicht ordnungsgemäß meldet, z.B. auch nicht auf den in der Prämienrechnung enthaltenen Hinweis reagiert, besteht zumindest weiterhin Versicherungsschutz nach § 13 III für den Anwalt als mitversicherte Person. Im Schadenfall gelten die Regelungen aufgrund einer Obliegenheitsverletzung des § 26 VVG, § 11b I Ziff. 3, siehe ausführlich § 11b Rn. 14 ff. Bei ordnungsgemäßer Meldung stellt der Versicherer ab dem Zeitpunkt der Veränderung die Prämie rückwirkend richtig, Ziff. 3 BB. 331

c) Verhältnis Kanzleiversicherung und eigene Mandate des Anwalts

Bei jeder Berufshaftpflichtversicherung einer Kanzlei, unabhängig ob Sozietät/Partnerschaft oder einer Rechtsanwalts-GmbH oder Rechtsanwalts-Aktiengesellschaft ist das Verhältnis zur Einzelversicherung der Geschäftsführer/Sozien/Scheinsozien für eigene Mandate auf eigenem Briefbogen zu klären.

Die Tätigkeit der Anwälte im eigenen Namen auf eigenem Briefbogen ist immer im Umfang des gesetzlichen Mindestumfangs versichert über die Zulassungspolice. Darüber hinaus ist die Vereinbarung mit dem Versicherer maßgeblich. Wenn die Sozietät oberhalb des Pflichtversicherungsumfangs als Exzedent versichert ist, ist nur die Tätigkeit für die Kanzlei versichert, aber nicht für die Mandate im eigenen Namen. Hierfür ist Versicherungsschutz gesondert zu vereinbaren oder ist ausdrücklich über die Versicherung des Sozietätsexzedenten zu bestätigen. Regelmäßig gibt es das Versicherungsmodell einer Sozietät oder auch einfachen Partnerschaft, bei der die Sozien/Scheinsozien eine Versicherungssumme von 1 Million EUR, 2-fach pro Jahr maximiert haben, zusätzlich zur erforderlichen Mindestdeckung von 250.000 EUR, 4-fach pro Jahr. 332

Damit ist die Tätigkeit der Sozien/Scheinsozien im eigenen Namen auf eigenem Briefbogen bis zur Höhe von 1 Million EUR, 2-fach pro Jahr, versichert. Oberhalb von 1 Million EUR besteht dann die Versicherung der Sozietät/Partnerschaft ausschließlich für die Tätigkeit in der Sozietät und nicht mehr für die Tätigkeit im eigenen Namen.

333 Bei der Berufsträgergesellschaft wie der Rechtsanwalts-GmbH oder Rechtsanwalts-Aktiengesellschaft ist die juristische Person für ihre Berufsfehler zu versichern, § 59j BRAO. Die Gesellschafter und Geschäftsführer müssen in der GmbH anwaltlich tätig sein, § 59e Abs. 1 BRAO, und benötigen daher für ihre Tätigkeit noch eine eigene Berufshaftpflichtversicherung als Zulassungspolice, zuweilen Babypolice genannt, siehe hierzu die die kommentierte Bedingung HV 4391 § 1 Rn. 413f. Anders bei den Angestellten. Sie müssen für ihre Tätigkeit als Angestellte der GmbH nicht als Anwälte zugelassen sein. Eine Deckung für die Tätigkeit in der GmbH ist nicht erforderlich, da die Anwalts-GmbH handelt und haftet. Wenn sie jedoch anwaltlich tätig sein wollen und den Titel „Anwalt" führen, benötigen sie eine Zulassungspolice, siehe die an dieser Stelle kommentierte Bedingung HV 47 in § 1 Rn. 328 ff. Diese persönlichen Zulassungspolicen für Gesellschafter und Angestellte decken die Tätigkeiten im eigenen Namen auf eigene Rechnung und eigenem Briefbogen neben der Tätigkeit in der Anwalts-GmbH ab. Der Umfang des Versicherungsschutzes hängt von der Vereinbarung ab, regelmäßig ist dies die gesetzliche Mindestdeckung.

334 Die PartG mbB ist ebenfalls eine Berufsausübungsgemeinschaft. Dabei üben aber nach wie vor die Anwälte wie in einer Partnerschaft den Beruf aus und nicht die PartG mbB, §§ 51a und 51 BRAO. Daher gilt hier ebenfalls die Vereinbarung mit dem Versicherer. Grundsätzlich gilt das Modell wie bei der Berufsträgergesellschaft und nicht wie das in der Sozietät. Die Partner/Scheinpartner erhalten die Zusatzbedingung HV 4391, siehe hierzu die kommentierte Bedingung HV 4391 § 1 Rn. 413f und die Anwälte ohne Außenauftritt die HV 47, siehe die an dieser Stelle kommentierte Bedingung HV 47 in § 1 Rn. 328 ff. Regelmäßig beschränkt sich bei beiden Gruppen der Versicherungsschutz auf den Mindestumfang, soweit keine andere Regelung getroffen ist.

335 In der Berufshaftpflichtversicherung der Anwälte sind die amtsähnlichen persönlichen Tätigkeiten wie Insolvenzverwaltung, Testamentsvollstreckung etc. mitversichert. Die Besonderheit besteht, dass der Berufsträger die Tätigkeiten im eigenen Namen ausübt. Weder die Sozietät/Partnerschaft noch die Rechtsanwalts-GmbH können zu diesen Tätigkeiten ernannt oder bestellt werden. Wenn die Sozietät/Partnerschaft und auch die Rechtsanwalts-GmbH Versicherungsnehmer sind, müssen diese persönlichen Tätigkeiten der Berufsträger daher mitversichert sein. In Abgrenzung zu eigenen Mandaten im eigenen Namen und auf eigene Rechnung des Anwalts besteht dann Versicherungsschutz über die Kanzleideckung, wenn der Anwalt im wirtschaftlichen Interesse der Kanzlei handelt. Die Vergütung muss der Kanzlei zufließen, auch wenn Rechnungssteller die natürliche Person ist.

d) Geldwerter Vorteil

Wenn der Arbeitgeber Beiträge zur Berufshaftpflichtversicherung seiner angestellten Anwälte übernimmt, ist zu unterscheiden zwischen eigenbetrieblichen Interessen – kein zu versteuernder geldwerter Vorteil – und den lohnsteuerpflichtigen Vorteilen des Anwalts – geldwerter Vorteil.

336 Die eigene Berufshaftpflichtversicherung einer Rechtsanwalts-GbR ist kein zu versteuernder Arbeitslohn des Angestellten.[446] Dies gilt nicht nur für Anwaltssozietäten in der Rechtsform der GbR, sondern auch für Einzelkanzleien mit angestellten Rechtsanwälten. Auch auf Steuerkanzleien mit angestellten Steuerberatern ist die Entscheidung übertragbar. Das gilt auch für die Be-

446 BFH DStR 2016, 1256 und in SteuK 2016, 319 mit Anm. *Pelkmann*.

rufsträgergesellschaften. Die Beiträge des Arbeitgebers für die eigene Berufshaftpflichtversicherung einer Rechtsanwalts-GmbH sind kein Arbeitslohn.[447] Die Teilhabe des Arbeitnehmers am betrieblichen Versicherungsschutz seines Arbeitgebers führt nicht zu Arbeitslohn. Es handelt sich um eine ausschließlich eigenbetriebliche Betätigung des Arbeitgebers.

Arbeitslohn, der als geldwerter Vorteil zu versteuern ist, liegt hingegen vor, wenn der Arbeitgeber Beiträge für die Berufshaftpflichtversicherung übernimmt, die das eigene Haftpflichtrisiko des Arbeitnehmers abdecken wie nach § 51 BRAO. Wenn die Sozietät/GmbH die Beiträge für die Berufshaftpflichtversicherung ihrer angestellten Rechtsanwälte übernimmt, damit diese sich zulassen können, liegt ein lohnsteuerpflichtiger Arbeitslohn vor. Den geldwerten Vorteil haben die angestellten Anwälte individuell zu versteuern.[448] Wenn der angestellte Anwalt höher versichert ist als gesetzlich gefordert, kommt es nach dem oben genannten Urteil bei der Sozietät darauf an, ob die Sozietät eine eigene Berufshaftpflichtversicherung unterhält, was dann kein geldwerter Vorteil ist. Allein in Höhe der Beiträge für den gesetzlichen Mindestumfang der Pflichtversicherung liegt ein geldwerter Vorteil vor. Die Beiträge und damit der geldwerte Vorteil sind dann nach plausiblen und nachvollziehbaren Verfahren aus dem Gesamtprämienbeitrag der Sozietät/Partnerschaft zu berechnen. Dabei sollte die Kanzlei dies vorab mit dem Finanzamt klären. Dem Arbeitnehmer steht in Höhe des geldwerten Vorteils ein „korrespondierender" Werbungskostenabzug nach § 9 Abs. 1 Satz 1 EStG zu.[449] 337

IV. Interprofessionelle Sozietät/Partnerschaft ohne Haftungsbeschränkung

Das Berufsrecht schreibt vor, wie Anwälte, Steuerberater und Wirtschaftsprüfer gemeinschaftlich und interprofessionell ihren Beruf ausüben können.

1. Berufs- und Versicherungsrecht

a) Unterschiedliche berufsrechtliche Vorgaben

Eine gemeinschaftliche interprofessionelle Zusammenarbeit der Anwälte ist mit Steuerberatern und Wirtschaftsprüfern/ver. Buchprüfern möglich. § 59a BRAO erlaubt die gemeinschaftliche Berufsausübung von Anwälten mit anderen sozietätsfähigen Berufen, sowohl national mit Berufsgruppen aus Deutschland nach § 59a Abs. 1 Satz 1 BRAO als auch international mit gleichwertigen Berufsgruppen aus dem Ausland nach § 59a Abs. 2 BRAO. Die Aufzählung der Berufe ist abschließend, zur Zusammenarbeit mit Ärzten/Apothekern, siehe § 1 Rn. 308ff. Gleiches gilt für Bürogemeinschaften, § 59a Abs. 3 BRAO. Die rechtlichen Grundlagen für die interprofessionelle Berufsausübung sind: 338

- Anwälte: GbR/Partnerschaft nach § 59a Abs. 1 BRAO und für die Rechtsanwalts-GmbH nach § 59e Abs. 1 BRAO i.V.m. § 59a Abs. 1 BRAO
- Steuerberater: § 50 Abs. 2 StBerG für die anerkannten Steuerberatungsgesellschaften und in § 56 Abs. 1 StBerG die GbR/einfache Partnerschaft
- Wirtschaftsprüfer: § 28 Abs. 2 WPO für die anerkannten Wirtschaftsprüfungsgesellschaften und in § 44b Abs. 1 WPO die GbR/einfache Partnerschaft

Anwälte können im Gegensatz zu Steuerberatern/Wirtschaftsprüfern selbst keine anerkannte Berufsgesellschaft gründen. Die einzige Möglichkeit ist die Rechtsanwalts-GmbH als Kapitalgesellschaft zuzulassen. Die berufsrechtlichen Mehrheitsverhältnisse in einer Rechtsanwalts- 339

447 BFH DStR 2016, 298.
448 BFH DStR 2007, 576.
449 *Geserich* DStR 2016, 441 zur Entscheidung des BFH zur Rechtsanwalts-GmbH in DStR 2016, 298.

GmbH können nur doppelt als Anwalt und Steuerberater/Wirtschaftsprüfer qualifizierte Berufsangehörige erfüllen, §§ 59e und 59f BRAO.[450] Eine einzige Ausnahme hiervon hat der BGH gemacht. Er hat entschieden, dass bei einer Zulassung als Rechtsanwalts- und Patentanwalts-GmbH die Mehrheitserfordernisse nicht gelten. § 59e BRAO ist nicht mit Art. 12 GG vereinbar.[451] Ähnlich restriktiv die WPO. Anwälte sind berechtigt, gesetzliche Vertreter von Wirtschaftsprüfungsgesellschaften sein, § 28 Abs. 2 WPO. Nach § 28 Abs. 4 Nr. 3 WPO müssen aber in den als Wirtschaftsprüfungsgesellschaften anerkannten Kapitalgesellschaften mehrheitlich die Anteile und Stimmrechte bei den Wirtschaftsprüfern/Wirtschaftsprüfungsgesellschaften liegen. Das StBerG ist etwas weniger restriktiv. Anwälte können in einer anerkannten Steuerberatungsgesellschaft Vorstand, Geschäftsführer oder persönlich haftender Gesellschafter sein, § 50 Abs. 2 StBerG. § 50a Abs. 1 Nr. 5 StBerG lässt sogar zu, dass in einer Steuerberatungsgesellschaft die Mehrheit der Gesellschaftsanteile anderen Berufsangehörigen gehört. Steuerberater müssen aber mindestens die Hälfte der Geschäftsführer stellen, § 50 Abs. 4 StBerG.

340 Im Ergebnis sind die anerkannten Steuerberatungsgesellschaften und Wirtschaftsprüfungsgesellschaften nur für Steuerberater und Wirtschaftsprüfer vorgesehen, aber nicht für Anwälte. Es verbleiben praktisch zwei Organisationsformen für die interprofessionelle Zusammenarbeit mit Anwälten: Die Sozietät in Form der GbR und die Partnerschaft mit und ohne Haftungsbeschränkung.

341 Die Berufsrechte sind angenähert, unterscheiden sich aber im Detail. Anwälte können Tätigkeiten nicht ausüben, die mit der Stellung als Organ der Rechtspflege unvereinbar sind, §§ 7 Nr. 8, 14 Abs. 2 Nr. 8 BRAO; bei Steuerberatern sind die unvereinbaren Tätigkeiten nach § 57 Abs. 4 StBerG festgelegt und bei Wirtschaftsprüfern nach §§ 16 Abs. 1 Nr. 6, 43 Abs. 2 Satz 1, 43a Abs. 3 WPO. Zu beachten ist, dass in einer interprofessionellen Sozietät alle Sozien/Scheinsozien, gleich welche Qualifikation sie haben, für die Verbindlichkeiten der Sozietät haften. Die Unterscheidung zwischen Gemeinschafts- und Vorbehaltsaufgaben gibt es nicht mehr,[452] siehe ausführlich dazu interprofessionelle Haftung § 1 Rn. 305ff.

b) Zurechnung, strengstes Berufsrecht

342 Bei monoprofessionellen Zusammenschlüssen gelten das jeweils einschlägige Berufsrecht und Versicherungsrecht. Das Bezugsobjekt der Regelungen ist das einzelne Sozietätsmitglied trotz der Rechtsfähigkeit der Sozietät. Sanktionen einer berufsrechtlichen Verletzung haben nur die einzelnen Sozietätsmitglieder zu tragen.[453] Die Kammern lösen die Sozietäten nicht auf, sondern entziehen dem Kammermitglied die Zulassung. Sinngemäß sind aber die berufsrechtlichen Regelungen auch auf die Gesellschaften anzuwenden, § 59m Abs. 2 BRAO, § 72 Abs. 1 StBerG sowie § 56 Abs. 1 WPO.

343 Bei interprofessionellen Zusammenschlüssen gibt es keine Norm, die übergreifend das Berufsrecht und dann auch den Umfang der Versicherung regelt. § 30 BORA Satz 1 schreibt nur vor, dass die anderen Berufsgruppen auch das anwaltliche Berufsrecht beachten müssen. Der Gesetzgeber behilft sich formelhaft, dass einem allgemeinen berufsrechtlichen Grundsatz zufolge im Falle von divergierenden berufsrechtlichen Anforderungen stets die strengsten gelten.[454] Die Berufsgesetze enthalten aber diesen Grundsatz nicht. Was jeweils das strengste Berufsrecht ist

450 Henssler/Prütting/*Henssler* BRAO Vor § 59e Rn. 24.
451 BGH DStR 2011, 2479, 2482.
452 BGH NJW 2012, 2435.
453 Peres/Senft/*Nitschke* § 41 Rn. 6.
454 Z.B. zur Einführung der PartG mbB in BT-Drs. 17/13944, S. 21 oder Gesetzentwurf der Bundesregierung zum APAReG BT-Drs. 18/6282, S. 77 fünfter Absatz mit Verweis auf Beschlussempfehlung und Bericht des Rechtsausschusses zur PartG mbB BT-Drs. 17/13944, S. 15 linke Spalte.

und was dann für die Versicherung zu beachten ist, bleibt einzelfallbezogen und ist für Versicherer, Kammern und den Anwälten unklar. Der Gesetzgeber wollte sich dazu auch bewusst bei Einführung der PartG mbB nicht äußern. Allein die höchste Mindestversicherungssumme sollte maßgeblich sein.[455] Berechtigt ist der Grundsatz auf jeden Fall bei den „öffentlich-rechtlichen" Schutzvorschriften der Berufsausübung, den statusbezogenen Berufspflichten, wie der Stellung als Organ der Rechtspflege. Die „öffentlich-rechtlichen" Regeln der Berufsausübung betreffen Tätigkeitsverbote, z.B. gelten die Tätigkeitsverbote von Anwälten nach § 45 Abs. 3 BRAO auch für die anderen Berufsgruppen, die in der Sozietät ihren Beruf ausüben.

Bei den „privatrechtlichen" Regeln der Mandantenbeziehung und dem Versicherungsver- 344
hältnis ist dies aber nicht mehr so eindeutig, weil eine andere Interessenlage besteht. Speziell zum Versicherungsrecht hat sich etwas klarer, wenn auch nicht leicht verständlich, der Gesetzgeber beim Abschlussprüferaufsichtsreformgesetz für Wirtschaftsprüfer (APAReG) geäußert.[456] Es besteht bei interprofessionellen Partnerschaften ein Interesse an einer Vereinheitlichung der verschiedenen Berufsrechte zumindest hinsichtlich der Regelungen zur Berufshaftpflichtversicherung. Unterschiedliche Tätigkeiten erfordern eben auch unterschiedlichen Mindestversicherungsschutz. Im Prinzip gilt dies dann auch bei Doppelbändern oder Mehrfachbändern. Grundsätzlich ist nach Vorbehaltsaufgaben und Gemeinschaftsaufgaben zu differenzieren.

aa) Vorbehaltsaufgaben

Bei reinen Vorbehaltsaufgaben gilt das Recht desjenigen, der die Tätigkeit auch ausüben darf. 345
Bei einer interprofessionellen Sozietät gilt daher das Recht der Anwälte, wenn eine Rechtsberatung erbracht wird oder das Recht der Wirtschaftsprüfer, wenn eine Abschlussprüfung nach § 2 Abs. 1 WPO vorliegt.[457] Das Bundesverwaltungsgericht hat zudem festgestellt, dass Tätigkeiten, die eindeutig nur einem von mehreren Berufen zuzuordnen sind, ausschließlich nach dem für diesen Beruf geltenden Vorschriften zu beurteilen sind.[458] Die Zuordnung bedeutet dann auch, dass ausschließlich und einheitlich das jeweilige Berufs- und Versicherungsrecht gilt. Eine Kombination der verschiedenen Regeln ist nicht möglich, z.B. gibt es für ein Mandat nicht gleichzeitig Versicherungsschutz für wissentliche Pflichtverletzung aus dem Berufsrecht der Anwälte und die unmaximierte Jahreshöchstleistung aus dem Berufsrecht der Wirtschaftsberater.

Gleiches gilt bei Doppel- oder Mehrfachbändern. Für den Anwalt, der auch Wirtschaftsprü- 346
fer ist, gilt das Anwaltsrecht, wenn er rechtsberatend tätig ist.[459]

bb) Gemeinschaftsaufgaben

Bei Gemeinschaftsaufgaben ist die Zulassung des jeweils handelnden Berufsträgers maß- 347
geblich.[460] Die Steuerberatung ist eine Gemeinschaftsaufgabe, weil sie Anwälte, Steuerberater und Wirtschaftsprüfer nach ihrer jeweiligen Berufsordnung ausüben können. Bei der Steuerberatung gilt grundsätzlich, dass das einem Rechtsanwalt erteilte Mandat in der Regel nicht die Beratung und Belehrung im Steuerrecht umfasst. Ob ein Anwalt, der nicht zugleich Fachanwalt für Steuerrecht ist, die steuerlichen Auswirkungen einer Maßnahme bedenken und mit dem

455 BT Drs. 17/13944, S. 15 linke Spalte unten.
456 BT-Drs. 18/6282, S. 77 Abs. 1 und Abs. 4.
457 BT-Drs. 18/6282, S. 77, Abs. 4 letzter Satz und Abs. 5 Satz 1 leider umständlich formuliert: „Für den Rechtsanwaltspartner enthält die Spiegelvorschrift des § 51a Abs. 1 S. 1 BRAO die eindeutige Bezugnahme auf die Rechtsberatung. Eine entsprechende Regelung wird klarstellend in die WPO übertragen."
458 BVerwG NJW-RR 2001, 350.
459 BT-Drs. 18/6282, S. 77, Abs. 5 Satz 6; BGH NJW 2005, 1057 als Folge einer Mehrfachqualifikation; BGH NJW-RR 2001, 350.
460 BT-Drs. 18/6282, S. 77, Abs. 5 Satz 5.

Mandanten erörtern muss, hängt von der praktischen Bedeutung und dem „Bekanntheitsgrad“ der jeweils steuerrechtlichen Regelungen ab.[461] Bearbeitet das steuerrechtliche Mandat der Rechtsanwalts-Partner, ist daher das Berufsrecht und die versicherungsrechtlichen Anforderungen eines Anwalts anzuwenden. Bearbeitet hingegen der Steuerberater-Partner das Mandat, sind das Berufsrecht und die versicherungsrechtlichen Anforderungen eines Steuerberaters anzuwenden.

348 Zu beachten ist aber auch der Parteiwille bei Gemeinschaftsaufgaben. Es gilt das Berufsrecht und dann auch das Versicherungsrecht das der Mandant und der Versicherungsnehmer dem Vertragsverhältnis erkennbar zugrunde gelegt haben, soweit es dispositiv sein kann. Wenn ein doppelt qualifizierter Steuerberater und Wirtschaftsprüfer tätig ist, entscheidet der Parteiwille, wenn es um die Verjährung von Ersatzansprüchen geht.[462] Wenn der Parteiwille nicht feststellbar ist, soll ansonsten wieder das strengste Berufsrecht gelten und zwar einheitlich.[463]

349 Bei Doppelbändern bei einer Gemeinschaftsaufgabe soll ohne feststellbaren Parteiwille wieder das Berufsrecht und die versicherungsrechtlichen Anforderungen anzuwenden sein, die das strengere Berufsrecht darstellen, nicht aber kumulativ beides zusammen. Es gilt daher das Recht des Anwalts mit der wissentlichen Pflichtverletzung, wenn dieser Doppelbänder steuerrechtlich in einer PartG mbB tätig ist. Weil aber das Anwaltsrecht ausschließlich und einheitlich angewendet wird, gilt nicht die unmaximierte Versicherungssumme des Wirtschaftsprüfers.

c) Versicherungsrechtliche Vorgaben

350 Für die Versicherung geben die Berufsrechte unterschiedliche Vorgaben vor, hier im Überblick:

Versicherungssumme und Jahreshöchstleistung:
- Rechtsanwälte: Einzelkanzlei, Sozietät, Partnerschaft: 250.000 EUR, 4-fach pro Jahr; PartG mbB und Rechtsanwalts-GmbH: 2,5 Mio. EUR, Jahreshöchstleistung vervielfacht um die Zahl der Partner/Gesellschafter/Geschäftsführer, aber mind. 4-fach
- Steuerberater: Einzelpraxis, Sozietät, Partnerschaft 250.000 EUR, 4-fach pro Jahr, § 67a Abs. 1 Nr. 1 StBerG; PartG mbB, gleich ob anerkannt oder nicht: 1 Mio. EUR, Jahreshöchstleistung vervielfacht um die Zahl der Partner, aber mind. 4-fach maximiert, § 67 Abs. 1 und 2 StBerG, §§ 51 Abs. 1 Sätze 1 und 2, 52 Abs. 4 DVStB
- Wirtschaftsprüfer für alle Organisationsformen: 1 Million EUR, unbegrenzte Jahreshöchstleistung, § 54 Abs. 1 WPO i.V.m. § 323 Abs. 2 S. 1 HGB

Selbstbehalt:
- Rechtsanwälte: Einzelkanzlei, Sozietät, Partnerschaft: 2.500 EUR, § 51 Abs. 5 BRAO PartG mbB und Rechtsanwalts-GmbH: 25.000 EUR, §§ 51a Abs. 1 und 59j Abs. 1 i.V.m. 51 Abs. 5 BRAO
- Steuerberater: Einzelpraxis, Sozietät, Partnerschaft: 1.500 EUR, § 52 Abs. 2 S. 1 DVStB
- Wirtschaftsprüfer: 1.000 EUR, § 54 Abs. 4 Satz 2 WPO i.V.m. § 323 Abs. 2 S. 1 HGB

Ausschlüsse nach § 51 Abs. 3 BRAO, § § 51a DVStB, § 54 Abs. 3 WPO:
- Veruntreuung hinsichtlich der Personen
  - Rechtsanwälte: Veruntreuung durch Personal, Angehörige oder Sozien des Rechtsanwalts

---

461 OLG Düsseldorf VersR 2016, 122.
462 BGH NJW 1988, 1663; OLG Düsseldorf, Beschl. vom 12. Februar 2007, I-12 U 194/06 in openJur 2011, 51198.
463 BT-Drs. 18/6282, S. 77, Abs. 5 Satz 6; BGH NJW 2005, 1057 als Folge einer Mehrfachqualifikation.

  - Steuerberater: Fehlbeträge bei der Kassenführung, durch Verstöße beim Zahlungsakt oder durch Veruntreuung durch das Personal, Angehörige oder Sozien des Versicherungsnehmers
  - Wirtschaftsprüfer: Fehlbeträge bei der Kassenführung, durch Pflichtverletzungen beim Zahlungsakt oder durch Veruntreuung durch das Personal des Versicherungsnehmers
- Ausland hinsichtlich des Geltungsbereichs und des Auslandssachverhalts
  - Rechtsanwälte: alle Auslandssachverhalte außerhalb des europäischen geografischen Geltungsbereichs, aber Mitversicherung der Inanspruchnahme vor außereuropäischen Gerichten
  - Steuerberater: Aufzählung von Staaten, die zum Teil in Europa liegen
  - Wirtschaftsprüfer: anders als bei Anwälten können Ansprüche, die vor Gerichten in Drittstaaten geltend gemacht werden, ausgeschlossen werden

Haftungsbeschränkungen: 351
- Rechtsanwälte: § 51 Abs. 1 Nr. 2 BRAO nur Haftungsbeschränkung für leichte Fahrlässigkeit, keine für grobe Fahrlässigkeit in vorformulierten Vertragsbedingungen
- Steuerberater/Wirtschafsprüfer: § 54a WPO und § 67a Abs. 1 StBerG, jegliche Form der Fahrlässigkeit

Bei allen Berufsgruppen gibt es die Möglichkeit, die Haftung auf den Bearbeiter zu konzentrieren. Allein die BRAO fordert für Anwälte, dass der Mandant gesondert seine Zustimmung dazu unterschreiben muss, § 51a Abs. 2 S. 3 BRAO.

2. Deckungskonzept

a) Versicherungsumfang

Das Deckungskonzept der interprofessionellen Sozietät orientiert sich an den berufsrechtlichen und versicherungsrechtlichen Vorgaben der Anwälte, Steuerberater und Wirtschaftsprüfer. 352 Die Anforderungen für den Versicherungsschutz ergeben sich damit aus dem jeweiligen Berufsrecht und nicht kumulativ aus unterschiedlichen Berufsrechten. Diese Auslegung stützt die Einführung des § 54 Abs. 1 Satz 2 WPO. Der Gesetzgeber hat festgestellt, dass sich bei den Wirtschaftsprüfern speziell die Versicherung der PartG mbB nur auf die Wirtschaftsprüfungstätigkeit beziehen muss, nicht auf die Tätigkeit als Steuerberater oder Anwalt.[464] Siehe ausführlich zu den gesetzlichen Anforderungen für die Versicherung bei interprofessioneller Berufsausübung § 1 Rn. 382ff.

Der Versicherungsumfang in der interprofessionellen Partnerschaft/Sozietät gilt daher wie 353 folgt:
- Versicherungssummen:
  - Anwalt: mind. 250.00 EUR, vierfach maximiert
  - Steuerberater: mind. 250.00 EUR, vierfach maximiert
  - Wirtschaftsprüfer: mind. 1 Mio. unmaximiert, soweit „siegelführende“ Tätigkeit
- Bedingungen: jeweils der gesetzlich vorgeschriebene Mindestumfang mit den jeweiligen Ausschlüssen

Die WPO schreibt für die interprofessionelle Berufsausübung mit Rechtsanwälten und Steuerberatern vor, dass die Versicherungssumme mind. in Höhe von 1 Mio. EUR unmaximiert zur

464 APAReG BT-Drs. 18/6282, S. 77 im 4. Absatz a.E. leider etwas kompliziert.

Verfügung stehen muss, §§ 44b Abs. 2 WPO, § 7a WPBHV. Weil die Berufsrechte gleichgeordnet sind, kann aber das jeweilige Berufsrecht der anderen Berufsgruppe nicht vorschreiben, wie sie sich zu versichern hat. Das Berufsrecht kann nur für sich gelten. Der Versicherer der interprofessionellen Sozietät mit Wirtschaftsprüfern muss daher nicht bestätigen, dass die Rechtsanwälte/Steuerberater für ihre Tätigkeit eine unmaximierte Deckung haben. Er muss allein bestätigen, dass auch bei gesamtschuldnerischer Inanspruchnahme der Versicherungsschutz für den Wirtschaftsprüfer unmaximiert zur Verfügung steht.[465]

b) Versicherungsrechtliche Zurechnung der Verstöße

354 Der formale Versicherungsumfang klärt aber nicht, welcher Umfang bei einem konkreten Verstoß gilt. Für die Deckung ist daher zunächst zu klären, welchem Sozius der Verstoß zuzurechnen ist und dann welche Leistung der Sozius/die Sozietät bei berufseigenen und berufsfremden Verstößen aus welchem Versicherungsverhältnis erhält.

Wie oben dargestellt hat das APAReG Hinweise gegeben, welches Berufsrecht und auch welches Versicherungsrecht gelten soll, wenn in einer interprofessionellen Zusammenarbeit ein Verstoß begangen wird, siehe dazu ausführlich § 1 Rn. 342ff und konkret Rn. 345ff. Danach gilt bei Vorbehaltsaufgaben das entsprechende Versicherungsrecht, worüber die die Tätigkeit versichert ist. Bei Gemeinschaftsaufgaben gilt das Versicherungsrecht des Sozius, der den Verstoß begangen hat, soweit nicht etwas anderes vereinbart ist. Bei doppelt oder mehrfach qualifizierten Berufsträgern gilt der Parteiwille, soweit das Recht dispositiv ist und einheitlich das strengste Berufs- und Versicherungsrecht, wenn kein Parteiwille vorliegt.

Für weitere unklare Fälle hat sich eine stufenweise Zurechnung ergeben. Dabei ist zu beachten, dass es sich um praktische Erfahrungen handelt. Sie sind eine Richtlinie:

- Der Versicherungsfall betrifft zuerst den Sozius, der den Verstoß begangen hat oder nachrangig den Sozius, dem der Verstoß zur Last gelegt wird. Bei Verstößen von Vertretern, auch bei kurzfristiger Vertretung den Sozius, der vertreten wurde und nicht der Vertreter selbst.
- Bei Verstößen des Personals der Sozietät: Der Versicherungsfall betrifft zuerst den Sozius, der die fehlerhaft behandelte Sache bearbeitet hat, danach den Sozius, der nach der internen Geschäftsverteilung für die Bearbeitung der fehlerhaft behandelten Sache zuständig ist, danach den Sozius, der nach seinem Berufsbild für die Bearbeitung der fehlerhaft behandelten Sache zuständig ist.
- Bei Verstößen, die nach den oberen Fallgruppen nicht zurechenbar sind: alle Sozien
- Bei Unklarheiten bei Versicherungsfällen bei mehrfach qualifizierten Berufsträgern geht man auch zuweilen praktisch zugunsten der Berufsträger vor: Betrifft ein Versicherungsfall einen Sozius mit mehreren Qualifikationen, für den unterschiedliche Bedingungswerke gelten, wie z.B. bei einem Anwalt, der auch als Steuerberater zugelassen ist, so kommt für diesen Sozius das Bedingungswerk zur Anwendung, nach dem der Versicherungsfall gedeckt wäre.

c) Versicherungsleistung

355 Wenn die Zurechnung des Verstoßes geklärt ist, ist die Versicherungsleistung für berufseigene und berufsfremde Verstöße unter Beachtung von § 12 zu bestimmen. § 12 findet nur Anwendung innerhalb der jeweiligen Berufsgruppe. § 12 findet keine Anwendung zwischen den Berufsgruppen der Anwälte, Steuerberater und Wirtschaftsprüfer, siehe ausführlich bei § 1 Rn. 252ff zum Begriff des berufsangehörigen Sozius mit den Rechtsfolgen für § 12. Für die De-

465 Andere Ansicht Gräfe/*Brügge* A Rn. 398.

ckung bedeutet es im Ergebnis: Die Versicherungsleistung für die berufseigenen Verstöße ergibt sich aus § 1 i.V.m. § 12 und die für die berufsfremden Verstöße aus Teil 1.2, dem Deckungsbaustein für die gesellschaftsrechtliche Haftung.

Bei den Versicherungssummen und Maximierungen ergeben sich praktisch keine Unterschiede. Die interprofessionellen Sozietäten haben fast ausschließlich die gleich hohen Summen und Maximierungen. Bei den berufsfremden Verstößen, die über A Ziff. 2.3 Teil 1.2 versichert sind, ist zu beachten, dass der Versicherungsschutz für den mithaftenden Sozius sich aus dem Versicherungsschutz des Sozius ableitet, der den Verstoß begangen hat. Wenn der Sozius, der den Verstoß begangen hat, für diesen Verstoß nicht versichert ist, kann der andere Sozius, der gesellschaftsrechtlich dafür mithaftet, auch keinen Versicherungsschutz haben. Kein Versicherungsschutz besteht deshalb für den Anwalt, wenn der Steuerberater eine Scheidung durchgeführt hat und hieraus ein Schaden entsteht. Der Steuerberater ist nicht versichert und der Anwalt wäre zwar versichert, hat aber nicht den Verstoß begangen. Berufliche Tätigkeit ist nur die Tätigkeit, die der Berufsangehörige auch ausüben kann und darf und die nach seinen Bedingungen versichert ist. Dies gilt auch für die sonstigen mitversicherten Tätigkeiten. Wenn der Anwalt eine nach seinen Bedingungen nicht versicherte Treuhand ausübt, erlangt er nicht dadurch Versicherungsschutz, dass er mit einem Steuerberater zusammenarbeitet, bei dem sie als nicht-geschäftsführender Treuhänder versichert gewesen wäre; siehe hierzu auch Deckung für interprofessionelle Haftung A Ziff. 2.3 Teil 1.2 Rn. 24. 356

aa) Berufsangehörige

Bei Verstößen und der Inanspruchnahme zwischen berufsangehörigen Sozien ist § 12 anwendbar. Der Versicherungsfall eines Anwalts ist der Versicherungsfall aller Anwälte innerhalb der Sozietät. Bei interprofessionellen Sozietäten haben die berufsangehörigen Sozien regelmäßig die gleich hohe Versicherungssumme, so dass man keine Durchschnittsleistung bilden muss. Der Versicherer leistet aus dem Versicherungsvertrag des Sozius, der den Verstoß begangen hat. Wenn eine „Sozietätspolice" vorliegt aus dieser Police, aber allein aus den für die Anwälte vorgesehenem Versicherungsumfang. 357

bb) Berufsfremde

Bei Verstößen und der Inanspruchnahme zwischen berufsfremden Sozien ist § 12 nicht anwendbar. Daher hat man den Baustein 1.2 Deckung für gesellschaftsrechtliche Haftung in die AVB-RSW integriert. Er bietet den für die interprofessionelle Haftung erforderlichen Versicherungsschutz, siehe Baustein 1.2 Deckung für gesellschaftsrechtliche Haftung Rn. 1ff. Wenn z.B. der Steuerberater-Sozius für den Verstoß eines Anwalts-Sozius in Anspruch genommen wird, hat der Steuerberater-Sozius vollen Versicherungsschutz, auch unabhängig ob es sich um eine Gemeinschafts- oder Vorbehaltsaufgabe handelt. Die Frage, ob ein versicherter Verstoß vorliegt, richtet sich dabei nach den Bedingungen und damit auch Ausschlüssen des Sozius, der den Verstoß tatsächlich begangen hat, im Beispiel daher nach den Bedingungen, die der Anwalts-Sozius vereinbart hat. Der Versicherungsumfang nach Versicherungssumme und Jahreshöchstleistung richtet sich dann aber nach den Vereinbarungen, die der in Anspruch genommene Sozius getroffen hat, im Beispiel nach dem Versicherungsumfang des Steuerberater-Sozius, siehe ausführlich Teil 1.2 Ziff. 2 Deckung für gesellschaftsrechtliche Haftung Rn. 32ff. 358

Von diesem Standardmodell kann man Abweichendes vereinbaren: Bei Gemeinschaftsaufgaben wie z.B. der Steuerberatung bildet man eine Durchschnittsleistung aller Berufsgruppen, gleich wer den Verstoß begangen hat. Bei Vorbehaltsaufgaben gibt es Regelungen, nach denen alle Sozien Versicherungsschutz haben, wenn der Sozius, der den Verstoß begangen hat, nicht bewusst die Grenzen der erlaubten Tätigkeit überschritten hat. 359

360 Die Versicherungssumme für einen Versicherungsfall kumuliert aber nicht zwischen den verschiedenen Deckungen der Anwälte, Steuerberater oder Wirtschaftsprüfer. Weder bei berufseigenen noch bei berufsfremden Verstößen kumulieren die Versicherungssummen, auch wenn mehrere Sozien betroffen sind. Es handelt sich immer nur um einen Versicherungsfall und nicht um mehrere.

V. Partnerschaftsgesellschaft mit beschränkter Berufshaftung – Vorgaben

1. Haftung und Rechtsgrundlagen der PartG mbB

361 Der Gesetzgeber wollte mit der Regelung einer Partnerschaft mit beschränkter Berufshaftung den Trend zur LLP stoppen.[466] Die PartG mbB ist wie die Sozietät/Partnerschaft eine Berufsausübungsgemeinschaft. Sie ist keine neue Organisationsform. Die Anwälte üben den Beruf aus und nicht die PartG mbB. Es bedeutet, dass neben der Berufshaftpflichtversicherung der PartG mbB nach § 51a BRAO weiterhin und zusätzlich jeder Anwalt eine eigene Berufshaftpflichtversicherung nach § 51 BRAO benötigt. Das Haftungsregime der PartG mbB ähnelt einer zumindest Anwälten verbotenen GmbH & Co. KG – anstelle des Komplementärs tritt die Versicherung.[467]

362 Für Verbindlichkeiten der Partnerschaft aus Schäden wegen fehlerhafter Berufsausübung haftet den Gläubigern nur das Gesellschaftsvermögen, wenn die Partnerschaft eine Berufshaftpflichtversicherung unterhält, § 8 Abs. 4 PartGG. Der Gesetzgeber hat die Voraussetzungen nach § 8 Abs. 4 Satz 1 für Anwälte in § 51a BRAO geschaffen. Die Berufshaftpflichtversicherung ist nicht als Pflichtversicherung im Sinne der §§ 113 ff VVG ausgestaltet. Die Regeln der Pflichtversicherung nach § 113 Abs. 3 und die §§ 114 bis 124 VVG gelten aber dann, wenn sie abgeschlossen ist. Nach der Gesetzesbegründung handelt es sich um eine Rechtsfolgenverweisung.[468] Es dürfte sich jedoch um eine Rechtsgrundverweisung handeln, da die Voraussetzungen der §§ 113 ff VVG auch nach ihrem Tatbestand vorliegen müssen.[469] Erforderlich ist, dass die Versicherung alle Verstöße abdeckt, die die Anwälte in der PartG mbB begehen. Eine claims-made- statt einer Verstoßdeckung ist daher dann zulässig, wenn sie eine unbegrenzte Nachmeldefrist enthält. Es handelt sich um eine Eigenversicherung und keine Versicherung für fremde Rechnung wie die D&O-Versicherung.[470] Vertreten wird die Auffassung, dass aber die §§ 43 ff VVG analog anwendbar sind. Es besteht eine gleiche Interessenlage, da die Pflichtverletzungen der Partner als Berufsträger gedeckt sein sollen.[471]

363 Der Name der Partnerschaft muss den Zusatz „mit beschränkter Berufshaftung“ oder die Abkürzung „mbB“ oder eine andere allgemein verständliche Abkürzung dieser Bezeichnung enthalten; anstelle der Namenszusätze nach § 2 Abs. 1 Satz 1 PartGG kann der Name der Partnerschaft mit beschränkter Berufshaftung den Zusatz „Part“ oder „PartG“ enthalten.

364 Keine Voraussetzung für eine wirksame Haftungsbeschränkung ist die Eintragung des Namens der Partnerschaft im Partnerschaftsregister des zuständigen Amtsgerichts.[472] Es besteht aber die Pflicht, die PartG mbB beim Partnerschaftsregister mit der entsprechenden Versicherungsbescheinigung anzumelden, § 4 Abs. 3 PartGG, 113 Abs. 2 VVG. Die zuständige Berufskammer erhält eine Bestätigung der Versicherung der PartG mbB, § 8 Abs. 4 PartGG i.V.m. § 51a

466 BT-Drs. 17/10487 S. 11.
467 *Walpert* ZRP 2012, 127.
468 BT-Drs. 17/13944 S. 20.
469 *Henssler* AnwBl 2014, 96, 100.
470 BT-Drs. 17/10487 S. 17.
471 *Schumacher* VersR 2016, 964, 965.
472 BT Drs. 17/13944 S.15

Abs. 2 BRAO. Bei interprofessionellen Partnerschaften müssen die anderen Berufskammern jeweils die separate Bestätigung entsprechend ihren Berufsgesetzen erhalten. Das Ende einer PartG mbB zeigt der Versicherer den Berufskammern an, 117 Abs. 2 VVG. Eine Beendigungsmitteilung über die PartG mbB gegenüber dem Partnerschaftsregister ist dagegen nicht vorgesehen. Dies kann dazu führen, dass eine nicht mehr existierende Partnerschaft noch im Partnerschaftsregister erscheint.

2. Rechtsfolge

Wenn die PartG mbB wirksam besteht, haftet allein das Gesellschaftsvermögen der Partnerschaft. Die beschränkte Berufshaftung begrenzt aber nicht die Haftung der PartG mbB der Höhe nach. Die Haftung auf das Gesellschaftsvermögen für Berufsversehen bleibt unbegrenzt. Die Versicherung beendet allein die persönliche Haftung der Partner. Diese Haftungsbeschränkung tritt unabhängig davon ein, ob der Geschädigte aus dem Vermögen der Partnerschaft und einer Versicherung der Partnerschaft den vollen Schaden ersetzt bekommt. Da die persönliche Haftung ausgeschlossen ist, haftet der Anwalt auch nicht mehr für die Verbindlichkeiten der Partnerschaft analog §§ 130, 160 HGB, die vor seinem Eintritt oder nach seinem Austritt entstanden sind. Ebenfalls sind die Fälle der persönlichen interprofessionellen Haftung ausgeschlossen. Der Anwalt haftet nicht mehr persönlich für die Steuerberaterfälle und umgekehrt, sondern ausschließlich die Gesellschaft mit ihrem Gesellschaftsvermögen. **365**

Der Anwalt haftet aber persönlich, wenn nicht die Partnerschaft verpflichtet ist, sondern der einzelne Anwalt.[473] Hat der Anwalt seine Pflichten aus dem persönlichen Mandatsvertrag schuldhaft verletzt, so hat der Mandant oder Dritte einen Schadensersatzanspruch gegen diesen Anwalt. Die Partner haften auch weiterhin persönlich, wenn die Partnerschaft sonstige Verbindlichkeiten begründet hat, z.B. wenn die Partnerschaft Mieterin der Kanzleiräume ist oder für die Anschaffung von Büromaterial, weil die Haftungsbeschränkung anders als bei LLP nur für Berufsfehler gilt. **366**

Rechtsfolge einer unwirksamen PartG mbB ist, dass wieder die Partner und auch Scheinpartner akzessorisch für die Verbindlichkeiten der nun einfachen Partnerschaft haften. Es gilt § 8 Abs. 1 und Abs. 2 PartGG. Insbesondere liegt dies vor, wenn die PartG mbB nicht mehr den erforderlichen Mindestversicherungsschutz unterhält. Sie besteht dann nicht mehr als PartG mbB, z.B. bei Kündigung, Widerruf, Anfechtung, fehlende Zahlung der Prämie nach qualifizierter Mahnung, § 38 VVG.[474] Nach anderer Ansicht verbleibt es bei der Haftungsbeschränkung auf das Gesellschaftsvermögen, weil die Regeln der Pflichtversicherung gelten. Der Versicherer hat weiterhin zu leisten, so dass der Geschädigte weiterhin geschützt ist. Wenn die PartG mbB nicht den nach § 8 Abs. 4 Satz 3 PartGG geforderten Zusatz führt, wie z.B. „mit beschränkter Berufshaftung“, verstößt sie gegen § 37 Abs. 1 HGB. Der Handelnde haftet dann auch wieder persönlich und unmittelbar, dann nach § 179 BGB.[475] **367**

3. Vorgaben für die Berufshaftpflichtversicherung

Die Berufshaftpflichtversicherung einer Partnerschaftsgesellschaft mit beschränkter Berufshaftung muss die Haftpflichtgefahren für Vermögensschäden decken, die sich aus der Beratung und Vertretung in Rechtsangelegenheiten ergeben, § 51a BRAO i.V.m. § 8 Abs. 4 PartGG. **368**

473 *Ring* WM 2014, 237, 239.
474 *Uwer/Röding* AnwBl 2012, 309, 310.
475 BGH NJW 2012, 2871 für den fehlenden UG-Zusatz; BGH NZG 2007, 426 und BGH NJW 1991, 2627 bei einer GmbH.

a) Versicherungssumme und Maximierung

369 Bei Rechtsanwälten ist die Berufshaftpflichtversicherung der PartG mbB in § 51a BRAO geregelt. Die Mindestversicherungssumme beträgt 2,5 Mio. Euro. Die Leistungen des Versicherers für alle innerhalb eins Versicherungsjahrs verursachten Schäden können auf den Betrag der Mindestversicherungssumme, vervielfacht mit der Zahl der Partner, begrenzt werden. Die Jahreshöchstleistung für alle in einem Versicherungsjahr verursachten Schäden muss sich jedoch mindestens auf den vierfachen Betrag der Mindestversicherungssumme belaufen, was 10 Mio. EUR entspricht. Der Versicherer stellt im Mindestversicherungsumfang die Versicherungssumme von 2,5 Mio. EUR viermal im Jahr zur Verfügung. Ein Schaden in Höhe von 3 Mio. EUR ist nur bis 2,5 Mio. gedeckt. Darüber hinaus ist der Schaden selbst zu tragen. Es gilt aber hier selbstverständlich, dass die Haftung auch weiterhin auf das Gesellschaftsvermögen beschränkt ist.

370 Nicht möglich ist es § 51a Abs. 2 Satz 2 BRAO insoweit zu umgehen als man eine drop-down-Regelung für Exzedenten oberhalb der Mindestversicherungssumme von 2,5 Mio. EUR vereinbart.[476] Die drop-down-Regelung beinhaltet regelmäßig, dass bei Erschöpfen einer darunterliegenden Deckung, meist der Grunddeckung, der nächst höhere Summenbereich für die aufgebrauchte darunter liegende Summe eintrittspflichtig ist. Bei einer PartG mbB mit z.B. zehn Partnern ist eine Grunddeckung von 2,5 Mio., 10-fach vorzuhalten. Wenn der drop-down z.B. eine Versicherungssumme von 25 Mio. EUR, 1-fach, aufweist, ist dies nicht eine Versicherungssumme von 2,5 Mio., 10-fach. Bei einem Schaden von 25 Mio. ist die Versicherungssumme von 25 Mio. schlichtweg verbraucht, was § 51a BRAO widerspricht.

b) Scheinpartner und Maximierung

371 § 8 Abs. 4 PartGG und die Gesetzesbegründung regeln die Scheinpartner nicht ausdrücklich. Die PartG mbB kann jedoch nur dann eine entsprechende Berufshaftpflichtversicherung nach § 8 Abs. 4 Satz 1 PartGG unterhalten, wenn auch die Scheinpartner in der Versicherung der PartG mbB berücksichtigt sind. Die Scheinpartner und nicht nur die Partner nach dem Partnerschaftsregister zählen für die Maximierung mit. Der durch das Auftreten des Scheinpartners erweckte Rechtsschein verpflichtet, eine entsprechende Versicherung zu unterhalten.[477] Es wäre widersprüchlich, wenn einerseits für die Maximierung nur die Partner im Register gelten, andererseits aber bei einem Mangel gerade dieser Haftpflichtversicherung wieder alle Partner einschließlich Scheinpartner persönlich haften sollen.[478] Die Begründung des Regierungsentwurfs zur Maximierung nach der Zahl der Partner ist missverständlich. In diesem Teil der Begründung geht es nicht um die Festlegung, wer als Partner gilt.

c) Streichen des Ausschlusses wissentliche Pflichtverletzung

372 Die Besonderheit der PartG mbB besteht darin, dass die Berufshaftpflichtversicherer der Anwälte nicht mehr die Deckung der wissentlichen Pflichtverletzung in den Versicherungsbedingungen ausschließen können. § 51a BRAO verweist auf § 51 Abs. 2, 3 Nr. 2 bis 5, aber eben nicht auf Nr. 1. BRAO. Es besteht andernfalls eine rechtliche Schutzlücke, die mit der Deckung der wissentlichen Pflichtverletzung zu schließen ist.[479] Die Begründung ist aber nicht nachvollziehbar. Deliktische Ansprüche sind in der Berufshaftpflichtversicherung bei den versicherten

476 Anders *Diller* BBR-PartGmbB.
477 *Riechert* AnwBl 2014, 266, 267; *Zimmermann* NJW 2014, 1142, 1143; Meilicke/Graf v. Westphalen/*Graf v. Westphalen* § 8 Rn. 109.
478 *Riechert* AnwBl 2014, 266, 267.
479 BT 17/13944, S. 15.

Berufsfehlern von Anwälten grundsätzlich nicht durchsetzbar, da das Vermögen kein geschütztes absolutes Recht i.S.d. § 823 Abs. 1 BGB ist. Eine mögliche rechtliche Schutzlücke zwischen persönlicher Haftung des Anwalts und Beschränkung der Haftung auf das Gesellschaftsvermögen gibt es daher nicht. Die gleiche Begründung gibt es im Übrigen für die Anwalts-GmbH. Diese angebliche „rechtliche Schutzlücke" hätte man dann aber schon seit 1.3.1999 mit Einführung der Rechtsanwalts-GmbH schließen müssen. Ganz anders bei Steuerberatern und bei Wirtschaftsprüfern, bei denen man den Ausschluss der wissentlichen Pflichtverletzung vereinbaren kann, gleich bei welcher Organisationsform. Eine Erklärung ist nicht ersichtlich, warum der Gesetzgeber trotz gleichem gesellschaftsrechtlichen Haftungsregime und gleicher rechtlicher Schutzlücke bei Rechtsanwälten und Patentanwälten einmal so und bei Steuerberatern und Wirtschaftsprüfern einmal anders entschieden hat.

Anwälte können Ansprüche auf Ersatz eines fahrlässig verursachten Schadens durch vorformulierte Vertragsbedingungen für Fälle einfacher Fahrlässigkeit auf den vierfachen Betrag der Mindestversicherungssumme beschränken, wenn insoweit Versicherungsschutz besteht, § 52 Abs. 1 Satz 2 i.V.m. Abs. 1 Nr. 2 BRAO. Dies bedeutet eine Versicherungssumme von 10 Mio. EUR. Für die wissentliche Pflichtverletzung bedeutet es aber, dass es ausreichend ist, wenn Versicherungsschutz bis 2,5 Mio. EUR besteht. Die Versicherungssumme muss nicht 10 Mio. EUR betragen. Dies ergibt sich aus dem Wortlaut des § 52 BRAO, der vom „Betrag der Mindestversicherungssumme" spricht. Es ist auch widersprüchlich, wenn die Haftung für leichte Fahrlässigkeit nur dadurch erreicht wird, wenn man die wissentliche Pflichtverletzung bis 10 Mio. mitversichern muss. Es gibt hierzu jedoch keine Rechtsprechung 373

Das Streichen des Ausschlusses der wissentlichen Pflichtverletzung bezieht sich auf die anwaltliche Berufstätigkeit nach § 1. Wenn der Anwalt seine Deckung erweitert, sollte vorab geklärt sein, ob sich die wissentliche Pflichtverletzung auch auf die Deckungserweiterung beziehen soll. Ohne ausdrückliche Klärung wird die Mitversicherung nur die anwaltliche Tätigkeit umfassen. 374

d) Selbstbehalt

Die PartG mbB kann einen Selbstbehalt bis zu 25.000 EUR vereinbaren, § 51a Abs. 1 Satz 2 i.V.m. § 51 Abs. 5 BRAO. Eine Regelung zum Selbstbehalt, der nach Schadenhöhe differenziert ist nicht möglich.[480] Der gleiche Verweis findet sich ebenfalls bei der Mindestversicherung und dem Selbstbehalt bei einer Rechtsanwalts-GmbH, § 59j BRAO. Auch hier gilt unstreitig, dass man einen Selbstbehalt bis zu 25.000 EUR vereinbaren kann. 375

e) Zulassungspolicen

Nach den gesetzlichen Vorgaben in § 8 Abs. 4 PartGG i.V.m. § 51a BRAO ist die PartG mbB Versicherungsnehmerin für die Berufshaftpflichtversicherung. Anwälte können die PartG mbB nicht zulassen oder anerkennen, im Gegensatz zu Steuerberatern und Wirtschaftsprüfern. Daher müssen die Anwälte, um als Anwalt auftreten zu können, immer neben der Police für die PartG mbB gemäß § 51a BRAO noch eine eigene Berufshaftpflichtversicherung als Zulassungspolice nach § 51 BRAO abschließen, ob sie nun Sozien/Scheinsozien sind oder Angestellte ohne Außenauftritt. Weder aus § 51a BRAO noch aus der Gesetzesbegründung geht hervor, ob selbständige Policen erforderlich sind oder eine Mitversicherung ausreicht. Sie dürften in der Police der PartG mbB mitversicherbar sein.[481] Wenn sie mitversichert sind, ist sicherzustellen, dass die Versicherungssummen der PartG mbB und der einzelnen Berufsträger separat vorliegen. Bei der 376

480 Anders *Diller* BBR-PartGmbB Rn. 11.
481 *Uwer/Röding* AnwBl 2013, 309 sehen allein selbständige Policen vor.

Mitversicherung ist aufgrund der Pflichtversicherungsregelungen nach § 113 Abs. 3 VVG nicht eindeutig, wie Deckungsbausteine der PartG mbB wie die wissentliche Pflichtverletzung von der reinen Zulassungspolice der Berufsträger zu trennen sind. Jede Erweiterung des Versicherungsschutzes der PartG mbB könnte dazu führen, dass er auch für die mitversicherten Anwälte gilt. Zum allgemeinen Überblick über Zulassungspolicen siehe § 1 Rn. 328f. Zum sich daraus ergebenden Deckungskonzept bei der PartG mbB und den einzelnen Zulassungspolicen für Partner/Scheinpartner der PartG mbB: siehe hierzu die kommentierte Bedingung HV 4391 § 1 Rn. 413f und für Anwälte ohne Außenauftritt in der PartG mbB die kommentierte Bedingung HV 47 § 1 Rn. 328ff und dem dahinter liegenden Deckungskonzept § 1 Rn. 415.

4. Haftung bei Altmandaten und persönlichen amtsähnlichen Tätigkeiten

a) Altmandate

377 Wenn Anwälte sich in der Form einer PartG mbB neu organisieren und ihre früheren Mandate oder Dauermandate in der PartG mbB weiterhin bearbeiten, gilt wohl für diese Altmandate das Haftungsregime, das zum Zeitpunkt des Mandatsschlusses bestand. Es bedeutet, dass bei der Neugründung der PartG mbB aus einer bestehenden Sozietät/Partnerschaft weiterhin die Anwälte persönlich und unmittelbar für ihre Berufsfehler haften. Die persönlich bestehende Haftung der Partner liegt in dem identitätswahrenden Rechtsformwechsel der „Umwandlung“. Bei dem identitätswahrenden Rechtsformwechsel von einer GbR in eine PartG mbB oder einer PartG in eine PartG mbB handelt sich lediglich um eine neue Organisationsform. Der Anwalt haftet damit gerade auch dann noch persönlich und unmittelbar für die Haftungsverbindlichkeit der Partnerschaft, wenn der Mandant das Mandatsverhältnis mit der „alten“ Sozietät/Partnerschaft geschlossen hat, aber der Anwalt den Berufsfehler erst später in der PartG mbB begangen hat.[482] In diesem Fall haftet der neu in die PartG mbB eingetretene Partner für die Altverbindlichkeiten auch wieder persönlich und unmittelbar, die Haftungsbegrenzung nützt ihm nichts. Nach anderer Ansicht haften die Partner nicht mehr persönlich ab Abschluss der Berufshaftpflichtversicherung, egal ob der Partner den Berufsfehler in der alten Sozietät/Partnerschaft oder in der neuen PartG mbB begangen hat. Die Enthaftung nach § 8 Abs. 4 orientiert sich an der Versicherung. In der Berufshaftpflichtversicherung gilt das Verstoßprinzip. Wenn zum Zeitpunkt des Verstoßes schon die Berufshaftpflichtversicherung der PartG mbB gilt, ist die Haftung auf das Gesellschaftsvermögen beschränkt.[483]

378 Auszugehen ist aber immer davon, dass die Haftung der Partner für Altmandate zeitlich auf 5 Jahre begrenzt ist nach „Umwandlung“ in die PartG mbB, analog § 160 Abs. 3 HGB, § 224 Abs. 2 UmwG.[484] Der Gesetzgeber hat hier keine Regelung zur Haftung bei Altmandaten getroffen und §§ 190 UmwG mit den normierten Haftungsfolgen sind nicht anwendbar. Es gibt aber keinen unbegrenzten Vertrauensschutz. Spätestens mit dem Publikmachen der PartG mbB im Partnerschaftsregister hat der Mandant Kenntnis von der Haftungsbeschränkung auf das Gesellschaftsvermögen, kann aber im Gegenzug die Partner für einen begrenzten Zeitraum noch persönlich für ihre Verstöße in Anspruch nehmen. Wenn der Mandant der Übertragung des Mandats auf die PartG mbB zugestimmt hat, gilt auf jeden Fall die Haftungsbeschränkung auf das Gesellschaftsvermögen.

---

482 *Riechert* AnwBl 2014, 266, 267; Merkblatt der BRAK zur PartGmbB Nr. 8 und 9, Stand 8.7.2014; *Sommer/Treptow* NJW 2013, 3269, 3271.

483 *Henssler*/Prütting/ PartGG § 8 Rn. 66; Meilicke/Graf v. Westphalen/*Graf v. Westphalen* § 8 Rn. 161, 162 a.E.

484 *Sommer/Treptow/Dietlmeier* NJW 2011, 1553; *Riechert* AnwBl 2014, 266, *268* im Rahmen einer Gesamtanalogie zu § 159 HGB, § 160 HGB, 10 Abs. 2 PartGG, § 160 Abs. 3 HGB, § 224 Abs. 2 HGB; anders *Bachmann/Schaloske* Phi Haftpflicht international 2013, 204.

b) Amtsähnliche persönliche Tätigkeiten des Berufsträgers

Die PartG mbB ist Versicherungsnehmerin der Berufshaftpflichtversicherung zur Absicherung der Berufsfehler der Anwälte bei ihrer anwaltlichen Tätigkeit, § 51a Abs. 1 BRAO: „...Haftpflichtgefahren für Vermögensschäden decken, die sich aus der Beratung und Vertretung in Rechtsangelegenheiten ergeben". Bei den mitversicherten Tätigkeiten nach B Ziff. 1 BBR-RA handelt es sich um Tätigkeiten, die ein Anwalt nur persönlich ausüben kann, für die er als natürliche Person bestellt oder beauftragt wird und auch persönlich haftet. Die PartG mbB kann diese Tätigkeiten nicht ausüben und haftet nicht. Daher muss ein Deckungskonzept ausdrücklich diese Tätigkeiten mitversichern, zum Deckungskonzept der PartG mbB und der interprofessionellen PartG mbB, siehe ausführlich § 1 Rn. 394ff. 379

VI. Interprofessionelle Partnerschaft mit beschränkter Berufshaftung – Vorgaben

Die interprofessionelle PartG mbB ist gesetzlich nicht geregelt. Im Folgenden der grundlegende gesetzliche Mindestumfang, zum Deckungskonzept der PartG mbB und der interprofessionellen PartG mbB, siehe ausführlich § 1 Rn. 394ff.

1. Gesetzliche Vorgaben

Die Anwälte selbst sind immer die Berufsträger in der PartG mbB, während man bei Steuerberatern/Wirtschaftsprüfern die Partnerschaft, auch die mit Haftungsbeschränkung, anerkennen lassen kann. Deshalb ist eine interprofessionelle Partnerschaft bei Beteiligung von Anwälten nur in der Form der nicht anerkannten/zugelassenen PartG mbB möglich. Es bleibt dann bei einer Berufsausübungsgesellschaft. 380

Die PartG mbB ist nur eine andere Organisationsform einer Partnerschaft und keine neue Rechtsform. Daher gelten die gleichen Regelungen zur Haftung, den Rechtsgrundlagen und den Rechtsfolgen wie bei der monoprofessionellen PartG mbB, siehe ausführlich § 1 Rn. 361f. Bei der Zurechnung gelten die Regelungen aus der interprofessionellen Sozietät/einfachen Partnerschaft: Erstens ist auf die ausgeübte Tätigkeit abzustellen, zweitens die Zulassung des Berufsträgers, was dann auch bei Vorbehaltsaufgaben eindeutig ist, und drittens bei Doppel- oder Mehrfachbändern der Parteiwille oder das jeweilig strengere Berufsrecht, siehe dazu ausführlich § 1 Rn. 343ff. 381

2. Vorgaben für die Berufshaftpflichtversicherung

Die verschiedenen Versicherungssummen, die Maximierungen, der Bedingungsumfang und neu auch die wissentliche Pflichtverletzung bei Anwälten sind bei der Versicherung zu beachten. Die PartG mbB ist aber anders als die einfache Partnerschaft die Versicherungsnehmerin und in ihrem Vertrag sind alle Vorgaben zu regeln. 382

a) Versicherungssumme und Maximierung

In monoprofessionellen PartG mbB unterscheiden sich die Versicherungssummen und Jahreshöchstleistungen: 383

- Rechtsanwälte/Patentanwälte: § 51a BRAO, § 45a PAO
  - VSU: 2,5 Mio. × Anzahl der Partner/Scheinpartner, mind. 4-fach
- Steuerberater: § 67 Abs. 1 und 2 StBerG, §§ 51 Abs. 1 Sätze 1 und 2, 52 Abs. 4 DVStB
  - VSU: 1 Mio. × Anzahl der Partner/Scheinpartner, mind. 4-fach
- Wirtschaftsprüfer: § 54 Abs. 1 WPO i.V.m. § 323 Abs. 2 Satz 1 HGB
  - VSU: 1 Mio. unmaximiert (für jeden Prüfungsfall)

384 Welcher Versicherungsschutz in einer interprofessionellen PartG mbB gilt, ist schlichtweg nicht geregelt. Der Gesetzgeber wollte sich bewusst bei Einführung der PartG mbB dazu nicht äußern und hat sich auf den Grundsatz des strengsten Berufsrechts zurückgezogen. Allein die höchste Mindestversicherungssumme soll maßgeblich sein.[485]

385 Klarer hat sich der Gesetzgeber dazu beim Abschlussprüferaufsichtsreformgesetz für Wirtschaftsprüfer (APAReG) geäußert. Es besteht bei interprofessionellen Partnerschaften ein Interesse an einer Vereinheitlichung der verschiedenen Berufsrechte zumindest hinsichtlich der Regelungen zur Berufshaftpflichtversicherung. Anders als in der Begründung zum Gesetzentwurf der PartG mbB erfordern demnach unterschiedliche Tätigkeiten auch einen grundsätzlich unterschiedlichen Mindestversicherungsschutz.[486] Bei der Mindestversicherungssumme gilt keine einheitliche Versicherungssumme für die PartG mbB. Es gelten die Mindestversicherungssummen der jeweiligen Berufsgruppen.[487] Die Alternative die Berufsrechte zu vereinheitlichen, hat der Gesetzgeber ausgeklammert, weil die unterschiedlichen Tätigkeiten grundsätzlich einen unterschiedlich umfangreichen Mindestversicherungsschutz rechtfertigen.[488] Bei Gemeinschafsaufgaben wie der Steuerberatung, die alle drei Berufsgruppen ausüben können, gilt die Zulassung des jeweils Handelnden.[489] Bearbeitet das steuerrechtliche Mandat der Rechtsanwalt-Partner oder der Steuerberater-Partner, gilt die Maximierung nach der Anzahl der Partner, mindestens 4-fach gemäß § 51a Abs. 2 BRAO, § 67 Abs. 2 StBerG. Bearbeitet das steuerrechtliche Mandat der Wirtschaftsprüfer, gilt die unmaximierte Jahreshöchstleistung, § 54 Abs. 4 WPO. Wenn ein Doppel- oder Mehrfachbänder tätig ist, gilt der Parteiwille und danach das strengere Berufsrecht.[490] Am Beispiel der Steuerberatung durch einen Rechtsanwalt/Wirtschaftsprüfer bedeutet es, dass die Maximierung nach der BRAO gilt, wenn er als Anwalt das Mandat bearbeitet und nach der WPO, wenn er als Wirtschaftsprüfer das Mandat bearbeitet, siehe ausführlich zur Zurechnung in der interprofessionellen Partnerschaft § 1 Rn. 342 ff.

386 Das APAReG bedeutet im Ergebnis dann auch, dass die jeweiligen Berufsträger nicht auf die Versicherungssummen und Maximierungen der anderen Berufsträger zugreifen können. Der Versicherungsschutz, in diesem Fall die Versicherungssumme und Maximierung, hat allein derjenige Berufsträger, der den Verstoß nach den oben genannten Kriterien auch begangen hat oder dem man ihm aufgrund seiner Doppel- oder Mehrfachqualifikation zurechnet. Wenn die Versicherungssumme/Maximierung für eine bestimmte Berufsgruppe erschöpft ist, aber nicht für die andere, kann der Berufsangehörige nicht noch zusätzlich auf die noch nicht verbrauchte Summe/Maximierung der berufsfremden Sozien zugreifen. Praktisch wirkt sich dies nicht aus, weil die Summen/Maximierungen mehr als ausreichend sind.

387 Zu beachten ist, dass die Versicherer, die § 12 übergreifend über alle Berufsgruppen anwenden, hier doch den Zugriff auf die übrigen Versicherungssummen der berufsfremden Sozien zulassen müssen. Der Versicherungsfall des einen Sozius ist auch der Versicherungsfall des berufsfremden Sozius. Andernfalls kann man keine Durchschnittsleistung bilden.

b) Wissentliche Pflichtverletzung

388 In einer PartG mbB ist der Ausschluss der wissentlichen Pflichtverletzung bei Rechtsanwälten gestrichen, weil § 51a Abs. 1 Satz 2 BRAO nicht auf den Ausschluss der wissentlichen Pflicht-

485 BT Drs. 17/13944, S. 15 linke Spalte unten.

486 BT-Drs. 18/6282, S. 77 Abs. 1 und Abs. 5.

487 BT-Drs. 18/6282, S. 77 Abs. 5 Satz 6 verweist dabei auf die Begründung zu § 8 Absatz 4 PartGG, BT-Drs. 17/13944, S. 15 linke Spalte.

488 BT-Drs. 18/6282, S. 77 Abs. 5 Satz 8.

489 BT-Drs. 18/6282 Seite 77, Abs. 5 Satz 5.

490 BT-Drs. 18/6282 Seite 77, Abs. 5 Satz 6.

verletzung nach Nummer 1 in § 51 Abs. 3 BRAO verweist, siehe § 1 Rn. 372. Nicht eindeutig war, was in einer interprofessionellen PartG mbB gilt, wenn ein Steuerberater oder ein Wirtschaftsprüfer eine wissentliche Pflichtverletzung begehen. Man kann § 51a Abs. 1 Satz 2 BRAO so verstehen, dass die wissentliche Pflichtverletzung versichert ist, soweit Rechtsanwälte in der PartG mbB Mitglied sind, unabhängig davon, ob eine anwaltliche Tätigkeit vorliegt. Diese Auffassung hatten überwiegend die verschiedenen Berufskammern und Verbände als der Gesetzgeber die PartG mbB einführte. Das APAReG hat aber jetzt klargestellt, dass die wissentliche Pflichtverletzung nur dann zu versichern ist, wenn es sich um eine anwaltliche Tätigkeit handelt. Der Versicherungsschutz für die wissentliche Pflichtverletzung für Wirtschaftsprüfer/Steuerberater bleibt daher ausgeschlossen, wenn ein Rechtsanwalt Mitglied der PartG mbB ist. Es ergibt sich auch aus der Änderung der WPO, dass bei Wirtschaftsprüfern in einer PartG mbB die wissentliche Pflichtverletzung ausgeschlossen werden kann, § 54 Abs. 3 Nr. 1 WPO. Es kommt darüber hinaus nach dem APAReG für die Versicherung bei Gemeinschaftsaufgaben wie der Steuerberatung auf die Zulassung des jeweils Handelnden an und gerade nicht auf die Zusammensetzung der interprofessionellen PartG mbB.[491] Diese Differenzierung ist auch für die Steuerberater in einer interprofessionellen PartG mbB maßgeblich. Auch bei ihnen gilt, dass die wissentliche Pflichtverletzung in der PartG mbB ausgeschlossen bleiben kann, § 67 Abs. 2 StBerG, § 53a Abs. 1 Nr. 1 DVStB.

Beispiele: Wenn ein Anwalt anwaltlich tätig ist, ist die wissentliche Pflichtverletzung ver- **389**
sichert. Die wissentliche Pflichtverletzung bleibt aber ausgeschlossen, wenn der Partner als Wirtschaftsprüfer oder Steuerberater handelt. Bei der Steuerberatung durch einen Doppelbänder Rechtsanwalt/Wirtschaftsprüfer bedeutet es, dass die wissentliche Pflichtverletzung nur dann versichert ist, wenn er als Anwalt zum Steuerrecht berät. Wenn er als Wirtschaftsprüfer das Mandat bearbeitet, bleibt die wissentliche Pflichtverletzung ausgeschlossen.[492]

c) Versicherungspflicht des einzelnen Berufsträgers in der interprofessionellen PartG mbB

Die Anwälte, um als Anwalt auftreten zu können, müssen immer neben der Police für die **390**
PartG mbB gemäß § 51a BRAO noch eine eigene Berufshaftpflichtversicherung als Zulassungspolice nach § 51 BRAO abschließen, ob sie nun Sozien/Scheinsozien sind oder Angestellte ohne Außenauftritt, siehe dazu auch zum Deckungskonzept und den einzelnen Zulassungspolicen § 1 Rn. 413 ff.

Die Steuerberater-Partner einer nicht anerkannten – interprofessionellen – PartG mbB, die **391**
ausschließlich für die Partnerschaft tätig sind, sind über die Berufshaftpflichtversicherung der PartG mbB mitversichert. Sie benötigen daher keine eigene Versicherung, § 51 Abs. 3, 2. Halbsatz DVStB. Wenn sie jedoch eigene Mandate im eigenen Namen haben, benötigen sie wieder eine eigene Berufshaftpflichtversicherung.

Die Wirtschaftsprüfer-Partner einer nicht anerkannten – interprofessionellen – PartG mbB **392**
benötigen keine Versicherung für die Tätigkeit in der PartG mbB, solange die PartG mbB eine eigene Berufshaftpflichtversicherung nach § 54 WPO unterhält. Wie bei Steuerberatern benötigen sie dann aber wieder eine eigene Berufshaftpflichtversicherung, wenn sie in eigener Praxis tätig sind.

491 BT-Drs. 18/6282 Seite 77, Abs. 5 Satz 5.
492 BT-Drs. 18/6282 Seite 77, Abs. 5 Satz 6.

d) Zusammenfassung gesetzliche Vorgaben

Der Versicherungsumfang in der interprofessionellen PartG mbB gilt daher gesetzlich aus der Kombination der Gesetzesbegründungen zur PartG mbB und dem APAReG als sicherster Weg wie folgt:

393 Versicherungssummen und Maximierungen in der interprofessionellen PartG mbB:

- Rechtsanwälte/Patentanwälte mit Steuerberatern: § 51a BRAO, § 45a PAO, § 52 Abs. 4 DVStB
  - VSU: 2,5 Mio. × Anzahl der Partner, gleich ob Anwalt oder Steuerberater, mind. 4-fach
- Rechtsanwälte/Patentanwälte/Steuerberater mit Wirtschaftsprüfer: § 51a BRAO, § 45a PAO, § 52 Abs. 4 DVStB, § 54 Abs. 1 WPO i.V.m. § 323 Abs. 2 Satz 1 HGB
  - VSU: 2,5 Mio. × Anzahl der Partner, mind. 4-fach
    und
    1 Mio. unmaximiert (für jeden Prüfungsfall) für die Tätigkeit der Wirtschaftsprüfer, aber nicht für die Anwalts- oder Steuerberatertätigkeit
- Steuerberater mit Wirtschaftsprüfer: § 52 Abs. 4 DVStB, § 54 Abs. 1 WPO i.V.m. § 323 Abs. 2 Satz 1 HGB
  - VSU: 1 Mio. × Anzahl der Steuerberater-Partner, mind. 4-fach
    und
    1 Mio. unmaximiert (für jeden Prüfungsfall) für die Tätigkeit der Wirtschaftsprüfer, aber nicht für die Steuerberatertätigkeit

Bedingungen, der Ausschluss der wissentlichen Pflichtverletzung und die Policen der einzelnen Berufsangehörigen in der interprofessionellen PartG mbB:

- Bedingungen: jeweils der gesetzlich vorgeschriebene Mindestumfang mit den jeweiligen Ausschlüssen
- wissentliche Pflichtverletzung: Der Ausschluss der wissentlichen Pflichtverletzung gilt für die anwaltliche Tätigkeit als gestrichen, § 51a Abs. 1 Satz 2 BRAO. Bei einer steuerberatenden/wirtschaftsprüfenden Tätigkeit gilt weiterhin der Ausschluss der wissentlichen Pflichtverletzung
- Eigene Zulassungspolicen:
  - für Anwälte erforderlich, § 51 BRAO
  - für Steuerberater/Wirtschaftsprüfer nur dann erforderlich, wenn sie eigene Mandate im eigenen Namen bearbeiten, ansonsten sind sie in der Police der PartG mbB mitversichert

VII. Deckungskonzept Partnerschaft mit beschränkter Berufshaftung, monoprofessionell und interprofessionell

Risikobeschreibung und Besondere Bedingung zur Vermögensschaden-Haftpflichtversicherung für die Partnerschaft mit beschränkter Berufshaftung (PartG mbB) HV 4390/00[493]

Risikobeschreibung
Versichert ist

1. die Partnerschaft mit beschränkter Berufshaftung (§ 8 Abs. 4 PartGG),

2. die persönliche Inanspruchnahme der Partner, sofern die nach dem PartGG vorgesehene Beschränkung der Haftung auf das Gesellschaftsvermögen der Partnerschaft nicht wirksam ist. Versicherungsschutz besteht in diesem Fall allein über diesen Vertrag.

493 Bedingungen der Allianz.

Besondere Bedingung

1. Gegenstand des Versicherungsschutzes für die PartG mbB
In Ergänzung von Teil 1.1 A § 1 I und in Abweichung von Teil 1.2 A Ziffer 1 der Allgemeinen und Besonderen Versicherungsbedingungen zur Vermögensschaden-Haftpflichtversicherung für Rechtsanwälte, Patentanwälte, Steuerberater, Wirtschaftsprüfer und vereidigte Buchprüfer (AVB-RSW) bietet der Versicherer Versicherungsschutz für den Fall, dass die Partnerschaftsgesellschaft von einem anderen auf Grund gesetzlicher Haftpflichtbestimmungen privatrechtlichen Inhalts für einen Vermögensschaden aus Verstößen bei der Ausübung beruflicher Tätigkeit verantwortlich gemacht wird und die Haftung auf das Gesellschaftsvermögen der Partnerschaft beschränkt ist.

2. Gegenstand des Versicherungsschutzes für die persönliche Inanspruchnahme des Partners
Teil 1.2 AVB-RSW bleibt in den Fällen der Ziffer 2 der Risikobeschreibung unberührt.

3. Wissentliche Pflichtverletzung
In Höhe der für die PartG mbB vorgeschriebenen Mindestversicherungssumme findet Teil 1.1 § 4 Ziffer 5 AVBRSW in den Fällen der Ziffer 1 der Risikobeschreibung keine Anwendung, wenn Rechtsanwälte und/oder Patentanwälte der Berufsausübungsgemeinschaft angehören.

4. Innenregress
Bei einer Freistellung von berechtigten Schadenersatzverpflichtungen nimmt der Versicherer im Fall einer wissentlichen Pflichtverletzung (Teil 1.1 A § 4 Ziffer 5 AVBRSW) Rückgriff gegen den Versicherungsnehmer.

1. Versicherungsmodell

Zur interprofessionelle PartG mbB hat der Gesetzgeber nur Hinweise gegeben. Daher gibt es keinen einheitlichen Standard der Versicherer. Die Allianz versichert die PartG mbB über zwei Policen. Das 2-Policen-Modell ist notwendig, da bei einer Police die Gefahr besteht, dass die wissentliche Pflichtversicherung über die gesamte Deckungsstrecke versichert ist gemäß § 113 Abs. 3 III VVG. Die Allianz bietet den Versicherungsschutz auf Grundlage der AVB-RSW nach HV 60. Zusätzlich gelten die Risikobeschreibung und die Besondere Bedingung HV 4390 für die Grundversicherung bis 2,5 Mio. mit der Deckung für wissentliche Pflichtverletzung bei Anwälten und HV 4395 für den Exzedenten ab 2,5 Mio. ohne die Deckung für wissentliche Pflichtverletzung. Die Anwälte benötigen zusätzlich immer eine eigene Zulassungspolice, um als Anwalt tätig werden zu können. Hier ist das Modell gewählt, dass die Anwälte eine eigenständige Versicherung erhalten und nicht nur mitversichert sind. Hierfür gelten die Risikobeschreibung und die Besonderen Bedingungen HV 4391, siehe dazu § 1 Rn. 413f. Steuerberater und Wirtschaftsprüfer sind über die Police der PartG mbB mitversichert, gleich ob anerkannt oder nicht. Nur wenn die Steuerberater und Wirtschaftsprüfer noch eigene Mandate nebenher haben, benötigen sie eine eigene Versicherung, siehe zu einer Steuerberater-PartG mbB § 1 Rn. 449; siehe zu einer Wirtschaftsprüfer-PartG mbB § 1 Rn. 468. Die gesetzlich erforderlichen Versicherungssummen und Maximierungen sind nicht in diesen Bedingungen genannt. Die gesetzlichen Anforderungen bestätigen die Versicherer über die mit den Kammern und den Verbänden abgestimmten Versicherungsbestätigungen. Darin bestätigen die Versicherer allein die jeweiligen Mindestvoraussetzungen, aber nicht die tatsächliche Maximierung, da andernfalls die Versicherer bei jedem Zu- oder Abgang eines Berufsangehörigen eine neue Bestätigung abgeben müssten. 394

Die interprofessionelle PartG mbB hat der Gesetzgeber nach dem Grundsatz des strengsten 395
Berufsrechts geregelt, aber keine genauen Angaben gemacht. Das APAReG hat den Begriff des

strengsten Berufsrechts dahingehend abgeschwächt, dass das jeweilige Berufsrecht nur innerhalb der Berufsgruppen zur Anwendung kommt und nicht berufsübergreifend, siehe hierzu § 1 Rn. 385. Danach gelten jeweils die Anforderungen des eigenen Berufsrechts für die eigene Tätigkeit und der Ausschluss der wissentlichen Pflichtverletzung allein für die anwaltliche Tätigkeit.

Bei der interprofessionellen PartG mbB gilt ebenfalls das 2-Policen-Modell wie bei der monoprofessionellen PartG mbB. Wenn die VSW (Die Versicherergemeinschaft für Steuerberater und Wirtschaftsprüfer in Wiesbaden) das Wirtschaftsprüferrisiko/Steuerberaterrisiko und der andere Versicherer das Rechtsanwaltsrisiko zeichnet, gelten zusätzlich die HV 4394:[494] III der HV 4394 speziell für die Jahreshöchstleistung: Für Schäden wegen fehlerhafter Berufsausübung von Wirtschaftsprüferpartnern gilt die unmaximierte Jahreshöchstleistung gemäß § 54 Abs. 1 Satz 2 WPO; für Schäden wegen fehlerhafter Berufsausübung von Rechtsanwalts- und Steuerberaterpartnern gilt die Maximierung nach Anzahl der Partner, mindestens vierfach, § 51a Abs. 2 BRAO und § 67 Abs. 2 StBerG.

396 Der Versicherer gibt die Bescheinigungen, Bestätigungen und Anzeigen ab:
- Bescheinigungen für das Partnerschaftsregister, § 4 Abs. 3 PartG, § 113 Abs. 3 VVG
- Bestätigungen für jede einzelne Berufskammer, je nachdem welcher Berufsangehöriger Mitglied der PartG mbB ist:
  - RAK: § 8 Abs. 4 PartGG, § 51a Abs. 2 BRAO
  - PatAK: § 8 Abs. 4 PartGG, § 45a Abs. 2 PAO
  - StBK: § 8 Abs. 4 PartGG, § 67 Abs. 2 StBerG, § 52 Abs. 4 DVStB
  - WPK: § 8 Abs. 4 PartGG, § 54 Abs. 1 WPO

Die Beendigungsmitteilung für die PartG mbB gemäß §117 Abs. 2 VVG:
- Keine fürs Partnerschaftsregister! Dies ist gesetzlich nicht erforderlich und von den Registergerichten nicht erwünscht.
- RAK: § 51a Abs. 1 Satz 2 BRAO
- PatAK: § 45a Abs. 1 Satz 2 PAO
- StBK: § 67 Abs. 2 StBerG, § 56 DVStB
- WPK: § 54 Abs. 1 Satz 2 WPO

397 Für Rechtsanwaltsnotare gilt: Die Deckung für die Anwaltstätigkeit erfolgt über die Berufshaftpflichtversicherung der PartG mbB. Die Notartätigkeit ist bis zur Versicherungssumme von 2,5 Mio. EUR separat als eigene Versicherungssumme versichert. Darüber hinaus ist ein gemeinsamer Exzedent für beide Tätigkeiten über die Berufshaftpflichtversicherung der PartG mbB möglich.

398 Für Einzelobjekte/Projektdeckungen gilt: Die Versicherungssumme steht wie bei jeder dieser Deckungen neben der Berufshaftpflichtversicherung der PartG mbB zur Verfügung. Wenn die PartG mbB Versicherungsnehmerin für das Einzelobjekt ist, besteht ebenfalls eine Haftungsbeschränkung auf das Gesellschaftsvermögen. Die Voraussetzungen der Haftungsbeschränkung sind über die Stammversicherung erfüllt. Daher kann der Dritte/Mandant subsidiär auf die Berufshaftpflichtversicherung der PartG mbB zurückgreifen. Wenn die Versicherungssumme der Objektdeckung erschöpft ist oder in den Bedingungen für das Einzelobjekt der gesetzlich erforderliche Versicherungsschutz der PartG mbB z.B. für die wissentliche Pflichtverletzung bei anwaltlicher Tätigkeit fehlt, besteht Versicherungsschutz über die Versicherung der PartG mbB.

494 Besondere Vereinbarung zur Vermögensschaden-Haftpflichtversicherung für interprofessionelle Partnerschaften mit beschränkter Berufshaftung (PartG mbB) zwischen Rechtsanwälten und Angehörigen der wirtschafts- und steuerberatenden Berufe.

2. Versicherung der PartG mbB, HV 4390

a) Risikobeschreibung Ziff. 1

Nach der Risikobeschreibung in Ziff.1 ist versichert die PartG mbB selbst gemäß § 51a BRAO, § 8 Abs. 4 PartGG. Nach der Ziff. 2 sind darüber hinaus versichert die Partner, worunter auch die Scheinpartner fallen. Es handelt sich aber nicht um die Zulassungspolice der Anwälte nach § 51 BRAO. Nicht möglich ist es, dass nur die Partner selbst Versicherungsschutz haben und die PartG mbB dort mitversichert ist. § 51a BRAO setzt ausdrücklich voraus, dass die PartG mbB Versicherungsnehmerin ist. Die Ziff. 2 ist eine zusätzliche Deckung der Partner, die über den Mindestdeckungsschutz hinausgeht. Die zusätzliche freiwillige Versicherung rechtfertigt sich deshalb, da die PartG mbB die Prämie leistet, die ihrem Risiko entspricht. Wenn der Partner persönlich haftet, ist dies für den Versicherer grundsätzlich kein Unterschied. Es erhöht sich das Risiko selbst nicht. Einzig, dass neben der PartG mbB noch ggf. weiter Abwehrschutz zu leisten ist, kann eine Rolle spielen, ist aber in der Kalkulation zu vernachlässigen. Die zusätzliche Deckung ist dann erforderlich, wenn ein Versicherungsmangel dazu führt, dass die Partner wieder persönlich haften, § 8 Absatz 1, 2 PartGG.[495] Die Fälle dürften sehr selten sein, da die Versicherer eine allgemeine mit dem GDV abgestimmte Versicherungsbestätigung abgibt, damit die Haftungsbeschränkung wirksam ist. Der Versicherer bestätigt, dass die Versicherung der – auch interprofessionellen – PartG mbB den gesetzlichen Vorgaben unter Nennung der berufsrechtlichen Vorschriften entspricht. Er beziffert aber nicht die konkrete Maximierung. Es bedeutet, dass der Versicherer immer die Maximierung entsprechend der Anzahl der Partner versichert nach § 51a BRAO. Dies gilt gerade auch für die Zukunft, unabhängig von möglichen weiteren Partnern, die bei Vertragsschluss noch nicht genannt werden können. 399

Der Versicherungsumfang nach Versicherungssumme, Maximierung und Bedingungen richtet sich nach den gesetzlichen Vorgaben, siehe dazu § 1 Rn. 393. Beim Ausschluss der wissentlichen Pflichtverletzung gilt aber eine weite Auslegung. Der Ausschluss ist gestrichen, wenn ein Anwalt Mitglied der interprofessionellen PartG mbB ist, siehe § 1 Rn. 408ff. Gesetzlich wäre die Deckung der wissentlichen Pflichtverletzung nur dann erforderlich, wenn eine anwaltliche Tätigkeit vorliegt, siehe § 1 Rn. 388ff. Die Bedingungen bei der wissentlichen Pflichtverletzung sind daher zugunsten der Steuerberater und Wirtschaftsprüfer. Versichert ist die wissentliche Pflichtverletzung damit auch dann, wenn ein Steuerberater oder Wirtschaftsprüfer in einer interprofessionellen PartG mbB mit einem Anwalt eine wissentliche Pflichtverletzung begangen hat. 400

b) Risikobeschreibung Ziff. 2, Versicherung der Partner für persönliche Inanspruchnahme (Altmandate und persönliche amtsähnliche Tätigkeiten)

Wichtigster Anwendungsfall der persönlichen Deckung des einzelnen Partners ist die Haftung für Altmandate und die für die amtsähnlichen Tätigkeiten nach BBR-RA wie Insolvenzverwaltung, Testamentsvollstreckung etc. Bei Altmandaten haftet der Anwalt weiterhin persönlich, wenn der Anwalt/die Sozietät oder Partnerschaft das Mandat vor Wirksamwerden der Haftungsbeschränkung geschlossen hat, siehe § 1 Rn. 377f. Die zwingende Berufshaftpflichtversicherung nach § 51a BRAO für die PartG mbB setzt nicht voraus, dass die Altmandate und persönlichen Mandate versichert sein müssen. Bei der Allianz gelten die Altmandate und die amtsähnlichen Tätigkeiten nach Ziff. 2 der Risikobeschreibung der Versicherungsbedingungen der PartG mbB als mitversichert. Die Formulierung stellt sicher, dass jegliche persönliche Inanspruchnahme 401

495 BT-Drs. 17/10487, S. 15.

des Partners, gleich aus welchem Grund, versichert ist. Zur Sicherheit wird ausdrücklich die Versicherung der Altmandate[496] und der persönlichen Mandate[497] bestätigt.

402 Versicherungsschutz besteht nach Ziff. 2 der Risikobeschreibung für die Partner. Der Begriff Partner umfasst die Partner, die im Partnerschaftsregister eingetragen sind und die Scheinpartner. Keinen zusätzlichen Versicherungsschutz haben daher die angestellten Berufsträger, die keinen Außenauftritt haben. Dies entspricht der Regelung bei der Sozietät/einfachen Partnerschaft. Allein die nach außen hin auftretenden Berufsträger haben den vollen Versicherungsschutz, was sich im Übrigen auch bei der Prämienberechnung zeigt. Für die angestellten Berufsträger ohne Außenauftritt nehmen die Versicherer regelmäßig eine geringere Prämie als für die Partner/Scheinpartner.

403 Nicht versichert ist die wissentliche Pflichtverletzung bei Altmandaten oder den amtsähnlichen Tätigkeiten. Dies stellt Ziff. 3 der Besonderen Bedingungen HV 4390 klar: *„In Höhe der für die PartG mbB vorgeschriebenen Mindestversicherungssumme findet Teil 1.1 § 4 Ziffer 5 AVBRSW in den Fällen der Ziffer 1 der Risikobeschreibung keine Anwendung, wenn Rechtsanwälte und/oder Patentanwälte der Berufsausübungsgemeinschaft angehören.“* Ziff. 3 bezieht sich nur auf Ziffer 1 der Risikobeschreibung und beinhaltet, dass der Ausschluss der wissentlichen Pflichtverletzung bei der PartG mbB nicht gilt, entsprechend der Vorgabe § 51a Abs. 1 Satz 2 BRAO für Anwälte. Ziff. 3 der Besonderen Bedingung bezieht sich aber gerade nicht auf die Ziff. 2 der Risikobeschreibung und lässt daher den Ausschluss der wissentlichen Pflichtverletzung bei der persönlichen Haftung der Berufsträger damit weiterhin gelten.

c) Risikobeschreibung Ziff. 2 Satz 2

404 Nach Ziff. 2 Satz 2 besteht bei persönlicher Inanspruchnahme der Partner allein über den Versicherungsvertrag der Partnerschaft Versicherungsschutz. Klargestellt wird damit, dass die Versicherungssummen aus der Police der PartG mbB und der Police für die Zulassung des Berufsträgers nicht kumulieren. Nach dem hier gewählten Modell haben die Partner noch eine eigene selbständige Versicherung, um sich als Anwälte zulassen zu können nach HV 4391. Um eine Doppelversicherung und eine Kumulierung zu vermeiden, stellt Satz 2 klar, dass allein über die Berufshaftpflichtversicherung der PartG mbB Deckung besteht, wenn der Berufsträger wirtschaftlich für die PartG mbB tätig ist. Der Berufsträger ist persönlich und im eigenen Namen tätig, aber die Einnahmen fließen der PartG mbB zu. Wenn der Berufsträger im eigenen Namen auf eigene Rechnung tätig ist, besteht Versicherungsschutz über die Zulassungspolice.

d) Besondere Bedingung Ziff. 1

405 Nach der Besonderen Bedingung Ziff. 1 der HV 4390 besteht Versicherungsschutz für die PartG mbB, wenn sie ein Dritter wegen Berufsversehen der Berufsträger wie der Anwälte in Anspruch nimmt. Ziff. 1 entspricht der gesetzlichen Regelung der Berufshaftpflichtversicherung der PartG mbB in § 51a BRAO und wiederholt nicht nur die Bestimmungen in den AVB-RSW. Ziff. 1 ergänzt noch § 1 I. Dort ist der Berufsträger selbst der Versicherungsnehmer. Dies bezieht sich

496 Deckung für Altverbindlichkeiten: „Versicherungsschutz für die persönliche Inanspruchnahme der (neu eintretenden) Partner besteht auch dann, wenn das Mandat vor der Beschränkung auf das Gesellschafts-vermögen begründet und der Verstoß erst nach diesem Ereignis begangen wurde. Dieser Versicherungsschutz besteht ebenfalls, wenn der frühere Partner/Sozius auch nach Beschränkung auf das Gesellschaftsvermögen nicht mehr als Partner nach außen in Erscheinung tritt.“

497 Persönliche Mandate des Berufsträgers: „Wird ein Berufsträger aufgrund gesetzlicher Vorgaben oder persönlicher Beauftragung auf Rechnung der PartG mbB tätig, besteht Versicherungsschutz gemäß Ziff. 2 der Risikobeschreibung HV 4390.“

auf den einzelnen Anwalt oder die Rechtsanwalts-GmbH. Die PartG mbB ist die Berufsausübungsgesellschaft, die zwar Versicherungsnehmerin nach § 51a BRAO sein muss, aber selbst nicht den Beruf ausüben kann. Ohne die Ergänzung zu § 1 würde der Versicherungsschutz nicht klargestellt. Die Abweichung von Teil 1.2 A Ziff. 1 ist wiederum erforderlich, da die Sozietät/einfache Partnerschaft nur mitversichert ist bei den einzelnen Berufsträgern. Sie muss aber nach § 51a BRAO Versicherungsnehmerin sein und darf nicht nur mitversichert sein.

Wenn die Haftungsbeschränkung wirksam ist, erbringt der Versicherer die Versicherungs- 406
leistung einheitlich aus dem Versicherungsvertrag der PartG mbB. Dies gilt auch für die interprofessionelle PartG mbB. Die Unterscheidung zwischen berufsangehörigen und berufsfremden Sozien wie bei der Sozietät ist nicht erforderlich, siehe dazu ausführlich zur interprofessionellen Sozietät § 1 Rn. 352. Die PartG mbB haftet als solche alleine, gleich welcher Sozius den Verstoß begangen hat oder ob eine Gemeinschafts- oder Vorbehaltsaufgabe vorliegt. Die PartG mbB ist für alle diese genannten Verstöße versichert und aus ihrem Versicherungsvertrag erbringt der Versicherer die Leistungen. Etwas anderes gilt dann wieder, wenn die Haftungsbeschränkung nicht wirksam ist und die Sozien wieder persönlich haften, siehe dazu gleich unten der Besonderen Bedingung in Ziff. 2, § 1 Rn. 407.

e) Besondere Bedingung Ziff. 2

Für die persönliche Haftung der Partner gilt Ziff. 2 der Besonderen Bedingungen Teil 1.2 der 407
AVB-RSW, der die akzessorische Haftung der Partner für Verbindlichkeiten der Partnerschaft regelt. Ziff. 2 erweitert hier den Versicherungsschutz und stellt die PartG mbB mit der einfachen Partnerschaft gleich, wenn die einzelnen Berufsträger trotz der PartG mbB akzessorisch haften würde. Im Übrigen kann es keinen akzessorischen Versicherungsschutz für die amtsähnlichen persönlichen Tätigkeiten geben, da hier immer der Berufsträger selbst haftet, aber nicht die PartG mbB.

f) Besondere Bedingung zur wissentlichen Pflichtverletzung, Ziff. 3 und Ziff. 4

Nach Ziff. 3 der Besonderen Bedingungen ist der Ausschluss der wissentlichen Pflichtverlet- 408
zung gestrichen, wenn Anwälte/Patentanwälte der PartG mbB angehören. Ziff. 3 regelt darüber hinaus, dass der Ausschluss der wissentlichen Pflichtverletzung nur für die Fälle der Risikobeschreibung in Ziff. 1 – Deckung für die PartG mbB – gestrichen ist, aber nicht für die Fälle der Risikobeschreibung in Ziff. 2 – Deckung für die persönliche Haftung der Partner –. Es bedeutet, dass die PartG mbB Versicherungsschutz für wissentliche Pflichtverletzung hat, aber nicht die Partner, wenn sie persönlich haften, was auch für die mitversicherten amtsähnlichen Tätigkeiten nach BBR-RA gilt.

Ziff. 3 beinhaltet, dass die wissentliche Pflichtverletzung versichert ist, wenn der Anwalt 409
Mitglied der PartG mbB ist. Damit gilt die wissentliche Pflichtverletzung als versichert, gleich ob ein Anwalt, Steuerberater oder Wirtschaftsprüfer gehandelt hat und gleich, bei welcher Tätigkeit die wissentliche Pflichtverletzung begangen wurde. Hintergrund dieser Regelung war, dass bei In-Kraft-Treten des PartGG überwiegend die verschiedenen Berufskammern und Verbände der Meinung waren, dass aufgrund des strengsten Berufsrechts der Ausschluss für alle Berufsträger als gestrichen gilt. Das Abschlussprüferaufsichtsreformgesetz für Wirtschaftsprüfer (APAReG) weist aber darauf hin, dass nur dann die wissentliche Pflichtversicherung versichert sein muss, wenn die wissentliche Pflichtverletzung im Zusammenhang mit einer anwaltlichen Tätigkeit begangen wurde, nicht aber im Zusammenhang bei einer steuerberatenden/wirtschaftsberatenden Tätigkeit. Die Ziff. 3 nimmt aber das APAReG nicht auf, weiterhin ist die wissentliche Pflichtverletzung dann versichert, wenn ein Anwalt Partner ist und nicht nur dann, wenn eine anwaltliche Tätigkeit vorliegen würde, siehe ausführlich wie eine interprofessionelle PartG mbB

haftet und welche Voraussetzungen für den Versicherungsschutz, insbesondere für die wissentliche Pflichtverletzung gelten § 1 Rn. 388 f.

410 Ziff. 4 der Besonderen Bedingungen sieht einen Regress für den Versicherer bei der PartG mbB vor – dem Versicherungsnehmer –, wenn er wegen einer wissentlichen Pflichtverletzung geleistet hat. Der Regress ist hier möglich, da im Vordergrund der Mandant als Verbraucher steht und weiterhin geschützt bleibt, weil er den Schadensersatz erhält. Der Schutz des Vermögens des Versicherungsnehmers ist hier nachrangig. Der Versicherer nimmt nach dem Wortlaut Regress, wenn einer der Partner/Scheinpartner die wissentliche Pflichtverletzung begangen hat.[498] Er nimmt aber auch Regress, wenn ein angestellter Berufsträger ohne Außenauftritt, die wissentliche Pflichtverletzung begangen hat. Dies folgt daraus, dass die PartG mbB nur eine andere Organisationsform der Partnerschaft als Berufsausübungsgemeinschaft ist. Für Zurechnung und Regressmöglichkeiten gelten wieder die AVB-RSW, hier die §§ 4 Ziff. 5 Satz 2 und 7 III Ziff. 2. Der Angestellte hat den gleichen Versicherungsschutz in der PartG mbB wie in der einfachen Partnerschaft. Voraussetzung ist aber selbstverständlich, dass der Angestellte auch für die wissentliche Pflichtverletzung nach Arbeitsrechtsgrundsätzen haftet. Andernfalls kann ein Regressanspruch nicht übergehen.

411 Der Versicherer kann auf den Regress nach Ziff. 4 verzichten. Es besteht dann in Höhe bis zur Mindestversicherungssumme von 2,5 Mio. EUR Versicherungsschutz für die wissentliche Pflichtverletzung. Es bedeutet, dass der Versicherer auch nicht beim Angestellten Regress nach § 7 III Ziff. 2 nimmt. Andernfalls würde der Angestellte von dem Regressverzicht nicht bessergestellt wie in einer einfachen Partnerschaft, außer der Versicherer würde ausdrücklich auf den Regress gegen den Angestellten hinweisen. Dies geschieht aber in der Praxis nicht.

412 Die wissentliche Pflichtverletzung bleibt aber weiterhin nach dem Grundmodell nicht versichert, wenn ein Dritter Ansprüche oberhalb der Pflichtversicherung gegenüber der PartG mbB geltend macht, sofern keine ausdrückliche gesonderte Vereinbarung besteht. Dies ergibt sich aus dem 2-Policen-Modell. Bis zur Pflichtversicherungssumme von 2,5 Mio. EUR gilt das Bedingungswerk HV 4390. Oberhalb von 2,5 Mio. EUR gilt das Bedingungswerk HV 4395, bei dem nach Ziff. 3 der Besonderen Bedingungen ausdrücklich darauf hingewiesen wird, dass der Ausschluss der wissentlichen Pflichtverletzung gemäß § 4 Ziffer 5 gilt. Die Aufspaltung in zwei Policen, eine mit und die andere ohne die wissentliche Pflichtverletzung, ist wegen der Regelung in § 113 Abs. 3 VVG erforderlich. Die Vorschriften der Pflichtversicherung gelten auch dann, wenn der Versicherungsvertrag eine über die vorgeschriebenen Mindestanforderungen hinausgehende Deckung gewährt.[499] Versicherer, die alles in einem Vertrag regeln, versichern ggf. über die gesamte Deckungsstrecke die wissentliche Pflichtverletzung trotz eines vermeintlichen Sublimits, siehe dazu auch zur Aufspaltung von Verträgen bei Pflichtversicherungen § 1 Rn. 20. Praktisch nehmen diese Versicherer das Risiko der vollen Deckung in Kauf.

3. Zulassungspolicen für Anwälte in der PartG mbB

a) Partner/Scheinpartner, HV 4391

Risikobeschreibung und Besondere Bedingung zur Vermögensschaden-Haftpflichtversicherung für den Partner einer Partnerschaft mit beschränkter Berufshaftung (PartG mbB) bzw. den Geschäftsführer/Gesellschafter einer Rechtsanwalts-/Patentanwalts-GmbH HV 4391/00

498 *Diller* BBR-PartGmbB Rn. 31 im Ergebnis ebenfalls.
499 Prölss/Martin/*Knappmann* § 113 Rn. 10.

Risikobeschreibung

Versichert ist die Tätigkeit als Rechtsanwalt/Patentanwalt für eigene Mandate, die der Versicherungsnehmer neben seiner hauptberuflichen Tätigkeit als Partner einer PartG mbB bzw. Geschäftsführer/Gesellschafter einer Rechtsanwalts-/Patentanwalts-GmbH ausübt.

Besondere Bedingung

1. Die Beitragsberechnung gilt nur so lange, wie der Versicherungsnehmer seine Tätigkeit im angegebenen Umfang ausübt.

2. Eine Veränderung der gegebenen Verhältnisse ist gemäß Teil 1.1 C § 11b I der Allgemeinen und Besonderen Versicherungsbedingungen zur Vermögensschaden-Haftpflichtversicherung für Rechtsanwälte und Patentanwälte (AVB-RSW) anzeigepflichtig.

3. Aufgrund der Änderungsanzeige oder sonstiger Feststellungen wird die Prämie entsprechend dem Zeitpunkt der Veränderung richtiggestellt (Teil 1.1 C § 8 IV AVB-RSW).

Um als Anwalt auftreten zu können, benötigen die Berufsträger selbst eine Berufshaft- **413** pflichtversicherung neben der Versicherung der PartG mbB, § 51 BRAO. Das ist dann unabhängig davon, ob der Anwalt ein Partner/Scheinpartner ist oder ob er angestellte Anwalt ohne Außenauftritt oder freier Mitarbeiter ohne Außenauftritt ist. Die Berufshaftpflichtversicherung ist bei beiden Gruppen erforderlich, damit sie den Titel „Anwalt" führen können und als Anwalt auftreten können. Gleiches gilt für die Rechtsanwalts-GmbH, bei denen die Geschäftsführer/Gesellschaft ebenfalls die HV 4391 für ihre Zulassungspolice erhalten. Nach diesem Deckungskonzept erhalten die Partner/Scheinpartner und die Geschäftsführer/Gesellschafter eine eigene Police nach HV 4391, die grundsätzlich entsprechend dem Risiko bepreist ist, da die PartG mbB als Versicherungsnehmerin das Haftungsrisiko trägt.

Nach den HV 4391 sind ausschließlich versichert die Partner/Geschäftsführer/Gesellschafter **414** für eigene Mandate, die sie neben ihrer hauptberuflichen Tätigkeit als Partner einer PartG mbB bzw. Geschäftsführer/Gesellschafter einer Rechtsanwalts-/Patentanwalts-GmbH ausüben. Versichert ist die Tätigkeit des Anwalts im eigenen Namen und auf eigene Rechnung. Weil die Prämie wegen der hauptberuflichen Tätigkeit angepasst ist, gilt die Beitragsberechnung nur so lange, wie die jeweiligen Berufsträger ihre Tätigkeit im angegebenen Umfang ausüben, Ziff. 1 der Besonderen Bedingung. Eine Veränderung der gegebenen Verhältnisse, wenn er z.B. aus der PartG mbB ausscheidet oder statt Partner ein Angestellter ohne Außenauftritt wird, ist gemäß § 11b I anzeigepflichtig, Ziff. 2 der Besonderen Bedingung. Die Prämie wird dann entsprechend dem Zeitpunkt der Veränderung richtiggestellt, § 8 IV. Der Umfang der Nebentätigkeit ist erst dann anzeigepflichtig, wenn der Berufsträger nicht mehr hauptberuflich in der PartG mbB tätig ist, Ziff. 3 der Besonderen Bedingung. Die Rabattierung ist in diesem Fall nicht mehr gerechtfertigt. Das Deckungskonzept schließt nicht aus, dass der Berufsträger bei einem anderen Versicherer die Zulassungspolice abschließt.

b) Angestellte Anwälte ohne Außenauftritt

Die angestellten Anwälte/freien Mitarbeiter, die in der Partnerschaft mitarbeiten, aber kei- **415** nen Außenauftritt haben, benötigen einen eigenen Versicherungsschutz, um den Titel „Anwalt" zu führen. Sie entsprechen dem gleichen Gefahrenrisiko wie ein angestellter Anwalt/freier Mitarbeiter in einer Sozietät/einfachen Partnerschaft. Sie sind für ihre nebenberuflichen Mandate außerhalb der PartG mbB versichert, siehe zu der gesetzlichen Vorgabe bei der PartG mbB für die Zulassung als Anwalt § 1 Rn. 376. Die angestellten Anwälte/freien Mitarbeiter einer PartG mB werden daher versichert gleich wie ein angestellter Anwalt in einer Sozietät nach der hier kommentierten Bedingung HV 47 in § 1 Rn. 330 f. Wenn der Versicherungsnehmer einen Partner/Scheinpartner oder einen Gesellschafter/Geschäftsführer nicht gemeldet hat, die vorher nur zuschlagpflichtige Mitarbeiter waren, besteht der Versicherungsschutz weiterhin für die PartG mbB. Die Rechtsfolgen ergeben sich nach § 11b I Ziff. 3, § 26 VVG, siehe dazu ausführlich § 11b Rn. 15.

VIII. Rechtsanwalts-GmbH

1. Haftung der Rechtsanwalts-GmbH

a) Rechtsgrundlagen

416 Seit 1.3.1999 ist die Rechtsanwalts-GmbH anerkannt. Die Zulassungsvoraussetzungen sind in §§ 59c bis 59m BRAO geregelt. Nach § 59c BRAO ist die Rechtsanwaltsgesellschaft die Gesellschaft mit beschränkter Haftung, deren Unternehmensgegenstand die Beratung und Vertretung in Rechtssachen ist. Gesellschafter, Prokuristen und Handlungsbevollmächtigte einer Rechtsanwaltsgesellschaft können nur Rechtsanwälte und die Angehörigen der sozietätsfähigen Berufe sein, § 59f Abs. 1 und Abs. 2 BRAO, § 59a BRAO. Die Mehrheit der Geschäftsanteile und der Stimmrechte müssen den Rechtsanwälten zustehen. Dies gilt nicht bei einer Doppelzulassung als Rechtsanwalt- und Patentanwalts-GmbH, da die Regelung in § 59e Abs. 2 Satz 1 insoweit nichtig ist.[500] Die Gesellschafter müssen in der Rechtsanwaltsgesellschaft beruflich tätig sein. Als weitere Zulassungsvoraussetzung ist eine Berufshaftpflichtversicherung der Rechtsanwalts-GmbH erforderlich, §§ 59d, 59j BRAO. Die in der Rechtsanwalts-GmbH tätigen Anwälte benötigen darüber hinaus eine eigene Berufshaftpflichtversicherung als Zulassungsvoraussetzung.

417 Eine PartG mbB kann nicht Gesellschafter einer Rechtsanwalts-GmbH sein, weil nach § 59e Abs. 1 Satz 1 BRAO Gesellschafter einer Rechtsanwaltsgesellschaft nur Anwälte und Angehörige der von § 59a Abs. 1 und 2 BRAO gleichgestellten Berufe sein können.[501] Umgekehrt können allerdings Gesellschaften bürgerlichen Rechts, unter bestimmten Voraussetzungen, Anteile an einer Anwalts-GmbH halten.[502]

b) Organschaftliche Vertretung und Zurechnung von Fehlverhalten

418 Die Rechtsanwaltsgesellschaft kann als Prozess- oder Verfahrensbevollmächtigte beauftragt werden. Gem. § 35 Abs. 1 S. 1 GmbHG vertritt die GmbH gerichtlich und außergerichtlich ausschließlich der Geschäftsführer, nicht die Gesellschafter. Es handelt sich um eine organschaftliche Vertretung. Bei Prokuristen, General- und Handlungsbevollmächtigten handelt es sich um eine rechtsgeschäftliche Vertretung. Die Gesellschaft wird damit durch ihre Organe und Vertreter tätig.[503] Die Anwälte, die auf dem Briefbogen der GmbH genannt sind, erwecken regelmäßig den Anschein, dass sie aufgrund einer Rechtsscheinsvollmacht die Gesellschaft im Rahmen der rechtsberatenden Tätigkeit vertreten dürfen. Dies ist aber nicht der Rechtsschein einer Gesellschafterstellung.[504]

Verteidiger im Sinne der §§ 137 ff StPO ist nur die für die Rechtsanwaltsgesellschaft handelnde Person. Die Rechtsanwaltsgesellschaft kann aber selbst nicht die amtsähnlichen persönlichen Tätigkeiten ausüben wie z.B. Insolvenzverwaltung, Testamentsvollstreckung. Gesetzlich vorgeschrieben ist, dass nur eine natürliche Person dazu bestellt, benannt oder zugelassen werden kann.

---

500 BVerfG NJW 2014, 613; § 59e ist mit Art. 12 GG unvereinbar und nichtig.
501 BGH NJW 2017, 1681.
502 BGH NJW 2002, 68.
503 Strittig ist, ob die Organtätigkeiten Eigenhandeln der Gesellschaft darstellt, so *Beuthien* NJW 1999, 1142, 1144 oder ob eine Zurechnung des Eigenhandelns der für die GmbH handelnden Organe erfolgt, so BeckOK GmbHG *Wisskirchen/Kuhn* § 35 Rn. 4.
504 BGH NJW 1992, 3037, 3039; Henssler/Streck/*Hartung* HBSozR D Rn. 133.

Die Zurechnung von Fehlverhalten einschließlich deliktischer Handlungen der Geschäftsführer gegenüber der Gesellschaft erfolgt analog § 31 BGB und nicht über § 278 BGB. Der Geschäftsführer ist nicht der Erfüllungsgehilfe der Gesellschaft, er ist das Organ. Innerhalb bestehender Schuldverhältnisse haftet die Gesellschaft für ihre Angestellten gemäß § 278 BGB.[505] 419

c) Haftung der Gesellschaft und des Geschäftsführers persönlich

Der Mandant schließt mit der Rechtsanwalts-GmbH den Mandatsvertrag ab. Die Rechtsanwalts-GmbH haftet ausschließlich für die Berufsfehler ihrer Anwälte, § 13 Abs. 2 GmbHG. Der für sie handelnde einzelne Anwalt haftet nicht persönlich mit seinem Privatvermögen. Hierzu gibt es Ausnahmen: Erstens: Die Anwälte haften persönlich nach den Grundsätzen der Sachwalterhaftung, § 311 Abs. 3 Satz 2 BGB. Dies gilt insbesondere dann, wenn der Anwalt in besonderem Maße Vertrauen für sich in Anspruch nimmt und dadurch die Verhandlungen oder den Mandatsschluss erheblich beeinflusst.[506] Zweitens: Die Anwälte haften selbst für deliktisches Handeln, §§ 823ff BGB. Der Anwalts-GmbH wird im Übrigen das deliktische Handeln ihrer Vertreter zugerechnet, § 31 BGB. Drittens: Wird die Berufshaftpflichtversicherung nicht oder nicht in dem vorgeschriebenen Umfang unterhalten, so haften neben der Gesellschaft die Gesellschafter und die Geschäftsführer persönlich in Höhe des fehlenden Versicherungsschutzes, § 59j Abs. 4 BRAO. Eine fehlende oder unzureichende Berufshaftpflicht führt zum Widerruf der Zulassung, § 59h Absatz 3 BRAO. 420

2. Versicherung der Rechtsanwalts-GmbH, HV 4218

Besondere Bedingungen zur Vermögensschaden-Haftpflichtversicherung für Rechtanwaltsgesellschaften (§ 59j BRAO) und Patentanwaltsgesellschaften (§ 52j PatAnwO) HV 4218/07

1. Im Rahmen der Allgemeinen und Besonderen Versicherungsbedingungen sowie Risikobeschreibung zur Vermögensschaden-Haftpflichtversicherung für Rechtsanwälte und Patentanwälte – AVB-RSW – besteht Versicherungsschutz für die den Organen und Angestellten der Versicherungsnehmerin zur Last fallenden Verstöße. In Abweichung von Teil 1.1 A § 1 Abs. 3 AVB-RSW werden in der Person eines Organs der Versicherungsnehmerin oder eines Prokuristen oder Handlungsbevollmächtigten zum gesamten Geschäftsbetrieb (§ 59f III BRAO, § 52f III PAO) gegebene Umstände, die den Versicherungsschutz beeinflussen, der Versicherungsnehmerin zugerechnet; dies gilt sinngemäß für alle nach außen vertretungsberechtigten Berufsträger der Versicherungsnehmerin.

2. Wissentliche Pflichtverletzung
In Höhe der für die Rechtsanwalts-/Patentanwaltsgesellschaft vorgeschriebenen Mindestversicherungssumme und soweit es sich um die Tätigkeit einer anwaltlichen/patentanwaltlichen Berufsausübung handelt, findet Teil 1.1 § 4 Ziffer 5 AVB-RSW keine Anwendung.

3. Innenregress
Bei einer Freistellung von berechtigten Schadensersatzverpflichtungen nimmt der Versicherer im Fall einer wissentlichen Pflichtverletzung (Teil 1.1 § 4 Ziffer 5 AVB-RSW) Rückgriff gegen die Versicherungsnehmerin.

---

505 BeckOK GmbHG/*Ziemons/Jaeger* § 35 Rn. 97.
506 OLG Nürnberg AnwBl 2008, 468; BGH NJW 1994, 2220; BGH BeckRS 2008, 16047 LS1 für Kapitalanlagefälle.

4. In Ergänzung von Teil 1.1 A § 3 Abs. 3 Ziffer 4 AVB-RSW entfällt ein Selbstbehalt, wenn die Gesellschaft zum Zeitpunkt der Geltendmachung des Schadens durch einen Dritten aufgelöst ist.

5. Im vertragsgemäßen Umfang mitversichert sind die Haftpflichtansprüche Dritter, die unmittelbar gegen die in der Gesellschaft tätigen Personen aus einer Tätigkeit im Namen der Gesellschaft erhoben werden. Teil 1.1 C § 13 AVB-RSW gilt sinngemäß.

a) Grundlagen zum Versicherungsmodell

421 Das Modell der Allianz für die Rechtsanwalts-GmbH entspricht dem Modell für die PartG mbB. Grundlage bilden die AVB-RSW. Die Besonderen Bedingungen HV 4218 (Versicherungssumme bis 2,5 Mio) und die HV 4388 (Exzedent ab Versicherungssumme 2,5 Mio) ergänzen die Grundbedingungen. Die Anwälte erhalten für ihre Zulassung eine eigene Police, die HV 4391. Das 2-Policen-Modell ergibt sich daraus, dass die Versicherer bis zur Mindestversicherungssumme von 2,5 Mio. EUR die wissentliche Pflichtverletzung nicht mehr ausschließen können. Wenn man eine Police mit einem Sublimit von 2,5 Mio. EUR verwendet, besteht die Gefahr, dass die wissentliche Pflichtverletzung über die gesamte Deckungsstrecke versichert ist, § 113 Abs. 3 VVG, siehe ausführlich § 1 Rn. 394, Besondere Bedingung Ziff. 1. Allein die Gesellschafter der Rechtsanwalts-GmbH müssen Rechtsanwälte sein, § 59e BRAO. Die Anwälte, die Gesellschafter oder Vorstände sind, benötigen eine eigene Berufshaftpflichtversicherung, § 51 BRAO. Man bezeichnet sie als „Babypolice“. Sie gilt für die eigenen Mandate auf eigenem Briefbogen und umfasst die Mindestdeckung, soweit nicht mit dem Versicherer eine besondere Vereinbarung darüber hinaus besteht, siehe zur eigenen Deckung der Anwälte in der Rechtsanwalts-GmbH/PartG mbB ausführlich § 1 Rn. 413f. Gleiches gilt für die angestellten Anwälte/freien Mitarbeiter. Sie benötigen ebenfalls eine eigene Berufshaftpflichtversicherung, um den Titel „Anwalt“ führen zu können, siehe zu den Zulassungspolicen der angestellten Anwälte in einer Rechtsanwalts-GmbH, § 1 Rn. 431.

422 Nach Ziff. 1 der Besonderen Bedingung besteht Versicherungsschutz für die Rechtsanwalts-GmbH. Ziff. 1 rechnet der GmbH die Verstöße der Mitglieder der Rechtsanwalts-GmbH für die Deckung zu. Die Berufsfehler begehen die Organe und Angestellten, die daher besonders genannt sind. Ziff. 1 Satz 1 ergänzt dabei speziell die allgemeine Zurechnungsregel nach § 1 III Ziff. 1, der allgemein für die anerkannten und zugelassenen Berufsträgergesellschaften für Steuerberater/Wirtschaftsprüfer gilt.

423 Ziff. 1 Satz 2 ändert § 1 III ab und stellt ihn klar. Nach § 1 III Ziff. 2 rechnet man der Berufsträgergesellschaft das Fehlverhalten desjenigen zu, der den Verstoß begangen hat mit Ausnahme bei einer wissentlichen Pflichtverletzung durch einen Angestellten, § 1 III Ziff. 2 im 2. HS. Nach Ziff. 1 Satz 2 der HV 4218 rechnet man dann das Verhalten einer Person der Gesellschaft zu, wenn es sich um ein Organ oder einen Prokuristen handelt. Gleiches gilt für einen Handlungsbevollmächtigten zum gesamten Geschäftsbetrieb, der nach § 59f Abs. 3 BRAO ein Rechtsanwalt sein muss und für alle nach außen hin vertretungsberechtigten Anwälte nach Ziff. 1 Satz 2 a.E. Sie treten als Anwalt nach außen hin auf und unterliegen daher den gleichen Anforderungen wie die Geschäftsführer und Prokuristen. Die Abänderung liegt darin, dass die Person des Verstoßenden der HV 60 auf einen bestimmten Kreis beschränkt ist. Der für die Zurechnung maßgebliche Personenkreis sind deshalb die Anwälte, die nach außen hin die GmbH auch vertreten können. Nicht zurechenbar sind Verstöße, die Anwälte ohne Vertretungsberechtigung begehen.

b) Besondere Bedingung Ziff. 2 und Ziff. 3

424 Nach Ziff. 2 besteht Versicherungsschutz für die Rechtsanwalts-GmbH, wenn eine wissentliche Pflichtverletzung vorliegt. Höhe und Umfang entsprechen den gesetzlichen Mindestanforde-

rungen nach § 59j Abs. 1 BRAO zur Berufshaftpflichtversicherung bei einer Rechtsanwalts-GmbH bis zu einer Versicherungssumme von 2,5 Mio. EUR, maximiert mit der Anzahl der Geschäftsführer/Gesellschafter, mindestens 4-fach. Voraussetzung des Versicherungsschutzes ist, dass es sich bei der wissentlichen Pflichtverletzung um ein anwaltliches Berufsversehen gehandelt hat. Kein Versicherungsschutz besteht, wenn der Anwalt eine amtsähnliche persönliche Tätigkeit nach BBR-RA ausgeübt hat. Der Ausschluss der wissentlichen Pflichtverletzung nach § 4 Ziff. 5 bleibt hier bestehen.

Beim Versicherungsschutz und der Zurechnung nach Ziff. 1 bei einer wissentlichen Pflicht- **425** verletzung ist die Abänderung des § 1 III nach Ziff. 1 in HV 4218 bis zur Versicherungssumme von 2,5 Mio. nicht maßgeblich. Die wissentliche Pflichtverletzung ist versichert, egal wer sie begeht. Die Abänderung spielt jedoch für die Versicherungssumme oberhalb von 2,5 Mio. nach den HV 4388 als Bedingungen für den Exzedenten eine Rolle. Nach § 1 III Ziff. 2 im 2. HS der HV 60 behält die GmbH den Versicherungsschutz, wenn ein Prokurist oder ein vertretungsberechtigter Anwalt wissentlich gehandelt hat, weil sie gerade im Klammerzusatz in § 1 III Ziff. 2 im 2. HS nicht genannt sind, siehe zum Begriff des Angestellten bei der wissentlichen Pflichtverletzung bei Berufsträgergesellschaften § 1 Rn. 277f. Anders bei den Bedingungen nach Ziff. 1 der HV 4218 und der für den Exzedenten geltenden Bedingungen HV 4388. Danach ist der Personenkreis weiter, bei denen eine wissentliche Pflichtverletzung zum Ausschluss des Versicherungsschutzes führt. Darunter fallen gerade auch Angestellte, die für die GmbH vertretungsberechtigt sind, also auch Prokuristen und vertretungsberechtigte Anwälte.

Nach Ziff. 3 kann der Versicherer bei der Versicherungsnehmerin, der Rechtsanwalts-GmbH, **426** Regress nehmen, wenn er wegen einer wissentlichen Pflichtverletzung der GmbH Schadensersatz geleistet hat. Er nimmt Regress, wenn einer der in Ziff. 1 genannten Personen die wissentliche Pflichtverletzung begangen hat, bei Fehlverhalten eines Organs, eines Prokuristen oder eines Handlungsbevollmächtigten zum gesamten Geschäftsbetrieb und bei nach außen vertretungsberechtigten Berufsträger der Anwalts-GmbH. Er nimmt ebenfalls Regress, wenn ein Angestellter die wissentliche Pflichtverletzung begangen hat. Dies folgt schon aus den allgemeinen Regeln für die Berufsträgergesellschaft nach § 1 III Ziff. 2, §§ 4 Ziff. 5 Satz 2 und 7 III Ziff. 2, dann hier in Verbindung mit der Ziff. 3 der HV 4218. Wenn der Versicherer auf den Regress verzichtet, gilt dies für alle in Ziff. 1 genannten Personen und auch für die Angestellten. Andernfalls würde der Regressverzicht den Angestellten nicht begünstigen, siehe dazu die gleiche Regelung bei der PartG mbB zur wissentlichen Pflichtverletzung und Regressverzicht § 1 Rn. 410f.

c) Besondere Bedingung Ziff. 4

Nach Ziff. 4 hat die Rechtsanwalts-GmbH keinen Selbstbehalt zu tragen, wenn die Gesell- **427** schaft zum Zeitpunkt der Geltendmachung des Schadens durch einen Dritten aufgelöst ist. Die Regelung berücksichtigt, dass die Anwalts-GmbH, wenn sie aufgelöst ist, nicht mehr beruflich tätig ist. Sie hat keine Einnahmen mehr. Es soll der einzelne Geschäftsführer/Gesellschafter/Anwalt, der den Selbstbehalt nach Auflösung zu tragen hätte, nicht finanziell belastet werden.

d) Besondere Bedingung zu amtsähnlichen persönlichen Tätigkeiten, Ziff. 5

Nach Ziff. 5 sind die Haftpflichtansprüche Dritter versichert, die unmittelbar gegen die in **428** der Gesellschaft tätigen Personen aus einer Tätigkeit im Namen der Gesellschaft erhoben werden. Die Regelung berücksichtigt, dass die Anwälte auch persönlich haften können, nach den Grundsätzen der Sachwalterhaftung, § 311 Abs. 3 Satz 2 BGB, für deliktisches Handeln §§ 823ff BGB oder auch die Gesellschafter und die Geschäftsführer in Höhe des fehlenden Versicherungsschutzes, § 59j Abs. 4 BRAO, siehe dazu § 1 Rn. 420. Voraussetzung ist, dass sie im Namen der Gesellschaft gehandelt haben. Weitere Voraussetzung ist, dass sie als mitversichert im Sinne des

§ 13 gelten. Dies liegt dann vor, wenn sie als zuschlagpflichtiges Mitglied dem Versicherer gemeldet sind. Bei größeren Kanzleien vereinbart man Stichtagsregelungen, nach denen die noch nicht gemeldeten Anwälte als versichert gelten, entsprechend auch der Regelung in § 13 III. Bei einer Umsatzpolice gilt nach den üblichen Vereinbarungen, dass die ebenfalls noch nicht gemeldeten Anwälte versichert sind. Der Versicherungsschutz kann nicht davon abhängen, welches Tarifmodell gewählt ist.

429 Ziff. 5 erfasst nach dem Wortlaut nicht unbedingt die amtsähnlichen persönlichen Tätigkeiten. Ein Insolvenzverwalter, Betreuer, Testamentsvollstrecker etc. ist im eigenen Namen tätig und nicht im Namen der Gesellschaft, was aber Ziff. 5 voraussetzt. Die Anwälte, die in der Rechtsanwalts-GmbH tätig sind, haben aber nach den AVB-RSW grundsätzlich den gleichen Versicherungsschutz wie die Partner in einer PartG mbB oder in einer Sozietät/Partnerschaft. Daher ist Ziff. 5 und die Regelung in § 1 III Ziff. 1 zum Versicherungsschutz der mitversicherten Personen in einer Berufsträgergesellschaft trotz des missverständlichen Wortlauts so zu verstehen, dass Versicherungsschutz für die Tätigkeiten nach den BBR-RA besteht, siehe auch zum Versicherungsschutz für diese amtsähnliche Tätigkeit bei den Berufsträgergesellschaften in § 1 Rn. 271. Erste Voraussetzung ist, dass die Tätigkeit im wirtschaftlichen Interesse der Rechtsanwalts-GmbH erfolgt. Kein Versicherungsschutz besteht daher, wenn die Tätigkeit ausschließlich im eigenen Namen auf eigene Rechnung erfolgt und die Einnahmen deshalb nicht der GmbH zufließen. Zweite Voraussetzung ist, dass der Berufsträger einen 100%-Beitrag zahlt. Es erfolgt eine Gleichstellung mit den Partnern/Scheinpartnern in der PartG mbB. Wie in einer PartG mbB oder Partnerschaft/Sozietät hängt die Mitversicherung von der Prämie ab, ob der Berufsträger hierfür Versicherungsschutz hat als 100%-Prämienzahler oder nur einen Risikozuschlag für seine Zuarbeit in der Kanzlei zahlt, wie gerade der Angestellte ohne Außenauftritt in der PartG mbB. Es wäre widersprüchlich, wenn der Berufsträger nicht führend und leitend für die Gesellschaft auftreten darf und nur zuarbeitet, aber andererseits wieder als Insolvenzverwalter, Testamentsvollstrecker etc. im eigenen Namen im wirtschaftlichen Interesse für die Gesellschaft tätig sein darf und hierfür Versicherungsschutz bestehen soll. Selbstverständlich sind hier abweichende individuelle Vereinbarungen möglich.

3. Zulassungspolicen für Anwälte in der Rechtsanwalts-GmbH

a) Geschäftsführer/Gesellschafter

430 Allein die Gesellschafter der Rechtsanwalts-GmbH müssen Rechtsanwälte sein, § 59e BRAO. Die BRAO regelt aber nicht wie bei Steuerberatern oder Wirtschaftsprüfern, dass in der Police der Gesellschaft die Gesellschafter mitversichert sein können. Die Anwälte, die Gesellschafter oder Vorstände sind, benötigen eine eigene Berufshaftpflichtversicherung, § 51 BRAO. Man bezeichnet sie als „Babypolice". Sie gilt für die eigenen Mandate auf eigenem Briefbogen und umfasst die Mindestdeckung, soweit nicht mit dem Versicherer eine besondere Vereinbarung darüber hinaus besteht, siehe zur eigenen Deckung der Geschäftsführer/Gesellschafter als Anwälte in der Rechtsanwalts-GmbH/PartG mbB ausführlich die kommentierte Zusatzbedingung HV 4391 in § 1 Rn. 413f.

b) Angestellte Anwälte/freie Mitarbeiter

431 Die BRAO schließt es nicht aus, dass die Angestellten der Gesellschaft einen anderen Beruf haben als Rechtsanwalt. Daher benötigen die Angestellten gleich welchen Beruf sie haben, keine eigene Berufshaftpflichtversicherung. Wenn die Angestellten jedoch ihren Titel „Rechtsanwalt" nach außen hinführen wollen, z.B. auf dem Briefbogen mit dem Zusatz Anwalt genannt sind, benötigen sie ebenfalls eine eigene Berufshaftpflichtversicherung als Zulassungs-

police.[507] Sie gilt wie bei den Gesellschaftern/Vorständen für die eigenen Mandate auf eigenem Briefbogen und umfasst die Mindestdeckung, soweit nicht mit dem Versicherer eine besondere Vereinbarung darüber hinaus besteht. Das Risiko selbst entspricht den Anwälten ohne Außenauftritt in einer Sozietät oder auch Partnerschaft, gleich mit oder ohne Haftungsbeschränkung. Diese Gruppe von Anwälten erhalten daher eine Police für ihre nebenberufliche Tätigkeit nach dem gleichen Konzept wie die angestellten Anwälte ohne Außenauftritt in einer Sozietät, siehe dazu ausführlich die kommentierte Zusatzbedingung HV 47 § 1 Rn. 330 f. Wenn der Versicherungsnehmer einen Gesellschafter/Geschäftsführer nicht meldet, der vorher nur zuschlagpflichtiger angestellter Anwalt war, besteht der Versicherungsschutz weiterhin für die GmbH. Die Rechtsfolgen ergeben sich nach § 11b I Ziff. 3, § 26 VVG, siehe dazu ausführlich § 11b Rn. 15.

4. Unternehmergesellschaft

Die Unternehmergesellschaft (UG) ist keine eigenständige Rechtsform, sondern eine Organisationsform der GmbH und in § 5a GmbHG geregelt. Sie ist auch für die freien Berufe eine zulässige Organisationsform. Sie ist nicht auf gewerbliche Tätigkeiten beschränkt.[508] Die UG benötigt ein Stammkapital zwischen einem und 24.999 EUR, § 5 Abs. 2 GmbHG. Die UG bedarf keiner besonderen Zulassung durch den Gesetzgeber, weil sie sich bei Anwälten aus der Rechtsanwalts-GmbH ableitet. Der Name der UG muss die Unternehmergesellschaft (haftungsbeschränkt), aber auch die Rechtsanwaltsgesellschaft enthalten, § 59k BRAO. Die Haftung und Deckung ergibt sich aus den allgemeinen Regelungen zur GmbH und den berufsrechtlichen Erfordernissen nach §§ 59c ff BRAO. Wenn daher die Vorschrift eine Gesellschaft mit beschränkter Haftung regelt, ist damit auch die UG gemeint.[509] Die Gesellschafter/Geschäftsführer müssen Anwälte sein, §§ 59e, 59f BRAO. Damit die UG schneller in das Handelsregister eingetragen werden kann, ist die Zulassung für das Eintragungsverfahren nicht vorzulegen. Notwendig ist eine Pflichtversicherung wie bei einer Rechtsanwalts-GmbH nach § 59c Abs. 1 BRAO. **432**

Für die UG gilt der Versicherungsschutz wie für die Rechtsanwalts-GmbH. Die Versicherung erfolgt dann über die entsprechenden Besonderen Bedingungen und Risikobeschreibungen mit dem Zusatz: „Versichert ist die Unternehmergesellschaft (haftungsbeschränkt, § 5a GmbHG).“ Daher ist auch die wissentliche Pflichtverletzung bis 2,5 Mio. EUR mitversichert und nicht mehr ausschließbar; siehe zum gleichlautenden Deckungskonzept der Rechtsanwalts-GmbH § 1 Rn. 421 ff. **433**

IX. Rechtsanwalts-AG

Die Rechtsanwalts-AG ist zulassungsfähig trotz fehlender Regelung in der BRAO.[510] Es gelten die Bestimmungen der §§ 59c BRAO analog. Es ergeben sich keine weiteren Besonderheiten gegenüber der Rechtsanwalts-GmbH. Die Rechtsanwalts-AG schließt ebenso wie die Rechtsanwalts-GmbH den Mandatsvertrag ab und haftet und für die Berufsfehler ihrer Anwälte.[511] **434**

Das Deckungskonzept entspricht vollständig dem der Rechtsanwalts-GmbH, siehe ausführlich dazu § 1 Rn. 421 ff. Gesetzlich nicht geregelt ist aber, ob der Ausschluss der wissentlichen Pflichtverletzung auch bei der Rechtsanwalts-AG gilt. Es ist jedoch davon auszugehen, dass § 59j Abs. 1 BRAO analog gilt und damit der Ausschluss nicht bis zur Höhe von 2,5 Mio. EUR zuläs-

507 Mitunter bezeichnet man diese Zulassungspolice ebenfalls als „Babypolice“.
508 MüKoGmbHG/Rieder § 5a Rn. 56b.
509 Römermann AnwBl 2009, 131 f.
510 BGH NJW 2005, 1568.
511 HBAnw/*Rinkler* § 1 Rn. 461 ff; Henssler/Prütting/*Henssler* BRAO Vor § 59c Rn. 16 ff.

sig ist. Jedenfalls versichert das Deckungskonzept wie bei der Anwalts-GmbH die wissentliche Pflichtverletzung bis 2,5 Mio. EUR.

X. LLP

435 Anwälte und andere Berufsangehörige können ihren Beruf auch gemeinschaftlich in einer LLP ausüben: In einer LLP in der EU aufgrund der in der EU geltenden Niederlassungs- und Dienstleistungsfreiheit nach Art. 49, 54 AEUV und in einer LLP nach amerikanischem Recht aufgrund bilateraler Abkommen. Zur Besteuerung gilt, dass die Art der Gewinnermittlung nach Einkünften aus freiberuflicher Tätigkeit erfolgt, § 2 Abs. 2 Nr. 1 EStG durch eine Einnahmen-Überschuss-Rechnung, § 4 Abs. 3 EStG. Bei LLP mit Niederlassung in Deutschland und USA gilt: Die Besteuerungszuweisung nach Art. 14 Abs. 1 DBA-USA ist auch bei einer Freiberufler-Personengesellschaft personenbezogen zu verstehen, sog. Ausübungsmodell. Der Gesellschafter muss seine Tätigkeit im anderen Vertragsstaat persönlich ausüben und es muss ihm für die Ausübung seine Tätigkeit gewöhnlich eine feste Einrichtung zur Verfügung stehen. Eine wechselseitige Zurechnung der Tätigkeiten zwischen den Gesellschaftern findet nicht statt.[512]

1. Haftung der LLP

436 Im Innenverhältnis ist die LLP eine Personengesellschaft und wird auch als Personengesellschaft besteuert. Im Außenverhältnis ist sie eine eigene Rechtsperson und damit rechts- und handlungsfähig. Sie haftet als Vertragspartei für Berufsfehler der Anwälte mit dem Gesellschaftsvermögen. In England haften die Anwälte aber weiterhin persönlich nach dem Deliktsrecht, „Tort Of Negligence". Die Anwälte übernehmen eine persönliche Leistungsverantwortung gegenüber den Mandanten.[513] Für im Ausland tätige Gesellschaften hat sich der EuGH für die Gründungs- und gegen die Sitztheorie ausgesprochen.[514] Für eine in im EU-Ausland gegründete und in Deutschland tätige LLP folgt daraus, dass das ausländische Gesellschaftsrecht und das deutsche Verkehrsrecht, wie Vertrags-, Delikts-, Insolvenz- und Steuerrecht gelten. Die LLP haftet damit mit ihrem Gesellschaftsvermögen für Berufsfehler der Anwälte. Die Anwälte haften nur ausnahmsweise persönlich für Berufsfehler, wenn sie Sachwalter sind oder deliktisch gehandelt haben. Nach anderer Ansicht ist die widersprüchliche Haftung im Ausland und Deutschland zu vermeiden. Danach gilt eine persönliche Haftung der Anwälte auch bei einer in Deutschland tätigen LLP, weil das mögliche ausländische Deliktsrecht Bestandteil des Gesellschaftsstatuts der LLP ist.[515]

437 Zur Postulationsfähigkeit der LLP hat der BGH noch nicht entschieden. Wenn aber ein Anwalt die Schriftsätze unterzeichnet, ist davon auszugehen, dass er die Prozesshandlung nicht nur im Namen der LLP vornimmt, sondern auch im eigenen Namen.[516]

2. Deckungskonzept

438 Der Gesetzgeber hat den Versicherungsschutz der LLP nicht ausdrücklich geregelt. Der BRAK-Ausschuss Internationale Sozietäten hat empfohlen, dass eine LLP in Deutschland wie

---

512 NJW 2016, 1901.
513 *Becker* AnwBl 2011, 860.
514 EuGH „Centros" NJW 1999, 2027 ff; EuGH „Überseering" NJW 2002, 3614 ff und EuGH „Inspire Act" NJW 2003, 3331 ff.
515 *Henssler/Mansell* NJW 2007, 1393, 1396.
516 BGH NJW 2009, 3162 Rn. 9.

eine Partnerschaftsgesellschaft oder eine Sozietät in Form der GbR zu versichern ist.[517] Die maßgeblichen Empfehlungen des BRAK-Ausschusses bedeuten, dass jeder Sozius/Scheinsozius eine Berufshaftpflichtversicherung nach § 51 BRAO abschließen muss mit den dort zulässigen Ausschlüssen, insbesondere der wissentlichen Pflichtverletzung. Die LLP selbst muss keine Versicherung abschließen. Dies ergibt sich schon daraus, dass die LLP nicht zugelassen werden kann. Die Vorschrift des § 59j BRAO ist nicht anwendbar. Ebenfalls nicht anwendbar ist § 8 Abs. 2 EURAG i.V.m. § 59j BRAO auf die LLP, was sonst eine Versicherung wie bei einer Rechtsanwalts-GmbH, einschließlich der wissentlichen Pflichtverletzung, bedeuten würde. Es geht bei der LLP nicht um die Versicherung ausländischer Anwälte in Deutschland, sondern um die Versicherung deutscher Rechtsanwälte.[518] Anwendbar ist aber § 8 Abs. 2 EURAG, wenn ein niedergelassener europäischer Rechtsanwalt Mitglied der LLP ist. Um seine Haftung auf das Gesellschaftsvermögen zu beschränken, ist erforderlich, dass er selbst und persönlich eine Berufshaftpflichtversicherung abschließt, die der Versicherung einer Rechtsanwalts-GmbH entspricht. In der Praxis geht man stillschweigend davon aus, dass er diese Versicherung hat, ohne dass ausdrücklich der Versicherer etwas bestätigt, weil es eine verschwindend geringe Anzahl von Berufsträgern betrifft.

Im Unterschied zur PartG mbB wirken sich Fehler im Versicherungsschutz nicht aus. Der **439**
Anwalt haftet auch dann nicht persönlich, wenn der Versicherungsschutz unzureichend wäre. Es gilt hier ausnahmslos das ausländische Gesellschaftsrecht. Es sieht regelmäßig keine persönliche Haftung der Anwälte vor.

Andere Gesellschaftsformen wie die Private Limited Company by Shares als Rechtsform ei- **440**
ner Kapitalgesellschaft spielen kaum eine Rolle. Sie ist wie die deutsche Rechtsanwalts-GmbH zu versichern.[519]

P. Deckungskonzepte der Steuerberater nach Organisationsformen

I. Überblick Versicherungspflicht

Versicherungspflichtig sind selbständige Steuerberater und – anerkannte – Steuerbera- **441**
tungsgesellschaften, § 67 Absatz 1 StBerG i.V.m. § 51 Abs. 1 Satz 1 DVStB. Dabei gilt die Versicherungspflicht – anders als bei Anwälten – auch für alle Formen der Partnerschaft, ob sie anerkannt sind oder nicht oder ob eine Beschränkung der Berufshaftung vorliegt oder nicht, § 67 Absatz 1 StBerG i.V.m. § 51 Abs. 1 Satz 2 DVStB.[520] Versicherungspflicht besteht ebenfalls für grenzüberschreitende Hilfeleistung aus dem EU-Ausland in Steuersachen ohne physische Präsenz in Deutschland. Zur Versicherungspflicht im Ausland und vom Ausland erbrachten Dienstleistungen, siehe A Ziff. 2.1 Rn. 59.

Konkret versicherungspflichtig ist: **442**

- der einzelne Steuerberater in eigener Praxis
- der einzelne Steuerberater in gemeinsamer Berufsausübung mit anderen Steuerberatern oder nach der Berufsordnung zugelassenen anderen wirtschaftsberatenden Berufsträgern in der Organisationsform als:
  - StB-Sozius/Scheinsozius in Gesellschaften bürgerlichen Rechts
  - StB-Partner/Scheinpartner in einfachen Partnerschaften, die nicht anerkannt sind als Steuerberatungsgesellschaft; dabei wird die zusätzlich an sich versicherungspflichtige

517 BRAK-Mitt. 2009, 22 ff Rn. 9.
518 Anders *Zimmermann* BRAK-Mitt. 2014, 230 ff.
519 BGH NJW 2007, 2328.
520 Übersicht in 5.2.2 Hinweise der Bundessteuerberaterkammer zur Berufshaftpflichtversicherung, Berlin 28. April 2014.

einfache Partnerschaft in den Versicherungen der Steuerberater-Partner mitversichert; § 8 Abs. 1, 2 PartGG; § 67 Abs. 1 StBerG, § 51 Abs. 1, 3 DVStB[521]
  - StB in sonstigen Personengesellschaften wie z.B. OHG, KG
  - StB in ausländischen Personengesellschaften wie z.B. LLP, LLC
- die anerkannte Steuerberatungsgesellschaft, § 49 Abs. 1 StBerG
- die Partnerschaftsgesellschaft mit beschränkter Berufshaftung mit und ohne die Anerkennung als Berufsgesellschaft

Sozietäten in Form der GbR aus Steuerberatern oder zusammen mit anderen zugelassenen Berufsträgern unterliegen nicht der Versicherungspflicht, versicherungspflichtig sind die einzelnen Steuerberater-Sozien wie bei Anwälten.

II. Organisationsformen der Steuerberater

Im Folgenden die einzelnen Organisationsformen, ihre Versicherungspflicht und das jeweilige Versicherungskonzept.

1. Steuerberater in eigener Praxis

443 Jeder Steuerberater in eigener Praxis muss eine eigene Berufshaftpflichtversicherung abschließen, § 67 StBerG, § 51 Abs. 1 DVStB. In eigener Praxis tätig sind die Steuerberater, die ihren Beruf im eigenen Namen, auf eigene Rechnung und auf eigenes Risiko ausüben. Die Versicherungspflicht ist unabhängig davon, ob der Berufsträger tatsächlich aktiv ist. Auch der Steuerberater, der allein den Titel führen will, muss trotzdem eine Berufshaftpflichtversicherung abschließen, um dem Mandantenschutz zu genügen.[522] Die Versicherungspflicht beginnt mit der Bestellung als Steuerberater.

2. Steuerberater in gemeinsamer Berufsausübung in nicht anerkannten Personengesellschaften/Sozietät

444 Jeder Steuerberater, der seinen Beruf gemeinsam mit anderen in einer Personengesellschaft/Personenhandelsgesellschaft ausübt, also nicht in einer anerkannten Steuerberatungsgesellschaft, muss eine eigene Berufshaftpflichtversicherung abschließen wie in eigener Praxis. Dies ist die gleiche Regelung wie bei Anwälten. Bei der PartG mbB unterscheiden sich Anwälte und Steuerberater. Die Anwalts-Partner sollten hier zusätzlich eine eigene Versicherung neben der Berufshaftpflichtversicherung der PartG mbB selbst benötigen, da eine Mitversicherung ausdrücklich gesetzlich nicht vorgesehen ist. Die Steuerberater-Partner einer PartG mbB hingegen, die ausschließlich für die Partnerschaft tätig sind, sind über die Berufshaftpflichtversicherung der PartG mbB mitversichert, § 51 Abs. 3 im 2. Halbsatz DVStB, siehe § 1 Rn. 449. Die PartG mbB selbst ist immer versicherungspflichtig, egal ob sie anerkannt ist oder nicht, § 67 Abs. 1 StBerG, § 51 Abs. 1 Satz 2, 2. HS DVStB. Die Steuerberater-Partner benötigen daher sowohl in der anerkannten als auch nicht anerkannten PartG mbB keine eigene Berufshaftpflichtversicherung aufgrund der ausdrücklich gesetzlich vorgesehenen Mitversicherung. Sie benötigen nur dann eine eigene Versicherung, wenn sie eigene Mandate im eigenen Namen auf eigene Rechnung betreuen.

---

521 *Gladys* DStR 2015, 916, 918.
522 BGH BeckRS 2007, 965 für Wirtschaftsprüfer.

Bei folgenden nicht anerkannten Personengesellschaften ist damit der Steuerberater selbst versicherungspflichtig: 445

- Gesellschaft bürgerlichen Rechts
- Partnerschaft ohne Haftungsbeschränkung; die nicht anerkannte einfache Partnerschaft selbst ist auch versicherungspflichtig, aber es genügt, dass sie über die Versicherungen der Steuerberater mitversichert wird, siehe hier nachfolgend § 1 Rn. 446. Bei der nicht anerkannten/anerkannten PartG mbB ist es umgekehrt. Die PartG mbB ist versicherungspflichtig und die ausschließlich für sie tätigen Steuerberater werden mitversichert, siehe § 1 Rn. 449
- sonstige Personengesellschaften, wie z.B. OHG, KG
- ausländische Personengesellschaften wie z.B. LLP, LLC

Der Gesetzgeber hat vorgeschrieben, dass die einfache nicht anerkannte Partnerschaft – 446 nicht aber die Sozietät in der Form der GbR – ebenfalls versicherungspflichtig ist, § 8 Abs. 1, 2 PartGG; § 67 Abs. 1 StBerG, § 51 Abs. 1, 3 DVStB. Das Wort „*...auch...*“ in § 67 Abs. 1 StBerG bedeutet hier, dass sowohl die PartG mbB und eben auch die einfache Partnerschaft eine Berufshaftpflichtversicherung haben müssen. Allerdings genügt die einfache nicht anerkannte Partnerschaft ihrer Versicherungspflicht, wenn sie über die Versicherungen der Steuerberater-Partner mitversichert ist.[523] Die AVB-RSW regeln diese Besonderheit dadurch, dass nach A Teil 1.2 bei der gesellschaftsrechtlichen Deckung die Partnerschaft als mitversichert gilt. Die Versicherungspflicht der einfachen Partnerschaft dürfte aber grundsätzlich nicht bestehen. Sie ist die Berufsausübungsgemeinschaft und nicht der Berufsträger. Die Mitversicherung schafft auch keinen zusätzlichen nennenswerten Schutz für den Mandanten, weil die Berufsträger sowieso persönlich mit ihrem Vermögen akzessorisch haften. Der Gesetzgeber hat die Versicherungspflicht aber bei Einführung der PartG mbB vorgesehen, möglicherweise aufgrund eines redaktionellen Versehens. Probleme entstehen dann, wenn die Steuerberater-Partner bei verschiedenen Versicherern versichert sind. Die Versicherer müssen sich einigen, wer die Bestätigung der Mitversicherung abgibt. Dies ist zumindest ein zusätzliches Haftungsrisiko.

3. Steuerberatungsgesellschaften als anerkannte Beratungsgesellschaft

Gesellschaften nach § 49 Abs. 1 StBerG können sich als Steuerberatungsgesellschaften aner- 447 kennen lassen. Dies sind: Aktiengesellschaften, Kommanditgesellschaften auf Aktien, Gesellschaften mit beschränkter Haftung, Offene Handelsgesellschaften, Kommanditgesellschaften und Partnerschaftsgesellschaften. Sie müssen mit ihrer Anerkennung eine eigene Berufshaftpflichtversicherung abschließen, § 67 Absatz 1 StBerG i.V.m. § 51 Abs. 1 DVStB, § 72 StBerG. Die Steuerberatungsgesellschaft ist der Berufsträger. Die Versicherungspflicht für Steuerberater als natürliche Personen entfällt damit, da die Berufsgesellschaft als Berufsträger selbst versicherungspflichtig ist. In der Praxis versichert man jedoch die Steuerberater über die Police der anerkannten Gesellschaft mit, um Sicherheit im Versicherungsumfang für den einzelnen Steuerberater zu erlangen. Selbst und eigenständig versicherungspflichtig sind die Steuerberater selbstverständlich wiederum, wenn sie eine eigene Praxis neben der Gesellschaft haben und hierüber eigene Mandate im eigenen Namen auf eigene Rechnung abwickeln.

523 Ziff. 6 Abs. 1 Satz 4 Hinweise der Bundessteuerberaterkammer zur Berufshaftpflichtversicherung, Berlin 28. April 2014.

4. Partnerschaftsgesellschaften mit beschränkter Berufshaftung mit und ohne Anerkennung

448 Eine PartG mbB kann anerkannt sein nach § 49 Abs. 1 StBerG oder nicht. Die nicht anerkannte Partnerschaftsgesellschaft mit beschränkter Berufshaftung bleibt eine Berufsausübungsgesellschaft. Die Steuerberater üben den Beruf aus. Anders bei der anerkannten PartG mbB. Sie übt den Beruf als Berufsträgerin aus und nicht die Steuerberater. Für beide Organisationsformen gilt aber die Versicherungspflicht: Zur Beschränkung der Haftung auf das Gesellschaftsvermögen muss die Gesellschaft als Versicherungsnehmerin eine Berufshaftpflichtversicherung vorweisen. Bei der PartG mbB beträgt die Mindestversicherungssumme für den einzelnen Versicherungsfall 1 Million EUR, vervielfacht um die Zahl der Steuerberater-Partner und der Scheinpartner, mindestens aber 4-fach maximiert pro Jahr; § 67 Abs. 1 und 2 StBerG, §§ 51 Abs. 1 Sätze 1 und 2, 52 Abs. 4 DVStB, § 8 Abs. 4 PartGG.

449 Die Partner, sowohl der anerkannten als aus nicht anerkannten PartG mbB, die ausschließlich für die Partnerschaftsgesellschaft tätig sind, sind über die Berufshaftpflichtversicherung der Gesellschaft mitversichert und benötigen daher keine eigene Versicherung. Dies sieht ausdrücklich § 51 Abs. 3 DVStB vor. Die Partner, Angestellten oder freien Mitarbeiter benötigen nur dann einen eigenen Versicherungsschutz mit einer eigenen Police, wenn sie Mandate im eigenen Namen auf eigenem Briefbogen annehmen.

III. Versicherungsschutz und Besonderheiten bei Steuerberatern

1. Versicherungssummen, Maximierungen, Beginn der Versicherungspflicht

450 Bei Steuerberatern, den anerkannten Steuerberatungsgesellschaften und den Partnerschaftsgesellschaften ohne Haftungsbeschränkung beträgt die Mindestversicherungssumme 250.000 EUR, 4-fach maximiert pro Jahr, § 67a Abs. 1 Nr. 1 StBerG.

451 Bei der PartG mbB beträgt die Mindestversicherungssumme für den einzelnen Versicherungsfall 1 Mio. EUR, gleich ob anerkannt oder nicht. Die Jahreshöchstleistung für alle in einem Versicherungsjahr verursachten Schäden muss dem Betrag der Mindestversicherungssumme vervielfacht um die Zahl der Partner entsprechen, mindestens jedoch 4-fach maximiert, § 67 Abs. 1 und 2 StBerG, §§ 51 Abs. 1 Sätze 1 und 2, 52 Abs. 4 DVStB. Bei vier oder weniger Partnern beträgt die Jahreshöchstleistung mindestens 4 Mio. EUR, bei mehr als vier Partnern vervielfacht um die Anzahl der Partner.

452 Ist Partner auch ein Rechtsanwalt, muss die PartG mbB eine Berufshaftpflichtversicherung mit einer Mindestversicherungssumme von 2,5 Mio. EUR abschließen. Die Jahreshöchstleistung muss in diesem Fall 2,5 Mio. EUR, vervielfacht mit der Zahl der Partner, mindestens jedoch 4-fach maximiert sein.

Ist Partner neben einem Rechtsanwalt auch ein Wirtschaftsprüfer, muss die Versicherungsleistung bis zur Höhe von 1 Mio. EUR ohne Begrenzung der Jahreshöchstleistung und für die weiteren 1,5 Mio. EUR mindestens 4-fach maximiert sein. Die unbegrenzte Jahreshöchstleistung gilt jedoch wie folgt: Es dürfen Wirtschaftsprüfer/vereidigte Buchprüfer ihren Beruf in einer Personengesellschaft mit gesamtschuldnerischer Haftung wie z.B. GbR, OHG, Partnership nach englischem Recht, S.N.C. nach französichem Recht nur gemeinsam mit Nicht-Wirtschaftsprüfern/vereidigten Buchprüfern ausüben, wenn die Mindestversicherungssumme auch bei gesamtschuldnerischer Inanspruchnahme für jeden Versicherungsfall uneingeschränkt zur Verfügung steht, § 44b Abs. 4 WPO. Darunter fällt auch die Tätigkeit in einfacher Partnerschaft.[524] Es

524 WPK Merkblatt zur Unterhaltung einer Berufshaftpflichtversicherung 2. Versicherungssumme, Stand Oktober 2016.

bedeutet aber nicht, dass der Versicherer für den Anwalt und Steuerberater die unmaximierte Jahreshöchstleistung bestätigen muss. Ausreichend ist, dass er bestätigt, dass die Versicherungssumme von 1 Mio. EUR immer für die Tätigkeit des Wirtschaftsprüfers besteht, auch wenn die Versicherungsleistung an sich durch die gesamtschuldnerische Inanspruchnahme eines Anwalts/Steuerberaters durch Berufsfehler, gleich durch wen, erschöpft wäre. Das wurde auch durch die Regelung zum Versicherungsumfang bei einer interprofessionellen PartG mbB klargestellt, siehe § 1 Rn. 383 ff. Selbstverständlich ist es möglich die unbegrenzte Jahreshöchstleistung allen Berufsträgern, also auch Anwälten und Steuerberatern für ihre jeweiligen Berufsfehler und nicht nur für die gesamtschuldnerische Inanspruchnahme individuell anzubieten.

Steuerberater haben selbständig zu entscheiden, welche Versicherungssumme und Maximierung angemessen ist, § 67 StBerG. Dabei sind die Haftpflichtgefahren der einzelnen Steuerberaterpraxis zu berücksichtigen. Maßgeblich für die Einschätzung sind: Art, Umfang und Zahl der Aufträge; Zahl und Qualifikation der Mitarbeiter; Struktur der Praxis, z.B. Beratungs-, Prüfungs- und Buchführungstätigkeit; Art und Umfang von Tätigkeiten nach § 57 Abs. 3 Nr. 2 und 3 StBerG wie Treuhand und wirtschaftsberatende Tätigkeiten. Bisher ist jedoch nicht bekannt, dass eine im Schadenfall zu niedrige Versicherungssumme rückwirkend sich auf die Bestellung oder Anerkennung ausgewirkt hat. **453**

Die Versicherungspflicht beginnt mit der Bestellung als Steuerberater. Die Versicherungspflicht beginnt bei einer Steuerberatungsgesellschaft mit der Anerkennung. Bei einer Partnerschaftsgesellschaft, die nicht als Steuerberatungsgesellschaft anerkannt ist, beginnt sie mit der Eintragung im Partnerschaftsregister. **454**

2. freie Mitarbeiter und Angestellte

Die Versicherungspflicht der freien Mitarbeiter unterscheidet sich bei Anwälten und Steuerberatern. Anwälte benötigen zur Führung des Titels Anwalt eine eigene Berufshaftpflichtversicherung, § 51 BRAO. Bei Steuerberatern gilt für freie Mitarbeiter und Angestellte nach § 51 Abs. 2 und 3 DVStB, dass sie in die Berufshaftpflichtversicherung ihres Auftraggebers, Steuerberater oder Steuerberatungsgesellschaften nach § 3 StBerG, eingeschlossen sind. Der freie Mitarbeiter oder der angestellte Steuerberater benötigt daher für die ausschließliche Tätigkeit für den Auftraggeber keinen eigenen Versicherungsschutz. Der Versicherer stellt aber keine förmliche Bestätigung nach §§ 55 Absatz 1 DVStB, 113 Absatz 2 VVG aus. Den Nachweis des Versicherungsschutzes kann der freie Mitarbeiter/Angestellte durch Vorlage des Versicherungsscheins des Auftraggebers sowie eine Bestätigung des Auftraggebers über die Beschäftigung bei der zuständigen Steuerberaterkammer erbringen. Erst wenn der freie Mitarbeiter/Angestellte im eigenen Namen auf eigenem Briefbogen Mandate betreut, muss er sich selbst gesondert versichern. **455**

Die Beschäftigung eines zuschlagspflichtigen Mitarbeiters, der nicht Sozius im Sinne des § 1 II ist, gilt als Erweiterung des versicherten Risikos nach § 11b II Ziff. 2. Die Nichtanzeige hat zur Folge, dass der freie Mitarbeiter/Angestellte als Sozius nach § 1 II betrachtet wird. Man bildet dann eine Durchschnittsleistung nach § 12. **456**

3. Doppel- oder Mehrfachbänder

Bei Steuerberatern und Steuerberatungsgesellschaften mit Mehrfachqualifikation gilt folgendes: Ist der Steuerberater zugleich als Rechtsanwalt, niedergelassener europäischer Rechtsanwalt, Wirtschaftsprüfer oder vereidigter Buchprüfer bestellt oder ist eine versicherungspflichtige Gesellschaft zugleich als Rechtsanwaltsgesellschaft, Wirtschaftsprüfungsgesellschaft oder Buchprüfungsgesellschaft anerkannt, wird der Versicherungspflicht des Steuerberaters auch mit einer diesen Berufen vorgeschriebenen Berufshaftpflichtversicherung genügt, sofern der Versicherungsvertrag die Mindestdeckung nach §§ 52 bis 53a DVStB erfüllt, § 54 Abs. 1 DVStB. Zwar **457** bestehen zwischen der Berufshaftpflichtversicherung der Steuerberater und der anderen Versicherungen kleine Unterschiede, wie z.B. bei den Ausschlüssen zu Auslandssachverhalten bei Anwälten, aber es ist üblich, dass der Versicherer des Anwalts auch die Bestätigung gegenüber der Steuerberaterkammer abgibt. Die Versicherungsleistung muss dann wohl jeweils getrennt für die Tätigkeiten als Anwalt und als Steuerberater zur Verfügung stehen, also jeweils mind. 250.000 EUR, 4-fach. Die Regelung in § 54 DVStB kann die Regelung in § 51 BRAO nicht abändern, weil es sich in der Normenhierarchie um gleichrangige Normen handelt. Andernfalls würde es bedeuten, dass die Steuerberaterfälle die Versicherungsleistung für Anwaltsfälle erschöpfen kann, was aber gerade § 51 BRAO als Pflichtversicherung widerspricht. Allerdings ist die Steuerberatung eine Gemeinschaftsaufgabe. Sie kann der Anwalt ebenfalls anbieten. Hieraus könnte man auch ableiten, dass für den doppelt qualifizierten Berufsträger zusammen 250.000 EUR, 4-fach zur Verfügung stehen, gleich ob er als Anwalt oder Steuerberater handelt.

4. Ausländische Steuerberater mit Eignungsprüfung

458 Erfolgt die Bestellung des Steuerberaters nach Ablegung der Eignungsprüfung gemäß § 37a Abs. 2 StBerG, ist eine Berufshaftpflichtversicherung, die bei einem Versicherungsunternehmen eines anderen Mitgliedstaats der Europäischen Union, eines EWR-Vertragsstaats oder der Schweiz genommen wird, ausreichend, wenn sie in Bezug auf Deckungsbedingungen und -umfang den in Deutschland geltenden Rechts- und Verwaltungsvorschriften genügt, § 54 Abs. 2 DVStB.

Q. Deckungskonzepte der Wirtschaftsprüfer und vereidigten Buchprüfer nach Organisationsformen

I. Überblick Versicherungspflicht

459 Die Versicherungspflicht in § 54 Abs. 1 WPO knüpft daran an, ob der Wirtschaftsprüfer/vereidigte Buchprüfer in eigener Praxis oder in gemeinsamer Berufsausübung nach §§ 44b, 43a Abs. 1 Nr. 1 WPO tätig ist und nicht an die Selbständigkeit des Wirtschaftsprüfers.[525] Versicherungspflichtig sind nach §§ 54 Abs. 1, 130 Abs. 1, 2 WPO die Wirtschaftsprüfer und ver. Buchprüfer, die ihren Beruf nach § 43a Absatz 1 Nr. 1 in eigener Praxis ausüben und die anerkannten Wirtschaftsprüfungsgesellschaften/Buchprüfungsgesellschaften. Nicht eigenständig versicherungspflichtig sind die Wirtschaftsprüfer/vereidigten Buchprüfer, die eine originäre Wirtschaftsprüfertätigkeit ohne eigene Praxis ausüben, weil die eigene Praxispflicht nicht mehr Voraussetzung hierfür ist. Diese originäre Tätigkeit setzt gerade nicht mehr eine eigene Praxis voraus, die neben der Tätigkeit in einer Gesellschaft mit eigener Versicherungspflicht zu führen wäre, z.B. ist die Tätigkeit eines Wirtschaftsprüfers, der als Geschäftsführer einer Steuerbeatungsgesellschaft beschäftigt ist, eine originäre Wirtschaftsprüfertätigkeit ohne eigene Praxispflicht. Wenn der Wirtschaftsprüfer keine eigenen Mandate betreut, ist er nicht versicherungspflichtig, § 43a Abs. 1 Nr. 4 WPO.[526] Eine originäre Tätigkeit ist auch die Tätigkeit als Partner oder Sozius in einer nicht anerkannten Partnerschaftsgesellschaft oder in einer Sozietät in gemeinsamer Berufsausübung mit anderen Partners/Sozien, § 43a Abs. 1 Nr. 1 WPO i.V.m. § 44b WPO. Es entfällt aber trotzdem nicht die Versicherungspflicht, weil § 54 WPO vorsieht, dass „Berufsangehörige, die

525 WPK Magazin 2/2016, S. 38 ff; Änderungen durch das APAReG.
526 WPK Magazin 2/2016, S. 39.

ihren Beruf nach § 43a Absatz 1 Nr. 1 WPO ausüben, ...“ verpflichtet sind, eine Berufshaftpflichtversicherung zu unterhalten.“[527]

Konkret gilt die Versicherungspflicht:[528] 460

- Wirtschaftsprüfer/vereidigte Buchprüfer in eigener Praxis
- Wirtschaftsprüfer/vereidigte Buchprüfer in gemeinsamer Berufsausübung mit anderen Wirtschaftsprüfern/vereidigten Buchprüfern oder nach der Berufsordnung zugelassenen anderen wirtschaftsberatenden Berufsträgern gemäß § 44b WPO in der Organisationsform als:
  - Wirtschaftsprüfer/ vereidigte Buchprüfer in Gesellschaften bürgerlichen Rechts,
  - Wirtschaftsprüfer/vereidigte Buchprüfer in Partnerschaften,
  - Wirtschaftsprüfer/vereidigte Buchprüfer in sonstigen Personengesellschaften wie z.B. OHG, KG
  - Wirtschaftsprüfer/vereidigte Buchprüfer in ausländischen Personengesellschaften wie z.B. LLP, LLC
- Wirtschaftsprüfungsgesellschaften (WPG) und Buchprüfungsgesellschaften (BPG), einschließlich einer anerkannten Sozietät in Form der BGB-Gesellschaft oder Partnerschaftsgesellschaft nach § 27 Abs. 1 WPO, die als solche gesetzliche Abschlussprüfungen nach § 316 HGB durchführen können; siehe § 1 Rn. 466.
- Partnerschaftsgesellschaften mit beschränkter Berufshaftung ohne die Anerkennung als Berufsgesellschaft

461 Die Versicherungspflicht gilt dann, wenn der Berufsangehörige seinen Beruf in eigener Praxis oder in gemeinsamer Berufsausübung nach § 44b WPO ausübt. Das Wort „unterhalten“ statt „abzuschließen und aufrechtzuerhalten“ der Versicherung in § 44b WPO bedeutet, dass es nicht eines eigenen neu abgeschlossenen Versicherungsvertrags bedarf. In der Praxis verlangt die Wirtschaftsprüferkammer nur eine auf den Berufsangehörigen ausgestellte Versicherungsbestätigung, ohne nachzuprüfen, ob ein eigenständiger Versicherungsvertrag abgeschlossen wurde. Dem Regelungsziel des § 54 WPO und dem Schutzinteresse potentiell geschädigter Dritter genügt dies.[529]

II. Organisationsformen der Wirtschaftsprüfer/vereidigten Buchprüfer

Im Folgenden die einzelnen Organisationsformen, ihre Versicherungspflicht und das jeweilige Versicherungskonzept.

1. Wirtschaftsprüfer/vereidigte Buchprüfer in eigener Praxis

462 Jeder Wirtschaftsprüfer/vereidigte Buchprüfer in eigener Praxis muss eine eigene Berufshaftpflichtversicherung abschließen. In eigener Praxis tätig sind alle Wirtschaftsprüfer/vereidigte Buchprüfer, die ihren Beruf im eigenen Namen, auf eigene Rechnung und auf eigenes Risiko ausüben. Die Versicherungspflicht ist unabhängig davon, ob der Berufsträger tatsächlich aktiv ist oder tatsächlich auch Einnahmen hat. Wie bei Anwälten und Steuerberatern gilt, dass der Berufsträger, der allein den Titel führen will, eine Berufshaftpflichtversicherung abzuschließen hat.[530] Die Versicherungspflicht beginnt unabhängig von der Eintragung der eigenen Praxis im Berufsregister mit dem ersten Auftreten in eigener Praxis im Rechtsverkehr.

---

527 WPK Magazin 2/2016, S. 40.
528 WPK Merkblatt zur Unterhaltung einer Berufshaftpflichtversicherung, Stand Oktober 2016.
529 BT-Drs. 18/6282, S. 77 zum APAREG mit der Neuordnung des § 44b WPO.
530 BGH BeckRS 2007, 965.

2. Wirtschaftsprüfer/vereidigte Buchprüfer in gemeinsamer Berufsausübung in nicht anerkannten Personengesellschaften/Sozietät

Bei der einfachen Partnerschaft genügt es, dass der Wirtschaftsprüfer für die Durchführung von Abschlussprüfungen über den Versicherungsvertrag bei der Partnerschaftsgesellschaft mitversichert ist. Er kann sich selbstverständlich aber auch gesondert als Prüfer versichern.

463 Klargestellt ist, dass die Sozietät/Partnerschaft, auch die interprofessionelle Berufsausübungsgemeinschaft, die Auftragnehmerin und die Rechnungsempfängerin und Rechnungsstellerin für die Vorbehaltstätigkeiten eines Wirtschaftsprüfers, die „siegelführende" Tätigkeit sein kann. Nach der WPK ist aber zusätzlich eine eigene Praxis des Wirtschaftsprüfers notwendig, weil nur der Prüfer selbst Prüfungen vornehmen kann, aber keinesfalls die nicht anerkannte Partnerschaft, auch wenn sie Vertragspartner ist.[531] Die Sozietät/Partnerschaft übt daher selbst diese Tätigkeit nicht aus.

464 Wenn der Wirtschaftsprüfer/vereidigte Buchprüfer in einer nicht anerkannten Wirtschaftsprüfungsgesellschaft tätig ist, benötigt er mindestens im Pflichtversicherungsumfang eine eigene Police. Zulässig ist es aber auch, dass die Sozietät/Partnerschaft Versicherungsnehmerin der Berufshaftpflichtversicherung ist und der Wirtschaftsprüfer für seine „siegelführende" Vorbehaltstätigkeit und sonstige Tätigkeit dort mitversichert ist. Er erhält dann für diese Mitversicherung wieder eine eigene Versicherungsbestätigung, die den Kammern vorzulegen ist.[532] Um aber Klarheit zu schaffen, stellt üblicherweise der Versicherer dem Prüfer eine eigenständige „Zulassungspolice" zum gesetzlichen Mindestumfang mit einer Umsatzbegrenzung aus, die dann als Bestätigung gegenüber der WPK dient; zur Versicherungspflicht des einzelnen Wirtschaftsprüfers, der seine Tätigkeit in einer nicht anerkannten PartG mbB ausübt, sollte das Gleiche gelten, siehe dazu § 1 Rn. 468f.

465 Bei einer einfachen Partnerschaft mit Steuerberatern bleibt der Wirtschaftsprüfer versicherungspflichtig wie auch der Steuerberater. Aber diese einfache interprofessionelle Partnerschaft ist selbst auch versicherungspflichtig, weil nach § 51 DVStB auch die einfache nicht anerkannte Partnerschaft zumindest mitversichert sein muss, siehe bei Steuerberatern dazu § 1 Rn. 446. Konsequent wäre es die Versicherungspflicht für die einfache nicht anerkannte Partnerschaft entfallen zu lassen, weil schon die die Berufsträger als Steuerberater und Wirtschaftsprüfer versicherungspflichtig sind und sich kein zusätzlicher Schutz für den Verbraucher ergibt. Allenfalls können die die Berufskammern als Aufsichtsbehörden besser das Bestehen einer interprofessionellen Partnerschaft mit Steuerberatern überprüfen.

3. Wirtschaftsprüfungsgesellschaft/Buchprüfungsgesellschaften als anerkannte Prüfungsgesellschaft

466 Für Wirtschaftsprüfer/ver. Buchprüfer sind nach §§ 27 Abs. 1 WPO, 130 WPO abschließend folgende anerkannte Gesellschaftsformen möglich: Europäische Gesellschaften, Gesellschaften nach deutschem Recht oder Gesellschaften in einer nach dem Recht eines Mitgliedstaats der Europäischen Union oder eines Vertragsstaats des Abkommens über den Europäischen Wirtschaftsraum. Dies beinhaltet die GmbH, die Partnerschaftsgesellschaft mit oder ohne beschränkter Berufshaftung, Aktiengesellschaft, Kommanditgesellschaft mit GmbH § Co.KG, OHG, KGaA, SE. Möglich wird damit auch eine GbR WPG nach deutschem Recht oder eine S.A.R.L. WPG nach französischem Recht.[533] Offene Handelsgesellschaften und Kommanditgesellschaften können

531 WPK Magazin 2/2017, S. 30, 1. Frage „Als Abschlussprüfer werden demgegenüber nur die habilen WP/vBP-Partner bestellt".

532 WPK Magazin 2/2017, S. 31, 1. Frage rechte Seite.

533 WPK Magazin Sonderausgabe 2016, S. 38 zu den Änderungen durch das APAREG.

als Wirtschaftsprüfungsgesellschaften anerkannt werden, wenn sie wegen ihrer Treuhandtätigkeit als Handelsgesellschaften in das Handelsregister eingetragen worden sind, § 27 Abs. 2 WPO.

Wirtschaftsprüfungsgesellschaft/Buchprüfungsgesellschaften müssen mit ihrer Anerkennung eine eigene Berufshaftpflichtversicherung abschließen, § 54 WPO. Die Versicherungspflicht besteht unabhängig von einer tatsächlichen Geschäftstätigkeit. Holdings oder Mantelgesellschaften ohne Berufstätigkeit nach außen bleiben versicherungspflichtig. Die Versicherungspflicht für die Geschäftsführer, Partner oder die Angestellten entfällt, da die anerkannte Berufsgesellschaft, soweit sie selbst versicherungspflichtig ist, die mögliche Pflicht der in ihr tätigen Personen umfasst. Versicherungspflichtig sind die Wirtschaftsprüfer/vereidigten Buchprüfer selbstverständlich wiederum, wenn sie eine eigene Praxis neben der Gesellschaft haben. 467

4. Partnerschaftsgesellschaften mit beschränkter Berufshaftung

Eine anerkannte PartG mbB ist wie die anderen anerkannten Prüfungsgesellschaften selbst versicherungspflichtig, § 54 Abs. 1 Satz 1 WPO. Eine nicht anerkannte Prüfungsgesellschaft mit beschränkter Berufshaftung ist gleichfalls selbst versicherungspflichtig, § 54 Abs. 1 Satz 2 WPO. Die eigene Versicherungspflicht der Wirtschaftsprüfer/vereidigte Buchprüfer-Partner für die Tätigkeit in der Partnerschaft mbB entfällt, solange die Partnerschaft eine eigene Berufshaftpflichtversicherung nach § 54 WPO unterhält. Eine etwaige eigene Praxis des Wirtschaftsprüfers/vereidigten Buchprüfers ist dagegen ununterbrochen versicherungspflichtig.[534] Man sollte hier davon ausgehen, dass die eigene Praxis wieder für die Tätigkeit in der nicht anerkannten PartG mbB mit einer eigenen Versicherungspflicht notwendig ist. Die nicht anerkannte PartG mbB kann keine Abschlussprüfungen vornehmen. Es gilt aber damit der gleiche Grundsatz wie bei der nicht anerkannten Partnerschaft, dass der Wirtschaftsprüfer sich mitversichern kann. Wie bei der einfachen Partnerschaft, stellt üblicherweise der Versicherer dem Prüfer eine eigenständige „Zulassungspolice" zum gesetzlichen Mindestumfang mit einer Umsatzbegrenzung aus, die dann als Bestätigung gegenüber der WPK dient, siehe zur Versicherung des Wirtschaftsprüfers in einer einfachen nicht anerkannten Partnerschaft § 1 Rn. 463. 468

III. Versicherungsschutz und Besonderheiten bei Wirtschaftsprüfern/vereidigten Buchprüfern

1. Versicherungssummen und Maximierung

a) Eigene Praxis

Die Mindestversicherungssumme der Berufshaftpflichtversicherung beträgt mindestens 1 Million EUR, § 323 Abs. 2 S. 1 HGB. Sie gilt für den Wirtschaftsprüfer/vereidigten Buchprüfer in eigener Praxis und die anerkannten Gesellschaften, gleich ob Personengesellschaft oder Kapitalgesellschaft. Die Mindestversicherungssumme muss für eine unbeschränkte Anzahl von Prüffällen pro Jahr zur Verfügung stehen. Eine Begrenzung der Jahreshöchstleistung ist nicht zulässig, sie ist praktisch unmaximiert. Bei Prüfung einer Aktiengesellschaft beträgt die Mindestversicherungssumme 4 Millionen EUR für jede einzelne Prüfung, § 323 Abs. 2 S. 2 HGB. 469

§ 44b Abs. 4 WPO regelt die Mindestversicherungssumme bei interprofessionellen Personengesellschaften. Wirtschaftsprüfer/vereidigte Buchprüfer können ihren Beruf in einer Perso- 470

534 WPK Merkblatt zur Unterhaltung einer Berufshaftpflichtversicherung, Seite 2 unten zur PartG mbB, Stand Oktober 2016.

nengesellschaft mit gesamtschuldnerischer Haftung, z.B. GbR, OHG, Partnership nach englischem Recht, S.N.C. nach französischem Recht nur gemeinsam mit Nicht-Wirtschaftsprüfern/vereidigten Buchprüfern ausüben, wenn die Mindestversicherungssumme auch bei gesamtschuldnerischer Inanspruchnahme für jeden Versicherungsfall uneingeschränkt zur Verfügung steht. Neben dem handelnden Wirtschaftsprüfer/vereidigten Buchprüfer-Partner kann auch der Rechtsanwalt oder Steuerberater den Auftrag bearbeitet haben, wenn es sich um eine Gemeinschaftsaufgabe wie die Steuerberatung handelt. Für einen Fehler wird dann die Partnerschaft in Anspruch genommen.[535] Es bedeutet aber, dass allein der Wirtschaftsprüfer die Versicherungssumme von 1 Million unmaximiert vorweisen muss. Die Anwälte und Steuerberater, die ihren Beruf gemeinschaftlich mit dem Wirtschaftsprüfer ausüben, benötigen keine Versicherungssumme von 1 Million EUR, unmaximiert. Die Versicherer der Anwälte/Steuerberater müssen allein sicherstellen, dass bei einer gesamtschuldnerischen Inanspruchnahme der Sozien die Versicherungssumme von 1 Million EUR für die Prüfungsfälle der Wirtschaftsprüfer uneingeschränkt zur Verfügung steht. Das wurde auch durch die Regelung zum Versicherungsumfang bei einer interprofessionellen PartG mbB klargestellt, siehe § 1 Rn. 383 ff.

b) Gesellschaften mit oder ohne Anerkennung

471 Bei den Gesellschaften mit und ohne Anerkennung gilt folgende Regelung:

- einfache Partnerschaft ohne Anerkenntnis und GbR, § 44b WPO
  Die Wirtschaftsprüfer können in der einfachen Partnerschaft/GbR ohne Anerkenntnis als Berufsausübungsgemeinschaft ihren Beruf ausüben; § 54 WPO. Die Berufsträger bleiben die Wirtschaftsprüfer und sind versichert oder können sich in der Versicherung der nicht anerkannten Partnerschaft/GbR mitversichern, siehe § 1 Rn. 463. Die Mindestversicherungssumme beträgt für jeden einzelnen Wirtschaftsprüfer bei Aufnahme einer Prüfertätigkeit mindestens 1 Million EUR pro Prüfung, § 323 Abs. 2 HGB. Gleiches gilt für die GbR. Die eigene Versicherungspflicht entfällt jedoch nicht bei einer Tätigkeit als Partner einer einfachen Partnerschaft, die bei Beteiligung von Steuerberatern nach § 51 DVStB selbst versicherungspflichtig ist. Die Einhaltung dieser Versicherungspflicht ist, anders als bei einer anerkannten Steuerberatungsgesellschaft, nicht durch Vorschriften über den Widerruf der Anerkennung sichergestellt.[536]
- anerkannte Partnerschaftsgesellschaft
  Die anerkannte Partnerschaftsgesellschaft ist die Berufsträgergesellschaft, § 27 Abs. 1 WPO. Sie ist Versicherungsnehmerin, § 54 WPO. Die Mindestversicherungssumme beträgt für die Gesellschaft bei Aufnahme einer Prüfertätigkeit mindestens 1 Million/4 Millionen EUR pro Prüfungsfall, § 323 Abs. 2 HGB. Die Versicherungspflicht des einzelnen Wirtschaftsprüfers entfällt, da die Personengesellschaft als anerkannte Berufsgesellschaft selbst versicherungspflichtig ist.[537]
- Partnerschaftsgesellschaft mit beschränkter Berufshaftung
  Die Partnerschaftsgesellschaft mit beschränkter Berufshaftung kann anerkannt sein nach § 27 Abs. 1 WPO oder nicht. Für beide Organisationsformen gilt: Zur Beschränkung der Haftung auf das Gesellschaftsvermögen muss die Gesellschaft als Versicherungsnehmerin eine Berufshaftpflichtversicherung vorweisen, § 8 Abs. 4 PartGG, § 54 Abs.1 Satz 2 WPO. Die Mindestversicherungssumme beträgt 1 Million/4 Millionen EUR pro Prüfungsfall, § 323 Abs. 2 HGB. Die Ver-

535 WPK Merkblatt zur Unterhaltung einer Berufshaftpflichtversicherung 2. Versicherungssumme, Stand Oktober 2016.
536 WPK Magazin Sonderausgabe 2016, S. 36.
537 WPK Magazin Sonderausgabe 2016, S. 35 f zu den Änderungen durch das APAREG.

sicherungspflicht des einzelnen Wirtschaftsprüfers entfällt in der anerkannten PartG mbB. In der nicht anerkannten PartG mbB gilt die Regelung wie in der einfachen nicht anerkannten Partnerschaft. Der Prüfer kann sich mitversichern, benötigt aber wiederum für die Aufrechterhaltung der eigenen Praxis eine Versicherungsbestätigung, siehe dazu im Einzelnen § 1 Rn. 468.

2. freie Mitarbeiter

Die Wirtschaftsprüfer/vereidigte Buchprüfer, die als freie Mitarbeiter tätig sind, benötigen eine eigene Berufshaftpflichtversicherung. Sie treten gegenüber ihrem Auftraggeber im eigenen Namen, auf eigene Rechnung und auf eigenes Risiko auf. Sie sind damit in eigener Praxis tätig und selbst versicherungspflichtig. Dies ist die gleiche Regelung wie bei Anwälten, die gleichfalls als freie Mitarbeiter eine eigene Berufshaftpflichtversicherung benötigen, § 51 BRAO. Anders bei Steuerberatern. Als freie Mitarbeiter sind sie in die Police des Auftraggebers eingeschlossen und benötigen nur für eigene Mandate auf eigenem Briefbogen eine eigene Berufshaftpflichtversicherung, § 51 Abs. 2 DVStB. 472

§ 2 Vorwärts- und Rückwärtsversicherung

I. Vorwärtsversicherung

Die Vorwärtsversicherung umfasst die Folgen aller vom Beginn des Versicherungsschutzes an (§ 3) bis zum Ablauf des Vertrages vorkommenden Verstöße.

II. Rückwärtsversicherung

1. Versicherungsumfang
Die Rückwärtsversicherung bietet Versicherungsschutz für in der Vergangenheit vorgekommene Verstöße, welche dem Versicherungsnehmer oder den versicherten Personen bei Abgabe der Vertragserklärung nicht bekannt geworden sind. Bei Antragstellung ist die zu versichernde Zeit nach Anfangs- und Endpunkt zu bezeichnen.

2. Kein Versicherungsschutz bei bekanntem Verstoß
Hat der Versicherungsnehmer oder eine versicherte Person bei Abgabe der Vertragserklärung davon Kenntnis, dass ein Versicherungsfall schon eingetreten ist, ist der Versicherer nicht zur Leistung verpflichtet.

III. Verstoßzeitpunkt bei Unterlassung

Wird ein Schaden durch fahrlässige Unterlassung verursacht, gilt im Zweifel der Verstoß als an dem Tag begangen, an welchem die versäumte Handlung spätestens hätte vorgenommen werden müssen, um den Eintritt des Schadens abzuwenden.

Systematische Übersicht

https://doi.org/10.1515/9783110407280-004

A. Übersicht

1 I regelt den Grundfall der Vorwärtsversicherung. Versichert sind alle Verstöße, die in den versicherten Zeitraum fallen, unabhängig davon, wann der Anwalt den Versicherungsfall meldet. Das Verstoßprinzip enthält in I die unbegrenzte Nachmeldefrist wie sie § 51 BRAO vorschreibt.

II regelt die Rückwärtsversicherung für Berufsfehler, die zeitlich vor dem eigentlichen Vertragsbeginn liegen. II Ziff. 1 beinhaltet als Voraussetzung des Versicherungsschutzes, dass die Verstöße nicht bekannt sein dürfen und dass die Rückwärtsversicherung genau datiert sein muss. II Ziff. 2 definiert, wann Kenntnis eines Verstoßes vorliegt.

III regelt den Verstoßzeitpunkt, wenn der Anwalt nicht aktiv gehandelt hat, sondern eine Handlung unterlassen hat. Maßgeblich ist der Tag, an welchem die versäumte Handlung spätestens hätte vorgenommen werden müssen, um den Eintritt des Schadens abzuwenden.

2 Änderungen zur Vorauflage der AVB-RSW, HV 60/06:

1. II Ziff. 1: Kenntnis bei Abgabe der Vertragserklärung
   Grund: Die alte Formulierung, dass bei der Rückwärtsversicherung kein Versicherungsschutz für Verstöße besteht, die bis zum Abschluss der Rückwärtsversicherung bekannt geworden sind, entspricht nicht § 2 VVG und war kundenunfreundlich. Ziff. 1 HV 60/07 setzen den Zeitpunkt früher an und stellen auf die Abgabe der Vertragserklärung ab, wie es § 2 Abs. 2 VVG vorsieht.
   Folge: Besserstellung des Versicherungsnehmers
2. II Ziff. 2: Definition von Kenntnis
   Grund: Die alte Formulierung, dass ein Verstoß bekannt ist, der als „objektiv fehlsam" erkannt wurde, ist überholt und entspricht nicht § 2 Abs. 2 VVG. Danach ist allein die „Kenntnis" maßgeblich.
   Folge: Nach der alten Formulierung führte eine objektiv bedingte Kenntnis zum Ausschluss des Versicherungsschutzes. Nach der neuen Formulierung ist positive Kenntnis erforderlich.

B. Vorwärtsversicherung, I

I. Unbegrenzte Nachmeldefrist, I

3 Nach § 51 BRAO muss die Berufshaftpflichtversicherung alle Verstöße umfassen, die sich während seiner Berufstätigkeit ergeben. Der Anwalt ist für diese Verstöße versichert, gleich wann er sie meldet. Dies bezeichnet man als zeitlich unbegrenzte Nachmeldefrist oder ungenauer als unbegrenzte Nachhaftungsfrist. Im Rahmen der Pflichtversicherung ist eine Einschränkung nicht möglich. Zu beachten ist § 113 Abs. 3 VVG: Die Vorschriften der Pflichtversicherung sind auch insoweit anzuwenden, als der Versicherungsvertrag eine über die vorgeschriebenen Mindestanforderungen hinausgehende Deckung gewährt. Wenn der Versicherer eine zeitlich begrenzte Nachmeldefrist, z.B. 5 Jahre außerhalb der Pflichtversicherung vereinbart, sollte er einen zweiten Versicherungsvertrag abschließen. Andernfalls besteht die Gefahr, dass die Begrenzung unwirksam ist.[1] Siehe dazu auch zu der Anwendung der Pflichtversicherungsregeln B Ziff. 1 BBR-RA Rn. 17 f.

1 Prölss/Martin/*Knappmann* § 113 Rn. 10.

Bei Objektdeckungen/Projektdeckungen gilt das Gleiche. In Höhe der Pflichtversicherung ist eine Begrenzung der Nachmeldung unwirksam, soweit sie den Umfang der Pflichtversicherung aus der laufenden Berufshaftpflichtversicherung ausschließt. Darüber hinaus ist eine Begrenzung möglich. Zu beachten ist, dass die Begrenzung einer Inhaltskontrolle standhalten muss. Wenn die Objektdeckung hinter den Versicherungsschutz der laufenden Stammdeckung zurückfällt, kann die Klausel überraschend und deshalb unwirksam sein, siehe zu Objektdeckung und Nullstellungsklausel Einleitung Rn. 48. Wenn der Versicherer jedoch ausdrücklich auf die Klausel hinweist, dürfte sie wirksam vereinbart sein. Sie ist dann nicht überraschend. 4

§ 117 Abs. 2 VVG regelt die Nachhaftung. Sie ist nicht zu verwechseln mit der unbegrenzten Nachmeldefrist, die sowieso besteht. Nach § 117 Abs. 2 VVG ist der Versicherer nicht sofort ab dem Zeitpunkt gegenüber dem Dritten leistungsfrei, wenn das Versicherungsverhältnis nicht mehr besteht oder es geendet hat, sondern erst nach einem Monat. Dies bezeichnet man als Nachhaftungsfrist. Für Verstöße, die in diesen Zeitraum fallen, hat der Versicherer zusätzlich trotz Beendigung des Vertrages Schadensersatz zu leisten. Die Frist beginnt gegenüber dem Dritten mit dem Ablauf eines Monats, nachdem der Versicherer diesen Umstand der hierfür zuständigen Stelle angezeigt. Zuständige Stelle ist bei den wirtschaftsberatenden Berufen die jeweilige Berufskammer, § 51 Abs. 7 BRAO, § 56 DVStB und § 6 WPBHV. Die Regelung dient dazu, den Dritten als Verbraucher zu schützen und die Berufskammern können gegen die unversicherte Berufstätigkeit vorgehen.[2] Nach Fristablauf sind alle Verstöße, die der Berufsträger begeht, nicht mehr versichert. Dies gilt selbstverständlich auch für nachvertragliche Pflichtverstöße, wie z.B. Verletzung der Verschwiegenheit. Eine Nachhaftung kann sich auch daraus ergeben, dass der Anwalt es versäumt gegenüber den Mandanten klarzustellen, dass er nicht mehr Sozius ist. Wenn er beispielsweise noch als Scheinsozius auf dem Briefbogen erscheint, haftet er weiterhin analog § 128 HGB. Nach Kundgabe haftet er im Übrigen noch 5 Jahre für Verstöße bei Mandatsverträgen, die vor seinem Ausscheiden geschlossen wurden,[3] siehe bei Austritt zur Haftung § 1 Rn. 303 ff und zum Versicherungsschutz Teil 1.2 Rn. 21 ff. 5

II. Zeitpunkt des Verstoßes

1. Bedeutung

Die Feststellung des Zeitpunkts ist wichtig für 6

- § 1 I: die Eintrittspflicht des Versicherers
- § 5 II: Obliegenheiten im Versicherungsfall
- § 3 II Ziff. 2.1: Serienschadenklausel; Vorliegen eines einzigen Versicherungsfalls oder mehrerer Versicherungsfälle
- Eintrittspflicht des Versicherers, wenn ein Versichererwechsel stattgefunden hat
- Versicherungsumfang zum Zeitpunkt des Verstoßes

Der Versicherer hat mit der Schadenmeldung festzustellen, zu welchem Zeitpunkt der Versicherungsnehmer den Verstoß begangen hat. Der Versicherer ist zur Leistung verpflichtet, wenn der Verstoß in den Zeitraum des Versicherungsvertrages fällt. Unerheblich ist, wann der Anwalt den Verstoß meldet oder wann er vom Verstoß Kenntnis hatte aufgrund der unbegrenzten Nachmeldefrist. Der Versicherungsschutz besteht daher auch dann, wenn der Anwalt die Sozietät verlassen hat, seinen Versicherungsvertrag gekündigt hat, den Versicherer gewechselt hat oder seine Zulassung zurückgegeben hat. Anders grundsätzlich beim claims-made-Prinzip, bei dem 7

2 *Gräfe*/Brügge C Rn. 35.
3 *Diller* § 2 Rn. 20.

es darauf ankommt, dass der Schaden im Vertragszeitraum gemeldet wird. Beim claims-made-Prinzip ist es aber regelmäßig möglich, eine Nachmeldefrist zu vereinbaren, siehe zu den unterschiedlichen Triggern claims-made- und Verstoßprinzip § 1 Rn. 15ff.

8 Der Zeitpunkt des Verstoßes bestimmt, welchen Versicherungsschutz der Versicherungsnehmer für den aktuellen Schadenfall hat, insbesondere Versicherungssumme und materieller Umfang der Versicherungsleistung. Aufgrund des erheblichen Zeitraums, der zwischen der schadenverursachenden Handlung und dem Eintritt des Schadens als Spätschadenrisiko liegen kann, ist regelmäßig der Versicherungsumfang bei Verstoß und Schadeneintritt nicht identisch.

9 Wenn der Versicherungsnehmer Kenntnis vom Versicherungsfall hat, besteht die Obliegenheit dem Versicherer die Umstände anzuzeigen, § 5 II Ziff. 1. Es handelt sich um eine Obliegenheit, deren Verletzung zur Leistungskürzung oder Leistungsfreiheit führen kann, § 6 I, II. Der Versicherungsnehmer darf daher nicht auf die Geltendmachung oder sogar Schadeneintritt für die Meldung warten. Er hat bei möglicher Kenntnis eines Fehlverhaltens dem Versicherer Anzeige zu erstatten, damit dieser frühzeitig sein Leistungsversprechen erfüllen kann.[4]

10 Die AVB-RSW enthalten keine Regelung, welcher Versicherer eintrittspflichtig ist, wenn nach einem Versichererwechsel der Verstoßzeitpunkt unklar ist.[5] Fälle sind nicht bekannt, bei denen zulasten des Anwalts sich die Versicherer über den Zeitpunkt des Versicherers uneins waren. Praktisch einigen sich die Versicherer im Vorfeld bei Unstimmigkeiten, wie in allen problematischen Fällen. Auch die D&O-Musterversicherungsbedingungen und die üblichen D&O-Bedingungen sehen grundsätzlich nicht vor, dass der besitzende Versicherer bei strittigen Fällen die Schäden übernimmt. Beim claims-made-Prinzip mit Nachhaftungsvereinbarungen sind bei einem Versichererwechsel sogar noch eher Fälle möglich, bei denen nicht klar ist, wer die Leistung zu übernehmen hat.

2. Feststellung des Zeitpunkts

11 Nach § 100 VVG ist der Versicherer verpflichtet zu leisten, wenn der Versicherungsnehmer verantwortlich ist für eine während der Versicherungszeit eingetretene Tatsache, die der Dritte geltend macht. Das VVG lässt die Definition des Versicherungsfalls offen.[6] § 1 definiert den Versicherungsfall als beruflichen Verstoß. § 2 legt den Zeitpunkt fest, ab wann und wie lange der Versicherungsschutz für einen Verstoß besteht. Der Verstoß selbst aber ist nicht näher definiert. Der Verstoß kann sowohl in einem Tun als auch in einem Unterlassen liegen, § 2 I und § 2 III.

a) Kausalkette

12 Grundsätzlich gilt als maßgeblicher Verstoß das erste Fehlverhalten, das in unmittelbarer Kausalkette zu dem Schaden geführt hat.[7] Dabei bleibt es auch dann, wenn der Anwalt die Möglichkeit und die Rechtspflicht hatte, den Fehler zu berichtigen und seine schädlichen Auswirkungen abzuwenden. Man stellt daher nicht auf die letzte Möglichkeit ab, bei der der Anwalt noch den Fehler beseitigen hätte können sondern das erstmalige Fehlverhalten. Das sich fortlaufend wiederholende Nichterkennen des ersten und für den Versicherungsfall relevanten Verstoßes stellt deshalb keinen neuen Verstoß dar. Es liegt kein neuer selbständiger Versicherungsfall vor. Es handelt sich um unselbständige Ursachen.

4 *Diller* § 1 Rn. 45.

5 Anders die R+V Versicherung in Punkt 2.5. AVB-P: Wenn bei einem Unterlassen der Verstoßzeitpunkt unklar ist, bietet die R+V Versicherungsschutz während der Laufzeit zu ihrem Vertrag.

6 BT-Drs. 16/3945, S. 85.

7 Späte/Schimikowski/*v. Rintelen* § 1 Rn. 86; BGH VersR 1970, 825, 826; OLG Hamm VersR 2001, 633.

Bei einem aktiven Handeln kommt es grundsätzlich auf den frühestmöglichen Zeitpunkt des möglichen Fehlverhaltens an. Maßgeblich ist daher bei einem positiven Tun die erste Handlung, die die Kausalkette in Gang setzt. Schwierigkeiten bereiten die Fälle, wenn mehrere Pflichtverletzungen am Ende zum Schaden geführt haben oder eine Kombination aus einem aktiven Tun und einer Unterlassung zum Schaden führt. Es kommen zwei Zeitpunkte in Betracht. Erstens, der der ersten Schadenursache und zweitens, der der letzten Abwendungsmöglichkeit. Das Setzen der ersten Schadenursache bleibt grundsätzlich auch dann der Versicherungsfall im versicherungsrechtlichen Sinn, wenn der Berufsträger nach dem ersten maßgeblichen Verstoß die Möglichkeit gehabt hätte, ihn im weiteren Verlauf zu berichtigen und damit seine schädliche Auswirkung abzuwenden. Das spätere Unterlassen den Fehler zu korrigieren und damit eigentlich erst den Schadeneintritt zu bewirken ist kein neues, eine Leistungspflicht des nachfolgenden Versicherers auslösendes Kausalereignis.[8] Dies gilt ebenfalls, wenn der Versicherungsnehmer bei einem Versichererwechsel es versäumt hat beim Vorversicherer einen Leistungsanspruch geltend zu machen. Das Versäumnis und der dann beim Vorversicherer nicht regulierte Schaden ist kein Versicherungsfall für den nachfolgenden Versicherer. Es handelt sich um die Fortentwicklung der Schadenskette, die durch den ursprünglichen Verstoß und den Verlust der Ansprüche gegen den Vorversicherer in Gang gesetzt wurde.[9] 13

b) Selbständige und unselbständige Verstöße

Wenn selbständige Verstöße vorliegen, die eine eigene Schadenskette in Gang setzen, liegen auch selbständig zu regulierende Schadenfälle vor. Der Versicherer leistet für jeden einzelnen selbständigen Verstoß, der Selbstbehalt fällt jedoch jedes Mal an. Dagegen hat der Versicherer bei weiteren unselbständigen Verstößen nur einmal zu leisten, der Selbstbehalt fällt aber auch nur einmal an. Ein selbständiger Verstoß im Sinne einer Handlung oder Unterlassung, die eine neue Kausalkette in Gang setzt, liegt dann vor, wenn der Berufsträger erneut hätte handeln müssen und diese Handlung notwendig und erforderlich gewesen wäre. Es muss eine besondere Handlungspflicht bestehen. Dies kann ein gerichtlicher oder behördlicher Hinweis sein.[10] Eine erneute nachfolgende Prüfung und Entscheidung ist dann der entscheidende selbständig zu behandelnde Verstoß. Auch ein späteres Unterlassen ist dann als ein selbständiger Verstoß zu bewerten.[11] 14

Besonders bei steuerlichen Dauermandaten mit wiederkehrenden Leistungen sieht die Rechtsprechung eine Pflicht jeweils gesondert zu prüfen. Wenn der Anwalt über mehrere Jahre die Steuererklärung des Mandanten bearbeitet und ihn unterjährig auch im Steuerrecht berät, liegt in der Regel jeweils für jedes Jahr ein einzelner Verstoß vor, auch wenn sich der Fehler des Anwalts wiederholen sollte. Ein Steuerberater, der in mehreren aufeinanderfolgenden Jahren bei Abgabe der Jahressteuererklärung seinen Mandanten nicht darauf hinweist, dass wegen einer neben der freiberuflichen Tätigkeit ausgeübten gewerblichen Tätigkeit die gesamte Tätigkeit gewerbesteuerpflichtig ist, begeht mehrere Verstöße. Es liegen damit mehrere Versicherungsfälle vor.[12] Ein Steuerberater, der jeweils Einkünfte aus einem Einzelhandelsunternehmen zur Gewerbesteuer anmeldet, obwohl keine Gewerbesteuerschuld besteht, begeht bei jeder einzelnen jährlichen Gewerbesteueranmeldung einen Verstoß. Es liegen auch hier mehrere Versicherungsfälle vor. Das Unterlassen ein Rechtsmittel gegen den fehlerhaften Steuerbescheid einzulegen, ist kein neuer oder weiterer Versicherungsfall. Beim Wechsel des Haftpflichtversicherers des 15

8 OLG Nürnberg VersR 1994, 1462.
9 OLG München VersR 1996, 1008.
10 *Diller* § 2 Rn. 13 a.E.
11 BGH VersR 1970, 247; HBAnw/*Chab* § 18 Rn. 104.
12 BGH VersR 1991, 873.

Steuerberaters ist der neue Haftpflichtversicherer nur für diejenigen fehlerhaften Gewerbesteueranmeldungen des Steuerberaters eintrittspflichtig, die in seine Versicherungszeit fallen.[13]

c) Serienschaden

16 Wenn mehrere Versicherungsfälle durch formal gleichartige Verstöße vorliegen, kommt ein Serienschaden in Betracht, § 51 Abs. 2 BRAO, § 3 II Ziff. 2.1. Bei der Anwaltstätigkeit kommt grundsätzlich ein Serienschaden weniger häufig vor als bei anderen wirtschaftsberatenden Berufen, da der Anwalt ganz allgemein individuell berät, auch wenn es sich um den formal gleichen Sachverhalt handelt. Anders bei der Beratungstätigkeit im Zusammenhang mit Finanzanlagen. Wirtschaftsprüfer/Steuerberater erstellen regelmäßig die Prospekte für Finanzanlagen. Es liegt nur ein Versicherungsfall mit einer einmaligen Versicherungssumme vor, unabhängig von der Zahl der geschädigten Anleger.[14] Bei Treuhandverträgen bei Bauherrenmodellen liegen regelmäßig mehrere Versicherungsfälle und kein Serienschaden vor. Für jeden Geschädigten besteht der Versicherungsschutz, da die Geschädigten getrennt voneinander gehandelt haben und einzeln beraten wurden.[15]

C. Rückwärtsversicherung, II

17 Die Rückwärtsversicherung bietet Versicherungsschutz gegen in der Vergangenheit vorgekommene Verstöße. Der Versicherungsschutz beginnt damit vor dem Zeitpunkt des Vertragsschlusses, entsprechend der Legaldefinition in § 2 VVG. Voraussetzung ist, dass der Anwalt oder die versicherten Personen keine Kenntnis von Verstößen hatten. Um Rechtssicherheit zu erhalten, ist das Datum in der Vergangenheit, ab wann die Rückwärtsversicherung beginnt, und das Enddatum in die Versicherung aufzunehmen, II Satz 2.

I. Versicherungsumfang der Rückwärtsversicherung, II Ziff. 1

1. Versicherungsschutz

18 Den Versicherungszeitraum gliedert man in den materiellen, formellen und technischen Zeitraum. Der materielle Zeitraum, ist die Zeitspanne, in der der Versicherer haftet. Der formelle Zeitraum umfasst den Beginn und das Ende des Vertragsverhältnisses. Der technische Zeitraum ist die Zeit, in der der Versicherungsnehmer die Prämien zu zahlen hat.[16] Bei der Rückwärtsversicherung vereinbaren die Vertragspartner, dass der Versicherer vor dem eigentlichen Versicherungsbeginn Deckung bietet. Der materielle ist weiter als der formelle Versicherungszeitraum, da die unbegrenzte Nachmeldefrist besteht.

19 Für die Pflichtversicherung ist eine Rückwärtsversicherung nicht erforderlich. Die Vertragspartner müssen daher die Rückwärtsversicherung gesondert vereinbaren. Wenn der Vertragsbeginn vor dem Vertragsschluss liegt, ist ohne weiteres eine Rückwärtsversicherung mit einem in der Vergangenheit anzunehmenden materiellen Haftungszeitpunkt des Versicherers anzunehmen, §§ 133, 157 BGB. Der Versicherungsnehmer will in der Regel erkennbar eine echte Rückwärtsversicherung i.S.v. § 2 Abs. 1 VVG a.F. beantragen, wenn er einen Zeitpunkt als Versicherungsbeginn angibt, der vor dem des (voraussichtlichen) Vertragsschlusses, also der Vertragsannahme durch den

13 OLG Saarbrücken VersR 1991, 457.
14 LG München I GI 1992, 80 mit Anm. *Gräfe*.
15 LG Köln DB 1988, 2093.
16 Prölss/Martin/*Armbrüster* § 2 Rn. 2 ff.

Versicherer, oder gar vor dem des Versicherungsantrages, liegt.[17] An den Einbezug sind daher keine engen Grenzen zu setzen. Versicherungsschutz besteht für alle Verstöße, die in den rückwärts versicherten Zeitraum fallen. Da keine Pflichtversicherung vorliegt, ist eine Begrenzung der Nachmeldefrist denkbar. Absolut üblich ist aber, dass die Nachmeldefrist wie bei der Vorwärtsversicherung unbegrenzt ist. Die Rückwärtsversicherung entspricht im Versicherungsumfang einer Vorwärtsdeckung nach den AVB-RSW. Die Vertragsparteien müssen grundsätzlich zumindest die Versicherungssumme vereinbaren. Die Jahreshöchstleistung beträgt das Zweifache der vereinbarten Versicherungssumme, A Ziff. 1 BBR-RA, soweit die Vertragspartner nichts Abweichendes regeln.

2. Bedarf für eine Rückwärtsversicherung

Bedarf für eine Rückwärtsversicherung besteht, wenn die in der Vergangenheit vereinbarte 20
Versicherungssumme nicht ausreichend ist. Grund hierfür kann sein, dass das Mandatsverhältnis sich weiterentwickelt und das Risiko sich erhöht hat. Ein eher seltener Grund kann sein, dass die Versicherungssumme für das entsprechende Verstoßjahr in der Vergangenheit annähernd oder sogar bereits erschöpft ist. Um hier Versicherungsschutz zu erhalten, muss der Anwalt eine Rückwärtsversicherung abschließen. Die Prämienberechnung erfolgt in der Regel anhand der Vorwärtsversicherung. Der risikoträchtigste Zeitraum ist vom gegenwärtigen Zeitpunkt aus gesehen der des ersten Jahres der Vergangenheit. Für alle weiteren zurückliegenden Jahre wird das Risiko nach und nach geringer, so dass für immer weiter zurückliegende Jahre auch eine geringere Prämie anfällt. Der Versicherungsnehmer zahlt dabei keine jährliche Prämie, sondern eine Einmalprämie für alle Jahre. Um das Risiko zu minimieren, bietet man die Rückwärtsdeckung meist nur in der Höhe an, in der bereits die Vorwärtsversicherung besteht.

Ein besonderer Bedarf besteht, wenn der Berufsträger mit der Zahlung seiner Folgeprämien in 21
Verzug ist und der Versicherer qualifiziert gemahnt hat. Der Versicherer kann fristlos kündigen, § 38 Abs. 3 VVG. Die fristlose Kündigung ist aber unwirksam, wenn der Berufsträger zahlt und zwar innerhalb eines Monats nach der Kündigung oder bei Fristbestimmung innerhalb eines Monats nach Fristablauf. Der Versicherer muss dann wieder Versicherungsschutz bieten, der aber nur für zukünftige Verstöße ab der späteren Zahlung gilt. Kein Versicherungsschutz besteht für die in der Vergangenheit zwischen Fristablauf und vor Zahlung begangenen Verstöße. Um hier den gesetzlichen Anforderungen nach § 51 BRAO zu entsprechen, ist der Anwalt verpflichtet eine Rückwärtsversicherung abzuschließen. Für diese Fälle bieten die Versicherer regelmäßig schon vorformuliert eine Rückwärtsversicherung an, die mindestens dem gesetzlichen Mindestumfang entspricht.

Eine Rückwärtsversicherung ist ebenfalls erforderlich, wenn der Anwalt versehentlich ohne 22
eigenen Berufshaftpflichtversicherungsvertrag tätig gewesen ist. Dies kann dann vorkommen, wenn der Anwalt in einer Kanzlei über die Kanzleipolice versichert war und sich dann selbständig gemacht hat ohne eigenen Versicherungsschutz abzuschließen. Ab dem Austritt aus der Kanzlei ist rückwirkend Versicherungsschutz erforderlich. Die Versicherer gewähren nach außen hin in ihrer Bestätigung unbedingten Versicherungsschutz, auch für bekannte Verstöße. Der Versicherungsschutz ist aber im Innenverhältnis zwischen Versicherer und dem Anwalt auf Verstöße begrenzt, die dem Anwalt bis zum Abschluss der Versicherung nicht bekannt sind. Die Einschränkung im Innenverhältnis widerspricht nicht § 51 BRAO, da der Versicherer nicht verpflichtet ist, bekannte Verstöße zu decken.

II. Kein Versicherungsschutz bei Kenntnis des Verstoßes, II Ziff. 2

Der Versicherungsschutz entfällt für die Rückwärtsversicherung bei Kenntnis des Verstoßes.

---

17 BGH NJW 1982, 2776, 2778.

1. Begriff Kenntnis

23 Der Berufsträger hat keinen Versicherungsschutz für Verstöße, die dem Versicherungsnehmer oder den versicherten Personen bei Abgabe der Vertragserklärung bekannt waren. Die Regelung entspricht § 2 Abs. 2 VVG, der sich nicht auf den späteren Vertragsschluss bezieht wie noch in der Vorgängerversion der AVB-RSW HV 60/06, sondern auf den früheren Zeitpunkt der Abgabe der Vertragserklärung des Versicherungsnehmers. Die Vertragserklärung ist in der Regel der Antrag des Anwalts für seine Berufshaftpflichtversicherung. Damit sind auch die Verstöße versichert, die zwischen dem Antrag durch den Versicherungsnehmer und dem endgültigen Vertragsschluss durch den Versicherer liegen. Kein Versicherungsschutz besteht aber, wenn der Berufsträger Kenntnis erlangt bevor die Vertragserklärung beim Versicherer zugegangen ist.[18] Wenn der Makler den Antrag beim Versicherer nach Kenntnis eines Versicherungsfalls abgibt, hat der Berufsträger keinen Versicherungsschutz. Erst wenn der Berufsträger tatsächlich den Antrag nicht mehr beeinflussen kann, schadet eine Kenntnis nicht mehr.

24 Kenntnis bedeutet positive Kenntnis vom Verstoß. Fahrlässige Unkenntnis genügt nicht. Wenn er dabei arglistig handelt, besteht ebenfalls positive Kenntnis.[19] Der Berufsträger muss davon Kenntnis haben, dass das Ereignis einen Versicherungsfall bedeutet. Bei Anwälten genügt daher nicht, dass möglichweise ein Verstoß vorliegt. Der Anwalt muss wissen, dass er z.B. eine Frist versäumt hat und sich hieraus Schadensersatzansprüche ergeben, weil er eine Forderung seines Mandanten nicht mehr gerichtlich durchsetzen kann. Nicht erforderlich ist, dass der Anwalt seinen Verstoß als Versicherungsfall mit einer Leistungspflicht des Versicherers verbindet. Ausreichend ist, wenn er die Tatsachen kennt und sie als Berufsfehler wertet. Inwieweit die Kenntnis vorliegt, ist im Einzelfall auch zwischen den jeweiligen Interessen des Versicherers keinen bekannten Schadenfall zu versichern und dem Anwalt an einem lückenlosen Deckungsschutz zu entscheiden. Um Klarheit zu schaffen, lassen die Versicherer zuweilen Unbedenklichkeitserklärungen unterzeichnen. In der D&O-Versicherung mit claims-made-Prinzip ist dies aufgrund der Rückwärtsdeckung als „warranty statement" üblich. Grundsätzlich ist davon auszugehen, dass der Versicherer keinen bestehenden Schadenfall versichern will. Für eine Versicherung eines möglichen Schadenfalls muss der Versicherer ausdrücklich einen bekannten Schadenfall decken wollen. Das gilt auch dann, wenn sie mit einer Vorwärtsversicherung verbunden ist. Andernfalls sind das Risiko und die entsprechende Prämienkalkulation nicht mehr möglich.[20] Daran ändert sich auch nichts, wenn bei einer Vorwärtsversicherung mit hoher Prämie die Rückwärtsversicherung mit einem bekannten Schadenfall nicht ins Gewicht fällt. Es gilt der Grundsatz, dass „brennende Häuser" nicht versicherbar sind.

2. Zurechnung der Kenntnis

25 II Ziff. 2 umfasst auch die mitversicherten Personen, bei denen die Kenntnis des Versicherungsfalls dazu führt, dass der Versicherungsschutz ausgeschlossen ist. Die Regelung ist speziell zu den Zurechnungsregelungen in § 1 II Ziff. 3 für die Berufsausübungsgemeinschaften und § 1 III Ziff. 2 für die Berufsträgergesellschaften. Dabei folgt die spezielle Zurechnungsregel nach II Ziff. 2 einer einfachen Systematik. Wer in den Versicherungsschutz einbezogen ist, dessen Kenntnis ist schädlich für ihn und alle anderen. Grundsätzlich sind dies die Sozien und Scheinsozien in der Sozietät als Versicherungsnehmer. Bei den Berufsträgergesellschaften und anerkannten Gesellschaften bei Steuerberatern und Wirtschaftsprüfern ist das Wissen der Organe, Geschäftsführer, Gesellschafter von Personengesellschaften und Partner zuzurechnen.

---

18 BGH VersR 2000, 1133, 1134.
19 KG VersR 2011, 993, 994.
20 Anders *Klimke* VersR 2005, 598 f.

D. Verstoßzeitpunkt bei Unterlassen, III

Bei unterlassenen Handlungen gilt gemäß III im Zweifel der Zeitpunkt als Verstoßzeitpunkt, an welchem die versäumte Handlung hätte spätestens vorgenommen werden müssen, um den Eintritt des Schadens abzuwenden. 26

I. Abgrenzung zu aktivem Tun, gedehnter Versicherungsfall

Die Abgrenzungsproblematik zum aktiven Tun tritt insbesondere beim sog. gedehnten Versicherungsfall auf. Wesensmerkmal eines gedehnten Versicherungsfalls ist die Fortdauer des mit seinem Eintritt geschaffenen Zustandes über einen mehr oder weniger langen Zeitraum. Es geht nicht darum, dass der Versicherungsfall schrittweise eintritt.[21] Beim gedehnten Versicherungsfall setzt regelmäßig die erste Handlung die Kausalkette in Gang, während beim Unterlassen die letzte Handlungsmöglichkeit zählt. Ergebnis sind unterschiedliche Verstoßzeitpunkte, entweder aktives Tun am Anfang oder das Unterlassen am Ende der Kausalkette. Wie bei jedem Zusammenfallen von Tun und Unterlassen ist nicht deskriptiv, sondern normativ zu urteilen. Maßgeblich ist der Schwerpunkt des Fehlverhaltens. In einer nicht alle wesentlichen Aspekte umfassenden Beratung eines Steuerberaters liegt ein Pflichtverstoß durch positives Tun und nicht durch Unterlassen.[22] Wenn der Großteil des vorwerfbaren Verhaltens im aktiven Tun liegt, ist dies der Verstoß, ansonsten das meist spätere Unterlassen. Beispielsweise, wenn der Anwalt eine Frist falsch berechnet. Der Anwalt trägt den 31. August statt 31. Juli in sein Fristenbuch ein – aktives Tun. Deshalb versäumt er am 31. August die Frist – Unterlassen. Wenn der Anwalt wie hier eine Frist versäumt, ist der letzte Tag, an dem der Anwalt die Frist hätte wahren können, der maßgebliche Verstoßzeitpunkt – der 31. August. Man stellt nicht darauf ab, warum der Anwalt die Frist versäumt hat wie falsche Berechnung, keine Eintragung, Verlust des Fristenbuchs etc. Der Schwerpunkt liegt im Unterlassen. 27

II. Auslegungsregel

Eine Auslegungsregel bietet III. Wird ein Schaden durch fahrlässige Unterlassung verursacht, gilt im Zweifel der Verstoß als an dem Tag begangen, an welchem die versäumte Handlung spätestens hätte vorgenommen werden müssen, um den Eintritt des Schadens abzuwenden. Bei einer Vermögensschadenhaftpflichtdeckung ist der Zeitpunkt des Unterlassens danach derjenige, an dem die vertraglich geschuldete Leistung noch letztmalig den Schaden hätte abwenden können.[23] Der den Versicherungsfall auslösende Verstoß durch den Anwalt ist erst dann vollendet, wenn die Folgen unwiderruflich vollendet sind. Bei fahrlässigem Unterlassen des Anwalts ist hypothetisch festzustellen, wann der Anwalt spätestens den Schaden noch hätte vermeiden können, wenn er noch gehandelt hätte.[24] Man stellt auf den letztmöglichen Zeitpunkt in der Kausalkette ab. Zuvor ist jedoch wie oben beschrieben zwischen dem aktiven Tun und Unterlassen nach dem Schwerpunkt abzugrenzen, erst dann ist die Auslegungsregel anwendbar. Des Weiteren gilt, dass nicht zuvor ein selbständiger Verstoß dazwischenliegen darf, der einen eigenständigen Versicherungsfall auslöst. Die Auslegungsregel ist erst dann heranzuziehen, wenn sich ein früherer Verstoßzeitpunkt durch Unterlassen nicht eindeutig feststellen lässt.[25] 28

---

21 BGH NJW 1989, 3019, 3020; Prölss/Martin/*Armbrüster* § 1 Rn. 167 f zur Kranken- und Feuerversicherung; *Bultmann* VersR 1994, 401, 404.

22 KG VersR 2009, 1350 LS 1.

23 LG Berlin VersR 1995, 330 zur Deckungspflicht des Versicherers für einen Hausverwalter.

24 OGH Österreich VersR 1995, 75.

25 KG VersR 2009, 1350 LS 3.

§ 3 Beginn und Umfang des Versicherungsschutzes

I. Hauptvertrag

1. Beginn
Der Versicherungsschutz beginnt an dem im Versicherungsschein angegebenen Zeitpunkt, sofern der Versicherungsnehmer die erste oder einmalige Prämie zusammen mit den angegebenen Kosten und etwaiger öffentlicher Abgaben rechtzeitig gemäß § 8 I Ziffer 1 zahlt.

2. Beginn bei späterer Prämieneinforderung
Wird die erste Prämie erst nach dem als Beginn der Versicherung festgesetzten Zeitpunkt eingefordert, dann aber ohne Verzug bezahlt, beginnt der Versicherungsschutz mit dem vereinbarten Zeitpunkt.

II. Umfang des Versicherungsschutzes

1. Abwehrschutz und Freistellung
Der Versicherungsschutz umfasst die Abwehr unberechtigter Schadenersatzansprüche und die Freistellung des Versicherungsnehmers von berechtigten Schadenersatzverpflichtungen.

1.1 Berechtigt sind Schadenersatzverpflichtungen dann, wenn der Versicherungsnehmer aufgrund Gesetzes, rechtskräftigen Urteils, Anerkenntnisses oder Vergleiches zur Entschädigung verpflichtet ist und der Versicherer hierdurch gebunden ist.

1.2 Anerkenntnisse und Vergleiche, die vom Versicherungsnehmer ohne Zustimmung des Versicherers abgegeben oder geschlossen worden sind, binden den Versicherer nur, soweit der Haftpflichtanspruch auch ohne Anerkenntnis oder Vergleich bestanden hätte.

1.3 Der Versicherer ist bevollmächtigt, alle zur Beilegung oder Abwehr des Haftpflichtanspruchs ihm zweckmäßig erscheinenden Erklärungen im Namen des Versicherungsnehmers abzugeben.

2. Höchstbetrag der Versicherungsleistung
2.1 Die Versicherungssumme stellt den Höchstbetrag der dem Versicherer – abgesehen vom Kostenpunkte (siehe Ziffer 5) – in jedem einzelnen Versicherungsfall obliegenden Leistung dar und zwar mit der Maßgabe, dass nur eine einmalige Leistung der Versicherungssumme in Frage kommt:

a) **gegenüber mehreren entschädigungspflichtigen Personen, auf welche sich der Versicherungsschutz erstreckt,**
b) **bezüglich eines aus mehreren Verstößen stammenden einheitlichen Schadens,**
c) **bezüglich sämtlicher Pflichtverletzungen bei der Erledigung eines einheitlichen Auftrags, mögen diese auf dem Verschulden des Versicherungsnehmers oder einer von ihm herangezogenen Hilfsperson beruhen.**

2.2 Weitere Bestimmungen zum Höchstbetrag der Versicherungsleistung regeln die Besonderen Bedingungen.

3. Jahreshöchstleistung
Die Leistungen des Versicherers können im Rahmen der gesetzlichen Bestimmungen begrenzt werden. Weitere Bestimmungen zur Jahreshöchstleistung regeln die Besonderen Bedingungen.

https://doi.org/10.1515/9783110407280-005

4. Selbstbehalt des Versicherungsnehmers

4.1 An der Summe, die vom Versicherungsnehmer auf Grund richterlichen Urteils oder eines vom Versicherer genehmigten Anerkenntnisses oder Vergleichs zu bezahlen ist (Haftpflichtsumme), wird der Versicherungsnehmer mit einem Selbstbehalt von EUR 1.500 beteiligt (Festselbstbehalt)

4.2 Abweichend hiervon kann ein anderer gesetzlich zulässiger Selbstbehalt vereinbart werden.

4.3 Ein Selbstbehalt ist jedoch ausgeschlossen, wenn bei Geltendmachung des Schadens durch einen Dritten die Bestellung bzw. Zulassung des Berufsträgers oder die Anerkennung bzw. Zulassung der Berufsträgergesellschaft erloschen ist. Dies gilt auch, wenn Haftpflichtansprüche gegen die Erben des Versicherungsnehmers erhoben werden. Zudem entfällt in den ersten drei Jahren nach der Zulassung/Bestellung als Berufsträger der Selbstbehalt, sofern kein abweichender Selbstbehalt vereinbart wurde.

5. Prozesskosten

5.1 Die Kosten eines gegen den Versicherungsnehmer anhängig gewordenen, einen gedeckten Haftpflichtanspruch betreffenden Haftpflichtprozesses sowie einer wegen eines solchen Anspruchs mit Zustimmung des Versicherers vom Versicherungsnehmer betriebenen negativen Feststellungsklage oder Nebenintervention gehen zu Lasten des Versicherers. Sofern nicht im Einzelfall mit dem Versicherer etwas anderes vereinbart ist, werden die Rechtsanwaltskosten entsprechend den Gebührensätzen des RVG übernommen.

5.2 Übersteigt der geltend gemachte Haftpflichtanspruch die Versicherungssumme, trägt der Versicherer die Gebühren und Pauschsätze nur nach der der Versicherungssumme entsprechenden Wertklasse. Dies gilt sowohl bei der Abwehr unberechtigter Schadenersatzansprüche als auch bei der Freistellung des Versicherungsnehmers von berechtigten Schadenersatzverpflichtungen. Bei den nicht durch Pauschsätze abzugeltenden Auslagen tritt eine verhältnismäßige Verteilung auf Versicherer und Versicherungsnehmer ein.

5.3 Übersteigt der Haftpflichtanspruch nicht den Betrag des Mindest- oder eines vereinbarten festen Selbstbehalts, treffen den Versicherer keine Kosten.

5.4 Sofern ein Versicherungsnehmer sich selbst vertritt oder durch einen Sozius oder Mitarbeiter vertreten lässt, werden eigene Gebühren nicht erstattet.

5.5 Bei der Inanspruchnahme vor ausländischen Gerichten ersetzt der Versicherer begrenzt auf seine Leistungspflicht Kosten höchstens nach der der Versicherungssumme entsprechenden Wertklasse nach deutschem Kosten und Gebührenrecht, sofern nicht im Einzelfall mit dem Versicherer etwas anders vereinbart ist.

6. Sicherheitsleistung zur Abwendung der Zwangsvollstreckung

An der Sicherheitsleistung oder Hinterlegung, die zur Abwendung der zwangsweisen Beitreibung der Haftpflichtsumme zu leisten ist, beteiligt sich der Versicherer in demselben Umfange wie an der Ersatzleistung, höchstens jedoch bis zur Höhe der Versicherungssumme.

7. Leistungsbegrenzung bei gescheiterter Erledigung des Haftpflichtanspruchs oder zur Verfügungstellung der Versicherungsleistung

Falls die vom Versicherer verlangte Erledigung eines Haftpflichtanspruchs durch Anerkenntnis, Befriedigung oder Vergleich am Verhalten des Versicherungsnehmers scheitert oder falls der Versicherer seinen vertragsmäßigen Anteil zur Befriedigung des Geschädigten zur Verfügung stellt, hat der Versicherer für den von der Weigerung bzw. der Verfügungsstellung an entstehenden Mehraufwand an Hauptsache, Zinsen und Kosten nicht aufzukommen

Systematische Übersicht

A. Übersicht

§ 3 regelt Beginn und Umfang des Versicherungsschutzes. 1
I regelt den Beginn des Hauptvertrages bei Zahlung der Erstprämie.
II regelt den Umfang des Versicherungsschutzes:

- II Ziff. 1 – Kernstück ist der Abwehrschutz und die Freistellungsverpflichtung, die näher umschrieben sind mit der für den Versicherer erforderlichen Schadenbearbeitungsvollmacht.
- II Ziff. 2 – Höchstleistung des Versicherers in einem Schadenfall mit der Definition eines Serienschadens, § 51 Abs. 2 BRAO.
- II Ziff. 3 – Höchstleistung des Versicherers pro Jahr mit Verweis auf die Besonderen Bedingungen der Anwälte, Steuerberater und Wirtschaftsprüfer.
- II Ziff. 4 – Selbstbehalt des Versicherungsnehmers
- II Ziff. 5 – Kosten der Schadenabwehr wie Prozesskosten
- II Ziff. 6 – Beteiligung des Versicherers an der Sicherheitsleistung zur Abwendung einer Zwangsvollstreckung
- II Ziff. 7 – verminderte Leistung des Versicherers, wenn die vom Versicherer verlangte Erledigung am Verhalten des Versicherungsnehmers scheitert

Änderungen zur Vorauflage der AVB-RSW, HV 60/06: 2

1. I: „Zur vorläufigen Deckung“ ist gestrichen wie auch in § 8 I und § 9 I, § 11b I, die die Prämienzahlung und das Ende einer vorläufigen Deckung beinhalteten.
   Grund: Die vorläufige Deckung hat die VVG-Reform geregelt, die AVB-RSW in der alten Fassung haben diese Regelungen nur widergegeben.
   Folge: keine, Reduzierung Komplexität
2. II Ziff. 1: Neuformulierung zum Beginn des Versicherungsschutzes
   Grund: Der Begriff „Einlösen des Versicherungsscheins“ ist veraltet.
   Folge: Es handelt sich um eine Klarstellung.
3. II Ziff. 2.2 und Ziff. 3: Streichen des Klammerzusatzes
   Grund: Vereinfachung des Verweises
   Folge: keine inhaltliche Änderung
4. II Ziff. 4: Streichen des Begriffs Eigenbehalt
   Grund: Der Begriff Eigenbehalt war zuvor als Selbstbehalt und Gebühreneinwurf bei Steuerberatern definiert. Mit Wegfall des Gebühreneinwurfs ist der Begriff nicht mehr erforderlich.
   Folge: keine inhaltliche Änderung
5. II Ziff. 4.2: Neuformulierung zum Selbstbehalt.
   Grund: Ausreichend ist, dass die Vertragsparteien einen anderen gesetzlich zulässigen Selbstbehalt vereinbaren können.
   Folge: Vereinfachung

6. II Ziff. 5.4: Streichen Satz 2
Grund: Satz 2 hat keine eigenständige Bedeutung, da Berufsträgergesellschaften Versicherungsnehmer sind, die schon Satz 1 erfasst.
Folge: keine inhaltliche Änderung

B. Vorläufige Deckung

I. Allgemeines

3 Die AVB-RSW enthielten in der früheren Version die Bestimmungen zur vorläufigen Deckung. In § 3 den Beginn und Inhalt, in § 8 I die Prämienzahlung und die Folgen bei Nichtzahlung und in § 9 I das Ende. Die VVG-Reform hat jedoch die vorl. Deckung in §§ 49 ff VVG kodifiziert, was die Regelungen in den AVB-RSW überflüssig macht, aber hier noch kommentiert wird.

Die vorl. Deckung ist in der Berufshaftpflichtversicherung erforderlich, da der Anwalt eine Deckungszusage des Versicherers benötigt, um sich zuzulassen. Der Versicherer schließt die zeitliche Lücke zwischen der Zulassung als Anwalt und der eigentlichen Deckung nach § 51 BRAO. Die vorl. Deckung ist ein selbständiger Versicherungsvertrag entsprechend der Trennungstheorie, bei dem alle Regelungen des VVG gelten mit den Besonderheiten in §§ 49 bis 52 VVG.[1] Die vorl. Deckung ist damit auch unabhängig davon, ob die Berufshaftpflichtversicherung zustande kommt oder der Anwalt später überhaupt einen Antrag stellt.[2]

Die vorl. Deckung ist ein Vertrag, der durch Antrag und Annahme zustande kommt. An die Willenserklärungen sind keine übertriebenen Anforderungen zu stellen. Es handelt sich dann um die Frage der Darlegungs- und Beweislast, wer von den Parteien jeweils Leistungen aus der möglichen vorl. Deckung erhalten will. Ein Telefonat ist nicht ausreichend, wenn der Versicherer nur angekündigt hat, Formulare oder Bestätigungen zu schicken.[3]

4 Den Beginn der vorläufigen Deckung können der Versicherer und Antragsteller vereinbaren. Der Versicherer kann den Versicherungsschutz von der Zahlung einer Prämie abhängig machen, was eher unüblich ist. Man spricht veraltet vom Einlösungsprinzip. Wenn in diesem Fall vor Zahlung der Prämie ein Versicherungsfall eintritt, ist der Versicherer leistungsfrei. Auf diese nachteiligen Rechtsfolgen hat der Versicherer durch gesonderte Mitteilung in Textform oder durch einen auffälligen Hinweis im Versicherungsschein aufmerksam zu machen, wovon er auch nicht abweichen kann, § 51 Abs. 1 und Abs. 2 VVG.

Der Versicherer kann auch nach § 50 VVG vereinbaren, dass der Versicherungsnehmer verpflichtet ist, im Fall des Nichtzustandekommens des Hauptvertrags eine Prämie für die vorläufige Deckung zu zahlen. Die Prämie entspricht der Prämie, die beim Zustandekommen des Hauptvertrags für diesen zu zahlen gewesen wäre, selbstverständlich anteilig für die gewährte Laufzeit der vorläufigen Deckung. Die Versicherer können auch vereinbaren, dass der Versicherungsschutz der vorläufigen Deckung rückwirkend wegfällt, wenn der Versicherungsnehmer die Erstprämie für den Hauptvertrag nicht rechtzeitig gezahlt hat. Das VVG regelt dies nicht ausdrücklich. Jedenfalls nicht anwendbar ist § 38 Abs. 1 VVG zur qualifizierte Mahnung, weil er für Folgeprämien gilt und auch nicht § 52 Abs. 1 Satz 2 VVG, der für den Beginn des Versicherungsschutzes bei rechtzeitiger Zahlung der Prämie maßgeblich ist. Aber der Wegfall des Versicherungsschutzes ist möglich, wie sich aus § 9 Satz 2 KfzPflVV ergibt. Aufgrund der negativen Folgen des fehlenden Versicherungsschutzes ist aber Voraussetzung, dass der Versicherer den Versicherungsnehmer über die Folgen der fehlenden Zahlung aufgeklärt hat. Dies gilt auch für

1 Langheid/Rixecker/*Rixecker* § 49 Rn. 1 ff.
2 OLG Celle VersR 1952, 93.
3 OLG Köln VersR 1998, 180 zu einer Kaskoversicherung.

künftige Versicherungsfälle.[4] Einschränkend gilt, dass der Versicherungsnehmer den Versicherungsschutz behält, wenn er die Nichtzahlung nicht zu vertreten hat, analog §§ 52 Abs. 1 Satz 2, 37 Abs. 2 Satz 1 VVG.[5]

Nach § 52 Abs. 1 Satz 1 VVG endet die vorläufige Deckung automatisch, wenn der Hauptvertrag, die Berufshaftpflichtversicherung nach § 51 BRAO, zustande kommt. Kommt die Berufshaftpflichtversicherung mit dem Versicherer nicht zustande, weil der Versicherungsnehmer seine Vertragserklärung nach § 8 VVG widerruft oder nach § 5 Abs. 1 und 2 VVG einen Widerspruch erklärt, endet die vorläufige Deckung spätestens mit dem Zugang des Widerrufs oder des Widerspruchs beim Versicherer, § 52 Abs. 3 VVG. Wenn die vorläufige Deckung befristet ist, endet sie automatisch mit Fristende. Wenn der Hauptvertrag schon vorher begonnen hat, zu diesem vorigen Zeitpunkt. Wenn die vorläufige Deckung unbefristet ist, kann der Versicherer oder Versicherungsnehmer in Textform kündigen, allerdings ist die Kündigung des Versicherers erst nach Ablauf von zwei Wochen nach Zugang wirksam, § 52 Abs. 4 VVG. 5

Nach § 52 Abs. 2 Satz 1 VVG endet die vorläufige Deckung auch dann automatisch, wenn der Hauptvertrag mit einem fremden Versicherer zustande kommt und nicht mit dem Versicherer der vorläufigen Deckung. Dies hatte im Übrigen § 11b I der vorigen Versionen der AVB-RSW ausdrücklich wiederholt, so dass er ersatzlos wegfallen konnte. Eine Doppelversicherung i.S.d. §§ 77ff VVG als Nebeneinander von vorläufiger Deckung und Hauptvertrag gibt es nicht. Die vorläufige Deckung lebt auch wieder nicht auf, wenn der Vertrag bei dem fremden Versicherer erlischt oder rückwirkend aufgehoben wird. Der Versicherer der vorläufigen Deckung kann in Fällen der Fremdversicherung dann nach § 50 VVG die Prämie anteilig für die Laufzeit der vorläufigen Deckung bis zum Beginn des Hauptvertrags verlangen. Dies gilt gerade auch dann, wenn der Versicherer nicht ausdrücklich auf eine Prämienzahlung hingewiesen hat, falls der Hauptvertrag nicht zustande kommt. Es gilt eine stillschweigende Vereinbarung nach dem Rechtsgedanken der §§ 612 Abs. 1, 632 Abs. 1 BGB, weil in der Berufshaftpflichtversicherung es üblich und erwartbar ist, dass der Versicherer für seine Leistung auch eine Prämie erhält.[6] Er trägt auch das Risiko der unbegrenzten Nachmeldefrist. Der Versicherungsnehmer hat dem Versicherer der vorläufigen Deckung den Vertragsschluss über den Hauptvertrag beim anderen Versicherer unverzüglich mitzuteilen, § 52 Abs. 2 Satz 2 VVG, andernfalls kann sich der Versicherungsnehmer schadensersatzpflichtig machen. 6

II. Vorläufige Deckung im Zulassungsverfahren bei Anwälten

Die Versicherer bieten die vorläufige Deckung problemlos an, damit der zukünftige Anwalt sich zulassen kann, § 12 Abs. 2 BRAO. Oft genügt ein Telefonat mit den Angaben zu Adresse und Name des Antragstellers. Üblicherweise erhält der Antragsteller ein Anschreiben zur vorläufigen Deckung, das den Inhalt und Umfang umschreibt und die Bestätigung des Versicherungsschutzes zur Vorlage bei der Kammer und eine Erklärung zur Rücksendung an den Versicherer mit den Angaben zur Versicherungssumme und dem Zulassungsdatum enthält, wenn der Anwalt sich zugelassen hat. 7

Das Anschreiben beinhaltet die Angaben zu Beginn und Ende der vorläufigen Deckung. Für den Beginn wählen die Versicherer regelmäßig nicht das Einlösungsprinzip, bei dem die vorl. Deckung erst mit Prämienzahlung beginnen würde, andernfalls wäre die Zulassung für den Anwalt komplizierter. Die vorl. Deckung und damit der Versicherungsschutz beginnt mit der Zulassung des Antragstellers zur Anwaltschaft. Der Versicherer gibt dem Antragsteller zur Vorlage bei 8

4 Noch vor der VVG-Reform: BGH NJW 1956, 1634; NJW 1967, 1800; BGH NJW-RR 2006, 1101; anders Prölss/Martin/*Klimke* § 52 Rn. 37, 38; BGH VersR 1985, 981.
5 *Diller* § 8 Rn. 13.
6 MüKoVVG/*Rixecker* § 50 Rn. 1.

der Rechtsanwaltskammer hierzu die Bestätigung, dass Versicherungsschutz ab dem Datum der Zulassung besteht. Die Bestätigung regelt gleichzeitig den Inhalt und Umfang der vorläufigen Deckung. Der Versicherer bestätigt, dass der gesetzlich erforderliche Versicherungsschutz nach § 51 BRAO besteht, mindestens in Höhe von 250.000 EUR für jeden Versicherungsfall und einer Höchstleistung für alle Schäden in einem Jahr von 1 Mio. EUR: *„Zur Vorlage bei der zuständigen Rechtsanwaltskammer bestätigen wir (der Versicherer), dass Sie ab dem Zeitpunkt ihrer Zulassung eine Berufshaftpflichtversicherung abgeschlossen haben…“*.

9 Um den finalen Hauptvertrag ausfertigen und zusenden zu können, erhält der Antragsteller zusätzlich eine gesonderte Erklärung. Darin wird der Antragsteller aufgefordert dem Versicherer nach seiner Zulassung als Anwalt die erforderlichen Angaben mitzuteilen, insbesondere das Datum der Zulassung für den Versicherungsbeginn. Daraufhin erhält der Anwalt seinen finalen Versicherungsvertrag nach § 51 BRAO. Versicherungsbeginn ist der Zeitpunkt der Zulassung.

10 Deshalb ist es auch nicht erforderlich, dass der Versicherer der Kammer nochmals den Zulassungsbeginn meldet. Die Kammer hat durch die vorl. Deckung schon die Bestätigung des Versicherungsschutzes.

11 Üblicherweise weist der Versicherer für das Ende der vorl. Deckung darauf hin, dass die vorl. Deckung bis zur Zahlung der Erstprämie für den Hauptvertrag wirksam ist, veraltetet bis zur Einlösung des Versicherungsscheins. Eine Befristung der vorl. Deckung ist individualvertraglich zulässig, was sich aus § 52 Abs. 4 Satz 1 VVG ergibt.[7] Die Versicherer befristen die vorl. Deckung regelmäßig, weil sie nicht von einer Prämienzahlung abhängig ist, zum einen auf meistens 10 bis 14 Tage nach Zusendung des Versicherungsscheins, des Hauptvertrages, und zum anderen noch auf zwei Monate nach Zulassung des Antragstellers zur Rechtsanwaltschaft.

C. Beginn des Hauptvertrages, I Ziff. 1 und Ziff. 2

12 I regelt den Beginn der Versicherung, abhängig von der Zahlung der Erstprämie, deren Fälligkeit und den Verzug. Die Rechtsfolgen bei fehlender Zahlung der Erst- oder Folgeprämie sind in § 8 geregelt ist. Der Versicherungsschutz beginnt mit dem vereinbarten Zeitpunkt, der im Versicherungsschein dokumentiert ist. Voraussetzung ist, dass der Anwalt die erste Prämie oder die Einmalprämie, z.B. bei einer Rückwärtsdeckung, rechtzeitig zahlt. Nach Ziff. 2 beginnt der Versicherungsschutz auch rückwirkend mit dem vereinbarten Zeitpunkt, wenn der Anwalt nach Aufforderung ohne Verzug zahlt.

13 Prämienzahlung und Leistungen des Versicherers hängen voneinander ab. Wenn der Anwalt die Erstprämie nicht rechtzeitig zahlt, kann der Versicherer vom Vertrag zurücktreten, § 37 Abs. 1 VVG, soweit der Anwalt das Nicht-Zahlen auch zu vertreten hat. Nach § 37 Abs. 2 VVG ist der Versicherer leistungsfrei, wenn der Anwalt die Erstprämie nicht gezahlt hat und in dieser Zeit ein Versicherungsfall eingetreten ist. Entsprechend dem VVG regelt § 8 I Ziff. 2 das Rücktrittsrecht und § 8 I Ziff. 3 die Leistungsfreiheit des Versicherers, siehe § 8 I Ziff. 2 zum Rücktrittsrecht Rn. 6 ff und § 8 I Ziff. 3 die Leistungsfreiheit, siehe § 8 Rn. 11 ff.

14 I Ziff. 1 beinhaltet die einfache Einlösungsklausel und I Ziff. 2 die erweiterte Einlösungsklausel. Der Versicherungsschutz als materielle Verpflichtung des Versicherers im Versicherungsfall zu leisten, beginnt mit der rechtzeitigen Zahlung der Erstprämie. Kein Versicherungsschutz besteht für Verstöße, die in den Zeitraum fallen, in der der Anwalt die Prämie nicht gezahlt hat. Diese Rechtsfolge ergibt sich aus § 8 I Ziff. 3, der die Regelung des § 37 Abs. 2 VVG übernimmt. I Ziff. 2 ändert aber § 37 Abs. 2 VVG zugunsten des Anwalts ab, sog. erweiterte Einlösungsklausel.[8] Der Versicherer bietet Versicherungsschutz sofort und rückwirkend ab dem vereinbarten Zeit-

7 Prölss/Martin/*Klimke* § 52 Rn. 35.
8 Langheid/Rixecker/*Rixecker* § 37 Rn. 22.

raum, wenn der Anwalt nach Zahlungsaufforderung rechtzeitig zahlt. Rechtzeitig bedeutet, dass der Anwalt die Prämie ohne Verzug gezahlt hat, soweit der Versicherer fehlerfrei und eindeutig die Prämie gefordert hat. Der Versicherer ist in diesem Fall zur Leistung verpflichtet, wenn in der Zeit zwischen Vertragsbeginn und Zahlung ein Versicherungsfall eintritt, unabhängig von Kenntnis oder sonstigen Umständen.[9] Daher ist es auch nicht erforderlich, dass der Versicherer gesondert auf die Rechtsfolgen der Nichtzahlung der Prämie hinweist, da die erweiterte Einlösungsklausel gilt. Prämie ist die erste Prämie bei Ratenzahlung oder die Gesamtprämie bei Einmalzahlung. Die Prämie umfasst Kosten und etwaige öffentliche Abgaben, incl. Versicherungssteuer.

D. Umfang des Versicherungsschutzes, II Ziff. 1 bis 7

Nach II umfasst der Versicherungsschutz erstens die Abwehr unberechtigter Schadenser- **15** satzansprüche und zweitens die Freistellung von berechtigten Schadensersatzverpflichtungen. Die Haftpflichtversicherung hat Doppelcharakter.[10]

I. Bindungswirkung und Trennungsprinzip

1. Haftpflichturteil, Adhäsionsverfahren

Das Haftpflichtverhältnis des Geschädigten zum Versicherungsnehmer ist streng vom De- **16** ckungsverhältnis zwischen Versicherer zum Versicherungsnehmer zu trennen.[11] Die Rechtsprechung durchbricht das Trennungsprinzip im Wege der ergänzenden Vertragsauslegung mit der Bindungswirkung bei Voraussetzungsidentität: Entscheidungen im Haftpflichtverhältnis binden den Versicherer/Versicherungsnehmer im Deckungsverhältnis. Grund hierfür ist, dass der Versicherer die Vollmacht hat, die Haftung zu beurteilen und zu bearbeiten und dem Versicherungsnehmer Weisungen erteilen kann. Der Versicherer ist für das Ergebnis des Haftpflichtprozesses ergebnisverantwortlich. Es ist daher gerechtfertigt ihn hinsichtlich des Haftpflichturteils für einen nachfolgenden Deckungsprozess zu binden.[12] Das VVG regelt und setzt zum Teil voraus, dass die Feststellungen im Haftpflichtverhältnis auch zwischen Versicherer und Versicherungsnehmer gelten, §§ 124 VVG und 106 VVG.

Folge ist, dass die maßgeblichen Tatsachen im Haftpflichtprozess den Versicherer binden. **17** Der Versicherungsnehmer muss dem Versicherer im Haftpflichtprozess nicht den Streit verkünden. Auf der anderen Seite wird Nebenintervention des Versicherers zugelassen, damit er keine nachteiligen Folgen des Haftpflichtprozesses hinnehmen muss. Dabei hat der Versicherer seine Treuepflichten aus dem Versicherungsverhältnis zum Versicherungsnehmer zu wahren. Der Versicherer darf nicht auf ein Urteil hinwirken, dass dazu führt, dass er nicht leisten muss.[13]

Keine Bindungswirkung haben Entscheidungen des Strafgerichtes im Adhäsionsverfahren, **18** §§ 403ff StPO. Die Entscheidung bindet weder die Haftpflichtversicherung des Schädigers, noch das Gericht im nachfolgenden Zivilprozess. Zwar steht gemäß § 406 Abs. 3 Satz 1 StPO das Strafurteil einem im bürgerlichen Rechtsstreit ergangenen Urteil gleich. Diese Bindungswirkung ist aber entsprechend § 318 ZPO grundsätzlich nur auf die an dem Verfahren beteiligten Parteien beschränkt und der Versicherer kann in einem Adhäsionsverfahren nicht beteiligt sein. Eine Bin-

---

9 OLG Hamm NJW-RR 1994, 992 für die Unfallversicherung.

10 HBAnw/*Chab* § 18 Rn. 45; Fahrendorf/*Mennemeyer* Rn. 2557.

11 BGH VersR 1959, 256; VersR 1960, 73; VersR 1961, 399; VersR 2006, 107; VersR 2011, 203; *Krämer* r + s 2001, 177; *Chab* AnwBl 2015, 892; *Gräfe/Brügge* A Rn. 126 ff, E 325 ff; H 1 ff.

12 BGH VersR 1971, 144; VersR 1977, 174; VersR 1978, 862.

13 *Chab* AnwBl 2015, 892; OLG München VersR 2009, 822; OLG Frankfurt, VersR 2001, 1314.

dung würde dazu führen, dass die auch zum Schutz des Versicherers angeordnete begrenzte Rechtskrafterstreckung § 124 Abs. 1 VVG zu seinem Nachteil unterlaufen würde.[14] Der Versicherer kann sich daher auf alle Risikoausschlüsse berufen, insbesondere auch auf die wissentliche Pflichtverletzung oder Vorsatz, auch wenn das Strafgericht Fahrlässigkeit angenommen hat. In der Praxis ist daher von einem Adhäsionsverfahren abzuraten, wenn der Anwalt/Steuerberater/Wirtschaftsprüfer Beklagter oder Angeklagter ist, da der Geschädigte mit diesem Verfahren nicht gegen den Versicherer vorgehen kann.

2. Voraussetzungsidentität

19 Die Bindungswirkung für den Deckungsprozess tritt ein für die maßgeblichen und erheblichen Punkte. Es muss Voraussetzungsidentität vorliegen.[15] Sie liegt insoweit vor, als eine für die Entscheidung im Deckungsprozess maßgebliche Frage sich auch im Haftpflichtprozess nach dem vom Haftpflichtgericht gewählten rechtlichen Begründungsansatz bei objektiv zutreffender rechtlicher Würdigung als entscheidungserheblich erweist.[16]

20 Bindungswirkung besteht für die Feststellungen zur formalen Haftung selbst. Sie gehören zum Haftungstatbestand und sind damit immer entscheidungserheblich. Bindungswirkung besteht insbesondere für die Entscheidung über den Haftungsgrund und für die Pflichtverletzung und den Verschuldensgrad, aber nur soweit er ausdrücklich entscheidungserheblich war; siehe dazu ausführlich unten § 3 Rn. 23ff. Darunter fallen auch die vorwerfbare Handlung und die Kausalkette zwischen Handlung und Schaden und die Schadenhöhe.[17]

21 Keine Bindungswirkung besteht für die Punkte, die nicht entscheidungserheblich und unwesentlich sind. Sog. überschießende Feststellungen, die für die Begründung des Tenors nicht tragend oder sonst nicht erforderlich sind, binden den Versicherer nicht.[18] Dies umfasst die Feststellungen, ob nach der Tätigkeit überhaupt Versicherungsschutz besteht oder er ausgeschlossen ist, weil ein Ausschlussgrund vorliegt oder weil der Versicherungsnehmer seine Obliegenheiten verletzt hat. Wenn mehrere Anspruchsgrundlagen für die Haftung in Betracht kommen, besteht auch keine Bindungswirkung für diejenige Anspruchsgrundlage, die im Haftpflichtprozess maßgeblich war. Dies kann zulasten des Versicherers der Fall sein, wenn der Anwalt aufgrund einer vertraglichen Zusage haftet, die nach § 1 nicht gedeckt ist, aber er auch aufgrund einer gesetzlichen Haftpflichtbestimmung gehaftet hätte. In diesem Fall kann der Versicherer sich nicht auf die Bindungswirkung des Ausschlusstatbestandes berufen, sondern muss in den Deckungsprozess einsteigen.[19] Ebenfalls keine Bindungswirkung entfalten die Feststellungen in einem Deckungsprozess, der vor dem Haftpflichtprozess ergeht.[20] Das Gericht des Deckungsstreits kann auch nicht anordnen, dass die Verhandlung bis zur Erledigung des Haftpflichtprozesses auszusetzen ist. Der Deckungsstreit hängt nicht von einem anderen Rechtsverhältnis ab.[21]

22 Versicherer und Versicherungsnehmer müssen sich treu und redlich verhalten. Der Versicherer muss sich das Haftpflichturteil entgegenhalten lassen, wenn er es zuvor abgelehnt hat, Deckung zu geben und er sich deshalb nicht am Haftpflichtprozess beteiligt hat.[22] Gleiches gilt, wenn er vom Termin des Haftpflichtprozesses wusste, auch wenn der Versicherungsnehmer

---

14 BGH BeckRS 2013, 02365.
15 OLG Koblenz VersR 1995, 1298, 1299; OLG Hamm NVersZ 2002, 415; OLG Karlsruhe VersR 2010, 940, 941; LG Berlin NJW-RR 2003, 460, 461.
16 BGH NJW-RR 2007, 827.
17 *Diller* § 3 Rn. 35.
18 BGH VersR 2004, 590.
19 OLG Koblenz VersR 1979, 830.
20 OLG München VersR 2009, 59; *Diller* § 3 Rn. 38.
21 BGH VersR 1984, 252, 253.
22 BGH VersR 1963, 158.

selbst es unterlassen hatte, den Schadenfall anzuzeigen.[23] Die im Versäumnisurteil getroffenen Feststellungen zum Haftungsgrund entfalten nur dann Bindungswirkung, wenn sie auch in den Akten der Vorinstanzen des Haftpflichtprozesses beigezogen waren.[24] Bei Obliegenheitsverletzungen nach § 119 VVG des Versicherungsnehmers, gilt die Rechtsfolge des § 120 VVG. Der Versicherer haftet nur auf den Betrag, den er auch bei gehöriger Erfüllung der Obliegenheit zu leisten gehabt hätte. Dies ist im Deckungsprozess zu klären.[25]

a) Entscheidung über den Haftungsgrund

Regelmäßig ist der Versicherer daran gebunden, wenn das Gericht feststellt, dass eine Pflichtverletzung vorlag, die unter eine versicherte Tätigkeit fällt. Gleiches gilt, wenn feststeht, dass der Berufsträger aufgrund einer gesetzlichen Haftpflichtbestimmung privatrechtlichen Inhalts haftet.[26] 23

Die Anspruchsgrundlage hat Bindungswirkung für den Deckungsprozess. Wenn im Haftpflichtprozess die Begründung der Haftung in einer gesetzlichen Haftpflichtbestimmung privatrechtlichen Inhalts gesehen wird, kann der Versicherer nicht einwenden, es handelt sich auch um einen Erfüllungsanspruch.[27] Der für den Deckungsprozess bindende Haftungstatbestand umfasst lediglich die vom Tatrichter des Haftpflichtprozesses festgestellten und seiner Entscheidung zugrunde gelegten tatsächlichen Elemente. Seine rechtliche Einordnung ist dagegen ohne Belang.

Die Bindungswirkung geht aber nicht weiter als die Tatsachen an sich reichen. Maßgeblich ist der äußere Tatbestand der Pflichtwidrigkeit, nicht dessen rechtliche Einordnung.[28]

b) Pflichtverletzung und Verschuldensgrad

Der Grund für die Pflichtverletzung bindet regelmäßig den Versicherer. Er kann sich nicht auf einen anderen Grund berufen, der nicht Gegenstand im Haftpflichturteil war. Dies gilt auch für die Feststellungen zur Kausalität und der Kausalkette der Pflichtverletzung, die zum Schaden geführt hat. Der Versicherer kann sich deshalb nicht darauf berufen, dass auch eine wissentliche Pflichtverletzung vorliegt, die aber auf einem anderen Verstoß beruht, der im Haftpflichtprozess nicht relevant war.[29] 24

Für die Haftung selbst ist grundsätzlich der Verschuldensgrad unerheblich, also ob der Berufsträger fahrlässig oder vorsätzlich gehandelt hat. Für die Deckung ist dies anders. Wenn der Berufsträger wissentlich seine Pflichten verletzt hat, ist der Versicherungsschutz mit Ausnahme bei der PartG mbB und der Rechtsanwalts-GmbH ausgeschlossen. Wenn der Grad des Verschuldens für die Haftung unerheblich war, kann der Versicherer deshalb im Deckungsprozess weiterhin einwenden, dass der Berufsträger wissentlich gehandelt hat. Voraussetzung ist, dass der Grad des Verschuldens gerade offen bleiben konnte, wenn die fahrlässige Verursachung ausreichend war.[30] Die fehlende Bindung liegt aber auch vor, wenn das Gericht ausdrücklich festgestellt hat, dass Fahrlässigkeit vorliegt, weil dies maßgeblich für die Höhe des Schmerzensgeldes war.[31] Wenn das feststellende Gericht annimmt, dass der Berufsträger vertraglich etwas garan-

---

23 BGH Betrieb 60, 578.
24 BGH NJW-RR 2003, 1572, 1573.
25 Prölss/Martin/*Knappmann* § 120 Rn. 5.
26 *Chab* AnwBl 2015, 892, 893.
27 BGH NJW 2006, 289.
28 BGH VersR 2011, 203; siehe dazu auch *Harsdorf-Gebhard* r + s 2012, 261.
29 BGH NJW-RR 2001, 1311, 1312.
30 BGH NJW-RR 2007, 827; BGH NJW 2015, 947; NJW 1992, 1509; NJW 1993, 68.
31 BGH NJW 1993, 68; OLG Köln VersR 2002, 1371.

tiert hat, muss das Gericht im Deckungsprozess nicht annehmen, dass eine nicht versicherte Garantie vorliegt.[32]

c) Feststellung des Verstoßzeitpunkts

25 Der Verstoßzeitpunkt entfaltet regelmäßig Bindungswirkung. Die für den Deckungsprozess maßgebliche Frage des Verstoßzeitpunkts muss im vorangegangenen Haftpflichtprozess bei objektiv zutreffender rechtlicher Würdigung maßgeblich gewesen sein.[33] Dies liegt dann vor, wenn der Berater seinen Versicherer während eines laufenden Mandats wechselt und es zu einem Haftpflichtprozess kommt. Maßgeblich ist die erste schuldhafte Pflichtverletzung als aktives Tun. Weitere Pflichtverstöße im Mandatsverhältnis sind unerheblich.[34] Diese Feststellungen sind für den Deckungsprozess entscheidungserheblich und können nicht mehr bestritten werden. Der Versicherer ist eintrittspflichtig, der zum Zeitpunkt des ersten Pflichtverstoßes der Vertragspartner war. Dieser Zeitpunkt gilt dann auch, ob ein Versicherungsausschluss vorliegt.[35]

d) Sonstige Feststellungen

26 Versäumnisurteile sind unter Voraussetzungen bindend. Grundlage bei Versäumnisurteilen sind der Urteilstenor und die Klageschrift.[36] Die Bindung kann aber nur soweit gehen, soweit der Versicherer in der Lage war, die Haftungsfrage mitaufzuklären. Andernfalls ist als versicherungsrechtliche Einwendung zu prüfen, ob der Versicherungsnehmer nicht seine Obliegenheiten verletzt hat.[37] Wenn der Versicherer auf anderem Wege davon erfahren hat, kann er sich aber nicht mehr darauf berufen, dass er keine Kenntnis hatte. Die Kenntnis und die Möglichkeit mitzuwirken, wirken sich auch bei Anerkenntnissen und Vergleichen aus. An sie ist der Versicherer nur dann gebunden, wenn er sein Einverständnis dazu erklärt hat.

3. Einwendungen des Versicherers und vorweggenommener Deckungsprozess

27 Der Versicherer kann im Deckungsprozess vorbringen, dass der Versicherungsnehmer eine versicherungsrelevante Obliegenheit begangen hat oder ein Risikoausschlussgrund vorliegt. Es handelt sich um die Einwendungen, die das Vertragsverhältnis zwischen Versicherer und Versicherungsnehmer betreffen und nicht um die Haftungsfrage. Die Umstände hierzu sind selbständig zu prüfen.[38]

28 Keine Bindungswirkung besteht im umgekehrten Fall, wenn der Deckungsprozess dem Haftpflichtprozess vorausgeht, was nur dann vorliegen kann, wenn der Haftungsprozess ausgesetzt ist. Das Gericht entscheidet im Deckungsprozess darüber, ob der Versicherungsschutz auf Grundlage der tatsächlichen Behauptungen des Geschädigten besteht. Es entscheidet nicht darüber, ob der Haftpflichtanspruch begründet ist.[39] Den Deckungsprozess kann man auch nicht gemäß § 148 ZPO bis zur Beendigung des Haftpflichtprozesses aussetzen, da er nicht vorgreiflich ist.[40]

---

32 OLG Koblenz VersR 1979, 830.
33 BGH NJW-RR 2004, 676.
34 KG Berlin DStR 2009, 1778 mit Anm. *Meixner*.
35 Prölss/Martin/*Lücke* BBR Arch § A1 Rn. 4.
36 BGH VersR 2003, 635; BGH VersR 1963, 421; OLG Düsseldorf VersR 2002, 748.
37 BGH VersR 1963, 421.
38 *Diller* § 3 Rn. 37, OLG Köln r + s 1990, 10; OLG Hamm VersR 1987, 88; Prölss/Martin/*Lücke* § 100 Rn. 66.
39 BGH NJW-RR 2001, 316; Gräfe/*Brügge* A Rn. 167.
40 BGH VersR 1984, 252, 253; *Diller* § 3 Rn. 38.

Das Trennungsprinzip in der Haftpflichtversicherung steht einer unmittelbaren Inanspruchnahme des Versicherers durch den Geschädigten auch ohne vorherige Feststellung des Haftpflichtanspruchs nicht entgegen, wenn der Deckungsanspruch wirksam an den Geschädigten abgetreten ist.[41] Der Geschädigte kann damit auch ohne vorhergehenden Haftpflichtprozess eine direkte Zahlungsklage gegen den Versicherer aus abgetretenem Recht erheben. 29

II. Abwehranspruch und Freistellungsverpflichtung, II Ziff. 1

1. Abwehranspruch

Die Haftpflichtversicherung ist in den §§ 100 bis 112 VVG geregelt. II konkretisiert und modifiziert das VVG. Der Abwehranspruch und die Verpflichtung des Versicherers, den Versicherungsnehmer freizustellen sind gleichrangige Hauptpflichten und nicht nebenrangig.[42] Der Abwehranspruch ist die Rechtsschutzkomponente der Haftpflichtversicherung.

a) Abwehrpflicht

Die Pflicht zur Abwehr besteht dann, wenn der Versicherungsnehmer oder ein Dritter meldet, dass möglicherweise ein Schadenfall vorliegt. Ausreichend ist eine ernsthafte Erklärung eines Dritten, aus der hervorgeht, dass er einen Anspruch gegen den Versicherungsnehmer hat. Darunter fallen Haftpflichtansprüche, bei denen auch nur die entfernte Möglichkeit besteht, dass der Versicherungsnehmer aus dem unter das versicherte Risiko fallenden und behaupteten Tatbestand verurteilt wird. Gleiches gilt, wenn der Versicherungsnehmer aus einem Rechtsgrund verurteilt wird, der außerhalb des versicherten Risikos liegt, sofern nur der Tatbestand des Urteils erkennen lässt, dass der Urteilsspruch auch auf Rechtsgründe innerhalb des versicherten Risikos hätte gestützt werden können.[43] 30

Beispiele hierfür sind:[44] Streitverkündung gegenüber dem Versicherungsnehmer,[45] Aufrechnungserklärung des Geschädigten mit Schadensersatzansprüchen,[46] nicht aber die Regressdrohung durch gegnerischen Anwalt,[47] Aufforderung zum Verjährungsverzicht in einem finanzgerichtlichen Verfahren,[48] auch das Abwarten eines vorgezogenen Deckungsprozesses des Versicherungsnehmers.[49] 31

Der behauptete Verstoß des Berufsträgers muss zeitlich in den versicherten Zeitraum der Berufshaftpflichtversicherung fallen, damit der Anspruch auf Abwehrschutz besteht. Maßgeblich ist der behauptete Zeitpunkt des Verstoßes. Bei einem Versichererwechsel, bei gedehnten Versicherungsfällen und beim Unterlassen ist genau abzugrenzen, siehe dazu § 2 Rn. 27. 32

Der behauptete Verstoß muss selbstverständlich auch inhaltlich unter den Versicherungsumfang fallen. Die Abwehrpflicht des Versicherers umfasst nur die Abwehr von gedeckten Haftpflichtansprüchen. Dies ergibt sich schon aus II Ziff. 5.1. Wenn der Haftpflichtanspruch gedeckt ist, hat der Versicherer die Kosten zu tragen, andernfalls der Versicherungsnehmer. Maßgeblich ist, was der Geschädigte behauptet. Die Abwehrpflicht besteht bereits dann, wenn eine entfernte Möglichkeit bei summarischer Prüfung in Betracht kommt, dass der Sachverhalt einen gedeck- 33

41 BGH NJW 2016, 3453.
42 St. Rspr. BGH NJW 2007, 2258, 2259; NJW 1993, 68; VersR 1976, 477.
43 BGH VersR 1980, 1066; OLG Koblenz VersR 1979, 830.
44 Beispiele aus *Gräfe*/Brügge D Rn. 31 mit den dortigen Nachweisen.
45 BGH VersR 2003, 900.
46 LG Berlin VersR 1987, 578.
47 BGH VersR 1979, 1117.
48 OLG Karlsruhe VersR 2006, 538.
49 OLG Köln r + s 1998, 59.

ten Anspruch auslöst.[50] Ausreichend ist einer von mehreren möglichen Ansprüchen. Bei Sachverhalten, die unter einen Risikoausschluss fallen, ist zu differenzieren. Wenn der unbestrittene Sachverhalt unter einen Risikoausschluss fällt, wie z.B. eine Vorsatztat mit dolus directus, sind alle Ansprüche ausgeschlossen. Wenn der Anwalt den Sachverhalt bestreitet, der zum Risikoausschluss führt, z.B. er hat fahrlässig und nicht vorsätzlich gehandelt, besteht zunächst Versicherungsschutz. Der Versicherer hat dann die unbegründeten Ansprüche abzuwehren, solange die Haftpflicht des Anwalts noch nicht feststeht. Versicherungsschutz besteht auch dann, wenn der Versicherungsnehmer der falsche Beklagte ist, da auch hier ein unbegründeter Anspruch abzuwehren ist.[51]

34 Unter den in der Pflichtversicherung möglichen Ausschlüssen und der Abwehrleistung hat allein der Ausschluss der wissentlichen Pflichtverletzung Bedeutung. Anders als z.B. bei der ausgeschlossenen Auslandstätigkeit des Anwalts, ist anhand der äußeren Umstände zu werten, ob er wissentlich gehandelt hat oder nicht. Daher besteht die Ausnahme hier bei den AVB-RSW. Bis man formal festgestellt hat, dass der Anwalt wissentlich seine Pflichten verletzt hat, besteht Versicherungsschutz. Erst dann hat der Anwalt die Kosten zurückzuerstatten, siehe wissentliche Pflichtverletzung § 4 Rn. 54. Der Versicherer hat auch ein Interesse am Abwehrschutz. Der Abwehrschutz ist erforderlich, um nicht ggf. später ein negatives Urteil mit Folgewirkungen zu erhalten. Daneben gebietet die Treupflicht aus dem Versicherungsverhältnis, dass der Versicherer sich mit dem vorgetragenen Sachverhalt auseinandersetzt.[52] Der Sachvortrag des Anwalts ist dann maßgeblich, wenn der Dritte gerade eine wissentliche Pflichtverletzung behauptet, die der Anwalt bestreitet. Erst wenn der Anwalt selbst vorträgt, er hat wissentlich seine Pflichten verletzt, braucht der Versicherer keinen Abwehrschutz zu leisten.

35 Wenn die Ernsthaftigkeit des Anspruchs besteht, ist der Versicherer verpflichtet, die Haftung gegenüber dem Dritten zu klären. Dies ist der notwendige Teil der Abwehr von unberechtigten Schadensersatzverpflichtungen. Der Versicherer hat den Anwalt zu informieren und zu beraten und ihm die Hilfe zu geben, die er braucht, um den Anspruch abzuwehren. Der Versicherer kann dabei nach pflichtgemäßem Ermessen entscheiden, wie er seine Verpflichtung aus dem Versicherungsvertrag erfüllen will. Er kann abwehren, in den Prozess gehen oder sofort anerkennen und befriedigen. Bei seiner Entscheidung hat der Versicherer die Interessen des Anwalts zu wahren, wie es ein beauftragter Anwalt ebenfalls tun würde oder müsste.[53] Die Geschädigten sind regelmäßig die Mandanten des Anwalts und bilden als Geschäftsbeziehung die wirtschaftliche Grundlage seiner Tätigkeit. Wenn der Versicherer rechtswidrig die Deckung ablehnt, ist er in Verzug und trägt das Haftungsrisiko dafür und dann auch die Insolvenz des Anwalts. Gewährt der Versicherer dem Versicherungsnehmer nach Anhängigkeit einer Deckungsklage bei noch nicht rechtskräftig abgeschlossenem Haftpflichtprozess uneingeschränkt Versicherungsschutz im Sinne von Abwehrschutz, hat er damit seine Verpflichtung aus der Haftpflichtversicherung gemäß § 362 BGB zunächst erfüllt. Die Deckungsklage des Versicherungsnehmers ist dann insoweit unbegründet.[54]

36 Der versicherungsrechtliche Abwehranspruch umfasst auch die Sicherheitsleistung. Der Versicherer ist schadensersatzpflichtig, wenn er sie nicht leistet, der Anwalt insolvent wird und deshalb die Zulassung verliert.[55]

---

50 BGH NJW-RR 2001, 316; BGH VersR 1957, 212.
51 *Diller* § 3 Rn. 23.
52 *Gräfe*/Brügge D Rn. 108 f.
53 OLG Köln VersR 2013, 1390.
54 OLG Köln VersR 2017, 478 zu einer Betriebshaftpflichtversicherung.
55 Fahrendorf/*Mennemeyer* Rn. 2565; *Diller* § 3 Rn. 26.

aa) Umfang der Abwehr

Der Versicherer hat die Kosten für die Schadenabwehr zu übernehmen. Wenn der Versicherungsnehmer seinen Zivilprozess zur Haftung verliert, trägt der Versicherer die gerichtlichen, die eigenen und die dem Gegner zu erstattenden Kosten. Wenn der Versicherungsnehmer seinen Zivilprozess gewinnt, trägt der Versicherer die eigenen Kosten, wie seine eigene Schadenbearbeitung in seiner Schadenabteilung. Er trägt die Gerichtskostenvorschüsse, wenn deren Erstattung nicht alsbald vom Gegner zu erlangen ist.[56] Er trägt auch die Kosten der Zwangsvollstreckung in den Befreiungsanspruch.[57] Bei unberechtigten Ansprüchen, kann der Versicherer verlangen, dass ihm der Kostenerstattungsanspruch gegen den Kläger abgetreten wird, wenn er dem Versicherungsnehmer vorher die Kosten erstattet hat, § 91 ZPO und § 86 VVG. Der Versicherer trägt damit auch das Risiko, dass er die Kosten zurückerstattet bekommt. Dies gilt auch für die Inanspruchnahme vor ausländischen Gerichten, wenn jede Partei unabhängig vom Ausgang des Rechtsstreits ihre Kosten selbständig zu tragen hat.[58] 37

Der zur Abwehr bestellte Anwalt ist Vertragspartner des Versicherers. Der Versicherer hat direkt die Anwaltsgebühren zu übernehmen. Daraus folgt auch, dass er für die Kosten für einen möglichen versicherten Anspruch vorleisten muss. Wenn der Versicherungsnehmer vorsteuerabzugsberechtigt ist, hat der Versicherer nur Kosten ohne Umsatzsteuer zu leisten.[59] 38

Der Versicherer hat keinen weitergehenden materiellen Kostenerstattungsanspruch bei der Abwehr eines unberechtigten Anspruchs für außergerichtliche Kosten, wie z.B. die Personalkosten für die Schadenbearbeitung. Der Aufwand für die Rechtswahrnehmung ist kein Folgeschaden oder eine kostenpflichtige Schadensbeseitigung.[60] 39

bb) Abwehrpflicht und Selbstbehalt

Die AVB-RSW bestimmen nicht, was gilt, wenn der behauptete Anspruch unterhalb des Selbstbehalts liegt. § 3 II Ziff. 5.3 regelt zu den Prozesskosten, dass der Versicherer sie nicht zu tragen hat, wenn der Haftpflichtanspruch nicht den Betrag des Mindest- oder eines vereinbarten festen Selbstbehalts übersteigt. Aus dieser Kostenregel und dem Sinn und Zweck des Selbstbehalts, dass der Versicherer keine Bagatellschäden regulieren soll, ist abzuleiten, dass der Versicherer in diesem Fall keine Abwehrpflicht hat und nachfolgend auch keine Kosten zu tragen hat. Dies umfasst mindestens die berechtigten Ansprüche und nach überwiegender Auffassung auch die unberechtigten Ansprüche, siehe dazu ausführlich zum Selbstbehalt § 3 II Ziff. 5.3 Rn. 112. Praktisch wird der Versicherer bei der Erstmeldung Abwehrhilfe geben. Der Versicherer muss sich mit dem Anspruch schon insoweit auseinandersetzen, als der tatsächliche Anspruch höher sein kann als der geltend gemachte Anspruch und er dann abzüglich des Selbstbehalts bei einem berechtigten Anspruch zu leisten hätte. 40

Wenn der Haftpflichtanspruch im Übrigen die vereinbarte Versicherungssumme übersteigt, hat der Versicherer den Anspruch abzuwehren; zu den zu übernehmenden Kosten, wenn der Anspruch oberhalb der Versicherungssumme liegt, siehe § 3 II Ziff. 5.2 Rn. 108. 41

56 OLG Köln r + s 1989, 74.
57 BGH r + s 1990, 82.
58 *Diller* § 3 Rn. 17.
59 OLG Karlsruhe BeckRS 2002, 30246306.
60 BGH NJW 1976, 1256, 1257.

b) Abwehranspruch und Aufrechnung

42 Grundsätzlich hat der Versicherungsnehmer keinen Anspruch darauf, dass der Versicherer aktiv einen Prozess gegen einen möglichen Haftpflichtanspruch führt. Der Versicherer kann bestimmen, ob er abwehren oder befriedigen will. Eine Ausnahme besteht dann, wenn der Mandant mit seinem Schadensersatzanspruch gegen den Honoraranspruch des Anwalts aufrechnet.[61] Der Anwalt hat dann Anspruch auf Führung und Finanzierung eines Aktivprozesses, obwohl die Rückforderung/Einbehalt von Honorar nicht versichert ist, § 1 I Ziff. 1 2. Absatz. Voraussetzung hierfür ist aber, dass es sich bei dem geltend gemachten Anspruch im Kern um einen versicherten Haftpflichtanspruch handelt. Bei zunächst unklarer Sach- und Rechtslage prüft der Versicherer in Zusammenarbeit mit dem Anwalt, ob es sich um einen versicherten Anspruch handelt. Bis zur Feststellung, ob ein versicherter Anspruch besteht, leistet der Versicherer Abwehrschutz. Wenn kein Haftpflichtanspruch besteht und der Mandant allein mit der Vertretung unzufrieden war, auch wenn der Prozess verloren wurde, sind schon verauslagte Kosten dem Versicherer zurückzuerstatten. Wenn der Schadensersatzanspruch aber zu Recht bestand, hat der Versicherer die Kosten zu tragen, inkl. Zinsen.[62] Maßgeblich für die Höhe der Kosten bleibt die Höhe des geltend gemachten Schadensersatzanspruchs und nicht die Gesamtkosten einschließlich der Honorarforderung.[63]

43 Der Anwalt kann seinerseits mit seinem Honoraranspruch gegen einen Schadensersatzanspruch des Mandanten aufrechnen. Er kann den Haftpflichtanspruch damit anerkennen, § 105 VVG. Wenn der Haftpflichtanspruch zu Recht bestand, hat der Anwalt gegenüber dem Versicherer einen Zahlungsanspruch in Höhe des Haftpflichtanspruchs, § 106 VVG, soweit der Versicherer nicht aus sonstigen Gründen leistungsfrei ist. Der Versicherer hat auch die Zinsen zu zahlen, die er sonst an den Geschädigten hätte zahlen müssen. Der Versicherer darf aus der Aufrechnung keinen Vorteil ziehen.[64] Wenn der Versicherer bestreitet, dass der Anspruch des Dritten bestand, hat der Versicherer den Anwalt aktiv zu unterstützen. Er hat die Kosten für die dann erforderliche negative Feststellungklage zu tragen, dass die Haftpflichtforderung nicht besteht.[65]

2. Berechtigte Schadensersatzverpflichtungen, II Ziff. 1.1

a) Urteil, Anerkenntnis, Vergleich

44 Der Versicherer muss den Anwalt von berechtigten Schadensersatzverpflichtungen freistellen. Sie bestehen dann, wenn der Anwalt aufgrund von gesetzlichen Verpflichtungen und Urteilen, Anerkenntnissen oder Vergleichen zu zahlen hat und die Verpflichtung ihn bindet. Dies entspricht der Regelung in § 106 VVG.

45 Mit der Bindung kraft Gesetzes sind die Pflichtversicherungsbestimmungen gemeint wie die Regelung in § 117 Abs. 1 VVG. Der Versicherer kann unter Umständen weiterhin gegenüber dem Geschädigten zur Leistung verpflichtet sein, obwohl er nach dem Versicherungsvertrag nicht mehr leisten müsste.

Weder die AVB-RSW noch § 106 VVG regeln, wann die Verpflichtung aus einem Urteil berechtigt ist und ihn binden. Dies ist im Übrigen nicht zu verwechseln mit der Bindungswirkung/Trennungsprinzip, bei dem es um die Bindung der im Haftpflichturteil niedergelegten Gründe für die Deckung geht, siehe ausführlich § 2 Rn. 16 ff. Rechtskräftige Urteile verpflichten den Ver-

---

61 LG Kiel VersR 1962, 1075; AG Charlottenburg VersR 1969, 315.
62 LG Berlin VersR 1987, 578.
63 *Chab* AnwBl 2011, 217, 218.
64 Prölss/Martin/*Lücke* § 101 Rn. 6.
65 Prölss/Martin/*Lücke* § 106 Rn. 14.

sicherer Schadensersatz zu leisten. Es ist nicht Aufgabe des Deckungsprozesses, rechtskräftige Urteile in Frage zu stellen[66] Dies gilt auch dann, wenn der Versicherungsnehmer seine Obliegenheiten verletzt hat. Es würde andernfalls dazu führen, dass bei einer fahrlässigen Obliegenheitsverletzung der Versicherer nicht leisten muss. Die Verpflichtung besteht auch für sachlich unrichtige Haftpflichturteile, wenn der Versicherer zuvor die Deckung abgelehnt hat. Er soll keinen Vorteil daraus ziehen, dass er sie zu Unrecht abgelehnt hat.[67] Ungeschickte oder nachlässige Prozessführung des Versicherungsnehmers verpflichtet den Versicherer ebenfalls. Ebenfalls bindet den Versicherer das Urteil, wenn er den Anspruch aktiv abgewehrt hat oder den Versicherungsnehmer angewiesen hat in bestimmter Weise zu verfahren. Wenn der Versicherer aber aktiv nicht abwehren konnte, wie bei einem Anerkenntnis- und Versäumnisurteil kann dies den Versicherer nicht binden, soweit das Anerkenntnis materiell zu Unrecht erfolgt ist und das Versäumnisurteil nicht der wahren Rechtslage entspricht.[68] Keine Bindung besteht ebenfalls, wenn der Versicherungsnehmer es mindestens arglistig zu einem falschen Urteil hat kommen lassen.[69]

Anerkenntnis ist das zivilrechtliche Anerkenntnis nach § 781 BGB, weil das prozessuale An- 46
erkenntnis schon zu einem Urteil führt. Vergleich ist jeder Vergleich, unabhängig davon, ob ein gerichtlicher Vergleich oder außergerichtlicher Vergleich vorliegt. Der Begriff des Anerkenntnisses oder des Vergleichs ist weit zu fassen, entsprechend der Regelung in § 111 VVG. In dem 3-Personen-Verhältnis zwischen Versicherungsnehmer, Versicherer und Geschädigtem kann der Versicherer dabei verschiedentlich anerkennen und vergleichen. Bindung besteht dann, wenn der Versicherer gegenüber dem Versicherungsnehmer anerkennt oder sich vergleicht, er gegenüber dem Geschädigten anerkennt oder sich vergleicht oder auch, wenn er zustimmt zu einem Anerkenntnis oder Vergleich zwischen Versicherungsnehmer und Geschädigtem. Schriftform hierfür ist nicht notwendig.[70] Es ist auszulegen, ob der Versicherer mit Zahlung zumindest einen Teil des Schadensersatzanspruchs anerkennt oder einen Vergleich anbietet.[71] Ein tatsächliches den Versicherer bindendes Verhalten liegt vor, wenn er an den Geschädigten aufgrund eines Versicherungsfalls zahlt. Wenn der Versicherer dem Geschädigten mitteilt, dass er einzeln aufgeführte Schadenpositionen zahlen wird, liegt darin ein deklaratorisches Schuldanerkenntnis und nicht eine unverbindliche Mitteilung.[72] Kein Anerkenntnis ist eine eindeutige Kulanzzahlung oder dass der Versicherer den Prozess führt.[73] Erklärt der Haftpflichtversicherer, er sei „regulierungsbereit", ergibt sich daraus in der Regel auch keine verbindliche Anerkennung seiner Einstandspflicht.[74] Wenn der Versicherer einem Anerkenntnis/Vergleich nicht zugestimmt hat, gilt II Ziff. 1.2 als Regelung zu § 105 VVG. Soweit der Versicherer hätte leisten müssen, besteht Bindung. Um tatsächlich leistungsfrei zu sein und seiner Freistellungsverpflichtung nachzukommen, hat der Versicherer bei einem eigenen Anerkenntnis/Vergleich im Zweifel gegenüber dem Geschädigten zu zahlen.

66 LG Bonn r + s 2013, 493; Prölss/Martin/*Lücke* § 106 Rn. 5.
67 BGH NJW 2007, 2258.
68 Prölss/Martin/*Lücke* § 106 Rn. 5 f.
69 Gräfe/*Brügge* A Rn. 105.
70 BGH VersR 2009, 106.
71 MüKoVVG/*Littbarski* § 111 Rn. 15.
72 OLG Frankfurt OLGR Frankfurt 2009, 362, 363 Rn. 4.
73 Prölss/Martin/*Lücke* § 111 Rn. 4.
74 OLG Karlsruhe VersR 2016, 1562 zur Erklärung eines Kfz-Versicherers nach einem Verkehrsunfall.

b) Schiedsgerichtsverfahren, Schiedssprüche

aa) Grundsatz

47 Anwälte vereinbaren Schiedsverfahren mit ihren Mandanten, um langwierige und ungewisse Rechtsstreitigkeiten, gerade auch im Ausland, zu vermeiden. Auf der Haftungsebene gilt, dass ein Schiedsspruch nicht ohne weiteres den ordentlichen Gerichtsweg ausschließt. Das Rechtsschutzbedürfnis für den Antrag auf gerichtliche Entscheidung gemäß § 1032 Abs. 2 ZPO entfällt nicht durch den Erlass eines Teil- oder Endschiedsspruchs.[75] Auf der Deckungsebene ist im Ergebnis davon auszugehen, dass ein Schiedsspruch den Versicherer nur soweit binden kann, wie ein unabgestimmtes Anerkenntnis oder ein Vergleich nach § 105 VVG wie es die Regelung in II Ziff. 1.2. vorsieht. Bindung ohne weiteres kann nur dann bestehen, wenn das Schiedsverfahren und der Schiedsspruch mit dem Versicherer abgestimmt sind. Im Einzelnen:

48 Zur Frage, ob Schiedssprüche den Versicherer wie ein Urteil binden, nennen § 106 VVG und auch II Ziff. 1.1 gerade nur Urteil, Anerkenntnis und Vergleich, aber gerade nicht einen Schiedsspruch. Höchstrichterlich ist auch nicht entschieden, ob man Schiedssprüche diesen Entscheidungen gleichstellen kann.

49 Ein Schiedsverfahren mit einem bindenden Schiedsspruch ist aber vom Versicherungsschutz nicht umfasst, weil dies eine Erweiterung des Versicherungsschutzes ist. Wenn keine Vereinbarung getroffen wurde, besteht kein Versicherungsschutz gemäß §§ 1, 3 III Ziff. 1.1[76] Das RG hat eine Schiedsvereinbarung einem ohne Zustimmung des Versicherers geschlossenen Vergleich gleichgestellt, was zur Verwirkung der Versicherungsleistung führte.[77] Der Schiedsspruch ergeht regelmäßig nicht nur aufgrund einer gesetzlichen Haftpflichtbestimmung, sondern es spielen auch wirtschaftliche Erwägungen eine Rolle. Insoweit steht der Schiedsspruch schon einem Haftpflichturteil nicht gleich. Den fehlenden Versicherungsschutz zeigt aber auch der Vergleich mit den Musterbedingungen des GDV zur Betriebshaftpflichtversicherung AHB. Danach sind Schiedsgerichtsvereinbarungen mitversichert.[78] Die Betriebshaftpflichtversicherung erweitert gerade den Versicherungsschutz für ein Schiedsverfahren, andernfalls müsste die Betriebshaftpflichtversicherung das Schiedsverfahren nicht erwähnen, da es ohnehin versichert wäre. Da die AVB-RSW keine Klausel enthalten, besteht kein Versicherungsschutz. Daneben würden die Mitwirkungsrechte des Versicherers beeinträchtigt. In einem Schiedsverfahren hat der Versicherer nur eingeschränkte Möglichkeiten und nicht die Rechte wie in einem Verfahren vor ordentlichen Gerichten.

50 Man kann aber auch von einer Gleichstellung ausgehen, weil das Schiedsverfahren ein echtes, wenn auch privates richterliches Verfahren ist und der Schiedsspruch die Parteien wie ein Urteil verpflichtet, § 1055 ZPO.[79] Keine Bindungswirkung hat aber ein Schiedsspruch nach Billigkeit, § 1051 Abs. 3 ZPO. Der Spruch ergeht hier nicht aufgrund gesetzlicher Haftpflichtbestimmungen, sondern auf der Grundlage einer Billigkeitserwägung. Voraussetzung ist im Übrigen, dass formelle und materielle Rechtskraft besteht. Rechtskraft gegenüber dem Versicherer besteht in teleologischer Reduktion von § 106 VVG, wenn die Aufhebungsfrist des § 1059 Abs. 3 ZPO abgelaufen ist, weil nur der Geschädigte, aber nicht der Versicherungsnehmer den Antrag auf Vollstreckbarerklärung stellen kann.[80] Vollstreckbar sind die Schiedssprüche nach § 794 Abs. 1 Nr. 4a ZPO.

---

75 BGH NJW 2017, 3723 in Fortführung von BGH NJW 2017, 488.
76 MüKoVVG/*Gal* 130 Rn. 192; anders *Diller* § 1 Rn. 60.
77 RG VA 1918, 55.
78 Abgebildet in Prölss/Martin/*Lücke* BetrH AT § 7.6.6 Rn. 1.
79 MüKoVVG/*Gal* 130 Rn. 186.
80 *Koch* SchiedsVZ 2007, 285; *Lembcke* VersR 2010, 725; Prölss/Martin/*Lücke* § 106 Rn. 7.

bb) Gleichstellung mit unabgestimmten Anerkenntnissen/Vergleichen

Aufgrund der Unklarheiten sollte man differenzieren. Unabgestimmte Schiedsverfahren und deren Schiedssprüche sollten nicht von vornherein bedeuten, dass der Freistellungsanspruch im Ganzen entfällt. Die unabgestimmten Schiedssprüche sind mit Anerkenntnissen oder Vergleichen gleichzustellen, die der Versicherungsnehmer ebenfalls ohne Zustimmung des Versicherers mit dem Geschädigten getroffen hat. Nach § 105 VVG gibt es kein Anerkenntnis- und Befriedigungsverbot gegenüber dem Versicherungsnehmer. II Ziff. 1.2 regelt daher, dass der Versicherer nur soweit leisten muss, soweit der Haftpflichtanspruch auch ohne Anerkenntnis oder Vergleich bestanden hätte, siehe zu den Anerkenntnissen und den Folgen bei fehlender Zustimmung hier § 3 Rn. 57 ff. Die Ausgangslage bei unabgestimmten Schiedssprüchen und den Anerkenntnissen oder Vergleichen ist ähnlich. In beiden Fällen handelt der Versicherungsnehmer ohne sich mit dem Versicherer abgesprochen zu haben, so dass er den Versicherungsfall nicht mehr bearbeiten und regulieren kann. Daher kann die Bindung des Versicherers an den Schiedsspruch nur soweit gehen, wie der Haftpflichtanspruch auch ohne den Schiedsspruch – wie bei Anerkenntnis oder Vergleich – bestanden hätte, entsprechend II Ziff. 1.2. Soweit andere Erwägungen im Verfahren, wie z.B. Billigkeit oder Vermeidung eines langwierigen Prozesses, eine Rolle gespielt haben, gehen sie zu Lasten des Versicherungsnehmers. Der Versicherungsnehmer muss sich in diesem Fall mit dem Versicherer auseinandersetzen, um nachträglich wie bei den Anerkenntnissen/Vergleichen den Teil des berechtigten Haftpflichtanspruchs zu klären. 51

Praktikabler ist es, dass Versicherer und Versicherungsnehmer von vornherein vereinbaren, dass Versicherungsschutz für ein Schiedsverfahren und die darauf beruhenden Schiedssprüche besteht. Das kann vorab für einen bestimmten Mandanten, Auslandssachverhalte erfolgen, aber auch allgemein für Schiedsverfahren, soweit für den Versicherer das Risiko erkennbar bleibt. Regelmäßig legen die Versicherer die Voraussetzungen und das Verfahren einer Schiedsgerichtsvereinbarung von vornherein fest, um sicherzustellen, dass der Schiedsspruch einem staatlichen Urteil gleichsteht. Grundsätzlich sollte das Schiedsgericht aus mindestens drei Schiedsrichtern bestehen, von denen der Vorsitzende die Befähigung als Richter haben sollte. Das Verfahren sollte festlegen, dass die Schiedsrichter nach materiellem Recht und nicht nach Billigkeit entscheiden. Der Schiedsspruch sollte schriftlich erfolgen und die Rechtsnormen nennen, auf denen der Schiedsspruch basiert. Die Mitwirkungsrechte des Versicherers sind zu beachten. Problematisch sind integrierte Schiedsverfahren. Dabei werden Haftungs- und Deckungsthemen in ein- und demselben Schiedsverfahren geklärt. Die Haftungsfrage klärt das Schiedsgericht integriert als Voraussetzung einer Schadensersatzpflicht. Das Trennungsprinzip und die Bindungswirkung zwischen Haftpflichturteil und Deckungsurteil sind nicht gewahrt. Wenig wahrscheinlich ist, dass eine angenommene Haftung dann an einem möglichen Ausschluss scheitert. Bei einem geplanten integrierten Schiedsverfahren sollte der Anwalt diese Erweiterung mit seinem Versicherer abklären. 52

c) Schlichtungsstelle, § 191f BRAO

Nach § 191f BRAO, §§ 36 ff VSBG müssen Anwälte auf die Möglichkeit der Teilnahme am Schlichtungsverfahren der Anwaltschaft hinweisen, wenn sie mehr als zehn Personen beschäftigen, eine Webseite unterhalten und/oder AGB verwenden. Nach Entstehen der Streitigkeit muss jeder Anwalt auf die Schlichtungsstelle verweisen und erklären, ob er bereit ist, daran teilzunehmen. Versicherungsschutz für die Abwehr der Ansprüche und die Freistellung aufgrund eines Schlichtungsspruchs besteht unter den gleichen Voraussetzungen wie bei einem Schiedsverfahren. Versicherungsnehmer und Versicherer können vereinbaren, dass der Versicherer den Schlichtungsspruch anerkennt, unter bestimmten Voraussetzungen oder voraussetzungslos oder im Einzelfall nach Entstehen einer Streitigkeit, siehe hier zum Versicherungsschutz bei 53

Schiedsverfahren § 3 Rn. 49ff. Der Versicherer muss nicht aufgrund der Pflichtversicherungsregelungen Versicherungsschutz bieten, da der Anwalt entscheiden kann, ob er am Schlichtungsverfahren teilnimmt oder nicht.

54 Der Anwalt hat auch im Schlichtungsverfahren den Versicherer unverzüglich von der Beantragung des Schlichtungsverfahrens in Kenntnis zu setzen und sein weiteres Verhalten in dem Schlichtungsverfahren mit dem Versicherer abzustimmen wie bei jedem Versicherungsfall. Der Regulierungsvorschlag des Schlichters der BRAK nach § 191f BRAO bindet den Versicherer, wenn der Versicherer ihn anerkennt.[81] Wenn der Anwalt ohne Zustimmung des Versicherers den Vorschlag annimmt, hat der Versicherer zu leisten, soweit der Haftpflichtanspruch auch ohne Anerkenntnis bestanden hätte. Wenn der Versicherungsnehmer ohne Zustimmung des Versicherers oder weisungswidrig anerkennt oder vergleicht, bleibt der Versicherer damit relativ leistungspflichtig. Es handelt sich um keine Obliegenheitsverletzung, weil es kein Anerkenntnisverbot mehr nach § 105 VVG gibt.

d) Umfang des Freistellungsanspruchs

55 Der Versicherer leistet mit befreiender Wirkung gegenüber dem Geschädigten. Wenn er gegenüber dem Versicherungsnehmer leistet und dieser den Betrag nicht weitergibt, ist der Versicherer weiterhin leistungspflichtig, § 100 VVG. Der Anspruch des Versicherungsnehmers auf Befreiung ist fällig, wenn der Versicherer aufgrund Gesetzes, rechtskräftigen Urteils, Anerkenntnisses oder Vergleiches zur Entschädigung verpflichtet ist, II Ziff. 1.1. Es besteht kein Feststellungsinteresse an der Deckung des Versicherers vor der bindenden Entscheidung im Haftpflichtprozess.[82] Ausnahmsweise folgt ein Feststellungsinteresse des Geschädigten aus der Sozialbindung der Haftpflichtversicherung, beispielsweise wenn der Versicherer dem Geschädigten auf Anfrage keine oder keine eindeutige Auskunft gibt, ob er Versicherungsschutz gewährt.[83] Wenn der Versicherungsnehmer seine Haftung anerkennt, so wandelt sich sein Freistellungsanspruch gegen den Haftpflichtversicherer in einen Zahlungsanspruch um.[84] Diese Konstellation kann vorliegen, wenn der Geschädigte mit seiner berechtigten Schadensersatzforderung gegen die offenen Honorarforderungen des Anwalts aufrechnet. Die Forderungen sind damit erloschen, § 389 BGB. Der Anwalt kann in Höhe der berechtigten Schadensersatzforderung Zahlung an ihn verlangen, aber abzüglich des Selbstbehalts. Gleiches gilt, wenn der Anwalt seinen Freistellungsanspruch an den Geschädigten abtritt oder wenn der Geschädigte sich den Anspruch pfänden und überweisen lässt.

56 Wenn die Versicherungssumme oder die Jahresmaximierung erschöpft ist, hat der Versicherer bei mehreren Geschädigten seine Leistungen aufzuteilen, § 109 VVG. Der Versicherer muss die Leistungen nach dem Verhältnis der Höhe der Forderungen zueinander aufteilen. Schwierigkeiten bereitet es dabei abzuschätzen, wann tatsächlich abzusehen ist, dass die Versicherungssumme nicht mehr ausreicht. Nachzahlungen und Nachforderungen können die Folge sein, wenn noch nicht abzusehende weitere Forderungen dazukommen.[85] Siehe zum Verteilungsverfahren ausführlich A Ziff. 1 BBR-RA Rn. 8ff.

---

81 *Knöpnadel* AnwBl 2010, 130.
82 OLG Naumburg r + s 2013, 431.
83 BGH NJW-RR 2001, 316; BGH BeckRS 2009, 22726.
84 BGH NJW 1977, 716 (L) noch zum Anerkenntnis- und Befriedungsverbot § 154 Abs. 2 VVG a.F.
85 Prölss/Martin/*Lücke* § 109 Rn. 8f.

3. Anerkenntnis und Vergleich ohne Zustimmung des Versicherers, II Ziff. 1.2

Vor der VVG-Reform sahen die Bedingungen der Haftpflichtversicherer ein striktes Verbot von Anerkenntnissen/Vergleichen des Versicherungsnehmers mit dem Geschädigten vor. Der Versicherer war leistungsfrei, wenn er nicht zugestimmt hatte. § 105 VVG hebt das Anerkenntnis- und Befriedigungsverbot auf. II Ziff. 1.2 regelt, dass der Versicherer aber nur soweit leisten muss, soweit der Haftpflichtanspruch auch ohne Anerkenntnis oder Vergleich bestanden hätte. Dabei verlagert sich das Prozessrisiko. Die Haftung ist im Deckungsprozess zu prüfen, wenn der Versicherer nicht voll regulieren will. Der Versicherungsnehmer trägt die Darlegungs- und Beweislast für die anspruchsbegründenden Tatsachen und der Versicherer die Darlegungs- und Beweislast für Einwendungen und Einreden. Folge ist darüber hinaus, dass im Deckungsprozess der Geschädigte Zeuge sein kann, was er als Partei im Haftpflichtprozess nicht sein kann.[86] 57

4. Regulierungs- und Bearbeitungsvollmacht des Versicherers, II Ziff. 1.3

a) Dauer der Vollmacht

Nach II Ziff. 1.3 hat der Versicherer eine vertraglich vereinbarte Schadenbearbeitungs- und Regulierungsvollmacht nach §§ 164 ff BGB.[87] Er kann Erklärungen gegenüber Dritten abgeben, die den Versicherungsnehmer binden. Umgekehrt kann er auch Erklärungen annehmen, § 164 Abs. 3 BGB. Im Innenverhältnis muss der Versicherer den Versicherungsnehmer informieren und Rechenschaft ablegen, analog § 666 BGB. Das Weisungsrecht nach § 5 II Ziff. 2.1 ergänzt die Regulierungsvollmacht.[88] Regelmäßig übt der Versicherer die Vollmacht im Namen des Versicherungsnehmers aus und nicht im eigenen Namen. Handeln nur im eigenen Namen des Versicherers entspricht nicht der Rechtswirklichkeit.[89] 58

Die Vollmacht endet mit der Pflicht zu regulieren, wenn der Versicherer keine Haftung sieht, die Deckung ablehnt oder er leistungsfrei ist.[90] Der Versicherer muss frühzeitig anzeigen, dass er ablehnen möchte, andernfalls macht er sich schadensersatzpflichtig.[91] Wenn der Versicherungsnehmer umgekehrt sich so verhält, dass der Versicherer nicht ablehnen oder regulieren kann, trägt der Versicherungsnehmer den Mehraufwand an Kosten und Zinsen, siehe § 3 II Ziff. 7 Rn. 121 ff. Über die eigentliche Leistungspflicht hinaus besteht die Regulierungsvollmacht in der Pflichtversicherung, § 117 Abs. 1 und Abs. 2 VVG. Das Versicherungsverhältnis besteht nach § 117 VVG zu dem Dritten fiktiv fort und gegenüber den Mitversicherten vertritt der Versicherer den Versicherungsnehmer.[92] Die Vollmacht endet im Übrigen nicht mit dem formalen Ende des Versicherungsvertrages, weil das Verstoßprinzip mit unbegrenzter Nachmeldefrist gilt. 59

b) Umfang der Vollmacht, Regulierungsvollmacht

Grundsätzlich gilt, dass die Regulierungsvollmacht nicht weiterreicht als die Regulierungspflicht. Der Grundsatz ist jedoch mehrfach eingeschränkt worden. 60

---

86 *Chab* AnwBl 2008, 63, 64.
87 HBAnw/*Chab* § 18 Rn. 45; Fahrendorf/*Mennemeyer* Rn. 2557.
88 Beides zusammen kann man als Prozessmundschaft bezeichnen, *Diller* § 3 Rn. 55; Fahrendorf/*Mennemeyer* Rn. 2798; *Krämer* r + s 2001, 177.
89 BGH VersR 2009, 106; 107; BGH NJW 2007, 69, 71; NJW 1958, 1590; MüKoVVG/*Büsken* 300 Allgemeine Haftpflichtversicherung Rn. 120.
90 BGH NJW 1987, 2586, 2588 zur Kfz-Haftpflichtversicherung und dem Direktanspruch des Dritten.
91 BGH VersR 2001, 1151.
92 MüKoVVG/*W.-T. Schneider* § 117 Rn. 55.

61 Der Versicherer kann gegenüber dem Geschädigten regulieren oder den Anspruch abwehren. Dabei muss er sich unverzüglich entscheiden, ob er regulieren will oder nicht, spätestens dann, wenn er Kenntnis von der Klage des Geschädigten hat.[93] Die Entscheidung muss der Versicherer nach pflichtgemäßem Ermessen treffen. Sie liegt in seiner Entscheidungshoheit und nicht in der des Anwalts als Versicherungsnehmer.[94] Der Versicherer hat die Pflicht, die Sach- und Rechtslage sorgfältig zu prüfen und die Interessen des Versicherungsnehmers so zu wahren, wie es ein von ihm beauftragter Anwalt tun würde oder müsste.[95] Zu prüfen ist insbesondere die materielle Rechtslage, aber auch die Abhängigkeit des Anwalts vom Mandanten.[96] Bei fehlerhaftem Ermessensgebrauch haftet der Versicherer.[97] Der Anwalt kann aber nicht verlangen, dass der Versicherer reguliert, damit der Anwalt weiterhin den Mandanten behält.[98]

62 Der Versicherer kann alle Erklärungen nach seinem Ermessen im Namen des Versicherungsnehmers abgeben. Erklärungen für die mitversicherten Personen, insbesondere für die Berufsträger ohne Außenauftritt, gibt der Versicherer regelmäßig im konkludenten Einverständnis der Berufsträger ab. Die AVB-RSW und das VVG regeln die Vollmacht hierfür nicht ausdrücklich, Ziff. 1.3 *„im Namen des Versicherungsnehmers“*, aber nicht im Namen der Mitversicherten. Es gelten für die Mitversicherten aber die gleichen Rechte und Pflichten gegenüber dem Versicherer, der andernfalls nicht ordentlich den Schaden bearbeiten könnte, siehe dazu § 7 Rn. 13.

63 Die Regulierungsvollmacht umfasst auch Vergleichsverhandlungen im Namen des Versicherungsnehmers.[99] Vergleichsverhandlungen des Versicherers bedeuten ohne weiteres, dass er in Höhe des Vergleichs den Versicherungsnehmer von der Forderung des Geschädigten freistellen will.[100] Die Regulierungsvollmacht ist hier uneingeschränkt. Sie geht über den Umfang der eigentlichen Regulierungspflicht hinaus. Die Vollmacht gilt daher auch für Ansprüche oberhalb der Deckungssumme und unterhalb des Selbstbehalts.[101] Das ist dann entscheidend, wenn der Versicherer sich über diese jeweiligen Grenzen hinaus vergleicht oder anerkennt. Es gibt in den AVB-RSW keine entsprechenden Regelungen und auch die Auslegung schränkt die Vollmacht nicht ein,[102] so dass der Versicherungsnehmer einen eigenen Anteil zu leisten hat, wenn z.B. der Vergleich oberhalb der Versicherungssumme liegt. Allerdings hat der Versicherer wie ein Anwalt die Interessen des Versicherungsnehmers zu beachten, siehe § 3 Rn. 61. Wenn der Versicherer sich auf Verhandlungen bis zur Versicherungssumme beschränken will oder er unterhalb des Selbstbehalts einen Vergleich sucht, hat er dies deutlich erkennbar nach außen hin zu machen.

64 Der Versicherer kann den Prozessbevollmächtigten auswählen. Andernfalls könnte der Versicherer einen Anspruch eines Dritten nicht abwehren. Der Versicherungsnehmer kann jedoch dann widersprechen, wenn von vornherein sachliche nachvollziehbare Gründe gegen einen bestimmten Prozessanwalt sprechen, wie z.B. Kenntnisse von bestimmten persönlichen Fehlverhalten des möglichen Anwalts gegenüber dem Versicherungsnehmer. Hierbei müssen jedoch die nachvollziehbaren Sachgründe ganz überwiegend gegen den Anwalt sprechen, andernfalls kann der Versicherer nicht ordentlich seiner Hauptleistungspflicht nachkommen, den Rechtsschutz zu organisieren.[103]

---

93 BGH VersR 2007, 2258.
94 OLG Frankfurt NJW-RR 2003, 394.
95 OLG Köln VersR 2013, 1390.
96 BGH VersR 2001, 1150.
97 LG Berlin VersR 2013, 849.
98 *Diller* § 3 Rn. 49.
99 OLG Düsseldorf VersR 1979, 151.
100 BGH VersR 2009, 106, 107.
101 BGH DStR 2007, 1011 mit Anm. *Meixner/Schröder*; OLG Düsseldorf VersR 1979, 151; *Gräfe*/Brügge D Rn. 378.
102 BGH NJW-RR 1988, 278; OLG Braunschweig NJW-RR 1989, 799; BGH VersR 1964, 1199, 1200; BGH VersR 1969, 451, 452; BGH VersR 1970, 549.
103 MüKoVVG/*Büsken* 300 Allgemeine Haftpflichtversicherung Rn. 122 f.

Die Regulierungs- und Bearbeitungsvollmacht umfasst weitere Rechte, im Einzelnen: 65
Der Versicherer hat den Schriftverkehr mit dem Geschädigten zu führen, kann aber auch den betroffenen Anwalt damit selbst beauftragen. Die Erklärungen gelten sowohl für die Haftung als auch die Deckung.[104] Der Versicherer kann den Haftpflichtanspruch vollständig befriedigen oder anerkennen oder einen Vergleich schließen. Er kann auf die Verjährungseinrede verzichten oder die Verjährung hemmen.[105] Zu weit geht es eigentlich, wenn der Versicherer mit Forderungen des Versicherungsnehmers gegen Schadensersatzansprüche aufrechnen kann.[106] Es bedeutet letztendlich, dass der Versicherer mit dem Honoraranspruch des Anwalts gegen den Schadensersatzanspruch aufrechnen kann. Es geht darum einen Schaden zu regulieren, nicht darum in die Geschäfte des Versicherungsnehmers einzugreifen, auch wenn die Aufrechnung Erfüllung ist.

Die Regulierungsvollmacht umfasst auch die Prozessvollmacht als Weisungsrecht. Der Versicherer führt auf seine Kosten den Haftpflichtprozess im Namen des Versicherungsnehmers, II Ziff. 5. Der Versicherer hat die Prozessführungsbefugnis. Er trägt die Verantwortung für den Ausgang des Prozesses. Dazu ist er berechtigt, den Versicherungsnehmer anzuweisen. Die Anweisung muss zumutbar sein, siehe zur Zumutbarkeit von Obliegenheiten § 5 Rn. 12. 66

c) Folgen von Pflichtverletzungen

Wenn der Versicherer seine Vollmacht nicht ordnungsgemäß ausübt, haftet er dem Versicherungsnehmer im Innenverhältnis, §§ 280ff BGB. Maßstab ist das Treueverhältnis zwischen Versicherungsnehmer und Versicherer und die Pflicht des Versicherers den Schadenfall wie ein Anwalt zu bearbeiten.[107] Dabei überwiegen im Zweifel die sachlichen Interessen des Versicherungsnehmers gegenüber den Interessen des Versicherers.[108] Der Versicherer hat den Schaden zu ersetzen, der entsteht, wenn er auf den Prozess einwirkt, soweit er bereits entschlossen war, keine Deckung zu geben.[109] Gleiches gilt, wenn er trotz offensichtlich begründeter Ansprüche weiterhin versucht, den Anspruch abzuwehren.[110] Ebenfalls schadensersatzpflichtig ist der Versicherer, wenn er einen günstigen Vergleichsvorschlag ablehnt und der Prozess mit einem festgestellten Schaden verloren geht, der oberhalb der Versicherungssumme liegt.[111] Die Differenz hat der Versicherer zu tragen. Die Regulierungsvollmacht wirkt im Außenverhältnis zum Dritten und im Innenverhältnis gegenüber dem Versicherungsnehmer. Wenn der Versicherungsnehmer sich der Regulierung entzieht oder der Weisung nicht Folge leistet, begeht der Versicherungsnehmer eine Obliegenheitsverletzung. Die Rechtsfolgen ergeben sich aus § 3 II Ziff. 7 und 6. Der Versicherungsnehmer hat den Mehraufwand zu tragen, insbesondere Zinsen und Kosten, siehe dazu § 3 Rn. 121. 67

III. Höchstbetrag und Jahreshöchstleistung der Versicherungsleistung, II Ziff. 2 und Ziff. 3

Nach II Ziff. 2.1 ersetzt der Versicherer gegenüber dem Geschädigten den Schaden in der Höhe, in der er entstanden ist, entsprechend den Grundsätzen einer Haftpflichtversicherung, die den Dritten schützt und nicht allein die Vermögensinteressen des Versicherungsnehmers. 68

---

104 *Gräfe*/Brügge D Rn. 20.
105 So aber: BGH VersR 1962, 809; BGH VersR 1963, 187.
106 LG München VersR 1971, 615; AG Köln VersR 1988, 940; MüKoVVG/*Büsken* 300 Allgemeine Haftpflichtversicherung Rn. 118; *Diller* § 3 Rn. 63; *Littbarski* § 5 Rn. 147.
107 BGH VersR 2001, 1150, 1151; BGH NJW 1993, 68, 69.
108 BGH NJW 1993, 68, 69; BGH VersR 1981, 180, 181.
109 BGH VersR 2001, 1151.
110 LG Berlin VersR 2013, 849.
111 *Diller* § 3 Rn. 61.

1. Begriffe Höchstbetrag und Jahreshöchstleistung

69 Der Höchstbetrag bezeichnet den Betrag, den der Versicherer maximal in einem Schadenfall zu zahlen hat. Die Jahreshöchstleistung bezeichnet die Summe der Beträge, die der Versicherer maximal in einem Jahr für alle Schadenfälle zusammen zu leisten hat, auch Maximierung genannt, die man als das x-fache des Höchstbetrages ausdrückt, siehe dazu genauer Einleitung, Versicherungstechnik, Versicherungssumme/Jahreshöchstleistung Rn. 39. Maßgeblich für den Höchstbetrag und die Jahreshöchstleistung sind die Bestimmungen zur Pflichtversicherung, die AVB-RSW und die individuellen Vereinbarungen mit dem Versicherungsnehmer.

2. Begrenzungen der Versicherungsleistung

70 Die Versicherungsleistung ist in vierfacher Hinsicht begrenzt:

- Die Versicherungsleistung ist begrenzt für den einzelnen Schaden der Höhe nach auf die mit dem Versicherungsnehmer vereinbarte Versicherungssumme, II Ziff. 2.1. Einen darüberhinausgehenden Schadensersatzanspruch hat der Versicherungsnehmer selbst zu tragen.
- Die Versicherungsleistung ist begrenzt für miteinander zusammenhängende Schadenfälle auf eine einmalige Leistung, Serienschadenklausel nach II Ziff. 2.1 lit. a) bis c), siehe § 3 Rn. 75 ff.
- Die Versicherungsleistung ist begrenzt für alle Schadenfälle eines Jahres insgesamt auf eine Jahreshöchstleistung. Die Versicherungssumme ist maximiert, II Ziff. 2.2 und II Ziff. 3 nach den besonderen Regelungen für die jeweiligen Berufsträger. Außerhalb der Pflichtversicherung beträgt die Jahreshöchstleistung das Zweifache der Versicherungssumme, wenn nichts anderes vereinbart ist, A Ziff. 1 BBR-RA, siehe A BBR-RA Rn. 77 ff.
- Die Versicherungsleistung ist begrenzt auf die Höhe, wenn ein einzelner Berufsfehler mehrere Versicherungsverträge betrifft: Zum einen, wenn der Versicherungsnehmer als Doppel-/Mehrfachbänder zwei oder mehr Verträge unterhält, § 14 I, siehe § 14 Rn. 4 ff und zum anderen, wenn mehrere Versicherungsnehmer verschiedener Berufsgruppen betroffen sind, weil sie gemeinschaftlich haften, § 14 Rn. 10 ff.

3. Keine Anrechnung der Kosten auf die Versicherungsleistung

71 Der Kosten der Abwehrleistung gehen zu Lasten des Versicherers. Die Kosten schmälern nicht die Versicherungssumme und damit die Schadensersatzleistung. Dies entspricht der Regelung in § 102 Abs. 2 VVG. II Ziff. 5.2 schränkt dabei teilweise die Übernahme der Kosten ein, siehe zu den Kosten bei berechtigten und unberechtigten Ansprüchen § 3 Rn. 107 ff.

4. Zinsen und Anrechnung

72 II Ziff. 5.1 regelt nicht ausdrücklich, ob man die Zinsen auf die Versicherungssumme anrechnet oder ob sie Teil der Kosten sind, die der Versicherer zu leisten hat. Daher gilt § 102 Abs. 2 Satz 2 VVG als Regelung zu den Zinsen, weil II Ziff. 5.1 nicht § 102 Abs. 2 Satz 2 VVG abbedingt.[112] Im Sinne des VVG hat der Versicherer daher die Zinsen als Kosten zu tragen, wenn er für die Verzögerung verantwortlich ist, dass der Geschädigte sein Geld erhält. Der Versicherer ist verantwortlich, wenn sich der Versicherer mit der Zahlung in Verzug befindet. Hierfür ist ein Verschulden des Versicherers nicht erforderlich, da die Risiken der Abwehr der gegen den Versicherungsnehmer gerichteten Ansprüche aus seiner Sphäre stammen, insbesondere wenn der

---

112 BGH VersR 1990, 191; HBAnw/*Chab* § 18 Rn. 78.

Versicherer damit rechnen musste, dass der Versicherungsnehmer unterliegt, weil es nicht um so schwierige Sach- und Rechtsfragen ging.[113] Wenn der Versicherer über das Prozessrisiko irrt, geht dies allgemein zu Lasten von ihm.[114] Auf ein Verschulden des Versicherers kommt es insoweit nach § 102 Abs. 2 Satz 2 VVG nicht an.[115] Praktisch unterscheidet der Versicherer zwischen den Zinsen, die der Geschädigte als Nebenforderung geltend macht und Zinsen, die das Gericht im Kostenfestsetzungsbeschluss festlegt. Die Verzugs- und Prozesszinsen rechnet er auf die Hauptforderung an unter Berücksichtigung der Versicherungssumme und des Selbstbehalts. Die anderen Zinsen sind Teil der Kosten und werden nicht angerechnet.

5. Erschöpfen der Versicherungsleistungen

Kein Versicherungsschutz besteht mehr, wenn die Versicherungssumme oder die Jahreshöchstleistung für alle Schadenfälle eines Jahres verbraucht ist. Dies ist der Fall, wenn der Schadensersatzanspruch höher ist als die Versicherungssumme. Die Differenz hat der Versicherungsnehmer zu tragen. Gleiches gilt, wenn die Schadenfälle in einem Jahre die Jahreshöchstleistung überschreiten. Für die Pflichtversicherung nach § 51 BRAO bedeutet es, dass der Anwalt den Teilbetrag selbst zu leisten hat, der oberhalb eines Schadens in Höhe von 250.000 EUR liegt, oder den Teilbetrag oberhalb von 1 Mio. EUR für alle Schadenfälle in einem Jahr zusammen. 73

Dies gilt auch für die Abwehransprüche, sowohl bei berechtigten als auch bei unberechtigten Ansprüchen des Dritten. Wenn die Versicherungssumme erschöpft ist oder die Jahreshöchstleistung erreicht ist, sind die gegenseitigen Leistungsversprechen erfüllt und der Versicherer muss nicht mehr leisten und auch keinen Abwehrschutz geben. Es besteht gerade keine unmaximierte Versicherungssumme. Einer noch weiteren Leistung steht keine Prämienzahlung gegenüber. Dies entspricht der Regelung in § 101 VVG. Die Rechtsschutzkomponente ist in dem Moment vollbracht, in dem der Versicherer sein Leistungsversprechen eingehalten hat. Bei Fällen, in denen der Anspruch höher ist, als die restliche noch nicht verbrauchte Versicherungssumme, gibt der Versicherer Abwehrschutz. Er übernimmt aber nur die Kosten, die sich aus dem Gegenstandswert der verbleibenden Versicherungssumme ergeben. Er übernimmt nicht die Kosten auf den gesamten Anspruch, II Ziff. 5.2. 74

IV. Serienschadenklauseln, II Ziff. 2.1

1. Allgemeines

II Ziff. 2.1 a)–c) begrenzt die Versicherungssumme auf eine einmalige Leistung. Die gesamte Regelung bezeichnet man als Serienschadenklausel. Im engeren Sinn liegt aber nur nach II Ziff. 2 c) ein Serienschaden vor, weil danach die Schadenfälle bei einem einheitlichen Auftrag zusammengefasst werden. Die Regelung nach lit. c) entspricht dem gesetzlich zulässigen Ausschluss des § 51 Abs. 2 des 2. HS BRAO. Bei lit. a) handelt es sich um eine Verursacherklausel, bei lit. b) um eine Schadenklausel, die man beide als Serienschaden im weiteren Sinn bezeichnet. 75

Der Gesetzgeber hat bei den wirtschafts- und steuerberatenden Berufen es unterschiedlich geregelt, die Versicherungsfälle, Verstöße und mehrere Geschädigte zu einem einmaligen Schadenfall zusammenzufassen: Bei den Steuerberatern in § 52 Abs. 3 lit. a) und lit. b) und bei den Wirtschaftsprüfern in § 54 Abs. 2 Satz 2 Nr. 1 und Nr. 2 WPO als Serienschaden im weiteren Sinn. Bei den Rechtsanwälten hat der Gesetzgeber den Serienschaden nur im engeren Sinn in § 51 Abs. 2 BRAO geregelt, aber gerade nicht den Serienschaden im weiteren Sinn. II Ziff. 2.1 lit. a) 76

---

113 BGH VersR 1992, 1257.
114 BGH VersR 1990, 153.
115 Prölss/Martin/*Lücke* § 101 Rn. 30.

und lit. b) bilden damit insgesamt, wenn auch nicht wortwörtlich, die gesetzlichen Vorgaben der Steuerberater und Wirtschaftsprüfer ab und ergänzen dabei die Regelung der Anwälte in § 51 Abs. 2 BRAO.

77 Die Bedingungen für die Rechtsanwälte übernehmen die Serienschadenklausel der Steuerberater und Wirtschaftsprüfer. Die AVB-RSW könnten damit die Pflichtversicherungsbestimmungen des § 51 Abs. 2 BRAO verletzen. Es handelt sich aber bei II Ziff. 2.1 lit. a) und b) um keinen echten Ausschluss nach der Pflichtversicherung. Es handelt sich vielmehr um eine Regelung, die sich aus dem Verstoßprinzip und der Vermögensschadenhaftpflichtversicherung ergibt und das Risiko des Versicherers begrenzt. Der Versicherer hat das legitime Interesse, dass der Versicherungsnehmer sorgfältig arbeitet und Haftpflichtfälle vermeidet. Praktisch soll der Versicherer nicht unbegrenzt trotz begrenzter Versicherungssumme leisten müssen.[116] Die Serienschadenklausel hält auch einer Inhaltskontrolle stand. Es kommt nicht darauf an, ob es sich um eine freiwillige oder um eine Pflichtversicherung handelt, ebenso wenig, dass die Pflichtversicherung drittschützende Funktion hat.[117] Damit hängt aber zusammen, dass die Serienschadenklausel als Risikobegrenzungsklausel eng auszulegen ist. Es ist auf die Verständnismöglichkeiten eines durchschnittlichen Versicherungsnehmers ohne versicherungsrechtliche Spezialkenntnisse abzustellen. Im Ergebnis ist die Serienschadenklausel häufig nicht anwendbar, da zwar gleichartige Fälle vorliegen, aber der Berufsträger individuell und bedarfsgerecht zu beraten hat. Der Versicherer hat daher bei einem Schadenkomplex in der Regel keinen Großschaden, sondern einen Frequenzschaden.

78 Zu beachten ist, dass der Serienschaden in der Erstversicherung bei den wirtschaftsberatenden Berufen nicht dem Serienschadenbegriff in der Rückversicherung entsprechen muss. Grund für den Unterschied ist regelmäßig, dass die Formulierungen abstrakt gehalten sein müssen, um eine Vielzahl möglicher Schadenfälle umfassen zu können. Die Parteien in der Rückversicherung können die Regelungen hierzu frei treffen. Es kann dazu führen, dass auf der Rückversicherungsseite ein Serienschaden vorliegt, aber nicht auf der Erstversicherungsseite, weil hier nur bestimmte gesetzlich vorformulierte Klauseln zum Serienschaden möglich sind. Problematisch für den Erstversicherer ist darüber hinaus die Konstellation, wenn einzelne Schadenfälle vorliegen, die kein Serienschaden sind, aber einen Schadenkomplex bilden, z.B. die Falschberatung bei einer Kapitalanlage. Der einzelne Schaden übersteigt regelmäßig nicht den mit dem Rückversicherer vereinbarten Eigenbehalt des Erstversicherers, aber die Schadenfälle übersteigen dann in der Summe den Eigenbehalt. Der Erstversicherer hat dann trotz Rückversicherung über seinen Eigenbehalt zu leisten, soweit keine Sonderregelung mit dem Rückversicherer vorliegt. Die Regelungen hierzu bezeichnet man als „clash-cover" zum Schutz der Bilanz des Erstversicherers.

2. Umfang

79 Die Serienschadenklausel bezieht sich nicht auf die Anzahl der Geschädigten. Wenn mehrere Geschädigte vorhanden sind, aber nur ein Verstoß, liegt schon nur ein Versicherungsfall mit einem Schaden vor. Die Versicherungsleistung ist nur einmal zu leisten[118] Es bedarf keiner Serienschadenklausel. Auch die Pflichtversicherung nach § 51 Abs. 2 BRAO fordert allein, dass der Anwalt Versicherungsschutz für jede einzelne Pflichtverletzung haben muss und nicht für jeden einzelnen Geschädigten.[119] Nach anderer Ansicht liegt ein Schadenfall pro Geschädigtem vor. Der Versicherer hat mehrmals zu leisten, soweit nicht die Serienschadenklausel eingreift.[120] Diese Ansicht stützt sich darauf, dass andernfalls der Versicherungsschutz nicht erreicht wird, die

116 BGH VersR 1991, 175.
117 BGH NJW 2003, 3705, 3706; Beckmann/Matusche-Beckmann/*v. Rintelen* § 26 Rn. 337.
118 LG München GI 1992, 80; *Gräfe*/Brügge D Rn. 439.
119 Beckmann/Matusche-Beckmann/*v. Rintelen* § 26 Rn. 337.
120 LG Köln VersR 1989, 355, 356; *Ebel* VersR 1988, 1104, 1108; *Diller* § 3 Rn. 81.

Geschädigten ausreichend zu schützen. Zu fragen ist aber in der Vermögensschadenhaftpflichtversicherung immer danach, ob ein Verstoß oder mehrere Verstöße vorliegen. Wenn schon nur ein Verstoß vorliegt, kann nur ein zu regulierender Versicherungsfall vorliegen mit einer Schadenleistung an mögliche mehrere Geschädigte. Das zeigt sich auch daran, wenn ein einzelnes Versehen mehrere nicht verklammerte Verstöße beinhaltet. Der Anwalt wirft alle Anträge von verschiedenen Mandanten in den falschen Briefkasten ein. Der Anwalt versäumt in jedem einzelnen Fall die Frist, obwohl formal eine einzige falsche Handlung vorliegt. Jedes einzelne Fristversäumnis ergibt einen einzelnen Schadenfall mit einer einzelnen Versicherungssumme, gedeckelt durch die Maximierung. Darunter fallen auch diejenigen Sachverhalte, bei denen der Anwalt systematisch einen Fehler begeht, z.B. weil er das Fristenbuch grundsätzlich falsch führt oder das Fristenbuch aufgrund eines Hackerangriffs nicht mehr zur Verfügung steht. Zwar liegt ein Fehler vor, aber jedes einzelne Mandat stellt einen einzelnen Schadenfall dar.[121]

3. Folgen eines Serienschadens

Wenn ein Serienschaden im weiteren Sinn, also lit. a), b) oder auch c) feststeht, leistet der Versicherer auf den gesamten Schadenkomplex nur einmal und nicht mehrmals. Der Vorteil für den Versicherer ist, dass er nur einmal zu zahlen braucht. Der Vorteil für den Versicherungsnehmer ist, dass er nur einmal den Selbstbehalt zu leisten hat. Nachteil ist selbstverständlich für den Versicherungsnehmer, dass nur eine einmalige Entschädigungsleistung erbracht wird. Der Zeitpunkt, wann der erste Verstoß den Versicherungsfall auslöst, kann auch günstiger/schlechter sein, wenn er in diesem Zeitpunkt günstigere/schlechtere Bedingungen vereinbart hatte.[122] 80

Die unter dem Serienschaden fallenden Fälle sieht man technisch entweder als einzelnen Verstoß oder Dauerverstoß an oder man fasst die eingetretenen Schäden zu einem einheitlichen Schadenfall zusammen.[123] Da in jedem Fall mehrere Ereignisse zusammengefasst sind, ist für den Versicherungsschutz entscheidend, welchen Verstoßzeitpunkt man annimmt. Wenn man die Verstöße/Pflichtverletzungen und die Schadenfälle zusammenfasst, gilt der erste Verstoß als maßgeblicher Zeitpunkt für den Versicherungsfall.[124] Dies entspricht dem Versicherungsprinzip bei einer Verstoßdeckung, siehe dazu und zum gedehnten Versicherungsfall § 2 Rn. 27. Wenn man entsprechend die Klausel eng auslegt, kann man auch die Auffassung vertreten, dass der aus Sicht des Versicherungsnehmers günstigere Zeitpunkt gelten soll.[125] 81

4. Klauseln im Detail

Die Klauseln nach II Ziff. 2.1 lit. a) und lit. b) fassen Fälle einer kumulativen Kausalität zusammen, entweder gibt es mehrere Verursacher oder mehrere Verstöße, die zu einem Schaden führen, für den die Berufsträger aber alle gemeinschaftlich haften. Wie oben dargestellt ist II Ziff. 2.1 lit. c) die eigentliche Serienschadenklausel mit Klammerwirkung, bei der mehrere Verstöße bei einem einheitlichen Auftrag vorliegen können. 82

a) Verursacherklausel, II Ziff. 2.1 lit. a)

Nach II Ziff. 2.1 lit. a) hat der Versicherer nur einmal bei mehreren entschädigungspflichtigen Personen – der Versicherungsnehmer mit den mitversicherten Personen – zu leisten, auf 83

121 Beckmann/Matusche-Beckmann/*v. Rintelen* § 26 Rn. 338; *Diller* § 3 Rn. 94.
122 *Lange* VersR 2004, 563; *Langheid*/*Grote* VersR 2005, 1165.
123 BGH NJW 2003, 3705.
124 *Koch* VersR 2007, 288; *Therstappen* AnwBl 2015, 708.
125 *Gräfe*/Brügge D Rn. 412.

welche sich der Versicherungsschutz erstreckt, sog. Verursacherklausel. Es liegt ein Versicherungsfall vor, wenn mehrere Berufsträger gemeinsam durch einen Verstoß oder durch mehrere Verstöße einen einheitlichen Schaden verursacht haben und sie dafür gesamtschuldnerisch haften, § 421 BGB. Voraussetzung ist, dass die Berufsträger alle mitversichert sind. Die Klausel soll verhindern, dass der Geschädigte mehrmals die Schadenssumme ersetzt erhält, obwohl nur ein einheitlicher Schaden vorliegt. Die Deckung entspricht hier der Haftung. Beispiel: In einer Sozietät ist die Klage des ersten Sozius unschlüssig, der zweite mitarbeitende Sozius versäumt im gleichen Mandat eine Frist. Beide Verstöße führen jeweils zum Schaden. Der Dritte hat aber nur einen Schaden, für den die Sozien gesamtschuldnerisch haften und für den der Versicherer nur einmal zahlt. Gleiches gilt, wenn der Geschädigte die Sozien persönlich und gesamtschuldnerisch für die Verbindlichkeit der Sozietät in Anspruch nimmt. Die Versicherungssumme steht nicht mehrfach zur Verfügung.

Im Ergebnis verhindert die Klausel, dass der Versicherer einen Schaden zu bezahlen hat, der die Versicherungssumme übersteigt. Wenn zwei versicherte Sozien zwei verschiedene Verstöße in einem Mandat begehen, steht die Versicherungssumme nicht pro Sozius pro Verstoß zur Verfügung. Die Versicherungssummen der Sozien addieren sich nicht, unabhängig davon ob sie einzeln oder in einer gemeinsamen Sozietätspolice oder bei verschiedenen Versicherern versichert sind. Sie haften immer gesamtschuldnerisch für den Schaden und II Ziff. 2.1 a) begrenzt die Leistung.

84 Bei der Abwehr unberechtigter Forderungen, ist II Ziff. 2.1 lit. a) nicht anwendbar. Es geht allein darum, dass der Versicherer die Versicherungssumme bei einem Schaden nur einmal leistet. Die Abwehr der unberechtigten Forderungen ergibt sich aus II Ziff. 1 i.V.m. Teil 1.2 zur Deckung der gesellschaftsrechtlichen Haftung. Bei mehreren Schädigern in einer Sozietät hat die Sozietät als zusätzliches Haftungsobjekt Versicherungsschutz und die übrigen Sozien sind mitversichert für ihre gesellschaftsrechtliche Haftung, Teil 1.2. Sie erhalten alle ihren Abwehrschutz.

b) Schadenklausel, II Ziff. 2.1 lit. b)

85 Nach II 2.1 lit. b) hat der Versicherer nur einmal zu leisten bezüglich eines aus mehreren Verstößen stammenden einheitlichen Schadens. Zweck der Klausel ist es den Versicherungsnehmer, der mehrfach fehlerhaft handelt, nicht besser zu stellen als denjenigen, der nur einmal fehlerhaft handelt. Der mehrfach fehlerhaft Handelnde könnte andernfalls ohne die Klausel für jeden einzelnen Verstoß Versicherungsschutz verlangen und damit mehrfach die Versicherungssumme bis zur Jahreshöchstleistung erhalten. Der „Mehrfachtäter“ hätte in einem Mandat besseren Versicherungsschutz als der „Einfachtäter“. Voraussetzung ist, dass ein einheitlicher Schaden vorliegt. Der Schaden ist dann einheitlich, wenn die einzelnen Verstöße zu einem nicht aufteilbaren Ergebnis geführt haben. Der Bezug zu einer einheitlichen Vermögensmasse muss vorhanden sein.[126] Die Verstöße müssen aber nicht gleichartig sein oder auf gleichartiger Fehlerquelle beruhen. Abzugrenzen ist der einheitliche Schaden von gleichartigen Fehlern, die der Berufsträger wiederholt, aber immer wieder neu begeht.[127] Der Steuerberater, dem in mehreren Veranlagungsjahren der gleiche Fehler unterläuft, begeht jeweils einen neuen Verstoß.[128] Jeder Verstoß für sich ist ein Versicherungsfall und ist kein Dauerverstoß oder ein gedehnter Versicherungsfall, selbst wenn immer die gleiche falsche Vorstellung des Steuerberaters vorlag. Dies fällt nicht unter lit. b). Es liegt aber dann ein einheitlicher Schaden vor, wenn der Steuerberater bei einer Steuererklärung einen Fehler macht und er die Einspruchsfrist zusätzlich versäumt. Der

126 Prölss/Martin/*Lücke* AVB-Vermögen/P § 3 Rn. 5; *Wilhelmer* ZFR 2015, 253, 255.
127 *Gräfe*/Brügge D Rn. 422ff; BGH VersR 1991, 873; HBAnw/*Chab* § 18 Rn. 80.
128 BGH NJW-RR 1991, 1306.

Schaden des Mandanten aufgrund der höheren Steuerlast bleibt gleich hoch und er kann nicht zweimal den Schaden verlangen.

c) Serienschadenklausel im engeren Sinn, II Ziff. 2.1 lit. c)

II Ziff. 2.1 lit. c) beinhaltet die Serienschadenklausel im engeren Sinn. Der Versicherer hat nur einmal zu leisten, wenn mehrere Pflichtverletzungen bei einem einheitlichen Auftrag zum Schaden geführt haben. Entscheidend ist, dass ein einheitlicher Auftrag vorliegt. Maßgeblich ist das, was der Mandant mit dem Anwalt vertraglich als konkreten Gegenstand vereinbart hat unter einer normativen Wertung. Es handelt sich dabei um einen Auftrag, wenn er in einem bestimmten Rechtsverhältnis tätig wird, z.B. insgesamt einen Unternehmenskauf in einer Due Diligence zu prüfen. Es liegt damit ein Serienschaden nach lit. c) vor, wenn der Anwalt oder auch mehrere Anwälte einer Kanzlei bei dem Unternehmenskauf im Steuerrecht und im Kaufvertrag zwei unterschiedliche Verstöße begangen haben. Negativ abgrenzbar ist der Begriff des einheitlichen Auftrags vom übergeordneten Mandat. Das Mandatsverhältnis ist die Geschäftsbeziehung des Anwalts zum Mandanten, der Auftrag ist die einzelne konkrete Geschäftsbesorgung in einem bestimmten Rechtsverhältnis. Ein Mandat kann daher mehrere Aufträge umfassen, die nicht unter die Serienschadenklausel fallen.[129] Meistens liegen dann auch zwei getrennt voneinander abzurechnende Aufträge als streitige Angelegenheiten vor. Beispielsweise bei einem Gewerbekunden als Dauermandant. Er beauftragt den Anwalt einen Geschäftsführervertrag zu entwerfen und ihn in einem Kündigungsschutzprozess zu vertreten. Schwieriger ist es dann, wenn der Mandant zum gleichen Sachverhalt Aufträge verteilt. Hier ist zu werten. Beispielsweise, wenn der Anwalt einen fehlerhaften Mustervertrag für einen gewerblichen Autoverkäufer entwirft. Bei jedem Verkauf kommt es zum Schaden. Es liegt ein einheitlicher Auftrag trotz der verschiedenen Schäden vor, weil der Anwalt nur einmal tätig geworden ist und einen Auftrag hatte. Anders aber, wenn der Anwalt in einem zeitlichen Abstand neu hinzugezogen wird und neu prüfen soll. Wenn der Anwalt den gleichen Fehler wiederholt, sind trotzdem eher zwei verschiedene Aufträge anzunehmen. Ebenfalls zwei Aufträge liegen vor, wenn sich die Aufträge inhaltlich voneinander unterscheiden lassen. Beispielsweise, wenn der Gewerbekunde einen Kaufvertrag für das Grundstück und einen Leasingvertrag für die Fahrzeugflotte prüfen lässt. 86

Wenn der Anwalt allerdings jeweils eigene Prüfpflichten gegenüber verschiedenen Personen hatte, kann die Serienschadenklausel nicht greifen. Bei einer Wirtschaftsprüfungsgesellschaft als Treuhänderin, die zwei Erwerbermodelle mit je 54 Eigentumswohnungen fehlerhaft abgewickelt hat, liegen jeweils einzelne Versicherungsfälle vor ohne Serienschaden.[130] Bei einem Steuerberater liegt ebenfalls kein Serienschaden vor, wenn er über mehrere Jahre es unterlassen hat, darauf hinzuweisen, dass der Mandant gewerbesteuerpflichtig ist, auch wenn er einmalig die übergreifende generelle Grundsatzfrage falsch beurteilt hat. Es liegt jedes Jahr ein neuer unabhängiger Verstoß vor.[131] Ein einziger Verstoß mit einer Versicherungssumme liegt dagegen vor, wenn der Steuerberater einen Prospekt falsch beurteilt. Der Initiator der Kapitalanlage hat die Anleger zu entschädigen und nimmt Regress beim Berater. Zwischen Initiator und Berater liegt ein Mandatsverhältnis vor mit einem einheitlichen Auftrag, den Prospekt zu erstellen oder zu prüfen. Der Regress ist ein einziger Versicherungsfall, auch wenn jeweils der einzelne Anleger jeweils auf die Richtigkeit des Prospekts vertraut hat und einen individuellen Schaden hat.[132] 87

Nicht anzuwenden ist die Serienschadenklausel im engeren Sinn, wenn der gesamte Schaden auf einem Verstoß beruht. Dieser Fall ist bereits über § 1 und § 2 versichert aufgrund des 88

---

129 *Diller* § 3 Rn. 95.
130 LG Köln VersR 1989, 355.
131 BGH VersR 1991, 873.
132 *Gräfe* NJW 2003, 3673.

Verstoßprinzips. Sämtliche Folgen dieses Verstoßes sind versichert. Der Beratungsfehler eines Steuerberaters führt zu einem Schaden bei der Einkommen-, Gewerbe- und Körperschaftssteuer.[133]

V. Weitere Bestimmungen zum Höchstbetrag und zur Jahreshöchstleistung, II Ziff. 2.2 und Ziff. 3

Weitere Bestimmungen zum Höchstbetrag der Versicherungsleistung regeln die Besonderen Bedingungen.

89 Die Versicherungssumme und die Jahreshöchstleistung regeln die AVB-RSW gesondert jeweils in den Besonderen Bedingungen. Hierzu verweisen die II Ziff. 2.2 und Ziff. 3 auf die Besonderen Bedingungen. Bei den Rechtsanwälten in Teil 2 BBR-RA, bei Steuerberatern in Teil 3 BBR-S und bei Wirtschaftsprüfern in Teil 4 BBR-W Es gilt mindestens der Pflichtversicherungsumfang. Bei einzelnen Anwälten und in einer Sozietät/Partnerschaft hat der Anwalt mindestens eine Versicherungssumme von 250.000 EUR pro Versicherungsfall und mindestens 1 Million EUR für alle Schadenfälle eines Jahres zusammen. Bei einer Rechtsanwalts-GmbH beträgt die Leistung 2,5 Millionen EUR pro Versicherungsfall und 10 Million EUR für alle Versicherungsfälle eines Jahres. Nach II Ziff. 3 kann der Versicherer Besonderheiten vereinbaren.

VI. Selbstbehalt, II Ziff. 4

1. Regelungen, II Ziff. 4.1 und 4.2

90 Die Pflichtversicherungsbestimmungen sehen die Möglichkeit vor, dass der Versicherer einen Selbstbehalt bis 1% der Mindestversicherungssumme vereinbart. Bei Anwälten daher maximal 2.500 EUR, § 51 Abs. 5 BRAO, und bei der PartG mbB und Rechtsanwalts-GmbH immerhin bis zu 25.000 EUR, §§ 51a Abs. 1 und § 59j Abs. 1 i.V.m. § 51 Abs. 5 BRAO. Historisch gesehen ist der Zweck des Selbstbehalts, den Anwalt ausreichend am Schaden zu beteiligen, um zu verhindern, dass fahrlässigem Verhalten Vorschub geleistet und das Verantwortungsgefühl gemindert werde.[134]

91 Die Versicherer machen von der Selbstbehaltsregelung der BRAO unterschiedlich Gebrauch. Nach den AVB-RSW gilt ein fester Selbstbehalt von 1.500 EUR für alle Anwälte, gleich ob Einzelanwalt, Sozietät, sonstige Berufsausübungsgemeinschaft oder Berufsträgergesellschaft. Wenn der Anwalt einen anderen Selbstbehalt vereinbaren möchte, wirkt sich die Höhe in der Regel auf die Prämie aus. Die Vorgängerversion der AVB-RSW HV 60/06 beinhalteten noch den gestaffelten Selbstbehalt und den erhöhten Selbstbehalt von 2.500 EUR. Beide Möglichkeiten bestehen weiterhin, sind aber als Regelung in den AVB-RSW überflüssig.

92 Nach II Ziff. 4.2 können die Berufsträger auch einen höheren Selbstbehalt vereinbaren. Die Vereinbarung ist aber beschränkt auf die gesetzlich zulässige Höhe von jeweils 1% der Mindestversicherungssumme. Wenn trotzdem ein höherer Selbstbehalt vereinbart ist, wirkt sich ein höherer Selbstbehalt nicht zu Lasten des Geschädigten aus, weil der Selbstbehalt auch den geschädigten Mandanten oder Dritten schützt. Der Versicherer hat gegenüber dem Mandanten den Schadensersatz bei der Pflichtversicherung ohne Abzug des Selbstbehalts zu leisten, siehe hier § 3 Rn. 93 f. Der Versicherer hat aber gegenüber dem Versicherungsnehmer einen Anspruch in Höhe des Selbstbehalts. Unter Umständen hat der Anwalt als Versicherungsnehmer auf einen sehr hohen Selbstbehalt hinzuweisen.[135]

---

133 Beispiel nach *Gräfe*/Brügge D Rn. 438, der hier einen Serienschaden sieht.
134 So nach der Anordnung des Kaiserlichen Aufsichtsamts von 1906, Abdruck bei *Gräfe*/Brügge D Rn. 373.
135 *Gräfe*/Brügge D Rn. 380.

2. Umfang

Der Versicherer sollte dem Geschädigten die Haftpflichtsumme ohne Abzug des Selbstbehalts zahlen, weil er den Selbstbehalt des Versicherungsnehmers gegenüber dem geschädigten Dritten bei der Pflichtversicherung nicht entgegenhalten kann, § 114 Abs. 2 Satz 2 VVG. Den Betrag in Höhe des Selbstbehalts kann sich der Versicherer vom Versicherungsnehmer holen. In der Praxis weichen die Versicherer zuweilen davon ab und zahlen die Entschädigung abzüglich des Selbstbehalts aus. Der Versicherungsnehmer leistet dann selbständig den fehlenden Betrag gegenüber dem Geschädigten. Im gesetzlich vorgesehenen Normalfall trägt der Versicherer damit das Insolvenzrisiko auch für den Betrag des Selbstbehalts. Dies gilt auch dann, wenn der Dritten keinen Direktanspruch nach § 115 VVG hat oder wenn bei einem Direktanspruch der Versicherungsschutz die Mindestanforderungen überschreitet oder das Versicherungsverhältnis im Innenverhältnis gestört ist, § 117 Abs. 3 VVG.[136] Auch gegenüber den mitversicherten Anwälten kann der Selbstbehalt nicht geltend gemacht werden. § 51 Abs. 5 BRAO ist nicht lex specialis zu § 114 VVG.[137] 93

Die Haftpflichtsumme ist legal definiert als der Betrag, den der Versicherer zu zahlen hat auf Grund richterlichen Urteils oder eines vom Versicherer genehmigten Anerkenntnisses oder Vergleichs, siehe auch § 3 Rn. 44ff. Der Versicherer zieht den Selbstbehalt nicht von der vereinbarten Versicherungssumme ab, sondern von der Haftpflichtsumme. Bei einer Versicherungssumme von 250.000 EUR, einem Selbstbehalt von 1.500 EUR und einer Haftpflichtsumme von 251.500 EUR bedeutet es, dass der Versicherer 250.000 EUR an den Geschädigten zu zahlen hat. Der Versicherer muss in diesem Fall nicht die volle Haftpflichtsumme zahlen, die die vereinbarte Versicherungssumme übersteigt.[138] 94

3. Sonderfälle, II Ziff. 4.3

Nach II Ziff. 4.3 gilt in drei Fällen der Selbstbehalt nicht. Erstens nach Ziff. 4.3 Satz 1 nicht, wenn die Zulassung (Anwälte) oder die Bestellung/Anerkenntnis (Steuerberater/Wirtschaftsprüfer), einschließlich der Berufsträgergesellschaften wie Rechtsanwalts-GmbH oder Steuerberatungs- und Wirtschaftsprüfungsgesellschaften erloschen ist. Grund hierfür ist, dass dem Schadensersatzanspruch keine Einkünfte mehr entgegenstehen. 95

Zweitens kein Selbstbehalt nach Ziff. 4.3 Satz 2, wenn Haftpflichtansprüche gegen die Erben des Versicherungsnehmers erhoben werden. Maßgeblicher Zeitpunkt ist nicht der Verstoß als Berufsfehler, sondern der Zeitpunkt, in dem der Dritte den Schaden oder den Haftpflichtanspruch gegen die Erben geltend macht.[139] Grund hierfür ist, dass hier der Anwalt und seine Erben vor finanziellen Einbußen zu schützen sind, wenn sie nicht mehr aktiv am Berufsleben teilnehmen.

Drittens kein Selbstbehalt bei Berufsanfängern nach Ziff. 4.3 Satz 3. Sie sind gerade dann finanziell zu schützen, wenn sie ihren Beruf zum ersten Mal ausüben. Der Selbstbehalt entfällt daher in den ersten drei Jahren nach Zulassung/Bestellung. Aus diesem Grund bildet man auch nicht die Durchschnittsleistung des § 12, wenn man die unterschiedlichen Selbstbehalte berücksichtigt. Der Selbstbehalt entfällt für den Berufsanfänger immer und vollständig, siehe auch § 12 Rn. 38.

---

136 Prölss/Martin/*Knappmann* § 114 Rn. 4.

137 MüKoVVG/*Brand* § 114 Rn. 26.

138 OLG Düsseldorf VersR 1979, 151.

139 Die ERGO ist erzieherischer und zieht den Selbstbehalt nur dann nicht ab, wenn der Anwalt nicht unehrenhaft seine Zulassung zurückgegeben hat, ERGO AVB-R Stand 07.15 Ziff. 9.3.2.

4. Besonderheiten

a) Abwehrkosten bei Forderung unterhalb des Selbstbehalts

96 Der Versicherer zieht grundsätzlich den Selbstbehalt nicht bei den Abwehransprüchen ab. Es geht beim Abwehranspruch nicht um eine bindende Schadensersatzforderung, sondern um einen möglichen Anspruch. Der Versicherer trägt die anfallenden Kosten vollständig.

97 Der Selbstbehalt wirkt sich jedoch dann aus, wenn die Forderung den Selbstbehalt nicht übersteigt. In diesem Fall trägt der Versicherer nach II Ziff. 5.3 auch die Abwehrkosten nicht, unabhängig ob der Anspruch berechtigt ist oder nicht, siehe zu den Kosten bei Ansprüchen unterhalb des Selbstbehalts ausführlich § 3 Rn. 111 f. Die Regulierungsvollmacht des Versicherers umfasst auch den Selbstbehalt, also den gesamten Anspruch von „0" an. Probleme können dann entstehen, wenn die Forderung oberhalb des Selbstbehalts liegt, aber der Versicherer einem Vergleich nur unterhalb des Selbstbehalts zustimmen will. Der Versicherungsnehmer kann einem solchen Vergleich widersprechen. Der Versicherer trägt zunächst die Kosten, weil der Anspruch oberhalb des Selbstbehalts liegt. Bei einem Vergleich unterhalb des Selbstbehalts könnte er die Kosten zurückfordern, weil der Anwalt als Versicherungsnehmer das Risiko trägt, wenn das Gericht feststellt, dass der Anwalt nur in einer Höhe unterhalb des Selbstbehalts haftet.[140] Bei einem außergerichtlichen Vergleich hat der Versicherer wie ein Anwalt die Interessen des Versicherungsnehmers zu wahren. Allein sich unterhalb des Selbstbehalts zu vergleichen oder anzuerkennen, ist nicht gerechtfertigt. Es müssen sachliche Gründe hierfür vorliegen. Praktisch einigen sich die Versicherer mit den Versicherungsnehmern in diesen Fällen einvernehmlich, auch unter Kostengesichtspunkten, siehe zu Vergleichen unterhalb des Selbstbehalts und oberhalb der Versicherungssumme auch § 3 Rn. 63.

b) Selbstbehalt und Aufrechnung gegen Honorarforderung

98 Der Geschädigte kann gegenüber dem Anwalt gegen noch offene Honorarforderungen aufrechnen, § 389 BGB. Auch hier ist der Selbstbehalt abzuziehen. Die Forderungen sind mit der Aufrechnung erloschen. Soweit der Anspruch des Geschädigten berechtigt war, wandelt sich der Freistellungsanspruch in einen Zahlungsanspruch des Anwalts gegen den Versicherer um.[141] Der Zahlungsanspruch ersetzt den Freistellungsanspruch, soll den Versicherungsnehmer aber nicht besserstellen,[142] siehe auch zum Abwehranspruch und Aufrechnung § 3 Rn. 42.

VII. Prozesskosten, II Ziff. 5

1. Allgemeines

99 § 3 Ziff. 5 regelt, welche Kosten der Versicherer übernimmt, wenn er Schadensersatzansprüche abwehrt oder den Versicherungsnehmer von berechtigten Schadensersatzverpflichtungen freistellt.

Ziff. 5.1 regelt, dass der Versicherer die anfallenden prozessualen Kosten zu übernehmen hat. Die Kosten sind nicht auf die Versicherungssumme anrechenbar und kommen zur Versicherungssumme dazu. Die Anwaltsgebühren als Kosten richten sich nach dem RVG.

Ziff. 5.2 regelt, dass der Versicherer die Kosten bei der Abwehr von unberechtigten Schadensersatzansprüchen voll übernimmt, unabhängig von der Versicherungssumme. Bei der Frei-

140 HBAnw/*Chab* § 18 Rn. 83 a.E.
141 BGH VersR 1977, 174.
142 Anders *Diller* § 3 Rn. 104 ohne Selbstbehalt.

stellung von berechtigten Schadensersatzverpflichtungen übernimmt der Versicherer die Kosten nur bis zu der Wertklasse, die der Versicherungssumme entspricht.

Ziff. 5.3 regelt, dass der Versicherer keine Kosten übernimmt, wenn der Anspruch unterhalb des Selbstbehalts liegt.

Ziff. 5.4 regelt die Eigenvertretung des Anwalts, der hierfür keine Kostenerstattung erhält.

Ziff. 5.5 regelt, dass der Versicherer Kosten nur nach dem RVG übernimmt, wenn ein Dritter den Versicherungsnehmer vor ausländischen Gerichten in Anspruch nimmt.

2. Übernahme der Kosten durch den Versicherer und Umfang, Ziff. 5.1

Die Pflicht des Versicherers, Ansprüche abzuwehren und den Versicherungsnehmer freizu- **100** stellen, ist in II Ziff. 1 geregelt und hier in Ziff. 5.1 ergeben sich die Folgen, wer die Kosten und in welcher Höhe zu übernehmen hat: Der Versicherer hat die Kosten zu übernehmen, die damit zu seinen Lasten gehen. Der Versicherer darf die Kosten nicht von der Versicherungssumme abziehen. Dies gilt sowohl für die unberechtigten als auch die berechtigten Ansprüche. Die Kosten sind lediglich in Ziff. II 5.2 gedeckelt, wenn der Anspruch oberhalb der Versicherungssumme liegt.

Das VVG regelt in §§ 100, 101 VVG die Freistellungs- und Abwehrpflicht des Versicherers und dass er die gerichtlichen und außergerichtlichen Kosten für die Abwehr von berechtigten und unberechtigten Schadensersatzansprüchen zu tragen hat. II Ziff. 5.1 weicht davon ab, da § 101 VVG dispositiv ist, § 112 VVG. Nach II Ziff. 5.1 ersetzt der Versicherer nur die gerichtlichen Kosten. Der Versicherer übernimmt nicht die sonstigen außergerichtlichen Kosten außerhalb seiner eigenen Schadenbearbeitung. Dies ergibt sich klar aus der Überschrift und dem Wortlaut von Ziff. 5.1. Die Kostenübernahme gilt allein für Prozesskosten. Sie sind definiert als Kosten für einen gedeckten Haftpflichtanspruch, sowie einer wegen eines solchen Anspruchs mit Zustimmung des Versicherers vom Versicherungsnehmer betriebenen negativen Feststellungsklage oder Nebenintervention. Das Gleiche ergibt sich aus II Ziff. 2.3 Satz 1 und Satz 2, dass der Versicherungsnehmer den aus Anlass eines Schadenfalles erforderlichen Schriftwechsel unentgeltlich zu führen hat und der Versicherer auch den sonstigen anfallenden Aufwand sowie auch die Kosten eines vom Versicherungsnehmer außergerichtlich beauftragten Bevollmächtigten nicht erstattet, siehe ausführlich § 5 Rn. 43. Grund dafür ist, dass sowohl der Versicherungsnehmer selbst als auch der Versicherer die Kenntnisse und Erfahrungen haben, sich außergerichtlich mit dem Dritten zu besprechen und einigen zu können. Der Versicherer ist zudem verpflichtet, auf eigene Kosten die Haftungsprüfung zu übernehmen.[143] Er hat die umfassende Schadenbearbeitungsvollmacht. Er organisiert und übernimmt die Abwehr von Ansprüchen und kann auch den Anspruch anerkennen, bevor es zum Prozess kommt. Der Versicherer trägt hier seine eigenen Kosten. Wenn der Versicherungsnehmer selbst einen Anwalt beauftragt, ohne dass ein Prozess anhängig ist, trägt er das Risiko.

„Gedeckter" Haftpflichtanspruch nach Ziff. 5.1 ist der Anspruch, der unter den Versiche- **101** rungsschutz fällt. Gedeckt meint daher nicht, dass es sich um einen berechtigten Schadensersatzanspruch handeln muss.[144] Um keinen gedeckten Anspruch handelt es sich allein dann, wenn der Anspruch außerhalb des Versicherungsschutzes liegt, z.B. stützt sich der Geschädigte auf dolus directus des Versicherungsnehmers nach § 103 VVG oder der Verstoß fällt nicht in den versicherten Zeitraum.

143 *Chab* AnwBl 2017, 552.

144 Anders *Diller* § 3 Rn. 19, der sich auf OLG Düsseldorf NJW-RR 1990, 1367 bezieht. Entschieden wurde in diesem Fall aber über eine ältere überholte Version der AVB.

102 Der Umfang der Kosten richtet sich nach § 101 Abs. 1 Satz 1, §§ 91 Abs. 1 Satz 1, 788 ZPO.[145] Kosten meint umfassend die Kosten, die bei einer gerichtlichen Auseinandersetzung anfallen. Dies umfasst die Auslagen, wie z.B. Reisekosten nach § 92 Abs. 2 ZPO des Anwalts. Die Kosten müssen im Einzelfall geboten sein. Geboten sind die Kosten, wenn sie notwendig sind, um den Haftpflichtanspruch abzuwehren. Dabei gilt der Maßstab wie bei jedem anwaltlichen Handeln, in diesem Fall im Sinne einer Obliegenheit, die Kosten in einem möglichen Schadenfall gering zu halten. Zu berücksichtigen ist, dass der Versicherer die umfassende Vollmacht hat, zu regulieren und zu bearbeiten. Wenn der Versicherungsnehmer nach den Weisungen des Versicherers in der gerichtlichen Auseinandersetzung handelt, gehen die Kosten zu Lasten des Versicherers. Wenn der Versicherungsnehmer im Sinne eines Anwalts fehlerhaft handelt, gehen sie zu Lasten von ihm. Beispielsweise, wenn der Versicherungsnehmer ein Versäumnisurteil verschuldet hat, trägt der Versicherungsnehmer die zusätzlich entstandenen Kosten.[146] Bei Gutachterkosten kommt es darauf an, ob sie erforderlich und geeignet sind, den ungewöhnlichen Fall aufzuklären. Bei privaten Rechtsgutachten eher selten, da der Versicherungsnehmer selbst oder der beauftragte Anwalt die Rechtskenntnisse haben.[147] Die Kosten für einen anderen Anwalt sind nach Ziff. 5.1 nur dann geboten, wenn ein Prozess erforderlich ist. Wenn der Versicherer selbst einen Anwalt beauftragt, kommt der Mandatsvertrag zwischen ihm und dem Anwalt zustande. Die Kosten verbleiben bei dem Versicherer. Wenn der Mandatsvertrag zwischen dem Versicherungsnehmer und dem Anwalt als Prozessvertreter zustande gekommen ist, kann der Versicherungsnehmer die Kosten vom Versicherer verlangen. Die Kosten für das Schlichtungsverfahren sind nicht umfasst, wenn der Versicherer nicht zugestimmt hat.[148]

103 Nach Ziff. 5.1 Satz 2 übernimmt der Versicherer die Kosten entsprechend den Gebührensätzen des Rechtsanwaltsvergütungsgesetzes, wenn nichts anderes vereinbart ist. Der Versicherer übernimmt daher ohne Absprache keine Stundenhonorare, um die Schadenkosten möglichst gering zu halten.

104 Der Versicherer hat die Zinsen als Kosten zu tragen, wenn er für die Verzögerung verantwortlich ist, dass der Geschädigte sein Geld erhält, insbesondere dann, wenn der Versicherer damit rechnen musste, dass der Versicherungsnehmer unterliegt, weil es nicht um so schwierige Sach- und Rechtsfragen ging,[149] siehe ausführlich § 3 Rn. 72.

3. Kosten für negative Feststellungsklage und Nebenintervention, Ziff. 5.1 Satz 1

105 II Ziff. 5.1 Satz 1 enthält eine echte Rechtsschutzkomponente. Der Versicherungsnehmer kann aktiv gegen den Dritten vorgehen, ohne dass dieser ihn zuvor verklagt hat. Der Versicherungsnehmer kann eine negative Feststellungsklage nach § 256 ZPO oder eine Nebenintervention nach §§ 66 ff ZPO erheben. Der Versicherer trägt dafür die Kosten. Voraussetzung ist, dass der Versicherer der Klage oder der Nebenintervention zugestimmt hat, entweder durch Einwilligung oder Genehmigung, §§ 184 ff BGB. Auch schlüssiges Verhalten des Versicherers ist ausreichend, dass er das aktive Vorgehen des Versicherungsnehmers billigt.

106 Beide Formen sind selten. Der weitaus häufigste Fall ist, dass der Geschädigte den Anwalt verklagt und nicht umgekehrt. In Betracht kommt eine negative Feststellungklage, wenn der Ruf des Versicherungsnehmers als Privatperson oder als Berufsträger verletzt wird, was dazu führt, dass er keine Aufträge mehr erhält. Nicht genügend ist, dass der Geschädigte einen Anspruch

145 OLG Karlsruhe BeckRS 2002 30246306; OLG Hamburg MDR 2000, 146; OLG Düsseldorf r + s 1989, 325; *Gräfe*/Brügge D Rn. 356.
146 *Gräfe*/Brügge D Rn. 371.
147 OLG Frankfurt OLGR 2002, 274; LG Köln VersR 1993, 717.
148 *Knöpnadel* AnwBl 2010, 130, 132; anders *Diller* § 3 Rn. 111.
149 BGH VersR 1992, 1257.

behauptet. Die Haftpflichtversicherung ist keine Rechtsschutzversicherung mit einer aktiven Möglichkeit, Klage zu erheben.[150] Eine Nebenintervention ist kaum denkbar. Sie kommt allenfalls in Betracht, wenn der Anwalt mit einem anderen Berufsträger wie Wirtschaftsprüfer oder Steuerberater zusammengearbeitet hat, z.B. wenn der Wirtschaftsprüfer eine Bilanz in einem gemeinsamen Mandat falsch erstellt hat und der Geschädigte allein den Wirtschaftsprüfer verklagt hat. Der Anwalt kann einer weiteren Klage des Geschädigten gegenüber ihm zuvorkommen, wenn der Fehler allein beim Wirtschaftsprüfer liegen sollte.

4. Kosten bei Ansprüchen, Ziff. 5.2

a) Kosten nach der Wertklasse, Satz 1

Wenn der berechtigte Haftpflichtanspruch die Versicherungssumme übersteigt, sind die Kosten gedeckelt nach Ziff. 5.2. Satz 1. Wenn der Anspruch des Geschädigten höher ist als die vereinbarte Versicherungssumme, trägt der Versicherer nur die Kosten in der Höhe der Wertklasse, die der vereinbarten Versicherungssumme entspricht, aber nicht darüber hinaus. Wertklasse meint die Abrechnungstabellen nach dem Gegenstandswert im RVG, GKG usw. Dies gilt auf jeden Fall für die begründeten Ansprüche. Ziff. 5.2 bedeutet, dass der Versicherer die Kosten soweit vollständig trägt, soweit der Anspruch nicht die Versicherungssumme übersteigt. Wenn er sie übersteigt, trägt der Versicherungsnehmer die überschießenden Kosten selbst. Ganz überwiegend reduzieren sich die geltend gemachten Ansprüche im Prozess erheblich. 107

b) Kosten bei berechtigten und unberechtigten Ansprüchen, Satz 2

Die Deckelung gilt aber auch für die Abwehrkosten für unberechtigte Ansprüche. Der Wortlaut von II Ziff. 5.2 Satz 2 ist eindeutig und schließt auch unbegründete Ansprüche ein. Dies ist relevant, wenn der Anspruch höher ist als die Versicherungssumme. Zu einer früheren Version der AVB-RSW wurde noch anders entschieden.[151] Der Versicherer hatte hier die Abwehrkosten in voller Höhe zu leisten, unabhängig von der Versicherungssumme, wenn der Anspruch unberechtigt war. Eine Beschränkung ist damalig nur bei berechtigten Ansprüchen möglich gewesen. Danach würde der Versicherer die Kosten unabhängig von der Höhe des geltend gemachten Anspruchs zu leisten haben. Die Grenze ist dann erreicht, wenn die Versicherungssumme erschöpft ist. Die früheren maßgeblichen AVB hatten aber ausdrücklich nur von einem Haftpflichtanspruch gesprochen und sich nicht ausdrücklich auf unberechtigte und berechtigte Haftpflichtansprüche bezogen. In den neueren Versionen der Versicherer sind die Kosten gedeckelt und zwar ausdrücklich auch für die Abwehr von unberechtigten Ansprüchen, siehe der Wortlaut der Ziff. 5.2 Satz 2. Nach anderer Auffassung könnte die Klausel aber überraschend nach § 305c BGB sein, da die Kosten auch für unberechtigte Ansprüche gedeckelt sind.[152] Dies wäre aber wohl zu weitgehend, da der Versicherungsnehmer nicht erwarten kann, dass er unbegrenzt von der vereinbarten Versicherungssumme die Kosten ersetzt bekommt. 108

Gleiches gilt für Exzedentenversicherungen/Anschlussdeckungen, wenn der Versicherungsnehmer sein Risiko bei einem Versicherer grundversichert und einen Exzedenten bei einem anderen Versicherer abschließt. Der Grundversicherer hat die Abwehrkosten nur gedeckelt nach seiner vereinbarten Versicherungssumme zu tragen, unabhängig ob ein berechtigter oder unberechtigter Anspruch vorliegt. Der Exzedentenversicherer hat die Abwehrkosten zu tragen, die 109

150 Gräfe/*Brügge* D Rn. 95 f.
151 OLG Düsseldorf NJW-RR 1990, 1367 zu AVB-RSW HV 60/05 § 3 Ziff. 6 lit a).
152 Prölss/Martin/*Lücke* § 101 Rn. 21, 33; *Gräfe*/Brügge D Rn. 346; *Diller* § 3 Rn. 16; zumindest diskussionswürdig bei Langheid/Rixecker /*Langheid* § 101 Rn. 10.

sich darüber hinaus ergeben. Andernfalls würde sich das Risiko einseitig zu Lasten des Grundversicherers verlagern.[153]

c) Pauschsätze, Satz 3

110 Nach Ziff. 5.2 Satz 3 teilt man bei sonstigen Auslagen wie Kosten für Aktenauszüge, Reisekosten des Versicherungsnehmers oder Anwalts die Kosten verhältnismäßig auf zwischen Versicherer und Versicherungsnehmer, wenn der Anspruch die Versicherungssumme übersteigen sollte. Das Verhältnis bildet man zwischen dem geltend gemachten Anspruch und der vereinbarten Versicherungssumme.

5. Kosten bei Ansprüchen unterhalb des Selbstbehalts, Ziff. 5.3

111 II Ziff. 5.3 regelt, dass der Versicherer keine Kosten erstattet, wenn der geltend gemachte Haftpflichtanspruch nicht den vereinbarten Selbstbehalt übersteigt. Ziff. 5.3 unterscheidet nach dem Wortlaut dabei nicht zwischen berechtigten und unberechtigten Ansprüchen. Mindestens gilt die Kostenregelung für berechtigte Ansprüche. Der Versicherer hat mit dem berechtigten Anspruch nichts zu tun, weil er auch nicht über ihn entscheiden kann. Andernfalls könnte der Versicherer auch zu Lasten des Anwalts entscheiden, der dann den Schadensersatz selbst leisten müsste, obwohl er es nicht will.

112 Nach überwiegender Meinung gilt aber auch für unberechtigte Ansprüche, dass der Versicherer nicht die Kosten übernimmt.[154] Der Versicherer wäre andernfalls wieder gezwungen, den Prozess zu führen und ggf. anzuerkennen, weil er Kosten fürchtet, die möglicherweise höher sind als der eigentliche Anspruch.[155] Wenn der Versicherer in der Weise reguliert, dass er den Anspruch unterhalb des Selbstbehalts als berechtigt ansieht, würde der Versicherungsnehmer nicht nur selbst zahlen müssen, sondern auch die Abwehrkosten, weil der Anspruch berechtigt ist, unstrittig nach Ziff. 5.3. Der Versicherungsnehmer könnte sich zunächst auch gegen eine Regulierung unterhalb des Selbstbehalts mit der negativen Kostenfolge für ihn als Versicherungsnehmer nicht wehren, weil der Versicherer die Regulierungsvollmacht hat. Ein Deckungsstreit für einen Bagatellfall wäre die Folge. Der Selbstbehalt soll aber gerade derartige Streitigkeiten bei Bagatellschäden verhindern. Nach anderer Ansicht hat der Versicherer bei unberechtigten Ansprüchen abzuwehren und die Kosten zu tragen. Der Selbstbehalt nach II Ziff. 4.1 bezieht sich nach seinem Wortlaut nur auf den Haftpflichtanspruch, nicht auf die Abwehr unberechtigter Ansprüche.[156] Dagegen steht aber der eindeutige Wortlaut von II Ziff. 5.3.[157] Systematisch sind im Übrigen die Abwehrkosten auch bei den Prozesskosten zu regeln und nicht beim Selbstbehalt, andernfalls würde die Regelung möglicherweise intransparent sein. Darüber hinaus gilt, dass der Manager bei der D&O-Versicherung die Abwehrkosten beim gesetzlich vorgeschriebenen Selbstbehalt selbst zu tragen haben, unabhängig ob der Anspruch berechtigt oder unberechtigt ist, § 93 Abs. 2 Satz 3 AktG.[158]

113 Der Versicherer hat Abwehrkosten in voller Höhe zu leisten, wenn der geltend gemachte Anspruch, ob berechtigt oder unberechtigt, den Selbstbehalt übersteigt. Der Abzug für den Selbstbehalt bezieht sich nur auf den Freistellungsanspruch, nicht aber auf die Abwehrkosten.

---

153 Anders *Gräfe*/Brügge D Rn. 340.
154 Fahrendorf/*Mennemeyer* Rn. 2565.
155 *Chab* AnwBl 2017, 552, 554.
156 *Diller* § 3 Rn. 109 f; *Gräfe*/Brügge D Rn. 386.
157 *Littbarski* § 3 Rn. 191.
158 *Laschet* Phi 2009, 158, 164. Es besteht aber kein Verbot, den Selbstbehalt wieder eigens zu versichern. Die D&O-Versicherer bieten dies marktkonform an, was die gesetzliche Intention ad absurdum führt.

Der Versicherer kann auch nicht seine Kosten abziehen, die er hat, um den Anspruch zu prüfen und abzuwehren. Der Selbstbehalt bezieht sich auf die gedeckte Haftpflichtsumme, II Ziff. 4.1, siehe zum Selbstbehalt § 3 Rn. 90ff.

6. Kosten bei Eigenvertretung, Ziff. 5.4

II Ziff. 5.4 regelt, dass der Versicherer dem Anwalt nicht die Gebühren erstattet, wenn er sich selbst vertritt, gleich ob er sich persönlich vertritt oder die Sozietät/Sozien oder die Rechtsanwalts-GmbH ihn vertritt.[159] Zweck der Regelung ist, dass der Anwalt, der einen Berufsfehler begeht, nicht am Schaden verdienen soll. Des Weiteren ist zu beachten, dass die Vertretung in eigener Sache zuweilen dazu führt, dass man den Streit oder den Sachverhalt nicht neutral führen oder aufklären kann. Zu raten ist daher immer, dass ein anderer Anwalt das Mandat übernimmt. Versicherer und Kanzleien vereinbaren aber auch, dass die Kanzlei ihre eigenen Schadensprozesse selbst führt und dafür die Honorargebühren vom Versicherer erhält. Wenn er den Haftpflichtprozess gewinnt, kann er seine Gebühren vom Gegner verlangen. Er muss sie nicht an den Versicherer abtreten. 114

II Ziff. 5.4 Satz 1 und 2 umfasst jeweils alle denkbaren wechselseitigen Vertretungsfälle. Satz 1 betrifft die Fälle in einer Sozietät oder Partnerschaft. Der Versicherer erstattet nicht die Gebühren, wenn die Sozietät oder die Sozien oder sonstige Mitarbeiter einen Sozius vertreten, den der Dritte persönlich in Anspruch nimmt, unabhängig davon, wer den Verstoß begangen hat, weil es allein auf die Vertretung ankommt und nicht auf die Verursachung.[160] Ebenfalls erstattet der Versicherer keine Gebühren, wenn sich die Rechtsanwalts-GmbH oder die anerkannten Berufsträgergesellschaften bei den Steuerberatern und Wirtschaftsprüfern von einem ihrer Mitarbeiter vertreten lassen. Der Satz 2 der früheren Version HV 60/06 war nur klarstellend, da die Berufsträgergesellschaften Versicherungsnehmer sind.[161] 115

Der Versicherungsnehmer ist im Schadenfall verpflichtet, den Schaden zu mindern, §§ 82, 83 VVG. Diese Kosten hat der Versicherungsnehmer selbst zu tragen, außer er vereinbart sie mit dem Versicherer. Eine Ausnahme kann man nur dann machen, wenn der Versicherer den Versicherungsnehmer ausdrücklich anweist und die Anweisung über die üblichen Obliegenheiten des Versicherungsnehmers hinausgehen. Dies ergibt sich daraus, dass seinerseits der Versicherungsnehmer die Kosten zu tragen hat, wenn er selbst überflüssige Kosten verursacht, was dann umgekehrt auch für den Versicherer zu gelten hat.[162] 116

7. Kosten bei Auslandsprozessen, Ziff. 5.5

II Ziff. 5.5 regelt, dass der Versicherer bei Auslandsprozessen nur die Kosten übernimmt, die auch bei einem Prozess in Deutschland angefallen wären. Die Kosten für Verfahren im Ausland sind für den Versicherer regelmäßig höher als bei einem vergleichbaren Prozess im Inland. Der Versicherer muss auf jeden Fall einen ausländischen Anwalt beauftragen, da er und zumeist auch der deutsche Anwalt weder die Haftung im Detail noch die prozessualen Besonderheiten kennen. Zweck der Regelung ist es daher, dass der Versicherer die Kosten für Auslandssachverhalte kalkulieren kann. Kosten meint umfassend alle möglichen anfallenden Kosten wie die gesamten anfallenden Auslagen, Gebühren der eingeschalteten Anwälte und die Gerichtskosten. Es gilt daher die gesamte Kostenregelung des § 3 II. Der Versicherer ersetzt nicht die Kosten für Stundenhonorare, da er nach dem RVG/GKG abrechnet. Wenn die Kosten niedriger sind als sie 117

159 Fahrendorf/*Mennemeyer* Rn. 2566.
160 *Diller* § 3 Rn. 118.
161 Ebenso die ERGO in AVB-R Ziff. 9.6.4, Stand 07/15.
162 *Diller* § 3 Rn. 113.

das RVG vorsieht, ersetzt der Versicherer auch nur diese Kosten. Wenn der Anspruch die Versicherungssumme übersteigt, sind die Kosten gedeckelt, siehe II Ziff. 5.2. Das Kostenrisiko verlagert sich bei Auslandsprozessen auf den Versicherungsnehmer. Ziff. 5.5 a.E. sieht daher die Möglichkeit vor, dass der Anwalt mit dem Versicherer etwas anderes vereinbart. Dies ist bei Auslandssachverhalten oft erforderlich, da die Honorare eher höher sind. Ausländische Versicherer lösen die höheren Honorare regelmäßig dadurch, dass der Versicherer die Kosten auf die Versicherungssumme anrechnet und er nicht wie in Deutschland die Kosten zusätzlich übernimmt. Wenn ein Dritter den Anwalt vor einem außereuropäischen Gericht in Anspruch nimmt, ist zu beachten, dass nur die Mindestversicherungssumme von 250.000 EUR/2,5 Mio., jeweils mind. 4-fach gilt, siehe dazu A Ziff. 4.1 BBR-RA 79 ff.

VIII. Sicherheitsleistung, II Ziff. 6

118 II Ziff. 6 regelt, dass der Versicherer Sicherheit zu leisten oder hinterlegen kann, um die Zwangsvollstreckung des Haftpflichtanspruchs zu vermeiden. Der Versicherer hat im Rahmen des Rechtsschutzes die Aufgabe, den Versicherungsnehmer vor jeder Art einer Vollstreckung zu schützen wie auch vor Arresten oder einstweiligen Verfügungen, 101 Abs. 3 VVG. Hauptanwendungsfall ist, dass der Versicherungsnehmer die Zwangsvollstreckung aus einem erstinstanzlichen Urteil abwenden will, § 709 ZPO. Der Versicherer hat die Schadenbearbeitungs- und Prozessführungsbefugnis. Er kann deshalb auch den Anspruch anerkennen, um die Vollstreckung zu verhindern. Wenn er anderer Auffassung ist, kann er wählen, ob er Sicherheit leistet, z.B. er selbst als Versicherer oder durch eine Bankbürgschaft, oder ob er hinterlegt.[163] Der Dritte kann den Anspruch des Versicherungsnehmers auf Sicherheitsleistung pfänden und sich überweisen lassen. Er kann dann gegen den Versicherer direkt klagen.[164] Wenn der Versicherer die Zwangsvollstreckung erfolgreich abgewendet hat, stehen dem Versicherungsnehmer keine fiktiven Zinsen zu, wie wenn er selbst geleistet hätte, soweit das vollstreckbare Urteil wieder aufgehoben wird.[165] Der Versicherer hat dem Versicherungsnehmer Schadensersatz zu leisten, wenn er seine Pflicht zur Sicherheitsleistung nicht erbringt.[166]

119 Ziff. 6 zur Sicherheitsleistung nimmt die Regelung in § 101 Abs. 3 VVG auf, die dispositiv ist, § 112 VVG. Ziff. 6 weicht in zweifacher Hinsicht von § 101 VVG ab. Der Versicherer übernimmt zum Ersten nur die Sicherheitsleistung/Hinterlegung bis zur Höhe der Versicherungssumme. Wenn die Sicherheitsleistung höher ist, hat der Versicherungsnehmer den überschießenden Teil selbst zu leisten. Der Versicherer übernimmt auch nicht die Kosten und Zinsen, die er zusätzlich zur Versicherungssumme nach § 101 Abs. 3 i.V.m. 2 VVG tragen müsste. Der Versicherer zieht nach umstrittener Meinung auch die Kosten des Selbstbehalts von der Sicherheitsleistung ab. Der Wortlaut von Ziff. 6 stellt die Sicherheitsleistung gleich mit der Freistellung von Schadensersatzverpflichtungen.[167] Wenn man die Sicherheitsleistung entgegen dem Wortlaut rein als Kostenblock betrachtet, kann der Versicherer den Selbstbehalt nicht abziehen.[168]

120 Die Sicherheitsleistung des Versicherers ist umfassend und unbedingt. Das Insolvenzrisiko verlagert sich damit auf den Versicherer, wenn das erstinstanzliche Urteil später abgeändert wird und der Rückforderungsanspruch nicht mehr durchsetzbar ist. Dies ist für den Versicherer insbesondere nachteilig, wenn er Abwehrschutz bei der wissentlichen Pflichtverletzung leistet. Wenn rechtskräftig feststeht, dass der Versicherungsnehmer wissentlich gehandelt hat, kann er

---

163 OLG Hamm NJW-RR 1987, 1109.
164 *Gräfe*/Brügge D Rn. 367.
165 BGH VersR 1984, 943.
166 Prölss/Martin/*Lücke* § 101 Rn. 30.
167 *Diller* § 3 Rn. 130.
168 *Gräfe*/Brügge D Rn. 370.

die Abwehrkosten zurückverlangen, § 4 Ziff. 4.5 Satz 3. Wenn er bereits Sicherheit geleistet hat und der Versicherungsnehmer insolvent ist, gerade weil seine wissentliche Pflichtverletzung nicht versichert ist, wird der Versicherer die Sicherheitsleistung vom Versicherungsnehmer kaum mehr zurückerhalten.

IX. Leistungsbegrenzungen des Versicherers, II Ziff. 7

II Ziff. 7 regelt zwei Fälle, bei denen der Versicherer weitere Leistungen, insbesondere Zinsen und Kosten, nicht mehr zu tragen hat. Erstens, wenn der Versicherungsnehmer sich so verhält, dass die Hauptsache nicht erledigt werden kann und zweitens, wenn der Versicherer den Schadensersatzanspruch des Geschädigten dadurch anerkennt, dass er an den Geschädigten leistet. Das Risiko der weiteren Kosten verlagert sich in diesen zwei Fällen auf den Versicherungsnehmer. **121**

Der Versicherer hat die Vollmacht den Schaden zu bearbeiten und gegenüber dem Geschädigten zu regulieren. Der Versicherer hat dazu ein umfassendes Weisungsrecht. Der Versicherer führt den Prozess, der Mandatsvertrag kommt üblicherweise zwischen Versicherer und Prozessanwalt zustande. Der Versicherer kann jedoch nicht gegen den Versicherungsnehmer vorgehen, dass er z.B. ihm die Vollmacht erteilt, einen Rechtsanwalt mit dem Prozess zu beauftragen. Dies ergibt sich daraus, dass der Versicherer eine Obliegenheit des Versicherungsnehmers nicht einklagen kann.[169] Auch kann der Versicherer das Treueverhältnis des Versicherungsnehmers gegenüber ihm als Versicherer nicht einklagen. Wenn er sich treuwidrig verhält, wie den Schaden und die daraus folgenden Kosten gering zu halten, hat der Versicherer keine Möglichkeit darauf Einfluss zu nehmen. Als Rechtsfolge beinhaltet II Ziff. 7, dass der Versicherer den folgenden Mehraufwand nicht zu tragen hat. **122**

Weder gesetzlich aus dem VVG noch vertraglich nach II Ziff. 7 ergibt sich ein Widerspruchsrecht des Versicherungsnehmers gegen Weisungen/Handlungen des Versicherers.[170] Der Versicherer hat ein Leistungsversprechen gegenüber dem Versicherungsnehmer. Der Versicherungsnehmer hat im Schadenfall Obliegenheiten zu leisten, damit der Versicherer den Schaden im Rahmen seiner Vollmacht regulieren oder abwehren kann. Der Versicherungsnehmer kann nur in Ausnahmefällen widersprechen und dem Versicherer die Vollmacht entziehen, wenn sich der Versicherer treuwidrig verhält.[171] Allerdings kann dann gerade zwischen Versicherer und Versicherungsnehmer ein Deckungsstreit entstehen, wer sich gerade treuwidrig verhalten hat. Im Übrigen gilt, dass der Versicherungsnehmer nur faktisch widersprechen kann. Wenn der Versicherer nach außen hin handelt, bindet es den Versicherungsnehmer und den Dritten. Ein möglicher Widerspruch des Versicherungsnehmers kann nur im Innenverhältnis Bindungswirkung entfalten.[172] **123**

Anerkenntnis, Befriedigung oder Vergleich sind beispielhaft aufgezählt für Fälle, wenn sich der Versicherungsnehmer treuwidrig verhält. Maßgeblich ist das Verhalten des Versicherungsnehmers. Wenn sein Verhalten dazu führt, dass der Haftpflichtanspruch scheitert, hat er den daraus entstehenden Mehraufwand zu tragen. **124**

Der vertragsgemäße Anteil am Schadensersatz des Versicherers zur Befriedigung des Geschädigten i.S.d. Ziff. 7 ist entweder die volle Summe des Schadens oder der Anteil am Schadensersatz, wenn die Versicherungssumme in der Hauptsache nicht ausreichend ist. Zu beachten ist, dass der Versicherer nur dann leistungsfrei ist, wenn er an den Geschädigten leistet. Erst damit stellt er den Versicherungsnehmer von berechtigten Schadensersatzverpflichtungen frei. **125**

---

169 BGH VersR 1968, 162, 163; MüKoVVG/*Littbarski* § 101 Rn. 43.
170 *Diller* § 3 Rn. 67, 134; anders *Gräfe*/Brügge D Rn. 27.
171 Prölss/Martin/*Lücke* AHB § 5 Rn. 17.
172 OLG Bamberg VersR 1976, 651, 652; LG Köln VersR 1964, 398, 399; MüKoVVG/*Büsken* 300 Allgemeine Haftpflichtversicherung Rn. 114.

Eine Zahlung an den Versicherungsnehmer selbst, der sie dann nicht an den Geschädigten weiterleitet, bedeutet nicht, dass der Versicherer erfüllt hat.

126 Mehraufwand meint die Zinsen und Kosten, die dadurch entstanden sind, dass der Versicherungsnehmer sich geweigert hat oder dass der Versicherungsnehmer den Prozess weitertreiben will.

X. Deckungsprozess, Direktanspruch und Leistungspflicht in der Pflichtversicherung

1. Klage gegen den Versicherer, vorweggenommener Deckungsprozess

127 Der Versicherungsnehmer kann gegen den Versicherer auf Leistung klagen, dass er ihn von dem berechtigten Schadensersatzanspruch durch Zahlung an den Geschädigten freistellt, wenn der Anspruch mit bindender Wirkung gegenüber dem Versicherer festgestellt ist durch rechtskräftiges Urteil, Anerkenntnis oder Vergleich, siehe dazu § 3 Rn. 44 ff. Wenn der Versicherungsnehmer bereits selbst gezahlt hat, wandelt sich der Befreiungsanspruch um. Er hat einen Anspruch gegen den Versicherer, dass er die Zahlung an ihn leistet.[173] Ebenfalls hat der Versicherungsnehmer einen Zahlungsanspruch gegen den Versicherer, wenn er den Anspruch des Dritten anerkennt oder befriedigt, soweit der Anspruch auch tatsächlich begründet war, § 105 VVG. Der Versicherungsnehmer kann aber nicht den Versicherer auf Freistellung verklagen, ohne dass zuvor der Haftpflichtanspruch feststeht.[174] Andernfalls kann der Versicherer nicht mehr zwischen Abwehr und Freistellung wählen.[175]

128 Der Versicherungsnehmer kann gegen den Versicherer klagen, wenn der Versicherer dem Versicherungsnehmer keinen Abwehrschutz für einen Haftpflichtprozess geben möchte. Beispielsweise, wenn der Versicherer meint, dass der Versicherungsschutz ausgeschlossen ist, insbesondere beim Vorwurf der wissentlichen Pflichtverletzung. Der Versicherungsnehmer hat in dem vorweggenommenen Deckungsprozess auf Feststellung zu klagen, dass der Versicherer wegen einer, im Einzelnen genau zu bezeichnenden Haftpflichtforderung, Versicherungsschutz zu gewähren hat. Das Gericht entscheidet aber nicht darüber, ob der Haftpflichtanspruch begründet ist. Es entscheidet darüber, ob der Versicherungsschutz besteht. Maßgeblich sind die tatsächlichen Behauptungen des Geschädigten.[176]

2. Direktanspruch des Geschädigten gegen den Versicherer

129 Die Berufshaftpflichtversicherung der wirtschaftsberatenden Berufe ist eine Pflichtversicherung, §§ 113 ff VVG. Der Geschädigte kann daher seinen Anspruch auf Schadensersatz auch gegen den Versicherer geltend machen, wenn der Versicherungsnehmer insolvent ist oder sein Aufenthaltsort unbekannt ist, § 115 Abs. 1 Nr. 2 und 3 VVG. Der Direktanspruch unterliegt der gleichen Verjährung wie der Schadensersatzanspruch gegen den Versicherungsnehmer, § 115 Abs. 2 Satz 1 VVG. Eine positive Entscheidung des Versicherers beendet die Verjährungshemmung i.S.d. § 115 Abs. 2 Satz 3 VVG nur dann, wenn der Anspruchsteller aufgrund dieser Entscheidung sicher sein kann, dass auch künftige Forderungen aus dem Schadensfall freiwillig bezahlt werden, sofern er die entsprechenden Schadensposten der Höhe nach ausreichend belegt. Demgemäß muss die Erklärung zu den Ansprüchen erschöpfend, umfassend und endgültig sein.[177]

---

173 OLG Köln r + s 1996, 222.
174 NJW 1981, 870, 871.
175 *Diller* § 3 Rn. 135.
176 BGH NJW 1981, 870, 871; BGH VersR 2001, 90.
177 BGH NJW 2017, 2271.

Es besteht aber keine weitere rechtliche Beziehung zwischen Geschädigtem und dem Versicherer. Das Rechtsverhältnis besteht ausschließlich zwischen Versicherungsnehmer und Versicherer. Der Geschädigte kann aber gegen den Versicherer auf Zahlung klagen, wenn er sich den Befreiungsanspruch des Versicherungsnehmers gegen den Versicherer pfänden und überweisen lässt. Der Befreiungsanspruch muss aber nach II Ziff. 1.1 zu Recht bestehen.[178]

In der Haftpflichtversicherung kann auch der Geschädigte ein rechtliches Interesse nach 130 § 256 ZPO an der Feststellung haben, dass der Versicherer dem Schädiger Deckungsschutz zu gewähren hat. Es liegt vor, wenn die Gefahr besteht, dass dem Geschädigten der Anspruch verloren geht, weil der Versicherungsnehmer untätig geblieben ist. Das rechtliche Interesse des Geschädigten folgt aus der Sozialbindung der Haftpflichtversicherung, die den Schädiger und den Geschädigten vor Insolvenz schützen soll.[179] Gleiches soll auch dann gelten, wenn der Versicherungsnehmer nicht die Haftpflichtforderung erfüllen kann oder der Versicherer seine Eintrittspflicht verneint.[180]

3. Leistungspflicht gegenüber Dritten, § 117 VVG

Wenn das Deckungsverhältnis gestört ist, das sog. „kranke" Versicherungsverhältnis, bleibt 131 der Versicherer nach § 117 VVG im Verhältnis zum Dritten eintrittspflichtig, auch wenn er gegenüber dem Versicherungsnehmer nicht leisten muss. Die Regelung schützt den Dritten, der andernfalls nur nach § 115 VVG einen Direktanspruch hätte. Soweit der Versicherer den Dritten befriedigt, geht die Forderung des Dritten gegen den Versicherungsnehmer auf ihn über, § 117 Abs. V VVG.

a) Fälle des § 117 VVG

§ 117 VVG sieht zwei Fälle, bei denen der Versicherer dem Dritten leisten muss. Erstens nach § 117 Abs. 1 VVG, wenn der Versicherer im Innenverhältnis leistungsfrei ist und zweitens nach § 117 Abs. 2 VVG, wenn ein Umstand vorliegt, der das Nichtbestehen oder die Beendigung des Versicherungsverhältnisses zur Folge hat.

Voraussetzung für beide Fälle ist, dass der Versicherer aber auch leistungspflichtig sein 132 oder gewesen sein muss, weil der Versicherer nach § 117 Abs. 3 VVG nur innerhalb „der von ihm übernommenen Gefahr" leisten muss. Wenn er von vornherein nicht eintrittspflichtig ist, besteht auch gegenüber dem Dritten keine Leistungspflicht. Der Versicherer muss daher nicht leisten, wenn es sich um keine versicherte anwaltliche Tätigkeit gehandelt hat, siehe dazu § 3 Rn. 135, oder der Verstoß ist selbst nicht versichert, weil ein gesetzlicher Ausschluss oder ein vertraglich vereinbarter Risikoausschluss vorliegt, z.B. wenn der Anwalt vorsätzlich gehandelt hat.[181] Dies ist auch bei der wissentlichen Pflichtverletzung der Fall. Dies gilt auch gegenüber dem geschädigten Dritten, da es sich insoweit nicht um eine Leistungsfreiheit i. S. von §§ 158c, § 158C Absatz I VVG a.F. handelt, sondern weil bei Eingreifen des Risikoausschlusses von vornherein kein Versicherungsschutz besteht.[182]

Die Leistungsfreiheit des Versicherers gegenüber dem Versicherungsnehmer kann im In- 133 nenverhältnis bestehen mit der Folge der Leistung im Außenverhältnis, wenn der Versicherungsnehmer eine Obliegenheit vor oder nach Vertragsschluss verletzt hat. Vor Vertragsschluss, wenn der Versicherungsnehmer die Erstprämie nach § 8 I Ziff. 3 nicht rechtzeitig zahlt und eben-

178 BGH VersR 2004, 634.
179 NJW-RR 2001, 316 bei einer insolventen Transportfirma; keine Pflichtversicherung.
180 *Gräfe*/Brügge D Rn. 166.
181 BGH NJW 1971, 459; OLG Hamm VersR 1988, 1122; OLG Köln VersR 1982, 303; OLG München VersR 1990, 484; Langheid/Rixecker/*Langheid* § 117 Rn. 7.
182 NJW 2011, 610, 612Rn. 27; anders *Diller* § 3 Rn. 141.

falls nach Vertragsschluss bei Folgeprämien nach § 8 II Ziff. 3. Gleiches gilt, wenn er einen Versicherungsfall nicht rechtzeitig meldet nach § 6 i.V.m. § 5. Weiter kommen subjektive und objektive Gefahrerhöhungen in Betracht.

134 § 117 Abs. 2 VVG regelt die Nachhaftung des Versicherers, in der er gegenüber dem Dritten noch zu leisten hat. Ein Umstand, der das Nichtbestehen oder die Beendigung des Versicherungsverhältnisses zur Folge hat, wirkt gegenüber dem Dritten erst nach einem Monat, nachdem der Versicherer diesen Umstand der jeweiligen Berufskammer angezeigt hat. Dies gilt auch, wenn das Versicherungsverhältnis durch Zeitablauf endet. Nichtbestehen liegt vor, wenn der Versicherungsvertrag von vornherein nicht zustande gekommen ist, z.B. bei Geschäftsunfähigkeit, Anfechtung des Vertrages oder bei Rücktritt des Versicherers vom Vertrag, § 8 II Ziff. 2. Beendigung liegt vor, wenn der Vertrag endet, weil der Versicherer gekündigt hat, weil der Versicherungsnehmer nicht gezahlt hat, §§ 37, 38 VVG, Kündigung im Schadenfall nach § 9 II, der Vertrag aufgehoben oder ausgelaufen ist oder auch der Wegfall der Zulassung oder Tod des Versicherungsnehmers, § 9 IV. Die Monatsfrist verkürzt sich, wenn der Versicherungsnehmer einen anderen Versicherungsvertrag abgeschlossen hat und diese Versicherungsbestätigung der jeweiligen Berufskammer zugegangen ist. Die Berufskammer hat zu leisten, wenn die Bestätigung eingegangen ist, bevor der Berufsträger den Verstoß begangen hat, § 117 Abs. 2 Satz 4 VVG.

b) Umfang der Leistungspflicht des Versicherers

135 Nach § 117 Abs. 3 ist der Versicherer nur im Rahmen der vorgeschriebenen Mindestversicherungssumme und der von ihm übernommenen Gefahr zur Leistung verpflichtet. Daher hat der Versicherer nur in Höhe von 250.000 EUR bzw. 2,5 Mio. EUR pro Versicherungsfall zu leisten, jeweils mit einer vierfachen Jahreshöchstleistung. Der Dritte hat keinen Anspruch auf eine höhere Versicherungssumme, auch wenn sie individuell mit dem Versicherungsnehmer vereinbart ist. § 113 Abs. 3 VVG, der dem Dritten den höheren Versicherungsschutz geben würde, ist hier nicht anzuwenden. § 117 VVG ist lex specialis zu § 113 VVG.[183] Der Versicherer muss aber dann mehr als die Mindesthöhe leisten, wenn das Fehlverhalten des Versicherungsnehmers nicht dazu führt, dass der Versicherer im Innenverhältnis vollständig leistungsfrei ist. Dies kann der Fall sein, wenn der Versicherungsnehmer eine Obliegenheit verletzt hat, die zu einer Quotelung führt.[184] Der Versicherer muss in den Fällen von § 117 VVG ohne Abzug des Selbstbehalts leisten, § 114 Abs. 2 Satz 1 VVG.

Ebenfalls sollte § 117 VVG in den Fällen der mitversicherten amtsähnlichen Tätigkeiten anwendbar sein, wenn der Anwalt, z.B. eine Insolvenzverwaltung, Testamentsvollstreckung ausgeübt hat, die keine anwaltlichen Tätigkeiten sind.[185] Zwar handelt es sich bei diesen Tätigkeiten nicht um pflichtversicherte Tätigkeiten, aber es geht hier um einen Mindestversicherungsumfang zum Schutz des Dritten. Selbstverständlich gilt für diese persönlichen Tätigkeiten nach BBR-RA aber auch die Mindestdeckung nach der Höhe und Jahreshöchstleistung. Nicht umfasst sind aber sonstige vertragliche Erweiterungen. § 117 VVG gibt keinen weitergehenden Versicherungsschutz als die Mindestdeckung. Die sonstigen Rechte und Pflichten des Versicherers wie seine Schadenregulierungs- und Bearbeitungsvollmacht behält er bei, § 3 II Ziff. 1.3 und § 5 II Ziff. 2.1.[186]

136 Wenn der Versicherer an den Dritten wegen § 117 VVG geleistet hat, kann er beim Versicherungsnehmer Regress nehmen, einschließlich der Kosten i.S.d. §§ 101 VVG, 117 Abs. 5 VVG. Wenn er leistet, ohne dass ein Fall des § 117 VVG vorliegt, kann er gegen den Versicherungsnehmer nur nach Bereicherungsrecht vorgehen mittels einer Leistungskondiktion nach § 812 Abs. 1 Satz 1 Fall 1. Alt BGB, weil er ohne Rechtsgrund geleistet hat.

---

183 BT-Drs. 16/3945, S. 88.
184 BGH VersR 1983, 688; *Diller* § 3 Rn. 144.
185 *Diller* § 3 Rn. 145 und wohl auch *Gräfe*/Brügge A Rn. 452.
186 BGH VersR 1987, 924.

§ 4 Ausschlüsse

Der Versicherungsschutz bezieht sich nicht auf Haftpflichtansprüche

1. mit Auslandsbezug, entsprechend den Regelungen in den Besonderen Bedingungen (Teil 2 BBR-RA, Teil 3 BBR-S und Teil 4 BBR-W);

2. soweit sie auf Grund Vertrages oder besonderer Zusage über den Umfang der gesetzlichen Haftpflicht hinausgehen;

3. wegen Schäden durch Veruntreuung entsprechend den Regelungen in den Besonderen Bedingungen (Teil 2 BBR-RA, Teil 3 BBR-S und Teil 4 BBR-W);

4. aus der Tätigkeit des Versicherungsnehmers oder seines Personals als Leiter, Geschäftsführer, Vorstands-, Aufsichtsrats-, Beiratsmitglied von Firmen, Unternehmungen, Vereinen, Verbänden. Ist der Versicherungsnehmer als Berufsträgergesellschaft anerkannt oder zugelassen, gilt dies entsprechend für die Berufsgesellschaft und die dort tätigen mitversicherten Personen gemäß § 7 I 1;

5. wegen Schadenverursachung durch wissentliches Abweichen von Gesetz, Vorschrift, Anweisung oder Bedingung des Auftraggebers oder durch sonstige wissentliche Pflichtverletzung. Der Versicherungsnehmer behält, wenn dieser Ausschlussgrund nicht in seiner Person und auch nicht in der Person eines Sozius vorliegt – unbeschadet der Bestimmungen des § 7 III 2 – den Anspruch auf Versicherungsschutz. § 1 III bleibt unberührt. Wird der Vorwurf der wissentlichen Pflichtverletzung erhoben, besteht Versicherungsschutz in Form der Abwehr unberechtigter Schadenersatzansprüche. Erbrachte Leistungen sind zu erstatten, wenn die wissentliche Pflichtverletzung rechtskräftig festgestellt wird.

Systematische Übersicht

https://doi.org/10.1515/9783110407280-006

A. Übersicht

1 § 4 regelt die Risikoausschlüsse.

Ziff. 1 verweist für die Auslandssachverhalte auf die Besonderen Bedingungen der Rechtsanwälte, Steuerberater und Wirtschaftsprüfer.

Ziff. 2 schließt den Versicherungsschutz aus, wenn der Berufsträger Sondervereinbarungen trifft.

Ziff. 3 schließt den Versicherungsschutz für Veruntreuungsfälle aus.

Ziff. 4 schließt den Versicherungsschutz für Fälle aus, bei denen der Berufsträger außerhalb seiner anwaltlichen Beratung in Leitungs- und Aufsichtsgremien tätig ist.

Ziff. 5 als einer der wichtigsten und umstrittensten Regelungen schließt den Versicherungsschutz für wissentliche Pflichtverletzungen des Berufsträgers aus.

2 Änderungen zur Vorauflage der AVB-RSW, HV 60/06:

Ziff. 5 Satz 3: Der Versicherer bietet ausdrücklich Abwehrschutz bei dem Vorwurf der wissentlichen Pflichtverletzung bietet.

Grund: Schutz der Berufsträger

Folge: Verbesserung des Versicherungsschutzes

B. Überblick Risikoausschlüsse

3 § 4 enthält die Regelungen für die Risikoausschlüsse. Um das Risiko zu begrenzen und insgesamt für die Versichertengemeinschaft tragbar zu machen, sehen die Berufsordnungen mögliche gesetzlich vorgegebene Risikoausschlüsse vor.[1] Es handelt sich um Auslandssachverhalte, Veruntreuungsschäden usw. Andere Ausschlüsse sind im Pflichtversicherungsbereich nicht möglich. Alle anderen Ausschlüsse der AVB-RSW stellen deshalb nur klar, dass hier sowieso kein Versicherungsschutz besteht. Sie beseitigen allein Missverständnisse, wie z.B., dass nur die gesetzliche Haftpflicht versichert ist und nicht noch zusätzlich vertragliche Abreden, § 4 Ziff. 2. Zur Abgrenzung zu Obliegenheiten, siehe Obliegenheiten § 5 Rn. 5ff.

Bei Risikoausschlüsse ist zunächst der Sinn und Zweck festzulegen, danach kann man sie auslegen und einer Inhaltskontrolle nach AGB-Recht unterziehen, siehe zur Auslegung der AVB-RSW als Versicherungsbedingungen ausführlich Einleitung, Allgemeine Versicherungsbedingungen und Auslegung Rn. 27.

1 BGH NJW 1966, 929, 930.

§ 51 Abs. 3 BRAO normiert die gesetzlich in der Berufshaftpflichtversicherung zulässigen Risikoausschlüsse für Anwälte. Andere Ausschlüsse sind nur oberhalb der Pflichtversicherung möglich. Die AVB-RSW in § 4 entsprechen § 51 BRAO. Deklaratorisch sind die Regelungen in Ziff. 2 zu den vertraglichen Zusagen und Garantien und in Ziff. 4 zu den Organtätigkeiten. Die nochmals ausdrücklich genannten Ausschlüsse beruhen darauf, dass der Versicherer nur die Haftpflicht, aber keine vertraglichen Ansprüche deckt und nur die anwaltliche Tätigkeit und nicht die Organtätigkeit. Zu Ziff. 4 stellt im Übrigen auch B Ziff. 1.1, 7. Spiegelstrich BBR-RA klar, dass die anwaltliche Tätigkeit allein versichert ist, wenn der Versicherungsnehmer eine kontrollierende Tätigkeit, z.B. als Aufsichtsrat, aufnimmt. 4

Bei allen Ausschlüssen handelt es sich um außergewöhnliche Ereignisse oder ein außergewöhnliches Fehlverhalten. Sie weichen vom Normalfall eines fahrlässigen Berufsversehens eines Berufsträgers ab. Bei den nachfolgenden Auslegungsgrundsätzen ist daher auch immer zu beachten, dass der Gesetzgeber selbst den Wortlaut der Ausschlüsse vorgegeben hat. Diese Risikoausschlüsse können daher nur eingeschränkt unklar, mehrdeutig oder überraschend sein. Lediglich die systematische Stellung oder die Verbindung mit anderen Klauseln, wie z.B. der Zurechnung bei der wissentlichen Pflichtverletzung auf Sozien kann eigentlich dazu führen, dass sie unwirksam sein könnten. 5

Die AVB-RSW verweisen als Sammelbedingung für Anwälte, Steuerberater und Wirtschaftsprüfer für Auslandssachverhalte und Veruntreuungsschäden auf die Besonderen Bedingungen der jeweiligen Berufsgruppen. § 4 Ziff. schließt z.B. Haftpflichtansprüche mit Auslandsbezug für alle Berufsgruppen aus. Für Anwälte nach Teil A Ziff. 2.1 BBR-RA, für Steuerberater nach Teil A Ziff. 4.1 BBR-S, für Wirtschaftsprüfer nach Teil A Ziff. 5.1 BBR-W. Eine einheitliche Regelung ist nicht möglich, da sich die gesetzlichen Vorgaben der Berufsgruppen unterscheiden. Die Unterschiede werden dann maßgeblich, wenn in einer interprofessionellen Sozietät die verschiedenen Berufsträger gemeinschaftlich haften. Teil 1.2 mit dem Versicherungsschutz für gesellschaftsrechtliche Haftung ist hier anzuwenden. Damit ist versichert für alle Berufsträger der Auslandssachverhalte, wenn derjenige Berufsträger den Verstoß begangen hat, bei dem der Auslandssachverhalt auch versichert ist. Dann sind auch die persönlich mithaftenden Sozien versichert, auch wenn sie selbst für diesen Verstoß nicht versichert wären. 6

I. Auslegung und AGB-Kontrolle der Risikoausschlüsse

Risikoausschlüsse sind danach auszulegen, wie ein durchschnittlicher Versicherungsnehmer ohne versicherungsrechtliche Spezialkenntnisse sie bei verständiger Würdigung und aufmerksamer Durchsicht unter Berücksichtigung des erkennbaren Sinnzusammenhangs verstehen muss. Da die Klauseln den Versicherungsschutz einschränken, muss man sie eng auslegen unter Beachtung ihres Sinns, des wirtschaftlichen Zwecks und der gewählten Ausdrucksweise.[2] Bei den AVB-RSW handelt es sich um ein Vertragswerk, das abstrakte Sachverhalte umfasst. Die Rechtsbegriffe sind dementsprechend nach ihrem rechtlichen Gehalt auszulegen, zugunsten des Versicherungsnehmers kann auch der entsprechende Sinn und Zweck herangezogen werden.[3] Zu Lasten aber nur dann, wenn nur eine Auslegung überhaupt sinnvoll und möglich ist. Der Versicherungsnehmer muss keine Lücken hinnehmen, soweit sie überraschend sind und der Versicherer sie nicht hinreichend erklärt.[4] 7

Risikobeschreibungen sind nach AGB-Recht nicht kontrollfähig, weil sie den Versicherungsschutz beschreiben, siehe dazu Einleitung, Allgemeine Versicherungsbedingungen und Ausle- 8

2 BGH VersR 2003, 454 zur Rechtsschutzversicherung; BGH VersR 1980, 353; *Gräfe*/Brügge E Rn. 6 ff; *Diller* § 4 Rn. 9 ff.
3 *Diller* § 4 Rn. 11 mit Nachweisen.
4 BGH MDR 2003, 744.

gung zur Inhaltskontrolle Rn. 36. Ein Risikoausschluss, der die versicherte Tätigkeit einschränkt, unterliegt aber wieder der Inhaltskontrolle.[5] Die Risikoausschlüsse können ungewöhnlich und überraschend sein, wenn sie vom Leitbild des Versicherungsvertrags oder dispositivem Recht erheblich abweichen.[6] Wenn der Ausschluss mehrdeutig ist, hat der Versicherer die Unklarheit zu tragen, § 305c Abs. 2 BGB, weil er die AGB verwendet. Allerdings muss die Klausel tatsächlich mehrdeutig sein.[7] Wenn der Ausschluss einer Inhaltskontrolle nicht standhält, ist er insgesamt unwirksam und nicht nur in Teilen.[8]

II. Darlegungs- und Beweislast

9 Wenn der Risikoausschluss vorliegt, braucht der Versicherer nicht zu leisten. Nach allgemeiner Regel hat der Versicherer den ihn begünstigenden Tatbestand darzulegen und zu beweisen. Der Versicherungsnehmer kann anführen, dass der Tatbestand in diesem Fall nicht erfüllt oder dass er mit dem Versicherer vereinbart hat auf den Risikoausschluss zu verzichten. Schweigen oder ein konkludenter Verzicht auf den Ausschluss sind nur ausnahmsweise anzunehmen, da der Versicherer Rechte aufgibt. Verhandlungsergebnisse fixiert man in der Praxis schriftlich, gerade auch dann, wenn es um Auslegungsalternativen geht. Wenn die Parteien, meist über den Makler, ein weitreichendes Ergebnis vereinbaren, hält man es in Nachträgen fest. Sie erhält der Versicherungsnehmer zu seinem bestehenden Versicherungsvertrag. Das spätere Festhalten des Versicherers auf einem Ausschluss führt nicht dazu, dass er darauf verzichtet, wenn er ihn zunächst nicht einwendet.[9] Erst wenn der Versicherer in Kenntnis über längere Zeit ohne weiteres Abwehrschutz gewährt, kann man ausnahmsweise davon ausgehen, dass er verzichtet.[10]

III. Verschiedene Anspruchsgrundlagen und Risikoausschlüsse

10 Der Risikoausschluss greift nur dann, wenn die versicherte Tätigkeit mit dem Risikoausschluss kausal zusammenhängt. Dabei sind der Auftrag, die verschiedenen Ursachen und der Verstoß mit mehreren Anspruchsgrundlagen zu betrachten. Abgrenzungsprobleme entstehen, wenn ein einheitlicher Auftrag vorliegt, aber die Ursachen oder die verschiedenen Anspruchsgrundlagen einmal versichert sind und einmal nicht, z.B. bei Treuhandtätigkeiten mit vorhergehender Beratung oder bei einem fahrlässigen Verstoß, der durch eine wissentliche Pflichtverletzung überholt wurde. Die Probleme entstehen, da es sich bei Mandatsverhältnis, Auftrag, Verstoß und Ausschlüsse um Rechtsbegriffe handelt, die man normativ wertet. Je mehr der Schutz des Dritten betont wird, desto stärker stellt man auf einzelne Aspekte eines an sich einheitlichen Schadenbildes ab und umgekehrt. Dies ist ähnlich zu den Fallkonstellationen, wann die Serienschadenklausel greift. Auch hier ist inhaltlich und wertend nach Verstoß, Auftrag und Mandat abzugrenzen.

11 Die erste Fallgruppe betrifft den Auftrag selbst. Dabei kommt es von vornherein nicht mehr auf einen Risikoausschluss an, wenn der Auftrag grundsätzlich nicht unter eine versicherte Tätigkeit fällt. Man spaltet einen einheitlichen Auftrag nicht in einen versicherten und nicht versicherten Teil auf. Wenn von vornherein der Auftrag auf einer nicht versicherten Tätigkeit beruht, besteht kein Versicherungsschutz. Selbst wenn der Teilaspekt wieder versichert wäre. Anders

5 BGH NJW 2001, 2014.
6 BGH NJW 1992, 1256.
7 BGH NJW-RR 1995, 1303; BGH NJW 1986, 431.
8 BGH NJW 2000, 1110; es gibt keine geltungserhaltende Reduktion; eine Anpassungsklausel wäre wohl unwirksam *Gräfe*/Brügge E Rn. 21.
9 *Gräfe*/Brügge E Rn. 23.
10 BGH VersR 1955, 140.

aber, wenn man den Auftrag tatsächlich und rechtlich aufteilen kann. Dann ist jeder Verstoß jeweils in Bezug auf die Teilmandate danach zu beurteilen, ob eine versicherte Tätigkeit vorliegt und ob dann nicht ein Risikoausschluss greift. Wenn ein Wirtschaftsprüfer oder Steuerberater vor Abschluss eines nicht versicherten Treuhandvertrags eine prüfende/beratende Tätigkeit ausübt, so ist die prüfende/beratende Tätigkeit auf jeden Fall versichert. Die geschäftsführende Treuhandtätigkeit aber nicht, da sie als Risikoausschluss nicht versichert ist. Maßgeblich sind dafür die Behauptungen des Geschädigten. Sie verpflichten den Versicherer dann zumindest Abwehrschutz zu leisten.[11]

Die zweite Fallgruppe betrifft die unterschiedlichen Ursachen in einem einheitlichen Auftrag. Wenn ein Risikoausschluss bei dem einheitlichen Auftrag greift, entfällt der Versicherungsschutz insgesamt. Dies gilt auch dann, wenn eine Ursache wieder versichert ist und kein Ausschluss greift. Beispielsweise beim Ausschluss der wissentlichen Pflichtverletzung. Wenn der Versicherungsnehmer den Schaden durch eine wissentliche Pflichtverletzung, aber auch fahrlässig verursacht hat, hat er insgesamt keinen Versicherungsschutz, auch wenn die fahrlässige Ursache wieder versichert wäre.[12] Gleichfalls sollte der Ausschluss für alle Pflichtverletzungen gelten, wenn ein Serienschaden im engeren Sinn nach § 3 II Ziff. 2.1 lit. c) vorliegt. Der Versicherungsschutz für den einheitlichen Auftrag entfällt insgesamt. Wenn die verschiedenen Verstöße zusammengefasst sind, kann auch nur ein einheitlicher Versicherungsschutz bestehen. Wenn z.B. der Auftrag eine Due Diligence durchzuführen, verschiedene Verstöße beinhaltet, entfällt der Versicherungsschutz insgesamt, wenn eine Veruntreuung dabei begangen wird, siehe zum Serienschaden im engeren Sinn § 3 Rn. 86. 12

Die dritte Fallgruppe betrifft den Verstoß selbst mit mehreren Anspruchsgrundlagen. Der Geschädigte behauptet einen Verstoß des Berufsträgers und begründet ihn mit zwei verschiedenen Anspruchsgrundlagen. Beide Anspruchsgrundlagen sind versichert, aber eine davon fällt unter einen Risikoausschluss. Der Berufsträger hat Versicherungsschutz. Dies beruht darauf, dass bei gleichwertigen Anspruchsgrundlagen es nicht darauf ankommt, auf welche sich das Gericht stützt. Es liegt zumindest ein versicherter Anspruch vor, siehe aber oben zum Ausschluss der wissentlichen Pflichtverletzung, der den gesamten Versicherungsschutz entfallen lässt, § 4 Rn. 39. Diese Regel gilt im Übrigen nicht nur für den in Betracht kommenden Risikoausschluss. Sie gilt auch dafür, ob der Verstoß unter eine versicherte Tätigkeit fällt.[13] Beispielsweise, wenn die Treuhandtätigkeit untrennbar mit der Rechtsanwaltstätigkeit und man eine anwaltliche Tätigkeit annimmt. Es besteht Versicherungsschutz, obwohl die Treuhandtätigkeit an sich nicht versichert gewesen wäre. 13

IV. Belehrungspflicht/Aufklärungspflicht des Versicherers

Der Versicherer hat gegenüber dem Versicherungsnehmer keine Pflicht, ihn über die Ausschlüsse aufzuklären. Der Versicherungsnehmer hat selbst die Pflicht Inhalt und Umfang der Bedingungen zu prüfen. Im Zweifel hat er selbst nachzufragen. Der Versicherungsnehmer hat keinen Anspruch auf einen lückenlosen Versicherungsschutz.[14] Der Versicherer hat aber aufzuklären, wenn er erkennen kann, dass der Versicherungsnehmer sich völlig falsche Vorstellungen macht. Dabei wird man wohl auch danach differenzieren, wie weit der Versicherungsnehmer vom notwendigen Versicherungsschutz ausgehen darf. Je abstrakter der Sachverhalt und schwieriger die Parallelwertung der Rechtsbegriffe ist, desto eher ist der Versicherer verpflichtet, zu belehren und aufzuklären. Beispielsweise kann dies der Fall sein, wenn die Unterschiede zwi- 14

11 LG Köln VersR 1989, 355.
12 *Gräfe*/Brügge E Rn. 30.
13 OLG Düsseldorf r + s 2002, 148; Prölss/Martin/*Lücke* § 100 Rn. 63; *Gräfe*/Brügge E Rn. 30; *Diller* § 4 Rn. 18.
14 BGH VersR 1963, 768; OLG München VersR 1996, 1008.

schen den Versicherungsfalldefinitionen nicht bekannt sind. Der Versicherungsnehmer schließt oberhalb der Pflichtversicherung eine claims-made-Deckung ab, weil sie günstiger ist, die aber wiederum keine unbegrenzte Nachmeldefrist enthält. Bei den gesetzlichen Risikoausschlüssen dagegen dürfte der Versicherer nicht aufklären müssen, insbesondere wenn Großkanzleien im Ausland Büros unterhalten, müssen sie davon ausgehen, dass sie nicht versichert sind. Die Policen listen auch gerade die versicherten Anwälte in den jeweiligen Büros auf, spätestens dann sollte einer Kanzlei der fehlende Schutz auffallen.[15] Merkblätter, wie sie die großen Versicherer zum bestehenden Versicherungsschutz anbieten, lassen allgemein die Pflicht entfallen, aufzuklären.[16]

C. Risikoausschlüsse nach § 4

Im Folgenden die einzelnen Risikoausschlüsse nach § 4.

I. Auslandssachverhalte, Ziff. 1

Ziff. 1 schließt Haftpflichtansprüche mit Auslandsbezug aus. Da die AVB-RSW als Sammelbedingung Anwälte, Steuerberater und Wirtschaftsprüfer umfassen, verweist Ziff. 1 auf die Besonderen Bedingungen der jeweiligen Berufsgruppen. Für Anwälte auf A Ziff. 2.1 BBR-RA, für Steuerberater auf A Ziff. 4.1 BBR-S, für Wirtschaftsprüfer auf A Ziff. 5.1 BBR-W.

15 Gemeinsam ist allen, dass grundsätzlich die Berufsträger Versicherungsschutz haben, wenn sie im europäischen Recht beraten oder sie ein Dritter dort vor Gerichten in Anspruch nimmt. Europa ist hier geografisch zu sehen und nicht politisch. Die Steuerberater/Wirtschaftsprüfer erweitern dies auf bestimmte einzelne Staaten. Sachverhalte mit außereuropäischem Bezug sind nicht versichert, außer wenn der Anwalt vor einem außereuropäischen Gericht in Anspruch genommen wird, aber nur bis zur Höhe der Mindestpflichtversicherungssumme, A Ziff. 4.1 BBR-RA. Bei allen drei Berufsgruppen sind ausländische Büros nicht mitversichert. Dies wäre auch nicht möglich. Die Versicherer unterliegen zumeist dem Versicherungsaufsichtsrecht der jeweiligen Staaten und haben in den Staaten im Ausland zumeist keine Zulassung, das Versicherungsgeschäft zu betreiben, sog non-admitted-Problematik. Grob vereinfacht gilt: Versicherungsschutz besteht im europäischen Ausland mit Ausnahme von weiteren Büros, kein Versicherungsschutz besteht im außereuropäischen Ausland.

II. Vertragliche oder besondere Zusage, Garantien, Ziff. 2

1. Umfang

16 Ziff. 2 schließt Ansprüche aus, soweit sie auf Grund Vertrages oder besonderer Zusage über den Umfang der gesetzlichen Haftpflicht hinausgehen. Der Wortlaut umfasst auch Garantien, die einzeln mit dem Mandanten oder allgemein getroffen werden. Grund hierfür ist, dass der Versicherer den durch den Anwalt zugesagten Erfolg decken würde. Es würde dann nicht mehr auf die Pflichtwidrigkeit und ein Verschulden ankommen. Der Versicherer kann sein Risiko nicht mehr einschätzen, da unabhängig von einer gesetzlich begründeten Haftung eine Einstandspflicht für jeden denkbaren Garantiefall besteht ähnlich einem Bürgen.[17] Es handelt sich um einen deklaratorischen Ausschluss, da die Pflichtversicherung nach § 51 BRAO, § 1 den Versicherungsschutz auf Ansprüche aufgrund gesetzlicher Haftpflichtbestimmungen beschränkt.

---

15 Anders *Diller* § 4 Rn. 19.
16 LG Köln r + s 1991, 51.
17 Borgmann/*Jungk*/Schwaiger § 10 Rn. 25.

Vertragsstrafen, die der Versicherungsnehmer mit seinem Mandanten schließt, sind damit ebenfalls vom Versicherungsschutz ausgeschlossen. Es handelt sich um keine gesetzliche Haftpflichtbestimmung. Der Mandant macht einen Anspruch geltend, der auf einer besonderen Vereinbarung mit dem Berufsträger beruht. 17

Der Versicherungsschutz entfällt aber nicht, wenn der Anspruch gleichzeitig auf der Anspruchsgrundlage einer gesetzlichen Haftpflichtbestimmung und auf einer vertraglichen Zusage beruht. Die vertragliche Abrede lässt den Versicherungsschutz für die gesetzliche Haftpflicht unberührt. Dies beinhaltet die Formulierung, „*...soweit sie auf Grund Vertrages oder besonderer Zusage über den Umfang der gesetzlichen Haftpflicht hinausgehen.*" Wenn der Verstoß des Anwalts unabhängig und selbständig von der Erklärung zum Schaden geführt hat, besteht Versicherungsschutz. Wenn sich der Mandant allein auf die Zusage/Garantie beruft und dies kausal den Schaden verursacht hat, besteht kein Versicherungsschutz. Der Anwalt, der die Einrede der Verjährung nicht erhebt, ist versichert, unabhängig vom Versprechen – hier die Garantie – den Prozess zu gewinnen.[18] 18

2. Abgrenzung Leistungserweiterungen von Garantien und Zusagen

Versichert ist aber, wenn der Anwalt seine vertragstypischen Pflichten aus dem Mandatsverhältnis nur erweitert oder ergänzt.[19] Konkret ist danach zu differenzieren, ob der Berufsträger durch seine Erklärungen seine anwaltliche Leistungspflicht erweitert, was versichert ist, oder ob seine Erklärungen den Haftungsmaßstab verschärfen, was nicht versichert ist. 19

Ein selbständiges Garantieversprechen ist dadurch gekennzeichnet, dass eine Verpflichtung zur Schadloshaltung übernommen wird, falls der garantierte Erfolg nicht eintritt. Es kommt darauf an, ob der Anwalt persönlich und verschuldensunabhängig haften sollte, wenn der Garantiefall eingetreten ist.[20] Für ein Garantieversprechen genügen jedoch nicht bloße Äußerungen wie „feste Zusage" oder das „garantiere ich". Nicht jegliche Äußerung des Anwalts kann dazu führen, dass er seinen Versicherungsschutz verliert. Die Aufgabe der Pflichtversicherung, den Mandanten vor Vermögensverlusten zu schützen, wäre nicht mehr gewährleistet. 20

Erklärt ein Rechtsanwalt gegenüber seinem späteren Auftraggeber, dass er für den Fall, dass ihm das Mandat zum Führen von Vertragsverhandlungen erteilt werde, den Eintritt des erstrebten Verhandlungserfolgs garantiere, kann darin nicht ohne Weiteres ein haftungsbegründendes Garantieversprechen des Rechtsanwalts für den Fall des Scheiterns der Verhandlungen gesehen werden.[21] Wenn ein Anwalt seine Einzelkanzlei in eine GbR einbringt, ist in der Verpflichtung der GbR, offene Verbindlichkeiten der bisherigen Einzelkanzlei zu bedienen, ebenfalls keine Garantieübernahme der persönlichen Haftung des vorigen Einzelanwalts zu sehen.[22] Eine Garantiehaftung des Rechtsanwalts kommt nur in Betracht, wenn er gegenüber seinem Mandanten klar und eindeutig zu erkennen gibt, dass er über die sorgfältige Erfüllung seiner dienstvertraglichen Pflichten hinaus verschuldensunabhängig dafür einstehen will, dass der Mandant in Folge der Dienstleistung bestimmte Erfolge erzielt.[23] Bei Erklärungen eines Berufsträgers zur Verjährung ist zu differenzieren. Nach der Rechtsprechung bleibt bei der Betriebshaftpflichtversicherung der Versicherungsschutz bestehen, wenn der Versicherungsnehmer nach Eintritt des Versicherungsfalls auf die Einrede der Verjährung verzichtet. Durch die Verlängerung der Verjährungsfrist verletzt der Versicherungsnehmer jedoch seine Obliegenheit den Versicherer bei 21

18 *Gräfe*/Brügge E Rn. 203 ff.
19 Prölss/Martin/*Lücke* AHB Ziff. 7 Rn. 18.
20 BGH NJW 1999, 1542.
21 OLG Frankfurt NJW 2007, 1467.
22 BGH NJW-RR 2012, 239.
23 OLG Düsseldorf LS 7 AnwBl 2008, 72.

der Abwehr des Schadens zu unterstützen. Sie führt jedoch nicht zu einem Rechtsverlust, wenn dies im Zuge einer Verhandlung geschah, um gerade eine Klage zu verhindern.[24] Anders vor Eintritt des Versicherungsfalls. Wenn der Versicherungsnehmer die Verjährungsfrist selbständig über den gesetzlichen Rahmen verlängert, besteht kein Versicherungsschutz. Das Interesse des Versicherers eine Risikoeinschätzung nach dem gesetzlichen Haftungsumfang vornehmen zu können, überwiegt hier. Zumindest dann, wenn der Verjährungsverzicht über das übliche Maß der Sparte hinausgeht.[25]

III. Veruntreuungsschäden, Ziff. 3

22 Ziff. 3 schließt Schäden durch Veruntreuung aus, entsprechend den Regelungen in den Besonderen Bedingungen für Rechtsanwälte in A Ziff. 2.2 BBR-RA mit Erläuterung in Rn. 63ff, die für Steuerberater in A Ziff. 4.2 BBR-S und für Wirtschaftsprüfer in A Ziff. 5.2. Wie bei Auslandssachverhalten ist eine gemeinsame Regelung nicht möglich, da die gesetzlichen Vorgaben unterschiedlich sind. Allen gemeinsam ist, dass Veruntreuung durch Personal nicht versichert ist, bei Rechtsanwälten sind zusätzlich Schäden ausgeschlossen, wenn die Veruntreuung ein Sozius oder ein Angehöriger begangen hat. Daneben sind bei Steuerberatern/Wirtschafsprüfern ausdrücklich auch Schäden ausgeschlossen, welche durch Fehlbeträge bei der Kassenführung oder durch Verstöße beim Zahlungsakt verursacht worden sind. Bei Anwälten ist schon die Kassenführung keine versicherte Tätigkeit, aber Fehler bei Zahlungen sind versichert über die Anderkontendeckung nach A Ziff. 4.3 BBR-RA Rn. 105.

IV. Leitungs- und Überwachungstätigkeiten des Berufsträgers, Ziff. 4

1. Umfang des Ausschlusses

23 Ziff. 4 regelt den Ausschluss für Haftpflichtansprüche für Tätigkeiten des Versicherungsnehmers als Organ in Leitungs- und Überwachungsgremien. Der Ausschluss gilt nach dem Umfang auch für die mitversicherten amtsähnlichen Tätigkeiten, siehe hierzu B Ziff. 4 BBR-RA Rn. 184f. Der Ausschluss knüpft nicht an die Persönlichkeit oder Qualifikation des Versicherungsnehmers an. Er knüpft an die Funktion an, die in Ziff. 4 beschrieben ist. Der Ausschluss ist deklaratorisch. Der Ausschluss erfasst alle Berufsträger wie Anwälte, Steuerberater und Wirtschaftsprüfer. Die Berufshaftpflichtversicherungen versichern allein die Berufstätigkeit der Berufsträger, bei Anwälten die Beratungstätigkeit und sonstige ausdrücklich aufgeführte Nebentätigkeiten. Dazu gehört nicht, Unternehmen zu leiten oder zu überwachen. Der Manager haftet gesetzlich dafür, dass er die Sorgfalt eines ordentlichen Kaufmanns nicht anwendet, § 43 Abs. 2 GmbHG, und nicht für eine fehlerhafte Beratung. Er haftet dabei nicht nur gegenüber Dritten, sondern vor allem gegenüber dem eigenen Unternehmen. Der Ausschluss greift daher dann, wenn der Anwalt die jeweilige Funktion wahrnimmt, z.B. Mitglied im Aufsichtsrat eines Unternehmens ist, welches die Kanzlei berät. Hierfür besteht Versicherungsschutz über die Managerhaftpflichtversicherung, die D&O-Versicherung. Sie können die Anwälte separat für Aufsichtsratstätigkeiten abschließen. Man nennt sie in diesem Fall outside directorship liability – Deckung (ODL-Deckung).

24 Der Ausschluss in Ziff. 4 gilt auch für das Personal nach Satz 1 und für anerkannte oder zugelassene Berufsgesellschaften und die dort tätigen mitversicherten Personen nach Satz 2. Der Ausschluss für das Personal nach Satz 1 ist erforderlich, um die Ansprüche auszuschließen, die

24 OLG Düsseldorf VersR 1999, 480; im Ergebnis zustimmend Prölss/Martin/*Lücke* AHB Ziff. 7 Rn. 24 a.E.

25 LG Kaiserslautern NJW-RR 2005, 1114; anders Prölss/Martin/*Lücke* AHB Ziff. 7 Rn. 24.

man dem Anwalt zurechnen kann. Wenn das Personal für sich selbst in einem Gremium ist, spielt der Ausschluss keine Rolle. Sie können nicht anwaltlich tätig sein. Die Personen haften hierfür allein und persönlich. Der Ausschluss nach Satz 2 für die in den Berufsträgergesellschaften tätigen mitversicherten Personen ist erforderlich, weil Anwälte dort zu den mitversicherten Personen zählen, § 7 I Ziff. 1. Die Mitversicherung entspricht regelmäßig der Zurechnung nach § 1 III Ziff. 1. Wenn die Berufsträgergesellschaft Versicherungsnehmerin ist, sind mitversichert: Organe, Geschäftsführer, Gesellschafter von Personengesellschaften, Partner und Angestellte oder auch die sonstigen Personen, die die Pflichten der Gesellschaft erfüllen, siehe zur Mitversicherung bei § 7 Rn. 7 ff. Kein Versicherungsschutz besteht dann, soweit die in den Gesellschaften mitversicherten Anwälte leitend oder kontrollierend in einem Unternehmen als Organ tätig sind. Für die eigene anwaltliche Tätigkeit besteht selbstverständlich wieder Versicherungsschutz nach B Ziff. 1.1, 7. Spiegelstrich BBR-RA. Die in der Sozietät/einfache Partnerschaft und den Berufsträgergesellschaften tätigen Anwälte haben hier den gleichen Versicherungsschutz, soweit sie auch den entsprechenden Tarif zahlen. Die Berufsträgergesellschaften selbst wie allgemein juristische Personen, Personenhandelsgesellschaften und andere Gesamthandsgemeinschaften können im Übrigen nicht Organmitglied einer Gesellschaft sein, § 76 AktG, so dass keine Regelung erforderlich ist.[26]

2. Leitungs- und Überwachungstätigkeiten

Ziff. 4 nimmt nicht-anwaltliche Tätigkeiten vom Versicherungsschutz aus, die die Geschäfts- 25
leiter oder Mitglieder von Überwachungs- und Beratungsorganen ausüben. Die Begriffe in Ziff. 4 wie Leiter, Geschäftsführer, Mitglied in einer Firma und weitere sind nicht abschließend. Sie stehen exemplarisch für die leitenden, überwachenden und kontrollierenden Tätigkeiten.[27] Abzustellen ist auf die vergleichbare zugewiesene Funktion. Der Ausschluss soll das wirtschaftliche Risiko ausschließen, das mit solchen Tätigkeiten verbunden ist. Die kaufmännische Tätigkeit ist von der beratenden Tätigkeit zu trennen und nicht versichert. Nach anderer Ansicht sind die aufgezählten Funktionen abschließend und nicht analogiefähig, da es sich um Risikobegrenzungen handelt, die eng auszulegen sind.[28] Jegliche Leitungs- und Überwachungstätigkeit entspricht aber begrifflich schon nicht einer versicherten Tätigkeit nach § 1. Daneben würde es widersprüchlich sein, wenn ausländische Gesellschaften versichert sind, weil die ausländischen Begriffe in Ziff. 4 nicht genannt sind. Daher sind auch vergleichbare Funktionen nach ausländischem Recht ebenfalls ausgenommen. Beispielsweise muss die LLP nach englischem Recht mindestens zwei Organe haben und ebenfalls mindestens zwei designated members, die als company secretary arbeiten und die gesetzlichen Offenlegungs- und Informationspflichten gegenüber der Registerbehörde in England erfüllen. Hierbei handelt es sich um keine anwaltlichen Tätigkeiten, weil die Berufsträger die LLP leiten und verwalten und sind daher als Tätigkeit nicht versichert.

a) Leiter eines Unternehmens

Leiter eines Unternehmens ist derjenige, der die unternehmerischen Entscheidungen trifft.[29] 26
Es handelt sich um die Geschäftsführer eine GmbH oder die Vorstände von Aktiengesellschaften oder Genossenschaften. Erfasst ist auch die Leitungsebene von Personen- und Personenhandelsgesellschaften wie OHG, KG, GmbH & Co.KG. Dies spielt bei Steuerberatern/Wirtschaftsprü-

26 Spindler/Stilz/*Fleischer* AktG § 76 Rn. 120.
27 BGH VersR 1990, 191; Prölss/Martin/*Lücke* AVB Verm § 4 Rn. 25.
28 HBAnw/*Chab* § 18 Rn. 58; *Diller* § 4 Rn. 24.
29 OLG Hamm NJW-RR 1993, 1308.

fern eine Rolle, die eine Personenhandelsgesellschaft als Berufsträgergesellschaft anerkennen lassen können. Gleiches gilt für eingetragene Vereine e.V. und nicht rechtsfähige Vereine nach § 54 BGB i.V.m. § 705 ff BGB, die Vorstände/Geschäftsführer leiten. Weil der Ausschluss nur wiedergibt, dass die sonstigen unternehmerischen leitenden und kontrollierenden Entscheidungen nicht versichert sind, kommt es nicht darauf an, dass nur dann der Versicherungsschutz ausgeschlossen ist, wenn formal eine derartige Funktion vorliegt. Auch ein Generalbevollmächtigter hat keinen Versicherungsschutz, wenn er als Anwalt eine unternehmerische leitende Entscheidung in der Firma trifft. Es kommt allein darauf an, ob es sich um eine von der Leitungsfunktion abgrenzbare versicherte anwaltliche Tätigkeit handelt.[30]

b) Aufsichtsrat und Beirat

27 Die Aufsichts- und Beiratstätigkeit umfasst als Ausschluss die Tätigkeiten, die überwachend und kontrollierend in einem Gremium sind. Gesetzlich vorgesehen ist das Gesellschaftsorgan zwingend in der Aktiengesellschaft nach §§ § 30, 95 AktG und fakultativ in der GmbH nach § 52 GmbHG. Nicht vorgesehen ist der Aufsichtsrat für eine Personengesellschaft. Das Kontrollgremium einer Personengesellschaft fällt damit formal nicht unter den Begriff „Aufsichtsrat". Wenn aber die Funktion vergleichbar ist, besteht für diese Tätigkeit kein Versicherungsschutz. Die Aufzählung der Bedingungen ist nicht abschließend.[31] Ebenfalls unter den Begriff Beirat kann die Tätigkeit eines Syndikusanwalts fallen, wenn der Syndikusanwalt eine Funktion hat, die den Aufgaben eines Leitungs- und Kontrollorgans vergleichbar ist. Die Funktion liegt vor, wenn es erforderlich ist, dass der Syndikusanwalt zu allen oder einzelnen unternehmerischen Entscheidungen zustimmen muss.[32]

3. Abgrenzung freiberufliche anwaltliche Tätigkeit von Leitungs- und Überwachungstätigkeit

28 Der Ausschluss nach Ziff. 4 greift aber nicht, wenn der Versicherungsnehmer einen Verstoß begangen hat, der auf einer anwaltlichen Tätigkeit beruht. Dies stellt B Ziff. 1.1, 7. Spiegelstrich BBR-RA klar: *Versichert sind die Ansprüche..., soweit die dem Verstoß zugrundeliegende Tätigkeit einer anwaltlichen Berufsausübung entspricht.* Es handelt sich um eine Klarstellung, weil die anwaltliche Beratungstätigkeit als Pflichtversicherung gedeckt sein muss. Es wäre nicht möglich, den Ausschluss formal dann anzuwenden, wenn der Anwalt Funktionsträger ist, aber anwaltlich berät. Hier ist im Einzelfall speziell abzugrenzen, welche Tätigkeit der Anwalt ausgeübt hat, ob versicherte anwaltliche Tätigkeit oder nicht versicherte Organtätigkeit.

29 Die versicherte anwaltliche Tätigkeit von der nicht versicherten Organtätigkeit ist nicht immer leicht voneinander abzugrenzen. Anwälte sind oftmals Mitglied in Leitungs- und Aufsichtsgremien, weil sie spezielle Rechtskenntnisse haben. Daneben sind die Hausanwälte oftmals auch im Aufsichtsrat eines Unternehmens tätig, mit denen Dauermandate bestehen.[33] Die beratende Tätigkeit als Anwalt fällt dann mit der wirtschaftlichen Tätigkeit als Organ zusammen. Anhaltspunkt für eine anwaltliche Tätigkeit ist, dass die Gesellschaft ihn als Anwalt gerade für seine Kenntnisse in einem Fachgebiet in einem konkreten Fall heranzieht neben der sonstigen Tätigkeit als Mitglied des Leitungsorgans.[34] Die Aufgabe muss bestimmt sein.[35] Dieser Grundsatz ergibt sich

---

30 Anders *Diller* § 4 Rn. 27.
31 BGH VersR 1990, 191.
32 Prölss/Martin/*Lücke* AVB Verm § 4 Rn. 24, der sich auf die Rspr. nach BGH VersR 1990, 191 bezieht.
33 *Brandner* Der Hausanwalt einer AG als Mitglied des Aufsichtsrats, FS Geiß 2000, S. 231; *Happ* Anwaltlicher Beratungsvertrag und Aufsichtsratsmandat, FS Priester, 2007, S. 175.
34 BGH NJW Jahr 1991, 1830 zu §§ 113, 114 AktG.
35 BGH ZIP 2007, 22; *Grunewald* AnwBl 2007, 568.

aus §§ 113, 114 AktG und hat als spezielle Regelung Vorrang vor der sonstigen Abgrenzung zwischen anwaltlicher und nicht-anwaltlicher Tätigkeit. §§ 113, 114 AktG regeln speziell für Aufsichtsratsmitglieder, dass der Aufsichtsrat als Organ dem gesondert zu vergütenden Dienst- oder Werkvertrag mit einem seiner Aufsichtsratsmitglieder zustimmen muss. Beratungsverträge, die sich auch auf die Überwachungsaufgabe beziehen, sind nichtig oder unwirksam. Grundsätzlich zulässig sind damit allein Verträge über Dienste, die Fragen eines besonderen Fachgebietes betreffen, sofern sich die zu erbringenden Beratungsleistungen nicht auch dabei auf übergeordnete, in den Rahmen der Aufsichtsratstätigkeit fallende allgemeine Fragen der Unternehmenspolitik beziehen.[36] Eine anwaltliche Tätigkeit neben der Tätigkeit als Organ liegt im Ergebnis dann vor, wenn der Aufsichtsrat konkret auf der Grundlage einer bestimmten Beratungsleistung des Anwalts für das Unternehmen entschieden hat.[37] Der Aufsichtsrat kann die anwaltliche Beratung aber nur gesondert genehmigen und vergüten, wenn die Leistungen so konkret bezeichnet sind, dass sich der Aufsichtsrat ein eigenständiges Urteil über die Art der Leistung, ihren Umfang sowie die Höhe und Angemessenheit der Vergütung bilden kann. Verträge, die diese Anforderungen nicht erfüllen, kann der Aufsichtsrat gar nicht genehmigen nach § 114 AktG, so dass sie im Ergebnis nichtig sind, § 113 AktG. Sie erlauben hier kein Urteil darüber, ob die vereinbarte Beratung zur Organtätigkeit gehört.[38] Nichtig ist daher ein Rahmen-Beratungsvertrag über *„...Beratung in allen Angelegenheiten, die nicht in den Aufgabenbereich als Vorstandsmitglied fallen...“* Die generellen Formulierungen auf hohem Abstraktionsniveau ermöglichen es dem Aufsichtsrat nicht, präventiv zu überprüfen, ob der Vertrag tatsächlich nur Dienstleistungen außerhalb der organschaftlichen Tätigkeit umfasst.[39] Nach anderer Ansicht überspannt man damit die Anforderungen an die Konkretisierung des Leistungsprogramms und verhindert, dass spezialisierte Anwälte ein Aufsichtsratsmandat übernehmen.[40] Wenn keine Vergütung vorliegt, können der Umfang der Beratung und die Bedeutung der Angelegenheit für das Unternehmen maßgeblich sein.[41] Unerheblich ist, ob der Mandatsvertrag der Anwalt persönlich oder seine Sozietät geschlossen hat. Die Vergütung fließt ihm auch mittelbar über die Sozietät zu.[42]

4. Ausschluss bei mitversicherten amtsähnlichen persönlichen Tätigkeiten

Der Ausschluss Leistungs- und Überwachungstätigkeit gilt allgemein für alle beruflichen **30**
Tätigkeiten des Anwalts, sowohl für die anwaltliche Tätigkeit als auch die mitversicherten nichtanwaltlichen Tätigkeiten, entsprechend nach den Risikobeschreibungen und Besonderen Bedingungen der jeweiligen Berufsgruppen.[43] Ziff. 4 steht hier systematisch im Allgemeinen Teil vor den Spezialregelungen der Anwälte und deren Besonderheiten. Der allgemeine Ausschluss gilt darüber hinaus auch für die Steuerberater und Wirtschaftsprüfer, soweit nicht Besonderheiten in den BBR-S und BBR-W bestehen. Dabei ist zu beachten, dass die mitversicherten Tätigkeiten unternehmerische Elemente enthalten, insbesondere bei der Insolvenzverwaltung und bei der Testamentsvollstreckung. Der Insolvenzverwalter hat möglichst das Unternehmen fortzuführen und zur Erbmasse können gerade auch Unternehmensanteile oder Unternehmen gehören, die der Testamentsvollstrecker bis z.B. Volljährigkeit des Erbberechtigten fortzuführen hat. Abzugrenzen zwischen versicherter Tätigkeit und nicht versicherter unternehmerischer kaufmännischer Tätigkeit ist danach, ob der Berufsträger sich noch innerhalb der gesetzlichen Grenzen

36 BGH NJW Jahr 1991, 1830.
37 BGH NJW 1998, 3486; in Österreich OGH VersR 1998, 84; HBAnw/*Chab* § 18 Rn. 59; *Diller* § 4 Rn. 37.
38 BGH NJW 1994, 2484.
39 LG Stuttgart ZIP 1998, 1275.
40 *Müller* NZG 2002, 797.
41 Beckmann/Matusche-Beckmann/*v. Rintelen* § 26 Rn. 275, 279, 283 ff.
42 LG Stuttgart ZIP 1998, 1275, 1280.
43 HDI AVB-WSR VH 558:08 § 4 Ziff. 4 stellt dies ausdrücklich klar.

des ihm persönlich übertragenen Amts hält. Der Ausschluss betrifft daher nicht die Haftpflichtansprüche aus der Leitung privater Unternehmungen des als Insolvenzverwalter tätigen Rechtsanwalts aus der Fortführung des insolventen Unternehmens, die dem Ziel dient, eine möglichst günstige Verwertung der Konkursmasse herbeizuführen.[44] Anders ist es, wenn der Berufsträger das Unternehmen wie ein Unternehmer mit dem Ziel der Gewinnerzielung und gerade nicht mit dem Ziel einer möglichst günstigen Verwertung der Masse weiterbetreibt.[45] Darunter fallen die grundlegenden Managemententscheidungen wie Produkt- und Angebotswesen,[46] siehe dazu ausführlich zur mitversicherten Insolvenzverwaltertätigkeit nach B Ziff. 1.1 BBR-RA Rn. 21 ff.

V. Wissentliche Pflichtverletzung, Ziff. 5

Ziff. 5 schließt Haftpflichtansprüche aus, wenn der Versicherungsnehmer eine wissentliche Pflichtverletzung begangen hat. Der Versicherer kann den Versicherungsschutz ausschließen bei Einzelanwälten und Personengesellschaften ohne Haftungsbeschränkung, § 51 Abs. 3 Nr. 1 BRAO. Bei der Rechtsanwalts-GmbH und AG und bei der PartG mbB ist dies im Umfang der Pflichtversicherung bis 2,5 Mio. nicht möglich, §§ 51a Abs. 1 Satz 2, 59j Abs. 1 im 2. HS 2 BRAO.

1. Überblick

31 Bei der wissentlichen Pflichtverletzung handelt es sich um einen subjektiven Risikoausschluss, der AGB-konform ist. Der Ausschluss und damit der Verlust des Versicherungsschutzes gilt auch für Scheinsozien. Wissentlichkeit bedeutet dolus directus 2. Grades hinsichtlich der Pflichtverletzung, was die Kenntnis der Pflicht als Pflichtbewusstsein voraussetzt. Keine Voraussetzung ist, dass der Berufsträger einen Dritten schädigen wollte. Die Wissentlichkeit als subjektives Element schließt man regelmäßig aus der äußeren Verletzungshandlung einer elementaren Grundpflicht, den Kardinalpflichten. Der Versicherer hat alle Tatbestandselemente der wissentlichen Pflichtverletzung darzulegen und zu beweisen. Die Feststellungen im Haftpflichturteil binden aber nicht das Gericht des Deckungsprozesses. Wenn Wissentlichkeit auch festgestellt ist, handelt es sich um überschießende Feststellungen.

32 Der Ausschluss wissentliche Pflichtverletzung in Ziff. 5 der AVB weicht von § 103 VVG ab. Dies ist möglich, da § 103 VVG dispositiv ist, § 112 VVG, und der Zweck der Vermögensschadenhaftpflichtversicherung nicht unterlaufen wird.[47] Der Ausschluss der wissentlichen Pflichtverletzung als solcher hält einer Wirksamkeits- und Inhaltskontrolle nach §§ 307 ff BGB stand.[48] Der Ausschluss wissentliche Pflichtverletzung ist nicht überraschend. Man kann von Steuerberatern, Wirtschaftsprüfern und auch Anwälten erwarten, dass sie Kenntnis von ihren berufsspezifischen Pflichten haben und sie einhalten. Das Berufsethos sollte sie von wissentlichen Verstößen abhalten. Die Regelung ist weder im Wortlaut noch im Regelungsgehalt unklar. Die Regelung weicht auch nicht vom gesetzlichen Leitbild ab. Die fehlende Schadenabsicht gleicht der Ausschluss dadurch aus, dass er nur bei Verstößen greift, die ihrer Art nach schadensgeneigt sind. Dies bleibt dem Versicherungsnehmer bei zutreffender Beurteilung seiner Pflichten nicht verborgen und den Verstoß muss er dann eben wissentlich begehen. Der Ausschluss rechtfertigt sich, weil der Versicherer in jedem Versicherungsvertrag ein mehr oder minder großes subjektives Risiko übernimmt. Eintritt und Umfang seiner Leistungspflicht sind in hohem Maße von dem

44 BGH VersR 1980, 353.
45 BGH VersR 1990, 191 zum Konkursverwalter.
46 *Diller* § 4 Rn. 26.
47 *Gräfe*/Brügge E Rn. 220.
48 BGH VersR 1991, 176 noch zum damaligen §§ 3,5,9 AGBGB zur Berufshaftpflichtversicherung eines Steuerberaters; BGH VersR 2001, 1103, 1104; HBAnw/*Chab* § 18 Rn. 70; *Späth* VersR 2000, 825, 826.

Verhalten des Versicherungsnehmers abhängig. Hiergegen muss er angemessen geschützt werden, wenn das übernommene Risiko tragbar und zumutbar bleiben soll. Dem dienen die gesetzlichen Vorschriften über die Herbeiführung des Versicherungsfalls, über die Gefahrerhöhung, die Schadenabwendungs- und Schadenminderungspflicht des Versicherungsnehmers sowie die ergänzenden Versicherungsbedingungen.[49]

Die wissentliche Pflichtverletzung beschränkt das subjektive Element auf die Wissentlichkeit hinsichtlich der Pflichtverletzung, aber nicht den Schadenerfolg, der nicht maßgeblich ist und sogar in bester Absicht erfolgen kann.[50] Der Ausschluss weicht in zweifacher Hinsicht von § 103 VVG ab. Zum einen stellt § 4 Ziff. 5 zu Gunsten des Versicherungsnehmers nur auf näher beschriebene Verstöße gegen konkrete Berufspflichten ab und lässt insoweit nicht einen bedingten Vorsatz genügen, sondern fordert direkten Vorsatz. Zum anderen muss der Versicherungsnehmer nicht den schädigenden Erfolg als möglich vorhergesehen und billigend in Kauf genommen haben.[51] Die fehlende Schädigungsabsicht wirkt zulasten des Versicherungsnehmers und zugunsten des Versicherers. 33

Bei der wissentlichen Pflichtverletzung gibt es drei Probleme: 34

Erstens: Es handelt sich um einen subjektiven Risikoausschluss. Der fehlende Versicherungsschutz knüpft an ein Verhalten des Versicherungsnehmers an, als anders bei den objektiven Risikoausschlüssen, bei denen es auf vorliegende Tatsachen ankommt. Der subjektive Ausschluss ist schwierig zu beurteilen, da der Versicherer die innere Tatsache der Wissentlichkeit bei dem Verstoß darlegen und beweisen muss, siehe zur Feststellung der Wissentlichkeit anhand von Fallgruppen § 4 Rn. 42f.

Zweitens: Die Feststellungen über eine mögliche wissentliche Pflichtverletzung im Haftpflichtprozess binden auch nicht den Deckungsprozess. Im Deckungsprozess ist die Wissentlichkeit selbstständig zu beurteilen, siehe dazu ausführlich Bindungswirkung und Trennungsprinzip zum Verschulden des Versicherungsnehmers § 3 Rn. 24 und § 4 Rn. 58.

Drittens: Die Regelungen zur wissentlichen Pflichtverletzung und Zurechnung sind grundlegend umstritten. Der Versicherungsschutz entfällt auch dann, wenn ein Scheinsozius und nicht nur ein Sozius wissentlich gehandelt hat, siehe dazu § 4 Rn. 49f.

2. Objektive und subjektive Voraussetzungen

Die wissentliche Pflichtverletzung enthält das objektive Element der Pflichtverletzung und das subjektive Element der Wissentlichkeit in Bezug auf die Pflichtverletzung.[52] Nicht erforderlich ist anders als bei § 103 VVG, dass der Versicherungsnehmer den Schaden will.[53]

Nach der Grundstruktur der wissentlichen Pflichtverletzungen müssen objektiv und subjektiv folgende Voraussetzungen vorliegen, damit der Versicherer leistungsfrei ist. 35

Objektive Voraussetzungen:
- Bestehen einer Pflicht des Berufsträgers
- Verletzung der Pflicht durch den Berufsträger
- Kausalität der Pflichtverletzung für den Schaden

Subjektive Voraussetzungen:
- Bewusstsein des Berufsträgers, dass die konkrete Pflicht besteht
- Wissen des Berufsträgers, dass er die konkrete Pflicht mit seiner Handlung verletzt

---

49 BGH VersR 1965, 703, 704.
50 BGH NJW-RR 1991, 145; OLG Köln VersR 2009, 58.
51 BGH r + s VersR 2001, 408.
52 OLG Düsseldorf VersR 2000, 447.
53 BGH r + s 1991, 45; OLG Koblenz VersR 1980, 643; *Späth* VersR 2000, 825, 826.

a) Objektive Elemente: Pflichtverletzung, Verletzungshandlung und Kausalität, Ziff. 5 Satz 1

Zur objektiven Pflichtverletzung muss im Einzelnen bestehen:

aa) Abweichen von Vorschriften und Weisungen des Auftraggebers oder sonstige Pflichtverletzung, Ziff. 5 Satz 1

36 Nach Ziff. 5 Satz 1 verletzt der Berufsträger eine Pflicht, wenn er von Gesetz, Vorschrift, Anweisung oder Bedingung des Auftraggebers wissentlich abweicht oder eine sonstige Pflichtverletzung wissentlich begeht. Die Aufzählung ist exemplarisch und beinhaltet zwei grundsätzliche Punkte. Erstens, wenn der Berufsträger von einer objektiv bestehenden Berufspflicht oder einer sonstigen in Gesetz oder Vorschrift bestehenden Pflicht abweicht. Zweitens, wenn der Berufsträger von einer Anweisung oder Bedingung des Auftraggebers abweicht oder sich in sonstiger Weise fehlverhält.

37 Das „Abweichen von Gesetz/Vorschrift" umfasst nicht nur die Hauptpflichten, sondern auch ungeschriebene Nebenpflichten des Versicherungsnehmers.[54] Nebenpflichten können gerade die elementaren, jedem Berufsträger bekannten Pflichten sein. Der Umfang der Pflichten eines Anwalts richtet sich grundsätzlich danach, wie weit seine Befugnis als Berater und Vertreter in allen Rechtsangelegenheiten reicht, § 3 BRAO. Grundsätzlich hat er den Mandanten zu informieren, aufzuklären, rechtlich zu beraten und zu vertreten. Dafür hat er seine Kanzlei zu organisieren, verschwiegen zu sein und weitere anwaltliche Pflichten einzuhalten; § 43a BRAO, der die Grundpflichten in Verbindung mit der BORA regelt. Die Pflichten und Pflichtverletzungen können sich aber nur ganz konkret aus dem Mandat ergeben. Der konkrete Mandatsbezug fehlt regelmäßig, wenn der Berufsträger seine Kanzlei allgemein nicht richtig organisiert, z.B. die Handakten nicht ordentlich führt oder einfach keinen optimalen Büroablauf hat, der Fehler verhindern würde. Man darf keinesfalls von jedem objektiven Fehlverhalten auf das subjektive Element der „Wissentlichkeit" schließen.

38 Der Anwalt hat die Weisungen des Mandanten zu beachten und zu befolgen, da der Anwalt der Beauftragte ist und der Mandant das Erfolgs- und Kostenrisiko trägt.[55] Der Anwalt darf grundsätzlich nur dann abweichen, wenn Unerlaubtes, Unredliches, rechtlich Unzulässiges oder Aussichtsloses verlangt wird. Er ist damit an die Weisungen gebunden.[56] Weisung ist eine einseitige Anordnung des Auftraggebers, die dem Beauftragten Gegenstand und Art und Weise seines Tuns vorschreibt.[57] Eine wissentliche Pflichtverletzung besteht selbst dann, wenn der Anwalt die Anweisung für schädlich hält und meint, dass er durch sein abweichendes Verhalten einen Vorteil für den Mandanten erzielt. Wenn der Anwalt anderer Meinung ist, sollte er mit dem Mandanten sprechen und versuchen, den Mandanten zu überzeugen einen anderen Weg einzuschlagen.[58] Dies ergibt sich auch schon aus § 666 BGB. Der Anwalt kann aber dann abweichen, wenn er den Umständen nach annehmen darf, dass der Auftraggeber bei Kenntnis der Sachlage die Abweichung billigen würde, § 665 BGB. Dabei ist aber zu berücksichtigen, dass sich der Anwalt nicht einfach über die Weisungen des Mandanten als Auftraggeber hinwegsetzen darf. Es reicht gerade das Wissen aus, dass er eine Weisung missachtet.

---

54 OLG Hamm ZfSch 1995, 382; *Späth* VersR 2000, 825.
55 Borgmann/*Jungk*/Schwaiger § 16 Rn. 143.
56 BGH VersR 1958, 526.
57 LG Göttingen MDR 2009, 1075.
58 BGH VersR 1991, 176, 178; *Gräfe*/Brügge E Rn. 248.

bb) Kausalität zwischen Pflichtverletzung und Schaden

Voraussetzung für den Ausschluss ist, dass der Anwalt die konkrete Pflicht verletzt hat und sie kausal zum Vermögensschaden geführt hat. Die Kausalität wird nicht dadurch unterbrochen, dass der derselbe Schaden nicht nur durch eine wissentliche Pflichtverletzung, sondern möglicherweise auch durch weitere, nicht wissentliche Pflichtverletzungen mitverursacht worden ist, siehe auch Zusammentreffen von fahrlässiger und wissentlicher Pflichtverletzung § 4 Rn. 59. Andernfalls könnte sich der Versicherungsnehmer dadurch entlasten und den Versicherungsschutz erhalten, dass er darauf verweist, neben der wissentlichen Pflichtverletzung fahrlässig gehandelt zu haben. Es wäre sinnwidrig den sorglosen Versicherungsnehmer besser zu stellen als denjenigen, der lediglich eine wissentliche Pflichtverletzung begangen hat.[59] Kausalität liegt vor, wenn die wissentlich verheimlichte Provisionsaussicht Ursache dafür ist, dass ein Steuerberater seinen Mandanten unzureichend berät und der Mandant daraufhin die falsche Geldanlageentscheidung trifft.[60] Gleiches gilt, wenn der Anwalt ein eigenes wirtschaftliches Interesse an einem Investmentgeschäft verheimlicht, zu dem er anwaltlich beraten soll.[61] 39

b) Subjektive Elemente

Die subjektiven Elemente im Einzelnen: 40

Das Pflichtbewusstsein ist die Kenntnis der Umstände, die der Berufsträger konkret erfüllen muss. Die Kenntnis bezieht sich aber nicht auf Erinnerungen oder Tatsachen, die ein Dritter dem Berufsträger irgendwann mitgeteilt hat.[62] Am Pflichtbewusstsein fehlt es deshalb, wenn Dritte den Berufsträger auf eine bestimmte Rechtslage und daraus folgenden Pflichten hinweisen. Es besteht dann aber Pflichtbewusstsein, wenn der Berufsträger sich die Hinweise des Dritten zu eigen macht.[63]

Das Pflichtverletzungsbewusstsein ist das Wissen, dass der Berufsträger mit seiner Handlung die konkrete Pflicht verletzt, nicht aber Schädigungswille oder -wissen.[64] Wissentlichkeit bei der Pflichtverletzung bedeutet dolus directus 2. Grades, auch direkter Vorsatz oder Handeln wider besseren Wissens genannt. Nicht ausreichend ist dolus eventualis, bedingter Vorsatz, oder auch jede Form der Fahrlässigkeit, z.B. wenn der Versicherungsnehmer es nur für möglich hält, dass er mit seinem Verhalten eine Pflicht verletzen würde. Ebenso wenig spielen gute oder böse Absichten eine Rolle. Maßgeblich ist allein das Wissen um die Pflichtverletzung. Die Spannbreite ist groß. Beispielhaft liegt noch keine Wissentlichkeit vor, wenn ein Steuerberater selbst einen sogar nach seiner Ansicht nach „geradezu abenteuerlichen“ Treuhandvertrag für den Mandanten entwirft.[65] Wissentlichkeit soll wiederum vorliegen, wenn der Berufsträger „die Augen vor sich aufdrängenden Bedenken verschlossen hat“.[66] 41

3. Fallgruppen

Der Versicherer hat die Darlegungs- und Beweislast für das Vorliegen des subjektiven Risikoausschlusses der wissentlichen Pflichtverletzung.[67] Er muss hier anders als bei den objektiven 42

59 LG Köln v. 28. 6. 2012 – 24 O 53/12 – juris Tz. 70.
60 BGH VersR 1991, 176.
61 LG Stuttgart v. 12.12.1989 – 17 O 279/89 bei *Gräfe*/Brügge E Rn. 289.
62 BGH r + s 1989, 45.
63 HBAnw/*Chab* § 18 Rn. 71; OLG Saarbrücken VersR 1992, 994.
64 OLG Karlsruhe LS 1 VersR 2017, 1389.
65 OLG Hamm r + s 1996, 16.
66 OLG Düsseldorf v. 8.11.1988 – 4 U 238/87 bei *Gräfe*/Brügge E Rn. 288.
67 OLG München LS 2 VersR 2016, 1183.

Ausschlüssen aber nicht nur die Pflichtverletzung des Berufsträgers nachweisen, sondern auch dessen innere Einstellung, die Wissentlichkeit. Der Berufsträger kann absichtlich eine Frist versäumen oder auch nur fahrlässig. Äußerlich ist es das gleiche Ergebnis. Um dem zu entgehen, muss der Versicherer bei einer Verletzung elementarer Berufspflichten durch den Versicherungsnehmer jedoch zunächst nur einen Sachverhalt vortragen, der auf die Wissentlichkeit der Pflichtverletzung hindeutet.[68]

43 Man nimmt dann eine wissentliche Pflichtverletzung an, wenn der Berufsträger das Primär- und Elementarwissen seines Berufs außer Acht gelassen hat.[69] Er muss eine Kardinalpflicht verletzt haben. Abzugrenzen ist von den fahrlässigen Pflichtverletzungen, die in jedem Mandatsverhältnis unterlaufen können. Keine wissentliche Pflichtverletzung liegt vor, wenn der Berufsträger oberflächlich arbeitet oder seine Kanzlei schlampig oder mangelhaft organisiert.[70] Ein völlig einwandfreies Arbeiten kann man nicht voraussetzen, andernfalls würde jede Pflichtverletzung zum Ausschluss des Versicherungsschutzes führen.[71] Wiederholte und dauerhafte Versäumnisse sprechen dann aber eher dafür, dass der Berufsträger sie wissentlich und nicht fahrlässig begangen hat.[72]

Man bildet Fallgruppen, die sich an den grundlegenden Pflichten eines Berufsträgers orientieren:

a) Fristenkontrolle und Kanzleiorganisation

44 Grundsätzlich gilt, dass ein Berufsträger eine Frist fahrlässig oder grob fahrlässig versäumt. Ein Anwalt darf regelmäßig erwarten, dass einem ersten Antrag auf Verlängerung der Berufungsbegründungsfrist stattgegeben wird, wenn er einen erheblichen Grund vorträgt. Erst bei weiteren Anhaltspunkten ist davon auszugehen, dass der Berufsträger wissentlich gehandelt hat. Anhaltspunkt hierfür kann sein, dass der Berufsträger die Fristen bewusst mangelhaft kontrolliert.[73] Wenn der Berufsträger keine Mitteilungen mehr bekommen kann, weil z.B. das Faxgerät kaputt ist, verliert er erst dann den Versicherungsschutz, wenn er weiß, dass er für Mandanten und Behörden nicht erreichbar ist und er trotzdem untätig bleibt.[74] Keine wissentliche Pflichtverletzung liegt vor, wenn der Berufsträger kein Postausgangsbuch führt[75] oder ein Notar seine Akten nicht ordnungsgemäß führt. Im Zweifel gilt keine wissentliche Pflichtverletzung, wenn der Fehler auch bei ordnungsgemäßer Aktenführung hätte passieren können.[76]

b) Arbeitsüberlastung

45 Wenn der Berufsträger überlastet ist und Fristen versäumt oder den Fall nicht bearbeitet, kann man nicht von vornherein Wissentlichkeit unterstellen, weil er die Termine schlichtweg vergessen haben könnte. Erst dann, wenn er tatsächlich weiß, dass Fristen ablaufen und er dennoch untätig bleibt, handelt er wissentlich.[77] Der Berufsträger entscheidet sich damit bewusst, die Fälle nicht zu bearbeiten. Wie auch sonst ist eine Aussage, dass der Berufsträger geprüft hat,

---

68 OLG Karlsruhe LS 2 VersR 2017, 1389.
69 OLG Hamm VersR 2007, 1550 zur Architektenhaftung.
70 OLG Frankfurt NVersZ 2001, 42; BGH VersR 1986, 647, 648; Fahrendorf/*Mennemeyer* Rn. 2628; Beckmann/Matusche-Beckmann/*v. Rintelen* § 23 Rn. 319.
71 OLG Stuttgart NVersZ 1999, 337; BGH VersR 1979, 1121.
72 OLG Düsseldorf GI 2009, 174; Fallgruppen bei *Gräfe*/Brügge E Rn. 239 ff.
73 BGH BeckRS 2017, 114181; *Späth* VersR 2000, 825.
74 *Diller* § 4 Rn. 57a.
75 OLG Stuttgart NVersZ 1999, 337.
76 OLG Hamm VersR 1987, 802.
77 *Gräfe*/Brügge E Rn. 236.

obwohl er es nicht gemacht hat, eher wissentlich geschehen. Es muss aber dazu kommen, dass der Mandant auf die Prüfung vertraut, um die erforderliche Kausalität herzustellen. Wissentlichkeit liegt vor, wenn der Anwalt nicht die Akten sichtet, um die Verjährung zu prüfen, weil er überfordert ist und keine Zeit mehr hat.[78] Dies gilt auch, wenn der Anwalt die Sache verjähren lässt, weil es sich nach eigenem Vortrag um eine schwierige oder unmögliche Rechtslage handelt.[79] Man kann hier aber auch Fahrlässigkeit wegen Überforderung annehmen.[80] Der Berufsträger darf jedenfalls nicht auf wiederholte Fristverlängerungen von Kollegen oder des Gerichts vertrauen, soweit hierfür keine objektiven Gründe vorliegen.[81] Ein Berufsträgers handelt wissentlich, wenn er darauf vertraut, dass die übliche Praxis eines Gerichts weiterhin besteht, dass in der Früh angekommene Briefe mit dem Posteingangsstempel des Vortags versehen werden.[82]

c) Säumnis

Wissentlichkeit kommt auch in Betracht, wenn der Berufsträger weiß er hat einen Fehler gemacht, will ihn aber nicht korrigieren, weil er hofft, dass der Mandant den Fehler nicht erkennt oder kein Schaden eintritt.[83] Bei Versäumnisurteilen ist zu differenzieren. Wenn der Anwalt bewusst das Urteil hinnimmt, um in der Berufung seinen Fehler wieder gutmachen zu können, liegt keine wissentliche Pflichtverletzung vor.[84] Sie liegt dagegen vor, wenn der Anwalt seinen Mandanten über ein Versäumnisurteil nicht unterrichtet und er auch den zweiten Gerichtstermin nach dem Versäumnisurteil bewusst nicht wahrnimmt. Er verletzt fundamentale Berufspflichten.[85] 46

d) Abweichen von Weisungen und Gesetz

Der Anwalt hat die Weisungen des Mandanten zu beachten und zu befolgen. Der Mandant trägt das Erfolgs- und Kostenrisiko, siehe oben § 4 Rn. 37f. Der Anwalt ist deshalb an die Weisungen des Mandanten als Auftraggeber gebunden. Eine wissentliche Pflichtverletzung besteht dann, wenn der Anwalt prozessual weiter vorgeht, obwohl der Mandant es in Verbindung mit dem Rechtsschutzversicherer davon abhängig gemacht hat, dass er keinerlei Kostennachteile hiervon hat.[86] Keine wissentliche Pflichtverletzung liegt vor, wenn der Anwalt längere Zeit untätig ist. Sie liegt erst dann vor, wenn der Mandant konkret auffordert, tätig zu werden, und der Anwalt die Frist versäumt, obwohl er wusste, dass seine weitere Untätigkeit gerade das Fristversäumnis bedeutet.[87] Keine Wissentlichkeit liegt vor, wenn ein Steuerberater Belege bucht, ohne die dahinterstehenden Vorgang zu kennen. Es müssen weitere Anhaltspunkte hinzukommen.[88] Wissentlichkeit liegt vor, wenn der Anwalt es weisungswidrig unterlässt für den Mandanten den Termin für eine Zwangsversteigerung eines Grundstücks wahrzunehmen. Nicht relevant ist, dass er rechtsirrig meinte, dass kein Schaden entstehen kann. Erst wenn er sich mit dem Mandanten darüber abgestimmt hätte, wäre seine rechtsirrige Meinung ein wieder versicherter fahrlässiger 47

78 OLG Köln r + s 2001, 58.
79 LG Düsseldorf VersR 1980, 81.
80 OLG Karlsruhe VersR 2010, 940.
81 OLG Saarbrücken BRAK-Mitt. 2008, 162.
82 OLG Koblenz VersR 1980, 643.
83 *Therstappen* AnwBl 2014, 182, 183.
84 *Diller* § 4 Rn. 60.
85 OLG Köln r + s 2012, 172.
86 *Diller* § 4 Rn. 52.
87 *Gräfe*/Brügge E Rn. 241.
88 OLG Düsseldorf GI 2009, 100.

Verstoß gewesen.[89] Der Berufsträger weicht nicht von einer Weisung ab, wenn der Mandant ihn wiederholt mahnt, endlich zu arbeiten. Der Versicherungsschutz entfällt deshalb auch dann nicht, wenn die Verjährung eintritt. Es handelt sich um keine konkrete Anweisung.[90] Man kann aber die Wissentlichkeit darin sehen, dass er die Verjährung als Kardinalpflicht nicht geprüft hat.[91]

e) Fehler bei Zahlungsvorgängen

48 Der Anwalt hat die Pflicht, fremde Gelder unverzüglich an den Empfangsberechtigten weiterzuleiten oder auf ein Anderkonto einzuzahlen, § 43a Abs. 5 Satz 2 BRAO. Wissentlichkeit liegt vor, wenn der Berufsträger Gelder statt auf einem dafür eingerichteten Sonderkonto selbst vereinnahmt und diese Gelder an andere Gläubiger/Mandanten weitergibt.[92] Wissentlichkeit liegt auch vor, wenn der Berufsträger Gerichtskosten deshalb verspätet einzahlt, weil er den vom Mandanten überwiesenen Gerichtskostenvorschuss bewusst und zweckwidrig zunächst für sich selbst verwendet. Es handelt sich schon um Untreue.[93] Wissentlichkeit liegt vor, wenn ein Rechtsanwalt ihm treuhänderisch überlassene Gelder falsch auszahlt, wenn er die konkrete Verpflichtung kennt und weiß, dass er sich entgegen der Verpflichtung verhält.[94] Keine Wissentlichkeit liegt vor, wenn der Anwalt Eigen- und Fremdgeld vermischt und für eigene Zwecke von dem Konto Geld abhebt. Er handelt nicht wissentlich gegenüber den Mandanten, die Ansprüche auf das Geld haben.[95] Zahlungen vor Fälligkeit sind nicht ohne weiteres als wissentliche Pflichtverletzung zu werten.[96]

4. Folgen der wissentlichen Pflichtverletzung, Ziff. 5 Satz 2 und Satz 3

Wenn eine wissentliche Pflichtverletzung vorliegt, ist bei den Folgen zwischen den Organisationsformen zu unterscheiden. Ziff. 5 Satz 2 regelt die Folgen bei einer Sozietät/einfachen Partnerschaft und Satz 3 bei den Berufsträgergesellschaften.

Überblick: In einer Sozietät verliert nach Satz 2 nicht nur der Sozius als Versicherungsnehmer den Versicherungsschutz, der die Pflichtverletzung begangen hat, sondern auch seine anderen Sozien. Dies gilt auch für Scheinsozien, siehe dazu § 4 Rn. 49. Nach Satz 2 i.V.m. § 7 III 2 bleibt der Versicherungsschutz aber bestehen, wenn ein angestellter Anwalt ohne Außenauftritt, das Büropersonal oder ein freier Mitarbeiter die wissentliche Pflichtverletzung begangen hat. Der Versicherer kann aber bei ihm Regress nehmen. Die Sozietät selbst verliert den Versicherungsschutz, wenn einer der Sozien/Partner die wissentliche Pflichtverletzung begangen hat, da man nach Teil 1.2 B das Fehlverhalten der Sozien/Partner der Gesellschaft zurechnet. Die Berufsträgergesellschaft verliert den Versicherungsschutz, wenn man ihr das Fehlverhalten zurechnen kann, Ziff. 5 Satz 3 i.V.m. § 1 III, speziell zur Rechtsanwalts-GmbH siehe das Deckungskonzept, bei dem die wissentliche Pflichtversicherung mitversichert ist, § 1 Rn. 424ff.

---

89 *Gräfe*/Brügge E Rn. 263.
90 BGH VersR 2001, 1103, 1105; *Diller* § 4 Rn. 53.
91 *Gräfe*/Brügge E Rn. 252, 256.
92 LG Duisburg Urt. v. 24.9.1980 – 3 O 275/80 bei *Gräfe*/Brügge E Rn. 269.
93 LG Saarbrücken Urt. v. 22.3.2006 – 14 O 157/05 bei *Gräfe*/Brügge E Rn. 271.
94 OLG Kiel JRPV 1932, 135; schon etwas ältere Rspr., aber im Grundsatz anwendbar.
95 OLG Düsseldorf BeckRS 2008, 25292.
96 OLG Karlsruhe OLGR 2003, 182.

a) Berufsausübungsgemeinschaften, Ziff. 5 Satz 2

aa) Sozien/Scheinsozien

Nach dem Wortlaut von Ziff. 5 Satz 2 behält der Sozius als Versicherungsnehmer den Versicherungsschutz, wenn nicht er selbst und auch nicht ein anderer Sozius/Scheinsozius die wissentliche Pflichtverletzung begangen hat. Versicherungsschutz besteht daher, wenn ein Angestellter die wissentliche Pflichtverletzung begangen hat. Der Versicherer leistet gegenüber dem Geschädigten und kann bei dem Angestellten, der wissentlich gehandelt hat, nach Ziff. 5 Satz 2 i.V.m. § 7 III Ziff. 2 Regress nehmen. 49

Unter den Begriff Sozius fällt auch der Scheinsozius. Der Scheinsozius wird damit einem Sozius gleichgestellt und der Versicherungsschutz entfällt nach Ziff. 5 Satz 2, § 1 II Ziff. 3. Grund für die Gleichstellung des Scheinsozius mit einem Sozius ist die Definition des Begriffs Sozius in § 1 II Ziff. 1. Wenn der Anwalt nach außen hin als Sozius auftritt, gilt er als Sozius nach den AVB-RSW. Der BGH hat zum Ausschluss der Veruntreuung entschieden, dass die Ausschlussklausel auch für Scheinsozien gilt.[97] Die Regelung ist mit den wesentlichen Grundgedanken des § 51 Abs. 3 BRAO vereinbar. Sie schützt den Versicherer und die Gemeinschaft der Versicherten vor unkalkulierbaren Risiken. Sie höhlt den Vertragszweck nicht aus, da das primäre Leistungsversprechen, die Haftung aus anwaltlicher Tätigkeit zu decken, unangetastet bleibt.[98] Das OLG München hatte dagegen zu einem älteren Bedingungswerk zur Veruntreuung entschieden, dass die Klausel überraschend ist und Scheinsozien unangemessen benachteiligt, §§ 305c Abs. 1, 307 Abs. 2 Nr. 1 und Nr. 2 BGB.[99]

Auch der unterschiedliche Wortlaut der Ausschlüsse Veruntreuung und wissentliche Pflichtverletzung in der BRAO macht es nicht erforderlich, dass die Scheinsozien ihren Versicherungsschutz behalten. Bei der wissentlichen Pflichtverletzung lautet die Regelung in § 51 Abs. 3 Nr. 1 BRAO *„Ausschluss der wissentlichen Pflichtverletzung"*. Bei der Veruntreuung in § 51 Abs. 3 Nr. 5 BRAO sind zusätzlich die Personen aufgeführt, auf die sich der Ausschluss bezieht wie *„Personal, Angehörige oder Sozien des Rechtsanwalts"*. Daraus könnte man ableiten, dass nur derjenige keinen Versicherungsschutz hat, der auch die wissentliche Pflichtverletzung begangen hat und der Versicherungsschutz ansonsten bestehen bleibt. Bei Sozien ist aber unstrittig, dass der Versicherungsschutz für alle Sozien und auch Scheinsozien entfällt. Die Zurechnungsklausel nach § 1 II Ziff. 3 besteht aufgrund der gemeinschaftlichen Berufsausübung der Sozien und der gesamtschuldnerischen Haftung nach § 52 Abs. 2 Satz 1 BRAO. Diese Überlegung gilt gerade auch für Scheinsozien. Sie haften ebenfalls gesamtschuldnerisch aufgrund der gemeinschaftlichen Berufsausübung. Darüber besteht nach Ziff. 5 gerade der Versicherungsschutz auch weiterhin für die Sozien/Scheinsozien, wenn ein Angestellter die wissentliche Pflichtverletzung begangen hat, § 4 Ziff. 5 Satz 2 i.V.m. § 7 III Ziff. 2. Die nach dem Wortlaut des § 51 Abs. 3 unterschiedlich formulierten Risikoausschlüsse „wissentliche Pflichtverletzung" und „Veruntreuung" sind damit in den AVB-RSW notwendig und hinreichend differenziert. 50

bb) Sozietät/einfache Partnerschaft

Der Versicherungsschutz der Sozietät/Partnerschaft ist gleichfalls über Ziff. 5 Satz 2 geregelt, wenn sie selbst Versicherungsnehmerin ist. Der Versicherungsschutz entfällt, wenn einer der Sozien/Scheinsozien wissentlich gehandelt hat. Wenn die Sozietät/Partnerschaft nicht Ver- 51

97 BGH NJW 2011, 3718.

98 BGH mit Anm. *Juretzek* DStR 2011, 2068.

99 OLG München NJW-RR 2008, 1560; rechtskräftig, weil die Revision nicht zugelassen und eine Nichtzulassungsbeschwerde aufgrund der zu hohen Wertgrenze nicht statthaft war.

sicherungsnehmerin ist, weil sie selbst nicht Berufsträgerin im Umfang der Pflichtversicherung sein kann, erfolgt die Zurechnung über B Teil 1.2. Sie verliert den Versicherungsschutz, wenn einer der Sozien/Partner die wissentliche Pflichtverletzung begangen hat, da man nach B Teil 1.2 das Fehlverhalten der Sozien/Partner der Gesellschaft zurechnet, siehe B Teil 1.2 Rn. 12ff.

b) Berufsträgergesellschaften, Ziff. 5 Satz 3

52 Nach Ziff. 5 Satz 3 bleibt die Regelung des § 1 III unberührt. Nach § 1 III Ziff. 2 behält die Berufsträgergesellschaft den Versicherungsschutz, wenn einer ihrer Angestellten wissentlich gehandelt hat. Nach der Definition in § 1 III Ziff. 2 in der Klammer entfällt der Versicherungsschutz dann, wenn Organe, Geschäftsführer, Gesellschafter von Personengesellschaften oder auch Partner wissentlich gehandelt haben. Dabei behält die Berufsträgergesellschaft den Versicherungsschutz, wenn ein angestellter Anwalt gehandelt hat. Angestellter ist nach § 1 III Ziff. 2 der Angestellte, unabhängig davon, ob er als Angestellter nach außen hin gekennzeichnet ist oder nicht. Eine fehlende Kennzeichnung führt nicht dazu, dass er den Rechtsschein setzt, dass er als Geschäftsführer/Gesellschafter handelt, siehe zum Begriff des Angestellten in einer Rechtsanwalts-GmbH § 1 Rn. 277.

53 Bei Steuerberatern/Wirtschaftsprüfern behält die anerkannte Beratungs- oder Prüfgesellschaft den Versicherungsschutz nur dann, wenn ein angestellter Steuerberater/Wirtschaftsprüfer ohne Außenauftritt gehandelt hat, also nicht ein Scheinpartner wissentlich gehandelt hat. Dies ergibt sich aus dem Begriff des Partners, der auch Scheinpartner umfasst, was § 1 II in Ziff. 1 und Ziff. 2 für alle Organisationsformen definiert, siehe zum Begriff des Angestellten in einer anerkannten Steuerberatungs- oder Prüfgesellschaft § 1 Rn. 278.

5. Abwehranspruch bis zur rechtskräftigen Feststellung der Wissentlichkeit, Ziff. 5 Satz 3

54 Nach Ziff. 5 Satz 3 bietet der Versicherer ausdrücklich Abwehrschutz bei dem Vorwurf der wissentlichen Pflichtverletzung. Wird der Vorwurf der wissentlichen Pflichtverletzung erhoben, besteht Versicherungsschutz in Form der Abwehr unberechtigter Schadenersatzansprüche. Erbrachte Leistungen sind zu erstatten, wenn die wissentliche Pflichtverletzung rechtskräftig festgestellt wird. Der Versicherungsschutz wird damit erweitert. Grundsätzlich gilt, dass der Abwehranspruch gegen den Versicherer entsteht, wenn auch nur „die entfernte Möglichkeit" besteht, dass der Berufsträger aus dem unter das versicherte Risiko fallenden und behaupteten Tatbestand in Anspruch genommen wird,[100] siehe dazu ausführlich § 3 Rn. 33. Wenn der behauptete Tatbestand eine wissentliche Pflichtverletzung bedeutet, hat der Versicherer ohne die Klausel keinen Abwehrschutz zu leisten. Die Klausel soll aber nicht dazu verleiten, dass er allgemein sorglos handelt. Daher sind nach Ziff. 5 Satz 3 die Vorleistungen des Versicherers zurückzuerstatten, wenn die wissentliche Pflichtverletzung feststeht. Um Streit zu vermeiden, wann sie vorliegt, ist eine gerichtliche Entscheidung darüber erforderlich. Praktisch bedeutet es, dass der Versicherungsnehmer nur dann die Leistungen zurückzuerstatten hat, wenn der Versicherer einen Deckungsstreit gewinnen sollte. Das Haftpflichturteil wird selten Wissentlichkeit feststellen, da der Berufsträger schon bei Fahrlässigkeit haftet. Daneben würde die Feststellung „überschießend" sein und das Gericht im Deckungsprozess nicht binden, siehe zur fehlenden Bindungswirkung bei Wissentlichkeit § 4 Rn. 58.

55 Der Versicherer hat Sicherheit zu leisten, um die Vollstreckung abzuwehren, § 3 II Ziff. 6. Dies führt dazu, dass der Versicherer auch das Insolvenzrisiko des Versicherungsnehmers über-

100 OLG Hamm NJW-RR 1992, 477; OLG Koblenz VersR 1979, 830; BGH VersR 1957, 212.

nimmt, wenn der Versicherungsnehmer die Sicherheitsleistung als Teil der vorgestreckten Abwehrkosten nicht zurückzahlen kann, was gerade dann der Fall sein wird, wenn er rechtskräftig aufgrund einer dann nicht versicherten wissentlichen Pflichtverletzung verurteilt wird, siehe dazu § 3 Rn. 120.

6. Prozessuales

Prozessual gelten die allgemeinen Regeln zur Darlegungs- und Beweislast für den subjektiven Risikoausschluss und auch zur Bindungswirkung des Haftpflichturteils für den Deckungsprozess.

a) Beweislast

Bei der wissentlichen Pflichtverletzung muss der Versicherer alle objektiven und subjekti- 56
ven Merkmale des Risikoausschlusses darlegen und beweisen. Er muss die objektiven Merkmale darlegen wie Bestehen der Pflicht, Verletzen der Pflicht, Kausalität der Pflichtverletzung für den Schaden und die subjektiven Merkmale wie Bewusstsein des Anwalts, dass die konkrete Pflicht besteht und Wissen des Anwalts, dass er die konkrete Pflicht mit seiner Handlung verletzt.[101] Der Versicherungsnehmer kann im Deckungsprozess entweder einwenden, dass er die konkrete Pflicht nicht gekannt hat oder dass er kein Pflichtverletzungsbewusstsein gehabt hat.[102] Prozessual führt diese Differenzierung dazu, dass der Berufsträger sich nicht widersprüchlich verteidigen kann. Er kann sich nicht damit verteidigen, er kannte einerseits die Pflicht nicht, aber er hat andererseits gemeint, dass er die Pflicht mit seiner konkreten Handlung nicht verletzt oder auch erfüllt hat.[103] Der Versicherungsnehmer kann sich auch nicht damit entlasten, dass er den Schadeneintritt nur für möglich gehalten hat oder ihn gar nicht wollte, ebenso wenig, dass er dem Mandanten mit seinen Handlungen nur helfen wollte. Es handelt sich um keine Tatbestandsmerkmale der wissentlichen Pflichtverletzung.[104]

Die subjektiven Elemente Pflichtbewusstsein und Wissen um die Pflichtverletzung kann 57
man als inneres Motiv des Berufsträgers nur aus den äußeren Gesamtumständen schließen. Es gibt keinen Anscheinsbeweis für innere Vorgänge, weil dazu keine Erfahrungssätze vorhanden sind.[105] Die Rechtsprechung nimmt aber wohl zumindest eine sekundäre Beweislast des Berufsträges bei wissentlicher Pflichtverletzung an, um hier die Beweisfrage besser lösen zu können.[106] Zunächst hat der Versicherer alle Tatsachen darzulegen, die als Indiz auf die wissentliche Pflichtverletzung deuten. Nicht erforderlich ist es daher, dass der Berufsträger von vornherein darlegen muss, warum er sich falsch verhalten hat.[107] Der Berufsträger muss nur nach dem Vortrag des Versicherers plausibel und nachvollziehbar darlegen, warum dies im konkreten Fall keine wissentliche Pflichtverletzung war. Dem Versicherer obliegt es dann wiederum, dies zu widerlegen. Zunächst hat der Versicherer daher darzustellen, ob der Berufsträger den Sachverhalt und die Risiken erkannte, auch anhand seiner Berufserfahrung und seinem Fachwissen. Zu klären sind darüber hinaus, welche Motive der Berufsträger hatte und ob er sich nicht alltäglich und üblich verhalten hatte. Indizien für eine wissentliche Pflichtverletzung sind, wie schwerwiegend und atypisch die Pflichtverletzung war. Er muss eine Kardinalpflicht verletzt haben,

101 BGH VersR 1991, 176; BGH VersR 2001, 1103, 1105; OLG Hamm NJW-RR 1995, 1431.
102 *Therstappen* AnwBl 2014, 182, 184.
103 *Diller* § 4 Rn. 47.
104 BGH VersR 1991, 177; OLG Hamm VersR 2000, 483; *Diller* § 4 Rn. 62.
105 Bei § 103 VVG ist kein prima-fache Beweis möglich nach BGH NJW 1988, 2040, 2041; OLG Hamm VersR 1986, 567; OLG Köln VersR 1994, 339 f; MüKoVVG/*Littbarski* § 103 Rn. 60 mit Nachweisen in Rspr. und Lit.
106 *Lehmann* r + s 2016, 1, 9; KG VersR 2007, 1076, 1078.
107 BGH VersR 2015, 181.

z.B. das Fehlen jeglicher Reaktion auf ein zugegangenes Versäumnisurteil. Hier ist bei einem Verstoß gegen elementare Pflichten nur direkter Vorsatz denkbar.[108] Wenn der Berufsträger eine Kardinalpflicht verletzt hat, muss der Berufsträger darlegen, warum er die Pflicht nicht gekannt hat.[109] Wenn die Lebenserfahrung dafür spricht, dass der Berufsträger die Umstände als rechtswidrig erkennen musste, hat der Versicherer keine weitere Beweislast. Der Berufsträger muss dann regelmäßig weiter nachweisen, dass er aus besonderen Gründen zu dieser Einsicht nicht fähig war.[110] Gleiches dürfte auch gelten, wenn der Anwalt Weisungen seines Mandanten offensichtlich ignoriert, sie missachtet oder gegen sie handelt. Der Tatrichter hat die Aufgabe die Tatsachen zu würdigen. Konkret muss er entscheiden, ob der Vortrag des Versicherers ausreichend ist, dass man als Indiz von einer wissentlichen Pflichtverletzung ausgehen kann und ob der Gegenvortrag des Berufsträgers ausreichend ist, dass er gerade nicht wissentlich gehandelt hat.

b) Bindungswirkung des Haftpflichturteils

58 Bindungswirkung des Haftpflichturteils für den Deckungsprozess besteht nur, soweit Voraussetzungsidentität vorliegt. Die Verschuldensform ist für die Haftung regelmäßig nicht entscheidungserheblich.[111] Der Berufsträger haftet sowohl bei einem fahrlässigen als auch vorsätzlichem Verstoß. Der Versicherer kann daher immer Wissentlichkeit im Deckungsprozess vortragen, wenn das Gericht im Haftpflichturteil Fahrlässigkeit festgestellt hat. Wenn das Urteil die Wissentlichkeit offenlässt oder nicht erörtert, ist dies nicht bindend. Das Gleiche gilt, wenn das Gericht feststellt, dass eine wissentliche Pflichtverletzung nicht hinreichend feststellbar ist. Die Urteilsausführungen sind „überschießend“ und deshalb für den Deckungsprozess nicht maßgeblich.[112] Nach anderer Ansicht besteht die Bindungswirkung, wenn im Haftpflichtprozess der Vorsatz verneint worden ist. Allerdings ging es hier darum, dass der Versicherer verzichtet hatte, den Haftpflichtprozess für den Versicherten zu führen, weil er annahm, dieser habe vorsätzlich gehandelt und damit die Voraussetzung des Risikoausschlusses nach den AHB erfüllt. Entschieden wurde, dass der Versicherer sich dann im Deckungsprozess nicht mehr darauf berufen kann, die Feststellung im vorausgegangenen Haftpflichtprozess, der Versicherungsnehmer habe nicht vorsätzlich gehandelt, sei falsch.[113] Der Versicherer kann ebenfalls nicht noch eine andere wissentliche Pflichtverletzung vorbringen.[114]

c) Zusammentreffen wissentlicher und nicht wissentlicher Pflichtverletzung

59 Wenn der Berufsträger wissentlich einen Verstoß begangen hat, er aber gleichzeitig auch fahrlässig gehandelt, entfällt der Versicherungsschutz insgesamt. Der Berufsträger behält auch nicht den Versicherungsschutz für den fahrlässigen Verstoß. Selbstverständlich ist vorab immer die Frage zu prüfen, ob es sich nicht um selbständige Verstöße handelt mit jeweils selbständigem Versicherungsschutz oder ob es sich nicht um einen Serienschaden handelt, bei dem verschiedene Verstöße zusammengefasst werden, siehe zum Serienschaden § 3 Rn. 75 ff. Das Zusammentreffen einer wissentlichen Pflichtverletzung und einer nicht wissentlichen Pflichtverletzung darf den Berufsträger nicht privilegieren. Wenn der Berufsträger auch fahrlässig

---

108 OLG Köln VersR 2009, 58.
109 BGH NJW 2015, 947; OLG Köln VersR 2013, 1438.
110 OLG Koblenz VersR 1980, 643.
111 Veith/Gräfe/Gebert/*Gräfe/Brügge* § 19 Rn. 782 ff.
112 BGH VersR 2007, 641; OLG Düsseldorf r + s 2005, 155.
113 MüKoVVG/*Littbarski* § 103 Rn. 63; BGH NJW 1993, 68.
114 BGH VersR 2003, 635; BGH NJW-RR 2002, 1377; BGH VersR 2007, 641; BGH VersR 2006, 106; BGH VersR 2004, 590; BGH VersR 1958, 361, siehe insgesamt *Riechert* AnwBl 2017, 996 ff.

gehandelt hat, darf er nicht bessergestellt sein als derjenige der allein wissentlich gehandelt hat.[115]

D. Vorsätzliche Herbeiführung des Versicherungsfalls, § 103 VVG

I. Verhältnis zum Ausschluss der wissentlichen Pflichtverletzung

Nach § 103 VVG ist der Versicherer nicht zur Leistung verpflichtet, wenn der Versicherungsnehmer vorsätzlich und widerrechtlich den bei dem Dritten eingetretenen Schaden herbeigeführt hat. Wie die wissentliche Pflichtverletzung handelt es sich um einen subjektiven Risikoausschluss.[116] Nach § 103 VVG hat der Versicherungsnehmer die Pflichtverletzung und den Schaden mindestens billigend in Kauf zu nehmen. Er muss hinsichtlich beider Merkmale mindestens mit dolus eventualis handeln. § 103 VVG ist dispositiv, § 112 VVG. Abweichungen hiervon sind möglich wie z.B. der Ausschluss der wissentlichen Pflichtverletzung, siehe § 3 Rn. 32. 60

Im Verhältnis der beiden Ausschlüsse zueinander gibt es zwei Punkte. Erstens, ob die wissentliche Pflichtverletzung den § 103 VVG abbedingt und zweitens ob der Versicherer die wissentliche Pflichtverletzung und § 103 VVG gleichzeitig in einer Klausel als Ausschluss formulieren darf. Bei der ersten Frage ist davon auszugehen, dass die wissentliche Pflichtverletzung allein den § 103 VVG nicht abbedingt. Wenn man den gesetzlich möglichen Ausschluss der wissentlichen Pflichtverletzung nach § 51 Abs. 3 BRAO vereinbart, bleiben die sonstigen VVG-Regelungen unberührt. Erst wenn ausdrücklich die Parteien den § 103 VVG abbedingen, gilt er nicht. Andernfalls müsste man bei jeder AVB-Regelung das Verhältnis zum VVG ausdrücklich beschreiben. Bei der zweiten Frage ist davon auszugehen, dass der Versicherer den Ausschluss nach § 103 VVG und den Ausschluss der wissentlichen Pflichtverletzung gleichzeitig in einer Klausel vereinbaren kann. Die obergerichtliche Rechtsprechung sieht die Kumulation der Ausschlüsse als wirksam an. Das Transparenzgebot ist nicht verletzt.[117] Der BGH sah bisher noch keinen grundsätzlichen Klärungsbedarf und hat deshalb die Nichtzulassungsbeschwerde hiergegen zurückgewiesen.[118] Nach anderer Ansicht ist dies intransparent.[119] 61

II. Vorsatz und Widerrechtlichkeit

Anders als bei der wissentlichen Pflichtverletzung kommt es nicht auf die Pflichtverletzung selbst an. Es kommt darauf an, dass der Versicherungsnehmer vorsätzlich den Schaden herbeigeführt hat. Vorsatz liegt dann vor, wenn der Anwalt um den rechtswidrigen Erfolg gewusst und ihn gewollt hat. Ausreichend ist bedingter Vorsatz, dolus eventualis. Der Anwalt hat sich den als maßgeblich vorgestellten Erfolg in seinen Willen aufgenommen und für den Fall seines Eintritts gebilligt.[120] Der Vorsatz muss dabei nicht alle Einzelheiten umfassten. Es genügt, dass der Geschehensablauf oder die Schadensfolge von dem Vorstellungsbild des Handelnden nur unwesentlich abweichen.[121] Der Ausschluss des § 103 VVG liegt daher dann nicht vor, wenn der An- 62

---

115 OLG Saarbrücken ZfS 2008, 219 Rn. 58; BGH r + s 2015, 386 in einem obiter dictum im Zurückweisungsbeschluss zu OLG Celle, Beschl. v. 12.6.2014 – 8 U 84/14 n. v.

116 BGH VersR 1971, 239, 240; OLG München VersR 1990, 484.

117 OLG Oldenburg Urt. v. 30.7.2014 – 5 U 47/14 n. v., zumindest erörtert das OLG die Wirksamkeit nicht.

118 BGH Beschl. v. 25.3.2015 – IV ZR 343/14.

119 *Schweitzer* Zulässigkeit der Ausschlussklauseln für Vorsatz und wissentliches Handeln in der D&O-Versicherung (Dissertation), S. 237 ff.

120 BGH NJW 1952, 1291; OLG Hamm VersR 1985, 726.

121 OLG Düsseldorf VersR 1977, 745, 746; OLG Hamm VersR 1981, 789; weitere Nachweise bei MüKoVVG/*Littbarski* § 103 Rn. 22.

walt die Schadensfolgen weder als möglich erkannt noch für den Fall ihres Eintritts gewollt oder billigend in Kauf genommen hat.[122]

63 Grundsätzlich bildet man Fallgruppen, um von den äußeren Umständen auf die innere Haltung des Vorsatzes schließen zu können. Bei der wissentlichen Pflichtverletzung hat man die Kardinalpflichten entwickelt, siehe zu den Fallgruppen § 4 Rn. 42ff. Bei § 103 VVG hat die Rechtsprechung und Literatur bisher keine Fallgruppen für die Berufshaftpflichtversicherung der wirtschaftsberatenden Berufe entwickelt. Dies liegt daran, dass § 103 VVG wegen dem Ausschluss der wissentlichen Pflichtverletzung in der Vermögensschadenhaftpflicht keine Bedeutung hat. Es dürfte jedoch nicht falsch sein die Verletzung von Kardinalpflichten gleichfalls wie bei der wissentlichen Pflichtverletzung als entscheidend dafür anzusehen, dass der Berufsträger sich falsch verhalten hat. Der Versicherer hat aber zusätzlich darzulegen, dass der Vorsatz sich auch auf die Schadenfolgen bezogen hat. Der Versicherer muss die Umstände aufzeigen, bei denen der Tatrichter aus der Gesamtheit des Geschehensablaufs die Schlussfolgerung ziehen kann, dass der Berufsträger den bei dem geschädigten Dritten eingetretenen Schaden habe auch herbeiführen wollen.[123] Der Versicherer ist darlegungspflichtig für die Umstände, dass der Berufsträger zumindest billigend in Kauf genommen hat, dass er durch sein Verhalten den Mandanten/Dritten geschädigt hat. Darauf kann z.B. hindeuten, dass der Berufsträger in besonderem Maße und wiederholt die Pflicht verletzt hat, wie es ihm nach den äußeren Umständen egal war, welche Folgen sein Fehlverhalten hatte.

64 Weitere Voraussetzung von § 103 VVG ist, dass der Versicherungsnehmer den Schaden widerrechtlich herbeigeführt haben muss. Widerrechtlichkeit bedeutet Rechtswidrigkeit. Der Versicherungsnehmer handelt damit nicht widerrechtlich, wenn sein Verhalten gerechtfertigt. Bei der Vermögensschadenhaftpflichtversicherung sind die üblichen Fälle kaum denkbar, wie z.B. Notwehr nach § 227 BGB oder Notstand nach §§ 228 und 904. Die Widerrechtlichkeit hat keine praktische Bedeutung.

III. Zurechnung

65 Nach § 103 VVG entfällt der Versicherungsschutz für den Versicherungsnehmer.

Bei Sozietäten/einfachen Partnerschaften gehen nach § 1 II Ziff. 3 in der Person eines Sozius vorliegende Umstände, die den Versicherungsschutz beeinflussen, zu Lasten aller Sozien, siehe ausführlich § 1 Rn. 255ff. Der Begriff des Sozius nach § 1 II umfasst dabei auch den Scheinsozius, siehe dazu § 1 Rn. 245ff. Es bedeutet, dass der Versicherungsschutz entfällt, wenn ein Sozius vorsätzlich den Versicherungsfall nach § 103 VVG herbeigeführt hat. Der Versicherungsschutz für die Sozietät selbst entfällt nicht nach der Regelung in § 1 II, sondern nach der Zurechnung des fehlerhaften Handelns eines Berufsträgers über die gesellschaftsrechtliche Deckung nach B Teil 1.2, siehe ausführlich Teil B 1.2 Rn. 12f. Der Versicherungsschutz für die Sozien/Sozietät und die Berufsträgergesellschaft entfällt auch dann, wenn eine versicherte Person wie der angestellte Anwalt ohne Außenauftritt oder Büropersonal vorsätzlich gehandelt haben. Anders als bei der wissentlichen Pflichtverletzung in § 4 Ziff. 5 Satz 2 für die Berufsausübungsgemeinschaften und in Satz 3 für die Berufsträgergesellschaften gibt es nicht die Regelung, dass der Versicherungsschutz bestehen bleibt, wenn ein Angestellter gehandelt hat. Voraussetzung ist daher, dass man das Handeln der Gesellschaft zurechnen kann, gleich wer gehandelt hat. Zuzurechnen ist das Fehlverhalten, wenn es sich um Wissensvertreter handelt. Die Anwälte, die vorbereitend tätig sind, aber selbst das Mandant nicht führen, handeln mit Wissen und Wollen des Geschäftsherrn als Verhandlungsführer oder -gehilfen.[124] Dies gilt gerade bei einer Täuschungshand-

122 BGH VersR 1971, 806, 807; BGH VersR 1972, 1039; BGH NJW 1975, 1278, 1279.
123 MüKoVVG/*Littbarski* § 103 Rn. 4.
124 Peres/Senft/*Peres* § 7 Rn. 189.

lung.[125] Das Verhalten des Büropersonals rechnet man nach § 278 BGB zu. Der Versicherungsschutz entfällt damit für die übrigen Sozien/Scheinsozien nach § 1 II und für die Sozietät nach Teil 1.2 B, wenn einer der Sozien/Scheinsozien oder das Büropersonal vorsätzlich gehandelt hat.

Bei der Rechtsanwalts-GmbH und den anerkannten Beratungs- und Prüfgesellschaften der Steuerberater/Wirtschaftsprüfer gehen nach § 1 III Ziff. 2 die in der Person des Verstoßenden gegebene Umstände, die den Versicherungsschutz beeinflussen, zulasten der jeweiligen zugelassenen/anerkannten Gesellschaft, siehe ausführlich § 1 Rn. 272ff. Den beruflichen Verstoß begeht jeweils der Berufsangehörige als Anwalt, Steuerberater oder Wirtschaftsprüfer. Gleiches gilt für das Büropersonal, soweit man ihr Verhalten dem beruflichen Fehlverhalten des Anwalts zuordnen kann, wie z.B. fehlende Fristeintragung oder Prüfen von Faxausgängen. Daher sind in § 1 III Ziff. 2 nicht nur die Partner genannt, sondern alle sonstigen Personen zur Erfüllung der Berufstätigkeit. § 1 III Ziff. 2 als Zurechnungsregel bei der Deckung entspricht damit der Zurechnungsregel bei der Haftung in der Kapitalgesellschaft bei Organen analog § 31 BGB und sonstigen Personen nach § 278 BGB. 66

IV. Prozessuales

§ 103 VVG und die wissentliche Pflichtverletzung unterscheiden sich bei der Darlegungs- und Beweislast und der Bindungswirkung des Haftpflichturteils nur beim Vorsatz. Anders als bei der wissentlichen Pflichtverletzung hat sich der Vorsatz nicht nur auf das Schadenereignis, sondern auf die Schadensfolge zu beziehen, vgl. der Wortlaut des § 103 VVG *„...den Schaden vorsätzlich herbeigeführt haben.“* Ebenso die Gesetzesbegründung zu § 103 VVG. „Klargestellt wird, dass sich der Vorsatz hier – anders als bei § 823 BGB – nicht nur auf die Handlung, sondern auch auf die Schadensfolgen beziehen muss, damit der Haftungsausschluss zu Gunsten des Versicherers greift“.[126] 67

Es bedeutet, dass der Versicherer wie bei der wissentlichen Pflichtverletzung alle objektiven und subjektiven Merkmale darlegen und beweisen muss. Er muss die objektiven Merkmale darlegen wie Eintritt des Versicherungsfalls und die Kausalität zwischen dem Verhalten des Berufsträgers und dem Schadenseintritt. Der Versicherer muss aber gerade auch die Umstände darlegen, die darauf schließen lassen, dass der Berufsträger den Schaden mindestens billigend in Kauf genommen hat, also mit dolus eventualis gehandelt hat. Deshalb geht es zu Lasten des Versicherers, wenn die innere Einstellung des Versicherungsnehmers zur Zeit der Handlung nicht aufgeklärt werden kann.[127] Es kann bei § 103 VVG auch keinen Anscheinsbeweis geben, weil es an einem durch die Lebenserfahrung gesicherten typischen Verhalten fehlt.[128] Siehe zur sekundären Beweislast bei der wissentlichen Pflichtverletzung § 4 Rn. 57. Der Versicherungsnehmer kann darlegen, warum er im konkreten Fall nicht vorsätzlich gehandelt hat. Ebenfalls kann sich der Versicherungsnehmer entlasten, wenn er darlegt, dass er nicht widerrechtlich gehandelt hat, weil sein Verhalten gerechtfertigt war.[129] Wie oben dargestellt kommen aber bei einer Vermögensschadenhaftpflichtversicherung kaum Rechtfertigungsgründe wie Notstand oder Nothilfe in Betracht, siehe § 4 Rn. 64. 68

Wie auch bei der wissentlichen Pflichtverletzung, tritt Bindungswirkung des Haftpflichturteils nur ein, soweit Voraussetzungsidentität vorliegt. Der Berufsträger haftet sowohl für Fahrlässigkeit als auch Vorsatz. Der Versicherer kann damit regelmäßig Vorsatz nach § 103 VVG im Deckungsprozess behaupten, um leistungsfrei zu werden. Auch besteht keine Bindungswir- 69

125 BGH NJW 2007, 2989 Rn. 12.
126 BT-Drucks. 16/3945 S. 85.
127 BGH VersR 1991, 176, 178; OLG Hamm r + s 1981, 203.
128 BGH VersR 1988, 683; OLG Saarbrücken ZfS 2009, 699.
129 Prölss/Martin/*Lücke* § 103 Rn. 7; OLG Hamm VersR 2006, 781; anders MüKoVVG/*Littbarski* § 103 Rn. 15.

kung, wenn das Haftpflichturteil Vorsatz verneint. Es handelt sich um überschießende Feststellungen, nach anderer Ansicht entfaltet das Haftpflichturteil Bindungswirkung, siehe zur Bindungswirkung bei wissentlicher Pflichtverletzung ausführlich § 4 Rn. 58.

B Der Versicherungsfall (§§ 5 und 6)

§ 5 Versicherungsfall, Obliegenheiten im Versicherungsfall, Zahlung des Versicherers

I. Versicherungsfall

Versicherungsfall ist der Verstoß, der Haftpflichtansprüche gegen den Versicherungsnehmer zur Folge haben könnte.

II. Obliegenheiten im Versicherungsfall

1. Anzeigepflichten

1.1 Jeder Versicherungsfall ist dem Versicherer (vgl. § 11) spätestens innerhalb einer Woche anzuzeigen.

1.2 Auch wenn der Versicherungsnehmer den Versicherungsfall selbst bereits angezeigt hat, hat er dem Versicherer unverzüglich Anzeige zu erstatten, wenn gegen ihn ein Anspruch gerichtlich geltend gemacht, Prozesskostenhilfe beantragt, ein Mahnbescheid erlassen, ihm der Streit verkündet, ein Schlichtungsverfahren vor der Schlichtungsstelle der Rechtsanwaltschaft beantragt, ein Ermittlungsverfahren eingeleitet oder ein Strafbefehl erlassen wird. Das gleiche gilt im Falle eines Arrestes, einer einstweiligen Verfügung oder eines selbstständigen Beweisverfahrens. Gegen Mahnbescheide oder Verfügungen von Verwaltungsbehörden auf Schadenersatz hat er, ohne die Weisung des Versicherers abzuwarten, die erforderlichen Rechtsbehelfe zu ergreifen.

1.3 Macht der Geschädigte seinen Anspruch gegenüber dem Versicherungsnehmer geltend, ist dieser zur Anzeige innerhalb einer Woche nach der Erhebung des Anspruchs verpflichtet.

1.4 Durch die Absendung der Anzeige werden die Fristen gewahrt. Für die Erben des Versicherungsnehmers tritt an Stelle der Wochenfrist jeweils eine Frist von einem Monat.

2. Mitwirkung des Versicherungsnehmers bei der Schadenabwehr

2.1 Der Versicherungsnehmer ist, soweit für ihn zumutbar, verpflichtet, unter Beachtung der Weisungen des Versicherers, insbesondere auch hinsichtlich der Auswahl des Prozessbevollmächtigten, für die Abwendung und Minderung des Schadens zu sorgen und alles zu tun, was zur Klarstellung des Schadenfalles dient.

2.2 Er hat den Versicherer bei der Abwehr des Schadens sowie bei der Schadenermittlung und -regulierung zu unterstützen, ihm ausführliche und wahrheitsgemäße Schadenberichte zu erstatten, alle Tatumstände, welche auf den Schadenfall Bezug haben, mitzuteilen und alle nach Ansicht des Versicherers für die Beurteilung des Schadenfalls erheblichen Schriftstücke einzusenden.

2.3 Den aus Anlass eines Schadenfalles erforderlichen Schriftwechsel hat der Versicherungsnehmer unentgeltlich zu führen. Sonstiger anfallender Aufwand sowie auch die Kosten eines vom Versicherungsnehmer außergerichtlich beauftragten Bevollmächtigten werden nicht erstattet.

2.4 Eine Streitverkündung seitens des Versicherungsnehmers an den Versicherer ist nicht erforderlich. Die Kosten einer solchen werden vom Versicherer nicht ersetzt.

https://doi.org/10.1515/9783110407280-007

III. Zahlung des Versicherers

1. Zeitpunkt
Ist die Schadenersatzverpflichtung des Versicherungsnehmers mit bindender Wirkung (§ 3 II Ziffer 1.1) für den Versicherer festgestellt hat dieser den Versicherungsnehmer binnen zwei Wochen vom Anspruch des Dritten freizustellen.

2. Erfüllung
Die Leistungen des Versicherers erfolgen in Euro. Die Verpflichtung des Versicherers gilt mit dem Zeitpunkt als erfüllt, in dem der Euro-Betrag bei einem inländischen Geldinstitut angewiesen ist.

Systematische Übersicht

A. Übersicht

§ 5 regelt, dass der Versicherungsnehmer einen möglichen Schadenfall dem Versicherer anzuzeigen hat und was im Falle eines Versicherungsfalls der Versicherungsnehmer und der Versicherer zu tun haben. 1

Änderungen zur Vorauflage der AVB-RSW, HV 60/06:

1. Neuformulierung der Überschrift von Ziff. 1: Streichen „Schadenanzeige“, Einfügen „Anzeigepflichten“
   Grund: Es handelt sich bei der Obliegenheit nicht um die Anzeige eines eingetretenen Schadens, sondern um die Anzeige des Versicherungsfalls
   Folge: keine
2. II Ziff. 1.1: Streichen des Worts „unverzüglich“
   Grund: Es gilt sowieso die Wochenfrist nach § 104 VVG; unverzüglich hat keine Bedeutung
   Folge: keine

3. II Ziff. 1.1: Streichen des Worts „in Textform"
   Grund: Es gilt sowieso die Textform nach § 11
   Folge: keine
4. II Ziff. 1.2 Satz 3: Streichen „Widersprüche"
   Grund: Die einzulegenden Rechtsbehelfe umfassen auch Widersprüche
   Folge: keine

B. Obliegenheiten

I. System der Obliegenheiten im VVG, AVB-RSW

2 Das VVG oder sonstige Regeln definieren nicht den Begriff der Obliegenheiten, sondern die Rechtsprechung entwickelt das Regelungssystem weiter.[1] Der Versicherer kann dabei ein bestimmtes Verhalten des Versicherungsnehmers nicht erzwingen oder es einklagen oder deshalb Schadensersatz fordern. § 278 ist nicht anwendbar.[2] Die Obliegenheit ist nicht Vertragsbestandteil im Sinne des Vertragsverhältnisses Leistung gegen Prämie. Die Obliegenheiten disziplinieren dasjenige Verhalten des Versicherungsnehmers, das der Versicherer nicht durch Ausschlüsse oder Schadensersatzansprüche regeln kann. Vorvertraglich hat der Versicherungsnehmer über das Risiko aufzuklären und Änderungen des Risikos mitzuteilen, damit der Versicherer überlegen kann, wie zu versichern ist. Im Versicherungsfall hat er die Umstände zu melden und bei der Aufklärung und Abwehr mitzuwirken, damit der Versicherer entsprechend der Haftung und Deckung regulieren kann. Auf der anderen Seite soll der Versicherungsnehmer nicht bei jedem Fehlverhalten fürchten müssen, dass sein Versicherungsschutz verloren geht, für den er Prämien gezahlt hat. § 28 VVG als Bestimmung für die vertraglichen Obliegenheiten regelt diese beiderseitigen Interessen. Dabei ist § 28 VVG zwar nach seinem Wortlaut nur für die vertraglichen Obliegenheiten in den AVB-RSW maßgeblich, aber wenn der Versicherer die gesetzlichen Obliegenheiten übernimmt oder sie ergänzt und eine Sanktion vorsieht, gilt ebenfalls § 28 VVG.[3]

3 Das System der Obliegenheiten in den AVB folgt dem zeitlichen Verlauf in einem Versicherungsverhältnis. Bei Verletzung der vorvertraglichen Anzeigepflichten kann der Versicherer vom Versicherungsvertrag zurücktreten, leistungsfrei sein, den Vertrag kündigen, wegen arglistiger Täuschung anfechten oder auch berechtigt sein, den Vertrag zu ändern, § 11a II i.V.m. §§ 19–22 VVG. § 11b regelt die Anzeigepflichten des Versicherungsnehmers während der Vertragslaufzeit mit dem Verweis auf § 26 VVG, wenn eine Gefahrerhöhung nicht angezeigt ist. § 5 regelt die Obliegenheiten im Versicherungsfall mit den Rechtsfolgen nach § 6, wenn der Versicherungsnehmer fehlerhaft meldet.

4 In den AVB-RSW ergänzen § 5, 6 die gesetzlich vorgeschriebenen Anzeigepflichten im Versicherungsfall nach § 104 Abs. 1, 2 VVG und allgemein nach § 30 Abs. 1 VVG wie auch die Rettungsobliegenheit nach § 82 Abs. 1, 2 VVG. § 11a verweist auf die vorvertraglichen Anzeigepflichten nach § 19–22 VVG und übernimmt sie. § 11b verweist nur in II Ziff. 3 auf § 26 VVG auf die Obliegenheiten in einem bestehenden Vertrag vor einem Versicherungsfall hin und verweist nicht komplett auf die gesetzlich vorgesehenen Bestimmungen in §§ 23–27 VVG. § 11b II Ziff. 1 und Ziff. 2 sind daher als Konkretisierung zum VVG zu sehen, wie die Meldung von angestellten Anwälten als zuschlagpflichtige Personen oder wenn die Kanzlei einen Exzedenten bei einem anderen Versicherer abschließt. § 28 VVG bleibt daher auch bei §§ 5, 6, 11b anwendbar, da hier die AVB-RSW nicht allein die gesetzlichen Obliegenheiten wiedergeben, sondern konkretisieren.

---

1 BT-Drucks. 16/3945, S. 68.
2 BGH VersR 1981, 321; 1964, 475.
3 BGH VersR 1987, 477; OLG Düsseldorf VersR 2003, 102; OLG Oldenburg VersR 1985, 977.

II. Abgrenzung zu Risikoausschlüssen

Die Rechtsfolgen von Verletzungen einer Obliegenheit und einem Risikoausschluss sind unterschiedlich, zu den Risikoausschlüssen allgemein siehe § 4 Rn. 4 ff. Bei einem Risikoausschluss, wie z.B. in § 4 bei Auslandssachverhalten bei anwaltlicher Beratung gilt, dass der Versicherer von vornherein nicht leisten muss, wenn der Risikoausschluss verwirklicht ist, gleich welche Art des Verschuldens vorliegt. Auch der bei Obliegenheitsverletzungen regelmäßig mögliche Kausalitätsgegenbeweis des Versicherungsnehmers, dass die Verletzung sich nicht auf den Versicherungsschutz ausgewirkt hat, ist nicht möglich, weil schon der Versicherungsschutz von vornherein ausgeschlossen ist. 5

Maßgeblich für die Abgrenzung zwischen Obliegenheit und Ausschluss ist, wie die Klausel formuliert ist, wo sie steht und ihr materieller Gehalt.[4] Wenn die Klausel als Obliegenheit bezeichnet ist, handelt es sich auch grundsätzlich um eine Obliegenheit.[5] Eine Obliegenheit liegt mindestens dann vor, wenn ein bestimmtes beschriebenes Fehlverhalten des Versicherungsnehmers im Sinne des Versicherungsvertrages dazu führt, dass der Versicherer nicht leisten muss. Die Obliegenheit kann nur der Versicherungsnehmer selbst erfüllen als „Pflicht gegen sich selbst“. Ein Ausschluss liegt vor, wenn ein Zustand oder ein Ereignis dazu führt, dass der Versicherer nicht leisten muss. Zu beachten ist aber, dass sich fast jede Klausel, die zur Leistungsfreiheit des Versicherers führen soll, als Obliegenheit oder Risikobegrenzung formulieren lässt.[6] 6

Um Obliegenheiten handelt es sich in allen Fällen der vorvertraglichen Anzeigepflichten nach § 11a, im bestehenden Vertrag nach § 11b und den Anzeige- Mitwirkungs- und Aufklärungspflichten nach § 5, 6. Hier wird das Verhalten des Versicherungsnehmers nach seinem Verschulden und der Kausalität sanktioniert, wie es auch die AVB-RSW in den Überschriften im Wortlaut und nach der systematischen Stellung dokumentieren. Bei allen Fällen des § 4 handelt es sich um Risikoausschlüsse. Es liegen Zustände oder Ereignisse vor, bei denen der Versicherer nicht leisten muss, wie z.B., wenn der Anwalt im außereuropäischen Recht berät. Ausnahme ist der Ausschluss der wissentlichen Pflichtverletzung nach Ziff. 5, weil ein Verhalten und kein Ereignis beschrieben wird. Es handelt sich aber um einen gesetzlich zulässigen Ausschluss, § 51 Abs. 3 Nr. 1 BRAO, und nicht um eine Obliegenheit.[7] 7

III. Rechtsfolgen von Obliegenheitsverletzungen

Das VVG hat für die Rechtsfolgen von Obliegenheitsverletzungen ein weitgehend einheitliches System geschaffen, gleich ob es sich um vertragliche oder gesetzliche Obliegenheiten handelt.

Bei den vorvertraglichen Anzeigepflichtverletzungen, z.B. falsche Risikodaten einer Kanzlei wie Anzahl der Berufsträger, favorisiert das VVG, dass der Vertrag angepasst bestehen bleibt, wenn auch zu geänderten Vertragsbedingungen oder einer höheren Prämie. Der Versicherungsnehmer kann dazu immer nachweisen, dass die Obliegenheitsverletzung nicht den Versicherungsschutz beeinflusst hat als sog. Kausalitätsgegenbeweis. Der Versicherer kann sich vom Vertrag rückwirkend oder für die Zukunft nur lösen bei Arglist und Vorsatz und eingeschränkt bei grober Fahrlässigkeit, wenn der nicht gemeldete Umstand vertragshindernd war, §§ 19–22 VVG, siehe dazu ausführlich § 11a Rn. 37 ff. Bei leichter Fahrlässigkeit gibt es keine gravierenden Folgen, allenfalls kann der Versicherer den Vertrag anpassen. Die gleichen Regelungen und die 8

4 Langheid/Rixecker/*Rixecker* § 28 Rn. 12; *Koch* VersR 2014, 283.
5 BGH VersR 2009, 1659.
6 Beckmann/Matusche-Beckmann/*Marlow* § 13 Rn. 15a.
7 OLG Hamm VersR 1996, 1006; HBAnw/*Chab* § 18 Rn. 50; Fahrendorf/*Mennemeyer* Rn. 2636.

Rechtsfolgen gelten grundsätzlich, wenn der Versicherungsnehmer im laufenden Vertrag gefahrerhöhende Umstände nicht meldet, § 11b II Ziff. 3, § 23ff VVG.

9 Bei den Obliegenheitsverletzungen im laufenden Vertrag, z.B. wie bei Eintritt des Versicherungsfalls, wenn der Versicherungsnehmer einen Schadenfall nicht meldet, bleibt der Versicherer regelmäßig zur Leistung verpflichtet, außer der Versicherungsnehmer hat arglistig gehandelt. Bei grober Fahrlässigkeit muss der Versicherer nur anteilsmäßig leisten. Der Versicherer bleibt zur Leistung verpflichtet, wenn der Versicherungsnehmer durch einen Kausalitätsgegenbeweis nachweisen kann, dass die Obliegenheitsverletzung den Versicherungsschutz nicht beeinflusst hat. Bei leichter Fahrlässigkeit bleibt der Versicherer immer zur Leistung verpflichtet, § 6 III Satz 2, siehe dazu allgemein zu den Rechtsfolgen bei Obliegenheitsverletzungen im Schadenfall § 6 Rn. 2ff.

IV. Darlegungs- und Beweislast

10 Nach allgemeiner Regel hat der Versicherer den ihn begünstigenden Tatbestand darzulegen und zu beweisen und in gleicher Weise der Versicherungsnehmer. Es bedeutet, dass der Versicherer regelmäßig die Obliegenheitsverletzung des Versicherungsnehmers darlegen und beweisen muss, während der Versicherungsnehmer den Kausalitätsgegenbeweis führen kann.[8]

Wenn der Versicherer den objektiven Tatbestand der Obliegenheitsverletzung nachgewiesen hat, wird die grobe Fahrlässigkeit des Versicherungsnehmers vermutet, § 28 Abs. 2 Satz 2, 2. HS VVG. Der Versicherungsnehmer muss den Gegenbeweis antreten. Vorsatz hat der Versicherer zu beweisen.

Der Versicherungsnehmer muss den Kausalitätsgegenbeweis führen, dass seine Obliegenheitsverletzung nicht den Versicherungsschutz beeinflusst hat, weder den Eintritt oder die Feststellung des Versicherungsfalls noch dessen Umfang, § 28 Abs. 3 Satz 1 VVG. Zweifel gehen zu seinen Lasten.

Der Versicherer hat die Beweislast, dass er den Versicherungsnehmer ordnungsgemäß belehrt und aufgeklärt hat, wenn dieser seine Obliegenheiten verletzt.

C. Regelungsgehalt

I. Systematik des § 5

11 § 5 folgt grob einem gedachten Schadenfall von der Meldung bis zur Regulierung.

I definiert den Versicherungsfall. Der Versicherungsfall bei der Berufshaftpflichtversicherung ist der Verstoß, der Haftpflichtansprüche gegen den Versicherungsnehmer zur Folge haben könnte, siehe zum Verstoß und Verstoßprinzip ausführlich § 1 Rn. 9ff.

II regelt, was der Versicherungsnehmer im Versicherungsfall zu tun hat. Die Obliegenheiten dienen hier dazu, dass der Versicherer in der Lage ist, die Rechtsschutz- und Freistellungsverpflichtung erfüllen zu können, § 3 II Ziff. 1, § 100 VVG.[9] Der Versicherungsnehmer muss den Schaden dem Versicherer melden. Wenn der Geschädigte seinen Anspruch gerichtlich durchsetzt, muss er dies ggf. nochmals melden und hat gegenüber Prozessmaßnahmen selbständig zu agieren, II Ziff. 1.1 bis 1.4. Er hat die Obliegenheit den Schaden zu minimieren und den Schadenfall aufzuklären, II Ziff. 2. Bei Verletzung dieser Pflichten kann der Versicherer leistungsfrei sein oder die Leistungen kürzen, je nach Schwere des Verschuldens des Versicherungsnehmers, § 6. § 5 folgt dem VVG in den allgemeinen und speziellen Vorschriften im Versicherungsverhältnis

8 Beckmann/Matusche-Beckmann/*Marlow* § 13 Rn. 172–179.
9 Gräfe/*Brügge* F Rn. 3.

und in der Schadenversicherung. Das VVG unterscheidet im Versicherungsfall nach den Anzeigeobliegenheiten nach §§ 30, 31, 104 VVG, den Aufklärungsobliegenheiten nach § 31 VVG und der Schadenminderungsobliegenheit nach §§ 82, 28 VGG. Der Versicherer darf bei allen Obliegenheiten nicht zulasten des Versicherungsnehmers abweichen, §§ 32, 87, 112 VVG.

III regelt die Verpflichtungen des Versicherers, wenn der Versicherungsnehmer Schadensersatz aufgrund seiner Haftung zu leisten hat. Er hat innerhalb von zwei Wochen gegenüber dem Geschädigten zu leisten.

II. Zumutbarkeit und Ende der Obliegenheiten

Der Versicherungsnehmer hat die Obliegenheiten zu erfüllen, die zumutbar sind. Dies ergibt 12 sich aus II Ziff. 2.1 *„...soweit für ihn zumutbar...“*. Die Regelung gilt allgemein für alle Obliegenheiten in § 5 und nicht allein für die Schadenminderungsobliegenheit.[10] Der Versicherungsnehmer soll nicht etwas machen müssen, was für ihn allgemein und persönlich nicht durchführbar ist. Maßstab hierfür ist einerseits, dass der Versicherungsnehmer als Vertragspartner im Versicherungsverhältnis und als Geschäftspartner zu seinem Mandanten zu betrachten ist. Andererseits muss der Versicherer in der Lage sein, den Schadenfall aufklären und bearbeiten zu können. Unzumutbar ist es, wenn der Versicherer vom Versicherungsnehmer verlangt, falsche oder unwahre Erklärungen oder Tatsachen zu schildern oder im Haftpflichtprozess falsch auszusagen. Es handelt sich dann nicht mehr um eine prozesstaktische Maßnahme, sondern um eine nicht gerechtfertigte Einflussnahme auf den Prozessverlauf. Der Versicherer darf den Versicherungsnehmer auch nicht anweisen, andere Personen auszuhorchen oder zusammen mit dem Versicherer zu Lasten des Geschädigten zu handeln.[11]

Die Obliegenheit des Versicherungsnehmers endet mit dem Zeitpunkt, zu dem der Versiche- 13 rer seine Leistungsablehnungserklärung abgegeben hat. Hiermit ist die Entscheidungsfindung des Versicherers abgeschlossen und seine Schutzbedürftigkeit entfällt.[12] Weil der Versicherer nicht mehr schutzbedürftig ist, braucht der Versicherungsnehmer keine Auskünfte mehr erteilen oder muss sich mit ihm in irgendeiner Form abstimmen. Der Versicherungsnehmer kann den Anspruch anerkennen oder auch selbst ablehnen. Wenn er den Anspruch erfüllt, wird ein möglicher Anspruch gegenüber dem Versicherer fällig, § 5 III, § 106 VVG.[13] Ebenfalls nicht verletzt der Versicherungsnehmer seine Obliegenheiten, wenn sich der Versicherer treuwidrig verhält. Das liegt vor, wenn er den Versicherungsnehmer anweist, Widerspruch gegen einen Mahnbescheid einzulegen und es auf ein streitiges Verfahren ankommen lässt, obwohl bereits zu diesem Zeitpunkt dem Versicherer bewusst sein musste, dass er überhaupt nicht eintrittspflichtig war, weil es sich um nicht versicherte Ansprüche aus der Erfüllung von Verträgen handelte.[14] Die Obliegenheit besteht aber dann wieder, wenn der Versicherer unmissverständlich zu erkennen gibt, dass er wieder in die Prüfung seiner Leistungspflicht eintreten und zu diesem Zweck die Verhandlungen über die Schadensregulierung erneut aufnehmen will, z.B. etwa aufgrund nachträglich bekannt gewordener Umstände.[15] Allerdings sollte bei einer anhängigen Klage der Versicherungsnehmer seinen Versicherer trotzdem gesondert informieren nach II Ziff. 1.2. Auch wenn der Versicherer zuvor die Deckung abgelehnt hat, können in der Klage neue Tatsachen und rechtliche Hinweis auftreten, die dazu führen, dass der Versicherer eintrittspflichtig ist.

10 *Diller* § 5 Rn. 63.
11 *Littbarski* § 5 Rn. 62.
12 BGH NJW 1989, 2472; 2473; HBAnw/*Chab* § 18 Rn. 111.
13 OLG Hamm VersR 1987, 802, 804; BGH NJW 2001, 1311;1312; OLG Köln NJW-RR 2002, 1646 zu Steuerberatern/Wirtschaftsprüfern.
14 OLG Celle NJW-RR 2004, 466.
15 BGH NJW 1989, 2472; 2473; OLG Hamm VersR 1999, 1405.

III. Verschwiegenheit des Versicherers im Schadenfall

14 Der Anwalt ist zur Verschwiegenheit verpflichtet, § 203 Abs. 1 Nr. 3 StGB, § 43 Abs. 2 BRAO und § 2 BORA. Gleiches muss gegenüber Dritten auch für den Versicherer gelten, wenn er einen Schaden bearbeitet, wie wenn er selbst der Anwalt wäre. Dabei hat der Versicherer aber kein Zeugnisverweigerungsrecht wie ein Anwalt und er kann einer Beschlagnahme einer Akte nicht widersprechen, § 94 StPO.[16] Dies wirkt sich dann aus, wenn die Staatsanwaltschaft versucht über den Versicherer an relevanten Informationen heranzukommen, um ein Strafverfahren eröffnen zu können, beispielsweisen wenn bestimmte Einzelobjekte versichert sind und strafbare Verdachtsfälle bestehen. Der Versicherer darf aber von sich aus nicht Straftatbestände melden oder Unterlagen ohne weiteres weitergeben.[17] Rechtlich kann man die Verschwiegenheit des Versicherers als Nebenpflicht aus dem Versicherungsverhältnis zwischen Anwalt und Versicherer sehen. Daher haftet der Versicherer bei Verletzung seiner Pflicht gegenüber dem Anwalt aus dem Versicherungsvertrag.

D. Versicherungsfall, I

15 Der Berufsfehler des Versicherungsnehmers als Verstoß ist der Versicherungsfall. Die Versicherung deckt jeden Verstoß, der in die Vertragslaufzeit fällt. Der Versicherer darf die Deckung nicht auf die Verstöße begrenzen, die der Anwalt nach Beendigung des Vertrages meldet, sog unbegrenzte Nachmeldefrist. Der Versicherer trägt das Spätschadenrisiko, sog. long-tail-Risiko. Es können mehrere selbständige Verstöße vorliegen, die jeweils einzeln einen Versicherungsfall nach § 5 I bedeuten, die aber auch einen Serienschaden bilden können. Mehrere Verstöße sind dann ein Versicherungsfall, siehe zum Serienschaden § 3 Rn. 86. Auch ein Unterlassen und der erste Verstoß in einem gedehnten Versicherungsfall sind Versicherungsfälle, siehe zum Unterlassen und gedehnten Versicherungsfall § 2 Rn. 27.

Im Übrigen anders ist die Definition des Versicherungsfalls beim claims-made-Prinzip. Der Versicherungsfall liegt nicht im Verstoß, sondern in der Meldung eines Schadenfalls. Regelmäßig begrenzt der Versicherer die Meldung des Versicherungsfalls auf eine bestimmte Zeit, wenn das Vertragsverhältnis beendet ist, siehe ausführlich § 1 Rn. 15.

E. Obliegenheiten im Versicherungsfall, II

I. Zweck der Schadenanzeige

16 Nach II hat der Versicherungsnehmer in unterschiedlichen Fällen einen möglichen Versicherungsfall anzuzeigen. Auslöser hierfür ist, dass der Versicherungsnehmer von einem Versicherungsfall Kenntnis hat oder der Mandant/Dritte einen Haftpflichtanspruch geltend macht, entweder gerichtlich oder außergerichtlich. Dann hat der Versicherungsnehmer binnen Wochenfrist dem Versicherer die Umstände in Textform zu melden. Sinn und Zweck dieser Obliegenheiten ist, dass der Versicherer den Versicherungsfall überhaupt erkennen und den Sachverhalt feststellen kann, ggf. auch um Beweise zu sichern. Anders als in der allgemeinen Haftpflichtversicherung kommt es hier als geistige Dienstleistung gerade auf Schriftstücke und Verhandlungen des Versicherungsnehmers mit dem Mandanten an. Der Sachverhalt kann durch Zeitablauf nicht mehr rekonstruierbar sein. Der Versicherer kann bei frühzeitiger Schadenmeldung in Zusammenarbeit mit dem Versicherungsnehmer verhindern, dass ein weiterer Schaden eintritt. Die Versicherer

16 Fahrendorf/*Mennemeyer* Rn. 2764.
17 *Diller* § 5 Rn. 62.

haben das Fachwissen, das der Anwalt im Schadenfall abrufen kann. Eine mögliche Pflichtverletzung, wie z.B. ein Fristversäumnis, lässt sich noch korrigieren, wenn die Möglichkeiten der Wiedereinsetzung bestehen. Eine Rechtsberatung ohne erkennbaren Haftungsfall ist damit aber nicht verbunden.[18] Zu den notwendigen Erhebungen des Versicherers über Eintritt und Umfang des Versicherungsschutzes zählen auch Nachforschungen, ob der Versicherungsnehmer bei Vertragsschluss seine vorvertraglichen Anzeigeobliegenheiten i.S.v. § 19 Abs. 1 Satz 1 VVG ordnungsgemäß erfüllt hat.[19]

II. Fristen, Inhalt, Textform, II Ziff. 1.1, 1.3 und 1.4

Nach II Ziff. 1.1 ist jeder Versicherungsfall mindestens innerhalb einer Woche anzuzeigen. 17
Gleiches gilt, wenn der Geschädigte seinen Anspruch gegenüber dem Versicherungsnehmer geltend macht, II Ziff. 1.3. Diese Regelungen entsprechen dem VVG. Nach § 30 VVG hat der Versicherungsnehmer den Eintritt des Versicherungsfalls nach Kenntniserlangung unverzüglich anzuzeigen. Nach § 104 Abs. 1 Satz 1 VVG hat der Versicherungsnehmer dem Versicherer innerhalb einer Woche die Tatsachen anzuzeigen, die seine Verantwortlichkeit gegenüber einem Dritten zur Folge haben könnte. Der Versicherungsnehmer hat daher nur dann nach § 6 einen Nachteil, wenn er die Wochenfrist nicht einhält. Es genügt, wenn er die Anzeige innerhalb der Wochenfrist absendet, nicht maßgeblich ist der Zugang beim Versicherer, § 104 Abs. 3 VVG, II Ziff. 1.4 Satz 1. Zugunsten von Erben, die oftmals erst später reagieren können, gilt eine Frist von einem Monat, II Ziff. 1.4 Satz 2. Die Fristen berechnen sich nach §§ 186 ff BGB.

Die Textform ist ausreichend, also auch eine E-Mail, § 126b BGB. Die in vorigen Versionen 18
der AVB-RSW ausdrücklich in II Ziff. 1.1 verlangte Textform ist gestrichen, da es widersprüchlich geregelt war, einmal in II Ziff. 1.1, nicht aber in II Ziff. 1.2, 1.3. Die Textform ergibt sich im Übrigen schon aus § 11. Jede Erklärung soll daher gegenüber dem Versicherer in Textform abzugeben sein. Nicht ausreichend sind aber ein Telefonat oder sonstige mündliche Erklärungen. Wenn der Versicherungsnehmer behauptet, mündlich den Versicherer informiert zu haben, hat er objektiv die Obliegenheit nach II Ziff. 1.1 verletzt. Der Versicherer bleibt jedoch regelmäßig zur Leistung oder einer Teilleistung verpflichtet, denn nach § 30 Abs. 2 VVG kann sich der Versicherer nicht auf die vereinbarte Textform nach II Ziff. 1.1 berufen, wenn er auf andere Weise vom Eintritt des Versicherungsfalles rechtzeitig Kenntnis erlangt hat.[20] Der Versicherungsnehmer muss auch nicht mehr melden, wenn der Versicherer seine Leistungsverpflichtung ablehnt. Die Wahrnehmung von Obliegenheiten nach Eintritt des Versicherungsfalls dient nämlich nur dazu, dem erfüllungsbereiten Versicherer die Prüfung seiner Leistungspflicht zu ermöglichen und zu erleichtern. Dessen bedarf er nach endgültiger Leistungsablehnung nicht mehr.[21] Die Obliegenheit besteht aber wieder, wenn der Versicherer den Fall erneut untersucht und bearbeitet oder die Ablehnung der Deckung rechtskräftig für ungültig erklärt wurde.[22]

Der Versicherungsnehmer muss inhaltlich den Versicherer in die Lage versetzen, den mög- 19
lichen Versicherungsfall bearbeiten zu können. Er muss aber die Ansprüche nicht genau bezeichnen oder den Schaden beziffern. Der Versicherer sollte in der Lage sein die Sach- und Rechtslage zu übersehen. Insgesamt sind die Anforderungen an eine vorsorgliche Schadenmeldung nicht hoch. Schlüssigkeit ist nicht erforderlich.[23] Es ist dann Aufgabe des Versicherers beim Versicherungsnehmer aufzuklären und ggf. die entsprechenden Einzelheiten abzufragen.

18 *Karaçam* AnwBl 2017, 86 f.
19 BGH NJW 2017, 1391.
20 OLG Köln r + s 2002, 338, 339; KG VersR 2002, 703.
21 BGH r + s 1992, 100 zu einem Versicherer von Krankentagegeld.
22 Veith/Gräfe/Gebert/*Veith* § 1 Rn. 535.
23 BGH MDR 2014, 1028.

Tatsächlich ist es von Vorteil, wenn der Versicherungsnehmer dem Versicherer die Umstände meldet und eine eigene Einschätzung mit einer kurzen aussagekräftigen Sachverhaltsschilderung abgibt, insbesondere zu der Pflichtverletzung. Hilfreich sind auch Hintergrundinformationen. Nach § 2 Abs. 3 lit. b) BORA verletzt der Anwalt auch nicht die Schweigepflicht, wenn er die Umstände meldet, die zur Durchsetzung oder Abwehr von Ansprüchen aus dem Mandatsverhältnis oder zur Verteidigung in eigener Sache dienen. Es handelt sich um berechtigte Interessen. Dieser eingeschränkten Schweigepflicht im Versicherungsverhältnis unterliegen dann aber auch der Versicherer und auch der beauftragte Makler, siehe auch § 5 Rn. 14 zur Schweigepflicht des Versicherers.

20 Adressat der Anzeige ist nach § 11 die Allianz Versicherungs-AG in Berlin. Das ist das Zentrum für die Briefbearbeitung der Allianz. Dort scannt man die Dokumente und schickt sie an die entsprechenden Einheiten. Die Obliegenheit ist aber auch dann erfüllt, wenn sie direkt an die jeweiligen Betriebs- oder Schadenbearbeiter gelangen. Wenn ein Ausschließlichkeitsvertreter die Kanzlei betreut, genügt die Anzeige gegenüber ihm, da er Erfüllungsgehilfe des Versicherungsunternehmens ist. Wenn ein Makler die Kanzlei betreut, enthält der Versicherungsvertrag regelmäßig eine Klausel, die Rechte und Pflichten des Maklers beinhaltet. Danach ist der Makler meist berechtigt, alle Willenserklärungen des Versicherungsnehmers zu Lasten und zu Gunsten gegenüber dem Versicherer entgegenzunehmen und weiterzuleiten. Der Makler ist damit verpflichtet die Anzeigen der Anwälte rechtzeitig an den Versicherer weiterzugeben. Der Makler ist im Übrigen aber nicht dazu berechtigt, die Schadenbearbeitung vorzunehmen. Die Schadensregulierung im Auftrag des Versicherers gehört im Regelfall nicht als Nebenleistung zum Berufs- oder Tätigkeitsbild des Versicherungsmaklers. Es handelt sich um eine konkrete Subsumtion eines Sachverhalts unter die maßgeblichen rechtlichen Bestimmungen, die über eine bloß schematische Anwendung von Rechtsnormen ohne weitere rechtliche Prüfung hinausgeht, § 2 RDG.[24]

III. Anzeigeobliegenheit des Versicherungsnehmers

21 Der Versicherungsnehmer hat in drei verschiedenen Fällen einen möglichen Versicherungsfall dem Versicherer zu melden. Die Anzeigeobliegenheit besteht bei:

- Kenntnis vom Versicherungsfall, II Ziff. 1.1
- Gerichtliche Maßnahmen und prozessuale Maßnahmen wie Antrag auf Prozesskostenhilfe, Mahnbescheid, Streitverkündung oder Schlichtungsverfahren, Ermittlungsverfahren, Strafbefehlen, II 1.2 Satz 1; bei einem Arrest, einstweiliger Verfügung oder einem selbständigen Beweisverfahren, II 1.2 Satz 2
- Erhebung des Anspruchs durch den Geschädigten, II Ziff. 1.3

Rechtsfolge ist, dass der Versicherungsnehmer spätestens in einer Woche dem Versicherer die Umstände melden muss. Gegen Mahnbescheide oder Verfügungen hat der Versicherungsnehmer noch zusätzlich fristgemäß Widerspruch zu erheben. Bei Verletzung einer Anzeigepflicht ist der Versicherer nur dann teilweise leistungsfrei, wenn der Versicherungsnehmer mindestens grob fahrlässig gehandelt hat, Umkehrschluss aus § 28 Abs. 3 S. 1 VVG.

1. Kenntnis vom Versicherungsfall, II Ziff. 1.1

22 Der Versicherungsnehmer hat nach II Ziff. 1.1 jeden Versicherungsfall dem Versicherer zu melden. Der Versicherungsfall ist als Verstoß definiert, der Haftpflichtansprüche gegen den Ver-

24 BGH VersR 2016, 1118.

sicherungsnehmer zur Folge haben könnte, I Ziff. 1, siehe oben § 5 Rn. 15ff. Es müssen daher zwei Elemente vorliegen: Zum ersten die Kenntnis vom Verstoß selbst und zum zweiten, dass daraus Haftpflichtansprüche geltend gemacht werden können, also dass möglicherweise ein Schaden entstanden ist oder eintreten wird.[25]

Die Pflicht, den Versicherungsfall anzuzeigen, liegt konkret dann vor, wenn der Versicherungsnehmer seine Anzeigeobliegenheit und die anzeigepflichtigen Tatsachen kennt, die zum Verstoß geführt haben. Der Versicherungsnehmer muss positive Kenntnis von denjenigen Umständen haben, die den Versicherungsfall zur Folge haben können. Keine Obliegenheitsverletzung besteht daher, wenn der Versicherungsnehmer nur die Umstände hätte kennen müssen, wie wenn sich dem Versicherungsnehmer ein Schadenbild präsentiert, dass auf den Versicherungsfall schließen lassen würde.[26] Ausreichend ist aber, wenn eine greifbare Wahrscheinlichkeit besteht, dass die Umstände zu einem Schaden führen können.[27] Der Anwalt hat hingegen nicht jeden theoretisch denkbaren Fehler, der zu einem Schadenfall führen kann, zu melden. Ein Schaden muss zumindest nachvollziehbar vorliegen können. Weitere hypothetische Ursachen sind nicht dazu zudenken.[28] Die Meldeobliegenheit nach II Ziff. 1.1 im Versicherungsfall entspricht grundsätzlich dem Ausschluss von bekannten Schäden bei der Rückwärtsversicherung, wie bei § 2 II Ziff. 2. Danach sind bei der Rückwärtsversicherung bekannte Schäden ausgeschlossen. Sie sind dann bekannt, wenn der Versicherungsnehmer mindestens positive Kenntnis von den Umständen hat, die einen Verstoß bedeuten, siehe dazu § 2 Rn. 23f. Wenn der Anwalt Kenntnis vom Versicherungsfall hat, setzt man das Pflichtbewusstsein melden zu müssen, voraus. 23

Eine selbständige Anzeigeobliegenheit löst es aus, wenn der Dritte bereits einen Schaden gemeldet hat, wie sich schon aus II Ziff. 1.3 ergibt, unabhängig von einem Versicherungsfall. Es bedeutet, dass der Versicherungsnehmer den vom Dritten erhobenen Anspruch melden muss, auch wenn er selbst den Anspruch für unbegründet hält.[29] Tatsächlich ist die Spannbreite groß zwischen den Versicherungsnehmern, die jeden Umstand melden und den Versicherungsnehmern, die einen Schadenfall abwarten. Jedenfalls ist es gerade auch bei langjährigen Geschäftsbeziehungen nicht nachteilig für einen Versicherungsnehmer frühzeitig zu melden. Insgesamt sollte der Versicherungsnehmer sich bei Anhaltspunkten, dass er einen Fehler gemacht hat, sich der Sache annehmen und auch ggf. die Meinung von Dritten einholen.[30] 24

2. Gerichtliche Geltendmachung und behördliche Maßnahmen, II Ziff. 1.2 Satz 1 und Satz 2

Der Versicherungsnehmer hat nicht nur den Versicherungsfall anzuzeigen, sondern nach II Ziff. 1.2 Satz auch gerichtliche/behördliche Maßnahmen zu ergreifen. Dies umfasst die Anträge über Prozesskostenhilfe, Mahnbescheide, Streitverkündung, das Schlichtungsverfahren bei den Rechtsanwaltskammern oder auch bei einem Ermittlungsverfahren oder einem Strafbefehl. Ebenfalls hat der Versicherungsnehmer einen Arrest, eine einstweilige Verfügung oder ein selbständiges Beweisverfahren anzuzeigen, auch dann, wenn er den möglichen Versicherungsfall oder die künftige Klageerhebung bereits dem Versicherer mitgeteilt hat.[31] Der Versicherer muss den Versicherungsnehmer nicht darauf hinweisen, dass er zusätzlich zum Versicherungsfall 25

25 *Diller* § 5 Rn. 24.
26 BGH NJW-Spezial 2008, 394; OLG Hamm r + s 1997, 391 zum Schadenbild eines Rohrbruchs.
27 HBAnw/*Chab* § 18 Rn. 112.
28 *Diller* § 5 Rn. 27.
29 BGH VersR 1971, 213, 214; OLG VersR 1976, 157, 158.
30 OLG Nürnberg VersR 1979, 561, 562; *Diller* § 5 Rn. 24 a.E.
31 OLG Köln VersR 2004, 1547.

noch weitere sonstige Maßnahmen anzuzeigen hat.[32] Die weitere Mitteilungspflicht verstößt nicht gegen Treu und Glauben.

26 Anders als in II Ziff. 1.1 ist bei behördlichen/gerichtlichen Maßnahmen unverzüglich statt in einer Woche anzuzeigen. Je eher der Versicherer Maßnahmen einleiten kann, desto besser für den Versicherungsnehmer und auch den Geschädigten. Auch hier sollte der Versicherungsnehmer in Textform anzeigen, § 11. Wenn der Dritte den Versicherer über die Klageeinreichung unter Beifügung der Klageschrift informiert hat, ist dies ausreichend. Der Versicherungsnehmer verletzt seine Obliegenheiten nicht, wenn er es unterlässt die Klageerhebung des geschädigten Dritten zusätzlich zu melden. Der Versicherer ist hier schon ausreichend informiert und nach Treu und Glauben nicht schützenswert.[33]

27 Gerichtliche Geltendmachung ist jede Form der Klageerhebung. Es kommt allein darauf an, dass der Versicherer frühzeitig informiert ist. Daher ist jede Art der Klage zu melden, unabhängig davon, ob sie zulässig/unzulässig/begründet/unbegründet ist, gleichgültig auch wie die Rechtsauffassung des Versicherungsnehmers ist. Darunter fallen Leistungs- oder Feststellungsklage, § 256 ZPO, das Gesuch auf PKH, §§ 114 ff. ZPO, der Erlass von Mahnbescheiden, § 688 ff. ZPO, auch die Anrufung der anwaltlichen Schlichtungsstelle nach § 191 f BRAO, ebenfalls die Streitverkündung durch den Geschädigten nach §§ 72 ff ZPO,[34] nicht aber durch Dritte, die der Geschädigte in Anspruch nimmt.[35] Ebenfalls anzuzeigen hat der Versicherungsnehmer eine Aufrechnung, z.B. wenn der Geschädigte mit Honoraransprüchen aufrechnet oder eine Widerklage erhebt, die Erhebung zivilrechtlicher Ansprüche beim Adhäsionsverfahrens nach §§ 403 ff StPO und auch wenn ein Dritter seine Forderungen bei Insolvenz des Versicherungsnehmers zur Insolvenztabelle nach § 174 InsO anmeldet.[36] Wenn Schiedsgerichtsverfahren und deren Entscheidungen vom Versicherungsschutz umfasst sind, siehe dazu § 1 Rn. 52 ff, hat der Versicherungsnehmer aufzuklären, dass ein Schiedsgerichtsverfahren eingeleitet wurde, andernfalls kann der Versicherer nicht reagieren.

28 Zu melden ist gleichfalls ein Ermittlungsverfahren oder ein Strafbefehl nach §§ 407 ff StPO. Dabei geht es um die Information des Versicherers zur Leistungserbringung. Daher ist nicht jedes Ermittlungsverfahren zu melden, sondern allein das nach § 160 StPO und das Bußgeldverfahren nach §§ 35 ff OWiG. Nicht darunter fallen grundsätzlich Disziplinarverfahren, standesgerichtliche Verfahren vor den Kammern oder der Generalstaatsanwaltschaft nach §§ 121 ff BRAO, behördeninterne Untersuchungen oder verwaltungsbehördliches Verwarnungsverfahren nach § 56 OWiG.[37] Letztlich ist danach abzugrenzen, ob Behörden/Institutionen einen zivilrechtlichen Anspruch als Geschädigter gegenüber dem Versicherungsnehmer geltend machen können. Ein Leistungsbescheid einer Verwaltungsbehörde ist daher zu melden.[38] Dies ergibt sich auch aus II Ziff. 1.2 Satz 3. Der Versicherungsnehmer hat gegen Verfügungen einer Verwaltungsbehörde auf Schadensersatz selbständig Maßnahmen einzuleiten. Die gleiche Überlegung gilt, wenn sich die Maßnahmen nicht gegen den Versicherungsnehmer richten, sondern gegen einen Dritten, den Mandanten oder den Geschädigten.[39] Wenn sich ein möglicher Anspruch gegen den Versicherungsnehmer abzeichnet, sollte er melden. Der Wortlaut von II Ziff. 1.1 bis 1.4 ist hier aber nicht ganz eindeutig. Der Versicherer kann jedoch im Zweifel noch weitere Schäden abwenden oder mit seinen Mitteln helfen. Dabei ist auch zu berücksichtigen, dass nur grob fahrlässiges Verhalten und Vorsatz die Leistungspflicht des Versicherers einschränken, siehe § 6 Rn. 3 im Ergebnis.

32 OLG Düsseldorf r + s 1991, 121; Gräfe/*Brügge* F Rn. 27; anders Prölss/Martin/*Lücke* § 104 Rn. 19.
33 OLG Frankfurt a. M. NJW-RR 2000, 984.
34 BGH VersR 2003, 900; OLG Karlsruhe VersR 1980, 349.
35 *Diller* § 5 Rn. 37.
36 OLG Köln r + s 1996, 432.
37 Prölss/Martin/*Lücke* § 104 Rn. 14.
38 BGH VersR 2007, 200.
39 *Diller* § 5 Rn. 40.

Nach II Ziff. 1.2 Satz 2 gilt die Anzeigepflicht für den Versicherungsnehmer auch bei einem Arrest nach §§ 916ff ZPO, einer einstweiligen Verfügung nach §§ 935ff ZPO und einem selbständigen Beweisverfahren nach §§ 485ff ZPO.[40] Wie bei II Ziff. 1.1 ist bei Ziff. 1.2 auch hier Kenntnis des Versicherungsnehmers davon notwendig, dass die gerichtlichen/behördlichen Maßnahmen eingeleitet wurden und die Erkenntnis, dass die Maßnahmen einen Haftpflichtanspruch gegen ihn auslösen können. Wenn die Maßnahmen keinen Bezug zu einem Haftpflichtanspruch haben, muss er auch nicht melden.[41] 29

3. Widerspruch und Rechtsbehelfe bei Mahnbescheiden und Verwaltungsverfügungen, II Ziff. 1.2 Satz 3

Nach II Ziff. 1.2 Satz 3 hat der Versicherungsnehmer gegen Mahnbescheide oder Verwaltungsverfügungen auf Schadensersatz fristgemäß Widerspruch zu erheben oder die erforderlichen Rechtsbehelfe zu ergreifen, unabhängig davon, ob ihn der Versicherer ausdrücklich dazu anweist. Die Regelung zielt wie II insgesamt darauf ab, dem Versicherer die Möglichkeit zu geben, weiteren Schaden zu verhindern und ggf. noch weiter aufzuklären. Wenn der Versicherungsnehmer nicht fristgemäß Widerspruch gegen einen Mahnbescheid einlegt, kann dies dazu führen, dass der Versicherungsnehmer haftpflichtig gemacht wird, obwohl der Anspruch unbegründet war. Verwaltungsverfügungen umfassen auch ggf. öffentlich-rechtliche Erstattungsansprüche/Schadensersatzansprüche. Eine Behörde kann neben einem privatrechtlichen versicherten Anspruch noch einen öffentlich-rechtlichen Anspruch auf Erstattung von Aufwendungen haben, z.B. zur Gefahrenabwehr. Ein bestandskräftiger Bescheid der Behörde kann dazu führen, dass der Versicherer zusammen mit dem Versicherungsnehmer die dort festgestellten Behauptungen nicht mehr weiter aufklären kann und ihn binden. Dies gilt insbesondere bei den mitversicherten amtsähnlichen Tätigkeiten, bei denen teilweise nicht nur privatrechtliche Ansprüche versichert sind.[42] 30

4. Außergerichtliche Geltendmachung des Anspruchs durch Geschädigten

Nach II Ziff. 1.3 hat der Versicherungsnehmer innerhalb einer Woche dem Versicherer anzuzeigen, wenn der Geschädigte gegenüber ihm seinen Anspruch erhoben hat. Bei diesem Anspruch handelt es sich um einen außergerichtlichen Anspruch, nicht um den gerichtlich geltend gemachten. Der Geschädigte kann den Anspruch gleich in welcher Form erheben. Es genügt eine mündliche Erklärung, aus der hervorgeht, dass der Geschädigte gegenüber dem Versicherungsnehmer eine Forderung stellt. Daher ist es auch unerheblich, wie in den übrigen Fällen von II, ob der Anspruch begründet oder unbegründet ist oder ob der Versicherungsnehmer den Anspruch für abwegig hält. Der Versicherungsnehmer muss auch anzeigen, wenn der Geschädigte die Honorarzahlung wegen Schadensersatz verweigert oder aufrechnet. Keine Anzeigeverpflichtung besteht aber, wenn der Geschädigte schlichtweg mit dem erzielten Ergebnis der Beratung nicht einverstanden ist und das Honorar kürzen möchte. Nicht eindeutig ist, ob der Versicherungsnehmer zusätzlich wie bei II Ziff. 1.2 Satz 1 bei den gerichtlichen Ansprüchen noch anzuzeigen hat, wenn er bereits den Versicherungsfall nach II Ziff. 1.1 gemeldet hat. Nach dem Wortlaut gilt dies nur bei II Ziff. 1.2 *„Auch wenn der Versicherungsnehmer den Versicherungsfall selbst bereits angezeigt hat..."* Allerdings ist nach Sinn und Zweck davon auszugehen, dass der Versi- 31

40 Antrag auf Beweissicherung Köln ZfS 2004, 326; KG VersR 2003, 1246; Saarbrücken VersR 1991, 872; Stuttgart NVersZ 1999, 289.
41 *Diller* § 5 Rn. 41.
42 VersR 2007, 200.

cherungsnehmer nochmal zusätzlich melden sollte. Der Versicherer ist damit besser in der Lage den Anspruch ggf. abzuwehren.[43]

F. Schadenminderungs- und Auskunftsobliegenheiten, II Ziff. 2

I. Allgemeines

32 II Ziff. 2.1 bis 2.4 regeln die Obliegenheiten des Versicherungsnehmers, wenn der Versicherungsfall eingetreten ist: Er hat den möglichen Schaden zu mindern und dem Versicherer umfassend Auskunft zu geben, II Ziff. 2.1 und 2.2. Der Versicherungsnehmer erhält hierfür vom Versicherer keine Kostenerstattung, II Ziff. 2.3. Eine Streitverkündung gegenüber dem Versicherer ist nicht notwendig, damit dieser seiner Abwehrpflicht nachkommt, II Ziff. 2.4.

33 Die AVB-RSW entsprechen den Vorgaben der §§ 82, 31 VVG. Der Versicherungsnehmer einer Schadenversicherung hat gemäß § 82 Abs. 1 VVG nach Möglichkeit für die Abwendung und Minderung des Schadens zu sorgen. Er hat nach § 82 Abs. 2 VVG die Weisungen des Versicherers zu befolgen und sie auch nach den vorliegenden Umständen einzuholen. Dabei darf der Versicherer aber nicht zum Nachteil des Versicherungsnehmers von der Regelung in § 83 VVG zum Aufwendungsersatz für Rettungsmaßnahmen abweichen, der nach § 87 halbzwingend ist. Der Versicherungsnehmer hat Anspruch auf Ersatz für die Aufwendungen, die er den Umständen nach für geboten halten durfte.

34 Der Versicherer kann nach § 31 Abs. 1 VVG verlangen, dass der Versicherungsnehmer jede Auskunft erteilt und zumutbare Belege beschafft, die zur Feststellung des Versicherungsfalles oder des Umfanges der Leistungspflicht des Versicherers erforderlich sind. § 31 VVG begründet aber keine echte Rechtspflicht des Versicherungsnehmers, deren Verletzung gemäß § 280 BGB zu einer Schadensersatzpflicht führen würde. § 31 Abs. 1 VVG ist eine unvollständige gesetzliche Obliegenheit. Sie normiert ein Verhaltensgebot ohne Rechtsfolgen. Die Rechtsfolgen müssen die Parteien vereinbaren. Dies ist dann die Regelung in § 6, der der halbzwingenden Anforderung nach § 28 VVG entspricht und dem gesetzlichen Leitbild bei der Verletzung vertraglicher Obliegenheiten des § 31 Abs. 1 VVG folgt. Die vertragliche Nebenpflicht, den Vertragspartner nicht arglistig zu täuschen, bleibt hier vorbehalten. Wenn sie vorliegt, gilt zwar grundsätzlich das abgeschlossene System in §§ 28, 31 VVG und § 6 VVG, aber die getäuschte Partei kann Schadensersatzansprüche nach § 280 Abs. 1 BGB geltend machen oder leistungsfrei sein nach § 242 BGB.[44]

II. Schadenminderungsobliegenheit und Weisungsrecht des Versicherers, II Ziff. 2.1

1. Schadenminderungsobliegenheit

35 Der Versicherungsnehmer hat nach II Ziff. 2.1 die Obliegenheit, den Schaden abzuwenden und zu mindern, die Rettungsobliegenheit. Er hat dabei die Weisungen des Versicherers einzuholen und zu beachten. Der Versicherungsnehmer ist verpflichtet, die in der jeweiligen Situation möglichen und zumutbaren Rettungsmaßnahmen unverzüglich und mit der im Verkehr erforderlichen Sorgfalt zu ergreifen, wie wenn er nicht versichert wäre.[45] Der Versicherungsnehmer darf nicht folgenlos untätig bleiben, wenn der Schaden eingetreten ist. Wichtig ist, dass die Rettungsobliegenheit beginnt, wenn der Versicherungsfall eingetreten ist nach dem Wortlaut von Ziff. 2.1: *„...für die Abwendung des Schadens..."* Dies entspricht auch der für den Versicherer zwingenden Regelung in § 82 Abs. 1 VVG. Vor der Reform des VVG in 2008 war dies umstritten,

43 So auch *Diller* § 5 Rn. 45.
44 *Wandt* VersR 2018, 321, 328.
45 BGH VersR 1968, 140; BGH NJW 1972, 1809; OLG Nürnberg VersR 1965, 175; Fahrendorf/*Mennemeyer* Rn. 2763.

insbesondere wenn der Versicherungsfall unmittelbar bevorstand, sog. Vorerstreckung, was aber gerade nun ausschließlich in §90 VVG für die Sachversicherung vorgesehen ist. Der Versicherungsnehmer hat vor Eintritt des Versicherungsfalls aber grundsätzlich nicht die Pflicht einen drohenden Schaden zu verhüten.[46] Er kann es unterlassen, ohne dass er eine Obliegenheit verletzt. Auf der anderen Seite beginnt die Pflicht, aber auch nicht erst dann, wenn der Schaden sich schon manifestiert hat, z.B. verletzt der Versicherungsnehmer die Schadenminderungsobliegenheit, wenn er bei Fristversäumnis die mögliche Wiedereinsetzung nicht beantragt. Ein Anwalt/Steuerberater sollte daher selbstverständlich noch in Absprache mit dem Versicherer versuchen einen unschlüssigen Schriftsatz zu korrigieren, einen Antrag auf Wiedereinsetzung bei Fristversäumnis stellen oder ein Einspruchsverfahren durchführen, wenn das Finanzamt eine steuerliche Gestaltung abgelehnt hat.[47] Wenn der Verstoß gemeldet ist, obliegt es aber dem Versicherer in Absprache mit dem Versicherungsnehmer die geeigneten Schadenverhütungsmaßnahmen oder Rettungsmaßnahmen anzuweisen. Die Rettungsobliegenheit endet, wenn der Schaden eingetreten ist und der Versicherungsnehmer aus tatsächlichen und rechtlichen Gründen ihn nicht mehr beeinflussen kann, beispielsweise wenn bei einem Fristversäumnis auch die Wiedereinsetzung nicht mehr möglich ist und weitere Rechtsbehelfe nicht mehr zur Verfügung stehen.

Die Rettungsobliegenheit umfasst inhaltlich die in der jeweiligen Situation unverzüglich 36 möglichen und zumutbaren Rettungsmaßnahmen. Der Versicherungsnehmer muss aber keine Maßnahmen treffen, die offensichtlich sinn- oder zwecklos sind.[48] Für den Berufsträger bedeutet es, dass er alle behördlichen und gerichtlichen Rechtsbehelfe und Rechtsmittel zu ergreifen hat, wie Einsprüche, Widersprüche, Berufung, Revision usw. Die Maßnahmen müssen im Nachhinein nicht erfolgreich gewesen sein.[49] Auf der anderen Seite bedeutet die Rettungsobliegenheit nicht, dass der Versicherungsnehmer den Geschädigten aktiv abhalten muss, Haftpflichtansprüche geltend zu machen oder den Entschluss fördert oder weckt, sie überhaupt geltend zu machen. Eine Obliegenheitsverletzung liegt aber dann vor, wenn er den Geschädigten ermuntert, einen unberechtigten Anspruch zu stellen.[50] Eine Obliegenheitsverletzung liegt gleichfalls vor, wenn der Versicherungsnehmer versucht die drohenden Schadensersatzansprüche so lange wie möglich hinauszuschieben und den entstandenen Schaden auf andere Ursachen abzuwälzen.[51] Gleiches gilt, wenn er meint, dass er seinen guten Ruf verliert oder er den Selbstbehalt zu zahlen hat.[52]

Den Versicherer trifft die Darlegungs- und Beweislast, dass der Versicherungsnehmer seine 37 Rettungsobliegenheit verletzt hat. Er muss darlegen, welche konkreten Maßnahmen der Versicherungsnehmer hätte ergreifen können und auch müssen. Wenn der Versicherungsnehmer einwendet, dass der Versicherer weiterhin zur Leistung verpflichtet ist, hat er die Umstände darzulegen, warum die Verletzung der Obliegenheit weder für die Feststellung des Versicherungsfalles noch für die Feststellung oder den Umfang der Leistungspflicht ursächlich gewesen ist, § 82 Abs. 4 Satz 1 VVG, siehe ausführlich zu den einzelnen Rechtsfolgen einer Obliegenheitsverletzung in Abhängigkeit vom Verschulden und der Kausalität für den Schaden, § 6 Rn. 14ff.

Des Weiteren hat der Versicherungsnehmer alles zu tun, was zur Klarstellung des Schaden- 38 falles dient, II Ziff. 2.1. Dies ist die selbstverständliche Pflicht, die sich korrespondierend aus der Abwehr- und Freistellungsverpflichtung des Versicherers nach § 3 II Ziff. 1 ergibt. Der Versicherer kann seine Pflichten nur dann erfüllen, wenn der Versicherungsnehmer ihm zuarbeitet und auf Nachfrage den Sachverhalt weiter aufklärt. Praktisch arbeiten hier der Schadensachbearbei-

46 BGH NJW 1995, 56; BGH VersR 1984, 25.
47 Beispiele bei Gräfe/*Brügge* F Rn. 32.
48 BGH NJW 1972, 1809.
49 BGH NJW 1972, 1809.
50 BGH VersR 1955, 340; OLG Nürnberg VersR 1965, 175, 176; Langheid/Rixecker/*Langheid* § 82 Rn. 12.
51 BGH VersR 1971, 213, 214.
52 *Littbarski* § 5 Rn. 13.

ter und der Versicherungsnehmer zusammen. Wenn der Versicherer nicht genügend aufklärt und nachfrägt, gehen fehlende Informationen zu seinen Lasten. Sich aufdrängende Informationen sollte der Versicherungsnehmer von sich aus dem Versicherer melden, es dürfen jedoch keine überzogenen Forderungen an die eigene Nachforschungspflicht des Versicherungsnehmers gestellt werden. Wenn er sich nicht an der Aufklärung genügend beteiligt, kann eine Obliegenheitsverletzung vorliegen. Die Rechtsfolgen ergeben sich aus §§ 3 II Ziff. 7 und 6.

2. Weisungsrecht des Versicherers

a) Umfang

39 Nach II Ziff. 2.1 hat der Versicherungsnehmer die Weisungen des Versicherers zu beachten. Die AVB-Regelung weicht hier geringfügig von § 82 Abs. 2 VVG ab. Der Versicherungsnehmer ist anders als nach § 82 Abs. 2 Satz 1 VVG nicht verpflichtet, Weisungen des Versicherers einzuholen. Auf der anderen Seite muss der Versicherer auch keine Weisungen erteilen.

Weisungen sind rechtsgeschäftsähnliche Handlungen. Sie bedürfen keiner Form, aber müssen erkennen lassen, dass der Versicherer ein bestimmtes Verhalten wünscht.[53] Jeder für den Versicherungsnehmer erkennbar mit dem Fall befasste Schadensachbearbeiter oder sonstiger Beauftragter kann ihn anweisen. Es besteht keine Pflicht des Versicherungsnehmers nachzufragen, ob der Bearbeiter auch befugt dazu ist. Der Versicherer darf keine Weisung erteilen, wenn er zuvor die Deckung abgelehnt hat. Die Obliegenheiten des Versicherungsnehmers enden hier.[54]

40 Die Weisungen müssen nach ihrem Inhalt zumutbar sein, II Ziff. 2.1. Die Zumutbarkeit bezieht sich auf alle Maßnahmen, die der Versicherungsnehmer tätigt. Vom Versicherungsnehmer darf man nichts Unbilliges, Unzumutbares, Überflüssiges, Unfaires oder Sittenwidriges erwarten. Die Zumutbarkeit richtet sich an den Interessen von Versicherer und Versicherungsnehmer aus. Auf der einen Seite das Interesse des Versicherers den Schadenfall aufzuklären und weitestgehend mögliche Schadensersatzansprüche zu verhindern oder gering zu halten. Auf der anderen Seite das Interesse des Versicherungsnehmers, dass seine berechtigten Interessen an der Abwehr oder Freistellung von der Forderung nicht gefährdet werden. Es bedeutet für den Versicherer im Haftungsprozess, dass er sich nicht anders verhalten darf wie ein Anwalt, der einen anderen Anwalt vertritt, wie wenn er nicht versichert wäre.[55]

Der Versicherungsnehmer hat der ihm zumutbaren Weisung zu folgen. Gleichfalls hat die versicherte Person den Weisungen zu folgen, siehe dazu § 7 Rn. 14. Er hat damit seine Obliegenheit erfüllt, ggf. erhält er Aufwendungsersatz, siehe zum Anspruch des Versicherungsnehmers für Maßnahmen im Schadenfall § 5 Rn. 43ff. Er muss der Weisung auch folgen, wenn der Versicherer auf einer Weisung besteht, obwohl ihn der Versicherungsnehmer darauf hingewiesen hat, dass sie falsch oder aufgrund eines neuen Aspekts überholt ist.[56] Die unberechtigte oder unzweckmäßige Weisung kann aber dazu führen, dass sich der Versicherer über die Versicherungsleistung hinaus schadensersatzpflichtig macht.[57] Der Versicherungsnehmer kann den Versicherer nicht zwingen, eine Weisung zu erteilen. Es liegt aber dann keine Obliegenheitsverletzung vor, wenn der Versicherungsnehmer den Versicherer bittet, die von ihm vorgeschlagene Rettungsmaßnahme anzuweisen, er aber keine Weisung erhält und die Maßnahme dann so durchführt.[58] Der Versicherer kann auf der anderen Seite rein faktisch den Versicherungsnehmer

53 OLG Hamburg VersR 1984, 258, 259.
54 OLG Saarbrücken r + s 2002, 381.
55 HBAnw/*Chab* § 18 Rn. 66 und 115 mit Nachweisen; *Diller* § 5 Rn. 54, 54a.
56 BGH VersR 1984, 1161, 1162.
57 OLG Jena NJW-RR 2009, 965, 966 zur allgemeinen Haftpflicht.
58 OLG Saarbrücken VersR 1998, 1499, 1501; Düsseldorf r + s 2001, 379, 380.

auch nicht zu einem bestimmten Verhalten zwingen. Ebenfalls kann der Versicherer den Versicherungsnehmer faktisch nicht davon abhalten sich weisungswidrig zu verhalten. Wenn die Schadenregulierung deshalb scheitert, gelten §§ 3 II Ziff. 7 und 6.

b) Wahl des Prozessbevollmächtigten

Der Versicherer hat das Recht nach II Ziff. 2.1 den Prozessbevollmächtigten für den Versi- 41
cherungsnehmer zu bestimmen.[59] Der Versicherer kann dem Anwalt selbst auch die Eigenverteidigung übertragen. Wenn es sich um größere, ggf. auch spezialisierte Kanzleien handelt, stimmen die Versicherer oftmals zu, sich selbst zu verteidigen. Der Versicherer kann den Anwalt aber nicht dazu zwingen, sich selbst zu verteidigen, um die eigenen Verteidigungskosten zu sparen. Der Versicherungsnehmer hat kein Recht, einen Prozessvertreter abzulehnen. Eine Ausnahme soll dann bestehen, wenn nachvollziehbare Sachgründe ganz überwiegend gegen die Wahl des Prozessvertreters sprechen, andernfalls kann der Versicherer nicht ordentlich seiner Hauptleistungspflicht nachkommen, den Rechtsschutz zu organisieren.[60] Wenn Bedarf besteht, sollten die Versicherungsnehmer dies vorab in ihren Policen regeln, dass der Versicherungsnehmer entgegen II Ziff. 2.1 das Recht hat sich einen passenden Anwalt zu suchen.

G. Informationspflichten des Versicherungsnehmers, II Ziff. 2.2

Nach II Ziff. 2.2 hat der Versicherungsnehmer den Versicherer umfassend zum Schaden auf- 42
zuklären, zusätzlich zur Pflicht alles zu tun, was zur Klarstellung des Schadenfalls dient nach II Ziff. 2.1 a.E. Dazu hat er die dazugehörigen Schadenberichte zu erstellen und die Tatumstände zu berichten, nebst den dazugehörigen Schriftstücken. Schriftstücke umfassen die Kopie der Akte oder sonstige Aufzeichnungen im Mandatsverhältnis. Zweck ist es, wie in jeder anderen Schadenversicherung, dass der Versicherer sachgemäße Entscheidungen in dem konkreten Versicherungsfall treffen kann. Der Versicherungsnehmer hat verständig und verantwortungsbewusst nach den Umständen des Einzelfalls aufzuklären und mitzuteilen. Ein allgemein verbindlicher Maßstab ist hier nicht möglich.[61] Der Versicherungsnehmer muss das mitteilen, was der Sache dienlich ist. Die Obliegenheit umfasst es, auch für den Versicherungsnehmer nachteilige Tatsachen darzustellen, wie z.B. die mehrmalige Verletzung von Kardinalpflichten, die eine wissentliche Pflichtverletzung bedeuten können oder strafrechtliche oder behördliche Maßnahmen nach sich ziehen könnten.[62] Er muss aber nur Tatsachen aufklären, wie es der Wortlaut des II Ziff. 2.2 beinhaltet. Er muss keine rechtlichen Würdigungen abgeben. Dies ist Aufgabe des Versicherers, die sich aus der Rechtsschutzverpflichtung ergibt. Daher umfasst das Weisungsrecht des Versicherers nicht, ein Gutachten vom Versicherungsnehmer oder eines Dritten auf dessen Kosten zu verlangen. Praktisch gibt es hier zwischen Versicherer und Versicherungsnehmer keine Schwierigkeiten. Wenn der Versicherer aus den Mitteilungen den Schadenfall nicht erkennen kann, hat er selbständig nachzufragen. Die in der Privatversicherung verwendeten Schadenformulare sind in der Berufshaftpflichtversicherung nicht üblich. Die Schadenfälle als Vermögensschaden eines Berufsfehlers sind zu komplex und die Berufsträger sind in der Lage einen Sachverhalt darzustellen.

---

59 BGH r + s 2007, 191.
60 MüKoVVG/*Büsken* 300 Allgemeine Haftpflichtversicherung Rn. 122 f.
61 BGH VersR 1968, 140, 141.
62 OLG Kassel VersR 1953, 443; Fahrendorf/*Mennemeyer* Rn. 2547; *Diller* § 5 Rn. 60.

H. Kosten der Aufklärung und Schadenabwehr, II Ziff. 2.3

43 Nach II Ziff. 2.3 hat der Versicherungsnehmer die Kosten der Aufklärung des Schadenfalls und die Schadenabwehr selbst zu tragen. Der Versicherer übernimmt die Kosten für einen Prozess, siehe dazu § 3 Rn. 100. Der Versicherungsnehmer hat daher konkret den Schriftwechsel mit dem Geschädigten und dem Versicherer auf seine Kosten zu führen. Er erhält dafür nicht die Portokosten oder eine sonstige Pauschale. Nach II Ziff. 2.3 Satz 2 a.A. ist auch der sonstige Aufwand des Versicherungsnehmers nicht zu erstatten. Sonstiger Aufwand meint den Aufwand neben der schriftlichen Korrespondenz. Darunter fallen die Kosten für Besprechungstermine mit dem Geschädigten und auch dem Versicherer. Der Versicherungsnehmer erhält auch nicht seinen Zeitaufwand ersetzt. Dies ergibt sich schon aus einem Vergleich mit der Privathaftpflichtversicherung, bei der der Versicherungsnehmer als Privatperson ebenfalls seine möglichen Spezialkenntnisse nicht vergütet erhält, um den Anspruch abzuwehren.

44 II Ziff. 2.3 Satz 2 a.E. regelt, dass der Versicherer die Kosten für einen vom Versicherungsnehmer außergerichtlich beauftragten Anwalt nicht übernimmt.[63] Sie entspricht der Regelung zu den Prozesskosten, § 3 II Ziff. 5.1. Der Versicherer ersetzt aufgrund seiner Rechtsschutzverpflichtung die gerichtlich anfallenden Kosten. Er ersetzt aber keine außergerichtlichen Kosten, siehe dazu ausführlich § 3 Rn. 100 ff. Die Regelungen in § 3 und § 5 sind hier nach ihrem Wortlaut eindeutig.

45 Die Kosten für die Rettungsmaßnahmen zur Schadenminderung oder -aufklärung erhält der Versicherungsnehmer nicht erstattet. Der Versicherungsnehmer kann vom Versicherer nicht den Zeitaufwand oder die Gebühren verlangen, um einen möglichen Schaden zu verhindern oder zu minimieren. Wenn der Berufsträger einen Fehler begangen hat, ist er regelmäßig aufgrund des Mandatsvertrags weiterhin verpflichtet den Mandanten bestmöglich zu beraten. Dies schließt es mit ein, dass er den eigenen erkannten Fehler wieder beseitigt. Der Anwalt hat z.B. selbständig einen Antrag auf Wiedereinsetzung zu stellen oder Einspruch oder Widerspruch zu erheben.[64] Der Anwalt erhält nicht den Zeitaufwand/Gebühren erstattet, wenn er erfolgreich oder nicht erfolgreich den Schaden beseitigt oder minimiert.[65] Kosten des Berufsträgers, der den Schaden abwendet, können aber dann ausnahmsweise erstattungsfähig sein, wenn die Obliegenheit nicht zumutbar ist, was sich schon aus II Ziff. 2.1 ergibt, siehe dazu § 5 Rn. 12. Die Zumutbarkeit gilt für alle Obliegenheiten nach § 5. Wenn der Versicherer etwas verlangt, was überobligationsmäßig im Sinne einer Unbilligkeit ist, kann er auch verlangen, dass er hierfür die Aufwendungen ersetzt bekommt.[66] Maßstab hierfür ist einerseits die Rechtsschutzverpflichtung des Versicherers, die er nicht auf den Versicherungsnehmer abwälzen kann und andererseits die Verpflichtung des Versicherungsnehmers selbst das Mandatsverhältnis entsprechend seinen Berufspflichten zu erfüllen.

I. Deckungszusagen des Versicherers

46 Die konkrete Deckungszusage ist nicht zu verwechseln mit der offiziellen Versicherungsbestätigung.[67] Die Versicherungsbestätigung ist die Bestätigung nach §§ 3 I, 8 I, 9 I und 11b I. Der Versicherer bestätigt gegenüber Aufsichtsbehörden, dass der Versicherungsschutz zumindest vorläufig besteht, §§ 49 ff VVG, damit sich die Anwälte zulassen können, § 12 Abs. 2 BRAO.

---

63 Anders *Diller* § 5 Rn. 67.
64 Gräfe/*Brügge* F Rn. 32 ff.
65 Anders *Diller* § 3 Rn. 119 ff.
66 Gräfe/*Brügge* F Rn. 35.
67 *Diller* § 5 Rn. 69.

Die Deckungszusage ist dagegen die konkrete Bestätigung des Versicherers, dass er für einen bestimmten Sachverhalt seine Leistung verspricht. Dies kann ein bereits eingetretener Schadenfall sein oder die Bestätigung für eine konkrete Tätigkeit, bei der Unsicherheit besteht, ob sie unter den Versicherungsschutz fällt, beispielsweise die konkrete Treuhandtätigkeit eines Anwalts. Der Anwalt erhält damit Sicherheit, dass der Versicherer im Falle eines berechtigten Schadensersatzanspruchs auch leistet, ohne dass er nochmals mit dem Versicherer über seine Leistungspflicht verhandeln muss. Es handelt sich regelmäßig um ein deklaratorisches Schuldanerkenntnis, das Einwendungen und Einreden ausschließt, die dem Versicherer bei seiner Abgabe bekannt waren oder mit denen er zumindest rechnete.[68] Die Bestätigungen der Versicherer enthalten oftmals den Zusatz „im bedingungsgemäßen Umfang". Dies soll verdeutlichen, dass die gewährte Deckung nach Versicherungssumme und Maximierung auf den bestehenden Vertrag beschränkt ist. Dabei ist aber auch zu berücksichtigen, dass der Zusatz bei komplexen Sachverhalten dazu führt, dass im Schadenfall zuweilen nicht klar ist, was konkret der Versicherer bestätigt hat. Die Erklärung ist dann nach §§ 133, 157 BGB auszulegen.

J. Streitverkündung an den Versicherer, II Ziff. 2.4

Nach II Ziff. 2.4 ist eine Streitverkündung im Schadenfall seitens des Versicherungsnehmers an den Versicherer nicht erforderlich. Daher ersetzt der Versicherer auch ausdrücklich nicht die Kosten einer Streitverkündung, Ziff. 2.4 Satz 2. Die Regelung soll den Aufwand und die Kosten zwischen Versicherungsnehmer und Versicherer verringern. Sie drückt die Bindungswirkung des Haftpflichtprozesses gegenüber dem Deckungsprozess aus, siehe ausführlich § 2 Rn. 653 ff. Im Einzelfall kann es trotzdem günstig sein, dass der Versicherungsnehmer dem Versicherer den Streit verkündet. Dies kann der Fall sein, wenn der Versicherer die Deckung endgültig abgelehnt hat, um ihn dann wieder dazu zu bringen, zumindest Abwehrschutz leisten zu wollen.[69] 47

K. Schadensersatzzahlung des Versicherers, III

III regelt wann, wie und in welchem Zeitraum der Versicherer bei einem berechtigten Schadensersatzanspruch leisten muss, § 106 VVG. Davon kann der Versicherer zum Nachteil des Versicherungsnehmers nicht abweichen, § 112 VVG. Der Versicherer hat nach III Schadensersatz an den Geschädigten zu leisten, soweit die Schadenersatzverpflichtung des Versicherungsnehmers mit bindender Wirkung für den Versicherer festgestellt ist. Die bindende Wirkung ist definiert nach § 3 II Ziff. 1.1, wenn der Versicherungsnehmer aufgrund Gesetzes, rechtskräftigen Urteils, Anerkenntnisses oder Vergleiches zur Entschädigung verpflichtet ist und der Versicherer hierdurch gebunden ist, siehe zur Verpflichtung bei Urteilen und der Bindungswirkung bei § 3 Rn. 44 ff und Rn. 16 ff. Wenn der Versicherer nicht an das Urteil gebunden ist, dann ist der Freistellunganspruch von vornherein nicht entstanden. Fälligkeit ist damit nicht möglich.[70] 48

Bei dem Anspruch des Versicherungsnehmers gegenüber dem Versicherer handelt es sich um einen Freistellungsanspruch. Es handelt sich nicht um einen Zahlungsanspruch des Versicherungsnehmers an ihn selbst. Der Versicherungsnehmer kann daher nur verlangen, dass der Versicherer an den Geschädigten leistet. Der Versicherer berücksichtigt dabei die Höhe seiner Leistungsverpflichtung. Wenn der Versicherungsnehmer an den Geschädigten geleistet hat, hat aber der Versicherungsnehmer einen Anspruch gegen den Versicherer in der Höhe, in der der Versicherer nach § 3 II Ziff. 1.1. verpflichtet und gebunden ist. Dies ist dann ein Zahlungsanspruch. Dies ergibt sich nicht aus den AVB-RSW, es gilt aber § 106 Satz 2 VVG. Es besteht darüber hinaus die Mög- 49

68 OLG Düsseldorf r + s 1985, 48 zur Deckungszusage eines Rechtsschutzversicherers.
69 *Diller* § 5 Rn. 72.
70 Prölss/Martin/*Lücke* § 105 Rn. 5.

lichkeit, dass der Versicherer an den Versicherungsnehmer leistet. Diese Zahlung leitet dann der Versicherungsnehmer an den Geschädigten weiter. Der Versicherer wird aber durch die Leistung allein an den Versicherungsnehmer nicht frei. Wenn der Versicherungsnehmer nicht die Zahlung weitergibt, besteht weiterhin die Freistellungsverpflichtung nach III Ziff. 1, § 106 VVG.

50 Der Versicherer hat innerhalb von zwei Wochen an den Geschädigten zu leisten, wenn die Schadensersatzverpflichtung bindend feststeht, III Ziff. 1. Gleichfalls hat der Versicherer innerhalb von zwei Wochen an den Versicherungsnehmer zu leisten, wenn der Versicherungsnehmer bindend für den Versicherer an den Geschädigten geleistet hat, § 106 Satz 2 VVG. Der Versicherer trägt die Verzugszinsen für nicht fristgerechte Leistungen.[71] Die Frist dient dazu, dass der Versicherer prüfen kann, ob er verpflichtet und gebunden ist. Der Anspruch soll sofort fällig sein, wenn der Versicherer die Fälligkeit herbeigeführt hat, wenn er selbst den Anspruch anerkennt, sich vergleicht oder er dazu verurteilt wird, zu leisten.[72] Wenn der Versicherer die Leistung ablehnt, wird die Freistellungsverpflichtung nicht sofort fällig. Der noch nicht fällige Befreiungsanspruch wandelt sich durch den Erlass eines Pfändungs- und Überweisungsbeschlusses noch nicht in einen fälligen Zahlungsanspruch um. Fälligkeit besteht erst dann, wenn der Versicherungsnehmer aufgrund der Weigerung des Versicherers zahlt, anerkennt oder vergleicht, soweit dies berechtigt war.[73]

51 Der Versicherer leistet in EURO auf ein Konto bei einer inländischen Bank, III Ziff. 2. In der Praxis ist dies nur dann relevant, wenn Auslandsniederlassungen mitversichert sind oder ein anderer Auslandsbezug vorliegt. Der Versicherer muss nicht in Fremdwährung oder in das Ausland überweisen. Regelmäßig vereinbaren Versicherer mit den Versicherungsnehmern Klauseln für EUR-Zahlungen an inländische Banken, wenn sie Auslandssachverhalte über die Pflichtversicherung hinaus decken. Die Leistung ist erfüllt, wenn der Betrag angewiesen ist, nicht erst, wenn der Betrag gutgeschrieben ist. Mit ordnungsgemäßer Leistung gehen Ersatzansprüche auf den Versicherer über, § 7 III Ziff. 1, § 86 VVG.

§ 6 Leistungsfreiheit, Leistungskürzung und Fortbestehen der Leistungspflicht bei einer Obliegenheitsverletzung nach § 5

I. Leistungsfreiheit

Wird eine Obliegenheit verletzt, die dem Versicherer gegenüber zu erfüllen ist, ist der Versicherer von der Verpflichtung zur Leistung frei, wenn der Versicherungsnehmer die Obliegenheit vorsätzlich verletzt hat.

II. Leistungskürzung

Im Fall einer grob fahrlässigen Verletzung der Obliegenheit ist der Versicherer berechtigt, seine Leistung in einem der Schwere des Verschuldens des Versicherungsnehmers entsprechenden Verhältnis zu kürzen. Weist der Versicherungsnehmer nach, dass er die Obliegenheit nicht grob fahrlässig verletzt hat, bleibt der Versicherungsschutz bestehen.

III. Fortbestehen der Leistungspflicht

Der Versicherer bleibt zur Leistung verpflichtet, soweit der Versicherungsnehmer nachweist, dass die Verletzung der Obliegenheit weder für den Eintritt oder die Feststel-

71 BGH NJW-RR 1990, 160 für die Feuerversicherung.
72 Prölss/Martin/*Lücke* § 106 Rn. 13; anders *Lange* VersR 2008, 713.
73 OLG Stuttgart VersR 1970, 170.

https://doi.org/10.1515/9783110407280-008

lung des Versicherungsfalls noch für die Feststellung oder den Umfang der dem Versicherer obliegenden Leistung ursächlich war. Das gilt nicht, wenn der Versicherungsnehmer die Obliegenheit arglistig verletzt hat.

Systematische Übersicht

A. Übersicht

1 § 6 regelt die Rechtsfolgen einer Obliegenheitsverletzung nach § 5, wenn der Versicherungsnehmer Anzeige-, Auskunfts- und Aufklärungsobliegenheiten und Mitwirkungspflichten im Versicherungsfall verletzt hat.

I regelt die Leistungsfreiheit des Versicherers, wenn der Versicherungsnehmer die Obliegenheit vorsätzlich missachtet hat.

II regelt die Leistungskürzung des Versicherers bei grober Fahrlässigkeit. Nach Satz 1 ist zu quoteln nach der Schwere der Schuld des Versicherungsnehmers. Nach Satz 2 hat der Versicherungsnehmer nachzuweisen, dass er nicht grob fahrlässig gehandelt hat, um Leistungen des Versicherers zu erhalten.

III regelt das Fortbestehen der Leistungspflicht des Versicherers trotz grober Fahrlässigkeit oder Vorsatz des Versicherungsnehmers. Der Versicherungsnehmer muss hierzu nach Satz 1 nachweisen, dass die Verletzung der Obliegenheit weder für den Eintritt oder die Feststellung des Versicherungsfalls noch für die Feststellung oder den Umfang der dem Versicherer obliegenden Leistung ursächlich war, sog. Kausalitätsgegenbeweis. Eine Ausnahme besteht hierfür nach Satz 2 dann, wenn der Versicherungsnehmer arglistig gehandelt hat.

Änderungen zur Vorauflage der AVB-RSW, HV 60/06:
Ergänzung in III: „soweit“ der Versicherungsnehmer nachweist
Grund: In III ist der Versicherer verpflichtet zu leisten, soweit die Kausalität entfallen ist, was auch nur teilweise möglich ist; §§ 28 Abs. 3, 31 VVG
Folge: keine, da nur Klarstellung

B. Allgemeines

2 § 6 regelt die Rechtsfolgen einer Obliegenheitsverletzung nach § 5 mit den Pflichten im Versicherungsfall. Es handelt sich um Anzeige-, Auskunfts- und Aufklärungsobliegenheiten und Mitwirkungspflichten im Versicherungsfall. Für die Verletzung dieser Obliegenheiten, gelten ausschließlich die Rechtsfolgen über § 6. Die Folgen von Obliegenheitsverletzungen regeln die AVB-RSW an unterschiedlichen Stellen mit den jeweiligen Rechtsfolgen, weil es keine Generalklausel für die Rechtsfolgen einer Obliegenheitsverletzung gibt.

3 § 6 ist § 28 VVG nachgebildet, der für die vertraglich vereinbarten Obliegenheitsverletzungen gilt. Der Versicherer hat keinen Schadensersatzanspruch gegen den Versicherungsnehmer, wenn er sich im Versicherungsfall grob falsch oder arglistig verhält. Der Versicherungsnehmer verliert seinen Leistungsanspruch dann ganz oder teilweise gegenüber dem Versicherer, je nach Schwere des Verschuldens. Grund für diese Obliegenheit ist, dass der Versicherungsnehmer näher am Risiko ist als der Versicherer. Die Obliegenheit soll das Verhalten des Versicherungs-

nehmers steuern und die Leistungspflicht des Versicherers auf solche Fälle zu beschränken, für die ein redlicher Versicherungsnehmer typischerweise Versicherungsschutz sucht.[1]

4 § 6 orientiert sich am nach dem Verschuldensgrad abgestuften Sanktionssystem des § 28 VVG:

- Die einfache Fahrlässigkeit des Versicherungsnehmers bleibt folgenlos, II Satz 2 sieht hier keine Sanktion vor, wie auch § 28 VVG nicht
- Vorsatz führt zur Leistungsfreiheit, I und § 28 Abs. 2 Satz 1 VVG
- Grobe Fahrlässigkeit führt dazu, dass der Versicherer seine Leistung je nach Verschuldensgrad kürzen kann, II Satz 1 und § 28 Abs. 2 Satz 2 VVG
- Voraussetzung der Leistungsfreiheit oder Leistungskürzung des Versicherers: Die Obliegenheitsverletzung ist kausal für den Versicherungsfall oder den Umfang der Leistung des Versicherers, III Satz 2 und § 28 Abs. 3 Satz 1 VVG. Bei arglistigem Verhalten des Versicherungsnehmers ist keine Kausalität erforderlich, III Satz 3 und § 28 Abs. 3 Satz 2 VVG
- Der Versicherer muss den Vorsatz des Versicherungsnehmers beweisen, I und § 28 Abs. 2 Satz 1 VVG. Grobe Fahrlässigkeit und die Kausalität vermutet man zugunsten des Versicherers. Der Versicherungsnehmer kann hierfür den Gegenbeweis antreten, II Satz 2 und § 28 Abs. 2 Satz 2, 2. HS VVG

5 Weil die Berufshaftpflichtversicherung eine Pflichtversicherung ist, gilt § 117 VVG für das Verhältnis zwischen dem geschädigten Dritten und dem Versicherer. §§ 119 und 120 VVG regeln dann ihrerseits die Obliegenheiten des Dritten gegenüber dem Versicherer und die Folgen, wenn er sie verletzt hat. Es gilt aber grundsätzlich, dass sich der Versicherer nicht gegenüber dem Geschädigten auf Leistungsfreiheit berufen kann, § 117 Abs. 1 und Abs. 3 VVG. Die Leistungspflicht besteht aber nur in Höhe der Pflichtversicherungssumme und nicht für die gesamte Versicherungssumme, § 117 Abs. 3 VVG als lex specialis zu § 113 VVG. Der Versicherer darf einen vereinbarten Selbstbehalt gegenüber dem Geschädigten nicht abziehen, § 117 VVG.[2] Der Versicherer ist aber auch gegenüber dem Dritten leistungsfrei, wenn es sich nicht um eine pflichtversicherte berufliche Tätigkeit nach § 1 handelt oder ein Ausschluss vorliegt.[3]

C. Verpflichtete der Obliegenheit, Zurechnung

6 Der Versicherungsnehmer ist nicht allein verantwortlich, die Obliegenheiten zu erfüllen. Gerade bei den Anzeige-, Auskunfts- und Aufklärungsobliegenheiten nach § 5 stehen sich gegenüber auf der einen Seite das Interesse des Versicherungsnehmers an Leistung und auf der anderen Seite das Interesse des Versicherers, dass er keine Nachteile dadurch erleiden will, dass der Versicherungsnehmer nicht selbst die Obliegenheiten erfüllt. Letztlich geht es bei der Zurechnung darum, dass nicht nur den Versicherungsnehmer die Pflichten im Versicherungsfall oder auch vorher treffen, sondern auch diejenigen, die mit dem Versicherungsfall in der Kanzlei zu tun haben und dass im Ergebnis die Rechtsfolgen interessengerecht zu tragen sind.[4]

7 Der Makler haftet regelmäßig bei zeitlichen, sachlichen oder wertmäßigen Lücken des Versicherungsschutzes bei Abschluss eines Versicherungsvertrags oder Umdeckung eines Risikos vertraglich und nach den §§ 63 Satz 1, § 60, § 61 Abs. 1 VVG, „Quasideckung".[5] Wenn der Versicherungsnehmer einen Vermittler einschaltet, kann der Versicherungsnehmer einen Schadensersatzanspruch wegen einer Pflichtverletzung bei der Abwicklung eines Versicherungsfalls auch

1 MüKoVVG/*Wandt* Vorbemerkung zu § 28 Rn. 2.
2 Prölss/Martin/*Knappmann* § 114 Rn. 4.
3 BGH VersR 1971, 239.
4 BGH NJW 2007, 2038.
5 BGH NJW 2016, 3366.

nach § 280 Abs. 1 BGB geltend machen. Der Pflichtenkreis des Versicherungsmaklers umfasst grundsätzlich auch die Hilfestellung bei der Regulierung eines Versicherungsschadens. Der Makler ist auch für die Einhaltung der Obliegenheiten verantwortlich, selbst dann, wenn die zu beratende Person Warnungen oder ohne Weiteres erkennbare Umstände, die gegen die Richtigkeit des vom Berater eingenommenen Standpunkts sprechen, nicht genügend beachtet oder der Makler den Berater nicht über eine fundierte abweichende Auskunft unterrichtet hat.[6]

I. Zurechnung nach VVG und den AVB-RSW

Gesetzlich und nach der Rechtsprechung und in den AVB-RSW gibt es verschiedene Zurechnungsgrundsätze. Zurechnungsnormen im BGB sind die § 31 BGB für die Zurechnung bei rechtlich verselbständigten Organisationen; § 278 BGB für Sonderverbindungen, § 831 BGB für Deliktshaftung und § 166 BGB für Willensmängel und Wissenszurechnung. Sie alle betreffen aber nicht direkt die Obliegenheiten. Um fremdes Verhalten dem Versicherungsnehmer zuzurechnen, hat die Rechtsprechung die Grundsätze der Repräsentantenhaftung entwickelt und die Figur des Wissenserklärungsvertreters entwickelt. Fremdes Wissen rechnet man über die Figur des Wissensvertreters zu. Die für die Beurteilung des Verhaltens erheblichen Kenntnisse des Wissenserklärungsvertreters/Repräsentanten werden dem Versicherungsnehmer dabei unabhängig davon zugerechnet, ob die fremde Person auch Wissensvertreter war.[7] Die AVB-RSW enthalten mehrere Vorschriften, nach denen man zurechnen kann wie § 1 II Ziff. 3 in der Sozietät, § 1 III Ziff. 2 in der GmbH, § 7 I Satz 2 für mitversicherte Personen und auch § 12 als Sozienklausel. 8

II. Wissenserklärungsvertreter und Wissensvertreter

Gängig ist die Zurechnung von Obliegenheitsverletzungen durch einen Wissenserklärungsvertreter. Der Versicherungsnehmer haftet für die Angaben derjenigen Personen, die er mit der Erstattung von Auskünften gegenüber dem Versicherer betraut hat.[8] Dies gilt auch für ein Unterlassen, wenn der Versicherungsnehmer einen Anwalt beauftragt.[9] Dogmatisch begründen kann man die Zurechnung der Kenntnis eines Wissenserklärungsvertreters analog § 166 Abs. 1 BGB oder nach § 278 BGB, was zum gleichen Ergebnis führt.[10] Das Wissen und nicht das Verhalten eines Dritten rechnet man dem Versicherungsnehmer über einen Wissensvertreter zu. Wissensvertreter ist derjenige, den der Versicherungsnehmer dazu berufen hat, im Rechtsverkehr für ihn bestimmte Aufgaben in eigener Verantwortung zu erledigen und die dabei anfallenden Informationen zur Kenntnis zu nehmen und ggf. weiterzugeben. Die Zurechnung erfolgt analog § 166 BGB.[11] 9

Für die Kanzlei heißt dies: Der Sozietät und den mitversicherten Anwälten sind Obliegenheitsverletzungen zuzurechnen, die die Sozien/Scheinsozien in der Sozietät und Gesellschafter/Geschäftsführer in der GmbH begehen. Gleichgestellt sind ihnen die Berufsträger, die die Mandate eigenverantwortlich bearbeiten wie die angestellten Anwälte als Scheinsozien in der Sozietät oder in einer Rechtsanwalts-GmbH. Wenn ein Kanzleimanager oder spezielle Anwälte oder auch sonstiges Personal für die Versicherung und die Schadenbearbeitung vorgesehen sind, sind sie in jedem Fall Wissenserklärungs- und Wissensvertreter, weil sie mit der Schadenbear- 10

6 BGH NJW 2018, 1160.
7 Prölss/Martin/*Armbrüster* § 28 Rn. 151.
8 RGZ 58, 342, 346 f; 159, 243, 245; BGH VersR 1952, 428; BGH VersR 1981, 948, 950; BGH VersR 1993, 960 f; OLG Düsseldorf VersR 1999, 1106, 1107; Prölss/Martin/*Armbrüster* § 28 Rn. 153 ff.
9 OLG Koblenz VersR 2000, 315 f.
10 Analog § 166 BGB: BGH NJW 1990, 975; BGH NJW 2001, 359, 360; BGH NJW 2010, 862; § 278 BGB: Prölss/Martin/*Armbrüster* § 28 Rn. 154.
11 BGH VersR 2000, 1133, 1134; OLG Düsseldorf VersR 2006, 785, 786.

beitung konkret betraut sind. Wenn sie selbst oder auch der Anwalt, der einen Versicherungsfall verursacht hat, eine Anzeige- oder Auskunftsobliegenheit verletzen, ist dies der Sozietät oder auch der GmbH zuzurechnen. Eine Obliegenheitsverletzung ist dann aber nicht mehr zuzurechnen, wenn das Personal nicht in besonderer Weise für die Schadenbearbeitung zuständig ist und nur am Rande damit zu tun hat. Hier fehlt es daran, dass dem vom Versicherungsfall wissenden Personal konkret eine Aufgabe übertragen wurde. Praktisch sind hier keine Fälle bekannt, bei denen es Probleme gibt. Regelmäßig meldet der Anwalt, der den Verstoß begangen hat, den Schadenfall und ist verantwortlich für die weitere Fallbearbeitung. In größeren Kanzleien übernehmen die Schadenbearbeitung spezialisierte Anwälte, die der Ansprechpartner intern für den Anwalt und extern für den Versicherer sind.

III. Repräsentantenhaftung als Risikoverwaltung und Vertragsverwaltung

11 Man kann zur Begründung auch die Repräsentantenhaftung heranziehen, wenn man zwischen Risikoverwaltung und Vertragsverwaltung differenziert. Bei der Risikoverwaltung geht es im Rahmen der übertragenen Gefahr um die Herbeiführung des Versicherungsfalls durch den Repräsentanten. Bei der Vertragsverwaltung geht es um das Interesse des Versicherers an der Einhaltung von Obliegenheiten. Sie kann gerade der Dritte verletzen, weil der Versicherungsnehmer den Dritten in die Lage versetzt hat, insoweit selbstständig und in nicht unbedeutendem Umfang für ihn zu handeln, er ihm also insoweit die eigenverantwortliche Verwaltung des Versicherungsvertrags übertragen hat.[12] Für die Anwälte in einer Sozietät/GmbH gilt, dass sie nicht Repräsentanten des anderen Anwalts sind, weil der Anwalt seine eigenen Berufspflichten wahrnimmt,[13] siehe dazu ausführlich § 1 Rn. 256. Bei der Vertragsverwaltung geht es aber nicht um originäre Berufspflichten, sondern um die Obliegenheiten, die jeder Versicherungsnehmer zu erfüllen, gleich welche Art von Versicherungsvertrag er abgeschlossen hat. Man kann daher im Ergebnis eine Obliegenheit eines Dritten dem Versicherungsnehmer zurechnen nach den Grundsätzen der Repräsentantenhaftung, wenn man dies als Teil der Vertragsverwaltung sieht.[14]

12 Die AVB-RSW regeln zusätzlich auf verschiedene Weise die Zurechnung und unterscheiden zwischen der Sozietät, der GmbH und mitversicherten Personen. Der BGH hat in Verbindung mit § 12 entschieden, dass die Zurechnungsklausel bei Risikoausschlüssen auch gegenüber Scheinsozien wirksam ist. Der Versicherungsschutz entfällt für alle Sozien und Scheinsozien, wenn der Ausschlussgrund bei einem Sozius oder Scheinsozius vorliegt, siehe zur Zurechnung in der Sozietät ausführlich § 1 Rn. 259f. Dies lässt sich auf Obliegenheitsverletzungen übertragen. Wenn schon die Zurechnung eines Ausschlussgrundes nach § 12 i.V.m. § 1 II Ziff. 3 wirksam ist, die zum Verlust des Versicherungsschutzes führt, muss dies auch für Obliegenheitsverletzungen gelten, die gleichfalls dazu führen, dass der Versicherer nicht leisten muss. Auch die Regeln der Repräsentantenhaftung weitet man hier nicht in unzulässiger Weise aus, wenn man die Anzeige- und Aufklärungsobliegenheiten als Unterfall der Repräsentantenhaftung, als eine Vertragsverwaltung, ansieht, die auf einen anderen übertragbar ist.

Für die Rechtsanwalts-GmbH gilt § 1 III Ziff. 2, dass Umstände ihr gegenüber zuzurechnen sind, die in der Person liegen, die den Verstoß begangen hat. Es bedeutet, dass die Obliegenheitsverletzung des Anwalts, der einen Versicherungsfall hat, zulasten der GmbH geht, siehe dazu ausführlich § 1 Rn. 272ff.

13 Nach § 7 I Ziff. 1 Satz 2 bleibt der Versicherungsnehmer neben den versicherten Personen für die Erfüllung der Obliegenheiten verantwortlich. Damit ist klargestellt, dass die mitversicherten

---

12 BGH NJW 2007, 2038 Rn. 8.

13 BGH NJW 2011, 3303, 3305f; *Scholl* VersR 2011, 1108; für Steuerberater OLG Frankfurt BeckRS 2011, 15495.

14 Prölss/Martin/*Armbrüster* § 28 Rn. 104f; *Lücke* VersR 1993, 1098; *Kampmann* VersR 1994, 280; anders *Diller* § 6 Rn. 12.

Anwälte jeweils die Obliegenheit auch zu erfüllen haben, siehe ausführlich § 7 Rn. 13ff. In der Sozietät oder in der Rechtsanwalts-GmbH haben die mitversicherten Anwälte schon nach §§ 43ff VVG die gleichen Obliegenheiten zu erfüllen.[15] Das gilt sowohl für die gesetzlichen als auch vertraglichen Obliegenheit, weil § 47 Abs. 1 VVG für beides gilt. Die Obliegenheitsverletzung des Versicherungsnehmers selbst oder der mitversicherten Person wirken sich damit zulasten aller Mitglieder einer Kanzlei, gleich ob Sozietät oder GmbH aus. Die Regelungen machen andernfalls keinen Sinn, da der Versicherungsschutz damit nur für denjenigen entfällt, der den Verstoß begangen hat, was in der arbeitsteiligen Kanzlei nicht zum Nachteil des Versicherers führen kann. Nach anderer Ansicht behält die versicherte Person den Versicherungsschutz, wenn allein der Versicherungsnehmer die Obliegenheit verletzt hat.[16] Das würde in der Sozietät dazu führen, dass die Sozietät, soweit sie Versicherungsnehmerin ist, den Versicherungsschutz verliert, aber nicht die mitversicherten Anwälte, was widersprüchlich ist.

D. Einzelne Regelungen

I. Leistungsfreiheit, I

Nach I ist der Versicherer leistungsfrei, wenn der Versicherungsnehmer die Obliegenheit vorsätzlich verletzt hat, was der Regelung in § 28 Abs. 2 Satz 2 VVG entspricht. Der Versicherer hat die Beweislast für den Vorsatz, III Satz 1 und § 28 Abs. 4 VVG. Voraussetzung ist, dass die Obliegenheitsverletzung kausal für den Versicherungsfall oder die Leistung des Versicherers war. Der Versicherungsnehmer kann dies durch einen Kausalitätsgegenbeweis widerlegen und trägt hierfür die Beweislast, III Satz 1 siehe dazu § 6 Rn. 20f. Bei Auskunfts- oder Aufklärungsobliegenheiten ist zusätzlich erforderlich, dass der Versicherer auf die Rechtsfolgen in Textform hingewiesen hat, § 28 Abs. 4 VVG. Die vollständige Leistungsfreiheit des Versicherers tritt bei vorsätzlicher Obliegenheitsverletzung nicht unmittelbar kraft Gesetzes ein. Es handelt sich nicht um eine von Amts wegen zu prüfende Einwendung, sondern um eine Einrede, die der Versicherer vorbringen muss.[17] 14

Es gilt der Vorsatzbegriff des Zivilrechts, § 276 BGB. Vorsatz setzt wie bei der wissentlichen Pflichtverletzung die Kenntnis des Versicherungsnehmers von der Obliegenheit voraus. Man vermutet die Kenntnis, wenn die Obliegenheit einer elementaren allgemein bestehenden Rechtspflicht entspricht.[18] Der Versicherungsnehmer muss die Versicherungsbedingungen nicht im genauen Wortlaut kennen und ihre volle rechtliche Bedeutung erfassen. Keine Voraussetzung ist daher, dass er die Rechtsfolgen der Leistungsverweigerung kannte oder auch den Versicherer schädigen wollte. Er muss zumindest den wesentlichen Kerngehalt erfassen.[19] Angenommen wird, dass der durchschnittliche Versicherungsnehmer weiß, dass er verpflichtet ist, wahre und vollständige Anzeigen und Erklärungen abzugeben.[20] Wenn er Kenntnis hat, genügt dolus eventualis. Man vermutet aber zugunsten des Versicherungsnehmers, dass kaum jemand bewusst und willentlich seinen Versicherungsschutz gefährden will.[21] Eine vorsätzliche Verletzung der Obliegenheit zur Anzeige des Versicherungsfalls führt zur Leistungsfreiheit, wenn die Anzeige erst sechs Monate nach dem der Schadenfall eingetreten ist und der Versicherungsnehmer grundsätzliche Kenntnis von der Anzeigeverpflichtung hatte.[22] Der Rechtsanwalt handelt daher 15

---

15 BGH VersR 1991, 1404, 1405.
16 So *Diller* § 7 Rn. 14 mit Bezug auf *Littbarski* § 5 Rn. 23ff.
17 MüKoVVG/*Wandt* § 28 Rn. 257; BGH VersR 1974, 689, 690.
18 BGH VersR 1970, 410, 411.
19 BGH VersR 1958, 389.
20 BGH VersR 1965, 451, 452; OLG Düsseldorf VersR 1962, 345, 346.
21 Hamm VersR 1978, 809; 1981, 821; BGH VersR 2003, 187; 1979, 1117; Koblenz VersR 1996, 1356.
22 OLG Hamm VersR 2017, 1261 bei einer Kaskoversicherung für einen Unfall, der sich vor 6 Monaten ereignet hat.

regelmäßig fahrlässig, wenn er einen außergerichtlichen Anspruch des Mandanten gegenüber seinem Versicherer nicht anzeigt. Wenn der Mandant dagegen einen Anspruch gerichtlich gegen den Anwalt geltend macht und der Anwalt dies nicht meldet, ist von Vorsatz auszugehen, selbst wenn er die Prozessaussichten als gut einschätzt.[23] Bei der Verletzung von Aufklärungs- und Auskunftspflichten kann man von Vorsatz ausgehen, wenn der Anwalt den Versicherer wiederholt und falsch über den Versicherungsfall informiert, gerade auch, weil der Versicherer hier vorher auf die Rechtsfolgen in Textform hinweisen muss, § 28 Abs. 4 VVG. Bei Unterlassen ist Vorsatz anzunehmen, wenn der Versicherungsnehmer in Kenntnis seiner Handlungspflicht zum Tun nichts veranlasst.[24]

II. Leistungskürzung, II

16 Der Versicherer ist ganz oder teilweise leistungsfrei, wenn der Versicherungsnehmer die Obliegenheit grob fahrlässig verletzt hat, II Satz 1. Der Versicherer kann quoteln gegenüber dem früheren Alles-oder-nichts-Prinzip. Wenn der Versicherungsnehmer nachweist, dass er nicht grob fahrlässig gehandelt hat, bleibt der Versicherungsschutz bestehen, II Satz 2. Daraus ergibt sich, dass der Versicherer weiterhin leisten muss, wenn der Versicherungsnehmer die Obliegenheit lediglich fahrlässig verletzt hat.

17 Für die Definition der groben Fahrlässigkeit ist der allgemeine zivilrechtliche Rechtsbegriff maßgeblich und nicht ein spezieller Begriff oder Maßstab aus dem Versicherungsrecht oder einer einzelnen Versicherungssparte.[25] Grobe Fahrlässigkeit liegt vor, wenn der Versicherungsnehmer die Obliegenheit in besonders außergewöhnlichem Maß verletzt hat. Er muss dasjenige missachtet haben, was jedem eingeleuchtet hätte. Ein Rechtsanwalt kann sich nicht darauf berufen, er kennt die Obliegenheiten aus dem Versicherungsvertrag nicht. Spätestens bei Eintritt eines Schadenfalles ist jeder Versicherungsnehmer verpflichtet, sich mit den einschlägigen Bestimmungen der dem Vertrag zugrundeliegenden Versicherungsbedingungen vertraut zu machen.[26] Grobe Fahrlässigkeit ist dann anzunehmen, wenn es sich wegen des Eintritts eines Versicherungsfalls aufdrängt, die Vertragsunterlagen einzusehen.[27] Eine grob fahrlässige Obliegenheitsverletzung des Rechtsanwalts liegt vor, wenn er gegen einen Mahnbescheid keinen Widerspruch einlegt.[28] Grob fahrlässig handelt der Versicherungsnehmer, der sich 15 Monate nicht um die Anzeige eines Versicherungsfalls kümmert.[29]

18 Wenn grobe Fahrlässigkeit vorliegt, ist zu quoteln. Für die Bestimmung des Gewichts der groben Fahrlässigkeit soll entscheidend sein, ob die grobe Fahrlässigkeit im konkreten Fall nahe beim bedingten Vorsatz oder aber eher im Grenzbereich zur einfachen Fahrlässigkeit liegt. Es gibt hier keine Schemata. Der Einzelfall ist zu bewerten auf einer Skala von 0% bis 100%.[30] Für das Verschuldensmaß, nach dem sich im Fall grober Fahrlässigkeit der Umfang der Leistungspflicht bestimmt, ist der Versicherer beweispflichtig.[31]

19 Zur Beweislast gilt nach II Satz 2, dass der Versicherer vollständig leistungspflichtig bleibt, wenn der Versicherungsnehmer nachweist, dass er nicht grob fahrlässig gehandelt hat. Gleichfalls vollständig leistungspflichtig bleibt der Versicherer, wenn der Versicherungsnehmer nach-

23 Gräfe/*Brügge* F Rn. 64.
24 LG Frankfurt a. M. VersR 1982, 233.
25 BGH VersR 2001, 985, 986.
26 LG Münster VersR 1978, 412.
27 BGH NJW 1992, 2233, 2234; BGH VersR 1982, 567, 568; MüKoVVG/*Wandt* § 28 Rn. 236.
28 LG Stuttgart BeckRS 2007, 18594.
29 OLG München VersR 1982, 1089.
30 BT-Drucks. 16/3945, S. 69 in der Gesetzesbegründung der Bundesregierung zur VVG-Reform; BGH VersR 2012, 431, Leistung des Versicherers auf 0% bei Fahren im Zustand der absoluten Fahruntüchtigkeit.
31 BT-Drucks. 16/3945, S. 69.

weist, dass die Verletzung der Obliegenheit weder für den Eintritt oder die Feststellung des Versicherungsfalls noch für die Feststellung oder den Umfang der dem Versicherer obliegenden Leistung ursächlich war, siehe hier bei III Fortbestehen der Leistungspflicht § 6 Rn. 20f.

III. Fortbestehen der Leistungspflicht, III

1. Kausalitätsgegenbeweis

Der Versicherer bleibt nach III Satz 1 zur Leistung weiterhin verpflichtet, wenn die Verletzung der Obliegenheit nicht kausal zu Nachteilen des Versicherers geführt hat. III listet entsprechend der Regelung in § 28 Abs. 3 Satz 1 VVG die vier Fälle auf, bei denen die Kausalität entfallen kann: Eintritt des Versicherungsfalls, Feststellung des Versicherungsfalls, Feststellung der dem Versicherer obliegenden Leistungen, Umfang der dem Versicherer obliegenden Leistungen. Hier gilt wie nach schuldrechtlichen Grundsätzen, dass die Pflichtverletzung nur dann sanktioniert wird, wenn dadurch kausal ein feststellbarer Schaden entstanden ist. Der Versicherer soll weiterhin leisten, wenn der Versicherungsnehmer nachweist, dass seine Obliegenheitsverletzung irrelevant war. Der Versicherer soll nicht leisten müssen, wenn das Verhalten des Versicherungsnehmers geeignet war, die Interessen des Versicherers ernsthaft zu gefährden, und dem Versicherungsnehmer ein erhebliches Verschulden zur Last fiel.[32] 20

Der Versicherungsnehmer muss für das Entfallen der Kausalität nachweisen, dass die Obliegenheitsverletzung nicht zu bestimmten konkreten Nachteilen für den Versicherer geführt hat. Die Darstellung, dass die Interessen des Versicherers generell nicht gefährdet waren, ist nicht ausreichend.[33] Maßgeblich ist der Zeitpunkt der Obliegenheitsverletzung, auch wenn sie später irrelevant wird, wenn z.B. die Obliegenheitsverletzung zunächst kausal für die Schadenbearbeitung waren, aber der Versicherer später aufgrund eigener Tatsachenfeststellung seine Handlung korrigiert hat. Hier hat die Obliegenheitsverletzung tatsächlich nicht zu einem Nachteil des Versicherers geführt. Allerdings ist der Sinn und Zweck von III, dass treuwidriges Verhalten nicht zulasten der Versichertengemeinschaft gehen darf. Auch der Wortlaut von III beinhaltet, dass die Verletzungshandlung selbst zu bewerten ist.[34] Ein nachträgliches Entfallen der Kausalität bedeutet daher nicht, dass der Versicherer leisten muss. 21

Die Kausalität entfällt konkret, wenn auch bei ordnungsgemäßer Erfüllung der Obliegenheit der Versicherungsfall und die Leistungspflicht im selben Umfang eingetreten und ihre Feststellung nicht anders ausgefallen wäre.[35] Wenn es sich um ein Unterlassen handelt, entfällt die Kausalität, wenn der Versicherungsfall bei gebotenem Tun oder der Aufklärungsnachteil für den Versicherer nicht eingetreten wäre. Für den Zusammenhang zwischen Obliegenheitsverletzung und Nachteil gelten die allgemeinen Kausalitätserfordernisse wie Äquivalenz, Adäquanz und innerer Zusammenhang.[36] Der Versicherungsnehmer kann die fehlende Kausalität dadurch nachweisen, dass er die Tatsachen des Sachverhalts darlegt, die in bestimmter Weise gegen die Kausalität sprechen. Der Versicherer muss dann darlegen, dass die Obliegenheitsverletzung doch zu seinem Nachteil war. Er muss darlegen, welche Maßnahmen er ergriffen hätte und welcher Erfolg eingetreten wäre, was der Versicherungsnehmer widerlegen kann.[37] Die Kausalität kann auch teilweise entfallen mit der Folge, dass der Versicherer dann eine Teilleistung zu 22

---

32 BGH NJW 2011, 1364; BGH VersR 2009, 968 Rn. 9; BGH VersR 2007, 785 Rn. 15; BGH NJW-RR 2004, 1395; Langheid/Rixecker/*Rixecker* § 28 Rn. 90.

33 Prölss/Martin/*Armbrüster* § 28 Rn. 243.

34 KG r + s 2011, 15; OLG Saarbrücken VersR 2013, 180; Langheid/Rixecker/*Rixecker* § 28 Rn. 93.

35 BGH r + s 2001, 361.

36 BGH r + s 2002, 292; 1997, 485.

37 BGH NJW 1964, 1899; BGH VersR 2001, 756; OLG Düsseldorf VersR 2004, 769; 2001, 888; OLG Nürnberg VersR 1992, 1511; OLG Hamburg VersR 1990, 304.

erbringen hat. Der Wortlaut von III *„...soweit der Versicherungsnehmer nachweist...“* ist neu formuliert. Die ursprüngliche Formulierung allein mit *„wenn“* war missverständlich. Der Versicherer darf nach §§ 28 Abs. 3, 32 VVG nicht zum Nachteil des Versicherungsnehmers abweichen, wenn er die Obliegenheitsverletzung sanktioniert.

2. Arglist

23 Der Versicherer ist auf jeden Fall leistungsfrei, wenn der Versicherungsnehmer die Obliegenheit arglistig verletzt hat. Es kommt nicht mehr auf eine Kausalität aus Gründen einer Generalprävention an, um einem zu missbilligenden Verhalten allgemein vorzubeugen. Der Versicherungsnehmer handelt arglistig, wenn er der Obliegenheit bewusst und gewollt zuwiderhandelt und zugleich wenigstens in Kauf nimmt, das Verhalten des Versicherers dadurch zu dessen Nachteil zu beeinflussen.[38] Der Versicherungsnehmer muss einen aus seiner Sicht gegen die Interessen des Versicherers gerichteten Zweck verfolgen.[39] Arglist ist als Ausnahme zum möglichen Gegenbeweis der Kausalität zu verstehen. Man kann von Arglist nur dann ausgehen, wenn der Versicherungsnehmer sich bewusst und böswillig über die Interessen des Versicherers hinwegsetzen will. Denkbar ist dies, wenn der Berufsträger nach Eintritt des Versicherungsfalls Weisungen des Versicherers bewusst missachtet oder die Aufklärung verhindert, damit der Schaden zu seinen Gunsten höher reguliert wird, z.B. wenn der Berufsträger Akten nicht herausgibt oder absichtlich verschwinden lässt. Der Versicherer kann sich im Umfang der Pflichtversicherung gegenüber dem Geschädigten nicht auf die Arglist berufen und bleibt weiterhin leistungspflichtig, §§ 117 Abs. 1 und 3 VVG.

C Das Versicherungsverhältnis (§§ 7–15)

§ 7 Versicherung für fremde Rechnung, Abtretung, Verpfändung, Rückgriffsansprüche

I. Versicherung für fremde Rechnung

1. Geltung der Vertragsbestimmungen für versicherte Personen
Soweit sich die Versicherung auf Haftpflichtansprüche erstreckt, die gegen andere Personen als den Versicherungsnehmer selbst gerichtet sind (versicherte Personen), finden alle in dem Versicherungsvertrag bezüglich des Versicherungsnehmers getroffenen Bestimmungen auch auf diese Personen sinngemäße Anwendung. Der Versicherungsnehmer bleibt neben den versicherten Personen für die Erfüllung der Obliegenheiten verantwortlich.

2. Geltendmachung der Versicherungsansprüche
Versicherte Personen können ihre Versicherungsansprüche selbständig geltend machen.

3. Ansprüche des Versicherungsnehmers gegen versicherte Personen
Ansprüche des Versicherungsnehmers gegen versicherte Personen sind, soweit nichts anderes vereinbart ist, von der Versicherung ausgeschlossen.

38 BGH NJW 2001, 2326; BGH VersR 1995, 1358; OLG Düsseldorf r + s 2010, 58; OLG Köln VersR 2010, 943.
39 Langheid/Rixecker/*Rixecker* § 28 Rn. 104; BGH VersR 2007, 785; BGH VersR 1986, 77, 78.

https://doi.org/10.1515/9783110407280-009

II. Abtretung, Verpfändung

Der Freistellungsanspruch darf vor seiner endgültigen Feststellung ohne Zustimmung des Versicherers weder abgetreten noch verpfändet werden. Eine Abtretung an den geschädigten Dritten ist zulässig.

III. Rückgriffsansprüche

1. Übergang von Ansprüchen des Versicherungsnehmers gegen Dritte
Steht dem Versicherungsnehmer ein Ersatzanspruch gegen einen Dritten zu, geht dieser Anspruch auf den Versicherer über, soweit der Versicherer den Schaden ersetzt hat.

2. Rückgriff gegen Mitarbeiter des Versicherungsnehmers
Rückgriff gegen Mitarbeiter des Versicherungsnehmers (§13) wird nur genommen, wenn diese ihre Pflichten wissentlich verletzt haben.

3. Wahrungs- und Mitwirkungspflichten
Der Versicherungsnehmer hat seinen Anspruch gemäß Ziffer 1 oder ein zur Sicherung dieses Anspruchs dienendes Recht unter Beachtung der geltenden Form- und Fristvorschriften zu wahren und bei dessen Durchsetzung durch den Versicherer soweit erforderlich mitzuwirken. Die Folgen einer Verletzung dieser Obliegenheit ergeben sich aus § 86 Abs. 2 VVG.

Systematische Übersicht

A. Übersicht

§ 7 regelt die Versicherung für fremde Rechnung und für die versicherten/mitversicherten Personen, die Abtretung des Freistellungsanspruchs und die Rückgriffsansprüche des Versicherers gegen den Verursacher, wenn er geleistet hat.

1 I beinhaltet die Versicherung für fremde Rechnung und für die mitversicherten Personen. Nach Ziff. 1 Satz 1 haben die mitversicherten Personen grundsätzlich den gleichen Versicherungsschutz wie der Versicherungsnehmer selbst. Nach Ziff. 1 Satz 2 haben die mitversicherten Personen auch die gleichen Pflichten. Der Versicherungsnehmer und die mitversicherten Personen sind für die Erfüllung der Obliegenheiten verantwortlich. Nach Ziff. 2 können die mitversicherten Personen unabhängig vom Versicherungsnehmer ihre Ansprüche gegenüber dem Versicherer geltend machen. Nach Ziff. 3 sind Ansprüche untereinander zwischen Versicherungsnehmer und mitversicherten Personen ausgeschlossen, insbesondere zwischen der Gesellschaft als Versicherungsnehmerin und den dort beruflich tätigen Mitarbeitern.

II regelt, dass der Versicherungsnehmer nicht über seinen Freistellungsanspruch gegen den Versicherer frei verfügen kann. Eine Ausnahme liegt dann vor, wenn der Versicherungsnehmer den Anspruch an den geschädigten Dritten abtritt gemäß der zwingenden Regelung in § 108 Abs. 2 VVG.

III regelt die Rückgriffsansprüche des Versicherers gegen den Versicherungsnehmer. Nach Ziff. 1 gehen die Ansprüche des Versicherungsnehmers, die er gegen den Dritten hat, auf den Versicherer über. Ziff. 2 beinhaltet den Rückgriff gegen Angestellte, wenn dieser eine wissentliche Pflichtverletzung begangen hat. Ziff. 3 regelt die Obliegenheiten des Versicherungsnehmers, wenn der Versicherer einen Rückgriffsanspruch gegen einen Dritten hat.

2 Änderungen zur Vorauflage der AVB-RSW, HV 60/06:

1. III Ziff. 1: Übergang von Ansprüchen des Versicherungsnehmers gegen Dritte; Neuformulierung des Satz 1 und Streichen der Sätze 2 und 3
   Grund: § 86 Abs. 1 VVG enthält die in der vorigen Version genannten Ansprüche wie Kostenersatz und Rückgabe/Rückerstattung bezahlter Beträge. § 86 Abs. 1 Satz 2 VVG regelt bereits, dass der Forderungsübergang nicht zum Nachteil des Versicherungsnehmers geltend gemacht werden kann; Forderungsübergang mit Nachweis per Urkunde hat keine Praxisrelevanz.
   Folge: ohne inhaltliche Änderung
2. III Ziff. 2: Rückgriff gegen Mitarbeiter des Versicherungsnehmers (§13) wird nur genommen, wenn diese ihre Pflichten wissentlich verletzt haben.
   Grund: Der Begriff Angestellte ist zu eng. Freie Mitarbeiter sind nach § 13 den angestellten Anwälten gleichgestellt. Bei einer wissentlichen Pflichtverletzung behält die Sozietät/Sozien als Versicherungsnehmer den Versicherungsschutz mit einem Regress beim Angestellten oder freien Mitarbeiter
   Folge: Klarstellung und Besserstellung des freien Mitarbeiters

B. Geltung der Vertragsbestimmungen für mitversicherte Personen, I Ziff. 1

I. Begriff mitversicherte Personen, Mitversicherung, I Ziff. 1 Satz 1

Nach I Ziff. 1 Satz 1 gelten die Versicherungsbedingungen bei Haftpflichtansprüchen nicht nur für den Versicherungsnehmer, sondern auch für die anderen mitversicherten Personen in der Kanzlei, sowohl in der Sozietät/Partnerschaft als auch in der Rechtsanwalts-GmbH wie auch in den anerkannten Berufsgesellschaften.

1. Mitversicherte Personen im VVG

Die Versicherung für fremde Rechnung oder Fremdversicherung ist ein Drei-Personen-Verhältnis: Der Versicherer, der Versicherungsnehmer und die versicherte Person, die auch gängig als mitversicherte Person oder Versicherter bezeichnet wird, §§ 43 VVG. Bekanntester Anwendungsfall in der Vermögensschadenhaftpflichtversicherung ist die D&O-Police. Versicherungsnehmer ist das Unternehmen, versicherte Personen sind die Organe und leitenden Angestellten. Wer Versicherungsnehmer und mitversicherte Person ist, können die Parteien frei vereinbaren. Nach dem VVG können die mitversicherten Personen ihre Rechte aus dem Versicherungsvertrag nur dann geltend machen, wenn der Versicherungsnehmer zugestimmt hat oder er im Besitz des Versicherungsscheins ist, §§ 44 Abs. 2, § 44 Abs. 1 Satz 1 VVG. Davon weicht I Ziff. 2 zugunsten der mitversicherten Anwälte ab. Sie können ihre Rechte selbständig geltend machen. 3

Das Außenverhältnis des Versicherungsnehmers und der mitversicherten Person zum Versicherer bestimmt sich nach §§ 44, 45 VVG. Soweit die Kenntnis und das Verhalten des Versicherungsnehmers von rechtlicher Bedeutung sind, sind bei der Versicherung für fremde Rechnung auch die Kenntnis und das Verhalten des Mitversicherten zu berücksichtigen, § 47 VVG 4

Das Innenverhältnis zwischen Versicherungsnehmer und mitversicherter Person regelt das VVG nur speziell für die Insolvenz des Versicherungsnehmers. Die Rechtsprechung entwickelte daher ein gesetzliches Treuhandverhältnis zwischen Versicherungsnehmer und mitversicherter Person. Sie müssen sich wechselseitig unterstützen bei der Geltendmachung ihrer Rechte. Das Verfügungsrecht über die Rechte des Mitversicherten aus dem Versicherungsvertrag ist nur zu treuen Händen überlassen.[1] Grundlegende Abstimmungspflichten bestehen daher bei der Versicherung für fremde Rechnung, wenn die Sozietät Versicherungsnehmerin ist und die Sozien mitversichert sind. In der Regel wird ein gelebtes Auftragsverhältnis zwischen Sozietät und mitversicherten Personen vorliegen. Die Sozietät handelt durch einen hierzu beauftragten Anwalt oder Kanzleimanager als Vertreter. Er vertritt die Interessen gegenüber dem Versicherer und ist für die Vertragsverhandlungen und Obliegenheiten im laufenden Vertrag zuständig. Die Sozietät darf nicht gegen die Interessen der mitversicherten Anwälte handeln. Auf der anderen Seite haben die mitversicherten Anwälte ebenfalls die Rechte der Sozietät zu wahren. Sie dürfen sich nicht einer Schadensregulierung widersetzen. 5

2. Mitversicherte Personen in den AVB-RSW

Die AVB-RSW erwähnen die versicherte Person oder mitversicherte Person an verschiedenen Stellen. 6

- § 2 II: Bei der Rückwärtsversicherung sind Verstöße nur versichert, sofern sie weder dem Versicherungsnehmer noch einer mitversicherten Person bei Abgabe der Vertragserklärung bekannt sind.

1 BGH VersR 1973, 1369; BGH NJW 1991, 1056; MüKoVVG/*Dageförde* § 46 Rn. 6.

- § 4 Ziff. 4: Es besteht ein Ausschluss des Versicherungsschutzes für die mitversicherten Personen, in der Regel die Gesellschafter und Geschäftsführer einer Rechtsanwalts-GmbH, soweit sie als Leitungsorgan tätig sind.
- § 7 I definiert und regelt, dass die mitversicherten Personen wie der Versicherungsnehmer Versicherungsschutz haben. Sie sind aber auch für die Erfüllung der Obliegenheiten zuständig und Ansprüche zwischen Versicherungsnehmer und mitversicherter Person sind ausgeschlossen.
- § 13 III bestimmt den Versicherungsschutz für zuschlagpflichtige Mitarbeiter als mitversicherte Personen für Haftpflichtansprüche, die unmittelbar gegen sie gerichtet sind.

Zentral ist daher, wer als mitversichert in der Berufshaftpflichtversicherung gilt:

a) Sozietät/einfache Partnerschaft

aa) Sozien/Scheinsozien, I Ziff. 1 Satz 1

7 Die Sozien und Scheinsozien oder Partner und Scheinpartner sind in der eigenen Versicherung die Versicherungsnehmer. Wenn die Sozietät Versicherungsnehmerin ist, sind sie mitversicherte Personen, zum Deckungskonzept der Sozietät siehe ausführlich § 1 Rn. 319ff.

8 Bei den Grunddeckungen in Höhe der Pflichtversicherungen sind die einzelnen Anwälte als Sozien/Partner die Versicherungsnehmer. Oberhalb der Pflichtversicherungen oder auch nach einer vertraglichen Vereinbarung kann die Sozietät Versicherungsnehmerin sein. In diesem Fall liegt neben der Eigenversicherung der Sozietät auch eine Versicherung für fremde Rechnung zugunsten der Sozien/Partner vor. Sie sind mitversicherte Personen. Der Deckungsschutz bei einer Sozietätspolice erstreckt sich aufgrund des Haftungsregimes der Sozietät daher auf alle Sozien und Partner. Die gleiche Regelung gilt für die Scheinsozien/Scheinpartner, weil für sie das gleiche Haftungsregime in der Sozietät gilt.

bb) Angestellte Anwälte und freie Mitarbeiter, I Ziff. 1 Satz 1 i.V.m. § 13

9 Anwälte ohne Außenauftritt als angestellte Anwälte und freie Mitarbeiter sind mitversicherte Personen mit einem eingeschränkten Versicherungsschutz. Dies ergibt sich aus § 13 III und dem Haftungsregime der Sozietät. Diese Anwälte haften nicht persönlich und gesamtschuldnerisch für die Verbindlichkeit der Sozietät analog §§ 128 HGB. Haftpflichtansprüche können sich aber fälschlicherweise unmittelbar gegen sie richten. Hierfür besteht nach § 13 Versicherungsschutz. Der Versicherungsschutz besteht daher aber nicht für die amtsähnlichen persönlichen Tätigkeiten nach den BBR-RA, z.B. als Insolvenzverwalter, Testamentsvollstrecker, Betreuer etc., was auch durch die Prämienkalkulation gerechtfertigt ist. Siehe dazu ausführlich § 13 Rn. 10f.

cc) Personal

10 Zur Erfüllung ihrer Aufgaben bedient sich die Kanzlei weiterer Personen wie Rechtsanwaltsgehilfen, Aushilfen oder Referendaren. Die Mitarbeiter sind keine mitversicherten Personen, sondern Erfüllungshilfen. Das Büropersonal ist allein zur Aufrechterhaltung des Kanzleibetriebs und der Kanzleiorganisation erforderlich. Sie können und dürfen keine anwaltliche Tätigkeit ausüben. Der Rechtsanwalt haftet für das schuldhafte Verhalten des Büropersonals gemäß § 278 BGB, siehe § 1 Rn. 166f. Daher ist auch keine Deckung erforderlich. Sie erhöhen regelmäßig nicht das Risiko, dass der Mandant den Anwalt für einen Berufsfehler in Anspruch nimmt. Der Versicherer berücksichtigt aber in der Regel die juristisch vorgebildeten Mitarbeiter, wie z.B. Diplom-Wirtschaftsjuristen, Magistri juris. Sie dürfen zwar nicht anwaltlich tätig sein, erhöhen aber das

Risiko eines Berufsfehlers des Anwalts aufgrund ihrer Zuarbeit für den jeweiligen Anwalt. Sie sind angestellten Anwälten und freien Mitarbeitern als mitversicherte Personen gleichgestellt.

b) Partnerschaft mit beschränkter Berufshaftung

Die PartG mbB muss als Versicherungsnehmerin eine Berufshaftpflichtversicherung abschließen, § 51a BRAO, § 8 Abs. 4 PartGG. Gesetzlich ist nicht vorgesehen, dass die Anwälte dort mitversichert sind, § 51 BRAO. Das Deckungskonzept der PartG mbB sieht jedoch vor, dass die Partner und Scheinpartner mitversichert sind nach HV 4390 Ziff. 2 der Risikobeschreibung „...*Versichert ...ist die persönliche Inanspruchnahme der Partner...*“. Maßgeblicher Grund ist, dass bei Fehlen der Voraussetzungen der Haftungsbeschränkung die PartG mbB wieder zu einer einfachen Partnerschaft wird. Die Partner haften dann persönlich und gesamtschuldnerisch für die Partnerschaftsverbindlichkeit, wofür Deckung besteht, siehe zum Deckungskonzept der PartG mbB ausführlich § 1 Rn. 394 ff. 11

c) Rechtsanwalts-GmbH und anerkannte Berufsträgergesellschaften

Versicherungsnehmer sind die zugelassene Rechtsanwalts-GmbH und die anerkannten Steuerberatungs- und Prüfgesellschaften der Steuerberater und Wirtschaftsprüfer. Die sog. Repräsentanten im untechnischen Sinn der Berufsträgergesellschaft sind mitversicherte Personen nach § 1 III Ziff. 1. Darunter fallen die Organe, Geschäftsführer, Gesellschafter von Personengesellschaften, die Partner und Angestellten und auch alle anderen Personen, die für die Gesellschaft beruflich tätig sind nach der Regelung in § 1 III, siehe zu den Berufsträgergesellschaften § 1 Rn. 261 ff. Wie in der Sozietät gelten die angestellten Anwälte/Steuerberater/Wirtschaftsprüfer oder auch die freien Mitarbeiter als mitversicherte Personen und haben einen eingeschränkten Versicherungsschutz, wenn die GmbH/Trägergesellschaft sie gemeldet hat und der Beitrag geleistet ist. Es besteht allein Versicherungsschutz für die Haftpflichtansprüche, die unmittelbar und fälschlicherweise gegen sie als Mitarbeiter erhoben werden. Es besteht jedoch kein Versicherungsschutz für die amtsähnlichen persönlichen Tätigkeiten wie der Insolvenzverwaltung. Dies ist gerechtfertigt, da diese Anwälte, gleich ob in der GmbH oder in einer Sozietät ohne Außenauftritt tätig, nur den verminderten Beitrag und nicht den vollen Beitrag zahlen. Dies stellt auch die Ziff. 5 der Besonderen Bedingung zu den amtsähnlichen persönlichen Tätigkeiten des Deckungskonzepts HV 4218 für die Rechtsanwalts-GmbH klar: „*Im vertragsgemäßen Umfang mitversichert sind die Haftpflichtansprüche Dritter, die unmittelbar gegen die in der Gesellschaft tätigen Personen aus einer Tätigkeit im Namen der Gesellschaft erhoben werden. Teil 1.1 C § 13 AVB-RSW gilt sinngemäß.*“ Siehe dazu ausführlich zur Rechtsanwalts-GmbH § 1 Rn. 428 f. 12

II. Maßgebliche Versicherungsbestimmungen, I Ziff. 1 Satz 1

1. Vertragsgegenstand

Ebenso wie der Versicherungsnehmer hat eine mitversicherte Person Rechte und Pflichten aus dem Versicherungsvertrag, I Ziff. 1 Satz 1. Die Bestimmungen des Versicherungsvertrags finden sinngemäße Anwendung auf die mitversicherten Personen. 13

Anwälte als mitversicherte Personen wie Sozien in der Sozietät haben Versicherungsschutz für ihre berufliche Tätigkeit als Anwalt nach § 1 und für die amtsähnlichen persönlichen Tätigkeiten. Anwälte ohne Außenauftritt/freie Mitarbeiter in der Sozietät oder Anwälte in der GmbH, die nicht Gesellschafter/Geschäftsführer sind, haben keinen Versicherungsschutz für die amtsähnlichen persönlichen Tätigkeiten, siehe dazu oben § 7 Rn. 9 ff und für angestellte Anwälte in der GmbH § 7 Rn. 12. Die Rechte der mitversicherten Personen umfassen im Ergebnis den Abwehranspruch und den Freistellungsanspruch, die vereinbarte Versicherungssumme, die Jahreshöchstleistung, Selbstbehalt und die sonstigen Vereinbarungen wie auch die Ausschlüsse. Die mitversicherte Person ist aber nicht Vertragspartner des Versicherers, was ausschließlich der Versicherungsnehmer ist. Daraus ergibt sich, dass sie nicht Prämienschuldner nach § 8 ist. Die Vertragsdauer bestimmt der Versicherungsnehmer, sowohl Beginn als auch Ende, was auch die Kündigung des Vertrags als vertragsgestaltende Erklärung umfasst. Dem Versicherungsnehmer steht auch ausschließlich das Sonderkündigungsrecht im Schadenfall nach § 9 II zu.

2. Weisungen und Vollmacht des Versicherers

14 Die mitversicherten Anwälte haben wie der Versicherungsnehmer die Weisungen des Versicherers im Schadenfall zu beachten, § 5 II Ziff. 2.1. Der Versicherer kann den Versicherungsnehmer anweisen, alles Notwendige zu tun, um den Schaden abzuwenden und zu mindern. Ein fehlendes Weisungsrecht würde bedeuten, dass der Versicherer seine Aufgabe, den Abwehrschutz zu organisieren, nicht nachkommen könnte. Gleiches gilt für die Regulierungs- und Bearbeitungsvollmacht nach der Regelung in § 3 II Ziff. 1.3.[2] Der Wortlaut *„im Namen des Versicherungsnehmers“* bevollmächtigt zwar nicht ausdrücklich den Versicherer im Namen der mitversicherten Person zu handeln. Man darf aber davon ausgehen, dass die mitversicherten Anwälte regelmäßig konkludent mit der Schadenmeldung auch die Vollmacht erteilen, siehe dazu § 3 Rn. 62. Wenn man die Annahme nicht trifft, gilt schon der Wortlaut des I Ziff. 1 Satz 1, dass die in dem Versicherungsvertrag bezüglich des Versicherungsnehmers getroffenen Bestimmungen auch auf die mitversicherten Personen sinngemäße Anwendung finden. Hier gibt es keinerlei Interessen der mitversicherten Person, die Vollmacht nicht zu erteilen.

3. Selbstbehalt

15 Gem. § 114 Abs. 2 Satz 2 VVG kann ein Selbstbehalt des Versicherungsnehmers gegenüber einer mitversicherten Person nicht geltend gemacht werden, wenn der Versicherer den Dritten entschädigt. Dies gilt auch für die Berufshaftpflichtversicherung der Anwälte für den gesetzlich zulässigen Selbstbehalt. § 51 Abs. 5 BRAO ist nicht lex specialis zum VVG, auch wenn die BRAO vor der VVG-Reform erlassen wurde.[3] Den fehlenden Betrag in Höhe des Selbstbehalts kann sich der Versicherer vom Versicherungsnehmer holen. Er trägt dessen Insolvenzrisiko, siehe dazu auch Selbstbehalt im Pflichtversicherungsbereich § 3 Rn. 90 ff.

4. Ausschlüsse

16 Bei den Ausschlüssen gilt, dass der Ausschluss zurechenbar bei allen übrigen Versicherungsnehmern und den mitversicherten Personen den Versicherungsschutz entfallen lässt und zwar gleich ob der Versicherungsnehmer oder die mitversicherte Person den Ausschlusstatbestand verwirklicht. Die Ausnahme bildet die wissentliche Pflichtverletzung nach § 7 III Ziff. 2, § 4 Ziff. 5, siehe dazu § 7 Rn. 51 ff.

a) Ausschluss bei der mitversicherten Person

17 Für die mitversicherte Person gelten die gleichen Ausschlüsse wie für den Versicherungsnehmer. Wenn der mitversicherte Anwalt einen Ausschlusstatbestand verwirklicht, z.B. im nicht

2 *Diller* § 7 Rn. 15.
3 MüKoVVG/*Brandt* § 114 Rn. 28 f.

vereinbarten außereuropäischen Recht berät, besteht für ihn kein Versicherungsschutz. Die Folge gilt auch für den Versicherungsnehmer und die übrigen mitversicherten Anwälte, sowohl in den Berufsausübungsgemeinschaften als auch in den Berufsträgergesellschaften.[4] Für die Sozietät regelt § 1 II Ziff. 3, dass in der Person eines Sozius gegebene Umstände, die den Versicherungsschutz beeinflussen, zu Lasten aller Sozien geht, siehe dazu ausführlich § 1 Rn. 255ff. Dabei ist der Versicherungsfall, auch mit den verwirklichten Ausschlüssen, der Versicherungsfall aller Sozien und Scheinsozien, § 12. Der Versicherungsschutz entfällt dann auch nach §§ 13, 7 I Ziff. 1 i.V.m. 1 II Ziff. 3 für die angestellten Anwälte, die nicht Scheinsozien sind. Der Sozietät, wenn sie nicht Versicherungsnehmerin im Pflichtversicherungsbereich ist, rechnet man den Ausschluss nach B Teil 1.2 zu, siehe dazu Teil 1.2 B Rn. 12ff.

Für die Rechtsanwalts-GmbH regelt § 1 III Ziff. 2, dass in der Person des Verstoßenden gegebene Umstände, die den Versicherungsschutz beeinflussen, dem Versicherungsnehmer zugerechnet werden, siehe § 1 Rn. 272ff. 18

b) Ausschluss bei dem Versicherungsnehmer

Wenn allein der Versicherungsnehmer einen Ausschlusstatbestand verwirklicht, soll gelten, dass die mitversicherte Person den Versicherungsschutz beibehält.[5] Es würde aber bedeuten, dass eine nicht versicherte Beratung im außereuropäischen Recht des Versicherungsnehmers, gleich ob die Sozien Versicherungsnehmer sind oder die Sozietät, keine Auswirkung für die mitversicherten Personen hat. Alle anderen mitversicherten Sozien/Scheinsozien und anwaltlichen Mitarbeiter hätten demnach weiterhin Versicherungsschutz. Auch die wissentliche Pflichtverletzung eines Sozius als Versicherungsnehmer würde demnach bedeuten, dass die mitversicherten Personen den Versicherungsschutz beibehalten. Das wurde aber gerade nicht so entschieden, weil auch der Mitsozius/Mitscheinsozius in der Sozietät den Versicherungsschutz verliert, wenn ein Sozius wissentlich gehandelt hat oder eine Veruntreuung begangen hat.[6] Die Meinung, dass der Versicherungsschutz dann bestehen bleibt, stützt sich auf die obergerichtliche Rechtsprechung zu einer Privathaftpflichtversicherung. Die Ausschlüsse in der Berufshaftpflichtversicherung sind jedoch anders als in andere Versicherungssparten gesetzlich normiert, § 51 BRAO. Sie gelten für alle Anwälte gleichermaßen. Der durchschnittliche Anwalt kann diese normierten Ausschlüsse nicht anders verstehen als dass sie auch dann gelten, wenn ein Mitsozius sie begangen hat. Ziel und Zweck sind hier erkennbar.[7] Darüber hinaus entspricht das Entfallen des Versicherungsschutzes für alle der gemeinschaftlichen Berufsausübung. Anders als in der Privathaftpflicht üben die Anwälte gemeinsam in einer Sozietät den Beruf aus und haften auch gesamtschuldnerisch, § 52 Abs. 2 Satz 1 BRAO. 19

c) wissentliche Pflichtverletzung

Die Sozien/Scheinsozien und die Sozietät als Versicherungsnehmer behalten den Versicherungsschutz, wenn ein Anwalt eine wissentliche Pflichtverletzung begeht, der weder Sozius noch Scheinsozius im Sinne des §§ 1 II Ziff. 1, 4 Ziff. 5 Satz 2 ist, also ein Anwalt ohne Außenauftritt. Der Versicherer kann bei diesem Mitarbeiter Regress nehmen, § 7 III Ziff. 2. In der Rechtsanwalts-GmbH oder in einer anerkannten Beratungs- oder Prüfgesellschaft behält die Gesellschaft als Versicherungsnehmerin den Versicherungsschutz, wenn ein angestellter Anwalt die wissentliche Pflichtverletzung begeht, §§ 1 III Ziff. 1 im 2. HS, § 4 Ziff. 5 Satz 3. Der angestellte 20

4 *Gräfe*/Brügge D Rn. 623, *Diller* § 7 Rn. 12.
5 *Diller* § 7 Rn. 12; *Littbarski* § 7 Rn. 7.
6 BGH DStR 2011, 2067 m. Anm. *Juretzek*.
7 OLG Hamm NJW-RR 1993, 160, 161 als Voraussetzung für den Ausschluss.

Anwalt in der Berufsträgergesellschaft ist legal definiert als Person, die nicht Organ, Geschäftsführer, Gesellschafter von Personengesellschaften oder Partner ist. Der Versicherer kann bei diesem Mitarbeiter Regress nehmen, § 7 III Ziff. 2.

III. Obliegenheiten, I Ziff. 1 Satz 2

Nach I Ziff. 1 Satz 2 bleibt der Versicherungsnehmer neben den mitversicherten Personen für die Erfüllung der Obliegenheiten verantwortlich. Die Obliegenheitsverletzungen gehen zu Lasten der Versicherungsnehmer und der übrigen mitversicherten Personen.

1. Obliegenheitsverletzung der mitversicherten Person

21 Wenn der mitversicherte Anwalt die Obliegenheit verletzt, gehen die Rechtsfolgen auf jeden Fall zu Lasten von ihm selbst. Es geht dann auch zu Lasten des oder der Versicherungsnehmer und der übrigen mitversicherten Personen, wenn der mitversicherte Anwalt zurechenbar im Geschäftsbereich des Versicherungsnehmers tätig ist. Dies ist die Frage der Zurechenbarkeit eines Fehlverhaltens wie in § 6, der die Rechtsfolgen einer Obliegenheitsverletzung beinhaltet. Zur Zurechenbarkeit bei I Ziff. 1 Satz 2 gelten daher die gleichen Regelungen wie in § 6 und in § 7 I Ziff. 1 Satz 2, siehe hierzu ausführlich zur Zurechenbarkeit von Obliegenheitsverletzungen § 6 Rn. 6ff. Der Versicherungsnehmer soll nicht automatisch seinen Versicherungsschutz verlieren, wenn ein mitversicherter Anwalt seine Obliegenheit verletzt, z.B. wenn er einen Versicherungsfall absichtlich nicht meldet, um keine Schwierigkeiten in der Kanzlei zu haben.[8] Der Versicherungsnehmer verliert aber dann den Versicherungsschutz, wenn der mitversicherte Anwalt ein Wissenserklärungsvertreter/Wissensvertreter ist, was regelmäßig der Fall ist. Man kann ebenfalls nach den Regeln der Repräsentantenhaftung zurechnen, soweit man nach Risikoverwaltung und der hier maßgeblichen Vertragsverwaltung differenziert.

2. Obliegenheitsverletzung des Versicherungsnehmers

22 Wenn der Versicherungsnehmer die Obliegenheit verletzt, geht dies auf jeden Fall zu Lasten von ihm selbst, was § 6 als Rechtsfolge regelt und I Ziff. 1 Satz 2 nochmals klarstellt. Nicht klar ist, wie sich das Fehlverhalten des Versicherungsnehmers auf die Sozietät/GmbH und der übrigen Sozien, Scheinsozien und gerade auch der mitversicherten Anwälte auswirkt. Die Obliegenheitsverletzung des Versicherungsnehmers soll keine Auswirkung haben.[9] Aber konsequent nach Wortlaut und Sinn und Zweck ist richtig, dass die Obliegenheitsverletzung zurechenbar zu Lasten der übrigen Mitarbeiter, Sozien und ggf. der anderen Versicherungsnehmer gehen muss. Der Wortlaut von I Ziff. 1 Satz 2 stellt ausdrücklich die mitversicherte Person und den Versicherungsnehmer gleich. Beide haben die Obliegenheiten zu erfüllen. Sinn und Zweck der Regelung in der Berufshaftpflichtversicherung ist es, dass der Versicherer im Schadenfall reagieren kann. Wenn nur derjenige den Versicherungsschutz verliert, der die Obliegenheitsverletzung begeht, bleibt der Versicherungsschutz aufrecht, da der Versicherer die übrigen Mitarbeiter vom Anspruch freizustellen hat. Selbst eine absichtliche Obliegenheitsverletzung wäre folgenlos. Die andere Ansicht stützt sich auf die Rechtsprechung zur Kfz-Haftpflichtversicherung.[10] Sie kann man aber auf die Berufsausübung in der Kanzlei nicht übertragen. Die Mitglieder einer Sozietät haften aus dem zwischen ihr und dem Auftraggeber bestehenden Vertragsverhältnis als Gesamtschuldner, § 52 Abs. 2 Satz 1 BRAO. Die Berufshaftpflichtversicherung mit dem gleichlaufenden

---

8 *Littbarski* § 7 Rn. 28.
9 *Diller* § 7 Rn. 14; *Littbarski* § 7 Rn. 23ff zur Haftpflichtversicherung zum Meinungsstand.
10 BGH NJW 1968, 447; OLG Hamm VersR 1967, 747, 749; OLG Hamm VersR 1988, 1172.

Versicherungsschutz für alle tätigen Mitarbeiter folgt dieser Regelung. Daneben gibt es in Kfz-Haftpflichtversicherung keine entsprechende Regelung wie in I Ziff. 1 Satz 2 zur Obliegenheitsverletzung.[11]

C. Geltendmachung der Versicherungsansprüche, I Ziff. 2

Nach I Ziff. 2 können die versicherten Personen ihre Versicherungsansprüche selbständig geltend machen. Die AVB-RSW bedingen zugunsten der versicherten Personen § 44 Abs. 1 und 2 VVG ab. Danach kann eine mitversicherte Person ihren Anspruch auch dann geltend machen, wenn sie nicht im Besitz des Versicherungsscheins ist und den Anspruch auch gerichtlich durch eine Klage durchsetzen. Nicht maßgeblich ist, dass der Versicherer die mitversicherten Personen als Sozien/Scheinsozien oder als angestellte Anwälte ohne Außenauftritt im Versicherungsschein erfasst, auch wenn es üblich ist, dass der Versicherer die versicherten Personen namentlich im Versicherungsvertrag nennt, um im Schadenfall zu wissen, wer versichert ist oder war. 23

D. Ausschluss von Ansprüchen des Versicherungsnehmers gegen versicherte Personen, I Ziff. 3

I. Ansprüche des Versicherungsnehmers gegen die mitversicherte Person

Nach I Ziff. 3 sind die Ansprüche des Versicherungsnehmers gegen die versicherten Personen ausgeschlossen. Die Regelung soll verhindern, dass die in der Sozietät oder in der GmbH tätigen Mitarbeiter zu Lasten des Versicherers kollusiv zusammenarbeiten. Gleichfalls soll die Regelung verhindern, dass der Versicherungsnehmer einen Eigenschaden als Drittschaden dem Versicherer anzeigt, wenn der mitversicherte Anwalt einen Verstoß begangen hat. Eine Haftpflichtversicherung setzt begrifflich voraus, dass der Versicherungsnehmer für fremde Ansprüche eines Dritten freigestellt wird. Die Sozietät oder auch die GmbH kann nicht gleichzeitig Versicherungsnehmer und geschädigter Dritter sein. Es besteht daher kein Versicherungsschutz für den mitversicherten Anwalt, wenn er für die Kanzlei einen Anspruch geltend macht, z.B. Honorar einklagt und die Kanzlei von ihm Schadensersatz wegen eines Berufsfehlers verlangt.[12] Wenn das Personal des Anwalts eine Straftat begeht, z.B. Mandantengelder veruntreut, haben weder der Sozius noch die Sozietät Anspruch auf Versicherungsschutz, wenn sie gegen das Personal vorgehen. Die Sozietät/Sozien als Versicherungsnehmer hat für einen möglichen Innenregress gegen die versicherte Person keinen Versicherungsschutz.[13] 24

Kein Versicherungsschutz besteht ebenfalls, wenn die Versicherungsnehmer als Sozietät/Sozien/GmbH einen mitversicherten Anwalt in Anspruch nehmen,[14] wenn der mitversicherte Anwalt im eigenen Namen auf eigene Rechnung die Kanzlei vertritt und einen Schaden für die Kanzlei verursacht. Die Zulassungspolice versichert zwar die Berufsfehler im eigenen Namen, aber Eigenschäden der Gesellschaft sind dort ausgeschlossen. Die Zulassungspolice des Anwalts für seine Nebentätigkeiten enthält regelmäßig in der Risikobeschreibung den Zusatz, dass nur Tätigkeiten versichert sind, die der Anwalt außerhalb der Kanzlei ausübt: Versichert ist die Tätigkeit als Rechtsanwalt, die der Versicherungsnehmer weder als Mitarbeiter einer rechts- und/oder wirtschaftsberatenden Kanzlei noch als deren Vertreter oder Sozius ausübt.[15] Siehe 25

11 *Littbarski* § 7 Rn. 27; *Prölss* VersR 1968, 269, 270; *Schirmer* ZVersWiss 1981, 127.
12 *Diller* § 7 Rn. 22.
13 *Gräfe*/Brügge D Rn. 632 f.
14 *Gräfe*/Brügge D Rn. 634 f.
15 Bei der Allianz HV 47.

dazu § 1 Rn. 332ff. Bei freien Mitarbeitern gilt das Gleiche, weil sie nicht freiberuflich für die Kanzlei arbeiten wie B Satz 1 BBR-RA voraussetzt. In beiden Fällen ist der angestellte Anwalt oder der freie Mitarbeiter weiterhin Mitarbeiter der Kanzlei und berät nicht einen fremden Dritten.[16] Siehe zum Versicherungsschutz bei Ansprüchen der Sozietät und Eigenschaden § 1 Rn. 115f.

II. Ansprüche der versicherten Personen untereinander und gegen den Versicherungsnehmer

26 I Ziff. 3 schließt nach dem Wortlaut allein den Anspruch des Versicherungsnehmers gegen die versicherten Personen aus. Nicht genannt sind Ansprüche der versicherten Personen untereinander und gegen den Versicherungsnehmer, wie z.B., wenn der mitversicherte Anwalt die Kanzlei für seinen eigenen Scheidungsfall mandatiert und der in ihr tätige Fachanwalt für Familienrecht einen Verstoß begeht. Der Versicherungsschutz umfasst den Anspruch des mitversicherten Anwalts gegen die Kanzlei und deren Mitarbeiter. Diese beiden Ansprüche sind aufgrund des eindeutigen Wortlauts im Umkehrschluss versichert. Die Kanzlei als Versicherungsnehmerin ist hier auch nicht die geschädigte Dritte, sondern der Mitarbeiter, aber eben nicht in der Funktion als Kanzleimitarbeiter, sondern als Privatperson. Zwar können hier Bedenken bestehen, weil § 7 I generell das kollusives Zusammenwirken vermeiden soll. Aber es würde dazu führen, dass Mitarbeiter nicht ihre eigene Kanzlei mandatieren können und hier geht es eben um den Mitarbeiter als Privatperson und nicht als mitversicherten Anwalt. Ansprüche der versicherten Personen untereinander sind grundsätzlich ebenfalls nur dann denkbar, wenn sie als Privatpersonen sich gegenseitig mandatieren im eigenen Namen auf eigene Rechnung. Sie sind dann formal zwar Mitarbeiter der Kanzlei, werden aber als freiberuflich außerhalb der Kanzlei tätig. Versicherungsschutz besteht hierfür allein über die Zulassungspolice.

III. Ansprüche der Versicherungsnehmer untereinander

27 Ansprüche der Versicherungsnehmer untereinander, Sozien und der Sozietät, als gesellschaftsrechtliche Innenansprüche, sind ausgeschlossen. Wenn ein Sozius einen Verstoß begeht, haftet die Sozietät und die Sozien persönlich und gesamtschuldnerisch, analog §§ 128ff HGB. Der in Anspruch genommene Sozius hat einen gesellschaftsrechtlichen Innenausgleichsanspruch nach § 426 Abs. 1 BGB gegenüber den anderen Sozien oder einen Innenregressanspruch gegen die Partnerschaft § 6 Abs. 3 Satz 2 PartGG i.V.m. § 110 HGB. Es handelt sich jedoch schon um einen gesellschaftsrechtlichen Ausgleichsanspruch und nicht um einen berufsrechtlichen Verstoß, wofür kein Versicherungsschutz besteht. Selbstverständlich gilt wie im oberen Beispiel, siehe § 7 Rn. 26 etwas anderes, wenn der Sozius einen anderen Sozius oder einen mitversicherten Anwalt anwaltlich als Privatperson beauftragt, um einen eigenen Anspruch durchzusetzen, wie z.B., wenn er den Mitsozius beauftragt, das Scheidungsverfahren durchzuführen, was wieder über die Zulassungspolice versichert ist.

E. Abtretung und Verpfändung des Freistellungsanspruchs, II

28 Nach II Satz 1 darf der Versicherungsnehmer nicht über den Freistellungsanspruch ohne Zustimmung des Versicherers verfügen, § 108 Abs. 1 VVG. Grund der Regelung ist, dass der Versicherer sich nur mit dem Versicherungsnehmer und dem Geschädigten auseinandersetzen soll.

---

16 *Grams* BRAK Mitt. 2003, 12, 13.

Andernfalls könnten andere gewinnorientierte Betriebe wie Factoring-Unternehmen die Forderungen aufkaufen und verwerten.

Die Abtretung des Freistellungsanspruchs an den Dritten kann der Versicherer aber nicht ausschließen, II Satz 2 und § 108 Abs. 2 VVG. Der Versicherungsnehmer kann den Freistellungsanspruch jederzeit abtreten, daher auch für die Zukunft bei Vertragsschluss mit dem Mandanten, § 398 BGB. Auch nach Abtretung des Freistellungsanspruches bleibt der Versicherungsnehmer aber Vertragspartner des Versicherers, insbesondere treffen ihn auch die Obliegenheiten.[17] Wenn der Versicherungsnehmer den Freistellungsanspruch abtritt, wandelt sich der Anspruch in einen Zahlungsanspruch des Geschädigten/Dritten gegenüber dem Versicherer um. Die Abtretung hat prozessual zu Folge, dass die Trennung zwischen Haftungs- und Deckungsprozess aufgehoben ist. In dem Direktprozess des geschädigten Mandanten gegenüber dem Versicherer hat das Gericht gleichzeitig die Haftungs- und Deckungsfragen zu klären. Der Leistungsumfang und der Inhalt der Deckung bleiben aber gleich. Der Dritte hat nicht weniger oder mehr Rechte als der Versicherungsnehmer. Er hat die Haftung des Versicherungsnehmers und die Leistungspflicht des Versicherers darzulegen und zu beweisen. Der Versicherer kann die gleichen Ausschlüsse dem Geschädigten vorhalten wie dem Versicherungsnehmer oder dass er eine Obliegenheit verletzt hat, § 404 BGB. Weil der Versicherungsnehmer in diesem Prozess nicht mehr Beklagter ist, kann er als Zeuge aussagen. Ein Anwalt kann dann aussagen, dass keine wissentliche Pflichtverletzung vorliegt, die als Beweis zu würdigen ist statt als Parteieinvernahme.[18]

Der Dritte kann den Versicherungsnehmer nicht neben dem Versicherer in Anspruch nehmen, auch wenn die Abtretung erfüllungshalber erfolgt. Er ist aus der zugrundeliegenden Vereinbarung verpflichtet, sich an den Versicherer zu halten.[19] In dieser Zeit ist die Verjährung sowohl des Haftungs- als auch Deckungsanspruchs gehemmt.[20] 29

Wenn der Dritte die Klage verliert, weil der Versicherungsnehmer nicht haftet, ist der Abtretungsvertrag dahingehend auszulegen, dass die Entscheidung über die Haftpflichtforderung den Dritten bindet. Er kann nicht mehr gegen den Versicherungsnehmer klagen.[21] 30

Wenn der Dritte die Klage verliert, weil der Versicherer nicht deckungspflichtig ist, kann der Dritte gegen den Versicherungsnehmer vorgehen. Man nimmt dann aber an, dass der Versicherer dem Versicherungsnehmer keinen Versicherungsschutz mehr zu gewähren hat, der Versicherungsnehmer also auch keinen Abwehrschutz mehr hat, weil die Rechtskraft des Urteils nach § 325 ZPO den Versicherungsnehmer bindet.[22] Damit ist auch gewährleistet, dass nicht mehrmals über den gleichen Sachverhalt zu entscheiden ist.[23] 31

Wie der Wortlaut von II eindeutig belegt, kann der Versicherungsnehmer nur den Freistellungsanspruch abtreten, aber nicht den Abwehranspruch. Hierfür besteht auch kein Bedarf, da der Dritte den Versicherer in Anspruch nimmt. 32

F. Rückgriffsansprüche des Versicherers, III

III regelt die Rückgriffsansprüche des Versicherers gegen Dritte und modifiziert § 86 VVG. Ziff. 1 regelt den allgemeinen Rückgriffsanspruch und dessen Umfang. Ziff. 2 regelt den Rückgriffsanspruch des Versicherers gegen den Mitarbeiter, der wissentlich gehandelt hat. Ziff. 3 re- 33

17 Prölss/Martin/*Lücke* § 108 Rn. 32.
18 *Grote/Schneider* BB 2007, 2689, 2697; *Diller* § 7 Rn. 27.
19 Prölss/Martin/*Lücke* § 108 Rn. 27.
20 *Gräfe*/Brügge D Rn. 208.
21 MüKoVVG/*Dageförde* § 108 Rn. 139; anders *Gräfe*/Brügge D Rn. 207 und *Lange* r + s 2007, 401.
22 MüKoVVG/*Dageförde* § 108 Rn. 139; anders *Lange* r + s 2007, 401, 405.
23 *Armbrüster* r + s 2010, 441, 451.

gelt, was der Versicherungsnehmer zu tun hat, damit der Versicherer seinen Rückgriffsanspruch gegenüber dem Dritten ausüben kann.

34 Durch das schädigende Ereignis können gleichzeitig zwei Ansprüche entstehen. Auf der einen Seite der Anspruch des Versicherungsnehmers gegen den Versicherer, weil ein Versicherungsfall nach § 5 I vorliegt. Auf der anderen Seite ein Regressanspruch des Versicherers, weil der Versicherungsnehmer selbst einen Anspruch gegen einen Dritten hat. § 86 VVG und Ziff. 1 schreiben vor, dass in diesem Fall der Versicherer den Anspruch gegen den tatsächlichen Schädiger erhält. Sinn ist, dass der Dritte als Schädiger keinen Vorteil daraus ziehen soll, dass der Versicherungsnehmer hierfür versichert ist und dass der Versicherungsnehmer sich nicht bereichern soll.[24]

I. Übergang von Ansprüchen des Versicherungsnehmers gegen Dritte, III Ziff. 1

Nach III Ziff. 1 geht ein Anspruch über, wenn ein Ersatzanspruch besteht, er sich gegen den Dritten richtet und der Übergang nicht zum Nachteil des Versicherungsnehmers geht.

1. Ersatzanspruch

35 Es gehen alle Schadensersatzansprüche über, ob aus vertraglichen, vertragsähnlichen oder deliktsrechtlichen Schuldverhältnissen oder ob verschuldensabhängig oder nicht. Umfasst sind auch Ausgleichsansprüche unter Gesamtschuldnern nach § 426 Abs. 1 BGB und Innenansprüche der Gesellschaft gegen Gesellschafter, aber es muss sich dann selbstverständlich um einen Anspruch gegenüber einem Dritten handeln. Ansprüche auf Kostenersatz gehen ebenfalls über. Dies ergibt sich schon daraus, dass nach § 3 II Ziff. 1 Versicherungsschutz für die Abwehr von unberechtigten Schadensersatzansprüchen besteht und der Versicherer die Kosten für den Prozess übernimmt, siehe dazu § 3 Rn. 100 ff. Gleichfalls erfasst sind Bereicherungsansprüche. Wenn sie nicht übergehen, sind sie ggf. nach § 255 BGB abzutreten.

2. Rückgriff bei Dritten

36 Maßgeblich für den Übergang ist, ob der Schädiger Dritter im Sinne von III Ziff. 1 ist. Die AVB-RSW und § 86 Abs. 1 VVG lassen den Begriff offen. Dritter ist nach dem Sinn des Vorteilsausgleichs und dem Bereicherungsgedanken derjenige, dessen betroffenes Interesse nicht durch den Versicherungsvertrag versichert ist. Dritter ist demnach regelmäßig jeder, der nicht Versicherungsnehmer oder Versicherter ist.[25]

37 Grundsätzlich gilt, dass ein Mitarbeiter Dritter sein kann, wenn er nicht versichert ist, so dass ein Regress möglich ist. Dies kann erstens der Fall sein, wenn es sich um eingeschaltete fremde Personen handelt, zweitens der anwaltliche Kanzleimitarbeiter fremdversichert ist oder drittens auch gerade, wenn der Mitarbeiter dem Versicherer unbekannt ist, weil die Kanzlei den zu versichernden Mitarbeiter nicht gemeldet hat. Ein unbekannter Mitarbeiter, gleich ob Sozius/Scheinsozius oder angestellter Anwalt ohne Außenauftritt oder freier Mitarbeiter, kann schlichtweg nicht versichert sein und er hat dann auch keinen Versicherungsschutz für Haftpflichtansprüche, die gegen ihn gerichtet sind. Er wird dann zum Dritten i.S.d. der Versicherungsbedingungen. Folge davon ist, dass der Versicherer bei diesen fremden Personen oder auch bei nicht gemeldeten unversicherten Mitarbeitern Regress nehmen kann, wenn diese Personen einen der Kanzlei zurechenbaren Verstoß begangen haben und der Versicherer dafür

24 BGH VersR 1983, 462; Prölss/Martin/*Armbrüster* § 86 Rn. 1.
25 OLG Hamm VersR 1989, 36; BGH VersR 1959, 500; Beckmann/Matusche-Beckmann/*Hormuth* § 22 Rn. 40.

Schadensersatz leistet. Die Kanzleiversicherung schützt sie nicht, weil sie gerade nicht zum versicherten Personenkreis gehören. Vom fehlenden Versicherungsschutz mit der Regressmöglichkeit gibt es eine Ausnahme nach § 13 II: Wird trotz Aufforderung die Beschäftigung eines Mitarbeiters, hier allein angestellter Anwalt ohne Außenauftritt oder freier Mitarbeiter, nicht angezeigt, so verringert sich dem Versicherungsnehmer gegenüber die Leistung (§ 12) des Versicherers, wie wenn der Mitarbeiter Sozius im Sinne von § 1 II wäre. Es bedeutet im Ergebnis, dass sich der Versicherungsschutz für die Kanzlei und die Sozien nach der Durchschnittsleistung i.S.d. § 12 verringert, aber der zuschlagpflichtige angestellte Anwalt/freier Mitarbeiter hat auch wieder eingeschränkten Versicherungsschutz. Gegenüber ihm kann der Versicherer trotz fehlender Meldung keinen Regress nehmen, weil bereits die Sanktion durch die verringerte Versicherungsleistung nach § 12 für die Kanzlei erfolgt und der Regress dann überflüssig ist.

Aufgrund der Regelung in § 13 II und der Möglichkeit Mitarbeiter fremd zu versichern ist daher für den Regress einerseits zu unterscheiden zwischen der Sozietät und ihren Sozien und andererseits zwischen den zuschlagpflichtigen Mitarbeitern nach § 13 und den sonstigen eingeschalteten Experten.

a) Sozietät/Partnerschaft und Sozien/Partner

Für den Regress bei der Kanzlei und ihren Sozien können Besonderheiten bestehen, wenn nicht alle Sozien beim gleichen Versicherer sind. Im Ergebnis gilt: Der Versicherer nimmt keinen Regress, wenn alle Sozien bei ihm versichert sind. Der Versicherer nimmt Regress, wenn der verursachende Sozius nicht bei ihm versichert ist und er nicht der gleichen Berufsgruppe angehört, wenn also z.B. der versicherte Anwalt für einen Fehler eines fremdversicherten Wirtschaftsprüfers in Anspruch genommen wird. 38

aa) Sozien/Sozietät beim gleichen Versicherer

Bei Sozien/Sozietät, die beim gleichen Versicherer versichert sind gilt: Der Versicherer kann keinen Regress bei den anderen Sozien nehmen, weil sie nicht Dritte sind, sondern mitversicherte Personen. Dies ergibt sich auch nach der Regelung in § 12. Nach § 12 ist der Versicherungsfall eines Sozius der Versicherungsfall aller Sozien. Die Deckung des Versicherungsfalls aller bei einem Versicherer Sozien schließt es aus, dass ein Sozius gleichzeitig Versicherungsnehmer und Dritter sein kann. Das Ergebnis ergibt sich ebenfalls daraus, dass bei allen tätigen Anwälten oder auch sonstigen Berufsträgern das gleiche Interesse an der Versicherung besteht, was sie als Dritte i.S.d. III Ziff. 1 ausschließt. Sinn der Versicherung ist es, die persönliche gesamtschuldnerische Haftung der Anwälte für ihre Berufsfehler abzudecken, gleich wer sie begeht. 39

Das Ergebnis ist auch unabhängig davon, welches Deckungskonzept die Sozietät hat.[26] Wenn alle Sozien Versicherungsnehmer sind und die Sozietät und die sonstigen Mitarbeiter mitversichert sind, gilt § 12. Wenn die Sozietät Versicherungsnehmerin oberhalb der Pflichtversicherung ist, gilt klarstellend III Ziff. 2 und § 13: Regress nur im Ausnahmefall beim Angestellten, wenn er wissentlich gehandelt hat, ansonsten nicht, zu den versicherten Personen in der Sozietät § 7 Rn. 7 ff. Bei der PartG mbB gilt deshalb auch, dass die Innenansprüche der PartG mbB nicht auf den Versicherer übergehen. Die PartG mbB ist die Versicherungsnehmerin und die dort tätigen Anwälte sind mitversichert, siehe hier § 7 Rn. 11. Die mitversicherten Anwälte haben das gleichgeordnete Interesse wie die PartG mbB auf Freistellung von berechtigten Schadensersatzansprüchen und sind daher nicht Dritte i.S.d. III Ziff. 1. 40

26 Anders *Diller* § 7 Rn. 32a; der Versicherer hat einen Regressanspruch, wenn nicht die Sozietät Versicherungsnehmerin ist, sondern alle dort tätigen Sozien.

bb) Sozien/Sozietät bei mehreren Versicherern

41 Wenn der verursachende Sozius nicht beim gleichen Versicherer ist, kommt es darauf an, ob ein Teilungsabkommen im Sinne einer Durchschnittsleistung nach § 12 zwischen den beiden Versicherern besteht. Wenn es besteht, gilt der Versicherungsfall des fremdversicherten Sozius auch als Verstoß aller Sozien nach § 12. Man bildet dann eine Durchschnittsleistung ohne Regress. Wenn das Abkommen nicht besteht, ist der fremdversicherte verursachende Sozius Dritter nach III Ziff. 1. In diesem Fall kann der vorleistende Versicherer bei der Versicherung des fremdversicherten Sozius Regress nehmen. Der Anwaltsversicherer könnte daher beim Wirtschaftsprüferversicherer Regress nehmen, wenn der fremdversicherte Wirtschaftsprüfer eine Bilanzmanipulation nicht erkennt, der Mandant aber den hier versicherten Anwalt in Anspruch nimmt und leistet. Dies ergibt sich daraus, dass nach der gängigen Auslegung hier nicht § 12 gilt, siehe dazu § 12 Rn. 11ff. Der Grund für den Regress liegt darin, dass der Anwalt für den Verstoß des fremdversicherten Wirtschaftsprüfers versichert ist nach dem Deckungsschutz für gesellschaftsrechtliche Haftung in Teil 1.2., siehe hierzu A Ziff. 2.3 Teil 1.2 Rn. 23ff. Der leistende Versicherer des Anwalts hat aber für den schadenverursachenden fremd versicherten Wirtschaftsprüfer keine Prämie erhalten. Man könnte jedoch auch zum Ergebnis kommen, dass die Versicherer ihre Ansprüche analog § 78 Abs. 2 VVG auszugleichen haben, wenn man die Fälle der fremdversicherten Sozien als Mehrfachversicherung ansieht. Der BGH entschied zum Mieterregress, dass Personen, die durch einen auch konkludenten Regressverzicht geschützt werden, nicht in Anspruch genommen werden können und § 78 Abs. 2 VVG zur Anwendung kommt.[27] Dies dürfte jedoch nicht auf die Berufshaftpflichtversicherung übertragbar sein aufgrund der anders gerichteten Interessenlage. In der Praxis wird der Regress dadurch vermieden, dass alle Sozien gleich hoch bei einem Versicherer versichert sind. Wenn es überhaupt zu problematischen Fällen kommen sollte, einigen sich die Versicherer untereinander.

b) Angestellte Anwälte und freie Mitarbeiter, eingeschaltete Experten, Personal

Die Kanzleien haben Personal und beschäftigen Anwälte als Angestellte oder freie Mitarbeiter und schalten zur Bearbeitung ihrer Fälle fremde Dritte wie andere Kanzleien oder Experten wie Wirtschaftsprüfer, Steuerberater oder Gutachter ein.

aa) Angestellte Anwälte und freie Mitarbeiter als zuschlagpflichtige Personen nach § 13

42 Die in der Kanzlei tätigen Anwälte ohne Außenauftritt sind nicht Dritte i.S.d. III Ziff. 1, gleich ob angestellt oder freier Mitarbeiter, wenn sie mitversichert sind.[28] Dies ergibt sich nach den Regelungen in III Ziff. 2, § 13, die bedeuten, dass die mitarbeitenden Anwälte, angestellten Anwälte ohne Außenauftritt oder auch freien Mitarbeiter mitversichert sind. Bei ihnen kommt ein Regress nach III Ziff. 2 nur bei einer wissentlichen Pflichtverletzung in Frage. Bei sonstigen fahrlässigen Verstößen ist im Umkehrschluss kein Regress vorgesehen. Die Berufshaftpflichtversicherung des Versicherungsnehmers schützt gerade auch die Betriebsangehörigen und bezieht sie in den Versicherungsschutz ein.[29]

43 Ein Regress wäre aber denkbar, wenn die Kanzlei einen zuschlagpflichtigen Mitarbeiter i.S.d. § 13 I, also angestellte Anwälte/freie Mitarbeiter ohne Außenauftritt nicht gemeldet hat, weil sie dann nicht als mitversichert gelten können. Bei fehlender Meldung trotz Aufforderung,

---

27 BGH r + s 2006, 500.
28 *Diller* § 7 Rn. 32b.
29 *Gräfe*/Brügge D Rn. 625.

was gewöhnlich mit der Rechnung geschieht, gilt aber gerade § 13 II. Es ist daher bei den Folgen zwischen dem Versicherungsnehmer, der Kanzlei oder den einzelnen Sozien/Prinzipal, und den zuschlagpflichtigen Anwälten i.S.d. § 13 zu unterscheiden.

Für den Versicherungsnehmer/Sozien bei nicht gemeldeten zuschlagpflichtigen Anwälten trotz 44
Aufforderung gilt: Die Rechtsfolgen richten sich nach § 13 II. Danach ist eine Durchschnittleistung für die Sozietät/Sozien zu bilden. Die fiktive Versicherungsleistung der nicht gemeldeten zuschlagpflichtigen Anwälte, der nicht Sozius/Scheinsozius ist, wird mit „0" angesetzt, siehe dazu ausführlich § 13 Rn. 5ff. Ein Regress gegen den Versicherungsnehmer/Sozien aufgrund einer fehlenden Meldung gibt es daher nicht, weil bereits die Sanktionierung durch die Durchschnittsleistung vorliegt.

Für den nicht gemeldeten zuschlagpflichtigen Anwalt trotz Aufforderung gilt: Wenn der Versi- 45
cherungsnehmer die zuschlagpflichtigen Mitarbeiter trotz Aufforderung nicht gemeldet hat und keinen Beitrag entrichtet hat, könnten diese Anwälte erst einmal auch nicht mitversicherte Personen sein. In dieser Konstellation wäre es denkbar, dass ein Versicherer bei diesen Mitarbeitern Regress nehmen kann. Es gilt aber gerade auch hier die Rechtsfolge aus § 13 II mit der Durchschnittsleistung für die Kanzlei, aber dann auch mit dem eingeschränkten Versicherungsschutz für den nicht gemeldeten Mitarbeiter. Die Durchschnittsleistung sanktioniert die fehlende Meldung. Dafür hat aber der nicht gemeldete Mitarbeiter wieder eingeschränkten Versicherungsschutz für Ansprüche, die unmittelbar gegen ihn gerichtet sind. Er ist eine mitversicherte Person. Ein Regress ist deshalb gehen ihn nicht mehr möglich, weil sich auch schon die Versicherungsleistung für die Kanzlei verringert hat. Ein zusätzlicher Regress ist überflüssig und unangemessen. Praktisch gibt es kaum einer dieser Fälle. Im Einzelfall bietet man den Versicherungsschutz als mitversicherte Person gegen Nachzahlung des Prämienzuschlags für die zuschlagpflichtigen Anwälte.

Für den nicht gemeldeten zuschlagpflichtigen Anwalt ohne Aufforderung gilt: Diese Fälle 46
der fehlenden Meldung sind fast nicht denkbar, weil die Versicherer regelmäßig die Versicherungsnehmer auffordern, die gefahrerhöhenden Umstände, wie neue Mitarbeiter, zu melden. Die zuschlagpflichtigen Mitarbeiter ohne Aufforderung und ohne Meldung haben keinen Versicherungsschutz und sind nicht mitversichert, weil sie nicht unter den Anwendungsbereich der Mitversicherung nach § 13 I, II fallen, weil § 13 voraussetzt, dass der Versicherer den Versicherungsnehmer zur Meldung aufgefordert hat. Sie können nicht mitversichert sein, weil sie schlichtweg nicht bekannt sind und keine Prämie entrichtet wurde. Grundsätzlich kann der Versicherer bei ihnen Regress nehmen, wenn dieser Mitarbeiter einen der Kanzlei zurechenbaren Verstoß begangen hat und der Versicherer dafür Schadensersatz zu leisten hat. Die Kanzleiversicherung schützt ihn nicht, weil er nicht versichert ist. Siehe zum zuschlagpflichtigen Mitarbeiter ohne Meldung und ohne Aufforderung als gefahrerhöhender Umstand und die Rechtsfolgen bei fehlender Meldung § 11b Rn. 12f. Siehe auch zum Mitversicherungsschutz bei zuschlagpflichtigen Mitarbeitern bei § 13 Rn. 10ff.

bb) eingeschaltete Experten

Wenn der Anwalt andere Experten einschaltet, z.B. einen Wirtschaftsprüfer, der ein Bilanz- 47
gutachten zu einem Schadenfall erstellen soll, handelt es sich um einen Erfüllungsgehilfen oder um einen Substituten mit eigenem Auftrag. Er ist Dritter nach III Ziff. 1. Der Anwalt als Auftraggeber ist für den Fehler des Wirtschaftsprüfers als fremden Dritten versichert, für den Fehler des Erfüllungsgehilfen oder sein Auswahlverschulden, § 1. Der Wirtschaftsprüfer ist aber nicht Teil der Kanzlei oder eine versicherte Person. Er ist regelmäßig selbst für seine Berufsfehler versichert. Der Anspruch des Anwalts gegen den Wirtschaftsprüfer aus seinem Auftragsverhältnis geht auf den Versicherer über, III Ziff. 1, siehe zum Versicherungsschutz bei Einschaltung von Dritten als Substituten § 1 Rn. 172ff.

cc) Personal

48 Das Personal ist in den Versicherungsschutz einbezogen und nicht Dritter. Nach § 1 haben die Sozien/Sozietät und die Berufsträgergesellschaften Versicherungsschutz für die Tätigkeit ihrer Erfüllungsgehilfen. Der Versicherer kann nur Rückgriff nehmen, wenn es sich um eine wissentliche Pflichtverletzung handelt, § 7 III.

c) Zugelassene und anerkannte Berufsträgergesellschaften

49 Die mitversicherten Berufsangehörigen einer Berufsträgergesellschaft sind nicht Dritte, sondern haben das gleiche versicherte Interesse wie die jeweilige Berufsträgergesellschaft. Es gehen keine Innenansprüche der zugelassenen Rechtsanwalts-GmbH oder einer anerkannten Steuerberatungs- oder Prüfgesellschaft auf den Versicherer über, wenn einer der dort tätigen Berufsangehörigen einen Berufsfehler begangen hat. Dies ergibt sich aus § 1 III Ziff. 2 und § 4 Ziff. 5 Satz 3, der auf § 1 III verweist. Regress wie in der Sozietät/Partnerschaft wird nur genommen, wenn der Angestellte eine wissentliche Pflichtverletzung begeht. In anderen Fällen gibt es keinen Regress.

3. kein Nachteil für Versicherungsnehmer

50 Der Ersatzanspruch geht in Höhe der geleisteten Zahlung auf den Versicherer über gemäß §§ 401ff BGB. Der Übergang kann aber nicht zum Nachteil des Versicherungsnehmers geltend gemacht werden. Der Ersatzanspruch des Versicherten kann nur soweit übergehen, wie der Anspruch des Versicherungsnehmers nicht mehr zur Deckung seines Schadens benötigt wird. Nach der von der Rechtsprechung entwickelten Differenztheorie/Quotenvorrecht kann darüber hinaus der Anspruch auf den Versicherer erst übergehen, wenn der Versicherungsnehmer seinen gesamten Schaden ausgeglichen erhalten hat. Der Anspruch geht nicht über, wenn weder die Versicherungsleistung noch der Ersatzanspruch des geschädigten Versicherungsnehmers ausreichen, um den gesamten Schaden des Versicherungsnehmers auszugleichen.[30] Dies bedeutet, dass bei einem alleinigen schuldhaften Verstoß des Dritten, der Versicherer vollständig Regress nimmt, wenn z.B. der Schadenexperte oder fremdversicherte Wirtschaftsprüfer ein falsches Bilanzgutachten erstellt hat. Wenn die Verschuldensanteile zwischen Versicherungsnehmer und Drittem gleichauf liegen, nimmt er in Höhe der Hälfte der geleisteten Schadenszahlung Regress. Er nimmt nicht in voller Höhe Regress, da er selbst die Hälfte leisten muss.[31]

II. Rückgriff gegen Mitarbeiter bei wissentlicher Pflichtverletzung, III Ziff. 2

51 Nach III Ziff. 2 nimmt der Versicherer bei einem Mitarbeiter Rückgriff, wenn er seine Pflichten wissentlich verletzt hat. Die Regelung zur wissentlichen Pflichtverletzung beinhaltet im Ergebnis, dass die Sozien/Scheinsozien und die Sozietät den Versicherungsschutz behalten, wenn ein Mitarbeiter eine wissentliche Pflichtverletzung begangen hat, § 4 Ziff. 5 Satz 2. Dafür nimmt der Versicherer bei dem Mitarbeiter Regress, III Ziff. 2. Das gleiche System besteht bei den anerkannten und zugelassenen Berufsträgergesellschaften. Sie behalten den Versicherungsschutz mit Regressmöglichkeit beim Angestellten, § 4 Ziff. 5 Satz 3 i.V.m. § 1 III Ziff. 2 im 2. HS.

---

30 Ausführlich und gegen die Rspr. MüKoVVG/*Möller/Segger* § 86 Rn. 124ff mit den dortigen Nachweisen der Rspr. und Lit, weil der Versicherungsnehmer wegen dem fehlenden Selbstbehalt oder einer Unterversicherung bessergestellt wird, auch *Ebert/Segger* VersR 2001, 143.

31 *Diller* § 7 Rn. 31 wegen III Ziff. 1 Satz 2, weil der Übergang nicht zum Nachteil des Versicherungsnehmers geltend gemacht werden kann.

Der Begriff des Mitarbeiters umfasst den angestellten Anwalt ohne Außenauftritt und den freien Mitarbeiter. Die vorige Version der AVB-RSW HV 60/06 enthielt nur den Begriff des Angestellten. Dies war nicht richtig. Es ergibt sich daraus, dass sowohl die angestellten Anwälte als auch freien Mitarbeiter eine Risikoerhöhung nach § 11b II Satz 2, § 13 darstellen und man beim Versicherungsschutz nicht zwischen ihnen differenzieren darf. Der Versicherungsschutz besteht für die Kanzlei bei zuschlagpflichtigen Mitarbeitern, gleich ob es sich um einen angestellten Anwalt oder freien Mitarbeiter handelt und im Übrigen auch gleich, ob für sie Beitrag bezahlt wurde oder nicht.[32] Weil der Regress bei einem freien Mitarbeiter wie auch beim angestellten Anwalt nur bei einer wissentlichen Pflichtverletzung stattfindet, spielt es keine Rolle wie sie selbst über ihre eigene Police versichert sind. Daher ist es unerheblich, ob die Zulassungspolicen für diese Mitarbeiter allein Versicherungsschutz für die eigene Tätigkeit im eigenen Namen bieten oder auch die Tätigkeit für die Kanzlei beinhalten. 52

Bei angestellten Anwälten ist selbstverständlich Voraussetzung, dass sie für einen Berufsfehler auch haften. Nur ein bestehender Haftungsanspruch kann als Ersatzanspruch übergehen. Es gilt die materiell-rechtliche Haftungsprivilegierung, die die Rechtsprechung für den Bereich der Arbeitnehmerhaftung entwickelt hat. Danach gilt als Grundsatz, dass bei Vorsatz und grober Fahrlässigkeit in der Regel keine Haftungsentlastung gewährt wird. Bei mittlerer Fahrlässigkeit werden die Schäden zwischen Arbeitgeber und Arbeitnehmer quotal verteilt. Bei leichtester Fahrlässigkeit ist der Schaden allein vom Arbeitgeber zu tragen.[33] Vorsatz umfasst das Wissen und Wollen des rechtswidrigen Erfolges. Er muss sich nicht nur auf die Pflicht- bzw. Rechtsgutsverletzung, sondern auch auf den konkreten Schaden beziehen,[34] was bei der wissentlichen Pflichtverletzung nicht sein muss. Daher ist ein Rückgriff in voller Höhe kaum möglich und auch wenig praxisrelevant, weil er schon schwierig durchzuführen ist und der Angestellte hat regelmäßig nicht die Mittel, um den Anspruch zu begleichen. 53

III. Mitwirkungspflichten des Versicherungsnehmers und vorhergehende Haftungsbeschränkungen, III Ziff. 3

Der Versicherungsnehmer hat Wahrungs- und Mitwirkungspflichten, um den Regressanspruch des Versicherers durchsetzen zu können. Der Versicherungsnehmer hat den Versicherer bei der Anspruchsdurchsetzung zu unterstützen, insbesondere hat er ihm Auskunft zu erteilen. Die Rechtsfolgen einer Obliegenheitsverletzung ergeben sich aus § 86 Abs. 2 VVG. Verletzt der Versicherungsnehmer seine Obliegenheit vorsätzlich, ist der Versicherer zur Leistung insoweit nicht verpflichtet, als er infolgedessen keinen Ersatz von dem Dritten erlangen kann. Im Fall einer grob fahrlässigen Verletzung der Obliegenheit ist der Versicherer berechtigt, seine Leistung in einem der Schwere des Verschuldens des Versicherungsnehmers entsprechenden Verhältnis zu kürzen; die Beweislast für das Nichtvorliegen einer groben Fahrlässigkeit trägt der Versicherungsnehmer. 54

§ 86 VVG setzt voraus, dass der Anspruch entstanden ist. Es bedeutet, dass der Versicherungsfall bereits eingetreten sein muss, damit der Anspruch übergeht. Wenn der Versicherungsnehmer vor Eintritt den Ersatzanspruch ausschließt oder ihn begrenzt, z.B. durch eine Haftungsvereinbarung mit einem Dritten, gilt aber § 86 Abs. 2 analog. Haftungsvereinbarungen vor der Entstehung des Anspruchs dürfen den möglichen Regressanspruch des Versicherers nicht vollständig vereiteln,[35] siehe dazu § 1 Rn. 192. Allein in dieser Höhe, wenn die Vereinbarung 55

32 OLG Hamburg VersR 1985, 229; *Diller* § 7 Rn. 33.
33 MüKoBGB/*Henssler* § 619a Rn. 38; BAG NZA 1994, 1083.
34 BAG NJW 1968, 717; *Richardi* JZ 1986, 796, 805 f.
35 Prölss/Martin/*Armbrüster* § 86 Rn. 71.

wirksam ist, geht dann der Anspruch über. Ggf. ist dies als gefahrerhöhender Umstand zu werten nach §§ 11a, b.

§ 8 Prämienzahlung (Erst- und Folgeprämie) und Rechtsfolgen bei Nichtzahlung, Verzug bei Abbuchung, Prämienregulierung, Prämienrückerstattung

I. Zahlung der Erstprämie des Hauptvertrages

1. Fälligkeit
Die erste oder einmalige Prämie ist unverzüglich nach Zugang des Versicherungsscheins zu zahlen, jedoch nicht vor dem vereinbarten und im Versicherungsschein angegebenen Beginn des Versicherungsschutzes.

2. Rücktrittsrecht des Versicherers bei Nichtzahlung
Wird die erste oder einmalige Prämie nicht rechtzeitig bezahlt, ist der Versicherer, solange die Zahlung nicht bewirkt ist, zum Rücktritt vom Vertrag berechtigt. Dies gilt nicht, wenn der Versicherungsnehmer nachweist, dass er die Nichtzahlung nicht zu vertreten hat.

3. Leistungsfreiheit des Versicherers bei Nichtzahlung
Ist die Prämie zur Zeit des Eintritts des Versicherungsfalles noch nicht bezahlt, ist der Versicherer von der Verpflichtung zur Leistung frei. Dies gilt nicht, wenn der Versicherungsnehmer nachweist, dass er die Nichtzahlung nicht zu vertreten hat.

II. Zahlung der Folgeprämien des Hauptvertrages

1. Fälligkeit
Die Folgeprämien sind an den im Versicherungsschein festgesetzten Zahlungsterminen fällig.

2. Zahlungsfrist bei Nichtzahlung
Wird eine Folgeprämie nicht rechtzeitig gezahlt, kann der Versicherer dem Versicherungsnehmer auf dessen Kosten in Textform eine Zahlungsfrist von mindestens zwei Wochen bestimmen. Dabei sind die rückständigen Beträge der Prämie, Zinsen und Kosten im Einzelnen zu beziffern und die Rechtsfolgen anzugeben, die nach den Ziffern 3 und 4 mit dem Fristablauf verbunden sind.

3. Leistungsfreiheit des Versicherers bei Nichtzahlung
Tritt der Verstoß nach dem Ablauf dieser Frist ein und ist der Versicherungsnehmer zur Zeit des Eintritts mit der Zahlung der Prämie oder der Zinsen oder der Kosten im Verzug, ist der Versicherer nicht zur Leistung verpflichtet.

4. Kündigungsrecht des Versicherers bei Nichtzahlung
Der Versicherer kann nach Fristablauf den Vertrag ohne Einhaltung einer Frist kündigen, sofern der Versicherungsnehmer mit der Zahlung der geschuldeten Beträge in Verzug ist. Hat der Versicherer den Vertrag gekündigt und zahlt der Versicherungsnehmer danach innerhalb eines Monats den angemahnten Betrag, besteht der Vertrag fort. Für Versicherungsfälle, die zwischen dem Ablauf der Zahlungsfrist und der Zahlung eingetreten sind, besteht jedoch kein Versicherungsschutz.

https://doi.org/10.1515/9783110407280-010

III. SEPA-Lastschriftverfahren

1. Rechtzeitigkeit der Prämienzahlung
Wenn ein SEPA-Lastschriftverfahren vereinbart wurde, ist die Prämienzahlung rechtzeitig, wenn der Versicherer den Betrag zum Fälligkeitstag einziehen kann und der Versicherungsnehmer einer berechtigten Einziehung nicht widerspricht.

2. Rechtzeitigkeit der Prämienzahlung nach Zahlungsaufforderung
Ist die Einziehung einer Prämie aus Gründen, die der Versicherungsnehmer nicht zu vertreten hat, nicht möglich, ist die Prämienzahlung rechtzeitig, wenn sie unverzüglich nach einer in Textform abgegebenen Zahlungsaufforderung des Versicherers erfolgt.

3. Aufforderungsrecht des Versicherers zur Überweisung
Kann aufgrund eines Widerspruchs oder aus anderen Gründen eine Prämie nicht eingezogen werden, so kann der Versicherer von weiteren Einzugsversuchen absehen und den Versicherungsnehmer in Textform zur Zahlung durch Überweisung auffordern.

IV. Prämienregulierung

Aufgrund einer Änderungsanzeige oder sonstiger Feststellungen gemäß § 11b II wird die Prämie entsprechend dem Zeitpunkt der Veränderung richtiggestellt.

Systematische Übersicht

A. Übersicht

§ 8 regelt die Zahlung der Prämien.

I regelt die Zahlung der Erstprämie für den Hauptvertrag und dass der Versicherer be- 1
rechtigt ist vom Vertrag zurückzutreten oder leistungsfrei ist, wenn sie nicht rechtzeitig gezahlt ist.

II regelt die Zahlungen der Folgeprämien und dass der Versicherer berechtigt ist zu kündigen oder leistungsfrei ist, wenn sie nicht gezahlt ist.

III regelt den häufigen Zahlungsvorgang der Prämie bei Lastschrifteinzug.

IV regelt, dass die Prämie sich bei einer Risikoerhöhung ändert.

Änderungen zur Vorauflage der AVB-RSW, HV 60/06: 2

1. I: Vorläufige Deckung; Streichen der gesamten Regelung
Grund: In der früheren Fassung der AVB-RSW hat § 8 I für die vorläufige Deckung die Prämienzahlung, ihre Rechtzeitigkeit und die Folgen bei einer Nicht-Zahlung geregelt. Die Be-

stimmung ist nicht nötig, da §§ 49ff VVG die vorläufige Deckung inhaltsgleich regelt. Siehe ausführlich zur vorläufigen Deckung § 3 Rn. 3ff.
Folge: keine

2. II. Ziff. 1 Fälligkeit der Erstprämie; Fälligkeit erst bei Zugang der Police; Streichen des Satz 2 über die Fälligkeit bei Ratenzahlungen
Grund: Richtigstellung, dass die Fälligkeit ab Zugang der Police beginnt und nicht schon vorher bei Abschluss des Vertrages. Satz 2 zur Fälligkeit der Erstprämie bei Ratenzahlungen hatte keine eigenständige Bedeutung.
Folge: Klarstellung des Fälligkeitsbeginns und Reduzierung der Komplexität
3. III Ziff. 1: Fälligkeit der Folgeprämien; sprachliche Vereinfachung
Grund: Der alte Wortlaut war zu unübersichtlich; es geht allein um die Fälligkeit der Folgeprämien im Versicherungsvertrag
Folge: keine, Reduzierung Komplexität
4. III Ziff. 3: Ergänzung der Verzugsvoraussetzungen „oder Zinsen“
Grund: Nach § 38 Abs. 2 VVG ist der Versicherer auch leistungsfrei, wenn der Versicherungsnehmer einen Verstoß begeht, wenn er mit den Zinsen in Verzug ist
Folge: Leistungsfreiheit auch bei Verzug mit Zinsen und nicht nur mit Prämien oder Kosten
5. III Ziff. 4: Kündigungsrecht des Versicherers bei Nichtzahlung und Folgen; Ergänzung der Ziff. 4 um einen zweiten Satz. Der Versicherungsnehmer hat keinen Versicherungsschutz für einen Verstoß, den er nach Ablauf der qualifizierten Zahlungsfrist begeht, auch wenn er innerhalb eines Monats danach noch die Prämie gezahlt hat.
Grund: Wiederholung des § 38 Abs. 3 a.E. VVG. Der Versicherungsnehmer kann auch nach Fristablauf zahlen, bekommt aber keinen rückwirkenden Versicherungsschutz für Verstöße nach Fristablauf.
Folge: Klarstellung, dass die VVG-Regelung gilt und nicht abgeändert ist
6. IV Ziff. 1 und Ziff. 2: Lastschriftverfahren: Vereinfachung der Regelung zum Lastschriftverfahren, wann die Zahlung rechtzeitig ist und wann sich daraus der Verzug des Versicherungsnehmers ergibt.
Grund: Vereinfachte Darstellung
Folge: keine, Reduzierung Komplexität.
7. VI: Prämienrückerstattung: Streichen der Regelung
Grund: Die Bestimmungen in VI zur Prämienrückerstattung entsprechen der Regelung in § 39 VVG
Folge: keine, Reduzierung der Komplexität.

B. Zahlung der Erstprämie des Hauptvertrags und Folgen der Nichtzahlung, I

I. Fälligkeit, I Ziff. 1

3 Der Beginn des Versicherungsvertrags ist abhängig von der Zahlung der Erstprämie, § 3. Nach I Ziff. 1 ist die erste oder einmalige Prämie fällig, wenn der Versicherungsschein, also der Versicherungsvertrag, dem Anwalt zugegangen ist. Er muss aber nicht vor dem im Versicherungsvertrag genannten Beginn zahlen, was bei Anwälten das Datum der Zulassung ist oder Beginndatum bei einem Versichererwechsel. Der Versicherer hat zunächst ein Rücktrittsrecht und ist darüber hinaus leistungsfrei, wenn der Anwalt zum Zeitpunkt des Verstoßes noch nicht gezahlt hat.

4 Die Erstprämie ist die erste Prämie für die erste Versicherungsperiode des Versicherungsvertrags. Der Vertrag kann ein laufender Berufshaftpflichtversicherungsvertrag, eine Rückwärtsversicherung oder auch eine Einzelobjektdeckung mit einer Einmalprämie sein. Die vorl. Deckung ist im Übrigen ein selbständiger Vertrag, der auch eine Erstprämie verlangen kann. Üblich ist aber, dass der Versicherer für die vorl. Deckung für die Zulassung keine Prämie verlangt und er dann mit dem Hauptvertrag die anfallenden Prämien als Erstprämie verlangt, siehe § 3 Rn. 3ff. Einmalprämien sind ebenfalls Erstprämien, z.B. für einen Instanzenzug mit langandauerndem Gutachterstreit, bei denen der Anwalt kaum tätig ist. Bei Vereinbarung einer Ratenzahlung statt der üblichen Jahresprämie ist die erste Rate die Erstprämie und die folgenden Raten die Folgeprämie nach II, was die alte Auflage HV 60/06 noch ausdrücklich enthielt, aber als reine Klarstellung entfallen konnte.

Die AVB-RSW ändern gegenüber der Vorauflage HV 60/06 zugunsten des Versicherungs- 5
nehmers den Zahlungszeitpunkt ab. Er muss nicht nach Abschluss des Versicherungsvertrags unverzüglich zahlen, sondern erst nach Zugang des Vertrags. Die Regelung bei Abschluss ist zu früh, weil der Versicherungsnehmer unter Umständen keine Kenntnis davon haben kann, was und wohin er zu leisten hat. Ebenfalls zugunsten des Versicherungsnehmers beginnt der Versicherungsschutz sofort und rückwirkend ab dem vereinbarten Zeitraum, wenn der Anwalt nach Zahlungsaufforderung rechtzeitig ohne Verzug zahlt; § 3 I Ziff. 2, der § 37 Abs. 2 VVG abändert, siehe § 3 Rn. 14.

II. Rücktrittsrecht des Versicherers bei Nichtzahlung, I Ziff. 2

1. Rechtzeitigkeit

Nach I Ziff. 2 kann der Versicherer vom Vertrag zurücktreten, wenn und solange der Versi- 6
cherungsnehmer schuldhaft nicht rechtzeitig die Erstprämie gezahlt hat. Rechtzeitig bedeutet, dass der Versicherungsnehmer innerhalb der gesetzten Frist gezahlt hat. Die Forderung muss hierzu fällig sein. Nach I Ziff. 1 ist sie fällig bei Zugang des Versicherungsscheins, aber nicht vor Beginn des Versicherungsschutzes. Der Versicherer muss den Versicherungsnehmer aufgefordert haben, eine bestimmte Summe zu zahlen, andernfalls kann die unbestimmte Forderung nicht fällig werden. Wenn der Versicherer eine Frist zur Zahlung bestimmt hat, ist die Zahlung innerhalb der Frist rechtzeitig. Wenn er keine Frist bestimmt hat, gilt wieder die Regel des I Ziff. 1. Unverzüglich bedeutet ohne schuldhaftes Zögern. Zahlungen innerhalb von 2 Wochen dürften noch unverzüglich sein. Der Versicherer hat zu beweisen, dass dem Versicherungsnehmer die Zahlungsaufforderung überhaupt zugegangen ist.[1]

Für den Zeitpunkt der Rechtzeitigkeit kommt es auf den Zeitpunkt des Leistungserfolgs an. 7
Wenn der Versicherungsnehmer die Prämie überweist, muss der Betrag dem Versicherer innerhalb der Banküberweisung gutgeschrieben sein.[2] Aufrechnung mit Rückwirkung ist möglich, § 389 BGB. Wenn der Versicherungsnehmer nur einen sehr geringfügigen Teil nicht gezahlt hat, kann es treuwidrig sein, wenn sich der Versicherer im Versicherungsfall auf Leistungsfreiheit wegen fehlender Prämienzahlung beruft, wenn der Versicherungsnehmer nicht bewusst und gewollt bei der Teilzahlung gehandelt hat, § 242 BGB.[3]

Zu beachten ist der Beginn des Versicherungsschutzes nach § 3 I Ziff. 2, der § 37 Abs. 2 VVG 8
zugunsten des Versicherungsnehmers durch eine erweiterte Einlösungsklausel abändert. Wird die erste Prämie erst nach dem als Beginn der Versicherung festgesetzten Zeitpunkt eingefordert, dann aber ohne Verzug bezahlt, beginnt der Versicherungsschutz mit dem vereinbarten Zeitpunkt, siehe § 3 Rn. 14. Der Versicherer kann daher nicht vom Vertrag zurücktreten oder bei einem Versicherungsfall leistungsfrei sein nach I Ziff. 2 und 3, wenn der Versicherer erst später nach dem formalen Beginn des Versicherungsschutzes die Prämie fordert und der Versiche-

1 BGH VersR 1996, 445; OLG Hamm VersR 1996, 1408.
2 MüKoVVG/*Staudinger* § 36 Rn. 14; EuGH NJW 2008, 1935; Schickschuld aber nach Palandt/*Heinrichs* § 270 Rn. 1.
3 BGH VersR 1988, 484.

rungsnehmer ohne Verzug zahlt. Erst bei Verzug nach Zahlungsaufforderung stehen dem Versicherer die Rechte zu.

2. Rücktrittsrecht

9 Der Versicherer kann bei nicht rechtzeitiger Zahlung der Prämie vom Vertrag zurücktreten. Als Gestaltungsrecht genügt eine formlose Erklärung, die den Rücktritt anzeigt. Üblich ist, dass die Versicherer den Rücktritt schriftlich per Brief erklären. Die Erklärung muss gegenüber dem Versicherungsnehmer erfolgen, § 349 BGB. Nicht erforderlich ist, dass der Versicherer auf die Folgen des möglichen fehlenden Versicherungsschutzes gesondert aufmerksam gemacht hat, § 37 Abs. 1 VVG.

3. Vertretenmüssen, I Ziff. 2 Satz 2 und Ziff. 3 Satz 2

10 Der Versicherer kann nur vom Vertrag zurücktreten oder ist leistungsfrei, wenn der Versicherungsnehmer die fehlende Rechtzeitigkeit der Zahlung auch zu vertreten hat. Das eigene Verschulden des Versicherungsnehmers nach § 276 BGB oder fremdes nach § 278 BGB wird vermutet. Er kann es widerlegen. Mögliche Gründe können sein, dass der Versicherer eine unverständliche Rechnung geschickt hat[4] oder auch Differenzen zwischen fest vereinbarter und eingeforderter Prämienhöhe.[5] Wenn der Versicherer nicht oder fehlerhaft nach der § 7 VVG i.V.m. VVG-InfoV über die Prämie informiert hat, hat der Versicherungsnehmer die verzögerte Zahlung nicht zu vertreten.[6] Er kann nicht leisten, wenn er nicht weiß, was er zahlen soll. Fehlende Zahlungsfähigkeit ist aber niemals ein Grund, weil der Versicherungsnehmer als Schuldner zu leisten hat.

III. Leistungsfreiheit bei Nichtzahlung, I Ziff. 3

11 Nach I Ziff. 3 Satz 1 muss der Versicherer nicht leisten, wenn ein Versicherungsfall eingetreten und der sich im Verzug befindliche Versicherungsnehmer noch nicht gezahlt hat. Anders als beim Rücktrittsrecht nach I Ziff. 2 ist weitere Voraussetzung, dass der Versicherungsnehmer über die Leistungsfreiheit gesondert in Textform informiert hat oder im Versicherungsvertrag auffällig hingewiesen hat, § 37 Abs. 2 VVG, von dem der Versicherer nicht abweichen darf, § 42 VVG. Die Belehrung muss so erfolgen, dass der Versicherungsnehmer weiß, dass er keinen Versicherungsschutz hat. Zeitlich muss die Belehrung so zugehen, dass er noch genügend Zeit hat zu zahlen, um den Versicherungsschutz zu erlangen. Im Antragsformular ist daher der Hinweis zu früh und im Rücktrittsschreiben zu spät.[7]

12 Wie beim Rücktrittsrecht nach I Ziff. 2 ist der Versicherer nur leistungsfrei, wenn der Versicherungsnehmer die Nicht-Zahlung zu vertreten hat, I Ziff. 3 Satz 2. Zum Vertreten-Müssen bei der Leistungsfreiheit gilt das Gleiche wie beim Rücktrittsrecht des Versicherers, siehe § 8 Rn. 10.

C. Zahlung der Folgeprämien des Hauptvertrages und Folgen der Nichtzahlung, II

13 II regelt die Fälligkeit der Folgeprämien und die Folgen, wenn der Versicherungsnehmer nicht rechtzeitig zahlt. Der Versicherer ist für die Verstöße bei Zahlungsverzug leistungsfrei, die nach Fristablauf der Mahnung eintreten, II Ziff. 3. Der Versicherer kann kündigen, II Ziff. 4

4 OLG Düsseldorf VersR 1978, 912.
5 BGH VersR 1978, 241; BGH VersR 1992, 1501.
6 MüKoVVG/*Staudinger* § 37 Rn. 21; es wäre treuwidrig nach § 242 BGB.
7 OLG Celle VersR 2000, 314.

Satz 1. Wenn der Versicherungsnehmer nach Fristablauf noch innerhalb eines Monats zahlt, bleibt der Versicherer aber trotzdem für die Verstöße leistungsfrei, die zwischen Fristablauf und der Zahlung eingetreten sind, II Ziff. 4 Satz 2. Um keine Unklarheiten zu schaffen, sind die II Ziff. 2 bis 4 weiterhin in den AVB-RSW vorhanden und um die Regelung zur Leistungsfreiheit bei Zahlung nach Fristablauf der Mahnung ergänzt, obwohl § 38 VVG den gleichen Regelungsgehalt hat.

I. Fälligkeit der Folgeprämie, II Ziff. 1

Die kompliziert formulierte Regelung zur Fälligkeit der Folgeprämie in den alten AVB-RSW 14 ist zugunsten einer klaren Regelung abgewandelt. Die Folgeprämie ist zu Beginn des jeweiligen Prämienzeitraums fällig. Der jeweilige Prämienzeitraum ist frei vereinbar. Entweder ist vereinbart, dass eine Jahresprämie zu zahlen ist oder eine Ratenzahlung mit monatlicher, halbjährlicher oder vierteljährlicher Zahlung. Die regelmäßigen Zahlungstermine sind im Versicherungsvertrag zu finden. Der Versicherungsnehmer hat die gesamte Prämie einschließlich der Versicherungssteuer an den Versicherer zu entrichten.

II. Qualifizierte Mahnung, II Ziff. 2

Der Versicherer ist erst dann leistungsfrei und kann kündigen, wenn der Versicherungsneh- 15 mer trotz qualifizierter Mahnung in Verzug war und nicht rechtzeitig gezahlt hat. Die Voraussetzungen einer qualifizierten Mahnung beinhaltet II Ziff. 2. Der Versicherungsnehmer muss dem Versicherungsnehmer qualifiziert in Textform nach § 126b BGB gemahnt haben und ihm eine Zahlungsfrist von mindestens zwei Wochen geben. Die Fristberechnung erfolgt nach §§ 186 ff BGB. Empfänger können neben dem Versicherungsnehmer selbst die Empfangsvertreter sein, § 164 Abs. 3 BGB. In einer Kanzlei gilt damit regelmäßig die Mahnung als zugegangen, wenn die Mahnung per Brief im Briefkasten der Kanzlei liegt oder die E-Mail im Posteingang des E-Maildienstes auftaucht. Wenn sie zur Unzeit ankommt, gilt erst der nächste Tag als Zugang.[8] Die Beweislast für den Zugang trägt der Versicherer.[9] In der Praxis schicken die Versicherer die Mahnung regelmäßig nur dann per Einschreiben mit Rückschein, wenn es sich um auffällige Versicherungsnehmer handelt.

Die qualifizierte Mahnung setzt voraus, dass der Versicherer die rückständigen Prämien, die 16 Zinsen und Kosten im Einzelnen und nicht nur als Gesamtbetrag aufgelistet hat. Für die Zinsforderung ist ausreichend, wenn der Versicherer den Zinssatz und den zu verzinsenden Betrag angibt. Kosten sind die möglichen Mahnkosten, aber nicht die sonstigen zur Prämie gehörenden Gebühren, die dort einzurechnen sind. Der Versicherer hat zu den Forderungen unmissverständlich und umfassend auf die Folgen hinzuweisen, wenn der Versicherungsnehmer weiterhin nicht zahlt. Er muss konkret darauf hinweisen, dass er nach Fristablauf leistungsfrei ist und kündigen kann.

Die qualifizierte Mahnung soll den Versicherungsnehmer warnen und ihm die Folgen seines 17 vertragswidrigen Verhaltens aufzeigen. Anders als im allgemeinen Zivilrecht gemäß § 286 Abs. 1 BGB ist die Mahnung daher unwirksam, wenn der Versicherer zu viel oder zu wenig fordert.[10] Der Versicherer muss auch erneut qualifiziert mahnen, wenn die erste Mahnung mangelhaft war. Er kann den Fehler einer mangelhaften Mahnung nicht heilen, indem er auf den Fehler nur hinweist oder ihn richtig zu stellen versucht.[11]

8 *Ultsch* NJW 1997, 3007, 3008.
9 OLG Nürnberg VersR 1992, 602; OLG Hamm VersR 1992, 1205.
10 MüKoVVG/*Staudinger* § 38 Rn. 5; BGH VersR 1985, 533; BGH VersR 1992, 1501.
11 BGH VersR 1985, 533.

18 Die Kosten der qualifizierten Mahnung trägt der Versicherungsnehmer, „*...auf dessen Kosten...*“, was § 38 Abs. 1 VVG entspricht, der dem Versicherer das Recht einräumt diese Mahnkosten zu verlangen. Da im Versicherungsschein die Fälligkeiten mit Datum genannt sind, ist der Versicherungsnehmer auch ohne Mahnung in Verzug, § 286 Abs. 2 Ziff. 1 BGB. Die Kosten für die qualifizierte Mahnung könnte der Versicherer als Verzugskosten daher auch ohne den ausdrücklichen Hinweis in II Ziff. 2, § 38 VVG verlangen.

19 Rechtzeitig ist die Prämie dann, wenn der Versicherer die Prämie bei Fälligkeit innerhalb der Zahlungsfrist erhalten hat, ihm der Betrag also gutgeschrieben ist.

III. Leistungsfreiheit bei Nichtzahlung, II Ziff. 3

20 Der Versicherer ist für Verstöße leistungsfrei, die nach dem Fristablauf der qualifizierten Mahnung eintreten, II Ziff. 3. Für Verstöße vor Fristende bleibt der Versicherer leistungspflichtig. Voraussetzung ist, dass sich der Versicherungsnehmer zum Zeitpunkt des Verstoßes und nach Fristende noch in Verzug befindet und zwar entweder mit der Prämie oder den Zinsen oder den Kosten. Die in der vorigen Auflage nicht genannten Zinsen, sind hier entsprechend § 38 Abs. 2 VVG ergänzt worden.

21 Wenn der Versicherungsnehmer den fehlenden Betrag wieder bezahlt hat, ist der Versicherer ab dem Zeitpunkt, bei dem ihm die Zahlung zugeht, nicht mehr leistungsfrei. Die Leistungsfreiheit bleibt daher weiterhin für den Verzugszeitraum bestehen und entfällt nicht rückwirkend trotz der nachträglichen Zahlungen. Die nachträglichen Zahlungen wirken nur für die Zukunft und nicht auch für die Vergangenheit.[12] Wenn der Versicherungsnehmer für die Vergangenheit für die Verstöße, die in den Verzugszeitraum nach Fristende fallen, wieder Versicherungsschutz haben möchte, hat er eine Rückwärtsversicherung abzuschließen, siehe dazu auch die Möglichkeit den Vertrag fortzuführen, wenn der Versicherungsnehmer noch innerhalb eines Monats trotz Kündigung zahlt mit der gleichen Folge, dass zwar der Vertrag fortgilt, aber nicht rückwirkend, hier § 8 Rn. 24. Der Versicherer kann für diese Fälle regelmäßig eine Rückwärtsversicherung anbieten, muss es aber nicht. Auf jeden wird das Angebot aber bekannte Verstöße ausschließen gemäß § 2 II Ziff. 2.

22 Der Versicherer ist nach Treu und Glauben trotz der Voraussetzungen nach II Ziff. 2 nicht leistungsfrei, wenn der Versicherungsnehmer die Folgebeiträge entrichtet hat und der angemahnte Beitrag zwar nicht bezahlt, aber vor längerer Zeit angemahnt war.[13] Zu beachten ist § 117 Abs. 2 VVG als Sonderregel für die Pflichtversicherung. Im Verhältnis zum geschädigten Dritten ist der Versicherer erst im Rahmen der Pflichtversicherung leistungsfrei mit dem Ablauf eines Monats, nachdem der Versicherer der jeweiligen Berufskammer das Nichtbestehen/Ende des Versicherungsvertrags angezeigt hat, auch wenn im Verhältnis zum Versicherungsnehmer die Voraussetzungen des II Ziff. 2, § 38 Abs. 2 VVG vorliegen. Der Versicherer kann bei Befriedigung des Dritten beim Versicherungsnehmer Regress nehmen, § 117 Abs. 5 VVG.

IV. Kündigung bei Nichtzahlung, II Ziff. 4

23 Der Versicherer kann nach Fristablauf kündigen, wenn der Versicherungsnehmer mit der Prämie, den Zinsen oder den Kosten in Verzug ist, II Ziff. 4 Satz 1. Es handelt sich um eine außerordentliche fristlose Kündigung, die dem Versicherungsnehmer als empfangsbedürftige Willenserklärung zugehen muss, § 130 BGB. Die Beweislast hierfür trägt der Versicherer. Regelmäßig erfolgt eine qualifizierte Mahnung, wenn der Versicherungsnehmer den Folgebeitrag nicht

---

12 BGH NJW 1963, 1054; BGH VersR 1974, 121; OLG Hamm VersR 1972, 751; MüKoVVG/*Staudinger* § 38 Rn. 16.
13 BGH NJW 1963, 1054, 1056.

gezahlt hat. Die Kündigung erfolgt nach einem weiteren Zeitraum mit sofortiger Wirkung für die Zukunft, zugleich verbunden mit der Mitteilung an die Kammer, dass die Berufshaftpflichtversicherung des Berufsträgers nicht mehr besteht nach A Ziff. 3 BBR-RA. Möglich ist es auch nach § 38 Abs. 3 Satz 2 VVG, dass der Versicherer die Kündigung mit der Zahlungsfrist verbindet, dass sie automatisch mit Fristablauf wirksam wird, wenn der Versicherungsnehmer zu diesem Zeitpunkt mit der Zahlung in Verzug ist. Die Versicherer machen hiervor jedoch regelmäßig keinen Gebrauch, entsprechend dem Wortlaut des II Ziff. 4 *„...nach Fristablauf kündigen kann...“*.

Der Versicherungsnehmer kann nach § 38 Abs. 3 Satz 3 VVG den Vertrag trotz der Kündigung wieder reaktivieren. Er muss hierzu innerhalb eines Monats nach Zugang der Kündigungserklärung die ausstehenden Zahlungen leisten. Zur Klarstellung ist hier die Regelung des § 38 VVG in II Ziff. 4 Satz 2 aufgenommen. Zu beachten ist auch hier wie in II Ziff. 3, dass die Zahlungen nur für die Zukunft wirken. Verstöße, die in den Verzugszeitraum bis Zahlungseingang beim Versicherer fallen, sind nicht versichert, II Ziff. 4 Satz 3 und § 38 Abs. 2 Satz 3 a.E. VVG. Auch hier hat der Versicherungsnehmer zum eigenen Schutz eine Rückwärtsversicherung abzuschließen, siehe hier § 8 Rn. 21. **24**

D. SEPA-Lastschriftverfahren, III

III regelt das im Zahlungsverkehr übliche Lastschriftverfahren durch Einzugsermächtigung. **25**
Dabei regelt III allein die Voraussetzungen, wann beim Lastschriftverfahren der Verzug vorliegt, damit der Versicherer dann seine Rechte aus II Ziff. 3 und 4 geltend machen kann. Wenn Verzug vorliegt, muss der Versicherer die Verfahren zur qualifizierten Mahnung mit Fristablauf beachten, um nach II Ziff. 3 leistungsfrei zu sein und nach II Ziff. 4 kündigen zu können. Rechtzeitig ist die Prämieneinziehung und damit kein Verzug liegt vor, wenn der Versicherer fristgerecht die Prämie abbuchen konnte oder der Versicherungsnehmer der fristgerechten Einziehung nicht widersprochen hat, III Ziff. 1. Wenn der Versicherungsnehmer die fehlende Zahlung nicht zu vertreten hat, besteht kein Verzug, was sich aus III Ziff. 2 a.A. ergibt. Er kommt aber dann in Verzug, wenn die Prämienzahlung nicht unverzüglich nach einer Mahnung des Versicherers erfolgt ist, III Ziff. 2. Dazu muss der Versicherer den Versicherungsnehmer in Textform gemäß § 126b BGB aufgefordert haben, den ausstehenden Betrag zu zahlen, gleich ob Prämie, Zinsen oder Kosten. Wenn die Zahlung unverzüglich, ohne schuldhaftes Zögern, nach der Zahlungsaufforderung erfolgt, liegt kein Verzug vor. Der Versicherer kann aber auch gleich qualifiziert mahnen, um nach Fristablauf leistungsfrei zu sein oder kündigen zu können. Die Verzugszinsen und die sonstigen Kosten trägt der Versicherungsnehmer unter den Voraussetzungen des § 288 BGB. Selbstverständlich muss der Versicherungsnehmer auch hier die fehlende Zahlung zu vertreten haben. Eine fehlende Deckung des Kontos hat der Versicherungsnehmer zu vertreten oder auch die Angabe einer falschen IBAN. Kann aufgrund eines Widerspruchs oder aus anderen Gründen eine Prämie nicht eingezogen werden, so kann der Versicherer von weiteren Einzugsversuchen absehen und den Versicherungsnehmer in Textform zur Zahlung durch Überweisung auffordern, III Ziff. 3. Der Versicherer muss aber nicht zur Überweisung auffordern, sondern kann gleich qualifiziert mahnen.

E. Prämienregulierung, Kalkulation, IV

I. Kalkulation von Kanzleien

Der Versicherer kalkuliert die Prämie anhand verschiedener Kriterien. Übliche risikorele- **26**
vante Kriterien sind: Anzahl der Mitarbeiter oder der Umsatz als Kennzahl für die Größe der Kanzlei; die Höhe der Versicherungssumme mit der entsprechenden Jahresmaximierung, besondere Deckungserweiterungen etc. Der bisherige Schadenverlauf unterteilt nach Großschäden

und Frequenzschäden ist ebenfalls relevant. Dabei können Frequenzschäden darauf hindeuten, dass die Kanzlei nicht ausreichend organisiert ist und schadenanfällig ist. § 11b I Ziff. 2 nennt als weiteren gefahrerheblichen und prämienrelevanten Umstand den bei einem anderen Versicherer bestehende Versicherungsschutz für eine höhere Versicherungssumme, oder der erstmalige Abschluss eines solchen Versicherungsvertrages wie auch die Änderungen einer Nebentätigkeit. Häufigste Fehlerquelle bei Kanzleien sind Fristversäumnisse oder auch einfache Übermittlungs- und Übertragungsfehler, so dass sonstige Kriterien eine untergeordnete Rolle spielen. Kriterien wie in der Kfz-Haftpflicht, z.B. nach Wohnort oder ähnlichem, können keine Rolle spielen, weil es sich um eine ortsungebundene Dienstleistung handelt. Wenn es sich um Einzelobjekte/Projektdeckungen handelt, ist im Gegensatz zu den laufenden Versicherungen das individuelle Mandat aber maßgeblich und ggf. die Qualifikation des Anwalts. Der Versicherer deckt hier nicht eine allgemeine anwaltliche Tätigkeit nach der Pflichtversicherung, sondern ein individuelles spezielles Risiko.

27 Aus den oben genannten Kriterien kalkuliert der Versicherer einen 100%-Beitrag pro Sozius/Scheinsozius/Partner/Scheinpartner als Jahresnettobeitrag ohne Versicherungssteuer. Für die angestellten Anwälte und juristischen Mitarbeiter, die keinen Außenauftritt haben und daher nicht auf dem Briefbogen erscheinen, erheben die Versicherer regelmäßig einen bestimmten Prozentsatz des Beitrags eines Sozius. Er beträgt in der Regel 80% des Beitrags des Sozius.[14] Siehe zur Definition der zuschlagpflichtigen Mitarbeiter § 13 Rn. 3f. Daraus errechnet sich der sog. Kanzleifaktor: Faktor 1 für jeden einzelnen Sozius/Partner und bei 80%-Beitrag Faktor 0,8 für jeden angestellten Anwalt ohne Außenauftritt. Den Kanzleifaktor multipliziert der Versicherer mit dem 100% Beitrag eines einzelnen Sozius und der Kunde erhält die Gesamtprämie der Sozietät. Der 100%-Beitrag gilt dann auch für die Zukunft für den neu eintretenden Berufsträger. Dieser 100%-Beitrag pro Kopf sollte darüber hinaus auch der Vergleichsmaßstab sein, um die Prämien im Wettbewerb der Versicherer untereinander vergleichen zu können, da die Anzahl der Sozien und Mitarbeiter nicht sofort ersichtlich und schwankend im Laufe einer Verhandlungsphase ist, aber der Kunde und der Makler die Prämien der verschiedenen Versicherer einschätzen müssen. Dies ist der Grundsatz, wovon aber jeder Versicherer abweichen kann und abweicht, was insbesondere Makler/Kunden für die Berechnung der Gesamtprämie zu beachten haben.

28 Möglich ist auch nach dem erzielten Umsatz zu kalkulieren. Umsatz ist der Nettojahresumsatz, erzielt aus den Einnahmen für das versicherte Risiko ohne durchlaufende Posten oder auch z.B. nicht versicherte Einnahmen wie Miete. Die Höhe der Prämie aus dem Umsatz als Maßstab für die Prämie richtet sich zumindest bei der anfänglichen Berechnung ebenfalls nach der pro-Kopf-Prämie. Grund hierfür ist, dass man zur Vergleichbarkeit die Größe der Kanzlei anhand der Berufsträger bemisst. Die Umsatzprämie wird dann als %-Zahl des Umsatzes ausgedrückt. Dabei gibt es Varianten, bei denen die Prämie nicht linear mit dem Umsatz steigt oder fällt, sondern degressiv gestaffelt ist, wie z.B. in Umsatzstaffeln. Darüber hinaus sind Mindestprämien sinnvoll oder auch ein Vergleich mit der Anzahl der Berufsträger.

II. Änderungsanzeige oder sonstige Feststellungen nach IV i.V.m. § 11b II

29 Wenn der Versicherer einen Regulierungsfragebogen an den Versicherungsnehmer versendet, fragt er nach Änderungen im Umsatz, Anzahl der Mitarbeiter und sonstigen Risikoangaben. Mit den veränderten Angaben stellt er die Prämie richtig. Dazu erhebt er einen Beitrag nach oder erstattet einen Beitrag. Die neue Prämie gilt dann rückwirkend ab dem Zeitpunkt, ab dem die Veränderung wirksam war, nicht erst später, ab dem der Versicherer von der Veränderung Kenntnis

14 *Chab* AnwBl 2012, 274, 277.

hatte. Grund hierfür ist, dass der Versicherer auch regelmäßig den Versicherungsschutz nach den geänderten Umständen bietet. Die Prämie folgt dem Versicherungsschutz. Sonstige Feststellungen nach § 11b II Ziff. 2 sind ausdrücklich zuschlagpflichtige Personen, der bei einem anderen Versicherer bestehende Versicherungsschutz für eine höhere Versicherungssumme oder der erstmalige Abschluss eines solchen Versicherungsvertrages oder auch Änderungen einer Nebentätigkeit.

Zuschlagpflichtige Personen sind freie Mitarbeiter/angestellte Anwälte/Steuerberater/Wirtschaftsprüfer ohne Außenauftritt. Sie erhöhen das Risiko einer Inanspruchnahme des Versicherungsnehmers. Mitzuversichernde Personen hat der Versicherungsnehmer auch ohne Aufforderung zu melden, andernfalls besteht kein Versicherungsschutz für ihre Tätigkeit in der Kanzlei, siehe dazu insgesamt § 13 Rn. 7. 30

Der bei einem anderen Versicherer bestehende Versicherungsschutz für eine höhere Versicherungssumme oder der erstmalige Abschluss eines solchen Versicherungsvertrages, meint die fremdversicherten Exzedenten. Der Versicherer schließt einen Grundversicherungsvertrag mit einer bestimmten Prämie für eine bestimmte Versicherungssumme ab. Der Versicherungsnehmer schätzt das Risiko selbst höher ein und versichert sich bei einem anderen Versicherer oberhalb der Grunddeckung, meist um Prämie zu sparen. Dies erhöht das Risiko, dass die Versicherungssumme im Grundvertrag durch Schadenfälle erschöpft wird, weil der Versicherungsnehmer selbst davon ausgeht, dass die beim Grundversicherer abgeschlossene Versicherungssumme nicht ausreichend ist. Daher hat der Versicherer die Prämie entsprechend dem gestiegenen Risiko zu kalkulieren und nicht nur nach der bei ihm vereinbarten Versicherungssumme. Praktisch relevant sind die Grunddeckungen von internationalen Kanzleien in Deutschland. Deren Pflichtversicherungen bestehen in Deutschland nach § 51 BRAO. Die Exzedenten oberhalb der Grunddeckung bestehen meist als claims-made-Deckung über den sog. „Londoner Markt". 31

Änderung der Nebentätigkeit meint alle Umstände, bei denen der Anwalt die bisher nebenberuflich ausgeübte anwaltliche Tätigkeit im eigenen Namen auf eigene Rechnung in größerem Umfang ausübt. Darunter fallen mehrere Varianten. Die Geschäftsführer/Gesellschafter einer Berufsträgergesellschaft und die Partner einer PartG mbB benötigen eine Zulassungspolice, auch als „Babypolice" bezeichnet. Hierfür zahlen sie eine geringe Prämie, weil sie hauptberuflich in der GmbH/PartG mbB als Anwälte tätig sind. Wenn die nebenberufliche Tätigkeit zu einer hauptberuflichen Tätigkeit wird, ist die Prämie anzupassen. Gleiches gilt für die nebenberufliche Tätigkeit der angestellten Anwälte ohne Außenauftritt, die in größerem Umfang eigene Mandate im eigenen Namen wahrnehmen. Darüber hinaus bieten die Versicherer auch Berufshaftpflichtversicherungen an, deren günstigere Prämie sich aus einem niedrigen Umsatz ergibt. Wenn der Anwalt diese nebenberuflichen fest vereinbarten Umsatzgrenzen überschreitet, ist die Prämie gleichermaßen anzupassen. 32

III. Stichtagsregelung mit Versehensklausel

Der Ein- und Austritt von Berufsträgern und der schwankende Umsatz machen es erforderlich, dass der Versicherer die Prämie im laufenden Vertrag anpasst. Bei der üblichen Prämie pro Berufsträger ergibt sich die Anpassung der Prämie schon dadurch, dass die Kanzlei neue und austretende Berufsträger meldet, damit sie ihre Zulassungspolice erhalten und der Versicherer sie in den Versicherungsschutz der Kanzlei einbezieht. Die Prämie für die Kanzlei erhöht oder vermindert sich mit den neuen oder austretenden Berufsträgern. Die Verwaltung der Verträge von Kanzleien mit vielen Berufsträgern ist aber aufwendig, weil die neuen und austretenden Berufsträger einzeln eine Berufshaftpflichtversicherung benötigen und in den Versicherungsschutz der Kanzlei einbezogen sein müssen. Dies ist unabhängig davon, ob es sich um eine pro-Kopf-Prämie oder um eine Umsatzprämie handelt. Eine taggenaue Abrechnung und Versicherung ist jedoch kaum möglich. 33

34 Lösung hierfür sind sog. Stichtagsregelungen mit Versehensklauseln: *In die Kanzlei während der laufenden Versicherungsperiode eintretende Sozien, Partner, Organe und/oder Mitarbeiter sind mitversichert, auch wenn eine Anzeige abweichend von §§ 11b, 13 an den Versicherer versehentlich unterblieb. Der Versicherungsnehmer ist verpflichtet, dem Versicherer unaufgefordert jeweils zur Hauptfälligkeit den aktuellen Stand der über den Vertrag versicherten Personen anzuzeigen. Die Prämienregulierung erfolgt rückwirkend zum gemeldeten Stichtag.*[15]

35 Die Stichtagsregelungen müssen zwei zu regelnde Punkte enthalten, einmal die Prämie und deren Berechnung zu einem bestimmten Stichtag – die Stichtagsregelung – und zum anderen die Versicherung der Berufsträger und deren Versicherungsschutz für die Tätigkeit in der Kanzlei – die Versehensklausel. Zur Berechnung der Prämie vereinbaren die Versicherer mit der Kanzlei, dass sich die Prämie an einem bestimmten jährlichen Stichtag entweder nach dem Umsatz oder der Anzahl der Berufsträger berechnet. Dabei ist dann allein die Höhe des Jahresumsatzes oder die Anzahl der in der Kanzlei beschäftigten Berufsträger zu diesem Stichtag für die Prämie maßgeblich. Nicht maßgeblich ist, ob der Umsatz während des Jahres geschwankt hat oder wie viele Berufsträger unterjährig ein- oder ausgetreten sind. Man geht hier davon aus, dass sich die Neuprämie und der Wegfall einer Prämie über die versicherten Zeiträume ausgleichen. Damit vermeiden Versicherer, Makler und die Kanzlei, dass in kurzen Abständen Nacherhebungen oder Rückerstattungen einer Prämie erforderlich sind.

36 Der zweite Punkt, die Versehensklausel, betrifft den Versicherungsschutz der Berufsträger für die Tätigkeit in der Kanzlei. Die in der Kanzlei tätigen Anwälte müssen in den Versicherungsschutz der Kanzlei einbezogen sein. Bei größeren Kanzleien gibt es häufig Wechsel. Daher gilt, dass während des laufenden Versicherungsjahres neu eintretende Anwälte bis zum Zeitpunkt der Beitragserhebung, dem bestimmten Stichtag, im Rahmen des Kanzleivertrags mitversichert sind und zwar auch dann, wenn sie dem Versicherer noch nicht gemeldet wurden. Diese äußerst wichtige Versehensklausel schafft Sicherheit für die Kanzlei, dass die Anwälte für ihre Tätigkeit versichert sind, selbst dann, wenn der Versicherer sie nicht kennt. Dies ist die Abbedingung von § 11b II Ziff. 2, da die Kanzlei jede Änderung des Risikos wie gerade den Eintritt von zuschlagpflichtigen Personen, melden müsste.

37 Von der Stichtagsregelung/Versehensklausel sind die Zulassungspolicen für die Berufsträger zu trennen. Die Kanzlei/Makler melden dem Versicherer den neuen Anwalt. Er erhält dann eine Versicherungsbestätigung zur Zulassung bei der Rechtsanwaltskammer. Zuweilen bildet man hierzu eine Sammelpolice unter einem Versicherungsschein mit einer Versicherungsnummer. Auf diese Police legt der Versicherer die Zulassungspolicen an.

F. Prämienrückerstattung bei vorzeitigem Vertragsende und Geschäftsgebühr, § 39 VVG

38 Die Regelungen zur Prämienrückerstattung bei vorzeitigem Vertragsende sind in der AVB-RSW Version HV 60/07 nicht mehr enthalten. Grund hierfür ist, dass die Version HV 60/06 die Regelungen des § 39 VVG nur übernommen hat. Es gibt keine inhaltliche Änderung zu der VVG-Regelung. Es gilt daher auch ohne ausdrückliche AVB-RSW Regelung, dass dem Versicherer eine zeitanteilige Prämie für den Zeitraum des Versicherungsschutzes zusteht, wenn das Versicherungsverhältnis vor Ablauf der Vertragszeit endet oder nach Beginn der Versicherung rückwirkend aufgehoben wird oder von Anfang an nichtig ist. Der Versicherer hat auch dann die Prämie zurückzuerstatten, wenn die Prämie auf mehrere Jahre vorausbezahlt war oder das Verhältnis infolge Kündigung im Schadenfall nach § 9 II endet. Wird das Versicherungsverhältnis durch Rücktritt oder durch Anfechtung des Versicherers wegen arglistiger Täuschung nach § 11a II Zif-

15 Allianz Besondere Vereinbarung HV 4383; *Diller* § 8 Rn. 54 ff nennt sie Gleitklauseln.

fer 1 beendet, steht dem Versicherer die Prämie bis zum Wirksamwerden der Rücktritts- oder Anfechtungserklärung zu, § 39 Abs. 1 Satz 2 VVG. Der Versicherer erhält die Prämie also darüber hinaus nicht nur bis zum Eintritt der Leistungsfreiheit. Tritt der Versicherer wegen Zahlungsverzug der Erstprämie nach § 8 II Ziffer 2 zurück, kann er eine angemessene Geschäftsgebühr verlangen, § 39 Abs. 1 Satz 3 VVG. Sie muss angemessen im Verhältnis zum Aufwand und den vereinbarten Beiträgen stehen. Die Kalkulation hat der Versicherer offenzulegen, andernfalls schätzt der Richter nach § 287 ZPO.[16]

§ 9 Vertragsdauer, Kündigung, Erlöschen

I. Vertragsdauer und ordentliche Kündigung

Der Vertrag ist zunächst für die in dem Versicherungsschein festgesetzte Zeit abgeschlossen. Beträgt diese mindestens ein Jahr, bewirkt die Unterlassung rechtswirksamer Kündigung eine Verlängerung des Vertrages jeweils um ein Jahr. Die Kündigung ist rechtswirksam, sofern sie spätestens drei Monate vor dem jeweiligen Ablauf des Vertrages in Textform erklärt wird.

II. Kündigung im Schadenfall

1. Kündigungsvoraussetzungen

Das Versicherungsverhältnis kann nach Eintritt eines Versicherungsfalles in Textform gekündigt werden, wenn eine Zahlung aufgrund eines Versicherungsfalles geleistet oder der Haftpflichtanspruch rechtshängig geworden ist oder der Versicherungsnehmer mit einem von ihm geltend gemachten Versicherungsanspruch rechtskräftig abgewiesen ist.

2. Kündigungsfrist

Der Versicherer hat eine Kündigungsfrist von einem Monat einzuhalten. Der Versicherungsnehmer kann mit sofortiger Wirkung oder zum Schluss der laufenden Versicherungsperiode kündigen.

3. Erlöschen des Kündigungsrechts

Das Recht zur Kündigung erlischt, wenn es nicht spätestens einen Monat, nachdem die Zahlung geleistet, der Rechtsstreit durch Klagerücknahme, Anerkenntnis oder Vergleich beigelegt oder das Urteil rechtskräftig geworden ist, ausgeübt wird.

III. Rechtzeitigkeit der Kündigung

Die Kündigung ist nur dann rechtzeitig, wenn sie dem Vertragspartner innerhalb der jeweils vorgeschriebenen Frist zugegangen ist.

IV. Erlöschen des Versicherungsschutzes

Bei Wegfall des versicherten Interesses (z.B. Wegfall der Zulassung) erlischt der Versicherungsschutz. Teil 3 A Ziff. 1 a) BBR-S und Teil 4 A Ziff. 1 BBR-W bleiben unberührt.

16 *Markopoulos* r + s 2013, 110; AG Arnsberg NJW-RR 2007, 1254, 1255; *Kramer* VersR 1970, 599, 600.

https://doi.org/10.1515/9783110407280-011

Systematische Übersicht

A. Übersicht

1 Während § 3 den Beginn und den Umfang des Versicherungsvertrags regelt, beinhaltet § 9 die Vertragsdauer, Kündigung und das Erlöschen des Versicherungsvertrags.

I regelt die Vertragsdauer des Hauptvertrags mit der automatischen Verlängerung, wenn der Versicherungsnehmer ihn nicht rechtzeitig kündigt. II regelt die Kündigung im Schadenfall, sowohl des Versicherers als auch des Versicherungsnehmers. III regelt, wann eine Kündigungserklärung rechtzeitig zugegangen ist und IV, dass der Versicherungsschutz automatisch erlischt, wenn das Risiko selbst nicht mehr besteht, z.B. wenn der Versicherungsnehmer nicht mehr zugelassen ist. Der Versicherungsschutz für den Wirtschaftsprüfer und Steuerberater als Praxisabwickler für den ehemaligen Berufsträger bleibt aber aus dessen Police bestehen und erlischt nicht.

2 Änderungen zur Vorauflage der AVB-RSW, HV 60/06:

1. I: Vorläufige Deckung; Streichen der gesamten Regelung
   Grund: In der früheren Fassung der AVB-RSW hat § 9 I für die vorläufige Deckung die Prämienzahlung geregelt. Die Bestimmung ist nicht nötig, da § 52 VVG die vorläufige Deckung inhaltsgleich regelt.
   Folge: keine
2. III. Ziff. 1: III. Ziff. 1 Teil 3 A Ziff. 1 a) BBR-S und Teil 4 A Ziff. 1 BBR-W bleiben unberührt.
   Grund: Der Wirtschaftsprüfer ist wie der Steuerberater versichert für seine Tätigkeit als Praxisabwickler über die Berufshaftpflichtversicherung desjenigen, dessen Praxis er abwickelt
   Folge: Klarstellung und Erweiterung des Versicherungsschutzes für den Praxisabwickler über die fremde Police und nicht nur eigene Police

B. Vertragsdauer und ordentliche Kündigung, I

3 Der Versicherungsvertrag und damit der Versicherungsschutz gelten solange, wie vereinbart ist, I Satz 1. Wenn nichts konkret geregelt ist, was praktisch nicht vorkommt, gilt § 10 VVG. Die Versicherung beginnt dann mit Beginn des Tages um 0:00 Uhr, an dem der Vertrag geschlossen wird und endet mit Ablauf des letzten Tages der Vertragszeit, also 24:00 Uhr, sog. Mitternachtsregel.

4 Wenn die Vertragslaufzeit unter einem Jahr liegt, endet der Vertrag automatisch mit dem vereinbarten Ende, ohne dass es einer Kündigung bedarf. Wenn der Vertrag mindestens für ein Jahr geschlossen ist, verlängert er sich automatisch, soweit der Versicherungsnehmer nicht spätestens drei Monate vor dem Ablauf des Vertrages gekündigt hat, I Satz 1 und Satz 2. § 11 VVG

sieht keine Form vor, aber I Satz 3 setzt Textform nach § 126b BGB voraus. E-Mail, Fax sind ausreichend. Die Voraussetzungen der Textform werden auch durch die Schriftform, die elektronische Form, die notarielle Beurkundung und die öffentliche Beglaubigung erfüllt.[1] Praxisrelevant sind Kündigungsfristverkürzungen bei Vertragsverhandlungen. Verhandlungen bei einer Neuverhandlung, dem Renewal, gehen in der Praxis häufig über den Zeitpunkt der üblichen 3-monatigen Kündigungsfrist hinaus. Um weiter verhandeln zu können, vereinbaren der Versicherungsnehmer/Makler, dass die Kündigungsfrist auf z.B. 1 Monat oder auf den 15.12. vor Ablauf des Vertrages verkürzt wird, häufig auch mehrmalig hintereinander, wenn das Ergebnis noch nicht feststeht. Wenn sich die Vertragsverhandlungen über das eigentliche Ablaufdatum hinziehen, ist es erforderlich, dass der Versicherer mit dem Versicherungsnehmer eine vorläufige Deckung über den bisherigen Vertrag vereinbart. Sie ist in der Regel befristet, die Befristung kann man ebenfalls verlängern. Die vorläufige Deckung endet dann meist rückwirkend mit Abschluss des Hauptvertrages. Wenn der Hauptvertrag nicht verlängert wird, ist die Prämie an den Versicherer entsprechend der Laufzeit der vorläufigen Deckung auf der Grundlage des Deckungsinhalts zu entrichten.

C. Kündigung im Schadenfall, II

I. Kündigungsvoraussetzungen, II Ziff. 1

II regelt das Sonderkündigungsrecht des Versicherers und des Versicherungsnehmers im Schadenfall, die Schadenfallkündigung. II weicht von der gesetzlichen Regelung in § 111 VVG ab, der aber nicht zwingend ist, § 112 VVG. Jede Vertragspartei soll nach dem Eintritt des Versicherungsfalles ein außerordentliches, befristetes Kündigungsrecht haben, da mit dem Eintritt des Versicherungsfalles nicht selten eine Beeinträchtigung des Vertrauensverhältnisses oder gar dessen Zerstörung zwischen den Vertragsparteien einhergeht.[2] Die Schadenfallkündigung ist gleichfalls für beide Parteien möglich, wenn der Versicherungsfall für mitversicherte Personen eingetreten ist, also wenn ein einzelner Sozius/Scheinsozius betroffen ist.[3] Es gilt hier, dass nach § 7 I Ziff. 1 Satz 1 die mitversicherten Personen die gleichen Rechte und Pflichten haben und die Interessenlage die gleiche ist wie bei dem Versicherungsnehmer. 5

Grundvoraussetzung für die Kündigungsmöglichkeit ist, dass der Versicherungsfall eingetreten ist. Der Versicherungsfall liegt nach § 5 I vor, wenn dem Versicherer ein Verstoß, der Haftpflichtansprüche gegen den Versicherungsnehmer zur Folge haben könnte, gemeldet ist, siehe ausführlich § 5 Rn. 21 ff. Der Versicherungsfall liegt auch dann vor, wenn der Versicherer im Einzelfall von der Deckungspflicht befreit ist aufgrund einer wirksamen Obliegenheitsverletzung, der vorsätzlichen Herbeiführung des Versicherungsfalles, der Gefahrerhöhung oder des Prämienzahlungsverzuges durch den Versicherungsnehmer.[4] Voraussetzung ist immer, dass der geltend gemachte Anspruch auch unter den Versicherungsschutz fällt. Ein Anspruch, der von vornherein nicht von der Deckung umfasst ist, z.B. die Rückforderung von Gebühren oder Erfüllungsansprüche nach § 1 I Ziff. 1 a.E., kann auch nicht zu einer Kündigung führen. Daher gibt es kein Kündigungsrecht, wenn sich der Versicherungsnehmer allein beschwert oder der geltend gemachte Haftpflichtanspruch unterhalb des vereinbarten Selbstbehalts liegt. Es liegt zwar objektiv ein Versicherungsfall vor, aber der Versicherer ist nicht eintrittspflichtig.[5] Zum fehlenden Versicherungsschutz auch für unbegründete Ansprüche unterhalb des Selbstbehalts § 3 Rn. 40. 6

1 MüKoBGB/*Einsele* § 126b Rn. 10.
2 MüKoVVG/*Littbarski* Vorbemerkung § 111 Rn. 4; *Fricke* VersR 2000, 16, 22 f.
3 KG JW 1937, 2622.
4 Langheid/Rixecker/*Langheid* § 111 Rn. 3.
5 Prölss/Martin/*Lücke* § 111 Rn. 3.

7 Wenn der Versicherungsfall vorliegt, gibt es drei Ereignisse rund um einen Schaden, die zur Kündigung berechtigen. Erstens, wenn der Versicherer eine Zahlung aufgrund eines Versicherungsfalles geleistet hat, zweitens, wenn der Haftpflichtanspruch rechtshängig geworden ist und drittens, wenn der Versicherungsnehmer mit einem von ihm geltend gemachten Versicherungsanspruch rechtskräftig abgewiesen worden ist.

8 Die erste Möglichkeit zu kündigen, besteht, wenn der Versicherer eine Zahlung aufgrund eines Versicherungsfalles geleistet hat. Der Versicherer muss tatsächlich an den berechtigten Dritten geleistet haben, regelmäßig an den Mandanten des versicherten Anwalts. Erfüllungswirkung und damit gleichzusetzen mit einer Zahlung ist die Aufrechnung nach §§ 387 ff BGB mit Zugang der Aufrechnungserklärung. Ausreichend ist, wenn der Versicherer oder Versicherungsnehmer in Abstimmung mit dem Versicherer einen Vergleich schließt und der Versicherer hierauf zahlt. Der Haftungs- oder Deckungsvergleich muss sich aber auf den gemeldeten Versicherungsfall beziehen. Nicht ausreichend ist es, wenn der Versicherer eine Kulanzzahlung leistet oder der Vergleich selbst die Kulanzzahlung ist.[6] Um Klarheit zu schaffen, ist es ebenfalls nach II Satz 1 1. Alt nicht ausreichend – abweichend von § 111 VVG –, dass der Versicherer den Anspruch nur anerkannt hat oder dem Versicherungsnehmer oder dem Dritten zugesagt hat, zu zahlen. Erst mit der erfolgten Zahlung besteht das Kündigungsrecht. Auch nicht ausreichend ist, dass der Versicherer den Anspruch prüft oder den Anspruch außergerichtlich abwehrt. Wenn der Versicherer nur einen Teil der Zahlung leistet, können die Parteien auch außerordentlich kündigen, weil unabhängig von der Höhe der Zahlung das Vertrauensverhältnis zwischen den Parteien berührt ist.

9 Die zweite Möglichkeit außerordentlich zu kündigen, besteht, wenn der Haftpflichtanspruch, auch nur teilweise, rechtshängig geworden ist. Rechtshängigkeit ist die Zustellung der Klageschrift, §§ 253 Abs. 1, 261 Abs. 1 ZPO, 270 Abs. 1 ZPO oder eines Mahnbescheids, §§ 688 Abs. 1, 693 Abs. 1 ZPO. Gleiches muss auch dann gelten, wenn im Versicherungsvertrag vereinbart ist, dass Versicherungsschutz für ein Schiedsgerichtsverfahren besteht. Wenn es einberufen wird aufgrund eines Versicherungsfalls, besteht das Kündigungsrecht. Da dies aber ohne formelles gerichtliches Verfahren stattfindet, darf die Anrufung nicht willkürlich erscheinen, um einen Vertrag kündigen zu können. Das außerordentliche Kündigungsrecht soll auch dann bestehen, wenn der versicherte Haftpflichtanspruch vor einem unzuständigen Gericht erhoben wird.[7] Kein Kündigungsrecht besteht, wenn sich der Versicherungsnehmer/Dritter beim BaFin oder beim Versicherungsombudsmann beschwert oder der Streit nach §§ 72 ff ZPO verkündet oder ein PKH-Antrag nach §§ 114 ZPO gestellt wird.[8]

10 Die dritte Möglichkeit außerordentlich zu kündigen, besteht, wenn der Versicherungsnehmer mit einem von ihm geltend gemachten Versicherungsanspruch rechtskräftig ganz oder teilweise abgewiesen worden ist. Diese Möglichkeit ist die Gegenvariante zur Zahlung des Versicherers. Wenn der Versicherungsnehmer auf Deckung klagt und das Gericht feststellt, dass der Versicherer nicht zu leisten hat, können beide Parteien kündigen. Gleichfalls sollte das Kündigungsrecht gelten, wenn der Versicherungsnehmer sich den Anspruch gegen den Versicherer abtreten lässt und klagt und dann abgewiesen wird. Auch hier ist das Versicherungsverhältnis gestört.

11 Eine Schadenfallkündigung ist nur dann wirksam, wenn zum Zeitpunkt der Kündigungserklärung alle Voraussetzungen vorliegen. Eine vorzeitige unwirksame Schadenfallkündigung muss wiederholt werden, sobald die Voraussetzungen der Kündigung nach I vorliegen.[9] Wenn

---

6 LG Hagen VersR 1983, 1147.

7 *Diller* § 9 Rn. 19.

8 Späte/Schimikowski/*Harsdorf-Gebhardt* Ziff. 19 Rn. 16.

9 Langheid/Rixecker/*Langheid* § 111 Rn. 11; anders Prölss/Martin/*Lücke* § 111 Rn. 10, die Kündigung ist wirksam, wenn eine der gesetzlichen Voraussetzungen später hinzutritt.

der Versicherungsnehmer/Versicherer vor Eintritt der Voraussetzungen nach II Ziff. 1 kündigt, aber die Voraussetzungen später doch eintreten, wird der Vertrag daher nicht wirksam beendet. Der Wortlaut von II und III und auch der gesetzlich möglichen Schadenfallkündigung nach § 111 Abs. 2 Satz 1 VVG ist eindeutig.[10] Einer unwirksamen Kündigung durch den Versicherungsnehmer sollte der Versicherer aber widersprechen. Andernfalls könnte darin unter Umständen die stillschweigende Zustimmung des Versicherers vorliegen, den Vertrag aufzuheben.[11]

Auch hier wie bei der ordentlichen Kündigung nach I gilt die Textform nach § 126b BGB wie durch E-Mail oder Fax, siehe hier § 9 Rn. 3. 12

II. Kündigungsfrist, II Ziff. 2

Die Kündigungsfrist zwischen Zugang der Kündigung und dem Ende des Versicherungsverhältnisses ist in II Ziff. 2 geregelt. Die 1-Monats-Frist, wie lange das Kündigungsrecht im Schadenfall ausgeübt werden kann, regelt dann II Ziff. 3. Die Kündigungsfristen bei Versicherer und Versicherungsnehmer sind zugunsten des Versicherungsnehmers unterschiedlich gestaltet. Der Versicherer hat eine Kündigungsfrist von einem Monat einzuhalten, II Ziff. 2 Satz 1. Es bedeutet, dass mit Zugang der Kündigung des Versicherers beim Versicherungsnehmer einen Monat später das Versicherungsverhältnis endet. Dieser Monat soll dem Versicherungsnehmer die Zeit geben, sich neuen Versicherungsschutz zu besorgen. Versicherungsnehmer und Versicherer vereinbaren zuweilen auch, dass die Kündigungsfrist verlängert wird. Gerade bei einer Schadenfallkündigung gehen in der Regel Vertragsverhandlungen voraus, weil das Risiko für den Bestandsversicherer zu den bisherigen Konditionen nicht mehr versicherbar ist. Wenn die Verhandlungen zu keinem Ergebnis führen, ist die Monatsfrist für den Versicherungsnehmer recht kurz, weil er mit einer negativen Rentabilität einen neuen Versicherer suchen muss. 13

Der Versicherungsnehmer kann mit sofortiger Wirkung kündigen oder zum Schluss der laufenden Versicherungsperiode, II Ziff. 2 Satz 2. Auch hier ist der Zweck, dass der Versicherungsnehmer die Möglichkeit haben soll, sich einen anderen Versicherer zu suchen, wenn er mit der Schadenbearbeitung nicht zufrieden war oder die nachfolgenden Prämienforderungen des Versicherers im Schadenfall als zu hoch erscheinen. Laufende Versicherungsperiode meint die jährlichen Fälligkeitszeitpunkte, wenn wie üblich ein 3-Jahres-Vertrag vereinbart ist und nicht das Ende der Vertragslaufzeitpunkt nach 3 Jahren. § 12 VVG ist hier nicht abbedungen. Andernfalls hätte die Regelung keinen Sinn. 14

Rechtsfolge ist in allen Fällen, dass das Versicherungsverhältnis vorzeitig endet. Wenn der Versicherungsnehmer bereits die Prämie entrichtet hat, gewährt der Versicherer den Prämienanteil für den danach liegenden Zeitraum zurück. 15

III. Erlöschen des Kündigungsrechts, II Ziff. 3

Das Recht selbst kündigen zu können, erlischt nach einem Monat, nachdem der Versicherer geleistet hat oder der Rechtsstreit beigelegt wurde oder das Urteil rechtskräftig geworden ist. Die Frist berechnet sich nach §§ 186 ff BGB. Wenn der Versicherer auf einen versicherten Haftpflichtanspruch geleistet hat, erlischt das Recht 1 Monat nach Zahlungseingang. Die 1-Monats-Frist nach Beilegung des Rechtsstreits beginnt mit dem Zeitpunkt, zu dem der Haftpflichtanspruch rechtshängig geworden ist, II Ziff. 1. Daher erlischt das Recht nach einem Monat, nach Klagerücknahme, Anerkenntnis oder Vergleich. Gleiches gilt, wenn das Urteil rechtskräftig geworden ist. 16

10 MüKoVVG/*Littbarski* § 111 Rn. 64.
11 *Diller* § 9 Rn. 23.

D. Rechtzeitigkeit der Kündigung, III

17 Nach III ist jegliche Art der Kündigung rechtzeitig, wenn sie dem Vertragspartner innerhalb der Fristen zugeht, entweder die ordentliche Kündigung nach I mit Zugang spätestens drei Monate vor dem jeweiligen Ablauf des Vertrages oder die außerordentliche Schadenfallkündigung mit Zugang spätestens 1 Monat nach Entstehen des Kündigungsrechts. Der Zeitpunkt des Zugangs bei der jeweilig anderen Vertragspartei und nicht des Absendens des Vertragspartners ist maßgeblich.

E. Umdeutung von nicht korrekten Kündigungen

18 Eine Kündigung kann mangelhaft sein, weil sie verfrüht, verspätet oder nicht der Form entspricht oder in sonstiger Weise nicht ordnungsgemäß ist. Die Frage, was die Rechtsfolgen einer mangelhaften Kündigung sind, ist pauschal nicht beantwortbar. Es hängt von der Art des Fehlers ab und wie die Interessen der Parteien verteilt sind.[12] Der Versicherer kann verpflichtet sein, die Kündigung zurückzuweisen, man kann die Kündigung umdeuten oder auslegen oder man kann sie auch als Angebot zur Vertragsaufhebung auffassen.

19 Der Versicherer ist verpflichtet, den Versicherungsnehmer über eine unwirksame Kündigung zu informieren und sie zurückzuweisen.[13] Rechtsfolge einer fehlenden Zurückweisung ist jedoch nicht, dass die Kündigung dann wirksam ist. Andernfalls würde der Versicherungsnehmer entgegen der gesetzlichen Wertung ein weiteres Kündigungsrecht gerade dadurch erhalten, dass er sich treuwidrig verhält.[14] In Betracht kommt ein Schadensersatzanspruch des Versicherungsnehmers. Der Schaden kann darin liegen, dass er weiterhin Prämien für den Versicherungsschutz zu zahlen hat.[15]

20 Im Einzelfall ist zu entscheiden, ob eine unwirksame Kündigung in eine wirksame Kündigung umdeutbar ist oder ob ein Angebot des Versicherungsnehmers vorliegt, den Vertrag aufzuheben. Nach § 140 BGB kommt es auf den Willen des Versicherungsnehmers an, ob eine wirksame Kündigung gewollt war. Eine außerordentliche Kündigung wegen vermeintlich nicht regulierter Ansprüche ist in eine ordentliche Kündigung umdeutbar.[16] Gleiches gilt für eine Kündigung wegen Differenzen mit dem Versicherer.[17] Wenn die Kündigung vom Eintritt künftiger Ereignisse abhängt, ist sie nicht umdeutbar und kann nur das Angebot zur Aufhebung des Vertrags sein.[18] Wenn der Versicherungsnehmer zum nächstmöglichen Zeitpunkt innerhalb der korrekten Kündigungsfrist kündigt, ist keine Umdeutung erforderlich. Es bedeutet, dass der Vertrag zum Vertragsablauf endet.

21 Wenn der Versicherungsnehmer die ordentliche 3-monatige-Kündigungsfrist nach I oder II nicht einhält und verspätet kündigt, wird der Versicherer in der Regel die Erklärung nicht umdeuten und den Vertrag erst zur nächsten Hauptfälligkeit oder dem Vertragsende beendigen. Wenn die Kündigungsfrist korrekt eingehalten ist, aber der Kündigungstermin falsch ist, z.B. das Datum der Vertragsbeendigung zu spät oder zu früh ist, kann der Versicherer umdeuten zum korrekten Kündigungstermin. Wenn ein längerer Zeitraum zwischen dem beabsichtigten Ende des Vertrags und dem tatsächlichen möglichen Ende des Vertrags liegt, informiert der Versiche-

---

12 *Bach* VersR 1977, 881, 884.
13 Rüffer/Halbach/Schimikowski/*Muschner* § 11 Rn. 26 ff.
14 BGH r + s 2013, 424; BGH VersR 2015, 230.
15 MüKoVVG/*Fausten* § 11 Rn. 130; BSG r + s 2007, 144; LG Koblenz BeckRS 2013, 12087; anders OLG Karlsruhe MDR 2002, 581; OLG Hamm VersR 1977, 999; LG Hannover VersR 1977, 351.
16 OLG Düsseldorf NVersZ 2001, 571.
17 LG Hanau zfs 1988, 283.
18 LG Bielefeld VersR 1967, 27.

rer üblicherweise den Versicherungsnehmer, dass er erneut mit dem richtigen Kündigungstermin kündigen kann.

F. Sonstige Kündigungsmöglichkeiten

Neben der Schadenfallkündigung nach II und der ordentlichen Ablaufkündigung nach I gibt es grundsätzlich weitere Möglichkeiten für den Versicherungsnehmer das Versicherungsverhältnis vor Vertragsende zu kündigen. Die Berufsträger sind einzeln oder in den im Berufsrecht vorgesehenen Gesellschaftsformen tätig. Bei Wechsel der Organisationsform oder eine Umwandlung oder einer Neugründung kann der Versicherungsnehmer/Versicherer unter bestimmten Voraussetzungen kündigen. Grund ist, dass das Berufsrecht dann eine andere Versicherungsform voraussetzt. Wann das Versicherungsverhältnis bei Wechsel der Gesellschaftsform kündbar ist, ist nicht ausdrücklich aufgrund der Vielzahl der Fallgestaltungen geregelt. Makler nutzen diese besonderen Kündigungsmöglichkeiten, einen Versicherungsnehmer vorzeitig von einem Versicherer zum anderen umdecken zu können. Für Ausschließlichkeitsvertreter kommt es zwar nicht direkt darauf an, ob der Vertrag kündbar ist, aber es spielt eine Rolle, ob das sog. bisher versicherte Wagnis im Verhältnis zum Versicherer bestehen bleibt oder ein neues abgeschlossen wird. Bei allen Fällen geht es auch um Provisionen und Ausgleichszahlungen für Provisionen der neuen und bestehenden Vermittler und der drohende Prämienverlust des Bestandsversicherers. 22

Gesetzlich geregelt ist zumindest in § 80 Abs. 2 VVG, dass bei Wegfall des versicherten Interesses nach dem Beginn der Versicherung das Versicherungsverhältnis vorzeitig endet, der analog auch für die Berufshaftpflichtversicherung gilt.[19] Dies findet sich ebenfalls in IV: Das Versicherungsverhältnis erlischt, wenn der Anwalt seine Zulassung zurückgibt, siehe hier § 9 Rn. 39. Grund hierfür ist, dass das Verhältnis von Leistung und Gegenleistung zwischen dem Berufsträger und dem Versicherer mit Wegfall des versicherten Interesses gestört ist. Es gibt keinen Deckungsfall mehr, der Versicherungsnehmer hat deshalb auch keine Prämien mehr zu entrichten. Dieser Grundgedanke ist heranzuziehen, ob ein vorzeitiges Kündigungsrecht zugunsten Makler/Vertreter besteht oder ob der Vertrag fortzuführen ist. Ebenfalls zu berücksichtigen sind die Besonderheiten des jeweiligen Berufsrechts. Beispielsweise haben Anwälte immer eine eigene Berufshaftpflichtversicherung abzuschließen, gleich welcher Organisationsform sie angehören und wie diese Organisation selbst versichert ist. 23

Ebenfalls nicht eindeutig sind die Kündigungsfristen und Kündigungstermine in diesen besonderen Fällen, bis wann das Recht zur Kündigung auszuüben ist. Man wird hier entsprechend der Schadenfallkündigung nach § 9 II vorgehen. Es gilt, dass das Kündigungsrecht für Versicherungsnehmer und Versicherer 1 Monat nach dem Ereignis und Kenntnis der Umstände hierzu erlischt, entsprechend § 9 II Ziff. 3. Der Versicherer hat eine Kündigungsfrist von einem Monat einzuhalten. Der Versicherungsnehmer kann mit sofortiger Wirkung oder zum Schluss der laufenden Versicherungsperiode kündigen, entsprechend § 9 II Ziff. 2. Den Gedanken der Regelung kann man hier heranziehen, da Rechtssicherheit für beide Seiten bestehen muss und der Versicherungsnehmer ausreichend geschützt ist, sich einen neuen Versicherer zu suchen. 24

Die folgenden Kündigungsmöglichkeiten sind als Hinweise zu verstehen. Es gibt hier aufgrund der verschiedensten Interessenlagen bei den Versicherern, Maklern/Vertretern und Versicherungsnehmern die unterschiedlichsten Auffassungen und Einzelfälle. 25

19 MüKoVVG/*Halbach* § 80 Rn. 3.

I. Gründung einer Sozietät/einfachen Partnerschaft, Ein- und Austritt

26 Der einzelne Anwalt gründet zusammen mit anderen Anwälten oder auch anderen Steuerberatern/Wirtschaftsprüfern eine Sozietät/einfache Partnerschaft. Grundsätzlich gilt bei einem Wechsel von einem Einzelunternehmen zu einer Personengesellschaft, dass der Vertrag auf die Personengesellschaft übergeht, was eine Kündigung möglich machen würde. Allerdings gilt hier das Berufsrecht bei den wirtschaftsberatenden Berufen. Die Berufsträger haben jeweils eine einzelne Berufshaftpflichtversicherung abgeschlossen. Die Gesellschaft als Personengesellschaft ist nicht versicherungspflichtig und der Vertrag geht nicht auf sie über, zumindest nicht bis zur jeweiligen Pflichtversicherungsgrenze des jeweiligen Berufsträgers. Alle Berufsträger können ihre Einzelversicherung behalten, die Sozietät ist dann über Teil 1.2 der hier kommentierten AVB-RSW mitversichert. Es dürfte daher keine Kündigungsmöglichkeit bestehen. Allerdings handelt es sich um eine Gefahrerhöhung nach § 11b II Ziff. 1, weil der Anwalt nicht mehr in damalig vereinbarten Umfang als Anwalt arbeitet, sondern in einer Sozietät/einfachen Partnerschaft, was in der Prämie zu berücksichtigen ist.

27 Wenn der Anwalt in eine bestehende Sozietät/einfachen Partnerschaft eintritt, gilt seine bisherige Versicherung grundsätzlich auch für diese Tätigkeit. Es besteht keine Kündigungsmöglichkeit. Die Tätigkeit ist aber eine Risikoerweiterung, weil er nicht mehr im damalig vereinbarten Umfang als Anwalt arbeitet. Dem bestehenden Versicherer ist das Risiko anzuzeigen, § 11b II Ziff. 1, der die Prämien entsprechend dem Tätigkeitsumfang richtigstellt.

28 Wenn der Anwalt aus einer bestehenden Sozietät/einfachen Partnerschaft austritt, gibt es grundsätzlich keine Kündigungsmöglichkeit. Es kommt aber im Einzelfall darauf an, wie der einzelne Sozius/Scheinsozius versichert war. Wenn er nach dem hier dargestellten Modell mindestens im Umfang der Pflichtversicherung versichert ist, bleibt diese Versicherung bestehen und gilt auch außerhalb der Tätigkeit in der Sozietät. Die Prämie ist nach § 11b II Ziff. 1 anzuzeigen und anzupassen. Wenn er über die Sozietät insgesamt versichert war, hat der Anwalt, wenn er austritt, darauf zu achten, dass der bisherige Versicherungsschutz auch für seine hauptberufliche Tätigkeit nun außerhalb der alten Sozietät gilt. Unter Umständen gilt er als nicht mehr versichert.

II. Gründung einer Rechtsanwalts-GmbH/-AG, Ein- und Austritt

29 Einzelne Berufsträger gründen eine zugelassene Kapitalgesellschaft. Anders als bei Neugründung einer Sozietät ist die Kapitalgesellschaft selbst versicherungspflichtig, § 59j BRAO. Die bisher versicherten Anwälte benötigen aber weiterhin eine Berufshaftpflichtversicherung, § 51 BRAO, um als Anwalt auftreten zu können und für eigene Mandate. Sie benötigen sie aber nicht mehr im bisherigen Umfang. Es dürfte eine Kündigungsmöglichkeit für die bisherigen Versicherungen bestehen. Die Versicherer bieten in diesem Fall aufgrund des geringeren Risikos beitragsreduzierte Versicherungen an. Für die Geschäftsführer/Gesellschafter/Vorstände gibt es dafür die sog. „Babypolicen".

30 Wenn der Anwalt in eine bestehende Kapitalgesellschaft eintritt, hat er regelmäßig eine Kündigungsmöglichkeit. Der bisher versicherte Anwalt benötigt weiterhin eine Berufshaftpflichtversicherung, § 51 BRAO. Die Gesellschaft ist aber Versicherungsnehmerin und Risikoträger. Der Anwalt benötigt seine Versicherung nur zur Zulassung und für eigene Mandate. Die Versicherer bieten in diesem Fall aufgrund des geringeren Risikos beitragsreduzierte Versicherungen an wie oben als sog. „Babypolice".

31 Wenn der Anwalt aus einer bestehende Kapitalgesellschaft austritt, gibt es grundsätzlich keine Kündigungsmöglichkeit. Seine Zulassungspolice gilt weiterhin. Die Prämie ist nach § 11b II Ziff. 1 anzuzeigen und anzupassen.

III. Wechsel der Organisationsform Sozietät zur einfachen Partnerschaft und Partnerschaft mit beschränkter Berufshaftung

1. Identitätswahrender Rechtsformwechsel

Eine Sozietät „wandelt sich um" in eine Partnerschaftsgesellschaft, gleich ob mit oder ohne beschränkter Berufshaftung. Die Umwandlung einer Sozietät in eine Partnerschaft erfolgt nicht nach dem Umwandlungsgesetz. Die Sozietät ist kein Rechtsträger nach § 191 Abs. 1 UmwG. Die Umwandlung erfolgt dadurch, dass die Sozien die Umwandlung vereinbaren. Die neue Partnerschaft trägt das Registergericht in das Partnerschaftsregister ein. Es handelt sich um einen identitätswahrenden Rechtsformwechsel.[20] Die Organisationsform ist neu, aber es handelt sich nicht um einen Rechtsträgerwechsel, weil die Personengesellschaft bestehen bleibt. Eine Auflösung oder Abwicklung der bisherigen Sozietät/einfachen Partnerschaft ist nicht erforderlich. 32

2. Kündigungsmöglichkeit

Es besteht keine Kündigungsmöglichkeit, wenn sich die Sozietät zu einer einfachen Partnerschaft „umwandelt". Die Versicherungsstruktur bleibt gleich. Die Sozien und dann die Partner müssen jeweils eine eigene Berufshaftpflichtversicherung abschließen nach § 51 BRAO oder man kann zugunsten der Sozien/Partner eine Kanzleiversicherung abschließen. 33

Eine Kündigungsmöglichkeit dürfte bestehen, wenn die Sozietät/einfache Partnerschaft sich zu einer Partnerschaftsgesellschaft mit beschränkter Berufshaftung wandelt. Es handelt sich weiterhin allein um einen identitätswahrenden Rechtsformwechsel,[21] weil die PartG mbB eine Personengesellschaft bleibt und nur in ihrer Haftung für Berufsfehler einer Kapitalgesellschaft gleichgestellt wird. Das Berufsrecht schreibt jedoch vor, dass die PartG mbB eine eigene Berufshaftpflichtversicherung abzuschließen hat, § 8 Abs. 4 PartGG. Hier geht es um eine neue Versicherungsstruktur, vergleichbar mit der Zulassung einer neuen Rechtsanwalts-Kapitalgesellschaft. Auch hier ist Träger der Versicherung die Gesellschaft. Die Anwälte benötigen ihre bisherige Berufshaftpflichtversicherung nach § 51 BRAO nur dafür, um als Anwalt auftreten zu können und für eigene Mandate. Die Versicherer bieten in diesem Fall aufgrund des geringeren Risikos beitragsreduzierte Versicherungen an. Für die Partner/Scheinpartner der PartG mbB gibt es dafür die sog. „Babypolicen". 34

Wenn der Anwalt in eine bestehende PartG mbB eintritt, hat er regelmäßig eine Kündigungsmöglichkeit. Der bisher versicherte Anwalt benötigt weiterhin eine Berufshaftpflichtversicherung, § 51 BRAO. Er benötigt sie aber nicht mehr im bisherigen Umfang und die PartG mbB ist Versicherungsnehmerin. Die Versicherer bieten in diesem Fall aufgrund des geringeren Risikos beitragsreduzierte Versicherungen an. Auch hier ist die Interessenlage des Anwalts gleich, ob er in eine Kapitalgesellschaft eintritt oder in eine PartG mbB. 35

Wenn der Anwalt aus einer bestehenden PartG mbB austritt, gibt es grundsätzlich keine Kündigungsmöglichkeit. Seine Zulassungspolice gilt weiterhin. Die Prämie ist nach § 11b II Ziff. 1 anzuzeigen und anzupassen. 36

IV. Beendigung, Auflösung und Liquidation einer Gesellschaft

Grundsätzlich wird man den einzelnen Berufsträgern einer Gesellschaft, wenn sie beendet wird, eine Kündigungsmöglichkeit einräumen. Die Gesellschaft besteht nicht mehr fort und wird abgewickelt. Hier haben sich die gesamte Risikosituation und die bisherige Versicherungsstruk- 37

---

20 Peres/Senft/*Posegga* § 15 Rn. 44.

21 *Sommer*/*Treptow* NJW 2013, 3269, 3270.

tur nicht für den einzelnen geändert, sondern für alle bisher beruflich tätigen Anwälte in der Gesellschaft. Die Versicherungsstruktur hat sich am Risiko der Gesellschaft orientiert und nicht am einzelnen Berufsträger. Daher ist es gerechtfertigt, die Interessen des einzelnen an einer Änderung seiner Versicherung höher zu stellen als die Interessen des Versicherers am Fortbestand eines ohnehin anzupassenden Vertrags.

38 Problematisch sind Fälle der Fusion von mehreren Kanzleien. Hier kommt es auf den Einzelfall an. Eine Kündigungsmöglichkeit kommt für alle Berufsträger in Betracht, wenn sie komplett eine neue Kanzlei mit einer neuen Organisationsform gründen, gleich der Gründung einer GmbH oder PartG mbB aus einer bestehenden Sozietät, siehe hier § 9 Rn. 29ff und 34ff. Allerdings ist hier konkret nach der jeweiligen Fusionsvereinbarung zwischen den Kanzleien zu urteilen, ob dabei eine der alten Kanzleien aufgelöst wird mit Kündigungsmöglichkeit und die andere Kanzlei weiterhin bestehen bliebt ohne Kündigungsmöglichkeit.

G. Erlöschen des Versicherungsschutzes, IV

I. Wegfall der Zulassung, IV Satz 1

39 Der Grundgedanke von IV findet sich in der halbzwingenden Regelung in § 80 VVG. Das Verhältnis von Leistung und Gegenleistung zwischen dem Berufsträger und dem Versicherer mit Wegfall des versicherten Interesses ist gestört. Es ist nicht mehr gerechtfertigt, dass die Parteien das Versicherungsverhältnis aufrechterhalten, weil es keinen Deckungsfall mehr geben kann, wenn der Versicherungsnehmer nicht mehr beruflich tätig ist.

40 Nach IV Satz 1 erlischt der Versicherungsschutz bei Wegfall des versicherten Interesses, z.B. wenn der Anwalt seine Zulassung zurückgibt. Die Kammern haben die Zulassung zu widerrufen, wenn der Anwalt in Vermögensverfall geraten ist, § 14 Abs. 2 Nr. 7 BRAO. Ein Vermögensverfall wird vermutet, wenn ein Insolvenzverfahren über das Vermögen des Rechtsanwalts eröffnet wurde.[22] In diesen Fällen muss der Versicherer nicht kündigen. Der Vertrag endet automatisch zu diesem Zeitpunkt. Der Wortlaut „*...erlischt der Versicherungsschutz*" bedeutet für den Versicherungsnehmer, dass er keine weiteren Prämien mehr zu entrichten hat und für den Versicherer, dass er für mögliche Verstöße nach Wegfall der Zulassung keine Deckung mehr gewähren muss. Solange der Berufsträger noch beruflich tätig sein darf, z.B. weil er sich gegen den Wegfall der Zulassung wehrt, besteht der Versicherungsschutz mit Prämienpflicht weiterhin, weil der Berufsträger auch weiterhin beruflich tätig ist.

41 Gleiches gilt bei Ableben des Versicherungsnehmers. Das Versicherungsverhältnis erlischt und geht nicht auf die Erben über.[23] Es handelt sich um eine personenbezogene und nicht um eine sachbezogene Versicherung.[24] Bei Rechtsanwälten gilt aber erweiternd, dass die Erben des Versicherungsnehmers für acht Wochen Versicherungsschutz haben aus Verstößen die bis zur Bestellung eines Praxisabwicklers oder bis zur Praxisveräußerung vorgekommen sind, B Ziff. 3 BBR-RA, beispielsweise wenn die verbliebenen Sozien oder andere Personen einen Berufsfehler bei der Mandatsabwicklung begehen und die Erben dafür in Anspruch genommen werden.

II. Praxisabwickler, IV Satz 2

42 Für Steuerberater und Wirtschaftsprüfer gibt es Besonderheiten. Nach IV Satz 2 hat der Praxisabwickler eines Steuerberaters oder eines Wirtschaftsprüfers Versicherungsschutz und zwar

22 BGH NJW 2017, 1181.
23 HBAnw/*Chab* § 18 Rn. 93.
24 BGH NJW-RR 1993, 1048, 1049 zur Hausratversicherung, die auf die Erben als Hinterbliebene nach §§ 1922, 1967 BGB übergeht.

über den Vertrag desjenigen früheren Berufskollegen, dessen Praxis er abwickelt, § 70 StBerG und § 55c WPO. Der Praxisabwickler ist für die Dauer der Bestellung in der Police des Versicherungsnehmers mitversichert. Daher läuft der Versicherungsschutz in diesem Fall weiter für den Praxisabwickler trotz des Wegfalls des versicherten Interesses des bisherigen Praxisinhabers, der z.B. seine Bestellung als Steuerberater zurückgegeben hat.

Anders bei den Anwälten. Der Praxisabwickler nach § 55 BRAO ist versichert für seine Tätigkeit über seine eigene Police nach B Ziff. 1.1, 5. Spiegelstrich BBR-RA. Eine Mitversicherung in der Police desjenigen, dessen Praxis er abwickelt, ist daher nicht erforderlich. 43

§ 10 Verjährung, zuständiges Gericht, anwendbares Recht; Embargoklausel

I. Verjährung

Die Verjährung der Ansprüche aus dem Versicherungsvertrag richtet sich nach den Vorschriften des Bürgerlichen Gesetzbuches.

II. Zuständiges Gericht

1. Klagen gegen den Versicherer

1.1 Ansprüche aus dem Versicherungsvertrag können gegen den Versicherer bei dem für seinen Geschäftssitz oder für den Geschäftssitz seiner vertragsführenden Niederlassung örtlich zuständigen Gericht geltend gemacht werden.

1.2 Für Klagen des Versicherungsnehmers aus dem Versicherungsvertrag oder der Versicherungsvermittlung ist auch das deutsche Gericht örtlich zuständig, in dessen Bezirk der Versicherungsnehmer zur Zeit der Klageerhebung seinen Wohnsitz, in Ermangelung eines solchen seinen gewöhnlichen Aufenthalt hat.

2. Klagen gegen den Versicherungsnehmer

Für Klagen des Versicherers ist ausschließlich das Gericht örtlich zuständig, in dessen Bezirk der Versicherungsnehmer zur Zeit der Klageerhebung seinen Wohnsitz, in Ermangelung eines solchen seinen gewöhnlichen Aufenthalt hat.

3. Unbekannter Wohnsitz oder Aufenthalt des Versicherungsnehmers

Ist der Wohnsitz oder der gewöhnliche Aufenthalt des Versicherungsnehmers in Deutschland im Zeitpunkt der Klageerhebung nicht bekannt, bestimmt sich die gerichtliche Zuständigkeit für Klagen aus dem Versicherungsvertrag gegen den Versicherer oder den Versicherungsnehmer ausschließlich nach dem Sitz des Versicherers oder seiner für den Versicherungsvertrag zuständigen Niederlassung. Ist der Versicherungsnehmer eine juristische Person, gilt dies entsprechend, wenn sein Geschäftssitz unbekannt ist.

4. Wohn- oder Geschäftssitz des Versicherungsnehmers außerhalb der Europäischen Gemeinschaft, Island, Norwegen oder der Schweiz

Hat der Versicherungsnehmer zum Zeitpunkt der Klageerhebung seinen Wohn- oder Geschäftssitz nicht in einem Mitgliedstaat der Europäischen Gemeinschaft, Island, Norwegen oder der Schweiz ist das Gericht nach Ziffer 3 Satz 1 ausschließlich zuständig.

III. Anwendbares Recht

Die Rechte und Pflichten aus dem Versicherungsvertrag bestimmen sich ausschließlich nach deutschem Recht.

https://doi.org/10.1515/9783110407280-012

IV. Embargoklausel

Es besteht unbeschadet der übrigen Vertragsbestimmungen Versicherungsschutz nur, soweit und solange dem keine auf die Vertragsparteien direkt anwendbaren Wirtschafts-, Handels- oder Finanzsanktionen bzw. Embargos der Europäischen Union oder der Bundesrepublik Deutschland entgegenstehen. Dies gilt auch für Wirtschafts-, Handels- oder Finanzsanktionen bzw. Embargos, die durch die Vereinigten Staaten von Amerika in Hinblick auf den Iran erlassen werden, soweit dem nicht europäische oder deutsche Rechtsvorschriften entgegenstehen.

Systematische Übersicht

A. Übersicht

§ 10 regelt vier Sachverhalte rund um den Versicherungsvertrag: In I die Verjährung nach dem BGB, in II das zuständige Gericht für Klagen aus dem Versicherungsvertrag, in III das anwendbare Recht und in IV die vorgeschriebene Embargoklausel.

1 Änderungen zur Vorauflage der AVB-RSW, HV 60/06:

1. II Ziff. 1.2: Streichen der Regelung zur örtlichen Zuständigkeit des Gerichts, wenn der Versicherungsnehmer eine juristische Person ist; hier als Klage gegen den Versicherer
   Grund: Der Begriff „Wohnsitz" umfasst nach der Rechtsprechung auch den Geschäftssitz einer juristischen Person
   Folge: keine; Vereinfachung
2. II. Ziff. 2: Streichen der Regelung zur örtlichen Zuständigkeit des Gerichts, wenn der Versicherungsnehmer eine juristische Person ist; hier als Klage gegen den Versicherungsnehmer
   Grund: Der Begriff „Wohnsitz" umfasst nach der Rechtsprechung auch den Geschäftssitz einer juristischen Person
   Folge: keine; Vereinfachung
3. IV: Embargoklausel; Einfügen einer gesetzlich erforderlichen Sanktionsklausel (Iran-Klausel)
   Grund: unmittelbare Geltung der EU-Verordnung 961/2010 vom 27.10.2010, die auch für Versicherungsverträge gilt
   Folge: kein Versicherungsschutz, wenn der Versicherungsvertrag gegen direkt anwendbare Sanktionsklauseln verstößt

B. Verjährung, I

2 I verweist darauf, dass die Vorschriften für die Verjährung von Ansprüchen aus dem Versicherungsvertrag sich nach dem BGB richten gemäß §§ 194 ff BGB. Danach verjähren die Ansprüche aus dem Versicherungsvertrag regelmäßig nach 3 Jahren, § 195 BGB, maximal nach 10 oder 30 Jahren bei fehlender Unkenntnis oder grob fahrlässiger Unkenntnis, § 199 Abs. 3 BGB. Die Verjährung beginnt mit dem Schluss des Jahres, in dem der Anspruch entstanden ist und der Gläubiger von den anspruchsbegründenden Umständen und der Person des Schuldners Kenntnis erlangt hat oder ohne grobe Fahrlässigkeit erlangen hätte müssen, § 199 Abs. 1 BGB.

Die Hemmung oder Verlängerung der Verjährung richtet sich nach § 209 BGB. Bei Nachlassfällen ist die Verjährung nach §§ 210, 211 BGB gehemmt. Nach § 3 Abs. 4 Satz 2 VVG ist die Verjährung gehemmt für Abschriften von Erklärungen des Versicherungsnehmers gegenüber dem Versicherer, die der Versicherungsnehmer für die Vornahme von Rechtshandlungen benötigt. Der für den Versicherer zwingende § 15 VVG regelt, dass die Verjährung gehemmt ist, wenn ein Anspruch aus dem Versicherungsvertrag beim Versicherer angemeldet worden ist bis zu dem Zeitpunkt, zu dem die Entscheidung des Versicherers dem Anspruchsteller in Textform zugeht.[1] 3

Für die Verjährung bei der Berufshaftpflichtversicherung als Pflichtversicherung gilt § 115 Abs. 2 VVG für die Direktansprüche des Dritten gegen den Versicherer. Ansonsten können die Allgemeinen Versicherungsbedingungen die versicherungsvertragsspezifischen Verjährungsvorschriften abändern.[2] 4

Die Verjährungsregeln betreffen die Ansprüche des Versicherungsnehmers und Versicherers aus dem Versicherungsvertrag. Dies umfasst alle Leistungsansprüche und sonstige Ansprüche, die ihre rechtliche Grundlage im Versicherungsvertrag haben, insbesondere die Schadensersatzleistung und die Abwehrleistung nach § 3 II Ziff. 1 wie auch die Ansprüche auf den Versicherungsvertrag selbst oder einen Ersatzvertrag, Verzugszinsen und auch Rückforderungs- und Rückgewähransprüche aus zu viel gezahlten Prämien, z.B. wenn ein Vertrag rückwirkend aufgehoben wird. 5

C. Gerichtsstand, II

II regelt den örtlichen Gerichtsstand, in Ziff. 1 für Klagen des Versicherungsnehmers gegen den Versicherer und in Ziff. 2 für Klagen des Versicherers gegen den Versicherungsnehmer. II enthalten die vertraglichen Gerichtsstandsvereinbarungen, entsprechend der zwingenden Regelung in § 215 VVG. II i.V.m. mit § 215 VVG stellen für Versicherungsangelegenheiten einen besonderen Gerichtsstand zur Verfügung und weichen damit zugunsten des Versicherungsnehmers vom Grundsatz „actor sequitur forum rei" gemäß §§ 12 bis 17 ZPO ab. Der Versicherungsnehmer, sowohl die natürliche als auch juristische Person, hat die Möglichkeit an seinem Wohnsitz/Geschäftssitz zu klagen, um nicht einen auswärtigen Prozess führen zu müssen. 6

Sachlich zuständig sind nach § 13 GVG die ordentlichen Gerichte, da es sich bei Streitigkeiten aus einem Versicherungsvertrag um bürgerliche Streitigkeiten handelt. Die Amtsgerichte sind zuständig bis zu einem Streitwert von 5.000 EUR gemäß § 23 Nr. 1 GVG. Darüber hinaus sind die Landgerichte zuständig, § 71 Abs. 1 GVG. 7

I. Klagen gegen den Versicherer, II Ziff. 1

Nach II Ziff. 1.1 kann der Versicherungsnehmer gegen den Versicherer Klage einreichen und zwar bei dem Gericht am Geschäftssitz des Versicherers oder bei seiner Niederlassung.

Nach II Ziff. 1.2 ist für Klagen des Versicherungsnehmers aus dem Versicherungsvertrag auch das deutsche Gericht örtlich zuständig, in dessen Bezirk der Versicherungsnehmer zur Zeit der Klageerhebung seinen Wohnsitz oder gewöhnlichen Aufenthalt hat, wenn er keinen Wohnsitz hat. II Ziff. 1.2 wiederholt hier den Wortlaut von § 215 Abs. 1 Satz 1 VVG. Er eröffnet dem Versicherungsnehmer die Möglichkeit auch an seinem Wohnsitz zu klagen. § 215 Abs. 1 Satz 1 erfasst auch gegen den Wortlaut Klagen aus einem Versicherungsvertrag, dessen Versicherungsnehmer eine juristische Person ist, wobei auf deren Sitz im Sinne des § 17 ZPO abzustellen ist.[3] Daher konnte die vormalige Regelung in der Vorgängerversion der AVB-RSW für juristische Personen 8

1 R+V § 13 I AVB-P und die ERGO Ziff. 19.1 AVB-R wiederholen nochmals ausdrücklich den Wortlaut von § 15 VVG, ohne dass sich inhaltlich etwas ändert.
2 MüKoVVG/*Fausten* § 15 Rn. 49.
3 BGH NJW 2018,232.

entfallen. Gleiches zur Zuständigkeit des örtlichen Gerichts gilt im Grundsatz für versicherte Personen nach § 7 I.[4]

9 Der Anwendungsbereich für Ansprüche aus dem Versicherungsvertrag ist weit zu verstehen. Es handelt sich um alle Ansprüche, die der Versicherungsvertrag festlegt oder im Zusammenhang mit ihm stehen wie die Anbahnung oder die Rückabwicklung.[5] Das sind insbesondere die Ansprüche des Versicherungsnehmers auf Schadensersatz, einschließlich deliktischer Ansprüche oder Abwehrleistung nach § 3 II Ziff. 1, die Prämienzahlung und auch Verzug oder das grundsätzliche Bestehen des Vertrags mit Rücktritt, Widerruf oder Kündigung oder auch Nebenleistungen wie Ansprüche auf Auskunft, Schutzpflichten. Ebenfalls darunter fallen Ansprüche aus Bereicherungsrecht sowie aus Geschäftsführung ohne Auftrag wie auch die vorläufige Deckung nach §§ 49ff VVG. Ein Geschädigter, der unmittelbar gegen den Versicherer des Schädigers klagen kann, ist nicht an eine Gerichtsstandsvereinbarung, die zwischen dem Versicherer und dem Schädiger getroffen wurde, gebunden.[6]

II. Klagen gegen den Versicherungsnehmer, II Ziff. 2

10 II Ziff. 2 regelt den Gerichtsstand für Klagen des Versicherers gegen den Versicherungsnehmer. Ausschließlich ist das Gericht örtlich zuständig, wo der Versicherungsnehmer seinen Wohnsitz oder gewöhnlichen Aufenthalt hat. Dies ist eine zwingende Regelung nach § 215 Abs. 1 Satz 2 VVG.[7] Der persönliche Anwendungsbereich für *„...der Versicherungsnehmer..."* nach II Ziff. 2 i.V.m. § 215 VVG ist darüber hinaus weit zu verstehen. Der Begriff Versicherungsnehmer umfasst nicht nur die natürliche Person, sondern auch die juristische Person.[8] Wie bei II Ziff. 1.2 konnte daher die Regelung der Vorgängerversion der AVB-RSW zur juristischen Person entfallen.

III. Unbekannter Wohnsitz oder Aufenthalt des Versicherungsnehmers, II Ziff. 3

11 Wenn der Wohnsitz oder der Aufenthalt des Versicherungsnehmers in Deutschland nicht bekannt ist, ist das Gericht des Sitzes des Versicherers oder seiner Niederlassung örtlich zuständig. Das gilt sowohl für Klagen des Versicherungsnehmers, auch für juristische Personen nach II Ziff. 3 Satz 2, wie auch für Klagen des Versicherers. Diese vertragliche Gerichtsstandsvereinbarung ist als Ausnahme nach § 215 Abs. 3, 2. Alt. VVG möglich, weil dann das zuständige Gericht nach § 215 Abs. 1 VVG nicht ermittelbar ist. Die praktische Relevanz ist nicht vorhanden.

IV. Wohn- oder Geschäftssitz außerhalb der EU oder bestimmter Länder, II Ziff. 4

12 Wenn der Versicherungsnehmer, gleich ob natürliche oder juristische Person, seinen Wohn- oder Geschäftssitz im Zeitpunkt der Klage nicht in der EU oder in den Ländern Island, Norwegen oder der Schweiz, wohl auch Liechtenstein, hat, ist das Gericht zuständig, das für den Sitz des Versicherers örtlich zuständig ist, II Ziff. 4 i.V.m. Ziff. 3 Satz 1. Diese Abweichung ist nach § 215 Abs. 3, 1. Alt VVG möglich.

13 Wenn der Wohn- oder Geschäftssitz des Versicherungsnehmers in der EU oder den anderen genannten Ländern liegt, gelten die Regelungen nach der Verordnung über die gerichtliche Zu-

4 OLG Oldenburg NJW 2012, 2894; LG Halle NJW-RR 2011, 114; LG Limburg VersR 2012, 889.
5 Prölss/Martin/*Klimke* § 215 Rn. 4ff.
6 EuGH NJW 2017, 2813, 2814.
7 *Bauer/Rajkowski* VersR 2010, 1559.
8 BGH NJW 2018,232; *Mühlhausen* r + s 2016, 161; OLG Schleswig-Holstein VersR 2015, 1422; OLG München r + s 2016, 213.

ständigkeit und die Anerkennung und Vollstreckung von Entscheidungen in Zivil- und Handelssachen (EuGVVO) und dem Luganer Übereinkommen über die gerichtliche Zuständigkeit und die Vollstreckung gerichtlicher Entscheidungen in Zivil- und Handelssachen (LugÜ).[9] Versicherungsnehmer wie auch Verbraucher und Arbeitnehmer dürfen nur an ihren Wohnsitzen von den jeweiligen Vertragspartnern verklagt werden, Art. 10ff, Art. 14 Abs. 1, 18 Abs. 2, 22 Abs. 1 EuGVVO und Art. 8ff LugÜ.[10] Praktisch hat dies kaum Bedeutung, da die wirtschaftsberatenden Berufe in Deutschland eine Pflichtversicherung bei einem im Inland zum Geschäftsbetrieb befugten Versicherungsunternehmen abschließen müssen.

D. Geltung deutschen Rechts für den Versicherungsvertrag, III

Die Rechte und Pflichten aus dem Versicherungsvertrag bestimmen sich ausschließlich nach deutschem Recht, III. Dies gilt üblicherweise, soweit die Parteien nicht etwas anderes vereinbaren. Zum anwendbaren Recht bei ausländischem Versicherer und inländischem Versicherungsmakler gilt, dass der im Inland niedergelassene Versicherungsmakler in der Regel Mittelsperson im Sinne des Art. 9 IV EGVVG a.F. ist.[11] **14**

E. Embargoklausel, IV

Nach IV Satz 1 gewährt der Versicherer nur Versicherungsschutz, wenn keine Embargobestimmungen entgegenstehen, die unmittelbar das Versicherungsverhältnis berühren. Diese Embargoklausel, speziell gegenüber dem Iran, ist gesetzlich vorgeschrieben durch die EU-Verordnung (EU) Nr. 267/2012 vom 23.3.2012. Sie ist in den EU-Mitgliedstaaten unmittelbar geltendes Recht und ist maßgeblich für Unternehmen mit Sitz in der EU und EU-Bürger weltweit, Art. 49 der VO. Der Versicherungsvertrag ist dann nach § 134 BGB nichtig, da es sich bei der Verordnung um ein Verbotsgesetz handelt. Bei einem vorsätzlichen Verstoß kann eine Straftat nach den Bestimmungen des Außenwirtschaftsgesetzes (AWG) vorliegen, bei Fahrlässigkeit eine Ordnungswidrigkeit nach den Bestimmungen der Außenwirtschaftsverordnung (AWV). **15**

IV Satz 2 nimmt die Sanktionen der USA gegen den Iran auf, entsprechend dem Comprehensive Iran Sanctions, Accountability and Divestment Act (CISADA) vom 1.7.2010. Nicht geklärt ist aber, ob Unternehmen in der EU Sanktionen von Drittländern, hier den USA, befolgen müssen. Daher ist klarstellend aufgenommen, dass der Versicherungsschutz nur dann entfällt, wenn dem nicht europäische oder deutsche Rechtsvorschriften entgegenstehen.[12] **16**

§ 11 Form der Willenserklärungen gegenüber dem Versicherer

Alle für den Versicherer bestimmten Anzeigen und Erklärungen sollen auch dann in Text- oder Schriftform erfolgen, wenn eine solche Form weder im Gesetz noch im Versicherungsvertrag vorgesehen ist, und an die Allianz Versicherungs-AG, 10900 Berlin gerichtet werden.

---

9 dazu *Czernich/Tiefenthaler/Kodek* Europäisches Gerichtsstands- und Vollstreckungsrecht – EuGVVO und Lugano-Übereinkommen.
10 BGH NZV 2013, 177.
11 BGH NJW 2016, 3369.
12 Andere Versicherer wie z.B. der HDI nehmen nur die Embargoklausel nach Satz 1 in ihre Bedingungen auf und nicht die Iran Sanktionen der USA nach Satz 2.

https://doi.org/10.1515/9783110407280-013

1 § 11 enthält eine Sollvorschrift. Danach sollen alle Anzeigen und Erklärungen gegenüber dem Versicherer, der Allianz Versicherungs-AG, in Text- oder Schriftform erfolgen. Die Dokumente sollen an die Postadresse nach Berlin geschickt werden.

Die Berliner Adresse der Allianz ist das Scan-Zentrum der Allianz in Deutschland und nicht die Hauptverwaltung. Die dorthin gesandten Dokumente werden eingescannt an die zuständigen Stellen weitergeroutet.

Mit Anzeigen und Erklärungen sind alle Dokumente gemeint, die für den Versicherungsvertrag relevant sind oder sein können. Es geht nicht darum, dass bestimmte Erklärungen nicht geschickt werden sollen, sondern dass möglichst die gesamte Korrespondenz lückenlos dokumentiert und gespeichert ist. Damit dies möglich ist, sollten die Mindestangaben wie Versicherungsnehmer, Anschrift, Versicherung mit am besten der Versicherungsscheinnummer und das Anliegen aus dem Schreiben hervorgehen.

Text- oder Schriftform bedeutet nach § 126b BGB, dass der andere mindestens eine lesbare Erklärung in dauerhafter Form abgegeben hat. Schriftform ist daher nicht erforderlich, Fax oder insbesondere auch E-Mail sind ausreichend.

2 § 11 ist eine Sollvorschrift und keine Mussvorschrift. Erklärungen und Anzeigen, die direkt an die vertragsführende Stelle, die Niederlassung oder einen Vertreter des Versicherers gehen, gehen gleichfalls beim Versicherer ein. Es ist möglich die Textform verbindlich vorzuschreiben gemäß § 309 Nr. 13 BGB. Es wäre jedoch nicht kundenorientiert. Andernfalls würde man den Zugangsweg des Versicherungsnehmers trotz Digitalisierung wieder beschränken.

§ 11a Vorvertragliche Anzeigepflichten des Versicherungsnehmers, Rechtsfolgen von Anzeigepflichtverletzungen

I. Vorvertragliche Anzeigepflichten des Versicherungsnehmers

1. Vollständigkeit und Richtigkeit von Angaben über gefahrerhebliche Umstände

Der Versicherungsnehmer hat bis zur Abgabe seiner Vertragserklärung dem Versicherer alle ihm bekannten Gefahrumstände anzuzeigen, nach denen der Versicherer in Textform gefragt hat und die für den Entschluss des Versicherers erheblich sind, den Vertrag mit dem vereinbarten Inhalt zu schließen (z.B. § 11b II Ziffer 2). Der Versicherungsnehmer ist auch insoweit zur Anzeige verpflichtet, als nach seiner Vertragserklärung, aber vor Vertragsannahme der Versicherer Fragen im Sinne des Satzes 1 stellt.

2. Gefahrerhebliche Umstände

Gefahrerheblich sind die Umstände, die geeignet sind, auf den Entschluss des Versicherers Einfluss auszuüben, den Vertrag überhaupt oder mit dem vereinbarten Inhalt abzuschließen.

3. Zurechnung des Vertreterwissens

Wird der Vertrag von einem Vertreter des Versicherungsnehmers geschlossen und kennt dieser den gefahrerheblichen Umstand, muss sich der Versicherungsnehmer so behandeln lassen, als habe er selbst davon Kenntnis gehabt oder dies arglistig verschwiegen.

II. Rechtsfolgen von Anzeigepflichtverletzungen

1. Rechte des Versicherers

Die Folgen einer Verletzung der Anzeigepflicht ergeben sich aus §§ 19–22 VVG. Unter den dort genannten Voraussetzungen kann der Versicherer vom Versicherungsvertrag zurücktreten, leistungsfrei sein, den Vertrag kündigen, wegen arglistiger Täuschung anfechten oder auch berechtigt sein, den Vertrag zu ändern.

https://doi.org/10.1515/9783110407280-014

2. Kündigungsrecht des Versicherungsnehmers bei Vertragsänderung
Erhöht sich durch die Vertragsänderung gemäß Ziffer 1 der Beitrag um mehr als 10% oder schließt der Versicherer die Gefahrabsicherung für den nicht angezeigten Umstand aus, kann der Versicherungsnehmer den Vertrag nach Maßgabe von § 19 Abs. 6 VVG kündigen

Systematische Übersicht

A. Übersicht

§ 11a regelt die vorvertraglichen Anzeigepflichten, deren schuldhafte Verletzung zu Sanktionsrechten des Versicherers führen können, je nach Schuldform und Auswirkung auf den Vertrag. Das System der Obliegenheiten in den AVB folgt dabei dem zeitlichen Verlauf in einem Versicherungsverhältnis. Bei Verletzung der vorvertraglichen Anzeigepflichten kann der Versicherer vom Versicherungsvertrag zurücktreten, leistungsfrei sein, den Vertrag kündigen, wegen arglistiger Täuschung anfechten oder auch berechtigt sein, den Vertrag zu ändern, § 11a II i.V.m. §§ 19–22 VVG. § 11b regelt dann die Anzeigepflichten des Versicherungsnehmers während der Vertragslaufzeit. Voraussetzung für die Rechte des Versicherers ist immer, dass der Versicherer in Textform nach den gefahrerheblichen Umständen gefragt hat, was auch bis zum Vertragsschluss möglich ist, § 11a I Ziff. 1 Satz 1 und 2, § 19 Abs. 1 VVG. Alle Rechte des Versicherers setzen voraus, dass er den Versicherungsnehmer auf die Folgen seiner Anzeigepflichtverletzung hingewiesen hat und dass er innerhalb eines Monats nach Kenntnis auch sein Recht ausgeübt hat, §§ 19 Abs. 6, 21 Abs. 1 Satz 1 VVG, spätestens nach zehn Jahren, aber nicht für bereits eingetretene Versicherungsfälle, § 21 Abs. 3 VVG. Nach § 117 Abs. 3 VVG gilt in der Pflichtversicherung, dass der Versicherer mindestens im Umfang der Pflichtversicherung gegenüber dem Geschädigten leistungspflichtig bleiben kann trotz Leistungsfreiheit im Innenverhältnis zum Versicherungsnehmer. 1

I regelt die Rechtsfolgen von Anzeigepflichtverletzungen und das Kündigungsrecht des Versicherungsnehmers bei Vertragsänderungen. Ziff. 1 nennt die Rechte des Versicherers, wenn der 2

Versicherungsnehmer seine Anzeigepflicht verletzt hat und Ziff. 2 das Kündigungsrecht des Versicherungsnehmers bei Vertragsänderungen.

3 Änderungen zur Vorauflage der AVB-RSW, HV 60/06 gibt es keine. Die Regelungen in § 11a stimmen mit den Regelungen in §§ 19ff VVG überein. Grundsätzlich wäre es möglich § 11a zu streichen, weil die vorvertraglichen Anzeigepflichten und die Rechtsfolgen nach § 11a als Teil der AVB-RSW erst nach Vertragsschluss Rechtswirkungen erzeugen.[1] Zu beachten ist aber, dass die Informationen und Erklärungen für den Versicherer entscheidend sind, um das Risiko einschätzen zu können. Daher ist es notwendig, dass der Versicherer den Makler und den Versicherungsnehmer nochmals ausdrücklich auf die Obliegenheiten vor Vertragsschluss hinweist. Makler haben auch regelmäßig die Grundbedingungen der Versicherer vorliegen, um auf dieser Grundlage verhandeln zu können und wissen daher um die Anzeigeobliegenheiten auch vor Vertragsschluss.

B. System der Anzeigepflichten vor und während des Vertrags

4 § 11a und § 11b regen die vertraglichen Anzeigepflichten vor und während des Versicherungsvertrags. Die AVB-RSW Regelungen bilden weitgehend die Regelungen der §§ 19ff VVG vor und § 23ff VVG im laufenden Vertrag nach. Sie konkretisieren die gesetzlichen Vorgaben, von denen der Versicherer nicht zum Nachteil des Versicherungsnehmers abweichen kann, § 32 Satz 1 VVG.

Für sämtliche Verletzungen vertraglicher Pflichten und Obliegenheiten des Versicherungsnehmers wie Anzeige von Gefahrumständen, Verbot der Gefahrerhöhung sieht das VVG nach der Reform von 2008 ein weitgehend einheitliches Regime von Rechtsfolgen vor. Im Ergebnis führt das komplexe System nach den §§ 19ff VVG i.V.m. § 11a und § 23ff VVG i.V.m. § 11b dazu, dass der Vertrag regelmäßig bestehen bleibt und der Versicherer den Vertrag nach dem nicht gemeldeten Umstand durch einen Ausschluss oder eine höhere Prämie anpassen kann. Der Versicherer kann sich nur bei Arglist und Vorsatz des Versicherungsnehmers vom Vertrag lösen. Wenn der Versicherungsnehmer grob fahrlässig gehandelt hat, nur dann, wenn die Anzeigepflichtverletzung sich auf Umstände bezogen hat, bei denen der Versicherer den Vertrag überhaupt nicht geschlossen hätte.

5 Die komplexen gesetzlichen Grundsätze dieses Systems, dem die AVB-RSW folgen, sind:[2]

- Einfach fahrlässig verursachte Verstöße bleiben zwingend folgenlos.
- Vorsätzliche Verstöße führen grundsätzlich zur Leistungsfreiheit. Für vorvertragliche Anzeigepflichten regelt dies §§ 19 Abs. 2, Abs. 3 Satz 1, 21 Abs. 2 Satz 1 VVG, § 11a II Ziff. 1. Bei Vorsatz kann der Versicherer vom Vertrag zurücktreten. Der Versicherer bleibt im Fall eines Rücktrittes nach Eintritt des Versicherungsfalles aber zur Leistung verpflichtet, wenn der fehlende Umstand für den Versicherungsfall oder für den Umfang der Leistungspflicht nicht ursächlich war. Für Anzeigepflichten im laufenden Vertrag regelt dies §§ 26 Abs. 1 Satz 1, Abs. 3 Ziff. 1, § 11b I Ziff. 3. Der Versicherer bleibt zur Leistung verpflichtet, wenn im laufenden Vertrag der fehlende Umstand für den Versicherungsfall oder den Umfang der Leistungspflicht nicht ursächlich war.
- Bei grob fahrlässigen Verstößen des Versicherungsnehmers gegen Obliegenheiten kann der Versicherer seine Leistung entsprechend der Schwere des Verschuldens kürzen.
  Für vorvertragliche Anzeigepflichten gilt das System der §§ 19–22 VVG, § 11a II Ziff. 1. Im Ergebnis führt das überaus detailverliebte System der Rechtsfolgen dazu, dass der Vertrag regelmäßig bestehen bleibt und der Versicherer den Vertrag nach dem nicht gemeldeten Um-

1 HBAnw/*Chab* § 18 Rn. 106.
2 BT-Drucks. 16/3945, S. 49.

stand durch einen Ausschluss oder eine höhere Prämie anpassen kann, außer der Umstand war so erheblich, dass der Versicherer den Vertrag überhaupt nicht geschlossen hätte. Für Anzeigepflichten im laufenden Vertrag regelt dies § 26 Abs. 1 Satz 2, § 11b I Ziff. 3. Im Fall einer grob fahrlässigen Verletzung ist der Versicherer berechtigt, seine Leistung in einem der Schwere des Verschuldens des Versicherungsnehmers entsprechenden Verhältnis zu kürzen.

- Auf die Leistungsfreiheit als Rechtsfolge wird nicht verzichtet; in manchen Fällen erscheint es aber ausreichend, wenn der Versicherer kündigen oder eine höhere Prämie verlangen kann.
  Für vorvertragliche Anzeigepflichten regelt dies § 19 Abs. 4 VVG, § 11a II Ziff. 1, wenn der Versicherer den Vertrag bei Kenntnis der nicht gemeldeten Umstände, wenngleich mit einem Ausschluss oder einer höheren Prämie, fiktiv trotzdem geschlossen hätte. Für Anzeigepflichten im laufenden Vertrag regelt dies § 25 Abs. 1 Satz 1 VVG, § 11b Abs. 1 Ziff. 3, wenn der Versicherer statt zu kündigen eine höhere Prämie verlangen kann oder den gefahrerheblichen Umstand ausschließt.
- Zur Leistungsfreiheit können grundsätzlich nur solche Verstöße führen, die kausal für den Versicherungsfall oder den Umfang der Leistung des Versicherers sind. Nur betrügerisches Verhalten des Versicherungsnehmers vor und nach dem Versicherungsfall führt immer zur Leistungsfreiheit.
  Für vorvertragliche Anzeigepflichten regelt dies §§ 19 Abs. 4 Satz 1, 21 Abs. 2 VVG, § 11a II Ziff. 1. Der Vertrag bleibt bestehen, wenn der Versicherer fiktiv trotzdem den Vertrag so oder anders geschlossen hätte. Für Anzeigepflichten im laufenden Vertrag regelt dies §§ 26 Abs. 3 Ziff. 1 VVG, § 11b I Ziff. 3. Der Versicherer bleibt zur Leistung verpflichtet, wenn im laufenden Vertrag der nicht gemeldete Umstand nicht ursächlich für den Eintritt des Versicherungsfalles oder den Umfang der Leistungspflicht war. Ausnahme ist hiervon die Arglist, §§ 22, 21 Abs. 2 Satz 2 VVG und § 28 Abs. 3 Satz 2 VVG für die vertraglichen Obliegenheiten.
- Der Versicherungsnehmer soll nicht von der Leistungsfreiheit überrascht werden: Es werden Belehrungspflichten des Versicherers vorgesehen, die den Versicherungsnehmer warnen und ihn zu richtigem Verhalten anhalten sollen.
  Für vorvertragliche Anzeigepflichten regelt dies § 19 Abs. 5 Satz 1, § 11a II Ziff. 1. Dem Versicherer stehen die Gestaltungsrechte nur zu, wenn er den Versicherungsnehmer durch gesonderte Mitteilung in Textform auf die Folgen einer Anzeigepflichtverletzung hingewiesen hat. Für Anzeigepflichten im laufenden Vertrag regelt dies § 28 Abs. 4, § 11b I Ziff. 3. Die vollständige oder teilweise Leistungsfreiheit des Versicherers hat bei Verletzung einer nach Eintritt des Versicherungsfalles bestehenden Auskunfts- oder Aufklärungsobliegenheit zur Voraussetzung, dass der Versicherer den Versicherungsnehmer durch gesonderte Mitteilung in Textform auf diese Rechtsfolge hingewiesen hat.
- Die Beweislast sollte zwar klar und einheitlich geregelt sein, bleibt aber komplex. Der Versicherer trägt die Beweislast für die Verletzung einer Anzeigepflicht oder einer anderen Obliegenheit durch den Versicherungsnehmer. Er muss die Umstände für seinen Rücktritt nachweisen wie auch die Gefahrerheblichkeit des verschwiegenen oder falsch angegebenen Umstands. Der Versicherungsnehmer hat alle Umstände nachzuweisen, die den Rücktritt verhindern. Er muss darlegen, dass er nicht vorsätzlich und auch nicht grob fahrlässig gehandelt hat wie auch die Kenntnis des Versicherers vom verschwiegenen Umstand.[3]

C. Vorvertragliche Anzeigepflicht des Versicherungsnehmers, I

I Ziff. 1 entspricht § 19 Abs. 1 VVG. Die Regelungen normieren die gesetzliche Obliegenheit 6
des Versicherungsnehmers die Umstände dem Versicherer vor Vertragsschluss mitzuteilen. Der

3 MüKoVVG/*Langheid* § 19 Rn. 177 ff.

Versicherer kann das Risiko mit den gewonnenen Risikoinformationen individuell bewerten und so generell auf die Versichertengemeinschaft übertragen, um das private Versicherungsgeschäft langfristig betreiben zu können. Dieser Zweck und die Funktion bestimmen die Auslegung. Grundsätzlich berechnet der Versicherer die Prämie abstrakt auf der Grundlage seiner Schadenerfahrungen, der Statistiken des Gesamtverbands der Deutschen Versicherungswirtschaft, soweit vorliegend, und seiner Verwaltungs- und Vertriebskosten. Die tatsächliche Wirtschaftlichkeit einer Versicherungssparte berechnet sich dann nach der Combined Ratio, die das Verhältnis zwischen Prämieneinnahme und Ausgaben des Versicherers aufgrund Schadenzahlungen und den Verwaltungs- und Vertriebskosten wiedergibt. Wenn das Verhältnis unter 100% liegt, macht der Versicherer Gewinn. Er hat weniger für Zahlungen/Kosten ausgegeben als er eingenommen hat. Aktuariell ist bei der unbegrenzten Nachmeldefrist eine Ultimate-Betrachtung erforderlich. Erst nach der absoluten Verjährung von 30 Jahren kann man exakt bestimmen, ob eine Versicherungsperiode eines Vertrags auch Gewinn gebracht hat. Zur Prämienberechnung einer Kanzlei anhand der Risikodaten, insbesondere des Kanzleifaktors, siehe § 8 Rn. 26ff.

I. Neuvertrag, I Ziff. 1

7 Nach I Ziff. 1, § 19 Abs. 1 VVG besteht eine vorvertragliche Anzeigepflicht, während nach § 11b, §§ 23, 26 VVG eine Anzeigepflicht im laufenden bereits geschlossenen Vertrag gilt. Abzugrenzen ist daher zwischen einem Neuvertrag und einem laufenden Vertrag. Bei einer Anzeigepflichtverletzung vor Vertragsschluss bestehen Gestaltungsrechte wie Anfechtung, Rücktritt, Kündigung und ggf. Leistungsfreiheit, während bei einer Anzeigepflichtverletzung nach Vertragsschluss nur Leistungsfreiheit besteht.

8 Ein Neuvertrag ist dann anzunehmen, wenn ein erkennbares und anerkennenswertes Interesse des Versicherers zugrunde liegt, eine neue Gefahrenlage zu übernehmen.[4] Auf jeden Fall besteht die vorvertragliche Anzeigepflicht daher vor Abschluss eines ersten Vertrags. Eine Vertragsänderung oder -anpassung ist anzunehmen, wenn im Einzelfall der bestehende Vertrag unter Wahrung seiner Identität lediglich geändert werden soll.[5] Es kommt insgesamt nicht auf die formalen Umstände an, sondern auf Inhalt und Art der angestrebten Veränderung.[6]

9 Auf die Berufshaftpflichtversicherung übertragen, kommt ein Neuvertrag in Betracht, wenn sich die gesellschaftliche Organisationsform der Kanzlei ändert. Der Neuvertrag ist anzunehmen, wenn ein echter Gesellschaftswechsel stattfindet und ein neuer Versicherungsnehmer erforderlich ist, beispielsweise, wenn sich die bisherigen Berufsträger entschließen statt einer Berufsausübungsgemeinschaft eine Berufsträgergesellschaft zu gründen. Die in der Sozietät/einfachen Partnerschaftsgesellschaft tätigen Anwälte sind die bisherigen Versicherungsnehmer, die Rechtsanwalts-GmbH als Berufsträgergesellschaft wird nun der neue Versicherungsnehmer. Dabei ändert sich regelmäßig nicht nur, wer Versicherungsnehmer ist, sondern auch die Versicherungssumme und der Leistungsumfang. Ein Neuvertrag liegt auch vor, wenn die Kanzlei sich entschließt eine PartG mbB zu gründen. Die Rechtsform aus einer Sozietät/einfachen Partnerschaft bleibt gleich. Die PartG mbB ist aber immer der neue Versicherungsnehmer, während die Rechtsanwalts-Partner weiterhin persönlich versichert sein müssen, um ihre Zulassung als Anwalt zu erlangen. Dies stellt für den Versicherer ein neues Risiko dar. Eine Änderung im laufenden Vertrag liegt dagegen vor, wenn die Kanzlei von der Organisationsform einer GbR in eine einfache Partnerschaftsgesellschaft wechselt. Der Versicherungsnehmer und auch die Risikosituation sind gleich. Ebenfalls eine Änderung im laufenden Vertrag liegt vor, wenn sich die Parameter für die Prämie ändern, z.B. steigt oder verringert sich die Anzahl der Anwälte in einer Kanzlei oder der

4 BGH NJW VersR 1993, 213; OLG Karlsruhe VersR 1990, 781; beide Entscheidungen noch zum alten VVG.
5 OLG Hamm VersR 1979, 413.
6 BGH VersR 1990, 486; OLG Köln VersR 2002, 1225.

Umsatz verändert sich. Der Versicherer prüft hier nicht erneut das Risiko, sondern führt es als einkalkulierte Folge des Ursprungsvertrages weiter fort.

In einem Renewal, wenn die Parteien nach der üblichen 3-jährigen Vertragslaufzeit den Vertrag verhandeln und dann fortsetzen wollen, ist nach dem vermuteten Parteiwillen eher von einer Vertragsverlängerung als einem Neuvertrag auszugehen. Dies liegt vor, wenn die Parteien zwar die Versicherungssumme und die Bedingungen verändern mit nachfolgender Neukalkulation der Prämie, aber die Organisationsform und der Versicherungsnehmer gleichbleiben. 10

II. Anzeigeverpflichteter

Der Versicherungsnehmer ist verpflichtet, die Informationen zur Anzeige zu bringen. Das Verhalten Dritter als Obliegenheitsverletzung rechnet man zu, um eine wesentliche Verschlechterung der Position des Versicherers zu verhindern, siehe ausführlich wer Anzeigeverpflichteter ist und wie man zurechnet, § 6 Rn. 6. Im Ergebnis gilt: Da man die Zurechnung bei Obliegenheiten nach § 278 BGB weitestgehend ablehnt, hat man neben der zivilrechtlichen und gesellschaftsrechtlichen Zurechnung auch eine versicherungsrechtliche Zurechnung entwickelt. Die Berufsträger sind entweder selbst verpflichtet als Versicherungsnehmer, versicherte Person oder verantwortlich als Wissenserklärungsvertreter oder auch als Repräsentant des Versicherungsnehmers im Sinne der Vertragsverwaltung, auch wenn grundsätzlich die Regeln der Repräsentantenhaftung in der Berufshaftpflichtversicherung ausgeschlossen sind, siehe zur Repräsentantenhaftung und der Differenzierung zwischen Risiko- und Vertragsverwaltung § 1 Rn. 11ff. Das überlegene Wissen über einen gefahrerhöhenden Umstand eines einzelnen Anwalts, das aber nicht angezeigt wird, ist daher regelmäßig eine Obliegenheitsverletzung nach § 11a. Nicht hierunter fällt grundsätzlich das Büropersonal, dessen Wissen daher unschädlich ist, weil sie nur Bote sind. 11

Der Versicherungsnehmer erteilt einem Makler üblicherweise eine Vollmacht, §§ 164 ff BGB. Danach bestimmen sich die Rechte und Pflichten gegenüber dem Versicherer und inwieweit der Versicherungsnehmer sich eine Obliegenheitsverletzung zuzurechnen hat. Nach § 20 VVG ist sowohl die Kenntnis des Vertretenen als auch die des Vertreters entscheidend. Der Makler als Sachwalter des Versicherungsnehmers haftet wiederum gegenüber dem Versicherungsnehmer, wenn er seine individuellen Beratungspflichten verletzt.[7] 12

III. Zeitpunkt bis zur Abgabe der Vertragserklärung oder auf Nachfrage, I Ziff. 1 Satz 2

Der Versicherungsnehmer hat seine Obliegenheiten bis zur Abgabe der Vertragserklärung zu erfüllen, I Ziff. 1 Satz 1, was regelmäßig der Antrag des Versicherungsnehmers ist. Beim invitatio-Modell sind dies die Erklärungen des Versicherungsnehmers zu den Risikofragen und nicht seine spätere finale Annahmeerklärung.[8] Die Anzeigepflicht besteht aber dann wieder, wenn der Versicherer nochmals in Textform Fragen zu gefahrerheblichen Umständen stellt, I Ziff. 1 Satz 2, § 19 Abs. 1 Satz 2 VVG. 13

---

7 Sachwalter-Urteil des BGH NJW 1985, 2595.
8 Beckmann/Matusche-Beckmann/*Knappmann* § 14 Rn. 47.

IV. Anzeigepflicht für gefahrerhebliche Umstände, I Ziff. 2

1. Gefahrerhebliche Umstände

14 Nach I Ziff. 2 sind die Umstände dann für den Versicherer vor Vertragsschluss gefahrerheblich, wenn der Versicherer den Vertrag nicht – Alt. 1 – oder nicht so – Alt. 2 – geschlossen hätte. Die Rechte des Versicherers setzen aber voraus, dass der Versicherer nach den gefahrerheblichen Umständen in Textform gefragt hat, § 126b BGB. Diese Anzeigepflicht nach Aufforderung entspricht derjenigen im laufenden Vertrag nach § 11b I Ziff. 2, wenn der Versicherer ausdrücklich über die Änderungen informiert werden will. Auch hier hat der Versicherungsnehmer das anzugeben, wonach der Versicherer gefragt hat. Es gibt jedoch im laufenden Vertrag eine selbständige Anzeigepflicht nach § 11a I Ziff. 1 gerade für diese Gefahrumstände, die die vorvertraglichen Anzeigepflichten i.S.d. § 11a I Ziff. 2 betreffen. Folge davon ist, dass die Definition der gefahrerheblichen Umstände deshalb nicht für den vorvertraglichen Bereich entscheidend wird, sondern für den laufenden Vertrag, weil der Versicherer in diesem Fall nicht nachfragen muss, siehe hierzu § 11b Rn. 3ff. Für die vorvertraglichen Anzeigepflichten verlagert sich daher die Pflicht des Versicherungsnehmers. Er hat nicht unaufgefordert zu informieren, sondern hat nur die gestellten Fragen umfassend und wahrheitsgemäß zu beantworten. Der Versicherer hat konkret und unmissverständlich zu fragen, insbesondere die Frage nach den Vorschäden, siehe hier § 11a Rn. 27ff. Zu beachten ist, dass es trotzdem im vorvertraglichen Bereich eine selbständige „spontane" Anzeigepflicht bei atypischen Fällen nach Treu und Glauben geben kann, siehe hier § 11a Rn. 19f.

15 Das VVG oder die AVB-RSW können die gefahrerheblichen Umstände nicht definieren, weil jede Änderung der Sach- und Rechtslage in Bezug auf das Risiko gefahrerhöhend sein kann. Auf der anderen Seite ist nicht jede Änderung für das übernommene Risiko relevant. Die Regelungen zur Gefahrerhöhung und den Folgen bei einer Nicht-Anzeige sind daher eine spezielle versicherungsrechtliche Ausprägung der Störung der Geschäftsgrundlage.[9] Man muss dazu die Interessen des Versicherungsnehmers am Fortbestand des Vertrages und die Interessen des Versicherers, dass Prämie und Risiko in einem vernünftigen Verhältnis stehen, beurteilen.

16 Eine Gefahrerhöhung liegt dann vor, wenn ein Vorgang einen neuen Zustand erhöhter Gefahr schafft. Der Zustand muss eine gewisse Dauer haben, so dass er die Grundlage eines neuen natürlichen Gefahrenverlaufs bilden kann und damit den Eintritt des Versicherungsfalls generell zu fördern geeignet ist.[10] Es bedeutet, dass der Zustand dazu führt, dass ein Versicherungsfall wahrscheinlicher und die Höhe des Schadens größer wird oder dass der Versicherer vermehrt Ansprüche abwehren muss. Für die Vermögensschadenhaftpflichtversicherung machen Literatur und Rechtsprechung keine besonderen Ausführungen. Maßgeblich sollte sein, ob der Versicherer die Versicherung aufgehoben oder nur gegen erhöhte Prämie fortgesetzt hätte, was einer sachgemäßen vernünftigen Versicherungstechnik entspricht.[11] Der Vermögensschadenhaftpflichtversicherer kalkuliert die Prämie grundlegend anhand der Anzahl der Mitarbeiter oder Umsatz, der Höhe der Versicherungssumme mit der entsprechenden Jahresmaximierung, den besonderen Deckungserweiterungen und dem bisherigen Schadenverlauf etc., zur Prämienkalkulation allgemein siehe § 8 Rn. 26ff. § 11b I Ziff. 2 nennt als weitere anzeigepflichtige Punkte der bei einem anderen Versicherer bestehende Versicherungsschutz für eine höhere Versicherungssumme oder der erstmalige Abschluss eines solchen Versicherungsvertrages und auch die Änderungen einer Nebentätigkeit. Wenn der Versicherer ausdrücklich gefragt hat oder es nach den AVB-RSW ein konkreter gefahrerheblicher Umstand ist, sollten diese Punkte maßgeblich für das Risiko selbst

9 BGH VersR 1963, 429, 430; *Reusch* VersR 2011, 13, 14.
10 Z.B. BGH VersR 2012, 1300, 1301.
11 BGH NJW 1981, 926, 927.

und die Prämienberechnung sein. Wenn die Kanzlei neue Mitarbeiter einstellt oder auch die Versicherungssumme durch einen fremdversicherten Exzedenten erweitert, ist dies dem Versicherer anzuzeigen. Gleiches muss gelten, wenn der Versicherer einen Sonderrabatt aufgrund eines bestimmten Umstands, z.B. ein Zertifikat, gewährt und dies dem Versicherungsnehmer bekannt ist und später das Zertifikat wegfällt. Umstände, den Vertrag überhaupt nicht zu schließen, kann man nur annehmen, wenn der Versicherungsnehmer sein Risiko völlig falsch dargestellt hat. Vorstellbar ist dies nur dann, wenn der vorige Versicherer dem Versicherungsnehmer aufgrund von Vorschäden gekündigt hat und er diesen Umstand völlig verschwiegen hat und auch die Vorschäden nicht wahrheitsgemäß angegeben hat. Dies dürfte dann aber auch eine arglistige Täuschung sein, die zur Anfechtung berechtigt.

2. Gefahrfragen des Versicherers

Die Anzeigepflicht des Versicherungsnehmers für die gefahrerheblichen Umstände besteht nur auf Nachfrage. Der Versicherer muss hierzu in verständlicher Form fragen. Was der Versicherer nicht fragt, kann der Versicherungsnehmer auch nicht beantworten. Nicht eindeutig ist, inwieweit pauschale Generalfragen eine Obliegenheitsverletzung nach sich ziehen können.[12] Der Versicherer sollte hier eher konkretisiert nachfragen, da er das Risiko einschätzen muss und nicht der Versicherungsnehmer. Üblicherweise stellt der Versicherer bei der Berufshaftpflichtversicherung konkretere Fragen: Versicherte Tätigkeit, wer soll Versicherungsnehmer sein, die Versicherungssumme, die Vorschäden, ggf. auch Reservierungen hierfür, Besonderheiten auch im Vorvertrag, die Einfluss auf den Schadenaufwand haben, wie z.B. Selbstbeteiligung, besondere Einschlüsse, bisheriger versicherter Zeitraum und ähnliche risikorelevante Faktoren, siehe zur Prämienkalkulation § 8 Rn. 26ff. 17

Voraussetzung einer Obliegenheitsverletzung ist, dass der Versicherungsnehmer von dem Gefahrenumstand weiß und ihn kennt. Kennenmüssen, auch grob fahrlässige Unkenntnis, ist nicht ausreichend.[13] Bei der Berufshaftpflichtversicherung sind diese Obliegenheitsverletzungen im Gegensatz zur Kranken- oder Berufsunfähigkeitsversicherung weniger relevant. Der Versicherungsnehmer hat jedoch die Pflicht, alles Nötige zu tun, um auch die Risikofrage beantworten zu können. Der Kanzleimanager oder Anwälte, die die Kanzleiversicherung betreuen, haben daher in der Kanzlei nachzuhalten, ob nicht noch weitere Großschäden oder Frequenzschäden gemeldet wurden oder gemeldet werden müssen, da danach gerade der Versicherer das individuelle Risiko einschätzt. Weil es ausschließlich Sache des Versicherers ist, Inhalt und Umfang von Aufklärungsobliegenheiten festzulegen, kann er auch nach Umständen fragen, deren Beantwortung unter Umständen zu seiner Leistungsfreiheit führen kann. Dazu zählt auch eine Frage nach den Vermögensverhältnissen des Versicherungsnehmers.[14] 18

3. Spontane Anzeigepflicht

Eine spontane Anzeigepflicht des Versicherungsnehmers im vorvertraglichen Bereich auch gefahrerhebliche Umstände anzuzeigen, wenn der Versicherer nicht nachgefragt hat, gibt es grundsätzlich nicht. Der Wortlaut und der Schutzzweck des I Ziff. 1, § 19 Abs. 1 VVG den Versicherungsnehmer zu schützen, sind eindeutig. Der Gesetzgeber hat bewusst die alte Regelung des § 16 VVG a.F. mit der spontanen Anzeigepflicht nicht für das neue VVG übernommen. Im laufenden Vertrag hingegen muss der Versicherer nicht nachfragen. Die Definition der gefahrerheblichen Umstände ist daher entscheidend für den laufenden Vertrag, weil der Versicherer nicht 19

12 Beckmann/Matusche-Beckmann/*Knappmann* § 14 Rn. 28.
13 BGH VersR 1994, 799; KG VersR 2007, 53.
14 BGH VersR 2016, 793.

nachfragen muss, siehe hierzu § 11b Rn. 3ff. Allerdings sind atypische Fälle im vorvertraglichen Bereich im Rahmen von Treu und Glauben §§ 311 Abs. 2, 241 Abs. 2 BGB zu beachten. Eine spontane Anzeigepflicht besteht nur bei Umständen, die zwar offensichtlich gefahrerheblich, aber so ungewöhnlich sind, dass eine auf sie abzielende Frage nicht erwartet werden kann.[15] Etwas weitergehend der OGH in Österreich. Nicht ausdrücklich nachgefragte Umstände sind nicht schon wegen ihrer objektiven Gefahrenerheblichkeit mitzuteilen, aber dann, wenn sich eine Frage konkludent auch auf sie bezieht, oder wenn ihre Mitteilung als selbstverständlich erscheint.[16] Es kann aber auf der anderen Seite dem Versicherungsnehmer nicht als Verstoß gegen Treu und Glauben angelastet werden, wenn er den Fragenkatalog des Versicherers als abschließend ansieht und keine weitergehenden Überlegungen dazu anstellt, welche Umstände für den Versicherer darüber hinaus von Interesse sein könnten. Nach der gesetzlichen Wertung obliegt zunächst dem Versicherer die Mitteilung der Umstände, die er für gefahrerheblich ansieht.

20 Für die Berufshaftpflichtversicherung könnte eine spontane Anzeigepflicht allenfalls dann in Betracht kommen, wenn dem Versicherungsnehmer schon mehrmals wegen eines Schadenfalls bei verschiedenen Versicherern gekündigt wurde und er einer erneuten Kündigung zuvorkommen möchte, weil ein Schadenfall droht, den er weder dem derzeitigen noch potentiellen Versicherer anzeigen will. Dies ist dann auch eher ein arglistiges Verhalten. Es verbleibt dabei, dass der Versicherer präzise und genau fragen muss, um sich auf die Verletzung einer Anzeigeobliegenheit berufen zu können.

4. Informationen des Versicherers vom Vorversicherer und Makler, Kartellrecht

a) Vorversicherer

21 Anfragen beim Vorversicherer dienen dazu, unabhängig vom Versicherungsnehmer und Makler Informationen zum Risiko zu erhalten oder auch deren Angaben zu überprüfen. Der Versicherer hat die Datenschutzgesetze und das Kartellrecht i.S.d. § 1 GWBG, Art. 101 Abs. 1 AEUV zu beachten. Allgemein zum Kartellrecht bei offenen Bietergemeinschaften und in der Mitversicherung, siehe § 1 Rn. 70ff.

aa) Fragen nach dem Risiko

22 Regelmäßig können die Versicherer auch personenbezogene Daten nach § 4 Abs. 2 Satz 2 Nr. 2 BDSG erheben, um hier die Angaben zu verifizieren oder spezifische Erfahrungen des Vorversicherers zu sammeln. Dies kann auch im Interesse des Versicherungsnehmers liegen kann, wenn Umstände eines Schadenfalls zugunsten des Versicherungsinteressenten sprechen. Bei personenbezogenen Daten kann der Versicherer aber tatsächlich nur das verifizieren, worüber er zuvor gefragt hat und es sich auch tatsächlich um gefahrerhebliche Umstände handelt.[17] Sinnvoll ist selbstverständlich immer das Einverständnis des Versicherungsnehmers hierzu einzuholen.

23 Unbedenklich im Sinne des Kartellrechts sind Marktinformationssysteme und Projekte zum Benchmarking, um Leistungen in der Versicherungswirtschaft zu vergleichen und Verbesserunen einzuleiten. Diese Verfahren, wie sie der GDV insbesondere bei der Allgemeinen Haftpflicht zur Verfügung stellt, dienen dem Wettbewerb unter den Versicherern und verhindern ihn nicht. Auch wettbewerbsrelevante Daten können gesammelt und zugänglich gemacht werden, wenn

---

15 OLG Celle LS 2 VersR 2017, 211 zum Abschluss einer Pflegeversicherung bei einer Vorerkrankung; *Schäfers* VersR 2017, 989.

16 OGH VersR 2017, 1299 zu Gesundheitsfragen bei einer Krankenversicherung.

17 BeckOK DatenschutzR BDSG Versicherungswesen *Eichler/Kamp* Rn. 50ff.

die Daten anonymisiert sind und man keinen Rückschluss auf Einzelgeschäfte oder ein Versicherungsunternehmen ziehen kann.[18]

Ohne Daten aus den Informationssystemen ist eine konkrete Vorversichereranfrage unbedenklich, wenn dadurch der Wettbewerb zwischen den Versicherern nicht verhindert wird.[19] Dies liegt auf jeden Fall vor, wenn die Versicherer die reinen Risikodaten zum Vertrag austauschen, wie z.B. Versicherungsnehmer, versicherte Personen und die Versicherungssumme, weil hier der anfragende Versicherer sich nicht nach dem Vorversicherer richten kann. Dies gilt gerade auch dann, wenn die Anfrage direkt gegenüber dem Vorversicherer erfolgt und nicht über den Makler oder Versicherungsnehmer. Wettbewerbsrelevant können aber Daten sein, die normalerweise ein Geschäftsgeheimnis sind, wie z.B. die Prämie, die Rentabilität oder auch ein zukünftiges Verhalten, wie z.B. eine Sanierung nach einem größeren Schadenfall oder auch die Maklercourtage. Diese Informationen beeinträchtigen den Wettbewerb, weil sie den Grad der Ungewissheit über das fragliche Marktgeschehen verringern oder beseitigen.[20] Selbstverständlich ist der Vorversicherer nicht verpflichtet, die Fragen zu beantworten, weil es um seine Geschäftsbeziehung geht. 24

Für Einzelpunkte gibt es keine gesicherte Rspr, aber man kann sich zumindest eine Richtlinie nach Sinn und Zweck bilden. Folgende Fragen beim Vorversicherer sollten nicht gegen das Kartellrecht verstoßen:[21] 25

- Versicherungssumme
- Selbstbehalt
- Vorschäden/Rückstellungen, siehe hier gesondert unten § 11a Rn. 27
- Schadenstückzahl
- vertragliche Haftungsbegrenzungen des Versicherungsnehmers nach § 52 BRAO, die die Schadensumme begrenzen können
- Ein- und Ausschlüsse
- Kooperationsbereitschaft bei Schadenermittlung
- Versicherungszeitraum und Hinweise auf Umstände, die zur Beurteilung des Risikos erforderlich sind und die aus dem bisherigen Schadenverlauf und dem Schadenaufwand nicht ersichtlich sind, z.B. wenn die reine Anwaltssozietät Steuerberater und Wirtschaftsprüfer mitaufnimmt

Folgende Punkte können gegen das Kartellrecht verstoßen: 26

- Prämien in der Vergangenheit oder in der Zukunft
- Vertragsbedingungen, außer sie haben Einfluss auf den Schadenaufwand
- Sanierungsabsichten, um eine höhere Prämie wegen einem Schadenfall durchzusetzen. Praktisch erschließen sich dies die Versicherer aber regelmäßig aus dem Zahlungs- oder Schadenaufwand, der zulässigerweise abgefragt wird.

bb) Fragen nach Vorschäden

Für die Frage nach den Vorschäden ist begrifflich zwischen Verstoßjahresschäden, Meldejahresschäden zu unterscheiden und den sich daraus ergebenden Berechnung zur Rentabilität eines Vertrags. 27

---

18 BKartA Fallbericht „Standard für kartellrechtskonforme Gestaltung von Marktinformationssystemen im Bereich der Beschaffung von Rohmilch“, v. 12. 5. 2011 – B2–118/10 S. 4 f und BKartA, TB 1976, BT-Drs. 8/704 S. 11 f.

19 EuGH BeckRS 2006, 70910.

20 EuGH v. 4.6.2009 – Rs. C-8/08, Slg. 2009, I-4529 in WuW/E EU-R 1589 Rn. 32.

21 Bürkle/*Stancke* Compliance in Versicherungsunternehmen § 13 Rn. 93.

Bei Schäden nach Verstoßjahren handelt es sich um die Schäden, die sich in dem Verstoßjahr ereignet haben. Meldejahresschäden sind die Schäden, die der Anwalt in dem jeweiligen Jahr meldet, also nicht wann er einen Verstoß begangen hat. Schäden nach Verstoßjahren berechnen die Aktuare, um die Schadenendlast, das Ultimate, berechnen zu können, meist für eine Kundengruppe. In der finalen Betrachtung ist hier ersichtlich, was dem Versicherer als Gewinn/Verlust tatsächlich übrigbleibt. Schäden nach Meldejahren berechnen üblicherweise die Schadenabteilungen. Der Anwalt meldet den Schaden. Für das Meldejahr und nicht das Verstoßjahr, wird der Schaden in der Höhe nach Reserve und dann auch tatsächlicher Zahlung angelegt. Beispiel hierzu, der Anwalt versäumt eine Frist im Jahr 2010, meldet den Schadenfall 2012 und die Zahlung fließt im Jahr 2014. Die Aktuare berechnen für das Jahr 2010 wie viel der Versicherer anhand der Schäden und der Prämie voraussichtlich verdient/verloren hat. Die Schadenabteilung legt den Schadenfall mit Reserve und den tatsächlich geleisteten Schäden für das Jahr 2012 als Meldejahresschaden an. Die Zahlung im Jahr 2014 wird auf das Meldejahr 2012 gebucht und ist damit Teil des Meldejahresschadens.

28 Die tatsächlich geleisteten Zahlungen bezeichnet man als Zahlungsaufwand. Die Zahlungen mit den Reserven bezeichnet man als Schadenaufwand. Aus den Zahlungen und den Reserven lässt sich die Rentabilität, die sog. Renta, eines Vertrags als Quotient berechnen, die man als Prozentzahl angibt. Dabei ist die Zahlungsquote das Verhältnis zwischen tatsächlichen Zahlungen und Prämie und die Schadenquote das Verhältnis zwischen Zahlungen und Reserven und der Prämie, beispielsweise ist bei einer Zahlung von 400 EUR, einer Reserve von 200 EUR bei einer Prämie von 1.000 EUR die Zahlungsquote 40% und die Schadenquote 60%.

29 Um den Wettbewerb nicht zu verhindern, darf der anfragende Versicherer aus den Schäden nicht auf die Prämie schließen dürfen. Daher kann der anfragende Versicherer die Anzahl der Schäden und die tatsächlich geleisteten Zahlungen, den Zahlungsaufwand, abfragen, wie auch die Reserven, die er als Schadenaufwand abfragen kann. Nicht abfragen darf der Versicherer aber die Rentabilitätsdaten. Mit der Zahlungsquote oder der Schadenquote kann der Versicherer auf die Prämie zurückrechnen. Üblich ist, dass die Meldejahresschäden für einen 5-Jahres-Zeitraum aufgrund des long-tail-Risikos abgefragt werden, allerdings können die Versicherer bei Nachfragen auch das Verstoßdatum erfragen, um zwischen Frequenzschäden und einmaligen Schäden unterscheiden zu können.

b) Versicherungsnehmer/Makler

30 Zu beachten ist, dass die Vorversichererfrage nur dann gegen das Kartellrecht zu Lasten des Versicherungsnehmers verstößt, wenn damit der Wettbewerb zwischen den Versicherern verhindert wird. Das ist dann nicht der Fall, wenn der Versicherer sich die Informationen von Dritten beschafft, die nicht im Lager des anderen Versicherers stehen. Es handelt sich dann nicht mehr um einen wettbewerbsverhindernden Austausch von Informationen zwischen zwei Konkurrenten. Der Versicherer darf daher direkt den Versicherungsnehmer nach den Punkten fragen, die ihm kartellrechtlich als direkte Frage beim Vorversicherer verboten sind. Zulässig ist deshalb auch, wenn er nach spezifischen Punkten wie Prämie, Zahlungs- und Schadenquoten frägt. Der Versicherer kann auch dem Makler diese an sich gegenüber einem Vorversicherer unzulässigen Fragen stellen, weil auch der Makler als Sachwalter des Versicherungsnehmers in dessen Lager steht.[22] Ein kartellrechtlich unzulässiger Informationsaustausch zwischen den Versicherern darf aber nicht durch einen entsprechenden Informationsaustausch über Dritte, hier den Maklern, erfolgen. Um dies zu verhindern, sollte der Versicherer dokumentieren, welche konkreten wett-

---

22 MüKoVVG/*Dreher*/*Hoffmann* 160. Versicherungskartellrecht Rn. 61.

bewerbsrelevanten Daten er unter welchen Umständen vom Makler/Versicherungsnehmer und anderen Dritten erhalten hat.[23]

Bei größeren Kanzleien ist es üblich, dass der Makler ein Exposé als Aufstellung über die Risikodaten der Kanzlei erstellt. Er erstellt die Übersicht auf der Grundlage seiner Risikoinformationen und gibt die Bedingungen und regelmäßig eine Zielprämie vor. Die angefragten Versicherer sollen ein Angebot nach diesen Vorgaben abgeben, um den möglichen Zuschlag zu erhalten. Bei dieser Art des Vertragsschlusses hat der Versicherer keine umfassenden Gefahrfragen gestellt und auch nicht über die Folgen einer Anzeigepflichtverletzung nach II Ziff. 1, § 19 Abs. 5 VVG belehrt. Der Versicherer kann sich nur dann auf seine Rechte nach § 11a, § 19 VVG berufen, wenn er sich die Fragen des Maklers erkennbar für den Versicherungsnehmer zu eigen gemacht hat.[24] Nicht ausreichend ist, dass die Fragen des Maklers an sich branchenüblich sind.[25] Es muss für den Versicherungsnehmer bei der Antragsaufnahme ersichtlich sein, dass es sich um Fragen des Versicherers handelt.[26] Dagegen kann es wieder ausreichend sein, wenn sie den üblichen Fragen des Versicherers entsprechen und inhaltlich auf ihn zurückgehen, selbst wenn der Versicherungsnehmer dies nicht erkennt.[27] Bei der Berufshaftpflichtversicherung sind die Anzahl der in der Kanzlei tätigen Anwälte, Steuerberater, Wirtschaftsprüfer als sog. Kanzleifaktor, siehe dazu § 8 Rn. 27, und die Vorschäden elementar, um die Prämie kalkulieren und ein Angebot abgeben zu können. Diese Grundinformationen und -fragen des Maklers sind daher als Fragen des Versicherers nach § 11a, § 19 Abs. 1 zu verstehen.[28] 31

D. Zurechnung des Vertreterwissens, I Ziff. 3

Nach I Ziff. 3 rechnet man das Wissen des Vertreters dem Versicherungsnehmer zu, wenn er einen einschaltet. Die Versicherer haben die halbzwingende Vorschrift regelmäßig nicht abbedungen, §§ 20, 32 Abs. 1 VVG. Wenn der Versicherungsnehmer einen Dritten einschaltet, darf dies nicht zulasten und auch nicht zugunsten des Versicherers gehen. Sowohl Kenntnis als auch Arglist des Versicherungsnehmers wie auch des Vertreters sind maßgeblich. Der qualifizierte Schuldvorwurf des Vertreters und des Versicherungsnehmers bei der Verletzung der Anzeigepflicht nach § 20 Satz 2 VVG ist nicht in I Ziff. 3 ausdrücklich genannt, aber ergibt sich aus dem Verweis des II Ziff. 1 auf §§ 19–22 VVG. Der Versicherungsnehmer kann die Rechtsfolgen der §§ 19 ff VVG daher nur dann vermeiden, wenn weder er selbst noch der Vertreter vorsätzlich oder grob fahrlässig gehandelt haben. I Ziff. 3 i.V.m. § 20 VVG gelten nicht, wenn der Versicherer den Vertrag anfechtet wegen arglistiger Täuschung. Hier gelten aufgrund der Sondervorschrift des § 22 VVG die allgemeinen zivilrechtlichen Zurechnungsgrundsätze nach § 166 BGB, § 123 Abs. 2 BGB. 32

Vertreter ist sowohl der rechtsgeschäftliche als auch der gesetzliche Vertreter. Makler sind die rechtsgeschäftlichen Vertreter des Versicherungsnehmers, wenn der Versicherungsnehmer sie bevollmächtigt hat. Die Maklervollmacht regelt das Außenverhältnis zu Dritten, insbesondere zum Versicherer. Im Innenverhältnis handeln die Makler im Rahmen des Maklerauftrags ihres Auftraggebers. Die Vollmacht umfasst grundsätzlich, die Versicherungsangelegenheiten des Auftraggebers zu betreuen und den erforderlichen Versicherungsschutz zu beschaffen. Dabei kann die Vollmacht auf einzelne Versicherungssparten und Teilbereiche beschränkt sein. 33

---

23 *Dreher*/Hoffmann/Kling § 7 Rn. 68.
24 Beckmann/Matusche-Beckmann/*Knappmann* § 14 Rn. 23.
25 OLG Hamm VersR 2011, 469.
26 LG Dortmund r + s 2012, 426.
27 *Neuhaus* r + s 2014, 432; *Langheid* NJW 2011, 3265.
28 OLG Köln VersR 2013, 745; VersR 2015, 477; KG VersR 2014, 1315: Bei Gesundheitsfragen in einem vom Makler erstellten Antragsformular für eine Krankenversicherung handelt es sich um Fragen des Versicherers.

Üblich ist, dass die Vollmacht insbesondere umfasst: die Vertretung des Auftraggebers gegenüber dem Versicherer mit allen dazugehörigen Willenserklärungen und Anzeigen, die Änderung bestehender und der Abschluss neuer Verträge, Geltendmachung von Leistungen, Mitwirkung bei Schadenfällen und Entgegennahme von Schadensersatzleistungen für den Auftraggeber und Weitergabe von Zahlungen des Auftraggebers an den Versicherer. Meist haben die Makler eine Inkassovollmacht mit der Folge, dass die Prämienzahlungen an den Makler als Erfüllungsleistung gegenüber dem Versicherer gelten. Die Vollmacht erlischt mit Ende des Maklerauftrags.

34 Der Versicherungsnehmer muss sich die Kenntnis und Arglist seines vertretungsberechtigten Maklers zurechnen lassen, I Ziff. 3, § 20 VVG. Fehlerhafte oder unvollständige Angaben im Antrag können den Versicherer berechtigen, vom Versicherungsvertrag gemäß § 19 Abs. 2 VVG zurückzutreten oder den Vertrag gemäß § 22 VVG, § 123 BGB wegen arglistiger Täuschung anzufechten. Der Versicherungsnehmer kann sich gegenüber dem Versicherer nicht damit verteidigen, dass eine fehlerhafte Angabe aufgrund einer entsprechenden Beratung seines Maklers erfolgte.[29] Bei Kanzleien haben die Makler insbesondere die Aufgabe dem Versicherer die Zu- und Abgänge der Anwälte zu melden, andernfalls kann der Versicherungsschutz gefährdet sein. Wenn der Makler Angaben macht, die der Versicherungsnehmer unterschreibt, handelt es sich um Angaben des Versicherungsnehmers. Falschangaben des Maklers sind dann Falschangaben des Versicherungsnehmers. Um nicht schuldhaft zu handeln, sollte der Versicherungsnehmer die Angaben des Maklers überprüfen, wenn er unterschreibt.

35 Wenn der Makler ohne Vollmacht handelt, hängt der Versicherungsvertrag von der Genehmigung des Versicherungsnehmers ab. Die Anzeigepflicht für den Versicherungsnehmer selbst besteht bis zum Zeitpunkt der Genehmigung. Wenn der Versicherungsnehmer einen Dritten einschaltet, der nicht sein Vertreter ist, der aber die Obliegenheiten erfüllen soll oder Erklärungen abgeben kann, handelt der Dritte als Wissenserklärungsvertreter. Seine Kenntnisse rechnet man dem Versicherungsnehmer analog § 166 BGB zu.[30]

36 I Ziff. 3, § 20 VVG umfasst auch gesetzliche Vertreter wie z.B. Insolvenzverwalter, Testamentsvollstrecker, Betreuer, die einen Versicherungsvertrag abschließen oder ihn auch kündigen.[31]

E. Rechtsfolgen von Anzeigepflichtverletzungen, II

37 Die Fälle und Folgen von Anzeigepflichtverletzungen sind in der Praxis selten. Zwar handelt es sich um eine personenbezogene Versicherung, aber die Risikofaktoren wie Anzahl der Berufsträger, Umsätze und Vorschäden werden regelmäßig korrekt übermittelt oder auf Nachfrage richtiggestellt. Zur Vollständigkeit werden hier trotzdem das komplexe System der Voraussetzungen und Rechtsfolgen einer vorvertraglichen Anzeigepflichtverletzung nach AVB-RSW und dem VVG dargestellt. II regelt die Rechtsfolgen von Anzeigepflichtverletzungen und das Kündigungsrecht des Versicherungsnehmers bei Vertragsänderungen. Ziff. 1 nennt die Rechte des Versicherers, wenn der Versicherungsnehmer seine Anzeigepflicht verletzt hat. Im Ergebnis führt das System der Rechtsfolgen nach §§ 19–22 VVG mit dem Verweis in § 11a II Ziff. 1 dazu, dass der Vertrag regelmäßig bestehen bleibt und der Versicherer den Vertrag nach dem nicht gemeldeten Umstand durch einen Ausschluss oder eine höhere Prämie anpassen kann. Der Versicherer kann sich dagegen auf jeden Fall nur bei Arglist und Vorsatz des Versicherungsnehmers vom Vertrag lösen. Wenn der Versicherungsnehmer grob fahrlässig gehandelt hat, nur dann, wenn die An-

---

29 Veith/Gräfe/Gebert/*Harder* § 20 Rn. 220.
30 BGH VersR 1993, 960.
31 MüKoVVG/*Muschner* § 20 Rn. 3; anders Prölss/Martin/*Armbrüster* § 20 Rn. 2, danach ist bei gesetzlicher Vertretung nach § 166 Abs. 1 BGB zuzurechnen.

zeigepflichtverletzung sich auf Umstände bezogen hat, bei denen der Versicherer im Rahmen eines Kausalitätsgegenbeweises den Vertrag überhaupt nicht geschlossen hätte.

I. Gestaltungs- und Leistungsverweigerungsrechte des Versicherers, §§ 19–22 VVG, II Ziff. 1

1. Allgemeine Voraussetzungen nach dem VVG

Dem Versicherer stehen sämtliche Gestaltungsrechte nur zu, wenn er den Versicherungsnehmer durch gesonderte Mitteilung in Textform nach § 126b BGB auf die Folgen einer Anzeigepflichtverletzung hingewiesen hat, § 19 Abs. 5 Satz 1 VVG. Der Versicherer muss nicht ein separates Blatt verwenden, andernfalls verliert der Versicherungsnehmer aufgrund der Vielzahl der Unterlagen den Überblick.[32] Die Anforderungen des § 19 Abs. 5 Satz 1 VVG sind in Fällen, in denen der Versicherer den Versicherungsnehmer nicht in einer von sonstigen Erklärungen getrennten Urkunde auf die Folgen einer Anzeigeobliegenheitsverletzung hingewiesen hat, aber nur gewahrt, wenn die Belehrung drucktechnisch so gestaltet ist, dass sie sich deutlich vom übrigen Text abhebt und vom Versicherungsnehmer nicht übersehen werden kann.[33] Der Versicherer kann bis zur Annahmeerklärung die Hinweise geben.[34] Die Hinweispflicht bezieht sich auf den Rücktritt, die Kündigung und die Vertragsanpassung, § 19 Abs. 5 i.V.m. Abs. 2 bis 4 VVG. Die Aufzählung ist abschließend. Die Leistungsfreiheit des Versicherers besteht daher auch dann, wenn er nicht darauf gesondert hingewiesen hat, bei der Anfechtung wegen Arglist ist dies sowieso nicht nötig, § 22 VVG.[35] 38

Die Rechte des Versicherers sind ausgeschlossen, wenn er den nicht angezeigten Gefahrumstand oder die Unrichtigkeit der Anzeige kannte, § 19 Abs. 5 Satz 2 VVG. Zeitlich sind die Rechte ausgeschlossen, wenn der Versicherer seine Rechte nicht innerhalb eines Monats schriftlich nach § 126 BGB geltend macht und dabei die Umstände angibt, auf die er seine Erklärung stützt, § 21 Abs. 1 VVG. Die Rechte des Versicherers erlöschen nach Ablauf von fünf Jahren nach Vertragsschluss. Wenn der Versicherungsnehmer die Anzeigepflicht vorsätzlich oder arglistig verletzt, verlängert sich die Frist auf zehn Jahre, § 21 Abs. 3 VVG. Die Fristen gelten nicht für Versicherungsfälle, die vor Ablauf dieser Frist eingetreten sind, um Missbrauchsfällen vorzubeugen. 39

2. Besondere Voraussetzungen nach Verschuldensform und Kausalität

Die Möglichkeiten des Versicherers auf eine vorvertragliche Anzeigepflichtverletzung zu reagieren, hängen vom Grad des Verschuldens des Versicherungsnehmers ab und ob der Versicherer den Vertrag nicht sowieso geschlossen hätte als Kausalitätsgegenbeweis. Dabei kann der Versicherer immer das mildere Gestaltungsrecht wählen, wenn die Voraussetzungen für das folgenschwerere Gestaltungsrecht vorliegen, also z.B. kündigen statt vom Vertrag zurückzutreten oder ihn anzufechten. 40

a) Arglistige Täuschung, Anfechtung, § 22 VVG

Wenn der Versicherungsnehmer arglistig getäuscht hat, kann der Versicherer den Vertrag anfechten, §§ 123, 124, 142 BGB, § 22 VVG. Andere Anfechtungsgründe sind nicht möglich, da §§ 19 bis 22 VVG die §§ 119 ff BGB ausschließen. Das Verhalten des Maklers wird dem Versiche- 41

32 BGH VersR 2013, 297.
33 BGH VersR 2018, 281.
34 LG Dortmund NJW-RR 2010, 1260.
35 BGH VersR 2014, 565.

rungsnehmer zugerechnet. Der Versicherungsmakler als Sachwalter des Versicherungsnehmers ist regelmäßig sein Verhandlungsgehilfe und nicht Dritter i.S.d. § 123 Abs. 2 BGB.[36] Wenn der Versicherungsvertreter hingegen falsche Angaben macht, rechnet man sein arglistiges Verhalten nicht dem Versicherungsnehmer zu, wenn der Versicherungsnehmer selbst den Vertreter zutreffend informiert hat.[37]

42 Arglistige Täuschung liegt dann vor, wenn der Versicherungsnehmer bewusst und willentlich auf die Entscheidung des Versicherers einwirkt und dabei erkennt und billigt, dass der Versicherer seinen Antrag bei Kenntnis des wahren Sachverhalts gar nicht oder nur zu anderen Konditionen annehmen werde.[38] Ausreichend ist, dass dem Versicherungsnehmer bewusst ist, dass der Versicherer möglicherweise seinen Antrag nicht oder nur unter erschwerten Bedingungen annimmt, wenn er die Wahrheit sagt.[39] Der Versicherer kann auch dann zur Anfechtung des Versicherungsvertrags wegen arglistiger Täuschung berechtigt sein, wenn der Versicherungsnehmer bei dem Vertragsschluss Umstände verschwiegen hat, nach denen der Versicherer nicht gemäß § 19 Abs. 1 S. 1 VVG in Textform gefragt hat.[40]

43 Zur Sachversicherung, aber nicht zur Berufshaftpflichtversicherung gibt es Rechtsprechung. Zur zentralen Frage nach Vorschäden kann diese Rechtsprechung aber in gewissem Maße übertragen werden. Arglist ist anzunehmen, wenn der Versicherungsnehmer die Vorschäden und die Vorschäden verschweigt[41] oder in positiver Kenntnis verneint.[42] Bei der Berufshaftpflichtversicherung dürften alle Vorschäden und Vorversicherungen der einzelnen Berufsträger anzugeben sein, wenn sich mehrere Berufsträger zusammenschließen.[43]

44 Keine Arglist dürfte vorliegen, wenn ein nicht versicherter Vorschaden vorliegt und der Versicherungsnehmer die Frage missverstanden hat[44] oder die Vorversicherung zwar vorlag, aber schadenfrei war und der Versicherer nicht darlegen kann, ob dies für die Prämie relevant gewesen ist.[45] Ebenfalls keine Arglist liegt vor, wenn nur beiläufig gefragt wird und der Versicherungsnehmer nur einen Schadenfall nicht nennt, der ohne Zahlung geschlossen wurde.[46] Gegen eine Arglist spricht es, wenn Unklarheiten bei der Frage nach Vorschäden bestehen, insbesondere ob Vorschäden auch Reserven des Vorversicherers mitumfassen, selbst wenn der Versicherungsnehmer objektiv unzutreffende Angaben gemacht hat.[47]

45 Rechtsfolge der Anfechtung ist, dass der Versicherungsvertrag von Anfang an nichtig ist, § 142 BGB. Der Versicherungsnehmer gilt als von Anfang an nicht versichert und hat keinen Leistungsanspruch, auch für eingetretene Versicherungsfälle. Leistungen sind im Rahmen der Leistungskondiktion zurückzugewähren, § 812 Abs. 1 Satz 1, 1. Alt. BGB. Der Versicherer kann bereits geleistete Schadenzahlungen vom Versicherungsnehmer zurückverlangen. Der Versicherungsnehmer kann sich nicht auf Entreicherung nach § 818 Abs. 3 BGB berufen, weil der Versicherungsnehmer den fehlenden Rechtsgrund kannte, §§ 819, 818 Abs. 4 BGB, 142 Abs. 2 BGB. Der Versicherer müsste die bereits gezahlten Prämien zurückerstatten. Er behält sie aber gemäß § 39

---

36 BGH VersR 2008, 809, 810; OLG Düsseldorf VersR 2017, 1449.
37 BGH VersR 2018, 85.
38 BGH VersR 2011, 337; BGH VersR 2008, 809, 810; BGH VersR 2007, 785, 786.
39 Prölss/Martin/*Armbrüster* § 22 Rn. 7; OLG München r + s 2013, 511; OLG Koblenz VersR 2009, 53; OLG Karlsruhe r + s 2009, 120.
40 OLG Celle LS 1 VersR 2017, 211.
41 OLG München BeckRS 2012, 04097.
42 OLG Saarbrücken VersR 2006, 254.
43 OLG Frankfurt VersR 2005, 1429 und LG Oldenburg VersR 2004, 1263 für die Frage zu Vorversicherungen auch des Ehegatten bei einer Hausratversicherung.
44 OLG Hamm VersR 2011, 793.
45 KG VersR 2005, 351.
46 OLG Karlsruhe VersR 1997, 1484.
47 OLG Düsseldorf VersR 2018, 153 zu Unklarheiten bei der Frage nach Vorschäden bei Abschluss einer Betriebshaftpflichtversicherung.

Abs. 1 Satz 2 VVG, damit der Versicherungsnehmer nicht einen Vorteil aus seinem arglistigem Verhalten ziehen kann.

b) Vorsatz, grobe Fahrlässigkeit, Rücktrittsrecht, Vertragsanpassung, § 19 Abs. 2, 3, 4 VVG

aa) Vorsatz, § 19 Abs. 2

Wenn der Versicherungsnehmer vorsätzlich oder arglistig seine Anzeigepflicht verletzt hat, kann der Versicherer uneingeschränkt nach § 19 Abs. 2 VVG vom Vertrag zurücktreten. Vorsatz liegt vor, wenn der Versicherungsnehmer die Fragen nach den ihm bekannten Umständen falsch beantwortet oder er bewusst die Umstände verharmlost. Der Vorsatz liegt aber dann nicht vor, wenn ein verschwiegener Umstand nach seiner Auffassung nicht gefahrerheblich war und er die Gefahrerheblichkeit nicht in Kauf genommen hat oder er die Frage missverstanden hat.[48] Wie oben dargestellt, siehe hier § 11a Rn. 38, kann der Versicherer aber nur unter weiteren Voraussetzungen zurücktreten. Erstens, wenn der Hinweis auf die Folgen der Anzeigepflichtverletzung nach § 19 Abs. 5 Satz 1 erfolgt ist, zweitens, wenn der Versicherer keine Kenntnis hatte nach § 19 Abs. 5 Satz 2 VVG und drittens, wenn die Rücktrittserklärung fristgemäß innerhalb eines Monats nach Kenntnis erging nach § 21 Abs. 1 VVG und zuletzt, wenn der Versicherer nicht auf seine Rechte verzichtet hat, konkludent oder ausdrücklich. 46

Rechtsfolge des Rücktritts ist, dass die empfangenen Leistungen zurückzugewähren sind, §§ 346 ff BGB. Wie bei Arglist behält aber der Versicherer die bereits gezahlten Prämien, § 39 Abs. 1 Satz 2 VVG. Es besteht von Anfang an kein Versicherungsschutz für den Versicherungsnehmer, was aber § 21 Abs. 2 Satz 1 VVG wieder einschränkt. Der Versicherer muss bei grob fahrlässigem und auch vorsätzlichem Verhalten des Versicherungsnehmers trotzdem leisten, wenn dem Versicherungsnehmer der Kausalitätsgegenbeweis gelingt. Der Versicherungsnehmer muss hierzu nachweisen, dass sich die Verletzung der Anzeigepflicht weder auf den Eintritt oder die Feststellung des Versicherungsfalles noch auf die Feststellung oder den Umfang der Leistungspflicht ausgewirkt hat. Anders, wie oben dargestellt bei § 11a Rn. 41 ff, kann diesen Kausalitätsgegenbeweis der Versicherungsnehmer bei arglistigem Verhalten aus Gründen der Generalprävention nicht führen. Der Versicherer ist in jedem Fall leistungsfrei.[49] 47

bb) Grobe Fahrlässigkeit, § 19 Abs. 4

Grobe Fahrlässigkeit ist anzunehmen, wenn sich der Versicherungsnehmer über präzise Fragen hinwegsetzt. Dabei kann man schon gewisse Anforderungen an den Versicherungsnehmer stellen, die Fragen des Versicherers richtig zu beantworten.[50] 48

Der Versicherer kann zurücktreten, wenn der nicht gemeldete Umstand dazu geführt hätte, dass er den Vertrag abgelehnt hätte. Es liegt ein vertragshindernder Umstand vor. 49

Wenn der Versicherer nur zu anderen Bedingungen, also bei einem vertragsändernden Umstand, den Vertrag geschlossen hätte, kann er nicht zurücktreten, § 19 Abs. 4 Satz 1 VVG. Fiktiv beurteilt man nach der bestehenden Praxis und den üblichen AVBs, ob der Versicherer auch bei Kenntnis der Umstände das Risiko so oder zumindest angepasst unter anderen Bedingungen, übernommen hätte, § 19 Abs. 4 Satz 1 VVG.[51] Andere Bedingungen meint alles zum Vertrag, also Versicherungsbedingungen, Ausschlüsse und gerade auch die Prämienhöhe, Vertragsdauer oder 50

48 Prölss/Martin/*Armbrüster* § 19 Rn. 122.
49 BT-Drucks. 16/3945, S. 66.
50 OLG Nürnberg VersR 1980, 36, 37 f; LG Heidelberg r + s 1989, 163.
51 *Schirmer* VersR 2008, 1473; OLG Köln VersR 2013, 745, 746.

eine andere Versicherungssumme. Der Versicherer muss in diesem Fall schriftlich, § 21 Abs. 1 VVG, verlangen, dass er den Vertrag anpassen will, z.B. kann er die Prämie erhöhen oder einen Risikoausschluss einziehen. Wenn sich die Prämie um mehr als 10% erhöht oder der Versicherer gerade den nicht angezeigten Umstand ausschließen will, kann der Versicherungsnehmer den Vertrag kündigen, II Ziff. 2, § 19 Abs. 6 VVG.

51 Die geänderten Bedingungen und Prämienforderungen gelten rückwirkend ab dem Vertragsschluss, wenn der Versicherungsnehmer schuldhaft gehandelt hat. Sie gelten rückwirkend ab der laufenden Versicherungsperiode i.S.d. § 12 VVG, wenn der Versicherungsnehmer nicht schuldhaft gehandelt hat, § 19 Abs. 4 Satz 2 VVG. Dies bedeutet im Übrigen, dass auch bei einer schuldlosen oder einfach fahrlässigen Handlung der Versicherer nicht leisten muss für einen Versicherungsfall, wenn dieser unter einen Risikoausschluss fällt, den der Versicherer anpassen will. Ein Risikoausschluss wirkt aber dann auch nur grundsätzlich für die Zukunft und nicht rückwirkend zu Lasten des Versicherungsnehmers, zumindest bei schuldlosem Handeln.[52]

52 Bei der Berufshaftpflichtversicherung mit normierten Ausschlüssen und Selbstbehalten und einer Versicherung des Berufsbilds sind vertragshindernde Umstände kaum denkbar. Es können allenfalls ungenannte Vorschäden vorliegen, bei denen nach Frequenz und Höhe nicht zu erwarten ist, dass die Rentabilität positiv ausfallen kann. Bei den vertragsändernden Umständen dürfte die falsche Zahl von Berufsträgern oder Umsatz dazu führen, dass nur die Prämie anzupassen ist, aber kein Rücktritt möglich ist.

c) Leichte Fahrlässigkeit, schuldloses Handeln, Kündigung, § 19 Abs. 3 und 4 VVG

53 Der Rücktritt ist ausgeschlossen, wenn der Versicherungsnehmer leicht fahrlässig oder auch schuldlos seine Anzeigepflicht verletzt hat, also nicht grob fahrlässig oder vorsätzlich gehandelt hat, wie es § 19 Abs. 3 Satz 1 VVG ausdrückt. Stattdessen kann der Versicherer den Vertrag mit einer Kündigungsfrist von einem Monat für die Zukunft beenden, § 19 Abs. 3 Satz 2 VVG. Der Versicherer kann aber nicht kündigen, wenn nur vertragsändernde Umstände nicht gemeldet wurden und der Versicherer den Vertrag, ggf. angepasst, auch bei Kenntnis der Umstände geschlossen hätte, § 19 Abs. 4 Satz 1 VVG. Es gelten die gleichen Grundsätze wie beim Rücktritt bei vertragsändernden Umständen mit der Folge, dass der Versicherer den Vertrag anpassen kann, rückwirkend ab Vertragsschluss bei leichter Fahrlässigkeit und rückwirkend ab der letzten Versicherungsperiode bei schuldlosem Handeln, siehe dazu hier § 11a Rn. 50f.

54 Rechtsfolge der Kündigung bei einem vertragshindernden Umstand ist, dass der Vertrag bis zum Kündigungszeitpunkt wirksam ist. Der Versicherer hat die in der Vertragslaufzeit aufgetretenen Versicherungsfälle zu regulieren, der Versicherungsnehmer die Prämien bis zum Kündigungszeitpunkt zu zahlen.

II. Kündigungsrecht des Versicherungsnehmers, § 19 Abs. 6 VVG, II Ziff. 2

55 Nach II Ziff. 2, § 19 Abs. 6 VVG kann der Versicherungsnehmer kündigen, wenn sich die Prämie aufgrund des nicht angezeigten Umstands um mehr als zehn Prozent erhöht hat oder der Umstand ausgeschlossen bleibt. Der Versicherer hat den Versicherungsnehmer in der Mitteilung auf dieses Recht hinzuweisen. Der Versicherungsnehmer kann den Vertrag innerhalb eines Monats nach Zugang der Mitteilung des Versicherers kündigen. Rechtsfolge ist, dass bis dahin der Versicherungsnehmer versichert bleibt und der Versicherer bis dahin die Prämie erhält.

---

52 Prölss/Martin/*Armbrüster* § 19 Rn. 118; Beckmann/Matusche-Beckmann/*Knappmann* § 14 Rn. 112; *Looschelders* VersR 2011, 697, 703.

§ 11b Anzeigepflichten des Versicherungsnehmers während der Vertragslaufzeit

I. Gefahrerhöhung

1. Selbständige Anzeigepflicht des Versicherungsnehmers
Treten nach Abgabe der Vertragserklärung des Versicherungsnehmers Umstände ein, die für die Übernahme des Versicherungsschutzes Bedeutung haben (§ 11a I Ziffer 2), hat er die Gefahrerhöhung, nachdem er von ihr Kenntnis erlangt hat, dem Versicherer unverzüglich anzuzeigen.

2. Anzeigepflicht nach Aufforderung des Versicherers
Der Versicherungsnehmer ist verpflichtet, nach Erhalt einer Aufforderung des Versicherers, welche auch durch einen der Prämienrechnung beigefügten Hinweis erfolgen kann, Mitteilung darüber zu machen, ob und welche Änderungen in dem versicherten Risiko gegenüber den zum Zwecke der Prämienbemessung gemachten Angaben eingetreten sind, zum Beispiel zuschlagspflichtige Personen, der bei einem anderen Versicherer bestehende Versicherungsschutz für eine höhere Versicherungssumme oder der erstmalige Abschluss eines solchen Versicherungsvertrages, Änderungen einer Nebentätigkeit. Diese Anzeige ist innerhalb eines Monats nach Erhalt der Aufforderung zu machen. Auf Verlangen des Versicherers sind die Angaben durch die Geschäftsbücher oder sonstige Belege nachzuweisen.

3. Leistungsfreiheit infolge unrichtiger Angaben und arglistigen Verschweigens
Unrichtige Angaben zu den Gefahrumständen gemäß Ziffern 1 und 2 oder das arglistige Verschweigen sonstiger Gefahrumstände können den Versicherer unter den Voraussetzungen des § 26 VVG berechtigen, den Versicherungsschutz zu versagen.

II. Änderung von Anschrift und Name

Hat der Versicherungsnehmer eine Änderung seiner Anschrift dem Versicherer nicht mitgeteilt, genügt für eine Willenserklärung, die dem Versicherungsnehmer gegenüber abzugeben ist, die Absendung eines eingeschriebenen Briefs an die letzte dem Versicherer bekannte Anschrift. Die Erklärung gilt drei Tage nach der Absendung des Briefs als zugegangen. Dies gilt entsprechend für den Fall einer Namensänderung des Versicherungsnehmers.

Systematische Übersicht

https://doi.org/10.1515/9783110407280-015

A. Übersicht

1 § 11b regelt die Anzeigepflichten bei einem laufenden Vertrag und folgt damit § 11a, der die Anzeigepflichten vor Vertragsschluss beinhaltet. I regelt die Anzeigepflichten des Versicherungsnehmers, wenn sich das Risiko ändert. II schützt den Versicherer, wenn der Versicherungsnehmer seine Anschrift nicht angegeben hat.

Änderungen zur Vorauflage der AVB-RSW, HV 60/06:
I mit dem Inhalt zur vorläufigen Deckung ist gestrichen wie auch bei § 8 I und § 9 I, die die Prämienzahlung und das Ende einer vorläufigen Deckung beinhalteten.
Grund: Die vorläufige Deckung hat die VVG-Reform geregelt, die AVB-RSW in der alten Fassung haben diese Regelungen nur widergegeben.
Folge: keine, Reduzierung Komplexität

B. Gefahrerhöhung, I

2 I regelt, wann der Versicherungsnehmer im laufenden Vertrag dem Versicherer Umstände zu melden hat, die für das übernommene Risiko und dann für die Prämie maßgeblich sind. Ziff. 1 regelt dabei die selbständige Anzeigepflicht des Versicherungsnehmers für gefahrerhöhende Umstände und Ziff. 2 die Anzeigepflicht nach Aufforderung für prämienrelevante Umstände. I entspricht insgesamt der Regelung in § 23 Abs. 3 VVG. Dabei hat in den meisten Fällen eine Gefahrerhöhung auch Prämienrelevanz. Wenn der Versicherer daher nach prämienrelevanten Änderungen Auskunft verlangt, bedeutet dies nicht, dass eine Gefahrerhöhung nicht mitzuteilen wäre.[1] Es handelt sich zwar um zwei selbständige Tatbestände, die in der Vermögensschadenhaftpflichtversicherung aber fast immer zusammenfallen, weil die Versicherer letztlich die gesamte berufliche Tätigkeit zu versichern haben. Gefahrerhöhung und Prämienrelevanz gehen ineinander über, obwohl I als Rechtsfolge zwischen ungefragten in Ziff. 1 und abgefragten Umständen in Ziff. 2 unterscheidet.

I. Selbständige Anzeigepflicht des Versicherungsnehmers, I Ziff. 1

3 Im Gegensatz zu den vorvertraglichen Anzeigepflichten hat der Versicherungsnehmer nicht nur auf Nachfrage des Versicherers die Umstände zu melden, sondern selbständig. I Ziff. 1 verweist hierzu auf die Umschreibung der gefahrerheblichen Umstände nach § 11a I Ziff. 2. Was als Gefahrerhöhung und damit selbständig zu melden ist, kann man nicht allgemeinverbindlich in einer Definition festlegen. Nach der Auslegungshilfe des § 27 VVG ist nicht jede Gefahrerhöhung zu melden. Sie muss objektiv erheblich sein, so dass der Versicherer den Vertrag aufheben oder anpassen würde. Das Äquivalenzprinzip zwischen übernommener Gefahr und Prämienzahlung muss gestört sein. Der Versicherer hat aber typische Veränderungen hinzunehmen. Maßgeblich sollte sein, ob der Versicherer die Versicherung aufgehoben oder nur gegen erhöhte Prämie fortgesetzt hätte, was einer sachgemäßen vernünftigen Versicherungstechnik entspricht.[2] Siehe hierzu ausführlich zur Bestimmung der gefahrerheblichen Umstände § 11a Rn. 14ff.

4 In der Vermögensschadenhaftpflichtversicherung versichert der Versicherer die gesamte berufliche Tätigkeit des Anwalts/Steuerberaters/Wirtschaftsprüfers. Der Versicherer kalkuliert typischerweise nach Anzahl der Mitarbeiter als Kopf-Tarif oder dem Umsatz, der Höhe der Versicherungssumme mit der entsprechenden Jahresmaximierung, den besonderen Deckungserweiterungen und dem bisherigen Schadenverlauf. Hinzukommen können besondere Rabatte auf-

1 Anders *Diller* § 11b Rn. 6 aufgrund Treu und Glauben und AGB-rechtlichen Bedenken.
2 BGH NJW 1981, 926, 927.

grund von Zertifikaten, Qualifikationen oder Fortbildungen. Das Risiko selbst, die Deckung für die berufliche und nebenberufliche Tätigkeit kann sich nicht ändern. Sie ist nach der Pflichtversicherung abzudecken. Besondere Mandate können das Risiko kaum beeinflussen, da der Versicherer sie nicht ausschließen kann und die Anwaltschaft grundsätzlich als Kundengruppe betrachtet wird. Auch für die Prämie ist in den seltensten Fällen die Geschäftssituation und Ausrichtung der Kanzlei maßgeblich.

Risikoänderungen teilt der Versicherungsnehmer/Makler in der Regel in der Form mit, ob 5
eine bestimmte sonstige anwaltsnahe Tätigkeit noch von der bestehenden Deckung mitumfasst ist oder sie mitversichert werden soll oder ob eine gesonderte Deckung erforderlich ist. Dabei betrachtet der Versicherer auch die gesamte Geschäftsbeziehung, inwieweit die Änderungen zu versichern sind. Wenn die Tätigkeit ohnehin bereits versichert ist, erfolgt grundsätzlich keine Anpassung. Wenn die Tätigkeit mitzuversichern ist, kommt es auf den Umfang, Dauer und dem Gewicht der Tätigkeit zur bisherigen Deckung an. Ggf. deckt der Versicherer die neue Tätigkeit mit einem Sublimit. Wenn eine gesonderte Versicherung erforderlich ist, kalkuliert der Versicherer dies als Neuvertrag für eine gesonderte Prämie. Dies ist aber immer abhängig vom jeweiligen Versicherer.

Für das, was der Versicherungsnehmer ungefragt und selbständig dem Versicherer darüber 6
hinaus mitteilen muss, kommt es darauf an, was nach seiner Kenntnis und objektiv auch erheblich für die Kalkulation war. Dies ist die Anzahl der Mitarbeiter und wenn der Versicherungsnehmer einen weiteren Exzedenten bei einem anderen Versicherer abschließt. Diese beiden Punkte sind als prämienrelevant nach I Ziff. 2 genannt, was erst einmal bedeuten würde, dass dies nur auf Aufforderung des Versicherers zu nennen ist. Jedoch sind beide Punkte nicht allein prämienrelevant, sondern erhöhen an sich das Risiko. Der Versicherer kalkuliert das Risiko in Abhängigkeit von der Anzahl der Mitarbeiter/Umsatz. Wenn keine Stichtagsregelung mit Versehensklausel besteht, siehe hierzu § 8 Rn. 33ff, sollte der Versicherungsnehmer schon ein eigenes Interesse daran haben, seine Mitarbeiter richtig zu versichern. Andernfalls besteht die Gefahr, dass für sie kein Versicherungsschutz besteht und die Kanzlei die Schäden selbst zu tragen hat, siehe zur fehlenden Meldung von Mitarbeitern in den unterschiedlichen Konstellationen hier § 11b Rn. 7ff. Der fremdversicherte Exzedent ist für den Versicherer maßgeblich, auch insbesondere dann, wenn der Versicherungsnehmer eine preiswertere claims-made-Deckung, meist über den englischen Markt, im Ausland abschließt. Nicht ausschlaggebend ist, ob der Exzedent nur ein Indiz ist und selbst das Risiko nicht erhöht. Die Versicherungsnehmer sieht selbst sein Risiko höher an, weil er einen Exzedenten abschließt. Versicherungsfälle sind dann für den Grundversicherer mit höheren Kosten verbunden, weil die geltend gemachten Ansprüche höher werden. Die bestehende Versicherungssumme wird nicht allein für die größten Schäden erforderlich sein, sondern öfter als kalkuliert für darunterliegende Schäden.[3] Wenn der Versicherer in die Prämienkalkulation besondere Punkte aufgenommen hat, z.B. einen Sondernachlass aufgrund eines Zertifikats oder einer besonderen Qualifikation wie einem Fachanwaltstitel gewährt hat, sind Änderungen hierzu ebenfalls anzeigepflichtig. Hier hat der Versicherer offengelegt, dass die Umstände für die Gefahr relevant sind. Andere Parameter wie die wirtschaftliche Ausrichtung der Kanzlei, z.B. nur Annahme von Gewerbekunden statt Privatkunden oder reines Industriegeschäft, sind eher nicht anzeigepflichtig. Der Versicherer versichert allgemein die anwaltliche Tätigkeit.

II. Anzeigepflicht nach Aufforderung des Versicherers, I Ziff. 2

I Ziff. 2 verpflichtet den Versicherungsnehmer nach Erhalt einer Aufforderung, meist nach der in der Prämienrechnung beiliegenden Mitteilung, darüber zu informieren, ob und welche

3 Anders *Diller* § 11a Rn. 6.

Änderungen in dem versicherten Risiko gegenüber den zum Zwecke der Prämienbemessung gemachten Angaben eingetreten sind. Üblich ist, dass der Versicherer in der Prämienrechnung zwei Hinweise gibt. Der erste Hinweis betrifft die Abbuchung. Wenn sich die Kontodaten für die Einzugsermächtigung geändert haben, soll der Versicherungsnehmer dies mitteilen. Der zweite Hinweis enthält die Anzeige: Der Versicherungsnehmer soll unverzüglich innerhalb der in den AVB-RSW genannten Fristen, hier 1 Monat nach § 11b I Ziff. 2 Satz 2, anzeigen, ob und welche Änderungen in dem versicherten Risiko eingetreten sind, z.B. Erhöhung oder Verminderung der Zahl der beschäftigten Personen.

1. Benannte Änderungen

Ausdrücklich nennt I Ziff. 2 als Beispiel zuschlagspflichtige Personen, der bei einem anderen Versicherer bestehende Versicherungsschutz für eine höhere Versicherungssumme oder der erstmalige Abschluss eines solchen Versicherungsvertrages und noch die Änderungen einer Nebentätigkeit.

a) Fehlende Meldung von Mitarbeitern

7 Praxisrelevant ist, dass der Versicherungsnehmer Mitarbeiter nicht meldet. Bei der Rechtsfolge ist zwischen Sozien/Scheinsozien, zuschlagpflichtigen Berufsangehörigen ohne Außenauftritt und dem Versäumnis des Versicherungsnehmers mitzuteilen, dass der bisherige Berufsangehörige ohne Außenauftritt zum Sozius/Scheinsozius geworden ist, weil er nun auf dem Briefbogen ohne entsprechenden Zusatz „angestellter Anwalt“ erscheint.

aa) Neuer Sozius/Scheinsozius als Versicherungsnehmer

8 Wenn der Versicherungsnehmer den Sozius/Scheinsozius von vornherein nicht meldet, z.B. tritt ein neuer Anwalt sogleich als Sozius/Scheinsozius in die Kanzlei ein, hat dieser neue Anwalt regelmäßig keinen Versicherungsschutz für die Tätigkeit in der Kanzlei. Seine Zulassungspolice umfasst nur die nebenberufliche Tätigkeit.[4] Zur Konstellation bei fehlender Meldung eines zum Sozius/Scheinsozius aufgestiegenen zuschlagpflichtigen Mitarbeiters siehe hier § 11b Rn. 14. In den Fällen des neuen Sozius/Scheinsozius handelt es sich um keine Obliegenheitsverletzung nach § 11b oder § 11a, sondern hier fehlt es an der Meldung eines weiteren Versicherungsnehmers im Rahmen der Pflichtversicherung und einer versicherten Person für die Tätigkeit in der Kanzlei. Diese Tätigkeit muss gesondert abgesichert sein, weil der Versicherer sie mangels Kenntnis nicht in den Versicherungsschutz aufnehmen konnte, wie auch der Versicherungsnehmer hierfür auch keine Prämie entrichtet hat. Um die Gefahr einer fehlenden Versicherung zu vermeiden, schließt man Stichtagsregelungen mit der hierfür wichtigen Versehensklausel ab, siehe dazu § 8 Rn. 33 ff. Nach dieser Stichtagsregelung mit Versehensklausel sind während des laufenden Versicherungsjahres neu eintretende Anwälte automatisch mitversichert bis zum Zeitpunkt der neuen Beitragserhebung und zwar auch dann, wenn sie dem Versicherer noch nicht gemeldet wurden. Wenn keine Stichtagsregelung besteht, lösen die Versicherer meist das Problem dadurch, dass gegen Prämiennachzahlung der Anwalt von Beginn an als Sozius/Scheinsozius gilt.

9 Gleiches gilt für die PartG mbB und die Rechtsanwalts-GmbH. Wenn ein Partner/Scheinpartner oder ein Gesellschafter/Geschäftsführer nicht gemeldet ist, haben diese persönlich keinen Versicherungsschutz. Auch hier lösen die Versicherer meist das Problem durch Prämiennachzahlung gegen Versicherungsschutz.

---

4 *Chab* AnwBl 2014, 1051, 1052.

bb) Zuschlagpflichtiger Mitarbeiter

Zuschlagpflichtiger Mitarbeiter ohne Meldung trotz Aufforderung, § 13: Wenn der Versicherungsnehmer einen zuschlagpflichtigen Mitarbeiter, also einen angestellten Anwalt/freien Mitarbeiter ohne Außenauftritt, siehe zum Begriff zuschlagpflichtige Mitarbeiter § 13 Rn. 3, nicht meldet und zwar trotz Aufforderung durch den Versicherer, gilt die Regelung des § 13 II: Der Versicherer kann im Versicherungsfall die Leistung anteilig verringern. Er setzt die Versicherungssumme für den nicht gemeldeten Anwalt mit „0“ an und bildet mit der vorhandenen Versicherungssumme der Sozien/Scheinsozien eine Durchschnittsleistung nach § 12, siehe dazu ausführlich § 13 Rn. 5ff. Dies gilt aber nach § 13 II nur dann, wenn der Versicherer dazu ausdrücklich aufgefordert hat, die Beschäftigung eines zuschlagpflichtigen Mitarbeiters zu melden. Der Regress gegenüber dem zuschlagpflichtigen Mitarbeiter ist dann auch ausgeschlossen, weil er versicherte Person mit eingeschränktem Versicherungsschutz ist, siehe dazu § 7 Rn. 45. 10

Problematisch könnte hier die Qualifizierung der Anzeigepflicht als Obliegenheit sein und deren Rechtsfolge mit einer Durchschnittsleistung für die Kanzlei, was gegen den halbzwingenden §§ 26 Abs. 2, 32 Satz 1 VVG verstoßen könnte.[5] Nach dem Verweis des § 11b I Ziff. 3 auf § 26 VVG kann der Versicherer nur bei kausal verursachten Schäden und nur bei Vorsatz/grober Fahrlässigkeit zumindest die Leistung kürzen. Bei leichter Fahrlässigkeit bleibt der Versicherer zur Leistung verpflichtet. Diese Differenzierung macht § 13 II nicht, sondern die Leistung wird auf jeden Fall unabhängig vom Verschuldensgrad nach § 12 gekürzt. Die Regelungen in § 11b I Ziff. 2,3 und § 13 i.V.m. § 12 sind aber als konkrete Beweislastregelungen nach § 26 Abs. 2, Abs. 1 a.E. VVG zu verstehen und nicht als sanktionierte Obliegenheitsverletzung. Der Versicherungsnehmer muss Kenntnis des gefahrerhöhenden Umstands haben, wovon man bei fehlender Meldung trotz Aufforderung auszugehen hat. In diesen Fällen wird vermutet, dass der Versicherungsnehmer vorsätzlich oder grob fahrlässig gehandelt hat, § 26 Abs. 2 VVG. Dies ist im Übrigen die gleiche Beweislastregelung für die Verletzung von vorvertraglichen Anzeigepflichten, wenn der Versicherer vom Vertrag zurücktreten will, § 19 Abs. 3 Satz 1 VVG. Die Rechtsfolge des II mit einer anteiligen Kürzung i.S.d. § 26 Abs. 1 Satz 2 VVG nimmt damit vorweg, dass der Versicherungsnehmer grob fahrlässig gehandelt hat. Der Versicherungsnehmer sollte im Versicherungsfall die Kürzung verhindern können, wenn er beweist, dass er leicht fahrlässig gehandelt hat. Die Regelung ist möglich, weil der Versicherer nur nicht zum Nachteil des Versicherungsnehmers abweichen darf, §§ 26, 32 Satz 1 VVG, aber hier der zuschlagpflichtige Mitarbeiter den Vorteil hat, dass er mitversichert ist. 11

Zuschlagpflichtiger Mitarbeiter ohne Meldung ohne Aufforderung: Diese Fälle der fehlenden Meldung sind fast nicht denkbar, weil die Versicherer regelmäßig die Versicherungsnehmer auffordern, die gefahrerhöhenden Umstände, wie neue Mitarbeiter, zu melden. Daher hier allein zur Vollständigkeit. § 13 II ist hier nicht anwendbar, weil Voraussetzung ist, dass der Versicherer zuvor aufgefordert hat neue Mitarbeiter zu melden. Es besteht daher kein Versicherungsschutz für diesen Mitarbeiter, weil der Mitarbeiter dem Versicherer gar nicht bekannt ist und auch keine Prämie gezahlt wurde.[6] Die Folgen der fehlenden Meldung gehen dann zu Gunsten der Kanzlei, aber zu Lasten des nicht versicherten Mitarbeiters. Die Kanzlei muss keine Durchschnittsleistung nach § 12 fürchten, aber der Mitarbeiter ist nicht versichert für Haftpflichtansprüche, die unmittelbar gegen ihn gerichtet sind. Der Versicherer kann dann Regress bei ihm nehmen, wenn er zurechenbar einen Verstoß begangen hat, weil er nicht versichert ist und damit Dritter i.S.d. Bedingungen; siehe zum Regress beim zuschlagpflichtigen Mitarbeiter ohne Meldung und ohne Aufforderung § 7 Rn. 46. Siehe auch zum Mitversicherungsschutz bei zuschlagpflichtigen Mitarbeitern bei § 13 Rn. 7. 12

5 HBAnw/*Chab* § 18 Rn. 16; *Diller* § 13 Rn. 12.
6 *Diller* § 13 Rn. 8.

13 Zur fehlenden Meldung ohne Aufforderung gelten aber dann auch die allgemeinen Folgen einer Obliegenheitsverletzung des Versicherungsnehmers nach § 11b I Ziff. 3 für den Versicherungsnehmer, wenn eine Gefahrerhöhung nicht angezeigt ist. Leichte Fahrlässigkeit, den Mitarbeiter nicht zu melden, sollte sich für die Kanzlei nicht auswirken, allerdings bleibt der Mitarbeiter trotzdem unversichert mit den entsprechenden Folgen. Dabei ist aber für die Kanzlei zu beachten, dass sie nicht ein Prämiensparmodell daraus machen kann, die Mitarbeiter nicht zu melden. Wenn die Kanzlei die Mitarbeiter wiederholt und in größerer Zahl nicht meldet, ist eher davon auszugehen, dass sie mindestens grob fahrlässig gehandelt hat. Die Kanzlei kann nicht davon ausgehen, dass die Beschäftigung von Anwälten, die die Honorareinnahmen erhöhen, ohne Auswirkung auf den vereinbarten Versicherungsschutz ist. In diesem Fall könnte es angebracht sein, dass dann entsprechend II i.V.m. § 12 die Durchschnittsleistung zu bilden ist als Quotelung i.S.d. § 26 VVG. In diesem Fall müsste dann aber konsequenterweise auch wieder der nicht gemeldete Mitarbeiter eingeschränkten Versicherungsschutz haben als mitversicherte Person. Der Regress wäre dann wie bei den Mitarbeitern nach § 13 II ausgeschlossen.

cc) Sozius/Scheinsozius als voriger zuschlagpflichtiger Mitarbeiter

14 Wenn der Versicherungsnehmer einen zum Sozius/Scheinsozius aufgestiegenen Mitarbeiter, der vorher nur zuschlagpflichtig als angestellter Anwalt oder freier Mitarbeiter ohne Außenauftritt war, besteht der Versicherungsschutz weiterhin mindestens nach § 13 III. Der neue Sozius/Scheinsozius ist mitversichert als zuschlagpflichtiger Mitarbeiter. Er hat Versicherungsschutz für Haftpflichtansprüche, die unmittelbar gegen ihn erhoben werden. Dieser Versicherungsschutz bleibt erhalten, weil der Versicherungsnehmer hierfür die entsprechende Prämie bezahlt. Die fehlende Meldung des vom zuschlagpflichtigen Mitarbeiter zum Sozius/Scheinsozius aufgestiegenen Anwalts ist als Obliegenheitsverletzung nach § 11b zu werten und nicht als fehlende Meldung eines weiteren Versicherungsnehmers, der völlig neu in die Kanzlei eintritt, siehe hierzu die Fallkonstellation § 11b Rn. 8. Der zuschlagpflichtige Mitarbeiter ist mitversichert, es fehlt allein die Meldung der Gefahrerhöhung, dass er nun Sozius/Scheinsozius ist. Wenn ein Versicherungsfall auftritt, gelten daher die Rechtsfolgen nach § 26 VVG, I Ziff. 3. Der Versicherer ist leistungsfrei, wenn der Versicherungsnehmer vorsätzlich den Scheinsozius/Sozius nicht gemeldet hat und kann anteilig kürzen bei grober Fahrlässigkeit, § 26 Abs. 1 VVG. Auch hier lösen die Versicherer das Problem meist praktisch dadurch, dass gegen Prämiennachzahlung der zuschlagpflichtige Mitarbeiter von Beginn an als Sozius/Scheinsozius gilt, wie auch in der Fallkonstellation, wenn der neue Mitarbeiter schon überhaupt nicht als Sozius/Scheinsozius gemeldet ist. Es ist aber hier ebenfalls zu beachten, dass die fehlende Meldung nur im Schadenfall auffällt. Es kommt dann auch darauf an, ob der Versicherungsnehmer nicht ein Geschäftsmodell aus der fehlenden Meldung gemacht hat, um Prämie einzusparen.

15 Gleiches gilt für die PartG mbB und die Rechtsanwalts-GmbH. Wenn der Versicherungsnehmer einen Partner/Scheinpartner nicht gemeldet ist oder ein Gesellschafter/Geschäftsführer, die vorher nur zuschlagpflichtige Mitarbeiter waren, besteht der Versicherungsschutz weiterhin für die PartG mbB und die Rechtsanwalts-GmbH. Der Versicherer bestätigt hier auch allgemein, dass die gesetzlichen Voraussetzungen der Berufshaftpflichtversicherung dieser Organisationsformen bestehen, insbesondere auch die sich nach Anzahl der Partner/Scheinpartner und der Geschäftsführer richtende Maximierung. Daher gilt die allgemeine Rechtsfolge nach § 11b I Ziff. 3, § 26 VVG. Der Versicherer ist leistungsfrei oder kann die Leistung kürzen, je nach Verschuldensform und ob dem Versicherungsnehmer der Kausalitätsgegenbeweis gelingt. Auch hier lösen die Versicherer meist das Problem durch Prämiennachzahlung gegen Versicherungsschutz.

b) Änderung der Nebentätigkeit

Auch für die Änderung einer Nebentätigkeit gilt die Anzeigepflicht nach I Ziff. 2 wie folgt: Es handelt sich um die Zulassungspolicen, die der Anwalt benötigt, um seine Zulassung zu erhalten. Mit der Nebentätigkeit sind die Tätigkeiten gemeint, die der Versicherungsnehmer außerhalb seiner hauptberuflichen Tätigkeit in einer Kanzlei, gleich welcher Organisationsform, oder einer sonstigen Haupttätigkeit ausübt. Änderungen hier führen zu einem geänderten Risiko und einer geänderten Prämie, siehe dazu den Überblick zu den Zulassungspolicen von Anwälten und wer sie benötigt und wie sie zu versichern sind § 1 Rn. 328 f. 16

Die jeweiligen Risikobeschreibungen dieser Policen bezeichnen diese Tätigkeiten genau. 17
Dabei enthalten die Besonderen Bedingungen alle die gleiche Regelung zur Gefahrerhöhung und Anpassung nach § 11b und § 8: *Die Beitragsberechnung gilt nur so lange, wie der Versicherungsnehmer die beschriebene Tätigkeit ausübt. Eine Veränderung der gegebenen Verhältnisse ist gemäß § 11b I anzeigepflichtig. Aufgrund der Änderungsanzeige oder sonstiger Feststellungen wird die Prämie entsprechend dem Zeitpunkt der Veränderung richtig gestellt nach § 8 IV.* Der Versicherer regelt damit doppelt, dass die Änderung der nebenberuflichen Tätigkeit anzuzeigen ist und die Prämien angepasst wird. Einmal in § 11b I in der Hauptbedingung der HV 60 und den Zusatzbedingungen der jeweiligen nebenberuflichen Tätigkeiten.

c) Fremdversicherter Exzedent

Nach § I Ziff. 2 ist der Abschluss eines fremdversicherten Exzedenten auf Nachfrage mitzuteilen, der aber schon nach I Ziff. 1 gefahrerhöhend ist und nicht gesondert abgefragt zu werden braucht, siehe hier § 11b Rn. 6. Sonstige Punkte sind in der Vermögensschadenhaftpflichtversicherung kaum denkbar. Wenn der Versicherer ein Tarifierungsmerkmal wie eine Fachqualifikation in Kenntnis des Versicherungsnehmers offengelegt hat, hat dies der Versicherungsnehmer von sich aus zu melden, wenn sie wegfällt; siehe hier § 11b Rn. 6. 18

2. Formale Voraussetzungen der Anzeigepflicht, I Ziff. 2 Satz 2, 3

Der Versicherer hat den Versicherungsnehmer aufzufordern, die prämienrelevanten Änderungen zu melden, I Ziff. 2 Satz 1. Die Aufforderung des Versicherers geht dem Versicherungsnehmer meist mit der Prämienrechnung in Schriftform zu. Textform ist aber ausreichend. Den Zugang der Aufforderung hat der Versicherer nachzuweisen. Dabei kann der Versicherer konkret oder allgemein Punkte abfragen. Wenn er allgemein die Änderungen abfragt, geht es zu seinen Lasten, wenn nicht hinreichend deutlich ist, was der Versicherungsnehmer mitteilen soll. Der Versicherungsnehmer hat dann innerhalb eines Monats nach Erhalt der Aufforderung die Änderungen mitzuteilen, I Ziff. 2 Satz 2. Auf Verlangen des Versicherers sind die Angaben durch die Geschäftsbücher oder sonstige Belege nachzuweisen, I Ziff. 2 Satz 3. Dies scheint aber auch in der Praxis noch nicht vorgekommen zu sein und soll wohl den Versicherer allein vor betrügerischem Verhalten schützen. 19

III. Leistungsfreiheit infolge unrichtiger Angaben und arglistigen Verschweigens, I Ziff. 3

Wenn der Versicherungsnehmer seine Anzeigepflichten nach I Ziff. 1 oder 2 verletzt, gelten die Rechtsfolgen nach § 26 VVG, I Ziff. 3, die aber kaum praxisrelevant sind. Der Versicherer ist vollständig oder teilweise leistungsfrei für einen Versicherungsfall, der nach einer Gefahrerhöhung eingetreten ist. Nach dem System des § 26 VVG hat der Versicherer weiterhin zu leisten, wenn der Versicherungsnehmer leicht fahrlässig oder unverschuldet die Anzeige nicht gemacht 20 hat. Bei grober Fahrlässigkeit ist der Schaden zu quoteln, je nach Schwere des Verschuldens des Versicherungsnehmers. Die Beweislast für das Nichtvorliegen einer groben Fahrlässigkeit trägt der Versicherungsnehmer, § 26 Abs. 1 a.E. VVG. Bei Vorsatz ist der Versicherer vollständig leistungsfrei, § 26 Abs. 1 Satz 1 VVG. Voraussetzung ist aber hierfür, dass die Obliegenheitsverletzung auch tatsächlich kausal für den Versicherungsfall war. Der Versicherungsnehmer kann einen Kausalitätsgegenbeweis führen und es dürfen nicht sonstige Ausschlussgründe vorliegen, § 26 Abs. 3 VVG. Bei Arglist ist der Versicherer ohnehin leistungsfrei, auch bei fehlender Kausalität.

C. Änderung von Anschrift und Name, II

21 Nach II hat der Versicherungsnehmer die Änderung seiner Anschrift und eine Namensänderung mitzuteilen. Der Versicherer kann andernfalls die Verträge nicht richtig zuordnen und seine Rechte aus möglichen Obliegenheitsverletzungen geltend machen. Wenn der Versicherungsnehmer seine Anschrift nicht mitgeteilt hat, gilt eine Zugangsfiktion. Der Versicherer kann seine Willenserklärung an die alte Adresse mit altem Namen senden, die dann drei Tage nach der Absendung des Briefs als zugegangen gilt. Die Willenserklärung muss aber mit eingeschriebenem Brief zugehen, ein einfacher Brief genügt nicht, um hier auch Beweisprobleme von vornherein zu vermeiden. Die Willenserklärung umfasst jede Art von Anzeige/Mitteilung, gerade auch die Kündigung eines Vertrags. Auf der anderen Seite muss die neue Adresse oder der neue Name erkennbar dem Versicherer zugehen. Nur ein neuer Briefkopf ohne ausdrücklichen Hinweis auf die neue Adresse/Name ist nicht ausreichend.[7] Praxisrelevant ist hier allein der Fall, wenn die Kanzlei umzieht und dies nicht meldet oder auch, wenn Kanzleiadresse und Wohnadresse des Versicherungsnehmers nicht in einem Bundesland liegen, z.B. bei Pendlern in Stadtstaaten wie in Hamburg.

§ 12 Sozien

I. Versicherungsfall

Der Versicherungsfall auch nur eines Sozius (§ 1 II) gilt als Versicherungsfall aller Sozien. Dies gilt nicht für Tätigkeiten außerhalb der gemeinschaftlichen Berufsausübung.

II. Durchschnittsleistung

Der Versicherer tritt für die Sozien zusammen mit einer einheitlichen Durchschnittsleistung ein. Für diese Durchschnittsleistung gilt folgendes:

1. Berechnung der Versicherungsleistung
Die Leistung auf die Haftpflichtsumme ist in der Weise zu berechnen, dass zunächst bei jedem einzelnen Sozius festgestellt wird, wie viel er vom Versicherer zu erhalten hätte, wenn er, ohne Sozius zu sein, allein einzutreten hätte (fiktive Leistung), und sodann die Summe dieser fiktiven Leistungen durch die Zahl aller Sozien geteilt wird.

2. Berechnung der Kosten
Bezüglich der Kosten sind die Bestimmungen in § 3 II Ziffer 5 in sinngemäßer Verbindung mit den vorstehenden Bestimmungen anzuwenden.

7 *Diller* § 11b Rn. 19.

https://doi.org/10.1515/9783110407280-016

3. Anwendung auf Nichtversicherungsnehmer

Dieser Durchschnittsversicherungsschutz besteht nach Maßgabe des § 7 I Ziffer 1 auch zugunsten eines Sozius, der Nichtversicherungsnehmer ist.

Systematische Übersicht

A. Übersicht

§ 12 als einer der umstrittensten Paragraphen in der Vermögensschadenhaftpflichtversicherung regelt in I, was ein Versicherungsfall ist, und in II, dass der Versicherer im Schadenfall eine Durchschnittsleistung bildet, wenn mehrere Sozien unterschiedliche hohe Versicherungssummen haben. 1

Änderungen zur Vorauflage der AVB-RSW, HV 60/06: keine, nur der Verweis in II auf § 3 ist angepasst.

Die einzelnen Sozietätsmitglieder können sich bei verschiedenen Versicherern mit verschiedenen Bedingungen und verschiedenen Versicherungssummen versichern, § 51 BRAO. Die Mitglieder einer Sozietät haften jedoch aus dem zwischen ihr und dem Auftraggeber bestehenden Vertragsverhältnis als Gesamtschuldner, § 52 BRAO. Deshalb gilt der Versicherungsfall eines Sozius als Versicherungsfall aller Sozien nach I. Der Geschädigte könnte sich aufgrund der Teilrechtfähigkeit der GbR und der persönlichen Haftung der einzelnen Sozietätsmitglieder auch denjenigen aussuchen, der zufällig die höchste Versicherungssumme hat. § 12 verhindert den möglichen Missbrauch. Zu beachten ist aber, dass § 12 keine haftungsrechtliche, sondern eine versicherungsrechtliche Norm ist. Die Versicherer können diese Art der Zurechnung auch wirksam vornehmen.[1] § 12 folgt daher nicht zwingend der jeweiligen Haftungssituation des Versicherungsnehmers oder der Sozietät. Es handelt sich um eine Zurechnungsnorm, die sich sowohl zu Gunsten als auch zu Lasten des einzelnen Versicherungsnehmers auswirkt. 2

1 BGH NJW 2011, 3718 Rn. 22.

B. Zweck

3 Zweck des § 12 ist es, dass der Versicherer und die Sozien nicht aufklären müssen, welcher Mitarbeiter für den Schaden verantwortlich war. § 12 folgt hier der Arbeitsorganisation in der Kanzlei. Die Sozien arbeiten gemeinschaftlich an einem umfassenden Mandat und teilen sich gewöhnlich ein Sekretariat. Bei lang zurückliegenden Verstößen können die Sozietät und der Versicherer nicht mehr zweifelsfrei feststellen, wer ursächlich für den Schaden war. Daneben sind die damalig handelnden Personen häufig nicht mehr greifbar, z.B. aufgrund der Änderungen der Kanzleistruktur.[2] Die Sozien müssen auch nicht befürchten, dass der Versicherer den Schuldigen in der Kanzlei suchen muss, was zu kanzleiinternen Streitigkeiten führen kann.

4 Daneben ist § 12 eine Kumulsperre. Die Versicherungssummen der einzelnen Sozien werden nicht zusammenaddiert. Ein Schaden, der die Versicherungssumme der einzelnen Sozien übersteigt, ist nicht mehr gedeckt. Es würden sonst Versicherungssummen abgebildet, die kumuliert nicht der gezahlten Prämie entsprechen. Ein Schaden von 1 Mio. EUR ist nicht dadurch versichert, dass vier Sozien die gesetzliche Mindestversicherungssumme von 250.000 EUR, 4-fach vorhalten. § 12 ergänzt hierbei § 14, der das Zusammentreffen von verschiedenen Vermögensschadenhaftpflichtversicherungen bei Doppel- oder Mehrfachbändern regelt. Nach § 14 ist die jeweils höchste Versicherungssumme entscheidend, wenn beide Policen deckungspflichtig sind, z.B. der als Anwalt und Steuerberater zugelassene Berufsträger hat den Mandanten fehlerhaft in einer Steuersache beraten, während bei § 12 eine Durchschnittsleistung aller in Frage kommenden Versicherungsleistungen berechnet wird. Insgesamt verteilt die in § 12 enthaltene Regelung gerecht die Haftungsrisiken zwischen den Sozien als Gesamtschuldner, die die unterschiedlichen Versicherer in einer Sozietät abdecken.[3]

C. Versicherungsfall, I

I. Anwendungsbereich des § 12

5 I Satz 1 regelt als Anwendungsbereich des § 12, dass der Versicherungsfall eines Sozius als Versicherungsfall aller Sozien gilt. Der Anwendungsbereich des § 12 ist nicht eröffnet, wenn es sich um Tätigkeiten außerhalb der gemeinschaftlichen Berufsausübung handelt, I Satz 2.

Im Ergebnis ergibt sich folgender sachlicher und persönlicher Anwendungsbereich:

- Begriff des Sozius nach § 12 i.V.m. § 1 II umfasst auch den Scheinsozius
- Persönlicher Anwendungsbereich bei verschiedenen Organisationsformen
  - zwischen unterschiedlichen Berufsangehörigen oder Berufsfremden in einer interprofessionellen Sozietät je nach Versicherer
  - Sozien einer Sozietät bei unterschiedlichen Versicherern je nach Versicherer
- Sachlicher Anwendungsbereich nur bei der gemeinschaftlichen Berufsausübung
  - in einer einfachen Partnerschaft, auch bei der Haftungskonzentration nach § 8 Abs. 2 PartGG
  - in einer Sozietät bei einer Haftungsbeschränkung nach § 52 Abs. 2 Satz 2 BRAO
- keine Anwendung bei nicht-wirtschaftsberatenden Berufen, bei Berufsträgergesellschaften und der PartG mbB, bei der Ein- und Austrittshaftung und bei Einzelmandaten und insbesondere nicht bei den amtsähnlichen persönlichen Tätigkeiten wie der Insolvenzverwaltung nach B Ziff. 1 BBR-RA

2 *Diller* § 12 Rn. 5; *Gräfe*/Brügge D Rn. 554.
3 *Chab* AnwBl 2012, 190.

1. Begriff des Sozius/Scheinsozius in einer Sozietät nach § 12, I Satz 1

Zum versicherungsrechtlichen Begriff des Sozius verweist § 12 I auf § 1 II. Damit ist der Begriff des Sozius unabhängig von der vertraglichen Beziehung im Innenverhältnis zu verstehen. Sozien sind damit sowohl die Gesellschafter der GbR als auch die Außensozien bzw. Scheinsozien[4], siehe näher dazu § 1 Rn. 245 ff. Der BGH hat zur Zurechnung des Deckungsausschlusses „Veruntreuung“ gegenüber Scheinsozien entschieden, dass der Leistungsausschluss auch für Scheinsozien einer Bedingungskontrolle standhält, damalig § 12 III a.F. i.V.m. § 4 Ziff. 3 a.F., jetzt § 1 III Ziff. 3 i.V.m. § 12 I. Es handelt sich nicht um eine überraschende Klausel i.S.v. § 305c Abs. 1 BGB. Von einem Rechtsanwalt ist zu erwarten, dass er die Ausschlusstatbestände des § 4 AVB-A zur Kenntnis nimmt und auch der nachfolgendem ausdrücklich mit „Sozien" überschriebenen Klausel in § 12 Beachtung schenkt. Das gilt insbesondere für einen angestellten Rechtsanwalt, der im Außenverhältnis als Sozius auftritt.[5] Durch die Neuregelung des § 12 III a.F. jetzt in § 1 III Ziff. 3 sollte die Regelung klar und endgültig rechtssicher sein. Etwas anderes gilt deshalb, wenn der Rechtsschein der gemeinschaftlichen Berufsausübung zerstört wird. Angestellte Anwälte und freie Mitarbeiter können einem Rechtsschein vorbeugen, indem sie ihren wahren Status auf Kanzleischildern und Formularen deutlich machen.[6] Sie müssen aktiv auf ihren Status hinweisen. Es kommt dabei auf die Sicht des durchschnittlichen Mandanten an. Die Gleichstellung von Sozius und Scheinsozius soll den Mandanten schützen, der nicht ohne weiteres erkennen kann, ob ein Anwalt Sozius oder nur Scheinsozius ist. Bei der Gestaltung des Außenauftritts, insbesondere der Briefbögen kommt es dann auf den Einzelfall an, siehe zur Abgrenzung Sozius/Scheinsozius § 1 Rn. 247 ff. 6

§ 12 gilt unabhängig davon, ob die Sozien sich in einer Sozietät an einem Ort zusammenschließen oder mehrere Niederlassungen haben. Es kommt in diesem Fall darauf an, ob die Sozien der verschiedenen Niederlassungen gemeinschaftlich nach außen hin ihren Beruf ausüben. Wenn sie den Rechtsschein hierfür zerstören, kann man § 12 nicht anwenden. Dies sollte im Grundsatz für alle Niederlassungen gelten, ob inländisch oder ausländisch. Allerdings gelten im Ausland ganz überwiegend ebenfalls Pflichtversicherungen bei den wirtschaftsberatenden Berufen. Sowohl Haftung als auch Deckung folgen hier anderen Grundsätzen.[7] Ganz überwiegend wird aber § 12 wohl schon konkludent dadurch abbedungen, indem der deutsche Versicherer für die ausländischen Standorte ein Sublimit vereinbart ist, andernfalls würden die ausländischen Standorte auch nicht versicherbar sein. 7

Der Anwalt darf seinen Beruf in mehreren Sozietäten ausüben und ist nicht an eine Sozietät gebunden, § 59a Abs. 1 BRAO. Er kann in einer Sternsozietät tätig sein. § 12 ist jeweils für die einzelne Sozietät anzuwenden, wenn nach außen hin der Sozius in den jeweiligen Sozietäten als Sozius auf dem Briefbogen geführt wird. Der in mehreren Sozietäten tätige Anwalt muss daher die gleiche Versicherungssumme haben wie die einzelnen Sozietäten, andernfalls ist eine Durchschnittsleistung zu bilden. In der Regel hat dieser Sozius eine Grundversicherungssumme. Wenn sie nicht ausreicht für die weiteren Sozietäten, sollte der Sozius hierfür Exzedentenversicherungen abschließen. Der Exzedent gleicht seine Grundversicherungssumme an die Versicherungssumme der anderen Sozietät an. Wenn er höher versichert ist in seiner Grundversicherung als die anderen Sozietäten, vermindert sich allerdings sein Versicherungsschutz nach der Durchschnittsleistung. 8

---

4 *Diller* § 12 Rn. 16; Borgmann/*Jungk*/Schwaiger § 39 Rn. 17; *Gräfe*/Brügge D Rn. 560; HBAnw/*Chab* § 18 Rn. 11.

5 BGH NJW 2011, 3718 mit Besprechungen in *Münkel* jurisPR-VersR 9/2011 Anm. 2, *Chab* AnwBl 2012, 190; *Juretzek* DStR 2011, 2068 und GWR 2011, 515; *Wagner* FA 2011, 307; das OLG München in Versicherung und Recht kompakt 2010, 105 hatte noch anders entschieden.

6 BGH NJW 2011, 3718 Rn. 27, hier der IV. Zivilsenat.

7 *Chab* AnwBl 201, 274.

9 § 12 ist im Übrigen auch dann anzuwenden zwischen den Sozietäten, wenn die Sozietäten nicht klar voneinander getrennt sind und nach außen hin als eine einzige Sozietät erscheinen.

2. Persönlicher Anwendungsbereich, I Satz 1

10 Beim persönlichen Anwendungsbereich sind die Besonderheiten der Organisationsformen der wirtschaftsberatenden Berufe zu berücksichtigen: Geltung des § 12 zwischen Berufsangehörigen oder Berufsfremden in einer interprofessionellen Sozietät und Sozien bei unterschiedlichen Versicherern.

a) Sozien als Berufsangehörige

Der Begriff des Sozius in § 12 ist legal definiert als Sozius im Sinne des § 1 II.

11 Nach § 1 II ist der Sozius nur der Berufsangehörige einer Berufsgruppe und nicht der Sozius einer anderen Berufsgruppe. Der Anwalt ist nur Sozius gegenüber den anderen Anwalts-Sozien und nicht auch gegenüber den Steuerberater-Sozien, siehe dazu ausführlich die Definition des Begriffs Sozius als Berufsangehöriger gemäß § 1 II in § 1 Rn. 252. Es ist aber zu beachten, dass andere Versicherer vereinzelt den Begriff Sozius auch übergreifend über die Berufsgruppen anwenden trotz des eindeutigen Verweises, siehe zu den Folgen hier § 12 Rn. 13. Nach dem Wortlaut von § 12 I ist jedoch nur der Sozius, der zu der Gruppe der berufsangehörigen Sozien zählt. I Satz 2 legt ausdrücklich fest, dass § 12 nicht anzuwenden ist, wenn es sich um Tätigkeiten außerhalb der gemeinschaftlichen Berufsausübung handelt. Bei einer Berufsausübungsgesellschaft in einer Sozietät/Partnerschaft üben die einzelnen Sozien ihren Beruf nur im Rahmen der Tätigkeit der jeweiligen Berufsgruppe aus. Der Steuerberater übt nicht die Anwaltstätigkeit aus und darf dies auch nicht. Die Sozietät/einfache Partnerschaft übt nach außen hin auch nicht den Beruf aus. Sie ist zwar Vertragspartner des Geschäftsbesorgungsvertrags, aber der in ihr tätige Anwalt/Steuerberater/Wirtschaftsprüfer übt nur den Beruf aus. § 12 wendet man daher folgerichtig nur zwischen Angehörigen einer Berufsgruppe an, die den Berufsfehler betrifft, z.B. nur zwischen den Anwälten einer Sozietät. Er findet keine Anwendung in einer interprofessionellen Sozietät zwischen den rechts- und wirtschaftsberatenden Berufsträgern, daher nicht zwischen Rechtsanwälten und Steuerberatern oder Wirtschaftsprüfern.[8]

12 Folge der gängigen Auslegung, dass der Anwaltssozius nur der Sozius i.S.d. §12 zu den anderen Anwälten ist, dass der Anwalt eine andere Versicherungssumme haben kann als ein Steuerberater oder Wirtschaftsprüfer. Die Gefahr einer Durchschnittsleistung nach § 12 besteht nicht. Allerdings ist dann wieder die interprofessionelle akzessorische Haftung zu versichern, da über § 12 keine Deckung hierfür besteht. Versicherungsschutz besteht statt nach § 12 daher über den Deckungsbaustein für gesellschaftsrechtliche Deckung nach Teil 1.2. Der Steuerberater, der für einen versicherten Berufsfehler des Anwalts haftet, hat danach einen eigenen Versicherungsschutz, siehe Teil 1.2 Rn. 32ff zum Höchstbetrag der Versicherungsleistung und Jahreshöchstleistung für die Eintrittsversicherung und die Versicherung für die interprofessionelle akzessorische Haftung. Es besteht daher keine Deckungslücke in einer interprofessionellen Partnerschaft.

13 Dabei ist aber zu beachten, dass andere Versicherer trotz ähnlichem oder sogar gleichem Wortlaut des § 1 II und § 12 über alle Berufsgruppen hinweg eine Durchschnittsleistung bilden, weil sie jeden Anwalt/Steuerberater/Wirtschaftsprüfer über die Berufsgrenzen hinweg als Sozius i.S.d. § 12 ansehen. Folge davon ist, dass dieser Versicherer eine Durchschnittleistung bildet,

8 *Diller* § 12 Rn. 23; Borgmann/*Jungk*/Schwaiger § 39 Rn. 17; *Gräfe*/Brügge D Rn. 579 allerdings einschränkend, dass § 12 nicht angewendet wird, wenn der Sozius nicht haftet, weil es ihm berufsrechtlich verboten ist. Diese Argumentation dürfte seit BGH NJW 2012, 2435 nicht mehr gelten, da auch Steuerberater für anwaltliche Beratungsfehler in einer interprofessionellen Sozietät haften.

was insbesondere beim Zusammenschluss mit Wirtschaftsprüfern zu beachten ist. Sie haben einen deutlich erhöhten Versicherungsschutz. In diesen Fällen hat der Versicherer auch zu klären, aus welchem Vertrag die Leistung erbracht wird, wenn der Sozius für einen Fehler seines berufsfremden Sozius aufgrund einer Vorbehaltstätigkeit in Anspruch genommen wird, beispielsweise der Wirtschaftsprüfer für einen Anwaltsfehler seines Sozius. Diese Versicherer benötigen dann aber auch keinen Baustein zur interprofessionellen Haftung, da man § 12 zwischen Anwälten und Steuerberatern/Wirtschaftsprüfern anwendet. Zur Sicherheit wird dies aber wohl nochmals ausdrücklich geregelt.[9]

b) Sozien bei unterschiedlichen Versicherern

Wenn die Sozien innerhalb einer Sozietät bei unterschiedlichen Versicherern versichert **14** sind, kommt es in der Praxis darauf an, wie die Versicherer § 12 für sich als Unternehmen und gegenüber den anderen Versicherern anwenden. § 12 ist als versicherungsrechtliche Zuordnungsnorm nicht nur rechtlich einzuordnen, sondern spielt eine geschäftspolitische Rolle beim jeweiligen Versicherer.[10]

Die Kanzleien und die Versicherer haben grundsätzlich kein Interesse bei unterschiedlich **15** versicherten Sozien genau zuordnen zu müssen, wer den Verstoß begangen hat. Zu klären wäre andernfalls in einem aufwendigen Verfahren, welcher Versicherer mit welchem Anteil zu regulieren hat, obwohl der Schaden selbst längst feststeht. Daher gilt grundsätzlich, dass § 12 übergreifend über die Versicherergrenzen hinweg mit der Durchschnittsleistung zumindest bei den berufsangehörigen Sozien Anwendung findet, weil der Sozius nur der Sozius einer Berufsgruppe ist, siehe hier zur gängigen Anwendung innerhalb der Berufsgruppe § 12 Rn. 11ff. Abweichend hiervon sehen andere Versicherer den Sozius über alle Berufsgruppen hinweg als Sozius i.S.d. § 12, 1 II an. Bei monoprofessionellen Sozietäten ist dies ohne Folgen. Man bildet eine Durchschnittsleistung, z.B. bei einer Sozietät nur aus Anwälten. Bei interprofessionellen Sozietäten bedeutet es dann, dass die Durchschnittsleistung nur zwischen den einzelnen Berufsgruppen gebildet wird. Es kommt nicht zu einer Durchschnittsleistung zwischen einem Wirtschaftsprüfer des einen Versicherers und dem Anwalt des anderen Versicherers. Dies sollte jedoch vorab geklärt sein, wenn in einer interprofessionellen Sozietät die Sozien bei unterschiedlichen Versicherern sind. Grundsätzlich legen dies die Versicherer in einer Zusatzbedingung vorab fest: Der Versicherungsschutz dieses Vertrages erstreckt sich nicht auf die Tätigkeiten oder Funktionen, die auch Gegenstand einer für den Beruf des Versicherungsnehmers als Wirtschaftsprüfer, vereidigter Buchprüfer und/oder Steuerberater vorgesehenen Vermögensschaden-Haftpflichtversicherung sind, bei der Allianz HV 410.

Wiederum anders ist es, wenn ganz vereinzelt Versicherer § 12 überhaupt nicht als Durch- **16** schnittsleistung begreifen, trotz gleichem Wortlaut der Regelung. Unerheblich ist dann, ob unterschiedliche Versicherer bestehen.[11] In diesem Fall muss der Verstoß zugeordnet werden. Der Versicherer, bei dem der Sozius versichert ist und der den Verstoß begangen hat, reguliert den Schaden ohne eine Durchschnittsleistung zu bilden. Es bedeutet aber auch, dass jeder einzelne Sozius nur für sich Versicherungsschutz hat, weil die Versicherungsgemeinschaft i.S.d. § 12 aufgehoben ist. Danach dürfte der Sozius, der den Verstoß nicht begangen hat, auch schon keinen Abwehrschutz haben, wenn ein Dritter ihn persönlich in Anspruch nimmt. Zumindest ist dies dann klarzustellen oder zu bestätigen durch diesen Versicherer. Der Versicherer, der § 12 nicht

9 HDI nach AVB-WSR VH 558:08 D Versicherungsschutz der gesellschaftsrechtlichen Haftung in § 16.
10 *Diller* § 12 Rn. 21.
11 BRAK-Ausschuss Versicherungsrecht, BRAK-Magazin 01/2018, S. 14, der einseitig die Zürich-Versicherung empfiehlt „beispielhaft hier die anwaltsfreundlichen Bedingungen der Zürich-Versicherung“. Leider versäumt es der Ausschuss sich überhaupt inhaltlich mit § 12 auseinanderzusetzen.

anwendet, deckt dann folgerichtig eine Sozietät nur in der Weise, dass er alle Sozien nur insgesamt und einheitlich hoch versichert.

3. Sachlicher Anwendungsbereich, I Satz 2

Zu bestimmen ist, ob § 12 auch dann anwendbar ist, wenn von vornherein nur ein Sozius in der Kanzlei haftet, weil es gesetzlich vorgeschrieben ist oder vereinbart ist, ob es daher auf die konkrete oder abstrakte Haftungssituation ankommt.

a) Partnerschaftsgesellschaft und Haftungskonzentration

17 Trotz der Haftungsprivilegierung nach § 8 Abs. 2 PartGG findet § 12 auch für die einfache Partnerschaftsgesellschaft Anwendung. Die gesamtschuldnerische Haftung der verschiedenen Partner ist nicht ausgeschlossen. Mit der Bearbeitung des Auftrags sind alle Partner befasst, die die Sache neben- oder nacheinander betreuen. Die Haftung trifft auch den Partner, der den schadensverursachenden Verstoß nicht direkt begangen hat oder der nach dem Verstoß erst in die Kanzlei eingetreten ist.[12] Daneben bleibt die Rechtsanwalts-Partnerschaft eine Berufsgesellschaft, bei der die Partner nach außen hin ihren Beruf gemeinschaftlich ausüben. Dies gilt im Übrigen auch bei einer einfachen interprofessionellen Partnerschaft. Die einzelnen Berufsträger, gleich ob Rechtsanwälte, Steuerberater oder Wirtschaftsprüfer, müssen sich selbst versichern. Die verschuldensunabhängige Haftung und die gemeinschaftliche Berufsausübung nach außen in der Berufsgesellschaft rechtfertigt die Anwendung des § 12 wie in einer BGB-Gesellschaft, unabhängig von der Haftungskonzentration nach § 8 Abs. 2 PartGG.[13]

b) Vertragliche Haftungsbegrenzungen, § 52 BRAO

18 Die persönliche Haftung in einer Sozietät kann auch durch vorformulierte Vertragsbedingungen beschränkt werden auf einzelne Mitglieder einer Sozietät, § 52 Abs. 2 Satz 2 BRAO. Hier bleibt § 12 anwendbar.[14] Es handelt sich bei § 12 nicht allein um eine Nachbildung der gesamtschuldnerischen Haftung, sondern um eine versicherungsrechtliche Norm. § 12 ist nicht auf den konkreten individuellen Haftungsfall anzuwenden, sondern gilt abstrakt zugunsten und zulasten aller Sozien innerhalb der gemeinschaftlichen Berufsausübung. Anders als bei den gesetzlich vorgeschriebenen Einzelaufträgen, bleibt die gemeinschaftliche Haftung in der Kanzlei grundsätzlich bestehen und wird nur im Einzelfall individuell ausgeschlossen. Mit § 12 will der Versicherer aber auch zugunsten der Sozietät verhindern, dass der Versicherer die Kanzleiabläufe untersucht, wer tatsächlich den Verstoß begangen hat. Der Versicherer müsste dann noch zusätzlich vorab klären, ob die Haftungsbegrenzung auf den mandatsführenden Sozius/Partner auch zulässig war. Er müsste dann die Haftungsfrage prüfen und insbesondere, ob die Zustimmung nach § 52 Abs. 2 Satz 3 BRAO wirksam war, weil nur dann auch eine gemeinschaftliche Haftung ausscheiden würde.

4. Versicherungsleistungen der anderen Sozien

19 Wenn ein Versicherungsfall nach I Satz 1 vorliegt, ist der Versicherungsfall des einen Sozius der Versicherungsfall des anderen Sozius. Es bedeutet auch, dass der eine Sozius für seinen Versicherungsfall auf die Versicherungssumme und Maximierung der anderen Sozien zugreifen

---

12 BGH NJW 2010, 1360.
13 *Chab* AnwBl 2012, 274; Borgmann/*Jungk*/Schwaiger § 39 Rn. 17; anders *Diller* AVB-RSW § 12 Rn. 17.
14 *Gräfe*/Brügge D 556; anders *Diller* § 12 Rn. 17.

kann. Andernfalls lässt sich auch eine Durchschnittsleistung nicht bilden. Das hat für die Sozien in der Sozietät den Vorteil, dass auch wenn bei ihnen die Versicherungsleistung erschöpft ist, sie noch Versicherungsschutz über die Versicherungsleistungen ihrer anderen Sozien haben.[15]

5. Notare

§ 12 mit einer Durchschnittsleistung ist zunächst nicht anwendbar zwischen Notaren. Notare üben ein hoheitliches persönliches Amt aus. Sie können ihren Beruf aber trotzdem gemeinsam mit anderen Berufen ausüben, § 9 BNotO. Notare können eine sog. Gebührengemeinschaft bilden, bei der sich die Notare die vereinnahmen Notariatsgebühren teilen und im Regelfall dann auch die Kosten für das gemeinschaftliche Notariatsbüro. Das Risiko von Schadenfällen bleibt dann regelmäßig unterschiedlich, weil sich die Notare nach Geschäftsgebieten aufteilen, aber die Notare haben als Gemeinschaft das gleiche wirtschaftliche Risiko. Unterschiedliche Versicherungssummen mit entsprechend unterschiedlichen Prämien sind daher möglich, aber die Notare profitieren von der Gebührenteilung und der Arbeitsteilung. § 12 (§ 13 bei den Notarbedingungen) wendet man daher mit einer Durchschnittleistung in diesem Fall an, allerdings eingeschränkt auf die Versicherungsleistung oberhalb der gesetzlichen Mindestversicherungssumme, um den Mindestversicherungsschutz des weiterhin nur persönlich, aber nicht gemeinschaftlich haftenden Notars zu gewährleisten.[16] Siehe zur Notardeckung § 1 Rn. 71ff. 20

II. Keine Anwendung von § 12

1. Nicht-wirtschaftsberatende Berufe

Ausdrücklich besteht kein Versicherungsschutz für die mögliche Berufsausübung zusammen mit anderen nicht wirtschaftsberatenden Berufen. § 12 gilt nur für Anwälte, Steuerberater und Wirtschaftsprüfer. Andere Berufe sind in den AVB-RSW nicht aufgeführt und können damit vom Anwendungsbereich nicht erfasst sein. Ärzte und Apotheker, die mit Anwälten gemeinschaftlich gutachterlich tätig sind, sind daher nicht versichert und müssen sich separat versichern. Sie sollten die interprofessionelle Haftung für die Berufsfehler des Anwalts in der Police des Anwalts mitversichern und umgekehrt, was dann auch für Personenschäden gelten kann, siehe ausführlich zur Versicherungslösung der gemeinschaftlichen Berufsausübung zwischen Ärzten/Apothekern und Anwälten § 1 Rn. 308 ff. Darüber hinaus gilt nach gängiger Auslegung der persönliche Anwendungsbereich des § 12 nur für berufsangehörige Sozien, siehe hier § 12 Rn. 11 ff. 21

2. Rechtsanwalts-GmbH/-AG, PartG mbB

§ 12 ist nicht bei der Anwalts-GmbH/-AG anwendbar. Für eine Rechtsanwaltsgesellschaft gelten die §§ 59c ff BRAO. Die GmbH haftet und nicht der einzelne Anwalt in der GmbH, § 13 Abs. 2 GmbHG. Die GmbH ist Versicherungsnehmerin und hat einen einheitlichen Versicherungsschutz. Unterschiedliche Versicherungssummen sind schon gar nicht möglich, so dass eine Durchschnittsleistung auch theoretisch nicht möglich ist. 22

Gleiches gilt für die PartG mbB. Anders als bei der einfachen Partnerschaft ist die PartG mbB Versicherungsnehmerin. Wie die Berufsträgergesellschaften GmbH/AG hat die PartG mbB eine eigene Berufshaftpflichtversicherung zu unterhalten, um die persönliche Haftung der Partner ausschließen zu können, § 51a Abs. 1 BRAO, § 8 Abs. 4 PartGG. 23

---

15 Makler nennen dies zuweilen „Horizontalklausel", was aber ohnehin schon über § 12 versichert ist.
16 Schippel/Bracker/*Schramm* § 19a Rn. 11.

3. Bürogemeinschaft, Kooperation

24 Bei Anwälten, die in Bürogemeinschaften, Kooperationen etc. arbeiten, wird § 12 nicht angewendet. Die Anwälte üben hier ihren Beruf nicht gemeinschaftlich aus und haften auch nicht gesamtschuldnerisch. Kennzeichen der Bürogemeinschaft ist, dass die Anwälte selbständig bleiben. Die Anwälte können dabei unterschiedliche hohe Versicherungssummen entsprechend ihrem individuellen Risiko vereinbaren ohne dass es zu einer Durchschnittsleistung nach § 12 kommt. Um den Rechtsschein der gemeinschaftlichen Berufsausübung zu zerstören, müssen die Anwälte den Status als Bürogemeinschaft für den durchschnittlichen Mandanten nach außen hin aktiv kenntlich machen. Nicht ausreichend ist die Bezeichnung „Kanzleigemeinschaft", eher schon „Bürogemeinschaft". Der Begriff "Kanzlei" ist weiter als der Begriff "Büro", da Kanzleigemeinschaft nicht bloß die Räumlichkeit beschreibt, sondern auch die anwaltliche Tätigkeit im Gesamtbetrieb charakterisiert.[17]

25 § 12 ist nicht auf Kooperationen anzuwenden, weil die Kooperation nicht einer Sozietät gleichgestellt ist.[18] Die fehlende Anwendbarkeit des § 12 ergibt sich daraus, dass die Kooperation in der Vorstellung des Verkehrs nur auf eine wirtschaftliche Zusammenarbeit ohne bestimmte gesellschaftsrechtliche Verpflichtungen, nicht aber auf eine gemeinschaftliche Berufsausübung im Sinne der Sozienklausel angelegt ist.[19] Unter Kooperation im Gegensatz zu einer Sozietät versteht man die dauerhafte und organisatorisch verfestigte Zusammenarbeit zwischen den Berufsträgern. In Abgrenzung zur Sozietät ist die Kooperation eine nicht rechts- und parteifähige Innengesellschaft.[20] Die Anwälte und nicht die Kooperation vereinbaren selbständig die Aufträge mit den Mandanten und rechnen einzeln mit ihnen ab. Die Sozietäten weisen meist deutlich abgesetzt von ihren Kanzleidaten auf Kooperationen mit anderen Kanzleien hin. Anwälte können auf ihre Kooperation mit anderen Partnern hinweisen. Eine Kooperation und der Hinweis ist auch mit nicht-sozietätsfähigen Berufsträgern möglich, wie z.B. Medizinern.[21] Um eine gesamtschuldnerische Haftung zu vermeiden, ist nach außen hin der Eindruck einer Scheinsozietät zu zerstören. Unzweideutig muss der gesamte Außenauftritt gegenüber dem Mandanten die fehlende gemeinschaftliche Berufsausübung zum Ausdruck bringen, insbesondere der Briefbogen, Kanzleischild, Internetauftritt, Geschäftskonten. Es muss das Büro benannt sein, das den Auftrag abschließt.[22] Nötig sind deutliche Hinweise auf dem Briefbogen wie „in Kooperation mit...". Die Nennung der Kooperationspartner sollte auf dem Briefbogen deutlich abgesetzt von den Sozien erfolgen. Die Mandatsvollmacht ist allein auf den einzelnen Kooperationspartner zu beschränken.[23]

4. Ein- und Austrittshaftung

26 § 12 ist begrifflich nicht anwendbar, wenn es um Ansprüche aufgrund gesellschaftsrechtlicher Verbindlichkeiten handelt, wenn ein Dritter den neu eintretenden oder den austretenden Sozius für die Verbindlichkeiten der Altsozien in Anspruch nimmt. § 12 setzt voraus, dass zum Zeitpunkt des Verstoßes der Versicherungsnehmer Sozius der Gesellschaft war. Wenn der neue Sozius für einen Altfall haftet, liegt der Verstoßzeitpunkt vor seinem Eintritt. Er war zu diesem Zeitpunkt nicht Sozius. Gleiches gilt, wenn er aus der Sozietät austritt und für einen Verstoß in

17 OLG Köln VersR 2003, 1047.
18 BGH VersR 2011, 1003.
19 BGH DStR 1993, 523.
20 Henssler/Prütting/*Hartung* BRAO § 59a Rn. 172f.
21 Henssler/Prütting/*Prütting* BORA § 9 Rn. 10; siehe auch AGH Hamburg BRAK-Mitt. 2004, 81 zur Führung einer Kurzbezeichnung.
22 *Gräfe*/Brügge D Rn. 518.
23 Henssler/Streck/*Hartung* HBSozR J Rn. 14.

Anspruch genommen wird, den ein früherer Mitsozius begangen hat. Für diese Haftung besteht Versicherungsschutz nach Teil 1.2 der AVB-RSW, aber keine Durchschnittsleistung nach § 12.

5. Einzelmandate, persönliche Bestellungen/Aufträge

Wenn von vornherein nur ein Einzelmandat vorliegt und eine gemeinschaftliche Haftung ausgeschlossen ist, ist § 12 bei den gesetzlich vorgeschriebenen eindeutigen Fällen nicht anzuwenden. Es handelt sich um keine gemeinschaftliche Berufsausübung nach I Satz 2. Die Sozien können hier nicht gemeinschaftlich auftreten, weil sie nur persönlich handeln können. 27

Nicht anwendbar ist § 12 bei den amtsähnlichen persönlichen Tätigkeiten, wenn der Berufsträger als Insolvenzverwalter, Betreuer, Testamentsvollstrecker usw. tätig ist. Öffentliche Behörden oder ein Gericht bestellen/beauftragen den Berufsträger persönlich für diese Tätigkeit. Sie üben diese Tätigkeiten nicht gemeinschaftlich mit den anderen Sozien aus. 28

Bei der PKH kommt es darauf an, ob der einzelne Sozius oder die Sozietät beigeordnet ist. § 12 ist nicht anwendbar, wenn der einzelne Sozius beigeordnet ist und der Mandant die Sozietät noch zusätzlich beauftragt hat. Maßgeblich ist dann der Beiordnungsbeschluss. 29

Gesetzlich vorgesehen ist, dass der Strafverteidiger nur eine natürliche Person sein kann und nicht eine Personenvereinigung von Anwälte wie eine Sozietät, §§ 137 ff StPO.[24] Das stellt auch § 7 Abs. 4 Satz 2 PartGG klar. Verteidiger im Sinne der §§ 137 ff Strafprozessordnung ist nur die für die Partnerschaft handelnde Person. § 12 sollte hier jedoch anzuwenden sein. Es geht um eine versicherungsrechtliche Norm bei § 12 und nicht um eine reine Haftungsnorm. Auch hier bilden die Strafverteidiger mindestens eine Gebührengemeinschaft mit den anderen Sozien, wie es der Fall ist bei den Notaren. 30

Einzelobjekte/Projektdeckungen schließen entweder die Kanzlei selbst oder ein einzelner Sozius ab. § 12 ist nicht anzuwenden. Wenn der einzelne Sozius handelt, besteht schon aus diesem Grund keine gemeinschaftliche Berufsausübung und § 12 ist nicht anwendbar. Das muss aber auch dann gelten, wenn die Sozietät ein Einzelobjekt abschließt. Zwar liegt eine gemeinschaftliche Berufsausübung vor, aber der Mandant möchte gerade, dass die Versicherungssumme, die meist höher als die laufende Deckung der Kanzlei ist, gerade allein für dieses Mandat besteht. Hierfür entrichtet der Mandant auch die entsprechende Prämie. 31

D. Durchschnittsleistung, II

Nach II bildet der Versicherer eine Durchschnittsleistung, wenn die Berufsträger innerhalb ihrer Berufsgruppe unterschiedlich hoch versichert sind.

I. Berechnung der Versicherungsleistung, II Ziff. 1

1. Bildung der Durchschnittsleistung

Der Versicherer bildet die Durchschnittsleistung dadurch, dass er für jeden einzelnen Sozius fiktiv berechnet, was er allein zu zahlen hätte, fiktive Leistung nach II Ziff. 1. Die Summe aller Versicherungsleistungen teilt er durch die Anzahl der Sozien, die Durchschnittsleistung. Es bedeutet daher nicht, dass der Versicherer einfach die einzelnen Versicherungssummen addiert. Er addiert nur diejenigen Summen, die der einzelne auch tatsächlich zu zahlen hätte. Selbstverständlich kann sich eine Durchschnittsleistung nur dann auswirken, wenn die Sozien unterschiedlich hoch versichert sind und einer der Sozien eine niedrigere Versicherungssumme hat 32

24 BVerfG NJW 1977, 99.

als die Höhe des Schadens ist. Je unterschiedlicher dabei die Versicherungssummen sind, desto höher sind auch die Unterschiede in den Leistungen. Die Durchschnittsleistung wirkt sich zulasten oder zugunsten des Sozius aus. Zugunsten von ihm wirkt es sich aus, wenn er selbst niedriger versichert ist, Beispiel 1. Zulasten von ihm wirkt es sich aus, wenn er selbst höher versichert ist, Beispiel 2.

33 Beispiel 1, zugunsten des schadenverursachenden Sozius:

Schadenhöhe	400.000 EUR
Versicherungssumme	
Sozius A	1 Mio. EUR
Sozius B (Schadenverursacher)	250.000 EUR
Fiktive Versicherungsleistung	
Sozius A	400.000 EUR
Sozius B (Schadenverursacher)	250.000 EUR
Durchschnittsleistung	325.000 EUR = (400.000 + 250.000) / 2

Die Versicherungsleistung beträgt 325.000 EUR, obwohl der schadenverursachende Sozius nur eine Versicherungssumme von 250.000 EUR hat.

34 Beispiel 2, zulasten des schadenverursachenden Sozius:

Schadenhöhe	750.000 EUR
Versicherungssumme	
Sozius A (Schadenverursacher)	1 Mio. EUR
Sozius B	250.000 EUR
Fiktive Versicherungsleistung	
Sozius A (Schadenverursacher)	750.000 EUR
Sozius B	250.000 EUR
Durchschnittsleistung	500.000 EUR = (750.000 + 250.000) / 2

Die Versicherungsleistung beträgt 500.000 EUR, obwohl der schadenverursachende Sozius eine Versicherungssumme von 1 Mio. EUR hat.

2. Selbstbehalt und Durchschnittsleistung

35 Die Durchschnittsleistung gilt nicht nur für die ausgezahlte Versicherungssumme, sondern auch für die vereinbarten Selbstbehalte. Die Sozien können bis maximal 2.500 EUR einen Selbstbehalt vereinbaren, § 51 Abs. 5 BRAO. Unterschiedlich hohe Selbstbehalte können sich wie bei den unterschiedlich hohen Versicherungssummen zulasten und zugunsten des Sozius auswirken.

Beispiel 1, zugunsten des schadenverursachenden Sozius: 36

Schadenhöhe	5.000 EUR
Selbstbehalt	
Sozius A	1.500 EUR
Sozius B (Schadenverursacher)	2.500 EUR
Fiktive Versicherungsleistung	
Sozius A	3.500 EUR
Sozius B (Schadenverursacher)	2.500 EUR
Durchschnittsleistung	3.000 EUR = (3.500 + 2.500) / 2

Die Versicherungsleistung beträgt 3.000 EUR, obwohl der schadenverursachende Sozius eigentlich aufgrund seines hohen Selbstbehalts von 2.500 EUR nur Anspruch auf 2.500 EUR gehabt hätte.

Beispiel 2, zulasten des schadenverursachenden Sozius: 37

Schadenhöhe	5.000 EUR
Selbstbehalt	
Sozius A (Schadenverursacher)	1.500 EUR
Sozius B	2.500 EUR
Fiktive Versicherungsleistung	
Sozius A (Schadenverursacher)	3.500 EUR
Sozius B	2.500 EUR
Durchschnittsleistung	3.000 EUR = (3.500 + 2.500) / 2

Die Versicherungsleistung beträgt auch hier 3.000 EUR, obwohl der schadenverursachende Sozius eigentlich aufgrund seines niedrigen Selbstbehalts von 1.500 EUR Anspruch auf 3.500 EUR gehabt hätte.

Bei Berufsanfängern macht der Versicherer nach § 3 II Ziff. 4.3 Satz 3 keinen Selbstbehalt 38 geltend. Streng genommen könnte man hier auch gegenüber dem Berufsanfänger eine Durchschnittleistung bilden, die dann aber immer zu Lasten des Berufsanfängers gehen würde, da sein Selbstbehalt „0" ist. Der Berufsanfänger ist aber zu schützen, so dass keine Durchschnittsleistung nach § 12 gebildet wird. Der Selbstbehalt entfällt für den Berufsanfänger immer und vollständig, siehe dazu auch § 3 Rn. 95.

II. Pflichtversicherungsschutz und Durchschnittsleistung

Eine Verletzung von Pflichtversicherungsregelungen, dass die Durchschnittsleistung unter- 39 halb der Pflichtversicherungssumme von 250.000 EUR liegt, kann nicht vorkommen. Die Versicherungsleistung als Durchschnittsleistung wird im Schadenfall für alle Sozien mit dem entsprechenden Teil der Schadenleistung angelegt. Bei einem Schadenfall von 250.000 EUR von zwei pflichtversicherten Sozien einer Sozietät hat jeder Sozius nach der Durchschnittsleistung 125.000 EUR zu tragen. Die Versicherungsleistung für die Sozien berechnet sich aus der bestehenden Durchschnittsleistung und sollte grundsätzlich für jeden der Sozien als Schaden mit

125.000 EUR angelegt sein, unabhängig davon, wer den Schaden verursacht hat. Eine Zahlung unterhalb der Pflichtversicherungssumme kann nur dann erfolgen, wenn die Versicherungsleistungen insgesamt aller Sozien erschöpft ist. Das ist dann aber nicht Folge einer Durchschnittsleistung, sondern dass aus allen Verträge die Versicherungssummen schon so weit erschöpft sind, dass die 250.000 EUR für einen einzelnen Versicherungsfall nicht mehr zur Verfügung stehen.

III. Berechnung der Kosten, II Ziff. 2

40 Nach II Ziff. 2 gilt die Durchschnittsleistung auch für die Kosten der Schadenabwehr. Danach ist bei unterschiedlich hohen Versicherungssummen ebenfalls eine Durchschnittsleistung bei den Kosten zu bilden. Der Versicherer bildet gleichfalls eine fiktive Leistung, hier nicht für den Schadenersatz, sondern für die Kosten anhand der Versicherungssumme des einzelnen Sozius. Die Gesamtsumme teilt er durch die Anzahl der Sozien. Wie beim Schadensersatz geht dies zugunsten des Sozius, der eine niedrigere Versicherungssumme hat und zulasten des Sozius, der eine höhere Versicherungssumme hat.

IV. Anwendung auf Nichtversicherungsnehmer, II Ziff. 3

41 Nach II Ziff. 3 bildet man die Durchschnittsleistung auch zugunsten der Sozien, die nicht Versicherungsnehmer, aber mitversichert sind, § 7 I Ziff. 1. Anwälte haben sich selbst zu versichern in Höhe der Pflichtversicherung. Wenn oberhalb der Pflichtversicherung der Sozius mitversichert ist und unterschiedliche hohe Versicherungssummen gelten, gilt die Durchschnittsleistung auch zugunsten von ihm. Praktisch gibt es diese Konstellation nicht, da die Sozien/Scheinsozien sich selbst versichern oder die Sozietät Versicherungsnehmerin oberhalb der Pflichtversicherungssumme ist. Bei ihr können die Sozien/Scheinsozien nur in gleicher Höhe mitversichert sein, weil sie selbst die Versicherungsnehmerin ist. Steuerberater/Wirtschaftsprüfer können sich bei den nicht anerkannten Berufsausübungsgemeinschaften, die dann Versicherungsnehmer sind, mitversichern. Sie benötigen, anders als die Anwälte, hier keine Zulassungspolicen. Auch hier sollte grundsätzlich die Durchschnittsleistung schon dadurch ausgeschlossen sein, dass die nicht anerkannte Gesellschaft eine Versicherungssumme zugunsten der Partner als Berufsträger vorhält.

§ 13 Mitarbeiter

I. Mitarbeiter als Risikoerweiterung

Die Beschäftigung eines zuschlagspflichtigen Mitarbeiters, der nicht Sozius im Sinne des § 1 II ist, gilt als Erweiterung des versicherten Risikos nach § 11b I Ziffer 2.

II. Folgen der Nichtanzeige

Wird trotz Aufforderung die Beschäftigung eines Mitarbeiters nicht angezeigt, so verringert sich dem Versicherungsnehmer gegenüber die Leistung (§ 12) des Versicherers, wie wenn der Mitarbeiter Sozius im Sinne von § 1 II wäre.

III. Versicherungsschutz für Mitarbeiter

In Ansehung solcher Verstöße, die vor Ablauf der Frist des § 11b I Ziffer 2 oder nach Bezahlung des Mitarbeiterzuschlags erfolgt sind, umfasst die Versicherung im Rahmen des Versicherungsvertrages auch Haftpflichtansprüche, die unmittelbar gegen die Mitarbeiter erhoben werden (§ 7 I Ziffer 1).

https://doi.org/10.1515/9783110407280-017

Systematische Übersicht

§ 13 regelt den Versicherungsschutz von Mitarbeitern, die nicht Sozius nach § 1 II sind und die Folgen, wenn die Mitarbeiter dem Versicherer nicht angezeigt sind.

Änderungen zur Vorauflage gibt es nicht, allein die Bezifferung hat sich geändert.

A. Mitarbeiter als Risikoerweiterung, I

I regelt, wer als zuschlagpflichtiger Mitarbeiter gilt und dass die Beschäftigung dieses Mitarbeiters eine Gefahrerhöhung nach § 11b I Ziff. 2 im laufenden Vertrag ist. Die Regelung ist notwendig, andernfalls könnte die Kanzlei zuschlagpflichtige Mitarbeiter ohne Auswirkung auf den Versicherungsschutz beschäftigen, obwohl das Risiko sich für den Versicherer erhöht, weil diese Mitarbeiter die Anzahl der Mandate/Honorareinnahmen steigern.

I. Anwendungsbereich

§ 13 erfasst die zuschlagpflichtigen Mitarbeiter in einer Berufsausübungsgemeinschaft, also einer Sozietät/einfachen Partnerschaft. § 13 erfasst nicht die Berufsträgergesellschaften, also die GmbH/AG bei Anwälten und die anerkannten Steuerberatungsgesellschaften und Prüfungsgesellschaften bei Steuerberatern und Wirtschaftsprüfern. Dies ergibt sich aus der Regelung in I und dem Verweis auf § 12 in II und dem gebotenen Versicherungsschutz in III. Sozien nach I sind nur die Sozien einer Berufsausübungsgemeinschaft nach § 1 II. Unmittelbare Ansprüche gegen den Mitarbeiter sind grundsätzlich nur aufgrund der gesellschaftsrechtlichen akzessorischen Haftung in einer Sozietät/Partnerschaft möglich. In einer Berufsträgergesellschaft und auch bei der PartG mbB richtet sich der Anspruch nicht unmittelbar gegen einen dort tätigen Anwalt. Wenn ein zuschlagpflichtiger Mitarbeiter nicht gemeldet ist, gilt bei den anderen Organisationsformen daher nicht § 13, sondern die allgemeine Rechtsfolge nach § 11b I Ziff. 3, § 26 VVG. Der Versicherer ist leistungsfrei oder kann die Leistung kürzen. Die dortigen Mitarbeiter haben aber ebenfalls als mitversicherte Personen einen eingeschränkten Versicherungsschutz, siehe zur Mitversicherung bei der PartG mbB § 7 Rn. 11 und zur Mitversicherung bei der Rechtsanwalts-GmbH § 7 Rn. 12. 1

Bei den anerkannten Gesellschaften bei Steuerberatern/Wirtschaftsprüfern ist zwar ein unmittelbarer Anspruch möglich, aber Versicherungsnehmer ist auch hier die Berufsträgergesellschaft, so dass § 13 nicht anwendbar ist. Eine Durchschnittsleistung ist hier i.S.d. II nicht möglich, da Träger der Versicherungsleistung die Gesellschaft ist und nicht der einzelne Sozius oder Partner. Auch hier haben die dort tätigen Mitarbeiter als mitversicherte Personen einen eingeschränkten Versicherungsschutz § 7 Rn. 12. 2

II. Begriff zuschlagpflichtiger Mitarbeiter

Unter einen zuschlagpflichtigen Mitarbeiter fallen alle Anwälte ohne Außenauftritt. Es handelt sich regelmäßig um die angestellten Anwälte und die Mitarbeiter, die nicht auf dem Briefbogen der Kanzlei erscheinen, siehe zur Abgrenzung Sozius und Scheinsozius § 1 Rn. 247 ff. Darüber hinaus fallen unter den Begriff die juristisch vorgebildeten, nicht zur Rechtsanwaltschaft zugelassenen Mitarbeiter. Das können z.B. Wirtschaftsjuristen sein, weil sie anwaltlich relevante 3

Arbeiten dem Anwalt abnehmen, die der Anwalt dann als eigenes Ergebnis vortragen kann. Daher fallen nicht unter I das Büropersonal oder sonstige Mitarbeiter. Sie organisieren das Büro, führen die Handakten und den Fristenkalender. Sie arbeiten jedoch dem Anwalt nicht rechtlich zu. Dem Büropersonal gleichgestellt sind auch Rechtsreferendare im obligatorischen Vorbereitungsdienst. Sie haben zwar eine juristische Vorbildung, aber es handelt sich um eine gesetzlich festgelegte Ausbildung. Eine Meldung ist daher nicht erforderlich, weil auch kein Zuschlag erfolgt.

4 Die Beschäftigung des zuschlagpflichtigen Mitarbeiters ist eine Erweiterung des versicherten Risikos nach § 11b I Ziff. 2. Diese Mitarbeiter sind dann in der Police des Sozius oder in der Sozietätspolice als Risikoerhöhung mitversichert. Weil sie eine Risikoerhöhung sind, aber nicht nach außen hin auftreten und damit grundsätzlich nicht haften, zahlen sie eine geringere Prämie wie ein Sozius/Scheinsozius. Die Prämie beträgt in der Regel 80% des Beitrags eines Sozius. Um sich zulassen zu können, erhalten diese Anwälte eine Zulassungspolice. Damit sind die Anwälte ohne Außenauftritt für ihre Tätigkeit außerhalb der Sozietät im eigenen Namen auf eigene Rechnung versichert, siehe zur Zulassungspolice von zuschlagpflichtigen Anwälten § 1 Rn. 328ff. Die Prämie hierfür ist rabattiert und beträgt regelmäßig 20% der Normalprämie.[1] Siehe zur Prämienkalkulation einer Kanzlei § 8 Rn. 26ff.

B. Folgen der Nichtanzeige, II

5 II regelt, dass die fehlende Anzeige von Mitarbeitern dazu führt, dass sich die Versicherungsleistung verringert. Systematisch bildet § 13 einen Unterfall des § 11b und müsste dort als eigenständige Ziffer 3 zu finden sein. Aufgrund historisch gewachsener Strukturen ist dies bisher nicht geändert worden.

6 Wenn der Versicherungsnehmer einen zuschlagpflichtigen Mitarbeiter nicht meldet, also ein Anwalt ohne Außenauftritt in der Kanzlei beschäftigt ist, gilt nach II: Die Beschäftigung eines zuschlagspflichtigen Mitarbeiters, der nicht Sozius im Sinne des § 1 II ist, gilt als Erweiterung des versicherten Risikos nach § 11b II Ziffer 2. Wird trotz Aufforderung die Beschäftigung eines Mitarbeiters nicht angezeigt, so verringert sich dem Versicherungsnehmer gegenüber die Leistung (§ 12) des Versicherers, wie wenn der Mitarbeiter Sozius im Sinne von § 1 II wäre. Es bedeutet, dass der Versicherer im Versicherungsfall die Leistung anteilig verringern kann. Er setzt die Versicherungssumme für den nicht gemeldeten Anwalt mit „0“ an und bildet mit der vorhandenen Versicherungsleistung der Sozien/Scheinsozien eine Durchschnittsleistung nach § 12. Beispiel: Zwei Sozien haben einen angestellten Anwalt ohne Außenauftritt. Einer der Sozien hat einen Schadenfall von 500.000 EUR. Die Versicherungssumme beider Sozien als Einzelversicherung beträgt ebenfalls 500.000 EUR. Der angestellte Anwalt ist nicht gemeldet. Die fiktive Versicherungsleistung der beiden Sozien beträgt jeweils 500.000, die des angestellten Anwalts „0“. Die Durchschnittsleistung beträgt daher 333.333 EUR = (500.000 + 500.000 + 0) / 3. Die Durchschnittsleistung gilt auch für den Abwehrschutz.[2] Folge für den zuschlagpflichtigen Mitarbeiter ist aber, dass er trotz fehlender Meldung eingeschränkten Versicherungsschutz hat, siehe hierzu § 13 Rn. 10f. Der eingeschränkte Versicherungsschutz bedeutet auch, dass er mitversicherte Person ist, gegen die ein Regress nach § 7 III nicht möglich ist, falls er einen zurechenbaren Verstoß begangen hat; siehe zur fehlenden Regressmöglichkeit bei einem Mitarbeiter, der trotz Aufforderung nicht gemeldet ist § 7 Rn. 45.

7 Die weitreichende Folge der Durchschnittsleistung gilt aber ausdrücklich gemäß II nur dann, wenn der Versicherer den Versicherungsnehmer dazu aufgefordert hat, ihm die Beschäfti-

1 *Chab* AnwBl 2012, 274, 277.
2 *Diller* § 13 Rn. 10.

gung eines zuschlagpflichtigen Mitarbeiters anzuzeigen. II gilt nicht für nicht gemeldete Mitarbeiter ohne Aufforderung. Zwar sind diese Fälle kaum denkbar, weil der Versicherer regelmäßig nach neuen Mitarbeitern fragt, aber der Vollständigkeit halber ist hierzu anzumerken: Der nicht gemeldete Mitarbeiter hat keinen Versicherungsschutz, auch keinen eingeschränkten. Diese Mitarbeiter sind dem Versicherer schlichtweg nicht bekannt und sie haben auch keine Prämie gezahlt.[3] Die Kanzlei muss auf der einen Seite keine Durchschnittsleistung nach § 12 fürchten, aber auf der anderen Seite können die unversicherten Mitarbeiter fremde Dritte sein. Bei ihnen ist ein Regress möglich, wenn die Kanzlei für ihr Fehlverhalten haftet und der Versicherer dies deckt. Siehe zum Regress bei nicht gemeldeten Mitarbeitern ohne Aufforderung § 7 Rn. 46.

Um allgemein die Obliegenheiten der §§ 11a,b, 13 zu erfüllen und auch gleichzeitig den neu 8
eintretenden Sozius mitzuversichern, genügt es, dass der Versicherungsnehmer dem Versicherer die „Einstellung eines Rechtsanwalts“, werkvertraglicher freier Mitarbeiter oder arbeitsvertraglicher angestellter Mitarbeiter, anzeigt.[4] Der Anwalt hat ein Interesse daran, dass die Personen, derer er sich zur Erfüllung seiner Berufspflichten bedient, in den Versicherungsschutz einbezogen sind, da mehrere Berufsträger ein Mandat bearbeiten können und zuweilen zweifelhaft ist, wer tatsächlich verantwortlich ist. Der Versicherungsschutz besteht dann auch mit der Anzeige selbst. Eine Rechnungsstellung aufgrund Risikoerhöhung oder eine Mittteilung des beitragsfreien Einschlusses durch den Versicherer ist nicht erforderlich. Die Anzeige ist ein qualifiziertes Angebot auf Mitversicherung, dass der Versicherer durch Schweigen annimmt.

Hinzuweisen ist darauf, dass die VVG-Regelungen zu Obliegenheitsverletzungen und feh- 9
lender Deckungsschutz bzw. Durchschnittsleistung nach § 12, 13 nur das äußerste Mittel darstellen. Praktisch lösen die Versicherer die fehlende Meldung eines Mitarbeiters dadurch, dass der Versicherungsnehmer die fehlenden Prämien nachzuentrichten hat und dann dafür auch der Versicherungsschutz wieder vollständig ist.

C. Versicherungsschutz für Mitarbeiter, III

I. Eingeschränkter Versicherungsschutz

Nach III haben die zuschlagpflichtigen Mitarbeiter einen eingeschränkten Versicherungs- 10
schutz. Der angestellte Anwalt ohne Außenauftritt ist mitversicherte Person nach III i.V.m. 7 I Ziff. 1. Es besteht für ihn Versicherungsschutz für Haftpflichtansprüche, die unmittelbar gegen ihn erhoben werden.

Dies ergibt sich aus III „*...Haftpflichtansprüche, die unmittelbar gegen die Mitarbeiter erho-* 11
ben werden...“ und dem Haftungsregime der Sozietät. Diese Gruppe von Anwälten haftet nicht persönlich und gesamtschuldnerisch für die Verbindlichkeit der Sozietät analog §§ 128 HGB, weil sie keinen Rechtsschein wie ein Scheinsozius setzen. Das schuldhafte Verhalten dieser Anwälte rechnet man dem Prinzipal zu, § 278 BGB.[5] Sie können jedoch deliktisch haften und ein Anspruch kann sich fälschlicherweise gegen sie unmittelbar richten. Hierfür besteht nach III Versicherungsschutz. Der Versicherungsschutz besteht daher aber nicht für die amtsähnlichen persönlichen Tätigkeiten nach den BBR-RA, z.B. als Insolvenzverwalter, Testamentsvollstrecker, Betreuer etc. Hierfür haben allein die Sozien und Scheinsozien Versicherungsschutz. Dies stellt auch die Prämienkalkulation sicher. Diese Anwälte zahlen nicht den vollen Prämienbeitrag wie die Sozien/Scheinsozien, weil kein grundsätzliches Haftungsrisiko, aber eine Gefahrerhöhung durch die Zuarbeit beim Sozius besteht. Über die Zulassungspolicen nach § 51 BRAO sind diese Anwälte aber wieder für die höchstpersönlichen amtsähnlichen Tätigkeiten in Höhe der Grund-

3 *Diller* § 13 Rn. 8.
4 OLG Hamburg VersR 1985, 230.
5 Borgmann/*Jungk*/Schwaiger § 38 Rn. 73.

deckung versichert, aber nur für eigene Aufträge auf eigene Rechnung und nicht für Aufträge oder auf Rechnung der Kanzlei.

II. Verstöße vor Fristablauf, Zahlung des Mitarbeiterzuschlags

12 Voraussetzung des eingeschränkten Versicherungsschutzes als mitversicherte Personen ist aber nach III, dass diese Anwälte dem Versicherer bekannt sind und der Beitrag entrichtet ist. Wenn der Versicherungsnehmer dem Versicherer die Gefahrerhöhung durch weitere angestellte Anwälte oder freie Mitarbeiter nicht angezeigt hat oder nicht für sie Prämie gezahlt hat, haben sie auch keinen eingeschränkten Versicherungsschutz mehr. Der Versicherer bietet nicht fiktiv Versicherungsschutz für ihm nicht bekannte Anwälte, für die er ohne Meldung auch keine Prämie erhalten kann.

13 Die Fristenregelung nach III Alt. 1 macht hiervon eine zeitliche Ausnahme und dient der Vorsorge. Wenn der Versicherer die Kanzlei aufgefordert hat, meist mit der neuen Prämienrechnung, die Mitarbeiter zu melden, geht die Monatsfrist nach § 11b I Ziff. 2 Satz 2 nicht zulasten des Anwalts ohne Außenauftritt. Er ist versichert für Verstöße, die unmittelbar gegen ihn geltend gemacht werden. Versicherungsschutz besteht nach der III 2. Alt für den Anwalt ohne Außenauftritt selbstverständlich dann, wenn der Mitarbeiterzuschlag bezahlt ist. Der Versicherungsschutz besteht hier rückwirkend ab dem Zeitpunkt der Meldung und nicht erst ab der tatsächlichen Bezahlung.

§ 14 Kumulsperre

I. Ein Versicherungsnehmer mit unterschiedlichen Qualifikationen

Unterhält der Versicherungsnehmer auf Grund zusätzlicher Qualifikationen weitere Versicherungsverträge (z.B. in der Eigenschaft als Rechtsanwalt, Rechtsbeistand, Patentanwalt, Steuerberater, vereidigter Buchprüfer oder Wirtschaftsprüfer) und kann er für ein und denselben Verstoß Versicherungsschutz auch aus einem oder mehreren Versicherungsverträgen in Anspruch nehmen, begrenzt die Versicherungssumme des Vertrages mit der höchsten Versicherungssumme die Leistung aus allen Versicherungsverträgen; eine Kumulierung der Versicherungssummen findet nicht statt. § 78 Abs. 2 Satz 1 VVG gilt entsprechend.

II. Mehrere Versicherungsnehmer mit unterschiedlichen Berufsqualifikationen

Werden Angehörige der rechts-, steuer- und wirtschaftsberatenden Berufe, welche auf Grund gleicher, mehrfacher oder verschiedener Qualifikationen Versicherungsverträge unterhalten, für ein- und denselben Verstoß verantwortlich gemacht und kann für diesen Verstoß Versicherungsschutz aus mehreren Versicherungsverträgen in Anspruch genommen werden, begrenzt die Versicherungssumme des Vertrages mit der höchsten Versicherungssumme die Leistung aus allen Versicherungsverträgen; eine Kumulierung der Versicherungssummen findet nicht statt.

III. § 12 bleibt unberührt.

Systematische Übersicht

https://doi.org/10.1515/9783110407280-018

A. Übersicht

§ 14 regelt die Kumulsperre, wenn für einen Verstoß mehrere Versicherungsverträge in Betracht kommen. Das kann nach I der Fall sein, wenn ein Berufsträger doppelt oder mehrfach qualifiziert ist, z.B. der Anwalt auch als Steuerberater bestellt ist. Das kann aber auch nach II der Fall sein, wenn in einer interprofessionellen Sozietät ein Verstoß durch verschiedene Versicherungen von verschiedenen Berufsträgern gedeckt ist, z.B. bei einer Steuerberatung, die alle rechts- und wirtschaftsberatenden Berufe ausüben können. Weiter gibt es Überschneidungen in der Deckung, wenn der Versicherungsnehmer als Notarvertreter tätig ist oder der Anwalt einen Anwaltsvertreter bestellt hat, der hierfür in der Police des Anwalts versichert ist nach B Ziff. 1.1, 6. Spiegelstrich und Ziff. 2 BBR-RA. Der zu vertretene Notar und auch der Anwaltsvertreter haben regelmäßig einen eigenen Versicherungsschutz. Daher können beide Versicherungsverträge den gleichen Versicherungsfall betreffen. 1

Speziell gibt es bei Auslandssachverhalten Master-Cover-Lösung. Hier ist im Master-Cover geregelt, soweit nichts anderes vereinbart ist, dass die inländischen und ausländischen Versicherungssummen nicht kumulieren. Der später in die AVB-RSW eingefügte Versicherungsschutz nach Teil 1.2 für die gesellschaftsrechtliche Haftung begrenzt die Leistungen ebenfalls nach C Ziff. 2 und 3. Die Summen desjenigen, der den Verstoß begangen hat und desjenigen, den man in Anspruch nimmt, kumulieren nicht. 2

Zum Anwendungsbereich des § 14 ist zunächst festzustellen, wer den Verstoß begangen hat und bei welcher Art der Tätigkeit. Andernfalls kann man nicht bestimmen, wessen Berufsrecht und welcher vereinbarte Versicherungsvertrag dann auch ausschließlich gelten. Zweitens bildet man eine Durchschnittsleistung nach § 12, wenn unterschiedliche Versicherungssummen bestehen. Dies ist in diesem Sinn auch eine Kumulsperre. 3

Änderungen zur Vorauflage der AVB-RSW, HV 60/06: keine

B. Ein Versicherungsnehmer mit unterschiedlichen Qualifikationen, I

Die Leistung des Versicherers ist begrenzt, wenn ein doppelt oder mehrfach qualifizierter Berufsträger einen Verstoß begangen hat und der Verstoß unter den verschiedenen Policen versichert ist. Berufsträger der rechts- und wirtschaftsberatenden Berufe können doppelt oder mehrfach qualifiziert sein. Welche Versicherung bei welchem Verstoß gilt, regelt nicht ausdrücklich das Berufs- und Gesellschaftsrecht. 4

Die Regelung in I ist aber im Grunde genommen nur deklaratorisch. Der Verstoß bei einem doppelt oder mehrfach qualifizierten Berufsträger ist immer vorab dem jeweiligen Berufsrecht zuzuordnen, andernfalls wäre nicht klar, nach welchem Berufsrecht er haftet und welche Versicherungsbedingungen gelten. Wenn das Berufsrecht feststeht, steht auch das Versicherungsrecht fest. Es bedeutet dann, dass nur nach dieser bestimmten Berufshaftpflichtversicherung einheitlich und ausschließlich Versicherungsschutz besteht, nicht aber aus beiden möglichen Verträgen. Zur Zurechnung von Verstößen in der interprofessionellen Sozietät, siehe § 1 Rn. 342ff. Eine Kumulierung der Versicherungssummen aus beiden Verträgen ist damit schon ausgeschlossen, weil man zuvor eindeutig zuordnet. 5

Die Klausel in I stellt aber bei Gemeinschaftsaufgaben klar, dass nur die höchste Versicherungssumme gilt. Bei Gemeinschaftsaufgaben handelt es sich um Aufgaben, die alle wirtschaftsberatenden Berufe ausüben können, wie die Steuerberatung. Bei ihnen ist im Zweifel die Zulassung des jeweils handelnden Berufsträgers maßgeblich.[1] Bearbeitet das steuerrechtliche Mandat der Rechtsanwalts-Partner, sind daher das Berufsrecht und die versicherungsrechtlichen Anfor- 6

1 BT-Drs. 18/6282, S. 77, Abs. 5 Satz 5.

derungen eines Anwalts anzuwenden. Weil es sich um eine Gemeinschaftsaufgabe handelt, können die Parteien möglicherweise auch vereinbaren, welches Berufsrecht gelten soll. Es gilt das Berufsrecht und dann auch das Versicherungsrecht das der Mandant und der Versicherungsnehmer dem Vertragsverhältnis erkennbar zugrunde gelegt haben.

7 Nach I ist Folge, dass bei einem Verstoß eines Doppelbänders nicht die Versicherungssummen aus der Anwaltsdeckung und der Steuerberater-/Wirtschaftsprüferdeckung zusammenaddiert werden. Es gilt für einen Schadenfall maximal die Versicherungssumme, die die höchste von den in Betracht kommenden Versicherungen ist. Man kann die Regelung in diesem Sinn als Zweifelsregelung betrachten. Wenn es unklar ist, welches Versicherungsrecht gilt, nimmt man zugunsten des Versicherungsnehmers an, dass die höchste der in Frage kommenden Versicherungssummen maßgeblich ist.

8 Bei Vorbehaltsaufgaben ist schon die Kumulsperre nach I direkt nicht anwendbar. Bei Doppel- oder Mehrfachbändern gilt das Recht, das der Vorbehaltsaufgabe entspricht. Der Anwalt/Steuerberater, der rechtsberatend tätig ist, haftet nach dem Berufsrecht der Rechtsanwälte und ist hierfür auch versichert. Er haftet nicht zusätzlich nach dem Berufsrecht der Steuerberater. Daher ist hier allein die Berufshaftpflichtversicherung nach § 51 BRAO maßgeblich und es gilt die dort vereinbarte Versicherungssumme.

9 Nach I Satz 2 ist die Verteilungsregel bei einer Haftung bei einer Mehrfachversicherung entsprechend § 78 Abs. 2 Satz 1 VVG anzuwenden. Die Versicherer sind im Verhältnis zueinander zu Anteilen nach Maßgabe der Beträge verpflichtet, die sie dem Versicherungsnehmer nach dem jeweiligen Vertrag zu zahlen haben. Der praktische Anwendungsfall ist kaum denkbar, da man auch hier zuvor den Verstoß dem jeweiligen Versicherungsrecht zuordnet. Es kann auch hier nur dazu kommen, wenn Unklarheiten bestehen, welcher Vertrag gelten könnte.

C. Mehrere Versicherungsnehmer mit unterschiedlichen Berufsqualifikationen, II

10 Nach II gilt im Schadenfall maximal die zugeordnete Versicherungsleistung, wenn ein Berufsträger einen Verstoß in einer interprofessionellen Sozietät begeht. Auch hier ist II deklaratorisch. Die Sozien haften persönlich und unmittelbar für die Gesellschaftsverbindlichkeit, unabhängig davon, ob es sich um eine Gemeinschafts- oder Vorbehaltsaufgabe handelt, §§ 128 HGB analog. Es besteht hierfür Versicherungsschutz nach Teil 1.2 für die gesellschaftsrechtliche Haftung. Die Verbindlichkeit der Sozietät besteht aber nicht mehrfach, sondern es handelt sich um eine Verbindlichkeit. Auch hier ist zunächst der Verstoß zuzuordnen, um festzustellen, welches Berufsrecht und damit welche Berufshaftpflichtversicherung gelten. Dabei leistet der Versicherer dann aus der Versicherung desjenigen, der in Anspruch genommen wird mit den jeweiligen Begrenzungen nach Teil 1.2 C Ziff. 2 für die Versicherung bei der Eintrittshaftung und bei der interprofessionellen Haftung und nach Teil 1.2 C Ziff. 3 bei der Austrittshaftung. Der Versicherer leistet aber unter keinen Umständen doppelt.

11 Die Regelung in II kann als Zweifelsregelung verstanden werden. Wenn unklar ist, wem der Verstoß zuzuordnen ist, nimmt man zugunsten des Versicherungsnehmers an, dass die höchste der in Frage kommenden Versicherungssummen gilt. Es verbleibt aber trotzdem dabei, dass die Summen nicht addiert werden.

12 Auch der Anwendungsbereich nach § 14 dürfte nicht eröffnet sein, wenn unterschiedliche Versicherer bestehen und der eine Versicherer keine Durchschnittsleistung nach § 12 bildet. Gerade dann ist der Verstoß zuzuordnen, wer tatsächlich eintrittspflichtig ist. Man begrenzt die Leistung dann nicht, sondern es gilt die Berufshaftpflichtversicherung desjenigen, der den Verstoß begangen hat. Lediglich klarstellend dürfte sein, dass man die Summen nicht kumuliert.

D. Regelung zu § 12, III

Nach III bleibt die Regelung in § 12 unberührt. Es bedeutet, dass der Versicherer bei Verstößen von berufsangehörigen Sozien auch die Durchschnittsleistung weiter anwendet und nicht darauf verzichtet. Andernfalls könnte man bei einer Steuerberatung durch einen Anwalt, weil es sich direkt nicht um eine rechtsberatende Tätigkeit handelt, vermeintlich auf eine Durchschnittsleistung ggf. verzichten. Ausdrücklich verbleibt es daher bei der Durchschnittsleistung zwischen berufsangehörigen Sozien, nicht aber bei berufsfremden Sozien, siehe hierzu zum Begriff des Sozius in § 12 Rn. 11ff. 13

§ 15 Sachschäden, Datenschäden, sonstige Schäden

I. Sachschäden

Mitversichert sind Ansprüche wegen Sachschäden an Akten, Schriftstücken und sonstigen beweglichen Sachen, die bei der Ausübung der versicherten beruflichen Tätigkeit für die Sachbehandlung in Betracht kommen, sofern hierfür kein anderweitiger Versicherungsschutz besteht.

Nicht versichert sind Haftpflichtansprüche wegen Sachschäden, die dadurch entstehen, dass

- **Geld, Wertpapiere – mit Ausnahme von Wechseln –, Wertsachen oder Schlüssel abhandenkommen,**
- **Versicherungsverträge nicht oder nicht ordnungsgemäß abgeschlossen, erfüllt oder fortgeführt werden.**

II. Datenschäden

Mitversichert sind Haftpflichtansprüche wegen Sach- und Vermögensschäden im Zusammenhang mit der Ausübung der versicherten beruflichen Tätigkeit, die aus dem Verlust, der Veränderung oder der Nichtverfügbarkeit von Daten bei Dritten entstehen.

III. Sonstige Schäden

Mitversichert sind Haftpflichtansprüche im Zusammenhang mit der Ausübung der versicherten beruflichen Tätigkeit

- **wegen Schäden, die aufgrund der Verletzung einer Vorschrift zum Schutz vor Diskriminierung, insbesondere nach dem Allgemeinen Gleichbehandlungsgesetz (AGG) bei Mandanten entstehen,**
- **wegen Schäden, die durch Freiheitsentzug verursacht worden sind (z.B. Straf- oder Untersuchungshaft, Unterbringung),**
- **wegen immaterieller Schäden (Schmerzensgeld) bei Mandatsverhältnissen,**
- **wegen Schäden, die aus der Verletzung von Vorschriften der Datenschutzgesetze sowie aus der Verletzung beruflicher Geheimhaltungs- und Vertraulichkeitspflichten entstehen.**

Systematische Übersicht

https://doi.org/10.1515/9783110407280-019

A. Übersicht

1 Personen- und Sachschäden sind in der Berufshaftpflichtversicherung nicht zu versichern, § 1 entsprechend den gesetzlichen Anforderungen nach § 51 BRAO. § 15 erweitert die Berufshaftpflichtversicherung auf Ansprüche wegen Sachschäden, Datenschäden und sonstigen definierten Schäden.

§ 15 beinhaltet nach I die Mitversicherung von echten Sachschäden, nach II von Datenschäden z.B. durch Verlust von Daten und III von weiteren Schäden, die sich aus der Berufstätigkeit ergeben können.

2 Die Sachschadendeckung nach § 15 soll Lücken im Deckungsschutz des Anwalts schließen. Datenschäden und die sich daraus ergebenden Folgeschäden sind versichert, unabhängig davon, ob man Daten als Sache definiert. Klargestellt ist darüber hinaus, dass die nach dem BGB abschließend definierten immateriellen Schäden nach § 253 Abs. 2 BGB versichert sind.

3 Für den Versicherungsschutz für Sachschäden muss eine Pflichtverletzung des Anwalts im Sinne des § 1 vorliegen, entsprechend dem Wortlaut „mitversichert“. Erfüllt sein müssen daher die weiteren Voraussetzungen der Versicherungsleistung, dass kein Ausschluss oder eine Obliegenheitsverletzung vorliegt. Insbesondere ist aber Voraussetzung, dass die Pflichtverletzung schuldhaft war. Keine Deckung besteht daher, wenn z.B. ein Feuer von benachbarten Räumen auf die Kanzlei übergegriffen hat oder Löschwasser vom Nachbargrundstück die Kanzleiräume und die Akten verwüstet hat. Allgemein gilt, dass Sachschäden aufgrund von unabwendbaren Ereignissen wie Blitzschlag, Kurzschluss nicht gedeckt sind. Es fehlt an einer dem Anwalt vorwerfbaren Pflichtverletzung. Hier greifen Gebäude- und Hausratversicherungen, die unabhängig von einem Verschulden und auch der Eigentumsfrage Deckungsschutz bieten. Alle Folgeschäden aus einem versicherten Schaden sind versichert. Der Schadenbegriff ist einheitlich und umfasst die sich daraus ergebenden materiellen Einbußen. Voraussetzung ist allein, dass ein versicherter Schaden nach § 15 vorliegt.

4 Nach I Satz 1 a.E. ist der Versicherungsschutz für Sachschäden subsidiär. Es besteht kein Versicherungsschutz, wenn ein anderer Versicherungsschutz vorliegt. Die Berufshaftpflichtversicherung ist eine Versicherung, um die Vermögensschäden aus der beruflichen Tätigkeit abzudecken. Sie ersetzt nicht eine allgemeine Haftpflichtversicherung, die die Sach- und Personenschäden deckt oder eine Gebäudeversicherung.

Änderungen zur Vorauflage der AVB-RSW, HV 60/06: Neuformulierung des gesamten § 15

1. I: Neuformulierung Sachschäden
   Grund: Sprachliche Vereinfachung; Entfallen bedingungsgemäßer Umfang; es soll keine Unterscheidung geben zwischen schriftlicher und elektronischer Akte; sonstige bewegliche Sachen unter Bezugnahme „für die Sachbehandlung in Betracht kommende Sache; Subsidiaritätsklausel; genereller Ausschluss „Wertpapiere“ als neuer Sammelbegriff und auch Schlüsselverlustrisiko zur Klarstellung.
   Folge: Klarstellung, Besserstellung, Vereinfachung

2. II: Datenschäden
   Grund: Alle Datenschäden sollen versichert sein, unabhängig davon ob man sie als Sach- oder Vermögensschaden einordnet; Verletzung aller Datenschutzgesetze sollen erfasst werden.
   Folge: Besserstellung, Vereinfachung
3. III: Sonstige Schäden
   Grund: Zusammenziehung von bisher in den AVB-RSW an verschiedenen Stellen erteilten Deckung für sonstige Schäden, wie Freiheitsentziehung, immateriellen Schäden und zusätzlich AGG-Schäden.
   Folge: Vereinfachung, Besserstellung

B. Sachschäden, I

Nach I sind die Sachschäden an den Gegenständen versichert, die der Berufsträger für seine berufliche Tätigkeit benötigt. Satz 1 bestimmt die versicherten Sachschäden, Satz 2 die nicht versicherten Sachschäden. Ziel und Zweck der Regelung in I ist es, dem Anwalt Versicherungsschutz an den Gegenständen zu geben, die in einem engen Zusammenhang mit seiner beruflichen Tätigkeit stehen, damit der Anwalt auch weiterhin seinen Beruf ausüben kann. Die Sachschadendeckung soll aber nicht fahrlässige Beschädigungen an jeglichen Sachen decken, die irgendwie in einem gedachten möglichen Zusammenhang mit seiner Tätigkeit stehen.

I. Versicherte Sachschäden, I Satz 1

1. Akten, Schriftstücke und sonstigen beweglichen Sachen, I Satz 1

Zum Begriff der Akte eines Anwalts gibt es keine Legaldefinition, aber darunter ist auf jeden Fall die Handakte im Sinne des § 50 BRAO zu verstehen. Die Akte ist die geordnete Sammlung von Schriftstücken, Dokumenten und Unterlagen, die eine Rechtsangelegenheit betreffen.[1] Das betrifft allgemein das gesamte aktenfähige Material, das einen Bezug zur anwaltlichen Tätigkeit aufweist. Darunter fallen dann Urkunden, Belege, Verträge, Klageschriften, Gutachten etc. und insbesondere auch die elektronische Akte. 5

Weitere für die Sachbehandlung in Betracht kommende Schriftstücke meint Gegenstände, die unter Umständen nicht zu den Akten selbst gehören oder schlichtweg gesondert gelagert werden. Dazu gehören ggf. Vollstreckungstitel. 6

Unter sonstige bewegliche Sachen fallen alle Objekte, die der Anwalt für seine berufliche Tätigkeit benötigt. Dabei sind nur Sachschäden an beweglichen Sachen versichert, nicht versichert sind damit Schäden an Grundstücken. In Betracht kommen Sachen, die der Mandant dem Rechtsanwalt in Obhut gegeben hat oder die schlichtweg in einer Akte keinen Platz finden wie Augenscheinobjekte als Beweismittel. 7

2. Sachzusammenhang

Voraussetzung der Deckung ist, dass es sich um Gegenstände handelt, die für die Sachbehandlung der versicherten beruflichen Tätigkeit in Betracht kommen. Die Sachbeschädigung muss im sachlichen und zeitlichen Zusammenhang mit der Berufstätigkeit des Anwalts erfolgen. Der Anwalt erhält z.B. Sachen des Mandanten zu Beweiszwecken, die verloren gehen. Der Zusammenhang besteht auch dann, wenn der Anwalt bei einem Mandantenbesuch z.B. den Laptop des Mandanten beschädigt, den der Anwalt ausdrücklich benutzt hat, um seiner beruflichen 8

1 Henssler/Prütting/*Offermann-Burckart* BRAO § 50 Rn. 5.

Tätigkeit nachgehen zu können. Dabei sind auch der Datenverlust und die sich daraus ergebenden Vermögensschäden beim Mandanten versichert, z.B. wenn ein Gewerbetreibender Gewinneinbußen hat, weil er aufgrund fehlender Unterlagen keine Angebote mehr schreiben kann.

9 Ausgeschlossen bleiben aber Schäden, die zufällig oder bei Gelegenheit entstehen, z.B. wenn der Anwalt beim Mandantenbesuch einen Einrichtungsgegenstand beschädigt oder auf dem Weg zum Mandanten schuldhaft einen Autounfall hat.

3. Fremd- und Eigenschaden

10 Bei der Berufshaftpflichtversicherung handelt es sich um eine Haftpflichtversicherung. Versichert sollten daher grundsätzlich nur Schäden an Gegenständen sein, die im Eigentum eines Dritten stehen. Es besteht aber Versicherungsschutz gerade auch für die Sachschäden an Akten, Schriftstücken und sonstigen beweglichen Sachen, die bei der Ausübung der versicherten beruflichen Tätigkeit für die Sachbehandlung in Betracht kommen. § 15 unterscheidet hier nicht zwischen Fremd- und Eigenschaden. Voraussetzung ist, dass es sich jedoch um eine berufliche Tätigkeit handelt und dass es sich um Gegenstände handelt, die für die Sachbehandlung erforderlich sind.

Schäden an eigenen Büromaterialien oder am eigenen Büroinventar fallen daher nicht unter den Versicherungsschutz. Es fehlt an der Voraussetzung des sachlichen und zeitlichen Zusammenhangs mit der Mandatsbearbeitung. Zwar braucht der Anwalt z.B. Kopien von Mandantenunterlagen, die er mit einem Kopierer erstellt, aber der Kopierer ist nicht ausschließlich und konkret für die Mandatsbearbeitung nötig, sondern dient schlichtweg der Vervielfältigung von Schriftstücken. Daher ist auch nicht ein Schaden zu ersetzen, wenn der Anwalt seine in seinem Eigentum stehenden elektronischen Hilfsmittel wie Computer, Laptop oder Handy beschädigt. Sie sind nicht für die Sachbehandlung in Bezug auf ein konkretes Mandatsverhältnis erforderlich, sondern dienen allein der allgemeinen Büroorganisation.

Zu beachten ist, dass es sich regelmäßig bei einem Berufsfehler des Anwalts schon um einen versicherten Vermögensschaden nach § 1 handelt, der auf einem Sachschaden als formaler Erstursache beruhen kann.[2] Wenn dem Anwalt z.B. sein Fristenbuch zerstört wird oder abhandenkommt, ist der Verlust des Fristenbuchs zwar ein Sachschaden, aber wenn der Anwalt deshalb eine Frist versäumt, liegt ein gedeckter Vermögensschaden vor. Der Versicherungsfall liegt nicht darin, dass das Fristenbuch als Sache verloren geht, sondern dass der Anwalt die Frist versäumt, was der versicherte Verstoß nach § 1 ist. Maßgeblich ist hier nicht die äquivalente Erstursache, sondern der tatsächliche Verstoß.

4. Sachschäden bei mitversicherten nicht-anwaltlichen Tätigkeiten

11 Die versicherte Berufstätigkeit des Anwalts umfasst auch die mitversicherten amtsähnlichen persönlichen Tätigkeiten des Anwalts nach der Risikobeschreibung der Anwälte in B Ziff. 1 BBR-RA wie Insolvenzverwaltung, Testamentsvollstreckung usw. Die Sachschadendeckung ist daher sehr weitgehend. Der Insolvenzverwalter hat den Auftrag die Insolvenzmasse zu sichern und zu bewahren oder auch den Betrieb fortzuführen. Die Objekte der versicherten Tätigkeit sind dann die beweglichen Produktionsmittel aus der Masse wie Maschinen oder ähnliches. Wenn der Insolvenzverwalter die Sachen schuldhaft beschädigt, kann nur dann Versicherungsschutz nach § 15 bestehen, wenn die Beschädigung im Zusammenhang mit der Sachbehandlung der Insolvenzverwaltung stand. Regelmäßig ist davon auszugehen, dass fahrlässige Beschädigungen der allgemeinen Lebenswirklichkeit zuzuordnen sind und sie nicht ausschließlich gerade aufgrund

2 Anders *Diller* § 15 Rn. 7.

der konkreten Insolvenzverwaltung erfolgt sind. Gleiches gilt für die sonstigen mitversicherten Tätigkeiten, wie z.B. als Testamentsvollstrecker, wenn zum Nachlass ein Betrieb gehört.

II. Nicht versicherte Sachschäden, I Satz 2

Nicht versichert sind Ansprüche wegen Sachschäden, die entstehen durch Abhandenkommen von Geld, Wertpapieren, Wertsachen und Schlüsseln. Versichert bleiben Ansprüche, wenn Wechsel abhandenkommen. Wertsachen sind Wertgegenstände wie Schmuck, Goldmünzen oder ähnliches. Wechsel bleiben versichert. Der Wechsel ist nicht nur ein Instrument des Zahlungsverkehrs, sondern auch ein Kreditinstrument und ein Sicherungsmittel. Die praktische Bedeutung ist gering. 12

Diese Ansprüche sind ausgeschlossen, da im Schadenfall der Versicherer kaum einen Gegenbeweis antreten kann. Die Sachschadendeckung wäre eine Ausfallversicherung mit hohem Risiko. Versicherungsschutz besteht aber für fahrlässige Verfügung über Beträge, die in unmittelbarem Zusammenhang mit einer Rechtsanwaltstätigkeit auf ein Anderkonto eingezahlt wurden, siehe Anderkontendeckung A Ziff. 4.3 BBR-RA Rn. 105ff. 13

Der Verlust von Schlüsseln, z.B. für die Schließanlage der gemieteten Büroräume, ist nicht versichert nach § 15. Es handelt sich um ein allgemeines Haftpflichtrisiko und der Bezug zur anwaltlichen Tätigkeit fehlt. Es besteht aber ggf. Versicherungsschutz über die Bürohaftpflichtversicherung nach A Ziff. 3 Bürohaftpflichtversicherung. Wenn der Anwalt die fremden Schlüssel für die Schließanlage der gemieteten Büroräume verliert, ersetzt der Versicherer bis zu einem Sublimit die Kosten für die notwendige Auswechslung von Schlössern oder Schließanlagen, die infolge des Abhandenkommens der Schlüssel entstehen. 14

Kein Versicherungsschutz besteht, wenn Versicherungsverträge nicht oder nicht ordnungsgemäß abgeschlossen, erfüllt oder fortgeführt werden. Der Ausschluss spielt bei anwaltlichen Tätigkeiten eine untergeordnete Rolle. § 15 im allgemeinen Teil bezieht sich aber auch auf die amtsähnlichen persönlichen Tätigkeiten nach B Ziff. 1 BBR-RA. Der Insolvenzverwalter hat über § 15 Versicherungsschutz für die Sachschäden beim insolventen Unternehmen. Regelmäßig bestehen Firmenpolicen und Betriebshaftpflichtversicherungen des Unternehmens. Sie sollen das Unternehmen gegen allgemeine Risiken wie Feuer, Betriebsunterbrechung, eigene Kaskoschäden am Fuhrpark etc. absichern. Wenn die Versicherungsverträge nicht mehr bestehen, würde das gesamte Unternehmen durch die Regelung in § 15 gegen Sachschäden abgesichert sein. Die Berufshaftpflichtversicherung soll jedoch nicht den Wegfall von bestehenden Versicherungen decken, sondern die beruflichen Fehler. 15

C. Datenschäden, Cyber, II

Anwaltskanzleien speichern personenbezogene Daten und nutzen Informationstechnologien. Die Kanzleien müssen auf der einen Seite selbst die gesetzlichen Anforderungen des Datenschutzes erfüllen und sind auf der anderen Seite Cyberangriffen auf ihre Daten ausgesetzt.

I. Risikoanforderungen

Nach § 43e BRAO darf der Anwalt bei der Inanspruchnahme von Dienstleistungen den Zugang zu Tatsachen nur eröffnen, auf die sich die Verpflichtung zur Verschwiegenheit bezieht. Er hat die Zusammenarbeit mit den Dienstleistern unverzüglich zu beenden, wenn der Dienstleister die Pflichten zu Verschwiegenheit verletzt. Die Kanzleien müssen die Anforderungen der Datenschutzgrundverordnung (DS-GVO) der EU i.V.m. dem Datenschutzanpassungs- und -Umsetzungsgesetz (DSAnpUG) und dem Bundesdatenschutzgesetz (BDSG) erfüllen. Sie müssen einen 16

Datenschutzbeauftragten bestellen, siehe hierzu ausführlich und zum internen und externen Datenschutzbeauftragten § 1 Rn. 104 ff.

17 Die Kanzleien müssen aber nicht nur selbst auf Datenschutz achten, sondern sind selbst Angriffen auf ihre Daten und ihren Kanzleibetrieb ausgesetzt. Drohen kann ein APT (Advanced Persistent Threat) als ein Netzwerk-Angriff, bei dem sich eine unautorisierte Person Zugriff auf ein Netzwerk verschafft, um wertvolle Informationen zu holen sind. Bei einem DoS (Denial of Service) sind die Systeme aufgrund mutwilliger, und oft auch absichtlichen Angriffen auf einen Server, einen Rechner oder sonstiger Komponenten in einem Datennetz blockiert. Angriffe haben zur Folge, dass die gespeicherten Daten gelöscht oder blockiert sind und die Computer nicht mehr richtig funktionieren. Der Kanzleibetrieb kann nicht in gewohnter Weise aufrechterhalten werden. Die Kanzlei hat Schäden, weil der Betrieb teilweise unterbrochen ist, die Mandanten sind zu informieren und ein behördliches Datenschutzverfahren wird eingeleitet.

II. Versicherungsschutz für Datenschäden

Versicherungsschutz besteht in unterschiedlicher Form über II für Datenschäden, über den IT-Baustein der Bürohaftpflichtversicherung und über Cyber-Produkte.

1. Berufshaftpflichtversicherung, § 15 II

18 II erweitert den Versicherungsschutz auf Schäden, wenn Daten bei Dritten, also keine eigenen Daten, verändert werden oder der Anwalt Bestimmungen zum Datenschutz verletzt hat. Dabei ist es nach II unerheblich, ob man den Datenschaden als Sach- oder Vermögensschaden einordnet. Es ist ein versicherter Schaden. Verlust, Veränderung oder die Nichtverfügbarkeit von Daten bedeutet, dass der Dritte nicht mehr auf seine gespeicherten Daten zugreifen kann. Voraussetzung ist aber, dass der Anwalt in Ausübung seiner beruflichen Tätigkeit schuldhaft die Daten des Dritten verändert hat. Versicherungsschutz besteht daher, wenn der Anwalt eine virenverseuchte Mail an den Mandanten schickt, die dazu führt, dass der Mandant seine Daten nicht mehr verwenden kann. Kein Versicherungsschutz besteht dagegen, wenn der Anwalt sich unbemerkt einen Computervirus einfängt, der sich selbständig über die Kontakte seines Mailprogramms weiterverbreitet. Es fehlt am schuldhaften Verstoß des Anwalts.

19 Versichert sind die Folgeschäden, die sich aus dem Verlust der Daten beim Mandanten oder Dritten ergeben. Es bedeutet, dass auch die Kosten versichert sind, um die gelöschten und/oder beschädigten Daten wiederherzustellen, die auf Datenträgern wie Servern, Festplatten, usw. gespeichert sind. Der Folgeschaden besteht auch, wenn der Geschädigte Umsatzeinbußen hat, weil er seinen Geschäftsbetrieb nur eingeschränkt aufrechterhalten kann. Bei einem Folgeschaden ist aber Voraussetzung, dass er unmittelbar und adäquat kausal aus dem versicherten Erstschaden entsteht.

2. Bürohaftpflichtversicherung

20 Die Zusatzvereinbarungen in der Bürohaftpflicht versichern ebenfalls eingeschränkt Datenschäden. Wie in der Berufshaftpflichtversicherung ist Voraussetzung, dass sich die Schäden im Zusammenhang mit der beruflichen Tätigkeit ergeben haben. Darüber hinaus sind ebenfalls nur Drittschäden versichert, nicht aber Eigenschäden, weil es sich um eine Haftpflichtversicherung handelt.

Die maßgebliche Klausel in der Bürohaftpflichtversicherung lautet im Auszug:

Teil 5 Zusatzvereinbarung zur Bürobetriebshaftpflichtversicherung

...IV. Nutzung von Internet-Technologien

1. Mitversichert ist die gesetzliche Haftpflicht wegen
Personen-, Sach- und Vermögensschäden im Zusammenhang mit der Ausübung der versicherten beruflichen Tätigkeit aus dem Austausch, der Übermittlung und der Bereitstellung elektronischer Daten, (z.B. im Internet, per E-Mail oder mittels Datenträger), soweit es sich handelt um Schäden aus

a) der Löschung, Unterdrückung, Unbrauchbar-machung oder Veränderung von Daten (Datenveränderung) bei Dritten durch Computer-Viren und/oder andere Schadprogramme;
b) der Datenveränderung aus sonstigen Gründen sowie der Nichterfassung oder fehlerhaften Speicherung von Daten bei Dritten, und zwar wegen
  aa) sich daraus ergebender Personen- und Sachschäden, nicht jedoch weiterer Datenveränderungen sowie
  bb) sich daraus ergebender Personen- und Sachschäden, nicht jedoch weiterer Datenveränderungen sowie
c) der Störung des Zugangs Dritter zum elektronischen Datenaustausch;
d) der Verletzung von Persönlichkeits- und Namensrechten; insoweit besteht auch Versicherungsschutz für immaterielle Ansprüche, nicht jedoch von Urheberrechten;

2. Im Rahmen des versicherten Risikos obliegt es dem Versicherungsnehmer, dass seine auszutauschenden, zu übermittelnden, bereitgestellten Daten durch Sicherheitsmaßnahmen oder -techniken (z.B. Virenscanner, Firewall) gesichert und geprüft werden bzw. worden sind, die dem Stand der Technik entsprechen. Diese Maßnahmen können auch durch Dritte erfolgen.

3. Nicht versichert sind Haftpflichtansprüche wegen Schäden aus nachfolgend genannten Tätigkeiten und Leistungen:

- **Software-Erstellung, -Handel, -Implementierung, -Pflege;**
- **IT-Beratung, -Analyse, -Organisation, -Einweisung, -Schulung;**
- **Netzwerkplanung, -Installation, -integration, -betrieb, -wartung, -pflege;**
- **Bereithalten fremder Inhalte, z.B. Access-, Host-, Full-Service-Providing;**
- **Betrieb von Rechenzentren und Datenbanken;**
- **Betrieb von Telekommunikationsnetzen;**
- **Anbieten von Zertifizierungsdiensten im Sinne des Signaturgesetzes bzw. der Signaturverordnung;**
- **Tätigkeiten, für die eine gesetzliche Pflicht zum Abschluss einer Vermögensschadenhaftpflichtversicherung besteht**

....

Internet-Technologien sind mitversichert, wenn Dritte gesetzliche Haftpflichtansprüche wegen Personen-, Sach- und Vermögensschäden geltend machen. Versichert sind speziell Schäden im Zusammenhang mit der Ausübung der versicherten beruflichen Tätigkeit aus dem Austausch, der Übermittlung und der Bereitstellung elektronischer Daten, z.B. im Internet, per E-Mail oder mittels Datenträger. Voraussetzung ist dabei aber, dass es sich um Schäden aus der Löschung, Unterdrückung, Unbrauchbarmachung oder Veränderung von Daten bei Dritten durch Computer-Viren und/oder andere Schadprogramme handelt. Ebenfalls versichert sind Datenveränderungen aus sonstigen Gründen, sowie die Nichterfassung oder fehlerhafte Speicherung von Daten bei Dritten sind und die sich daraus ergebender Personen- und Sachschäden, nicht jedoch 21 weiterer Datenveränderungen sowie der Störung des Zugangs Dritter zum elektronischen Datenaustausch. Dies umfasst dann auch die Verletzung von Persönlichkeits- und Namensrechten; insoweit besteht auch Versicherungsschutz für immaterielle Ansprüche. Voraussetzung ist aber immer, dass der Anwalt auch Vorsorge getroffen hat, dass seine auszutauschenden, zu übermittelnden, bereitgestellten Daten durch Sicherheitsmaßnahmen oder -techniken, z.B. Virenscanner, Firewall gesichert sind und geprüft werden bzw. worden sind, die dem Stand der Technik entsprechen.

22 Nicht versichert sind Haftpflichtansprüche wegen Schäden aus der Erstellung, dem Handel, der Implementierung oder der Pflege von Software. Ebenfalls nicht versichert sind die IT-Beratung, IT-Analyse, die Organisation, die Einweisung oder IT-Schulungen wie auch die Netzwerkplanung, die Netzwerkinstallation oder ähnliches. Darüber hinaus gilt im Zusammenhang mit der Nutzung der Internettechnologien, dass kein Versicherungsschutz besteht für Schäden, die aus massenhaft versandten, vom Empfänger ungewollten elektronisch übertragenen Informationen, z.B. Spamming, stammen oder die mit Dateien, z.B. Cookies in Zusammenhang stehen, mit denen widerrechtlich bestimmte Informationen über Internet-Nutzer gesammelt werden können. Nicht erfasst sind auch Verletzungen von Urheberrechten. Anders als in der Berufshaftpflichtversicherung rechnet man üblicherweise die Kosten als Leistung auf die Versicherungssumme an. Unter Kosten fallen auch die Aufwendungen zur Abwendung oder Minderung des Schadens.

3. Cyber

23 Bei dem Versicherungsschutz über sog. „Cyber-Produkte“ besteht anders als in der Haftpflichtversicherung auch Versicherungsschutz für Eigenschäden in Kombination mit Drittschäden. Die Versicherer bieten hier Versicherungsschutz regelmäßig für reine Vermögensschäden. Schäden aufgrund von oder im Zusammenhang mit Personen- und/oder Sachschäden sind damit nicht versichert. Dabei gelten dann aber die Daten und die Computerprogramme nicht als Sache und sind damit wieder versichert.

24 Im Gegensatz zur Berufshaftpflichtversicherung der Anwälte sind die Haftpflichtansprüche Dritter und die behördlichen Verfahren regelmäßig dann versichert, wenn innerhalb des versicherten Zeitraums oder einer sich daran anschließenden vertraglich vereinbarten Nachmeldefrist erstmalig ein Anspruch oder eine Forderung geltend gemacht wird oder das Verfahren erstmalig schriftlich angezeigt ist, sog. claims-made-Versicherung wie in der D&O-Versicherung statt der Verstoßdeckung. Die Eigenschäden sind versichert, wenn erstmalig die Schäden festgestellt sind. Gleiches gilt für die Serviceleistungen des Versicherers, wenn forensische Dienstleistungen gedeckt sind oder eine Krisenkommunikation erforderlich ist, z.B. wenn in den Medien erstmalig negativ berichtet wird.

Drittschäden sind versichert, wenn Datenschutzgesetze oder Vertraulichkeitsanforderungen verletzt sind, das Netzwerksystem oder einzelne Computer der Kanzlei nicht mehr einwandfrei funktionieren oder auch die digitale Kommunikation beeinträchtigt ist.

Eigenschäden sind versichert, wenn die Kanzlei wieder Daten oder Informationen wiederherstellen muss oder auch ggf. die Kanzlei erpresst wird, andernfalls bleiben ihre Computer blockiert.

Versicherer bieten auch Versicherungsschutz für die Abwehrkosten des Versicherungsnehmers, wenn gegen ihn wegen einer Datenschutzverletzung ein Straf-, Ordnungswidrigkeits- oder sonstiges behördliches Verfahren eingeleitet wird.

III. Abgrenzung Cyber/Berufshaftpflicht/Bürohaftpflicht

Die Abgrenzung zwischen den Versicherungsprodukten des § 15 der Sachschadendeckung der AVB-RSW, der Bürohaftpflichtversicherung und der eigentlichen Cyber-Deckung ist im Einzelfall zu treffen. Es gibt hier regelmäßig Überschneidungen, die sich aufgrund der verschiedenen Schadenszenarien nicht vermeiden lassen. Grundsätzlich gilt aber, dass die Cyber-Versicherung auch die Eigenschäden abdeckt. Die Haftpflichtversicherungen können nur Drittschäden versichern, soweit nicht speziell als Eigenschäden genannt. 25

Der Deckungsumfang der Cyberschutzversicherung ist weitgehender als der der Sachschadendeckung in der Berufshaftpflichtversicherung und dem IT-Baustein der Bürohaftpflichtversicherung. Bei der Bürohaftpflicht sind Vertragsstrafen nicht versichert, während die Cyber-Deckung regelmäßig auch Vertragsstrafen umfasst. Die Betriebsunterbrechung ist nur bei Cyber versichert, weil auch hier definierte Eigenschäden versichert sind. Die Bürohaftpflicht kann nur Schäden von Dritten als Haftpflichtversicherung decken. Die wichtige Wiederherstellung von Daten ist bei Cyber nicht nur dann versichert, wenn es sich um einen Drittschaden, sondern auch dann, wenn es sich um einen Eigenschaden handelt. Daten Dritter sind in beiden Deckungen versichert, wenn sie unbrauchbar gemacht werden, verändert oder gelöscht werden. Nur Cyber beinhaltet aber auch die Absicherung der eigenen Daten, um z.B. ein Mandat überhaupt führen zu können. Erpressungen sind nur bei Cyber versichert wie auch Abwehrkosten bei behördlichen Datenschutzverfahren und auch die unzulässige Nutzung des Systems durch Mitarbeiter, wenn sie ihre Berechtigungen in Schädigungsabsicht überschreiten. Kosten von Sachverständen und Schadenermittlungskosten als forensische Dienstleistungen sind regelmäßig nicht in der Bürohaftpflichtversicherung enthalten, aber in der Cyber-Versicherung. 26

D. Sonstige Schäden, III

I. AGG-Recht, III 1. Spiegelstrich

Versicherungsschutz besteht für Schäden, die sich daraus ergeben, dass der Anwalt Schutzvorschriften vor Diskriminierung, insbesondere das AGG, verletzt. Versicherungsschutz besteht daher, wenn der Anwalt unberechtigt einen Mandanten ablehnt. Der Versicherungsschutz erstreckt sich auf die immateriellen Schäden. Nicht versichert sind Ansprüche gegen den Anwalt in seiner Funktion als Arbeitgeber, Dienstherr, Auftraggeber von Werklohnverträgen oder Unternehmer im Sinne von §§ 84 ff. HGB, weil es sich dann nicht um einen Schaden bei einem Mandanten handelt. Der Ausschluss besteht, da es um die Ansprüche von seinen Angestellten oder möglichen Angestellten geht. 27

II. Freiheitsentzug, III 2. Spiegelstrich

Ebenfalls versichert sind die Ansprüche bei Mandatsverhältnissen, die den Mandanten vor Freiheitsentzug schützen sollen. Die Strafverteidigerin verlegt den Prozesstermin zur Hauptverhandlung nicht und klärt den Mandanten kurz vor dessen Reiseantritt zur Hochzeit in seinem Heimatland nicht über das Risiko einer Verhaftung bei Versäumung des Termins auf. Der Mandant kommt deshalb in Haft.[3] 28

3 KG Berlin NJW 2005, 1284.

III. Immaterielle Schäden, III 3. Spiegelstrich

29 Zivilrechtlich ist der immaterielle Schaden nach § 253 Abs. 1 BGB definiert als Schaden, der nicht Vermögensschaden ist. Er kann nur in den durch das Gesetz bestimmten Fällen gefordert werden. Das sind die Fälle des § 253 Abs. 2 BGB wegen einer Verletzung des Körpers, der Gesundheit, der Freiheit oder der sexuellen Selbstbestimmung, wie auch §§ 651 f Abs. 2 BGB wegen nutzlos aufgewendeter Urlaubszeit und insbesondere auch bei Verletzungen des allgemeinen Persönlichkeitsrechts (APKR). Versicherungsrechtlich ist der Begriff des Vermögensschadens in § 1 definiert als Schaden, der nicht ein Personen- oder Sachschaden ist. Der immaterielle Schaden nach dem BGB ist daher nicht in jedem Fall deckungsgleich mit dem Vermögensschaden nach § 1.

III erweitert deshalb den Versicherungsschutz auf immaterielle Schäden, auch wenn sie im Einzelfall als unversicherter Personen- oder Sachschaden einzuordnen wären. Versicherungsschutz besteht daher für Ansprüche, die allgemein den Schutz der Rechtsgüter des § 253 Abs. 2 BGB beinhalten oder die durch Gesetz bestimmte Fälle eines immateriellen Schadensersatzanspruchs und insbesondere auch die Verletzung des APKR.[4] Voraussetzung ist aber, dass der Anwalt für seine Pflichtverletzung auch für einen immateriellen Schaden haftet. Der Anwalt hat die Pflicht, seinen Mandanten rechtlich zu beraten. Der Anwalt haftet, soweit der Schutzzweck der verletzten vertraglichen Pflicht reicht. Dies bedeutet für die Haftung, dass der Anwalt nur für solche Nachteile einzustehen hat, zu deren Abwendung er die aus dem Mandat folgenden Pflichten übernommen hat.[5] Die anwaltliche Pflicht dient erst einmal grundsätzlich nicht dem Schutz der Gesundheit des Mandanten. Schmerzensgeldansprüche oder auch Freiheitsentzug sind damit regelmäßig ausgeschlossen.[6] Die anwaltliche Pflichtverletzung führt aber dann zu einem versicherten immateriellen Schadensersatzanspruch des Mandanten, wenn das Mandat den Schutz der Rechtsgüter des § 253 Abs. 2 BGB umfasst, was auf der Haftungsseite zu klären ist.

30 Der Versicherungsschutz für immaterielle Schäden nach III umfasst auch die Verletzung des APKR. Bei einer Verletzung des APKR hat der Geschädigte neben dem Anspruch auf Unterlassen einen Anspruch auf Geldentschädigung.[7] Der Haftpflichtanspruch wegen einer APKR-Verletzung besteht grundsätzlich unabhängig davon, ob ein körperlicher oder psychischer Personenschaden eingetreten ist.[8] Ein reiner Vermögensschaden ist gerade nicht anzunehmen, weil es an einer Beeinträchtigung des Vermögens des Betroffenen fehlt.[9] Daher wäre eine APKR-Verletzung im Einzelfall nicht versichert, weil kein Vermögensschaden nach § 1 vorliegt. Die Verletzung des APKR ist aber hiernach ein versicherter Schaden als immaterieller Schaden. Der Anwalt hat Schadensersatz aufgrund der Verletzung des APKR aber nur dann zu leisten, wenn die Pflicht zum Schutz des APKR besteht. Denkbar ist daher ein Schadenfall nur dann, wenn der Anwalt im laufenden Mandat durch seine Verhandlungsführung auch z.B. die Ehre des Mandanten fahrlässig verletzt oder Informationen aus der Privat- oder Intimsphäre weitergibt und dieser Schutz erkennbar im Mandatsverhältnis eine besondere Rolle gespielt hat.

IV. Datenschutzgesetz, Verletzung der Vertraulichkeit, III 4. Spiegelstrich

31 Versicherungsschutz besteht für Schäden, die sich daraus ergeben, dass der Anwalt Vorschriften der verschiedenen Datenschutzgesetze verletzt, wie z.B. der Datenschutz-Grundverord-

4 *Diller* § 1 Rn. 82 zum Vermögensschadenbegriff.
5 HBAnw/*G.Fischer* § 5 Rn. 68.
6 BGH NJW 2009, 3025.
7 BGH NJW 1995, 861 zum Fall Caroline von Monaco.
8 BGH NJW 1963, 902.
9 Prölss/Martin/*Lücke* AHB § 1 Rn. 32.

nung (DSG-VO), des Bundesdatenschutzgesetzes (BDSG) oder auch gleichartiger bundes- und landesrechtlicher Vorschriften. Grundsätzlich besteht Versicherungsschutz für die Verletzung von beruflichen Geheimhaltungs- und Vertraulichkeitsverpflichtungen, soweit der Mandatsbezug vorhanden ist. Dies ist deklaratorisch, da es zu den Grundpflichten des Anwalts gehört, verschwiegen zu sein, § 43a Abs. 2 BRAO. Zum Datenschutzbeauftragten und dessen Versicherungsschutz siehe § 1 Rn. 104 ff.

Teil 1.2
Versicherungsschutz für gesellschaftsrechtliche akzessorische Haftung

A. Gegenstand des Versicherungsschutzes

In Ergänzung von Teil 1.1 § 1 I bietet der Versicherer Versicherungsschutz für

1. die Partnerschaftsgesellschaft oder die Sozietät, in der der Versicherungsnehmer als Partner oder Sozius tätig ist,

2. den Versicherungsnehmer für Verstöße
2.1 die vor seinem Eintritt in die Partnerschaftsgesellschaft oder Sozietät begangen wurden, entsprechend §§ 128, 130 HGB (Eintrittsversicherung),
2.2 die nach seinem Ausscheiden aus der Partnerschaftsgesellschaft oder der Sozietät begangen wurden, entsprechend §§ 128, 160 HGB (Austrittsversicherung),
2.3 die ein berufsfremder Sozius einer Sozietät oder ein Partner in einer Partnerschaftsgesellschaft im Rahmen dessen beruflicher Tätigkeit, entsprechend § 128 HGB (Versicherung für interprofessionelle akzessorische Haftung).

B. Zurechnung

In der Person eines Sozius oder Partners in einer Partnerschaftsgesellschaft gegebene Umstände, die den Versicherungsschutz beeinflussen, gehen zu Lasten aller Sozien und der Sozietät bzw. aller Partner in einer Partnerschaftsgesellschaft und der Partnerschaftsgesellschaft.

C. Beginn und Umfang des Versicherungsschutzes der gesellschaftsrechtlichen akzessorischen Haftung

1. Abwehrschutz und Freistellung
Der Versicherungsschutz für die Eintritts- bzw. Austrittsversicherung oder die Versicherung für die interprofessionelle akzessorische Haftung umfasst die Abwehr unberechtigter Schadenersatzansprüche und, soweit nicht Versicherungsschutz über eine andere Berufshaftpflichtversicherung besteht, die Freistellung von berechtigten Schadenersatzverpflichtungen in dem zum Verstoßzeitpunkt geltenden gesetzlichen Mindestumfang, es sei denn, zum Verstoßzeitpunkt war in dem Berufshaftpflichtversicherungsvertrag des den Verstoß verursachenden Sozius oder Partners in einer Partnerschaftsgesellschaft ein anderer Umfang vereinbart.

2. Höchstbetrag der Versicherungsleistung und Jahreshöchstleistung
Die Versicherungssumme und die Jahreshöchstleistung gelten für die Eintrittsversicherung und die Versicherung für die interprofessionelle akzessorische Haftung nach der zum Verstoßzeitpunkt geltenden gesetzlichen Mindestversicherungssumme, es sei denn, in dem Berufshaftpflichtversicherungsvertrag des den Verstoß verursachenden Sozius oder Partners in einer Partnerschaftsgesellschaft war zum Verstoßzeitpunkt eine höhere Versicherungssumme oder Jahreshöchstleistung vereinbart.
Maximal gelten die zu diesem Vertrag vereinbarte Versicherungssumme und Jahreshöchstleistung. Eine Kumulierung der Versicherungssummen und Jahreshöchstleistungen findet nicht statt.

3. Austrittsversicherung
Für die Austrittsversicherung gilt der Versicherungsschutz, der zum Zeitpunkt des Austritts vereinbart war.

https://doi.org/10.1515/9783110407280-020

Systematische Übersicht

Änderungen zur Vorauflage der AVB-RSW, HV 60/06:

1. A: Streichen der Regelung aus § 1 im ersten Satz
   Grund: unnötig und kompliziert, da die Voraussetzungen des § 1 als verschuldeter Verstoß bei beruflicher Tätigkeit und Inanspruchnahme aufgrund gesetzlicher Haftpflichtbestimmungen als Voraussetzung eines Anspruchs gegeben sein müssen. Dies ist bereits durch den Verweis auf § 1 klargestellt.
   Folge: ohne inhaltliche Änderung; Reduzierung Komplexität
2. A Ziff. 2.1, 2.2 und 2.3: Neuformulierung
   Grund: sprachliche Vereinfachung, Ergänzungen; Regelungen zum HGB gelten analog/entsprechend; die Vorgängerversion der AVB-RSW HV 60/06 enthielt noch die Deckung für eine evtl. Haftung nach § 28 HGB. Da die Rechtsprechung § 28 HGB nicht analog anwendet, wenn ein Rechtsanwalt zusammen mit einem anderen eine Sozietät gründet, hat man § 28 HGB gestrichen.
   Folge: Klarstellung und Vereinfachung, keine inhaltliche Änderung

A. Übersicht Deckungskonzept

I. Grundlagen zum Deckungskonzept

1 Nach der Rechtsprechung ist die GbR rechtsfähig. Sie haftet gegenüber den Mandanten und Dritten für Verbindlichkeiten. Die Gesellschafter haften akzessorisch für die Verbindlichkeiten der Gesellschaft, siehe ausführlich zur Akzessorietätstheorie der Rechtsprechung analog §§ 128 ff HGB bei § 1 Rn. 296. Die in die Gesellschaft eintretenden Gesellschafter haften damit auch für Verbindlichkeiten der Gesellschaft, die vor ihrem Eintritt begründet waren. Die aus der Gesellschaft austretenden Gesellschafter haften für Verbindlichkeiten, die zum Zeitpunkt ihrer Stellung als Gesellschafter begründet wurden. Darüber hinaus haften die Gesellschafter für alle Verbindlichkeiten der Gesellschaften, unabhängig davon ob der Auftrag ein Rechtsanwalts-, Steuerberater- oder Wirtschaftsprüfermandat ist oder ob es sich um eine Vorbehalts- oder Gemeinschaftsaufgabe handelt.

Die Anforderungen des jeweiligen Berufsrechts entsprechen nicht dem Gesellschaftsrecht. Eine Deckung der gesellschaftsrechtlichen Haftung ist gesetzlich als Pflichtversicherung nicht erforderlich. Teil 1.2 regelt die Versicherung für die gesellschaftsrechtliche Haftung über den gesetzlich geforderten Mindestinhalt der Pflichtversicherung. Das Deckungskonzept nach Teil 1.2 folgt der persönlichen akzessorischen Haftung. Der Rechtsanwalt haftet persönlich als Berufsträger. Daher besteht die Versicherungsleistung für akzessorische Haftung auch für ihn persönlich mit einer eigenen Versicherung. Er hängt nicht von seinen Sozien/Partnern ab wie in einer Mitversicherung oder von einer Sozietätspolice, auf die er keinen Einfluss hat. Die Haftung selbst und ob überhaupt geleistet werden muss, kann sich dagegen nur nach der Police des Sozius richten, der den Verstoß verursacht hat. Der Anwalt, der für einen Steuerberater haftet, der rechtswidrig eine Scheidung durchführt, hat auch hier keinen Deckungsschutz, weil schon der Steuerberater keine Deckung hätte.[1]

A Ziff. 1 regelt direkt die Mitversicherung der nicht anerkannten Berufsausübungsgemeinschaften, der Sozietät und der Partnerschaft im Sinne einer Versicherung für fremde Rechnung nach § 7; zur anerkannten Berufsträgergesellschaft und der Mitversicherung der Berufsangehörigen für die gesellschaftsrechtliche Haftung siehe § 1 Rn. 264. 2

Die Sozietät/Partnerschaft kann im Umfang der Pflichtversicherung nicht Versicherungsnehmerin sein. Versicherungsnehmer bleiben immer die einzelnen Anwälte, Steuerberater, Wirtschaftsprüfer. A Ziff. 1 regelt damit nicht ausdrücklich, dass die Sozietät/Partnerschaft Versicherungsnehmerin ist und hierfür Versicherungsschutz besteht, siehe zum Deckungskonzept der Sozietät § 1 Rn. 319 ff. Die Versicherer betrachten aufgrund der gesetzlichen Regelung in § 51 BRAO die Sozietätspolice als Bündelung der Einzelpolicen der Sozien/Partner. Zum Teil bestätigen sie es in der Police der Sozietät oder durch eine Zusatzbedingung oder man betrachtet trotzdem die Sozietät als Versicherungsnehmerin. Wenn man die Sozietät als Versicherungsnehmerin einsetzt, was zumindest oberhalb der Pflichtversicherung zulässig ist, besteht Versicherungsschutz nach Teil 1.2 für die dann mitversicherten Sozien/Partner. Ausdrücklich nach dem Wortlaut gilt dies nicht, aber die dann in ihr tätigen Sozien und Partner benötigen Versicherungsschutz für ihre unmittelbare und persönliche Haftung für die beruflich veranlassten Verbindlichkeiten der Sozietät/Partnerschaft. Zum Teil regelt man dies auch durch Zusatzbedingungen, in denen man die Mitversicherung der Sozien/Partner bestätigt. 3

A Ziff. 2 regelt die Deckung der gesellschaftsrechtlichen akzessorischen Haftung der einzelnen Sozien/Partner für Verbindlichkeiten der Sozietät/Partnerschaft, wenn ein Dritter sie für diese Verbindlichkeiten in Anspruch nimmt. Dies umfasst drei Fälle: 4

- Versicherungsschutz für den eintretenden Sozius, analog § 130 HGB
- Versicherungsschutz für den austretenden Sozius, analog 160 HGB
- Versicherungsschutz in der interprofessionellen Sozietät, analog § 128 HGB

B regelt die Zurechnung von Umständen, die den Versicherungsschutz beeinflussen. Der Versicherungsschutz der gesellschaftsrechtlichen Haftung geht nicht weiter als in einer Sozietät/Partnerschaft ohne den erweiterten Versicherungsschutz.

C regelt den Umfang des Versicherungsschutzes für die gesellschaftsrechtliche Haftung. Der Versicherungsschutz orientiert sich grundsätzlich an dem Umfang desjenigen Sozius, der von der gesellschaftsrechtlichen Haftung betroffen ist, weil er auch der Versicherungsnehmer ist.

II. keine Anwendung von § 12

§ 12 findet bei Teil 1.2 Versicherungsschutz für gesellschaftsrechtliche Haftung keine Anwendung. Dies ergibt sich aus dem Begriff der Sozien. Nach § 12 ist der Versicherungsfall eines Sozius der Versicherungsfall aller Sozien. Es bedeutet, dass zum Zeitpunkt des Verstoßes des einen Sozius, der andere Berufsträger ebenfalls Sozius sein muss oder gewesen ist. Dies ist aber bei der Ein- 5

1 Siehe ausführlich *Riechert* AnwBl 2011, 489, 490.

und Austrittshaftung analog §§ 130, 160 HGB nicht der Fall. Zum Verstoßzeitpunkt war der akzessorische haftende Sozius noch nicht Mitglied der Kanzlei oder hatte sie bereits verlassen. Dies gilt auch für die interprofessionelle Haftung. § 12 gilt nur innerhalb der berufsangehörigen Sozien, nicht aber zwischen den Berufsgruppen, also nicht z.B. zwischen Anwälten und Steuerberatern; siehe zur Anwendung des § 12 nur innerhalb der jeweiligen Berufsgruppe § 12 Rn. 11ff. Daher ist Teil 1.2 als Deckungserweiterung erforderlich. Andere Deckungskonzepte wenden § 12 zwischen den Berufsgruppen an, setzen aber dann auch immer voraus, dass die Anwälte/Steuerberater/Wirtschaftsprüfer immer die gleich hohe Versicherungssumme haben, um nicht eine Durchschnittsleistung bilden zu müssen.

III. Scheinsozien

6 Der Deckungsbaustein der gesellschaftsrechtlichen Haftung gilt auch für Scheinsozien, unabhängig davon, ob der Sozius gesellschaftsrechtlich auch Sozius/Partner ist. Die Bedingungen der AVB-RSW legen in § 1 II Ziff. 2 fest, wer Sozius ist. Es kommt nicht auf die formale gesellschaftsrechtliche Stellung an. Wenn der eintretende oder austretende Sozius Scheinsozius war, hat er Versicherungsschutz nach Teil 1.2. Dies gilt ebenfalls für die Scheinpartner in einer Partnerschaftsgesellschaft. Um Unklarheiten zu vermeiden, hat man Sozien und Partner in Teil 1.2 ausdrücklich benannt.[2]

IV. Umfang des Versicherungsschutzes

7 Teil 1.2 formuliert am Anfang in Punkt A *„In Ergänzung…“*. Die Formulierung soll ausdrücken, dass die grundlegenden Voraussetzungen für den Versicherungsschutz bestehen müssen wie versicherter Verstoß, Verschulden und Kausalität, damit auch der Versicherungsschutz für die gesellschaftsrechtliche Haftung besteht. Der gesellschaftsrechtliche Versicherungsschutz setzt die Verbindlichkeit der Sozietät voraus. Sie kann nur dann bestehen, wenn der Sozius/Partner Versicherungsschutz nach § 1 hat und er nicht ausgeschlossen ist.

8 Rückgriffsansprüche der in Anspruch genommenen Sozien gegen die übrigen Sozien oder die Gesellschaft, die gesellschaftsrechtlichen Innenansprüche, gehen nicht auf den Versicherer über. Die gesellschaftsrechtliche Haftung der ein- und austretenden Sozien und die interprofessionelle Haftung für die berufsfremden Tätigkeiten gelten als versichert. Die Sozien und diejenigen Sozien, die der Dritte in Anspruch nimmt, sind untereinander mitversichert. Sie sind untereinander aber nicht Dritte. § 7 III Ziff. 1 setzt jedoch voraus, dass ein Rückgriffsanspruch gegenüber einem Dritten vorliegt.[3] Allenfalls kann dies der Fall sein, wenn ein fremdversicherter berufsfremder Berufsträger den Verstoß begangen hat und der Versicherer hierfür zunächst vorleistet, siehe zu diesem Regress ausführlich § 7 Rn. 41.

B. Mitversicherung Sozietät/Partnerschaft und Zurechnung, A Ziff. 1, B

I. Mitversicherung der Berufsausübungsgemeinschaften, A Ziff. 1

1. Allgemeines

9 A Ziff. 1 regelt die Mitversicherung der nicht anerkannten Berufsausübungsgemeinschaften, der Sozietät und der Partnerschaft. Die Sozietät/und einfache Partnerschaft sind die Berufs-

2 So auch *Diller* Teil 1.2 Rn. 13.
3 Wohl anders *Diller* Teil 1.2 Rn. 26, der einen Rückgriffsanspruch nach den Verschuldensanteilen zulässt.

ausübungsgemeinschaften gemäß § 1 II. Die einzelnen Berufsträger als Anwälte, Steuerberater, Wirtschaftsprüfer/ver. Buchprüfer sind versicherungspflichtig und nicht die Sozietät/Partnerschaft. Die Sozietät/Partnerschaft haften als solche: Die GbR über §§ 128 ff HGB analog und die Partnerschaftsgesellschaft gemäß § 7 Abs. 2 PartGG in Verbindung mit § 124 HGB. Dementsprechend müssen sie in den Deckungsschutz einbezogen sein. Andernfalls würde es nicht einmal Abwehrschutz geben, wenn die Sozietät als solche mitverklagt wird. Die Gesellschaften sind mitversichert beim Versicherungsnehmer nach Teil A Ziff. 1.

Ob die weiteren Gesellschaften und auch in Deutschland möglichen ausländischen Gesellschaftsformen nach Teil 1.2 A Ziff. 1 mitversichert sind, richtet sich danach, wie sie zu versichern sind und nicht danach, welche Gesellschaftsform besteht. Bei der LLP müssen die einzelnen Partner eine Berufshaftpflichtversicherung nach § 51 BRAO abschließen, nicht aber die LLP. Dies gilt trotz der beschränkten Haftung auf das Gesellschaftsvermögen. Daher gilt die LLP bei den Partnern als mitversichert nach Teil 1.2 A Ziff. 1.

Die anerkannten und zugelassenen Berufsträgergesellschaften sind in § 1 III geregelt. Sie benötigen keinen Versicherungsschutz im Sinne einer Mitversicherung oder Deckung für gesellschaftsrechtliche Haftung. Sie sind selbst Versicherungsnehmer und die Sozien/Partner in der anerkannten Berufsträgergesellschaft sind mitversichert, wenn sie für die Gesellschaftsverbindlichkeit haften; siehe hierzu § 1 Rn. 264 ff.

2. Umfang der Mitversicherung

Der Umfang des Versicherungsschutzes der Sozietät richtet sich nach dem Umfang des Versicherungsschutzes der versicherten Sozien, da die Sozietät über die Policen der Sozien mitversichert ist. Er kann nicht weitergehen oder verkürzt sein. Wenn die Sozien alle gleich hoch versichert sind, hat die Sozietät den gleichen Versicherungsumfang wie der jeweils einzelne Sozius. Die Versicherungssummen und die Jahresmaximierungen kumulieren nicht. Es steht keine weitere Maximierung für die Sozietät zur Verfügung. 10

Welchen Versicherungsschutz die Sozietät hat, wenn die Sozien als Berufsangehörige unterschiedlich hoch versichert sind oder bei verschiedenen Versicherern versichert sind, ist eher theoretischer Art.[4] Eine genauere Regelung ist nicht erforderlich, da die Sozietät nur mitverklagt wird oder oberhalb der Pflichtversicherung regelmäßig die Versicherungsnehmerin ist. Die Unterschiede treten in der Praxis nicht auf. Als Lösung sollte hier der größtmögliche Versicherungsschutz gelten. Man kann aber auch zumindest analog § 12 eine Durchschnittsleistung zum Versicherungsschutz der Sozietät bilden. § 12 ist zwar nicht direkt anwendbar, aber nach dem Gedanken könnte man bei unterschiedlich hohen Summen eine Durchschnittsleistung bilden.[5] 11

II. Zurechnung, B

Teil B regelt die Zurechnung im Rahmen der akzessorischen Haftung. In der Person eines Sozius gegebene Umstände, die den Versicherungsschutz beeinflussen, gehen nicht nur zu Lasten der übrigen Sozien, sondern auch zu Lasten der Sozietät/Partnerschaftsgesellschaft. Die Regelung ist aus zwei Gründen erforderlich. Der erste Grund liegt darin, dass der Sozius-Begriff nach § 1 II und § 12 nicht die akzessorische Haftung erfasst, weil der haftende Berufsträger erst nach dem Zeitpunkt des Verstoßes Sozius wurde oder es nicht mehr war und ein Berufsträger 12

4 Bei den AXA-Bedingungen AVB-RSW Stand 09.11 lautet die Regelung in § 16 1.1: „Der Sozietät oder Partnerschaftsgesellschaft steht keine eigene Versicherungssumme zur Verfügung." Anders hierzu *Diller* Teil 1.2 Rn. 16.

5 § 17 HDI AVB-WSR VH 558:08: „Genießen nicht alle Sozien/Partner über diesen Vertrag Versicherungsschutz, wird die Deckung für die Sozietät/Partnerschaft entsprechend § 12 anteilig gewährt".

nur zu seinen berufsangehörigen Sozien ein Sozius ist, siehe dazu ausführlich der Begriff des berufsangehörigen Sozius in § 1 Rn. 252.

13 Der zweite Grund liegt darin, dass die Sozietät gesetzlich nicht als Versicherungsnehmerin vorgesehen ist, weil sie trotz Rechtsfähigkeit nicht Träger der Berufszulassung ist, sondern sich in ihrer Tätigkeit auf die Berufszulassung ihrer Gesellschafter stützt und in deren Grenzen zu bewegen hat.[6] Die AVB-RSW regeln in § 1 II ausschließlich die Versicherung der Sozien, aber nicht die Sozietät selbst. Die Regelung in § 1 III betrifft ausschließlich die anerkannten und zugelassenen Gesellschaften wie bei Anwälten die Rechtsanwalts-GmbH. Wenn man die Zurechnungsregel nach B Teil 1.2 nicht hätte, würde die Sozietät/einfache Partnerschaft weiterhin Versicherungsschutz aufgrund der Regelung in A Teil 1.2 haben, auch wenn die dortigen Berufsangehörigen keinen Versicherungsschutz haben, z.B. weil sie eine wissentliche Pflichtverletzung begangen haben. Folge wäre dann sogar, dass die Sozien über die gesellschaftsrechtliche Deckung wieder Versicherungsschutz erlangen könnten.

14 Sinn und Zweck der Regelung ist, dass die Sozien und auch die Sozietät/einfache Partnerschaft nicht einen weitergehenden Versicherungsschutz erhalten als sie ihn ohne die gesellschaftsrechtliche Deckung haben würden. Wenn zu ermitteln ist, wie und in welchem Fall Wissen/Fehlverhalten zuzurechnen ist, sollte man daher auf die Regelung in § 1 II zurückgreifen. Sie entspricht der Pflichtversicherung und der Rechtsprechung zur gesamtschuldnerischen Haftung in einer Sozietät und ist das Grundmodell zum erweiterten Deckungsbaustein der gesellschaftsrechtlichen Haftung. Die Zurechnung selbst zwischen den Sozien, auch berufsübergreifend, und der Sozietät erfolgt daher wie bei den Sozien nach § 1 II untereinander, siehe zur Zurechnung zwischen den Sozien und die Voraussetzungen hierzu, § 1 Rn. 255 ff.

C. Versicherungsschutz der akzessorischen Haftung der Sozien/Partner, A Ziff. 2

15 Für drei Fälle besteht Versicherungsschutz der Sozien/Partner in der Sozietät/Partnerschaft:
- Versicherungsschutz für den eintretenden Sozius, Haftung analog § 130 HGB: A Ziff. 2.1
- Versicherungsschutz für den austretenden Sozius, Haftung analog 160 HGB: A Ziff. 2.2
- Versicherungsschutz in der interprofessionellen Sozietät, Haftung analog § 128 HGB: A Ziff. 2.3

Versicherungsschutz besteht nach der Regelung in A Ziff. 2 ausdrücklich für den Sozius, den der Dritte in Anspruch nimmt. Der Sozius ist nicht mitversichert, sondern hat einen eigenen Versicherungsschutz mit einem eigenen Versicherungsumfang. Er ist unabhängig davon, ob die anderen Sozien noch Versicherungsschutz haben. Deshalb ist auch der Versicherungsumfang in Teil 1.2 C besonders und auch etwas kompliziert geregelt. Der Versicherungsschutz des in Anspruch genommenen Sozius setzt aber voraus, dass ein versicherter Berufshaftpflichtfall nach § 1 vorliegt. Kein Versicherungsschutz kann daher für die Außen-GbR zwischen Anwälten und sonstigen nicht-sozietätsfähigen freien Berufen wie Architekten, Bauingenieuren und auch Unternehmensberatern, IT-Unternehmen etc. vorliegen und damit auch nicht eine Mitversicherung des einzelnen Sozius. Die Außen-GbR ist rechtlich nicht zulässig. Versicherungsschutz besteht allein für rechtlich zulässige Gesellschaften.[7] Siehe dazu ausführlich Versicherungsschutz bei Arbeitsgemeinschaften § 1 Rn. 193.

16 Einen eher theoretischen Sonderfall, der hier der Vollständigkeit halber erwähnt werden soll, bildet die anerkannte Berufsträgergesellschaft in der Organisationsform der anerkannten Partnerschaft bei Steuerberatern und Wirtschaftsprüfern. Die einzelnen Partner haben Versicherungsschutz für ihre gesellschaftsrechtliche Haftung für die Verbindlichkeiten der Gesellschaft

6 BGH NJW 2010, 2301, 2302 Rn. 9.
7 Anders *Diller* Teil 1.2 Rn. 22.

analog §§ 128 HGB nach § 1 III und nicht nach A Teil 1.2, weil dies hier schon nicht erforderlich ist; siehe dazu ausführlich § 1 bei der Berufsträgergesellschaft Rn. 265 ff. Es besteht aber nach § 1 III kein Versicherungsschutz für den Partner, wenn die anderen Partner zuvor in einer einfachen Partnerschaft tätig waren und dort den Verstoß begangen haben. Die Berufsträgergesellschaft als Versicherungsnehmerin hat hier keinen Versicherungsschutz, weil sie zum Verstoßzeitpunkt nicht existiert hat. Für den Partner und auch die Partnerschaftsgesellschaft besteht Versicherungsschutz nach A Ziff. 2.1 bis 2.3 Teil 1.2 nach den hier genannten Regelungen, wenn die Partner vor dem Anerkenntnis hier versichert waren. Der Versicherer hat hierzu auch die Prämie vor und nach Anerkenntnis der Partnerschaft erhalten.

I. Versicherungsschutz für den eintretenden Sozius, A Ziff. 2.1

Der in eine Sozietät eintretende Sozius hat Versicherungsschutz für die Verbindlichkeiten **17** der Gesellschaft, die durch die Altsozien verursacht wurden, Ziff. 2.1. Es besteht Versicherungsschutz, wenn ein Altsozius einen Verstoß begangen hat und der neue Sozius, der zum Zeitpunkt des Verstoßes noch nicht Sozius war, dafür persönlich in Anspruch genommen wird.

Die Berufshaftpflichtversicherungen müssen zwar nicht decken, wenn ein Dritter den neu **18** in die Kanzlei eintretenden Sozius persönlich für eine Gesellschaftsverbindlichkeit in Anspruch nimmt, aber zugunsten der rechts- und wirtschaftsberatenden Berufe hat man den Deckungsbaustein aufgenommen, siehe ausführlich Haftung der Sozietät in der Form der GbR und einfache Partnerschaft und Eintrittshaftung § 1 Rn. 301. Eine Versicherung ohne den Baustein kann keinen Versicherungsschutz für den in eine Sozietät eintretenden Sozius bieten. § 12 ist hier nicht anwendbar, da das Verstoßprinzip gilt, siehe zur fehlenden Anwendbarkeit des § 12 bei A Teil 1.2 Rn. 5. In der eigenen Police ist der eintretende Sozius nicht versichert für den fremden Verstoß. Er hat schlichtweg den Verstoß nicht begangen, sondern ein Altsozius. In der fremden Police des Altsozius ist der eintretende Sozius nicht versichert. Der Altsozius hat Versicherungsschutz für die Verstöße, die er selbst begangen hat oder die ihm nach § 1 II i.V.m. § 12 zugerechnet werden. Zurechnen kann man Verstöße nach § 1 II Ziff. 3 nur den Sozien, die zum Zeitpunkt des Verstoßes Sozien sind oder waren. Die einzige Versicherungslösung bevor man Teil 1.2 als Produkt entwickelt hatte, bestand in einer Rückwärtsversicherung. Die Rückwärtsversicherung war unbefriedigend, da der Versicherungsschutz zusätzlich mit einer eigenen Versicherungsleistung zu einer eigenen Prämie führte. Darüber hinaus besteht Versicherungsschutz bei einer Rückwärtsversicherung nur für unbekannte Schadenfälle.

Voraussetzung des Versicherungsschutzes ist, dass ein Verstoß nach § 1 in der Sozietät/ **19** Partnerschaftsgesellschaft begangen wurde. Es muss sich dabei um einen versicherten Verstoß handeln, für die die Gesellschaft haftet. Wer den Verstoß begangen hat, ist unerheblich. Zu beachten ist, dass Versicherungsschutz für den eintretenden Sozius/Partner aus seiner eigenen Police besteht. Verstöße sind damit versichert, unabhängig davon, wann der eintretende Sozius/Partner seine Berufshaftpflichtversicherung abgeschlossen hat. Es besteht selbst dann Versicherungsschutz, wenn er zum zurückliegenden Verstoßzeitpunkt noch nicht als Anwalt zugelassen war. Selbst Kenntnis von einem Versicherungsfall schließt den Versicherungsschutz für den eintretenden Sozius nicht aus. Allerdings könnte es rechtsmissbräuchlich sein, einen Sozius aufzunehmen, damit er einen möglichen fehlenden Versicherungsschutz der Altsozien ausgleicht.[8]

Die Haftung analog § 130 HGB des in eine Sozietät neu eintretenden Scheinsozius für die **20** Altverbindlichkeiten gilt auch für den Scheinsozius. Es gilt der Soziusbegriff des § 1 II Ziff. 1. Nicht abschließend geklärt ist, ob der Scheinsozius auch für die Altverbindlichkeiten haftet,

---

8 Nach *Diller* Teil 1.2 Rn. 30 ist dann der Schaden nicht versichert, wenn der eintretende Sozius/Partner weiß, dass er in Anspruch genommen wird, § 2 Abs. 2 Satz 2 VVG.

siehe dazu § 1 Haftungsfragen bei Scheinsozien Rn. 311ff. Jedenfalls besteht auch für den eintretenden Scheinsozius Versicherungsschutz, wenn er haftet.

II. Versicherungsschutz für den austretenden Sozius, A Ziff. 2.2

21 Der Sozius haftet für die Verbindlichkeiten der Sozietät noch fünf Jahre lang nach seinem Austritt, analog § 160 HGB. Nach überwiegender Auffassung ist die Verbindlichkeit zu dem Zeitpunkt begründet, in dem die Sozietät das Mandatsverhältnis geschlossen hat. Auf den tatsächlichen Verstoß, z.B. wenn der Anwalt die Einspruchsfrist versäumt, kommt es nicht an.

22 Eine Versicherung ohne den Baustein Teil 1.2 bietet gerade keinen Versicherungsschutz für den austretenden Sozius, wenn nach Austritt ein Altsozius den Verstoß begeht. Zum Zeitpunkt des Verstoßes war der austretende Sozius nicht mehr Mitglied der Sozietät. § 12 ist nicht anwendbar, da der austretende Sozius zum Verstoßzeitpunkt nicht Sozius ist. Nach Ziff. 2.2 hat der aus der Sozietät austretende Sozius Versicherungsschutz für die Verbindlichkeiten der Gesellschaft, die durch die Altsozien verursacht wurden. Voraussetzung des Versicherungsschutzes ist aber nach Ziff. 2.2, dass das Ausscheiden aus der Sozietät oder Partnerschaftsgesellschaft während der Vertragszeit seines eigenen Vertrages erfolgt ist. Es bedeutet konkret, dass nur dann der Verstoß nach dem Austritt versichert ist, wenn zum Zeitpunkt seines Austritts noch sein Versicherungsvertrag hier bestanden hatte.[9]

III. Versicherungsschutz für den Sozius in einer interprofessionellen Sozietät, A Ziff. 2.3

23 Nach der Rechtsprechung des BGH haften in einer interprofessionellen Sozietät alle Sozien/Scheinsozien für die Verbindlichkeiten der Sozietät. Die Unterscheidung zwischen Gemeinschafts- und Vorbehaltsaufgaben gibt es nicht mehr,[10] siehe dazu interprofessionelle Sozietät/einfache Partnerschaft ohne Haftungsbeschränkung § 1 Rn. 338ff. Berufsrechtlich ist nach § 51 BRAO nicht vorgesehen, dass der Rechtsanwalt für den Fehler eines Steuerberaters versichert ist, wenn der Steuerberater eine Frist versäumt und hieraus ein Schaden entsteht. Der Anwalt ist allein für Verstöße seiner Tätigkeiten versichert. § 12 ist hier nicht anwendbar, weil er nur zwischen den Berufsangehörigen gilt und nicht zwischen den berufsfremden Anwälten und Steuerberatern, siehe dazu § 12 Rn. 11ff.

24 A Ziff. 2.3 bietet Versicherungsschutz, wenn der Sozius für die Verbindlichkeit der Sozietät haftet, die der berufsfremde Sozius durch sein Berufsversehen begründet hat. Dies gilt unabhängig davon, es sich um eine Gemeinschafts- oder Vorbehaltsaufgabe handelt. Voraussetzung ist aber, dass der berufsfremde Sozius im Rahmen seiner beruflichen versicherten Tätigkeit gehandelt hat. Versicherungsschutz besteht nur für erlaubte, keinesfalls für verbotswidrige Tätigkeiten. Geregelt ist dies in Teil 1.2 A Ziff. 2.3: „*...im Rahmen dessen beruflicher Tätigkeit...*“. Kein Versicherungsschutz besteht deshalb, wenn der Steuerberater z.B. eine dem Rechtsanwalt vorbehaltene Scheidung durchgeführt hat und hieraus ein Schaden entsteht und der Dritte hierfür den Anwalt oder auch den Steuerberater in Anspruch nimmt. Berufliche Tätigkeit ist nur die Tätigkeit, die der Berufsangehörige auch ausüben kann und darf. Andernfalls würde auch Versicherungsschutz für jegliche Tätigkeit bestehen, die allen Berufsangehörigen fremd ist, z.B. die Tätigkeit als Immobilienmakler. Der einzelne Sozius soll auch nicht davon profitieren, dass er zufällig in einer Sozietät und nicht als Einzelanwalt tätig ist. Daher gilt diese Regel auch für die

---

9 Die Vorgängerversion HV 60/06 deckt aufgrund dieser fehlenden Formulierung auch dann einen Verstoß nach dem Austritt, wenn der Anwalt bei Ausscheiden hier nicht versichert war. Dies war zu weitgehend; ebenso die Axa-Bedingungen AVB-RSW Stand 09.11, § 16 Ziff 2.1.

10 BGH NJW 2012, 2435.

sonstigen mitversicherten Tätigkeiten. Insbesondere die Steuerberater/Wirtschaftsprüfer sind für ihre wirtschaftlichen Beratungsleistungen wie auch für die Tätigkeit als nicht-geschäftsführender Treuhänder versichert. Der Anwalt erlangt daher keinen weitergehenden Versicherungsschutz in einer interprofessionellen Sozietät/Partnerschaft als er selbst nach seinen eigenen Versicherungsbedingungen hat.

Versicherungsschutz für interprofessionelle akzessorische Haftung besteht nur für die Be- **25**
rufsgruppen, die in den AVB-RSW aufgeführt sind: Rechtsanwälte und Patentanwälte, Steuerberater, Wirtschaftsprüfer und vereidigte Buchprüfer, § 59a BRAO. Es besteht kein Versicherungsschutz für die interprofessionelle akzessorische Haftung zwischen Ärzten/Apothekern und Anwälten, deren Zusammenschluss aber möglich ist; siehe ausführlich § 1 Rn. 308.[11] Die AVB-RSW bieten als Deckungsbaustein ausschließlich Versicherungsschutz für die Anwälte und wirtschaftsberatenden Berufe. Andere Berufe wie Apotheker und Ärzte sind nicht aufgeführt. Auch wäre völlig unklar, wie Personen- und Sachschäden bei einem Anwalt versichert sind, die ein berufsfremder Sozius verursacht hatte.

Die interprofessionelle akzessorische Haftung versichert nach dem Wortlaut alle Verstöße **26**
von berufsfremden Sozien. Der Verstoß durch einen berufsfremden Sozius schließt alle Verbindlichkeiten der Sozietät ein, die ihr zugerechnet werden. Daher sind auch Verstöße von Mitarbeitern versichert. Die ausdrückliche Regelung sollte nicht erforderlich sein. Man rechnet den Verstoß eines Mitarbeiters, der nicht Berufsträger ist, wie z.B. die Anwaltsgehilfin, der Sozietät nach allgemeinen Regeln zu. Es sind daher auch die Fehler versichert, die der Mitarbeiter begeht und die man dem Sozius oder der Sozietät zurechnet.[12]

D. Umfang des Versicherungsschutzes der gesellschaftsrechtlichen akzessorischen Haftung, C

Der Umfang der Deckung für die gesellschaftsrechtliche Haftung ist in C geregelt.

I. Übersicht

Beim individuell gebotenen Versicherungsschutz für den einzelnen Anwalt/Steuerberater/ **27**
Wirtschaftsprüfer nach C ist aufgrund der unterschiedlichen Interessenlage zu unterscheiden. Deckung besteht immer im gesetzlichen Mindestumfang, der Pflichtversicherungsumfang zum jeweiligen Verstoßzeitpunkt. Wenn der Anwalt austritt, kann er den Versicherungsschutz nicht beeinflussen. In diesem Fall hat der Anwalt den Versicherungsschutz, den er zum Zeitpunkt seines Austritts hatte – auch für Verstöße nach seinem Austritt. Veränderungen des Deckungsschutzes nach Austritt gehen weder zu Lasten noch zu Gunsten des Deckungsschutzes. Bei der Eintrittsversicherung und der Versicherung für die interprofessionelle akzessorische Haftung kann der Rechtsanwalt jedoch seine Deckungsinhalte nach seiner Risikoabschätzung bestimmen.[13]

- C Ziff. 1 regelt den Abwehrschutz und die Freistellungsverpflichtung des Versicherers. Da- **28**
  nach gilt der Versicherungsumfang, den der Sozius zum Zeitpunkt des Verstoßes hatte, der auch den Verstoß verursacht hatte, mindestens aber gilt der gesetzliche Umfang. Eine andere Berufshaftpflichtversicherung geht vor.
- C Ziff. 2 regelt die Versicherungsleistung und Jahreshöchstleistung der Eintrittshaftung und die der interprofessionellen akzessorischen Haftung.
- C Ziff. 3 regelt den Versicherungsumfang der Austrittshaftung.

11 BVerfG DStR 2016, 990.
12 Im Ergebnis ebenso *Diller* Teil 1.2 Rn. 43.
13 *Riechert* AnwBl 2011, 489, 491.

II. Im Einzelnen

1. Abwehrschutz und Freistellung, C Ziff. 1

29 C Ziff. 1 beinhaltet den Versicherungsschutz desjenigen Sozius, den der Dritte für die gesellschaftsrechtliche Verbindlichkeit in Anspruch nimmt. Er umfasst die allgemeine Versicherungsleistung: Abwehrschutz vor unberechtigten Forderungen und die Freistellung von berechtigten Schadensersatzverpflichtungen. Grundsätzlich richtet sich die Frage der Haftung und ob überhaupt zu leisten ist nach dem Sozius, der den Verstoß verursacht hat. Der Versicherungsschutz selbst, was dann tatsächlich als Schaden geleistet wird, richtet sich nach der Police, die der in Anspruch genommene Sozius hat. Der akzessorisch in Anspruch genommene Sozius ist der Versicherungsnehmer und er soll nicht auf den ihm fremden Versicherungsvertrag mit unklarem Versicherungsverhältnis angewiesen sein, was C Ziff. 1 ausdrückt: *„Der Versicherungsschutz für die Eintritts- bzw. Austrittsversicherung oder die Versicherung für die interprofessionelle akzessorische Haftung umfasst die Abwehr unberechtigter Schadenersatzansprüche und...die Freistellung von berechtigten Schadenersatzverpflichtungen...“* Der Versicherungsschutz für den in Anspruch genommenen Sozius kann daher weitergehend sein als er selbst hat. Beispielsweise, wenn der verursachende Sozius als Steuerberater die Beratung im außereuropäischen Recht vereinbart hat, der akzessorisch haftende Sozius aber nicht. Weil die Versicherungsleistung aus dem Vertrag des in Anspruch genommenen Sozius und nicht des verursachenden Sozius genommen wird, regelt man nochmal ausdrücklich, welche Versicherungssumme und welche Jahreshöchstleistungen gilt und zwar in C Ziff. 2 – Eintrittsdeckung und interprofessionelle Deckung – und C Ziff. 3 – Austrittsdeckung.

30 Keine Voraussetzung für den Versicherungsschutz des in Anspruch genommen Sozius ist, dass der Sozius, der den Verstoß tatsächlich begangen hat, beim gleichen Versicherer ist oder war oder dass insgesamt alle Berufsträger beim gleichen Versicherer sind. Der Versicherungsschutz des in Anspruch genommenen Sozius ist davon unabhängig. Andere Versicherer lösen das Problem der Deckung für die akzessorische Haftung dadurch, dass alle Anwälte, Steuerberater und Wirtschaftsprüfer bei ihnen versichert sind und zwar einheitlich mit einer gleich hohen Versicherungssumme. Vermeintlich wenden sie dann auch § 12 zwischen den Berufsgruppen an, der dann aber gar nicht zum Tragen kommen kann, weil es keine Durchschnittsleistung gibt, da keine unterschiedlich hohen Versicherungssummen bestehen. Das hat insgesamt die Folge, dass die Wirtschaftsprüfer mit tendenziell höheren Risiken und Prämien gleich hoch versichert sein müssen wie Anwälte und Steuerberater. Das hier vorliegende Deckungskonzept lässt es zu, dass die Berufsträger bei verschiedenen Versicherern sind und dass sie auch unterschiedlich hoch versichert sind.

31 Der Versicherungsschutz für gesellschaftsrechtliche Haftung ist subsidiär zu anderen Berufshaftpflichtversicherungen nach C Ziff. 1, 1. Absatz *“...umfasst die Abwehr unberechtigter Schadenersatzansprüche und, soweit nicht Versicherungsschutz über eine andere Berufshaftpflichtversicherung besteht, die Freistellung von berechtigten Schadenersatzverpflichtungen...“*. Die Subsidiarität gilt für die Fälle, wenn der Sozius, der den Verstoß begangen hat, fremdversichert ist. Diese Versicherung geht vor der Deckung des in Anspruch genommenen Sozius. Zum besseren Schutz des in Anspruch genommenen Sozius hat er aber immer Abwehrschutz. Die Subsidiarität bezieht sich nur auf die Freistellungsverpflichtung, wie sich aus dem Wortlaut ergibt.

2. Höchstbetrag der Versicherungsleistung und Jahreshöchstleistung für die Eintrittsversicherung und die Versicherung für die interprofessionelle akzessorische Haftung, C Ziff. 2

C Ziff. 2 regelt etwas kompliziert den Höchstbetrag der Versicherungsleistung und Jahreshöchstleistung für die Eintrittsversicherung und die Versicherung für die interprofessionelle akzessorische Haftung. Im Ergebnis richtet sich die Versicherungsleistung nach Höhe und Maximierung maximal nach dem Versicherungsschutz, den der in Anspruch genommene Sozius selbst vereinbart hat, außer die Versicherungssumme/Maximierung des verursachenden Sozius war niedriger. Man nimmt ja die Leistung aus dem Vertrag des in Anspruch genommenen Sozius, bietet aber niemals eine Versicherungssumme, die nicht versichert ist. Kurz: Haftung und grundsätzlicher Deckungsinhalt richtet sich nach dem Vertrag des fehlerhaft handelnden Sozius. Den Schaden ersetzt man maximal nach Versicherungssumme und Maximierung aus dem Vertrag des in Anspruch genommenen Sozius, außer der verursachende Sozius war niedriger versichert. 32

Die Regelung in C Ziff. 2 bedeutet konkret, dass der in Anspruch genommene Sozius Versicherungsschutz mindestens in Höhe der Pflichtversicherung des den Verstoß verursachenden Sozius hat: „*...in dem zum Verstoßzeitpunkt geltenden gesetzlichen Mindestumfang...*“. Weiter gilt nach C Ziff. 2, 1. Absatz im 2. HS die höhere Versicherungssumme/Maximierung, wenn der verursachende Sozius eine höhere Versicherungsleistung vereinbart hat als die Pflichtversicherung: „*...es sei denn, zum Verstoßzeitpunkt war in dem Berufshaftpflichtversicherungsvertrag des den Verstoß verursachenden Sozius oder Partners in einer Partnerschaftsgesellschaft ein anderer Umfang vereinbart...*“ Maximal gilt aber nach C Ziff. 2 Absatz 2 der Versicherungsumfang nach Versicherungssumme/Maximierung, den der Sozius vereinbart hat, der auch in Anspruch genommen wird, was fast immer der Fall ist:*...Maximal gelten die zu diesem Vertrag vereinbarte Versicherungssumme und Jahreshöchstleistung*. Dies ist dann der Regelfall, dass Versicherungssumme/Maximierung sich nach der Police des in Anspruch genommenen Sozius richten. 33

Erstes Beispiel: In der interprofessionellen Sozietät hat der Rechtsanwalt 50 Mio. EUR VSU und der Wirtschaftsprüfer 10 Mio. EUR VSU. Der Wirtschaftsprüfer begeht einen versicherten Berufsfehler mit einem Schaden von 20 Mio. EUR, gleich ob Vorbehalts- oder Gemeinschaftsaufgabe. Der Rechtsanwalt haftet akzessorisch für die Gesellschaftsverbindlichkeit in Höhe von 20 Mio. EUR. Ob Haftung und grundsätzlich Deckung und in welcher Höhe besteht, richtet sich nach dem Versicherungsvertrag des Wirtschaftsprüfers, was hier aufgrund des versicherten Berufsfehlers des Wirtschaftsprüfers vorliegt. Der Rechtsanwalt hat Deckungsschutz für den berufsfremden Fehler mindestens in Höhe von 1 Mio. EUR VSU, da dies der Mindestumfang des Wirtschaftsprüfers ist. Hier hat der akzessorisch haftende Anwalt sogar 10 Mio. EUR VSU, da der Wirtschaftsprüfer einen Versicherungsvertrag über 10 Mio. EUR VSU vorhält. Der Rechtsanwalt hat aber keinen Versicherungsschutz von hier 20 Mio. EUR VSU oder sogar bis zu 50 Mio. EUR VSU, da der Vertrag des Wirtschaftsprüfers die Leistung auf 10 Mio. EUR VSU begrenzt, C Ziff. 2, 1. Absatz 2. HS „*...es sei denn...*“. Der Wirtschaftsprüfer selbst hat ja auch keinen höheren Deckungsschutz als 10 Mio. EUR VSU. Die 50 Mio. Versicherungssumme des Anwalts stehen nur dem Anwalt selbst zu. 34

Zweites Beispiel: In der interprofessionellen Sozietät hat der Rechtsanwalt 5 Mio. EUR VSU und der Wirtschaftsprüfer 10 Mio. EUR VSU. Der Wirtschaftsprüfer begeht einen Berufsfehler wie im ersten Beispiel mit einem Schaden von 20 Mio. EUR. Der Rechtsanwalt haftet akzessorisch für die Gesellschaftsverbindlichkeit in Höhe von 20 Mio. EUR. Haftung und Deckung besteht wie oben nach dem Versicherungsvertrag des Wirtschaftsprüfers. Der Rechtsanwalt hat Deckungsschutz für den berufsfremden Fehler mindestens in Höhe von 1 Mio. EUR VSU, da dies der Mindestumfang ist. Der Anwalt hat hier aber keinen Versicherungsschutz in Höhe von maximal 10 Mio. EUR VSU wie der den Schaden verursachende Wirtschaftsprüfer. Der Anwalt hat nach 35

C Ziff. 2, 2. Absatz nur einen Versicherungsschutz in Höhe von 5 Mio. EUR, weil er selbst nur Versicherungsschutz in Höhe von 5 Mio. vereinbart hat. Die Schadensersatzleistung in Höhe von hier 5 Mio. EUR erbringt der Versicherer wie im ersten Beispiel nicht aus dem Vertrag des Wirtschaftsprüfers, sondern aus dem Vertrag des Rechtsanwalts, so dass die Deckelung gerechtfertigt ist. Die restliche Forderung bleibt ja auch weiterhin über den Vertrag des Wirtschaftsprüfers versichert bis zu seiner Versicherungssumme/Maximierung. Wie üblich werden die Gesellschaft und die in ihr tätigen Mitglieder verklagt, so dass sich praktisch keine Probleme ergeben.

36 In beiden Beispielen endet aber der Versicherungsschutz des akzessorisch haftenden Sozius, wenn der akzessorisch haftende Sozius selbst keinen Versicherungsschutz mehr hat. Der Versicherungsschutz endet dagegen nicht, wenn der verstoßende Sozius keinen Versicherungsschutz nach Summe/Maximierung mehr hätte. Dies ist die notwendige und kausale Folge, wenn der Versicherungsschutz des akzessorisch haftenden Sozius ein eigener Versicherungsschutz ist. Es kommt bei der gesellschaftsrechtlichen Deckung darauf an, dass er selbst noch Versicherungsschutz hat, da aus seiner Police die Leistungen erbracht werden. Zu beachten ist, dass die Pflichtversicherung unangetastet bleibt. Daher dürfen die Leistungen für die gesellschaftsrechtliche Haftung, die selbst nicht der Pflichtversicherung unterliegt, nicht auf die Pflichtversicherung angerechnet werden.

37 Eine Kumulierung der Versicherungssummen und Jahreshöchstleistungen findet nicht statt. Es bedeutet, dass die Versicherungsleistungen des mithaftenden Sozius und des Sozius, der den Verstoß verursacht hat, nicht als Summe zur Verfügung stehen. Ein möglicher Schadenfall ist nur in Höhe der Versicherungssumme/Maximierung des verursachenden Sozius und maximal in Höhe der Versicherungssumme/Maximierung des akzessorisch haftenden Sozius versichert. Die gesellschaftsrechtliche Deckung soll die Sozien nicht besserstellen, als sie ihren Versicherungsschutz vereinbart haben.

3. Höchstbetrag der Versicherungsleistung und Jahreshöchstleistung für die Austrittsversicherung, C Ziff. 3

38 Wenn der Sozius aus der Sozietät austritt, hat er keinen Einfluss mehr auf die Versicherung. Die übrigen Sozien können die Versicherungsleistung vermindern. Um hier Nachteile für den austretenden Sozius zu vermeiden, gilt der Versicherungsschutz, den der Sozius zum Zeitpunkt hatte als er aus der Sozietät ausgetreten ist nach C Ziff. 3. Dies gilt für den gesamten Versicherungsumfang für Erweiterungen zur Pflichtversicherung und Versicherungssumme und Maximierung. Maßgeblich ist das letzte Jahr vor dem Austritt.

Beispiel hierfür: Der Rechtsanwalt verlässt die Sozietät, nach dem er für die Sozietät einen Mandatsvertrag geschlossen hat. Ein Sozius von ihm übernimmt das Mandat und versäumt nach dessen Austritt eine Frist. Es entsteht ein Schaden von 5 Mio. EUR. Bei Austritt hatte der Sozius eine Versicherung in Höhe von 10 Mio. EUR vereinbart. Der Schaden wird aus seinem Vertrag in Höhe von 5 Mio. EUR reguliert. Umgekehrt, wenn der Schaden 10 Mio. EUR beträgt, aber er bei Austritt nur eine Versicherung von 5 Mio. EUR hatte, wird auch nur in Höhe von 5 Mio. EUR reguliert. Es wird nicht in Höhe von 10 Mio. EUR reguliert, auch wenn die Sozietät zwischenzeitlich z.B. 20 Mio. VSU vereinbart hat. Es gelten auch die Bedingungen des akzessorisch haftenden Sozius, die er zum Zeitpunkt hatte als er die Sozietät verlassen hatte und nicht die Bedingungen, die möglicherweise die Sozietät später abgeschlossen oder ausgeschlossen hat.

Teil 2 Besondere Bedingungen und Risikobeschreibungen für Rechtsanwälte und Patentanwälte (BBR-RA)

Teil 2 enthält die Besonderen Bedingungen und Risikobeschreibungen für Rechtsanwälte und Patentanwälte (BBR-RA). Teil 3 und Teil 4 jeweils dann die Besonderen Bedingungen und Risikobeschreibungen für Steuerberater (BBR-S) und Wirtschaftsprüfer (BBR-W). Die Teile sind untergliedert in A mit den Besonderen Bedingungen und B mit der Risikobeschreibung.

A. Besondere Bedingungen

1. Jahreshöchstleistung

Ist eine höhere als die gesetzliche Mindestversicherungssumme vereinbart, beträgt die Höchstleistung des Versicherers für alle Versicherungsfälle eines Versicherungsjahres (Jahreshöchstleistung) vorbehaltlich abweichender Vereinbarung das Zweifache der vereinbarten Versicherungssumme; die Jahreshöchstleistung beträgt jedoch mindestens das Vierfache der Mindestversicherungssumme.

2. Ausschlüsse

2.1 Haftpflichtansprüche mit Auslandsbezug

Der Versicherungsschutz bezieht sich nicht auf Haftpflichtansprüche aus Tätigkeiten

a) über in anderen Staaten eingerichtete oder unterhaltene Kanzleien oder Büros,

b) im Zusammenhang mit der Beratung und Beschäftigung im außereuropäischen Recht,

c) des Rechtsanwalts vor außereuropäischen Gerichten.

d) die Ausschlussbestimmungen in b) und c) sowie in Ziffer 4.1 der Allgemeinen und Besonderen Versicherungsbedingungen zur Vermögensschaden-Haftpflichtversicherung für Rechtsanwälte AVB-RSW finden für die Tätigkeit als Patentanwalt keine Anwendung.

2.2 Veruntreuungsschäden

Der Versicherungsschutz bezieht sich nicht auf Haftpflichtansprüche wegen Schäden durch Veruntreuung durch Personal, Sozien oder Angehörige des Versicherungsnehmers; als Angehörige gelten:

a) der Ehegatte des Versicherungsnehmers, der Lebenspartner im Sinne des Lebenspartnerschaftsgesetzes oder einer vergleichbaren Partnerschaft nach dem Recht anderer Staaten;

b) wer mit dem Versicherungsnehmer in gerader Linie verwandt oder verschwägert oder im zweiten Grad der Seitenlinie verwandt ist.

2.3 Tätigkeit als Angestellter

In Erweiterung von § 4 Ziffer 4 bezieht sich der Versicherungsschutz nicht auf Haftpflichtansprüche aus der Tätigkeit des Versicherungsnehmers als Angestellter.

3. Meldepflichten des Versicherers

Der Versicherer ist verpflichtet, der Rechtsanwalts- bzw. Patentanwaltskammer den Beginn und die Beendigung oder Kündigung des Versicherungsvertrages sowie jede Änderung des Versicherungsvertrages, die den vorgeschriebenen Versicherungsschutz beeinträchtigt, unverzüglich mitzuteilen.

4. Überschreiten der Pflichtversicherung

Soweit der Versicherungsvertrag den Inhalt oder Umfang der Pflichtversicherung überschreitet, gelten die Bedingungen des Teil 1 entsprechend, soweit nichts Abweichendes, z.B. durch zusätzliche Vereinbarungen, bestimmt ist.

https://doi.org/10.1515/9783110407280-021

Erweiterungen des Versicherungsschutzes lassen den Umfang des gesetzlich vorgeschriebenen Versicherungsschutzes unberührt.

4.1 Inanspruchnahme des Versicherungsnehmers vor außereuropäischen Gerichten
Für Haftpflichtansprüche aus der Inanspruchnahme des Versicherungsnehmers vor außereuropäischen Gerichten besteht Leistungspflicht nur in Höhe der Mindestpflichtversicherungssumme.

4.2 Ausschluss kaufmännischer Risiken
Ergänzend zu § 4 bezieht sich der Versicherungsschutz nicht auf Haftpflichtansprüche wegen Schäden aus einer kaufmännischen Kalkulations-, Spekulations- oder Organisationstätigkeit. Soweit der Versicherungsnehmer gemäß InsO (z.B. als (vorläufiger) Insolvenzverwalter, Sonder(insolvenz)verwalter, Gläubigerausschussmitglied, Sachwalter und Treuhänder), als Gesamtvollstreckungsverwalter, als gerichtlich bestellter (vorläufiger) Liquidator oder Abwickler oder als Abwickler einer Praxis gemäß § 55 BRAO tätig ist, sind Haftpflichtansprüche wegen Schäden aus einer kaufmännischen Kalkulations- oder Organisationstätigkeit bis zur Höhe der vereinbarten Versicherungssumme, maximal in Höhe von EUR 2.500.000 je Versicherungsfall und Versicherungsjahr versichert.

4.3 Deckung für Auszahlungsfehler bei Anderkonten
Versicherungsschutz wird auch für den Fall geboten, dass der Versicherungsnehmer wegen einer fahrlässigen Verfügung über Beträge, die in unmittelbarem Zusammenhang mit einer Rechtsanwaltstätigkeit auf ein Anderkonto eingezahlt sind, von dem Berechtigten in Anspruch genommen wird.

Das gleiche gilt für Inanspruchnahme des Versicherungsnehmers aus fahrlässigen Verfügungen über fremde Gelder, die zur alsbaldigen Anlage auf ein Anderkonto in Verwahrung genommen und ordnungsgemäß verbucht sind.

Systematische Übersicht

Änderungen zur Vorauflage der AVB-RSW, HV 60/06: 1

1. A Ziff. 2.1 d): Mitversicherung Ausland bei Patentanwälten
   Grund: In der früheren Fassung der AVB-RSW war die Mitversicherung der Auslandsrisiken für Patentanwälte wie bei den Rechtsanwälten ausgeschlossen, aber durch eine Zusatzbedingung wieder eingeschlossen. Diese Zusatzbedingung entfällt, da die Auslandstätigkeiten bei Patentanwälten standardmäßig mitversichert sind
   Folge: keine
2. A Ziff. 4: sprachliche Vereinfachung, wenn die Versicherungssumme den Pflichtversicherungsumfang überschreitet
   Folge: keine
3. A Ziff. 4.2: Versicherungsschutz bei kaufmännischen Tätigkeiten im InsO-Bereich; Erhöhung der Versicherungssumme auf 2,5 Mio. je Versicherungsfall und insgesamt für alle Versicherungsfälle in einem Jahr; 2,5 Mio., 1-fach maximiert
   Grund: Anpassung der Versicherungssumme an die Pflichtversicherungssumme der PartG mbB, RA-GmbH; Klarstellung, dass die Jahreshöchstleistung nur einfach besteht.
   Folge: Verbesserung des Versicherungsschutzes für die kaufmännischen Tätigkeiten im InsO-Bereich

Die Besonderen Bedingungen enthalten notwendige versicherungsrechtliche Erweiterungen/Ausschlüsse und aufsichtsrechtliche Regelungen. Sie ergänzen, erweitern und konkretisieren den Versicherungsschutz für Anwälte und Patentanwälte. 2

– 2-fache Jahreshöchstleistung, wenn die vereinbarte Versicherungsleistung höher ist als die Pflichtversicherung, A Ziff. 1.
– gesetzlich zulässige Ausschlüsse bei Anwälten; in den AVB-RSW ist eine übergreifende Regelung für Anwälte, Steuerberater und Wirtschaftsprüfer nicht möglich, weil die Ausschlüsse bei den wirtschaftsberatenden Berufen ähnlich, aber doch unterschiedlich sind, A Ziff. 2.

- Die im Versicherungsvertrag verpflichtend zu vereinbarende Meldung des Versicherers gegenüber der Anwaltskammer nach § 51 Abs. 6 BRAO bei Änderungen, die den Pflichtversicherungsschutz berühren, A Ziff. 3.
- Geltung der §§ 1–15 und dem Versicherungsschutz für gesellschaftsrechtliche Haftung in Teil 1.2 auch dann, wenn die Pflichtversicherung überschritten ist. Es besteht aber ein einschränkendes Sublimit für die Inanspruchnahme des Anwalts vor außereuropäischen Gerichten in Höhe der Pflichtversicherungssumme und ein erweiterndes Sublimit für kfm. Risiken bei Insolvenzverwaltertätigkeiten und Deckungsschutz für Auszahlungsfehler bei Anderkonten, A Ziff. 4.

A. Jahreshöchstleistung, Ziff. 1

1. Jahreshöchstleistung

Ist eine höhere als die gesetzliche Mindestversicherungssumme vereinbart, beträgt die Höchstleistung des Versicherers für alle Versicherungsfälle eines Versicherungsjahres (Jahreshöchstleistung) vorbehaltlich abweichender Vereinbarung das Zweifache der vereinbarten Versicherungssumme; die Jahreshöchstleistung beträgt jedoch mindestens das Vierfache der Mindestversicherungssumme.

I. Begriff

3 Die Jahreshöchstleistung ist die Summe aller Schadenzahlungen zusammen, die der Versicherer maximal für alle Schadenfälle eines Jahres bezahlt. Dies drückt man durch die Maximierung aus, die als Vielfaches der maximalen Schadensersatzleistung in einem einzelnen Schadenfall angegeben wird. Beispiel hierfür: Die Pflichtversicherung nach § 51 BRAO regelt, dass der Versicherer mindestens 250.000 EUR pro Schadenfall zu leisten hat. Für alle Schadenfälle zusammen in einem Jahr hat er mindestens 1 Million EUR zu leisten; 250.000 EUR, 4-fach maximiert. Wenn der Versicherer für einen Schaden in Höhe von 400.000 EUR zu leisten hat, muss der Anwalt davon selbst 150.000 EUR tragen, weil die Versicherungssumme von 250.000 EUR im Einzelfall überschritten wurde. Die Schadenfälle insgesamt dürfen im Jahr nicht die Summe von 1 Mio. EUR übersteigen, siehe im Überblick zu den Begrifflichkeiten Einleitung Rn. 39 ff.

4 Die Jahreshöchstleistung bezieht sich schon nach dem Wortlaut auf ein gesamtes Jahr einer Versicherungsperiode. Die Versicherungsperiode beginnt regelmäßig mit dem ursprünglichen Anfangsdatum des Vertrags. Die Periode kann dabei mit dem Kalenderjahr zusammenfallen oder auch unterjährig sein, gilt aber immer ein Jahr lang, außer bei besonderen Vereinbarungen. Aufgrund des Verstoßprinzips mit unbegrenzter Nachmeldefrist ist nach Ende der Periode weder für den Versicherer noch für den Versicherungsnehmer bekannt, ob die Jahreshöchstleistung für das abgelaufene Jahr erschöpft ist. Das ist erst möglich, wenn alle Ansprüche dieses abgelaufenen Jahres verjährt sind, spätestens nach 30 Jahren.

5 Kein Versicherungsschutz besteht mehr innerhalb der Versicherungsperiode, wenn die Schadenfälle eines Jahres bereits die Jahreshöchstleistung erschöpft haben. Wenn der Versicherer in einem Schadenfall nicht mehr zu leisten hat, muss er auch nicht mehr Abwehrschutz leisten, auch nicht für unberechtigte Ansprüche, weil das Versprechen der Leistung nicht mehr gegeben ist.[1] Das zeigt auch die Regelung in § 3 II Ziff. 5.2. Übersteigt der geltend gemachte Haftpflichtanspruch die Versicherungssumme, trägt der Versicherer nur die Kosten, nach der der Versicherungssumme entsprechenden Wertklasse. Es bedeutet, dass die Kosten nur insoweit zu tragen sind, als sie der restlichen Versicherungssumme, einschließlich der maximierten Jah-

1 Anders *Diller* A Ziff. 1 Rn. 5.

reshöchstleistung, entsprechen, aber gerade nicht in unbegrenzter Höhe und auch nicht mehr, wenn die Versicherungssumme nicht mehr vorhanden ist. Dies ist auch sachgereicht, weil andernfalls der Versicherer aufgrund seiner Regulierungsvollmacht von vornherein einen Vergleich mit dem Geschädigten schließen kann, um die Kosten zu minimieren. Den Vergleich hätte der Versicherungsnehmer hinzunehmen und müsste den Schaden dann selbst bezahlen. Das wäre für den Fortbestand des Versicherungsverhältnisses nicht mehr tragbar.

II. Zurechnung innerhalb der Sozietät

Auf die Jahreshöchstleistung und auch die Versicherungssumme können innerhalb einer Sozietät alle Sozien untereinander zugreifen. Der Sozius ist für seine Schadenfälle nicht auf seine Jahreshöchstleistung und seine Versicherungssumme beschränkt. Dies ergibt sich aus § 12 I, weil der Versicherungsfall eines Sozius der Versicherungsfall aller Sozien ist. Wenn ein Sozius seine Pflichtversicherungssumme mit der Jahreshöchstleistung verbraucht hat, also der Versicherer mehr als 1 Mio. EUR an Schadensersatz geleistet hat, besteht über § 12 weiterhin Versicherungsschutz für ihn selbst über die übrigen Versicherungen der Mitsozien. § 12 wirkt als versicherungsrechtliche Norm zugunsten des einzelnen Sozius. Im Exzedenten gilt die Jahreshöchstleistung für die Sozietät, wenn sie Versicherungsnehmerin ist und damit auch für die mitversicherten Sozien, unabhängig davon wer innerhalb der Berufsgruppe den Verstoß verursacht hat, siehe § 12 Rn. 19. 6

A Ziff. 1 bestimmt, dass bei Exzedenten oberhalb der Pflichtversicherungssumme, die Jahreshöchstleistung das Zweifache der vereinbarten Versicherungssumme beträgt. Fast ausschließlich gelten aber individuelle Vereinbarungen. Die Versicherungssumme und die Jahreshöchstleistung sind oberhalb der Pflichtversicherungsgrenzen frei verhandelbar. Bei größeren Kanzleien mit hohen Versicherungssummen ist es üblich, die Maximierungen wie eine Pyramide aufzubauen. In der Grundversicherung und den darauffolgenden Exzedenten ist die Anzahl der Maximierungen hoch. Mit zunehmender Versicherungssumme nimmt die Zahl der Maximierungen bis zu einer 1-fachen Maximierung im letzten Exzedenten ab. 7

III. Verteilungsverfahren nach § 109 VVG

Aufgrund des Verstoßprinzips und der unbegrenzten Nachmeldefrist können die Versicherer und der Versicherungsnehmer nicht einschätzen, ob die Versicherungssumme und die Jahreshöchstleistung für die Schadenfälle des laufenden Jahres ausreichen. Erst nach endgültiger Verjährung steht dies fest. Der Versicherer reguliert daher die Versicherungsfälle schlicht nach Eingang und Zahlung. Theoretisch ist es daher möglich, dass die Versicherungsleistung des Versicherungsfalls für das Verstoßjahr bereits erschöpft ist. Dieses Prioritätsprinzip, dass in der Zwangsvollstreckung in das bewegliche Vermögen nach § 804 Abs. 3 ZPO gilt, durchbricht aber § 109 Satz 1 VVG, weil das Prioritätsprinzip dem sozialen Gedanken der Haftpflichtversicherung widerspricht.[2] § 109 VVG soll die Gefahr verhindern, dass die Versicherungssumme nicht ausreicht, und ordnet an, dass die Summe auf alle Anspruchsberechtigten gleichmäßig im Verhältnis zu ihren Beträgen verteilt wird. Das gilt aber formal nicht für die Pflichtversicherung nach § 118 Abs. 1 Nr. 1–5 VVG als lex specialis zu § 109 VVG. Danach gibt es eine Rangfolge, um besondere Gruppen zu schützen und zu privilegieren.[3] Dadurch ändert sich aber nichts Wesentliches, weil regelmäßig alle konkurrierenden Ansprüche in der Rangklasse des § 118 Abs. 1 Nr. 5 8

2 *Armbrüster* VersR 2014, 1, 3.
3 BGH VersR 1985, 1054, 1055.

VVG liegen und der Ausschluss später hinzugekommener Forderungen nach § 118 Abs. 2 VVG der Regelung in § 109 VVG inhaltlich entspricht.[4]

9 Voraussetzung des Verteilungsverfahrens ist, dass der Versicherer überhaupt damit rechnen konnte oder musste, dass weitere Ansprüche die Jahreshöchstleistung übersteigen werden, § 109 Satz 2 VVG. Das Verteilungsverfahren kommt daher nicht zur Anwendung, wenn der Versicherer unverschuldet die ihm bekannten Schadenfälle bereits soweit bezahlt hat, dass die Jahreshöchstleistung aufgebraucht ist. Der zu spät gekommene Dritte geht dann leer aus. Der Versicherer trägt hierfür die Darlegungs- und Beweislast, dass er schuldlos gehandelt hat. Allerdings dürfen die Anforderungen an den Versicherer nicht überspannt werden. Er muss nicht jede Fahrlässigkeit vertreten. Er hat die Sorgfalt anzuwenden, die ein vernünftiger und praktischer Versicherer unter den Umständen des besonderen Falles anwendet und von ihm verlangt werden kann. Grund hierfür ist, dass der Versicherer erheblich mit der Aufklärung belastet wäre. Der Versicherer hat zudem die Schadenfälle gegenüber den Geschädigten zeitnah abzuwickeln.[5] Das wäre nicht möglich, wenn er zur Sicherheit jeweils abwarten müsste, bis die Verjährung weiterer möglicher Fälle eingetreten wäre. Wenn der Versicherer tatsächlich bei der Schadensabwicklung und Schadensregulierung feststellt, dass die Versicherungssumme nicht ausreicht, hat er die Schadenzahlungen neu zu berechnen. Er hat die Schadenzahlungen verhältnismäßig zu verteilen, wenn er den Sachverhalt erstmalig feststellt und auch zu korrigieren, wenn die Schadenzahlungen erneut die Versicherungssumme zu übersteigen drohen.[6]

10 Nicht eindeutig ist aber der Zeitpunkt, wann der Versicherer festzustellen hat, dass die Jahreshöchstleistung nicht ausreicht. Man kann den Zeitpunkt früh ansetzen, zu dem der Versicherer die Zahlungen an die berechtigten Dritten vorzunehmen und damit deren Forderungen zu erbringen hat. Dann sollte der Versicherer schon wissen, ob alle Schadenfälle zusammen die Versicherungssumme übersteigen oder nicht.[7] Man kann jedoch auch den Zeitpunkt auf die Zahlung selbst festlegen.[8] Das ist allerdings theoretischer Art, weil kaum Schadenfälle bekannt sind, die die Versicherungssumme bei Anwälten ausschöpfen können. Anders im Finanzanlagebereich bei der Kapitalanlage, wenn Kapitalanlagegesellschaften und deren Vertriebspartner eine Vielzahl von Anlegern bei einer Anlage falsch beraten haben.

B. Ausland, Ziff. 2.1

2. Ausschlüsse
2.1 Haftpflichtansprüche mit Auslandsbezug
Der Versicherungsschutz bezieht sich nicht auf Haftpflichtansprüche aus Tätigkeiten

a) über in anderen Staaten eingerichtete oder unterhaltene Kanzleien oder Büros,
b) im Zusammenhang mit der Beratung und Beschäftigung im außereuropäischen Recht,
c) des Rechtsanwalts vor außereuropäischen Gerichten.
d) die Ausschlussbestimmungen in b) und c) sowie in Ziffer 4.1 der Allgemeinen und Besonderen Versicherungsbedingungen zur Vermögensschaden-Haftpflichtversicherung für Rechtsanwälte AVB-RSW finden für die Tätigkeit als Patentanwalt keine Anwendung.

§ 4 beinhaltet die Ausschlüsse für alle wirtschaftsberatenden Berufe. Die Besonderen Bedingungen der AVB-RSW konkretisieren diese Ausschlüsse für die jeweiligen Berufsgruppen.

4 *Diller* A 1 Rn. 12.
5 MüKoVVG/*Littbarski* § 109 Rn. 9.
6 *Wenke* VersR 1983, 900, 901.
7 MüKoVVG/*Littbarski* § 109 Rn. 29.
8 Langheid/Rixecker/*Langheid* § 109 Rn. 7.

A Ziff. 2 BBR-RA für die Anwälte und Patentanwälte, A Ziff. 4 BBR-RS für Steuerberater und A Ziff. 4 BBR-W für Wirtschaftsprüfer/ver. Buchprüfer. Es handelt sich dabei um die gesetzlich zulässigen Ausschlüsse nach der jeweiligen Berufsordnung. Dabei handelt es sich um die Ausschlüsse mit Auslandsbezug und für Veruntreuungsschäden. Andere Ausschlüsse sind im Umfang der Pflichtversicherung nicht möglich.

I. Ausschlüsse Auslandsbezug

Die Ausschlüsse mit Auslandsbezug sind in A Ziff. 2 und auch ergänzend in A Ziff. 4.1 geregelt für die Inanspruchnahme vor ausländischen Gerichten im Umfang der Mindestpflichtversicherungssumme. A Ziff. 2.1 und A Ziff. 4.1 mit einem Sublimit folgen den gesetzlich zulässigen Ausschlüssen in § 51 Abs. 3 Nr. 2, 3 und 4 BRAO. Sie sind nicht unangemessen, weil sie nicht von der gesetzlichen Regelung abweichen und klar und verständlich den Inhalt wiedergeben, § 307 Abs. 3 Satz 2 BGB. Wenn das Verhalten des Anwalts einen Ausschlussgrund bedeutet, hat er keinen Versicherungsschutz und auch keinen Abwehrschutz. Oberhalb der Pflichtversicherungssummen können die Ausschlüsse weitergehend sein. Der Regelfall ist aber, dass Einheitlichkeit besteht, zumindest dann, wenn ein einzelner Versicherer die gesamte Deckung vorhält. A Ziff. 4 betont ausdrücklich, dass der gesamte Vertrag einem Bedingungswerk unterliegt, wenn nicht ausdrücklich etwas anderes vereinbart ist. 11

Zur Auslegung des Ausschlusses sind zwei unterschiedliche Interessen zu beachten. Vorrangig der Schutz des rechtsuchenden Publikums und das Interesse des Rechtsanwalts für seine berufliche Tagesarbeit Deckungsschutz zu haben, auf der anderen Seite das Interesse des Versicherers über die Versichertengemeinschaft ein ausgewogenes und kalkulierbares Risiko zu erhalten.[9] 12

Vom Versicherungsschutz ausgeschlossen sind: 13

- Ziff. 2.1 a): Tätigkeiten über in anderen Staaten eingerichtete oder unterhaltene Kanzleien oder Büros; § 51 Abs. 3 Nr. 2 BRAO
- Ziff. 2.1 b): im Zusammenhang mit der Beratung und Beschäftigung im außereuropäischen Recht; § 51 Abs. 3 Nr. 3 BRAO
- Ziff. 2.1 c): Tätigkeiten des Rechtsanwalts vor außereuropäischen Gerichten; § 51 Abs. 3 Nr. 4 BRAO
- Ziff. 4.1 mit einem Sublimit: Versicherungsschutz für Inanspruchnahme vor außereuropäischen Gerichten bis zur Höhe der Mindestpflichtversicherungssumme, aber nicht darüber hinaus; die Inanspruchnahme ist zu versichern, da kein gesetzlicher Ausschluss möglich ist.

Vereinfacht und positiv ausgedrückt besteht Versicherungsschutz für den Anwalt im geografischen Europa. Dies umfasst die Beratung des Anwalts im europäischen Recht, die Tätigkeit vor einem europäischen Gericht und die Inanspruchnahme vor einem europäischen Gericht. Kein Versicherungsschutz besteht für Kanzleien außerhalb Deutschlands und alles im Zusammenhang im außereuropäischen Recht, allerdings bleibt der Anwalt mit einem Sublimit in Höhe der Mindestpflichtversicherungssumme versichert, wenn er außerhalb Europas vor einem Gericht in Anspruch genommen wird. 14

II. Kanzleien und Büros im Ausland, Ziff. 2.1 a)

Nach A Ziff. 2.1 a) bezieht sich der Versicherungsschutz nicht auf Haftpflichtansprüche aus Tätigkeiten über in anderen Staaten eingerichtete oder unterhaltene Kanzleien oder Büros.[10]

---

9 BT-Drs. 12/4993, S. 31.
10 Dazu *Richert* AnwBl 2013, 460.

1. Non-admitted-Problematik

15 Der Grund dafür, dass der Gesetzgeber die Deckung für ausländische Niederlassungen nicht umfassend regeln kann, liegt im staatlichen Territorialitätsprinzip. Hoheitsakte aus Deutschland sind im Ausland verboten, sofern sie nicht durch den anderen Staat zugelassen oder sie völkerrechtlich gerechtfertigt sind.[11] Das deutsche Berufsrecht für Anwälte kann daher einer ausländischen Zweigniederlassung einer deutschen Kanzlei nicht vorschreiben, sie muss sich nach § 51 BRAO versichern.

16 Viele Länder verbieten nach ihrem Aufsichtsrecht grenzüberschreitende Versicherungsdeckungen, wenn der Versicherer nicht lokal zugelassen ist. Auch möchten sie nicht auf Steuereinnahmen verzichten. Hier besteht die eigentliche non-admitted-Problematik. Das Territorialitätsprinzip bedeutet in diesem Fall, dass der Staat das Versicherungswesen selbständig regelt und die Tätigkeit unter Erlaubnisvorbehalt stellt, in Deutschland gemäß § 5 Abs. 1 VAG.[12] Eine Pflichtversicherung wie bei Anwälten muss bei einem im Inland zum Geschäftsbetrieb zugelassenen Versicherungsunternehmen genommen werden. In der EU/EWR gilt: Versicherungsunternehmen mit Sitz in der EU/EWR dürfen EU/EWR-weit nach Durchlaufen des Notifikationsverfahrens Versicherungen anbieten. Das Versicherungsunternehmen braucht daher nicht in jedem EU/EWR-Staat eine lokal zugelassene Niederlassung zu haben, um Versicherungen anbieten zu dürfen. Außerhalb der EU/EWR gilt: Manche Länder sind sehr liberal. Z.B. kann es erlaubt sein, dass ausländische Versicherer ohne Sitz im Land der Zweigniederlassung dortige Risiken eindecken können. Das ausländische Versicherungsunternehmen ist zwar nicht zugelassen, die Versicherung ist aber erlaubt; non-admitted, but permitted. Manche Länder sehen vor, dass in bestimmten Versicherungszweigen nur ein inländisch zugelassener Versicherer tätig werden darf, z.B. in der Kfz-Versicherung. Manche Länder differenzieren danach, wo der Versicherungsnehmer seinen Hauptsitz hat und ob nur die Zweigniederlassung mitversichert werden soll, z.B. Hauptsitz des Anwalts in Deutschland und Deckung der ausländischen Anwaltskanzlei als bloße Mitversicherung, auch ohne lokale Zulassung des deutschen Versicherungsunternehmens. Wieder andere Länder schließen auch eine Mitversicherung aus. Das Versicherungsunternehmen muss inländisch zugelassen sein, unabhängig vom Sitz des Versicherungsnehmers und der Niederlassung. Non-admitted bedeutet dann auch non-permitted. Beispiel: Ein deutscher Versicherer ohne Zulassung in der Schweiz darf nicht eine in der Schweiz gelegene Kanzlei oder die Zweigniederlassung einer Kanzlei mit Hauptsitz in Deutschland versichern. Gem. § 3 Abs. 1 VAG-Schweiz ist eine Bewilligung der schweizerischen Finanzmarktaufsicht für das Versicherungsunternehmen erforderlich. Verstöße dagegen sind gemäß § 86 ff VAG-Schweiz strafbar. Selbst ein Makler, ob in der Schweiz registriert oder nicht, macht sich strafbar, wenn er an ein nicht in der Schweiz zugelassenes Versicherungsunternehmen Versicherungsverträge vermittelt, § 41 i.V.m. § 87 Abs. 1 lit. a) VAG-Schweiz.

17 Regelmäßig nicht von der non-admitted-Problematik betroffen sind sog. „representative offices“. Bei einem representative office handelt es sich um eine Einrichtung, die repräsentative Aufgaben als Vertreter der Hauptniederlassung wahrnimmt. Repräsentative Aufgaben bedeutet Werbung, Marketing oder Aufbau von Kundenkontakten für die Hauptniederlassung. Es handelt sich dabei nicht um anwaltlich tätige Zweigniederlassungen. Diese Aktivitäten eines representative office dürfen daher nicht die anwaltliche Beratung und eine sonstige berufliche Tätigkeit umfassen.[13] Versicherungsschutz kann dann nur für diese sonstigen Marketing-Aktivitäten zur Mandantenakquise geboten werden. Auch hier ist aber individuell zu prüfen, ob ein ausländischer Versicherer selbst diese untergeordneten Tätigkeiten ohne Zulassung versichern darf.

---

11 BVerfG NJW 1983, 2757 zur Vollstreckbarkeit ausländischer Titel.

12 *Langheid/Grote* VW 2008, 630.

13 Siehe z.B. für das Bankwesen im Staat New York, Registration of domestic representative office, Statutory authority: Banking Law, §§ 14[1], 132, 258.

2. Büro, Kanzlei

a) Begriff

Vor dem Hintergrund der Problematik um non-admitted/non-permitted sind die Begriffe eingerichtete oder unterhaltene Kanzleien oder Büros zu verstehen. Es geht darum, dass keine dauerhafte Einrichtung besteht, aus der die Anwälte ihre Beratungsleistung erbringen. Die Kanzlei/Büro ist daher von der bloßen Beratungsleistung an einem ausländischen Ort ohne festes Büro zu unterscheiden. Versicherungsschutz besteht, wenn ein Anwalt in das Ausland reist, z.B. nach Zürich und dort den Mandanten am dortigen Unternehmenssitz aufsucht und ihn dann berät. Anders aber, wenn er für seine Aufenthalte in Zürich ein eigenes Büro mit Kanzleischild eröffnet, auch wenn der Hauptsitz weiterhin in Deutschland bleibt. Maßgebliche Kriterien, ob eine versicherte Beratungsleistung oder ein unversichertes Büro vorliegt, richtet sich nach dem Auftritt des Anwalts gegenüber dem Mandanten. Ein festes Büro liegt vor, wenn der Anwalt eine Büroadresse mit lokaler Anschrift, Telefonnummer und Faxadressen angibt. Kein festes Büro liegt vor, wenn ein Konferenzraum nur einmalig oder für einen kurzen Zeitraum angemietet ist, um nicht im Hotel beraten zu müssen. Zu berücksichtigen ist das Interesse des ausländischen Staats, z.B. ein dort belegenes Risiko durch einen lokal zugelassenen Versicherer absichern zu lassen und Mandanten vor missbräuchlicher Rechtsberatung zu schützen und auch die lokale Versicherungssteuer zu erhalten. Dies ist dann nicht nur ein deckungsrechtliches Problem, sondern auch ein aufsichtsrechtliches. 18

b) Mandate mit Bezug zu inländischen und ausländischen Kanzleien

Bei Kanzleien mit Zweigniederlassungen im Ausland kommt es bei internationalen Mandaten vor, dass das Mandat sowohl die Anwälte im inländischen als auch im ausländischen Büro bearbeiten. Der Verstoß ist zuzuordnen, ob er über die inländische Berufshaftpflichtversicherung nach § 51 BRAO oder über die mögliche ausländische Pflichtversicherung gedeckt ist. Maßgeblich sollte hier der Mandatsvertrag sein. Der Mandant und die Kanzlei vereinbaren, welche Kanzlei Vertragspartner ist. Wenn es sich um eine rechtlich selbständige Kanzlei im Ausland handelt, kann sie auch selbständig nach ihren Regeln einen Mandatsvertrag abschließen. Es ist dann eine Frage der Zuordnung des Verstoßes nach § 278 BGB oder nach den Regeln einer Substitution und nicht eine Frage des Schwerpunkts des Mandats, ob Versicherungsschutz besteht. Wenn man den Schwerpunkt als maßgeblich betrachtet, würde man den Versicherungsschutz versagen müssen, wenn der Mandant mit der Hauptniederlassung in Deutschland den Vertrag geschlossen hat, aber das Mandat hauptsächlich im Ausland bearbeitet wurde, gleich ob der tatsächliche Fehler in Deutschland oder im Ausland passiert ist.[14] Dies würde der Regelung der Pflichtversicherung i.S.d. § 51 BRAO widersprechen, wenn der Verstoß in Deutschland passiert ist und der Mandatsvertrag mit der deutschen Hauptniederlassung geschlossen wurde. 19

3. Versicherung von Auslandsniederlassungen

Aufgrund der verschiedenen Aufsichtsrechte und der verschiedenen Kundenwünsche gibt es mehrere Modelle, eine Kanzlei im Ausland zu versichern.

14 So *Diller* A 2 Rn. 10.

a) EU/EWR; Freedom of Services-Policen, FoS

20 Zumindest in der EU/EWR besteht grundsätzlich die Möglichkeit, Zweigniederlassungen der deutschen Kanzlei im deutschen Vertrag durch eine FoS-Police zu versichern, „Freedom of Services"-Police. Aufgrund der Dienstleistungsfreiheit kann der deutsche Versicherer Versicherungsleistungen innerhalb der Grenzen der EU/EWR Union anbieten. Versicherungsunternehmen mit Sitz in der EU/EWR dürfen EU/EWR-weit nach Durchlaufen des Notifikationsverfahrens Versicherungen anbiete, dann auch ohne lokale Niederlassung. Anwälte und auch Steuerberater und Wirtschaftsprüfer unterliegen in der EU aber oftmals der Pflichtversicherung oder einer Anzeigepflicht mit Bestätigung einer Versicherung. Diese Pflichtversicherung hat der deutsche Versicherer anzubieten. Daher hat der deutsche Versicherer im Einzelfall zu prüfen, ob eine Versicherung nicht gegen die eigenen Zeichnungsgrundsätze verstößt. Beispielsweise kann es erforderlich sein, Vorsatz mitzuversichern. Dabei ist die Auslandsniederlassung für den Versicherer ein deutlich erhöhtes Risiko. Im Versicherungsfall muss er aufgrund fehlender Kenntnisse die Schadenbearbeitung ins Ausland abgeben, ohne den Fall selbst bearbeiten und steuern zu können.

b) Außerhalb EU/EWR

21 Eine Mitversicherung der ausländischen Niederlassung ist über eine FoS-Police nur in der EU/EWR möglich. Für die anderen Auslandsniederlassungen außerhalb der EU/EWR gibt es andere Modelle, um die non-admitted-Problematik zu lösen.[15]

aa) Grundsätze

22 Bei allen Modellen ist immer individuell zu beurteilen, ob man gegen die non-admitted-Regelungen im Sinne des lokalen Versicherungsaufsichtsrechts oder gegen das dortige Steuerrecht verstößt. Eine pauschale Lösung ist nicht möglich, da jedes Land sein eigenes Aufsichtsrecht hat. Rechtsanwälte, Versicherer und auch Makler müssen „compliant" handeln. Zulässig dürfte es sein, wenn das Modell den lokalen Versicherungsmarkt berücksichtigt und damit die Interessen der staatlichen Aufsichtsbehörden wahrt. Ein Fronting kann daher kaum gegen eine non-admitted Regelung verstoßen, da die Erstversicherung lokal besteht und die Versicherungsteuer abgeführt wird, siehe dazu hier A Ziff. 2.1 Rn. 35 BBR-RA. Selbstverständlich gilt dies auch für eine lokale stand-alone Lösung, siehe hier A Ziff. 2.1 BBR-RA Rn. 23. Eher unproblematisch unter Voraussetzungen scheint eine Master-Cover Lösung mit DIC/DIL-Deckung, die auch praktisch bei der Allgemeinen Haftpflicht häufig verwendet wird; siehe dazu A Ziff. 2.1 Rn. 24 BBR-RA. Dies ist der Fall, wenn der deutsche Versicherer über das Modell eine höhere Versicherungssumme für die ausländische Niederlassung bietet im Anschluss an eine lokal übliche Versicherungssumme und die Bedingungen den „good local standard" beachten bzw. was darüber hinaus üblicherweise die lokalen Versicherer bieten können.[16] Good local standard bedeutet, dass derjenige Versicherungsschutz besteht, der üblicherweise durch einen dortigen Versicherer als Standarddeckung gewährt wird. Es kann z.B. die lokale Pflichtversicherung sein. „Best local standard" bezeichnet die lokal höchstmögliche Versicherungssumme mit dem weitest gehenden Versicherungsschutz. Der Versicherer hat dabei aber für sich einzuschätzen, was tatsächlich die lokal höchste Versicherungssumme ist und was über den „good local standard" hinaus der lokale Versicherer bestmöglich bietet. Unklar ist die Situation auch, wenn die ausländische Niederlassung nur einen eng begrenzten lokalen Versicherungsschutz besitzt und der überwiegende

15 *Bialowons/Kerst* r + s, 2011, 317 ff.
16 *Langheid/Grote* VW 2008, 632.

Teil der Versicherungsleistung von Null an – ground up – durch die Master-Police abgedeckt wird. Das Risiko wird damit hauptsächlich nicht lokal, sondern vom ausländischen Versicherer gedeckt. Es könnte den Interessen der Aufsicht im non-admitted-Land widersprechen, auch wenn es international die Praxis ist nur Mindestdeckungen lokal vorzuhalten.[17] Problematisch im Sinne einer non-admitted Regelung sind die Modelle einer FINC-Klausel und Haftungsübernahmeerklärung, weil dies eine Umgehung des Aufsichtsrechts sein kann und insbesondere verbleibt die Versicherungssteuer im Inland, siehe hierzu A Ziff. 2.1 Rn. 27 ff BBR-RA. Die Modelle bei Auslandsniederlassungen im Bereich non-admitted sind nicht eindeutig, da kein harmonisiertes Versicherungsaufsichtsrecht für Unternehmen und Makler besteht. Für jedes Land muss man gesondert eine Lösung finden. Es gibt keine gesicherte Rechtsprechung oder aufsichtsrechtliche Aussagen, wie zu verfahren ist und man verlässt sich auf die geübte Praxis. Aufsichtsbehörden können aber jederzeit eingreifen und ein Modell für unzulässig erklären, insbesondere wenn Versicherungssteuer vorenthalten wird, weil die anfallende Versicherungssteuer in Deutschland verbleibt. Auch sollten die Kanzleien und insbesondere die Makler die Probleme nicht unterschätzen, da sie selbst ebenfalls Adressaten des Aufsichtsrechts sind.

bb) Lokale Policen

Die Versicherung über einen ausländischen zugelassenen Versicherer ist die grundsätzlich 23
beste Möglichkeit. Der ausländische Versicherer versichert die ausländische Niederlassung entsprechend dem lokalen Berufs- und Versicherungsrecht und gibt die entsprechenden Bestätigungen ab. Die Schadenbearbeitung erfolgt vor Ort, die lokale Zweigniederlassung hat den passenden Versicherungsschutz nach lokalen Usancen, dem „good local standard“ Die lokale Police hat den Vorteil, dass sich die Hauptniederlassung in Deutschland sich nicht um Versicherungsfragen im Ausland kümmern muss. Die Schadenregulierung erfolgt vor Ort. Der Versicherer führt die Versicherungssteuer ab. Auch belasten lokal versicherte Schadenfälle der Zweigniederlassung nicht die Police der Hauptniederlassung in Deutschland. Hier gibt es selbstverständlich keine aufsichtsrechtlichen Probleme, wenn der Versicherungsschutz in einer stand-alone-Lösung besteht, also ohne sonstigen Versicherungsschutz aus Master-Cover oder ähnlichem.

cc) Master-Cover; DIC/DIL-Deckungen

Regelmäßig unterscheiden sich aber die lokale Deckung der ausländischen Zweignieder- 24
lassung und die Deckung der Hauptniederlassung in Deutschland. Das Modell eines „Master-Covers“ gleicht den fehlenden Versicherungsschutz der lokalen Deckung im Ausland an die weitergehende Deckung in Deutschland an.

Beispiel für Bedingungen eines Master-Covers: 25

1. Vorrang der lokalen Police
   Besteht Versicherungsschutz im Rahmen einer lokalen Police, steht dieser vorrangig zur Verfügung. Ergänzend besteht unter Beachtung lokaler non-admitted-Bestimmungen im Anschluss an die lokalen Policen Versicherungsschutz im Rahmen und Umfang des Mastercovers.
2. DIL-Regelung
   Für den Teil eines Schadens, der die Versicherungssumme einer lokalen Police übersteigt, besteht Versicherungsschutz nach den Bestimmungen des Mastercovers.
   Die für einen Versicherungsfall zur Verfügung stehende Versicherungssumme im Mastercover reduziert sich entsprechend der unter der lokalen Police bereits erbrachten Versicherungsleistungen.

17 *Bähr/Püttgen* VW 2008, 1079.

3. DIC-Regelung
   Sehen die Bedingungen des Mastercovers einen weitergehenden Versicherungsschutz als eine lokale Police vor, besteht insoweit Versicherungsschutz nach den Bestimmungen des Mastercovers.
4. Ausschöpfung lokaler Versicherungssummen und Zahlungsausfall als Step-down-Regelung
   Ist die Versicherungssumme einer lokalen Police vollständig ausgeschöpft, besteht Versicherungsschutz nach den Bestimmungen des Mastercovers.
   Ist die Versicherungssumme einer lokalen Police teilweise ausgeschöpft, besteht im Anschluss an die lokal noch zur Verfügung stehende Versicherungssumme Versicherungsschutz nach den Bestimmungen des Mastercovers.
   Die Versicherungssumme einer lokalen Police gilt auch als vollständig bzw. teilweise ausgeschöpft, wenn und soweit der Versicherer der lokalen Police nicht leistet wegen
   a) Zahlungsunfähigkeit des Versicherers der lokalen Police oder
   b) einer unberechtigten Deckungsablehnung.
5. Selbstbehalt
   Ist ein Versicherungsfall sowohl unter einer lokalen Police als auch unter dem Mastercover versichert oder liegt ein Fall der Ausschöpfungsdeckung bei Ausschöpfung lokaler Versicherungssummen und Zahlungsausfall vor (Ziff. 4), findet für den Versicherungsfall insgesamt nur der höhere der unter der lokalen Police und dem Mastercover vereinbarten Selbstbehalte Anwendung. Bereits von Versicherten für diesen Versicherungsfall unter der lokalen Police getragene Selbstbehalte werden auf den Selbstbehalt unter dem Mastercover angerechnet.

26 Die Klauseln stellen sicher, dass der Versicherungsschutz der Zweigniederlassung dem der Hauptniederlassung entspricht.

Die Ziff. 1 stellt sicher, dass der lokale Versicherungsschutz vorgeht. Dies ist auch regelmäßig erforderlich, weil es sich bei den Berufshaftpflichtversicherungen um Pflichtversicherungen handelt.

Die Ziff. 2 als DIL-Klausel stellt sicher, dass die lokale Deckung die gleich hohe Versicherungssumme hat wie die Deckung der Hauptniederlassung. Die Versicherungssumme aus der Master-Police steht dabei erst im Anschluss an die örtliche Versicherung zur Verfügung. Schäden innerhalb der örtlichen Versicherungssumme berühren die Versicherungssumme aus dem Master-Cover nicht.

Die Ziff. 3 als DIC-Klausel stellt sicher, dass die lokale Deckung die gleichen Bedingungen haben wie die Deckung der Hauptniederlassung. Die lokale Deckung erfüllt regelmäßig den „good local standard“. Wenn der Versicherungsumfang der deutschen Versicherung wie üblich weiter geht als der der örtlichen Versicherung, gilt der Versicherungsumfang der deutschen Deckung. Fehlt z.B. in der örtlichen Versicherung die Deckung für anwaltlich notwendige Übersetzungstätigkeiten, wird über den Master-Cover der deutschen Police auch die Deckung für Übersetzungstätigkeiten der Anwälte in der Zweigniederlassung im Ausland gewährt.

Die Ziff. 4 als Step-down-Regelung stellt sicher, dass die Versicherung der Hauptniederlassung auch dann Versicherungsschutz gewährt, wenn die Versicherungsleistung aus der lokalen Police ganz oder teilweise erschöpft ist. Man erstreckt die Regelung auch auf fehlende Deckung, die aber der lokale Versicherungsnehmer nicht verschuldet hat, wie Insolvenz des lokalen Versicherers oder eine unberechtigte Ablehnung der Leistung. Die lokale Police wirkt damit im Verhältnis zur Hauptdeckung zugunsten des Versicherungsnehmers nicht als unversicherter Teil, falls die Deckung erschöpft ist.

Die Ziff. 5 stellt sicher, dass der jeweils höhere Selbstbehalt gilt, wenn beide Versicherungen Versicherungsschutz bieten.

dd) Financial Interest Clause, FINC

Ein weiteres Modell ist die Financial Interest Clause, FINC. Sie verwendet man hauptsächlich bei der D&O-Versicherung, wenn die non-admitted-Regeln ein Mastercover nicht zulassen. Versichert ist das finanzielle Interesse als Bilanzschutzinteresse der Hauptniederlassung. Die nicht versicherte Zweigniederlassung hat einen internen bilanziell wirksamen Ausgleichsanspruch gegenüber dem versicherten Mutterkonzern, weil sie als Zweigniederlassung Schadensersatz gegenüber einem Dritten zu leisten hat. 27

Auch hier ist individuell zu prüfen, ob dies aufsichtsrechtlich zulässig ist.[18]

Beispiel für Bedingungen eines FINC-Covers: 28

1. Bilanzschutz
   Ist es dem Versicherer aufgrund von anzuwendenden non-admitted-Bestimmungen nicht erlaubt, lokal Versicherungsschutz aus dem Mastercover zur Verfügung zu stellen, bietet er dem Versicherungsnehmer Versicherungsschutz nach den Bestimmungen des Mastercovers für den Fall, dass dieser innerhalb der Versicherungsperiode oder einer sich daran anschließenden vertraglich vereinbarten Nachhaftungsfrist einen bilanziellen Schaden erleidet.
2. Regress oder Schadenminderung
   Erhalten versicherte Niederlassungen oder lokale Berufsträger Zahlungen im Zusammenhang mit dem lokalen Schaden oder mindert sich der bilanzielle Schaden aus einem anderen Grund, z.B. Verzicht, reduzieren diese Zahlungen oder Schadenminderungen die Leistungspflicht des Versicherers. Zu viel gezahlte Versicherungsleistungen sind durch den Versicherungsnehmer zu erstatten.
3. Anzeigepflicht, Information, Vergleich
4. Der Versicherungsnehmer hat als Voraussetzung für den Versicherungsschutz
   a) dem Versicherer unverzüglich, spätestens jedoch 60 Tage nach Kenntnisnahme jeden lokalen Schaden und jeden bilanziellen Schaden anzuzeigen und ihm jede Auskunft zu erteilen, die zur Feststellung des Eintritts eines bilanziellen Schadens oder eines lokalen Schadens sowie zur Ermittlung des Umfanges der Leistungspflicht des Versicherers erforderlich sind, und
   b) darauf hinzuwirken, dass die Zweigniederlassung dem Versicherer alle Informationen zur Verfügung stellt, die zur Feststellung des Eintritts eines bilanziellen Schadens oder eines lokalen Schadens sowie zur Ermittlung des Umfanges der Leistungspflicht des Versicherers erforderlich sind, und
   c) vor dem Abschluss einer vertraglichen Vereinbarung, durch die die Haftung eines lokalen Berufsträgers, was der lokale Schaden ist, festgestellt wird, die schriftliche Zustimmung des Versicherers zum Abschluss einer solchen Vereinbarung einzuholen. Der Versicherer ist nicht verpflichtet, eine schriftliche Zustimmung zum Abschluss einer solchen vertraglichen Vereinbarung zu erteilen, wenn die Abwehr eines Anspruches nicht unter voller vorheriger Einbeziehung und unter Berücksichtigung der Weisungen des Versicherers erfolgte.

   Die Verpflichtung des Versicherungsnehmers zur Information des Versicherers gemäß a) umfasst auch die Information über bereits erlöste oder noch mögliche Regresse oder Schadenminderungen.
5. Anwendbare Bestimmungen
   Die Bestimmungen des Master-Covers gelten entsprechend bei der Feststellung des Versicherungsschutzes für einen bilanziellen Schaden.

---

18 gegen die Zulässigkeit: *Langheid/Grote* VW 2008, 635 und *Bialowons/Kerst* r+s 2011, 323 ff; für die Zulässigkeit: *Bähr/Püttgen* VW 2008, 1081.

6. Zurechnung
   Lediglich für die Versicherung des bilanziellen Schadens werden dem Versicherungsnehmer auch das Wissen sowie die Handlungen und Unterlassungen der Zweigniederlassung oder der lokalen Berufsträger und der dort beschäftigten Personen zugerechnet.
7. Regressverzicht
   Der Versicherer verzichtet im Rahmen des Versicherungsschutzes für einen bilanziellen Schaden auf Regressansprüche gegen die Zweigniederlassung oder die lokalen Berufsträger und Personen.
8. Fremdwährungsumrechnung
   Jede Zahlung zur Freistellung von einem bilanziellen Schaden erfolgt in EUR. Maßgeblich für die Berechnung des bilanziellen Schadens ist der Währungskurs zum Zeitpunkt
   a) der Zahlung des Versicherungsnehmers zur Freistellung von einem lokalen Schaden an eine lokale Zweigniederlassung oder an einen lokalen Berufsträger.
   b) der Fälligkeit der Verpflichtung des Versicherungsnehmers zur Freistellung von einem lokalen Schaden an eine lokale Zweigniederlassung oder an einen lokalen Berufsträger.
   c) des Abschlusses einer vertraglichen Vereinbarung, in der die Haftung eines lokalen Berufsträgers für einen Anspruch als bilanzieller Schaden festgestellt wird.

29 Ziff. 1 definiert den Versicherungsschutz. Versichert sind alle Vermögenswerte der Gruppe/der gesamten Kanzleigemeinschaft als bilanzieller Schaden. Bilanzieller Schaden ist dabei jede durch den Versicherungsnehmer direkt oder indirekt durch eine Zweigniederlassung zur Freistellung von einem lokalen Schaden an eine Zweigniederlassung oder an einen lokalen Berufsträger geleistete Zahlung oder eine Verpflichtung zur Zahlung. Meist gilt der bilanzielle Schaden als zu dem Zeitpunkt eingetreten, an dem der zugrunde liegende Anspruch erstmalig gegenüber der Zweigniederlassung und/oder den lokalen Berufsträgern geltend gemacht wurde, um auch den Versicherungsfall des claims-made-Prinzips im Ausland zu erfassen. Versicherungsnehmer ist die Hauptniederlassung und nicht die Zweigniederlassung. Die Zweigniederlassung ist ausdrücklich auch nicht mitversichert und darf auch nicht als mitversichert bezeichnet werden, andernfalls würde es sich um eine non-admitted-Versicherung handeln. Der Anspruch des Dritten gegenüber der Auslandsniederlassung soll sich allein auf die Bilanz der Hauptkanzlei in Deutschland auswirken. Der Fremdschaden der Zweigniederlassung wird damit als Bilanzschaden der Hauptniederlassung simuliert.

Ziff. 2 stellt sicher, dass immer nur der tatsächliche Schaden versichert ist. Es soll keine Doppelzahlung aus versichertem lokalen Schaden und dem Bilanzschaden entstehen.

Ziff. 3 beinhaltet die Obliegenheiten des Versicherungsnehmers im Schadenfall und verlagert diese auf die Zweigniederlassung, die den Schaden eigentlich verursacht hat. Der Versicherer muss alle Informationen haben, um den Bilanzschaden feststellen zu können. Er muss auf Haftungsvergleiche zwischen Geschädigtem und der Zweigniederlassung einwirken können, weil sie unmittelbar einen Bilanzschaden darstellen.

Ziff. 4 verweist auf die Regelung zum Master-Cover, um den Schaden feststellen zu können, wenn zusätzlich oder nebeneinander ein Master-Cover vereinbart ist.

Ziff. 6 stellt sicher, dass auch tatsächlich eine Versicherung besteht und nicht nur eine Ausfallversicherung. Der Versicherer nimmt keinen Regress gegen die Zweigniederlassung. Der Regressverzicht muss ausdrücklich vereinbart sein, andernfalls kann der Versicherer nach § 7 III Ziff. 1 bei der Zweigniederlassung regressieren, weil sie nicht mitversichert ist und damit Dritter im Sinne der Versicherungsbedingungen.

Ziff. 7 regelt, welcher EUR-Betrag für den Schaden gilt, wenn der tatsächliche Schaden in einer Fremdwährung zu zahlen ist.

ee) Haftungsübernahmeerklärung zwischen Kanzlei und Niederlassung

Ein weiteres Modell ist die Versicherung einer sog. Haftungsübernahmeerklärung. Sie verwendet man üblicherweise dann, wenn aufgrund der non-admitted-Problematik ein Master-Cover nicht möglich ist. Sie ist ähnlich, aber nicht gleich zur FINC und findet sich eher bei den Risiken der wirtschaftsberatenden Berufe. Versicherungsschutz bei der Haftungsübernahmeerklärung besteht für den Fall, dass die Hauptniederlassung aufgrund einer internen Haftungsfreistellung von ihrer Zweigniederlassung in Anspruch genommen wird. Bei der Haftungsübernahmeerklärung geht es daher um die Übernahme einer konkreten Haftung der Zweigniederlassung. Die Hauptniederlassung stellt durch die Übernahmeerklärung ihre Zweigniederlassung im non-admitted-Land von Drittansprüchen frei, die aufgrund von Verstößen bei Ausübung der beruflichen Tätigkeit der Niederlassung geltend gemacht werden. Übernimmt aufgrund interner Vereinbarung die in Deutschland versicherte Kanzlei die Haftung der Auslandsniederlassung gegenüber einem Dritten, so wandelt sich dieser Haftpflichtanspruch gegen die Niederlassung zu einem eigenen Anspruch gegen die in Deutschland ansässige Kanzlei um. Dieser Anspruch ist versichert. Nicht versichert bleibt aber der direkte Anspruch des Dritten gegen die Zweigniederlassung, weil sie weder versichert noch mitversichert ist. Die Bedingungen und Regelungen entsprechen dann auch grundsätzlich der FINC-Regelungen, auch zum Regress, Obliegenheiten, Feststellung des Schadens und Währungsklauseln. Abwehrschutz besteht deshalb wie bei der FINC-Klausel nur für den internen Anspruch, aber nicht für die Abwehr des Anspruchs des Dritten gegenüber der Zweigniederlassung. Die non-admitted-Problematik sollte bei dieser Konstellation nicht bestehen. Das Risiko liegt wirtschaftlich in Deutschland und der Versicherer deckt in diesem Fall im Ausland gerade nicht das Risiko der Zweigniederlassung für Drittansprüche ab. Allerdings kann dies auch eine Umgehung des lokalen Aufsichtsrechts sein, wie auch bei der FINC. **30**

ff) Internationales Versicherungsprogramm, IVP

Das Master-Cover, die FINC-Klausel/Haftungsübernahmeerklärung und die lokale Deckung zusammen bezeichnet man als Internationales Versicherungsprogramm, IVP. **31**

Der Versicherungsschutz besteht dann wie folgt: Die Klauseln des Master-Covers und oder allein die FINC-Klauseln vereinbart man im deutschen Vertrag im Master-Cover-Teil. Meist ist Voraussetzung für das Programm, dass ein örtlicher ausländischer Versicherungsschutz überhaupt besteht und dann im Schadenfall nicht ausreichend ist. Andernfalls müsste in der deutschen Versicherung jeweils der örtliche Versicherungsschutz abgebildet werden, was die non-admitted-Problematik wieder berühren würde. Wenn dann tatsächlich der Versicherer für die Zweigniederlassung aus der Master-Police Schadensersatz leistet, rechnet man die Leistung in der Master-Police an. Es besteht ein einheitliches Vertragswerk mit einer Versicherungssumme, die insgesamt für alle Schäden aller Niederlassungen zur Verfügung steht. Die Versicherungssummen kumulieren regelmäßig nicht, allerdings gibt es hier auch Varianten als koordinierte oder integrierte Programme. Bei koordinierten Programmen kann es bei mehreren Schadenfällen zu einer Kumulierung der Deckungssummen kommen. Bei integrierten Programmen ist maßgeblich, dass Leistungen unter einer integrierten lokalen Police und/oder dem Masterprogramm auf die Gesamthöchstleistung angerechnet werden. **32**

Das IVP muss das Verhältnis der Police der Hauptniederlassung und der Zweigniederlassung regeln. Beispiel für eine Rangfolge des Versicherungsschutzes im IVP: **33**

1. An erster Stelle kommt der Versicherungsschutz unmittelbar unter dem Master-Cover zur Anwendung, wenn keine lokale Police besteht und wenn dem keine anzuwendenden non-admitted-Bestimmungen entgegenstehen.
2. An zweiter Stelle kommt der Versicherungsschutz der lokalen Police unter einer lokalen Police zur Anwendung.

3. An dritter Stelle kommt der Versicherungsschutz unter dem Master-Cover nach der DIL-Klausel, der DIC-Klausel und der Step-down-Regelung zur Anwendung.
4. An vierter Stelle kommt der Versicherungsschutz unter dem Master-Cover in der Form der Versicherung eines bilanziellen Schadens zur Anwendung.

34 Bei zwei unterschiedlichen Triggern ist eine sog. „construction clause" erforderlich. Die construction clause stellt sicher, dass der lokale Versicherungsfall der ausländischen Niederlassung auch als Versicherungsfall in der deutschen Police im Master-Cover gilt. Dies ist meist erforderlich, weil im deutschen Vertrag das Verstoßprinzip gilt, im ausländischen Vertrag aber das claims-made-Prinzip. Beispiel für eine derartige Klausel: Ein lokaler Schaden wird als Versicherungsfall unter dem Masterprogramm der Versicherungsperiode zugeordnet, in welcher der zugrundeliegende Versicherungsfall unter der lokalen Police der Zweigniederlassung erstmalig eingetreten ist. Für solche Versicherer, die lokaler Kapazitätsgeber sind, gilt diese Übernahmepflicht nur im Rahmen ihrer jeweiligen Gesamthöchstleistung. Die Versicherungssummen aus lokaler Police und dem Master-Cover kumulieren nicht.

gg) Fronting, Fakultative Rückversicherung

35 Fronting bedeutet, ein ausländisches Risiko durch den deutschen Versicherer der Hauptniederlassung in Deutschland rückzuversichern. Der örtliche Versicherer versichert das Risiko der anwaltlichen Tätigkeit in der Zweigniederlassung vollständig. Zwischen dem örtlichen Versicherer und dem deutschen Versicherer wird vereinbart, dass der deutsche Versicherer die Schäden ab einer bestimmten Höhe als Rückversicherer übernimmt. Ganz überwiegend gilt ein einheitliches Bedingungswerk für den Versicherungsnehmer. Eine Fronting-Lösung wird aber nur zwischen Versicherern der gleichen Gruppe möglich sein, da andernfalls die enge Abstimmung bei Leistung, einheitlichem Bedingungswerk und Prämiengestaltung zu aufwendig ist. Auch hier muss der Versicherer das Verhältnis zwischen seiner Rückversicherung der Zweigniederlassung, die für die Zweigniederlassung selbstverständlich eine Erstversicherung bleibt, regeln. Er muss eine Regelung hierzu im Hauptvertrag, wie Anrechnung der lokalen Schäden auf die Gesamtversicherungssumme bestimmen, wenn er beide Verträge verbinden will. Das Fronting ist aufsichtsrechtlich unproblematisch, da der lokale Erstversicherer vollständig das Risiko abdeckt und eine lokale Police abgibt, soweit nicht eine völlig marktunübliche niedrige Prämie genommen wird, da dies die lokale Versicherungssteuer berührt. Der Erstversicherer in Deutschland, der dann im Fronting als Rückversicherer handelt, muss aber auch zur Rückversicherung in Deutschland zugelassen sein. In einer Holding-Struktur ist es üblich, dass ein Unternehmen der Gruppe zur Rückversicherung zugelassen ist und die anderen Unternehmen im Namen und auf Rechnung des zugelassenen Rückversicherungs-Unternehmens handeln.

III. Beratung und Beschäftigung im außereuropäischen Recht, Ziff. 2.1 b)

36 Nach A Ziff. 2.1 b) besteht kein Versicherungsschutz für Haftpflichtansprüche aus Tätigkeiten im Zusammenhang mit der Beratung und Beschäftigung im außereuropäischen Recht. Versichert bleibt die Beratung und Beschäftigung mit europäischem Recht. Nicht maßgeblich sind daher Qualifikation oder Fachkenntnisse des Anwalts.

1. außereuropäisches Recht

37 Bei der Pflichtversicherung nach § 51 BRAO und den Auslandsausschlüssen handelt es sich nicht um die Umsetzung einer EU-rechtlichen Vorgabe durch eine Verordnung oder Richt-

linie. Damit kann der Begriff „außereuropäisches Recht“ nach A Ziff. 2.1 b) nur ein geografischer Begriff sein und nicht ein politischer. Insbesondere ist deshalb das Recht der Schweiz, auch als Nicht-EU-Mitglied umfasst. Bei Staaten, die sich über den europäischen Kontinent erstrecken, wie z.B. die Türkei oder europäischen Staaten mit Überseeterritorien wie Frankreich, ist von einer Einheitlichkeit der Rechtsordnung auszugehen und daher das gesamte Staatsterritorium versichert. Der Versicherungsschutz darf hier nicht vom Zufall abhängen, ob z.B. die Beratung im europäischen oder im asiatischen Teil von Istanbul stattgefunden hat.

Neben dem jeweiligen Landesrecht gibt es internationales Recht. Es gilt nicht nur in Europa, da es nicht an die Nationalstaaten gekoppelt ist, sondern über die Staatengrenzen hinweg. Dies gilt insbesondere für das Völkerrecht, das Europarecht als supranationales Recht, oder auch das internationale Handelsrecht, das zwischen Gesellschaften die Rechtsbeziehungen regelt. Dies ist ebenfalls vom Versicherungsschutz umfasst. Ebenfalls vom Versicherungsschutz noch umfasst sind internationale Schiedsgerichtsordnungen, wie z.B. die Schiedsgerichtsordnung der International Chamber of Commerce ICC, hier aber nur als Beratung zu dieser Schiedsgerichtsordnung. Auch international anerkannte Rechnungslegungsstandards sind versichert, weil hierauf § 315a HGB verweist.[19] 38

2. Beratung/Beschäftigung

Der Ausschluss besteht nur dann, wenn der Rechtsanwalt im außereuropäischen Recht beraten oder sich damit beschäftigt hat. Bei den Steuerberatern hingegen besteht der Ausschluss schon dann, wenn der Steuerberater außereuropäisches Recht verletzt oder nicht beachtet hat, A Ziff. 4.1 b) BBR-RS. Der Ausschluss der Steuerberater ist damit weitergehend als bei Rechtsanwälten. Die Ausschlüsse der Rechtsanwälte folgen § 51 BRAO und die Ausschlüsse der Steuerberater § 53a DVStB. 39

Die Beratung und die Beschäftigung mit dem außereuropäischen Recht bedeuten im Gegensatz zu der Nicht-Beachtung bei Steuerberatern, dass der Anwalt aktiv handeln muss. Kein Versicherungsschutz besteht, wenn der Anwalt positiv weiß und erkennt, dass er im außereuropäischen Recht berät. Der Anwalt bleibt aber versichert, wenn er nicht aktiv handelt, wenn er Handlungen anderer ausländischer Anwälte koordiniert und auf Vollständigkeit prüft. Versichert bleibt er auch, wenn der Anwalt fahrlässig nicht erkennt, dass er im außereuropäischen Recht zu beraten hätte.[20] Das ergibt sich schon daraus, dass er weiterhin im versicherten Recht bleibt. Der Verstoß selbst, das falsche Recht anzuwenden, ist auch versichert, weil der Verstoß hier die versicherte materiellrechtliche Prüfung ist und nicht die Beratung. Dies gilt auch, wenn der Anwalt materiellrechtlich die Frage, welches Recht nach IPR-Grundsätzen gilt, falsch beantwortet hat und statt dem außereuropäischen Recht das deutsche Recht angenommen hat, z.B. bei einer Scheidung. Die Prüfung nach dem IPR ist versichert, weil die IPR-Regeln deutsches und nicht ausländisches Recht sind. Der Anwendungsbereich von A Ziff. 2.1 b) ist hier auch nicht eröffnet. Wenn der Anwalt aber zum Ergebnis, auch fehlerhaft, kommt, dass außereuropäisches Recht gilt, besteht kein Versicherungsschutz, wenn er in diesem Recht berät. 40

Bei Mandaten mit der Beratung im versicherten deutschen/europäischen Recht und gleichzeitig dem nicht versicherten außereuropäischen Recht kommt es auf den Verstoß an, da dieser den Versicherungsfall bestimmt. Bei allgemeinen Fehlern, die man nicht als Fehler in der materiellrechtlichen Frage bewerten kann, wie z.B. Fristversäumnissen aufgrund mangelnder Büroorganisation ist zugunsten vom Versicherungsnehmer anzunehmen, dass sie das versicherte 41

19 *Diller* A 2 Rn. 13.
20 *Borgmann* AnwBl 2005, 733.

Mandat als solches betreffen.[21] Anders selbstverständlich, wenn es sich um eine Frist zum außereuropäischen Recht handelt.

3. Versicherungsschutz

42 Versicherer bieten üblicherweise Versicherungsschutz für die Beschäftigung mit außereuropäischem Recht. Die Berührung mit außereuropäischem Recht ist auch leicht möglich. Teilweise genügt es nach den Bundesgesetzen in den USA, dass „minimum contacts" bestehen. Um die Verbraucher in den USA zu schützen und sie in den USA nach amerikanischen Verbrauchergesetzen klagen lassen zu können, ist es ausreichend, dass z.B. in Deutschland produzierte Waren über verschiedene Handelswege direkt oder auch indirekt in die USA kommen. Dies kann zu einer Produkthaftungsklage in den USA führen mit einem Haftungsrisiko des Rechtsanwalts, der das Produktionsunternehmen zum außereuropäischen Recht berät. Wenn der Anwalt im Übrigen noch selbst in den USA mitverklagt wird – die Inanspruchnahme des Anwalts vor einem außereuropäischen Gericht – besteht aber zumindest in Höhe der Mindestversicherungssumme Deckungsschutz.

43 Der Versicherungsschutz für die Auslandssachverhalte erfolgt durch eine Zusatzbedingung: Versicherungsschutz besteht für Haftpflichtansprüche aus Tätigkeiten im Zusammenhang mit der Beratung und Beschäftigung im außereuropäischen Recht, die aufgrund deutscher gesetzlicher Haftpflichtbestimmungen vor Gerichten der Bundesrepublik Deutschland geltend gemacht werden. Dies ist die kleine Auslandsklausel. Nach diesen Bedingungen bleiben aber weiterhin ausgeschlossen die Tätigkeiten und die Inanspruchnahme vor außereuropäischen Gerichten. Dies kann aber ebenfalls über eine weitere Klausel versichert werden, was die große Auslandsklausel ist.

44 Man vereinbart regelmäßig einen höheren Selbstbehalt, um die Risiken für den Versicherer zu minimieren. Dies ist möglich, weil es sich nicht um den Pflichtversicherungsumfang handelt. Zu den Prozesskosten gilt üblicherweise, dass man sie auf die Versicherungssumme anrechnet, auch hier um die Risiken zu verringern: Aufwendungen des Versicherers für Kosten werden als Leistungen auf die Versicherungssumme angerechnet. Kosten sind Anwalts-, Sachverständigen-, Zeugen- und Gerichtskosten, Aufwendungen zur Abwendung oder Minderung des Schadens bei oder nach Eintritt des Versicherungsfalles sowie Schadenregulierungskosten, auch Reisekosten, die dem Versicherer nicht selbst entstehen; dies gilt auch dann, wenn diese Kosten auf Weisung des Versicherers entstanden sind.

45 Die Ausschlüsse sind weitergehend, weil gerade im US-amerikanischen Recht Schadensersatzzahlungen mit pönalem Charakter zu zahlen sind, was über eine weitere Klausel erfolgt: Der Versicherungsschutz bezieht sich nicht auf Haftpflichtansprüche, die sich aus Vertragsstrafen, Bußen und Entschädigungen mit Strafcharakter (z.B. punitive oder exemplary damages) sowie aus Anfeindung, Schikane, Belästigung, Ungleichbehandlung, Ehrverletzung, Beleidigung oder sonstigen Diskriminierungen ergeben. Zu den Obliegenheiten gilt: Der Versicherungsnehmer hat im Schadenfall den Schriftverkehr mit dem Versicherer ausschließlich über inländische Einheiten in deutscher oder englischer Sprache abzuwickeln, dem Versicherer einen inländischen Ansprechpartner zu benennen und den Schadenfall entsprechend aufzubereiten.

IV. Tätigkeit vor außereuropäischen Gerichten, Ziff. 2.1 c)

46 Nach A Ziff. 2.1 c) sind Haftpflichtansprüche ausgeschlossen, wenn der Anwalt vor außereuropäischen Gerichten tätig ist. Der Anwalt ist damit versichert für Prozesse, die er vor europäi-

21 Fahrendorf/*Mennemeyer* Rn. 2606; ein irgendwie gearteter Zusammenhang muss bestehen.

schen Gerichten führt. Dabei hat er zu beachten, dass regelmäßig die rechtsberatende Tätigkeit unter einem Erlaubnisvorbehalt steht. Die Mitgliedsstaaten der EU, des EWR und auch die Schweiz haben jeweils in ihren nationalen Aufsichtsgesetzen Regelungen für ausländische Anwälte getroffen, wenn sie dienstleistend tätig sind oder sich dauerhaft niederlassen wollen. Z.B. ist der ausländische Anwalt in Österreich oder auch in der Schweiz eingeschränkt postulationsfähig. Bei Anwaltszwang darf er nur im Einvernehmen mit einem im dortigen Anwaltsregister eingetragenen Anwalt handeln.[22] In Deutschland hat der ausländische Anwalt, wenn er sich dauerhaft niederlassen will, eine der deutschen Berufshaftpflichtversicherung gleichwertige Deckung seines Herkunftsstaats nachzuweisen, § 28 Abs. 1 EuRAG.

Gericht meint jedes staatliche Gericht, aber nicht die Schiedsgerichte.[23] Der Ausschluss gilt **47** auch dann, wenn zwar über deutsches Recht verhandelt wird, aber die Verhandlung vor dem außereuropäischen Gericht, z.B. in den USA, geführt wird.[24]

Außereuropäisches Gericht meint das Gericht des jeweiligen einheitlichen Rechtsraums. **48** Man kann den Begriff enger sehen als das des außereuropäischen Rechts nach Ziff. 2.1 b) und nur die Tätigkeit vor einem Gericht als versichert betrachten, wenn das Gericht tatsächlich geografisch in Europa liegt. Man müsste dann aber gerade für Russland und die Türkei prüfen, wo genau das Gericht liegt.[25] Dies widerspricht aber der Auffassung einer einheitlichen Rechtsordnung und das der Begriff „außereuropäische" einmal eng und einmal weit auszulegen ist.

Der Begriff Tätigkeit meint die anwaltliche Tätigkeit vor Gericht. Der Ausschluss soll die In- **49** anspruchnahme im Ausland verhindern. Wenn der Anwalt nur zuarbeitet, z.B. das verhandelte deutsche Recht erläutert, besteht Versicherungsschutz, weil er nicht vor dem Gericht auftritt. Zu beachten ist aber selbstverständlich, dass der Versicherungsschutz sich auf das Recht beziehen muss, zu dem er berät. Die Inanspruchnahme des Anwalts vor einem europäischen Gericht ist im Übrigen dagegen versichert bis zur Höhe der Mindestpflichtversicherungssumme, da der Ausschluss nach § 51 Abs. 3 BRAO gesetzlich nicht zulässig ist.

Versicherungsschutz wird problemlos für die Tätigkeiten vor außereuropäischen Gerichten **50** geboten wie zu Ziff. 2.1 b). Man spricht bei dem Einschluss der Beratung zum außereuropäischen Recht von der kleinen Auslandslösung. Bei der großen Auslandslösung ist ebenfalls die Beratung zum außereuropäischen Recht eingeschlossen und zusätzlich die Tätigkeit vor außereuropäischen Gerichten. Die Bedingungen und Risikobeschreibungen sind bis auf den dargestellten Versicherungsumfang identisch.

V. Ausländische Anwälte in Deutschland

Ausländische Anwälte mit juristischen Abschlüssen ihres Heimatlandes können in Deutschland tätig sein und sich dauerhaft niederlassen.

1. Anwälte aus der EU, EWR und der Schweiz; EuRAG

Das EuRAG regelt für die europäischen Anwälte, die berechtigt sind, als Rechtsanwalt unter **51** der Bezeichnung ihres Herkunftsstaats in Deutschland tätig zu sein, die Berufsausübung und die Zulassung zur Rechtsanwaltschaft in Deutschland. Das EuRAG umfasst die Anwälte aus der EU, dem EWR und der Schweiz, § 1 EuRAG

Das EuRAG unterscheidet zwischen Anwälten mit Niederlassung in Deutschland nach §§ 2ff **52** EuRAG und dienstleistenden Anwälten ohne Niederlassung in Deutschland nach §§ 25ff EuRAG.

22 Österreich: § 5 Abs.1 EIRAG; Schweiz: Art. 23 BGFA.
23 *Diller* A 2 Rn. 20.
24 HBAnw/*Chab* § 18 Rn. 52.
25 *Bräuer* AnwBl 2011, 689.

Es handelt sich um eine Niederlassung, wenn der Anwalt in stabiler und kontinuierlicher Weise eine Berufstätigkeit in einem anderen Mitgliedstaat ausübt, indem er sich von einem Berufsdomizil aus auch an die Angehörigen seines Herkunftsstaats wendet.[26] Eine bloße Dienstleistung liegt vor, wenn der Anwalt nur vorübergehend in einem anderen Mitgliedstaat tätig wird. Entscheidend ist damit die Dauer, Häufigkeit, die Regelmäßigkeit und Kontinuität der Tätigkeit, § 25 Abs. 1 Satz 2 EuRAG.

a) Niedergelassener europäischer Anwalt, § 2 EuRAG

53 Wenn der ausländische Anwalt sich in Deutschland dauerhaft als europäischer Rechtsanwalt niederlassen will, § 2 EuRAG, muss er eine Berufshaftpflichtversicherung abschließen, die hinsichtlich der Bedingungen und dem Deckungsumfang einer Versicherung nach § 51 BRAO entspricht, § 7 Abs. 1 i.V.m. § 6 Abs. 1 EuRAG. Die Anwälte können der Anwaltskammer jährlich bescheinigen, dass die Versicherung ihres Herkunftsstaats ausreichend ist. Praktisch können aber die Anwälte und die Versicherer nicht feststellen, ob die lokale Versicherung dem genügt, allein schon aufgrund des ausländischen Textes und der Begriffe. Der europäische niedergelassene Anwalt erhält daher für seine Zulassung in Deutschland die AVB-RSW, um die Unsicherheiten zu vermeiden.

54 Wenn der Anwalt im Herkunftsstaat einem Zusammenschluss zur gemeinschaftlichen Berufsausübung mit einer Haftungsbegrenzung angehört, z.B. einer LLP, kann er die Haftung in Deutschland nur ausschließen, wenn er persönlich eine Berufshaftpflichtversicherung wie für eine Rechtsanwalts-GmbH nach § 59j BRAO abschließt, § 8 EuRAG. Nicht zu verwechseln ist dies mit den Anforderungen des Versicherungsschutzes für eine im EU-Ausland gegründete LLP, wenn sie in Deutschland niedergelassen ist. Diese LLP benötigt keine Versicherung nach § 59j BRAO, sondern ist zu versichern wie eine Sozietät.[27] Das EuRAG gilt allein für die natürliche Person als niedergelassener europäischer Anwalt und nicht für europäische Organisationsformen von Anwälten, § 1 EuRAG. § 8 gilt auch nicht analog, weil keine Regelungslücke besteht und der Wortlaut der Überschrift „Sozietät im Herkunftsstaat" eindeutig ist und nicht lautet „Sozietät im niedergelassenen Staat".[28]

b) Dienstleistender europäischer Anwalt, § 25 EuRAG

55 Dienstleistende europäische Rechtsanwälte können unter der Berufsbezeichnung ihres Heimatstaates vorübergehend die Tätigkeiten eines Rechtsanwalts ausüben, § 27 Abs. 1 EuRAG. Zur Führung gerichtlicher Verfahren sowie behördlicher Verfahren wegen Straftaten, Ordnungswidrigkeiten, Dienstvergehen oder Berufspflichtverletzungen, in denen der Mandant nicht selbst den Rechtsstreit führen oder sich verteidigen kann, benötigt der dienstleistende europäische Rechtsanwalt einen deutschen Rechtsanwalt, mit dessen Einvernehmen er handeln darf (Einvernehmensanwalt), § 28 Abs. 1 EuRAG. Der Einvernehmensanwalt muss darauf achten, dass der europäische Anwalt bei der Vertretung oder Verteidigung das deutsche Verfahrensrecht beachtet. Handlungen, die ohne diesen Nachweis vorgenommen werden, sind unwirksam. Nach § 31 Abs. 1 EuRAG hat der dienstleistende europäische Rechtsanwalt gegenüber dem Gericht oder der Behörde einen Rechtsanwalt als Zustellungsbevollmächtigten zu benennen, wenn er in einem Verfahren vor Gerichten oder Behörden tätig wird.

56 Nach § 27 Abs. 3 EuRAG hat der dienstleistende Anwalt eine Berufshaftpflichtversicherung abzuschließen, die nach Art und Umfang den durch seine berufliche Tätigkeit entstehenden

26 EuGH Slg. 1995, 4165 – Gebhard.
27 BRAK-Mitt. 2009, 22, 23.
28 Anders *Zimmermann* BRAK-Mitt. 2014, 230.

Risiken angemessen ist. Eine Versicherung eines in Deutschland ansässigen Versicherungsunternehmens ist nicht erforderlich, weil nicht auf § 51 BRAO verwiesen wird. Es ist aber davon auszugehen, dass die Deckung nach Umfang und Versicherungsleistung der einer Berufshaftpflichtversicherung nach § 51 BRAO entsprechen sollte. Eine Abstufung der Risiken ist kaum praktikabel. Daher ist auch hier eine Deckung nach den AVB-RSW angemessen. Der Versicherer hat die Möglichkeit entsprechend des tatsächlichen Risikos die Prämie festzulegen.

2. Anwälte aus WHO-Staaten und übriger Staaten, § 206 BRAO

Ein Angehöriger eines Mitgliedstaates der Welthandelsorganisation kann sich unter der anwaltlichen Berufsbezeichnung seines Herkunftsstaates in Deutschland niederlassen. Er darf allerdings nur zum Recht seines Herkunftsstaates und des Völkerrechts beraten, § 206 Abs. 1 BRAO. Angehörige anderer Staaten dürfen nur zum Recht ihres Herkunftsstaates beraten, aber nicht zum Völkerrechts, § 206 Abs. 2 BRAO. 57

Beide Anwaltsgruppen benötigen für ihre Tätigkeit in Deutschland eine Berufshaftpflichtversicherung, die den Anforderungen von § 51 BRAO entspricht, § 207 Abs. 2 BRAO. Es bedeutet, dass diese Anwälte eine Pflichtversicherung nach den AVB-RSW erhalten. Der Versicherer bestätigt hier den Versicherungsschutz ausschließlich für die Beratung im Recht des Herkunftsstaats und zusätzlich des Völkerrechts, soweit der Anwalt aus einem WHO-Staat kommt. 58

3. Ausländischer Steuerberater ohne Niederlassung in Deutschland

Die Steuerberatung einer ausländischen Gesellschaft ist zulässig, wenn die Steuerberatung ein Steuerberater/Steuerberatungsgesellschaft mit Sitz im EU-Ausland für Mandanten in Deutschland erbringt, auch ohne dass eine Niederlassung in Deutschland besteht.[29] Es gilt aber § 3a StBerG. Bei ihrer Tätigkeit im Inland unterliegen die ausländischen Steuerberater denselben Berufsregeln wie die in § 3 StBerG genannten Personen, § 3a Abs. 1 Satz 4 StBerG. Eine im EU-Ausland, dem Niederlassungsstaat, genommene Versicherung reicht dann aus, wenn sie den Anforderungen der Berufshaftpflichtversicherung in Deutschland entspricht. Wenn die Versicherung im Niederlassungsstaat nicht ausreicht, muss der ausländische Steuerberater/Gesellschaft eine Zusatzversicherung abschließen, die die Lücken nach Versicherungssumme und den Bedingungen schließt. Dies kann über eine DIC/DIL-Deckung erfolgen, siehe dazu grundsätzlich Einleitung, Versicherungstechnik zur DIC/DIL-Deckung Rn. 57. Regelmäßig deckt man das Risiko vollständig über die AVB-RSW ab, da die DIC/DIL-Klausel zu komplex wird. 59

VI. Deutscher Anwalt im Ausland, § 29a BRAO

Nach § 29a BRAO kann ein in Deutschland zugelassener Anwalt auch eine Kanzlei im Ausland unterhalten oder sogar seinen Kanzleisitz ausschließlich im Ausland haben. Die Kammer kann den Anwalt von der Pflicht befreien, eine Kanzlei in Deutschland zu haben, wenn nicht überwiegende Interessen der Rechtspflege entgegenstehen Nach § 30 BRAO hat dieser Anwalt dann einen Zustellungsbevollmächtigten zu bestellen.[30] 60

Der Anwalt ohne Kanzleisitz in Deutschland benötigt aber weiterhin eine Berufshaftpflichtversicherung nach § 51 BRAO. Grund hierfür ist, dass er jederzeit das Recht zur Beratung und Vertretung in allen Rechtsangelegenheiten auch im Inland hat.[31] Eine im Ausland abgeschlossene Berufshaftpflichtversicherung für die Zulassung des Anwalts ist nicht ausreichend, weil nach 61

29 EuGH DStR 2016, 558.
30 BGH BRAK-Mitt. 2014, 316.
31 AGH BW BRAK-Mitt. 2009, 85.

§ 51 Abs. 1 Satz 2 BRAO die Versicherung bei einem im Inland zum Geschäftsbetrieb befugten Versicherungsunternehmen genommen werden muss.[32] Ausnahme hiervon sind selbstverständlich die in der EU/EWR ansässigen Versicherer, soweit sie notifiziert sind.

62 Bei der Berufshaftpflichtversicherung des Anwalts ist seine eigene Tätigkeit als Zustellungsbevollmächtigter nach § 30 BRAO mitversichert, siehe hier B Ziff. 1.1, 5. Spiegelstrich Rn. 166ff. Nicht versichert ist aber die Tätigkeit eines anderen Anwalts, den der Anwalt zum Zustellungsbevollmächtigten bestimmt hat. Dabei muss der Zustellungsbevollmächtigte nicht notwendig ein Anwalt sein, aber praktisch sind dies immer andere Anwälte.

Beispiel für eine Versicherung eines Zustellungsbevollmächtigten: Mitversichert ist die Tätigkeit des Versicherungsnehmers für die Tätigkeit als Zustellungsbevollmächtigter.

Im Einzelnen besteht Versicherungsschutz für folgende Tätigkeiten:

1. Bereitstellung einer Geschäftsanschrift und die damit regelmäßig verbundenen Dienstleistungen wie die Weiterleitung der eingehenden Postsendungen an den Auftraggeber
2. Bereitstellung einer inländischen Geschäftsanschrift i.S.v. § 8 Abs. 4 Nr. 1 GmbHG und die damit regelmäßig verbundenen Dienstleistungen wie die Weiterleitung der eingehenden Postsendungen an den Auftraggeber
3. Wahrnehmung von Aufgaben nach § 10 Abs. 2 Satz 2 GmbHG und die damit regelmäßig verbundenen Dienstleistungen wie die Weiterleitung der eingehenden Willenserklärungen an den Auftraggeber.

VII. Patentanwälte, Ziff. 2.1 d)

Nach Ziff. 2.1 d) gelten für Patentanwälte besondere Regelungen für Auslandssachverhalte. Danach besteht schon nach den Standardbedingungen Versicherungsschutz im Ausland mit Ausnahme der Niederlassungen im Ausland. Mitversichert sind damit die Beratung/Beschäftigung im ausländischen Recht, die Tätigkeit vor ausländischen Patentgerichten und die Inanspruchnahme vor ausländischen Patentgerichten, unabhängig ob es sich um einen europäischen oder außereuropäischen Sachverhalt handelt. Die frühere Zusatzbedingung hat dies noch ausdrücklich bestätigen müssen. Die Standardbedingungen der AVB-RSW haben die Auslandssachverhalte mitaufgenommen und versichern sie ohne weiteres.

C. Veruntreuungsschäden, Ziff. 2.2

2.2 Veruntreuungsschäden

Der Versicherungsschutz bezieht sich nicht auf Haftpflichtansprüche wegen Schäden durch Veruntreuung durch Personal, Sozien oder Angehörige des Versicherungsnehmers; als Angehörige gelten:

a) der Ehegatte des Versicherungsnehmers, der Lebenspartner im Sinne des Lebenspartnerschaftsgesetzes oder einer vergleichbaren Partnerschaft nach dem Recht anderer Staaten;

b) wer mit dem Versicherungsnehmer in gerader Linie verwandt oder verschwägert oder im zweiten Grad der Seitenlinie verwandt ist.

I. Überblick

63 Nach A Ziff. 2.2 sind Haftpflichtansprüche wegen Veruntreuung ausgeschlossen, die die Sozien, Personal oder Angehörige verursacht haben. Dies entspricht der gesetzlichen Regelung in

32 BGH BRAK-Mitt. 1998, 40.

§ 51 Abs. 3 Nr. 5 BRAO im Gegensatz zur wissentlichen Pflichtverletzung, bei der die Personen nicht genannt sind, siehe zur wissentlichen Pflichtverletzung § 4 Rn. 31ff. Dementsprechend behalten die Sozien den Versicherungsschutz bei einer wissentlichen Pflichtverletzung des Personals oder von angestellten Anwälten mit Regressmöglichkeit bei ihnen, § 4 Ziff. 5 i.V.m. § 7 III Ziff. 2. Bei der Veruntreuung hingegen verliert auch der Sozius den Versicherungsschutz, wenn das Personal, angestellte Anwälte oder Angehörige eine Veruntreuung begangen haben. Die Versicherung soll nicht den Sozius in dem Fall schützen, wenn er selbst oder sein Personal oder Angehörige Sachen veruntreut haben, z.B. Mandantengelder zweckentfremdet. Der Ausschluss ist AGB-konform[33] und gilt auch für Scheinsozien, siehe hier A Ziff. 2.2 Rn. 67. Häufigster Anwendungsfall ist die Veruntreuung von Mandantengeldern. Eigene veruntreute Gelder des Berufsträgers sind als Eigenschäden sowieso nicht versichert.

Bei der Veruntreuung handelt es sich wie bei der wissentlichen Pflichtverletzung um einen 64
Verstoß, den der Berufsträger außerhalb seiner gewöhnlichen beruflichen Tätigkeit begeht. Es handelt sich um kein übliches Berufsversehen. Der Berufsträger handelt bewusst gegen seine Pflichten und ist nicht schützenswert. Zweck ist, dass die Versichertengemeinschaft nicht dasjenige tragen muss, was der Versicherungsnehmer zusammen mit anderen ihm nahestehenden Personen veruntreut. Der Risikoausschluss Veruntreuung schließt i.V.m. § 1 die Vermögensschäden aus, die sich aus der Veruntreuung ergeben. § 15 als Sachschadendeckung ergänzt dann den Ausschluss der Veruntreuung. Danach sind nicht versichert Ansprüche wegen Sachschäden die dadurch entstehen, dass Geld, Wertpapiere, Wertsachen oder Schlüssel abhandenkommen, siehe § 15 Rn. 12ff. § 15 und A Ziff. 2.2 schließen damit zusammen jegliche Schäden, gleich ob Sach- oder Vermögensschäden an Geld oder Wertsachen aus. Dabei ist zu beachten, dass auch der Anspruch des Dritten auf Herausgabe des veruntreuten Geldes nicht versichert ist, weil es sich um einen Erfüllungsanspruch handelt, § 1 I Ziff. 1 Satz 2.[34] Der Ausschluss der Veruntreuung bezieht sich auch auf Ansprüche im Zusammenhang mit einem Anderkonto. Zwar sind hier ausnahmsweise Erfüllungsansprüche versichert, aber die Veruntreuung ist der allgemeine Ausschluss, der sich auch auf Erweiterungen des gesetzlichen Versicherungsschutzes bezieht, siehe Anderkontendeckung nach A Ziff. 4.3 Rn. 105ff.

Versicherungsschutz für Veruntreuung kann über einen Vertrauensschadenversicherer er- 65
langt werden. Sie decken Vorsatztaten. Ein Vertrauensschadenfonds der Kammern für Schädigungen von Dritten bieten einige wenige Rechtsanwaltskammern an.

II. Veruntreuung

1. Objektive Voraussetzungen

Objektive Voraussetzung des Ausschlusses ist, dass eine Veruntreuung vorliegt, die ein Sozius/auch Scheinsozius, das Personal oder ein Angehöriger begangen hat. Wie üblich beim Verstoßprinzip müssen die Voraussetzungen für den Ausschluss des Versicherungsschutzes wegen Veruntreuung zum Zeitpunkt des Verstoßes vorliegen.

Veruntreuung liegt mindestens vor bei einer Unterschlagung nach § 246 Abs. 2 StGB, Betrug 66
nach § 263 StGB oder eben Untreue nach § 266 StGB.[35] Veruntreuung ist grundsätzlich weiter zu verstehen als der strafrechtliche Begriff. Danach sind alle Handlungen umfasst, die gegen fremdes Vermögen gerichtet sind und die besondere Vertrauensstellung ausnutzen, die die Sozien oder auch das Personal gegenüber dem Mandanten haben. Der Anwalt nützt das besondere Vertrauensverhältnis aus, das zwischen ihm und dem Mandanten besteht. Daher fällt aber Dieb-

33 OLG Köln VersR 1990, 191.
34 *Diller* A 2.2 Rn. 2.
35 LG Köln GI 2002, 147.

stahl als gegen die Sache und nicht das Vermögen als solche gerichtete Handlung nicht unter A Ziff. 2.2, bleibt aber trotzdem unversichert, weil es sich um eine Vorsatztat handelt, § 103 VVG oder zumindest eine wissentliche Pflichtverletzung. Der Diebstahl ist im Übrigen auch nicht nach § 15 versichert, da es sich um das Abhandenkommen einer Sache handelt.

67 Der Begriff Sozien umfasst auch die Scheinsozien. Es gilt die gleiche Auslegung wie bei der wissentlichen Pflichtverletzung, siehe dazu ausführlich § 4 Rn. 49ff. Der BGH hat zum Ausschluss der Veruntreuung entschieden, dass die Ausschlussklausel auch für Scheinsozien gilt. Die Regelung ist mit den wesentlichen Grundgedanken des § 51 Abs. 3 BRAO vereinbar.[36] Das OLG München hatte dagegen noch anders entschieden. Aber die Entscheidung erging zu einem älteren Bedingungswerk, das die Zurechnung für den Ausschluss an nicht passender Stelle regelte. Die Zurechnungsklausel nach § 1 II Ziff. 3 war zum Zeitpunkt des Verstoßes im damalig maßgeblichen Bedingungswerk in § 12 Abs. 3 geregelt. Das Urteil ist rechtskräftig, weil die Revision nicht zugelassen und eine Nichtzulassungsbeschwerde aufgrund der Wertgrenze nicht statthaft war.[37]

Personal ist jeder Mitarbeiter des Versicherungsnehmers. Darunter fallen Angestellte und freie Mitarbeiter.

Angehörige sind nach A Ziff. 2.2 a) und b) legal definiert. Nach lit. a) sind Angehörige der Ehepartner und der eingetragene Lebenspartner nach dem Lebenspartnerschaftsgesetz oder einer vergleichbaren Partnerschaft nach ausländischem Recht. Nach lit. b) sind Angehörige die Verwandten in gerader Linie, also die direkt voneinander abstammen, § 1589 BGB oder die mit dem Berufsträger in gerade Linie verschwägert sind, §§ 1590 Abs. 1 i.V.m. 1589 BGB. Zweiter Grad der Seitenlinie sind die Geschwister des Berufsträgers, § 1589 Satz 2 BGB.

68 Nach A Ziff. 2.2 a) und b) ist der Versicherungsschutz ausgeschlossen, wenn andere Sozien, das Personal oder Angehörige des Versicherungsnehmers die Veruntreuung begangen haben. Man rechnet die Veruntreuungshandlung den übrigen Sozien nach § 1 II Ziff. 3 und auch der Berufsträgergesellschaft wie der Rechtsanwalts-GmbH nach § 1 III zu. Der Sozietät/Partnerschaft wird das Fehlverhalten nach Teil 1.2 B zugerechnet. Der Anwalt haftet nach § 831 BGB darüber hinaus für eine Veruntreuung seines Personals. Er haftet dafür, dass er seine Aufsichts-, Organisations- und Kontrollpflichten verletzt hat, soweit er sich nicht exkulpieren kann. Diese Haftung ist aber ebenfalls nicht versichert. Zwar handelt es sich bei ihm um eine fahrlässige Handlung, aber die Veruntreuung hat das Personal bereits begangen, was bereits den Versicherungsschutz nach § 51 Abs. 3 Ziff. 5 BRAO, A Ziff. 2.2 ausschließt. Es würde sonst dazu führen, dass die an sich ausgeschlossene Veruntreuung wieder versichert wäre.[38]

2. Subjektive Voraussetzungen

69 Der subjektive Tatbestand ist bei der Veruntreuung anders gestaltet als bei der wissentlichen Pflichtverletzung. Bei der wissentlichen Pflichtverletzung muss zwingend dolus directus 2. Grades hinsichtlich der Pflichtverletzung vorliegen, nicht aber Schädigungsabsicht. Es ist sogar unerheblich, ob der Sozius dem Mandanten helfen wollte. Bei der Veruntreuung ist hingegen kein Wissen im Sinne des dolus directus erforderlich. Es genügt dolus eventualis. Er muss aber dann auch hinsichtlich aller objektiven Tatbestandsmerkmale vorliegen. Der Berufsträger muss sich sowohl der Pflichtwidrigkeit seines Verhaltens als auch des dadurch bewirkten Nachteils für das betreute Vermögen bewusst sein, was gerade bei der wissentlichen Pflichtverletzung nicht der Fall sein muss.

36 BGH NJW 2011, 3718.
37 OLG München NJW-RR 2008, 1560.
38 *Gräfe*/Brügge E Rn. 66, anders *Diller* A 2.2 Rn. 7.

D. Tätigkeit als Angestellter und Syndikusanwalt, Ziff. 2.3

Nach A Ziff. 2.3 hat der angestellte Anwalt für seine Tätigkeit keinen Versicherungsschutz. 70
Allein die freiberuflich ausgeübte Tätigkeit ist versichert, siehe auch B Satz 1 BBR-RA Rn. 3ff. Der Ausschluss bezieht sich uneingeschränkt auf die Tätigkeit eines Anwalts bei einem nicht-juristischen Arbeitgeber als Syndikusanwalt nach § 46 Abs. 2 BRAO. Es handelt sich bei der Tätigkeit um eine abhängige Tätigkeit und nicht um eine freiberufliche Tätigkeit.

Die im damaligen Gesetzgebungsverfahren zum Syndikusanwalt angedachte Versicherungs- 71
pflicht hätte im Übrigen das Ziel verfehlt, die Anwälte von der Rentenversicherungspflicht zu befreien. Die Versicherungsprämie hat sich an Haftung und Risiko zu orientieren. Erstens gilt nach dem BAG die Haftungsprivilegierung des Angestellten dann nicht mehr, wenn eine Haftpflichtversicherung gesetzlich vorgeschrieben ist, zumindest bei einer Kfz-Haftpflichtversicherung, weil andernfalls die Haftungsprivilegierung nur dem Versicherer zugutekommt.[39] Zweitens wirken anders als die freiberuflichen Anwälte die angestellten Syndikusanwälte an unternehmerischen Entscheidungen mit hoher Tragweite mit, z.B. in den Rechts- und Patentabteilungen von Industriekonzernen. Drittens haben die Vorstandsmitglieder als Vertretungsorgan der Gesellschaft die Pflicht, Ansprüche der Gesellschaft durchzusetzen.[40] Der Vorstand darf grundsätzlich für die Gesellschaft weder auf Ansprüche verzichten noch diese verjähren lassen.[41] Das umfasst dann auch Regressfälle gegen den Syndikusanwalt. Diese drei Punkte bedeuten, dass eine mögliche Berufshaftpflichtversicherung auch fahrlässige Verstöße eines angestellten Syndikusanwalts zu decken hätte, die weit über die Risiken einer Kanzlei hinausgehen und die man nicht vertraglich von vornherein ausschließen kann. Eine Mindestpflichtversicherung von 250.000 EUR, 4-fach wäre dann nicht für den üblichen Tarif zu erhalten. Der Versicherer hätte zu berücksichtigen, dass die Versicherungssumme bei jedem möglichen Schadenfall auszureservieren wäre. Die Übernahme der Versicherungsprämie durch den Arbeitgeber würde daneben dazu führen, dass der Arbeitnehmer die Prämien als geldwerten Vorteil zu versteuern hätte. Eine Versicherung wäre kaum möglich gewesen und hätte im Übrigen bedeutet, dass auch ein angestellter Anwalt einer Steuerberatungs- oder Prüfungsgesellschaft ebenfalls für seine Risiken abzusichern gewesen wäre, was nicht Ziel der Regelung in der BRAO gewesen ist.

Der Ausschluss nach A Ziff. 2.3 gilt grundsätzlich auch für den angestellten Anwalt ohne 72
Außenauftritt bei einem juristischen Arbeitgeber i.S.d. § 46 Abs. 1 BRAO. Der bei einer Sozietät angestellte Anwalt ohne Außenauftritt hat aber eingeschränkten Versicherungsschutz für seine Tätigkeiten nach § 13 III, weil er mitversicherte Person ist. Er hat Versicherungsschutz für die Ansprüche, die unmittelbar gegen ihn als Mitarbeiter erhoben werden. Zwar haftet der Anwalt ohne Außenauftritt grundsätzlich nicht unmittelbar und persönlich für die Verbindlichkeit der Sozietät, weil er kein Scheinsozius/Scheinpartner ist, aber vorsorglich besteht bei falscher Inanspruchnahme Versicherungsschutz, siehe hierzu § 13 Rn. 10f. Der eingeschränkte Versicherungsschutz gilt im Übrigen auch speziell für einen angestellten Anwalt in einer Steuerberater- oder Wirtschaftsprüferpraxis. Zwar handelt es sich um nicht-juristische Arbeitgeber, aber es handelt sich um sozietätsfähige Berufe. Es sollte keinen Unterschied für den angestellten Anwalt machen, wenn er in einer reinen Anwaltssozietät tätig ist oder in einer interprofessionellen Sozietät Ansprüche unmittelbar gegen ihn erhoben werden. Dies ist auch gerechtfertigt, weil die Kanzlei im Gegensatz zu einem Syndikusanwalt einen Risikozuschlag für seine Tätigkeit bezahlt und er eine Berufshaftpflichtversicherung für seine Nebentätigkeit vorhalten muss.

Der Ausschluss nach A Ziff. 2.3 erweitert nach dem Wortlaut den Ausschluss des § 4 Ziff. 4. 73
Diese Regelung im Allgemeinen Teil stellt klar, dass die Tätigkeiten in übergeordneten Leit-

39 BAG BeckRS 9998, 119333; siehe ausführlich MAH ArbR/*Reichold* Band 1 § 57 Rn. 52.
40 BGH NJW 1992, 1166.
41 OLG Koblenz NJW-RR 2000, 483, 484 für GmbH-Geschäftsführer.

ungs-, Kontroll- und Überwachungstätigkeiten in Abhängigkeitsverhältnissen nicht versichert sind. A Ziff. 2.3 im Besonderen Teil korrespondiert daher mit § 4 Ziff. 4 und umfasst die Tätigkeiten aus untergeordneten Angestelltenverhältnissen. Beide Ausschlüsse sind klarstellend, weil allein die gesetzliche Haftpflicht des Versicherungsnehmers aus der gegenüber seinem Auftraggeber freiberuflich ausgeübten Tätigkeit als Rechtsanwalt versichert ist. Die weisungsabhängige Tätigkeit ist nicht versichert. Dies entspricht der Regelung in § 51 BRAO für einen freiberuflichen Anwalt mit Versicherungszwang und der Regelung in den §§ 46 BRAO für die angestellten Anwälte. Andere Ausschlüsse sind gesetzlich nicht zulässig.

74 Bei Secondments, wenn Kanzleien für einen begrenzten Zeitraum ihre Anwälte für Projekte in Unternehmen schicken, besteht ebenfalls kein Versicherungsschutz, siehe ausführlich der Anwalt als Freiberufler B Satz 1 Rn. 4f.

E. Meldepflichten des Versicherers, Ziff. 3

3. Meldepflichten des Versicherers

Der Versicherer ist verpflichtet, der Rechtsanwalts- bzw. Patentanwaltskammer den Beginn und die Beendigung oder Kündigung des Versicherungsvertrages sowie jede Änderung des Versicherungsvertrages, die den vorgeschriebenen Versicherungsschutz beeinträchtigt, unverzüglich mitzuteilen.

75 Nach A Ziff. 3 ist der Versicherer verpflichtet der Rechtsanwalts- bzw. Patentanwaltskammer den Beginn und die Beendigung oder Kündigung des Versicherungsvertrages sowie jede Änderung des Versicherungsvertrages, die den vorgeschriebenen Versicherungsschutz beeinträchtigt, unverzüglich mitzuteilen. Diese Regelung ist nach § 51 Abs. 6 BRAO in den Versicherungsvertrag aufzunehmen. Der Versicherer hat darüber hinaus nach § 113 Abs. 2 VVG dem Anwalt eine Bestätigung zu geben, dass seine Berufshaftpflichtversicherung den gesetzlichen Vorgaben entspricht, § 12 Abs. 2 Satz 2 BRAO.

76 Der Versicherer hat unverzüglich der Kammer mitzuteilen, dass der Versicherungsschutz beeinträchtigt ist, § 121 BGB. Der zuständigen Rechtsanwaltskammer darf der Versicherer auf Nachfrage Daten zum Versicherungsschutz auch ohne Zustimmung des Anwalts mitteilen. Voraussetzung ist aber, dass ein unmittelbarer Sachzusammenhang besteht und das Recht des Versicherers besteht, seine Leistungsfreiheit auch gegenüber dem geschädigten Dritten nach § 117 Abs. 2 VVG herbeizuführen.[42] Das ist auch im Interesse des Versicherers, der andernfalls gegenüber den Dritten leistungspflichtig aufgrund der Pflichtversicherungsregelungen bleibt.

F. Überschreiten der Pflichtversicherung, Ziff. 4

4. Überschreiten der Pflichtversicherung

Soweit der Versicherungsvertrag den Inhalt oder Umfang der Pflichtversicherung überschreitet, gelten die Bedingungen des Teil 1 entsprechend, soweit nichts Abweichendes, z.B. durch zusätzliche Vereinbarungen, bestimmt ist.

Erweiterungen des Versicherungsschutzes lassen den Umfang des gesetzlich vorgeschriebenen Versicherungsschutzes unberührt.

77 Nach A Ziff. 4 Satz 1 ist der Versicherungsvertrag in Inhalt und Umfang als Einheit zu betrachten. Wenn die Regelungen zur Pflichtversicherung überschritten werden, gelten die Bedingungen des Allgemeinen Teil 1 und damit die §§ 1 bis 15. Es finden sich in den Verträgen jedoch

42 Henssler/Prütting/*Diller* § 51 Rn. 301.

immer Ausnahmen, Sublimits oder Erweiterungen. Diese Abweichungen sind dann individuell bestimmt. Um sicherzugehen, dass die Pflichtversicherung und die nachfolgenden Exzedenten auch versicherungstechnisch getrennt bleiben, sollte der Versicherer zwei Verträge ausstellen. Andernfalls besteht die Gefahr, dass nach § 113 Abs. 3 VVG die Einheitlichkeit des Versicherungsvertrags anzunehmen ist.[43] Ausschlüsse, die im Exzedenten möglich sind, aber nicht im Rahmen der Pflichtversicherung, könnten demnach unwirksam sein. Zu beachten ist, dass die Inanspruchnahme vor außereuropäischen Gerichten nur in Höhe der Pflichtversicherung versichert ist, aber nicht darüber hinaus. Dies ist nach § 113 Abs. 3 VVG nicht unbedenklich, Praktisch gehen die Versicherer den Weg, einen einzigen Vertrag, auch auf Kundenwunsch, zu erstellen. Das Risiko, dass die Sublimits und Ausschlüsse nicht wirksam sind, betrachtet man als theoretisch, siehe hierzu A Ziff. 4.1 Rn. 81.

Nach A Ziff. 4 Satz 2 lassen Erweiterungen des Versicherungsschutzes den Umfang des gesetz- 78
lich vorgeschriebenen Versicherungsschutzes unberührt. Die Regelung ist erforderlich, um das Verhältnis der mitversicherten nicht-anwaltlichen Tätigkeiten zur Pflichtversicherung zu bestimmen, insbesondere zu den amtsähnlichen persönlichen Tätigkeiten nach B Ziff. 1 und Ziff. 1.1., wie z.B. der Insolvenzverwaltung. Diese mitversicherten Tätigkeiten sind keine anwaltlichen Tätigkeiten. Sie unterliegen nicht der Pflichtversicherung nach § 51 BRAO. Die Pflichtversicherung legt gesetzlich fest, dass die Pflichtversicherungsleistungen immer für die pflichtversicherte Tätigkeit, die anwaltliche Tätigkeit, zur Verfügung stehen muss. Die anderen Tätigkeiten dürfen den Versicherungsschutz nicht beeinträchtigen. Eine Schadensersatzleistung im Rahmen einer Insolvenzverwaltung oder einer sonstigen mitversicherten Tätigkeit darf daher nicht die Pflichtversicherungssumme/Jahreshöchstleistung schmälern. Wenn die Versicherungsleistung eines Jahres durch die mitversicherte Tätigkeit ausgeschöpft wäre, hat der Versicherer weiterhin in Höhe der Mindestpflichtversicherung für die anwaltlichen Fälle zu leisten. Dies gilt selbstverständlich nicht umgekehrt. Wenn anwaltliche Schadensfälle die Leistung erschöpft haben, ist der Versicherer leistungsfrei, gleich ob es sich um weitere Anwaltsfälle oder sonstige mitversicherte Schadenfälle handelt; siehe dazu auch B Ziff. 1 Rn. 18.

G. Inanspruchnahme des Versicherungsnehmers vor außereuropäischen Gerichten, Ziff. 4.1

4.1 Inanspruchnahme des Versicherungsnehmers vor außereuropäischen Gerichten
Für Haftpflichtansprüche aus der Inanspruchnahme des Versicherungsnehmers vor außereuropäischen Gerichten besteht Leistungspflicht nur in Höhe der Mindestpflichtversicherungssumme.

I. Regelungsinhalt

Nach A Ziff. 4.1 sind Haftpflichtansprüche aus der Inanspruchnahme des Versicherungs- 79
nehmers vor außereuropäischen Gerichten nur in Höhe der Mindestpflichtversicherungssumme versichert. Es handelt sich hierbei um keinen Ausschluss, sondern um ein Sublimit. Einzelanwälte und Sozietäten/einfache Partnerschaften haben daher einen Versicherungsschutz in Höhe von 250.000 EUR, 4-fach, die Kapitalgesellschaften und die PartG mbB in Höhe von 2,5 Mio. EUR, maximiert mit der Anzahl der Geschäftsführer/Partner für diese Ansprüche.

Ein Ausschluss wäre nicht möglich, da § 51 Abs. 3 BRAO für Auslandssachverhalte gerade nicht 80
die Inanspruchnahme vor ausländischen Gerichten ausschließt, gleich auch ob inner- oder außereuropäisch. Die Versicherer versehen daher die Inanspruchnahme vor außereuropäischen Gerich-

43 Langheid/Rixecker/*Langheid* § 113 Rn. 8 ff.

ten in ihren Standardbedingungswerken mit einem Sublimit und lassen umgekehrt den Versicherungsschutz für die Inanspruchnahme vor europäischen Gerichten unbegrenzt bestehen. Dies ist gerechtfertigt, da das Schadenrisiko für den Versicherer außerhalb Europas erheblich ist. Die Schadensersatzleistungen, insbesondere die vor US-amerikanischen Gerichten zugesprochenen Schadenssummen, sind sehr hoch im Vergleich zum deutschen Schadensersatzrecht. Sie beinhalten darüber hinaus Strafzahlungen als punitive damages, die über die reine Entschädigungsleistung hinausgehen. Darüber hinaus erfordern Auslandssachverhalte einen erheblichen organisatorischen Aufwand. Der Versicherer hat für das zumeist fremde Recht andere Anwälte zu bestimmen und kann nicht auf die eigene Schadenabteilung zur Abwehr der Ansprüche zurückgreifen.

II. Sublimit und § 113 Abs. 3 VVG

81 Das Sublimit für die Inanspruchnahme vor außereuropäischen Gerichten gilt auch für Exzedenten oberhalb der Pflichtversicherungssumme. Nach § 113 Abs. 3 VVG gilt jedoch, dass ein einziger Pflichtversicherungsvertrag nicht in zwei verschiedene Abschnitte aufgeteilt werden kann. Der Vertrag ist als Einheit in Inhalt und Umfang zu betrachten. Nach A Ziff. 4 Satz 1 gilt auf der Ebene des Versicherungsvertrags: Soweit der Versicherungsvertrag den Inhalt oder Umfang der Pflichtversicherung überschreitet, gelten die Bedingungen des Teil 1 entsprechend, soweit nichts Abweichendes, z.B. durch zusätzliche Vereinbarungen, bestimmt ist. Bedenklich ist daher, dass die Regelung in den AVB-RSW ein Sublimit beinhaltet, auch wenn ein Exzedent im gleichen Vertrag vereinbart ist. Man geht jedoch bei den Versicherern davon aus, dass die Regelung wirksam ist. A Ziff. 4.1 schließt nicht die gesamte Inanspruchnahme vor ausländischen Gerichten aus, sondern nur die Inanspruchnahme vor außereuropäischen Gerichten. Der Anwalt erhält daher auch Versicherungsschutz über die Grenze der Pflichtversicherung. Daher ist es gerechtfertigt und nicht überraschend, dass ein Teil der Erweiterung ein Sublimit erhält. Die Gruppe der Anwälte mit Auslandssachverhalten sind sich des Risikos auch bewusst. Die Versicherer bieten problemlos und marktüblich Versicherungsschutz für die Inanspruchnahme vor außereuropäischen Gerichten an. Regelmäßig als große Auslandsklausel. Diese Klausel versichert dann alle Auslandssachverhalte mit, bis auf die Niederlassungen im Ausland. Versichert sind dann zusätzlich die Beratung im außereuropäischen Recht, die Tätigkeit vor außereuropäischen Gerichten und die Inanspruchnahme vor außereuropäischen Gerichten.

III. Umfang des Ausschlusses

1. Außereuropäisches Gericht

82 Versicherungsschutz besteht ausdrücklich für die Inanspruchnahme des Anwalts vor einem europäischen Gericht. Das europäische Gericht ist gleich wie beim Ausschluss nach A Ziff. 2.1 c) bei den Tätigkeiten vor außereuropäischen Gerichten abzugrenzen, siehe dazu A Ziff. 2.1 c) Rn. 47f. Gericht ist jedes staatliche Gericht, aber nicht die Schiedsgerichte. Außereuropäisch ist das geografische Gebiet außerhalb Europas. Bei Staaten, die geografisch auch andere Gebiete umfassen, gilt auch der außereuropäische Teil als mitversichert, wie z.B. bei der Türkei.

2. Leistungen und Kosten

83 Für den Versicherungsschutz in Bezug auf die Leistungen selbst ist es grundsätzlich unerheblich, ob der Anwalt vor einem europäischen oder außereuropäischen Gericht in Anspruch genommen wird. In beiden Fällen trägt der Versicherer die Prozesskosten, wie bei einem Regressprozess im Inland nach § 3 II Ziff. 5. Danach ersetzt der Versicherer bei der Inanspruchnahme vor ausländischen Gerichten begrenzt auf seine Leistungspflicht Kosten höchstens nach

der der Versicherungssumme entsprechenden Wertklasse nach deutschem Kosten- und Gebührenrecht, sofern nicht im Einzelfall mit dem Versicherer etwas anders vereinbart ist, § 3 II Ziff. 5.5. Wird der Anwalt auf eine höhere als die Pflichtversicherungssumme, wie hier in Ziff. 4.1 bei europäischen Gerichten, oder die vereinbarte Summe bei außereuropäischen Gerichten in Anspruch genommen, sind die Kosten gedeckelt nach § 3 II Ziff. 5.2: Übersteigt der geltend gemachte Haftpflichtanspruch die Versicherungssumme, trägt der Versicherer die Gebühren und Pauschsätze nur nach der der Versicherungssumme entsprechenden Wertklasse. Im Einzelfall kann dies den Anwalt betreffen, weil die Gebühren im Ausland höher ausfallen und nicht die Regelung wie in Deutschland gilt, dass die unterlegene Partei alle Kosten trägt. Sonstige Gebühren oder Stundensätze trägt der Versicherer nicht, außer bei besonderer Vereinbarung.

3. Ausländischer Haftungsmaßstab

Der Haftungsmaßstab des ausländischen Gerichts kann unterschiedlich zu dem in Deutschland sein. Die Pflichtversicherung in der BRAO und im VVG geben keine Hinweise, welche Folgen es für den Versicherungsschutz hat, wenn ein anderer ausländischer Haftungsmaßstab gilt. **84**

Wenn das ausländische Gericht deutsches Haftungsrecht seiner Entscheidung zugrunde gelegt hat, besteht selbstverständlich Versicherungsschutz. Das Haftpflichturteil entfaltet Bindungswirkung für den Deckungsprozess des Versicherers auf jeden Fall, wenn das Haftpflichturteil so auch nach deutschem Recht zustande gekommen wäre. Wenn es aber fehlerhaft zustande gekommen ist, gilt zunächst auch, dass der Versicherer das Urteil anzunehmen hat. Er sollte hier aber die Möglichkeit haben, das ausländische Urteil im deutschen Deckungsprozess überprüfen zu können. Andernfalls besteht die Gefahr, dass willkürliche Urteile ohne rechtsstaatliche Verfahrensgrundsätze oder nicht plausibel nachvollziehbare Entscheidungen den Versicherer binden, ohne dass er das Urteil korrigieren kann. Er kann auch im Ausland meist nur eingeschränkt auf die Urteilsfindung einwirken. Es obliegt aber dem Versicherer darzulegen und zu beweisen, dass das ausländische Urteil nach der Sach- und Rechtslage nicht nachvollziehbar war.[44] Wenn es sich aber um Gerichtsfehler handelt, die auch einem deutschen Gericht unterlaufen wären, sollte dies den Versicherer binden, um nicht die Schadenzahlungen unnötig zu verzögern. Zumindest sollte es gelten, wenn der Versicherer hier die Möglichkeit hatte den Haftpflichtprozess im Ausland mitzugestalten. **85**

Bei einem verschärften Haftungsmaßstab ist zu differenzieren. Zugunsten des Mandantenschutzes sollte im Rahmen des Pflichtversicherungsumfangs auch der strengere Maßstab vom Versicherungsschutz umfasst sein. Der Mandant ist vor Verlusten zu schützen und der Anwalt vor finanziellem Ruin. Die Inanspruchnahme vor ausländischen Gerichten unterliegt auch nicht seinem Willen. Anders als bei einer aktiven Beratung in einem ausländischen Rechtsgebiet, genügen schon geringfügige Kontakte mit dem ausländischen Mandanten, ohne dass ein eigentlicher Auslandssachverhalt begründet ist, dass ihn der Mandant vor dem ausländischen Gericht verklagen kann. Daher ist es gerechtfertigt, dass der Versicherungsschutz besteht. Zu beachten ist aber, dass weiterhin nur die Entschädigungsleistungen als solche versichert sein können nach § 1. Strafzahlungen, punitive damages, bleiben weiterhin ausgeschlossen. Beispiele für eine mitversicherte verschärfte Haftung können sein, z.B. eine Beweislastumkehr oder auch ein anderer Haftungsmaßstab sein. Grenze des Deckungsschutzes ist aber auch hier, dass die Regeln eines rechtsstaatlichen Verfahrens eingehalten worden sind und das Urteil nachvollziehbar begründet ist. Wenn es nicht der Fall ist, kann der Versicherer das Urteil im Deckungsprozess überprüfen lassen. **86**

44 Anders *Diller* A 4.1 Rn. 7, der keine Bindungswirkung bei Fehlurteilen annimmt.

87 Umgekehrt kann es Fälle geben, wenn das Gericht einen Haftungsmaßstab anwendet, der für den Anwalt den Versicherungsschutz ausschließt. Das ausländische Gericht nimmt beispielsweise eine wissentliche Pflichtverletzung an, die nach deutschem Maßstab eine Fahrlässigkeit war. Zugunsten des Anwalts wird man annehmen, dass hier der deutsche Haftungsmaßstab gilt. Allerdings hat dies dann der Anwalt als Versicherungsnehmer darzulegen und zu beweisen. Der Versicherer muss nicht zugunsten des Versicherungsnehmers den Sachverhalt und die Rechtslage klären.

88 Oberhalb der Pflichtversicherungssumme kann der Versicherer etwas anderes vereinbaren. Er kann z.B. die Schadensersatzleistung davon abhängig machen, dass der Anspruch nach deutschem Recht berechtigt gewesen wäre, sog. as-if-Klausel oder das der Anspruch sich nach deutschem Haftungsrecht, einschließlich des Verschuldensmaßstabs, richtet.

H. Ausschluss kaufmännischer Risiken, Ziff. 4.2

4.2 Ausschluss kaufmännischer Risiken
Ergänzend zu § 4 bezieht sich der Versicherungsschutz nicht auf Haftpflichtansprüche wegen Schäden aus einer kaufmännischen Kalkulations-, Spekulations- oder Organisationstätigkeit. Soweit der Versicherungsnehmer gemäß InsO (z.B. als (vorläufiger) Insolvenzverwalter, Sonder(insolvenz)verwalter, Gläubigerausschussmitglied, Sachwalter und Treuhänder), als Gesamtvollstreckungsverwalter, als gerichtlich bestellter (vorläufiger) Liquidator oder Abwickler oder als Abwickler einer Praxis gemäß § 55 BRAO tätig ist, sind Haftpflichtansprüche wegen Schäden aus einer kaufmännischen Kalkulations- oder Organisationstätigkeit bis zur Höhe der vereinbarten Versicherungssumme, maximal in Höhe von EUR 2.500.000 je Versicherungsfall und Versicherungsjahr versichert.

89 Nach A Ziff. 4.2 sind kaufmännische Risiken vom Versicherungsschutz ausgeschlossen. Dabei handelt es sich um Schäden aus einer kaufmännischen Kalkulations-, Spekulations- oder Organisationstätigkeit. Wenn der Anwalt eine Tätigkeit nach der InsO ausübt, sind aber die Schäden wieder versichert und zwar aus einer kaufmännischen Kalkulations- oder Organisationstätigkeit bis zur Höhe der vereinbarten Versicherungssumme, maximal in Höhe von 2,5 Mio. EUR für einen Versicherungsfall und für alle Versicherungsfälle eines Jahres zusammen. Schäden aus einer Spekulationstätigkeit bleiben auf jeden Fall ausgeschlossen.

I. Begriffe unternehmerisches Risiko und kaufmännische Tätigkeiten

90 Ergänzend zu § 4 bezieht sich der Versicherungsschutz nicht auf Haftpflichtansprüche wegen Schäden aus einer kaufmännischen Kalkulations-, Spekulations- oder Organisationstätigkeit.

91 Der Wortlaut von A Ziff. 4.2 ist hier in der Überschrift *„Ausschluss kfm. Risiken"* missverständlich, weil es sich um einen gesetzlich nicht zulässigen Ausschluss handeln würde. Nach § 51 BRAO sind nur bestimmte Ausschlüsse möglich, weitere nicht genannte Ausschlüsse sind nicht möglich. Der Ausschluss der kfm. Risiken bezieht sich zum einen auf das bestehende Berufsbild des Anwalts und ist hier klarstellend. Der Anwalt ist Rechtsberater und nicht Kaufmann. Daher können auch die kfm. Tätigkeiten nicht versichert sein. Die Ergänzung zu den anderen Ausschlüssen ist aber andererseits bei den mitversicherten Tätigkeiten erforderlich. Die Tätigkeiten kann ein Anwalt ausüben, sie sind aber wie z.B. die Insolvenzverwaltung oder Testamentsvollstreckung nicht-anwaltlicher Art. Die kaufmännische Tätigkeit kann Teil des Berufsbildes sein. Ein ausdrücklicher Ausschluss ist daher notwendig und zulässig, da die mitversicherten Tätigkeiten nicht § 51 BRAO unterliegen.

1. Unternehmerisches Risiko

Die Risiken aus kaufmännischer Kalkulations-, Spekulations- oder Organisationstätigkeit 92 sind zunächst vom allgemeinen unternehmerischen Risiko abzugrenzen. Das unternehmerische Risiko ist grundsätzlich vom Versicherungsschutz ausgeschlossen, weil es keine anwaltliche Tätigkeit ist.

Ausdrücklich ausgeschlossen ist das unternehmerische Risiko bei der Tätigkeit von Wirt- 93 schaftsprüfern und Steuerberatern, Teil 3 A Ziff. 4.3 BBR-RS für Steuerberater und Teil 4 B V Ziff. 3 BBR-W für Wirtschaftsprüfer. Der Ausschluss gilt für die steuerberatende/wirtschaftsprüfende Tätigkeit und auch für die mitversicherten Tätigkeiten. Der Versicherungsschutz bei diesen Berufsgruppen bezieht sich nicht auf Haftpflichtansprüche aus Schäden, die dadurch entstanden sind, dass der Versicherungsnehmer im Bereich eines unternehmerischen Risikos einen Verstoß begeht, das sich im Rahmen der Ausübung einer versicherten Tätigkeit ergibt, z.B. als Testamentsvollstrecker, soweit ein gewerbliches Unternehmen zum Nachlass gehört, Teil 3 A Ziff. 4.3 a) BBR-S für Steuerberater.

Für Anwälte gilt der Ausschluss des unternehmerischen Risikos ebenfalls, was aber nicht 94 ausdrücklich genannt werden muss. Die Kerntätigkeit des Anwalts umfasst die Tätigkeit in konkreten fremden Angelegenheiten des Mandanten, die eine rechtliche Prüfung des Einzelfalls erfordern, § 2 Abs. 1 RDG. Er entscheidet aber für seinen Mandanten nicht unternehmerisch. Gleiches gilt für die mitversicherten Tätigkeiten, wie z.B. Insolvenzverwaltung. Das Insolvenzverfahren sieht grundsätzlich zwei Möglichkeiten der Abwicklung des Schuldnerunternehmens vor: Das Regelverfahren zur Befriedigung der Gläubiger und die Unternehmenssanierung zur Fortführung des Unternehmens, § 1 InsO. Die Unternehmensfortführung ist auch Kernaufgabe des vorläufigen Insolvenzverwalters, § 22 Abs. 1 Satz 2 Nr. 2 InsO. In beiden Fällen, aber insbesondere bei der Unternehmensfortführung, trifft der Insolvenzverwalter unternehmerische Entscheidungen. Er trägt das Geschäftsführungsrisiko. Die Tätigkeit eines Insolvenzverwalters unterscheidet sich aber aufgrund des Berufsbildes von der eines Unternehmers. Der Insolvenzverwalter trifft zwar unternehmerische Entscheidungen, ist aber in seiner Verwaltungs- und Verfügungsbefugnis eingeschränkt aufgrund seiner Stellung zu den Gläubigern und der Aufsicht durch das Gericht. Im Rahmen dieses Aufgabenfeldes besteht Versicherungsschutz, da der Insolvenzverwalter nicht als Unternehmer tätig ist. Diese Tätigkeit unterfällt nicht dem Risikoausschluss. Anders aber, wenn die Insolvenzverwaltung des Betriebes vollständig in den Hintergrund getreten ist und der Insolvenzverwalter echte unternehmerische Zwecke verfolgt. Rein unternehmerisches Handeln liegt vor und damit eine nicht versicherte Tätigkeit, wenn die leitenden Entscheidungen nicht vom Insolvenzzweck geprägt, sondern auf einen gewinnbringenden Überschuss gerichtet sind.[45] Dies gilt beispielsweise, wenn der Insolvenzverwalter aktiv die Geschäfte übernommen hat, indem er persönlich nach außen wie ein Leiter des Unternehmens auftritt.[46] Siehe zur Insolvenzverwaltung und Versicherungsschutz für kfm. Tätigkeiten auch B Rn. 63f.

2. Kaufmännische Kalkulations-, Spekulations- oder Organisationstätigkeit, A Ziff. 4.2 Satz 1

Die Risiken aus kaufmännischer Kalkulations-, Spekulations- oder Organisationstätigkeit 95 sind ausgeschlossen. Diese Merkmale umschreiben konkrete betriebswirtschaftliche Tätigkeiten. Kalkulation ist allgemein die Berechnung, um Kosten zu ermitteln, wie z.B. Preis einer Ware oder eines Projekts. Risiken aus einer anwaltlichen kalkulatorischen Tätigkeit bleiben dagegen versi-

45 Anders *Diller* A 4.2 Rn. 6 a.E., weil die Regelung andernfalls intransparent ist.
46 BGH VersR 1980, 353.

chert, z.B. wenn der Anwalt die Bilanz eines Unternehmens zu Betriebsausfallschäden prüft, ob eine Schadensersatzforderung der Höhe nach korrekt ist. Die Tätigkeit ist kalkulatorisch, sie ist aber nicht kaufmännisch. Die Prüfung ist für sich genommen nicht gewinnorientiert, sondern eine notwendige Tätigkeit, um anwaltlich beraten zu können.

96 Kfm. Organisation bedeutet die Regelung von Arbeitsmengen und Geschäftsvorfällen. Die abstrakte Menge an Arbeit/Geschäften ist nach betriebswirtschaftlichen Methoden bestmöglich zu gestalten und effizient zu verteilen. Der Anwalt hingegen berät seinen Mandanten zu einem konkreten Einzelfall. Der Anwalt erarbeitet den individuellen Sachverhalt, subsumiert ihn und berät den Mandanten, welche Möglichkeiten bestehen und klärt ihn zu den Risiken auf.

97 Eine Spekulation liegt dann vor, wenn man versucht aus Preisdifferenzen Gewinn zu erzielen, wie z.B. Aktienanlage, wenn man steigende oder fallende Kurse erwartet. Es muss sich um eine gewinnorientierte Handlung handeln.

98 Das Merkmal „kaufmännisch" liegt dann vor, wenn es sich um eine betriebswirtschaftliche Tätigkeit handelt. Dabei ist von einer typischen Tätigkeit auszugehen, die gerade ein Kaufmann vornimmt, um das Unternehmen voranzubringen.

II. Rechtsfolge

99 Der Ausschluss der kaufmännischen Tätigkeiten ist deklaratorisch und konstitutiv. Er ist deklaratorisch, soweit es sich um anwaltliche Tätigkeiten handelt. Er ist konstitutiv, soweit es sich um die mitversicherten persönlichen amtsähnlichen Tätigkeiten handelt, wie z.B. der Testamentsvollstreckung.

1. deklaratorischer Ausschluss bei anwaltlicher Tätigkeit

100 Der für die anwaltliche Tätigkeit deklaratorische Ausschluss ist systematisch zu den Ausschlüssen in § 4 zu sehen. § 51 BRAO erlaubt gesetzlich nur bestimmte Ausschlüsse für die anwaltliche Berufstätigkeit.[47] Andere Ausschlüsse ergeben sich daher nur aus dem Berufsbild des Anwalts. Der Rechtsanwalt handelt in der Praxis grundsätzlich gewinnorientiert. Es gibt aber gesetzliche Berufspflichten, die das Berufsbild des Anwalts prägen, anders als einen Gewerbetreibenden wie einem Kaufmann. Der Anwalt ist unabhängiges Organ der Rechtspflege und kein Kaufmann, § 1 BRAO. Seine Freiheitsrechte gewährleisten die Teilhabe des Bürgers am Recht. Seine Tätigkeit dient der Verwirklichung des Rechtsstaats, § 1 Abs. 2 BORA. Unter sein Freiheitsrecht fällt auch seine wirtschaftliche und finanzielle Unabhängigkeit.[48] Eine kaufmännische Tätigkeit entspricht damit nicht dem Berufsbild eines unabhängigen Rechtsanwalts. Die spezifischen kaufmännischen Risiken sind bei der anwaltlichen Tätigkeit daher nicht versichert gemäß § 1.

101 Andere Versicherer gehen den umgekehrten Weg. Sie versichern ausschließlich die kaufmännischen Tätigkeiten bei Tätigkeiten im Rahmen der Insolvenzordnung und regeln sonst nichts weiter. Es fehlt ausdrücklich der Ausschluss, es handelt sich ausdrücklich um eine Erweiterung des Versicherungsschutzes. Diese Versicherer schließen wohl im Umkehrschluss aufgrund des Berufsbildes des Anwalts als Rechtsberater und bei den sonstigen mitversicherten Tätigkeiten die kaufmännischen Risiken aus.[49]

---

47 Feuerich/Weyland/*Träger* § 51 Rn. 16.
48 *Pfeiffer* BRAK-Mitt. 1987, 104.
49 Z.B. Allcura § 9 Deckung für kaufmännische Risiken Teil 2 Besondere Versicherungsbedingungen RB RA 2011-08.

2. konstitutiver Ausschluss bei amtsähnlicher persönlicher Tätigkeit

Konstitutiv gilt der Ausschluss für die mitversicherten amtsähnlichen persönlichen Tätigkeiten. Sie sind nach § 51 BRAO nicht Teil des Pflichtversicherungsumfangs. Es handelt sich um Tätigkeiten die typischerweise ein Anwalt ausübt, die ganz überwiegend kaufmännisch und betriebswirtschaftlich geprägt sind. Es handelt sich aber nicht um anwaltliche Tätigkeiten.[50] **102**

Der Ausschluss der kfm. Tätigkeiten ergibt sich systematisch aus dem Umkehrschluss zu A Ziff. 4.2. Der Ausschluss ist ausdrücklich genannt. Die Ausnahme mit einem Sublimit besteht gemäß A Ziff. 4.2 Satz 2 allein für die Tätigkeit als Insolvenzverwalter. Daher bleibt der Ausschluss für alle anderen Tätigkeiten ausdrücklich bestehen. Dies gilt insbesondere für die anderen amtsähnlichen Tätigkeiten, wie Testamentsvollstreckung oder Betreuung. **103**

III. Kaufmännische Kalkulations- oder Organisationstätigkeit, Ziff. 4.2 Satz 2

Bei Insolvenzverwaltern und anderen Abwicklertätigkeiten wie Liquidation und Abwicklern eine Praxis besteht ausdrücklich Versicherungsschutz für Haftpflichtansprüche wegen Schäden aus einer kaufmännischen Kalkulations- oder Organisationstätigkeit bis zur Höhe der vereinbarten Versicherungssumme, maximal in Höhe von EUR 2.500.000 und für alle Versicherungsfälle eines Jahres. Die Aufzählung ist abschließend und nicht beispielhaft. Ausgeschlossen bleiben Ansprüche aus einer Spekulationstätigkeit, z.B. aufgrund der Anlage von privatem oder Unternehmens- und Betriebsvermögen in Vermögenswerte mit spekulativem Charakter, wie z.B. Derivate, Aktien und Optionsscheine. Dabei kommt es nicht darauf an, ob der Schwerpunkt der Tätigkeit kaufmännisch ist. Es kommt allein darauf an, ob der konkrete Verstoß auf einer fehlerhaften kaufmännischen Kalkulation oder Organisation beruht.[51] **104**

I. Anderkontendeckung, Ziff. 4.3

4.3 Deckung für Auszahlungsfehler bei Anderkonten

Versicherungsschutz wird auch für den Fall geboten, dass der Versicherungsnehmer wegen einer fahrlässigen Verfügung über Beträge, die in unmittelbarem Zusammenhang mit einer Rechtsanwaltstätigkeit auf ein Anderkonto eingezahlt sind, von dem Berechtigten in Anspruch genommen wird.

Das gleiche gilt für Inanspruchnahme des Versicherungsnehmers aus fahrlässigen Verfügungen über fremde Gelder, die zur alsbaldigen Anlage auf ein Anderkonto in Verwahrung genommen und ordnungsgemäß verbucht sind.

I. Berufsrecht

Der Anwalt hat bei der Ausübung seiner Tätigkeit Grundpflichten zu beachten. Er ist bei der Behandlung der ihm anvertrauten Vermögenswerte zu der erforderlichen Sorgfalt verpflichtet. Fremde Gelder sind unverzüglich an den Empfangsberechtigten weiterzuleiten oder auf ein Anderkonto einzuzahlen, § 43a Abs. 5 BRAO. Das Nähere hierzu regelt § 4 BORA über die Verwaltung von Fremdgeldern. Zum Schutz des Vermögens des Mandanten gibt es spezielle Anderkontenbedingungen, die die Standesvertretungen mit den Banken entsprechend den berufsrechtlichen Vorgaben ausgehandelt haben. **105**

---

50 Henssler/Prütting/*Diller* BRAO § 51 Rn. 86.

51 Nach Ansicht von Diller muss sich aber der Schwerpunkt auf die kaufmännische Tätigkeit beziehen, *Diller* A 4.2 Rn. 6 f.

106 Die AVB-RSW folgen in diesem Fall den Grundpflichten und bieten Deckungsschutz für die fehlerhafte Verfügung von Geldern im Rahmen einer Anderkontendeckung, A Ziff. 4.3. Die Verletzung der Grundpflichten ist jedoch im Übrigen nicht zwingend identisch mit der Deckung über die Berufshaftpflichtversicherung nach § 51 BRAO. Wenn der Anwalt z.B. seine Grundpflicht verletzt, sich fortzubilden gemäß § 43a Abs. 6 BRAO, gibt es keinen gedeckten Schadensersatzanspruch, wenn die Kammer wegen fehlender Fortbildung des Anwalts Maßnahmen ergreift.

II. Anderkontendeckung als Erweiterung der Pflichtversicherung

107 Bei der Treuhanddeckung nach A Ziff. 4.3 handelt es sich um eine Erweiterung des gesetzlich erforderlichen Versicherungsschutzes. Die Deckung ist nicht Teil der nach § 51 BRAO erforderlichen Pflichtdeckung. Dies folgt bei der fahrlässigen Verfügung über Gelder allein schon daraus, dass der Anspruchsberechtigte gegenüber dem Anwalt keinen Schadensersatzanspruch geltend macht, sondern einen Erfüllungsanspruch. Wenn der Anwalt eine fehlerhafte Verfügung trifft, z.B. an den falschen Geschäftspartner überweist, gar nicht handelt oder auch zu wenig überweist, hat der Geschäftspartner weiterhin Anspruch auf das Geld, ggf. kann er seinen Anspruch auf § 667 BGB stützen. § 51 BRAO verlangt jedoch ausschließlich eine Deckung für Haftpflichtgefahren aus der Berufstätigkeit und keine Deckung für Erfüllungsansprüche. Erfüllungsansprüche und Erfüllungssurrogate sind von der Versicherung nicht gedeckt, da nicht die unternehmerische Leistung des Anwalts versichert ist, sondern die Gefahren aus seinem Tätigwerden selbst.

108 Es besteht auch keine Deckung für Auszahlungsfehler über die Sachschadendeckung nach § 15. Nicht versichert sind Ansprüche wegen Sachschäden, die entstehen durch Abhandenkommen von Geld, geldwerten Zeichen, Wertsachen, Inhaberpapieren und in blanko indossierten Orderpapieren, siehe § 15 Rn. 12ff.

109 Das Anderkonto ist ein offenes Treuhandkonto. Es dient der gesonderten Verwahrung von Mandantengeldern. Nur Kammerberufler dürfen ein Anderkonto eröffnen. Der Anwalt als Treuhänder soll auf fremde Rechnung das Vermögen des Dritten als Treugeber verwalten. Diese Bedingungen verlangen, dass ein Zusammenhang mit der Ausübung der anwaltlichen berufsständischen Tätigkeit steht. Der Anwalt darf kein eigenes Geld auf das Anderkonto einzahlen oder das eingezahlte Geld für sich verwenden. Um bestmöglichen Schutz zu bieten, ist grundsätzlich für jedes Mandat ein gesondertes Anderkonto zu führen. Rechts- und auch Patentanwälte können auch mehrere Mandate über Sammelanderkonten abwickeln. Der Anwalt muss den jeweiligen wirtschaftlich Berechtigten angeben oder beim Sammelanderkonto auf Anforderung benennen. Gläubiger des Anwalts können nicht auf das Geld des Treuhandkontos zugreifen, da es wirtschaftlich dem Treugeber zugeordnet wird. Dem Treugeber steht die Drittwiderspruchsklage gemäß § 771 ZPO zu.[52] Der Anwalt darf Werte, die seinen eigenen Zwecken dienen, nicht dem Anderkonto zuführen oder auf dem Anderkonto belassen, andernfalls handelt es sich nicht mehr um ein Anderkonto. Das Geschäftskonto des Anwalts, auf das er die Einnahmen und Ausgaben laufen lässt, ist kein Anderkonto i.S.d. A Ziff. 4.3.

1. Bezug zur Rechtsanwaltstätigkeit, Ziff. 4.3 Satz 1

110 Wichtigste Deckungsvoraussetzung ist, dass ein unmittelbarer Bezug mit einer Rechtsanwaltstätigkeit besteht, sowohl bei Fehlverfügungen über Gelder, die sich bereits auf dem Anderkonto befinden gemäß Satz 1 als auch bei Fehlverfügungen, die alsbald auf das Anderkonto eingezahlt werden sollen gemäß Satz 2. Dies ergibt sich aus der Formulierung *„...Das gleiche gilt...“*

52 Feuerich/Weyland/*Böhnlein* § 43a Rn. 92.

Rechtsanwaltstätigkeit meint die anwaltliche Tätigkeit i.S.d. § 1, zur Abgrenzung anwaltliche und nicht-anwaltliche Tätigkeit, siehe § 1 Rn. 25ff. Nicht versichert sind Auszahlungsfehler, wenn eine mitversicherte persönliche oder amtsähnliche Tätigkeit nach B Ziff. 1 und Ziff. 1.1 vorliegt, wie z.B. Verfügungen als Insolvenzverwalter oder Testamentsvollstrecker. Es handelt sich erstens nicht um Anwaltstätigkeiten und zweitens kann der Berufsträger bei diesen Tätigkeiten kein Anderkonto, sondern nur ein offenes Treuhandkonto eröffnen, da er nicht als verkammerter Berufsträger, sondern als sonstiger Dritter handelt. 111

Auf jeden Fall besteht ein Bezug, wenn es sich um eine anwaltstypische Tätigkeit handelt, wie z.B. Weiterleitung eines Gerichtskostenvorschusses oder ein außergerichtlicher Vergleich wird geschlossen und die Gegenseite überweist das Geld an den Anwalt oder der Versicherer leistet nach Vorlage einer Zahlungsvollmacht auf ein Anderkonto des Anwalts. 112

Nicht versichert hingegen sind Leistungen auf ein Anderkonto, wenn sie kaufmännisch oder treuhänderisch oder auch privat veranlasst sind.[53] Das Einrichten eines Anderkontos zur bloßen Zug-um-Zug Abwicklung eines Kaufs ist nicht ausreichend, auch wenn das anwaltliche Anderkonto den Sinn hatte, die Seriosität der finanziellen Transaktion herauszustellen.[54] 113

Grundsätzlich gilt die Abgrenzung zwischen anwaltlicher und nicht-anwaltlicher Tätigkeit, aber allein der Wortlaut „unmittelbarer Zusammenhang mit der Rechtsanwaltstätigkeit" nach A Ziff. 4.3 unterscheidet sich von der Deckung nach § 1 „bei Ausübung beruflicher Tätigkeit". Die Grenze zu einem nicht gedeckten Auszahlungsfehler ist bei der Anderkontendeckung schneller erreicht, denn es handelt sich um eine Erweiterung des gesetzlich geforderten Versicherungsschutzes und um keine Pflichtdeckung und versichert sind Erfüllungsansprüche und nicht Schadensersatzansprüche. Versicherungsschutz besteht aber, wenn das Einrichten des Anderkontos im Zusammenhang mit der Rechtsberatung aus einem weitergehenden Treuhandverhältnis steht, gerade weil eine besondere Vertrauensstellung der Anwaltsnotarin aus Sicht des Kunden bestand.[55] Kein Versicherungsschutz besteht, wenn der Hauptinhalt darin liegt, die fremden Gelder zu verwalten.[56] Kein Versicherungsschutz dürfte daher auch bestehen, wenn der Anwalt die Gelder nach einer umfassenden Treuhandvereinbarung zu verwalten und zu überweisen hat. Er handelt als Dienstleister des Mandanten, um dessen Geschäftsvorgang abzuschließen, z.B. das Closing eines M&A-Projekts. Der Zahlungsvorgang und die Abwicklung eines Geschäfts als solches stehen im Vordergrund. Ebenfalls besteht keine Deckung, wenn der Anwalt auf einem Anderkonto Geld erhält, welches von einem Dritten in Erfüllung einer mit dem Mandanten getroffenen Vereinbarung geleistet wird. Der Mandant saß in U-Haft und ein Dritter sammelte Geld für die Kaution und zahlte sie auf das Anderkonto des Anwalts ein. Der Anwalt handelt hier allein als Vertreter seines Auftraggebers und nicht des Mandanten.[57] Die Grenze der Anderkontendeckung kann aber auch die wirtschaftlich-kaufmännische Ausführung eines Geschäfts sein, wenn z.B. die Kanzlei ein Anderkonto einrichtet, um den Kauf von Kunstgegenständen im Rahmen eines eigenständigen Treuhandauftrags zu übernehmen. Tatsächlich wird aber der Einzelfall entscheidend sein, wenn zuvor der Anwalt seinen Mandanten umfassend rechtlich beraten hat. 114

2. Fremdgelder

A Ziff. 4.3. Satz 1 bietet Deckungsschutz für fahrlässige Verfügungen über Geld, das sich bereits auf dem Rechtsanwaltsanderkonto befindet. A Ziff. 4.3. Satz 2 bietet Deckungsschutz für 115

53 *Gräfe*/Brügge E Rn. 56.

54 OLG Stuttgart BeckRS 2011, 13746 unter Bezugnahme auf OLG Düsseldorf BeckRS 2008, 25292, das eine Deckung annahm.

55 OLG Düsseldorf BeckRS 2008, 25292.

56 *Diller* A 4.3 Rn. 11.

57 BGH NJW 2009, 840.

fahrlässige Verfügungen über Geld, das sich noch nicht auf dem Anderkonto befindet, aber darauf gebucht werden soll. Der Begriff „Betrag“ nach Satz 1 meint allein das Buchgeld auf dem Anderkonto des Anwalts, das wirtschaftlich dem Treugeber gehört und damit immer fremd aus Sicht des Anwalts ist. Der Begriff „fremde Gelder“ nach Satz 2 ist demgegenüber weitergehender. Es handelt sich nicht nur um Buchgeld, sondern umfasst auch das Bargeld des Berechtigten, weil der Anwalt das Bargeld dann in Verwahrung nimmt, um es auf das Anderkonto einzuzahlen. Nicht unter den Deckungsschutz fallen jedoch sonstige Vermögenswerte i.S.d. § 4 Abs. 2 Satz 1, 2. Alt. BORA wie Wertpapiere und andere Urkunden. Sie können jedoch unter Umständen unter den Versicherungsschutz der Sachschadendeckung nach § 15 fallen.

a) Eingezahlte Beträge und Fremdgelder oder zur alsbaldigen Anlage auf dem Anderkonto bestimmt, Ziff. 4.3 Satz 1 und 2

116 A Ziff. 4.3. Satz 1 versichert eine Fehlverfügung über bereits eingezahlte Beträge auf dem Anderkonto. Daher ist allein die Verfügung versichert, die bei der Auszahlung passiert.[58]

117 A Ziff. 4.3. Satz 2 versichert eine Fehlverfügung über Fremdgelder, die der Anwalt in Verwahrung genommen hat, ordnungsgemäß verbucht hat und die kurzfristig auf das Anderkonto eingezahlt werden sollen. Hier besteht der Versicherungsschutz darin, dass die Fremdgelder nicht bestimmungsgemäß auf dem Anderkonto landen. Gedeckt sind die Fälle, wenn der Anwalt Geld auf seinem laufenden Geschäftskonto erhält und er es falsch weiterleitet oder auch wenn er Bargeld des Mandanten nicht ordnungsgemäß auf das Anderkonto einzahlt. Um die versicherten Fremdgelder für das Anderkonto von anderen nicht versicherten Geldern, z.B. auf dem Geschäftskonto oder auch in den Büroräumen, wenn es sich um Bargeld handelt, unterscheiden zu können, sind die Voraussetzungen von Satz 2 zu beachten. Geld auf dem Geschäftskonto muss so verbucht sein, dass man es unterscheiden kann und das Bargeld muss verwahrt sein. Die Anforderungen sind dabei nicht zu eng zu sehen, für den Versicherer muss allein erkennbar sein, dass es sich um Fremdgelder handelt. Das Kriterium der alsbaldigen Anlage der Gelder auf dem Anderkonto dient dazu, dass der Versicherungsschutz für den Geldverkehr des Anwalts nicht zeitlich unbegrenzt ausfallen soll, um nicht im Nachhinein eine nicht zu leistende Aufklärung betreiben zu müssen. Eine Woche sollte hierfür ausreichend sein.[59]

b) Fahrlässige Verfügung

118 Eine fahrlässige Verfügung liegt vor, wenn der Anwalt wissentlich und willentlich das Geld auf dem Anderkonto überweisen wollte und bei diesen Vorgängen ein Fehler passiert, die versicherte fahrlässige Handlung. Der Anwalt muss die Verfügung damit auch gewollt haben. Die Fahrlässigkeit bezieht sich nur auf den Vorgang der Verfügung selbst. Wenn der Anwalt nicht verfügen wollte, er also die Auszahlung vom Anderkonto nicht angestoßen hatte, gibt es keinen Deckungsschutz. Gleiches gilt, wenn der Anwalt einfach das Geld verliert, da hier auch die Verfügung selbst fehlt. Versichert sind damit die typischen Fehler, wenn z.B. der Geldbetrag zu hoch oder zu niedrig ist.[60]

119 Grundsätzlich besteht kein Versicherungsschutz, wenn der Anwalt an eine falsche Person überweist. Es handelt sich um keine falsche Verfügung. Die Verfügung hat der Anwalt bewusst und willentlich veranlasst. Es handelt sich um einen Verstoß beim Zahlungsakt. A Ziff. 4.3 kann man gerade hier als Ausschluss auch eng auslegen, weil der Versicherer den Versicherungsschutz erweitert und nicht ausschließt. Etwas anders gilt dann, wenn der Anwalt aufgrund juris-

---

58 *Diller* A 4.3 Rn. 7.
59 *Gräfe*/Brügge E Rn. 54.
60 *Diller* A 4.3 Rn. 13.

tischer Erwägungen den falschen Empfänger gewählt hat. Es handelt sich dann um einen versicherten anwaltlichen Berufsfehler nach § 1.[61]

B. Risikobeschreibungen für die Vermögensschaden-Haftpflichtversicherung von Rechtsanwälten (einschließlich des Rechtsanwalts-Risikos von Anwaltsnotaren)

Im Rahmen der dem Vertrag zugrundeliegenden Allgemeinen Versicherungsbedingungen zur Vermögensschaden-Haftpflichtversicherung für Rechtsanwälte und Patentanwälte ist versichert die gesetzliche Haftpflicht des Versicherungsnehmers aus der gegenüber seinem Auftraggeber freiberuflich ausgeübten Tätigkeit als Rechtsanwalt.

1. Mitversicherte Tätigkeiten

1.1 Mitversichert sind die nachfolgend abschließend aufgezählten Tätigkeiten
- **gemäß InsO, z.B. als (vorläufiger) Insolvenzverwalter, Sonder(insolvenz)verwalter, Gläubigerausschussmitglied, Sachwalter und Treuhänder;**
- **als gerichtlich bestellter (vorläufiger) Liquidator oder Abwickler;**
- **als Testamentsvollstrecker, Nachlasspfleger, Nachlassverwalter, Vormund, Betreuer, Pfleger, Beistand;**
- **als Schiedsrichter, Schlichter, Mediator;**
- **als Abwickler einer Praxis gemäß §55 BRAO, Zustellungsbevollmächtigter gemäß §30 BRAO;**
- **als Notarvertreter;**
- **als Autor, Dozent und Referent auf rechtswissenschaftlichem Gebiet;**
- **als Mitglied eines Aufsichtsrates, Beirates, Stiftungsrates oder ähnlicher Gremien, soweit die dem Verstoß zugrunde liegende Tätigkeit einer anwaltlichen Berufsausübung entspricht.**

1.2 Soweit der Versicherungsnehmer als (vorläufiger) Insolvenzverwalter, Sonder(insolvenz)verwalter tätig ist, sind im bedingungsgemäßen Umfang insbesondere Haftpflichtansprüche mitversichert

a) wegen Schäden, welche daraus resultieren, dass der Betrieb des Schuldners ganz oder teilweise fortgeführt wird;

b) aus §§ 34, 69 AO und vergleichbaren Fällen der persönlichen Haftung wegen Nichtabführung von Sozialversicherungsbeiträgen oder anderen öffentlichen Abgaben, sofern nicht wissentlich vom Gesetz abgewichen wurde;

c) welche darauf beruhen, dass Versicherungsverträge nicht oder nicht ordnungsgemäß abgeschlossen, erfüllt oder fortgeführt werden, es sei denn, es wurde bewusst davon abgesehen;

d) wegen Fehl- oder Doppelüberweisungen sowie Fehlern bei der Auszahlung der Insolvenzquote und der Abrechnung des Insolvenzgeldes;

e) wegen Schäden durch vorsätzliche Straftaten gegen das Vermögen durch Personal des Versicherungsnehmers wie auch des Insolvenzschuldners, soweit der Versicherungsnehmer wegen fahrlässiger Verletzung seiner Aufsichts- und Überwachungspflicht in Anspruch genommen wird;

61 OGH VersR 1995, 1215 zur Reichweite des Art. 4 Absatz 1 Nr. 6 AVBV 51, österreichische Berufshaftpflichtversicherung für Anwälte.

https://doi.org/10.1515/9783110407280-022

f) gegen den Versicherungsnehmer wegen Pflichtverletzungen von Angestellten des Insolvenzschuldners, Angestellten und Sozien/Partnern/Gesellschaftern des Versicherungsnehmers und dessen freien Mitarbeitern, derer er sich zur Mitwirkung bei der Ausübung seiner Tätigkeit bedient.

2. Vertreter des Versicherungsnehmers
Mitversichert ist im Rahmen des Vertrages die gesetzliche Haftpflicht von Vertretern des Versicherungsnehmers aus der Vertretertätigkeit, solange der Versicherungsnehmer an der Ausübung seines Berufes gehindert ist. Die Mitversicherung besteht nicht, soweit der Vertreter durch eine eigene Versicherung gedeckt ist.

3. Erben des Versicherungsnehmers
Mitversichert ist im Rahmen des Vertrages die gesetzliche Haftpflicht der Erben des Versicherungsnehmers aus Verstößen, die bis zur Bestellung eines Praxisabwicklers oder bis zur Praxisveräußerung, längstens jedoch bis zu 8 Wochen nach dem Ableben des Versicherungsnehmers, vorgekommen sind.

4. Ausschluss von Leitungs- und Kontrollfunktionen
Ansprüche aus der Tätigkeit als Leiter, Vorstands-, Aufsichtsrats- oder Beiratsmitglied, Geschäftsführer von Unternehmungen, Vereinen, Verbänden und als Angestellter sind auch im Rahmen der mitversicherten Tätigkeiten vom Versicherungsschutz ausgeschlossen.

Systematische Übersicht

Änderungen zur Vorauflage der AVB-RSW, HV 60/06: 1

1. Überschriften für die Abschnitte eingeführt, um die Lesbarkeit und die Verweise zu erleichtern
2. B Ziff. 1.1: abschließende Aufzählung der mitversicherten Tätigkeiten; allein sprachliche Vereinfachung, weil die Regelung vorher am Ende zu finden war

3. B Ziff. 1.1, alter 2. Spiegelstrich: Streichen Gesamtvollstreckungsverwalter und Streichen 60-Tage-Begrenzung der Tätigkeit als Notarvertreter
Grund: Gesamtvollstreckungsverwalter gibt es nicht mehr; Begrenzung auf 60 Tage für Tätigkeit als Notarvertreter war nicht notarfreundlich
Folge: Verbesserung des Versicherungsschutzes für Notarvertreter
4. B Ziff. 1.1., 7. Spiegelstrich: Mitversicherung der Tätigkeiten als Autor, Dozent und Referent auf rechtswissenschaftlichem Gebiet;
Grund: Grundsätzliche Tätigkeit von Berufsträgern, Bedarf für Mitversicherung
Folge: Verbesserung des Versicherungsschutzes
5. B Ziff. 4 a.E.: Streichen Regelung zur Gleichstellung von Vermögensschäden, wenn sie durch Freiheitsentzug verursacht worden sind; Regelung neu in § 15 III bei sonstige Schäden
Grund: Ein Vermögensschaden liegt grundsätzlich vor, es handelt sich dann um eine Haftungsfrage;
Folge: keine, Neureglung in § 15 III

2 Die Risikobeschreibung B BBR-RA ist eine weitergehende vertragliche Vereinbarung über den Umfang des Versicherungsschutzes, den der Versicherer bietet. Die Risikobeschreibung beschreibt das zu versichernde Risiko, hier die freiberufliche Tätigkeit und weitere sonstige mitversicherte Tätigkeiten. Maßgeblich, ob überhaupt Versicherungsschutz besteht, ergibt sich dann aus der Tätigkeit selbst, sog. primäre Risikoabgrenzung.[1] B BBR-RA stellt den Versicherungsschutz des Anwalts klar und erweitert ihn. Klarstellend ist, dass der Anwalt nur für seine freiberufliche Tätigkeit versichert ist und nicht z.B. als Syndikusanwalt. Erweiternd ist, dass die persönlichen amtsähnlichen Tätigkeiten versichert sind. Die Aufzählung ist abschließend. Es besteht daher kein Versicherungsschutz für sonstige Tätigkeiten, auch wenn sie ähnlich wären.

A. Anwalt als Freiberufler, Secondments, Satz 1

Im Rahmen der dem Vertrag zugrundeliegenden Allgemeinen Versicherungsbedingungen zur Vermögensschaden-Haftpflichtversicherung für Rechtsanwälte und Patentanwälte ist versichert die gesetzliche Haftpflicht des Versicherungsnehmers aus der gegenüber seinem Auftraggeber freiberuflich ausgeübten Tätigkeit als Rechtsanwalt.

I. Freiberufliche Tätigkeit

3 Nach dem Einleitungssatz der Risikobeschreibung ist allein versichert die gesetzliche Haftpflicht des Versicherungsnehmers aus der gegenüber seinem Auftraggeber freiberuflich ausgeübten Tätigkeit als Rechtsanwalt. Kein Versicherungsschutz besteht daher, wenn es sich um eine rechtsberatende Tätigkeit eines Angestellten handelt als Syndikusanwalt bei einem nichtjuristischen Arbeitgeber nach § 46 Abs. 2 BRAO, weil er weisungsabhängig ist. Für den angestellten Anwalt enthält A Ziff. 2.3 diesen klarstellenden Ausschluss, siehe dazu A Ziff. 2.3 Rn. 70 ff. Grundsätzlich besteht auch schon kein Versicherungsschutz für den angestellten Anwalt bei einem juristischen Arbeitgeber nach § 46 Abs. 1 BRAO, weil es sich um keine freiberufliche Tätigkeit handelt. Der Versicherungsschutz für die Zulassungspolice nach § 51 BRAO umfasst nur die Nebentätigkeit im eigenen Namen außerhalb der Kanzlei. Es besteht jedoch eingeschränkter Versicherungsschutz als mitversicherte Person, wenn er für Ansprüche unmittelbar in Anspruch genommen wird, siehe § 13 Rn. 10 f.

---

1 Langheid/Wandt/*Wandt* § 28 Rn. 49.

II. Secondment-Verpflichtung

Nicht versichert sind sog. Secondments, weder die Sozietät noch der entsendete Anwalt hat hier Versicherungsschutz. Bei einem Secondment handelt es sich um Vereinbarungen zwischen der Kanzlei und einem Wirtschaftsunternehmen, nach der ein bei der Kanzlei beschäftigter Anwalt für einen beschränkten Zeitraum bei dem Wirtschaftsunternehmen arbeitet. Vorteil für das Unternehmen ist, dass für Projekte auf Zeit ein juristisch fachkundiger Mitarbeiter zur Verfügung steht. Vorteil für die Kanzlei ist, dass sie ihr Personal flexibel entsprechend der Auftragslage einsetzen kann und die Mandantenbeziehung zu einem Kunden stärkt. Es besteht kein Versicherungsschutz in der Berufshaftpflichtversicherung für die Kanzlei/den Secondee, wenn der abgeordnete Anwalt einen Berufsfehler begeht. Inhaltlich handelt es sich um kein abgegrenztes Mandat, sondern der Anwalt ist für die Kanzlei in verschiedenen Projekten und im Tagesgeschäft rechts- und wirtschaftsberatend tätig. Die Kanzlei verleiht einen Anwalt gegen eine Gebühr. Dieser Leihvertrag als Dienstleistungsvertrag ist kein Mandatsvertrag. Daher besteht kein Versicherungsschutz für die Kanzlei. Der Anwalt als Secondee hat keinen Versicherungsschutz, weil er nicht freiberuflich tätig ist. Ggf. ist zur bestehenden Stammversicherung eine Sondervereinbarung zu treffen für bestimmte Projekte, was risikoangemessen zu berücksichtigen ist. 4

Zu beachten ist, dass die Kanzlei hierbei möglicherweise als Entleiher nach dem Arbeitnehmerüberlassungsgesetz auftritt, was nach § 1 Abs. 1 AÜG erlaubnispflichtig ist. Die abgeordneten Anwälte sind zwar formal nicht in die Arbeitsorganisation des Wirtschaftsunternehmens eingebunden, aber praktisch arbeiten sie nach den Anweisungen des Unternehmens in deren Organisationsstrukturen. In der Regel vereinbaren die Parteien, dass der Anwalt nicht in die Arbeits- und Organisationsstruktur des Unternehmens eingegliedert wird, sondern seine Leistungen für die Kanzlei als externer Dienstleister erbringt. Die Tätigkeit des Anwalts gegenüber den anderen Angestellten im Unternehmen grenzen die Kanzlei/Unternehmen dadurch ab, dass der Anwalt seine Ergebnisse im Namen und ggf. auf dem Briefbogen der Kanzlei abgibt. Wie bei einer Mandatsvereinbarung finden sich meist Regelungen zur Haftungsbegrenzung im Rahmen von § 52 BRAO, Vertraulichkeitserklärungen und Abreden zur Vergütung. Zu beachten ist, dass der Versicherer nur die rechtlich zulässige Tätigkeit gesondert versichern kann und keine rechtlich unzulässige Tätigkeit, die gegen §§ 1, 16 AÜG verstößt. 5

III. Anwalt als Erfüllungsgehilfe

Der Anwalt schaltet nicht nur Erfüllungsgehilfen ein, sondern handelt selbst auch als Erfüllungsgehilfe. Es besteht Versicherungsschutz für seine freiberufliche anwaltliche Tätigkeit als Erfüllungsgehilfe. Voraussetzung ist, dass die Tätigkeit als Erfüllungsgehilfe nicht gegen §§ 2 Abs. 2, 3 RDG verstößt. Der Anwalt als Rechtsberater kann nur dann erlaubt Erfüllungsgehilfe des Geschäftsherrn sein, wenn der Geschäftsherr selbst zur Rechtsberatung befugt ist. Der Geschäftsherr kann daher das RDG nicht dadurch umgehen, dass er sich zur Rechtsberatung eines Anwalts bedient, auch wenn der Geschäftsherr eine Wirtschaftsprüfungsgesellschaft ist.[2] Der Anwalt darf nicht als Erfüllungsgehilfe für einen Unternehmensberater sein. Der Auftraggeber, der Unternehmensberater, verstößt gegen §§ 2 Abs. 2, 3, 10 RDG und gegen §§ 3 Abs. 1, 4 Nr. 11, 8 UWG: Steuert ein mit der Geltendmachung von Ansprüchen aus gekündigten Lebens- und Rentenversicherungsverträgen befasstes Unternehmen die Anspruchsdurchsetzung seines Kunden, indem es den Rechtsanwalt auswählt, beauftragt und in Abstimmung mit diesem über die einzelnen Maßnahmen entscheidet, so liegt darin eine außergerichtliche Rechtsdienstleistung in Form der entgeltlichen Rechtsprüfung i.S.d. §§ 2, 3 RDG. Hieran ändert auch der formale Umstand, dass zwischen dem Kunden und dem Rechtsanwalt ein eigenständiges Mandatsverhältnis 6

2 BGH NJW 2008, 3069 noch zum RBerG.

besteht, nichts.[3] Gleiches gilt im Übrigen für einen Steuerberater oder Wirtschaftsprüfer. Falls ein Steuerberater in gleicher Form wie der Rechtsanwalt mit einem Kontierer/Bilanzbuchhalter/ Unternehmensberater zusammenarbeitet, liegt eine wettbewerbswidrige, unbefugte Hilfeleistung in Steuersachen durch den Kontierer oder Unternehmensberater vor.[4] Konkret bedeutet es, dass nicht der Gewerbetreibende als Auftraggeber Vertragspartner des Mandanten sein darf. Der Gewerbetreibende darf nicht die Berufsträger als Erfüllungsgehilfen einsetzen, weil der Berufsträger dann nicht unabhängig und eigenverantwortlich als Freiberufler arbeitet. Eine Zusammenarbeit zwischen Berufsträger und Gewerbetreibenden kann nur in der Form erfolgen, dass der Gewerbetreibende Erfüllungsgehilfe des Berufsträgers ist, aber niemals umgekehrt.

7 Für die Tätigkeit als Erfüllungsgehilfe eines Gewerbetreibenden oder nicht sozietätsfähigen Berufs besteht auch kein Versicherungsschutz, weil es sich nicht um eine rechtmäßige Tätigkeit handelt. Wenn der Anwalt rechtmäßig als Erfüllungsgehilfe eines Beraters handelt, haftet er dem Vertragspartner seines Auftraggebers in der Regel nicht. Der Dritte als Vertragspartner ist nicht in den Schutzbereich des Anwaltsvertrags einbezogen.[5]

B. Mitversicherte Tätigkeiten, Ziff. 1

1.1 Mitversichert sind die nachfolgend abschließend aufgezählten Tätigkeiten...

8 Der Gesetzentwurf der Regierung aus 1993 zur Berufshaftpflichtversicherung für Anwälte sah noch vor, dass typische mit dem Anwaltsberuf vereinbare Tätigkeiten vom Deckungsumfang mitumfasst sein mussten, wie z.B. die Tätigkeit als Insolvenzverwalter.[6] Der Gesetzgeber hat dies dann aber nicht in die BRAO aufgenommen.[7] Die Deckungen der Versicherungswirtschaft umfassen aber diese amtsähnlichen persönlichen Tätigkeiten wie Insolvenzverwalter, Testamentsvollstrecker, Betreuer auch ohne gesetzliches Erfordernis.

I. Abschließende Aufzählung und Mitversicherung der amtsähnlichen persönlichen Tätigkeiten, Ziff. 1.1

Die mitversicherten Tätigkeiten sind abschließend aufgezählt. Ähnliche Tätigkeiten sind nicht versichert, beispielsweise ist nur der gerichtlich bestellte Liquidator versichert, aber nicht der rechtsgeschäftlich vereinbarte. Versicherungsschutz ist aber individuell möglich nach Prüfung des einzelnen Risikos. Versicherungsschutz kann dann entweder als laufende separate Versicherung oder meist als Einzelobjektdeckung erlangt werden. Ggf. kann das individuelle Risiko in die bestehende laufende Stammversicherung eingeschlossen werden.

9 Bei den in B Ziff. 1 BBR-RA genannten Tätigkeiten handelt es sich ausdrücklich um nichtanwaltliche Tätigkeiten, weil sie auch schon nicht vom RVG umfasst sind, § 1 Abs. 2 RVG. Es sind Deckungserweiterungen.[8] Der Entwurf des Bundestags zur neuen BRAO sah zwar die formale Pflichtversicherung auch für diese Tätigkeiten vor,[9] aber der Rechtsausschuss hat dies nicht aufgenommen, da es sich nach seiner Ansicht gerade nicht um berufstypische Anwaltstätigkeiten handelt. Zwar übernehmen Anwälte häufig aufgrund ihrer besonderen Sachkunde und als Organ der Rechtspflege diese amtsähnlichen persönlichen Aufgaben, aber es muss sich nicht um

3 BGH DStR 2016, 2247 mit Anm. *Wacker*.
4 BGH NJW 1987, 1323.
5 BGH VersR 2018, 429.
6 BT-Drs. 12/4993 S. 7.
7 BGBl 1994 I, S. 2281.
8 Gräfe/*Brügge* B Rn. 188.
9 BT-Drs. 12/4993 mit § 51a BRAO als Entwurf.

einen Anwalt handeln.[10] Die Aufgabe wird gesetzlich oder rechtsgeschäftlich übertragen. Folge ist ein gesetzliches oder rechtsgeschäftliches Schuldverhältnis zwischen dem Anwalt und dem Auftraggeber bzw. den Beteiligten. Um Schwierigkeiten bei der Abgrenzung zwischen beruflicher und berufsnaher Tätigkeit zu vermeiden, haben die Versicherer in ihren jeweiligen Risikobeschreibungen die amtsähnlichen Tätigkeiten mitversichert. Die Versicherer erweitern damit den Versicherungsschutz auf die Tätigkeiten, die der Anwalt ausüben kann, die aber nicht-anwaltlicher Art sind, auch wenn ggf. anwaltliche Elemente hinzukommen.

Für die amtsähnlichen persönlichen Tätigkeiten gelten die gleichen Voraussetzungen für **10**
den Versicherungsschutz wie für die anwaltliche Tätigkeit. Es muss sich um die versicherte Tätigkeit nach der Risikobeschreibung handeln. Versicherungsschutz wird nach B Ziff. 1 BBR-RA i.V.m. § 1 geboten, wenn es sich um eine Pflichtverletzung handelt und ein Dritter aufgrund gesetzlicher Haftpflichtbestimmungen einen Schadensersatzanspruch hat. Nicht versichert bleiben Erfüllungsansprüche oder Bereicherungsansprüche. Versicherungsschutz wird auch geboten, wenn der Versicherungsnehmer für einen Erfüllungsgehilfen nach § 278 BGB oder einem Verrichtungsgehilfen nach § 831 BGB haftet.

II. Mitversicherung und Tätigkeitsverbote, § 45 BRAO

Bei der Übernahme der persönlichen Ämter hat der Anwalt die Tätigkeitsverbote nach § 45 **11**
BRAO zu beachten. Abs. 1 erfasst die Fälle, bei denen der Berufsträger zunächst außerhalb seines Anwaltsberufs in anderer Funktion tätig war, die nicht-anwaltliche Vorbefassung. § 45 Abs. 1 Nr. 1 und Nr. 2 BRAO erfassen die Fälle, wenn er zuvor ein öffentliches Amt übernommen hat, insbesondere als Schiedsrichter oder Notar. Die Objektivität in einem öffentlichen Amt ist zu wahren, was mit einer nachfolgenden Parteivertretung nicht vereinbar ist. § 45 Abs. 1 Nr. 3 BRAO erfasst gleichfalls Fälle einer Interessenkollision, wenn der Berufsträger nachfolgend gegen denjenigen vorgehen soll, dessen Vermögen er verwaltet hat, wie als Insolvenzverwalter und bei Nachlass- und Vormundschaftstätigkeiten. § 45 Abs. 1 Nr. 4 soll Situationen verhindern, bei denen die Unabhängigkeit des Anwalts gefährdet sein kann, weil er einem Zweitberuf nachgeht.

§ 45 Abs. 2 BRAO erfasst die Fälle, bei denen der Berufsträger zuerst als Anwalt gehandelt **12**
hat und dann in anderer Funktion seine Tätigkeit fortsetzen will, die nicht-anwaltliche Nachbefassung, und soll ebenfalls Interessenkollisionen vermeiden. § 45 Abs. 2 Nr. 1 BRAO ist die spiegelbildliche Vorschrift zu § 45 Abs. 1 Nr. 3 BRAO. Verhindert werden Angelegenheiten, bei denen der Anwalt nachfolgend die Funktion einer Vermögensverwaltung übernehmen will, bei denen er bereits als Rechtsanwalt gegen den Träger des zu verwaltenden Vermögens befasst war. § 45 Abs. 2 Nr. 2 BRAO soll die Interessenkollisionen ausschließen, die aus einer der anwaltlichen Befassung zeitlich nachfolgenden zweitberuflichen Befassung mit derselben Angelegenheit folgen. § 45 Abs. 3 BRAO erstreckt die Fälle auf Sozietätssachverhalte.[11]

III. Einschaltung Dritter

Bei den mitversicherten amtsähnlichen Tätigkeiten handelt es sich um Tätigkeiten, die der **13**
Berufsträger persönlich ausführt. Er wird hierzu anerkannt, zugelassen oder bestellt. Regelmäßig dürfen weder Kapitalgesellschaften noch Personengesellschaften diese Tätigkeiten ausüben. Dabei sind die Tätigkeiten häufig so umfangreich, dass der einzelne Berufsträger die Aufgabe nicht erfüllen kann. Weil die Aufgaben persönlich sind, kann der Berufsträger aber die Aufgabe nicht vollständig einem anderen übertragen. Die jeweiligen Kernpflichten und Kernaufgaben

10 BT-Drs. 12/7656 S. 49 zu § 51a BRAO.
11 Henssler/Prütting/*Kilian* BRAO § 45 Rn. 7 ff.

muss er selbständig erfüllen. Er kann Dritte nur mit Teilaufgaben beauftragen. Er ist aber auch dazu verpflichtet, wenn er selbst gerade nicht für diese Tätigkeit qualifiziert ist, keine Erfahrungen hat oder weil die Aufgabe es geradezu erforderlich macht, wie z.B., wenn der Insolvenzverwalter nicht selbst den Steuerabschluss machen kann oder der Testamentsvollstrecker bei der Firmenfortführung für den Erben einen Unternehmensleiter einschaltet. Die Haftung richtet sich nach dem Rechtsverhältnis zum Dritten. Wenn der Berufsträger einen Erfüllungsgehilfen einschaltet, haftet er für dessen Verschulden, § 278 BGB. Wenn es sich um eine erlaubte Substitution handelt, haftet er für Auswahl- und Aufsichtsverschulden, § 664 Abs. 1 Satz 2, bei unerlaubter Substitution grundsätzlich für jeden Schaden der nicht entstanden wäre, wenn er selbst gehandelt hätte, siehe dazu ausführlich die Einschaltung von Dritten als Erfüllungsgehilfen/Substituten § 1 Rn. 176 ff.

14 Abzugrenzen für unbeschränkte Haftung, § 278 BGB, und eingeschränkte Haftung, § 664 Abs. 1 Satz 2 BGB, ist danach, ob es sich um den Pflichtenkreis bei der jeweiligen Funktion handelt, in der der Berufsträger den Dritten einschaltet oder ob es grundsätzlich einer ordnungsgemäßen Verwaltung/Tätigkeit entspricht einen Dritten hinzuzuziehen oder ob es sich um selbständige Vertragspartner mit eigenem Vertragsverhältnis handelt. Ein Erfüllungsgehilfe liegt vor, wenn der Berufsträger z.B. die anfallenden Büroarbeiten einem anderen übergibt. Eine erlaubte Substitution liegt vor, wenn der Berufsträger Einzelaufgaben überträgt, die er selbst aufgrund seiner Qualifikation nicht ausüben kann, z.B. wenn der Testamentsvollstrecker einen Hausverwalter beauftragt.[12]

15 Bei der Insolvenzverwaltung ist zu beachten, dass zugunsten der Geschädigten entschieden wurde, dass eine Sonderverbindung zwischen dem Berufsträger und den Beteiligten besteht, § 278 BGB als Voraussetzung einer Haftung für einen Erfüllungsgehilfen. Der Insolvenzverwalter hat gegenüber den Insolvenzgläubigern das Verschulden eines Rechtsanwalts, den er mit der Durchsetzung einer zur Masse gehörenden Forderung beauftragt hat, in gleichem Umfang zu vertreten wie eigenes Verschulden.[13] Dies gilt dann auch für andere sachkundige Dritte Person i.S.v. § 5 InsVV wie Wirtschaftsprüfer oder Steuerberater und anderen Dienstleistern, siehe hierzu die Haftung des Insolvenzverwalters B Ziff. 1.1 BBR-RA Rn. 34 ff. Ob dies dann auf andere persönliche Tätigkeiten wie der Testamentsvollstreckung oder einem Betreuer übertragbar ist, ist im Einzelfall nach der Aufgabe zu entscheiden, da grundsätzlich die gleiche Ausgangslage besteht, wenn der Berufsträger Dritte aufgrund ihrer Sachkunde einschaltet. Für die Haftung eines Gläubigerausschussmitglieds geht die Haftung für einen Erfüllungsgehilfen daher nur soweit, wie das Mitglied selbst eigene Pflichten haben kann. Das kommt in Betracht, wenn es sich um Steuer-, Rechnungslegungs- und Rechtsfragen handelt oder Strategieentscheidungen zu treffen sind. Ansonsten ist nicht nach § 278 BGB zuzurechnen. Im Hinblick auf die Prüfung von Geldverkehr und -bestand besteht deshalb die Pflicht der Mitglieder des Gläubigerausschusses allein darin, eine mit der Prüfung zu betrauende Person sorgfältig auszuwählen und zu überwachen.[14]

IV. Versicherungssumme, Jahreshöchstleistung, Bedingungen

16 Der Versicherungsumfang für die mitversicherten Tätigkeiten richtet sich nach den AVB-RSW mit den §§ 1 bis 15. Dies ergibt sich aus der Formulierung „im Rahmen der dem Vertrag zugrundeliegenden Allgemeinen Versicherungsbedingungen“ nach B Satz 1 und „im bedingungsgemäßen Umfang“ nach B Ziff. 1.2 der BBR-RA. Es bedeutet, dass die Versicherungssumme und die Jahreshöchstleistung für die mitversicherten Tätigkeiten gleich zu der ist, die für die anwaltliche Tätigkeit besteht, außer es besteht eine besondere Vereinbarung. Bei den Tätigkei-

12 MüKoBGB/*Zimmermann* § 2218 Rn. 6 für den Testamentsvollstrecker.
13 BGH NJW-RR 2016, 686.
14 BGH LS 1 NZI 2015, 166; anders große Teil der Lit., siehe Karsten Schmidt InsO/*Jungmann* § 71 Rn. 7.

ten nach der Insolvenzordnung und auch nur hier besteht zusätzlich ein Einschluss für die kfm. Tätigkeiten nach A Ziff. 4.2. Die Versicherungssumme ist auf 2,5 Mio. EUR beschränkt und die Jahreshöchstleistung für alle Versicherungsfälle eines Jahres beträgt ebenfalls 2,5 Mio. EUR, siehe dazu A Ziff. 4.2 Rn. 104.

V. Anwendung der Pflichtversicherungsregelungen auf mitversicherte Tätigkeiten

§ 113 Abs. 3 VVG regelt das Verhältnis zwischen vertraglichen Deckungserweiterungen und der Pflichtversicherung. Danach sind die Regelungen der Pflichtversicherung nach §§ 113–124 VVG auf den gesamten Vertrag anzuwenden. § 113 Abs. 3 VVG soll die Vertragseinheit bewahren. Es bedeutet, dass die mitversicherten Tätigkeiten nach der Risikobeschreibung, insbesondere die amtsähnlichen persönlichen Tätigkeiten, und den Besonderen Bedingungen auch grundsätzlich den Pflichtversicherungsregelungen unterworfen sind.[15] § 113 Abs. 3 VVG schließt es auf der anderen Seite nicht aus, dass die Parteien getrennte Verträge über die Pflichtversicherung und darüber hinausgehende Deckungserweiterungen vereinbaren, wenn dies dem Parteiwillen entspricht.[16] Der über den zwingenden Mindestumfang hinausgehende, selbständige Vertrag ist dann eine allgemeine Haftpflichtversicherung, keine Pflichthaftpflichtversicherung, so dass nur die §§ 100–112 gelten und nicht auch die §§ 113–124.[17] Man könnte zumindest in den AVB-RSW und der Risikobeschreibung/Besondere Bedingung jeweils bei den Anwälten, Steuerberatern und Wirtschaftsprüfern getrennte Verträge sehen, die in einer Sammelpolice zusammengefasst sind. Es gibt jedoch zu den AVB-RSW und den Risikobeschreibungen/Besondereren Bedingungen keine Entscheidung, weil es bisher keine Praxisrelevanz hatte. Denkbar wäre es daher auch, dass man die AVB-RSW mit den amtsähnlichen Tätigkeiten als einheitlichen Vertrag sehen kann und damit § 113 Abs. 3 VVG unmittelbar gilt. Folge wäre dann, dass zwischen Pflichtversicherung und sonstigen mitversicherten Tätigkeiten man keine Abweichungen vereinbaren kann. In der Praxis geht man aber von verschiedenen Verträgen aus. 17

Bei der Versicherungssumme und Maximierung gilt aber, dass Schadenzahlungen aufgrund von Haftungsfällen bei den mitversicherten nicht-anwaltlichen Tätigkeiten den Pflichtversicherungsumfang nicht ausschöpfen dürfen.[18] Die Pflichtversicherung nach § 51 BRAO, §§ 113 ff VVG fordert, dass für die anwaltlichen Berufshaftungsfälle die Versicherungsleistung immer zur Verfügung steht, auch wenn andere nicht-anwaltliche Tätigkeiten die Versicherungsleistung bereits geschmälert haben. Eine gesonderte vertragliche Regelung in den AVB-RSW könnte auch die zwingenden Regelungen der Pflichtversicherung nicht abändern.[19] Rechtsfolge davon ist, dass die Versicherungsleistung bei der Pflichtversicherung bestehen und unberührt bleibt. Schadenzahlungen aufgrund einer Haftung für eine mitversicherte Tätigkeit, also z.B. der Tätigkeit als Insolvenzverwalter, dürfen den Mindestversicherungsumfang für die anwaltliche Berufstätigkeit nicht erschöpfen. Der Versicherer hat weiterhin Versicherungsschutz für anwaltliche Berufsfälle zu bieten, auch wenn die Versicherungsleistungen im Umfang der Pflichtversicherung durch z.B. Schadenfälle bei der mitversicherten Insolvenzverwaltung erschöpft sind. Umgekehrt gilt dies nicht. Kein Versicherungsschutz, weder für anwaltliche Schadenfälle noch mitversicherte Tätigkeiten besteht, wenn durch Anwaltsfälle die Versicherungsleistung erschöpft ist.[20] 18

15 Gräfe/*Brügge* A Rn. 417.
16 Begr. RegE BT-Drucks. 16/3945, S. 221.
17 MüKoVVG/*Brand* § 113 Rn. 28.
18 Anders *Diller* A1 Rn. 7.
19 Begr. RegE BT-Drucks. 16/3945, S. 87.
20 *Diller* A 4 Rn. 3.

VI. Anwendung anwaltlichen Berufsrechts

19 Die Berufspflichten, auch in einem dem Berater erlaubten Nebenberuf, finden Anwendung, wenn der Anwalt bei der Ausübung des Nebenberufes, z.B. als Insolvenzverwalter, seine Berufsbezeichnung verwendet. Wenn kein anerkanntes Berufsrecht des Nebenberufs vorliegt, kann man auf die Vorschriften der Berufsordnung desjenigen Berufs zurückzugreifen, welchem der Berufsträger angehört. Unter Beachtung der Grundsätze der Berufsausübungsfreiheit nach Art. 12 GG und des Verhältnismäßigkeitsgrundsatzes ist zu prüfen, ob das konkrete Verhalten des Verwalters an den einschlägigen Vorschriften der Berufsordnung zu messen ist. Die durch sie statuierten Berufspflichten sind dann bereichsspezifisch auszulegen.[21]

20 Damit gilt grundsätzlich das anwaltliche Berufsrecht auch bei den amtsähnlichen persönlichen Tätigkeiten. Es gilt jedoch nur dann, wenn der Anwalt auch gleichzeitig als Anwalt mitauftritt. Dann ist bereichsspezifisch auszulegen, was konkret nach BORA/BRAO auch für den Nebenberuf gilt. Es müssen die Regelungen der Berufsordnung unter Berücksichtigung ihres jeweiligen Zwecks und mit Rücksicht auf entgegenstehende Rechtspositionen und Ordnungsvorschriften ausgelegt werden. Praktische Bedeutung hat dies insbesondere bei dem berufsrechtlichen Umgehungsverbot nach § 12 BORA. Der Rechtsanwalt darf nicht ohne Einwilligung des Rechtsanwalts eines anderen Beteiligten mit dem Beteiligten unmittelbar Verbindung aufnehmen oder verhandeln. Wenn der Anwalt nebenberuflich handelt und dabei zusätzlich als Anwalt und nicht z.B. allein als Insolvenzverwalter auftritt, hat er das Umgehungsverbot zu beachten.[22] Dies sollte dann auch für die anderen amtsähnlichen Tätigkeiten gelten, da die jeweiligen Tätigkeiten keinen speziellen Berufsordnungen unterliegen und andere Vorschriften nicht entgegenstehen.

C. Tätigkeit als Insolvenzverwalter, Ziff. 1.1, 1. Spiegelstrich und Ziff. 1.2 a) bis f)

1.1 Mitversichert sind die nachfolgend abschließend aufgezählten Tätigkeiten

- **gemäß InsO, z.B. als (vorläufiger) Insolvenzverwalter, Sonder(insolvenz)verwalter, Gläubigerausschussmitglied, Sachwalter und Treuhänder...**

...1.2 Soweit der Versicherungsnehmer als (vorläufiger) Insolvenzverwalter, Sonder(insolvenz)verwalter tätig ist, sind im bedingungsgemäßen Umfang insbesondere Haftpflichtansprüche mitversichert

a) wegen Schäden, welche daraus resultieren, dass der Betrieb des Schuldners ganz oder teilweise fortgeführt wird;

b) aus §§ 34, 69 AO und vergleichbaren Fällen der persönlichen Haftung wegen Nichtabführung von Sozialversicherungsbeiträgen oder anderen öffentlichen Abgaben, sofern nicht wissentlich vom Gesetz abgewichen wurde;

c) welche darauf beruhen, dass Versicherungsverträge nicht oder nicht ordnungsgemäß abgeschlossen, erfüllt oder fortgeführt werden, es sei denn, es wurde bewusst davon abgesehen;

d) wegen Fehl- oder Doppelüberweisungen sowie Fehlern bei der Auszahlung der Insolvenzquote und der Abrechnung des Insolvenzgeldes;

e) wegen Schäden durch vorsätzliche Straftaten gegen das Vermögen durch Personal des Versicherungsnehmers wie auch des Insolvenzschuldners, soweit der Versicherungsnehmer wegen fahrlässiger Verletzung seiner Aufsichts- und Überwachungspflicht in Anspruch genommen wird;

---

21 BGH DStR 2015, 2407 Rn. 21 zum vorhergehenden AGH München ZIP 2014, 830 mit Anm. *Wacker;* noch anders LG Düsseldorf BeckRS 2011, 23825.

22 Differenzierend Feuerich/Weyland/*Böhnlich* § 12 BORA Rn. 4.

f) gegen den Versicherungsnehmer wegen Pflichtverletzungen von Angestellten des Insolvenzschuldners, Angestellten und Sozien/Partnern/Gesellschaftern des Versicherungsnehmers und dessen freien Mitarbeitern, derer er sich zur Mitwirkung bei der Ausübung seiner Tätigkeit bedient.

Versicherungsschutz besteht für die Tätigkeiten nach der Insolvenzordnung. Beispielhaft, aber nicht abschließend, zählt B Ziff. 1.1 die mitversicherten Tätigkeiten im Rahmen einer Insolvenz auf. Der Insolvenzverwalter nach § 56 InsO, der vorläufige Insolvenzverwalter nach §§ 21, 22 InsO, der Sonderinsolvenzverwalter, wie z.B. die Nachlassinsolvenz, §§ 315–331 InsO, das Gläubigerausschussmitglied nach §§ 67ff InsO, der Sachwalter nach § 274 InsO und der Treuhänder nach § 292 InsO. Die Tätigkeit, die nicht von der Insolvenzordnung umfasst oder geregelt ist, ist nicht mitversichert. Die Tätigkeit der Eigenverwaltung ist daher nicht mitversichert. Die Verwaltungs- und Verfügungsbefugnis wechselt nicht, sondern bleibt beim Unternehmen in der Eigenverwaltung. Das Schuldnerunternehmen muss sich lediglich abstimmen mit dem Sachwalter, wenn es Verbindlichkeiten eingehen will, die nicht zum gewöhnlichen Geschäftsbetrieb gehören, § 275 InsO.

In B Ziff. 1.2 a) bis f) sind speziell die möglichen Haftpflichtansprüche für den Insolvenzverwalter, den vorläufigen Insolvenzverwalter und den Sonderinsolvenzverwalter aufgezählt. Diese Ansprüche sind nicht abschließend genannt, „*...insbesondere...*“ Die Aufzählung der Haftpflichtansprüche ist daher keine Erweiterung des bestehenden Versicherungsschutzes. Diese Ansprüche sind ohnehin versichert.

I. Insolvenzverwalter und Anwalt

1. Kanzleiorganisation, Steuerrecht

Eine der häufigsten neben dem Anwaltsberuf ausgeübten und auch wirtschaftlich interessantesten Tätigkeiten ist die des Insolvenzverwalters, da gerade Anwälte die Voraussetzungen des § 56 Abs. 1 InsO erfüllen: Der Insolvenzverwalter muss eine für den jeweiligen Einzelfall geeignete, insbesondere geschäftskundige und von den Gläubigern und dem Schuldner unabhängige natürliche Person sein. Anwaltskanzleien und deren Berufsträger dominieren deshalb den Insolvenzmarkt. 21

Der Insolvenzverwalter muss sein Amt höchstpersönlich ausüben. Er darf es Dritten nicht ohne weiteres übertragen. Die insolvenzverfahrensspezifischen Handlungen darf der Verwalter nur persönlich vornehmen, auch wenn es unvermeidlich und geboten ist, dass er in größeren Verfahren Mitarbeiter einsetzt. Er muss selbst einen Anfechtungsprozess führen, einen nach § 240 ZPO unterbrochenen Prozesses aufnehmen und über die Kündigung und Entlassung von Arbeitnehmern sowie die Entscheidung über die Art der Verwertung der Masse entscheiden. Der Insolvenzverwalter hat dem Insolvenzgericht, der Gläubigerversammlung und dem Gläubigerausschuss zu berichten. Er muss im Wesentlichen selbst den Insolvenzplan nach § 218 InsO auf entsprechenden Beschluss der Gläubigerversammlung wie auch die Schlussrechnungsregelung nach § 66 InsO selbst vornehmen. Mitarbeiter können ihm hier zuliefern.[23] Zur Haftung bei Einschaltung Dritter siehe B Ziff. 1.1 BBR-RA Rn. 50ff. 22

Daneben hat sich die Gefahr verringert, dass Anwälte mit Insolvenztätigkeiten auch mit ihren Honoraren aus anwaltlicher Tätigkeit, gewerbesteuerpflichtig werden.[24] Bis 2010/2011 hatte 23

23 BGH NZI 2016, 913 Rn. 13f.

24 BFH in sechs Verfahren 2010/2011: VIII R29/08 unter BeckRS 2011, 95753, VIII R 37/09 unter BeckRS 2011, 95749, insbesondere VIII R 50/09 unter NJW 2011, 1628, VIII R 3/10 unter NZI 2011, 418, VIII R 12/10 unter BeckRS 2011, 95742 und VIII R 13/10 unter BeckRS 2011, 95738.

die Finanzverwaltung die Einkünfte aus der Insolvenzverwaltung als gewerblich eingestuft. Diese Einkünfte hatten die Einnahmen aus anwaltlicher Tätigkeit infiziert mit der Folge, dass die gesamten Einkünfte des Anwalts gewerbesteuerpflichtig waren. Danach hatte der BFH aber mehrfach entschieden, dass wie bisher die Einnahmen aus der Tätigkeit als Insolvenzverwalter keine aus freiberuflicher Tätigkeit sind, sondern aus sonstiger selbständiger Arbeit nach § 18 Abs. 1 Nr. 3 EStG, Vermögensverwaltung. Der BFH hat aber die im Bereich der sonstigen selbständigen Arbeit geltende Vervielfältigungstheorie[25] aufgegeben und wendet die Stempeltheorie des § 18 Abs. 1 Nr. 1 Sätze 3 und 4 EStG analog an. Deshalb ist die Mitarbeit fachlich Vorgebildeter unschädlich und damit nicht gewerbesteuerpflichtig, wenn der Berufsträger seinen Beruf leitend und eigenverantwortlich im Sinne des § 18 Abs. 1 Nr. 1 Satz 3 EStG ausübt und er damit der Arbeitsleistung und dem Arbeitsergebnis seinen persönlichen Stempel aufdrückt. Beim Insolvenzverwalter ist dies der Fall, wenn er die Maßnahmen vornimmt, die das Insolvenzverfahren leiten. Er sollte persönlich die Entscheidungen über das "Ob" bestimmter Einzelakte im Rahmen des Insolvenzverfahrens treffen, wie z.B. die Führung eines Anfechtungsprozesses oder die Aufnahme eines nach § 240 ZPO unterbrochenen Prozesses, die Kündigung und Entlassung von Arbeitnehmern sowie die Art der Verwertung der Masse. Ebenso muss er im Wesentlichen selbst die zentralen Aufgaben übernehmen wie die Berichtspflicht gegenüber dem Insolvenzgericht, der Gläubigerversammlung und dem Gläubigerausschuss. In diesem Fall bleibt seine Tätigkeit auch dann freiberuflich und ist kein Gewerbe, wenn er das "Wie", nämlich die kaufmännisch-technische Umsetzung dieser Entscheidung, z.B. die anwaltliche Durchführung eines Prozesses, die Kündigung bzw. Abwicklung der Entlassung von Arbeitnehmern oder die Verwertung der Masse durch Versteigerung auf Dritte überträgt. Deshalb hat ein Insolvenzverwalter die erforderlichen höchstpersönlichen Organisations- und Entscheidungsleistungen im Regelfall selbst bei einer Mehrzahl beschäftigter qualifizierter Personen erbracht, wenn er über das „Ob“ der einzelnen Abwicklungsmaßnahmen in jedem der von ihm betreuten Verfahren entschieden hat.[26]

24 Bei größeren Kanzleien mit Insolvenzverwaltung darf es kein Missverhältnis geben zwischen den Partnern, die die Insolvenzverwaltung betreiben und den angestellten Anwälten oder sonstigen Mitarbeitern, die lediglich zuarbeiten. Es kann an der persönlichen Prägung fehlen, wenn der Berufsträger zu viele Aufgaben der Insolvenzverwaltung auf die Mitarbeiter delegiert. Maßstab für die Finanzverwaltung dürfte die Anzahl sein, anhand derer man die Arbeitsverteilung beurteilt. Ggf. ist eine Ausgliederung auf eine weitere Gesellschaft erforderlich. Die Berufsträger können dann rechtsberatend in der Anwalts-GbR tätig werden und die Insolvenztätigkeit in der Insolvenz-GbR ausüben.

25 Bei einer Einzelkanzlei wird die Verwaltertätigkeit zu einer gewerblichen Tätigkeit, wenn der Berufsträger sich einer zu großen Anzahl von qualifizierten Mitarbeitern bedient. Das betraf zwar noch die damalig anzuwendende Vervielfältigungstheorie, aber auch nach der Stempeltheorie muss der Berufsträger persönlich die leitenden Verfahrensentscheidungen treffen. Er ist nicht mehr eigenverantwortlich tätig, wenn er auch für schwierige und sehr umfangreiche, arbeitsintensive Verfahren namhafter Unternehmen bestellt wird, aber gleichzeitig in ganz erheblichem Maß fachlich lehrt, publiziert, Vorträge hält und noch als Anwalt seinen Beruf ausübt.[27] Um zu vermeiden, dass die gesamten Einnahmen gewerbesteuerpflichtig werden, sollte bei weiteren wirtschaftlich relevanten und zeitintensiven anderen Beschäftigungen, die Insolvenzverwaltung von der Anwaltstätigkeit getrennt werden, z.B. durch Gründung einer eigenen Gesellschaft.

26 Ein Anwalt unterliegt den Tätigkeitsverboten nach § 45 Abs. 1 BRAO. Eine Tätigkeit als Anwalt ist nicht mehr möglich, wenn er vorhergehend mit der Angelegenheit im Rahmen eines per-

25 BFH ZInsO 2001, 954.
26 BFH ZInsO 2011, 636.
27 FG KölnEFG 2009, 669 mit Anm. *Olbing/Zumwinkel* AnwBl 2011, 720.

sönlichen oder öffentlichen Amts als Notar, Schiedsrichter, Richter etc. tätig war. Das gilt dann auch für alle Sozien einer Kanzlei mit denen der Anwalt in einer Kanzleigemeinschaft verbunden ist, § 45 Abs. 3 BRAO. Das Verbot hat praktische Bedeutung für Anwälte, die hauptsächlich als Insolvenzverwalter arbeiten. Wenn sie als Anwalt die Insolvenzverwaltertätigkeit ausüben, können sie selbst oder auch ihre Kanzlei nicht mehr gegen das insolvente Unternehmen vorgehen. Deshalb und um nicht als Kanzlei mit den gesamten Einnahmen gewerbesteuerpflichtig zu werden, lagern Insolvenzkanzleien die Tätigkeit der Insolvenzverwaltung aus und gründen hierzu eigene GmbHs/GbRs, bei denen die persönliche Bestellung als Insolvenzverwalter mitversichert ist. § 45 Abs. 2 BRAO regelt dann den umgekehrten Fall, dass der Anwalt bereits in der Angelegenheit tätig ist und deshalb eine nachgelagerte anwaltsfremde Befassung als amtsähnliche Person versagt ist. Es muss sich dabei um die konkrete Befassung handeln. Wenn der Anwalt allgemein vorbefasst war und er nur allgemein über das Insolvenzverfahren Auskunft gegeben hat, verhindert § 45 Abs. 2 Nr. 1 BRAO nicht, dass das Gericht einen Rechtsanwalt noch nach § 56 Abs. 1 Satz 3 Nr. 1 InsO zum Insolvenzverwalter bestellt.[28]

2. Verfahren der Bestellung

Grundsätzlich wählt der Richter am Amtsgericht als zuständiges Insolvenzgericht den In- 27
solvenzverwalter aus, bestellt und überwacht ihn, §§ 56, 58 InsO. In der ersten Gläubigerversammlung, die auf die Bestellung des Insolvenzverwalters folgt, können die Gläubiger einen anderen wählen, wenn sie mit der Bestellung durch das Gericht nicht einverstanden sind, § 57 InsO. Wenn ein Anwalt die Kriterien nach § 56 InsO erfüllt, ist er in die Vorauswahlliste für Insolvenzverwalter einzutragen. Das Verfahren muss rechtsstaatlichen Anforderungen genügen, das Grundrecht der Berufsfreiheit nach Art. 12 GG und die Chancengleichheit nach Art. 3 GG wahren. Ein Anwalt kann die Entscheidung des Insolvenzgerichts anfechten, wenn es ihn nicht in die Vorauswahlliste nach §§ 23ff EGGVG aufnimmt.[29] Die in der Vergangenheit praktizierte Zuteilung an bestimmte Personen mit der Folge eines „closed shop" ist nicht mehr möglich. Ein weites Ermessen des zuständigen Insolvenzrichters besteht erst dann, wenn es darum geht, aus dem Kreis der in der Liste geführten Kandidaten denjenigen auszuwählen, den er im Einzelfall für am besten geeignet hält, um ihm das Amt des Insolvenzverwalters zu übertragen.[30] Ein Insolvenzrichter kann die Aufnahme eines Bewerbers auf seine Vorauswahlliste ablehnen, wenn begründeter Anlass für die Vermutung besteht, dieser werde sein Amt als Insolvenzverwalter nicht höchstpersönlich ausüben. Ein Bewerber muss von sich aus offenlegen, dass er nicht unerhebliche Beteiligungen an einer Bank hält, dort in die Führungsebene eingebunden ist oder sie in bedeutendem Umfang regelmäßig berät, wenn diese Bank in vielen Insolvenzverfahren an diesem Insolvenzgericht als Insolvenzgläubigerin auftritt.[31]

Eine Rechtsanwalts-GmbH oder AG kann nicht bestellt werden. Sie ist dadurch auch nicht in 28
ihren Grundrechten auf Gleichbehandlung und auf Berufsfreiheit verletzt.[32] Das Bundesverfassungsgericht hat entschieden, dass der Ausschluss juristischer Personen vom Amt des Insolvenzverwalters verfassungsgemäß ist, weil aufgrund der Besonderheiten der intensiven insolvenzgerichtlichen Aufsicht über den Insolvenzverwalter es notwendig ist, dass nur eine natürliche Person mit diesem Amt betraut werden soll.[33]

---

28 Henssler/Prütting/*Kilian* BRAO § 50 Rn. 5.
29 KG Berlin AnwBl 2006, 421; betreffend den Fristablauf des § 64 Abs. 1 GmbH.
30 Beschl. BGH ZInsO 2008, 207.
31 BGH NJW 2017, 75.
32 BGH AnwBl Online 2013, 417.
33 BVerfG NZG 2016, 471.

29 Widersprüchlich sind die beiden Beschlüsse des AG Mannheim vom 14.12.2015 und 20.1.2016, die auch noch das gleiche Aktenzeichen haben.[34] Im älteren Beschluss vom 14.12.2015 erklärt das Gericht, dass eine juristische Person ausländischen Rechts in die Vorauswahlliste trotz § 56 InsO aufzunehmen ist. Die europäische Dienstleistungsrichtlinie als Ausprägung der Niederlassungs- und Dienstleistungsfreiheit in der EU ist anzuwenden. Ein besonderes Allgemeininteresse an der Ausübung durch eine natürliche Person steht nicht entgegen. Keine Hindernisgründe sind die Höchstpersönlichkeit, die Kontinuität der Amtsausübung, die Aufsicht des Gerichts über eine natürliche Person oder die persönliche Haftung des Insolvenzverwalters. Im jüngeren Beschluss vom 20.1.2016 hingegen erklärt das Gericht, dass ausländische juristische Personen, die in einem anderen EU-Staat zu Insolvenzverwaltern bestellt werden, keinen Anspruch auf Aufnahme in die Vorauswahlliste haben. Hindernisgründe sind die höchstpersönliche Rechtsnatur des Amts und die notwendige Kontinuität des Amts. Ein erstaunliches Ergebnis, dass der gleiche Sachverhalt über eine spanische Sociedad Limitada Profesional (SLP) unter Anführung der gleichen Gründe zu diametral entgegengesetzten Ergebnissen führt.

3. Anwendung des anwaltlichen Berufsrechts auf den als Insolvenzverwalter tätigen Rechtsanwalt

30 Das anwaltliche Berufsrecht findet grundsätzlich auch auf den als Insolvenzverwalter tätigen Rechtsanwalt Anwendung. Die InsO verdrängt die BORA nicht.[35] Nachdem es keine Berufsordnung für Insolvenzverwalter gibt, ist auf die Vorschriften der Berufsordnung desjenigen freien Berufes zurückzugreifen, welchem der Verwalter angehört.[36] Die anwaltlichen Berufspflichten gelten jedoch nicht uneingeschränkt. Die Tätigkeit als Insolvenzverwalter prägt grundsätzlich das anwaltliche Berufsbild und man kann sie dem Beruf des Anwalts zuordnen. Diese Tätigkeit ist jedoch nicht die Kerntätigkeit eines Anwalts. Maßgeblich für die Übertragung der berufsrechtlichen Anforderungen auf den Insolvenzverwalter, der gleichzeitig Rechtsanwalt ist, sind die Grundsätze der Berufsausübungsfreiheit und das Verhältnismäßigkeitsprinzip. Zu beachten ist, dass der Insolvenzverwalter den anwaltlichen Berufspflichten nur dann unterliegen kann, wenn er gleichzeitig als Anwalt auftritt. Um hier nicht als Anwalt in Anspruch genommen zu werden, sollte er den Titel „Rechtsanwalt" im Insolvenzverfahren nur dann führen, wenn es aus insolvenzspezifischen Gründen unumgänglich scheint.

4. Vergütung

31 Die Kosten für die Haftpflichtversicherung sind mit der Vergütung für den Insolvenzverwalter abgegolten, § 4 Abs. 3 Satz 1 InsVV. Nicht erstattungsfähig sind daher die Kosten der allgemeinen Berufshaftpflichtversicherung der Anwälte. Es handelt sich hierbei um Kosten, die der Berufsträger persönlich zur allgemeinen Deckung seines Haftungsrisikos eingeht bzw. für die anwaltliche Zulassung eingehen muss, was er dann auch selbst zu tragen hat.[37] Ist die Verwaltung jedoch mit einem besonderen Haftungsrisiko verbunden, so sind die Kosten einer angemessenen zusätzlichen Versicherung als Auslagen zu erstatten, § 4 Abs. 3 Satz 2 InsVV. Die Prämien für eine Einzelobjektdeckung neben der Standardversicherung sind daher grundsätzlich erstattungsfähig. Das besondere Haftungsrisiko soll dann vorliegen, wenn die Haftungsrisiken eines Durchschnittsverfahrens im Einzelfall überschritten werden. Dabei ist die objektiv für ein

---

34 AZ 804 AR 163/15; AG Mannheim vom 14.12.2015 in ZInsO 2016, 240 und AG Mannheim vom 20.1.2016 in ZInsO 2016, 238.

35 BGH NJW 2005, 1057.

36 BGH DStR 2015, 2407 zum vorhergehenden AGH München ZIP 2014, 830 mit Anm. *Wacker*.

37 Haarmeyer/*Mock* § 4 Rn. 100 f.

Durchschnittsverfahren notwendige Versicherungssumme maßgeblich. Die Versicherungssumme nach den Regelungen der Pflichtversicherung beträgt 250.000 EUR, 4-fach. Die Standardversicherung für Rechtsanwälte betrachtet man als nicht ausreichend. Mitglieder im Verband der Insolvenzverwalter Deutschlands e.V. (VDI) haben nach den Verbandsbestimmungen der Grundsätze ordnungsgemäßer Insolvenzverwaltung (GOI) als Mindestschutz eine Versicherung mit einer Versicherungssumme von 2 Millionen EUR, 2-fach pro Jahr, vorzuhalten.

Der Insolvenzverwalter kann die Versicherungsprämie als Vorschuss aus der Masse entnehmen, wenn das Insolvenzgericht zustimmt, § 9 InsVV. Es kann auf Antrag des Insolvenzverwalters die Versicherungsprämie als Auslage im Rahmen der Verwaltervergütung zusätzlich zur allgemeinen Pauschale festsetzen, § 8 Abs. 1, 3 InsVV. Die vom Insolvenzverwalter bei der Anzeige der Masseunzulänglichkeit berücksichtigte voraussichtliche Verwaltervergütung kann das Gericht des Haftungsprozesses daraufhin überprüfen, ob der Insolvenzverwalter den ihm dabei zuzugestehenden Beurteilungsspielraum in unvertretbarer Weise überschritten hat.[38] Das Insolvenzgericht achtet im Übrigen bei der Auswahl und Aufsicht des Verwalters auf einen angemessenen Versicherungsschutz. Bei fehlendem Versicherungsschutz kann der Staat haften, §§ 839 Abs. 1 BGB i.V.m. Art. 34 GG.[39] 32

II. Haftung des Insolvenzverwalters

Die persönliche Haftung des Insolvenzverwalters dient dazu, das Vermögen der Beteiligten zu schützen, die von der Insolvenz betroffen sind. Nach der Amtstheorie des BGH verliert mit der Eröffnung des Insolvenzverfahrens der Schuldner das Verwaltungs- und Verfügungsrecht über sein zur Insolvenzmasse gehörendes Vermögen, § 80 InsO. Zuständig ist allein der Insolvenzverwalter, der die Verwaltungs- und Verfügungsbefugnis des Vermögensinhabers in eigenem Namen und aus eigenem Recht, nicht als Vertreter des Gemeinschuldners, ausübt.[40] 33

1. Allgemeine Haftungsstruktur

§§ 60, 61 InsO regeln die Eigenhaftung des Insolvenzverwalters.[41] Anspruchskonkurrenz besteht zu einer sonstigen persönlichen Haftung des Insolvenzverwalters außerhalb der Insolvenzordnung, insbesondere wenn die Haftung weitergehend ist, wie z.B. nach Deliktsrecht, nach Arbeitsrecht und Sozialrecht und auch nach öffentlich-rechtlichen Regelungen, worunter auch das Steuerrecht fällt, § 69 AO. Eigene vertragliche Verpflichtungen können insbesondere die Abgabe einer Garantieerklärung oder das Verschulden bei Vertragsschluss sein.[42] Voraussetzung der Haftung des Insolvenzverwalters ist die Verletzung einer insolvenzspezifischen Pflicht. Bei der Geltendmachung ist zwischen einem Einzelschaden und einem Gesamtschaden zu unterscheiden, § 92 Satz 2 InsO. 34

Ein und dieselbe Pflichtverletzung des Insolvenzverwalters kann gleichzeitig die Masse und einen Beteiligten betreffen. Die Masse kann für das Verwalterhandeln haften nach §§ 55 ff InsO, 31 BGB analog, der Insolvenzverwalter persönlich nach §§ 60 f InsO. Voraussetzung ist, dass die insolvenzspezifische Pflichtverletzung des Insolvenzverwalters gerade den Vermögenswert eines bestimmten Beteiligten betroffen hat. Regelmäßig trifft das Zusammenfallen der beiden Ansprüche auf Aussonderungsberechtigte nach § 47 InsO zu, wenn der Verwalter deren Rechte verletzt hat. Der Anspruch gegen den Insolvenzverwalter persönlich und der Anspruch gegen die 35

38 BGH NJW 2017, 2613.
39 Braun/*Baumert* § 60 Rn. 41.
40 BGH NJW 1984, 739.
41 *Schultz* ZInsO 2015, 529 ff.
42 Uhlenbruck/*Sinz* § 60 Rn. 109.

Masse stehen dabei gleichrangig nebeneinander. Der Geschädigte kann nach den allgemeinen Grundsätzen des Schadenrechts frei wählen, wen er zuerst in Anspruch nimmt. Es besteht keine Primärhaftung der Masse.[43] Soweit die Ansprüche gegen Verwalter und Masse auf dasselbe Interesse gehen, besteht eine Gesamtschuldnerschaft.[44]

36 Bei der Geltendmachung eines Schadens gegenüber dem Insolvenzverwalter ist zwischen einem Einzelschaden bei einem individuellen Beteiligten und einem Gesamtschaden bei der Gesamtgläubigerschaft zu differenzieren. Der Geschädigte kann sofort vom Verwalter persönlich nach §§ 60, 61 InsO Schadensersatz verlangen, wenn die insolvenzspezifische Pflichtverletzung des Insolvenzverwalters beim Beteiligten einen Einzelschaden verursacht hat. Hat die Pflichtverletzung hingegen bei der Masse einen Gesamtschaden nach § 92 InsO verursacht, weil entweder die Insolvenzmasse vermindert oder eine zusätzliche Masseverbindlichkeit begründet wurde, ist dies im laufenden Insolvenzverfahren nicht möglich. Wenn der Einzelschaden zugleich ein Gesamtschaden ist, kann der Beteiligte nur dann sofort Schadensersatz vom Verwalter verlangen, wenn mehr als nur ein Quotenschaden besteht. Grundsätzlich trifft dies auf Aus- und Absonderungsberechtigte zu. Auf Massegläubiger nach §§ 53ff InsO trifft dies nur dann zu, wenn der Schaden vor Anzeige der Masseunzulänglichkeit eingetreten ist. Einen reinen Quotenschaden als Gesamtschaden, wie z.B. die Verletzung der Pflicht zur sorgfältigen Masseverwertung oder zur rechtzeitigen Betriebsstilllegung, kann der Geschädigte erst nach Abschluss des Insolvenzverfahrens gegenüber dem Insolvenzverwalter wegen schuldhafter Verkürzung der Insolvenzmasse persönlich geltend machen, während des laufenden Verfahrens nicht. Voraussetzung ist, dass es nicht zu einer Nachtragsverteilung kommt, § 203 Abs. 2 InsO.[45]

2. Eigenhaftung des Insolvenzverwalters nach § 60 InsO

37 Nach § 60 InsO ist der Insolvenzverwalter dem Geschädigten als Beteiligten gegenüber zum Schadenersatz verpflichtet, wenn er schuldhaft seine insolvenzspezifischen Pflichten *„...nach diesem Gesetz..."* verletzt hat.[46] Der Insolvenzverwalter haftet denjenigen Geschädigten, die vom Schutzbereich einer insolvenzspezifischen Vorschrift erfasst sind. Die insolvenzspezifischen Pflichten ergeben sich aus der Insolvenzordnung. Es muss sich um eine objektiv feststellbare Pflichtverletzung des Insolvenzverwalters handeln. Eine Pflichtverletzung liegt nicht allein schon in einer erfolglosen Sanierung oder mangelnden Befriedigung der Gläubiger, da der Insolvenzverwalter nicht den beabsichtigten Erfolg schuldet. Seine Haftung ist tätigkeitsbezogen.

38 Allgemein gilt nach § 60 Abs. 1 Satz 2 InsO, dass eine Pflicht des Insolvenzverwalters besteht, das Verfahren wie ein ordentlicher und gewissenhafter Insolvenzverwalter zu führen. Dies umfasst nicht nur den subjektiven Sorgfaltsmaßstab, sondern auch das objektiv geschuldete Pflichtenprogramm.[47] § 60 Abs. 1 Satz 2 InsO lehnt sich hierbei an die Formulierungen der Anforderungen bei allgemeinen kfm. Tätigkeiten an wie in § 347 Abs. 1 HGB, § 93 Abs. 1 Satz 1 AktG, § 34 Abs. 1 Satz 1 GenG, § 43 Abs. 1 GmbHG. Dabei sind die Besonderheiten zu beachten, die sich aus den Aufgaben des Insolvenzverwalters ergeben und den Umständen, unter denen er seine Tätigkeit ausübt.

39 Maßgeblich für das konkrete Pflichtenprogramm sind die Pflichten des Verwalters gerade gegenüber den Beteiligten. Es gilt der materiell-rechtliche Beteiligtenbegriff und nicht der formale. Beteiligter ist jeder, demgegenüber der Verwalter Pflichten zu erfüllen hat. Als Beteiligter kommen in Betracht: Insolvenzschuldner, Insolvenzgläubiger, einschließlich nachrangiger

---

43 BGH NJW-RR 2006, 694; Nerlich/Römermann/*Rein* § 60 Rn. 4.
44 MüKoInsO/*Schoppmeyer* § 60 Rn. 112.
45 MüKoInsO/*Schoppmeyer* § 60 Rn. 116.
46 BGH WM 1961, 511ff.
47 *Schultz* ZInsO 2015, 532.

Gläubiger, die Massegläubiger, einschließlich der Neugläubiger sowie die Aus- und Absonderungsberechtigten. Nicht zu den insolvenzspezifischen Pflichten gehören in Abgrenzung dazu die Pflichten, die den Insolvenzverwalter wie jeden Vertreter fremder Interessen gegenüber Dritten treffen.[48] Im Folgenden beispielhaft und nicht abschließend die grundlegenden insolvenzspezifischen Pflichten gegenüber den Beteiligten:

a) Insolvenzgläubiger

Der Insolvenzverwalter hat die Aufgabe, die Haftungsmasse nach Möglichkeit zu erhalten **40**
und vermeidbare Masseminderungen zu unterbinden. Der Insolvenzverwalter ist allgemein verpflichtet, das Verfahren bestmöglich abzuwickeln. Der Verwalter hat bei der Verwertung der Masse sorgfältig vorzugehen und muss den angemessenen Preis bei der Verwertung erzielen.[49] Die Haftung für einen unangemessenen niedrigen Preis setzt eine gewisse Leichtfertigkeit voraus. Eine unternehmerische Fehlentscheidung reicht hierfür nicht aus.[50] Zu berücksichtigen ist, dass der Insolvenzverwalter rasch und ohne Einarbeitungszeit Entscheidungen treffen muss.[51] Der Verwalter haftet für die Verletzung seiner handelsrechtlichen und steuerrechtlichen Buchführungs- und Rechnungslegungspflichten, § 155 Abs. 1 Satz 2 InsO. Der Verwalter hat die insolvenzspezifische Pflicht die Erlöse an die Gläubiger nach §§ 187ff InsO zu verteilen. Der Verwalter muss dafür sorgen, dass die Masse ausreichend geschützt ist. Er muss für ausreichenden Versicherungsschutz sorgen, wie z.B. einer Gebäudeversicherung. Voraussetzung ist, dass die Versicherungsprämien aus der Masse gezahlt werden können und dies gerade die Verwertung oder Fortführung sichert.[52]

b) Massegläubiger

Die §§ 53ff InsO regeln die Haftung der Masse gegenüber den Massegläubigern. Der Insol- **41**
venzverwalter kann aber persönlich nach § 60 InsO haften, wenn er gegenüber den Massegläubigern eine insolvenzspezifische Pflicht verletzt hat. Der Insolvenzverwalter kann pflichtwidrig die Masse verkürzt haben.[53] Beispiel hierfür ist die verspätete Anzeige der Masseunzulänglichkeit. Der Insolvenzverwalter muss sie gegenüber dem Insolvenzgericht anzeigen, es handelt sich aber auch eine insolvenzspezifische Pflicht gegenüber den Massegläubigern.[54] Der Insolvenzverwalter hat die Pflicht, das Insolvenzverfahren optimal zu gestalten. Er haftet für die Verwertung der Masse wie gegenüber den Insolvenzgläubigern allgemein nur dann, wenn zusätzlich zur unternehmerischen Fehlentscheidung eine gewisse Leichtfertigkeit kommt.

c) Aus- und Absonderungsberechtigte

Der Insolvenzverwalter darf bei der Inbesitznahme der Insolvenzmasse die schuldnerfrem- **42**
den Gegenstände nicht zur Insolvenzmasse ziehen, § 148 InsO. Er muss die schuldnerfremden Gegenstände sorgfältig behandeln, verwahren und sichern. Es bedeutet, dass er die Gegenstände gegen Diebstahl und Schäden schützen muss, unter Umständen besteht eine Versicherungspflicht.[55] Er muss den Aussonderungsberechtigten die Gegenstände herausgeben. Er muss aber

48 Nerlich/Römermann/*Rein* § 60 Rn. 18.
49 BGH BB 1985, 684.
50 Uhlenbruck/*Sinz* § 60 Rn. 16.
51 Uhlenbruck/*Sinz* § 60 Rn. 16.
52 BGH NJW 1989, 1034.
53 BGH NJW 2004, 3334.
54 BGH WM 2010, 2321.
55 BGH NJW-RR 2006, 990.

nicht tiefergehend prüfen und zeitintensiv nachforschen, wem die Sache gehört.[56] Gleiches gilt im Grundsatz auch gegenüber Absonderungsberechtigten, § 49 ff, § 166 ff InsO. Insbesondere besteht die insolvenzspezifische Pflicht, das Absonderungsrecht nicht durch Verwertungshandlungen zu vereiteln.[57]

d) Insolvenzschuldner

43 Der Insolvenzverwalter hat gegenüber dem Schuldner selbst eine interne Verantwortlichkeit. Das Insolvenzverfahren soll den Schuldner in einem optimalen Verfahrensgang von den Verbindlichkeiten so weit wie möglich befreien. Daher handelt der Insolvenzverwalter pflichtwidrig, wenn er es unterlässt eine möglichst für den Schuldner günstige Verwertung zu erzielen oder auch berechtigte Forderungen nicht durchsetzt.[58] Dem Insolvenzverwalter steht bei der Frage, zu welchem Zeitpunkt er die drohende Masseunzulänglichkeit anzeigt, ein weiter Handlungs- und Entscheidungsspielraum zu. Dessen Einhaltung kann das Gericht des Haftungsprozesses nachprüfen.[59]

e) Insolvenzplanverfahren

44 Der Insolvenzverwalter hat mindestens auf Beschluss der Gläubigerversammlung einen Insolvenzplan aufzustellen. Die Gläubiger müssen anhand des Plans in der Lage sein, die entsprechenden Entscheidungen im Verfahren zu treffen. Wenn Gläubiger einen Dritten beauftragen einen Plan zu erstellen, hat der Verwalter zu prüfen und zu überwachen, ob er den Plan verwirklichen kann oder ob darin besondere Risiken bestehen.[60]

3. Eigenhaftung des Insolvenzverwalters nach § 61 InsO

45 Nach § 61 InsO ist der Insolvenzverwalter dem Massegläubiger zum Schadenersatz verpflichtet, wenn eine Masseverbindlichkeit, die durch seine Rechtshandlung begründet worden ist, aus der Insolvenzmasse nicht voll erfüllt werden kann. Es handelt sich um einen Anspruch des geschädigten Massegläubigers aufgrund eines konkreten Einzelschadens und nicht um einen Gesamtschaden. Der Geschädigte kann ihn im Verfahren daher sofort geltend machen.

46 Im Verhältnis zu Ansprüchen aus § 60 InsO ist § 61 InsO lex specialis.[61] Die Abgrenzung erfolgt nach dem Zeitpunkt der Pflichtwidrigkeit. § 61 regelt die Haftung des Insolvenzverwalters, wenn er bei Begründung der Masseverbindlichkeit pflichtwidrig gehandelt hat. § 60 InsO regelt die Haftung des Insolvenzverwalters, wenn er nach Begründung der Masseverbindlichkeit pflichtwidrig gehandelt hat.[62] Zweck der Vorschrift des § 61 InsO ist es, die Fortführung des Unternehmens zu erleichtern. Dritte sind bei einer persönlichen Haftung des Insolvenzverwalters eher bereit, Geschäfte mit dem insolventen Unternehmen zu tätigen. Das Verschulden des Insolvenzverwalters wird vermutet, § 61 Satz 2 InsO. Neben § 61 InsO können Gläubiger den Verwalter nach allgemeinen Vorschriften, insbesondere aus Schuldbeitritt, Garantievertrag oder Verschulden bei Vertragsanbahnung in Anspruch nehmen, wenn er persönlich für die Bezahlung der Schulden einstehen will oder erklärt, dass die Waren aus der Masse bezahlt werden.[63]

---

56 OLG Düsseldorf ZIP 1988, 450.
57 BGH NJW-RR 2006, 990.
58 BGH NJW 1994, 323.
59 BGH NJW 2017, 2613.
60 Uhlenbruck/*Sinz* § 60 Rn. 52.
61 BGH NJW 2004, 3334.
62 Uhlenbruck/*Sinz* § 61 Rn. 4.
63 OLG Frankfurt ZInsO 2007, 548; OLG Rostock, ZIP 2005, 220; OLG Schleswig, NZI 2004, 92; OLG Celle NZI 2004, 89.

Der Verwalter begründet eine Masseverbindlichkeit durch Vertragsschluss, Wahl auf Erfüllung, Aufrechterhalten des Dauerschuldverhältnisses oder auch durch schlüssiges Verhalten. Eine Masseverbindlichkeit ist voraussichtlich nicht erfüllbar, wenn der Insolvenzverwalter bei Begründung der Schuld erkennen konnte, dass der Eintritt der Masseunzulänglichkeit wahrscheinlicher war als der Nichteintritt.[64] 47

Das Verschulden des Insolvenzverwalters wird vermutet, er kann den Gegenbeweis antreten, § 61 Satz 2 InsO. Die Rechtsprechung stellt an den Gegenbeweis des Insolvenzverwalters hohe Anforderungen, um die Neugläubiger zu schützen. Der Insolvenzverwalter muss eine Liquiditätsrechnung oder auch einen ausführlichen Insolvenzplan erstellen, beides aktuell halten und ständig überprüfen, um damit eine überprüfbare Prognose abgeben zu können.[65] 48

4. Haftung für eigenes Verschulden und für fremdes Verschulden

Der Insolvenzverwalter hat für die Sorgfalt eines ordentlichen und gewissenhaften Insolvenzverwalters einzustehen, § 60 Abs. 1 Satz 2 InsO. Dies bildet den objektiven Maßstab. Er haftet für jede Art der Fahrlässigkeit und für Vorsatz, § 276 BG. Andere Haftungsnormen wie z.B. § 69 AO regeln den Grad des Verschuldens speziell. 49

Wenn der Insolvenzverwalter insolvenzspezifische Aufgaben auf andere überträgt, ist für die Zurechnung der Pflichtverletzungen danach zu differenzieren, in welchem Verhältnis der andere zum Insolvenzverwalter steht.[66] Dabei kann er nicht ohne weiteres die Aufgaben übertragen. Das Amt des Insolvenzverwalters ist höchstpersönlich, siehe dazu B Ziff. 1.1 BBR-RA Rn. 22. 50

Bei der Einschaltung von Angestellten des Insolvenzverwalters wie z.B. eines angestellten Sachbearbeiters, der Überweisungen zur Erfüllung von Masseverbindlichkeiten vornimmt, gilt die Regelung des § 278 BGB. Das schuldhafte Verhalten des Angestellten als Erfüllungsgehilfen wird dem Insolvenzverwalter ohne Entlastungsmöglichkeit zugerechnet. 51

Bei der Einschaltung von Angestellten des Schuldners wie z.B., wenn er Mitarbeiter im insolventen Unternehmen die Aussonderungsrechte abwickeln lässt,[67] gilt die Regelung des § 60 Abs. 2 InsO. Es besteht eine eingeschränkte Zurechnung. Der Insolvenzverwalter ist unter den Voraussetzungen nach § 60 Abs. 2 InsO für die Überwachung und für Entscheidungen von besonderer Bedeutung verantwortlich. Er haftet daher, wenn er einen Prokuristen des Schuldnerunternehmens nicht ausreichend dabei überwacht, wie dieser ein Warenlager veräußert.[68] 52

Bei der Einschaltung von selbständigen Fachleuten als Dritte, wie z.B. Wirtschaftsprüfern, Steuerberatern oder Rechtsanwälten, erfolgt eine Zurechnung nach § 278 BGB.[69] Der BGH hat seine Ansicht aus 1979 geändert. Danach hatte der Insolvenzverwalter nur für Auswahl und Überwachung des beauftragten Dritten gehaftet.[70] Bei der Beauftragung von Dritten liegen die Voraussetzungen einer Zurechnung nach § 278 BGB vor. Die Haftung für Erfüllungsgehilfen ergibt sich aus einem Umkehrschluss zu § 60 Abs. 2 InsO. Der Verwalter haftet grundsätzlich nicht gemäß § 278 BGB für Angestellte des Schuldners. 53

Soweit ein Gläubigerorgan, Versammlung oder Ausschuss, entscheidet und der Insolvenzverwalter den Beschluss ausführt, ist regelmäßig für die persönliche Haftung des Insolvenzverwalters danach zu differenzieren, ob das Organ nach den Insolvenzregelungen entscheiden oder nur zustimmen musste.[71] Wenn das Organ eigenständig entscheidet, z.B. den Betrieb stillzulegen 54

---

64 BT-Drs. 12/2443 S. 129.
65 BGH ZInsO 2004, 609; *Weinbeer* AnwBl 2005, 422.
66 Uhlenbruck/*Sinz* § 60 Rn. 97 ff.
67 OLG Bremen JurBüro 2004, 338.
68 OLG Hamm ZInsO 2007, 216.
69 BGH NJW-RR 2016, 686.
70 BGH NJW 1979, 2212.
71 Uhlenbruck/*Sinz* § 60 Rn. 102 ff.

oder fortzuführen oder einen Insolvenzplan durch den Insolvenzverwalter erstellen zu lassen, § 157 InsO, ist der Insolvenzverwalter verpflichtet, den Beschluss auszuführen. Wenn die Kosten hierfür überflüssig waren und die Masse dadurch verkürzt ist, handelt der Insolvenzverwalter nicht pflichtwidrig. Er muss aber im Rahmen seiner Berichtspflicht darauf hinweisen, dass der Inhalt der Entscheidung dem Zweck des Insolvenzverfahrens zuwiderläuft, § 156 Abs. 1 Satz 1 InsO. Wenn das Organ einer geplanten Maßnahme zustimmt, § 160 InsO, ist der Insolvenzverwalter daran zunächst nicht gebunden. Er hat eine eigenständige Prüfpflicht, ob er der Zustimmung folgt oder nicht. Wenn er die Maßnahme umsetzt, gilt die Zustimmung dann aber als Zeichen dafür, dass er pflichtgemäß gehandelt hat, zumindest aber hat er nicht schuldhaft gehandelt.[72]

III. Deckungskonzepte Insolvenzverwaltung

1. Überblick

55 Wie oben dargestellt, bestehen vielfältige Haftungsrisiken. Die Versicherungswirtschaft bietet Versicherungen in verschiedener Form, diese Risiken bei der Tätigkeit als Insolvenzverwalter abzudecken. Grundsätzlich gibt es drei Varianten, wie die Tätigkeit des Insolvenzverwalters versichert werden kann:

- laufende Berufshaftpflichtversicherung für Rechtsanwälte als mitversicherte Tätigkeit, siehe hier B Ziff. 1.1 BBR-RA Rn. 59
- Einzelobjektdeckung, entweder neben oder auch im Anschluss an eine bereits vorhandene Deckung, siehe hier B Ziff. 1.1 BBR-RA Rn. 72f
- selbständige laufende Deckung neben der Berufshaftpflichtversicherung, siehe hier B Ziff. 1.1 BBR-RA Rn. 82.

56 Der Insolvenzverwalter hat aber in allen drei Varianten nur Versicherungsschutz, wenn er persönlich für Versehen in Anspruch genommen wird, also ohne den Zusatz *„...als Verwalter in dem Insolvenzverfahren über das Vermögen...“*. Wenn eine Klage mit diesem Zusatz erhoben wird, besteht kein Versicherungsschutz. Die Klage richtet sich dann gegen die Masse, aber sie richtet sich nicht gegen den Insolvenzverwalter persönlich. Bei einer Masseunzulänglichkeit besteht aber die Möglichkeit, dass aufgrund der gleichen Pflichtverletzung ein Beteiligter den Insolvenzverwalter direkt oder im Wege des Regresses in Anspruch nimmt.

57 Wenn der Insolvenzverwalter als Anwalt in einer Rechtsanwalts-GmbH/AG oder in einer PartG mbB tätig ist, ist auf den Versicherungsschutz zu achten. Anders als in einer BGB-Gesellschaft oder einer Partnerschaft ohne beschränkte Berufshaftung, ist der Versicherungsschutz allein für die Rechtsanwalts-GmbH/AG als Berufsträger und für die PartG mbB als Berufsausübungsgesellschaft gesetzlich vorgesehen. Beide Organisationsformen kann das Insolvenzgericht nicht zum Verwalter bestellen. Der Versicherungsschutz muss deshalb ausdrücklich die sonstigen persönlichen Tätigkeiten der dort beschäftigen Anwälte umfassen.

2. Verhältnis Standardversicherung, Einzelobjekt, laufende Versicherung, Nullstellungsklausel

58 Die Standardversicherung und die laufende Versicherung oder die Einzelobjektdeckung überschneiden sich im Versicherungsschutz. Das Verhältnis der Standardversicherung zu einer laufenden Deckung oder einer Einzelobjektdeckung regeln üblicherweise sog. Nullstellungs-

72 *Schultz* ZInsO 2015, 533.

klauseln als besondere Kumulsperren. Sie können im Einzelfall überraschend und deshalb unwirksam sein, § 305c Abs. 1 BGB.[73] Eine Nullstellungsklausel ist unwirksam, wenn sie beinhaltet, dass kein Versicherungsschutz über die laufende Berufshaftpflichtversicherung besteht, wenn hierfür separat ein Einzelobjekt abgeschlossen ist. Die Klausel hat damit den Versicherungsschutz ausgeschlossen, der grundsätzlich über die laufende Deckung oder über die Mitversicherung in der Berufshaftpflichtversicherung bestehen würde. Derartige Nullstellungsklauseln selbst sind aber zunächst nach den Gesamtumständen auch unter Berücksichtigung des Leitbilds eines Haftpflichtversicherungsvertrags für Vermögensschäden nicht ungewöhnlich. Deckungseinschränkungen sind in einer Vermögensschaden-Haftpflichtversicherung üblich. Die konkrete Nullstellungsklausel war aber in einem konkreten Punkt überraschend im Sinne des § 305c Abs. 1 BGB. Sie war unwirksam, da die zusätzlich beim gleichen Versicherer abgeschlossene Einzelobjektdeckung nicht den Schadensfall umfasste, den die laufende Berufshaftpflichtversicherung deckt. Dabei war auch zu berücksichtigen, dass im Rahmen der Vertragsverhandlungen nicht ausdrücklich auf den Ausschluss hingewiesen wurde. Der Versicherer kann daher das Verhältnis der Versicherungen zueinander regeln. Er darf aber nicht den Versicherungsschutz einer bestehenden Versicherung über eine Klausel einer zusätzlichen Versicherung ausschließen, wenn die zusätzliche Versicherung diesen Versicherungsschutz gerade nicht enthält. Das ist auch richtig, da der Versicherungsnehmer hier für die zusätzliche Versicherung auch eine weitere Prämie entrichtet.

3. Standardversicherung, Ziff. 1.2 a) bis f)

Die erste Deckungsvariante für die Insolvenztätigkeit besteht in den Standardversicherungsbedingungen der Berufshaftpflichtversicherung für Rechtsanwälte, B Ziff. 1.1 und Ziff. 1.2. Es handelt sich um eine echte Deckungserweiterung. 59

Zielgruppe sind diejenigen Anwälte, die selten eine Insolvenztätigkeit ausüben. Sie benötigen grundsätzlich keinen speziellen Versicherungsschutz. Der Versicherungsumfang nach Versicherungssumme und Jahreshöchstleistung richtet sich nach dem Versicherungsumfang, den der Anwalt für die Berufshaftpflichtversicherung gewählt hat, siehe das Verhältnis Pflichtversicherung zu mitversicherten Tätigkeiten B Ziff. 4 BBR-RA Rn. 17 f. Formale Deckungsvoraussetzung ist, dass der Berufsträger zum Insolvenzverwalter bestellt ist. Die Deckung besteht dann grundsätzlich unabhängig davon, ob der Anwalt in einer Einzelkanzlei oder in einer Sozietät tätig ist. Bei den Kapitalgesellschaften wie der Rechtsanwalts-GmbH haben die Geschäftsführer/Gesellschafter Versicherungsschutz und die angestellten Anwälte, soweit dies vereinbart ist; siehe zur Rechtsanwalts-GmbH § 1 Rn. 429. 60

Versicherungsschutz besteht für gesetzliche Haftpflichtansprüche, die Dritte gegenüber dem Insolvenzverwalter geltend machen. Die Versicherer zählen regelmäßig die besonderen mitversicherten Haftpflichtansprüche auf. Sie sind aber nicht abschließend genannt, „...*insbesondere*...“. Die Deckung der Insolvenztätigkeit ist weitergehend als die Deckung der anwaltlichen Berufstätigkeit. Bei der anwaltlichen Berufstätigkeit sind nach § 1 nur privatrechtliche Haftpflichtansprüche versichert. Diese Einschränkung enthalten die Ziff. 1.1 und Ziff. 1.2 nicht. Nicht versichert sind aber weiterhin Ansprüche in der Standardversicherung aufgrund von Bereicherungsrecht oder generell Erfüllungsansprüche, weil es sich um keine Haftpflichtansprüche handelt. 61

Der Versicherungsumfang richtet sich nach den AVB-RSW. Dies ergibt sich aus der Formulierung „im Rahmen der dem Vertrag zugrundeliegenden Allgemeinen Versicherungsbedingungen“ nach B Satz 1 und „im bedingungsgemäßen Umfang“ nach B Ziff. 1.2. Im Verhältnis zur Pflichtversicherung bleibt die Versicherungssumme für anwaltliche Berufsfehler auch bestehen, wenn die mitversicherte Tätigkeit die Versicherungsleistung erschöpft hat, umgekehrt allerdings 62

73 OLG Celle vom 5. März 2010 – 8 U 186/09.

nicht, siehe hierzu siehe das Verhältnis Pflichtversicherung zu mitversicherten Tätigkeiten B Ziff. 4 BBR-RA Rn. 17 f.

a) Fortführung des Betriebs, kaufmännische Risiken, Ziff. 1.2 a)

63 Das Insolvenzverfahren sieht grundsätzlich zwei Möglichkeiten vor: Das Regelverfahren zur Befriedigung der Gläubiger und die Unternehmenssanierung zur Fortführung des Unternehmens, § 1 InsO. Die Unternehmensfortführung ist auch Kernaufgabe des vorläufigen Insolvenzverwalters, § 22 Abs. 1 Satz 2 Nr. 2 InsO. Die spezifischen kaufmännischen Risiken sind aber bei der anwaltlichen Tätigkeit und bei den sonstigen mitversicherten Tätigkeiten nach BBR-RA nicht versichert. Der Anwalt ist Organ der Rechtspflege und kein Kaufmann, § 1 BRAO, und die Tätigkeit eines Insolvenzverwalters unterscheidet sich von der Tätigkeit des beratenden Anwalts. Der Insolvenzverwalter trifft Risikoentscheidungen, z.B. wenn er neue Verbindlichkeiten eingeht, um den Betrieb fortzuführen. Er ist aber in seiner Verwaltungs- und Verfügungsbefugnis eingeschränkt aufgrund seiner Stellung zu den Gläubigern und der Aufsicht durch das Gericht. Im Rahmen dieses Aufgabenfeldes besteht Versicherungsschutz. Diese Tätigkeit unterfällt nicht dem Risikoausschluss einer kfm. Tätigkeit. Anders aber, wenn die Insolvenzverwaltung des Betriebes vollständig in den Hintergrund getreten ist und der Insolvenzverwalter echte unternehmerische Zwecke verfolgt. Rein unternehmerisches Handeln liegt vor und damit eine nicht versicherte Tätigkeit, wenn die leitenden Entscheidungen nicht vom Insolvenzzweck geprägt, sondern auf einen gewinnbringenden Überschuss gerichtet sind. Dies gilt beispielsweise, wenn der Insolvenzverwalter aktiv die Geschäfte übernommen hat, indem er persönlich nach außen wie ein Leiter des Unternehmens auftritt.[74] Dieser Ausschluss ergibt sich auch schon aus dem B Ziff. 4. Danach sind Ansprüche aus der Tätigkeit als Leiter eines Unternehmens auch im Rahmen der mitversicherten Tätigkeiten vom Versicherungsschutz ausgeschlossen. Der Insolvenzverwalter ist in diesem Fall nicht mehr verwaltend tätig, sondern unternehmerisch.

64 Unabhängig von dieser Differenzierung nach Unternehmer und Insolvenzverwalter erweitert A Ziff. 4.2 Satz 2 den Versicherungsschutz für kfm. Risiken bei der Insolvenzverwaltung, siehe hierzu A Ziff. 4.2 BBR-RA Rn. 104. Ausdrücklich besteht Versicherungsschutz für Haftpflichtansprüche wegen Schäden aus einer kaufmännischen Kalkulations- oder Organisationstätigkeit bis zur Höhe der vereinbarten Versicherungssumme, maximal in Höhe von EUR 2.500.000, zugleich für alle Versicherungsfälle eines Jahres. Darüber hinaus kommt es wieder auf die oben genannte Differenzierung an. Ausgeschlossen bleiben aber Ansprüche aus einer Spekulationstätigkeit, z.B. aufgrund der Anlage von privatem oder Unternehmens- und Betriebsvermögen in Vermögenswerte mit spekulativem Charakter, wie z.B. Derivate, Aktien und Optionsscheine.

b) Öffentlich-rechtliche Ansprüche, Sozialabgaben, Ziff. 1.2 b)

65 Ziff. 1.2 b) erweitert den Versicherungsschutz auf öffentlich-rechtliche Ansprüche. Eine Erweiterung besteht zugunsten des Versicherungsnehmers, weil nach § 1 nur gesetzliche Haftpflichtansprüche privatrechtlichen Inhalts versichert sind. Mitversichert sind Ansprüche aus §§ 34, 69 AO und vergleichbaren Fällen der persönlichen Haftung wegen Nichtabführung von Sozialversicherungsbeiträgen. Der Insolvenzverwalter hat die steuerlichen Pflichten des Schuldners zu erfüllen, weil auf ihn die Verwaltungs- und Verfügungsbefugnis übergeht und er damit Vermögensverwalter nach § 34 Abs. 3 AO ist. Er haftet persönlich, wenn er diese Pflichten verletzt. Er haftet darüber hinaus nach §§ 60, 61 InsO, wenn er die nach der Insolvenzordnung bestehenden Pflichten daneben verletzt. Die Haftung nach § 61 InsO verdrängt die Haftung nach

74 BGH VersR 1980, 353.

§ 69 AO, wenn der Insolvenzverwalter eine selbst begründete steuerliche Masseverbindlichkeit nicht erfüllen kann. Im Verhältnis zu § 60 InsO ist aber § 69 AO lex specialis.[75]

Nach der Rechtsprechung des BSG wird der Fortbestand des Beschäftigungsverhältnisses durch die Eröffnung des Insolvenzverfahrens nicht berührt. Damit besteht auch die Sozialversicherungspflicht der Arbeitnehmer bis zur Beendigung des Beschäftigungsverhältnisses fort. Es ist dabei nicht ausschlaggebend, ob der Insolvenzverwalter Arbeitgeber ist oder die Arbeitnehmer von der Arbeitsleistung freigestellt sind. Der Insolvenzverwalter tritt an die Stelle des Gemeinschuldners. Er hat die Beitragsforderungen der Sozialversicherungskassen zu erfüllen.[76] Hierfür besteht Versicherungsschutz, soweit er nach §§ 60, 61 InsO haftet. Kein Versicherungsschutz besteht, wenn der Insolvenzverwalter wissentlich vom Gesetz abgewichen hat nach B Ziff. 1.2 b) letzter HS. Dieser Ausschluss wiederholt den Ausschluss der wissentlichen Pflichtverletzung nach § 4 Ziff. 5. 66

c) Versicherungsverträge, Ziff. 1.2 c)

Der Versicherungsschutz umfasst auch die Ansprüche, die sich daraus ergeben, dass der Insolvenzverwalter Versicherungsverträge nicht oder nicht ordnungsgemäß abgeschlossen, erfüllt oder fortgeführt hat, außer der Insolvenzverwalter hat davon bewusst abgesehen, B Ziff. 1.2 c). Versicherungsverträge in der Insolvenz des Versicherungsnehmers sind in aller Regel nicht vollständig erfüllt, weil der Versicherungsnehmer die Prämien nicht gezahlt hat. Der Insolvenzverwalter kann die Erfüllung wählen und muss dafür ab Eröffnung des Verfahrens aus der Masse die Prämien zahlen, § 103 InsO. Eine Pflichtverletzung gemäß § 60 InsO des Insolvenzverwalters kommt in Betracht, wenn dieser unabgestimmt und ankündigungslos die für den Geschäftsführer bestehende D&O-Versicherung beendet.[77] Der Insolvenzverwalter einer GmbH ist aber gegenüber deren Geschäftsführer nicht verpflichtet, eine zu dessen Gunsten abgeschlossene Haftpflichtversicherung aufrechtzuerhalten, um ihn von einer Inanspruchnahme wegen verbotener Zahlungen freizustellen.[78] Dies entspricht der Wertung des § 103 InsO, wonach der Verwalter über die Fortführung von Versicherungsverträgen allein im Interesse der Insolvenzmasse zu entscheiden hat.[79] Bei einer bestehenden D&O-Versicherung sollten die versicherten Personen daher von sich dem Versicherer einen möglichen Schadenfall melden, weil der Versicherungsschutz nach Ende der Nachmeldefrist nicht mehr besteht. Zum Nachweis der Entscheidung des Insolvenzverwalters die Versicherungsverträge nicht fortzuführen, sollte der Versicherer seine Erklärungen beweissicher abgeben. 67

d) Zahlungsfehler, Ziff. 1.2 d)

Nach B Ziff. 1.2 d) sind versichert Ansprüche wegen Fehl- oder Doppelüberweisungen sowie Fehlern bei der Auszahlung der Insolvenzquote und der Abrechnung des Insolvenzgeldes. Versichert ist deshalb der Anspruch eines geschädigten Beteiligten, wenn der Insolvenzverwalter bei dem Zahlungsfehler eine insolvenzspezifische Pflicht verletzt hat. Voraussetzung ist aber, dass es sich um einen Haftpflichtanspruch handelt nach §§ 60, 61 InsO oder einer sonstigen Haftpflichtbestimmung. Nicht unter den Versicherungsschutz fallen daher Ansprüche auf nochmalige Überweisung, wenn der Insolvenzverwalter einen Anspruch noch erfüllen muss oder gegen ihn ein bereicherungsrechtlicher Anspruch geltend gemacht wird. 68

---

75 Sonnleitner/*Sonnleitner* Kapitel 3 Rn. 242.
76 KassKomm/*Zieglmeier* SGB IV § 22 Rn. 41f.
77 OLG Hamburg NZI 2015, 851.
78 BGH NZI 2016, 580.
79 Uhlenbruck/*Wegener* § 103 Rn. 97.

69 Kein Versicherungsschutz besteht für einen Anspruch aufgrund von Zahlungen auf ein Anderkonto des Insolvenzverwalters. Zahlungen hierauf fallen nicht in die Masse. Die Anderkontendeckung nach A Ziff. 4.3 BBR-RA ist nicht anwendbar, weil sie nur Fehler bei der anwaltlichen Tätigkeit versichert. Anders regelmäßig, wenn der Insolvenzverwalter das Insolvenzschuldnerkonto fortführt. Zahlungen hierauf fallen in die Masse, § 55 Abs. 1 Nr. 3 InsO. Bei einer Haftung aufgrund einer insolvenzspezifischen Pflichtverletzung besteht Versicherungsschutz.[80]

e) Vorsatztaten des Personals, Ziff. 1.2 e)

70 Bei Vorsatztaten entfällt der Versicherungsschutz nach § 103 VVG. Dies würde auch für Vorsatztaten von Repräsentanten des Insolvenzverwalters gelten, regelmäßig seinem Personal.[81] B Ziff. 1.2 e) erweitert in Abweichung von § 103 VVG den Versicherungsschutz. Deckung besteht für den Insolvenzverwalter, wenn das Personal von ihm oder des Insolvenzschuldners eine vorsätzliche Straftat gegen das Vermögen begangen hat. Voraussetzung ist, dass der Geschädigte den Insolvenzverwalter aufgrund fahrlässiger Verletzung seiner Aufsichts- und Überwachungspflicht in Anspruch nimmt. Straftaten gegen das Vermögen sind insbesondere Untreue und Betrug als Straftaten gegen das Vermögen als Ganzes, aber auch Straftaten gegen einzelne Vermögenswerte wie Gebrauchsanmaßungsfälle, §§ 248b, 290 StGB, oder Aneignungsrechte nach §§ 292 ff StGB. Die Einzelobjektdeckung versichert erweitert den Versicherungsschutz auf Vorsatztaten des Personals, unabhängig von einem Verschulden des Insolvenzverwalters durch eine Vertrauensschadenversicherung mit einem Sublimit von 250.000 EUR, siehe hier bei der Tätigkeit als Insolvenzverwalter B Ziff. 1.1 und Ziff. 1.2 a) bis f) BBR-RA Rn. 80.

f) Pflichtverletzungen von Dritten zur Ausübung der Insolvenztätigkeit, Ziff. 1.2 f)

71 Der Insolvenzverwalter haftet für das Fehlverhalten Dritter. Hierfür besteht Versicherungsschutz nach Maßgabe der B Ziff. 1.2 f). Es besteht Deckungsschutz für die Pflichtverletzungen der Angestellten des Insolvenzschuldners. Voraussetzung ist ein Haftpflichtanspruch aufgrund Überwachungsverschuldens, § 60 Abs. 2 InsO. Es besteht Deckungsschutz für die Erfüllungsgehilfen des Insolvenzverwalters, unabhängig davon, ob sie freie Mitarbeiter oder in einem Anstellungsverhältnis sind oder ob sie Angestellte des Insolvenzverwalters oder in dessen Kanzlei oder der Rechtsanwalts-GmbH sind.

4. Einzelobjektdeckung für Tätigkeiten nach der Insolvenz, HV 61 in Auszügen

72 Insolvenzen von umsatzstarken Schuldnerunternehmen erfordern hohe Versicherungssummen und umfangreiche Versicherungsleistungen. Man versichert sie über Einzelobjektdeckungen/Projektdeckungen, weil die Standarddeckung nicht den erforderlichen Umfang hat oder die laufende Insolvenzdeckung regelmäßig nur geringe Versicherungssummen bietet.

73 Versicherungsschutz für das benannte Insolvenzverfahren besteht bei Einzelobjekten allein über den einzelnen Versicherungsvertrag. Die Versicherungssumme gilt für jeden einzelnen Verstoß sowie für alle Verstöße insgesamt, die dem Insolvenzverwalter bei seiner Tätigkeit in dem konkreten Verfahren unterlaufen. Die Versicherungssumme steht damit insgesamt für das Verfahren und nicht pro Jahr zur Verfügung, siehe hierzu ausführlich zu Einzelobjektdeckungen Einleitung Rn. 41 ff.

---

80 OLG Hamm 2011, 2043.
81 BGH VersR 1992, 865.

Zur Standardversicherung in B Ziff. 1.1 und Ziff. 1.2 bestehen Erweiterungen. Im Folgenden werden auszugsweise die Bedingungen der HV 61 der Allianz erläutert nach Teil 2 Risikobeschreibung und Besondere Bedingungen für die Tätigkeit als (vorläufiger) Insolvenzverwalter, (vorläufiger) Sachwalter bzw. Treuhänder im eröffneten Verbraucherinsolvenzverfahren nach der InsO.

a) Kaufmännische Risiken, A II Ziff. 1 HV 61

Mitversichert sind insbesondere Ansprüche

1. wegen Schäden aus einer kaufmännischen Kalkulations-, Organisations- und Investitionstätigkeit. Ausgeschlossen bleiben Ansprüche aus einer Spekulationstätigkeit, z.B. aufgrund der Anlage von privatem oder Unternehmens- und Betriebsvermögen in Vermögenswerte mit spekulativem Charakter, wie z.B. Derivate, Aktien und Optionsscheine…

Der Versicherungsschutz umfasst die Haftpflichtansprüche wegen Schäden aus einer kauf- 74
männischen Kalkulations- oder Organisationstätigkeit bis zur Höhe der vereinbarten Versicherungssumme. Im Gegensatz zur Standardversicherung besteht kein Sublimit. Eine Unterscheidung zwischen nicht versicherten unternehmerischen Risiken und versicherten insolvenzspezifischen Entscheidungen oberhalb des Sublimits ist damit nicht erforderlich, siehe zur Unterscheidung bei der Standardversicherung B Ziff. 1.2 a) bis f) BBR-RA Rn. 63f. Die Jahreshöchstleistung richtet sich nach der Vereinbarung. Ausgeschlossen bleiben aber Ansprüche aus einer Spekulationstätigkeit.

b) Selbständige Garantiezusage, A II Ziff. 6 HV 61

Mitversichert sind insbesondere Ansprüche

6. des Kreditinstituts aus einer selbständigen Garantiezusage des vorläufigen Sach-/Insolvenzverwalters, welche dieser zum Zweck der Vorfinanzierung von Insolvenzgeld abgibt, sofern zu diesem Zeitpunkt die Zustimmung der Agentur für Arbeit nach § 188 IV SGB III vorgelegen hat; Teil 1 § 1 I Ziffer 1 Satz 3 und § 4 Ziffer 2 sind insoweit abbedungen…

Die laufende Insolvenzverwalterdeckung erweitert den Versicherungsschutz für Garantien 75
und besondere Zusagen.

Mitversichert sind Ansprüche des Kreditinstituts aus einer selbständigen Garantiezusage des 76
vorläufigen Sach-/Insolvenzverwalters, welche dieser zum Zweck der Vorfinanzierung von Insolvenzgeld abgibt, sofern zu diesem Zeitpunkt die Zustimmung der Agentur für Arbeit nach § 188 Abs. 4 SGB III vorgelegen hat. Die Agentur für Arbeit zahlt die ausstehenden Lohnansprüche der Arbeitnehmer des Schuldnerunternehmens für den Zeitraum von 3 Monaten vor der Insolvenz. Die Agentur für Arbeit leistet aber das Insolvenzgeld erst bei Eröffnung des Insolvenzverfahrens oder Abweisung mangels Masse. Um das Insolvenzgeld im Zeitraum der vorläufigen Insolvenzverwaltung in der Regel vorzufinanzieren, nimmt das Schuldnerunternehmen bei einer Bank einen Kredit auf. Als Sicherheit gibt der vorläufige Insolvenzverwalter eine selbständige Garantie ab, dass der Kredit der Bank bedient wird. Die Haftung aufgrund des Nichteinhaltens der Zusage ist versichert.

c) Zahlungsfehler, A II Ziff. 9 HV 61

Mitversichert sind insbesondere Ansprüche

9. wegen Fehl- oder Doppelüberweisungen, Fehlern bei der Auszahlung der Insolvenzquote und der Abrechnung des Insolvenzgeldes…

77 Ebenfalls versichert sind Ansprüche wegen Fehl- oder Doppelüberweisungen, Fehlern bei der Auszahlung der Insolvenzquote und der Abrechnung des Insolvenzgeldes, siehe ausführlich Zahlungsfehler unter B Ziff. 1.2 d) BBR-RA Rn. 68 f.

d) Treuhandkonten, A II Ziff. 12 HV 61

Mitversichert sind insbesondere Ansprüche
12. im Zusammenhang mit der Vereinbarung von Treuhandkontenmodellen im Rahmen des vorläufigen Insolvenzverfahrens…

78 Der vorläufige Insolvenzverwalter hat das Schuldnerunternehmen grundsätzlich bis zur Entscheidung über die Eröffnung des Insolvenzverfahrens fortzuführen, § 22 Abs. 1 Nr. 2 InsO. Daraus entstehen Verbindlichkeiten, für die der Insolvenzverwalter persönlich haften kann. Die Haftungsgefahr für den Insolvenzverwalter verringert sich, wenn er das Schuldnerunternehmen in einem geschlossenen Finanzierungssystem weiterführt. Eine Lösung ist die sog. mehrseitige Treuhand. Auf den Insolvenzverwalter oder einen Dritten als Treuhänder wird das Schuldnervermögen übertragen. Der Treuhänder verwaltet, sichert und verwertet im Sicherungsfall das Vermögen über die Treuhand. Versicherungsschutz besteht für Ansprüche gegen den Insolvenzverwalter im Zusammenhang mit der Vereinbarung von Treuhandkontenmodellen im Rahmen des vorläufigen Insolvenzverfahrens. Nicht versichert ist dagegen die Tätigkeit als Treuhänder selbst, da Dritte den Berufsträger als Treuhänder aufgrund einer vertragswidrigen Handlung und nicht als Insolvenzverwalter in Anspruch nehmen.

e) Fehlverhalten Dritter, B Ziff. 3 HV 61

Mitversichert sind…
3. Ansprüche wegen Schäden durch vorsätzliche Straftaten gegen das Vermögen des Insolvenzschuldners oder am Insolvenzverfahren beteiligter Dritter, welche von Vertrauenspersonen des Versicherungsnehmers in der Absicht begangen wurden, sich selbst oder Dritte zu bereichern, soweit die Vertrauenspersonen hierfür schadenersatzpflichtig gemacht werden können, maximal jedoch in Höhe von 250.000 EUR für die Vertragslaufzeit; Teil 1 § 4 Ziffer 5 und 6 ist insoweit abbedungen.

79 Der Insolvenzverwalter haftet für das Fehlverhalten Dritter. Der Verschuldensmaßstab richtet sich nach dem Verhältnis des Dritten zum Insolvenzverwalter. Hierfür besteht Versicherungsschutz, siehe unter der Haftung für eigenes Verschulden und fremdes Verschulden B Ziff. 1.1 und Ziff. 1.2 BBR-RA Rn. 50.

80 Bei Vorsatztaten entfällt der Versicherungsschutz nach § 103 VVG. Dies gilt auch für Vorsatztaten von Repräsentanten des Insolvenzverwalters. Zur Standardversicherung der Deckung des Insolvenzverwalters für fahrlässige Aufsichts- und Überwachungspflicht für Straftaten gegen das Vermögen kommt eine Vertrauensschadenversicherung zur Absicherung der Masse. Versichert sind Ansprüche wegen Schäden durch vorsätzliche Straftaten gegen das Vermögen des Insolvenzschuldners oder am Insolvenzverfahren beteiligter Dritter, welche von Vertrauenspersonen des Versicherungsnehmers in der Absicht begangen wurden, sich selbst oder Dritte zu bereichern, wenn die Vertrauensperson hierfür schadensersatzpflichtig ist, Teil 2 B Ziff. 3 HV 61. Der Versicherungsschutz ist unabhängig von einem Auswahl- oder Überwachungsverschulden des Insolvenzverwalters. Es besteht hierfür ein Sublimit in Höhe von 250.000 EUR. Die Versicherungssumme steht aber nur einfach für die gesamte Vertragslaufzeit zur Verfügung. Es bedeutet, dass die Versicherungssumme nicht pro Jahr zu leisten ist, sondern als eine Ablaufleistung gewährt wird.

f) Sonstige Besonderheiten, A II Ziff. 16 und 17 der HV 61

Mitversichert sind insbesondere Ansprüche
16. wegen (unterlassenem) Lastschriftwiderruf;
17. wegen Rechen- und/oder Schreibfehlern.

Versicherungsschutz besteht darüber hinaus, wenn ein Dritter den Insolvenzverwalter wegen unterlassenem Lastschriftwiderruf oder wegen Rechen- und/oder Schreibfehlern in Anspruch nimmt. 81

5. Laufende Deckung

Versicherer bieten ebenfalls eine laufende Deckung für die Tätigkeit als Insolvenzverwalter 82
an. Im Unterschied zur Mitversicherung in den Standardbedingungen ist die Deckung eigenständig und unabhängig von der Pflichtversicherung. Der Versicherungsumfang ist regelmäßig weitergehend. Er entspricht regelmäßig dem Versicherungsumfang einer Einzelobjektdeckung. Im Unterschied hierzu ist die Versicherungssumme maximiert. Sie steht als Jahreshöchstleistung pro Jahr zur Verfügung und nicht nur über die gesamte Laufzeit. Es besteht eine selbständige Versicherungssumme und ein erweitertes eigenes Bedingungswerk.

D. Tätigkeiten nach der Insolvenzordnung, Ziff. 1.1, 1. Spiegelstrich

1.1 Mitversichert sind die nachfolgend abschließend aufgezählten Tätigkeiten:
- **gemäß InsO, z.B. als (vorläufiger) Insolvenzverwalter, Sonder(insolvenz)verwalter, Gläubigerausschussmitglied, Sachwalter und Treuhänder…**

I. Gläubigerausschussmitglied

Mitversichert ist nach B Ziff. 1.1, 1. Spiegelstrich die Tätigkeit des Berufsträgers als Mitglied eines Gläubigerausschusses.

1. Tätigkeit, Haftung

Der Gläubigerausschuss ist mit der Gläubigerversammlung einer der beiden Organe des 83
Gläubigers. Mitglied im Gläubigerausschuss kann jede natürliche und juristische Person werden, meist die Gläubiger selbst, aber auch Dritte, § 67 Abs. 1, 3 InsO. Anwälte, Steuerberater oder Wirtschaftsprüfer können auch als externe Dritte als ständige Vertreter des Gläubigers zum Mitglied berufen werden. Die Berufsträger sind dann als natürliche Personen Repräsentanten des Gläubigers. Anwälte, Steuerberater und Wirtschaftsprüfer als ständige Vertreter haften aber nicht nach § 71 InsO, sondern allein nach Deliktsrecht. Sie haften jedoch gegenüber ihrem Auftraggeber nach dem zugrundeliegenden Auftragsrecht oder als Angestellter des Arbeitgebers nach arbeitsrechtlichen Grundsätzen.[82]

Die Mitglieder des Gläubigerausschusses haben den Insolvenzverwalter bei seiner Geschäfts- 84
führung zu unterstützen und zu überwachen. Sie müssen sich über den Gang der Geschäfte unterrichten sowie die Bücher und Geschäftspapiere einsehen und den Geldverkehr und -bestand prüfen lassen, § 69 InsO als Generalklausel.

---

82 *Cranshaw/Portisch/Knöpnadel* ZInsO 2015, 1, 10.

85 Die Mitglieder des Gläubigerausschusses sind den absonderungsberechtigten Gläubigern und den Insolvenzgläubigern zum Schadenersatz verpflichtet, wenn sie schuldhaft ihre Pflichten verletzen, § 71 InsO. Der Ausschuss ist aber nicht rechtsfähig. Er haftet daher nicht, sondern die einzelnen Mitglieder haften zunächst nur individuell. Die Haftung besteht dann, wenn das Mitglied eine insolvenzspezifische Pflicht schuldhaft verletzt hat, ein Schaden zulasten der Gläubiger oder Absonderungsberechtigten entstanden ist und Kausalität zwischen Pflichtverletzung und Schaden besteht. Die gesamtschuldnerische Haftung des Ausschusses ergibt sich aber unter den Voraussetzungen der §§ 421 ff BGB mit einem Gesamtschuldnerausgleich nach § 426 BGB. Die gesamtschuldnerische Haftung besteht auch dann, wenn das Mitglied sich der Stimme enthält. Es haftet nur dann nicht, wenn im Protokoll festgehalten ist, dass es gegen den Beschluss gestimmt hat.[83] Die Mitglieder des Gläubigerausschusses können gleichzeitig gesamtschuldnerisch zusammen mit dem Insolvenzverwalter nach § 60 InsO haften.[84] Im internationalen Insolvenzrecht gilt: Art. 1 II VO (EU) Nr. 1215/2012 erfasst auch eine deliktische Schadensersatzklage, die gegen Mitglieder eines Gläubigerausschusses wegen ihres Verhaltens bei einer Abstimmung über einen Sanierungsplan in einem Insolvenzverfahren erhoben worden ist. Es bedeutet, dass gerade eine solche Klage als Ausschluss vom sachlichen Anwendungsbereich dieser Verordnung ausgenommen ist.[85]

86 Für die Zurechnung von Fremdverschulden gilt: Das Mitglied kann für einen Erfüllungsgehilfen nur haften, wenn das Mitglied eigene Pflichten übertragen hat. Eigene Pflichten bestehen dann, wenn es sich um Steuer-, Rechnungslegungs- und Rechtsfragen handelt oder Strategieentscheidungen zu treffen sind. Ansonsten komm eine Zurechnung nach § 278 BGB nicht in Betracht. Im Hinblick auf die Prüfung von Geldverkehr und -bestand besteht daher die Pflicht der Mitglieder des Gläubigerausschusses allein darin, eine mit der Prüfung zu betrauende Person sorgfältig auszuwählen und zu überwachen.[86]

2. Deckungskonzept

87 Der Berufsträger ist über die Standardversicherung als Mitglied eines Gläubigerausschusses versichert. Eine Einzelobjektdeckung ist regelmäßig erforderlich, wenn es sich um größere Verfahren handelt. Dabei versichert man den Gläubigerausschuss mit seinen Mitgliedern insgesamt. Weniger verbreitet sind laufende Versicherungen für Gläubigerausschussmitglieder, weil anders als ein Insolvenzverwalter die Tätigkeit als Ausschussmitglied nicht die Haupttätigkeit ist. Der Berufsträger nimmt nur dann die Tätigkeit auf, wenn die Insolvenz konkret angemeldet ist.

88 Die Prämien einer Haftpflichtversicherung können grundsätzlich aus der Masse erstattet werden, analog § 4 Abs. 3 InsVV. Das Insolvenzgericht hat aber zuzustimmen, damit die Masse nicht unnötig geschmälert wird. Die Erstattung kann entfallen, wenn keine größeren Haftungsrisiken bestehen.[87]

89 Versichert ist nach der Standardversicherung die Tätigkeit des Mitglieds im jeweiligen Verfahren. Versichert sind insbesondere: Pflichtverletzungen bei der Unterstützung und Kontrolle des Insolvenzverwalters/Sachwalters, bei der Unterstützung des Schuldners im Eigenverwaltungsverfahren, im Zusammenhang mit der Beschlussfassung, z.B. bei besonders bedeutsamen Rechtshandlungen, im Rahmen der Rechtmäßigkeits-, Zweckmäßigkeits- und Wirtschaftlichkeitskontrolle der Handlungen des Insolvenzverwalters sowie wegen fehlerhafter bzw. unterlas-

83 Karsten Schmidt InsO/*Jungmann* § 71 Rn. 7.
84 MüKoInsO/*Schmid-Burgk* § 71 Rn. 22.
85 EuGH NZI 2018, 232.
86 BGH LS 1 NZI 2015, 166; anders große Teil der Lit., siehe Karsten Schmidt InsO/*Jungmann* § 71 Rn. 7.
87 MüKoInsO/*Stephan* InsVV § 18 Rn. 7.

sener Prüfung des Geldverkehrs und des Geldbestands.[88] Die frühere Mitversicherung der Insolvenzrichter besteht nicht mehr, da dies mit dem Richteramt nicht vereinbar ist, wenn zugunsten von ihm eine Vermögensschadenhaftpflichtversicherung besteht.[89]

Der Insolvenzverwalter kann gesamtschuldnerisch zusammen mit dem Gläubigerausschuss haften. Dabei handelt es sich jedoch um zwei verschiedene Pflichtenkreise mit unterschiedlichen Versicherungsfällen. Es bedeutet, dass für den als Rechtsfolge gleichen Schaden der Versicherungsschutz für den Insolvenzverwalter ausgeschlossen sein kann, während er für den Gläubigerausschuss noch besteht. Beispiel: Der Insolvenzverwalter veruntreut Gelder der Schuldnerin, und der Gläubigerausschuss hat den Insolvenzverwalter hierbei unzureichend überwacht.[90] Der Versicherungsschutz für den Insolvenzverwalter ist nach § 103 VVG/wissentliche Pflichtverletzung ausgeschlossen. Der Versicherungsschutz besteht für den Gläubigerausschuss, weil er fahrlässig seine Pflicht verletzt hat. Dabei ist zu beachten, dass der Versicherer, soweit der einzelne Insolvenzverwalter und der Gläubigerausschuss haften, unter Umständen einen Rückgriffsanspruch hat, § 7 III Ziff. 1. 90

Bei der häufig vorkommenden Einzelobjektdeckung ist regelmäßig der gesamte Gläubigerausschuss versichert. Er ist Versicherungsnehmer. Die einzelnen Mitglieder sind versicherte Personen. Der Deckungsumfang ist individuell zu vereinbaren. Die Versicherungssumme/Maximierung richtet sich nach den Risiken im Verfahren. Der Deckungsumfang orientiert sich regelmäßig an der Standardversicherung. 91

II. Treuhänder, § 292 InsO

Mitversichert ist die Tätigkeit als Treuhänder in der Restschuldbefreiung einer natürlichen Person, §§ 292ff InsO. Die praktische Bedeutung ist gering. Der Treuhänder nach § 292 InsO übt ein öffentliches Amt aus und ist Amtswalter. Er ist doppelseitiger uneigennütziger Treuhänder im Interesse der Gläubiger und des Schuldners. Es handelt sich um ein höchstpersönliches Amt. Es ist nicht übertragbar auf Bevollmächtigte. Der Treuhänder hat im Ergebnis weniger Rechte als ein Insolvenzverwalter.[91] 92

Hauptaufgabe des Treuhänders ist es, die eingehenden Gelder entgegenzunehmen, zu verwahren und zu verteilen. Der Treuhänder hat den Schuldner nur dann zu kontrollieren und zu überwachen, wenn die Gläubiger nach § 292 InsO einen entsprechenden Auftrag erteilt und die Kosten der Überwachung übernommen haben.[92] 93

Der Treuhänder haftet nach § 280 BGB bei Pflichtverletzungen im Amt, sowohl gegenüber den Insolvenzgläubigern als auch gegenüber dem Schuldner. Er haftet nicht nach § 60 InsO, weil § 292 Abs. 3 Satz 2 nicht darauf verweist.[93] 94

Die Tätigkeit als Treuhänder nach §§ 292ff InsO ist mitversichert nach B Ziff. 1.1, 1. Spiegelstrich. Einzelobjekte sind je nach Versicherer individuell möglich. Für laufende Versicherungen fehlt es an der praktischen Relevanz. 95

---

88 *Cranshaw/Portisch/Knöpnadel* ZInsO 2015, 63, 66.
89 Siehe z.B. Ziff. 5.5 der Richtlinien des Amtsgerichts Syke für die Bearbeitung von Insolvenzverfahren.
90 OLG Celle NZI 2010, 609.
91 Karsten Schmidt InsO/*Henning* § 292 Rn. 2.
92 BGH NZI 2010, 26.
93 OLG Celle NZI 2008, 52.

III. Sachwalter

1. Tätigkeit, Haftung

96 Versichert ist die Tätigkeit des Sachwalters im eröffneten Verfahren in der Eigenverwaltung nach B Ziff. 1.1, 1. Spiegelstrich, § 270 Abs. 1 Satz 1 InsO, sowie die Tätigkeit als vorläufiger Sachwalter im vorläufigen Eigenverwaltungsverfahren nach § 270a Abs. 1 Satz 2 InsO und als vorläufiger Sachwalter im Schutzschirmverfahren nach § 270b Abs. 2 Satz 1 InsO. Das Eigenverwaltungsverfahren hat das Ziel, das angeschlagene Unternehmen zu sanieren. Die Verwaltungs- und Verfügungsbefugnis bleibt beim Schuldner. Statt einem Insolvenzverwalter wird ein Sachwalter bestellt. Er ist sachkundiger und unparteiischer Gehilfe des Gerichts. Nach § 274 Abs. 2 Satz 1 InsO hat er die Aufgabe, die wirtschaftliche Lage des Schuldners zu prüfen und die Geschäftsführung sowie die Ausgaben für die Lebensführung zu überwachen. Der Sachwalter hat die Rechte eines vorläufigen Insolvenzverwalters, §§ 274 Abs. 2 Satz 2, 22 Abs. 3 InsO, aber einen reduzierten Pflichtenkreis, §§ 275 ff InsO.

97 Der Sachwalter hat insbesondere die wirtschaftliche Lage des Schuldners zu prüfen, wie dessen Unternehmens-, Liquiditäts- und Finanzplanung. Er hat die Geschäftsführung zu überwachen, indem er die Geschäftsbücher und die Kassenführung des Schuldners prüft. Er hat aber kein Weisungsrecht hierzu. Er hat das Gericht und die Gläubiger zu informieren, § 274 Abs. 3 InsO. Zur Sicherung der Insolvenzmasse hat er die Insolvenztabelle mit den Forderungen, die Verzeichnisse, §§ 151–153 InsO, und die Verteilungsverzeichnisse, § 283 Abs. 2 Satz 2 InsO, zu prüfen. Er hat die Masseunzulänglichkeit anzuzeigen, § 285 InsO. Weitere Aufgaben sind: Zustimmung zu bestimmten Rechtsgeschäften des Schuldner, § 277 InsO; Abstimmung mit dem Schuldner über die Ausübung der Wahlrechte nach § 279 InsO; Geltendmachung von Anfechtungs- und Haftungsansprüchen, § 280 InsO; Abstimmung mit dem Schuldner über die Verwertung von Sicherungsgut, § 282 Abs. 2 InsO; Ausarbeitung eines Insolvenzplans bei Auftrag durch die Gläubigerversammlung, § 284 Abs. 1 InsO.[94]

98 Nach Anordnung der Eigenverwaltung haftet der Sachwalter wie ein Insolvenzverwalter nach § 60 i.V.m. § 274 Abs. 1 InsO. Nach § 61 InsO haftet er nur, wenn das Insolvenzgericht einen Zustimmungsvorbehalt angeordnet hat, wie z.B., wenn Masseverbindlichkeiten begründet werden sollen, § 277 Abs. 1 Satz 3 InsO.

99 Im vorläufigen Eigenverwaltungsverfahren oder im Schutzschirmverfahren haftet der vorläufige Sachwalter nach §§ 60 i.V.m. 274 Abs. 1 InsO. Er kann analog § 61 InsO haften, wenn das Insolvenzgericht die Zustimmungsbedürftigkeit bestimmter Rechtsgeschäfte als zusätzliche Sicherungsmaßnahme angeordnet und der vorläufige Sachwalter seine Zustimmung zu dem fraglichen Geschäft erteilt hat.[95]

100 Nach § 12 Abs. 1 InsVV erhält der endgültige Sachwalter eine Regelvergütung in Höhe von 60 % der Vergütung eines Insolvenzverwalters. Die Vergütung für den vorläufigen Sachwalter ist nicht geregelt. Die Auslagenpauschale des vorläufigen Sachwalters bemisst sich nach § 12 Abs. 3 InsVV.[96] Anzuwenden sind aber immer die Vorschriften für einen endgültigen Sachwalter und nicht die für einen Insolvenzverwalter. Im Normalfall beträgt die Vergütung 25% der Regelvergütung des Insolvenzverwalters. Zuschläge für schwierige Fälle können hinzukommen.[97]

---

94 *Ehlers* ZInsO 2015, 1417; *Flöther* ZInsO 2015, 465.
95 Beck/Depré/*Beck/Lebmeier* § 44 Rn. 252.
96 BGH NZI 2016, 963.
97 NZI 2016, 796.

2. Versicherungsschutz

Der Berufsträger ist über die Standardversicherung als vorläufiger und endgültiger Sachwalter versichert. Eine Einzelobjektdeckung ist regelmäßig erforderlich, wenn es sich um größere Verfahren handelt oder auch mehrere Beschlüsse vorhanden sind, die sich wirtschaftlich auf eine Unternehmens-Gruppe beziehen. Versicherungsschutz besteht für die in den Beschlüssen des Insolvenzgerichts genannten Verfahren, für die der Sachwalter bestellt wird. Wenn eine laufende Insolvenzverwalterdeckung besteht, sind regelmäßig die Tätigkeiten als Sachwalter mitversichert, siehe hierzu Insolvenzverwaltertätigkeit Deckungskonzepte B Ziff. 1.1 und Ziff. 1.2 BBR-RA Rn. 55. 101

IV. Bescheinigung nach § 270b Abs.1 Satz 3 InsO

Der Schuldner hat mit dem Antrag für ein Schutzschirmverfahren eine mit Gründen versehene Bescheinigung eines in Insolvenzsachen erfahrenen Steuerberaters, Wirtschaftsprüfers oder Rechtsanwalts oder einer Person mit vergleichbarer Qualifikation vorzulegen, aus der sich ergibt, dass drohende Zahlungsunfähigkeit oder Überschuldung, aber keine Zahlungsunfähigkeit vorliegt und die angestrebte Sanierung nicht offensichtlich aussichtslos ist, § 270b Abs. 1 Satz InsO. 102

Der Anwalt, Steuerberater, Wirtschaftsprüfer als Aussteller haftet gegenüber Alt- und Neugläubigern nach den Grundsätzen des Vertrages mit Schutzwirkung zugunsten Dritter. Für diese Berufsträger als Fachleute gelten besondere Schutzpflichten, wenn sich aus dem Inhalt des Auftrags ergibt, dass das Gutachten auch den Interessen Dritter dient. Das Gutachten dient gerade der gerichtlichen Entscheidung im Interesse der Gläubiger und für die Gläubiger selbst. Die Berufsträger haften aber nur nach zivilrechtlichen Grundsätzen und nicht speziell analog § 60 Abs. 1 InsO, weil keine insolvenzspezifische Pflicht besteht.[98] 103

Versicherungsschutz besteht nach B Ziff. 1.1, 1. Spiegelstrich, weil es sich um eine Tätigkeit nach der Insolvenzordnung handelt. Eine ausdrückliche Nennung ist daher nicht erforderlich. Eine Einzelobjektdeckung ist praktisch nicht notwendig, außer die Versicherungssumme wäre nicht ausreichend. 104

V. Eigenverwalter

Der Eigenverwalter im Eigenverwaltungsverfahren ist nicht versichert. Es handelt sich bei der Tätigkeit des Eigenverwalters um keine Tätigkeit nach der InsO. Dies wäre aber Voraussetzung nach B Ziff. 1.1, 1. Spiegelstrich. 105

1. Tätigkeit, Haftung

Abweichend vom Regelverfahren kann das Insolvenzgericht die Eigenverwaltung anordnen. Der Schuldner kann unter der Aufsicht eines Sachwalters die Insolvenzmasse verwalten und über sie verfügen, § 270 Abs. 1 Satz 1 InsO. Im vorläufigen Verfahren ist die vorläufige Eigenverwaltung nach § 270a InsO möglich, meist für Freiberufler oder kleinere Unternehmen, oder das Schutzschirmverfahren nach § 270b InsO, meist für größere Unternehmen. Ziel ist die Unternehmen zu sanieren und neu strukturieren zu können. In der Praxis wird dem Schuldner meist ein Sanierungsgeschäftsführer (CRO) zur Seite gestellt. 106

98 Karsten Schmidt/*Undritz* InsO § 270b Rn. 6.

107 Grundsätzlich behält der Schuldner in der Eigenverwaltung seine Verwaltungs- und Verfügungsbefugnis oder der Eigenverwalter erhält sie. Der Eigenverwalter ist Amtswalter in eigenen Angelegenheiten. Die Regelung zur Haftung des eigenverwaltenden Schuldners hat Lücken. Dementsprechend wird vertreten, dass der Schuldner nicht nach insolvenzspezifischen Normen haftet, weil das Gesetz die Eigenverwaltung abschließend regelt. Zurückzugreifen ist dann auf die allgemeinen schuldrechtlichen Vorschriften der §§ 241 Abs. 2, 311 Abs. 3, 280 Abs. 1, 823 Abs. 2 BGB.[99] Anders, wenn man die weitreichenden Funktionen, die Aufgaben und die Aufteilung der Kompetenzen zwischen Schuldner und Sachwalter zugrunde legt. Danach haftet bei Verletzung seiner Pflichten der Schuldner analog §§ 60, 61 InsO auch persönlich.[100] Praktisch hat dies keine großen Folgen. Der Schuldner verfügt zwar als natürliche Person über ein eigenes Vermögen. Man kann in dieses aber nur eingeschränkt nach §§ 36 Abs. 1 i.V.m. § 850f Abs. 2 ZPO vollstrecken, weil regelmäßig keine zusätzliche Haftungsmasse vorhanden ist.[101]

2. Versicherungsschutz

108 Die Eigenverwaltung wird je nach Versicherer nach individueller Prüfung und regelmäßig über eine Einzelobjektversicherung gedeckt. Der Versicherungsschutz gilt persönlich für den Versicherungsnehmer mit einer eigenständigen Versicherungssumme oder für weitere mitzuversichernde beteiligte Personen.

109 Versicherungsschutz wird grundsätzlich für die Eigenverwaltung im eröffneten Verfahren, § 270 InsO, und für die vorläufige Eigenverwaltung, §§ 270a, 270b InsO geboten für die Dauer des konkreten Verfahrens. Dabei besteht Versicherungsschutz, wenn der eigenverwaltende Schuldner/Eigenverwalter nach allgemeinen schuldrechtlichen Regeln haftet als Leiter/Vorstand des Unternehmens oder auch analog §§ 60, 61 InsO. Der Versicherungsschutz ist regelmäßig subsidiär zur Deckung über eine D&O-Versicherung, die zugunsten der versicherten Personen des Schuldnerunternehmens besteht. Da die Haftung weitreichend ist und sich der Deckungsschutz mit anderen Versicherungen überschneiden kann, vereinbart man regelmäßig eine Kumulsperre. Wenn der Versicherungsnehmer aufgrund weiterer Versicherungsverträge für ein und denselben Verstoß Versicherungsschutz auch aus einem oder mehreren Versicherungsverträgen in Anspruch nehmen, begrenzt die Versicherungssumme des Vertrages mit der höchsten Versicherungssumme die Leistung aus allen Versicherungsverträgen. Eine Kumulierung der Versicherungssummen oder der Jahreshöchstleistungen findet nicht statt.

VI. Sanierungsgeschäftsführer, Chief Restructuring Officer (CRO)

110 Kein Versicherungsschutz besteht über B Ziff. 1.1, 1. Spiegelstrich für die Tätigkeit als Sanierungsgeschäftsführer. Der Sanierungsgeschäftsführer hat die Aufgabe zusammen mit dem Schuldner, das Unternehmen zu sanieren und neu zu strukturieren. Der Sanierungsgeschäftsführer wird wie jeder andere Geschäftsführer, meist als Mitgeschäftsführer, bestellt. Er hat die gleichen Aufgaben wie die übrigen Geschäftsführer. Die Gesellschafterversammlung kann den komplexen Aufgabenbereich begrenzen. Wenn der Geschäftsführer seine Pflichten verletzt, haftet er wie jeder andere Geschäftsführer nach § 43 GmbHG. Die Regelungen über die Haftung des Insolvenzverwalters, § 61 InsO, und des Sachwalters, §§ 60, 274 InsO, sind mangels planwidriger Regelungslücke sowie mangelnder Vergleichbarkeit des Geschäftsführers mit dem Insolvenz-

99 Uhlenbruck/*Zipperer* § 270 Rn. 17 zu den verschiedenen Auffassungen mit Nachweisen.
100 Karsten Schmidt InsO/*Undritz* § 270 Rn. 18.
101 Uhlenbruck/*Zipperer* § 270 Rn. 18.

verwalter nicht analog auf die Haftung des (Sanierungs-)Geschäftsführers einer die Eigenverwaltung durchführenden GmbH anzuwenden.[102]

Versicherungsschutz kann über eine D&O-Versicherung bestehen, soweit der Sanierungsgeschäftsführer als Organ oder leitender Angestellter zu den versicherten Personen zählt. Separat kann je nach Versicherer Versicherungsschutz über eine Einzelobjektdeckung geboten werden. Der Umfang und die Bedingungen sind dem Risiko entsprechend zu gestalten, ähnlich dem des eigenverwaltenden Schuldners. 111

E. Liquidator, Abwickler, Ziff. 1.1, 2. Spiegelstrich

1.1 Mitversichert sind die nachfolgend abschließend aufgezählten Tätigkeiten:...
– als gerichtlich bestellter (vorläufiger) Liquidator oder Abwickler...

I. Gerichtlich bestellter Liquidator

Der gerichtlich bestellte, aber nicht der rechtsgeschäftlich bestelle Liquidator/Abwickler hat 112
Versicherungsschutz nach B Ziff. 1.1, 2. Spiegelstrich. Dies umfasst insbesondere: Auflösung einer GmbH nach § 66 GmbHG, einer oHG nach § 146 HGB, einer KG nach §§ 161 Abs. 2, 146 HGB; Abwicklung einer AG nach § 265 AktG oder eines Finanzinstituts nach § 38 Abs. 2 KWG. Der Versicherungsschutz umfasst auch die vorläufige Bestellung. Gemäß § 45 Abs. 2 Nr. 1 BRAO ist es dem Anwalt auch untersagt, in Angelegenheiten, mit denen er bereits als Anwalt gegen den Träger des zu verwaltenden Vermögens befasst war, als Insolvenzverwalter, Nachlassverwalter, Testamentsvollstrecker oder in ähnlicher Funktion tätig zu werden. Die Übernahme einer Tätigkeit als Nachlassliquidator ist die Übernahme einer Tätigkeit in „ähnlicher Funktion.[103]

Die Liquidatoren/Abwickler haben grundsätzlich die laufenden Geschäfte zu beendigen, die 113
Verpflichtungen der aufgelösten Gesellschaft zu erfüllen, die Forderungen der Gesellschaft einzuziehen und das Vermögen der Gesellschaft in Geld umzusetzen. Sie vertreten die Gesellschaft gerichtlich und außergerichtlich. Zur Beendigung schwebender Geschäfte können die Liquidatoren auch neue Geschäfte eingehen, § 70 GmbHG, § 149 HGB, § 268 AktG.

Für den Liquidator gilt der gleiche Haftungsmaßstab wie für die Gesellschafter, § 43 114
GmbHG. Trotz fehlenden Verweises in § 71 Abs. 4 GmbHG auf § 43 Abs. 3 GmbHG greifen die Kapitalschutzvorschriften auch in der Liquidation uneingeschränkt, § 73 Abs. 3 GmbHG. Diese Haftung gilt im Grundsatz für alle Liquidatoren und Abwickler.

Der Berufsträger ist über die Standardversicherung als gerichtlich bestellter Liquidator versi- 115
chert. Es besteht hier auch Versicherungsschutz nach A Ziff. 4.2 für Haftpflichtansprüche wegen Schäden aus einer kaufmännischen Kalkulations- oder Organisationstätigkeit bis zur Höhe der vereinbarten Versicherungssumme, maximal in Höhe von EUR 2.500.000 je Versicherungsfall und Versicherungsjahr. Eine Einzelobjektdeckung ist regelmäßig erforderlich, wenn es sich um größere Verfahren handelt. Bei Einzelobjektdeckungen besteht ein erweiterter Versicherungsschutz gegenüber der allgemeinen Mitversicherung in B Ziff. 1.1, 2. Spiegelstrich. Die Besonderen Bedingungen erweitern regelmäßig den Versicherungsschutz. Versichert sind dann auch Ansprüche wegen Schäden aus einer kaufmännischen Kalkulations- oder Organisationstätigkeit ohne ein Sublimit von 2,5 Mio. EUR. Zu beachten ist auch hier, dass die Versicherungssumm im Regelfall einfach für die gesamte Laufzeit für alle Schäden zur Verfügung gestellt wird.

102 OLG Düsseldorf NZI 2018, 65.
103 AnwGH Mecklenburg-Vorpommern BRAK-Mitt. 2009, 242.

II. Nicht gerichtlich bestellter Liquidator

116 Der rechtsgeschäftlich bestellte Liquidator hat keinen Versicherungsschutz über B Ziff. 1.1, 2. Spiegelstrich. Grund hierfür ist, dass die Aufgaben und der Haftungsmaßstab einer Vereinbarung unterliegen. Der Versicherer kann das Haftungsrisiko nicht einschätzen, weil eine rechtsgeschäftliche individuelle Regelung vorliegt. Ein nicht gerichtlich bestellter Liquidator kann man jedoch im Einzelfall nach Risikoprüfung versichern. Der Versicherer prüft dabei insbesondere die Qualifikation des Liquidators und die Vereinbarung auf gefahrerhöhende Umstände und hier speziell die Regelung zur Haftung. Versicherungsschutz besteht dann über eine Einzelobjektdeckung. Vom Versicherungsschutz ausgeschlossen bleiben dabei aber auch Garantien oder Vertragsstrafen.

F. Nachlass- und Vorsorgerisiken, Ziff. 1.1, 3. Spiegelstrich

1.1 Mitversichert sind die nachfolgend abschließend aufgezählten Tätigkeiten:...
– als Testamentsvollstrecker, Nachlasspfleger, Nachlassverwalter, Vormund, Betreuer, Pfleger, Beistand...

117 Nachlass- und Vormundschaftsrichter verlangen häufig vor der Bestellung des Berufsträges den Nachweis einer Vermögensschaden-Haftpflichtversicherung. Versicherungsschutz besteht hierfür nach B Ziff. 1.1, 3. Spiegelstrich. Kein Versicherungsschutz besteht aber für die Personensorge, die Sorge für die Person des Mündels. Es handelt sich bei der Berufshaftpflichtversicherung, gleich ob laufend oder als Einzelobjekt, um eine Versicherung ausschließlich für Vermögensschäden. Für Personen- und Sachschäden ist eine Allgemeine Haftpflichtversicherung notwendig. Wenn das Jugendamt Pfleger oder Vormund ist als Amtspflegschaft und Amtsvormundschaft gemäß § 55 Abs. 1 SGB VIII, kommt Versicherungsschutz als Beamter in Betracht. Gleiches gilt für Beistandschaft und Gegenvormundschaft.

I. Nachlassrisiken

1. Testamentsvollstrecker

a) Tätigkeit

118 Der Testamentsvollstrecker hat die Aufgabe, den Willen des Erblassers zu erfüllen. Danach verwaltet er den Nachlass, wickelt ihn ab und setzt den Nachlass bei mehreren Erben auseinander. Wichtigste Sonderform ist die langfristige Verwaltungs- und Dauervollstreckung, wenn der Erbe minderjährig ist. Der Testamentsvollstrecker ist die Vertrauensperson des Erblassers, die den Nachlass im fremden Interesse verwaltet. Das Nachlassgericht beaufsichtigt ihn nicht, sondern der Erbe. Der Erbe kann von dem Testamentsvollstrecker ordnungsmäßige Verwaltung verlangen, § 2216 BGB, und von ihm Schadensersatz fordern, § 2219 BGB. Er kann durch einen Entlassungsantrag nach § 2227 BGB das Nachlassgericht einschalten. Der Testamentsvollstrecker ist aber weisungsunabhängig gegenüber dem Erben.[104] Zwischen ihm und dem Erben besteht ein Schuldrechtsverhältnis nach §§ 2215–2221 BGB. Dabei ist das RDG zu beachten. Eine Bank verstößt gegen das Rechtsberatungsgesetz, wenn ein juristischer Mitarbeiter der Bank die Kunden über Fragen der Testamentserrichtung berät sowie für sie Testamentsentwürfe und im Hinblick

104 BGH NJW 1957, 1916.

auf den Erbfall eine Stiftungssatzung erstellt und überarbeitet.[105] Die Werbung eines Steuerberaters, geschäftsmäßig als Testamentsvollstrecker tätig zu sein, verstieß gegen das damalige Rechtsberatungsgesetz.[106]

b) Haftung

aa) Eigenes Verschulden

Verletzt der Testamentsvollstrecker die ihm obliegenden Verpflichtungen, so ist er, wenn ihm ein Verschulden zur Last fällt, für den daraus entstehenden Schaden dem Erben und dem Vermächtnisnehmer verantwortlich, § 2219 BGB. Der Erblasser kann die Haftung nicht ausschließen oder abmildern, § 2220 BGB. Der Erbe kann individuell die Haftung erlassen bis zur Grenze des § 276 Abs. 2 BGB. Praktisch holt sich der Testamentsvollstrecker in schwierigen Fällen das Einverständnis des Erben, § 2206 Abs. 2 BGB. 119

Der Testamentsvollstrecker haftet, wenn er objektiv seine Verpflichtungen verletzt hat und subjektiv schuldhaft gehandelt hat, § 276 Abs. 1 BGB. Wenn er nicht die notwendigen Kenntnisse hat, kann die Pflichtverletzung schon darin liegen, dass er das Amt annimmt oder beibehält. Er muss sich sachkundig beraten und helfen lassen.[107] Er muss im Ergebnis ordnungsgemäß verwalten, §§ 2203–2209, 2215–2218, 2226 Satz 3 BGB mit den gesetzlichen Verpflichtungen. Typische Pflichtverletzungen sind: unzureichende Sicherung des Nachlasses, Versehen bei der Ermittlung von Erben, das Unterlassen erforderlicher Verwaltungsmaßnahmen, z.B. von Einsprüchen gegen Steuerbescheide oder Anträgen auf Steuerermäßigung, Verjährenlassen von Nachlassforderungen, lückenhafte Inbesitznahme des Nachlasses oder die Aufnahme eines unvollständigen Nachlassverzeichnisses. 120

bb) Fremdes Verschulden

Der Testamentsvollstrecker darf das Amt nicht insgesamt einem Dritten übertragen, da das Amt höchstpersönlich ist, §§ 2218, 664 Abs. 1 Satz 1 BGB. Der Anwalt als Testamentsvollstrecker kann auch gerade dann nicht einzelne Aufgabenfelder auf einen anderen Anwalt übertragen, wenn der Erblasser gerade den Anwalt aufgrund seiner Qualifikation ausgesucht hat und dies schon durch die Vergütung abgegolten sein soll.[108] Einem Anwalt als Testamentsvollstrecker können Anwaltsgebühren nach RVG nur dann zugebilligt werden, wenn ein Laie sich eines Anwalts bedient hätte.[109] 121

Der Testamentsvollstrecker kann aber einzelne Tätigkeiten einem Dritten übertragen, insbesondere an selbständige Dritte, wenn er selbst gerade nicht für diese Tätigkeit qualifiziert ist, keine Erfahrungen hat oder weil die Aufgabe es geradezu erforderlich macht, wie z.B. einem Dritten die Unternehmensleitung zu übertragen oder dem Steuerberater die Bilanz erstellen zu lassen. Die Haftung richtet sich nach dem Rechtsverhältnis zum Dritten. Wenn er einen Erfüllungsgehilfen einschaltet, haftet er für dessen Verschulden, § 278 BGB. Wenn es sich um eine erlaubte Substitution handelt, haftet er für Auswahl- und Aufsichtsverschulden, § 664 Abs. 1 Satz 2, bei unerlaubter Substitution für jeden Schaden der nicht entstanden wäre, wenn der Testamentsvollstrecker selbst gehandelt hätte.[110] Wenn er Dritte für Tätigkeiten einschaltet, die er 122

105 OLG Karlsruhe AnwBl 2007, 92.
106 OLG Hamm AnwBl 2003, 249.
107 MüKoBGB/*Zimmermann* § 2219 Rn. 11.
108 BGH NJW 1983, 40, 41.
109 OLG Frankfurt MDR 2000, 788.
110 MüKoBGB/*Zimmermann* § 2218 Rn. 6.

selbst kraft seines Amtes nicht persönlich zu erfüllen hat, wie z.B. Handwerker, einen Prozessanwalt, Steuerberater, Wirtschaftsprüfer, haftet er bei ordnungsmäßiger Beauftragung eines Dritten nur für sorgfältige Auswahl, Anweisung und Aufsicht. Diese Personen sind dann regelmäßig als Vertragspartner des Erben tätig, weil die Hinzuziehung der Hilfspersonen dem Grundsatz ordnungsgemäßer Verwaltung i.S.v. § 2206 Abs. 1 BGB entspricht.[111]

123 Abzugrenzen ist danach, ob es sich um den Pflichtenkreis des Testamentsvollstreckers handelt oder ob es grundsätzlich einer ordnungsgemäßen Verwaltung entspricht einen Dritten hinzuzuziehen oder ob es sich um selbständige Vertragspartner mit eigenem Vertragsverhältnis handelt. Ein Erfüllungsgehilfe liegt vor, wenn der Testamentsvollstrecker z.B. die anfallenden Büroarbeiten einem anderen übergibt. Eine erlaubte Substitution liegt vor, wenn der Testamentsvollstrecker Einzelaufgaben, wie z.B. eine Hausverwaltung, auf einen qualifizierten Dritten überträgt, weil er selbst die Hausverwaltung nicht alleine ausüben kann. Nicht übertragbar sind aber z.B. wichtige Gesellschafterrechte und -pflichten auf einen GmbH-Beirat.

c) Versicherungsschutz

aa) laufende Deckung, Einzelobjekt

124 Versicherungsschutz besteht für die Pflichtverletzungen nach Maßgabe des Testaments und den gesetzlichen Bestimmungen zur Testamentsvollstreckung. Der Versicherungsschutz bezieht sich auf das eigene Verschulden und nach § 1, § 278 BGB auf das fremde Verschulden seiner Erfüllungsgehilfen. Ein möglicher Regressanspruch gegen den Erfüllungsgehilfen geht auf den Versicherer über. Versicherungsschutz besteht gleichfalls, wenn der Testamentsvollstrecker den Substituten nicht ausreichend ausgewählt oder überwacht hat, siehe dazu § 1 Rn. 181ff.

125 Neben der Mitversicherung ist es üblich, dass der Testamentsvollstrecker eine laufende Versicherung abschließen kann oder auch für eine bestimmte Testamentsvollstreckung eine Einzelobjektdeckung. Bei der laufenden Versicherung ist die Versicherungssumme pro Versicherungsjahr maximiert, meist bis maximal 2-fach pro Jahr, um das Risiko zu minimieren. Bei einem Einzelobjekt steht die Versicherungssumme insgesamt einmal für die gesamte Laufzeit der Testamentsvollstreckung zur Verfügung, siehe zu den Unterschieden laufende Versicherung und Einzelobjekt Einleitung Rn. 41ff.

bb) Ausschluss kaufmännischer Risiken

126 Kaufmännische Risiken sind bei den mitversicherten amtsähnlichen Tätigkeiten nicht versichert, siehe dazu A Ziff. 4.2 BBR-RA Rn. 102f.

Die kaufmännischen und betriebswirtschaftlichen Tätigkeiten sind auch insbesondere nicht bei der Tätigkeit eines Testamentsvollstreckers nach Ziff. 1.1, 3. Spiegelstrich gedeckt, wenn er für einen minderjährigen Erben ein Unternehmen des Erblassers fortführen soll. Der Erbe kann seine Haftung auf den Nachlass beschränken, indem er die Nachlassinsolvenz beantragt, §§ 2206, 2207 BGB. Der Testamentsvollstrecker kann seine Haftung, z.B. als eingetragener Kaufmann, nicht beschränken. Die Disparität zwischen der erbrechtlichen eingeschränkten Haftung des Erben und der gesellschaftsrechtlichen unbeschränkten Haftung des Testamentsvollstreckers setzt dabei schon die Grenzen, dass der Testamentsvollstrecker im unternehmerischen Bereich nicht uneingeschränkte Rechte hat und hierfür Versicherungsschutz hat. Der Testamentsvollstrecker kann deshalb im Ergebnis nur über eine Vollmacht- oder Treuhandlösung für die Dauer der Minderjährigkeit des Erbes ein einzelkaufmännisches Unternehmen oder Personen- oder Personenhandels-

111 Bengel/Reimann/*Niemöller* HBdTV § 12 Rn. 48.

gesellschaften führen.[112] Bei der Treuhandlösung ist der Testamentsvollstrecker treuhänderischer Unternehmensinhaber im eigenen Namen für Rechnung des Erben. Er ist als Kaufmann tätig und wird in das Handelsregister eingetragen. Der Testamentsvollstrecker haftet unbeschränkt mit seinem Privatvermögen, weil er die Unternehmensverbindlichkeiten als Inhaber des Geschäfts eingeht. Er kann aber Aufwendungsersatz im Innenverhältnis vom Erben verlangen, §§ 2218, 670 BGB. Dieser Rückgriffsanspruch ist nicht einschränkbar.[113] Bei der Vollmachtlösung ist der Erbe Inhaber des Unternehmens, der auch in das Handelsregister einzutragen ist. Der Erbe haftet damit für Altschulden eingeschränkt nach §§ 27 Abs. 1, 25 HGB und für die Neuschulden unbeschränkt. Der Erbe haftet bei der Treuhandlösung über den Regress oder bei der Vollmachtlösung direkt für die Verbindlichkeiten des Unternehmens. Es handelt sich daraus ersichtlich sowohl bei der Treuhandlösung als auch der Vollmachtlösung um das eigene unternehmerische Risiko des Erben und nicht des Testamentsvollstreckers. Der Erbe soll das Risiko der Firmenfortführung tragen und nicht der Testamentsvollstrecker persönlich. Es ist nicht vorgesehen, dass der Erblasser die unternehmerische Verantwortung vollständig auf den Testamentsvollstrecker übertragen kann und dann der Erbe bei reinen unternehmerischen Fehlentscheidungen den Testamentsvollstrecker haftbar machen kann. Andernfalls könnte der Erbe über den Umweg der Deckung für kfm. Risiken des Testamentsvollstreckers sein eigenes unternehmerisches Risiko auf den Versicherer übertragen und abwälzen. Dabei können individuell andere Lösungen durch Versicherer geboten sein.

Wenn der Testamentsvollstrecker eine Kapitalgesellschaft verwaltet, gilt der Grundsatz der **127** vollumfänglichen Verwaltungsbefugnis, die zulässig ist und nur aufgrund spezifischer Verbote in der Satzung ausgeschlossen sein kann.[114] Auch hier besteht kein Versicherungsschutz für die kfm. Tätigkeiten.

2. Nachlasspfleger

Versicherungsschutz besteht für die Tätigkeit als Nachlasspfleger, § 1960 BGB. Das Nach- **128** lassgericht ordnet die Nachlasspflegschaft an, wenn der Nachlass gesichert werden muss, weil die Erbschaft noch nicht angenommen oder der Erbe noch unbekannt ist. Der Nachlasspfleger ist der gesetzliche Vertreter des noch unbekannten Erben. Soweit ein Geschäftsanteil zum Nachlass gehört, verwaltet er diesen und übt die Gesellschafterrechte aus und handelt für die möglichen Gesellschaften.

Der Nachlasspfleger ist dem Erben nach §§ 1915, 1833 BGB wie ein Vormund dem Mündel **129** verantwortlich. Er haftet bei Verletzung des Auskunftsanspruchs, § 2012 Abs. 1 Satz 2 BGB und nach §§ 823 ff BGB. Er haftet nicht analog § 1985 Abs. 2 BGB, weil nur der Nachlassverwalter gegenüber den Nachlassgläubigern auch in ihrem Interesse handelt, aber nicht der Nachlasspfleger. Der Erbe muss sich das Verschulden des Nachlasspflegers nach § 278 BGB zurechnen lassen. Der Erbe kann aber seine Haftung auf den Nachlass beschränken, weil die Verbindlichkeit das Erbe betrifft und damit eine Nachlassverbindlichkeit ist nach § 1967 Abs. 2 BGB. Der Erbe hat gegenüber dem Nachlasspfleger einen Schadensersatzanspruch, wenn die Handlungen des Pflegers den Nachlass verkürzen, §§ 1915, 1833 BGB.[115]

Die Haftung des Nachlasspflegers ist über Ziff. 1.1, 3. Spiegelstrich mitversichert. Es besteht **130** die Möglichkeit über ein Einzelobjekt für ein bestimmtes Verfahren Versicherungsschutz zu erhalten. Risikoerhöhend ist regelmäßig, wenn zu dem verwalteten Vermögen ein Gewerbebetrieb oder eine Beteiligung daran gehört. Eine laufende Versicherung ist ebenfalls möglich, meist mit einer 2-fachen Maximierung, nach den gleichen Risikokriterien.

---

112 MAH ErbR/*Lorz* § 19 Rn. 217 ff.
113 BGH NJW 1954, 636.
114 OLG Frankfurt ZErb 2009, 61.
115 MüKoBGB/*Leipold* § 1960 Rn. 73 f.

3. Nachlassverwalter

131 Versicherungsschutz besteht für den Nachlassverwalter, §§ 1975 ff BGB. Der Nachlassverwalter wird bestellt, wenn ein Nachlassinsolvenzverfahren eröffnet ist nach § 1980 BGB oder das Gericht auf Antrag eines Erben oder eines Dritten Nachlassverwaltung angeordnet hat, § 1981 BGB. Der Nachlassverwalter hat den Nachlass zu verwalten und die Nachlassverbindlichkeiten aus dem Nachlass zu berichtigen. Der Nachlassverwalter ist nicht gesetzlicher Vertreter des Erben, sondern ein amtlich bestelltes Organ zur Verwaltung einer fremden Vermögensmasse mit eigener Parteistellung.[116] Nach § 455 Abs. 2 FamFG kann der Nachlassverwalter das Aufgebotsverfahren beantragen. § 317 InsO gewährt ihm das Recht, Nachlassinsolvenz zu beantragen. Er hat das Recht, die Zwangsversteigerung eines belasteten Nachlassgrundstücks zu beantragen, § 1985 Abs. 1 Satz 2 BGB.

132 Der Nachlassverwalter ist nach §§ 1985, 1915 Abs. 1, 1833 BGB dem Erben, verantwortlich. Zwischen beiden besteht ein gesetzliches Schuldverhältnis.[117] Nach § 1985 Abs. 2 Satz 1 ist der Nachlassverwalter aber auch den Nachlassgläubigern verantwortlich. Auch im Verhältnis zu den Nachlassgläubigern besteht ein gesetzliches Schuldverhältnis.[118] Er ist verantwortlich für jeden Schaden, der diesen durch eine schuldhafte Pflichtverletzung entstanden ist, insbesondere dann, wenn der Nachlassverwalter in Fortführung eines Unternehmens des Erblassers Verbindlichkeiten begründet hat, die er nicht aus dem Nachlassvermögen tilgen kann.

133 Die Haftung des Nachlassverwalters ist wie die des Nachlasspflegers über Ziff. 1.1, 3. Spiegelstrich mitversichert. Es gelten die gleichen Grundsätze zum Versicherungsschutz, siehe dazu beim Nachlasspfleger, hier B Ziff. 1.1, 3. Spiegelstrich Rn. 130.

II. Vorsorgerisiken

134 Vorsorgerisiken umfassen die Tätigkeit als Vormund, Betreuer, Pfleger und als rechtlicher Beistand. Der Versicherungsschutz ist bei diesen Vorsorgerisiken gleich. Der Versicherungsschutz beschränkt sich aber auf die Vermögensschäden und umfasst nicht die Personenvorsorge, siehe zum Versicherungsschutz bei Vormundschaftsrisiken B Ziff. 1.1, 3. Spiegelstrich BBR-RA Rn. 147.

1. Tätigkeiten bei Vorsorgerisiken

a) Vormundschaft

135 Versicherungsschutz besteht für eine Vormundschaft, § 1793 ff BGB. Die Vormundschaft umfasst allgemein die Sorge für einen Minderjährigen, insbesondere die Personen- und Vermögenssorge, die Pflege und Erziehung ebenso wie die gesetzliche Vertretung, wenn die Eltern diese Aufgabe nicht erfüllen können. Die Aufgaben und die Rechtsposition des Vormunds sind dem elterlichen Sorgerecht als fremdnützige Sorge nachgebildet. Ziel der Ausübung des Sorgerechts ist das „Mündelwohl" als Inbegriff der Integritäts-, Erziehungs-, Entfaltungs- und Vermögensinteressen des Mündels gemäß seiner jeweiligen Lebenssituation.[119]

136 Der Vormund haftet dem Mündel nach § 1833. Wenn der Vormund Aufgaben auf Dritte überträgt, haftet er nur für unzureichende Sorgfalt bei der Auswahl, Unterweisung und Überwachung. Die Dritten sind nicht Erfüllungsgehilfen nach § 278 BGB. Wenn der Vormund die Aufgabe nicht

116 KG FamRZ 2006, 559.
117 OLG Stuttgart NJW-RR 2007, 1580, 1582.
118 MüKoBGB/*Küpper* § 1985 Rn. 11.
119 MüKoBGB/*Spickhoff* § 1793 Rn. 2.

übertragen durfte, haftet er für jeden Schaden, den der Dritte verursacht hat. Der Vormund haftet typischerweise z.B., wenn er eine vormundschaftsgerichtliche Genehmigung nicht einholt oder er die Genehmigung nicht an Vertragspartner zustellt. Er haftet insbesondere für Fristversäumnisse, ungünstige Unterhaltsvergleiche, schuldhaft falsche Beurteilung von Prozessaussichten, verzögerte Vollstreckung eines Unterhaltsurteils, Nichtbeachten von Rechtsmittelfristen in Unterhaltssachen, Abschluss ungünstiger Unterhaltsvergleiche, schuldhafte falsche Beurteilung von Prozessaussichten, unrichtige Berechnung von Abfindungssummen, Übertragung von Prüfungspflichten auf ungeeignete Personen, verspätete Stellung von Rentenanträgen, Unterlassen der Haftungsbeschränkung aus §§ 25, 27 HGB bei Fortführung eines zum Nachlass gehörenden Handelsgeschäftes, ungenügende Überwachung des Vormunds durch Gegenvormund oder unterlassene Anzeige von Pflichtwidrigkeiten an das Gericht. Ein Vormund ist nicht grundsätzlich verpflichtet, seinen Mündel gegen eine gesetzliche Haftpflicht zu versichern. Jedoch können besondere Eigenschaften und Lebensverhältnisse des Mündels den Abschluss einer Haftpflichtversicherung erfordern, wenn sie ihn in besonderem Maße der Gefahr aussetzen, sich durch Schädigung Dritter haftpflichtig zu machen.[120] Die Haftung des Vormunds gegenüber dem Mündel beschränkt sich auf die Sorgfalt, die er in eigenen Angelegenheiten anzuwenden pflegt, wenn der Mündel auf längere Sicht in den Haushalt des Vormunds aufgenommen ist, § 1793 Abs. 1 Satz. 3 BGB i.V.m. § 1664 BGB.

Das Amt des Vormunds ist nach § 1836 Abs. 1 Satz 1 BGB grundsätzlich unentgeltlich. Wird 137
der Rechtsanwalt als Vormund tätig, so gilt das RVG für ihn nicht, auch nicht dann, wenn die Vormundschaft ausnahmsweise entgeltlich geführt wird, § 1836 Abs. 1 Satz 2 BGB. Er kann seine Vergütung nur nach dem BGB verlangen. Die Bestellung eines Rechtsanwalts zum Mitvormund für einen unbegleiteten minderjährigen Flüchtling zur Vertretung in ausländerrechtlichen Angelegenheiten einschließlich des Asylverfahrens ist auch dann unzulässig, wenn es dem Vormund an juristischer Sachkunde fehlt.[121]

b) Betreuer

Versicherungsschutz besteht auch für die Tätigkeit als Betreuer nach §§ 1896 ff BGB.[122] Das 138
Betreuungsgericht bestellt für einen Volljährigen auf seinen Antrag oder von Amts wegen für ihn einen Betreuer, wenn er auf Grund einer psychischen Krankheit oder einer körperlichen, geistigen oder seelischen Behinderung seine Angelegenheiten ganz oder teilweise nicht besorgen kann, § 1896 Abs. 1 BGB. Ein Betreuervorschlag nach § 1897 Absatz 4 Satz 1 BGB erfordert weder die Geschäftsfähigkeit noch die natürliche Einsichtsfähigkeit des Betroffenen. Vielmehr genügt, dass der Betroffene seinen Willen oder Wunsch kundtut, eine bestimmte Person solle sein Betreuer werden Der Wille des Betroffenen kann nur dann unberücksichtigt bleiben, wenn die Bestellung der vorgeschlagenen Person seinem Wohl zuwiderläuft.[123]

Die Betreuung unterscheidet sich von der Vormundschaft von dem Kreis der Betroffenen 139
und dem Umfang der Aufgaben: Vormundschaft bei Minderjährigen und Betreuung bei volljährigen mit einem eingeschränkten Umfang der Aufgaben. Nach § 1901 BGB hat der Betreuer die Aufgabe, die Angelegenheiten des Betreuten rechtlich zu besorgen, aber nicht die faktische Fürsorge, die von der Betreuerfunktion grundsätzlich nicht mitumfasst sein soll. Der Betreuer hat die Angelegenheiten des Betreuten so zu besorgen, wie es dessen Wohl entspricht. Zum Wohl des Betreuten gehört auch die Möglichkeit, im Rahmen seiner Fähigkeiten sein Leben nach seinen eigenen Wünschen und Vorstellungen zu gestalten. Wird die Betreuung berufsmäßig ge-

120 BGH NJW 1980, 2249.
121 BGH NJW 2017, 3520.
122 *Bräuer* AnwBl 2013, 930 ff.
123 BGH NJW 2018, 1878.

führt, hat der Betreuer in geeigneten Fällen auf Anordnung des Gerichts zu Beginn der Betreuung einen Betreuungsplan zu erstellen. In dem Betreuungsplan sind die Ziele der Betreuung und die zu ihrer Erreichung zu ergreifenden Maßnahmen darzustellen. Die Pflichten des Betreuers bestehen unmittelbar aufgrund Gesetzes. Zwischen ihm und dem Betreuten besteht daher kein Auftragsverhältnis i.S.d. §§ 662 ff. BGB, sondern es handelt sich vielmehr um ein Treuhandverhältnis mit eigener Grundstruktur. Welche konkrete Aufgabe der Betreuer zu übernehmen hat, ergibt sich aus der Bestellung und ist auszulegen. Bei Ehescheidungsverfahren muss der Betreuer ausdrücklich dazu bestellt sein.[124] Das Scheidungsverfahren kann aber unter Umständen auch durch den Aufgabenkreis Rechtsangelegenheiten umfasst sein.[125]

140 Anwälte übernehmen als Berufsbetreuer nicht nur ein einzelnes Amt, sondern eine Vielzahl von Ämtern, § 1897 Abs. 6 BGB. Ein Berufsbetreuer übt dabei keinen freien Beruf, sondern ein Gewerbe aus. Das gilt auch für einen Rechtsanwalt, soweit er zugleich als Berufsbetreuer tätig ist.[126] Das Gewerbe ist anzeigepflichtig nach § 14 GewO. Betreuung ist keine dem Rechtsanwaltsberuf vorbehaltene oder ihn in besonderer Weise charakterisierende Tätigkeit. Es handelt sich um einen Zweitberuf. Eine Bürogemeinschaft eines Anwalts mit einem nicht-anwaltlichen Berufsbetreuer ist unzulässig, weil es nicht um einen sozietätsfähigen Beruf handelt.[127] Ein Rechtsanwalt, der mit der Übernahme des Betreueramts gegen ein Tätigkeitsverbot nach § 45 Abs. 2 BRAO verstoßen würde, kann auch auf Wunsch des Betroffenen nicht zum Betreuer bestellt werden.[128] Grundsätzlich darf ein Anwalt als Berufsbetreuer nicht nach RVG abrechnen, sondern nach dem Vormünder- und Betreuervergütungsgesetz (VBVG). Soweit der Rechtsanwalt hinzugezogen wird, weil er Aufgaben wahrnimmt, die besondere rechtliche Fähigkeiten erfordern, und er deshalb echte anwaltliche Dienstleistungen erbringt, bleibt ihm gemäß § 1835 Abs. 3 BGB die Möglichkeit erhalten, nach der Bundesgebührenordnung für Rechtsanwälte abzurechnen und dies als seinen Aufwand geltend zu machen.[129]

141 Der Anwalt als Betreuer haftet für Fahrlässigkeit und Vorsatz, §§ 1833, 1908i Abs. 1 Satz. 1 BGB. Der Anwalt hat dabei zwischen den subjektiven Wünschen des Betreuten und dessen objektiven Wohl abzuwägen. Ein Wunsch des Betreuten läuft nicht bereits dann i.S.d. 1901 Abs. 3 Satz 1 BGB dessen Wohl zuwider, wenn er dem objektiven Interesse des Betreuten widerspricht. Vielmehr ist ein Wunsch des Betreuten im Grundsatz beachtlich, sofern dessen Erfüllung nicht höherrangige Rechtsgüter des Betreuten gefährden oder seine gesamte Lebens- und Versorgungssituation erheblich verschlechtern würde. Allerdings gilt der Vorrang des Willens des Betreuten nur für solche Wünsche, die Ausfluss des Selbstbestimmungsrechts des Betreuten sind und sich nicht nur als bloße Zweckmäßigkeitserwägungen darstellen. Beachtlich sind weiter nur solche Wünsche, die nicht Ausdruck der Erkrankung des Betreuten sind und auf der Grundlage ausreichender Tatsachenkenntnis gefasst wurden.[130] Allein die Unsicherheit darüber, ob der Betroffene geschäftsunfähig ist, rechtfertigt aber nicht die Anordnung eines Einwilligungsvorbehalts in Vermögensangelegenheiten. Auch der Betreuer, der selbst Rechtsanwalt ist, muss den Wunsch des Betroffenen beachten, in einer bestimmten vom Aufgabenkreis der Betreuung umfassten Angelegenheit einen anderen Anwalt zu mandatieren.[131]

---

124 OLG Brandenburg FamRZ 2012, 1166; OLG Zweibrücken FamRZ 2011, 1814.
125 OLG Celle NJW 2013, 2912.
126 BVerwG NJW 2013, 2214.
127 BGH NJW 2018, 1095 mit Anm. *Hartung*.
128 Beschl. BGH NJW-Spezial 2014, 935; Beschl. BGH NJW-Spezial 2016, 94.
129 BVerfG BeckRS 1999 30087346 unter B II 1. d) bb) (1); BGH NJW 2007, 844.
130 BGH NJW 2009, 2814.
131 BGH NJW 2018, 1255.

c) Pflegschaft

Das Rechtsinstitut der Pflegschaft ist der Vormundschaft nachgebildet, §§ 1909, 1911–1919, 1921 BGB, soweit sich aus dem Gesetz nichts anderes ergibt, § 1915 Abs. 1 BGB. Man unterscheidet nach dem Grund der Anordnung: Ergänzungspflegschaft, § 1909 BGB, Pflegschaft für Abwesende, § 1911 BGB, Pflegschaft für eine Leibesfrucht, § 1912 BGB, Pflegschaft für unbekannte Beteiligte, § 1913 BGB und Pflegschaft für Sammelvermögen § 1914 BGB. 142

Die Pflegschaft umfasst den fürsorglichen Schutz für eine einzelne Angelegenheit oder einen Kreis von Angelegenheiten, im Gegensatz zur Vormundschaft, die die allgemeine Fürsorge für Person und Vermögen des Mündels beinhaltet. Ersatzpflegschaft nach § 1909 Abs. 3 BGB kann jedoch die vollumfängliche Fürsorge für alle Angelegenheiten des Pfleglings umfassen. Pflegschaften können für Minderjährige, aber auch für unbeschränkt geschäftsfähige Volljährige angeordnet werden §§ 1911, 1913 BGB. Bei der Pflegschaft bestimmt das Gericht bei der Bestellung den Aufgaben- und Wirkungskreis nach dem Fürsorgebedürfnis des Pfleglings, § 1789 BGB. Schlüssiges Verhalten genügt dazu nicht.[132] Das Gericht entscheidet, wenn der bisherige Aufgabenkreis nicht ausreicht, weil neue Bedürfnisse hinzukommen. Der Pfleger ist bei geschäftsunfähigen oder beschränkt geschäftsfähigen Personen gesetzlicher Vertreter.[133] 143

Der Pfleger haftet wie ein Vormund für Vorsatz und Fahrlässigkeit, §§ 1915 Abs. 1, 1833 BGB und nicht allein für die Sorgfalt in eigenen Angelegenheiten.[134] Der Sorgfaltsmaßstab richtet sich dabei aber nach den Kreisen, denen der Pfleger angehört. Ein Wirtschaftsprüfer ist grundsätzlich in der Haftung nicht dadurch entlastet, wenn das Gericht eine Genehmigung erteilt hat und er als Gebrechlichkeitspfleger in Vertretung seines Pfleglings bei dem Zustandekommen eines Gesellschaftsbeschlusses mitwirkt, durch den die Gewinnverteilung zum Nachteil des Pfleglings geändert wird.[135] 144

d) Beistand

Versicherungsschutz besteht für die Tätigkeit als Beistand. Die Regelung hat fast keine Praxisrelevanz, weil Anwälte für ihre anwaltliche Tätigkeit versichert sind, was die Tätigkeit als Beistand einschließt. Beistand kann der Prozesspfleger nach § 57 ZPO sein, wenn eine nicht prozessfähige Partei verklagt werden soll, die ohne gesetzlichen Vertreter ist, § 57 Abs. 1 ZPO. Die AVB-RSW sind dann praxisrelevant, wenn ein nicht-anwaltlicher Beistand sich versichern möchte, weil dies berufsrechtlich verboten ist oder sie die Qualifikation nicht haben, z.B. ein verbeamteter Hochschullehrer, siehe hierzu § 1 Rn. 250 und zu dessen Versicherungsschutz § 1 Rn. 327, oder ein sonstiger Beistand. Darüber hinaus enthalten die HV 60 nicht nur die Risikobeschreibungen für Anwälte, sondern auch die für Steuerberater und Wirtschaftsprüfer. Bei ihnen ist eine Regelung erforderlich, der die Tätigkeit als Beistand einschließt, was dann bei unterschiedlichen Regelungen zu Missverständnissen führen würde. 145

Die Tätigkeit des Beistands umfasst die Tätigkeit nach § 90 ZPO. Der Bevollmächtigte tritt in der mündlichen Verhandlung neben der anwesenden Partei auf, um sie durch Ausführung der Parteirechte zu unterstützen. Ein Beistand kann auch im Anwaltsprozess auftreten, seine Befugnisse bleiben aber auf die Rechte beschränkt, die auch der erschienenen Partei zustehen. Der Beistand ist nicht Prozessbevollmächtigter der Partei. Anders als der Stellvertreter wird er nicht anstelle der Partei, sondern neben ihr tätig. Der Beistand darf mit Wirkung für die Partei alle Prozesshandlungen vornehmen. Die Partei muss sich den Vortrag und auch die Fehler des Bei- 146

132 BGH NJW 1975, 1374.
133 BGH NJW 1967, 2404.
134 BGH FamRZ 2014, 290 Rn. 10.
135 BGH BeckRS 1962, 31377930.

stands zurechnen lassen, wenn er den Handlungen nicht widerspricht.[136] Der Beistand kann daher nur im Regress der Partei haften. Gleiches gilt für die Beistände als Bevollmächtigte nach § 79 Abs. 2 ZPO im Parteiprozess, nach § 11 ArbGG im arbeitsgerichtlichen Prozess, nach § 149 StPO in der Hauptverhandlung im Strafprozess und nach 69 JGG im Jugendstrafverfahren.

2. Versicherungsschutz bei Vormundschaftsrisiken

147 Die Haftung der Vormundschaftsrisiken als Vormund, Betreuer, Pfleger und Beistand sind über B Ziff. 1.1, 3. Spiegelstrich mitversichert. Zu beachten ist, dass der Versicherungsschutz sich nur auf Vermögensschäden bezieht und nicht auf Personen- und Sachschäden, auch wenn die Bestellungsurkunde die Personenvorsorge miteinschließt oder es zum Aufgabenkreis gehört. Es besteht die Möglichkeit über ein Einzelobjekt für ein bestimmtes Verfahren Versicherungsschutz für Vermögensschäden aus Haftpflichtfällen zu erhalten. Risikoerhöhend ist regelmäßig, wenn zu dem Vermögen des Mündels oder Betreuten ein Gewerbebetrieb oder eine Beteiligung daran gehört. Eine laufende Versicherung ist ebenfalls möglich, meist mit einer 2-fachen Maximierung, nach den gleichen Risikokriterien.

III. Vorsorgevollmacht

148 Die Tätigkeit auf der Grundlage einer Vorsorgevollmacht ist nicht über B Ziff. 1.1, 3. Spiegelstrich mitversichert. Diese rechtsgeschäftlich vereinbarte Tätigkeit ist im Einzelfall versicherbar. Voraussetzung ist, dass die Tätigkeit auf der Grundlage einer nach deutschem Recht erteilten rechtswirksamen Vorsorgevollmacht beruht. Es besteht zumeist die Möglichkeit den Versicherungsschutz auf die typischen Risiken zu erweitern, meist als Sublimit: Verstöße beim Zahlungsakt im bargeldlosen bankmäßigen Zahlungsverkehr; wegen Schäden aus einer kaufmännischen Kalkulations- oder Organisationstätigkeit, soweit zu dem verwalteten Vermögen des Vollmachtgebers ein Gewerbebetrieb gehört; Verstöße, die darauf beruhen, dass Versicherungsverträge für den Vollmachtgeber nach Beginn der Tätigkeit als Vorsorgebevollmächtigter nicht oder nicht ordnungsgemäß abgeschlossen, erfüllt oder fortgeführt werden, meist aber nicht für die gesamte Laufzeit; Verstöße bei der Kapital- bzw. Geldanlage oder Vermögensverwaltung für den Vollmachtgeber, soweit es sich um mündelsichere Anlagen gemäß §§ 1806, 1807 BGB handelt.

G. Schiedsrichter, Schlichter, Mediator, Ziff. 1.1, 4. Spiegelstrich

1.1 Mitversichert sind die nachfolgend abschließend aufgezählten Tätigkeiten:...
– als Schiedsrichter, Schlichter, Mediator...

149 Versicherungsschutz besteht für Vermittlertätigkeiten als Schiedsrichter, Schlichter und Mediator. Der Anwalt unterliegt dabei den Regeln des anwaltlichen Berufsrechts, wenn er als Vermittler, Schlichter oder Mediator tätig ist, § 18 BORA; siehe hierzu die Anwendung des anwaltlichen Berufsrechts auf einen Insolvenzverwalter als Anwalt B Ziff. 1.1 BBR-RA Rn. 30.

I. Schiedsrichter

150 Anwälte sind als einzelne Schiedsrichter oder in einem Schiedsgericht zusammen mit anderen Schiedsrichtern tätig, §§ 1025ff ZPO. Die Schiedsvereinbarung nach § 1029 Abs. 1 ZPO gibt dem Schiedsgericht die prozessuale Befugnis an Stelle des staatlichen Richters einen bestimm-

136 Musielak/Voit/*Weth* § 90 Rn. 1, 5.

ten Rechtsstreit zu entscheiden. Der Schiedsrichtervertrag ist ein materiellrechtlicher und nicht ein prozessualer Vertrag. Der Schiedsvertrag mit dem Schiedsrichter ist ein Vertrag eigener Art mit Elementen aus einem Auftrag §§ 662ff BGB, Dienstvertrag, §§ 611ff BGB im Rahmen einer Geschäftsbesorgung, §§ 675, 611ff BGB.[137] Der Berufsträger als Schiedsrichter hat seine Verpflichtung höchstpersönlich zu erbringen, §§ 613 Satz 1, 664 Abs. 1 Satz 1 BGB. Er darf das Amt auf einen anderen nicht übertragen, er kann aber Hilfspersonen hinzuziehen ohne Substitution.

Der Schiedsrichter hat das Verfahren effektiv zu beenden. Es besteht die allgemeine Ver- **151**
pflichtung an dem Schiedsverfahren nach besten Kräften mitzuwirken und den Streitfall nach Maßgabe der Schiedsvereinbarung in einem geordneten, rechtsstaatlichen Grundsatz entsprechenden Verfahren einer alsbaldigen Erledigung zuzuführen.[138] Er muss den Parteien Auskunft über den Verfahrensstand geben, über empfangene Vorschüsse Rechnung legen und für die Parteien vereinnahmte Gelder herausgeben, analog §§ 666, 667 BGB. Er ist zur Verschwiegenheit verpflichtet.

Der Schiedsrichter haftet für Pflichtverletzungen nach §§ 280ff BGB und nach Deliktsrecht. **152**
Die anderen Schiedsrichter sind nicht Erfüllungsgehilfen, aber sie haften gemeinschaftlich als Gesamtschuldner, §§ 426, 840 BGB. Der Schiedsrichter haftet den Schiedsvertragsparteien für jedes Verschulden, § 276 BGB. Dies gilt aber nicht für den Schiedsspruch selbst. Der Schiedsrichter wird in diesem Fall einem staatlichen Richter gleichgestellt. Er haftet dann nur für vorsätzliche Pflichtverletzungen, die auch nicht versichert sind. Dies ergibt sich zwar nicht aus § 839 Abs. 2 BGB, aber aus der dem Schiedsrichter vertraglich eingeräumten Stellung.[139] Deshalb haftet der Schiedsrichter regelmäßig nur für Fehler bei der Tätigkeit selbst, wie z.B.: Unterlassung der gebotenen Offenlegung nach § 1036 Abs. 1 ZPO; fehlende oder fehlerhafte Nebentätigkeitsgenehmigung, was dann zur fehlerhaften Bildung des Schiedsgerichts und zur Aufhebbarkeit des Schiedsspruchs führt oder die unsachgemäßer Verzögerung der Erledigung; keine formgerechte Entscheidung, § 1054 ZPO; keine Erfüllung von einzelnen Informationspflichten oder fehlende Vertraulichkeit über Beratungsinterna, Aktengeheimnisse oder Verfahrenswissen; keine Beachtung interner Weisungen; Missachtung der Aufklärungspflicht des § 1036 Abs. 1 ZPO oder unbegründeter Rücktritt.[140]

Versicherungsschutz besteht für die schuldhaften Pflichtverletzungen. Kein Versicherungs- **153**
schutz besteht regelmäßig für den Schiedsspruch selbst, weil der Schiedsrichter hierfür nur nach Vorsatz haftet oder es handelt sich zumindest um eine wissentliche Pflichtverletzung. Grundlage der Tätigkeit ist die vereinbarte Schiedsgerichtsordnung. Die Pflichtversicherung umfasst dabei nur das Recht in Europa und wirksame Schiedsverfahren. Bei Schiedsordnungen nach ausländischem/internationalem Recht kommt es auf den mit dem Versicherer vereinbarten Versicherungsschutz an. Wenn es sich um ausländische Verfahrensordnungen nach außereuropäischem Recht handelt, besteht Versicherungsschutz nur dann, wenn das außereuropäische Recht mitversichert ist. Bei unwirksamen Schiedsgerichtsordnungen besteht kein Versicherungsschutz.[141]

II. Schlichter

Nach § 15a EGZPO kann durch Landesgesetz bestimmt werden, dass die Erhebung einer Kla- **154**
ge erst zulässig ist, nachdem von einer durch die Landesjustizverwaltung eingerichteten oder anerkannten Gütestelle versucht worden ist, die Streitigkeit einvernehmlich beizulegen. Diese Aufgabe einer Gütestelle/Schlichters ist als obligatorischer Schlichter vom Versicherungsschutz

137 MüKoZPO/*Münch* Vorbemerkung zu § 1034 Rn. 5.
138 BGH NJW 1986, 3077.
139 BGH NJW 1954, 1763.
140 Schwab/Walter/*Schwab*/*Walter* Kapitel 12 Rn. 9; MüKoZPO/*Münch* Vorbemerkung zu § 1034 Rn. 30.
141 *Diller* B Rn. 22.

umfasst. Dabei besteht für diese Tätigkeit in einer Gütestelle schon Versicherungsschutz nach § 1 und nicht erst über eine Mitversicherung nach B Ziff. 1.1, 4. Spiegelstrich. Der Schlichter handelt hier als unabhängiges Organ der Rechtspflege. Damit gehören solche Schlichtungs- oder Mittlertätigkeiten zum Gegenstand der anwaltlichen Berufshaftpflichtversicherung.[142]

155 Versicherungsschutz besteht aber auch dann, wenn es sich um eine Tätigkeit außerhalb einer Gütestelle handelt,[143] soweit es sich um eine mitversicherte Tätigkeit eines Mediators oder mediatorenähnliche Tätigkeit handelt. Versicherungsschutz kann auch über eine Einzelobjektdeckung oder eine laufende Versicherung erlangt werden. Man schließt dabei regelmäßig Haftpflichtansprüche wegen Schäden aus, die im Zusammenhang mit technischen Fehlern oder Fehleinschätzungen stehen oder die dadurch entstehen, dass Informationen verloren gehen, etwa durch Löschen, Beschädigung oder Vernichtung von Daten.

III. Mediator

156 Die Mediation ist ein freiwilliges Verfahren zur außergerichtlichen Lösung von Konflikten. Der Mediator leitet die Konfliktparteien an, dass sie selbstverantwortlich und einvernehmlich den Streit lösen. Hauptanwendungsfälle sind: Familienmediation, Mediation in der Schule/Arbeit oder in Wirtschaftsangelegenheiten, im öffentlichen Recht, z.B. bei Nachbarschaftsstreitigkeiten oder im Strafrecht beim Täter-Opfer-Ausgleich.

157 Der Mediator schließt zunächst einen Mediationsvertrag ab, in dem das Verfahren, die Aufgaben und die Kosten vereinbart werden. Der Mediator sammelt die Informationen und Themen, klärt die Interessen und sucht nach Lösungen. Er bewertet und wählt die Lösungen aus. Final trifft er die Vereinbarungen und sorgt ggf. für deren Umsetzung in einem Vertrag oder Abschlusspapier.

158 Der Anwalt kann die Tätigkeit als Mediator nach außen hin kundtun, § 7a BORA. Übernimmt es der anwaltliche Mediator, einvernehmliche rechtliche Lösungsvorschläge zu entwickeln, kann eine Rechtsdienstleistung vorliegen. Die Haftung des Mediators bestimmt sich dann regelmäßig nach den Maßstäben der Anwaltshaftung. Ein anwaltlicher Mediator, der von Eheleuten zu dem Zweck beauftragt wird, mit ihnen eine einverständliche Scheidungsfolgenvereinbarung auch über den Versorgungsausgleich zu erarbeiten, ist einem Ehegatten wegen des Verlusts des Versorgungsausgleichs zu Schadensersatz verpflichtet, wenn er die für den Versorgungsausgleich maßgeblichen Tatsachen nicht feststellt und der von ihm nicht ordnungsgemäß unterrichtete Rechtsanwalt des geschädigten Ehegatten in dem Ehescheidungsverfahren einen Verzicht auf den Versorgungsausgleich erklärt.[144] Zu beachten hat der Anwalt die berufsrechtlichen Folgen, wenn er zuvor als Mediator gehandelt hat. Er darf widerstreitende Interessen nicht vertreten, § 43a BRAO. Suchen Eheleute gemeinsam einen Rechtsanwalt auf, um sich in ihrer Scheidungsangelegenheit beraten zu lassen, hat der Anwalt vor Beginn der Beratung auf die gebühren- und vertretungsrechtlichen Folgen einer solchen Beratung hinzuweisen.[145] Eine Bürogemeinschaft eines Anwalts mit einem nicht-anwaltlichen Mediator oder Berufsbetreuer ist unzulässig, weil es sich nicht um sozietätsfähige Berufe handelt.[146]

159 Typische Schadenfälle sind: fehlende Neutralität, verzögerte Bearbeitung, mangelhafte Aufklärung des Sachverhalts mit dem Ergebnis eines untauglichen Lösungsvorschlags oder die Verletzung von Verschwiegenheits- und Vertraulichkeitspflichten.

---

142 BRAK-Mitt. 2000, 131, bei der die Allianz für die übrigen Versicherer dies klargestellt hat.
143 *Diller* B Rn. 24.
144 BGH NJW 2017, 3442.
145 BGH NJW 2013, 3725.
146 BGH NJW 2018, 1095 mit Anm. *Hartung*.

Versicherungsschutz kann wie beim Schlichter auch über eine Einzelobjektdeckung oder eine laufende Versicherung erlangt werden. Man schließt regelmäßig Haftpflichtansprüche wegen Schäden aus, die im Zusammenhang mit technischen Fehlern oder Fehleinschätzungen stehen oder die dadurch entstehen, dass Informationen verloren gehen, etwa durch Löschen, Beschädigung oder Vernichtung von Daten. 160

H. Abwickler einer Praxis, Zustellungsbevollmächtigter, Ziff. 1.1, 5. Spiegelstrich

1.1 Mitversichert sind die nachfolgend abschließend aufgezählten Tätigkeiten:...

- **als Abwickler einer Praxis gemäß § 55 BRAO, Zustellungsbevollmächtigter gemäß § 30 BRAO...**

Versicherungsschutz besteht für den Anwalt als Abwickler einer Kanzlei, § 55 BRAO, und dem Anwalt als Zustellungsbevollmächtigten, § 30 BRAO.

I. Kanzleiabwickler

Die Abwicklung einer Kanzlei ist eine anwaltliche Tätigkeit im fremden Namen und auf fremde Rechnung. Die Rechtsanwaltskammer bestellt einen Anwalt zum Abwickler, wenn ein Anwalt verstorben ist, § 55 Abs. 1 Satz 1 BRAO oder wenn der Anwalt seine Zulassung zurückgibt oder sie ihm entzogen wird, § 55 Abs. 5 BRAO. Zweck der Abwicklung ist, dass die bisherigen Mandanten keinen anderen Anwalt beauftragen müssen und die Mandate weitergeführt oder beendet werden. Erforderlich ist die Abwicklung nur dann, wenn das Mandatsverhältnis auch zu dem früheren Anwalt, meist dem Einzelanwalt, bestanden hat. Dies ist nicht der Fall in einer Sozietät oder Partnerschaft, weil Mandatsträger die Organisation ist und nicht der einzelne Anwalt. Ein anderer Anwalt hat hier das offene Mandat zu übernehmen.[147] Üblicherweise bestellt die Kammer einen Anwalt zum Abwickler. Sie kann aber auch einen Assessor bestellen, weil die Befähigung zum Richteramt ausreicht, § 55 Abs. 1 Satz 1 BRAO. Die Abwicklung gilt für ein Jahr und kann einmalig um ein weiteres Jahr auf Antrag des Abwicklers verlängert werden, § 55 Abs. 1 Satz 3, 4 BRAO. 161

Der Kanzleiabwickler ist kein Vertreter des früheren Anwalts. Er übt seine öffentlich-rechtliche Berufspflicht fremdnützig wie ein verwaltender Treuhänder aus, ohne dass er bei der Amtsausübung gegenüber Dritten schuldrechtlichen Bindungen unterliegt.[148] Der bestellte Kanzleiabwickler tritt als Verfahrensbevollmächtigter vollständig an die Stelle des verstorbenen oder aus der Rechtsanwaltschaft ausgeschiedenen Rechtsanwalts, § 55 Abs. 2 Satz 4 BRAO. Folglich sind ihm allein gerichtliche Entscheidungen zuzustellen.[149] Im Verhältnis des Abwicklers zum Insolvenzverwalter eines Anwalts gilt: Ist für einen insolventen ehemaligen Rechtsanwalt sowohl ein Abwickler als auch ein Insolvenzverwalter bestellt, so stehen die auf dem Geschäftskonto des Schuldners eingehenden oder vom Abwickler eingezogenen Gebühren in der Zeit bis zum Ende der Abwicklung grundsätzlich dem Abwickler zu. Lässt der Insolvenzverwalter während der laufenden Abwicklung ohne Einverständnis des Abwicklers solche Gebühren auf sein Anderkonto transferieren, so steht dem Abwickler gegen den Insolvenzverwalter ein Herausgabeanspruch nach § 55 Abs. 3, § 53 Abs. 10 Satz 1 BRAO zu.[150] 162

Der Abwickler hat die Pflicht, mögliche Fehler des früheren Anwalts zu berichtigen, soweit dies noch möglich ist.[151] Er macht sich selbst regresspflichtig, wenn er die Mandanten nicht auf 163

147 AGH Bayern DStR 2010, 1543.
148 *Bräuer* AnwBl 2013, 548; *Dahns* NJW-Spezial 2013, 190.
149 BayObLG BRAK-Mitt. 2005, 40.
150 OLG Köln BRAK Mitt. 2010, 37.
151 *Schwärzer* BRAK-Mitt. 2008, 108, 109.

Regressansprüche hinweist, die der frühere Anwalt verursacht hat.[152] Dabei ist aber zu beachten, dass der Abwickler nur in laufende Mandate eintritt, § 55 Abs. 2 Satz 1 BRAO. Für die Altmandate, den schon erledigten Mandaten, ist nicht der Abwickler verantwortlich, sondern die Erben.

164 Der Abwickler einer Kanzlei hat Versicherungsschutz für seine Verstöße, die ihm bei der Abwicklung der laufenden Mandate in fremden Namen auf fremde Rechnung unterlaufen. Kein Versicherungsschutz besteht für den Abwickler aus der Berufshaftpflichtversicherung des früheren Anwalts, weil der Versicherungsschutz endet, wenn die Zulassung zurückgegeben ist oder der Anwalt verstorben ist, § 9 IV; siehe dort § 9 Rn. 39 ff. Die Berufshaftpflichtversicherung des früheren Anwalts tritt selbstverständlich für die Altfälle aus Verstößen des früheren Anwalts ein aufgrund der unbegrenzten Nachmeldefrist nach § 2. Die Erben haben Versicherungsschutz aus der Berufshaftpflichtversicherung des früheren Anwalts, die bis zur Bestellung des Kanzleiabwicklers oder bis zur Kanzleiveräußerung, längstens jedoch bis zu 8 Wochen nach dem Ableben des früheren Anwalts, vorgekommen sind nach B Ziff. 3 BBR-RA. Assessoren als Abwickler können sich gesondert nach den gleichen Bedingungen wie ein zugelassener Anwalt versichern.

165 A Ziff. 4.2 BBR-RA erweitert ausdrücklich den Versicherungsschutz für den Abwickler einer Praxis auf Haftpflichtansprüche wegen Schäden aus einer kaufmännischen Kalkulations- oder Organisationstätigkeit bis zur Höhe der vereinbarten Versicherungssumme, maximal in Höhe von EUR 2.500.000 je Versicherungsfall und Versicherungsjahr. Dies ist gerechtfertigt, da der Abwickler auch wirtschaftlich die Praxis abwickeln soll. Dies gehört aber nicht zum primären Aufgabenkreis des Abwicklers, weil er die laufenden Mandate rechtlich abzuwickeln hat, § 55 Abs. 2 Satz 1 BRAO, so dass darüber hinaus kein Versicherungsschutz besteht.[153]

II. Zustellungsbevollmächtigter

166 Ist der Rechtsanwalt von der Pflicht befreit, eine Kanzlei zu unterhalten, so hat er der Rechtsanwaltskammer einen Zustellungsbevollmächtigten zu benennen, der im Inland wohnt oder dort einen Geschäftsraum hat, § 30 As. 1 BRAO. Die Befreiung ist möglich nach § 29 Abs. 1 BRAO im Interesse der Rechtspflege oder zur Vermeidung von Härten oder nach § 29a Abs. 2 BRAO, wenn der Anwalt seine Kanzlei ausschließlich in einem anderen Staat einrichtet, sofern nicht überwiegende Interessen der Rechtspflege entgegenstehen. Der Zustellungsbevollmächtigte muss seinen Wohnsitz oder einen Geschäftsraum in der Bundesrepublik Deutschland haben. Ein Wohnsitz/Geschäftsraum im Ausland ist gerade nicht möglich. Der Zustellungsbevollmächtigte muss nicht selbst ein Anwalt sein. Es muss aber eine natürliche Person sein, außer es handelt sich um eine Rechtsanwalts-GmbH.

167 Der Zustellungsbevollmächtigte nimmt mit Wirkung für und gegen den Rechtsanwalt das in Empfang, was für den Anwalt bestimmt ist. Er hat nur eine Vollmacht zum Empfang, die er nicht weitergeben kann. Er hat keine Vollmacht zum Handeln. Die Pflichten des Zustellungsbevollmächtigten richten sich nach dem zugrundeliegenden Vertragsverhältnis und den Aufgaben gegenüber dem Anwalt, meist ein Dienstvertrag, Werkvertrag oder Auftrag. Grundsätzlich ist der Zustellungsbevollmächtigte verpflichtet, alle an den Anwalt gerichteten Zustellungen sowie die zugestellten Schriftstücke unverzüglich an ihn weiterzuleiten.[154] Mit Zugang beim Zustellungsbevollmächtigten sind die Schriftstücke beim Anwalt zugegangen. Auf die tatsächliche Weiterleitung kommt es nicht an.

168 Versicherungsschutz besteht für den Anwalt als Zustellungsbevollmächtigten. Voraussetzung ist aber eine wirksame Bestellung zum Bevollmächtigten. Die Bestellung ist wirksam, wenn der Anwalt eine Vollmacht dem Zustellungsbevollmächtigten erteilt hat, §§ 164 ff BGB und die

---

152 Henssler/Prütting/*Prütting* BRAO § 55 Rn. 15.
153 Anders *Diller* B Rn. 27; voller Versicherungsschutz für kfm. Risiken.
154 Feuerich/Weyland/*Weyland* § 30 Rn. 18.

Bestellung der Rechtsanwaltskammer angezeigt ist, § 30 Abs. 1 BRAO. Die Grundsätze der Anscheins- und Duldungsvollmacht sind bei der Vollmacht anzuwenden.[155] Der Zustellungsbevollmächtigte ist dem Anwalt zum Regress verpflichtet und hierfür versichert aus dem zugrundeliegenden Rechtsverhältnis gegenüber dem Anwalt, wenn er die Schriftstücke verspätet weiterleitet und der Anwalt dadurch ein Fristversäumnis begeht oder ihm ein sonstiger Vermögensschaden entsteht. Wenn der Zustellungsbevollmächtigte kein Anwalt ist, kann gesondert Versicherungsschutz vereinbart werden, insbesondere besteht dann Versicherungsschutz für die Bereitstellung einer Geschäftsanschrift und die damit regelmäßig verbundenen Dienstleistungen wie die Weiterleitung der eingehenden Postsendungen an den Auftraggeber. Versicherungsschutz kann auch dann gesondert vereinbart werden, wenn es sich nicht um Fälle des § 30 BRAO handelt, beispielsweise wenn Finanzinstitute Auslandsberührung haben und eine Kanzlei als Zustellungsbevollmächtigten für ihre Auslandskunden beauftragen wollen oder für Berufskollegen oder befreundete Kanzleien aus sonstigen Gründen.

I. Notarvertreter, Ziff. 1.1, 6. Spiegelstrich

1.1 Mitversichert sind die nachfolgend abschließend aufgezählten Tätigkeiten:...
– als Notarvertreter...

Versicherungsschutz besteht für den Anwalt, wenn er als Notarvertreter tätig ist. Nach § 38 BNotO soll die Tätigkeit des Notars nicht unterbrochen sein, wenn der Notar vorübergehenden abwesend oder verhindert ist. Die Aufsichtsbehörde kann hierfür einen Notarvertreter auf Antrag oder von Amts wegen bestellen, § 39 BNotO. Zuständig für die Bestellung des Vertreters ist der Präsident des LGs oder OLGs. Zum Vertreter darf nur bestellt werden, wer fähig ist, das Amt eines Notars zu bekleiden, § 39 Abs. 3 Satz 1 BNotO. Es können daher außer Notaren und Notaren a. D. auch Notarassessoren und Rechtsanwälte bestellt werden. Der Versicherungsschutz für den Anwalt als Notarvertreter ist daher eine echte Erweiterung, weil die anwaltliche Berufstätigkeit gerade nicht die eines hoheitlichen Amts eines Notars umfasst. **169**

Der Notarvertreter ist Inhaber eines öffentlichen Amtes. Er hat die gleichen Amtspflichten wie der Notar. Die Staatshaftung ist für ihn gleichermaßen wie für den Notar ausgeschlossen, § 19 Abs. 1 Satz 4 i.V.m. § 39 Abs. 4 BNotO. Für Amtspflichtverletzungen haftet er dem Geschädigten neben dem Notar als Gesamtschuldner, § 46 Satz 1 BNotO. **170**

Der Notarvertreter ist nicht zum Abschluss einer Berufshaftpflichtversicherung verpflichtet, §§ 39 Abs. 4, 19a BNotO. Grund hierfür ist, dass der Notarvertreter im Versicherungsvertrag des vertretenen Notars mitversichert ist, soweit der Vertreter nicht selbst dieses Risiko abgedeckt hat: *„...Mitversichert ist im Rahmen des Vertrages die gesetzliche Haftpflicht von amtlich bestellten Vertretern des Notars aus der Vertretertätigkeit, soweit die Vertreter nicht durch eigene Verträge Versicherungsschutz haben. In diesem Umfang ist die gesetzliche Haftpflicht aus einer vermeintlichen oder unwirksamen Vertreterbestellung ebenfalls mitversichert“.*[156] Im Verhältnis der beiden Berufshaftpflichtversicherungen ist damit die Notarvertreterversicherung nach B Ziff. 1.1, 5. Spiegelstrich zunächst eintrittspflichtig, weil die Versicherung des Notars subsidiär ist. Der eigene Versicherungsschutz für den Notarvertreter ist aber notwendig und nicht eine Doppelversicherung. Nach der Regelvorschrift des § 46 Satz 2 BNotO haftet der Notarvertreter im Innenverhältnis allein, wenn der Notar nicht mitverantwortlich ist. Der als Gesamtschuldner in Anspruch genommene Notar kann bei dem Notarvertreter Regress nehmen bzw. der Anspruch geht auf den Versicherer des Notars über, insbesondere kann dies der Fall sein, wenn der Notar und der No- **171**

155 BGH NJW 1975, 1652.
156 4. Absatz Teil 2 Risikobeschreibung AVB-N HV 39/11 bei der Allianz.

tarvertreter bei zwei verschiedenen Versicherern versichert sind. Darüber hinaus kann die Versicherungsleistung des Notars geringer oder bereits vermindert oder erschöpft sein. Der Notarvertreter ist dann nicht auf die eingeschränkte Mitversicherung angewiesen.

J. Autor, Dozent und Referent auf rechtswissenschaftlichem Gebiet, Ziff. 1.1, 7. Spiegelstrich

1.1 Mitversichert sind die nachfolgend abschließend aufgezählten Tätigkeiten:...
- **als Autor, Dozent und Referent auf rechtswissenschaftlichem Gebiet...**

172 Die Bedingungen haben gegenüber der Vorgängerversion den Versicherungsschutz für die Tätigkeit als Autor, Dozent und Referent auf rechtswissenschaftlichem Gebiet aufgenommen. Anwälte und andere Berufsträger sind nicht nur beratend tätig, sondern publizieren oder halten Vorträge, auch um Mandanten zu gewinnen. Versicherungsschutz besteht für gesetzliche Haftpflichtansprüche, die sich aus der Tätigkeit ergeben. Dies kann der Fall sein, wenn der Anwalt Urheberrechtsverletzungen begeht oder das Allgemeine Persönlichkeitsrecht verletzt. Voraussetzung bleibt nach § 1, dass er schuldhaft gehandelt hat, es sich um einen Vermögensschaden handelt und er auf rechtswissenschaftlichem Gebiet gehandelt hat.

K. Aufsichts- und Beiratsmandat, Ziff. 1.1, 8. Spiegelstrich

1.1 Mitversichert sind die nachfolgend abschließend aufgezählten Tätigkeiten:...
- **als Mitglied eines Aufsichtsrates, Beirates, Stiftungsrates oder ähnlicher Gremien, soweit die dem Verstoß zugrunde liegende Tätigkeit einer anwaltlichen Berufsausübung entspricht.**

I. Anwalt als Aufsichtsorgan

173 B Ziff. 1.1, 8. Spiegelstrich regelt, dass der Anwalt Versicherungsschutz hat, wenn er als Mitglied eines Aufsichtsrates, Beirates, Stiftungsrates oder ähnlicher Gremien einen Verstoß begeht, wenn die zugrunde liegende Tätigkeit einer anwaltlichen Berufsausübung entspricht. Es handelt sich um einen notwendigen klarstellenden Hinweis, weil schon die Tätigkeit als Organ in einem Unternehmen als Vorstand oder Aufsichtsrat ausgeschlossen ist nach § 4 Ziff. 4, aber die anwaltliche Tätigkeit versichert bleiben muss nach § 1, weil es sich um eine Pflichtversicherung handelt. Nach § 51 BRAO ist immer die Berufstätigkeit zu versichern, unabhängig vom erfolgten Rahmen.

174 Die versicherte anwaltliche Tätigkeit muss hinreichend konkret und bestimmt sein, um sie von der Organtätigkeit abgrenzen zu können, andernfalls ist der Anwaltsvertrag im Rahmen eines Aufsichtsratsmandats im Übrigen schon nichtig und daher nicht versichert, § 134 BGB i.V.m. §§ 113, 114 AktG, siehe dazu ausführlich und insbesondere zur Abgrenzung versicherte anwaltliche Tätigkeit und nicht versicherte Organtätigkeit § 4 Rn. 29f. Voraussetzung für den Versicherungsschutz ist, dass die anwaltliche Tätigkeit im Rahmen einer nebenberuflichen und nicht hauptberuflichen Aufsichtsratstätigkeit oder sonstiger Leitungstätigkeit erfolgt. B BBR-RA im ersten Satz stellt klar, dass allein die gesetzliche Haftpflicht des Versicherungsnehmers aus der gegenüber seinem Auftraggeber freiberuflich ausgeübten Tätigkeit als Rechtsanwalt versichert ist und darüber hinaus die folgenden mitversicherten Tätigkeiten, hier als Aufsichtsrat mit einer anwaltlichen Aufgabe im Nebenberuf. Für die originären Leitungs- und Überwachungstätigkeiten besteht Versicherungsschutz über die D&O-Versicherung und nicht über die Pflichtversicherung nach § 51 BRAO.

II. Versicherungsschutz

Ausdrücklich mitversichert sind die Tätigkeiten, wenn der Verstoß einer anwaltlichen Berufsausübung entspricht. Mit der Formulierung soll sichergestellt sein, dass jegliche anwaltliche Tätigkeit versichert ist. Es besteht Versicherungsschutz gerade auch dann, wenn nicht ausdrücklich klar ist, ob zwischen Unternehmen und Anwalt ein Mandatsverhältnis besteht. Es kommt allein darauf an, ob das Organmitglied rechtsberatend tätig gewesen ist oder nicht. Nicht maßgeblich ist damit auch, ob der Schwerpunkt der Tätigkeit anwaltlich war oder nicht oder auch die anwaltliche Tätigkeit gänzlich unerheblich war. 175

Andere Versicherungsbedingungen und auch Makler formulieren, dass dann Versicherungsschutz besteht, wenn und soweit die Ansprüche auf ein Anwaltsmandat gegründet sind. Dies ist von der anwaltlichen Tätigkeit zu unterscheiden. Es kann weitergehenden oder engeren Versicherungsschutz bedeuten. Weitergehend, wenn das Anwaltsmandat selbst weiter auch nichtanwaltliche Elemente umfasst, aber auch enger, wenn zwar eine anwaltliche Tätigkeit vorliegt, aber sich kein Mandatsverhältnis nachweisen lässt, z.B., wenn der Aufsichtsrat einmalig ein Rechtsgutachten gefertigt hat, das aber nicht auf einem Anwaltsmandat gegründet war. Zuweilen fügt man deshalb noch ein, dass im Zweifel ein Mandatsverhältnis vorliegt und der Versicherer darlegen und beweisen muss, dass kein Versicherungsschutz besteht, weil gar kein Mandat zustande gekommen ist. Nach allen Formulierungen besteht daher Versicherungsschutz, wenn ein Anwaltsmandat vorliegt und der Verstoß auf einer anwaltlichen Tätigkeit beruht. Wenn eine anwaltliche Tätigkeit vorliegt ohne formales Anwaltsmandat kommt es auf die Formulierung an. Regelmäßig gibt es hier aber bisher keine praktischen Probleme.

Bei allen Formulierungen ist nicht maßgeblich, ob der Dritte den Berater sowohl aufgrund anwaltlicher Pflichtverletzung und oder auch aufgrund sonstiger Pflichtverletzungen als Organ in Anspruch nimmt. Es besteht Versicherungsschutz aufgrund der anwaltlichen Pflichtverletzung, aber selbstverständlich nur für diese entsprechend der abgeschlossenen Berufshaftpflichtversicherung. 176

L. Vertreter des Versicherungsnehmers, Ziff. 2

2. Vertreter des Versicherungsnehmers

Mitversichert ist im Rahmen des Vertrages die gesetzliche Haftpflicht von Vertretern des Versicherungsnehmers aus der Vertretertätigkeit, solange der Versicherungsnehmer an der Ausübung seines Berufes gehindert ist. Die Mitversicherung besteht nicht, soweit der Vertreter durch eine eigene Versicherung gedeckt ist.

Nach B Ziff. 2 ist beim Versicherungsnehmer, dem zu vertretenen Anwalt, mitversichert die gesetzliche Haftpflicht von seinen Vertretern aus der Vertretertätigkeit. Nach Satz 2 Ziff. 2 ist diese Mitversicherung subsidiär, wenn der Vertreter selbst noch eine weitere eigene Versicherung hat. 177

Die Mitversicherung folgt den Anforderungen des § 53 BRAO. Als Organ der Rechtspflege soll der Anwalt erreichbar sein. Die Regelung in § 53 BRAO ist damit ähnlich wie die Vertreterregelung für einen Notar nach §§ 38, 39 BNotO. Die Bestellung eines Vertreters ist notwendig, wenn der Rechtsanwalt länger als eine Woche daran gehindert ist seinen Beruf auszuüben, § 53 Abs. 1 Nr. 1 BRAO, er länger als eine Woche nicht in seiner Kanzlei ist, § 53 Abs. 1 Nr. 2 BRAO oder auch, wenn gegen den Rechtsanwalt ein vorläufiges Berufs- oder Vertretungsverbot verhängt wurde, § 161 BRAO. Die Bestellung kann der zu vertretene Anwalt selbst vornehmen oder die Rechtsanwaltskammer muss sie vornehmen. Die Bestellung kann jederzeit widerrufen werden. Die Vertretung soll einem Rechtsanwalt oder auch anderen Personen, welche die Befähigung zum Richteramt erlangt haben, oder Referendaren, die seit mindestens zwölf Monaten im 178

Vorbereitungsdienst beschäftigt sind, übertragen werden. Der Vertreter hat nach § 53 Abs. 7 BRAO die gleichen anwaltlichen Befugnisse wie der zu vertretene Anwalt. Der Vertreter wird in eigener Verantwortung und zugleich im Interesse, für Rechnung und auf Kosten des Vertretenen tätig, § 53 Abs. 9 BRAO. Der Vertreter kann die Kanzleiräume betreten, an Weisungen des Vertretenen ist er nicht gebunden. Er hat eine angemessene Vergütung zu erhalten.

179 Der Vertreter nach § § 53 BRAO tritt nicht in das Mandatsverhältnis des zu vertretenen Anwalts ein. Der Vertreter ist Erfüllungsgehilfe oder gesetzlicher Vertreter nach § 278 BGB. Dem Mandanten gegenüber haftet daher nur der Vertretene als Vertragspartner, auch für Fehler des Vertreters. Der Vertreter haftet im Innenverhältnis dem Vertretenen. Hier gelten die allgemeinen Vertretungs- und Haftungsregelungen des BGB.[157] Wenn beide Anwälte einer Sozietät/Partnerschaft angehören, können sie auch gemeinschaftlich haften, da die Sozietät Vertragspartner ist, analog §§ 128 ff HGB.

180 Der Vertreter selbst benötigt keinen Versicherungsschutz als Anwalt, weil er als Vertreter auch nicht im Außenverhältnis haftet, weil keine Mandatsbeziehung besteht. Dies ist gleich wie bei der Tätigkeit als Vertreter eines Notars, da hier auch kein Versicherungsschutz des Vertreters selbst erforderlich ist, §§ 39 Abs. 4, 19a BNotO; siehe hierzu B Ziff. 1.1, 6. Spiegelstrich BBR-RA Rn. 171. Gerade deshalb ist auch die Tätigkeit als Vertreter nicht selbständig versichert, sondern Versicherungsschutz besteht über die Police des zu vertretenen Anwalts, aber allein für den Anwalt selbst, der auch haftet. Wenn der Vertreter aber einen Verstoß begeht, der vom Versicherungsschutz ausgeschlossen ist, hat auch der vertretene Anwalt keinen Versicherungsschutz.[158] Mögliche Regressansprüche des vertretenen Anwalts gegen den Vertreter müssen daher gesondert versichert werden.

181 Der Versicherungsschutz des Anwalts, der zu vertreten ist, ist subsidiär zu einem möglichen Versicherungsschutz des Vertreters, B Ziff. 2 Satz 2. Der Vertreter, wenn er als Anwalt zugelassen ist, hat selbst mindestens im Pflichtversicherungsumfang Versicherungsschutz. Wenn der Anwalt als Vertreter einen Verstoß begeht, tritt daher zunächst seine Versicherung ein soweit der Vertreter selbständig für seinen Fehler haftet. Wenn dieser Versicherungsschutz nicht nach Höhe und Umfang ausreicht, tritt die Versicherung des Anwalts ein, den er vertritt. Dies kann insbesondere bei hohen Schadensersatzforderungen und möglichen unterschiedlichen Versicherungsbedingungen der Fall sein. Zu beachten ist § 14. Danach kumulieren nicht beide Versicherungssummen. Es gilt maximal die höchste Versicherungssumme von beiden möglichen Berufshaftpflichtversicherungen.

M. Erben des Versicherungsnehmers, Ziff. 3

3. Erben des Versicherungsnehmers

Mitversichert ist im Rahmen des Vertrages die gesetzliche Haftpflicht der Erben des Versicherungsnehmers aus Verstößen, die bis zur Bestellung eines Praxisabwicklers oder bis zur Praxisveräußerung, längstens jedoch bis zu 8 Wochen nach dem Ableben des Versicherungsnehmers, vorgekommen sind.

182 Nach B Ziff. 3 sind die Erben mitversichert für Verstöße, die bis zur Bestellung eines Praxisabwicklers oder bis zur Praxisveräußerung, längstens jedoch bis zu 8 Wochen nach dem Ableben des Versicherungsnehmers, vorgekommen sind.

183 Grundsätzlich gilt, dass bei Ableben des Versicherungsnehmers das Versicherungsverhältnis erlischt und es auch nicht auf die Erben übergeht, weil es sich bei der Berufshaftpflicht-

157 BeckOK BORA/*Römermann*/*Günther* BRAO § 53 Rn. 38 f.

158 Siehe auch BRAK-Mitt. 1994, 22 ff; *Sassenbach* AnwBl 2008, 872.

versicherung um eine personenbezogene Versicherung handelt, siehe dazu § 9 Rn. 41. Bei Rechtsanwälten gilt aber erweiternd, dass die Erben des Versicherungsnehmers für acht Wochen Versicherungsschutz haben aus Verstößen, die bis zur Bestellung eines Praxisabwicklers oder bis zur Praxisveräußerung vorgekommen sind, beispielsweise wenn die verbliebenen Sozien oder andere Personen einen Berufsfehler bei der Mandatsabwicklung begehen und die Erben dafür in Anspruch genommen werden, ohne dass die Bestellung eines Abwicklers vorgenommen wurde. Wenn der Abwickler bestellt ist, besteht Versicherungsschutz für den Anwalt als Abwickler selbst. Er benötigt deshalb auch nicht eine Mitversicherung beim Versicherungsnehmer, siehe hierzu B Ziff. 1.1, 5. Spiegelstrich BBR-RA Rn. 161ff.

N. Ausschluss von Leitungs- und Kontrollfunktionen, Ziff. 4

4. Ausschluss von Leitungs- und Kontrollfunktionen
Ansprüche aus der Tätigkeit als Leiter, Vorstands-, Aufsichtsrats- oder Beiratsmitglied, Geschäftsführer von Unternehmungen, Vereinen, Verbänden und als Angestellter sind auch im Rahmen der mitversicherten Tätigkeiten vom Versicherungsschutz ausgeschlossen.

Nach B Ziff. 4 sind vom Versicherungsschutz ausgeschlossen die Tätigkeiten als Leiter, Vorstands-, Aufsichtsrats- oder Beiratsmitglied, Geschäftsführer von Unternehmungen, Vereinen, Verbänden und als Angestellter und zwar auch dann, wenn der Versicherungsnehmer sie im Rahmen der mitversicherten Tätigkeiten ausübt. Der Ausschluss ergänzt § 4 Ziff. 4, der auch die leitenden und kontrollierenden Tätigkeiten vom Versicherungsschutz ausnimmt, speziell hierzu zur Abgrenzung zu den anwaltlichen Tätigkeiten siehe § 4 Rn. 23ff. 184

Der Ausschluss umfasst regelmäßig die Fälle, wenn der Anwalt im Rahmen der Vermögensvorsorge als Leitungs- und Kontrollorgan tätig sein muss, insbesondere trifft dies auf die Nachlass- und Vorsorgerisiken zu. Ein Testamentsvollstrecker hat z.B. nach dem Willen des Erblassers die Firma bis zur Volljährigkeit des Erben für ihn zu führen. In diesem Fall ist der Testamentsvollstrecker leitend in der Firma des Erblassers tätig. Klarstellend gilt dies auch für die Tätigkeiten in der Insolvenz. Wenn eine Firma insolvent ist, hat der Insolvenzverwalter die Firma fortzuführen oder abzuwickeln im Interesse der Gläubiger und des Schuldners. Auch hier hat er Entscheidungen zu treffen, die das wirtschaftliche Fortbestehen der Firma sicherstellen sollen. Unternehmerische Entscheidungen außerhalb seiner Insolvenztätigkeit sind nicht vom Versicherungsschutz umfasst. Versicherungsschutz besteht aber selbstverständlich dann, wenn es sich um eine Tätigkeit handelt, die der Aufgabe der jeweils mitversicherten amtsähnlichen Tätigkeit entspricht. Der Ausschluss der Versicherungsleistung für Haftpflichtansprüche aus der Leitung privater Unternehmungen betrifft nicht die Haftung des als Konkursverwalter tätigen Rechtsanwalts aus der Fortführung des in Konkurs gefallenen Unternehmens, die dem Ziel dient, eine möglichst günstige Verwertung der Konkursmasse herbeizuführen.[159] Abzugrenzen ist danach, ob es sich um eine reine unternehmerische Entscheidung handelt und der Versicherungsnehmer außerhalb seines eigentlichen Wirkungskreises handelt, siehe dazu bei der Fortführung eines Unternehmens im Rahmen einer Insolvenz zu den kfm. Risiken B Ziff. 1.2 d) BBR-RA Rn. 63f. 185

159 BGH VersR 1980, 353; BGH VersR 1982, 489.

C. Risikobeschreibungen für die Vermögensschaden-Haftpflichtversicherung von Patentanwälten

Im Rahmen der dem Vertrag zugrundeliegenden Allgemeinen Versicherungsbedingungen zur Vermögensschaden-Haftpflichtversicherung für Rechtsanwälte und Patentanwälte ist versichert die gesetzliche Haftpflicht des Versicherungsnehmers aus der freiberuflich ausgeübten Tätigkeit als Patentanwalt.

Mitversichert ist im Rahmen des Vertrages die gesetzliche Haftpflicht von Vertretern des Versicherungsnehmers aus der Vertretung, solange der Versicherungsnehmer an der Ausübung seines Berufes gehindert ist. Die Mitversicherung besteht nicht, soweit der Vertreter durch eine eigene Versicherung gedeckt ist.

Änderungen zur Vorauflage der AVB-RSW, HV 60/06: keine

Die Regelung für Patentanwälte entspricht der Regelung für Rechtsanwälte. Versichert ist die gesetzliche Haftpflicht des Patentanwalts als Versicherungsnehmer aus seiner freiberuflich ausgeübten Tätigkeit. Unerheblich ist, dass hier das Merkmal „gegenüber dem Auftraggeber“ fehlt, weil es allein um die weisungsunabhängige freiberufliche Tätigkeit geht.

Nach Satz 2 ist mitversichert die gesetzliche Haftpflicht von Vertretern des Versicherungsnehmers aus der Vertretung, solange der Versicherungsnehmer an der Ausübung seines Berufes gehindert ist. Die Mitversicherung besteht nicht, soweit der Vertreter durch eine eigene Versicherung gedeckt ist. Die Regelung ist gleich zu der Regelung bei den Anwälten in B BBR-RA, siehe dazu B Ziff. 2 BBR-RA Rn. 177 ff.

https://doi.org/10.1515/9783110407280-023

Sachverzeichnis

Fett: Zahlen ohne weitere Angabe verweisen auf Paragraphen in Teil 1.1 der AVB-RSW. Nachfolgend die Randnummer und rechtsbündig die Seite.

Andere Bezüge
- Teil 1.2: Verweis auf Teil 1.2 der AVB-RSW zur Deckung der gesellschaftsrechtlichen Haftung
- A BBR-RA mit entsprechender Ziffer auf Teil 2 mit den Besonderen Bedingungen für Rechtsanwälte der BBR-RA der AVB-RSW
- B BBR-RA mit entsprechender Ziffer auf Teil 2 mit der Risikobeschreibung für Rechtsanwälte der BBR-RA der AVB-RSW

https://doi.org/10.1515/9783110407280-024

www.ingramcontent.com/pod-product-compliance
Lightning Source LLC
LaVergne TN
LVHW080851300926
849162LV00003B/399